Handbuch Garten

BLV

Handbuch Garten

Das große Nachschlagewerk für alle Fragen der Gartenpraxis

Zweite, durchgesehene Auflage

Autoren:
Rainer Berling
Helga Fritzsche
Mario Howard
Dr. Reinhold Kaub
Christoph und Maria Köchel
Dr. Walter Kolb
Marie-Luise Kreuter
Karl Ludwig
Tassilo Schwarz
Christian Seiffert
Dr. Josef Sieber
Martin Stangl
Siegfried Stein
Peter F. C. Wolff
Gisela Zinkernagel

Schriftleitung: Eva Ott

Die Autoren und ihre Beiträge

Rainer Berling

Diplom-Ingenieur (FH) für Gemüse- und Obstbau. Nach vier Jahren Praxisausbildung im Bereich Baumschule und Obstbau absolvierte Rainer Berling das Studium an der Fachhochschule Weihenstephan.

Er ist seit Jahren als Sachbearbeiter für Integrierten Pflanzenschutz an der Bayerischen Landesanstalt für Bodenkultur und Pflanzenbau in München tätig. Buchveröffentlichungen und Fachbeiträge in z. B. Gartenzeitschriften bringen dem Leser vor allem den Integrierten Pflanzenschutz näher.

Integrierter Pflanzenschutz	S. 398–433
Pflanzenschutzgesetz	S. 439–440

Helga Fritzsche

Graduierter Ingenieur für Gartenbau. Helga Fritzsche studierte nach Lehr- und Gehilfenjahren in Weihenstephan Gemüse- und Zierpflanzenbau. Ab 1953 leitete sie nacheinander zwei große Heimgärtnereien. Dort galt es, etwa

100 Personen das Jahr über mit Gemüse, Kräutern, Kartoffeln, Beeren, Topfpflanzen und Schnittblumen zu versorgen. Später blieb der eigene Garten reichlich genutztes Experimentierfeld. Ihre praktischen Erfahrungen gibt Helga Fritzsche seit Jahren in Büchern und Fachzeitschriften an eine breite Leserschaft weiter.

Das Gemüse — S. 250–279

Mario Howard

Das Fachgebiet dieses Autors sind die Mischkulturen und Hügelbeete. Seit früher Kindheit mit dem Gemüseanbau vertraut, blieb er dem Gartenbau sein Leben lang treu. Als Unteroffizier der Schweizer Armee hatte er privat immer seinen

Garten, und seit 1980 besitzt er einen Lehr- und Mustergarten in Chur. Daneben schreibt Mario Howard für zahlreiche Zeitschriften und verfaßt Bücher.

Mischkultur im Garten — S. 280–293

Dr. Reinhold Kaub

Dr. Reinhold Kaub ist Rechtsanwalt und Leitender Regierungsdirektor a. D. Er war viele Jahre Mitglied des Bayerischen Landtags und Sprecher der SPD-Landtagsfraktion für Natur- und Umweltschutz sowie für Freizeit und Erholung. Von 1980 bis

1987 war er Beauftragter des Bund Naturschutz in Bayern e. V. für Südbayern. Dr. Reinhold Kaub ist Autor zahlreicher Fachaufsätze über Natur- und Umweltschutz sowie eines Buches über das Gartenrecht.

Die Rechte des Gartenbesitzers — S. 441–448

Maria und Christoph Köchel

Diplomingenieure für Gartenbau. Nach Lehr- und Gehilfenjahren studierten beide in Weihenstephan Gartenbauwissenschaften. Im Anschluß daran gründeten sie eine Spezialgärtnerei für mediterrane Pflanzen. Weitere Schwerpunkte

ihrer Arbeit sind die Gestaltung von Terrassen mit Kübelpflanzen und die Begrünung von Wintergärten. Die Autoren sind als Verfasser von Fachbüchern und zahlreichen Veröffentlichungen in Fachzeitschriften bekannt.

Sommerblumen und Kübelpflanzen — S. 200–211

Dr. Walter Kolb

Diplom-Ingenieur der Landespflege. Nach gärtnerischer Praxis und Studium in Weihenstephan und Hannover ist er seit 25 Jahren im Lehr- und Versuchsbetrieb der Bayerischen Landesanstalt für Wein- und Gartenbau in Veitshöchheim tätig.

Tassilo Schwarz

Diplom-Ingenieur (FH). Auch er ist ein Praktiker, der nach dem Studium der Landespflege in Weihenstephan seit 23 Jahren am gleichen Institut wie Dr. Kolb tätig ist. Zusammen mit ihm brachte er zahlreiche Veröffentlichungen heraus.

Bäume und Sträucher	S. 86–97
Hecken für den Garten	S. 98–111

Marie-Luise Kreuter

Marie-Luise Kreuter ist Fachjournalistin und Schriftstellerin mit den Spezialgebieten Naturgemäßer Garten und Kräuter. Seit über zwei Jahrzehnten sammelt Marie-Luise Kreuter praktische Erfahrungen mit biologischen Methoden im eigenen Garten. In verschiedenen Fachzeitschriften und Magazinen, in Rundfunk und Fernsehen, auf Video und in zahlreichen Vorträgen bringt sie ihr umfangreiches Wissen einem breiten Publikum näher.

Ihr Buch »Der Bio-Garten« wurde zum Vorreiter der Biogarten-Literatur.

Das Mulchen	S. 43–45
Der Kompost	S. 46–51
Richtig düngen	S. 57–59
Der naturnahe Garten	S. 237–247
Kräuter und Gewürze	S. 354–372
Der Bauerngarten	S. 373–377
Biologischer Pflanzenschutz	S. 434–438

Die Autoren und ihre Beiträge

Karl Ludwig

Diplom-Ingenieur der Landschaftsarchitektur. Er studierte in Berlin und Wien, arbeitete in mehreren Planungsbüros im In- und Ausland und war als Assistent an der TU Berlin tätig. Danach Partner einer Bürogemeinschaft in München und Redakteur von »Garten + Landschaft«, einer Fachzeitschrift für Landschaftsarchitektur. Jetzt Professor an der Fachhochschule Nürtingen, wo er Entwerfen und Konstruktion lehrt. Autor zahlreicher Veröffentlichungen zur Freiraumplanung und Landschaftsarchitektur.

Kletterpflanzen	S. 191–199

Christian Seiffert

Christian Seiffert ist Diplomlandwirt mit Studium in Ostberlin und Göttingen. Vor dem Studium praktizierte er am Institut für Kulturpflanzenforschung in Gatersleben in der DDR. Es folgte eine landwirtschaftliche Lehre bei Berlin und in Westfalen. Seit 1969 ist Christian Seiffert Redakteur beim Bayerischen Rundfunk und betreut dort die Sendungen »Unser Land« im Fernsehen und »Blick über den Zaun« im Hörfunk. Zudem ist er Autor mehrerer Gartenbücher und Mitarbeiter bei verschiedenen Gartenzeitschriften.

Richtig säen und pflanzen	S. 65–77
Die Phänologie	S. 78–83

Dr. Josef Sieber

Emeritierter Professor der Fachhochschule Weihenstephan, wo er das große Gebiet der Freilandzierpflanzen, Stauden, Gehölze und Einjahrsblumen lehrte. Prof. Sieber ist Vorsitzender zahlreicher Rosenarbeitskreise (u. a. des Arbeitskreises »Rosen für das öffentliche Grün«) und Vizepräsident des Vereins Deutscher Rosenfreunde. Seine besondere Liebe gehört den Rosen und Stauden. So ist er u. a. Federführender der Arbeitsgemeinschaft Staudensichtung und Leiter des Internationalen Stauden-Registers. Autor vieler Bücher und Fachveröffentlichungen.

Die Gartenrosen	S. 126–149
Stauden für jeden Garten	S. 150–156

Martin Stangl

Graduierter Ingenieur für Gartenbau. Nach gärtnerischer Lehre, Gehilfenzeit und Studium in Weihenstephan war Martin Stangl bei der Bayerischen Landesanstalt für Pflanzenbau und Pflanzenschutz, an den Regierungen von Unter- und Mittelfranken und als Landesfachberater der Bayerischen Kleingärtner tätig. Auf der IGA 83 München war er verantwortlich für die internationale Fachpresse. Beeidigter Sachverständiger und Gartenschriftsteller. Seit Jahrzehnten veröffentlicht er sein Wissen in zahlreichen Büchern und Zeitschriften.

Richtig düngen	S. 52–56
Die Vermehrung	S. 60–64
Obst aus dem Hausgarten	S. 294–353
Arbeitskalender	S. 449–473

Siegfried Stein

Diplom-Ingenieur für Gartenbau. Nach Gärtnerlehre und Studium mit Fachrichtung Zierpflanzen und Gemüsebau an der TU in Berlin folgten Praxisjahre in Samenzuchtbetrieben im In- und Ausland. Seit vielen Jahren arbeitet Siegfried Stein in Lüneburg bei einem großen Samenzuchtbetrieb und ist zudem Verfasser von Gartenbüchern sowie zahlreichen Veröffentlichungen in Gartenzeitschriften.

Wasser im Garten	S. 220–236
Gärtnern unter Glas und Folie	S. 378–395

Peter F. C. Wolff

Studium der Landespflege in Berlin, wo er sein Wissen, das er zuvor autodidaktisch erworben hatte, vertiefte. Durch kaufmännische Tätigkeit Kenner des »grünen Marktes«. Peter F. C. Wolff hält seit Jahren Vorträge und ist als Dozent in der Erwachsenenbildung tätig. Bekannt ist der Autor durch Artikel in Fachzeitschriften und durch Buchveröffentlichungen.

Der Boden	S. 32–39
Die Gründüngung	S. 40–42
Der Rasen	S. 112–125
Bodendecker – immer schön	S. 187–189
Rhododendren und Azaleen	S. 190

Gisela Zinkernagel

Diplom-Ingenieur der Garten- und Landschaftsgestaltung. Nach Abitur und Lehre studierte Gisela Zinkernagel an der TU Hannover und arbeitete anschließend in Planungsbüros in England, Berlin und Hannover. Seit einigen Jahren doziert sie periodisch an der Fachhochschule Weihenstephan und arbeitet dazu als freischaffende Gartenarchitektin. Ihre Ideen und praktischen Anleitungen hat sie in mehreren Büchern und Artikeln vorgestellt. Zudem wurde Gisela Zinkernagel als Übersetzerin von Gartenbüchern bekannt.

Die Gartengestaltung	S. 12–29
Stauden für jeden Garten	S. 157–173
Die Gräser	S. 174–176
Farne für den Schatten	S. 177–184
Zwiebeln und Knollen	S. 179–184
Zusammenfassung nach Lebensbereichen	S. 185–186
Pflanzbeispiele	S. 212–219

Inhaltsübersicht

Die Gartengestaltung

12 Die Gartengestaltung
Gedanken zur Gartengestaltung 12
Hilfen für die Planung 15
Verbindung von Haus und Garten 15
Geländebeschaffenheit 16
Bodenbeschaffenheit 18
Klimatische Besonderheiten 18
Nachbarschaftliche Einflüsse 19

Die praktische Ausführung 20
Wege 20
Treppen und Mauern 21
Zäune 22
Rankgerüste 23

Verschiedene Gartenformen 23
Der Eingangsbereich 23
Der Wohn- und Nutzgarten 25
Reihenhausgärten 27
Gartenentwicklung – Gartenerneuerung 29

Gartenboden, Vermehrung und Pflanzung

32 Der Boden
Was ist Boden? 32
Bodenuntersuchung 32
Die Bodenarten 33
Bodenverbesserung 34
Warum ist Kalk so wichtig? 35
Bodenbearbeitung: flach, tief oder gar nicht? 37
Die Geräte 39

40 Die Gründüngung
Die Gründüngung 40
Welche Pflanzen sind geeignet? 41

43 Das Mulchen
Eine Decke für den Boden 43
Vorteile für Pflanzen und Gärtner 43
Richtiges Mulchen will gelernt sein 44
Lebendiges Grün 45

46 Der Kompost
Was alles wieder zur Erde wird 46
Ein Blick in die Tiefe 46
Der Platz für den Kompost 46
So entsteht Kompost 47
Der Aufbau einer Kompostmiete 47
Goldene Regeln für guten Kompost 48
Kein Nachbar muß die Nase rümpfen 48
Kompostieren in Behältern 48
Spezialkomposte 49
So wird Kompost im Garten verteilt 51

52 Richtig düngen
Warum düngen? 52
Die Pflanzennährstoffe und ihre Wirkung 52
Spurennährstoffe 53
Anorganische Dünger und ihre Anwendung 53
Einzeldünger 53
Volldünger 54
Die Ausbringung des Düngers 55
Bodenuntersuchung 55
Qualitätseinbußen durch Überdüngung 56
Die naturgemäße Düngung 57
Organische Dünger 57
Natürliche Mineraldünger 58
Biologische Handelsdünger 58
Flüssige Pflanzennahrung 58

60 Die Vermehrung
Aussaat unter Glas 60
Die Aussaaterde 60
Die Aussaat 60
Das Pikieren 61
Düngung 63
Vermehrung von Pelargonien und Fuchsien 65

65 Richtig säen und pflanzen
Aussaat im Freien 65
Die Bodenvorbereitung 65
Die Technik des Säens 66
Vom Gießen der Saatbeete 66
Der richtige Zeitpunkt für die Saat 67
Formen und Qualitäten des Saatgutes 68
Das Pflanzen von Gemüse und Sommerblumen 68

Das Pflanzen von Stauden 70
Zwiebel- und Knollengewächse 72
Das Pflanzen von Gehölzen 74

78 Die Phänologie
Der Gärtner, der Bauer und das Wetter 78
Pflanze und Witterung 78
Die Phänologie 78
Klimakarten 79
Der phänologische Kalender 79
Die phänologischen Jahreszeiten 79
Phänologie im Garten 83

Der Ziergarten

86 Bäume und Sträucher
Bäume für den Ziergarten 86
Bäume im Vorgarten 86
Bäume an der Terrasse 88
Solitärbäume im Rasen 90
Sträucher im Ziergarten 92
Schnitt von Bäumen und Sträuchern 96

98 Hecken für den Garten
Schnitthecken 98
Gehölze für Schnitthecken 99
Sorgfältige Bodenvorbereitung 101
Wie wird geschnitten? 101
Wann sollte geschnitten werden? 101
Regeneration von Schnitthecken 102
Beseitigung von Fehlstellen 102
Das richtige Werkzeug für den Schnitt 102
Bodenpflege und Düngung 103

Ungeschnittene Hecken 103
Einige Pflanzbeispiele 104
Feldhecke für kleinere Gärten 105
Freiwachsende Blütenhecken 106
Pflanzenauswahl für freiwachsende Blütenhecken 110

Ungeschnittene Hecken aus einer Pflanzenart 110

112 Der Rasen
Was sind Gräser? 112
Der Bau der Gräser 112
Die verschiedenen Rasengräser 113

Inhaltsübersicht

Die Bodenvorbereitung 114
Der Unterboden 115
Vermessung und Höhenausgleich 116
Der Oberboden 117

Die Rasenanlage 117
Die Vorbereitung des Saatbeetes 117
Die Feinplanie 118
Die Rasenansaat 118
Die Düngung der Neuansaat 119
Der 1. Schnitt 120

Die verschiedenen Rasenmäher 120

Rasenpflege 121
Rasenkrankheiten 123
Das Mähen 124
Das Verticutieren 124
Das Aerifizieren 125
Die Bewässerung 125

126 Die Gartenrosen

Wohin pflanzt man Rosen? 126
Beete 126
Gruppen von Gehölzen 126
Torbögen, Drahtpyramiden 127
Pergolen 127
Spaliere, Wände 127
Zäune, Hecken 127
Böschungen 128
Mauern 128
Pflanzgefäße, Kübel, Balkonkästen 128

Botanik in Stichworten 128

Die wichtigsten Rosenklassen 129
Einmalblühende Strauchrosen 129
Öfterblühende Strauchrosen 130
Kletterrosen 130
Beetrosen, Buschrosen 132
Langstielige Edelrosen 132
Zwergrosen 133
Bodenbedeckende Rosen 133
Hochstammrosen, Trauerrosen 133
Alte Rosen 134

Pflanzenkauf und Pflanzzeit 134

Standortansprüche 135
Rosenbehandlung vor dem Pflanzen 136
Pflanztechnik, Pflanzschnitt 137
Frost- und Verdunstungsschutz 138

Pflanzabstände 138
Beetrosen 138
Zwergrosen 138
Öfterblühende Strauchrosen 138
Einmalblühende Strauchrosen 138
Kletterrosen 138
Bodenbedeckende Rosen 139
Hochstammrosen 139

Pflege der Rosen 139
Abhäufeln 139
Schneiden 139
Hacken, Graben, Bodenbelüften 139
Gießen, Bewässern 140

Grundregeln des Rosenschnittes 140
Frühjahrsschnitt 141
Sommerschnitt 142
Herbstschnitt 142

Düngung 142

Winterschutz 143

Ursachen für schlechtes Gedeihen 144
Allgemeine Wachstumsstörungen 144
Nährstoffmangel und Nährstoffüberschuß 144
Schäden durch für Pflanzen giftige Stoffe 145
Bodenmüdigkeit 145

Krankheiten und Schädlinge 145
Pilzliche Rosenkrankheiten 146
Wirkstoffe und Wirkungsbreite der Fungizide 147
Tierische Rosenschädiger 147

Rosen in Gemeinschaft mit anderen Pflanzen 148

150 Stauden für jeden Garten

Die Sichtung der Stauden 150
Der Gartenwert der Stauden 150
Die Bewertung der Stauden 150

Die Lebensbereiche 151

Organisation der Staudensichtung 156

Stauden 157

174 Die Gräser

177 Farne für den Schatten

179 Zwiebeln und Knollen

185 Zusammenfassung nach Lebensbereichen

187 Bodendecker – immer schön

190 Rhododendren und Azaleen

191 Kletterpflanzen

Kletterpflanzen 191
Verbreitung in der Natur 191
Verwendung im Garten 191
Klettertechniken 193
Kletterhilfen 194
Der Standort 196

Einjährige Kletterpflanzen 196

Mehrjährige Kletterpflanzen 198

Pflanzung, Pflege, Tips 198

200 Sommerblumen und Kübelpflanzen

Sommerblumen und Kübelpflanzen 200

Der Standort 200

Pflege von Sommerblumen und Kübelpflanzen 209

Der Sommerschnitt 209

Überwinterung 209
Verholzende Kübelpflanzen 210
Laubabwerfende Gehölze 210
Immergrüne Gehölze 210
Kübelpflanzen als Stämmchen 211

212 Pflanzbeispiele

Pflanzbeispiele für das Gartenbeet 212

Staudenbeet in der Sonne 212

Rosenbeet mit Gräsern 214

Staudenpflanzung am warmen Gehölzrand 215

Staudenpflanzung im kühlen Schatten 215

Heidebeet mit Winterheide 216

Heidebeet mit Sommerheide 217

Der Steingarten 218

220 Wasser im Garten

Der Gartenteich 220
Der richtige Standort 220
Größe und Form des Teiches 221
Die richtige Tiefe 222
Der Teichgrund 222
Teichwasser einfüllen und entleeren 222

Sicherheitsmaßnahmen 222

Der Gartenteich im Winter 223

Teiche aus verschiedenen Materialien 223
Der Fertigteich 223
Der Folienteich 224
Betonierte Teiche 226
Teiche als Bio-Kläranlagen 226
Badeteiche 226
Das Freilandaquarium 226
Teiche aus Eisenbahnschwellen 227

Naturteiche 227

Moorbeete 228

Wasserläufe 228

Die Wasserqualität 228

Mit Algen leben 229

Düngen oder nicht? 230

Wasserpflanzen im Winter 230

Inhaltsübersicht

Pflanzen für verschiedene Wassertiefen 230
Pflanzen für den Teichrand 234
Tierwelt des Gartenteiches 234
Fische im Gartenteich 236

237 Der naturnahe Garten

Garten und Natur 237

Naturgemäße Lebensbereiche 238

Gemeinschaft von Pflanzen und Tieren 240

Naturelemente im Garten 241
Kleine und große Wasserstellen 241
Gärtnern mit Steinen 242
Die Naturhecke 243
Wildstauden 243
So entsteht eine Wildstaudenpflanzung 244
Ein Feldblumenbeet 245
Eine Bienenweide 245

Die Blumenwiese 245
Wildblumen pflanzen 247
Kompromiß für kleine Gärten: die flache Blumenwiese 247

Der Nutzgarten

250 Das Gemüse

Gemüse aus dem eigenen Garten 250
Der richtige Platz für Ihr Gemüse 250

Boden und Wasser 251

Nahrung für Gemüse 251
Dünger aus »Eigenproduktion« 251
Über mineralische und andere Dünger 251

Einzelkultur, Folgekultur, Mischkultur 252

Pflanzenschutz und Gemüse 252
Natürliche Helfer und was Sie selbst giftfrei tun können 252
Folie und Vlies 253

Samen und Zubehör 253
Erde für Gemüsejungpflanzen 253
Vorbereitung der Beete 253
Bodenbearbeitung im Gemüsegarten 253

Ernte und Lagerung 253
Spätgemüse für den Winter 254
Lagergemüse im Garten aufbewahren 254
Ernte der Spätgemüse 254
Blätter und Sprosse 255
Weniger bekannte Salatgemüse 261
Kohlvariationen 262
Wurzeln und Knollen 266
Hülsenfrüchte 271
Tomaten und Paprika 274
Gurken, Melonen und Kürbis 275
Zwiebelgewächse 276
»Exoten« 279

280 Mischkultur im Garten

Warum bauen wir Mischkulturen an? 280

Fruchtwechsel und Fruchtfolge 281

Planung des Mischkulturgartens 282

Mischkulturen für Flachbeete 282

Das Hügelbeet 288
Wie funktioniert ein Hügelbeet? 288
Der Bau eines Hügelbeetes 289

Mischkulturen für Hügelbeete 290

294 Obst aus dem Hausgarten

Das Baumobst 294
Apfel 294
Birne 298
Pflaume, Zwetsche, Mirabelle, Reneklode 300
Sauerkirsche 302
Süßkirsche 303
Pfirsich 304
Aprikose 305
Quitte 306
Walnuß 307
Haselnuß 309

Die Stammhöhen 309

Obstbaumpflanzung 312

Obstbaumschnitt 313
Der Schnitt des Halb- und Hochstammes 313
Der Schnitt des Spindelbusches 316
Die Pflege älterer Baumkronen 317
Schnittbesonderheiten bei einigen Obstarten 318
Der Sommerschnitt 320
Schnitt der Obsthecke 320
Schnitt des Obstspaliers 321

Veredeln von Obstbäumen 322

Wichtige Pflegearbeiten 324
Wundpflege 324
Mulchen und Wässern 325
Baumpfahl erneuern 325
Baumscheiben anlegen 325
Frostschutz 326

Düngung der Obstgehölze 326
Bodenuntersuchung 326
Düngung in der Praxis 326

Krankheiten und Schädlinge an Obstbäumen 328

Die Obsternte 330

Obstlagerung 331

Das Beerenobst 332
Monatserdbeere, Walderdbeere 336
Johannisbeeren 336
Stachelbeeren 340
Jostabeere 342
Himbeeren 343
Brombeeren 346
Tayberry 348
Preiselbeere 350

Krankheiten und Schädlinge bei Beerenobst 352

354 Kräuter und Gewürze

Kräutergärten im Wandel der Zeit 354

Die Wahl des Standortes 355
Licht als Lebenselexier 355
Keine »fette« Erde 355
Wenig Wasser – kaum Dünger 355

Freude an vielfältiger Gestaltung 356
Ein klassischer Kräutergarten 356
Bewegte Formen 356
Kräuter im Steingarten 356
Kräuter-Rabatte 356
Kräuter auf Gemüse- und Blumenbeeten 356
Würze aus dem Blumentopf 357

Kräuter durch das ganze Jahr 357
Kräuter säen vom Frühling bis zum Sommer 357
Ein würziges Frühlingsbeet im April 359
Aussaat im warmen Mai 360
Wintergrüne Kräuter im Sommer säen 361
Langlebige Kräuter 361
Sommerdüfte für die Winterzeit 362

Einjährige Kräuter 364

Zweijährige Kräuter 367

Mehrjährige Kräuter 368

373 Der Bauerngarten

Die Geschichte des Bauerngartens 373

Die Gestaltung des Bauerngartens 374

Die Pflanzen des Bauerngartens 375
Gemüse und Salat im Bauerngarten 375
Obst im Bauerngarten 375
Seltene Kräuter aus dem Bauerngarten 375
Blumen im Bauerngarten 376
Rosen und Blütensträucher 377

Inhaltsübersicht

378 Gärtnern unter Glas und Folie

Folie, Vlies und Frühbeet 378

Gärtnern im Kleingewächshaus 380
Der richtige Standort 381
Behördliche Vorschriften 381
Bauformen 381
Die Eindeckung 381
Beheizung und Frostschutz 382
Substrate und Erden 384
Fruchtfolge und Hygiene 385

Schädlinge und Krankheiten 385

Die Nutzung 387

Gemüsekulturen im Gewächshaus 389

Verfrühen in Gefäßen 391

Die Anzucht von Sommerblumen und Stauden 394

Überwinterung von Balkon- und Kübelpflanzen 394

Integrierter Pflanzenschutz

398 Integrierter Pflanzenschutz

Woher kommen Schädlinge und Krankheit? 398
Das Biologische Gleichgewicht 398
Ökologisches System 399
Der Fluch der guten Tat 400
Zielsetzung 400

Integrierter Pflanzenschutz 401

Indirekte Bekämpfung – Die Bedürfnisse der Pflanzen 402
Standortfaktoren 402
Einwandfreies Pflanzenmaterial 402
Sortenwahl und Resistenzen 402
Pflanz- und Sätermine 402
Weitverteilte Fruchtfolgen 402
Zwischenkulturen 403
Mischkulturen 403
Gewissenhafte Bodenverbesserung 403
Sorgfältiger Pflegeschnitt 404
Pflanzenhygiene 404
Die natürliche Abwehr 404
Schutz und Förderung von Nützlingen 405
Die Zucht von Nützlingen und deren gezielter Einsatz 405
Mikrobiologische Bekämpfung 406
Selbstvernichtungsverfahren 408

Wetterbeobachtung, Klima 408

Direkte Bekämpfung – Biotechnische Verfahren 409
Chemische Reize 409
Physikalische Reize 411
Vorgänge im Wurzelbereich 412

Direkte Bekämpfung – Physikalische Verfahren 413
Früherkennung 413
Mechanische Schädlingsbekämpfung 413
Hitze- und Kältebehandlung 414

Direkte Bekämpfung – Chemische Pflanzenschutzmittel 415
Biologisch-chemische und nützlingsschonende Pflanzenschutzmittel 415
Selektiv wirkende Pflanzenschutzmittel 415
Testung auf Nutzinsekten 415
Alternativen zum Einsatz von Pflanzenschutzmitteln 415
Pflanzenschutzmittel im Hausgarten – immer problematisch 415

Krankheiten und Schädlinge 416
Parasitäre Ursachen 416
Nichtparasitäre Störungen der Wachstumsfaktoren 417
Erkennen von Krankheiten und Schädlingen 417

Wissenswertes über Insekten 418

Beißende Insekten 419

Saugende Insekten 422

Andere wichtige Gartenschädlinge 426

Die natürlichen Feinde von Kulturschädlingen 428

434 Biologischer Pflanzenschutz

Vorbeugen ist besser als spritzen 434

Mittel gegen Schädlinge und Krankheiten 435
Blattläuse 435
Schnecken 436
Wühlmäuse 437
Erdflöhe 437
Kohlweißlinge 437
Pilzerkrankungen 438

439 Pflanzenschutzgesetz

Gesetz zum Schutz der Kulturpflanzen 439
Integrierter Pflanzenschutz 440
Erste Hilfe bei Gift-Unfällen 440
Chemische Pflanzenschutzmittel im Hausgarten 440

441 Die Rechte des Gartenbesitzers

Das Gartenrecht 442
Der Gartenfreund und seine Nachbarn 442
Umfang und Bestandteile des Grundstücks 442
Grenzabstand von Bäumen und Sträuchern 442
Schutz der Bäume und Sträucher 443
Komposthaufen 447
Samenflug in Nachbars Garten 447
Rasenmäher 448

449 Arbeitskalender

Januar 450
Februar 452
März 454
April 456
Mai 458
Juni 460
Juli 462
August 464
September 466
Oktober 468
November 470
Dezember 472

474 Stichwortregister

Die Gartengestaltung

Die Gartengestaltung

Gedanken zur Gartengestaltung

Es wird heutzutage vielfach bedauernd festgestellt, daß es für unsere Zeit keinen passenden und gültigen Stil der Gartengestaltung gibt. Wir scheinen in einer Zeit des Umbruchs zu leben, in der auch die Gartenkunst noch keine zeitgemäße Ausdrucksform unseres Lebens gefunden hat.

Wenn wir einen Garten gestalten wollen, so werden unsere Gedanken und Überlegungen stets von dem, was wir im Laufe unseres Lebens gesehen haben, von historischen Vorbildern beeinflußt, und wir antworten auf all diese Eindrücke – je nachdem, wie weit wir sie verarbeitet oder umgesetzt haben – mit einer Kopie oder geringen Umwandlung dieser überkommenen Formen. Indem wir immer wieder die vorhandenen Motive verwenden, häufig in widersprüchlicher Zusammensetzung, verlieren sie ihre Bedeutung und die ihnen eigen gewesene Aussagekraft. Ein häufig anzutreffendes Beispiel hierfür ist der nach neuesten ökologischen Gesichtspunkten angelegte Teich, aus dem an einer angeblich bedeutungsvollen Stelle eine Wasserfontäne emporschießt, die einer repräsentativen barocken Gartenanlage alle Ehre machen würde, aber in einem Teich, in dem die wunderbare Harmonie von Wasser, Tier und Pflanze aufgezeigt werden soll, überhaupt nichts zu suchen hat. Da es uns heutzutage häufig schwerfällt, den ursprünglichen Sinn angeblich bewährter Formen zu entdecken und ihre Bedeutung zu würdigen, sollten wir uns vor ihrer Verwendung hüten. Die Tatsache, daß wir sie meist nur als sinnentleerte Dekorationsmittel einsetzen, mag einer der Gründe dafür sein, daß man von einer Gartenkultur und Gartenkunst in unserer Zeit nicht sprechen kann.

Wir leben in einer Zeit, in der technisch fast alles möglich ist, eine Tatsache, die für uns große Vorteile aber auch erhebliche Nachteile bringt. Bauten die Menschen früherer Zeiten ihre Häuser mit relativ geringem, wenigstens aber vertretbarem Aufwand dorthin, wo es geographisch, morphologisch und klimatisch am sinnvollsten war (ausgenommen einige absolutistische Herrscher des Barock), und schlossen sie sich zu einander hilfreichen Gemeinschaften zusammen, so sind wir heutzutage in der Lage, in großspuriger Vernachlässigung aller natürlichen Gegebenheiten das repräsentative Einfamilienhaus mit Swimmingpool am unverbaubaren Südhang und die Reihenhaussiedlung im Überschwemmungsgebiet einer Flußniederung zu bauen.

Wir verwenden z. B. das »nostalgische« Motiv des Kräutergärtleins aus den mittelalterlichen Klostergärten, wo tatsächlich heilkräftige Kräuter zur Linderung der Leiden geerntet und verwendet wurden, und füllen damit eine Ecke in unserem Hausgarten. Während die Kräuter dort ihren Kampf gegen das »Unkraut« aufnehmen, gehen wir in die Apotheke und kaufen uns Pillen und Salben.

Sehr ähnlich verfahren wir mit dem Bauerngarten. Im Zuge der Rückbesinnung auf die Natur ist er zum beliebten Motiv geworden. Er gehört in den ländlichen Raum, es ist das Stückchen Land, das die Bäuerin dem Zugriff der umgebenden Natur abgerungen hat, von einem einfachen Holzzaun umgeben und eingebettet zwischen Hof und Weideflächen. Entreißt man ihn dieser Umgebung und glaubt, ihn im städtischen Siedlungsbereich anlegen zu müssen, so macht man ihn zu einer wenig sinnvollen Dekoration.

Sehr in Mode sind neuerdings auch Stein- und Kiesgärten. Ihre Elemente stammen entweder aus dem Hochgebirge oder aus japanischen Gärten, beides ist vom natürlichen und geistigen Ursprung her so weit von den Gegebenheiten in unseren Hausgärten entfernt, daß bei einer Verwendung dieser Elemente nur zu allergrößter Behutsamkeit geraten werden kann. Eine nachempfundene Gebirgslandschaft gehört auf keinen Fall in eine saftiggrüne Wiesenlandschaft des Tieflands, und ebenso widersinnig ist es, auf dem Hang vor unserer Terrasse eine Miniatur-Alpenlandschaft anzulegen oder mühsam aus dem Gebirge herangeschleppte Felsbrocken entlang einer asphaltierten Garageneinfahrt aufzureihen.

Das Anliegen der japanischen Gärtner war und ist es, mit Hilfe von Steinen,

In einer historischen, barocken Gartenanlage wird die Form zum repräsentativen Selbstzweck. Der absolutistische Herrscher, der Auftraggeber für solche Kunstwerke, künstliche Werke, hatte das Bedürfnis und die Macht, die Natur nach seinem Willen zu gestalten. Sträucher, Blumen, Wasser und Steine hatten sich seinem Repräsentationsbedürfnis zu fügen.

Bäumen, Wasser und Moosen den Menschen auf kleinstem Raum das wahre Wesen einer Landschaft nahezubringen und so eine Atmosphäre zu schaffen, in der das zerstreute Bewußtsein – die vom Alltagstrubel erschöpfte Seele – Friede finden kann. Die Kunst, derartige Gärten zu schaffen, beruht auf Jahrhunderte alter Übung und Tradition, sie ist das Ergebnis sorgfältiger Überlegungen und tiefen Einfühlungsvermögens in die Welt der Natur. Was bei uns davon übernommen wurde, sind Zwergkoniferen und Steine, die mehr oder weniger wahllos im Garten verteilt werden.

Zwei »Erfindungen« des 19. Jahrhunderts haben die Form und Gestalt unserer Gärten wesentlich geprägt, der Rasen, der sich aus der Weide zum formalistischen Grünteppich entwickelt hat, und die Blumenrabatte, welche »die Gartenkunst in die Nähe des Konditorhandwerks bringt«. Diese provokative These stammt von L. Burckhardt, dem Schweizer Soziologen, der sich kritisch mit unserem heutigen Verständnis von Gesellschaft, Landschaft und Natur auseinandersetzt. Er beklagt unter anderem auch, daß alle Motive und alle Materialien überall auftreten, daß »der Totaleinsatz des gesamten Arsenals« ebenso kostspielig wie wirkungslos sei.

Die Wandlung der grasbewachsenen Fläche vom Futterplatz für bäuerliche Nutztiere über die formalistische Repräsentationsfläche der feudalen Gesellschaft hin zum freizügig nutzbaren Spiel- und Erholungsareal kann als eine richtungsweisende Entwicklung angesehen werden. Es darf uns in Zukunft nicht mehr nur darum gehen, unsere Umwelt formal und optisch befriedigend zu gestalten, durch unsere Eingriffe nur Objekte zu schaffen, sondern Gestalt, Beziehung und Nutzung müssen eine erkennbare Einheit bilden. Der Mensch soll nicht länger aus der Natur herausgenommen als unbeteiligter Betrachter oder einseitiger Ausnutzer wie fremd in seiner Umwelt, seiner Mitwelt leben. Nicht nur die äußere Form unserer Umgebung, sondern ihre Benutzbarkeit für uns und für die mit uns lebenden Lebewesen ist von Bedeutung.

Ein eindrucksvolles Beispiel dafür, wie Menschen von der Nutzung ihrer unmittelbaren Umgebung weitgehend ausgeschlossen sind, finden wir in der Situation der Mieter in Geschoßwohnungen. Diesen Menschen ist die Verfügbarkeit von und die Verantwortung für die Freiräume, die zu ihren Wohnungen gehören, abgenommen. Die Flächen dürfen häufig nicht betreten und meist überhaupt nicht individuell genutzt oder bearbeitet werden.

Das Hauptargument gegen zumindest eine teilweise Freigabe halböffentlicher oder auch öffentlicher Grünflächen bringt uns zu einem weiteren Punkt, der uns zeigt, wie sehr wir in historischen Vorstellungen befangen sind. Wahrscheinlich aus der Zeit der repräsentativen Schaugärten stammt unser »Bedürfnis« nach ordentlichen, sauberen Außenanlagen, vergleichbar dem Salon, in dem von hilfreicher Hand jedes Stäubchen entfernt wird und alle Kostbarkeiten ihren festen Platz haben. Wir haben die Kriterien »Sauberkeit und Ordnung« aus den Wohnungen nach draußen projiziert, wir empfinden herumliegendes Laub, überwachsene Grenzen und manche Pflanzen, die wir dreist als Unkraut bezeichnen, als unordentlich und störend. Wir haben uns daran gewöhnt, uns inmitten gepflegter Sauberkeit als passive Betrachter zu bewegen, Grenzen werden festgelegt (was gepflegt ist, darf nicht benutzt werden), innerhalb derer wir uns wie Marionetten verhalten. Die Disziplin in der Gestaltung unserer Umwelt, die uns die Mächte der Ordnung auferlegen, ist für Kinder ein Hindernis, aber älteren Menschen ein Bedürfnis. Diese Ordnung zeigt eben auch, daß man hier nicht von Kindern belästigt wird, daß man keinen Fußball an den Kopf bekommen kann, weil diese Gartenanlage mit schönen und wertvollen Blumen bepflanzt ist!

Hier wird deutlich, daß, wie eine Wohnung, auch ein Garten verschiedene Nutzungsebenen aufweisen muß, die den verschiedenen Bedürfnissen seiner Bewohner Rechnung tragen sollten.

Wir müssen Bereiche ausweisen für Kinder, Hausfrauen, ältere Menschen, Pflanzenliebhaber, für Menschen mit dem Wunsch, häufig zu feiern, sich körperlich auszuarbeiten, Tiere zu beobachten oder sich auszuruhen. All dies können wir in unseren kleinen Garten natürlich nicht nebeneinander aufreihen, das würde bedeuten, daß wieder Grenzen gezogen und respektiert werden müssen. Vielmehr sollten sich die einzelnen Nutzungsarten überlagern, aneinander anpassen und ändern können, je nachdem, wie sich die Bewohner oder die Umgebung verändern.

Der Faktor Zeit hat bei der Planung unserer Gärten ein viel größeres Gewicht als beim Entwurf eines Hauses. Das lebende Material Pflanze, das wir in unsere Gärten einbringen, entwickelt im Laufe der Zeit ein Eigenleben, dem wir mit Achtung und Toleranz gegenübertreten müssen. Eine schlimme Entwicklung ist bei uns durch die Schaffung von Muster- und Schaugärten (z. B. Gartenschauen) ins Rollen

Auch wenn ein japanischer Garten mit großem Verständnis und Einfühlungsvermögen in unsere westliche Landschaft eingefügt wurde, es geht von ihm nie die Ausstrahlungskraft aus wie in Japan. Es ist, als ob man spürt, daß unser Land, unsere Umgebung aus einer anderen Geistesbildung heraus entstanden ist und die wunderschönen Elemente des japanischen Gartens nur stimmungsvolle Dekoration sind.

Diese Situation an einem Wasserbecken zeigt, wie mit züchterisch wenig beeinflußten Pflanzen umgegangen werden kann. Dominierend ist der robuste Frauenmantel. Die verschiedensten Stauden sind bereits ineinandergewachsen, wie es in der Natur ebenfalls geschieht.

gekommen: Es wird mit großem finanziellem Aufwand gezeigt, daß technisch alles möglich ist, daß Pflanzen Objekte sind, mit deren Hilfe man bestimmte Effekte erzielen kann. Wenn die Show vorbei ist, verschwindet das meiste wieder – es war ein Spuk. Großgärtnereien und Gartencenter genießen heutzutage viel Ansehen und Macht, aufgrund der technisch raffinierten Methoden, die sie einsetzen, erzeugen sie bei den vielen liebevoll engagierten Hobbygärtnern das Gefühl der Ohnmacht. Der Laie ist ihnen weitgehend ausgeliefert und übernimmt die ihm vorgeführte Einstellung zur Pflanze als austauschbare, käufliche Ware. Sobald die Birke zu hoch geworden ist (und zu viel Laub abwirft), wird sie abgesägt und durch eine pflegeleichte Konifere ersetzt. Ist diese zu groß geworden, wird die Spitze herausgesägt, noch einige Jahre später findet man an ihrer Stelle eine hübsche blaunadlige Zwergkonifere!

Es ist uns die Ehrfurcht vor der Pflanze als Lebewesen verlorengegangen, sie ist zum bloßen Material degradiert. Wir müssen wieder umdenken lernen, denn die Pflanzen sind es, die Leben in unsere Welt, in unsere Gärten bringen, sie zeigen Werden und Vergehen, Entwicklung und Kampf ums Überleben, sie sind Lebensgrundlage für Mensch und Tier. Wir sollten den Mut haben, sie so zu verwenden, daß sie sich ihrer Art entsprechend zu charaktervollen und dominierenden Geschöpfen entwickeln können. Damit wäre ein erster Schritt in Richtung auf ein ökologisches Denken getan, wie es heutzutage mehr und mehr vonnöten ist. Wenn wir den Mut haben, das Laub liegenzulassen, in einer Ecke unseres Gartens abgeschnittene Zweige und Äste aufzustapeln, Platten- und Wegeflächen nicht zu betonieren, sondern wasserdurchlässig zu halten, irgendwo einen Stein- und Kieshaufen aufzuschütten und sich (fast) selbst zu überlassen, einen Teich anzulegen und ihn sich ebenfalls (fast) selbst zu überlassen, Pflanzen zu verwenden, die züchterisch nicht oder nur wenig beeinflußt sind, dann werden wir in relativ kurzer Zeit einen vielfältigen, lebendigen Garten haben. Es werden sich Frösche und Kröten einfinden, Vögel, Spinnen, Eidechsen, verschiedene Mäusearten, vielleicht auch Maulwürfe. Die Vegetation wäre in der Lage, sich auch nach intensiver Nutzung durch Kinder wieder zu regenerieren, oder sie verändert sich z. B. im Bereich eines Sandspielplatzes, weil der Boden dort sandiger und durchlässiger geworden ist.

Wenn wir z. B. auf das formalistische Element eines Rosenbeetes verzichten würden, das selbstverständlich auch seinen Reiz hat, und die Fläche statt dessen dem Zusammenwirken verschiedener, weniger hochgezüchteter Pflanzen überließen, so würde sich uns eine ganz neue Erlebniswelt eröffnen, in der der Begriff »Unkraut« nur noch eine sehr untergeordnete Bedeutung hätte. Unkraut gibt es eigentlich erst, seitdem wir (dank der Arbeit der Gartentechniker, Züchter und Pflanzenproduzenten) in der Lage sind, Monokulturen anzulegen. Wir haben uns die Last des Unkrauts selber geschaffen, indem wir zu stark in das natürliche Gefüge eingegriffen haben. Das prächtige Blumen- oder Rosenbeet, seit Jahrzehnten wesentlicher Bestandteil unserer Gärten, hatte sich als Pendant zum Gemüsebeet entwickelt. Dort mußten, wollte man eine angemessene Ernte erzielen, konkurrierende Pflanzen entfernt werden. Das Zierbeet, angefüllt mit Produkten der Blumengärtnerei, brachte in der Regel mehr Ärger über den Kampf gegen das Unkraut und um das Überleben der Pflanzen, als Freude an ihrer Schönheit.

Eine neue, gültige Richtung in der Gartengestaltung ist noch nicht gefunden. Einige ungewöhnliche, aus den alten Denkweisen herausragende Ansätze seien hier noch erwähnt: Der Holländer Louis Le Roy hat um ein Studentenheim herum große Kies-, Sand- und Schutthügel aufgetürmt, sehr ausdrucksvoll und dynamisch, und sie mit einer Schutthalden- und Ruderalvegetation überzogen, die fast keiner Pflege bedarf. Im Laufe des Jahres folgen verschiedene Blütenaspekte aufeinander (erst Löwenzahn, dann diverse Doldenblütler und Kleearten, später Goldraute u. v. m.) und geben Zeugnis vom gegenseitigen Dulden und Konkurrieren der Pflanzen, fast ohne menschliche Eingriffe. Inzwischen ist die Anlage wieder eingeebnet worden, die Obrigkeit befand sie als zu unordentlich!

Der Gartenarchitekt I. H. Finlay hat in seinem Garten in Schottland stim-

Die Gartengestaltung

mungsvolle kleine Bereiche geschaffen, denen er ein Kunstwerk aus der Vergangenheit zuordnet; eine Passage am Wasser ist wie auf dem Gemälde eines Landschaftsmalers gestaltet. Oder ein Stück Wiese wird zum Rasenstück Dürers. Im Garten leben für ihn bedeutungsvolle Assoziationen aus Dichtung und Malerei. Das sind sehr persönliche Ausdrucksformen – sie sollen nicht zum Nachmachen anregen, sondern zum Nachdenken.

Hilfen für die Planung

Bevor wir mit dem konkreten Planen beginnen, sollten wir uns über eines klar werden: Jegliche Planung kann nur einen Prozeß einleiten, einen Beginn signalisieren, einen Weg aufzeigen, aber nichts abschließen oder beenden. Dies gilt insbesondere für die Planung unserer Gärten, sie können niemals fertig hergestellt werden. Sie wandeln sich ständig, und mit ihnen wandeln wir uns ebenfalls.

Unsere Gärten sind leider sehr klein geworden, eine Folge allzu hoher Grundstückspreise und dichter Bebauung. Obwohl unsere Architekten und Städtebauer meist ohne Beachtung natürlicher Gegebenheiten die Bebauung in der Landschaft verteilen, müssen wir uns ganz zu Beginn unserer Überlegungen klar machen, in welcher natürlichen Umgebung unser Garten liegt. Während sich seine äußere Form hauptsächlich aus seiner Nutzung ergibt, muß seine Ausdrucksform im Einklang mit seiner Umgebung stehen. Gelegentlich kann ein Stilkontrast angebracht sein, z. B. bei einem allseits umbauten Innenhof, aber im allgemeinen ist das unpassend.

Wir sollten in der Planung möglichst alles, was an natürlichen Gegebenheiten vorhanden ist, berücksichtigen oder mit einbeziehen, besonders wenn unser Garten im Randbereich der Bebauung liegt. Bei der Pflanzenauswahl sollte hier weitgehend auf modische und auffallende Zierformen verzichtet und eher auf standortgerechte oder verwandte Arten zurückgegriffen werden.

Trotz der Korrespondenz mit der ihm umgebenden Natur sollte unser Garten ein geschützter Freiraum sein, in dem man ungestört Licht, Luft und Sonne genießen kann. Leider ist die Schaffung einer privaten Zone im Freien sehr schwierig geworden, sei es, weil die Grundstücke zu klein sind, oder weil die Häuser mitten im Grundstück liegen und ringsherum nur noch schmale Abstandsflächen übriggeblieben sind. Hier eine befriedigende Erlebniswelt oder Nutzungsform zu finden, ist eines der besonderen Probleme, die sich bei der Planung unserer Gärten ergeben.

Verbindung von Haus und Garten

Das Wohnen im Haus, das Wohnen im Garten ist nicht nur eine Bedürfnisbefriedigung, sondern es ist auch eine Bedürfnisbefriedigung. Zwar werden uns technische und finanzielle Auflagen und Beschränkungen meist dazu zwingen, unsere Häuser und Gärten nicht so bauen zu können, wie sie unseren Vorstellungen entsprechen würden, aber wir müssen einen Kompromiß finden zwischen dem, was wir uns leisten können und dem, was wir möchten.

Eine Verbindung zwischen der Wohnung, in der wir leben, und dem sie umgebenden Stück Erde ist zunächst meist nicht gegeben. Häufig liegt das Erdgeschoß über dem Gartenniveau, da man aus Kostengründen, aus Furcht vor eindringendem Wasser oder aus Unkenntnis das Gebäude nicht richtig eingebettet hat. Die Beziehung zum Freiraum ist gestört, wenn man gleichsam wie ein Feldherr über ihm thront. Die Böschung vor der Terrasse ist meist steil und schwer zu begehen und höchstens als Rodelhügel für kleine Kinder zu gebrauchen. Aus dem Wohnzimmerfenster blickend, sieht man allenfalls den hinteren Rand seines Gartens, da man das von der Terrasse steil abfallende Gelände nicht einsehen kann. Den Blickfang bildet das nächste und übernächste Einfamilienhaus mit der gleichen eintönigen Böschungsneigung vor der Terrasse.

Nicht immer sind die Verhältnisse so unerfreulich wie eben beschrieben. Häufig ist es einfacher, eine spontan nutzbare Verbindung zwischen Wohnraum und Freiraum herzustellen. Die wichtigste Voraussetzung dafür ist die,

Kleine Gartenhöfe haben ihren ganz besonderen Reiz! Wenn auch noch die Sonne hineinscheint, hat man die Möglichkeit, allerlei wärmeliebende, duftende Blumen zu pflanzen. Den Rosen, Nelken und dem Salbei kommt die in den Mauern gespeicherte Wärme ganz besonders zugute.

Die Gartengestaltung

Bei dieser erhöht liegenden Terrasse fehlt die Böschung. Geschickt arrangierte Blumenkübel schaffen zwei intime Bereiche.

daß man dort, wo es den jeweiligen Lebensgewohnheiten am meisten entspricht, niveaugleich hinaustreten kann in einen abgeschlossenen Bereich, in dem man sich ungezwungen und ungestört bewegen kann. Wir erreichen dies dadurch, daß wir ihn mit einer Pergola, einem Rankgerüst, mit einem undurchsichtigen Holzzaun, einer Mauer oder einer Abpflanzung einfassen. Sie werden feststellen, daß es dieser Raum ist, der eine gewisse Privatsphäre unter freiem Himmel garantiert, den man gerne und häufig benutzen wird. Freilich darf er nicht allzu weit von den Plätzen innerhäuslicher Aktivitäten entfernt liegen, von Küche, Eßplatz oder Wohnzimmer, denn seine Benutzung sollte nicht mit allzu viel Mehrarbeit für die Hausfrau verbunden sein.

Jeder Haustyp erfordert seinen eigenen, ihm entsprechenden Gartentyp, Landhäuser, Sommer- und Ferienhäuser, Stadthäuser, alte Häuser und ganz moderne erfordern eine unterschiedliche Behandlung des Außenraumes. Zu einem sachlich nüchternen, modernen Bau gehört eher eine strenge und formale Gliederung des Gartens, als zu einem romantisch verspielten Landhaus; an einem Ferienhaus ist eine Rosenrabatte ebenso fehl am Platze wie eine Trauerweide an einem kleinen Wasserbecken im Innenhof eines Stadthauses. Jedes Haus braucht seinen typischen Garten, in dem bestimmte Pflanzen und Materialien verwendet werden sollten, die ihm seinen eigenen, unverwechselbaren Stil geben.

Sind nun die Beziehungen zum Außenraum hergestellt und in die Planung eingegangen, so muß die Frage geklärt werden, wie Sie persönlich und Ihre Familie den Garten nutzen möchten: Eine möglichst große Rasenfläche brauchen Sie, wenn Sie noch kleine Kinder haben, oder wenn Sie auf einer ruhigen Fläche das Spiel von Licht und Schatten erleben möchten.

Sind Sie Pflanzenliebhaber, werden Sie sich an verschiedenen Stellen passende Standorte für Ihre Lieblinge schaffen. Wenn Sie den Gemüsebedarf aus dem eigenen Garten decken wollen, sollte die Anordnung der Beete sowohl praktisch als auch hübsch anzusehen sein. Wenn Sie häufig Gäste haben, muß die Terrasse groß genug sein oder ein entsprechender Sitzplatz in Hausnähe vorgesehen werden. Jeder Gartenbesitzer hat seine eigenen Bedürfnisse und Vorstellungen, jeder Garten liegt in einer anderen Umgebung, die Bindung an Vorhandenes, das Lokalklima, die Bodenbeschaffenheit, all das sind wichtige Gestaltungsfaktoren, die Ihrem Garten seine Einmaligkeit verleihen.

Geländebeschaffenheit

Gelegentlich kommt es vor, daß der natürliche Geländeverlauf vom Architekten oder Städtebauer als gestalteri-

Von links nach rechts: Dieser kleine Terrassensitzplatz ist ringsum von Pflanzen eingerahmt.

Sitzplatz im Garten mit »Rückendeckung«. Der große Baum bildet das Dach des Freiraumes.

Die Gartengestaltung

sches Element aufgenommen und verwendet wird. Falls Ihr Haus am Hang liegt oder das Gelände auf das Haus zufällt oder es sich nach einer Seite neigt, bitte glauben Sie nicht, diese besondere Situation »normalisieren« zu müssen, indem Sie versuchen, alles einzuebnen – dadurch wird Ihre Gartenanlage nur teurer, aber nicht interessanter. Gehen Sie vielmehr mit dieser besonderen Situation sehr behutsam um. Sie stellt ein Bindeglied zwischen Ihnen, Ihrem Garten und der Sie umgebenden Natur dar.

Sehr reizvoll läßt sich natürlich ein Hang gestalten, der auf das Haus zu fällt, da man ihn von der Wohnung aus gut übersehen kann. Nachteile einer solchen Lage sind, daß das Haus unter Umständen weniger Sonneneinstrahlung bekommt und daß man bei der Anlage des Gartens besondere Sorgfalt auf den Schutz des Hauses vor Hang- und Oberflächenwasser verwenden muß. Eine geschickte Terrassierung kann dabei sowohl technischen als auch gestalterischen Nutzen bringen. Ein besonders ansprechendes Gestaltungselement kann dabei die Treppe sein, die den Hang erschließt. Vielleicht könnte man auch ein Bachbett anlegen, in dem nur Wasser fließt, wenn es regnet und das in der übrigen Zeit eine trockene, mit hübschen Kieseln gefüllte Rinne ist. Unten am Haus läge ein Wasserauffangbecken, entweder als Sumpfpflanzenbereich oder als Fischteich ausgebildet, in jedem Fall mit einem Überlauf, der an die Hausentwässerung angeschlossen ist.

Es wäre auch denkbar, den Hang nur einfarbig grün zu bepflanzen und hübsche Vasen, Töpfe oder Plastiken darin anzuordnen, die nachts angestrahlt werden könnten. Vielleicht gefällt Ihnen eher eine farbenfrohe Bepflanzung, die den Hang das Jahr über in verschiedenen Farben erblühen läßt, weiß im Frühjahr, rot im Sommer und gelb im Herbst.

Häufiger sind Grundstücke, die vom Haus zur Grundstücksgrenze hin geneigt sind, bzw. auf denen die Häuser so hoch hinausgebaut sind, daß an den Ausgängen etwa 1 m Höhenunterschied zu überwinden ist. Dann sitzen wir hoch über unserem Gärtchen und haben Schwierigkeiten, Verbindung mit ihm zu bekommen und uns gegen die Einblicke aus der Nachbarschaft zu schützen. Eigentlich gibt es in solchen Fällen nur zwei Möglichkeiten einer interessanten und befriedigenden Lösung. Entweder die Böschung wird so kurz wie möglich ausgebildet und als notwendiges Übel betrachtet, als Barriere, die überwunden werden muß, um in den unteren Gartenteil zu gelangen, oder wir gestalten sie so, daß sie an Bedeutung gewinnt und ein abwechslungsreiches und interessantes Element unseres Gartens wird.

Im ersten Fall wird die kurze, steile Böschung entweder dicht bepflanzt oder mit Stützmauern abgefangen. Dabei kann die Ausbildung von Mauern und Treppen zu sehr reizvollen, abwechslungsreichen Lösungen führen, besonders im Bereich der Stufen und Podeste könnten interessante Pflanzungen angelegt werden. Hübsch und einladend muß dann aber der untere Garten gestaltet werden, damit man das Bedürfnis verspürt hinunterzugehen und ihn aus der Nähe zu erleben. Die andere Möglichkeit ist die, der Ausformung der Böschung selbst besondere Bedeutung beizumessen. Das hat zur Folge, daß wir mehr Platz und mehr Boden benötigen, um eine gefällige, ausdrucksvolle Bodenmodellierung formen zu können. Wir folgen dabei dem natürlichen Geländeverlauf weitgehend, können jedoch an geeigneter Stelle künstliche Steigerungen bringen, die zusammen mit kleinen Stützmauern oder kurzen Treppen den Reiz einer solchen Anlage erhöhen.

Manchmal befinden sich in einem Garten außergewöhnliche topografische Besonderheiten, steile Geländevorsprünge, kleine Felspartien, Findlinge, Senken, Tümpel oder ein Bach. Sie sollten derartige Elemente nicht als störend empfinden und sie womöglich mit großem Aufwand beseitigen, sondern mit Sorgfalt und Einfühlungsvermögen in die Umgebung zu erhalten versuchen und gestalterisch in die Gartenanlage einzubinden. Felspartien können zu Steingärten gemacht werden, Findlinge sind hervorragende Blickpunkte, denen sowohl ein Trockenpflanzenbeet als auch eine Wasserfläche zugeordnet werden kann. Senken und Tümpel können mit geringem Aufwand zu Pflanzen- oder Fischteichen ausgebaut werden, ebenso Bachläufe, die je nach Grundstücksgröße zu kleinen oder großen Seen aufgestaut werden können.

Bei allem Bemühen, solche natürlichen Elemente in die Gestaltung des Gartens mit einzubeziehen, dürfen die

Von oben nach unten:
Gute, langgezogene Böschung und Treppe, die dem natürlichen Geländeverlauf folgen.

Gefälle auf das Haus zu: Ebene Fläche am Haus und gut gegliederte, nicht zu steile Treppe.

Eine Quelle, ein kleiner Bachlauf, wie natürlich – oder wirklich natürlich?

Die Gartengestaltung

übergeordneten Zusammenhänge mit der umgebenden Landschaft nicht außer acht gelassen werden, unsere Planung muß sich dort harmonisch einfügen.

Bodenbeschaffenheit

»Der Mensch kümmert sich wirklich nicht darum, worauf er tritt. Du solltest einen Garten oder zumindest ein Beet haben, um zu wissen, worauf Du trittst. Dann, mein Lieber, würdest Du merken, daß nichts so schön oder abscheulich ist, wie der Boden unter Deinen Füßen. Du würdest saure, bindige, lehmige, kalte, steinige und schlechte Erde unterscheiden lernen; Du würdest das lockere, warme, leichte und gute Erdreich schätzen und von ihm behaupten, daß es schön sei, wie Du es von Frauen sagst. Du würdest ein unendlich sinnliches Wohlbehagen verspüren, wenn der Arm beim Prüfen bis zum Ellbogen in dem lockeren, weichen Erdreich versinkt oder wenn Du einen Klumpen Erde in der Hand knetest, um seine leichte und feuchte Wärme zu fühlen. Solltest Du jedoch für diese eigenartige Schönheit kein Verständnis haben, so möge Dir das Schicksal einige Quadratmeter Boden zur Strafe bescheren, einen Lehmboden, hart wie Zement, einen echten Naturlehm, aus dem einem die Kälte entgegenweht, der sich unter Deinem Spaten wie Kaugummi krümmt, der sich an der Sonne zusammenzieht und im Schatten säuert, einen schlechten, unnachgiebigen, schmierigen Lehm, der wie eine Schlange gleitet und trocken wie Ziegelstein ist, dabei undurchlässig wie Eisen und schwer wie Blei. Und nun versuche, ihn mit der Hacke zu zerteilen, mit dem Spaten zu schneiden, mit dem Hammer zu zerschlagen, grabe und plage Dich ab, schimpfe und fluche. Dann wirst Du begreifen, was Feindschaft und Verbissenheit der Materie bedeutet, die tot und unfruchtbar ist, die sich weigert, lebendes Erdreich zu werden, und Dir wird bewußt, welchen Kampf alles Lebende Jahr um Jahr führen muß, um im Erdreich Wurzeln zu fassen, ganz gleich, ob dieses Leben Pflanze oder Mensch heißt – dann wird Dir klar, daß Du dem Boden mehr geben mußt, als Du von ihm forderst.«

Kehren wir nach dieser herausfordernden Betrachtung über den Boden von Karel Capek zurück in unseren Garten und sehen uns dort den Boden an. Er ist einer seiner wesentlichen und im Prinzip unveränderlichen Bestandteile, dessen Eigenheiten sehr wohl das Bild unseres Gartens prägen werden. In den seltensten Fällen werden wir in unserem Garten einen vollständigen Bodenaustausch vornehmen, in der Regel tun wir gut daran, uns mit der Bepflanzung nach den gegebenen Bodenverhältnissen zu richten.

Wie Sie die Bodenart in Ihrem Garten bestimmen können, erfahren Sie an anderer Stelle in diesem Buch (S. 32), wichtig für das Aussehen und den Pflegeaufwand in Ihrem Garten ist, daß Sie die für die jeweilige Bodenart passende Pflanzenzusammenstellung wählen.

Übergeben Sie jedoch auf keinen Fall den Pflanzen den Boden so, wie ihn eine Baufirma hinterlassen hat. Der verdichtete, häufig leblose sogenannte Mutterboden, den eine Planierraupe auseinandergeschoben hat, ist in den meisten Fällen noch kein geeignetes Substrat, in dem sich Ihre Pflanzen wohlfühlen können.

Schon aus der Lage des Hauses im Grundstück ergeben sich verschiedene Bereiche, für die Sie den Boden aufbereiten müssen, damit die entsprechenden Pflanzen dort gut gedeihen: An den Nord- und Ostseiten werden Sie schattenliebende Pflanzen verwenden, die, weil sie aus dem Wald oder vom Waldrand stammen, lockere, humose Böden lieben; auf der Südseite fühlen sich die sonnenliebenden Pflanzen wohl, die häufig aus Gebieten mit trockenen, durchlässigen Böden stammen; wenn Sie die prachtvollen Beetstauden verwenden möchten, müssen Sie den Boden reichlich mit Nährstoffen versorgen, Rhododendren brauchen leichte, sehr humose Böden, die Sommerheide durchlässige, sandige, manche Alpenpflanzen kalkhaltige usw., usw. Wenn immer Sie sich spezialisierte Gäste in Ihren Garten holen, müssen Sie ihnen den passenden Boden und Standort schaffen.

Klimatische Besonderheiten

Der Standort wird nicht nur vom Boden, sondern auch vom Klima geprägt. Hierbei spielen nicht nur die großräumigen Wetterdaten eine Rolle, sondern in starkem Maße auch kleinklimatische

Sicher sind beim Bau des Hauses in diesem Bereich größere Mengen Kies als Unterbau eingebracht worden, sonst würden sich Kandelaberkönigskerzen, Schleierkraut und Salbei nicht so wohl fühlen.

Besonderheiten. Im Inneren der Stadt ist es z. B., bedingt durch die Wärmeausstrahlung der Gebäude, nicht so kalt wie in den Außenbezirken. Es kann in der Stadt zwischen den Häusern windgeschützt sein, gleich daneben jedoch sehr zugig, denn bestimmte Gebäudestellungen haben eine ausgesprochene Düsenwirkung. Ähnlich extrem kann die Regenwasserverteilung in der Stadt sein. Im Regenschatten von Gebäuden herrscht große Trockenheit, andererseits fallen dort große Wassermengen an, wo der Regen oberflächlich abgeführt wird.

Ein anderer kleinklimatischer Faktor ist die Luftverschmutzung. Sie kann dazu führen, daß man wegen der reduzierten Strahlungsintensität in manchen Gebieten Pflanzen, die eigentlich im Schatten gedeihen, in die »volle« Sonne pflanzen kann. Ganz allgemein kann man sagen, daß das Kleinklima mit zunehmender Bebauungsdichte wärmer und trockener wird, was wir bei der Pflanzenauswahl für ausgesprochene Stadtgärten berücksichtigen sollten. Auch dort, wo keine zusätzliche Strahlungswärme anfällt, kann man das Kleinklima sehr verbessern.

Wenn Sie, aus welchem Grund auch immer, eine Mauer bauen, so sollten Sie bei Ihrer Planung berücksichtigen, daß man an ihrer Süd- oder Westseite wärmeliebende Pflanzen kultivieren kann (Tomaten, Paprika u. a.). Sehr wirkungsvoll ist es auch, wenn Sie Beete terrassieren oder/und ihnen eine Neigung nach Süden oder Südwesten geben. Ein um 15° geneigter Hang nimmt im Frühjahr und Herbst fast doppelt soviel Energie auf wie ein ebener. Auf diese Weise kann ein gestalterischer Effekt durchaus auch einen praktischen Nutzen haben.

Im Gegensatz zum lufttrockenen warmen Kleinklima an der Süd- oder Westseite der Gebäude ist es im Bereich von Bäumen und Sträuchern meist kühler, luftfeuchter aber bodentrokken. Auch hier müssen wir Pflanzen auswählen, die diesen Standort vertragen, wenn wir auf Dauer Freude an der Anlage haben wollen.

Nachbarschaftliche Einflüsse

Als Folge der sehr dichten Bebauung in unserem Land können wir bei einem Blick aus dem Fenster stets beruhigt feststellen, daß der nächste Nachbar nicht sehr weit weg wohnt. Nicht immer ist dies eine freudige Feststellung, meist wollen wir uns lieber vor dessen Einsicht schützen und die Aussicht genießen.

Falls Sie eine schöne Aussicht haben – es muß nicht gleich ein großartiges Panorama sein –, sollten Sie diese unbedingt in die Gestaltung Ihres Gartens mit einbeziehen, vielleicht ist es ein Kirchturm, ein Baum in Nachbars Garten, eine Gehölzgruppe außerhalb der Bebauung, eine Viehweide oder ähnliches. Dann könnte es sinnvoll sein, einen Rahmen für diesen Ausblick zu schaffen, indem Sie eine Wand oder eine dichte Pflanzung so anordnen, daß sie eine feste seitliche Begrenzung für das »Bild« schaffen.

Viel häufiger wird man sich jedoch gegen störende Einsicht schützen wollen. Am einfachsten ist es, dagegen eine Mauer, Wand oder Pergola zu bauen, die das Grundstück nach außen abschließt. Dies ist jedoch aus nachbarschaftsrechtlichen Gründen nicht immer möglich, besonders nicht direkt auf der Grenze. Hier könnte man höchstens eine Pergola oder ein lockeres Rankgerüst erstellen, das durch entsprechende Bepflanzung wenigstens im Sommer ausreichenden Sichtschutz gewährt. Aber der berechtigte Wunsch, den eigenen Garten so groß wie möglich erscheinen zu lassen und optische Barrieren so weit wie möglich zu den Grenzen hin zu verlagern, führt uns auf den falschen Weg. Denn ein Hindernis, ganz gleich ob Baum, Strauch, Mauer oder Zaun, wirkt um so größer und deckt um so mehr ab, je dichter es beim Betrachter steht. Sie sollten also den Mut haben, einen hübschen Strauch oder kleinen Baum als Sichtschutz direkt vor die Terrasse zu pflanzen.

Schwierig ist es dagegen, sich gegen Immissionen aller Art zu schützen, besonders in kleinen Gärten. Die Möglichkeit, eine dichte, breite Abpflanzung aus verschiedenen, großblättrigen, auch immergrünen Sträuchern anzulegen, kommt häufig aus Platzgründen nicht in Betracht. Ein Lärmschutzzaun wirkt nur gegen Abgase und Lärm, wenn er so dicht wie möglich an der Lärmquelle steht und genügend lang ist. Lärmschutzmaßnahmen können Sie deshalb niemals ohne die Zustimmung der Gemeinde und die Mitarbeit Ihrer Nachbarn durchführen.

Von oben nach unten:
Der leichte Holzzaun auf der Grundstücksgrenze ist über und über mit Kapuzinerkresse bewachsen.

Begrünung einer Mauer von oben – man gewinnt unten mehr Fläche.

Gut abgeschirmter und eingegrünter Sitzplatzbereich.

Die Gartengestaltung

Die praktische Ausführung

Wege

Innenspalte von oben nach unten: Mit kleinformatigen Natursteinen lassen sich interessante Muster legen.

Ruhig wirkt ein Holzpflasterbelag, auch wenn die Rundhölzer unterschiedlich groß sind.

Ein Natursteinpflasterbelag, den sich die Pflanzen erobern können, der nur dort frei bleibt, wo er begangen wird.

In jedem Garten brauchen wir Wege, auf denen wir trockenen Fußes gehen können, zur Mülltonne, zur Garage, ins Gemüsegärtchen oder zu einem Sitzplatz. Allerdings sollte ein Weg keine zu große Bedeutung bekommen, er bleibt immer nur Teil der Gesamtanlage. Wenn wir seinen Verlauf dem Gelände anpassen, ihn mal einengen oder zu einem Platz erweitern, so wird es leichter, ihn in den Gesamtplan zu integrieren. Wenn möglich, verbinden Sie Haus, Garten und umgebende Landschaft zu einer Einheit, indem Sie Materialien verwenden, die im Haus vorkommen oder/und landschaftsgebunden sind; zu einem Ziegelbau paßt eine Terrasse aus frostfestem Klinker, falls das zu teuer sein sollte, könnte eine Betonplattenfläche wenigstens durch Klinkerbänder gegliedert werden. Vielleicht können Sie den Belag des Wohnzimmerbodens auch auf der angrenzenden Terrasse verwenden, und wenn nicht im gleichen Material, so wenigstens in der gleichen Farbe. Einfach und schön ist es, wenn Sie in einer Gegend wohnen, in der ein bestimmter Naturstein vorkommt. Hier ist es wohltuend zu sehen, wie sich viele Einzelelemente (Platten, Treppen, Mauern und sogar Dachabdeckungen) bei den alten Häusern harmonisch zu einem Gesamtbild zusammenfinden. Sie sollten sich in diese Gemeinschaft einfügen und die Harmonie eines Dorfes oder einer Siedlung nicht dadurch stören, daß Sie völlig fremde Materialien verwenden.

Während Sie sich überlegen, welchen Belag Sie für Terrasse und Wege auswählen, müssen Sie sich zugleich über den Wegeverlauf und seine Wichtigkeit klar werden, denn manche Steinformate sind für bestimmte Wegeführungen nicht geeignet. So lassen sich z. B. geschwungene Wege schlecht aus

großformatigen Platten herstellen. Soll ein Weg nur eine untergeordnete Bedeutung erhalten, so verwendet man am besten kleinformatiges Material, da sich in den vielen Fugen Pflanzen anfinden werden, welche die Verbindung zur Umgebung herstellen und dem Weg seine herausragende Bedeutung nehmen. Andererseits muß ein vielbegangener Weg so ausgebildet sein, daß er sich zügig durchschreiten läßt, d. h. Anschlüsse und Abzweigungen müssen so angelegt sein, daß Ecken nicht abgetreten werden.

Gleichgültig, welchen Belag Sie wählen, ob Betonplatten, Natursteinplatten, Klinker, Pflaster, Kies, Holz oder eventuell eine Kombination aus zwei Materialien, alle Anschlüsse und Übergänge sollten sich aus der Form oder dem Muster heraus entwickeln und nicht angestückelt wirken, z. B. beim Wegeanschluß an eine Terrasse oder beim Übergang eines Weges in eine Treppe. Wege und Platzflächen im Hausgarten sollten, soweit irgend möglich, auf durchlässigem Unterbau erstellt werden, d. h. es ist für den normalen Gebrauch völlig ausreichend, den Belag auf 5–10 cm Sand oder bei etwas stärkerer Belastung auf 10 cm Schotter und

Die Gartengestaltung

5 cm Sand zu verlegen. Dadurch erhalten Sie sich einen atmenden, wasseraufnahmefähigen Boden, Sie haben weniger Probleme mit dem Ableiten des Oberflächenwassers und die Anlage wird billiger.

Selbst Garageneinfahrten können, wenn Sie z. B. Verbundsteine, große Pflastersteine aus Granit oder starke Platten verwenden, auf diese Weise hergestellt werden.

Treppen

Ist es aufgrund des Geländeverlaufs notwendig, eine Treppe einzufügen, sollte sie in Art und Verarbeitung sowohl dem Wegebelag als auch den eventuell anschließenden Mauern angepaßt werden. Die Stufen müssen bequem begehbar sein, d. h. sie müssen niedrige Höhen und breite Auftrittsflächen haben. Ihre Breite steht zur Höhe in einem bestimmten Verhältnis, und zwar dem durchschnittlichen Schrittmaß von Erwachsenen, das mit 67 cm angesetzt wird.

Sie können Ihr Stufenmaß selbst nach der Steigungsformel berechnen:

> 2 × Stufenhöhe
> + Stufenbreite = 67 cm

Je nachdem, welche Stufenhöhe Sie wählen, ändert sich die Auftrittsbreite. Die flachere und längere Treppe paßt sich besser dem Gelände an, sie braucht unter Umständen keine seitliche Begrenzungsmauer und kein Geländer. Ein steilerer und kürzerer Treppenlauf erfordert eher die Verbindung mit Mauern.

Treppenläufe von mehr als 8 Stufen werden als ermüdend empfunden, sie können durch **Podeste** gegliedert werden. Die Länge eines Podestes können Sie ebenfalls nach folgender Formel leicht ausrechnen:

> Anzahl der Schritte × 67 cm
> + Stufenbreite

Bei längeren Treppenläufen mit mehr Podesten ist es angebracht, den folgenden Treppenlauf wechselweise mit dem rechten und linken Bein zu beginnen. Man erreicht das dadurch, daß die Treppen mit ungerader Stufenzahl gebaut und die Podeste mit gerader Schrittzahl (oder umgekehrt) berechnet werden.

Grundsätzlich unterscheiden wir 3 Stufenarten:

Blockstufen Sie werden heutzutage meist aus Beton hergestellt. Man kann sie in der benötigten Länge, Breite und Höhe bestellen, sind, abgesehen davon, daß sie sehr schwer sind, recht einfach zu setzen und brauchen wegen ihres großen Gewichtes keinen speziellen Unterbau.

Stellstufen Sie bieten die meisten Variationsmöglichkeiten in der Materialverwendung. Die Vorderkante der Stufen aus hochkant gestellten Platten oder Holz muß fest in den Boden einbetoniert oder eingestampft werden. Die Auftrittsfläche können wir entsprechend dem anschließenden Wegebelag mit Pflaster, Klinker, Platten oder Kies füllen, so daß die Treppe sich nicht zu stark hervorhebt.

Legstufen Sie können ebenfalls aus verschiedenen Materialien gebaut werden. Auf diese Weise kann man sie gut den jeweils vorhandenen Baustoffen anpassen.

Wenn Auftrittsplatte und unten liegender Stein verschiedene Farben haben oder der Auftrittstein etwas übersteht, ergeben sich durch den Hell-Dunkel-Effekt sehr plastische Treppenläufe.

Mauern

Wenn Sie in Erwägung ziehen, eine Mauer zu bauen, sollten Sie sich zunächst über ihre Wirkung im eigenen Garten, zum Haus, zu den Nachbarhäusern und Nachbareinfriedigungen klar werden. Wenn Ihre Mauer im krassen Gegensatz zu dem Gesamtbild Ihres Wohnviertels steht, sollten Sie davon ablassen – eine Trockenmauer, die in ländlicher Umgebung gut paßt, wirkt in der Vorstadt lächerlich, ebenso wie eine Betonmauer um einen Bauerngarten die ganze Situation verderben kann. Genauso peinlich wirkt es, wenn man billiges Ersatzmaterial verwendet, besonders wenn beide Materialien nebeneinander zu stehen kommen, etwa die Betonimitation eines Natursteines neben einem Naturstein. Wählen Sie deshalb möglichst ein Material, welches in Ihrer Gegend verbreitet ist und zu Haus und Bodenbelag im Garten paßt.

Niedrige Mauern, bis 30 cm hoch, benötigen kein besonders starkes Fundament. Es genügt, wenn es eine Tiefe von 20–30 cm hat und in Magerbeton (Mischungsverhältnis von Sand/Kies: Zement wie 8 : 1) ausgeführt ist.

Von links nach rechts: Einfache Beton-Blockstufen führen zu der Holzterrasse hinauf.

Sehr flache Legstufen aus Wesersandstein folgen dem Geländeverlauf fast unmerklich.

Von links nach rechts: Stellstufen, bei denen die Kanthölzer durch Eisenstäbe gehalten werden. Die Auftrittsfläche ist aufgekiest.

Stellstufen aus Eisenbahnschwellen und Pflastersteinen. Sie wirken zunächst schwer, wachsen aber gut ein.

Die Gartengestaltung

Höhere Mauern jedoch erfordern eine frostfreie Fundamentierung bis etwa 80 cm Tiefe (Mischungsverhältnis von Sand/Kies : Zement wie 4:1 bis 3:1). Bei aufgefüllten Böden müssen Fundament bzw. Fundamentpfeiler bis auf den gewachsenen Boden hinabreichen.

Mauern von einer Höhe bis zu 70 cm können Sie, bei einigem handwerklichen Geschick, noch selber bauen, höhere Mauern sollten hingegen von einem Fachmann erstellt werden.

Einige der wichtigsten Mauertypen, die Sie so oder abgewandelt bauen könnten, seien hier kurz aufgezählt und besprochen:

Natursteinmauern Hier sollte das Steinmaterial stets so verarbeitet werden, wie es seiner natürlichen Lagerung entspricht, also werden Schichtgesteine waagerecht verlegt und nicht durch hochkant gestellte Steine unterbrochen. Das gilt besonders für das Schichtmauerwerk, bei dem gleich starke Schichten unterschiedlicher Breite aufgebaut sind und das Wechselmauerwerk, bei dem Schichten wechselnder Höhe einander ablösen. Auch das Bruchsteinmauerwerk, aus gebrochenen und nur leicht behauenen Steinen, sollte lagerhaft verwendet werden. Nur beim Zyklopenmauerwerk, das aus gespaltenem und nur grob zugehauenem Eruptivgestein (z. B. Granit, Porphyr) besteht, braucht man auf eine bestimmte Richtung nicht zu achten.

Ziegelmauerwerk Es ist für den Garten sehr geeignet, vielseitig einzusetzen und paßt sich gut an. Die Vielfalt von Formaten und Farben, die angeboten werden, und die zahlreichen Variationsmöglichkeiten bei seiner Verwendung bedeuten, daß man für fast jede Situation die geeignete Ziegelmauer bauen kann.

Wie beim Naturstein kann man auch Ziegelmauern aus Kostengründen als sogenanntes zweischaliges Mauerwerk errichten, d. h. ein Betonkern übernimmt die tragende Funktion, und die edleren Steine sind nur als Verblendung davorgesetzt.

Betonmauern Häufig werden Mauern heutzutage aus Beton hergestellt, sei es aus Ortbeton oder aus Betonfertigteilen. Das geht relativ schnell und verursacht keine derart hohen Kosten wie die Errichtung von Naturstein- oder Ziegelmauern. Ob als freistehende Mauer oder als Stützmauer geplant, sollten Sie höhere Mauern nach statischer Berechnung durch einen Fachmann errichten lassen. Sie brauchen stets ein frostfrei gegründetes Fundament von etwa doppelter Breite der Mauerstärke. Die Ansichtsfläche kann durch verschiedene Maßnahmen interessant gestaltet werden: durch eine Schalung aus grob gemasertem Holz, halbrunden Latten, Schilfmatten oder ähnlichem oder durch nachträgliche Bearbeitung der Oberfläche in der Art, wie Natursteine bearbeitet werden: durch Spitzen, Scharrieren oder Stocken.

Mauern aus Holz Kesseldruckimprägnierte Rundholzpalisaden können zu sehr wirkungsvollen Stützmauern oder freistehenden Wänden zusammengestellt werden. Sie sind ab 60 cm bis zu 200 cm Länge und darüber hinaus als Sonderanfertigung im Handel zu erhalten.

Sie werden am besten auf Kies in Magerbeton gesetzt, wobei die Einbautiefe etwa der halben Palisadenlänge entsprechen sollte.

Zäune

Zäune unterliegen wie Mauern dem Nachbarschaftsrecht und sind in Art und Höhe häufig im Bebauungsplan

Von oben nach unten:
Niedrige Betonstützmauer und Kunststeinmauer ansprechend kombiniert.

Natursteinmauern eignen sich gut als bewachsene Trockenmauern.

Stützmauer aus Rundholzpalisaden fügen sich besonders gut in die Pflanzung ein.

Der leichte Holzzaun verschwindet fast völlig in der Pflanzung (rechts).

Die Gartengestaltung

Verschiedene Gartenformen

Der Eingangsbereich

Der Vorgarten stellt das Bindeglied zwischen dem öffentlichen und unserem privaten Lebensbereich dar. Hier müssen fremde Menschen Zugang haben (Briefträger, Müllabfuhr, Öllieferant), zugleich wollen wir uns vor Einsicht schützen aber auch hinaussehen können, um am öffentlichen Leben teilzunehmen.
Der Gestaltung dieses Bereiches sollte deshalb sehr viel Sorgfalt gewidmet werden.
Besonders wichtig ist es, in der Außenanlage mit der Fassade zu korrespondieren, d. h. bei einer stark gegliederten Fassade den Vorgarten schlicht zu

festgelegt. Je nach den Aufgaben, die ein Zaun zu erfüllen hat, als Schutz des Grundstückes vor Tieren oder Menschen, vor Lärm, Schmutz oder Wind, kann oder muß er deshalb aus den unterschiedlichsten Materialien hergestellt werden.
Drahtzäune Am wenigsten auffallend sind Drahtzäune (z. B. Maschendraht, Drahtknotengeflecht, Baustahlgewebe), die zwischen einbetonierte Pfosten gespannt oder gehängt werden.
Holzzäune Dort, wo Einfriedung und Sichtschutz kombiniert werden müssen, sind Holzkonstruktionen angebracht. Entweder dichtgelattet oder mit Abständen angebracht, bringen die verschiedenen vorgefertigten Profilhölzer zahlreiche Variationsmöglichkeiten. Der größeren Haltbarkeit wegen werden mitunter statt der Holzpfosten verzinkte Metall-T-Profile verwendet. In jedem Fall müssen sie 70–80 cm tief einbetoniert werden. Bevor Sie sich für einen Zaun entscheiden, werden Sie sich über seine Wirkung im Gesamtbild der Umgebung klar. Ein Zaun aus unbearbeiteten Halbhölzern, ein Palisadenzaun wirkt rustikal, waagerecht angebrachte, ungesägte Bretter erinnern an Weidenzäune, beide passen folglich besser in den ländlichen Raum, während Zäune aus gesägten und gehobelten Brettern sich durchaus in städtische Umgebung einfügen. Sie können die Bretter senkrecht oder waagerecht anbringen, stumpf aneinander gestoßen, beidseidig der Riegel versetzen, lamellenartig übereinander nageln oder verschieden breite Latten kombinieren – es gibt unzählige Möglichkeiten, allerdings sei vor zu großer Verspieltheit gewarnt, da der Zaun in der Regel nur eine untergeordnete Bedeutung haben sollte.

Rankgerüste

Ein Zaun, eine Mauer oder eine Hauswand können der Ausgangspunkt für den Bau eines Rankgerüstes sein. Sinnvoll ist, dieses zwischen zwei Bauwerken einzuspannen oder als Abgrenzung anstelle eines Zaunes oder in Fortsetzung eines Zaunes zu bauen. Bei geschickter Anordnung kann das Rankgerüst auch als Blickfang in einem entfernteren Gartenteil dienen.
Wenn sich Rankgerüst oder Pergola an ein Gebäude anlehnen, sollten immer Bezugslinien des Baukörpers aufgenommen werden (z. B. Unter- oder Oberkanten von Fenstern oder Türen, Dachtraufen). Bei der Materialwahl für die Pfeiler ist es gut, wenn man Vorhandenes aufnimmt und Baustoffe verwendet, die am Haus oder im Garten bereits vorkommen. Sie können aus Ziegelstein oder Naturstein gemauert werden, aus Beton, Stahlrohr, Naturstein-Monolithen oder Holz bestehen. Der Abstand der Pfosten voneinander sollte 3 m nicht übersteigen, und die Höhe der Pfostenunterkante eines Rankgerüstes bzw. einer Pergola sollte zwischen 2,20 m und 2,50 m liegen. Bei Holzkonstruktionen ist darauf zu achten, daß das Holz stets wieder gut abtrocknen kann, also Pfosten nicht in die Erde eingraben und die einzelnen Elemente, wie Pfosten, Pfette und Auflageholz, so verbinden, daß keine Wasseransammlung und damit Fäulnis möglich wird.
Mehr zu diesem Thema erfahren Sie im Kapitel »Grüne Wände« ab S. 191.
Die Bepflanzung kann entweder nur auf die Pfosten beschränkt bleiben oder durch Schnüre, Drähte oder ein Holzgeflecht auch auf die Zwischenräume zwischen den Pfosten ausgedehnt werden.

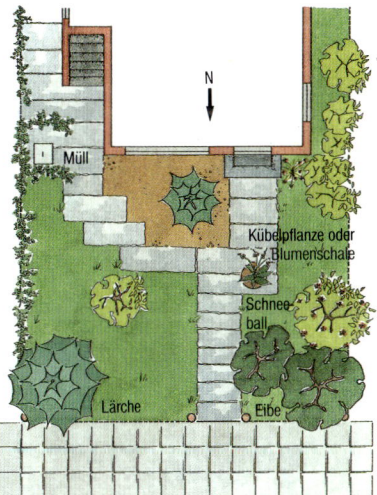
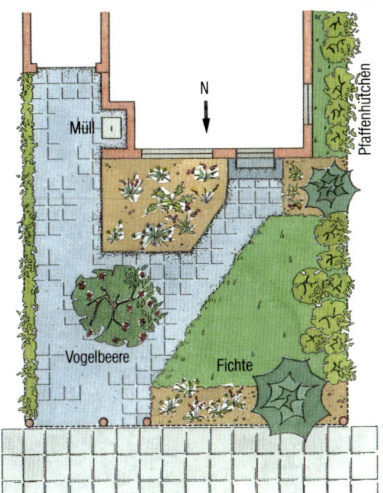

Von links nach rechts: Schlichter Holzzaun, der aufgrund der geschickten Bepflanzung nicht als Trennung zwischen Außen und Innen wirkt.

Hoher Zaun, der zugleich als Rankgerüst dient.

Der Zugangsweg gliedert den Vorgarten in mehrere Flächen, die, je nach Wunsch des Besitzers, mehr oder weniger intensiv bepflanzt werden oder auch nur als Rasenfläche mit Einzelgehölzen angelegt werden können.

Wenn man die Garageneinfahrt mit dem Eingangsweg zusammenlegt, wird die befestigte Fläche nicht so groß. Zusätzlich kann man sie mit einem einzeln stehenden Baum auflockern.

Die Gartengestaltung

Der nüchterne Eingangsweg aus Betonplatten wird durch die Bepflanzung aufgelockert.

Auch im Siedlungsbau, in dem häufig Sparsamkeit und Einfachheit oberstes Gebot sind, lassen sich abseits der vorgegebenen Erschließungswege nette, nutzbare Eingangsbereiche schaffen.

gestalten und Wege, Beete oder Mauern so anzulegen, daß sie mit den vorgegebenen Linien harmonieren. Bei einer flächigen, eintönigen Fassade können wir mutiger und ausdrucksvoller sein!

Der Zugangsweg

Eines der Hauptgestaltungselemente des Einganges ist selbstverständlich der Zugangsweg. Bei schmalen, nur 2 m tiefen Gärten bleibt keine andere Möglichkeit, als den Weg gerade auf die Haustür hinzuführen. Falls Sie jedoch bevorzugt aus einer bestimmten Richtung auf Ihr Haus zugehen, ergibt sich die Möglichkeit einer schrägen Wegeführung mit einem oder mehreren Versätzen im Belag, in denen, wie selbstverständlich, Pflanzen stehen können. Ist dann noch ein Fahrradabstellplatz, ein zweiter Weg zur Garage oder zum Kellerabgang nötig, entstehen vielleicht noch mehr Pflanzinseln im Belag, die eine lockere, kulissenartige Bepflanzung ermöglichen.

Die Mülltonne

Eines der Hauptprobleme im Vorgarten ist die Eingliederung der Mülltonne, denn sie muß sowohl vom Haus aus als auch von der Straße aus gut erreichbar und transportierbar sein, und da sie kein Schmuckstück ist, gut versteckt sein.

Schön ist es, wenn beim Hausbau eine Nische oder Aussparung für sie vorgesehen oder in der Garage ein Platz für sie gefunden werden kann. Andernfalls müßten Sie gewisse Gegebenheiten am Gebäude (hoher Sockel, Zaunanschluß) nutzen, um eine Nische anzubauen, möglichst aus dem Material, das irgendwo am Haus oder im Garten schon einmal verwendet worden ist. Vielleicht können Sie sich auch mit dem Nachbarn zusammentun und eine gemeinsame Anlage schaffen. Versuchen Sie, möglichst auf die vorgefertigten Waschbetonmüllschränke zu verzichten, denn sie steigern die Bedeutung der Tonne mehr, als sie zu verharmlosen.

Die Nachbarn

Vergessen Sie auch nicht, sich mit Ihrem Nachbarn über die sonstige Gestaltung der Vorgärten zu unterhalten. Vielleicht können Sie erreichen, daß in kleinen Vorgärten keine trennenden Zäune errichtet werden, die die Gärtchen in viele kleine Käfige verwandeln, sondern stattdessen eine offene, einladende Atmosphäre geschaffen wird. Sollte das Haus so weit von der Straße entfernt liegen, daß eine Umzäunung des Gartens nötig wird, sollte sie dem Charakter des jeweiligen Stadtteils oder der Umgebung angepaßt sein. Es ist schlimm, wenn sich falsch verstandener Individualismus innerhalb einer Gemeinschaft darin äußert, daß entlang der Straßen ein Sammelsurium von verschiedenen Mauer-, Zaun- und Heckenmotiven aufgereiht ist. Hinzu kommt meist noch eine bunte Mischung aller sich im Handel befindlichen Platten und Pflastersteine.

Der sicherste Weg zu einer harmonischen Gestaltung ist, nicht zu viele verschiedene Materialien zu verwenden. Auch sollten Sie beachten, daß es im allgemeinen richtig ist, auf kleinen Flächen kleinformatige, auf großen Flächen großformatige Materialien zu verwenden. Häufig werden heutzutage Betonplatten verwendet, da sie preiswert, leicht zu verlegen und gut zu begehen sind. Sie wirken recht nüchtern, können aber durch Kombination mit Kieseln, Natursteinpflaster oder Ziegel viel ansprechender wirken. Ausdrucksvoll wirkt Naturstein in verschiedenen Größen und Verlegemustern, ferner Klinker, der eine ungeheure Vielfalt an Anwendungsmöglichkeiten hat, vom Bodenbelag über Stufenbau bis zu Mauern.

Die Bepflanzung

Zugleich mit den Überlegungen über Materialwahl und Wegeführung sollten wir uns Gedanken über die Art der Bepflanzung des Vorgartens machen. Da er meist im Norden oder Osten des Gebäudes liegt, ist es hier kühl, schattig, oft auch trocken. Die Auswahl an Pflanzen, die dort gedeihen, ist zwar nicht gering, aber es sind leider nicht die Pflanzen, die den meisten von uns als ansehnlich genug erscheinen, um an solch repräsentativen Stellen gepflanzt zu werden. Im Vorgarten, der Zweckmäßigkeit, Repräsentation und ästhetischen Genuß in sich vereinen sollte, kommt der Pflanze ganz beson-

Die Gartengestaltung

dere Bedeutung zu. Entsprechend den hohen Anforderungen, die wir an sie stellen, müssen wir ihr – soll sie nicht zum bloßen Dekorationsobjekt werden – den richtigen Standort und eine gute Bodenvorbereitung geben.

Je nach Größe der Vorgartenfläche werden dann 2–4 kräftige Akzente in Form von kleinkronigen Bäumen oder Sträuchern gesetzt, am besten sommer- und wintergrün gemischt, damit man sowohl den Wechsel der Jahreszeiten erlebt als auch einen gewissen Sichtschutz im Winter behält. Diesen Hauptpflanzen ordnen wir einige mittelhohe zu, möglichst auch an den scheinbar willkürlichen Versätzen der Platten oder Pflasterflächen, damit der Eindruck entsteht, der Weg mache nur deshalb einen Knick, weil dort eine Pflanze steht, um die man herumgehen muß. Ob Sie sich nun zu einer flächigen, bodendeckenden Gehölzpflanzung oder für eine abwechslungsreichere, mit Stauden oder Sommerblumen durchsetzte Pflanzung entscheiden, hängt davon ab, mit welchem Aufwand und Engagement Sie Ihren Garten betreuen möchten.

Der Wohn- und Nutzgarten

Der Garten sollte eine der Erweiterungen unseres Lebensbereiches in Haus und Wohnung werden, jedes Familienmitglied müßte auf dem kleinen Stück Erde, das uns anvertraut ist, die Möglichkeit bekommen, sich und die Natur zu erfahren und erleben zu können. Für die verschiedensten Bedürfnisse und Wünsche sollte Raum sein, und wenn der Garten noch so klein ist.

Die Terrasse

Der bedeutendste Ausgangspunkt für dieses Erleben ist zweifellos die Terrasse. Sie muß groß genug sein, um die ganze Familie und die Freunde zwanglos zum Essen oder sonstigem gemütlichem Beisammensein aufnehmen zu können. Schon bei der Planung des Hauses sollten Sie daran denken, daß die Terrasse später nicht allzu weit von der Küche entfernt zu liegen kommt, denn die Mahlzeiten im Freien sollten nicht zur lästigen Mehrarbeit für die Hausfrau werden. Für einen befestigten Platz in Küchennähe sprechen viele Gründe, Sie könnten die vormittäglichen Küchenarbeiten ins Freie verlegen und zugleich auf das Kleinkind aufpassen, das seine ersten Erkundungsgänge ins Freie unternimmt.

Die Spielbereiche

Kleine Kinder brauchen in der Nähe der Terrasse einen Sandspielplatz. Liegt er zu weit weg von »Mutters Rockzipfel«, so mag das für die Hausfrau weniger Schmutz in der Wohnung bedeuten, Kinder nehmen ihn jedoch nicht an, da er außerhalb des Bereichs, in dem sie sich geborgen fühlen, liegt. Der Form fällt dabei keine große Bedeutung zu, sandgefüllte Autoreifen, ein Rechteck aus Bohlen mit einem Sitzbrett oder ein mit Holz eingefaßtes Loch, die Kinder werden es zu nutzen wissen.

Wenn in der Nähe des Sandspielplatzes dann noch eine Wasserstelle ist, ein kleines Schöpfbecken oder ein Trog, dann haben Sie für die Kleinen einen idealen Spielbereich geschaffen, und die Freude der Kinder über das Spiel mit Wasser und Sand sollte mehr Gewicht haben als die Mühe des Hosenwaschens!

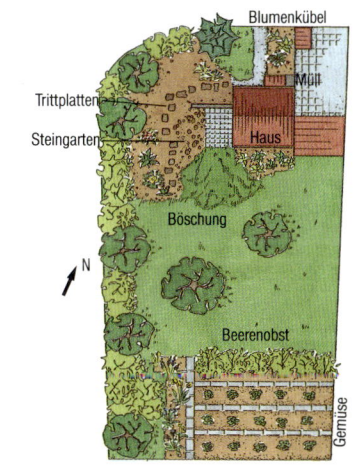

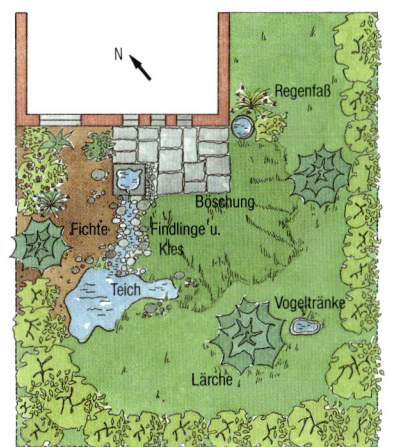

Schon kleine Bodenbewegungen verstehen Kinder für ihre Spiele auszunutzen. Auf der Rasenböschung vor der Terrasse kann man mit dem Dreirad, Roller oder Fahrrad, im Winter mit dem Schlitten hinunterfahren. Eine relativ kleine Rasenfläche genügt schon, um darauf Boccia oder Rasenkrokett zu spielen.

Für ältere Kinder ist ein großer Baum ein ideales Spielgerät. Man kann darin herumklettern, schaukeln und Baumhäuser bauen.

Spielbereiche für größere Kinder müssen nachmittags besonnt sein, da häufig erst nach dem Schularbeitenmachen Zeit zum Spielen ist. In kleinen Gärten sollte man unter Umständen ganz darauf verzichten, da die Kinder ab einem gewissen Alter nicht mehr im eigenen Garten bleiben.

Dann kommt die Zeit, in der man eine Stelle zum Fahrrad- oder Mopedflicken braucht, vielleicht sogar ein geschützter, überdachter Platz, an dem auch eine Tischtennisplatte stehen könnte.

Wasser im Garten

Eine große Bereicherung der Erlebnismöglichkeiten ist Wasser im Garten. Sei es, daß Sie zur sommerlichen Er-

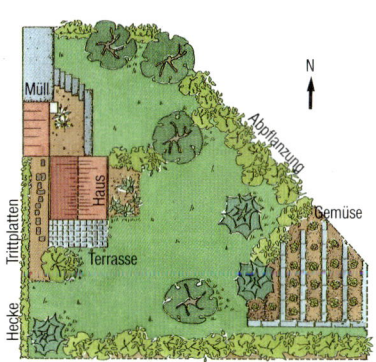

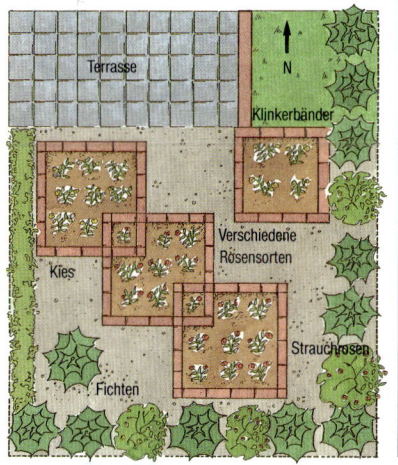

Von links nach rechts: In langgestreckten Grundstücken ist häufig eine Dreiteilung des Gartens vorteilhaft.

Hier ist dem Eingangsbereich eine recht große Fläche zugewiesen.

Von links nach rechts: Eine solch intensiv gestaltete Anlage erfordert viel Geschick, Sorgfalt und Aufmerksamkeit fürs Detail.

Eine Gliederung in geometrischen Flächen ermöglicht die Anordnung bestimmter Pflanzen wie z. B. Kräuter, Rosen und Gräser.

Spielbereiche für Kinder müssen nicht immer durchgeplant und organisiert sein. Häufig ist ein »natürliches Gerät« viel interessanter.

Der kleine Teich im Garten wird immer beliebter. Er sollte allerdings nicht zu klein sein, damit genügend Pflanzen und Tiere angesiedelt werden können und sich ein natürliches Gleichgewicht einstellen kann.

frischung oder zum gesunden, sportlichen Training ein Schwimmbecken bauen möchten oder einen Teich anlegen, in und um den herum Sie Pflanzen und Tiere beobachten wollen, der Lage und der sinnvollen Zuordnung kommt große Bedeutung zu. Das architektonische Schwimmbecken gehört in Hausnähe, es ist ein technisches Bauwerk, zur besseren Ausnutzung möglichst mit Heizung und Gegenstromanlage ausgestattet. Es kann durch Mauern, Sichtschutzzaun, Pergola und Plattenwege mit dem Gebäude verbunden werden. Der kleine Teich, das Tümpelchen oder die Sumpfzone sollte wie zufällig in einer Bodensenke liegen, wenigstens zu 2/3 mit Gräsern und buschig wachsenden Pflanzen umgeben, in denen sich Frösche und Unken aufhalten können. An einer Stelle schaffen wir uns unauffällig einen Platz zum stillen Beobachten, mit einem Findling oder Baumstamm als Sitzplatz.

Grillvergnügen

Ein sommerliches Gartenvergnügen, das viele Anhänger hat, ist das Grillen im Freien. Bitte denken Sie dabei auch an Ihre Nachbarn – Sie sind verpflichtet, auftretende Geruchsbelästigungen auf ein Mindestmaß zu beschränken. Am besten verwenden Sie eines der zahlreichen im Handel angebotenen mobilen Grillgeräte, mit dem Sie, je nach Wind und Wetter, in Hausnähe auf der Terrasse oder auf dem Rasen oder wo immer es gerade günstig ist, grillen können. Eine Feuerstelle können Sie leicht selber bauen, einige im Kreis zusammengelegte Findlinge oder Ziegel- und Pflastersteine können ein attraktiver Punkt im Garten sein, an dem auch die Jugend – unter Aufsicht – den Umgang mit dem Feuer lernen kann. Oberstes Gebot bei der Anlage einer ortsfesten Feuerstelle ist es, zu vermeiden, daß durch Flammen oder Flugasche eine Ausbreitung des Feuers erfolgen könnte.

Der »stille« Garten

Manch einer von uns möchte in seinem Garten nicht besonders aktiv werden müssen, sondern lieber ruhig zuschauen und beobachten. Obwohl ein Garten als lebendiges Objekt natürlich ständig pflegende Betätigung erfordert, können wir ihn doch so anlegen, daß genügend Muße bleibt, all das, was sich dort entwickelt, zu beobachten. Schaffen wir uns einen ruhigen Hintergrund aus einer relativ einheitlichen Abpflanzung, einem Zaun oder einer Mauer, setzen wir einige wenige Akzente, das können Einzelpflanzen, Kübel, Vasen, Stein- oder Holzplastiken, Sitzmöbel oder Brunnentröge sein, und ergänzen diese durch eine geschickte, standortgerechte Pflanzung, so können wir vom Frühling bis zum Winter den Wandel der Jahreszeiten beobachten. Wenn wir unseren privaten Bereich derart bewußt gestalten, daß der Blick im Innern festgehalten wird, so verliert auch die häßlichste Umgebung ihre Bedeutung. Wir schaffen uns – ähnlich den Japanern – einen stillen Garten der Kontemplation, wenn wir nur wenige, sorgfältig ausgewählte Materialien verwenden und die Pflanzen weitgehend sich und ihrem Standort überlassen.

Tiere im Hausgarten

In dichtem, wenig durch pflegerische Maßnahmen gestörtem Bewuchs werden sich in wenigen Jahren allerlei Tiere einfinden. Es ist erstaunlich, daß sich wider Erwarten recht häufig Igel in Hausgärten einfinden, wo das Unterholz dicht ist und das Laub liegenbleibt. Vielleicht können Sie sich auch überwinden, Maulwürfe zu tolerieren. Die störenden, nur während der kalten Jahreszeit aufgeworfenen Haufen können leicht vom Rasen wieder entfernt werden. Aber sollte man nicht Respekt haben vor dem kleinen Kerl, der mit unermüdlichem Eifer unsere Erde durchwühlt und dabei unzählige der kleinen schwarzen Ackerschnecken vertilgt, die uns im Sommer so sehr ärgern? Zwar kommen ihm dabei auch einige Regenwürmer vor die Schnauze, aber sicherlich genauso viele Engerlinge und schädliche Käfer. In seinen Gängen finden unter Umständen noch andere Nützlinge ein Zuhause, in meinem Garten fand ich dort Kröten und die insekten- und schneckenfressende Gartenspitzmaus.

Daß wir dadurch, daß wir nicht sofort gegen jeden Läusebefall in unserem Garten mit chemischen Kampfstoffen vorgehen, viele Vögel in unsere Umgebung locken, ist sicher schon allgemein bekannt. Es ist wohl wichtiger, in und mit einem lebendigen Garten zu leben, als Spitzenerträge zu erwirtschaften!

Der Gemüsegarten

Wenn Sie einen Gemüsegarten anlegen wollen, ist es wichtig, daß der vorgesehene Platz gut besonnt ist und ein fester, jederzeit begehbarer Weg zu ihm führt, da Sie bei jedem Wetter zu Ihrem Gemüse gelangen müssen. Ist Ihr Grundstück nur klein und Sie möchten dennoch Ihr eigenes Gemüse anbauen, so sollten Sie den Mut haben, auf eine Rasenfläche zu verzichten und statt dessen ein fröhliches Durcheinander und Nacheinander von Gemüse- und Zierpflanzen in Ihrem Garten zu dulden. Pflanzen Sie Grünspargel neben Erdbeeren, die Ringelblumen säen sich überall aus, der Dill keimt zwischen dem Sellerie, das Löffelkraut säumt die Beetkante, und im Herbst blühen zwischen dem Lauch die Kosmeen. Sie werden den dekorativen Wert unserer Gemüsepflanzen erkennen, und es wird Ihnen Spaß machen, sie mit Blumen zu kombinieren. Und damit wären wir fast bei der Mischkultur, auf die an anderer Stelle in diesem Buch näher eingegangen wird (s. S. 280). Sie scheint die ideale Nutzungsart für Hausgärten zu sein, denn auf kleinstem Raum läßt sich eine Fülle von Gemüsen und Kräutern kultivie-

Die Gartengestaltung

ren. Und wenn Sie nun sehen, daß in Ihrem Gemüsegarten nicht nur nützliche, sondern auch hübsche und dekorative Pflanzen heranwachsen, werden Sie Ihren Nutzgarten nicht mehr in der äußersten Ecke Ihres Gartens verstecken wollen.

Der Obstgarten

Beerensträucher und Obstbäume sollten nur in großen Gärten auf eigens für sie vorbehaltenen Flächen stehen, in kleinen Gärten werden sie besser in die Abpflanzung mit einbezogen. Statt einer Zierjohannisbeere kann man dort auch eine fruchttragende pflanzen; die ertragreichen Kulturheidelbeeren und Preiselbeeren können in der *Rhododendron*-Pflanzung oder bei anderen Moorbeetpflanzen ihren Platz bekommen. Stachelbeerhochstämme dürfen mit Gemüse oder Blumen unterpflanzt werden. Obstbäume werden am günstigsten als kleinkronige, schwachwachsende Büsche oder Meterstämme gepflanzt und sollten so gesetzt werden, daß sie auch nach mehreren Jahren noch bequem geerntet werden können, also nicht zu stark unterpflanzen und einwachsen lassen!

Wichtig: ein Kompostplatz

In jedem lebendigen Garten ab 200 m^2 sollte ein Kompostplatz (s. S. 46) vorhanden und von vornherein dazu bestimmt und entsprechend angelegt sein. Für ihn sollten wir eine abgelegene Stelle finden, vielleicht in der Nähe des nachbarlichen Komposthaufens, abgeschirmt durch eine Pflanzung, Hecke oder Rankgerüst, oder mit Palisaden bzw. einem Lattengerüst umgeben. Auf jeden Fall sollte der Platz im Schatten liegen, und wenn im neu angelegten Garten noch nicht genügend Schatten ist, sollte er mit gelochter Folie abgedeckt werden.

Früher, als es noch üblich war, Haufen anzulegen, einen ruhenden und einen wachsenden, rechnete man mit 30 m^2 Fläche für den Kompostplatz. Heute werden mehr und mehr die ordentlichen, raumsparenden Kompostsilos verwendet. Aber auch von ihnen sollten Sie 2 Stück aufstellen. Dazu benötigen Sie noch etwa 4 m^2 Fläche zum Umschaufeln der Erde. In Anbetracht der hervorragenden Wirkung, die Kompost auf Ihren Boden und die Pflanzen ausübt, sollten Sie die kleine Mühe auf sich nehmen, geeignete Abfälle nicht in die Mülltonne zu werfen, sondern auf den Komposthaufen zu tragen und nach entsprechender Pflege Ihrem Garten wieder zuzuführen.

Reihenhausgärten

Hohe Bodenpreise und Baukosten haben dazu geführt, daß heutzutage sehr viele Reihenhäuser gebaut werden, sie bieten für viele die einzige Möglichkeit, ein Eigenheim zu erwerben. Da die Häuser in der Regel zwischen 5 und 8 m breit sind, entstehen mehr oder weniger lange, schmale Gärten, deren Gestaltung besonderer Überlegungen bedarf. Leider ist das Bedürfnis nach einem privaten, abgeschirmten Freiraum bei dieser Anordnung der Häuser sehr schwer zu befriedigen und läßt sich auch nur annähernd verwirklichen, wenn die Häuser versetzt angeordnet sind. Wenn die Gebäude um 3–4 m gegeneinander verschoben sind, entsteht in Hausnähe bzw. auf der Terrasse bereits eine relativ geschützte

Nische, die nicht nur eine optische, sondern auch eine gewisse akustische Abschirmung bietet. Sind die Gebäude jedoch, was meist der Fall ist, in einer geraden Reihe nebeneinandergesetzt, so kann man durch Sichtschutzmauern oder -zäune, Hecken und Sträucher zwar die optische Beeinflussung vermindern, die akustische dagegen wird bleiben.

Geradezu ideal wäre es, wenn die Nachbarn aus der Not eine Tugend machten und sich zur gemeinsamen Gestaltung und Nutzung entschließen würden. Es gibt, besonders in den skandinavischen Ländern, zahlreiche Beispiele dafür, wie die in Hausnähe liegenden Bereiche durch Mauern, Trennwände oder Spaliere voneinander getrennt sind, um dort ein intimes Wohnen des einzelnen zu ermögli-

Oben links: Schlichte Aufteilung eines Reihenhausgartens. Vielfalt ergibt sich durch die Bepflanzung.

Durch Trittplatten erschlossener Garten eines Pflanzenliebhabers (rechts).

Ein Bauerngarten mit vielfältiger Nutzung. Blumen, Gemüse und Obst stehen neben- und miteinander.

Vielfältig nutzbarer Reihenhausgarten, in dem durch geschickte Pflanzenanordnung mit geringem Aufwand eine gute Gliederung erreicht wurde.

Kleiner Garten, der mit Hilfe formalistischer Elemente in verschiedene Räume geteilt wurde. Er scheint mehr zum Betrachten als zum Benutzen einzuladen.

chen, während der übrige Garten gemeinsam genutzt wird. Je nach der Größe der Wohngruppe erhält er einen oder mehrere Spielbereiche, Wäschetrockenplätze, eventuell einen Arbeits- und Bastelplatz und einen gemeinsamen Unterstellplatz für Fahrräder, Roller und Dreiräder. Die große zusammenhängende Rasenfläche kann dann für Federball oder Rasenspiele genutzt werden, was in jedem kleinen Einzelgarten gar nicht möglich wäre. Dies ist zweifellos eine großzügige Lösung, sie erfordert jedoch von allen Beteiligten Toleranz und Rücksichtnahme.

Meistens wird jedoch, aus Angst vor möglichen Schwierigkeiten, jeder Eigentümer sein Grundstück einzäunen und den Garten selber gestalten und alleine nutzen wollen. Trotz der vielen trennenden Zäune sollten wir auch die Nachbargärten mit in unsere Betrachtungen einbeziehen. Alle baulichen Maßnahmen, die Sie zur Abschirmung Ihres Terrassenbereiches durchführen wollen (Wände, Mauern, Pergolen), müssen Sie mit den Nachbarn abstimmen und in enger Beziehung zur Architektur der Häuser gestalten. Bevor Sie auch den übrigen Garten dicht abschirmen, sollten Sie die Vor- und Nachteile genau abwägen. Ein dichter Zaun oder eine Hecke entlang der Grundstücksgrenzen bedeutet für kleine Gärten viel Schatten. Bei langen, schmalen Grundstücken wird der Eindruck der Enge verstärkt, bei kleinen Parzellen erzielt man den Eindruck eines Hofes. Es kann durchaus reizvoll sein, als Freiraum an einem Reihenhaus einen umschlossenen kleinen Gartenhof zu haben. Man kann ihn ruhig, mit einheitlicher Bodendecke und wenigen pflanzlichen oder kunstvollen Akzenten gestalten, oder ihn durch schmale befestigte Wege gliedern und mit bunten Blumen und Stauden bepflanzen – überlegen Sie, ob Sie tatsächlich eine Rasenfläche brauchen und wollen, für die Sie natürlich auch einen Rasenmäher benötigen!

Häufiger anzutreffen und leichter zu verwirklichen ist eine lockere Bepflanzung entlang der Grenzen. Wenn Sie z. B. eine gewünschte Sichtschutzpflanzung auf Ihrem Grundstück beginnen und Ihr Nachbar Sie auf seiner Seite fortsetzt, so haben Sie beide etwas von Ihrem kostbaren Boden für Blumen oder anderes gewonnen. Auch Akzente oder Blickpunkte lassen sich durchaus so plazieren, daß auch die Nachbarn Freude daran haben.

Sehr lange Grundstücke sollte man in mehrere, einzeln erlebbare Teile gliedern, Größe und Aussage richten sich natürlich nach Ihren Bedürfnissen. Den wohnungsnahen Aufenthaltsbereich könnte man z. B. durch einen Pflanzriegel, eine Sitzbank in Verbindung mit einem Trog, Wasserbecken oder Sandkasten, durch ein Rankgerüst, Holzpalisaden oder ähnliches begrenzen. Der hintere Gartenteil kann entsprechend Ihren Wünschen gestaltet und genutzt werden: als Spielgarten, Gemüsegarten, Blumengarten für Ihre Lieblingspflanzen, Abstell- oder Bastelfläche, als wenig beeinflußter naturnaher Wildgarten oder Sumpfbereich. Hier wäre es schön, wenn sich eine solche Zone auf den Nachbargrundstücken fortsetzen würde. Da das nicht immer der Fall sein wird, dürfte es eher angebracht sein, bei der Gestaltung von Reihenhausgärten strenge, architektonische Elemente zu verwenden, die sich besser in die oft engen und harten Grenzen einfügen lassen als ein freier, naturnaher Stil, dessen großzügigere und weitläufigere Formen ständig von Zäunen, Hecken und Mauern eingeengt werden.

Sind schon die hinter dem Haus liegenden Gärten nicht groß, die Vorgärten sind oft nur winzig! Wie schön wäre es, wenn sich die Nachbarn hier einigten und eine einheitliche Lösung fänden. Wenn man gemeinsam auf das Einzäunen verzichtet, den gleichen Belag für die Eingangswege wählt und eine oder zwei Pflanzenarten, z. B. Bodendecker, in allen Vorgärten wieder verwendet, im übrigen jeden die Pflanzung nach seinem Geschmack zusammenstellen läßt, so könnte eine großzügige Eingangslösung geschaffen werden, die sowohl dem Straßenraum als auch dem eigenen Haus zugute kommt.

Die Gartengestaltung

Gartenentwicklung – Gartenerneuerung

Im Garten haben wir nach bestem Wissen Lebensgemeinschaften geschaffen, die sich ständig weiterentwickeln und verändern. Wir dürfen uns nicht dem Trugschluß hingeben, wir hätten unseren Garten ordentlich angelegt und dürften uns zur Ruhe setzen.

Einige Gartenbesitzer mögen den Sinn ihres Gartens – vorausgesetzt, er ist groß genug – darin sehen, eine ökologische Zelle zu schaffen, ein Reservat, von dem aus sich die freie Natur draußen, die durch zahlreiche Umweltsünden zum Teil arg geschädigt ist, wieder regenerieren kann. Aber selbst in solchen Gärten kommt man ohne korrigierende Maßnahmen sicher nicht ganz aus, denn die unberührte, d. h. von Menschen unbeeinflußte Natur gibt es in unserer Kulturlandschaft überhaupt nicht mehr.

Der engagierte Gartenbesitzer wird beobachten, wie aus dem wenig lebendigen, verfestigten, sogenannten Mutterboden, den eine Planierraupe im Garten ausgebreitet hatte, im Laufe von 3–5 Jahren eine gut durchwurzelte, lockere Erde geworden ist, in der sich die Pflanzen ausgezeichnet entwickeln, falls Laub und pflanzliche Abfälle verkompostiert, die Pflanzflächen damit abgedeckt und die Gehölzflächen mit Rasenmähgut und Laub gemulcht wurden. Es ist aber auch möglich, daß ein anderer Gartenbesitzer bemerkt, daß sein Boden fest, verschlämmt und eventuell auch moosbewachsen ist und daß seine Pflanzen eigentlich gar nicht viel größer sind als im 1. Jahr nach der Pflanzung. Sie stehen alle sauber und ordentlich nebeneinander, Laub und abgeschnittene Pflanzenteile befinden sich in der Mülltonne. In den nächsten Jahren wird er teuren Torf und Dünger kaufen und seine Pflanzflächen damit abdecken, damit sie ordentlich aussehen. Die Gehölze im Hintergrund werden immer höher und unten immer kahler. Dann wird beschlossen, daß sie zu viel Schatten werfen, und armdicke Äste werden in Brusthöhe abgesägt, hohe Fichten werden ihrer Spitzen beraubt, Laubbäumen werden die Kronen verstümmelt – übrig bleibt ein Bild des Jammers.

Unser einfühlsamer »Kompostgärtner« hat inzwischen seine Pflanzen beobachtet. Er hat gewiß schon einige Sträucher herausgenommen, weil er sie zu Anfang, als er schnell Sichtschutz brauchte, zu dicht gepflanzt hatte. Die Lücken, die diese Füllsträucher hinterließen, sind weitgehend von den edleren Büschen eingenommen worden. Er schneidet hier und dort einen überflüssigen Zweig heraus oder kürzt Triebe ein, damit die Pflanzen buschiger werden. Die kleingeschnittenen Triebe kommen entweder gleich im Hintergrund zwischen die Sträucher oder auf den Kompost. So wird es übrigens auch mit dem jährlich anfallenden Laub gemacht.

Im Bereich der größer gewordenen Gehölze haben sich die Standortbedingungen für Stauden und andere Blumen natürlich auch geändert. Der Boden ist mitunter so stark durchwurzelt, daß nährstoff- und feuchtigkeitsliebende Pflanzen dort nicht mehr gedeihen. Durch die Schleppenbildung mancher Sträucher (d. h. ihre Zweige hängen bis auf den Boden) wird es dort so dunkel, daß Pflanzen, die dort zunächst noch gediehen, jetzt nicht mehr genug Licht bekommen. Wir müssen mit ihnen umziehen und sie ersetzen durch Pflanzen, denen dieser neu entstandene Standort zusagt.

Im Laufe der Jahre würden in allen Gärten die offenen, sonnigen Standorte verschwinden, denn die Entwicklung führt in unseren Breiten immer auf einen Wald zu. Wollen wir den einen oder anderen derartigen Standort erhalten, so müssen wir vorsichtig, vorausschauend eingreifen. In jedem Katalog steht, wie hoch und breit ein Baum oder Strauch wird, wir sollten nicht so tun, als ob er das bei uns nicht würde, und wenn er dann – oh Schreck – doch so mächtig geworden ist, ihn kläglich verstümmeln. Beginnen Sie, wenn es unbedingt sein muß, mit dem Auslichten oder Einkürzen so früh wie möglich, ohne den Wuchscharakter, den Habitus, der Pflanze zu verändern. Besser wäre es, im Laufe der Jahre die Zahl der Großgehölze in Ihrem Garten zu verringern, sich die verbliebenen jedoch ihrer Art entsprechend entwickeln zu lassen. Dann stehen dort charaktervolle Solitärs, denen eine geänderte Unterpflanzung zugesellt werden kann. Und nach Jahren sind Sie zusammen mit Ihrem Garten gereift, denn Sie brauchen nicht mehr die unruhige Vielfalt der ersten Jahre, sondern haben die Ausgeglichenheit, um sich an schön gewachsenen, charaktervollen Pflanzen zu erfreuen.

Gelegentlich mag doch eine durchgreifende Umgestaltung eines Gartens notwendig werden. Es ist manchmal schwierig, unter eingewachsenen Gehölzen eine neue Pflanzung hochzubekommen, da die Gehölzwurzeln dem Boden Wasser und Nährstoffe sehr stark entziehen. Hilfreich ist es, den neugesetzten Pflanzen die Startbedingungen zu erleichtern, indem man Boden unter den Gehölzen auffüllt, ein erhöhtes Beet anlegt, in welchem die Unterpflanzung erst einmal Fuß fassen kann. In den nächsten Jahren werden sie dann mit der Wurzelkonkurrenz besser fertig, vorausgesetzt, Sie haben die dem Standort entsprechenden Pflanzen verwendet. Es hat überhaupt keinen Sinn, an solchen Plätzen licht- und nährstoffbedürftige Beetstaudenpflanzen zu wollen, damit »dort hinten mehr Farbe ist«. Sie werden nach kurzer Zeit schwächer und schwächer und bald eingehen.

Bei der Umgestaltung eines alten Gartens ist es viel wichtiger als bei einer Neuanlage, die verschiedenen Standorte genau zu erkennen und entsprechend zu bepflanzen. Denn in einem alten Garten gibt es oft große Unterschiede im Mikroklima – bodentrockenen Schatten unter Gehölzen, deren Wurzeln dicht unter der Oberfläche liegen, luftfeuchten Schatten an der Nordseite von Mauern, halbschattige Gehölzränder, vollsonnige Gehölzränder, sonnige, trockene Bereiche an der Südseite von Gebäuden und vieles mehr. All diese Feinheiten gilt es zu bedenken, und es wird klar, daß man bei der Umgestaltung eines alten Gartens mit großer Sorgfalt und Behutsamkeit zu Werke gehen muß.

Aus dem offenen Gartenland, das wir kurz nach dem Bau des Hauses noch vor uns hatten, ist ein »Wald« geworden.

Gartenboden, Vermehrung und Pflanzung

Der Boden

In einem guten Gartenboden fühlen sich die Regenwürmer wohl – er ist locker, humos und gut durchwurzelt.

Was ist Boden?

Aus unbelebtem Gestein hat sich aufgrund ständiger Einwirkungen von Wärme und Kälte, Wasser, Licht und der Luft Boden gebildet. Die verschiedenen Kräfte haben das Ausgangsgestein so weit verändert, daß der daraus entstandene Boden tierischen Organismen und Pflanzen als Lebensgrundlage dienen kann.

Boden besteht nicht nur aus totem Material, er enthält auch sehr viel lebende Organismen. In 1 Handvoll Gartenerde finden wir mehr als 4 Milliarden Lebewesen. Diese Bodenlebewesen ermöglichen viele Vorgänge im Boden, wie z. B. die Humusbildung und die Freisetzung von Stickstoff. Sie sind ein wesentlicher Teil des Bodens. Ihre Tätigkeit ist für die Erhaltung der Fruchtbarkeit des Bodens sehr wichtig.

Böden bestehen aus einer Vielzahl von verschiedenen Bestandteilen, die so unterschiedlich sind, daß es nur sehr schwer möglich ist, Böden generell zu beschreiben.

Jeder Boden ist ein Individualist, es ist daher dringend erforderlich, daß jeder Gartenbesitzer den Boden seines eigenen Gartens ganz genau kennt, damit er weiß, was er seinem Gartenboden zumuten darf und was er alles erreichen kann.

Bodenuntersuchung

Sie gibt Auskunft darüber, wie hoch der Gehalt an verfügbaren Nährstoffen in einem Gartenboden ist. Aus dem verfügbaren Gehalt wird dann der notwendige Bedarf an Dünger abgeleitet, der für gesundes Wachstum der verschiedenen Gartenpflanzen erforderlich ist. Genaueres zum Thema Bodenuntersuchung s. S. 55.

Ermittlung durch Fingerprobe

Man kann mit sehr einfachen Handproben feststellen, um welche Bodenart es sich handelt. Für die Durchführung der »Fingerprobe« wird eine Bodenprobe in einem kleinen Becher vorsichtig mit etwas Wasser angefeuchtet. Es wird so viel Wasser dazu gegeben, daß eine feuchte, aber nicht breiige Substanz entsteht. Von dieser Bodenprobe nimmt man nun eine kleine Menge zwischen Daumen und Zeigefinger und reibt sie. Nach Gefühl und einigen sichtbaren Merkmalen lassen sich verschiedene Bodenarten erkennen:

Leichter Boden (Sandboden) Er fühlt sich rauh an, ist kaum formbar und beschmutzt die Finger wenig oder gar nicht.

Mittlerer Boden (lehmiger Sand oder sandiger Lehm) Er beschmutzt die Finger leicht oder merklich und ist entweder etwas oder deutlich formbar. Je rauher ein solcher Boden ist, desto höher ist der Sandanteil.

Schwerer Boden (Lehm- oder Tonboden) Er läßt sich gut formen, die Finger werden stark verschmutzt. Je glatter und glänzender die erzeugte Gleitfläche ist, desto höher ist der Tongehalt.

pH-Wert

Die beste Bodenuntersuchung und die noch so sichere Beurteilung eines Gartenbodens mit der Fingerprobe sind wertlos, wenn nicht eine Maßzahl für die Beurteilung des Bodens bekannt ist, der pH-Wert.

Er ist das Maß für den Kalkzustand des Bodens und zeigt an, ob der Boden sauer, neutral oder alkalisch reagiert. Bei einer im Labor durchgeführten Bodenuntersuchung wird der pH-Wert

Der Boden

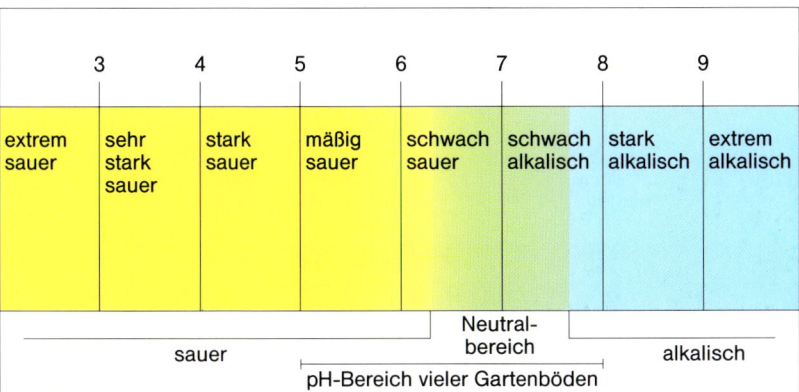

3	4	5	6	7	8	9
extrem sauer	sehr stark sauer	stark sauer	mäßig sauer	schwach sauer	schwach alkalisch	stark alkalisch	extrem alkalisch

sauer — Neutralbereich — alkalisch
pH-Bereich vieler Gartenböden

stets mitbestimmt und auf der Analyse mitgeteilt. Man kann diesen Wert aber mit einfachen Mitteln selbst bestimmen, und zwar mit Hilfe von Teststreifen, die im Fachhandel erhältlich sind. Es gibt auch bereits einfache Meßgeräte, die man lediglich in den Boden steckt. Der pH-Wert kann an einer Skala abgelesen werden. Obwohl die Genauigkeit relativ gut ist, dienen solche Geräte lediglich einer groben Prüfung, da sowohl Teststreifen als auch Laboruntersuchungen wesentlich genauer sind.

Die Bodenarten

Leichte Böden

Hier handelt es sich um Sandböden, die sich durch gute physikalische Eigenschaften auszeichnen, d.h., sie haben eine gute Wasserdurchlässigkeit, sind gut durchlüftet und können leicht bearbeitet werden.
Andererseits haben leichte Böden von Natur aus nur einen geringen Gehalt an Nährstoffen und sind nicht in der Lage, ihnen zugeführte Nährstoffe, z. B. Kali und Stickstoff, festzuhalten. Es kommt daher auf diesen leichten Sandböden sehr leicht zu einer Auswaschung. Bei Düngung mit mineralischem Stickstoff können auf solchen Böden bis zu 60% der aufgebrachten Düngermenge ausgewaschen werden. Sie läuft durch den Boden hindurch wie durch ein Sieb und gerät unweigerlich ins Grundwasser. Dadurch erhöht sich dort der Nitratgehalt, was bekanntlich sehr abträglich für die Gesundheit ist.
Leichte Sandböden haben außerdem ein sehr geringes Speichervermögen für pflanzenverfügbares Wasser. Diese geringe Wasserspeicherfähigkeit ist die Hauptursache dafür, daß Sandböden oft nur geringe Erträge liefern. Ein Gartenbesitzer, der einen leichten Boden hat, muß jedoch nicht von vornherein verzweifeln, er muß jedoch vorrangig versuchen, die Wasserhaltekraft zu verbessern.
Dies geschieht am zweckmäßigsten mit Tonmineralen oder mit einem von der Chemie angebotenen Produkt, das aus Schaumstoff-Flocken mit sehr feinen Poren besteht.

Auch Tonminerale verfügen über eine sehr große Oberfläche und sind in der Lage, sehr viel Wasser anzulagern. 150 g/m², die Sie einmal im Jahr, möglichst im zeitigen Frühjahr, dem Boden zugeben und leicht in die Oberfläche einarbeiten, genügen, um genügend Wasser zu speichern.
Die oben genannten Schaumstoff-Flocken auf Basis von Harnstoff-Formaldehydharz sind ebenfalls gut geeignet, um die Erträge auf leichten Böden zu gewährleisten. Das Material hat allerdings den Nachteil, daß es einmal nicht sehr billig ist und zum anderen nur bei absolut windstillem Wetter ausgebracht werden kann, da sonst die ganze Nachbarschaft mit Schaumstoff-Flocken übersät wird. Wenn Sie es anwenden wollen, müssen Sie mit 2–4 m³ auf 100 m² rechnen.

Mittlere Böden

Sie liegen in ihrer Nutzungsmöglichkeit für die Pflanzenproduktion und ihrer Bearbeitbarkeit zwischen den Sandböden und den Tonböden. Ein typischer Vertreter des mittleren Bodens ist der Lößboden, der in Mitteleuropa ungefähr zu 10–25% aus Ton, zu 70–80% aus Schluff (einem Mittelding zwischen Sand und Ton) und zu geringen Teilen aus Fein- und Mittelsand besteht. Aus den auf der ganzen Erde zu findenden Lößablagerungen haben sich im Laufe der Zeit die fruchtbarsten Böden, z. B. die Schwarzerden, entwickelt.
Bei der Beurteilung der Verbesserungsmöglichkeit eines Lößbodens kommt es sehr darauf an, ob dieser mittlere Boden mehr zum Sand hin neigt oder mehr zu einem schweren Boden. Je nachdem, wie die Beurteilung ausfällt, muß sich auch die Boden-

Der pH-Wert ist ein Maß für den Kalkzustand des Bodens.

Von links nach rechts: Ein Sandboden ist fein wie Staub und nicht formbar.

Dieser mittlere Boden ist gut humos und schwach formbar.

Schwerer Boden ist gut formbar, da er viel Ton enthält.

Der Boden

Das Ausbringen von Stoffen mit organischer Substanz, hier ist es Kompost, fördert eine gute Bodenstruktur; die Wasserspeicherfähigkeit des Bodens wird erhöht, die Kleinlebewesen werden aktiviert und sorgen damit für eine bessere Bearbeitbarkeit und höhere Erträge.

pflegemaßnahme daran orientieren. Mittlere Böden sind im Idealfall problemlos zu bearbeiten und bilden für jede Art von Gartennutzung ideale Standorte. Wohl dem, der einen solchen Boden in seinem Garten hat.

Schwere Böden

Sie sind gekennzeichnet durch einen hohen Ton- und Lehmanteil. Das Hauptproblem ihrer Strukturverbesserung liegt darin, daß man versuchen muß, hier eine ideale Krümelstruktur zu erreichen. Dies ist vor allem im Hinblick auf die Wasserdurchlässigkeit von großer Bedeutung, denn schwere Böden sind immer durch Verdichtung gefährdet.

Obwohl unsere Pflanzen durchaus in der Lage sind, mit ihren Wurzeln große Tiefen zu erreichen und auch große Schwierigkeiten im Boden überwinden können, kommt es bei Bodenverdichtungen stets zu ganz erheblichen Behinderungen des Wachstums der Pflanzen.

Während es den leichten Böden an feinen Tonteilchen fehlt, leiden schwere Böden an einem Mangel an groben Partikeln.

Wir müssen also bei der Verbesserung eines schweren Bodens genau umgekehrt verfahren als bei einem leichten Boden.

Schwere Böden werden häufig auch als fette Böden bezeichnet. Man spricht daher bei der Zufuhr von gröberen Teilchen auch von einer »Vermagerung«. Das erreicht man am besten durch Sand. Dabei sollte bei der Verbesserung des Gartenbodens die Körnung 0/3 verwendet werden, die als Bausand überall zu erhalten ist.

Schwere Böden haben einen hohen Ton- und Lehmanteil und neigen daher leicht zu Verdichtungen. In diesem Fall hilft nur noch eine umfassende Bodenlockerung und Bodenverbesserung.

Grundsätzlich gilt, daß Gründungspflanzen, organische Dünger, Pferdemist mit Stroh, Kompost, Rindermist mit viel Einstreu, Schaf-, Ziegen-, Kaninchen- und Taubenmist auf schweren Böden als Humusstoffe die Bodenstruktur ganz entscheidend verbessern.

Negative Auswirkungen von Bodenverdichtungen

- Das Wurzelwachstum ist gehemmt, vor allem bei Knollen- und Wurzelfrüchten (z. B. Sellerie, Möhren, Kartoffeln, Schwarzwurzeln).
- Die Nährstoffe sind schlechter verfügbar im Boden.
- Die Keimung der Pflanzen ist schlechter, besonders bei feuchten Bedingungen.
- Der Wasserhaushalt ist gestört. Es bildet sich Staunässe; der Luftgehalt des Bodens ist geringer; das Wasser kann nicht in den Boden eindringen. Dadurch kommt es zum Wasserabfluß an der Oberfläche, dabei wird wertvoller Boden abgeschlämmt. Die Erosionsgefahr steigt deshalb an.
- Die Temperatur im Boden steigt im Frühjahr langsamer an.
- Ergebnis: Der Ertrag auf einem verdichteten Boden ist geringer.

Bodenverbesserung

Bei der Beschreibung gärtnerischer Böden wird häufig von der »Vegetationsschicht« gesprochen, der Bodenschicht, die für die Durchwurzelung mit Pflanzenwurzeln am besten geeignet ist. Ein Gartenbesitzer sollte daher dieser obersten Bodenschicht besondere Aufmerksamkeit schenken.

Man kann die Vegetationsschicht durch Zugabe verschiedener Stoffe verbessern oder, wenn es sich um einen bisher nicht bearbeiteten Boden handelt, einen sogenannten Rohboden, durch den »Voranbau« bestimmter Pflanzen sogar bis tief in den Unterboden hinein aufschließen.

Wir unterscheiden zwischen Bodenverbesserungsstoffen natürlicher und synthetischer Herkunft. Dabei unter-

scheiden wir wiederum nach Stoffen mit organischer Substanz, nach Stoffen mit feiner und Stoffen mit grober Körnung.

Stoffe mit organischer Substanz

Dies sind z. B. alle Torfe, egal ob mit oder ohne Düngemittelzusatz. Ferner jede Form von Kompost, über den in einem anderen Kapitel (ab S. 46) ausführlich gesprochen wird. Außerdem gehört Müllkompost dazu und, unter der Voraussetzung der Schadstofffreiheit, auch Klärschlamm.

Zudem gibt es auf dem Markt eine ganze Reihe von Bodenverbesserungsstoffen mit organischer Substanz, die zum Teil auch eine geringe Düngewirkung haben. Ihr Gartenfachgeschäft wird Sie gerne beraten. Das Einbringen von Stoffen mit organischer Substanz dient zum einen der Anreicherung der Vegetationsschicht mit organischer Substanz und in Verbindung damit der Verbesserung der Wasserspeicherfähigkeit des Bodens. Zum anderen führt es zu einer Verschiebung des pH-Wertes, zu einer größeren Aktivität der Kleinlebewesen im Boden und einer besseren Bearbeitbarkeit des Bodens sowie zu höheren Erträgen.

Stoffe mit feiner Körnung

Diese Stoffe dienen in erster Linie der Verbesserung der Wasseraufnahmefähigkeit des Bodens. Dabei kann es sich um feinpulvrigen Ton, der auch granuliert geliefert wird, oder um Lehm handeln, der als feinsandiger Lehm, auch

Der Boden

Löß genannt, besonders geeignet ist. Im Handel werden eine Reihe von Produkten angeboten. Auch feinkörniges Basaltmehl wird zur Bodenverbesserung empfohlen. Es sollte nur in geringen Mengen von höchstens 100 g/m² verwendet werden, da sonst die Gefahr der Verstopfung von Feinporen des Bodens besteht.

Stoffe mit grober Körnung

Dazu gehören Sande aller Art, auch Splitt und Lavaschlacke sowie Bimsstein-Granulat, wie es auch als Winterstreumittel angeboten wird. Grobkörniges Basaltgestein ist ebenfalls bestens geeignet. Ferner gibt es für diesen Zweck nicht wasseraufnehmende Kunststoffe. Diese grobkörnigen Stoffe dienen der Verbesserung der Bearbeitbarkeit des Bodens, da ein so verbesserter Boden weniger »schmiert«, und führen außerdem zu einer Verbesserung der Wasserdurchlässigkeit. Das ist für die Pflanzenwurzeln wichtig, da das Oberflächenwasser ja in den Boden eindringen soll und nicht als Lache auf dem Boden stehen darf.

Dränage

Wenn das Einmischen der verschiedenen Bodenverbesserungsstoffe nicht ausreicht, kann man die Wasserführung durch den Bau einer Dränage nachhaltig verbessern.
Die Anlage einer Dränage hat folgende Vorteile: Ableitung von überschüssigem Wasser; bessere Luftzirkulation im Boden; verbessertes Wurzelwachstum; erhöhte Ausnutzung der Bodenfeuchtigkeit bei trockenem Wetter; die Bodentemperatur sinkt langsamer; erhöhte Aktivität der Mikroorganismen. Über den Bau einer Dränage informiert Sie ein Fachmann des Garten- und Landschaftsbaus.

Warum ist Kalk so wichtig?

Eine besondere Maßnahme der Bodenverbesserung, die in der Zeit des sauren Regens immer wichtiger wird, ist die Zugabe von Kalk zum Boden. Die Auswaschung von Kalk ist bei niedriger Temperatur größer als bei wärmerer. Deshalb muß nach der Winterruhe des Gartens im Frühjahr der Kalkverlust ausgeglichen werden, um einen gesunden Gartenboden zu erhalten.

Gesteinsmehle dienen in erster Linie der Verbesserung der Wasseraufnahmefähigkeit des Bodens. Hier sind, von links nach rechts, Kalkmergel, Tonmineral, Dolomitkalk und Basaltmehl, das zur Bodenlockerung verwendet wird, zu sehen.

Wann verwende ich Kalk?

Die meisten Böden sind nicht von selbst als ein idealer Standort für unsere Kulturpflanzen geeignet. Der Mensch hat daher seit Beginn des Ackerbaues viel Arbeit darauf verwendet, die von Natur aus unvollkommenen Böden zu verbessern. Nun hat ein Boden zwei wesentliche Eigenschaften, nämlich die physikalische und die chemische. Als eine physikalische Eigenschaft ist z.B. die Körnung des Bodens zu bezeichnen. Wir nennen das die Bodenart.
Eine chemische Eigenschaft des Bodens ist sein Säuregrad, ausgedrückt als pH-Wert.
Es ist nun wesentlich leichter, die chemischen Eigenschaften eines Bodens zu verbessern, als z.B. zu versuchen, die Bodenart zu verändern. Aus einem reinen Tonboden wird kaum reiner Sand werden und umgekehrt.
Wenn sich die chemischen Bodeneigenschaften zum Vorteil der Pflanzen und der im Boden lebenden Tiere haben verändern lassen, so daß ideale Lebensbedingungen bestehen, sprechen wir von einer optimalen Bodenreaktion. Sie ist die Voraussetzung für den Erfolg vieler anderer Maßnahmen der Bodenpflege und Düngung.
Kalkdünger sind für diesen Zweck geradezu lebensnotwendig. Bei ihnen handelt es sich um basisch wirkende Stoffe (basisch wirksam = die Versauerung verändernd). Sie haben diese Fähigkeit durch Vermahlung oder durch chemische Umwandlung von natürlichen Kalken erhalten. Durch Zugabe von Kalk zum Boden erst schafft man die Voraussetzung für die Fähigkeit einiger Bodenbewohner, den in der Luft enthaltenen Stickstoff (78% der Luft) mit Hilfe der Pflanzen in den Boden zu holen.
Aber auch andere Kleinlebewesen im Boden vermehren sich in einem kalkhaltigen Boden leichter. Dadurch wird wieder die Humusversorgung des Bodens verbessert, der Boden wird lockerer, krümelig, lebendig und gesund. Die anderen Nährstoffe, wie Stickstoff, Phosphor, Kali und Magnesium, werden durch Kalk erst richtig wirksam. Dadurch wird die Qualität der Gartenfrüchte verbessert, die Pflanzen sind besser ernährt und damit gesünder.
Da ein enger Zusammenhang besteht zwischen dem Ernährungszustand der Pflanze und dem Befall mit Schädlingen (gesunde Pflanzen werden weniger oder gar nicht befallen), fördert die Verwendung von Kalk auch den geringeren Einsatz von Pflanzenschutzmitteln, was wiederum im Interesse des Umweltschutzes ist.
Gerade heute ist Kalkung wichtig! Aus den Schornsteinen der Industrie, den privaten Haushalten und aus den Auspuffrohren der Millionen von Autos entweicht stets eine gewisse Menge Schwefel in die Luft. Sie verbindet sich mit Wasser zu schwefliger Säure und fällt als »saurer Regen« auf den Boden. Um die Versauerung unserer Böden und auch unserer Seen auf die Dauer zu verhindern, ist auf eine Kalkung nicht zu verzichten.

Wie wird der Kalkbedarf berechnet?

Am besten läßt man sich die erforderliche Kalkmenge gleich bei der Boden-

Der Boden

Kalkentzug durch verschiedene Gemüsearten

Gemüsearten	Kalkentzug g/100 m³ CaO	MgO	Optimaler pH-Bereich je nach Bodenart	Kalkanspruch	Kalkdüngung	Torf, Kompost, Stallmist
Starkzehrend						
Wirsing	200	25	6,0–7,5	groß	notwendig	ja
Blumenkohl	150	18	6,5–7,5	groß	notwendig	ja
Rosenkohl	170	20	6,0–7,5	mittel	notwendig	ja
Grünkohl	450	40	5,5–7,5	mittel	notwendig	ja
Kohlrabi	60	70	6,0–7,0	groß	notwendig	ja
Sellerie	150	40	6,5–7,5	mittel	Vorjahr	Herbst
Porree	70	30	6,0–7,5	mittel	Vorjahr	Herbst
Gurken	50	25	6,0–7,5	mittel	Vorjahr	ja
Tomaten	135	15	5,0–7,5	kalkdankbar	möglich	ja
Kartoffeln	100	25	5,0–7,5	gering	Kopfkalkung	ja
Mittelstarkzehrend						
Möhren	195	30	6,5–7,5	kalkliebend	Vorjahr	Vorjahr
Schwarzwurzeln	55	15	6,5–7,5	mittel	Vorjahr	Vorjahr
Rote Rüben	100	50	6,5–7,8	mittel	Vorjahr	Vorjahr
Zwiebeln	70	30	6,5–7,7	säureempfindlich	Vorjahr	Vorjahr
Spinat	40	30	6,2–7,5	sehr säureempfindlich	Vorjahr	–
Rettich	60	30	5,5–7,0	säureempfindlich	Vorjahr	
Radieschen	28	25	5,5–7,0	mittel	Vorjahr	Kompost
Schwachzehrend						
Dicke Bohnen	250	25	5,5–7,5	mittel	möglich	–
Buschbohnen	76	15	6,0–7,2	mittel	notwendig	–
Stangenbohnen	130	25	5,5–7,5	mittel	notwendig	–
Markerbsen	150	18	6,0–7,5	säureempfindlich	notwendig	–
Kopfsalat	35	10	5,5–7,5	sehr säureempfindlich	Vorjahr	Vorjahr

Kalkmangel führt oft zu verdichtetem, ausgetrocknetem, rissigem Boden.

untersuchung mit errechnen, da dieses Verfahren nicht ganz einfach ist. Wer aber gerne eine Faustregel zur Hand hat, dem möge der Kalkumrechner eine Hilfe sein.
Maximaler Kalkbedarf verschiedener Böden (Kalk/100 m²):

- Leichte Böden: 20 kg kohlensaurer Kalk (l) oder 12 kg gemahlener Branntkalk (s).
- Mittlere Böden: 30 kg kohlensaurer Kalk (l) oder 16 kg gemahlener Branntkalk (s).
- Schwere Böden: 20 kg gemahlener Branntkalk (s).

(l) bedeutet langsam wirkend,
(s) bedeutet schnell wirkend.

Wichtig ist bei der Kalkung, daß der Kalk mit dem Boden gut durchmischt, jedoch nicht untergegraben wird. Auf keinen Fall darf man Kalk ausbringen und ihn dann unbearbeitet liegen lassen, da er sich zu einer festen Kruste auf dem Boden zusammenzieht und sich dann nur noch sehr schwer in den Boden einarbeiten läßt. Für die Einarbeitung in den Boden sind am besten Geräte wie z.B. das Gartenwiesel geeignet.

Die verschiedenen Kalkarten

Kalk ist nicht gleich Kalk, es gibt viele verschiedene Sorten: Branntkalk, Hüttenkalk, Algenkalk, Löschkalk, Kalkmergel und mehr. Es ist gar nicht einfach für den Gartenbesitzer, das richtige Produkt aus dem großen Angebot herauszufinden.

Wichtigstes Kriterium für die richtige Wahl des Kalkdüngers ist die unterschiedliche Wirkungsgeschwindigkeit der Kalke im Boden. Dabei ist darauf zu achten, daß besonders die Kalkmergel sehr wenig wasserlöslich sind und von daher sehr fein vermahlen werden müssen, um überhaupt aufgeschlossen werden zu können.

Schnell wirkende Kalke Zu ihnen gehören Branntkalk und Löschkalk, mit denen ein zu niedriger pH-Wert bzw. überschüssige Bodensäure sehr schnell beseitigt werden kann. Sie sind sehr gut wasserlöslich, und wenn man sie richtig in den Gartenboden einmischt, tritt die pH-senkende Wirkung sehr schnell ein.
Diese schnell wirkenden Kalke sind besonders für mittlere und schwere Böden geeignet.

Langsam wirkende Kalke Zu ihnen zählen der kohlensaure Kalk und vor allem der Hüttenkalk. Diese beiden Kalke müssen im Boden erst umgesetzt werden, was besonders beim Hüttenkalk sehr lange dauert.
Die langsame Wirkung dieser beiden Kalkarten ist für leichte Böden ein großer Vorteil.

Überkalkung Aufgrund fehlender Pufferkraft könnte es bei leichten Böden zu Überkalkungen kommen, besonders dann, wenn der Kalk im Boden ungleichmäßig verteilt ist. Das Problem der Überkalkung könnte aber auch bei langsam wirkenden Kalken auftreten. Wenn Sie jedoch immer nur die Kalkmenge auf Ihren Boden ausbringen, wie nebenstehend aufgezeigt wurde, werden Sie mit einer Überkalkung keine Probleme haben.

Die Formen der Kalkung

Wir unterscheiden bei der Verwendung von Kalk im Garten zwei Formen der Kalkung. Einmal die Gesundungskalkung und zum anderen die Erhaltungskalkung.

Gesundungskalkung Hier geht es darum, einen stark versauerten Boden möglichst schnell so zu verändern, so daß wir ihn optimal nutzen können. Eine Gesundungskalkung wird hauptsächlich bei der Neuanlage eines Gartens auftreten. Eine Bodenuntersuchung ist ratsam.

Der Boden

Erhaltungskalkung Hier soll der durch die chemische Verwitterung verursachte Kalkverlust im Boden ersetzt werden. Diese Verluste sind je nach Witterung und Bodenart unterschiedlich groß. Sie können, als Faustregel, davon ausgehen, daß bei den mittleren und schweren Böden ca. 5 kg Reinkalk und auf leichten, humusreichen Böden 3–4 kg Reinkalk/100 m² jährlich zu ersetzen sind.

Die Erhaltungskalkung geben Sie am zweckmäßigsten jährlich auf ⅓ der Gartenfläche, und zwar immer für 3 Jahre auf einmal.

Wenn Sie sich dann noch markieren, wo Sie in dem betreffenden Jahr gekalkt haben, erreichen Sie außer einer Arbeitserleichterung auch noch eine gute Gedächtnisstütze für den nötigen Fruchtwechsel in Ihrem Gemüsegarten. Auf dem gerade gekalkten Teil werden jeweils die besonders kalkliebenden Gemüsearten angebaut, mehr dazu entnehmen Sie bitte der Tabelle auf Seite 36.

Kalkung und pH-Wert

Wir haben nun schon sehr oft vom pH-Wert gesprochen, und Sie werden sich fragen, was ist nun der richtige Wert für meinen Boden. Auch dazu gibt es einige Richtwerte:
- Leichte Böden: pH 5,5.
- Mittlere Böden: pH 6,0–6,5.
- Schwere Böden: pH 7,0.

Wenn Sie beabsichtigen, den pH-Wert, also den Säuregrad Ihres Bodens um 1 Wert zu erhöhen, also z.B. von pH 6 auf pH 7, so müssen Sie für je 100 m² Ihres Bodens folgende Mengen an Kalk verwenden:
- Leichte Böden: 15 kg Branntkalk oder 30 kg kohlensaurer Kalk.
- Mittlere Böden: 25 kg Branntkalk.
- Schwere Böden: 30 kg Branntkalk.

Bodenbearbeitung flach, tief oder gar nicht?

In den letzten Jahren wird die Diskussion um die richtige Bodenbearbeitung sehr heftig geführt. Die einen empfehlen, das Umgraben vollkommen sein zu lassen, die anderen sind nur dafür, oberflächlich den Boden etwas aufzuritzen, und die 3. Gruppe schließlich sagt, daß man diese Arbeit doch den Bodentieren überlassen solle, da sie am besten wüßten, wie ihr Boden zu sein habe und was sie damit anzufangen hätten.

Wenn man sich einmal vor Augen hält, daß unser Gartenboden ein belebtes und gestaltetes Gebilde ist, in dem es von Leben nur so wimmelt, so kann man sich vorstellen, daß die Vorgänge bei der Bodenentstehung, an denen ja Mikroorganismen entscheidend beteiligt sind, durch die Bearbeitung des Bodens sowohl gefördert als auch gestört werden können.

Die Bearbeitung kann geschehen durch Untergrundlockerung, durch Umgraben, durch eine flache Hackarbeit oder aber durch ständige Bodenbedeckung. Dieses Mulchverfahren wird ab Seite 43 besprochen.

Das Umgraben

Schwere Böden

Im Normalfall soll vermieden werden, beim Umgraben toten Unterboden nach oben und lebenden Oberboden nach unten zu bringen. Allerdings hat das Umgraben auf bestimmten Böden durchaus seine Berechtigung. Bei schweren Böden mit hohem Ton- oder Lehmanteil kann es durchaus manchmal sinnvoll sein, sie umzugraben und dann im Herbst mit grober Scholle liegen zu lassen, damit das im Boden gefrierende Wasser diese groben Schollen zerteilt. Wir sprechen dann von Frostgare, die eine mechanische Zerkleinerung der Grobschollen ist und

Die Spitzen- oder Gipfeldürre ist häufig ein Zeichen für Kalkmangel in Verbindung mit anderen Ernährungsstörungen.

Wenn überhaupt gegraben wird, sollte man eine Grabgabel mit breiten Zinken verwenden.

Der Boden

Durch flaches Hacken zwischen den Gemüsereihen wird Unkrautwuchs unterdrückt, die Pflanzen »atmen« freier.

Hier wird mit dem Kultivator flach gehackt. Der Boden erwärmt sich in diesem Zustand schnell und ist für eine spätere Aussaat gut vorbereitet.

gute Voraussetzungen dafür bietet, daß der Boden im Frühjahr schneller abtrocknet und sich dadurch besser erwärmt. Es kommt zum Aufbau der richtigen Bodengare.
Sofern Sie jedoch einen lehmigen bzw. tonhaltigen Boden mit gutem Humusgehalt haben, der Oberboden des Gartens krümelig und damit in einem garen Zustand ist, brauchen Sie im Herbst nicht umzugraben und können sich im Frühjahr mit einer flachen Bearbeitung zufriedengeben.

Sandböden

Sie sind im allgemeinen wärmer und haben meistens nur eine sehr dünne krümelige Oberbodenschicht. Sie schützt den darunter liegenden Sandboden vor der Austrocknung. Wird Sandboden tief durchmischt, bringen wir organische Substanz in tiefere Bodenschichten ein. Dabei wird die Freisetzung von in dieser organischen Substanz enthaltenen Nährstoffen gefördert. Um eine Auswaschung zu verhindern, sollen leichte, sandige Böden ständig mit einer Schicht bedeckt sein, die sie vor der Austrocknung schützt. Das können lebende Pflanzen oder Mulchmaterialien sein. Besonders dann, wenn aufgrund unseres Gartenplanes nach Entnahme von Gemüse usw. kein Bewuchs vorhanden ist, muß eine Gründüngung durchgeführt werden. Die Einsaat solcher Pflanzen muß so rechtzeitig erfolgen, daß sich vor dem Eintritt der kalten Jahreszeit eine Pflanzendecke aufbauen kann. Dadurch wird die Auswaschung von Nährstoffen verhindert und der Humusaufbau in solchen Böden gefördert. Wenn Sie einjährige Pflanzen verwenden, die im Winter abfrieren, können Sie die oberirdischen Ernterückstände im Frühjahr einarbeiten.

Umgraben – nur im Notfall

Wenn Sie einmal einen Gartenboden umgegraben und damit ganz massiv in das Bodenleben eingegriffen haben, brauchen Sie sich deshalb nicht unbedingt Sorgen zu machen. Die Bodenlebewesen sind nämlich in der Lage, einen Boden sehr schnell wieder in die für sie besten Lebensbedingungen umzuwandeln. Die Vielzahl der Krümel bildenden Helfer im Boden schafft dies in sehr kurzer Zeit, aber man sollte sie bei dieser Tätigkeit nicht allzu häufig stören, da sie eine solche Störung nicht mögen.
Vor allen Dingen der Regenwurm reagiert »allergisch« darauf, wenn wir den Boden ständig umgraben, da seine Röhren dann immer wieder zerstört werden. Auch sollte man keine schnell laufenden Fräsen benutzen, da sie den Boden sehr zerschlagen und die Mikroorganismen ganz empfindlich in ihrer Ruhe stören.
Ein Beweis dafür, daß die Bodenlebewesen gerne in Ruhe gelassen werden möchten, ist z. B. die Tatsache, daß unter einer Rasendecke oder einer Wiese viel größere biologische Aktivität im Boden herrscht, als in einem offenen Gartenboden, in dem ständig umgegraben wird.

Das flache Hacken

Durch flaches Hacken zerstören wir die Ausgänge der Kapillarröhren im Boden und halten dadurch das Wasser in der Bodenoberfläche. Da durch den Prozeß der Verdunstung Verdunstungskälte entsteht, wird diese Verdunstung durch eine solche Bodenpflegemaßnahme unterbrochen, der Boden erwärmt sich leichter. Außerdem hindern wir dadurch keimendes Unkraut am Aufwuchs.
Das abgehackte Material können Sie auf dem Boden liegen lassen, es wird in kürzester Zeit von den Bodenlebewesen in den Boden hineingezogen und wieder zu Humus.
Voraussetzung für eine solche erfolgreiche Hackarbeit im Gemüsegarten ist natürlich die Aussaat und das Pflanzen in Reihensaat. Der Boden zwischen den Reihen sollte ständig bedeckt sein. Hierzu siehe auch »Mulchen« ab S. 43.
Sie sollten aber die Frage, ob Sie in Ihren Boden umgrabend oder hak-

Der Boden

kend eingreifen sollen, noch etwas überdenken. Jedesmal, wenn Sie in den Boden mit einer Grabegabel einstechen, mit einem Kultivator oder mit dem Spaten, bringen Sie automatisch Luft in den Boden, die für die Kleinlebewesen und die Pflanzenwurzeln wichtig ist und ihren Stoffwechsel anregt. Mit dieser Maßnahme zerstören Sie allerdings auch bestehende Strukturen, die erst mühsam neu wieder aufgebaut werden müssen.

Jeder Gartenbesitzer sollte sich jedoch darüber im klaren sein, daß die Maßnahmen der Bodenbearbeitung und der Bodenpflege in engem Zusammenhang stehen mit anderen Maßnahmen wie der richtigen Düngung, der Anwendung von Pflanzenpflegepräparaten und dem Einbau von Gründüngung in den Gartenkreislauf.

Die Geräte

An Geräten für die Bodenbearbeitung steht uns eine große Anzahl zur Verfügung. Darunter sind einige, die seit Jahrzehnten, wenn nicht sogar seit Jahrhunderten mit Erfolg im Garten angewendet werden.

Dazu gehört z. B. die besonders in Süddeutschland weit verbreitete Kreuzhacke, die eine kombinierte Form von Schlag- und Ziehhacke darstellt und für bestimmte Arbeiten, vor allen Dingen, wenn sie außerhalb eines regelmäßigen Beetes durchgeführt wurden, sehr gut geeignet sind.

Ferner ist auch der Kreil als Dunghacke bekannt. Es handelt sich um einen Vierzahn mit klauenartig im rechten Winkel abgebogenen Zinken. Mit diesem Gerät bereitet man die Beete vor, zerkleinert Klumpen, arbeitet Kompost und andere Dünger in die Oberfläche ein und ebnet die Beete.

Die Grabegabel mit ihren 4 flach geschmiedeten kräftigen Stahlzinken ist besonders gut geeignet, um müheloser, als mit einem Spaten möglich, harte Bodenschichten aufzubrechen. Dazu sticht man die Gabel in den Boden ein, bewegt sie vorwärts und rückwärts und verkantet sie, um den Boden zu lockern. Der so bearbeitete Boden wird dabei nicht gewendet.

Ein anderes altbewährtes Gerät ist die Ziehhacke, auch Kultivator genannt. Es gibt sie in verschiedenen Größen, man kann sie verstellen, und sie ist sehr interessant für eine schnelle, mühelose Bearbeitung eines Bodens. Der Gärtner benutzt sie, um den Boden flach zu lockern und fein zu krümeln.

Von diesen Ziehhacken gibt es auch noch kleinere, schmale, dreizinkige Geräte, die als Grubber bekannt sind. Während die Ziehhacke sogenannte Gänsefußzinken hat, hat der Grubber einfache Rundstahlzinken.

Ein ebenfalls seit Jahrzehnten bewährtes Bearbeitungsgerät im Garten ist der Handhäufelpflug. Er arbeitet nach demselben Prinzip wie ein Pflug, indem sich die gehärtete Stahlspitze mehr oder weniger tief in den Boden eingräbt und sich an den Seiten die Erde teilt und aufwirft. Dieser Handhäufelpflug ist besonders gut geeignet, um Pflanz- und Bewässerungsrillen auszuziehen, um Pflanzdämme für Erdbeeren aufzuwerfen sowie zum Anhäufeln von Kartoffeln und sonstigen Gemüsepflanzen.

Auch sollen die Gartengeräte für Kinder nicht vergessen werden. Wenn Sie einmal erlebt haben, wie gerne Kinder im Garten mithelfen, so werden Sie ermessen können, wie wichtig es ist, Ihrem Kind ein entsprechendes, seiner Körpergröße angepaßtes Gartenwerkzeug in die Hand zu geben. Sie erhalten im Gartenfachhandel alle Geräte in kindgerechter Ausführung.

Alle diese Geräte sind für die flache Bodenbearbeitung geeignet, sei es im Garten oder auf Balkon und Terrasse.

Von links nach rechts: Mit dem Handhäufelpflug lassen sich gut Rillen für die Aussaat ziehen.

Der Kultivatur ist altbewährt und ein nützlicher Helfer für das flache Hacken.

Von links nach rechts: Das Gartenwiesel lockert schonend zwischen den Reihen.

Die Kreuzhacke ist ideal zum Lockern der Oberflächen.

Lupinen, hier zusammen mit *Phacelia*, Klee und Sonnenblumen, sehen nicht nur hübsch aus, sie sind für alle folgenden Kulturen als Gründüngungspflanzen von großem Nutzen.

Die Gründüngung

Gründüngung ist eine alte Praxis der Bodenverbesserung. Man versteht darunter den Anbau bestimmter Pflanzen, die nur zum Zweck der späteren Einarbeitung in den Boden angebaut werden.

Gründüngung heißt, noch nicht abgestorbene grüne Pflanzenteile, die Wasser, Stärke, Stickstoff, Zucker und Eiweiß enthalten und zum großen Teil noch wenig verholzt sind, in den Boden einzuarbeiten.

Dazu gehört auch die Abtötung der noch lebenden Pflanzenwurzeln bei der Einarbeitung der Grünmasse in den Boden.

Hier liegt der große Unterschied zum Mulchverfahren, bei dem der Boden mit bereits abgestorbener organischer Substanz bedeckt und von den Bodentieren verarbeitet wird. Zum Teil wird vom Gärtner leicht in die Oberfläche eingearbeitet.

Die Grenzen zwischen Gründüngung und Mulchverfahren sind fließend. Wenn Sie z. B. im Herbst auf die von Gemüse abgeernteten Flächen zum Schutz des Bodens Senf einsäen und ihn nach dem Auflaufen einige Wochen später in den Boden einarbeiten, so ist das eine Gründüngung.

Lassen Sie den Senf jedoch über den Winter stehen, so daß er abfriert und den Boden mit einem feinen Netz überzieht und damit den Boden schützt, so ist das im Frühjahr keine Gründüngung mehr, sondern bereits Mulchmaterial.

Kompostierung, Mulchverfahren und Gründüngung stehen also miteinander in engem Zusammenhang. Die Gründüngung wird nach einiger Zeit Bestandteil des Mulchverfahrens, und die von den Gründüngungspflanzen produzierten oberirdischen Pflanzenteile dienen zum Teil als Grundlage für einen Kompost. Außerdem führt die intensive Durchwurzelung des Bodens durch Gründüngungspflanzen nicht nur zu Bodenlockerung und den im Zusammenhang mit einer Strukturverbesserung stehenden positiven Aspekten, sondern auch durch die großen Wurzelmassen zu einer Anreicherung des Humusgehaltes.

Gemessen an den vorherigen Begriffsbestimmungen wird es in einem Hausgarten nicht so häufig zu der klassischen Form der Gründüngung kommen, es sei denn, man hat die Chance, bisher nicht für Gartenzwecke genutztes Land zu kultivieren. Das ist z. B. nach dem Bau eines Hauses der Fall, wo der Boden um das Haus verdichtet ist. In einem solchen Fall kann ich mir die vielen Vorteile der Gründüngung zu Nutzen machen.

Vorteile der Gründüngung:
- Stickstoffanreicherung;
- Humusanreicherung;
- Verbesserung der Wasserversorgung;
- Verringerung der Auswaschung von Pflanzennährstoffen wie Stickstoff, Calcium und Kali;
- Bodenbefestigung, dadurch Erosionsschutz;
- Bodenbeschattung (Bodenbedeckung), Ausgleich von Temperaturextremen;
- Verbesserung der Bodenkrümelung;
- Bodenlockerung;
- Schädlingsbekämpfung, z. B. Nematodenreduzierung;

Die Gründüngung

Gründüngungspflanzen für Hausgärten

Name	Aussaatzeit	Saatgut je 10 m², Menge in g	Grad der Bodenbedeckung	Unkrautunterdrückung	Wurzeltiefe in cm	Bemerkungen
Weiße Lupine, *Lupinus albus*	April–Mai	200–220	sehr gut	sehr gut	150–200	Sehr schnelles Wachsen.
Blaue Lupine, *Lupinus angustifolius*	April–Mai	150–180	sehr gut bis gut	sehr gut	150–200	Schnelles Wachsen.
Gelbe Lupine, *Lupinus luteus*	April–Mai und Anfang August	100–120	mäßig	mäßig	150–200	Langsames Wachsen.
verschiedene Kleearten	April–Mai	20–30	je nach Kleesorte: Gelbklee=schwach Erdklee=mittel Weißklee=gut	schwach bis mittel	von 80 cm bis zu 200 cm	Langsame Entwicklung, z. T. winterhart.
Phacelia	April–Anfang September	20–50	sehr gut	sehr gut	je nach Bodenart verschieden, aber flach	Läuft sehr schnell auf.
Senf	bis Mitte August	20–30	sehr gut	sehr gut	80–150	Ideal für alle offenen Stellen im Garten.
Speiseerbse	sobald kein Frost mehr im Boden ist	100–120	gut	gut	80–150	Langsame Entwicklung.
Platterbse	April–Anfang Mai	100–150	gut	gut	80–150	Trittfest
Ölrettich	fast das ganze Jahr über	25–50	gut	gut	80–150	Schnelle Entwicklung.
Sonnenblume	bis Ende Juli	50	schwach	schwach	150–200	Sehr schnelle Entwicklung.

- Höherer Ertrag der auf die Gründüngung folgenden Pflanzen;
- Geringerer Stickstoffaufwand bei Leguminosen als Vorfrucht;
- Leichtere Bodenbearbeitung, weniger chemischer Pflanzenschutz.

Welche Pflanzen sind geeignet?

Wir kennen zwei Gruppen von Pflanzen, die für die Gründüngung in Frage kommen, und zwar die sogenannten Leguminosen und die Nichtleguminosen.
Innerhalb dieser beiden großen Gruppen ist die Zahl der Pflanzenarten, die für eine Gründüngung verwendet werden können, sehr groß.

Leguminosen

Dies sind Pflanzen, die in der Lage sind, den in der uns umgebenden Luft zu 78% enthaltenen Stickstoff (N) mit Hilfe der an den Wurzeln lebenden Bakterien festzuhalten. Diese Bakterien heißen Knöllchenbakterien und bilden mit den Leguminosen eine Lebensgemeinschaft (Symbiose), in der eine Partner vom anderen profitiert. Die Pflanze leitet über den Vorgang der Photosynthese Stickstoff in den Wurzelraum, und die Knöllchenbakterien halten ihn dort fest. Das ist anhand von Verdickungen sichtbar. Wenn diese Bakterien, die nur eine begrenzte Lebenszeit haben, absterben, wird der in ihnen gebundene Stickstoff frei und dient der nachfolgenden Pflanzenart als Nahrung.
Dieser Prozeß wird natürlich auch ausgelöst, wenn die oberirdischen Teile der Leguminosen absterben und dadurch die »Lebensgemeinschaft« mit Bakterien gestört wird.
Bevor man Leguminosen aussät, sollte man das Saatgut mit den Knöllchenbakterien impfen, da sie nicht automatisch auf allen Böden vorhanden sind. Um den Stoffwechselprozeß der Stickstoffbindung anzukurbeln, sollte man außerdem den Boden mit etwas leicht löslichem Stickstoff anreichern. Dafür ist Hornmehl (50 g/m²) geeignet.
Leguminosen stellen das Sammeln von Stickstoff aus der Luft ein, wenn zu viel Mineraldünger verabreicht wird.

Die Gelbe Lupine wächst zwar langsam, lockert den Boden aber bis zu 2 m tief. Als Gründüngung vor der Anlage eines Rasens ist sie sehr gut geeignet.

Die Gründüngung

Deutlich zu sehen sind hier die Stickstoff enthaltenden Knöllchenbakterien an den Wurzeln.

Anwendung verschiedener Pflanzenarten zur Gründüngung

Aussaaten	Nicht winterharte Pflanzen	Winterharte Pflanzen
Ab Frühjahr	Sommerrüben (Raps), Ackerbohnen, Senf, Perser- und Alexandrinerklee, Kresse	Mattenklee, Gelb- und Weißklee, Wicke, Süßlupine
Bis Ende Juli	Grünmais, Ackerbohnen	Süßlupine
bis ca. 25. August	Erbsen-Wicken-Gemenge, Hafer, Sommerwicken, Westerwoldsches Raigras	Mattenklee, Gelb- und Weißklee
bis ca. 10. Sept.	Alexandrinerklee, Hafer, Perserklee	Winterrüben, Ital. Raitgras, Zottelwicke, Inkarnatklee
Spätsaaten	bis Ende September: Senf, Kresse (zudecken), gute Bodengare	Oktober bis Dezember: Roggen
Pionierpflanzen	Senf ist billig, hat kurze Keim- und Kulturzeit. *Phacelia* ab März/Anfang April; erträgt Fröste bis −7°C. Schottenklee, Esparsette, Bastardklee, Lupine auf Neuland.	
Zu beachten	Rüben, Raps, Ölrettich nicht zu Kohlarten (Kohlhernie)! Gelbsenf nicht vor Kohlarten.	

Der Stickstoffbindeeffekt wird dann bei den Knöllchenbakterien gar nicht erst ausgelöst, was mit dem Stoffwechsel dieser Bakterien zusammenhängt. Dadurch ginge ein großer Vorteil der Leguminosenaussaat verloren!

Gute Leguminosen sind die Lupinen:

- Weiße Lupine gedeiht auch auf Kalkböden (pH über 7). Sie wächst schnell und ist daher auch schnell bodendeckend.
- Blaue Lupine wächst auf besseren Böden mit einem nur leicht sauren Boden (pH 6,5–6). Da sie schmalere Blätter hat, ist die bodendeckende Wirkung nicht so gut.
- Gelbe Lupine wächst auf sauren, sandigen Böden (pH unter 6). Die Wasserversorgung muß gesichert sein.

Nichtleguminosen

Während Leguminosen Stickstoff binden können, ist den Nichtleguminosen diese Fähigkeit nicht gegeben. Aber unsere Gründüngungspflanzen haben noch andere Vorteile. Sie bilden alle viel Wurzelmasse und fördern dadurch den Humusgehalt eines Bodens. Durch den dichten oberirdischen Wuchs sind sie ein idealer Bodenschutz gegen Erosion. Einige Gründüngungspflanzen kann man gegen Nematoden (Bödenälchen, die Pflanzen schädigen) einsetzen und damit Schädlingsbekämpfung betreiben. Auch die Bekämpfung bestimmter Krankheiten, die unsere Pflanzen befallen können, ist mit Hilfe von Gründüngungspflanzen möglich. Dazu ist es allerdings erforderlich, daß

Bodenansprüche der Gründüngungspflanzen

Name	Bodenansprüche und Bodenreaktion (pH)
Weiße Lupine	Leichte bis mittlere Böden, sauer bis niedriger Kalkgehalt.
Gelbe Lupine	Sehr leichte bis mittelschwere Böden, stark sauer bis schwach sauer.
Blaue Lupine	Sehr leichte bis mittelschwere Böden, sauer bis schwach sauer.
Kleearten, versch.	Leichte bis schwere Böden, sauer bis kalkhaltig.
Phacelia	Sehr leichte bis mittelschwere Böden, stark sauer bis hoher Kalkgehalt.
Senf	Leichte bis schwere Böden, sauer bis hoher Kalkgehalt.
Speiseerbsen	Mittel bis schwere Böden, sauer bis hoher Kalkgehalt.
Platterbse	Auf allen Böden, sauer bis kalkig.
Ölrettich	Auf allen Böden, sehr sauer bis mäßig kalkig.
Sonnenblume	Auf allen Böden, sauer bis hoher Kalkbedarf.

Eine Mischung aus einjährigen Sommerblumen bildet einen dichten Teppich.

Gründüngung noch zu einer Zeit in den Boden eingearbeitet wird, in der noch ein intensives Bodenleben herrscht, so daß die Krankheitskeime von ihren Gegenspielern im Boden vernichtet werden.

Auch eine gewisse Toleranz gegenüber »Unkraut« kann für die Bekämpfung von Pflanzenkrankheiten von Vorteil sein. So hat sich z. B. bei Leinwelke ein Besatz von weißem Gänsefuß (*Chenopodium album*), Vogelmiere (*Stellaria media*) und Hirtentäschel (*Capsella bursapastoris*) als krankheitsvermindernd erwiesen.

In den Tabellen werden die Gründüngungspflanzen aufgeführt, die sich für den Anbau im Hausgarten gut eignen.

Das Mulchen

Eine Decke für den Boden

Immer noch erfreuen sich viele Gärtner am Anblick »ordentlicher« Beete. Gleichmäßig braun liegt die frisch geharkte Erde unter der Sonne. Jedes Unkraut wurde säuberlich entfernt. Ist dieser blankgefegte Garten wirklich die viele Mühe wert? Oder lohnt es sich, ein wenig umzudenken und in der »grünen Schule« zu lernen, wie man es anders und besser machen kann?

Die Natur gibt sich keine Blößen. Wo immer es möglich ist, überzieht sie »nackten« Boden rasch mit einer grünen Pflanzendecke. Jeder aufmerksame Gärtner kann dieses Prinzip der Bodenbedeckung in der freien Landschaft beobachten. Selbst roh aufgetürmte Erdberge neben Baustellen werden bald von Kamille, Mohn und anderen Wildkräutern eingehüllt. Im Wald decken Bäume, Sträucher und Stauden den Boden mit ihren Blättern zu.

Ein solcher Pflanzen- oder Laubteppich schützt den Boden vor dem Austrocknen und vor dem Wegschwemmen bei starken Regengüssen. Wo dies nicht mehr geschieht, weil die natürlichen Regenerationsprozesse der Erde empfindlich gestört wurden, tragen Regen und Wind die Humusschicht ab. So entstehen unfruchtbare Wüsten- und Karstlandschaften.

Ein Gärtner, der nach den Regeln der Natur arbeiten möchte, zieht aus solchen Beispielen wichtige Lehren für sein Gartenland. Natürlich kann er zwischen Gemüsereihen und Rosen nicht jeden Wildwuchs dulden. Statt dessen breitet er auf allen freien Flächen eine lockere Schicht aus organischen Abfällen aus. Diese Art der naturgemäßen Bodenbedeckung nennt man unter Bio-Gärtnern »Mulchen«.

Die verschiedensten Substanzen aus dem eigenen Garten oder aus der Nachbarschaft eignen sich für solche Abdeckungen: zerkleinertes Unkraut, Erbsenstroh, Reste von Blumen- und Gemüsepflanzen, Gras, Stroh, geschredderter Baum- und Heckenschnitt, Laub und Rindenabfälle. Dieses organische Material wird zerkleinert und als dünne, lockere Decke auf den Beeten ausgebreitet: zwischen Gemüsereihen, unter Beerensträuchern, auf Baumscheiben und auch zwischen den Blumen.

Vorteile für Pflanzen und Gärtner

Unter solchen natürlichen Bodenteppichen bleibt die Erde feucht, warm und locker. Aufsteigende Verdunstungsfeuchtigkeit aus dem Boden wird abgebremst. Sonne und Wind können von außen nicht ungehindert »angreifen«. Auch das Unkraut wird unterdrückt. Gleichzeitig dient der langsam verrottende »Abfall« den Bodenlebewesen, vor allem den Regenwürmern, als Nahrung. Sie setzen die organischen Substanzen an Ort und Stelle in neuen, fruchtbaren Humus um.

Vor allem während der heißen Sommermonate bringen die Mulchdecken dem Bio-Gärtner viele Vorteile. Die Feuchtigkeit im Boden bleibt länger erhalten. Das mühevolle Gießen wandelt sich von der Gewohnheits- zur Gelegenheitsarbeit. Bei heftigen Gewittergüssen werden die harten Wassertropfen weich abgefedert. Der Regen kann die lockere Krümelstruktur der Gartenerde nicht zerschlagen. Deshalb braucht der Gärtner auch kaum zu hakken. Mulchdecken und Mikroorganismen nehmen ihm diese Arbeit ab.

Pflanzen, die auf gemulchten Flächen stehen, gedeihen auffallend gesund. Dies läßt sich unter anderem dadurch erklären, daß die Wachstumsbedingungen sehr gleichmäßig bleiben. Die Mulchdecken verhindern den krassen, ungesunden Wechsel zwischen ausgetrockneter oder vom Wasser verschlämmter Erde. Auch das rege, gut geschützte Bodenleben trägt viel zur stetigen Fruchtbarkeit der Beete bei.

Bei den vielfältigen Umsetzungspro-

Grobgehäckselte trockene Gartenabfälle werden als lange haltbare Decke unter dem Grünkohl ausgebreitet.

44 Das Mulchen

zessen entsteht auch reichlich Kohlensäure, die aus dem Boden aufsteigt. Die Pflanzen nehmen diesen Stoff, der für sie lebenswichtig ist, durch winzige Spalten an der Blattunterseite auf. Diese reiche Kohlensäureproduktion im belebten Boden trägt mit dazu bei, daß das Wachstum auf gemulchten Beeten sehr üppig ist.

Richtiges Mulchen will gelernt sein

Achten Sie unbedingt darauf, daß die Decke aus lebendigem Material stets locker ausgebreitet ist. Die Sauerstoffzirkulation ist wichtig für eine harmonische Zersetzung. Wo saftiges, frisches Grün zu dicht aufeinanderliegt, da entsteht bald Luftmangel und Fäulnis! Vor allem Grasschnitt darf nie »dick aufgetragen« werden. Am besten lassen Sie die Halme leicht antrocknen, bevor Sie sie als Mulchdecke verwenden.

In nassen Sommerwochen dürfen nur sehr dünne Bodendecken ausgebreitet werden, weil sich unter dichten Schichten die Schnecken gern in Massen verstecken. Erneuern Sie lieber öfter das Mulchmaterial im Laufe des Jahres.

Die organischen Stoffe setzen sich besonders rasch in wertvollen Humus um, wenn über die Bodendecken einige Hände voll Kompoststarter gestreut werden. Im Handel können Sie mehrere gute biologische Präparate kaufen.

Die gleiche Wirkung haben auch einige Schaufeln voll Kompost, die über den Mulch verteilt werden. Diese Erdbeimischung hält auch das lockere Material ein wenig fest, so daß Blätter und Halme nicht bei jedem Windstoß fortgewirbelt werden.

Woher nehmen?

Mancher Gärtner, der gerne seine Beete zudecken möchte, fragt verzweifelt: Aber woher bekomme ich soviel natürliches Material? Die folgenden praktischen Anregungen werden ihm »über die Runden« helfen.

Rasenschnitt ist sicher das am meisten verbreitete und in größeren Mengen vorrätige Mulchmaterial. Vom Frühsommer bis zum Herbst wächst ständig neues Gras nach.

Wenn Sie eine Wiese abmähen, ist darauf zu achten, daß die Blumen und Kräuter noch keine Samen angesetzt haben. Anderenfalls sollten Sie diesen Schnitt nicht zum Mulchen verwenden; Sie säen sich sonst unfreiwillig eine Wildkräuterwiese auf den Gartenbeeten aus!

Zerkleinertes Unkraut ergibt hervorragendes, gutgemischtes Material für Bodendecken. Sie können auch gleich beim Jäten kleinere Unkrautpflanzen auf den Beeten ausbreiten und damit die eben freigelegte Erde wieder zudecken.

Wichtig ist nur, daß die Wurzeln der Pflanzen oben liegen und nicht wieder Fuß fassen können.

Beinwellblätter wachsen mehrmals nach. Wenn Sie dieses mehrjährige Heilkraut in einer Ecke des Gartens anpflanzen, haben Sie vielfachen Nutzen davon. Die großen Blätter ergeben unter anderem einen hervorragenden, kalireichen Spezialmulch, der den Tomaten sehr gut bekommt, aber auch unter anderen Pflanzen ausgebreitet werden kann.

Brennesselblätter fördern die Humusbildung besonders gut. Dieses natürliche Material ist fast überall zu finden. Sie können einige Brennesselstauden z.B. am Kompostplatz in Ihrem Garten wachsen lassen. Sie liefern Gemüse, Tee, Jauche, Schmetterlingsnahrung und Mulchmaterial. Die robusten Pflanzen vertragen es, mehrmals vom Frühling bis zum Herbst geschnitten zu werden; immer wieder wachsen grüne Blätter nach. Lassen Sie Ihre Nesselernte leicht anwelken, bevor Sie sie auf 10–20 cm Länge zerkleinern.

Die Brennesseln eignen sich zur Bodenbedeckung unter allen Pflanzen des Gartens.

Rindenmulch ist ein Spezialsubstrat, das Sie im Handel kaufen können. Ähnlich wirkt auch zerkleinertes holziges Material aus dem eigenen Garten, das beim Baum- und Heckenschnitt anfällt. Diese festen organischen Abfälle zersetzen sich nur langsam, decken den Boden längere Zeit zu und hinterlassen einen leicht sauren Humus.

Verwenden Sie holziges Mulchmaterial deshalb gezielt bei bestimmten Pflanzen, die sich in einem solchen waldähnlichen Milieu zu Hause fühlen und dort besonders gut wachsen. Dazu ge-

Rindenmulch zwischen Gemüsemischkulturen ist ein Experiment.

Leicht angetrockneter Rasenschnitt ist in jedem Garten vorhanden. Er eignet sich als Bodendecke unter allen Kulturen.

Das Mulchen

Laubdecke auf abgeernteten Beeten (linkes Bild) und Strohmulch unter Erdbeeren.

hören vor allem Beerensträucher, Erdbeeren und Wildsträucherhecken.

Laub ist besonders wertvolles Material für die herbstliche Bodenbedeckung. Eine Mischung von verschiedenen Laubgehölzen eignet sich am besten. Die gerbsäurehaltigen Blätter der Eiche und die schwer rottenden Blätter des Nußbaums sollten höchstens in kleinen Mengen untergemischt werden.

Mulchen Sie vor allem Erdbeeren, Beerenobst und Baumscheiben mit Laub.

Stroh gehört zu denjenigen organischen Substanzen, die sich nur sehr langsam zersetzen. Als Mulchmaterial eignet es sich vor allem auf Erdbeerbeeten. Die roten Früchte liegen zur Erntezeit sauber und trocken auf dem Strohbett. Pilzkrankheiten wird dadurch vorgebeugt. Schnecken können sich zwischen den starren Halmen nur schwer fortbewegen.

Flache Steine gehören zu den ältesten Formen natürlicher Bodenbedeckung; sie erhalten die Feuchtigkeit und speichern vor allem auch die Sonnenwärme.

Im Kräutergarten, unter wärmebedürftigen Mittelmeergewächsen, können Sie diese einfache Methode einmal ausprobieren.

Lebendiges Grün

Auch lebende Pflanzen können anstelle von zerfallendem, organischem Abfall die nackte Erde zudecken. So empfiehlt es sich z. B., abgeerntete Gemüsebeete mit sogenannter Gründüngung (s. S. 41) einzusäen. Senf, Kleearten, Lupinen oder *Phacelia* eignen sich dazu. Eine dichte Aussaat von Feldsalat oder Spinat könnte genau so gut zeitweise die Rolle eines Bodendeckers übernehmen. Einjährige Sommerblumen überziehen offene Stellen im Ziergarten monatelang mit einem bunten, schützenden Teppich.

Langfristig bewähren sich Bodendeckerstauden, die die Rolle eines natürlichen Schutzmantels übernehmen. Unter Sträuchern und Bäumen, zwischen Wildstauden und Rosen decken diese Pflanzen, die sich nach allen Seiten ausbreiten, in 2–3 Jahren die offene Erde zu. In gutsortierten Staudengärtnereien finden Sie eine große Auswahl dieser niedrigen Gewächse, die durch bunte Blüten und hübsche Blätter den Garten bereichern. Es gibt Arten, die sich speziell für schattige Plätze eignen, und solche, die gut in der Sonne gedeihen. Darauf sollten Sie bei der Auswahl besonders achten. Eine kleine Auswahl finden Sie in den Tabellen ab S. 187.

Für diejenigen Gärtner, die zwischen ihren Blumen und Ziersträuchern aus ästhetischen Gründen nicht gerne Gras oder Blätter ausstreuen möchten, bedeuten solche lebendigen, blühenden Bodendecker eine reizvolle Alternative. Sie schützen die Erde im Sinne der Natur und erfreuen den Gärtner durch ihre ausdauernde Schönheit.

Eine lebendige Bodendecke aus Teppichstauden: rosarot blühender Knöterich und gelbes Münzkraut.

Der Kompost

Was alles wieder zu Erde wird

Draußen in der Natur gibt es keinen unnützen »Abfall«. Alles, was im Laufe des Sommers und Herbstes abfällt, wird wieder in den großen Kreislauf der Stoffe zurückgenommen: welke Blätter, vertrocknetes Gras, verblühte Blumen und tote Tiere. Unter einer Decke aus Laub und Schnee wandeln sie sich langsam in braune Erde um. Auch Gärtner sollten nichts von dem verschwenden, was das Gartenjahr »abwirft«. Auf dem Kompostplatz entsteht aus welken Sommerblumen, Kartoffellaub und Erbsenstroh wieder gute Erde. Dieser selbstgemachte, nahrhafte Humus dient dazu, die Fruchtbarkeit des Gartenbodens ständig zu erneuern.

Ein Blick in die Tiefe

Bevor Sie sich an die praktische Arbeit machen, sollten Sie einmal versuchen, einen Einblick in die wunderbaren Lebensprozesse zu gewinnen, die sich im Innern eines Komposthaufens abspielen.

Milliarden Bakterien, Algen, Pilze und kleine Bodentiere finden sich zwischen den Abfällen ein, um sie aufzufressen und umzusetzen. Für ihre nützliche Tätigkeit benötigen sie Wärme, Feuchtigkeit und genügend Sauerstoff. Die Zersetzung der organischen Substanzen in Humus verläuft in zwei unterschiedlichen Phasen: In den ersten 2–3 Wochen setzt in einem vorschriftsmäßig aufgesetzten Kompost die Warmvergärung ein. Dieser stürmische Zersetzungsprozeß erzeugt 50–70 °C Wärme. Dabei werden im Inneren des Haufens Krankheitskeime und Unkrautsamen weitgehend vernichtet. Es sind ganz bestimmte Spezialisten unter den Mikroorganismen, die in dieser heißen Rotte die Materie »auseinandernehmen«.

Danach findet im Komposthügel so etwas wie ein Schichtwechsel statt. Der grobe Abbau ist beendet. Nun wandern, wie von unsichtbaren Kommandostellen gerufen, andersgeartete winzige Spezialisten ein. Zu diesem Zeitpunkt tauchen auch die Regenwürmer auf und beteiligen sich an der Umsetzung der Stoffe. Von nun an wird überall im Kompost Aufbauarbeit geleistet. Die zerfallende Materie wandert durch die Leiber von Milliarden Bodenlebewesen. Sie wird umgesetzt und zu neuen Bausteinen zusammengefügt.

Im stillen braunen Hügel vollzieht sich in diesen Monaten ein Wunder: Aus buntgemischten, organischen Substanzen entsteht neue Erde. Dieser Humus ist angereichert mit den Stoffwechselprodukten der Mikroorganismen und der Regenwürmer. Er enthält Nährstoffe und Spurenelemente. Wenn er reif ist, duftet er wie gute Walderde!

Ein Gärtner, der begreift, daß der Kompost ein lebendiger, atmender Organismus ist, der wird ihn auch richtig behandeln. Denn nur dort, wo die unsichtbaren »Erdarbeiter« gesunde Lebensbedingungen vorfinden, produzieren sie auch Humus von bester Qualität. Wo der Kompostplatz einer wilden Mülldeponie gleicht, da herrschen auch beim Zerfall chaotische Kräfte. Oft artet ein solcher ungepflegter Haufen in eine faulende Masse aus. Dieses fehlgeleitete »Produkt« ist für Menschen und Pflanzen ungesund!

Guter Kompost ist nach spätestens 9 Monaten fertig. Er sollte noch nicht völlig vererdet sein. Solange er noch etwas grob ist, enthält er mehr Nährstoffe.

Der Platz für den Kompost

In jedem Garten findet sich ein Platz für die Kompostherstellung. Auf begrenztem Raum sind Kompostsilos empfehlenswert, die nur 1–2 m² Grundfläche beanspruchen. In einem großen Garten lohnt es sich, einen richtigen Kompostplatz anzulegen. Wählen Sie dafür eine Ecke aus, die etwas im Hintergrund liegt und die geschickt abgeschirmt werden kann. Halbschatten ist günstig, damit Kompostmieten oder Silos vor der Austrocknung durch Sonne und Wind geschützt sind. Holunder- und Haselnußsträucher eignen sich besonders gut als Schattenspender. Sie können aber auch einen einjährigen Schutz aus Sonnenblumen oder Stangenbohnen aussäen.

Der Kompostplatz darf nicht zu eng sein; Sie müssen sich dort bequem mit einer Schubkarre und mit Gartengeräten bewegen können. Besonders praktisch sind befestigte Wege, die zu die-

So schön kann ein gepflegter Kompostplatz aussehen. Geräumige Holzlegen und Mieten finden Platz im Schatten eines Obstbaumes. Sehr praktisch ist der saubere Weg aus Ziegelsteinen.

Der Kompost

Von links nach rechts: Küchenabfälle, die sich für den Kompost eignen; grobe Gartenabfälle müssen zerkleinert werden, entweder mit dem Spaten oder mit einem motorgetriebenen Häcksler.

ser Abfallsammelstelle führen. Dann können Sie auch bei feuchtem Wetter Unkraut und Küchenabfälle dort abladen, ohne im Schlamm zu versinken. Richten Sie neben Kompostkisten und Erdmieten möglichst noch eine Ecke für Jauchegefäße ein. Dann ist der Arbeitsplatz zur Erzeugung natürlicher Pflanzennahrung gut ausgerüstet.

So entsteht Kompost

Ob Sie Ihren Kompost in Erdmieten oder Behältern aufsetzen, bedeutet keinen entscheidenden Unterschied. Die Grundregeln bleiben die gleichen. Am Anfang steht immer eine reichhaltige Sammlung organischer Abfälle.

Erst sammeln – dann verarbeiten

Werfen Sie ausgerissenes Unkraut oder abgeschnittene Staudenstengel nicht gleich auf einen Haufen, in der Hoffnung, daß daraus irgendwann Kompost entsteht. Richten Sie statt dessen neben Ihrer Kompostkiste eine Sammelstelle ein. Dort können Sie organisches Material aus dem Garten und Küchenabfälle so lange lagern, bis die Menge zum Aufsetzen reicht.
Zur Kompostierung eignen sich: Unkraut (möglichst ohne Samen), verwelkte Blumen, Gemüseabfall, Kartoffellaub, Erbsenstroh, welkes Laub, Gras, Obstreste, die frei von Pilzkrankheiten sind, Zweige von Obstbäumen und Sträuchern, Heckenschnitt sowie alte Erde aus Kästen und Kübeln. Auch Küchenabfälle liefern wertvolles Material, das in den Kreislauf der Stoffe zurückgeführt werden sollte. Ein Extra-Abfalleimer für Kaffeesatz, Obst- und Kartoffelschalen, Papiertücher, Hundehaare usw. sollte in jeder Küche bereitstehen. Man gewöhnt sich schnell daran, organisches Material auszusortieren und zu sammeln. Der »Gewinn« für den Kompost ist beachtlich.
Ungeeignet für die eigene »Erdfabrik« sind Glas, Metall und Plastik. Auch große Knochen und größere Mengen fettiger Speisen haben nichts im Kompost zu suchen!
Sehr wichtig sind nach dem Sammeln einige vorbereitende Arbeiten:

- Zerkleinern Sie das roh angehäufte Material. Dies geschieht mit einem Spaten, mit einer Gartenschere oder, am schnellsten und einfachsten, mit einem Schredder oder Häcksler. Je kleiner die Einzelteile, desto schneller verläuft später die Umsetzung in Humus!
- Vermengen Sie stets trockene und feuchte, feste und weiche Stoffe miteinander. So entsteht ein lockeres Gemisch, das beste Voraussetzungen für eine harmonische Rotte schafft.

Und nun können Sie mit dem Aufsetzen beginnen.

Der Aufbau einer Kompostmiete

Die Grundfläche einer Kompostmiete sollte etwa 1,50 m breit sein. Die Länge ist beliebig, Sie können sie dem vorhandenen Platz und der Menge Ihrer Abfälle anpassen.
Beginnen Sie mit dem Aufschichten auf einer kleinen Grundfläche, denn es ist wichtig, daß Sie genügend organische Masse aufhäufen, damit rasch eine heiße Rotte einsetzt. Flache Schichten erwärmen sich nicht und zersetzen sich deshalb nur langsam.
Die Unterlage muß immer aus offenem, lebendigem Boden bestehen. Nur so bleiben die Kreisläufe des Lebens intakt. Überschüssiges Wasser kann abfließen. Nützliche Bodentiere können in den Kompost überwechseln und die Zersetzung fördern. In heißen Sommerwochen oder in eiskalten Winterzeiten haben Regenwürmer und andere Bodenlebewesen die Möglichkeit, sich in schützende, tiefgelegene Schichten zurückzuziehen.

Alles an einem Platz: Kompostsilos, Mieten und Jauchegefäße.

48 Der Kompost

So wird eine Kompostmiete aufgesetzt: Die unterste Schicht besteht aus möglichst grobem Material.

Dann folgen lagenweise gemischte, frische Gartenabfälle, die dünn mit Kalk bestreut werden.

Ein paar Schaufeln voll Kompost regen den Rotteprozeß an.

Wenn das Material trocken ist, muß es mit Wasser oder Brennesseljauche angefeuchtet werden.

Wo der Gartenboden aus lehmhaltiger Erde besteht, da legt man als unterste Lage der Kompostmiete grob zerschnittene Zweige aus, die als Dränage wirken. Auf sandigem Boden ist eine Schicht Humus (am besten Grobkompost), vermischt mit Tonmehl, günstiger. So verhindern Sie, daß Wasser und Nährstoffe zu rasch in den Untergrund ausgespült werden.

Breiten Sie aus den vermischten Abfällen zuerst eine etwa 20 cm hohe lockere Schicht aus. Dann streuen Sie ein paar Hände voll organischen Dünger aus und stäuben ein wenig Kalk, dünn wie Puderzucker, darüber (Algenkalk ist besonders geeignet). Um die Lebewesen, die die Abfälle zersetzen sollen, zu emsiger Tätigkeit anzuregen, kann man nun noch einen der im Handel erhältlichen Kompostbeschleuniger hinzufügen. Den gleichen Zweck erfüllen auch ein paar Schaufeln voll halbreifen Kompost, falls Sie darauf schon zurückgreifen können. Auch mit einer dünnen Lage Gartenerde oder mit Steinmehl können Sie die 1. Schicht abdecken. Bei trockenem Wetter überbraust man alles mit Wasser oder mit verdünnter Brennesseljauche. In regnerischen Herbstwochen ist das nicht nötig, weil das Material bereits genügend Feuchtigkeit enthält.

Nun können Sie nach dem gleichen Schema die nächsten Schichten aufbauen, so lange, bis die Kompostmiete etwa 1,50 m Höhe erreicht hat. Nach oben hin sollte der Haufen immer schmaler werden, so daß er schließlich einem niedrigen Erdzelt mit schräg abfallenden Seitenwänden gleicht. Zum Schutz gegen Kälte und zu viel Nässe erhält der Kompost nun noch einen Mantel aus Stroh, Grasschnitt, Laub, Schilfmatten oder alten Säcken. So bleibt er über Winter liegen.

Die luftdurchlässige Hülle schützt den Komposthügel vor der Verdunstung. Wärme und Feuchtigkeit bleiben länger erhalten.

Auf einen Blick: Goldene Regeln für guten Kompost

Bakterien, Algen, Pilze, Fadenwürmer, Tausendfüßler und Regenwürmer brauchen für ihre wichtige Arbeit im Komposthaufen gute Lebensbedingungen. Dazu gehören: Sauerstoff, Wärme, Feuchtigkeit und Nahrung.

Sauerstoff ist vorhanden, wenn Sie den Abfall mischen und locker aufsetzen. Holzstückchen sorgen z. B. für Hohlräume und Luftzirkulation. Nasses Gras bildet dagegen dicht aufeinanderliegende Schichten ohne Sauerstoff. Hier entsteht Fäulnis!

Feuchtigkeit ist meist genügend vorhanden, wenn Sie saftreiches Material, wie Gemüseabfälle oder frisches Unkraut, untermischen. In trockenen Wochen müssen Sie den Kompost begießen.

Wärme entsteht durch die Tätigkeit der Mikroorganismen während der Zersetzung. Eine Abdeckung aus Stroh, Gras, Laub oder alten Säcken schützt den Kompost vor dem Auskühlen.

Nährstoffe finden die nützlichen »Mitarbeiter« im Kompost vor allem in den frischen, grünen Abfällen. Wenn zusätzlich ein wenig organischer Dünger, z. B. Hornmehl oder Kleintiermist, dazwischen gestreut wird, verläuft die Rotte rascher. Auch ein Guß Brennesseljauche kann nützlich sein. Gutgenährte Arbeiter schaffen schneller!

Kein Nachbar muß die Nase rümpfen!

Wenn Kompost so vorschriftsmäßig aufgesetzt wird, kann er auch vor den Nasen Ihrer Nachbarn bestehen. Niemand braucht zu befürchten, daß schlechte Gerüche durch den Gartenzaun dringen. Nur wer gedankenlos nasses Gras, Kohlstrünke, verdorbenes Obst und Kartoffelschalen aufeinander wirft, hinterläßt ein übelriechendes Ärgernis für seine Mitmenschen. Hier fault und gärt es wirklich.

Ein sorgfältig aufgesetzter Kompost entwickelt dagegen niemals unangenehme Gerüche. Das organische Material zersetzt sich rasch und harmonisch. Es wandelt sich in duftende Erde um, in die ruhig jeder »seine Nase stecken« kann.

Kompostieren in Behältern

Das Kompostmaterial wird genau so vorbereitet und aufgeschichtet wie in der Miete. Abdecken können Sie einen Behälter gut mit Holzbrettern oder Schilfmatten. Allzu ausdauernde Regenfälle werden durch Folien abgeschirmt, damit das Kompostmaterial

Der Kompost

Für kleine Gärten eignen sich verschiedene Kompostbehälter, die nur wenig Raum beanspruchen: Links ein Kunststoffsilo mit Deckel, daneben ein Kasten aus Brettern mit Metallkanten.

Rechtes Bild: Klassische Holzlege, die geschickt in einem Gartenwinkel »versteckt« ist.

nicht zu naß wird. Im Handel kann man die verschiedensten Kompostbehälter kaufen. Sie sind aus Holz, Kunststoff oder Metall angefertigt.

Holzlegen sind praktische Konstruktionen mit bewährter Tradition. Sie bestehen aus 4 stabilen Eckpfosten; die Seitenwände können aus Brettern oder Rundhölzern zusammengesetzt werden.

Komposttonnen sind so konstruiert, daß Luft zirkulieren und Sickersäfte abfließen können. Ein Deckel schützt den Inhalt vor zu viel Nässe und vor Ratten.

Drahtbehälter werden in runden oder eckigen Konstruktionen angeboten. Sie sind leicht aufzustellen und zu versetzen.
Ihr Nachteil: Durch die weitmaschige »Außenhaut« verdunstet viel Feuchtigkeit. Das Kompostmaterial wird im Sommer zu trocken; die Rotte verläuft nicht harmonisch.

Kunststoffsilos können, wenn sie aus dauerhaftem, schlagfestem Material bestehen, gute Dienste leisten. Besonders bewährt haben sich Behälter, die innen mit Styropor ausgefüttert und mit Deckeln verschlossen sind. Diese Komposter halten im Winter länger die Wärme. Küchenabfälle können darin auch bei kaltem Wetter ordentlich gelagert werden.

»Marke Eigenbau« können geschickte Handwerker aus verschiedenen Baumaterialien selber konstruieren. Sehr wichtig ist für alle Behälterformen, daß durch Seitenschlitze oder Löcher für genügend Luftzirkulation gesorgt ist.
In kleinen Hausgärten läßt sich eine Holzlege oder ein anderer Behälter gut unter einem Strauch oder in einer Ecke des Gartens »verstecken«. Er erfüllt seinen guten Zweck, ohne aufzufallen oder zuviel Platz zu beanspruchen.

Spezialkomposte

Wenn Sie die Grundregeln des Kompostierens beherrschen, können Sie sich auch an Spezialprobleme heranwagen. Gras, das im Sommer beim Rasenmähen regelmäßig anfällt, bereitet z. B. vielen Gärtnern Kopfzerbrechen. Wohin mit dem vielen saftigen Grün? Für die Mülltonne ist es auf jeden Fall ungeeignet. Wer das Gras in einer Gartenecke auf einen Haufen wirft, der erlebt bald eine unangenehme Überraschung: Der Rasenschnitt verwandelt sich in eine jauchige, übelriechende Masse. In heißen Wochen zieht dieser »Misthaufen« Fliegen und Ungeziefer an. Die Nachbarn sind zu recht empört. Auch im Kompost bildet das saftige Gras schnell nasse, faulige Schichten. Die meisten Gartenfreunde scheuen sich deshalb, diesen reichlich vorhandenen grünen Abfall zum Kompostplatz zu bringen. Sie möchten sich, nach schlechten Erfahrungen, den guten Humus nicht verderben. Wer naturgemäß gärtnert und die Zusammenhänge kennt, der kann sich leicht erklären, wie solche »Kompost-Katastrophen« entstehen. Gras ist ein saftreiches, organisches Material. Die Halme kleben dicht aufeinander, sobald die Feuchtigkeit herausläuft. Dann entsteht rasch Sauerstoffmangel. In solchen nässetriefenden, luftarmen Zonen fühlen sich Fäulnisbakterien wohl. Sie sorgen für ungesunde Zersetzung und üble Gerüche. Um dieses zu verhindern, muß überschüssige Feuchtigkeit gebunden werden, damit wieder Luft zwischen den Halmen zirkulieren kann. Das folgende Rezept ist ebenso einfach wie wirkungsvoll.

Kompost aus Grasschnitt

Vermischen Sie Ihren Rasenschnitt im Verhältnis 2:1 mit trockenem, holzigem Material. Dafür können Sie z. B. zerkleinerten Hecken- oder Obstbaumschnitt verwenden. Gut geeignet sind aber auch Sägespäne. Diese unterschiedlichen organischen Substanzen müssen sorgfältig miteinander vermischt werden. So entstehen zwischen den Grashalmen unzählige Hohlräume, für die das holzige Material sorgt. Damit die Rotte rasch einsetzt, streuen Sie noch einen der im Handel erhältlichen Kompost-Starter dazu.
Besonders schnell und problemlos wandelt sich grünes Gras in braunen Humus um, wenn Sie die Mischung in Spezialkompostersäcke füllen, die Sie im Handel kaufen können. Sie können es aber auch mit anderen Kompostbehältern versuchen. Die Gras-Holzmasse erwärmt sich rasch. Fügen Sie

Der Kompost

Von links nach rechts: Spezialsäcke machen das Kompostieren auf kleinstem Raum möglich.

Strohiger Mist wird mit Erde (hinten) oder Tonmehl (vorne) aufgesetzt.

Auf Baumscheiben wird Grobkompost mit Laubabdeckung verteilt.

nach 10–14 Tagen, wenn die heiße Rottephase abgeschlossen ist, einige Hände voll Tonmehl hinzu. Dieses quellfähige Naturmaterial bindet überschüssige Feuchtigkeit und hält gleichzeitig den Stickstoff fest.
Die Mischung muß immer locker und luftig bleiben. Deshalb sollten Sie die Kompostersäcke öfter schütteln oder den Inhalt anderer Kompostbehälter mit der Grabgabel lockern. In den Säcken, die einfach nebeneinander unter einem Strauch gelagert werden, haben sich Gras und Holz bereits nach 3 Wochen stark zersetzt. Nach 5–6 Wochen sind die Behälter mit einem braunen Mulchkompost gefüllt, der nach guter Walderde duftet. Diesen wertvollen Humus können Sie überall im Garten verteilen. Das Gras findet so seinen Weg zurück zur Erde.

Mistkompost

Frischer Rinder- oder Pferdemist wird gesondert in einer Miete kompostiert, bevor er im Garten Verwendung findet. Versuchen Sie nach Möglichkeit, Stalldung mit Stroheinstreu zu bekommen. Dieser Mist wird lagenweise aufgesetzt. Zwischen die einzelnen Schichten streuen Sie ein paar Schaufeln voll Erde oder groben Kompost. Wenn Sie davon noch keine Vorräte besitzen, verwenden Sie Steinmehl oder Tonmehl. Diese sind in der Lage, überschüssige Feuchtigkeit, vor allem beim Kuhmist, rasch zu binden.
Niemals dürfen Sie Kalk über den Mist streuen! In Verbindung mit dem tierischen Dünger entbindet er den wertvollen Stickstoff, der dann dem Kompost verlorengeht. Zum Schluß wird die Spezialmiete mit Stroh oder einem anderen organischen Material zugedeckt. Im nächsten Jahr können Sie den verrotteten, erdigen Mist als wertvolle, milde Pflanzennahrung im Garten verwenden.

Laubkompost

In einem baumreichen Garten, in dem sich jeden Herbst große Mengen Laub anhäufen, können Sie einen Spezialkompost aufsetzen: Mischen Sie möglichst viele verschiedene Blattarten gründlich miteinander. Darunter geben Sie noch zerkleinertes holziges Material, z. B. geschredderten Heckenschnitt oder zerkleinerte Obstbaumzweige. Auch einige Bündel kleingeschnittene Brennessel bekommen dem Laub-Holzgemisch gut.
Setzen Sie dieses Material schichtweise auf, und streuen Sie dazwischen ein paar Hände voll Steinmehl und etwas tierischen Dünger, z. B. Horn-Blut-Knochenmehl oder getrockneten Rindermist. Fügen Sie dann noch einen im Handel erhältlichen Kompostbeschleuniger oder einige Schaufeln reifen Kompost hinzu.
Über Winter wird dieser Komposthaufen mit Erde und einem Mantel aus Stroh, Gras oder alten Säcken abgedeckt. Im Frühling ist die Masse schon stark zusammengefallen. Setzen Sie das Laub dann noch einmal um, und schichten Sie es möglichst locker aufeinander.
Bereits nach wenigen Monaten können Sie diesen hervorragenden Spezialkompost verwenden. Da er ohne Kalk aufgesetzt wurde, eignet er sich für Kulturen, die leicht sauren Humus lieben: z. B. Erdbeeren, Himbeeren und Azaleen.

Flächenkompostierung

Eine zeit- und aufwandsparende Art der Verrottung von Gartenabfällen ist die Flächenkompostierung. Bei dieser Methode werden die Vorteile des Mulchens und des Kompostierens miteinander verbunden: Die Umwandlung von organischen Abfällen geschieht gewissermaßen »vor Ort«, ohne den »Umweg« über den Kompostplatz. Geeignet sind im Grunde alle Substanzen aus dem Gartenkreislauf; sie müssen aber sorgfältig zerkleinert und vermischt sein, damit sie sich auch in flachen Schichten rasch umsetzen: Breiten Sie solche Abfälle 5–10 cm dick auf freien Beeten, vor allem aber unter Sträuchern und Bäumen, aus. Um die Rotte zu beschleunigen, streuen Sie zum Schluß ein paar Schaufeln voll groben Kompost oder einen im Handel käuflichen Kompostbeschleuniger darüber.
Besonders gut läßt sich Laub im Herbst für die Flächenkompostierung verwenden. Lassen Sie unter Sträuchern und Bäumen die Blätter ruhig liegen. Unter dieser wärmenden, natürlichen Decke sind nicht nur Tulpenzwiebeln und Staudenwurzeln gut aufgehoben. Auch Regenwürmer und unzählige andere winzige Bodentiere lieben die feuchtwarme Atmosphäre unter einer Laubschicht. Sie bleiben hier noch lange munter und zersetzen die welken Blätter, die ihnen willkommene Nahrung bieten. Bis zum Frühling haben sie den größten Teil des herbstlichen »Abfalls« in braune, krümelige Erde umgewandelt. Die Rabatten sind dann mit bestem, nährstoffreichem Humus versorgt, ohne daß der Gärtner eine Hand zu rühren brauchte.

Der Kompost

Diese Flächenkompostierung mit Laub bereitet fast keine Mühe. Vom Rasen und von den Wegen müssen Sie die abgefallenen Blätter natürlich wegkehren. Bringen Sie sie mit einer Schubkarre gleich an diejenigen Plätze im Garten, die eine Mulch- und Kompostdecke besonders gut gebrauchen können: Erdbeerbeete, Himbeeren, Brombeeren und Baumscheiben.

Eine Flächenkompostdecke aus Laub sollte höchstens 20 cm hoch aufgeschichtet werden. Ein wenig grobes Material, wie z.B. kleingeschnittene Zweige, hält die Mischung locker und luftig. Die Blätter dürfen nicht dicht aufeinanderkleben.

Damit der Wind die leichte Blätterdecke nicht wieder zerstreut, verteilen Sie am besten ein paar Schaufeln voll groben, halbverrotteten Kompost darüber. Auch diese lebendige Erde, die von Mikroorganismen und Regenwürmern wimmelt, trägt dazu bei, daß das »Blattgold« des Herbstes sich bald in ein kleines Vermögen verwandelt: in dunkle, fruchtbare Erde.

So wird Kompost im Garten verteilt

Im Herbst oder im zeitigen Frühling kann der fertige Kompost überall im Garten verteilt werden. Er darf ruhig noch etwas grob und bröckelig sein. In diesem Zustand besitzt er mehr Leben und Nährstoffe, als wenn er ganz in feinste Erde zerfallen ist. Gemüsebeete, Stauden, Rosen, Beerensträucher und Ziersträucher sind dankbar für diesen lebendigen Humus. Im naturgemäßen Garten wird der Boden vorher nicht umgegraben, sondern nur mit der Grabgabel oder mit dem »Sauzahn« gelockert.

Kompost wird, je nach Vorrat, 2–5 cm dick ausgestreut und nur ganz leicht in die Oberfläche eingeharkt. Es genügt, wenn eine lockere Kontaktzone entsteht. Dort beginnen die Mikroorganismen, die mit dem Humus zusammen »eingewandert« sind, ihre nützliche Arbeit auf das Gartenbeet auszudehnen. Damit die lebendige, nährstoffreiche Substanz nicht austrocknet, sollte der frische Kompost gleich mit einer schützenden Mulchdecke aus Gras, Laub oder zerkleinertem Unkraut zugedeckt werden. Vor allem über Winter ist diese natürliche Bodendecke wichtig. Die kahlen, abgeräumten Beete bleiben darunter feucht und warm, geschützt vor hartem Regen und austrocknendem Wind. Im Frühling findet der Gärtner unter der halbverrotteten Mulchschicht mürbe, lockere Erde vor. »Nackter Boden« zeigt dagegen nach dem Wechsel von Regen und Sonne meist eine harte Oberfläche.

Reifen Kompost, der länger gelagert und ganz zu feinkrümeliger Erde zerfallen ist, verwenden Sie beim Säen und Pflanzen. Sieben Sie diesen dunklen Humus in die Saatreihen, und geben Sie davon eine Handvoll in jedes Pflanzloch, wenn Sie Salat, Kohl oder Blumen in die Erde setzen.

Grober Kompost, in dem noch Umsetzungsprozesse stattfinden, darf dagegen niemals direkt mit den Wurzeln der Jungpflanzen in Berührung kommen. Er könnte hier mehr schaden als nützen!

Auch im Frühbeet und in eigenen Erdmischungen, die für Balkonkästen und Blumentöpfe bestimmt sind, sollten Sie reifen Kompost verwenden. Für einen naturgemäßen Garten bedeutet der Kompostplatz das »Herz aller Dinge«. Ohne die ständige Erneuerung der Erde könnte das ökologische System nicht funktionieren. Aber auch für jeden anderen Gärtner ist es sinnvoll, die wertvollen organischen Abfälle zu nutzen. Wer selber Kompost herstellt, der schließt den natürlichen Kreislauf zwischen Werden und Vergehen, zwischen Welken und neuer Fruchtbarkeit. Im Garten haben wir es noch in der Hand, etwas für eine gesündere Umwelt zu tun. Kompost, die gute Erde aus Menschenhand, ist ein wichtiger Beitrag für die Gesundheit des Bodens und der Pflanzen, die darauf wachsen.

Fertigen Kompost verteilt der Gärtner auf allen Beeten. Der kostbare Humus darf nur oberflächlich eingearbeitet werden. Graben Sie ihn niemals unter!

Richtig düngen

Warum düngen?

Diese Frage ist berechtigt, denn in der freien Natur wird auch nicht gedüngt, und trotzdem entwickeln sich beispielsweise in einem Laubwald mächtige Bäume. Warum also Blumen, Obst und Gemüse düngen?

Nun, unter Laubbäumen fallen die Blätter alljährlich zu Boden, ungezählte Bodenlebewesen sterben ab, und über dem Boden lebende Tiere hinterlassen Exkremente, Federn, Haare. Es wird unter solchen natürlichen Verhältnissen nichts weggenommen, nichts geerntet. Aber nicht nur organische Stoffe verrotten unter den Bäumen, auch die im Boden befindlichen Mineralien und Gesteine verwittern und liefern den Wurzeln die nötigen Nährstoffe, so daß sich im Laufe der Jahre eine mächtige Krone aufbauen kann. Dazu kommt die Arbeit vieler Bodentiere, allen voran die des Regenwurms, aber auch die von Asseln, Springschwänzen und vielen anderen, die sowohl verrottende organische Stoffe als auch mineralische Verwitterungsprodukte aufnehmen, verdauen und schließlich als stabile Humusverbindungen ausscheiden.

Ganz anders im Garten. Hier wollen wir nicht nur einmal, sondern oft zweimal oder gar dreimal im Jahr vom selben Beet ernten, und von den Bäumen pflücken wir zentnerweise Obst. Es werden dem Boden also laufend Stoffe entzogen, die wir ihm wieder zurückgeben müssen, wenn die Fruchtbarkeit erhalten bleiben soll. Und dies nennen wir »düngen«.

Dies kann in organischer oder mineralischer Form geschehen. Die Nährstoffe kommen allerdings nur dann zur gewünschten Wirkung, wenn der Boden gesund ist und sich in ihm ein reiches Bakterienleben entfaltet. Durch häufige Gaben von Kompost, gut verrottetem Stallmist und anderen Humusstoffen schaffen wir diese wichtige Voraussetzung.

Die Pflanzennährstoffe und ihre Wirkung

Die Pflanzen brauchen zum Wachsen, Blühen und Fruchten vor allem Licht und Wärme. Darüber hinaus benötigen sie zur Assimilation Kohlendioxid (CO_2), das in der Luft enthalten ist, ebenso wichtig sind aber auch Sauerstoff, Wasser und verschiedene Nährstoffe, die, in Wasser gelöst, vorwiegend von den Wurzeln aufgenommen werden.

Stickstoff (N)

Er ist der Motor des Pflanzenlebens. Pflanzliches Eiweiß enthält Stickstoff als wichtigsten Bestandteil. Er findet sich vor allem im Chlorophyll, also dem Farbstoff, der den Blättern ihr grünes Aussehen gibt.

Fehlt dieser wichtige Nährstoff, so bilden die Pflanzen nur wenig oder gar keinen Neutrieb, die Blätter zeigen eine ungesunde, hellgrüne Färbung. Bei Stickstoffmangel sind die Pflanzen in all ihren Lebensfunktionen gestört, sie bleiben klein und bilden häufig eine Notblüte. So bildet z. B. Blumenkohl bei zu wenig Stickstoff vorzeitig sehr kleine »Blumen«.

Zu hohe Stickstoffgaben sind allerdings von Nachteil. Die Pflanzen wachsen dann zu mastig, werden krankheitsanfällig und sind nicht mehr gut lagerfähig. Die Zellwände sind dünn und empfindlich, die Blätter dunkelgrün mit hohem Wassergehalt. Stickstoff zu spät im Sommer gegeben, hat eine mangelnde Holzausreife zur Folge; es kann zu Frostschäden kommen.

Da Stickstoff nur wenig im Boden gespeichert werden kann, sollte dieser Nährstoff alljährlich gezielt, d. h. bei manchen Kulturen wiederholt, aber nur in kleinen Mengen, dem Boden zugeführt werden. Vor allem auch aus Gründen des Umweltschutzes darf nur soviel Stickstoff gegeben werden, wie die Pflanzen aufnehmen können. Andernfalls kann es zu einer Einwaschung in tiefere Bodenschichten – Stickstoff ist leicht wasserlöslich und beweglich – und als Folge davon zur Nitratanreicherung im Grundwasser kommen.

Phosphor (P)

Er fördert die Wurzelentwicklung junger Pflanzen, die Blühwilligkeit und Fruchtbarkeit sowie die Samenbildung. Phosphor ist in verschiedenen Eiweißen und Wirkstoffen enthalten und fördert die Reife.

Bei Mangel fehlen wertvolle Eiweiße, die Frostempfindlichkeit nimmt zu, die Haltbarkeit des Erntegutes ab. Die Blätter verfärben sich nach Braun oder Dunkelrot. Im Gegensatz zu Stickstoff sind die Mangelsymptome aber hier schwer zu erkennen.

Ist zuviel Phosphor im Boden, so kann es zu Mangelerscheinungen bei anderen Nährstoffen kommen. Vielfach tritt Chlorose auf, also Mangel an Blattgrün. Auf den Düngemittelpackungen ist der %-Gehalt an Wasser- bzw. zitronensäurelöslichen Phosphorsäure unter der chemischen Formel P_2O_5 angegeben. Da dieser wichtige Pflanzennährstoff im Boden nur schwer beweglich ist, im Gegensatz zum Stickstoff, kann Phosphor auch auf Vorrat gedüngt werden.

Kali (K)

Es sorgt für feste Zellwände und macht damit die Pflanzen, vor allem auch Obst- und Ziergehölze, widerstandsfähig gegen Krankheiten und Kälte; es fördert die Haltbarkeit der Früchte auf Lager. Kali spielt eine wichtige Rolle bei der Bildung und dem Transport von Kohlenhydraten und im Wasserhaushalt der Pflanzen.

Kalimangel macht sich durch schwaches Gewebe, fehlende Standfestigkeit und schlechte Haltbarkeit der Ernte bemerkbar. Bei Kalimangel verzögert

Links: Blumenkohl bildet bei Stickstoffmangel vorzeitig sehr kleine »Blumen«.

Rechts: Chlorose bei Pfirsich. Ursache: Eisenmangel.

Richtig düngen

sich das Wachstum, die Blattränder bräunen sich und trocknen ein.
Bei Kali-Überdüngung wird die Aufnahme von Kalk (Ca) und Magnesium (Mg) blockiert. Kali ist im Boden zwar leichter löslich als Phosphor, aber bei weitem nicht so leicht wie Stickstoff, und kann deshalb auf Vorrat gegeben werden.

Kalk (Ca)

Er nimmt unter den Pflanzennährstoffen eine Sonderstellung ein: Kalk lockert den Boden, fördert die Bodengare, beschleunigt Umsetzungsvorgänge und schließt schwer aufnehmbare Nährstoffe auf. Außerdem werden die bei der Zersetzung organischer Stoffe entstehenden Säuren bei Vorhandensein von Kalk neutralisiert.
In seiner Doppelfunktion ist Kalk aber nicht nur ein wichtiger Bodenverbesserer, sondern gleichzeitig ein Pflanzendünger. Die Pflanze braucht diesen Nährstoff zur Stabilisierung der Zellwände und bei der Zellteilung, also in den Trieb- und Wurzelspitzen.
Kalkmangel in den Früchten fördert die Stippigkeit bei anfälligen Sorten. Ebenso ist dies nach neueren Erkenntnissen eine wesentliche Ursache für die Fleischbräune und vorzeitige Reife von Äpfeln. Im Erwerbsobstbau werden deshalb während der Vegetation zahlreiche Calciumspritzungen durchgeführt, nachdem eine Bodenkalkung gegen diese »Krankheit« nicht genügt.
Kalkmangel hemmt aber auch das Wurzelwachstum sowie die Keimung des Pollens und den folgenden Befruchtungsvorgang.
Zuviel Kalk im Boden ist jedoch vielfach ein Nachteil, denn bei einem pH-Wert von über 6,5 kann bereits ein deutlicher Spurenelementmangel eintreten. Dies gilt vor allem für den Spurennährstoff Mangan und, bei hohem Humusgehalt und Bodenverdichtungen, auch für Eisen. Bei Manganmangel zeigen die Blätter eine ungesunde hellgrüne Färbung, bei Eisenmangel werden sie chlorotisch, d. h., sie wirken gelblich, ausgebleicht. Für manche Pflanzen ist Kalk sogar Gift. So wollen z. B. alle Moorbeetpflanzen, wie *Rhododendron*, Azalee, Heidelbeere und andere, kalkfreien, sauren Boden.

Magnesium (Mg)

Dies ist nach neueren Erkenntnissen der 5. Hauptnährstoff. Es ist ein wichtiger Bestandteil des Blattgrüns (Chlorophyll) und bei der Photosynthese (Assimilation), also der im Blatt vor sich gehenden Umwandlung von anorganischen Stoffen in organische Stoffe, unentbehrlich. In den Blau-Volldüngern ist Magnesium meist mit 2% und damit in ausreichender Menge vorhanden.
Bei Magnesiummangel kommt es zu Aufhellungen zwischen den Blattadern, während die Adern selbst dunkelgrün bleiben. Bei einer Überdüngung mit Magnesium wird die Aufnahme von Kali behindert.

Spurennährstoffe

Außer den genannten Hauptnährstoffen spielen sogenannte Spurennährstoffe wie Schwefel, Eisen, Mangan, Bor, Zink, Kupfer, Molybdän und andere für das Pflanzenwachstum eine Rolle. Sie werden nur in kleinsten Mengen benötigt und stehen den Pflanzen meist ausreichend zur Verfügung, wenn wir zur Bodenverbesserung regelmäßig Kompost oder verrotteten Stallmist geben.

Anorganische Dünger und ihre Anwendung

Anorganische Dünger werden im Sprachgebrauch meist als Mineral- oder Handelsdünger bezeichnet. Der häufig gebrauchte Name »Kunst«-Dünger ist allerdings nicht ganz richtig, denn die Ausgangsprodukte sind auf ganz natürliche Weise auf der Erde vorhanden bzw. werden aus der Luft entnommen, wie bei manchen Stickstoffdüngern. So wird das Rohmaterial der Salpeterdünger (z. B. Kalksalpeter) aus der Luft oder auf den Hochflächen von Chile (Chilesalpeter) gewonnen. Das Ausgangsmaterial der Ammoniumdünger (z. B. schwefelsaures Ammoniak) stammt von der Steinkohle, also von vor langer Zeit verhärteten Pflanzenteilen. Phosphordünger werden aus Rohphosphaten gewonnen, die in Algerien und Tunesien vorkommen bzw. als Nebenprodukt bei der Stahlerzeugung; sie kommen also letztlich aus der Erde, ebenso wie die Ausgangsmaterialien der Kalidünger, die aus Salzgestein gewonnen werden, das durch Ablagerung in den Ur-Meeren entstanden ist.
Mineralische Düngemittel sind nicht mit chemischen Pflanzenschutzmitteln vergleichbar. Nachteile treten nur auf, wenn sie unsachgemäß oder in zu großer Menge angewandt werden. Dagegen verbessert eine richtige, harmonische mineralische Düngung nicht nur den Ertrag, sondern auch die Qualität von Obst und Gemüse.

Einzeldünger

Sie enthalten meist nur jeweils einen Nährstoff und werden vor allem bei der Neuanlage eines Gartens verwendet, wenn durch eine Bodenuntersuchung festgestellt ist, welche Nährstoffe in welcher Menge fehlen. Aber auch in einem seit Jahren bewirtschafteten Garten können wir auf sie zurückgreifen, wenn sich bei einer Bodenuntersuchung ergibt, daß nur ein oder zwei Hauptnährstoffe fehlen, während die anderen bereits reichlich im Boden sind. Auch bei Spezialkultu-

Das Aufplatzen der Tomate rechts auf dem Bild wurde durch Kalimangel verursacht.

Die linke Anzuchtschale zeigt verkümmerten Aufwuchs durch Kalkmangel.

Kali-Magnesium-Mangel bewirkt ein Verfärben der Blätter zwischen den Blattachsen.

Richtig düngen

ren haben Einzeldünger ihre Berechtigung oder z. B. im Gemüsegarten, wenn nur Stickstoffmangel vorliegt.

Stickstoffdüngemittel

Mineralischer Stickstoff ist im Handel in 3 Verbindungen erhältlich: Salpeter (Nitrat), Ammonium/Ammoniak und Amid.

Die Pflanze kann nur Salpeter- und Ammoniumstickstoff aufnehmen. Die übrigen müssen erst durch die Tätigkeit der Bodenbakterien in aufnehmbaren Stickstoff umgewandelt werden. Aus diesem Grunde sollte Amiddünger (Kalkstickstoff) bereits 2–3 Wochen vor der Aussaat oder dem Pflanzen gegeben werden, denn dieser wertvolle Stickstoffdünger muß im Boden zuerst zu Ammonium bzw. Salpeter umgewandelt werden. Kalkstickstoff wirkt zwar am langsamsten, aber besonders nachhaltig.

Salpeterdünger

Sie wirken sofort, und sind deshalb als Kopfdünger (s. S. 55) wertvoll, wenn während der Kultur das Wachstum stockt. Das gleiche gilt für die Jungpflanzenanzucht. Bekannt in dieser Gruppe ist Kalksalpeter (15,5% N, 28% Ca), der außer raschwirkendem Stickstoff auch Kalk enthält.

Kopfdüngung: Der Dünger wird dabei nicht auf die Blätter, sondern kreisförmig um die Pflanze gestreut.

Ammoniakdünger

In dieser Gruppe kennen wir schwefelsaures Ammoniak (21% N) als langsam wirkenden Stickstoffdünger. Es wirkt physiologisch sauer und wird deshalb auf Böden mit einem hohen pH-Wert auch als Kopfdünger verwendet. Wertvoll zur Düngung des Rasens, wenn nicht ein Spezial-Rasendünger bevorzugt wird. Im Sommer alle 4 Wochen 20 g/m² streuen und einregnen.

Ammonsalpeterdünger

Die Stickstoffdünger dieser Gruppe wirken durch ihren sofort aufnehmbaren Salpeteranteil und den erst später wirksam werdenden Ammoniakanteil. Die Wirkung zieht sich daher über längere Zeit hin.

Im Kalkammonsalpeter (20,5% N, 40% Ca) ist der Stickstoff zur Hälfte in Nitratform (schnellwirkend) und zur Hälfte in Ammoniakform (langsamwirkend) vorhanden. Außerdem enthält er Kalk. Im Ammonsulfatsalpeter (26% N) ist dagegen ¼ Salpeter und ¾ Ammoniakstickstoff enthalten.

Amiddünger

Hierzu zählt der Kalkstickstoff (21% N, 60% Ca in Form von Branntkalk). Als erwünschte Nebenwirkung entsteht bei der Umsetzung Cyanamid, durch welches Bodenschädlinge und keimende Unkräuter abgetötet werden. Deshalb ist er auch wertvoll zum Kompostieren.

Wegen des Kalkgehaltes in Form von Branntkalk ist er besonders für schwere Böden geeignet. Wegen der länger dauernden, für Saaten und Pflanzen schädlichen Umsetzung mindestens 2–3 Wochen vor Kulturbeginn streuen und einarbeiten! Vorsicht beim Ausbringen, da Vergiftung und Schädigung der Kleidung erfolgen kann! Am besten verwendet man Spezial-Kalkstickstoff, der nicht stäubt.

Phosphatdüngemittel

Man unterscheidet zwischen zitronensäurelöslichen und wasserlöslichen Phosphatdüngern. Erstere werden durch die Säureausscheidungen der Wurzelspitzen erschlossen und sollten schon im Herbst ausgebracht bzw. als Vorratsdünger verwendet werden. Die wasserlöslichen Phosphatdünger werden dagegen rasch von der Pflanze aufgenommen und sind deshalb auch als Kopfdünger geeignet.

Zitronensäurelöslich Hierzu zählt Thomasphosphat (15% P_2O_5, 50% Ca), ein Abfallprodukt bei der Stahlherstellung. Außer dem hohen Kalkanteil enthält dieser Dünger etwas Eisen, Magnesium und Mangan. Ein wirksamer Vorratsdünger!

Wasserlöslich Superphosphat (18% P_2O_5) enthält als Nebenbestandteil Gips. Es wird rasch durch die Pflanze aufgenommen und wirkt physiologisch sauer. Wegen der schnellen Anfangswirkung auch als Kopfdünger geeignet.

Kaliumdüngemittel

Im Garten sollte nur Kalimagnesia grob = Patentkali (30% K_2O, 10% MgO), also ein chloridfreier Kalidünger verwendet werden. Nur wenige Gartenpflanzen (z. B. Sellerie) vertragen Chlorid und nehmen dieses Salz gut auf. Kalidünger mindestens 2 Wochen vor der Aussaat geben, am besten im Herbst.

Kalkdüngemittel

Im Handel sind vor allem kohlensaurer Kalk (50% CaO + MgO) und Branntkalk (90% CaO + MgO). Meist genügt es, im Abstand von 2 oder 3 Jahren zu kalken.

Aufschluß über den Kalkbedarf gibt eine Bodenuntersuchung bzw. eine Prüfung mit dem pH-Meter. Es sollte auf keinen Fall zu viel Kalk gegeben werden. Im allgemeinen genügt es, wenn im erwähnten Abstand auf leichterem Boden 50–200 g/m² kohlensaurer Kalk bzw. auf schwerem Boden 80–120 g/m² Branntkalk gegeben werden. Der Kalk wird im Herbst auf trokkenen Boden ausgestreut und nur oberflächlich eingearbeitet.

Volldünger

Die Verwendung von Einzeldüngern ist für den Hobbygärtner auf kleinen Flächen etwas umständlich. Man kann aber durchaus Thomasphosphat und Kali bereits im Herbst ausbringen und den Stickstoffbedarf der Pflanzen ab Frühjahr mit einem organischen bzw. einem rasch wirkenden mineralischen Stickstoffdünger in wiederholten kleinen Gaben decken.

Am bequemsten ist für den Gartenfreund jedoch einer der handelsüblichen Volldünger, in dem Stickstoff, Phosphat, Kali und Magnesium in einem gut aufeinander abgestimmten Verhältnis vorliegen. Damit werden die Pflanzen mit allen wichtigen Nährstoffen versorgt.

Es sollten allerdings nur Blau-Volldünger verwendet werden, weil diese chloridfrei sind. Die meisten Blau-Volldünger enthalten 12% Stickstoff (N), 12% Phosphorsäure (P_2O_5), 17% Kali (K_2O), 2% Magnesium (MgO) und Spurenelemente.

Sollte eine Bodenuntersuchung ergeben, daß der Boden mit Phosphat gut versorgt ist, was häufig zutrifft, so bevorzugt man einen phosphatfreien oder phosphatarmen Volldünger.

Richtig düngen

Das Ausbringen des Düngers

Wichtig ist, daß wir nicht die gesamte Düngermenge auf einmal geben. Zu Beginn der Kultur von Gemüse und Sommerblumen sollte man z.B. nur die Grunddüngung ausbringen und während des Wachstums je nach Kulturdauer und Nährstoffansprüchen noch 1–2 mal eine Kopfdüngung geben. Bei der Kopfdüngung wird allerdings der Dünger nicht auf den Kopf, also auf die Blätter gestreut, sondern kreisförmig um die Pflanze herum. Wenn man dann anschließend noch gießt, gelangen die Nährstoffe rasch in den Wurzelbereich und können von der Pflanze aufgenommen werden. Auch bei Rosen, Stauden, Obstbäumen und Beerensträuchern gibt man nicht die ganze Düngergabe auf einmal, sondern unterteilt sie.

Durch eine Unterteilung in mehrere kleine Gaben stehen den Pflanzen während der ganzen Vegetationszeit ständig Nährstoffe zur Verfügung. Vor allem aber wird durch diese Methode weitgehend verhindert, daß der leicht bewegliche Stickstoff durch Regenfälle und Gießen in tiefere Bodenschichten eingewaschen wird, was zu einer Nitratanreicherung im Grundwasser führen könnte.

Im Gegensatz zu den mineralischen Blau-Volldüngern kann dagegen bei Verwendung von organisch-mineralischen Volldüngern die ganze Düngergabe bereits zu Beginn der Kultur ausgebracht werden. Die Wirkung der Nährstoffe ist langsamer, vor allem bei kühler Witterung, weil sie erst durch die Bakterien in eine pflanzenverfügbare Form umgewandelt werden müssen. Andererseits ergibt sich eine zwar langsam, aber ständig fließende Nährstoffquelle. Nachdem der Stickstoff bei solchen Düngern nicht sofort und in vollem Umfang im Bodenwasser gelöst wird, ist bei normalen Gaben die Gefahr einer Auswaschung gering. Man wird also von Kultur zu Kultur, auch je nach Jahreszeit, entscheiden, welcher Art von Dünger der Vorzug zu geben ist. In einem Frühbeet oder Kleingewächshaus beispielsweise haben sich die organisch-mineralischen Volldünger gut bewährt, denn bei Wärme und Feuchtigkeit werden die Nährstoffe durch die Bodenlebewesen laufend für die Pflanzen verfügbar. Da man in diesem Fall nur bei Beginn der Kultur an das Düngen denken und nicht wöchentlich eine Flüssigdüngung in geringer Konzentration ausbringen muß, erspart man sich viel Arbeit.

Bodenuntersuchung

Um die Düngung auf den tatsächlichen Bedarf der Pflanzen abzustellen und nicht ins Blaue hinein zu düngen, sollte man alle 3–4 Jahre eine Bodenprobe entnehmen und sie an eine der im ganzen Bundesgebiet verteilten Stellen zur Untersuchung einsenden. Die Kosten liegen nicht hoch und kommen durch mögliche Düngerersparnis leicht wieder herein. Schon aus Gründen des Umweltschutzes sollte nicht nach starren Rezepten oder rein gefühlsmäßig gedüngt werden, ohne daß wir wissen, was dem Boden eigentlich fehlt. So kann es durchaus sein, daß sich im Laufe der Jahre ein Hauptnährstoff anreichert, während ein anderer vielleicht in viel zu geringem Maße vorhanden ist und deshalb ergänzt werden muß.

Die Bodenuntersuchungsanstalten verfügen über moderne Meßgeräte und können damit für unsere Zwecke meist ausreichende Standarduntersuchungen auf Kalkzustand bzw. Kalkbedarf, auf Gehalt an pflanzenverfügbarer Phosphorsäure und Kali vornehmen. Eine Düngeberatung, die auf Wunsch der Nährstoffanalyse beigefügt wird, gibt Auskunft, welche Düngemittel und wieviel davon ausgebracht werden sollen, um ein optimales Pflanzenwachstum zu erzielen. Damit das Untersuchungsergebnis Hand und Fuß hat, ist bei der Probeentnahme auf folgendes zu achten:

- Der Zeitraum von unmittelbar nach der Ernte bis zur nächsten Düngung, also der Herbst, ist am besten geeignet.
- Der Boden darf dabei nicht schmieren und außerdem nicht mit Stallmist gedüngt sein.
- Im allgemeinen genügt eine Untersuchung der Krume, d.h., die Bodenentnahme erfolgt bis etwa 20 cm Tiefe.
- Ist eine Untersuchung des Unterbodens ebenfalls von Interesse (Obst, Spargel), so wird eine gesonderte

Die Bodenprobe wird an mehreren Stellen entnommen, meist bis auf 20 cm Tiefe.

Gründliches Mischen der Einzelproben auf einer sauberen Unterlage.

Es genügt, wenn 0,5 kg an die Untersuchungsanstalt geschickt wird.

Düngung vor der Kultur.

Richtig düngen

Probe aus dem Untergrund, also aus einer Tiefe von 20–40 cm, entnommen. Die Proben von Krume und Untergrund sind getrennt zu halten.

- Am besten entnimmt man die Probe mit dem Spaten, indem von einem spatentiefen Loch eine Wand senkrecht abgestochen und von dieser mit dem Spaten ein gleichmäßig dicker Streifen von 4–6 cm Breite weggenommen wird.
- Von jeder Kulturfläche (Obst, Gemüse, Blumen) entnimmt man an jeweils 10–15 gut verteilten Stellen Einzelproben, die dann auf einer sauberen Unterlage gründlich gemischt werden. Aus dieser Mischung wird eine Durchschnittsprobe von 0,5 kg entnommen und in ein sauberes Säckchen, in eine Schachtel, Konservendose oder in einen Plastikbeutel gegeben, auf keinen Fall aber in eine Papiertüte.
- Auf einem beigefügten Zettel ist neben der Adresse die laufende Nummer, soweit es sich um mehrere Proben handelt und die Nutzung der Fläche (z. B. Gemüse, Obst), aus der die Probe entnommen wurde, anzugeben. Weiter muß vermerkt werden, ob es sich um eine Probe aus dem Mutterboden (0–20 cm) oder aus dem Unterboden (20–40 cm) handelt.
- Anschließend werden die Proben sorgfältig verpackt, z. B. in einem Paket, wie es heute einschließlich allem Zubehör bei jedem Postamt erhältlich ist, und an die nächstgelegene Bodenuntersuchungsstelle geschickt.

Die Mischkulturen auf diesem Beet sind optimal mit Nährstoffen versorgt. Weißkohl, Porree, Eissalat und Tomaten sehen gesund aus und haben sich prächtig entwickelt.

Qualitätseinbuße durch Überdüngung

Die Verwendung mineralischer Düngemittel wirkt sich nicht nachteilig auf die Nahrung aus. Zu vermeiden ist aber in jedem Fall eine Überdüngung, speziell mit Stickstoff. Sie ist mit Geschmackseinbußen und Aromaverlusten verbunden (Prof. W. Schuphan). Kohlarten reagieren auf zuviel Stickstoff mit strengem Geschmack. Ebenso wird die Haltbarkeit von Dauergemüse, wie Kohl, Sellerie, Winterrettich und andere, vermindert.

Auch von der Ertragshöhe her gesehen hat es keinen Sinn, übermäßig hohe Düngermengen auszubringen, etwa nach dem Motto »Viel hilft viel«. Von einer gewissen Grenze ab nimmt der Ertrag nicht mehr zu, denn jede Pflanzenart und Sorte hat eine Höchstgrenze für ihr Leistungsvermögen. Geben wir darüber hinaus noch weiteren Dünger, so wird bald der Punkt erreicht, von dem ab die Düngung sogar schädlich wird, sei es, daß die Pflanzen krankheitsanfälliger werden, die Haltbarkeit oder der Geschmack der Früchte leiden oder Umweltschäden eintreten. Bei Überdüngung können außerdem empfindliche Pflanzen »verbrennen«.

Grundsätzlich zeigten durchgeführte Untersuchungen, daß sowohl Übergrößen, die auf Überdüngung beruhen, als auch Untergrößen hinsichtlich ihrer Inhaltsstoffe gegenüber einer guten, für die Sorte typischen Durchschnittsgröße im gleichen Bestand abfallen. Normalgrößen einer Art und Sorte zeigen meist auch die beste Haltbarkeit und Lagerfähigkeit. Wer also Obst und Gemüse von hohem inneren Wert heranziehen möchte, darf die Pflanzen weder »verhungern« lassen, noch sollte er des Guten zuviel tun.

Unterschiedlicher Nährstoffbedarf

Der Nährstoffbedarf der einzelnen Obst- und Gemüsearten ist sehr unterschiedlich; aber auch die Wachstumsdauer und die Bodenart spielen bei der Bemessung der Düngung eine Rolle. Ist beispielsweise der Boden sehr fruchtbar oder können wir reichlich Kompost oder verrotteten Stallmist geben, so sind angegebene Düngermengen um mindestens $\frac{1}{3}$ zu verringern. Im übrigen wollen wir beobachten: Wachsen die Pflanzen flott voran und entwickeln sich gut, so reichen die vorhandenen Nährstoffe meist aus.

Wie steht es mit Nitrat im Gemüse?

Nitrat ist ein natürlicher Bestandteil der Pflanze. Er ist nicht allein vom vorhandenen Stickstoff, sondern auch von der Gemüseart und Sorte sowie von den Wachstumsfaktoren Licht, Temperatur und Wasser abhängig.

Fest steht jedoch, daß eine übermäßig hohe Stickstoffdüngung den Nitratgehalt im Gemüse erhöht und damit zu Qualitätseinbußchen führt. Darüber hinaus besteht die Gefahr, daß Nitrat in erhöhtem Maße in tiefere Bodenschichten und damit ins Grundwasser eingewaschen wird. Bei zu hohen Düngergaben kann es vor allem bei Blatt- und Wurzelgemüsen wie Spinat, Mangold, Kopfsalat, Endivie, Feldsalat und andere Salatarten, Rettich, Radieschen zu unerwünschter Nitratanreicherung kommen.

Diese Gefahr darf aber nicht den mineralischen Düngern angelastet werden, sie ist genauso in einem organisch gedüngten Boden vorhanden, wenn des Guten zuviel getan wird, denn auch bei der Verrottung von Kompost, Stallmist und anderen organischen Stoffen wird der vorhandene Stickstoff in Nitratform verfügbar.

Da die Pflanzen die Nährstoffe nur in Form sogenannter Ionen, im Bodenwasser gelöst, aufnehmen können, ist es letztlich für die pflanzliche Ernährung gleich, ob die Nährstoffe aus dem Düngesack oder aus der Zersetzung organischer Stoffe kommen. Der Unterschied besteht nur darin, daß die mineralischen Dünger bereits in einer von den Pflanzen aufnehmbaren Form (Ionen) vorliegen, während die organischen Düngemittel erst durch die Kleinlebewesen (Mikroorganismen) in pflanzenaufnehmbare Ionen umgewandelt werden müssen. Sie wirken deshalb als langsam fließende, lang anhaltende Nährstoffquelle.

Richtig düngen

Die naturgemäße Düngung

Die Wildnis ernährt sich selbst – die Pflanzen eines Gartens aber müssen vom Gärtner mit Nahrung versorgt werden. Das ist im Biogarten nicht anders als im konventionellen Garten. Im »Kulturraum« hinter dem schützenden Zaun gedeihen ja besondere, von Menschen gezüchtete Gewächse, die auch besondere Ansprüche stellen.
Ein Rotkohl bekommt, im Gegensatz zu seinen wildwachsenden Vorfahren, einen überdimensional dicken Kopf. Das schafft er nur bei bester Versorgung mit Wasser und »Futter«. Auch eine reichblühende Kletterrose stellt bedeutend höhere Ansprüche an den Boden als eine schlichte Heckenrose.

Erneuerung der Fruchtbarkeit

Alle Nährstoffe, die die Pflanzen im Laufe eines Jahres verbrauchen, müssen deshalb wieder ergänzt werden. Ein ausgewogenes Verhältnis von Stickstoff, Phosphor, Kali und Spurenelementen ist auch im Biogarten lebensnotwendig. Nur dann ist auf die Dauer ein harmonisches Wachstum der Kulturpflanzen möglich.
In einem naturgemäß bearbeiteten Garten wird die ständige Erneuerung der Fruchtbarkeit durch Kompost erreicht. Zu allererst wird der Boden mit all seinen vielfältigen »Bewohnern« mit Nahrungsnachschub versorgt. Auf dem Umweg über die Erde gelangt dann das aufbereitete Nährstoffangebot zu den Wurzeln der Pflanzen. Darüber hinaus spielen aber auch natürliche, organische Dünger eine wichtige Rolle. Mit ihrer Hilfe können fehlende Nährstoffe gezielt ergänzt werden.
Die meisten Produkte, die im naturgemäßen Garten verwendet werden, sind sogenannte Langzeitdünger. Das bedeutet: Die organischen Substanzen werden durch die Bodenlebewesen aufgeschlossen und in pflanzenverfügbare Formen umgewandelt. Deshalb wirken sie langsam über einen längeren Zeitraum hinweg; sie treiben die Pflanzen nicht zu übertrieben schnellem Wachstum an.

Organische Dünger

Um natürliche Zusatznahrung im Garten sinnvoll anzuwenden, müssen Sie zunächst einmal einen kurzen Überblick darüber gewinnen, welche Substanzen geeignet und für die Pflanzen erreichbar sind.

Mist

Zu den organischen Düngern gehören vor allem die Ausscheidungen der Tiere. Doch Mist ist nicht gleich Mist. Es gibt z. B. hitzig reagierenden scharfen Tierdung und sogenannten kalten Mist. Die sicherste Verarbeitungsmethode ist die Verrottung.
Mist, der lagenweise mit Erde aufgeschichtet und eine Zeitlang kompostiert wird, ergibt immer einen guten Dünger, der keinerlei Verbrennungen mehr verursachen kann.
So verschieden die Tiere sind, von denen die Exkremente stammen, so unterschiedlich ist auch die Zusammensetzung und Wirkung des Mists. Nur wer diese Dünger unterscheiden kann, der wendet sie auch richtig an.

Rindermist mit Stroheinstreu

Dies ist ein milder, ausgeglichener Dünger. Er enthält alle wichtigen Nährstoffe. Sie können ihn in einer Spezialmiete aufsetzen. Kuhdung eignet sich auch als Zusatz zu Pflanzenjauchen. »Stadtgärtner« können Rindermist in getrockneter und geruchloser Form abgepackt im Fachhandel kaufen. Wichtig ist, daß Sie auf gute Qualität und gesunde Herkunft achten!
Im Herbst können Sie gut eine Art Flächenkompostierung durchführen, wenn Sie frischen Rindermist dünn über den Boden ausstreuen. So kann er über Winter verrotten. Wenn Sie dagegen diesen noch rohen Dünger eingraben, dann besteht die Gefahr der Fäulnis, weil »unter der Erde« nicht genügend Sauerstoff zirkuliert. Eine gesunde Rotte, die die tierischen Dünger erst aufschließt, benötigt aber immer Luft und Wärme. Verrotteter Rindermist eignet sich als Dünger für alle starkzehrenden Gewächse im Gemüse-, Obst- und Ziergarten.

Pferdemist

Er gehört zu den hitzigen Düngern. Jeder Gärtner weiß, daß man mit diesem Material ein Frühbeet »heizen« kann. Die Nährstoffgehalte ähneln denjenigen des Rindermistes; Stickstoff, Kali und Phosphor sind in ausgewogenem Verhältnis vorhanden. Beide Dünger können Sie auch gemeinsam kompostieren. Pferdemist ergibt »Kraftnahrung« für anspruchsvolle Pflanzen.

Strohiger Mist, der oberflächlich dünn ausgebreitet wird, kann auf dem Beet verrotten; er ist Dünger und Bodendecke zugleich.

Schweinemist

Dies ist ein kalter Mist. Er enthält viel Kali, wenig Stickstoff und fast keinen Kalk. Für Sellerie, Lauch und Himbeeren ist kompostierter Schweinemist besonders gut.

Schaf-, Ziegen-, Kaninchenmist

Diese Kleintiermistarten zählen zu den hitzigen Düngern. Sie sind reich an Stickstoff, deshalb sollte der Gärtner vorsichtig damit umgehen. Zuviel Stickstoff kann Geilwuchs verursachen. Diese Dünger sollten Sie auf jeden Fall kompostieren, einzeln oder mit anderem Mist vermischt. In rohem Zustand können sie Verbrennungen hervorrufen. Sie eignen sich für starkzehrende Gemüsearten.

Hühner-, Enten-, Taubenmist

Diese Geflügelmistarten sind sehr »scharf« und hitzig. Sie dürfen auf keinen Fall unbehandelt ausgestreut werden. Alle müssen kompostiert oder als Jauche angesetzt werden. Im Gegen-

58 Richtig düngen

satz zu den anderen tierischen Exkrementen enthält Geflügelmist besonders viel Phosphor; auch Stickstoff ist reichlich vorhanden. Da er sich rasch umsetzt, besteht die Gefahr von Verbrennungen. Geflügeldünger eignen sich für starkzehrende Gemüsearten. Wegen ihres hohen Phosphorgehaltes fördern sie auch die Blütenbildung. Verwenden Sie sie für Blumen aber nur in sparsamer Dosierung.

Die meisten Mistarten liefern dem Gärtner also »Kraftfutter« für jene Pflanzen, die trotz guter Kompostversorgung noch eine Zusatzdüngung benötigen, um reichlich Früchte, Knollen oder dicke Kohlköpfe zu entwickeln.

Andere tierische Dünger

Nicht nur die Exkremente der Tiere, auch andere »Abfälle«, die meist vom Schlachthof stammen, dienen seit altersher zur Düngung im Garten. Dazu gehören vor allem Horn-, Blut- und Knochenmehl-Produkte. Diese natürlichen Dünger können Sie im Handel kaufen.

Hornspäne, Hornmehl

Sie sind besonders reich an Stickstoff und Phosphor. Je gröber die Substanzen, desto langsamer setzen sie sich im Boden um. Hornmehl hat deshalb die schnellste Düngerwirkung.

Blutmehl

Es besitzt einen hohen Stickstoffgehalt.

Knochenmehl

Dieser Dünger ist besonders reich an Phosphor.

Hornspäne, Hornmehl, Knochenmehl und Blutmehl stammen von Tieren.

Natürliche Mineraldünger

Auch die Natur gehört zu den großen Salz- und Minerallieferanten der Erde. Einige Produkte, die aus natürlichen Ablagerungen stammen, sind auch für den Biogarten empfehlenswert. Wenden Sie diese Dünger gezielt an, um Mangelerscheinungen auszugleichen.

Rohphosphat

Es stammt aus urzeitlichen Ablagerungen, die aus den Knochen und Zähnen ausgestorbener Tierarten bestehen. Phosphor wird industriell abgebaut und gemahlen. Wählen Sie unter den im Handel angebotenen Produkten solche Phosphorarten, die sich langsam umsetzen.

Kali

Dieser Mineraldünger stammt aus den Salzablagerungen der Meere, die in urgeschichtlichen Zeitaltern die Erde bedeckten. Diese Salze werden im Bergbau gewonnen und für die Düngung

so aufbereitet, daß das schädliche Kochsalz entzogen wird. Für den Garten bekommen Sie im Fachhandel Kalimagnesia (Patentkali).

Da der Nährstoff Kali in den tierischen Düngern meist nur in geringen Mengen enthalten ist, kann manchmal eine gezielte Kalidüngung nötig werden.

Thomasmehl

Es entsteht als Nebenprodukt bei der Verhüttung phosphorhaltiger Eisenerze. Die vermahlene Schlacke enthält vor allem Phosphor, aber auch Mangan und Kalk. Thomasmehl setzt sich langsam im Boden um. Es wird über Winter im Garten ausgestreut.

Rechts: Kali ist ein natürlicher Mineraldünger, der in dieser pulvrigen Form im Handel zu erhalten ist.

Biologische Handelsdünger

Zahlreiche Dünger aus natürlichen Quellen werden im Fachhandel angeboten. Dazu gehören z.B. getrockneter Rinder- oder Geflügelmist und Horn-, Blut-, Knochenmehl (einzeln oder in Mischungen), die einen organischen Volldünger ergeben. Kali, Phosphor und Thomasmehl gehören seit eh und je zum Angebot. Neuer sind Produkte, die aus Rizinusschrot, Traubentrester und anderen pflanzlichen Rückständen hergestellt werden. Viele Firmen bieten ihre hauseigene Spezialmischung an, die teils aus tierischen, teils aus pflanzlichen Zutaten besteht. Wichtig ist, daß Sie beim Kauf immer auf seriöse Quellen achten und sich im Zweifelsfall die Zusammensetzung, die auf der Packung aufgedruckt ist, genau ansehen. Ledermehl, das meist stark mit Chrom belastet ist, sollte darin z.B. nicht enthalten sein!

Flüssige Pflanzennahrung

Flüssigdünger oder Jauche besteht aus tierischem Mist oder Pflanzen, die mit Wasser übergossen und vergoren werden. Eine solche Nährbrühe können Sie leicht und preiswert jederzeit selber herstellen.

Brennesseljauche

Die bekannteste Düngerbrühe im Biogarten ist die Brennesseljauche. Sie brauchen dafür ein größeres Gefäß, z.B. ein Holzfaß, einen Steinguttopf oder eine Plastiktonne. Nicht geeignet sind Metallfässer, weil darin unerwünschte chemische Reaktionen stattfinden können.

Am besten stellen Sie den Jauchebehälter in einer abgelegenen Gartenecke neben dem Kompost auf. Auf jeden Fall sollten Sie die Nasen Ihrer Nachbarn schonen; in der Nähe eines Sitzplatzes

Richtig düngen

sind die »ländlichen Gerüche« eine Zumutung! Füllen Sie Ihre Jauchetonnen zu etwa ⅔ mit frischen Brennesseln, die Sie in 10–20 cm lange Stücke zerschneiden. Sie können dazu schon den ersten Frühlingsaustrieb verwenden. Brauchbar bleiben die wilden Nesseln aber bis weit in den Sommer. Erst wenn sie Samen ansetzen, sollten Sie sie nicht mehr benutzen. Daß man bei dieser Arbeit Handschuhe tragen sollte, ist selbstverständlich.

Gießen Sie anschließend Wasser in das Gefäß, wenn möglich Regenwasser oder abgestandenes Wasser aus der Tonne. Die Brennesseln müssen reichlich von der Flüssigkeit bedeckt sein. Lassen Sie aber im Jauchetopf etwa eine Handbreit freien Raum bis zum Rand. Die gärende Brühe schäumt nämlich bald hoch und dehnt sich aus. Allzu starke Zersetzungsgerüche können Sie vermeiden, wenn Sie ein paar Tropfen Baldrianblüten-Extrakt oder zwei Hände voll Steinmehl über die Flüssigkeit verteilen.

Anfangs braucht der Brennesselansatz Sauerstoff und Sonnenwärme. Decken Sie die Öffnung des Gefäßes deshalb nur mit einem Stück engmaschigem Draht ab. So verhindern Sie, daß Vögel oder andere Tiere in das Wasser hineinfallen und ertrinken könnten.

Rühren Sie die Brühe jeden Tag einmal mit einem Stock kräftig um. Dadurch gelangt mehr Sauerstoff in den Gärungsprozeß. Bei warmem Wetter schäumt die Flüssigkeit bald so heftig wie Waschwasser. Aber schon nach einigen Tagen beruhigt sie sich. Je nach Witterung ist die Brennesselbrühe nach 12–20 Tagen fertig. Bei warmem Wetter geht es am schnellsten. Sie erkennen die »reife« Jauche daran, daß sie klar wird und sich dunkel färbt. Jetzt können Sie das Gefäß auch mit einem Deckel verschließen.

Verdünnen Sie Ihren hausgemachten Flüssigdünger immer im Verhältnis 1:10 mit Wasser. Die Brennesseljauche wird direkt in den Wurzelbereich der Pflanzen gegossen. Sie ist ein vorzüglicher, nahrhafter Dünger für Gemüse, Blumen und Obstgehölze.

Nur Bohnen, Zwiebeln und Knoblauch sollten Sie ausnehmen. Brennesseljauche enthält für diese Gemüse zu viel Stickstoff. Zwiebeln und Knoblauch lagern sich nach solchem Kraftfutter nicht gut, und Bohnen eignen sich nicht mehr zum Einkochen – die Gläser gehen auf!

Das kostenlose Material für die Brennesseljauche finden Sie normalerweise als »Un-Kraut« am Wegrand oder auch im Garten. Sie können sich diese uralte Heilpflanze neuerdings sogar selber großziehen; Samen gibt es im Fachhandel. Wenn Sie sich, z.B. rund um den Kompost, eine Wildkräuterhecke mit Brennesseln anlegen, sollten Sie auch daran denken, daß diese Pflanzen eine wichtige Nahrungsquelle für bestimmte Schmetterlingsraupen darstellen. Verschonen Sie immer einen Teil der Nesseln, und lassen Sie sie für die Raupen des Kleinen Fuchses, des Admirals und des Pfauenauges wachsen. Außer Brennesseln eignen sich auch noch andere Pflanzen zum Ansetzen in der Jauchetonne.

Beinwell- oder Comfreyjauche

Verwenden Sie die frischen, kleingeschnittenen Blätter des Beinwell. Die Stauden können im Garten angepflanzt und mehrmals im Sommer geschnitten und geerntet werden. Diese Jauche ist besonders stickstoff- und kalihaltig.

Der Beinwell ist eine heimische Wildstaude. Comfrey ist eine Kreuzung verschiedener Beinwellarten, die besonders reich an wertvollen Inhaltsstoffen ist. Brennesseln, Comfrey und Schachtelhalm können Sie nach Belieben mischen. Auch kleine Mengen von Kamille, Löwenzahn, Zwiebelresten, Schnittlauch und Knoblauch dürfen Sie hinzufügen. Eine Handvoll tierischer Dünger und etwas Steinmehl bereichern diese Mischung noch zusätzlich. Diese Jauche eignet sich für alle Pflanzen im Garten.

Seit Urgroßvaters Zeiten wird auch Mist »verflüssigt« und in nahrhafte Jauche umgewandelt. Vor allem scharfe Geflügelexkremente können so verdünnt und in milder Form verwendet werden.

Flüssiger Mist

Diese Jauche wird aus Mist und Wasser angesetzt. Kuhdung (ohne Stroh), Tauben- und Hühnerexkremente eignen sich dazu ebenso wie Guano oder eine Mischung aus Horn-, Blut- und Knochenmehl. Jauche aus Tiermist ist meist sehr gehaltvoll und sollte deshalb nur an starkzehrende Pflanzen gegossen werden. Dicke Kohlköpfe, Tomaten, Zucchini, Sellerie und Gurken mögen solche »Kraftbrühe«. Geflügeldünger in flüssiger, verdünnter Form regen bei Blumen reiche Blütenpracht an.

Selbstgemachte Jauche und Mist fördern das Pflanzenwachstum auf natürliche Weise. Übertreiben sollte man aber auch mit Naturdüngern nie. Zu viel Stickstoff, auch wenn er aus organischen Quellen stammt, fördert nur schwammiges Wachstum und eine reichliche Wasseraufnahme der Pflanzen. Ein paar 100 g weniger Gewicht, aber kernige, feste Qualität, ist aufgeblasenen Früchten immer vorzuziehen. Düngen Sie deshalb stets mit Maß und Ziel.

Vergorene Jauche ist braun gefärbt. Sie muß verdünnt werden und kann dann überall im Garten als Flüssignahrung verteilt werden.

Pflanzenjauche wird nicht nur aus Brennesseln sondern auch aus Beinwell und anderen Kräutern angesetzt. Geeignet sind Steingut-, Holz- und Kunststoffgefäße.

Die Vermehrung

Jedem Hobbygärtner macht es Spaß, die benötigten Gemüse- und Blumenpflanzen weiter selbst anzuziehen. Dadurch lassen sich Kosten sparen. Ein Vorteil: Wir haben die Pflanzen immer dann zur Verfügung, wenn sie benötigt werden, d. h., wenn wir Zeit haben und das Wetter paßt. Ein weiterer Vorteil der Eigenanzucht: Wir können die Pflanzen vorsichtig mit Wurzelballen aus dem Anzuchtbeet nehmen und sie unmittelbar danach pflanzen.

Aussaat unter Glas

Frühe Aussaaten können am warmen Zimmerfenster vorgenommen werden. Nach dem Aufgehen der Saat wird dann ins Frühbeet oder Kleingewächshaus pikiert.

Sie ist die wichtigste Vermehrungsart, denn fast alle Gemüsearten und Sommerblumen werden durch Aussaat herangezogen. Wir können direkt in das Frühbeet oder Kleingewächshaus säen, in den meisten Fällen erfolgt die Aussaat aber in Saatschalen oder Blumentöpfen, die wir in das Frühbeet oder Kleingewächshaus stellen. Solche Saatgefäße sind handlich und leicht transportabel.

Früher verwendete man neben Töpfen vor allem Holzkistchen, während wir heute den leichten und gut stapelbaren Kunststoffschalen den Vorzug geben. Sie lassen sich außerdem bequem reinigen. Selbstverständlich kann man auch Flachsteigen, wie sie im Supermarkt und anderen Geschäften kostenlos abgegeben werden, zur Aussaat verwenden. Sie sehen allerdings nicht so hübsch aus und beginnen bald zu faulen.

Die Aussaaterde

Sie ist neben einwandfreiem Saatgut entscheidend für den Erfolg. Damit die zarten Keimlinge nicht von Pilzkrankheiten befallen werden, sollte nur gedämpfte Erde verwendet werden, wie man sie in Gärtnereien bekommen kann. Ebenso geeignet ist keimfreie Aussaat- bzw. Einheitserde, die in Gartencentern und ähnlichen Fachgeschäften in Plastiksäcken angeboten wird. In all diesen Substraten, denen Nährstoffe in richtiger Dosierung beigemischt sind, wachsen die Keimlinge prächtig heran.

Auf keinen Fall sollte für Aussaaten Komposterde verwendet werden, so sehr wir sie sonst im Garten schätzen. Die Gefahr, daß ein Teil der kleinen Sämlinge umfällt bzw. die Saat überhaupt nicht aufgeht, ist groß. Sie wird bereits im Keimstadium von Schadpilzen befallen.

Für Gartenfreunde, die sich die Aussaaterde selbst herstellen wollen, hier ein bewährtes »Hausrezept«: Garten- oder sehr gut verrottete Komposterde in Töpfe, Gläser oder Schalen füllen und diese 30 Minuten bei 100 °C in den Backofen stellen.

Eine andere Möglichkeit: In einen größeren Kochtopf ein selbstgebasteltes, etwa 10 cm hohes Drahtgestell geben und bis zu dieser Höhe mit Wasser auffüllen. Auf das Drahtgestell eine etwa 5 cm hohe Schale stellen und diese gehäuft mit torfhaltiger Erde füllen. Anschließend Deckel daraufgeben und den Topf 15 Minuten lang auf die voll geöffnete Gasflamme bzw. auf die heiße Elektroplatte stellen. Durch die Hitze und den entstehenden Dampf wird die Anzuchterde sterilisiert. Sie ist beim Wegnehmen vom Feuer so heiß, daß man sie kaum anfassen kann. Sobald die Erde abgekühlt ist, kann ausgesät werden.

Die Aussaat

Sie kann beginnen, nachdem Erde, Topfscherben, ein Brettchen, ein engmaschiges Sieb und vor allem das Saatgut hergerichtet sind. Am besten legt man sich die genannten Materialien auf einem genügend großen Tisch bzw. auf einer Arbeitsplatte, die auf zwei Böcken liegt, zurecht.

Zuerst bedecken wir die Löcher im Boden der Saatschale mit Topfscherben oder grobem Kies, damit überschüssiges Wasser abziehen kann. Dann wird die Schale mit der Aussaaterde gefüllt und diese mit den Händen leicht angedrückt. Mit einem Brettchen oder einem kurzen Stück Dachlatte läßt sich die überschüssige Erde entfernen und die Oberfläche glatt streichen. Sie sollte ein wenig tiefer als die Oberkante der Saatschale liegen. Wer will, kann die Oberfläche leicht mit feinem Sand übersieben. Wer des öfteren Aussaaten machen will, sollte sich dazu ein rundes Handsieb beschaffen.

Die Vermehrung

Aussaat in Torftöpfe.
Aussaat in Keimbox.

Aussaat in Plastiktöpfe. Bei Lichtmangel und zu viel Wärme vergeilen die Sämlinge jedoch.

Jetzt wird gesät. Damit die Keimlinge nach dem Aufgehen genügend Platz haben, darauf achten, daß der Samen nicht zu dicht aus dem Tütchen fällt. Grobe Sämereien können direkt aus der Tüte oder mit Daumen und Zeigefinger breitwürfig, aber möglichst gleichmäßig ausgesät werden. Feine Sämereien geben wir am besten in die scharfe Rille einer in der Mitte geknickten Postkarte, nehmen diese zwischen Daumen und Mittelfinger und tippen mit dem Zeigefinger etwas auf die leicht schräg über das Saatgefäß gehaltene Karte. Ganz feine Sämereien werden nur leicht angedrückt, die übrigen übersieben wir in der Stärke des Samens. Wenn von jeder Art oder Sorte nur wenige Pflänzchen benötigt werden, unterteilen wir die Oberfläche der Saatschale mit dünnen Stäben in mehrere kleine Flächen. Anschließend wird in jede kleine Fläche ein Etikett gesteckt mit Angabe der Art und Sorte sowie des Aussaattermins. So haben wir später eine Kontrollmöglichkeit, ob der Aussaatzeitpunkt richtig war.

Ein Tip: In ein und dieselbe Schale nur Gemüse- oder Blumenarten säen, die etwa die gleiche Keimdauer haben, sonst müßte die eine Art bereits pikiert werden, während die andere noch gar nicht keimt. Es sollten möglichst auch nur Arten mit ähnlichen Wärmeansprüchen in ein und derselben Schale ausgesät werden.

Nach dem Säen wird die Schale mit Schlitzfolie (»wachsende« Folie) überdeckt und am Zimmerfenster, im Frühbeet oder im Kleingewächshaus aufgestellt. Wird die Oberfläche trocken, so gießt man mit feiner Brause. Sobald die Sämlinge zu sehen sind, entfernen wir die »wachsende« Folie und sorgen für genügend Luft und Licht.

Viele Sommerblumen, aber auch einige Gemüsearten müssen bereits im Februar ausgesät werden, damit rechtzeitig kräftige Pflanzen vorhanden sind. Dies ist durchaus möglich, auch wenn kein Gewächshaus und kein mit Mist gepackter warmer Frühbeetkasten zur Verfügung steht. Wir säen aus und stellen die Saatschalen im geheizten Zimmer dicht ans Fenster. Bis die Sämlinge groß genug sind, damit wir sie pikieren können, vergehen einige Wochen. Es ist dann bereits Mitte März oder noch später geworden, so daß durchaus auch in einem kalten Kasten – Frühbeetkasten ohne Mistpackung – pikiert werden kann.

Das Pikieren

Unter Pikieren versteht man das Verstopfen der winzigen Sämlinge, sobald sich außer den Keimblättern die ersten Laubblätter zu entwickeln beginnen. Dadurch erhalten wir besonders kräftige Pflanzen mit gut ausgebildetem Wurzelballen. Es lohnt deshalb, die meisten Sommerblumen, die Frühgemüsearten sowie die ersten Salatpflanzen zu pikieren, auch wenn es Zeit und Mühe kostet.

Bei den meisten Spätkohlarten, bei Endivie und anderen späten Kulturen genügt es dagegen, auf einem Freilandsaatbeet ganz dünn in Reihen auszusäen. Die Pflanzen können dann unmittelbar vom Saatbeet weg ausgepflanzt werden.

Pikiert wird, sobald die jungen Pflänzchen mit den Fingern gut zu fassen sind. Wenn die Pflänzchen aus der Saatschale zum Pikieren entnommen werden, reißt meist die Wurzel des Keimlings ab. Ist dies nicht der Fall, so kürzen wir mit den Fingern die Wurzel etwas ein. Jedenfalls, beim Pikieren ist das Einkürzen der Wurzel erwünscht, weil dadurch das verbleibende Wur-

Von oben nach unten: Löcher der Saatschale mit Topfscherben bedecken.

Die Schale mit Aussaaterde füllen; glattstreichen.

Der Samen darf nicht zu dicht aus dem Tütchen fallen.

Samen mit Erde fein übersieben.

Die Vermehrung

Gut eignen sich Multitopfplatten zum Pikieren. Die Pflanzen können später mit Ballen ausgepflanzt werden. Hier wird das Pikieren mit dem Pikierholz gezeigt.

Links: Sobald die zwei Keimblätter entwickelt sind, kann pikiert werden. Hier wurden für die Saat Kunststofftöpfe verwendet, aber auch Tontöpfe sind geeignet.

Rechts: Torfquelltöpfe eignen sich gut zur Aussaat von großen Sämereien.

zelstück zu vermehrter Seitenwurzelbildung angeregt wird. So entsteht ein kräftiger Ballen, der beim späteren Auspflanzen gut zusammenhält und ein rasches Anwachsen ermöglicht.

Wenn wir es nicht vorziehen, unmittelbar in das Frühbeet oder auf das Bodenbeet im Kleingewächshaus zu pikieren, verwenden wir, wie bei der Aussaat, Schalen und Töpfe. Die Vorbereitung erfolgt wie bei der Aussaat. Also erst Topfscherben oder grobe Kiesel auf die Abzugslöcher legen, dann die Schale mit lockerer, humoser Erde füllen, wobei sich auch zum Pikieren die bereits bei der Aussaat erwähnten Substrate bestens bewährt haben.

Nachdem die Oberfläche leicht geglättet wurde, können wir mit dem Pikieren beginnen. Dazu faßt man die kleinen Pflänzchen mit Daumen und Zeigefinger der einen Hand, während die andere Hand das Pikierholz hält, heute meist aus Kunststoff, und damit ein kleines Loch vorbohrt. Die Wurzel des kleinen Pflänzchens wird in das Loch gehalten und die Erde seitlich mit dem Pikierholz etwas angedrückt. Das Pflänzchen muß anschließend so fest in der Erde sitzen, daß man es nicht mehr mit aller Leichtigkeit an den Blättchen herausziehen kann.

Die Pflanzabstände beim Pikieren richten sich nach der jeweiligen Kultur, auch danach, wie viele Pikierschalen bzw. Platz wir zur Verfügung haben. Im allgemeinen kommt man mit einem allseitigen Abstand von 5 cm gut zurecht.

Nach dem Pikieren werden die Schalen mit einer feinen Brause angegossen und in das Frühbeet bzw. Kleingewächshaus gestellt. Das Anwachsen der soeben pikierten Pflanzen, die ja einen Teil ihrer Wurzel verloren haben, wird wesentlich gefördert, wenn man die ersten Tage für gespannte Luft sorgt. Um dies zu erreichen, bleibt das Frühbeet bzw. Kleingewächshaus weitgehend geschlossen, wobei gegen Sonne schattiert wird. Sobald dann die Pflänzchen mit neuem Trieb anzeigen, daß sie Fuß gefaßt haben, wird zunehmend mehr gelüftet und die Schattierung weggelassen.

Pikieren in Töpfe

Wer Pflanzen mit besonders kräftigem Wurzelballen erzielen will, pikiert gleich in kleine Töpfchen bzw. in eine Multitopfplatte, die es je nach Kultur mit verschieden großen Einzeltöpfen gibt. Substrat und Pikiervorgang bleiben der gleiche wie bereits beschrieben. Die im Handel erhältlichen Multitopfplatten haben meist die Ausmaße 50 × 32 cm. Sie enthalten 54 Töpfe mit 4 cm Durchmesser, 40 Töpfe mit 5 cm Durchmesser oder 24 Töpfe mit 6 cm Durchmesser. Bei letzterer stehen die einzelnen Pflanzen 8 cm voneinander entfernt. Sobald sie fertig sind, können sie mit einem Wurzelballen ausgepflanzt werden, der gut zusammenhält, so daß das Wachstum ungestört weitergehen kann. Dadurch wird die Ernte verfrüht, und im Sommer kann selbst bei Hitze ausgepflanzt werden, ohne daß die Pflanzen schlappen.

Auch die Multitopfplatten werden nach dem Pikieren mit Wasser überbraust und die ersten Tage möglichst in gespannter Luft gehalten. Bei den fertigen Pflanzen ist der Wurzelballen kräftig entwickelt; die vielen Wurzeln sind ineinander verwachsen und schmiegen sich der glatten Wandung der Kunststofftöpfe an. Infolge der glatten Wandung lassen sich die Pflanzen ohne Schwierigkeit entnehmen. Sollte dies einmal nicht ohne weiteres möglich sein, so brauchen wir nur mit einem leichten Daumendruck auf die Unterseite der Töpfe nachzuhelfen.

Eine raffinierte Möglichkeit, Jungpflanzen heranzuziehen, ist die in Torfquelltöpfen. Sie sehen wie überdimensionierte Tabletten aus. Nach Wasserzugabe quellen die Torftabletten in wenigen Minuten zu Pflanzballen auf. Ein Kunststoffnetz gibt jedem Ballen einen festen Halt.

Praktisch für die Jungpflanzenanzucht sind auch Torf-Anzuchttöpfe, im Handel unter der Bezeichnung Jiffy-Pots bekannt, mit 5, 6 und 8 cm Durchmesser. Man füllt sie mit einem der unter »Aussaat« genannten Substrate und kann dann die kleinen Pflänzchen hineinpikieren bzw. die Samen darin auslegen. Diese Torftöpfchen werden in Pikierschalen dicht an dicht nebeneinandergestellt, damit sie nicht so rasch austrocknen. Ebenso kann man sie im Frühbeet oder Kleingewächshaus in die Erde einsenken. Der Vorteil solcher Torf-Anzuchttöpfchen liegt vor allem in einem ungestörten Verpflanzen an den endgültigen Standort. Sie sind außerdem sehr leicht, lassen sich bequem lagern, und die Pflanzen können mit ihren Wurzelspitzen die Torfwandungen durchdringen. Im Gegensatz zu Ton-, Kunststofftöpfchen oder Multitopfplatten werden die Pflanzen mitsamt den Torftöpfchen ausgepflanzt. Wie zum Aussäen, so lassen sich auch zum Pikieren Obst-Flachsteigen verwenden, die wir in manchen Geschäften kostenlos bekommen können. Schließlich können Jungpflanzen in Ton-, ebenso aber in runden oder quadratischen Kunststofftöpfchen herangezogen werden, sei es, daß sie dort hineinpikiert oder gleich ausgesät werden. In all diesen Fällen kann mit Erdballen ausgepflanzt werden.

Die Vermehrung 63

Düngung

Sollte während der Vorkultur in Töpfen oder in Pikierkisten Nährstoffmangel auftreten, erkenntlich an stagnierendem Wachstum und ungesund fahlgrünen Blättern, so geben wir eine flüssige Düngung. Bewährt haben sich hierfür leicht wasserlösliche Volldünger. In einer 10-Liter-Kanne wird ½ Handvoll, das sind etwa 20–30 g, eines solchen Düngers aufgelöst. Damit werden die Multitopfplatten, Pikierschalen und ähnliche Gefäße gegossen und anschließend mit klarem Wasser überbraust.

Die Teilung

Bei Stauden ist dies die häufigste und für den Hobbygärtner einfachste Vermehrungsart. Meist genügen für den eigenen Garten die wenigen Pflanzen, die wir dabei bekommen. Je nach Art verwenden wir zum Teilen den Spaten, ein Messer, vielfach genügen aber auch die bloßen Hände, vor allem bei manchen Polsterstauden.

Frühjahrs- und Vorsommerblüher, wie Gemswurz (*Doronicum*), Kaukasusvergißmeinnicht (*Brunnera*), Bunte Frühlingsmargerite (*Chrysanthemum coccineum*) u. a., werden am besten gleich nach der Blüte geteilt. Dabei wird das Laub bis dicht über den Boden zurückgeschnitten. Anschließend werden die Pflanzen mit der Grabgabel herausgehoben, in mehrere, höchstens faustgroße Stücke geteilt und auf gut vorbereitetem Boden neu aufgepflanzt.

Spätblühende Stauden, wie Sommerphlox (*Phlox paniculata*), Sonnenbraut (*Helenium*), Herbstastern (*Aster novi-belgii*), Gartenchrysanthemen (*Chrysanthemum × hortorum*) u. a., vor allem auch Gräser, teilen wir dagegen am besten im Frühling. Die meisten Stauden aber lassen sich ebenso gut im Frühjahr wie im Herbst teilen.

Stauden, die an ihren Trieben Wurzeln bilden, können wir das ganze Jahr über teilen. Sie werden aus dem Boden genommen und mit den Händen auseinandergerissen. Die einzelnen mit Wurzeln besetzten Triebe oder mehrere in kleinen Büscheln zusammen kann man dann sofort wieder pflanzen. Hierzu gehören die teppichbildenden Arten wie Sternmoos (*Sagina*), Katzenpfötchen (*Antennaria*), die verschiedenen Fetthenne-(*Sedum-*)Arten, Pfennigkraut (*Lysimachia nummularia*), Günsel (*Ajuga*) und viele andere. Auch rosettenbildende Arten wie Mannsschild (*Androsace*) und Hauswurz (*Sempervivum*) fallen darunter. Auch bodendeckende, wintergrüne Stauden für den Halbschatten wie Immergrün (*Vinca*), Haselwurz (*Asarum europaeum*) und Ysander lassen sich verhältnismäßig leicht durch Zerlegen in einzelne bewurzelte Triebe vermehren.

Mit der Hand oder unter gelegentlicher Zuhilfenahme eines Messers lassen sich folgende Stauden, besonders in jungem Zustand, leicht in bewurzelte Triebe zerlegen: Rote Schafgarbe (*Achillea millefolium*), Glattblattaster (*Aster novi-belgii*), Gemswurz, Große Sommermargerite (*Chrysanthemum maximum*), Sonnenbraut (*Helenium*), Schwertlilie (*Iris germanica*).

Ein Messer benötigen wir bei **Stauden mit pfahlartigen Wurzeln** wie Mohn (*Papaver*), Akelei (*Aquilegia*), Lupine (*Lupinus*) u. a. Nach dem Ausgraben wird jede Pflanze so durchschnitten, daß jedes Teilstück, meist gibt es nur zwei, Wurzeln und Triebe hat. Soweit die Wurzeln bei der Teilung beschädigt werden, schneiden wir sie glatt. Dadurch wird eine bessere Verheilung erzielt und Fäulnis vermieden.

Ein scharfer Spaten wird gebraucht, wenn wir **Stauden mit verholzten Wurzelstöcken** in einzelne Teilstücke zerlegen wollen. Hierzu gehören: *Astilbe,* Rittersporn (*Delphinium*), Bergaster (*Aster amellus*), Rauhblattaster (*Aster novae-angliae*), Sonnenauge (*Heliopsis scabra*), Taglilie (*Hemerocallis*), Pfingstrosen (*Paeonia*), hoher Sommerphlox (*Phlox paniculata*) u. a.

Stauden werden aber nicht nur geteilt, weil wir sie vermehren wollen. Auch wenn sie mit dem Blühen und in ihrer Entwicklung nachlassen, nehmen wir sie aus dem Boden, zerlegen sie in faustgroße Stücke und pflanzen diese neu auf. Dies geschieht am besten gleich nach der Blüte bzw. im Frühjahr oder Herbst.

Oben: Bei Taglilien (*Hemerocallis*) nimmt man den Spaten zu Hilfe.

Unten: Fetthennenpolster (*Sedum*) werden mit den Händen zerlegt.

Rhizome von Schwertlilien werden mit dem Messer geteilt.

Die Vermehrung

Stecklinge

Durch Stecklinge lassen sich Stauden, aber auch manche Gehölze und vor allem beliebte Balkonpflanzen wie Pelargonien (Geranien) und Fuchsien vermehren.

Bei Stauden verwenden wir als Stecklinge nur gesunde, kräftige Triebspitzen. Wichtig ist, daß sie noch krautig, also nicht verholzt, und möglichst ohne Blütenknospen sind. Eventuell vorhandene Blütenknospen werden herausgeschnitten.

Die Stecklinge sollen nicht mehr als 2–3 Blattetagen haben; sie überstehen dann die Zeit bis zur Wurzelbildung besser als zu lange Triebspitzen. Die unteren Blätter werden entfernt, aber ohne daß dabei der Blattknoten beschädigt wird; es läßt sich dann leichter stecken. Bei den zwergigen Stecklingen von Polsterphlox (*Phlox subulata*), Blaukissen (*Aubrieta*), Schleierkraut (*Gypsophila*) u. a. erübrigt sich das Entfernen der unteren Blättchen. Die noch vorhandenen Blätter können eingekürzt werden, um die Verdunstung herabzusetzen; unbedingt erforderlich ist dies aber nicht. Es ist auch nicht in jedem Fall nötig, die Stecklinge fein säuberlich zurechtzuschneiden. Vielfach genügt es, die Triebspitzen von der Mutterpflanze abzureißen, wobei ihnen noch ein kleines Stückchen von der Rinde anhaften soll. Lupinen (*Lupinus*), Astern, Feinstrahl (*Erigeron*), Steinkraut (*Alyssum*) u. a. lassen sich auf diese Weise gut vermehren, ebenso auch Buchs und die verschiedensten Nadelgehölze (Koniferen).

Mit einem kleinen Pikierholz, Bleistift oder ähnlichem werden nun die zurechtgeschnittenen Stecklinge in Töpfe oder Schalen gesteckt und leicht angedrückt. Nach dem Angießen werden diese in das Frühbeet dicht unter die Fenster gestellt und schattiert.

Wenn wir nur einige Jungpflanzen benötigen, genügen Blumentöpfe. Das untere Drittel wird mit Scherben oder kleineren Steinen gefüllt, so daß das Wasser gut abziehen kann. Auf diese grobe Schicht kommt bis zum Topfrand gewaschener Sand zusammen mit Torf, Mischverhältnis etwa 1:1. Damit die Stecklinge guten Halt bekommen, wird die Sand-Torf-Schicht mit einem Brettchen festgedrückt. Besitzen wir kein Frühbeet, so stülpen wir Plastikbeutel über die Blumentöpfe und bringen sie an einen leicht schattigen Platz bzw. stellen sie ins Zimmer. Sie dürfen nicht in die Sonne gestellt werden, da sonst die Stecklinge zu leicht verbrennen würden.

In den ersten 2–3 Wochen sind die Stecklinge in geschlossener, gespannter Luft zu halten, also unter weitgehend geschlossenen Fenstern bzw. unter Folienbeutel. Nur bei Hitze wird ein wenig gelüftet. Sobald sich dann ausreichend Wurzeln gebildet haben, zu erkennen an den straffen Blättern und beginnendem Triebwachstum, können die Pflanzen ins Freie gesetzt werden.

Vermehrung von Pelargonien und Fuchsien

Wichtiger als bei Stauden und Koniferen ist für den Hobbygärtner die Stecklingsvermehrung bei einigen Balkon- und Kübelpflanzen. Bei Pelargonien (Geranien) schneiden wir im Juli/August Stecklinge von 10–12 cm Länge. Anschließend wird jeder Trieb unter dem untersten Blatt mit einem scharfen Messer waagerecht nachgeschnitten und die unteren Blätter entfernt. Dann läßt man die Stecklinge 1 Tag lang an einem schattigen Platz liegen und steckt sie danach in leicht sandige Erde. Als Gefäße zum Stecken kann man nehmen, was gerade zur Hand ist: kleine Töpfchen für einzelne Stecklinge (z. B. Jiffy-Pots) oder aber »10er«-Töpfe (10 cm Durchmesser am oberen Rand), in die um den Rand herum und in die Mitte 5 Stecklinge gesteckt werden.

Die Stecklinge sind in den folgenden Wochen nur wenig zu gießen, etwa 1mal jede Woche, da sie bei zu viel Nässe allzu leicht faulen würden. Bis zum Herbst sind sie gut bewurzelt und werden dann in einem kühlen Raum dicht am Fenster überwintert. Man braucht nur selten zu gießen – gerade soviel, daß die Jungpflanzen nicht vertrocknen. Im Frühjahr werden sie einzeln eingetopft, hell und wärmer gestellt und kommen im Mai ins Freie.

Ebenso einfach wie bei Pelargonien gelingt die Vermehrung von Fuchsien. Hier genügt es, die Stecklinge im Sommer in ein Glas mit Wasser zu stellen, wo sie rasch Wurzeln bilden. Anschließend pflanzt man sie in kleine Töpfchen und überwintert sie wie bei Pelargonien beschrieben.

Von links nach rechts: Stecklinge sollen nicht mehr als 3–4 Blattetagen haben.

Mit einem Pikierholz oder Bleistift steckt man sie in Töpfe oder Schalen...

...überbraust sie mit Wasser...

...und stülpt einen Plastikbeutel darüber, damit eine gespannte Luft entsteht.

Richtig säen und pflanzen

Aussaat im Freien

Die Freuden des Gärtners beginnen gewöhnlich bei der Samenbestellung oder beim Einkauf des Samens. Welches Versprechen, solch eine Tüte mit Saatgut! Nur einlösen muß man das Versprechen selbst. Und das scheint gar nicht so schwer zu sein, wenn man beobachtet, wie geradezu fantastisch sich bestimmte Wildkräuter im Garten vermehren, einjährige Kräuter, die sich jedes Jahr erneut aussäen. Und nicht nur die Wildkräuter, auch eine ganze Menge ein- und zweijähriger Sommerblumen, viele Stauden, ja sogar Gehölze wie Lavendel oder Buchs vermehren sich durch Samen ohne Zutun des Gärtners. Doch ganz so einfach scheint es bei der Aussaat durch den Gärtner nicht zu sein. Einerseits will er ein höheres Keimergebnis als es bei der Zufallssaat möglich ist, andererseits zeigen uns gelegentliche Ausfälle und Mißerfolge, daß es eine große Zahl von möglichen Fehlern gibt, die der Anfänger zu umgehen lernen muß. Es kommt darauf an, einer möglichst großen Samenzahl Bedingungen zu schaffen, in so kurzer Zeit wie möglich zu keimen und die Bodenoberfläche zu durchstoßen. Nur dann sind die Keimlinge gefeit gegen den wichtigsten Feind, gegen parasitäre Pilze. Diesen Wettlauf müssen die Pflänzchen gewinnen.

Die Bodenvorbereitung

Wenn möglichst jedes Samenkorn günstige Keimbedingungen haben soll, muß der Boden eine gleichmäßig feine Struktur besitzen. Steine ab 4 cm Durchmesser stören die Keimung, ebenso harte Erdklumpen, alte Pflanzenreste oder unverrottete Stalldungteile. Dennoch darf der Boden nicht siebfein sein; dann nämlich würde er leicht verschlämmen, die Samen litten unter Sauerstoffarmut und hätten Mühe, den dichten Boden zu durchdringen.
Einen guten Zustand zur Aussaat im Frühjahr besitzt ein im Herbst gegrabener Gartenboden, wenn Frost ihn in feine Krümel zerlegt hat. Diesen Boden ebnet man mit dem Rechen ein, sobald er an der Oberfläche abgetrocknet ist. Der Boden darf dabei nicht zu tief gelockert werden. Für den Keimvorgang ist nämlich ein etwas dichterer Untergrund wichtig, weil durch ihn Feuchtigkeit von unten angesaugt und dem quellenden Samen zur Verfügung gestellt wird.
Für die Aussaat ebenso vorzüglich ist der Boden im Sommer nach der Ernte von Vorkulturen, die den Boden möglichst weitgehend abdeckten. Unter dem Blätterdach der Vorkultur konnte sich die Schattengare bilden, der Boden faßt sich dann samtig mild an, ist feucht, warm und ideal zur Saat. Auch jetzt darf man den Boden nicht tief lockern, sondern nur die Ernterückstände mit dem Rechen entfernen und den Boden dabei ebnen. Ließ die Vorkultur dagegen die Sonne bis auf den Boden durchdringen oder lag der Boden eine Zeitlang brach, dann lockert man ihn nicht zu tief mit einem Grubber und arbeitet mit dem Rechen nach.
Anregend auf die Keimung wirkt sich gut verrotteter Kompost aus, der dünn, d. h. ca. 2 cm stark, über das Beet verteilt und mit dem Rechen in die oberste Bodenschicht eingearbeitet wird. Bei sandigen oder besonders schweren, tonigen Böden ist die Kompostversorgung vor der Saat unumgänglich. Bei schwach zehrenden Gemüsearten reicht die Kompostgabe vor der Saat auch als Düngung völlig aus.

Mischkultur im Hausgarten trägt nicht nur zur Gesundheit der Kulturen bei, sie entspricht zudem viel mehr dem geringen Bedarf an Gemüse und Kräutern als ein beetweiser Anbau. Auch beim Anbau von Mischkultur müssen die Aussaat- bzw. Pflanzreihen gerade sein, wobei eine gespannte Schnur gute Dienste leistet.

Richtig säen und pflanzen

Der Reihenzieher mit verstellbarer Spurbreite ist ein praktisches Gerät für den großen Gemüsegarten.

Buschbohnen werden gern in »Stufen« gesät. Alle 50 cm werden 5–6 Korn gelegt.

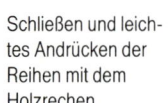

Schließen und leichtes Andrücken der Reihen mit dem Holzrechen.

Wer das Saatgut angießt, muß dafür sorgen, daß es bis zum Auflaufen immer gleichmäßig feucht bleibt.

Die Technik des Säens

Kulturen, die ins Freie ausgesät werden, also im wesentlichen Gemüse und Sommerblumen, haben bestimmte Platzansprüche. Die entsprechenden Maße gibt die Tabelle wieder. Um saubere, parallele Reihen zu ziehen, verwendet man die Gartenschnur, den Zollstock und bei größeren Aussaatflächen einen Reihenzieher mit verstellbaren Spurbreiten.

Ein wertvolles Aussaatinstrument kann man sich selber herstellen: eine Leiste von etwa 120 cm Länge, das ist die normale Beetbreite, und einem Querschnitt von 1 × 3 cm. In diese Leiste ritzt man Kerben, alle 10 cm und alle 25 cm. Die Leiste dient zum Festlegen der Abstände, doch ebenso, um die Reihen zu ziehen. Man kann mit ihr aber auch Reihen in den lockeren Oberboden drücken. Dadurch erhält man eine einheitliche Reihentiefe, auf die es bei der Aussaat ganz besonders ankommt.

Unterschiedlich tiefe Reihen führen zum uneinheitlichen Aufgang der Samen oder, was noch schlimmer ist, die Samen gehen partienweise überhaupt nicht auf. Die zu tief liegenden ersticken, die Kraft der Keime reicht nicht, um bis zur Erdoberfläche durchzudringen, und die zu flach liegenden Samen vertrocknen meist.

Die Saattiefe

Nun haben verschiedene Sämereien unterschiedliche Ansprüche an die Saattiefe. Auch hierüber gibt die Tabelle Auskunft. Doch die Reihen einheitlich tief zu ziehen, z.B. 1 oder 3 cm, das setzt einen sorgfältig bearbeiteten Boden voraus und einige Erfahrungen. Die Leiste, mit der man Reihen in den Boden drückt, kann daher dem Anfänger sehr hilfreich sein. Das Drücken der Reihen bewirkt außerdem, daß unter den Samen der Boden etwas verdichtet wird und damit leichter Feuchtigkeit von unten an das Saatgut dringt.

Säabstand

Säen kann man entweder direkt aus der Tüte, einem Sägerät oder aus der Hand. Wichtig ist nur, daß die Samen im richtigen Abstand fallen. Das gelingt bei grobem Samen ohne weiteres. Schwierigkeiten kann dem Anfänger Feinsamen bereiten. Mischt man ihn aber mit Sand, wie es gelegentlich empfohlen wird, sind Fehler durch das Entmischen von Sand und Samen nicht ausgeschlossen. Am besten man schaut genau hin und läßt sich Zeit beim Säen. Auch kann man den ungemischten Feinsamen recht gut mit den Fingern fühlen.

Soll man gleich den endgültigen Abstand säen oder besser später vereinzeln? Eine einheitliche Regel gibt es dafür nicht. Manche Kultur, z.B. Pflücksalat, vereinzelt und erntet man gleichzeitig, wenn die Pflänzchen etwa 5–8 cm hoch sind. Alle 25 cm läßt man 1 Pflänzchen stehen. Manche Samen, z.B. von Petersilie, durchdringen den Boden in gemeinsamer Dichte leichter. Auch lassen sich die Jungpflänzchen besser vom Unkraut unterscheiden, als zu weit voneinander entfernte. Bei anderen Kulturen, Spinat, Radieschen aber auch Mohrrüben, ist Saat auf Endabstand ratsam. Vereinzelt man Mohrrüben nachträglich, werden dadurch oft Pflänzchen freigelegt, so daß die Möhrenfliege, der schlimmste Schädling der Mohrrübe, angelockt wird.

Nach der Aussaat müssen die Reihen sorgfältig wieder mit Erde aufgefüllt werden. Dies läßt sich mit der Hand machen oder, bei größeren Beeten, mit dem Rechen. Nach dem Auffüllen der Reihen muß die Erde leicht angedrückt werden, der dadurch festere Bodenkontakt erleichtert das Keimen und gibt den Jungpflänzchen Standfestigkeit.

Vom Gießen der Saatbeete

Solange der Samen im trockenen Boden liegt, kann er keinen Schaden nehmen. Auch wenn er quillt und wieder eintrocknet, verliert er seine Keimfähigkeit nicht. Empfindlich jedoch sind die Keime, bis ihre Wurzeln festen Kontakt zum feuchteren Unterboden haben. In dieser kritischen Phase ist das Gießen der Saatbeete nützlich, sollte dann aber bei fehlendem Regen konsequent bis zur Erstarkung der Pflänzchen wiederholt werden. Noch konsequenter muß man auf gleichmäßige Feuchtigkeit des Bodens achten, wenn pilliertes Saatgut oder Saatbänder verwendet werden. Die Hüllmasse der Saatpillen und das Papier der Saatbänder entziehen den Keimlingen bei Trockenheit schnell das notwendige Wasser.

Richtig säen und pflanzen

Beispiele für Reihenabstand und Saattiefe von Gemüse im Freiland

Art	Abstand der Reihen	Abstand in der Reihe	Saattiefe
Saaten im Vorfrühling			
Frühe Möhren	20 cm	2 cm	2,5–3 cm
Mairüben	20 cm	vereinzeln auf 12 cm	2 cm
Pastinaken	30 cm	vereinzeln auf 10 cm	2 cm
Puffbohnen	40 cm	20 cm	5 cm
Saatzwiebeln	25 cm	vereinzeln auf 5 cm	3 cm
Schalerbsen	35 cm 2 Reihen pro Beet	4 cm	5 cm
Schwarzwurzeln	25 cm	vereinzeln auf 6 cm	2 cm
Spinat	20 cm	2 cm	3 cm
Saaten im Erstfrühling			
Zucker- und Markerbsen	35 cm 2 Reihen pro Beet	4 cm	5 cm
Mangold	30 cm	30 cm	3 cm
Späte Mohrrüben	25 cm	4 cm	2,5–3 cm
Pflücksalat	25 cm	vereinzeln auf 20 cm	2 cm
Radieschen	6 cm	6 cm	1 cm
Bündelrettiche	12 cm	15 cm	2 cm
Stückrettiche	20 cm	20 cm	2 cm
Rote Bete	25 cm	vereinzeln auf 10 cm	3 cm
Wurzelpetersilie	25 cm	vereinzeln auf 5 cm	2,5–3 cm
Saaten im Vollfrühling			
Chicorée	45 cm	vereinzeln auf 9 cm	2–3 cm
Mittelfrühe Karotten	25 cm	3 cm	2,5–3 cm
Römischer Salat	30 cm	vereinzeln auf 25 cm	2 cm
Sommerradieschen	10 cm	10 cm	1 cm
Saaten nach Ende der Frostgefahr			
Buschbohnen	40 cm	bei Einzelkornsaat 7 cm	2 cm
	40 cm	bei Stufensaat (je 5–6 Korn) 50 cm	
Stangenbohnen	100 cm	(je 7–8 Korn) 60 cm	3 cm
Feuerbohnen	100 cm	(je 4–5 Korn) 80 cm	3 cm
Gurken	1 Reihe pro Beet	20 cm	2 cm
Zuckermais	50 cm	30 cm	5 cm
Saaten im Hochsommer			
Chinakohl	35 cm	vereinzeln auf 25 cm	2 cm
Knollenfenchel	35 cm	vereinzeln auf 25 cm	2 cm
Winterrettich	25 cm	vereinzeln auf 25 cm	2 cm
Saaten im Spätsommer und Frühherbst			
Feldsalat	8 cm	2 cm	1 cm
Herbstrüben	30 cm	vereinzeln auf 20 cm	2 cm
Teltower Rübchen	18 cm	vereinzeln auf 8 cm	2 cm
Winterzwiebeln	25 cm	vereinzeln auf 3 cm	3 cm

Weitere Angaben zu den einzelnen Gemüsen finden Sie bei den Gemüse-Beschreibungen ab S. 255.

Der richtige Zeitpunkt für die Saat

Neben ausreichender Feuchtigkeit entscheidet die Bodentemperatur über die Keimzeit. Mohrrüben, auf die man im zeitigen Frühjahr oft 6 Wochen warten muß, lassen sich im Juni schon nach 10 Tagen sehen. So besitzt jede Pflanzenart zwar eine optimale Keimtemperatur, es sind aber weitere Faktoren für den Saatzeitpunkt entscheidend. So sind trotz ungünstigerer Keimtemperatur Frühsaaten von Mohrrüben wegen des geringeren Befalls durch die Möhrenfliege vorzuziehen. Sehr zeitig gesäte Puffbohnen leiden z. B. weniger unter Blattläusen.

Bei vielen Pflanzen entscheidet die Tageslänge über ihr Gedeihen. Chinakohl und Fenchel bilden Blüten, wenn sie in den »Langtag« kommen, d. h., in eine Phase mit über 14 Stunden Tageslänge. Werden sie erst im Juli gesät, wachsen sie in die tagneutrale Spätsommer- und Herbstphase hinein und bilden reichlich Blattmasse.

Mit dem Aussaattermin bestimmt man auch den Erntezeitpunkt. Im Spätsommer gesäter Spinat kann bereits im Herbst geerntet werden, im Frühherbst gesäter geht klein in den Winter und ist erst im Frühjahr erntereif.

Oben: Kommt Chinakohl durch zu späte oder zu frühe Saat in den Langtag, dann blüht er und wird wertlos.

Unten: Mohrrüben leiden stark unter der Möhrenfliege, wie an den unteren Mohrrüben gut zu sehen ist.

Richtig säen und pflanzen

Verschiedene Gemüse sind besonders als Keimlinge sehr frostempfindlich. So kann Zuckermais zwar direkt ins Freiland gesät werden, durch Vorkultur im Frühbeet läßt sich aber Zeit gewinnen, er wird dann nach den »Eisheiligen« ausgepflanzt. Auch Rettiche und Radieschen, Frühjahrsfenchel und Puffbohnen können bereits im Vorfrühling unter Glas vorgezogen werden. Sowie der Boden draußen abgetrocknet ist, werden sie ausgepflanzt. Schließlich entscheidet das Wetter darüber, ob es ratsam ist, auszusäen. Bei nassem und zu kaltem Wetter richtet man im Garten mehr Schaden an, als man Nutzen hat.

Formen und Qualitäten des Saatgutes

Saatgut, das man in Fachgeschäften erwirbt, besitzt gewöhnlich eine hohe Keimfähigkeit und Keimenergie. Jahreszahlen auf den Tüten verraten,

Langwieriges Ausmessen entfällt mit Hilfe eines Saatbandes.

Bei groben Saaten, hier Erbsen, leistet ein preiswertes Särad gute Dienste.

wann die Tüten verschlossen wurden. Das Saatgut kann durchaus älter oder aus mehreren Jahrgängen gemischt worden sein. An den Jahreszahlen kann man sich orientieren, wenn man Saatgut länger aufhebt. Doch sollte man bei dem relativ niedrigen Preis für Samen und dem hohen Preis, den man für Gemüse bezahlen muß, überlegen, ob sich die Aufbewahrung lohnt. Länger aufheben lassen sich Samen in luftdichten Keimschutzpackungen, doch natürlich nur so lange, wie die Packungen verschlossen bleiben. Auch diese Tüten sind mit einer Jahreszahl versehen, mit dem Haltbarkeitsdatum. Gelagert werden Samen möglichst kühl und trocken.

Pilliertes Saatgut

Ein interessantes Angebot für den Amateurgärtner ist pilliertes Saatgut. Es ermöglicht die Aussaat auf Endabstand bei feinen Sämereien, etwa Mohrrüben. Noch einmal sei hier darauf hingewiesen, daß pillierter Samen mehr Wasser benötigt. Auch kommt er flacher in den Boden als entsprechendes Normalsaatgut.

Saatbänder

Eine weitere arbeitssparende Saatgutform sind Saatbänder. Zwischen hauchdünne, leicht verrottbare Papierstreifen sind die Samen auf Endabstand gebettet. Damit das Papier sich schnell auflöst und verrottet und damit dem Samen kein Wasser entzogen wird, gießt man die Saatbänder gleich nach dem Auslegen. Erst danach werden die Rillen mit Erde gefüllt, die Erde angedrückt und noch einmal gegossen. Saatbänder sind die teuerste Saatgutform und auch nicht für jede Gemüsesorte oder Sommerblumenart erhältlich.

Das Pflanzen von Gemüse und Sommerblumen

Pflanzung – damit ist das Einsetzen von ganzen Pflanzen, aber auch von Triebteilen oder Organen gemeint, die zum Überleben von Trocken- oder Kälteperioden dienen. So beinhaltet das Legen von Kartoffeln, das Setzen von Narzissenzwiebeln oder das Pflanzen einer 5 m hohen Linde im Prinzip das Gleiche, es kommt eine Pflanze oder ein Pflanzenteil in neuen Boden, in eine neue Umgebung. In allen 3 Fällen wird die Ruhepause zum Pflanzen gewählt, die Linde ist laublos, die Narzissen haben Sommerpause, nur die Kartoffeln sind meist vorgekeimt und haben damit ihre Ruhepause bereits beendet. Auch bei grünen Pflanzen kommt es sehr darauf an, zum Umsetzen Phasen relativer Ruhe zu wählen; oder man muß alles dafür tun, daß das Wachstum ungebremst weitergeht. Neben der Pflanztechnik ist also die Wahl des Zeitpunktes für das Gelingen einer Pflanzung im Freiland besonders wichtig. Blumen- und Gemüsepflanzen, gleich ob sie aus eigener Anzucht kommen oder aus einer Gärtnerei, befinden sich mitten im Wachstum. Das Umsetzen, meist vom Gewächshaus ins Freiland, bedeutet für sie eine harte Umstellung.

Auswahl der Pflanzen

Die Pflanzen müssen kräftig und gedrungen sein. Dünne, aufgeschossene und meist gelbliche Jungpflanzen haben zu dicht gestanden und wurden zu warm aufgezogen. Die Pflanzen sollen abgehärtet sein, und sie müssen möglichst viel Wurzelmasse besitzen. Nur sie ermöglicht ein schnelles Weiterwachsen. Die Pflanzen sollten daher aus Erdtöpfen stammen oder mindestens aus pikierten Beständen kommen. Zu achten ist freilich auch auf die Gesundheit der Pflanzen. Pflanzen, die schwächlich aussehen, sind meist krank und werden im Freien auch nicht wieder gesund.

Die Bodenvorbereitung

Bislang standen die Jungpflanzen in torfreicher Anzuchterde, einem sehr weichen Material. Nun müssen sie sich an normale Gartenerde gewöhnen. Man kann es ihnen durch gründliches Lockern des Bodens und durch Komposterde leichter machen. Die Komposterde liefert nicht nur Nährstoffe, sie regt auch durch Wuchsstoffe das Wurzelwachstum an und liefert im Wurzelbereich Wärme.

Die Pflanztechnik

Um die Kultur bequem pflegen zu können, pflanzt man in Reihen. Man nimmt also, wie bei der Saat, die Gartenschnur zu Hilfe und die Markierleiste. Ein stets gegenwärtiges Meßinstrument, das besonders beim Pflanzen be-

Richtig säen und pflanzen

Links:
Hilfsmittel beim Gemüsepflanzen: die Gartenschnur, ein Zollstock und eine Handschaufel.

Mitte:
Vorsicht beim Angießen! Die junge Dame gießt mit zu kräftigem Strahl.

ste Dienste leistet, ist die Handspanne, also die gepreizte Hand vom kleinen Finger bis zum Daumen (ca. 20 cm). Auch beim Pflanzen selbst ist die Hand ein nützliches Werkzeug.

Wer das Pflanzloch mit der Hand in den Boden drückt, kann sich am besten von der Qualität des Bodens überzeugen. In schlechten Boden kann man mit der Hand nicht eindringen. Vornehmer ist das Pflanzholz, universeller einsetzbar jedoch die schmale, ca. 3 cm breite Handschaufel, mit der sich sehr bequem Pflanzlöcher machen lassen.

Groß genug müssen die Pflanzlöcher sein, damit die Wurzeln nicht gestaucht oder nach oben gedrückt werden. Beim Einsetzen sollen Ballen und Wurzeln frei in das Pflanzloch hängen können. Danach wird angedrückt, mit beiden Händen, mit dem Pflanzholz oder der schmalen Handschaufel. Das Pflänzchen muß nun so fest sitzen, daß man es beim Ziehen an einem Blatt nicht mehr aus dem Boden heben kann, eher würde das Blatt abreißen.

Das Angießen wird teils vernachlässigt, teils übertrieben: Vergißt man das Angießen, fehlt der Kontakt zwischen Wurzeln und Boden. Oft welken die Pflanzen, fällt nicht zufällig ein rettender Regen. Bei zu starkem Angießen bildet sich ein Loch neben der Pflanze, die Erde verschlämmt. Man muß also ein vernünftiges Mittelmaß finden.

Dies gilt auch für die Pflanztiefe. Ein Blick auf die Pflänzchen zeigt, wie tief sie vorher im Boden standen. Genauso tief werden sie wieder eingesetzt. Das ist die Regel.

Davon abweichend dürfen Tomaten und die gewöhnlichen Kohlarten tiefer in den Boden kommen. Sie bilden dann oberhalb des Wurzelballens am Stamm weitere Wurzeln. Porree wurde früher gern in Rillen gepflanzt, die man nach ein paar Monaten wieder anfüllte. Es entstanden dadurch lange, weiße Schäfte. Heute setzt man den Porree auf das flache Beet, aber tiefer als die Jungpflanzen standen. Auf flaches Pflanzen kommt es bei Kohlrabi und bei Chinakohl an, letzterer gedeiht jedoch besser, wenn man ihn direkt aussät und später vereinzelt. Flach gepflanzt werden vor allem Salate, bei zu tiefem Stand faulen die großen Umblätter. Doch zu hoch dürfen die Pflänzchen ebenfalls nicht zu stehen kommen, dann nämlich bilden sie keine festen Köpfe.

Gemüse aus Knollen und Zwiebeln

Nicht ganze Pflanzen, sondern Überdauerungsorgane kommen bei dieser Gruppe in den Boden. Dazu gehört natürlich die Kartoffel.

Frühkartoffeln Zeitige Frühkartoffeln, in Kompost gewachsen, können es mit feinstem Gemüse aufnehmen. Das Vorkeimen kann die Ernte erheblich verfrühen. Dazu füllt man eine Obststeige mit etwa 3 cm Kompost, legt die Saatkartoffeln dicht bei dicht darauf und gibt noch einmal 3 cm Kompost darüber. Die Steige kommt zur Schneeglöckchenblüte in einen sehr hellen, kühlen, aber frostfreien Raum. So eingebettet keimen die Kartoffeln nicht nur, sondern bilden bereits Blätter und Wurzeln.

Kurz vor der letzten Frostgefahr, also je nach Landschaft unterschiedlich früh, kommen die Kartoffeln ins Freiland. Sie wachsen besonders gut in Sand- und Lehmböden bei ausreichender Humusversorgung. In den tiefgelockerten Boden werden im Abstand von 70 cm flache Furchen gezogen und mit Kompost gefüllt. Da hinein pflanzt man die Kartoffeln aus, mit einem Abstand von 30 cm. Schließlich werden sie 5–10 cm hoch angehäufelt. Je flacher, desto schneller kommen sie, weil sich der Boden an der Oberfläche schneller erwärmt als in der Tiefe.

Steckzwiebeln Mit ihnen kann man sehr schnell erste frische »Salatzwiebeln«, also Zwiebeln mit grünem Laub, erzeugen, gleichzeitig auch den Zwiebelvorrat für den Winter.

Man bezieht etwa pfenniggroßes, festes Pflanzgut, das noch nicht ausgetrieben haben darf. Zu große Steckzwiebeln haben die Neigung zu schießen, also in Blüte zu gehen.

Bei Reinkultur reicht ein Reihenabstand von 15 cm, in Mischkultur ist ein Abstand von mindestens 25 cm vorzuziehen. Bei Vornutzung jeder 2. Zwiebel setzt man in der Reihe alle 3 cm 1 Steckzwiebel, sonst etwa alle 5 cm.

Frühkartoffelanbau: Die Reihen werden mit einem Handhäufelpflug gezogen, die Rillen mit Kompost gefüllt.

Auslegen der Kartoffeln mit 30 cm Abstand. Die Keime müssen immer nach oben zeigen.

Schließen der Reihen mit dem Rechen. Nach dem Auflaufen werden die Kartoffeln angehäufelt.

Stauden am Gehölzrand. Im Hintergrund der Waldgeißbart, davor Prachtstorchschnabel und Gelbweiderich. Im Vordergrund, in der Sonne, *Sedum floriferum* 'Weihenstephaner Gold'.

Das Pflanzen von Stauden

Als Stauden bezeichnet man nichtverholzende winterharte Kräuter, die meist ihrer Gestalt oder ihres Blumenschmuckes wegen gepflanzt werden. Wie lange Stauden an ein und dem selben Platz gedeihen und sich wohlfühlen, das hängt einmal von Art und Sorte ab: Es gibt kurzlebige Stauden oder solche, die häufiger geteilt und umgepflanzt werden müssen. Andere bleiben 20–40 Jahre am selben Platz. Die Lebensdauer hängt aber ebenso von der Sorgfalt beim Pflanzen ab. Ein falscher Standort, falsche Nachbarpflanzen, verdichteter Boden, falsche Ernährung, zu dichter Stand und Verunkrautung, dies sind die häufigsten Ursachen für das vorzeitige Ende von Stauden.

Die Bodenvorbereitung

Stauden wollen ihre Wurzeln tief und weit in den Boden einsenken, nicht gleich im 1. Jahr, aber im Laufe mehrerer Jahre. Die Voraussetzung dafür ist ein tiefgelockerter Boden mit dauerhaft durchlässiger Struktur. Schwere Ton- und Lehmböden bereiten daher die größten Schwierigkeiten. Nur das Tiefenlockern und das Untermischen von Sand oder Kies kann bei diesen »Zuckerrübenböden« helfen. Leichte Sandböden sind einfacher zu handhaben. Da ihnen aber vor allem die Fähigkeit fehlt, Wasser und Nährstoffe festzuhalten, hilft bei ihnen Tonmehl, aber auch gut verrottete, unkrautfreie Komposterde.

Was tun gegen Wurzelunkräuter?

Ein Problem stellen dauerhafte Wurzelunkräuter dar, also Quecken, Disteln, Giersch, Winden. Diese Pflanzen, ebenfalls Stauden, durchdringen in kurzer Zeit die Pflanzung. Dagegen helfen Radikalmaßnahmen wie das Abdecken der Pflanzbereiche mit schwarzer Folie während einer ganzen Vegetationszeit. Besser ist der Anbau einer Vorkultur. Mit Kartoffeln z. B. wird der Boden besonders gründlich durchgearbeitet. Gründüngungspflanzen, wie Ölrettich, *Phacelia* oder Raps, nehmen den Unkräutern das Licht. Einjährige Sommerblumen bieten den zusätzlichen Vorteil, schön auszusehen. Alle Vorkulturen unterdrücken die Unkräuter, bessern den Boden und hinterlassen ihn in gutem Garezustand.

Spezielle Bodenansprüche

Rabatten, auf denen die prächtigen, anspruchsvollen Beetstauden wachsen sollen, z. B. Rittersporn, Phlox, Rudbekkien, *Helenium,* erfordern einen Boden, wie er im Gemüsebau üblich ist: Tiefgründig soll er sein, nahrhaft, von guter Krümelstruktur. Im Gegensatz dazu kommen Wildstauden mit sehr niedrigem Nährstoffgehalt des Bodens aus. Zusätzliche Düngung ist fehl am Platz. Je nach Standort können aber andere Zusätze sehr nützlich sein. Stauden unter Gehölz sind dankbar für Lauberde, viele Arten gedeihen deshalb erst richtig unter eingewachsenen älteren Bäumen und Sträuchern im verrottenden Laub. Wildstauden des Trockenrasens kommt man bei schweren Böden durch Sand oder Split entgegen. Prärie- und Steppenstauden fühlen sich wie »zu Hause«, wenn ihr Boden mit alter, gut verrotteter Kom-

Richtig säen und pflanzen

posterde angereichert worden ist. Bei Felssteppenpartien vermeidet man am besten das Auftragen von Mutterboden. Kies und Sand sowie etwas Lehm sagen den Wildstauden dieses Bereichs am meisten zu. Als Dünger kommen nur Steinmehle in Frage oder Hornspäne, die im mineralischen Milieu sehr langsam verrotten.

Die Pflanzabstände bei Stauden

Stauden besitzen einen großen Drang, sich auszubreiten. Nur wenn sie daran nicht durch zu engen Stand gehindert werden, können sie ihre ganze Schönheit entfalten und auch alt werden. Zwischen großen Beetstauden, wie etwa Rittersporn, Pfingstrosen und Rauhblattastern, kann man getrost 1 m Abstand lassen, nach mehreren Jahren ist der Platz dazwischen zugewachsen. Setzt man sie dagegen dicht aneinander, muß bereits nach 2 Jahren umgepflanzt werden, weil sich die Stauden bedrängen. Die in den ersten Jahren weiten Zwischenräume lassen sich elegant mit ein- oder zweijährigen Sommerblumen bepflanzen, z.B. mit *Rudbeckia hirta* und *Rudbeckia triloba*, mit hohem *Ageratum*, mit *Cosmos sulphureus*, mit Kalifornischem Mohn, mit Verbenen oder einjährigen Gräsern. Ungeeignet sind stark farbige, hochgezüchtete Sommerblumen, wie z.B. gefüllte *Tagetes*, die knallrote *Salvia splendens* oder Sommerastern.

Sehr unterschiedliche Pflanzweiten erfordern die Wildstauden. Einmal entscheidet ihre Größe den Abstand, dann, ob sie einzeln, in kleinen Gruppen oder als ganze Fläche ausgesetzt werden. Bei flächiger Pflanzung rechnet man mit 5–8 Pflanzen/m².

Die Technik des Pflanzens

Stauden werden weitgehend im Freiland herangezogen, zuletzt in jenen Plastiktöpfen (Containern), in denen sie verkauft werden. Diese Töpfe machen es möglich, während der ganzen Vegetationszeit zu pflanzen. Ein weiterer Vorteil ist der Schutz, den sie den Wurzeln gewähren. Bis vor dem Einsetzen der Stauden bleiben die Wurzeln vor Sonne und Wind geschützt. Trotz dieses Schutzes sollte man sonnige und windige Tage meiden. Ein ruhiges Wetter mit bedecktem Himmel eignet sich für alle Freilandpflanzungen am besten.

Bevor die Stauden in den Boden kommen, legt man sie zur Probe aus. Selbst gute Pläne erfahren dadurch häufig eine Korrektur. In der Natur, auf dem Beet sieht vieles anders aus als auf dem Papier.

Sind die Plätze bestimmt, werden die Pflanzlöcher gegraben. Meist reicht dabei als Gerät eine Handschaufel. Erst jetzt klopft man die Töpfe aus, lockert, wenn nötig, den Wurzelbereich etwas und setzt die Pflanze ein. Dabei ist auf die Tiefe zu achten, die Stauden sollen nicht tiefer und nicht höher zu stehen kommen, als sie im Anzuchttopf standen. Angedrückt wird mit den Händen, dabei spürt man am besten, wie fest die Pflanze sitzt. Zuletzt wird gründlich gegossen.

Umpflanzen und Verjüngen

Wenn Stauden nicht mehr recht gedeihen und blühen wollen, wenn sich ihr Standort verändert hat, z.B. von Gehölzen beschattet wird, dann hilft das Umpflanzen, hilft ein neuer Platz im Garten. Beim Umpflanzen muß man aber die Gelegenheit zum Verjüngen wahrnehmen. Denn setzt man ganze Stauden um, so kümmern sie und gehen schließlich ein. Stauden müssen also beim Umpflanzen geteilt werden: mit dem Messer oder bei kompakten Pflanzen mit dem Spaten. Dabei schneidet man verletzte Wurzeln glatt und entfernt unbedingt Unkräuter, die sich eventuell eingenistet haben. Am kräftigsten wachsen Teilstücke von Faustgröße weiter, die etwa 3–4 Triebe besitzen.

Beim Umpflanzen und Verjüngen kommt es ganz besonders auf den richtigen Zeitpunkt an. Eine Grundregel kann man sich einfach merken: Die beste Zeit zum Umpflanzen ist direkt nach der Blüte.

Abweichend davon pflanzt man Stauden, die erst im Spätherbst blühen, besser im Frühjahr um.

Staudengräser lassen sich nur im Frühjahr teilen und umpflanzen. Das dann einsetzende Trieb- und Wurzelwachstum bringt die Teilstücke schnell in Gang.

Das gleiche gilt für Farne.

Eine weitere Ausnahme machen die Paeonien, die Pfingstrosen. Da sie zu den besonders alt werdenden Stauden gehören, ist nur im Notfall umzupflanzen. Am besten überstehen die Paeonien das Umsetzen und Teilen im Frühherbst.

Wasser- und Sumpfpflanzen haben wenig Chancen, wenn das Wasser immer kälter wird. Im Frühling dagegen erwärmt sich das Wasser von Tag zu Tag mehr, und frisch gepflanzte Wasser- und Sumpfpflanzen wachsen schnell weiter.

Auch der Steingarten ist ein Bereich, den man im Herbst lieber nicht anrührt. Umpflanzungen und Veränderungen sind Sache des Frühjahrs.

Von oben nach unten: Stauden brauchen tief gelockerten Boden. Ausdauernde Unkräuter müssen sorgfältig ausgelesen werden.

Vor dem Pflanzen werden die Stauden auf Probe ausgelegt.

Staudengräser, aber auch Farne, werden nur im Frühjahr geteilt und gepflanzt.

Richtig säen und pflanzen

Zwiebel- und Knollengewächse

Mit Zwiebeln und Knollen überbrükken verschiedene Pflanzen längere Trocken- oder Kälteperioden. In diesen harten Zeiten ziehen sich die Pflanzen völlig zurück und machen eine Ruhephase durch. Für den Garten bedeuten diese »Geophyten« eine große Bereicherung. Wie lange sie am selben Standort blühfreudig bleiben, hängt von der richtigen Pflanztechnik und ganz besonders von der Auswahl des richtigen Standortes ab. Zwiebelgewächse gibt es für alle Lebensbereiche, wenn man einmal vom Wasser absieht.

Die Bodenansprüche

Zwiebeln und Knollen liegen nicht starr im Boden, sondern sie wandern. Viele ziehen sich an den Wurzeln in die Tiefe, andere breiten sich durch Seitenzwiebeln oder durch Rhizome aus und bilden stärkere Horste. Alle Pflanzen dieser Gruppe benötigen daher einen lockeren, leicht zu durchdringenden Boden. Am ausgeprägtesten sind die Ansprüche der Lilien, über die es unter Gärtnern heißt, sie brauchen einen Boden, in den man den Arm bis zum Ellbogen hineinstoßen kann.

Tödlich für die meisten Zwiebelpflanzen ist stauende Nässe. Schwere Böden müssen darum mit Sand verbessert werden. Vielen Pflanzen ist bei lehmigen und tonigen Böden geholfen, wenn man ihnen in das Pflanzloch eine Handvoll Bausand gibt und sie auch seitlich damit umkleidet.

Die Nährstoffansprüche unterscheiden sich stark. Einen hohen Bedarf an einem nahrhaften, kräftigen Gartenboden haben die Zuchtformen von Tulpen, Kaiserkronen, Hyazinthen und Narzissen. Äußerst anspruchslos hingegen sind die Wildformen und Kleinzwiebeln. Zum Teil ist sogar eine Abmagerung des Bodens mit Schotter und Sand notwendig, speziell bei Zwiebeln aus dem Mittelmeerraum und aus dem Orient.

Der richtige Standort

Einen **sonnigen, sommertrockenen Standort** mit wasserdurchlässigem, mineralreichem Boden verlangen die *Iris* der Gruppe *reticulata*, die *Allium*-Arten, also die echten Zwiebeln, Wildtulpen, Perlhyazinthen, Sternbergien, einige Zwergnarzissen sowie Herbstzeitlosen aus dem Mittelmeerraum. Dieselben Standortansprüche haben Wildkrokusse mit Frühlings- sowie Herbstblüte.

Südseiten von Gehölzgruppen und von Gebäuden sowie Übergänge mit lockerem Bewuchs zum Rasen schätzen die Schneestolz-Arten, das große Schneeglöckchen (*Galanthus elwesii*), *Crocus*-Zuchtformen, die sich dort gut versamen, der Milchstern (*Ornithogalum umbellatum*), die heimische Wildtulpe (*Tulipa sylvestris*).

Am lichten aber kühlen Gehölzrand in frischem Boden ist Platz für das heimische Schneeglöckchen, für den Winterling, für Hundszahn, verschiedene *Scilla*-Arten und Narzissen-Wildformen. Noch kühler und feuchter mag es die Frühlingsknotenblume (*Leucojum vernum*), die gern in Gesellschaft von Buschwindröschen und Himmelschlüsseln steht, die nach ihr blühen.

Am sonnigen, aber feuchten Standort fühlt sich die heimische Schachbrettblume (*Fritillaria meleagris*) wohl, sie ist eine Verwandte der Kaiserkrone.

Offenen, nährstoffreichen Boden an kühlem Standort mit frischem Boden bevorzugen die Zuchtformen der verschiedenen Narzissen. Sie leben dort gern in Gesellschaft von Beetstauden des Gehölzrandes, wie Eisenhut, Rittersporn und Tränendes Herz.

Volle Sonne und nährstoffreichen, offenen Boden schließlich brauchen die hohen Tulpenzuchtformen, die Kaiserkronen und die Hyazinthen.

Die Pflanztechnik

Zwiebelpflanzen stehen selten allein. Fast immer wachsen Gehölze oder Stauden in ihrer Nachbarschaft. Um ein Durcheinander und das »Vergraben« von Zwiebeln zu verhindern, müssen Stauden und Gehölze stets zuerst gepflanzt werden. Danach kann man gut

So sollten Krokusse nicht gesetzt werden: Als dichter Pulk im festen Rasen wirken sie kitschig und haben nur kurze Lebensdauer.

Die hohen und üppigen Zuchtformen der Tulpen brauchen einen nährstoffreichen, offenen Boden.

erkennen, wo Raum für Zwiebelpflanzen zur Verfügung steht. Eine natürlich wirkende Pflanzung erfordert eine gewisse Zufälligkeit der Gruppierung. Manche Staudengärtner werfen deshalb z. B. eine Handvoll Krokuszwiebeln leicht in die Höhe und pflanzen sie dort ein, wo sie hingefallen sind.
Bei größeren Zwiebeln ist diese Technik schlecht anwendbar. Sie muß man nach Gefühl gruppieren, wobei einige Grundregeln einzuhalten sind:

- Zwiebeln breiten sich vegetativ aus, sie brauchen also Platz. Tulpen und Narzissen z. B. benötigen einen Abstand von 20 cm.
- Verschiedene Sorten sind nicht bunt zu mischen, sondern in Gruppen zu pflanzen, die sich nur an Berührungspunkten auch einmal überschneiden dürfen.
- Geometrische Formen wie Kreise, Linien und Dreiecke wirken unnatürlich.

Die Pflanztiefe

Sie richtet sich in etwa nach der Größe der Zwiebeln, wobei es allerdings Ausnahmen gibt.
Als Faustregel gilt, die Zwiebeln etwa 1–3mal so tief zu setzen, wie sie hoch sind. Auf leichten, sandigen Böden vertragen die Zwiebeln ein tieferes Einsetzen, bei schweren Böden pflanzt man lieber etwas flacher. Bei zu flachem Aussetzen kommen die Zwiebeln unter Umständen durch Frost nach oben und kippen später um. Im Laufe der Zeit begeben sich die Zwiebeln in die ihnen zusagende Tiefe. Voraussetzung dafür ist jedoch ein lockerer Boden ohne Verdichtungen.

Zeitpunkt des Pflanzens

Zwiebeln zum optimalen Zeitpunkt in den Boden zu bringen, dies gelingt nur bei eigener Ernte, d. h., wenn man die Zwiebeln nach dem Einziehen im Frühsommer aushebt und an einem warmen und trockenen Ort zum Reifen und Abheilen bringt.
Die Zwiebeln kommen dann am besten im Spätsommer in den Boden. Im Handel bekommt man allenfalls Herbstblüher so pünktlich, also Herbstkrokusse und Herbstzeitlosen. Alle anderen Zwiebeln sind etwa ab September auf dem Markt, und man tut gut daran, sie möglichst frühzeitig zu kaufen und einzusetzen. In ihrer meist mediterranen bzw. orientalischen Heimat beginnen sie nämlich schon zur Regenzeit, im Oktober, wieder auszutreiben.

Schneeglöckchen und Winterling

Beide erfreuen uns durch die ersten Vorfrühlingsblüten. Um die Freude zu vermehren, teilt (s. S. 63) man die im Laufe der Jahre entstandenen dicken Schneeglöckchenhorste. Der beste Zeitpunkt dafür ist während oder kurz nach der Blüte. Winterlinge breiten sich bei geeignetem Standort von selbst durch Samen aus. Dazu brauchen die Pflanzen einen halbschattigen Platz unter laubabwerfenden Gehölzen. Dieser Platz darf nicht durch Hakken gestört werden. Man kann Winterlinge auch umpflanzen. Der optimale Zeitpunkt dafür ist kurz nach der Blüte. Eine Vermehrung durch Pflanzen gelingt auf jeden Fall leichter als der Versuch, Winterlinge aus gekauften Knöllchen heranzuziehen. Diese Knöllchen sind oft schon vertrocknet, bevor sie in den Boden kommen. Ein mehrstündiges Wässern vor dem Pflanzen kann unter Umständen den Erfolg sichern.

Lilien Die günstigste Pflanzzeit für die meisten Lilien ist der Früh- und Vollherbst. Zwei Ausnahmen gibt es: Madonnenlilien haben im Spätsommer ihre Ruhepause. Bereits im September treiben sie neue Blätter aus. Madonnenlilien muß man daher schon im Spätsommer (etwa im August) pflanzen. Die zweite Ausnahme sind die Orient-Hybriden, von diesen bekommt man erst im Frühjahr ausgereifte Zwiebeln.
Der richtige Standort ist wichtig: Sonnige Standorte verlangen Feuerlilien, Madonnenlilien, Asiatische Hybridlilien, Trompeten-Hybriden, *Candidum*-Hybriden. Halbschattige Standorte mögen der heimische Türkenbund, die *Martagon*-Hybriden und die Orient-Hybriden.
Lilien benötigen einen porösen, lockeren Boden. Dies gilt ganz besonders für die Türkenbundlilien und davon abgeleitete Hybriden. Sie stehen gern in Lauberde und werden, wenn ihnen die Umstände zusagen, bis 2 m hoch! Die übrigen Gartenlilien dürfen mit humosem Boden nicht in direkte Berührung kommen. Sandiger Lehm dagegen ist ideal. Mit verrottetem Stallmist als Dünger wird der Boden an der Oberfläche abgedeckt. Den Mist aber nicht in den Boden einarbeiten!
Madonnenlilien werden mit nur 3 cm Boden bedeckt. Alle anderen Lilien erhalten etwa die doppelte Zwiebelhöhe als Abdeckung. Eine 4 cm hohe Zwiebel liegt also in 12 cm Tiefe.
Weitere Zwiebel- und Knollenpflanzen finden Sie ab S. 179.

Links:
Wildtulpen brauchen einen mineralreichen, durchlässigen Boden und einen sonnigen Standort.

Madonnenlilien lieben die Sonne und einen gut dränierten Lehmboden. Im Vordergrund einjährige Mäusegerste.

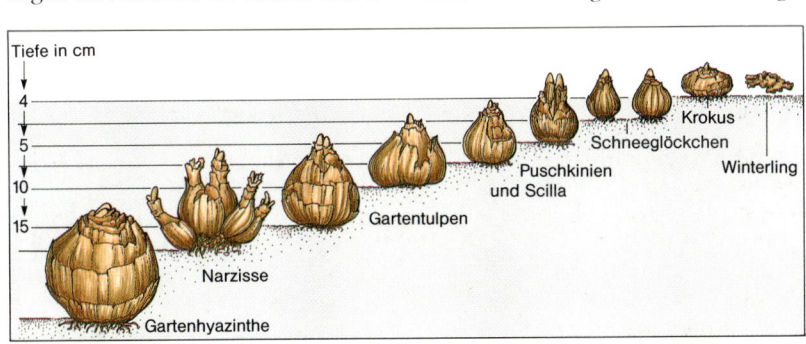

Sehr wichtig ist es, die Blumenzwiebeln in der richtigen Tiefe zu pflanzen, um Freude an den Blumen zu haben.

Richtig säen und pflanzen

Das Pflanzen von Gehölzen

Von oben nach unten: Das Pflanzen einer Latsche. Die beste Pflanzzeit für Immergrüne ist der Spätsommer.

Das Ballentuch wird am Pflanzplatz entfernt.

Kompost oder angefeuchteter Torf helfen beim Anwachsen.

Für Gehölze muß man nicht nur am tiefsten in die Tasche greifen. Unter den Pflanzen, die es zu kaufen gibt und die unsere Gärten bereichern, sind sie auch die anspruchsvollsten. Wird man ihren Ansprüchen gerecht, können sie uralt werden, mehreren Menschengenerationen Freude, Früchte und Schatten schenken.

Zwei Grundbedingungen muß der Gartenfreund erfüllen: Die Bodenvorbereitung ist noch gründlicher und tiefer auszuführen als bei Stauden, und der Standort muß stimmen, d. h. das Klima, die Lichtmenge und die Himmelsrichtung. Das Problem ist die häufig mangelnde Fantasie, was Wachstum und Größe von Gehölzen anbelangt. Zur richtigen Standortwahl gehört nämlich auch ausreichender Platz für den älteren Baum. Muß ein Gehölz aus Platzgründen schon nach wenigen Jahren geschnitten werden, entsteht ein amputierter Krüppel, der nie die arteigene Charakterform voll entwickeln kann.

Unter Gehölzen versteht man aber nicht nur Bäume. Die Gehölze des Gartens sind ebenso Sträucher, freiwachsende Hecken wie Schnitthecken oder Zwerggehölze wie Lavendel oder aber Halbsträucher wie Salbei; das ist der auf dem Schotter kriechende Perückenstrauch genauso wie Obstgehölze, unter denen sowohl Apfelbaum-Hochstämme verstanden werden können wie Himbeerruten. Zu den Gehölzen gehören auch die Kletterpflanzen am Haus.

Die Bodenlockerung

Bäume möchte man so schnell wie möglich pflanzen, in der richtigen Erkenntnis, daß es viele Jahre dauert, bis man das Erlebnis »Baum« genießen kann. Aber gerade ein neues Grundstück, auf dem das Wohnhaus soeben entstanden ist, bietet alles andere als gute Voraussetzungen zum Bäumepflanzen. Der Mutterboden wurde zwar meist schonend zur Seite geschoben, den Untergrund haben aber die Baumaschinen derart festgefahren, daß Gehölze nicht in der Lage wären, mit ihren Wurzeln einzudringen. Wer erfolgreich gärtnern möchte, darf daher die Baufirmen nicht entlassen, bevor sie den festgefahrenen Untergrund wieder mit Maschinenkraft gelockert haben. Das geht mit dem Heckaufreißer an der Raupe. Noch besser eignet sich ein Frontlader, der mit seiner Schaufel den Untergrund aufreißt und richtig umgräbt. Dabei kann ein geschickter Fahrer im Wechsel die jeweils gelockerte Partie gleich mit Mutterboden auffüllen, ohne daß die Maschine den Unterboden noch einmal befahren muß.

Diese Untergrundslockerung ist Voraussetzung für jegliche gärtnerische Tätigkeit. Die Ansprüche der Gehölze reichen aber darüber hinaus. Alle Gehölze brauchen zum Gedeihen viel Luft im Wurzelbereich. Bis 80 cm tief soll der Boden für Bäume gelockert sein, 50 cm für Sträucher.

Problemböden sind die zwar nährstoffreichen, aber zur Dichte neigenden Lehm- und Tonböden. Eine wirklich dauerhafte Lockerung erreicht man nur durch groben Sand, der bei der Tiefenlockerung unterzumischen ist.

Schwere Handarbeit erfordert das Holländern und das Rigolen. Darunter versteht man das 2 Spaten tiefe Umgraben und Lockern (ca. 50 cm) oder das 3 Spaten tiefe Graben und Lockern (ca. 75 cm), ohne daß die Bodenschichten untereinander vertauscht werden. Wer bei diesen Tätigkeiten Sand einarbeitet, hat für die Zukunft der Gehölze dauerhaft vorgesorgt.

Pflanzung von Bäumen und Sträuchern

Beim Kauf von Bäumen und Obstbäumen, die viele Jahrzehnte Frucht tragen sollen, ist auf die Qualität des Pflanzmaterials besonders zu achten. Jungbäume, die nur wenige Zweige besitzen, Bäume mit abgebrochenen Zweigen oder gar Wunden am Stamm, scheiden beim Kauf aus. Hat man die Wahl zwischen mehreren Bäumen der gleichen Sorte, dann tut man auch gut daran, die kräftigsten auszusuchen und auf gleichmäßigen Wuchs zu achten.

Was für die Krone gilt, trifft auch für das Wurzelwerk zu. Die Wurzeln müssen kräftig entwickelt sein, viele Feinwurzeln sollen die Hauptwurzeln bekleiden. Vor allem dürfen die Wurzeln nicht ausgetrocknet sein.

Sein Augenmerk sollte man auch auf die Etiketten richten. Gerade bei Obstbäumen kommt es auf die richtigen Sorten an, ebenso auf die Herkunft aus anerkannten Baumschulbetrieben. Werden virusfreie Obstbäume angeboten – auch Beerensträucher aus virusfreien Beständen gibt es – dann sind diese unbedingt vorzuziehen. Virusfreie Bestände sind nicht nur weniger krank, es handelt sich dabei auch um Gehölze, die auf hohe Leistung selektiert wurden.

Transport und Zwischenlagerung

Am wichtigsten für eine schnelle Weiterentwicklung von Gehölzen nach

Von links nach rechts: Das Pflanzen eines Spindelbusch-Apfels: Hier der Schnitt zu langer oder beschädigter Wurzeln parallel zum Boden.

Die Veredelungsstelle muß weit genug über dem Boden stehen.

Spindelbüsche brauchen eine dauerhafte Stütze, einen Baumpfahl.

dem Pflanzen sind gesunde Wurzeln. Mit beschädigten, ausgetrockneten Wurzeln, die bei Herbstpflanzung keine neuen Saugwurzeln bilden, kann der frisch gepflanzte Baum den Winter nicht überstehen. Beim Transport müssen daher Sonne und Wind unbedingt abgehalten werden. Feuchter Torf und eine Plastikhülle sind hinlänglicher Schutz. Kann man nicht gleich pflanzen, dann schlägt man die Gehölze ein und bettet die Wurzeln in feuchte Erde.

Die Technik des Gehölzpflanzens

Nicht jedes Wetter eignet sich zum Gehölzpflanzen. Andererseits werden selten alle positiven Witterungsmomente zusammen eintreffen. Auf jeden Fall muß frostfreie Witterung herrschen, auch der Boden darf nicht gefroren sein. Ein milder, bedeckter Tag ohne Niederschlag bietet die besten Voraussetzungen zum Pflanzen. Je wärmer der Boden, desto schneller treiben die Wurzeln aus. Deshalb läßt man die Gehölze lieber ein paar Tage länger im Einschlag und wartet eine günstige Wettersituation ab.

Steht der Pflanzplatz fest, muß ein Loch gegraben werden. Dies braucht bei gelockertem Boden oder bei gutem altem Gartenboden nicht größer zu sein, als die Wurzeln des Baumes es erfordern. Wichtig ist dabei, Ober- und Unterboden nicht zu vermischen. Sie werden später in der ursprünglichen Reihenfolge wieder eingefüllt.

An der künftigen Hauptwindseite des Baumes, dies ist meist die Westseite, wird nun speziell bei Obstgehölzen ein Pfahl eingeschlagen, und zwar in den Boden des schon vorhandenen Loches. Dadurch spart man sich Arbeit und eine Stehleiter. Vor allem Obstbäume auf schwachwachsender Unterlage brauchen Zeit ihres Lebens einen Pfahl oder ein Spalier. Sonst brechen sie bei Sturm oder unter der Last ihrer Früchte an der Veredelungsstelle ab.

Pflanzschnitt der Wurzeln

Nun nimmt man das Gehölz am unteren Stammende in die eine Hand und in die andere ein scharfes Gartenmesser. Mit dem Messer entfernt man faule, verletzte, angebrochene Wurzeln und solche, die zu lang sind. Ein glatter Wundschnitt, der mit seiner Fläche nach unten zeigen muß, löst bald das Wachstum von Saugwurzeln im Schnittbereich aus. Haben die Gehölze einen gut entwickelten Ballen, vor allem Ziergehölze werden häufig mit Ballen geliefert, dann bleiben die Wurzeln unbeschnitten. Bei Gehölzen ohne Ballen gibt es eine weitere Möglichkeit, eine schnelle Bildung von Saugwurzeln anzuregen. Man taucht die Wurzeln nach dem Schnitt in Wasser und wirft nun beim Einsetzen zunächst guten, ausgereiften Kompost, notfalls auch etwas Torf, in den unmittelbaren Bereich der Wurzeln. Bei kleineren Gehölzen kann man die Wurzeln auch in Kompost oder Torf wälzen. Das eigentliche Pflanzen macht man am besten zu zweit. Denn einer muß den Baum senkrecht halten, muß eventuell dafür sorgen, daß er in der Fluchtlinie steht, und er ist für die richtige Pflanzhöhe verantwortlich. Der zweite füllt die Erde ein.

Die Pflanztiefe

Vor allem bei Obstgehölzen, die am Wurzelhals veredelt wurden, man erkennt das an der etwas angeschwollenen Ansatzstelle, kommt es darauf an, nicht zu tief zu pflanzen. Die Veredelungsstelle muß über dem Boden bleiben, sonst treibt der Edelteil des Baumes Wurzeln, und aus einem Zwergbaum wird in wenigen Jahren ein Riese! Andere Gehölze, bei denen die Veredelung nur der vegetativen Vermehrung dient, können, ja müssen tiefer gepflanzt werden. Läßt man die Veredelungsstelle von Flieder aus dem Boden schauen, kümmert der Baum, ohne kräftige Triebe zu machen. Das Edelreis soll eigene kräftige Wurzeln bilden. Als Norm gilt, das Gehölz so tief zu pflanzen, wie es in der Baumschule stand. Ganz leicht ist dies nicht, denn der Baum setzt sich nach dem Pflanzen noch etwas. Es ist also zunächst eine »Zugabe« nötig.

Verfüllen des Pflanzloches

Beim Auffüllen kommt, wie bereits geschildert, zunächst etwas Kompost an den Wurzelbereich, dann der Unterboden.

Die innigste Verbindung von Wurzeln und Erde erreicht man durch ruckartiges kurzes Heben und Senken des Gehölzes, d.h., man schüttelt es leicht, füllt gleichzeitig auf und hebt das Gehölz allmählich, bis es die richtige Pflanzhöhe erreicht hat. Zuletzt wird der Oberboden aufgetragen. Nach dem Pflanzen muß die Erde rund um den Baum oder Strauch fest angetreten werden. Doch Vorsicht bei nassem Boden: Leicht können beim Festtreten Verdichtungen im Wurzelbereich entstehen, die das Wachstum nicht gerade fördern! Mit dem übriggebliebenen Boden formt man einen Wall, der wie ein Tellerrand die Baumscheibe umschließt, den sogenannten Gießrand. Dieser verhindert, daß beim Angießen Wasser davonläuft.

Richtig säen und pflanzen

Ein Strauch wird gepflanzt. Verletzte Wurzeln werden sauber nachgeschnitten, Kompost im Wurzelbereich regt das Wachstum an. Das Gehölz soll zuletzt in der gleichen Höhe wie zuvor in der Baumschule stehen.

Muß man Gehölze nach dem Pflanzen schneiden?

Wenn Gehölze beim Verpflanzen Wurzeln verloren haben, dann sind sie nicht mehr fähig, alle oberirdischen Teile mit Wasser und Nährstoffen zu versorgen. Dem wirkt man durch den Pflanzschnitt entgegen. Die Zweige von Sträuchern z. B. reduziert man auf gut entwickeltes kräftiges Holz und kürzt dies zusätzlich etwas ein. Obstbäume, also Äpfel und Birnen, erhalten beim Pflanzschnitt zugleich ihren ersten Erziehungsschnitt, d. h. ihr Holz wird auf eine bestimmte Anzahl von Leitästen und die Stammverlängerung zurückgenommen. Ballenpflanzgut, also Gehölze, deren Wurzeln nicht geschnitten wurden, braucht auch oberirdisch nicht eingekürzt werden. Dies gilt sowohl für Containerware wie für Immergrüne, etwa die Nadelgehölze.

Der Pflanzzeitpunkt

Containerware ist zwar besonders teuer, erfreut sich aber vor allem deshalb großer Beliebtheit, weil man während der ganzen Vegetationszeit pflanzen kann. Auch ermöglicht diese Ware, nach Blüte und Blatt auszuwählen. Erheblich preiswerter ist Baumschulware zur üblichen Pflanzzeit, vor allem im Spätherbst. Im Frühjahr verteuert sich die Ware gelegentlich wegen der zusätzlichen Überwinterungskosten. Mit dem Laubfall im Spätherbst hat die Ruhephase der sommergrünen Gehölze begonnen und damit die optimale Zeit, sie zu verpflanzen. Für den Gärtner kommt es nun darauf an, so früh wie möglich zu pflanzen, damit die Gehölze noch Saugwurzeln bilden können.

Auf schweren, kalten Böden kommen im Frühjahr gepflanzte Gehölze besser durch. Dies wurde besonders bei Rosen beobachtet. Flieder und Birken übrigens pflanzt man am besten erst, wenn sie zu treiben beginnen, also im Frühling. Eine Sonderstellung nehmen alle immergrünen Gehölze ein, also z. B. die Lorbeerkirsche, *Rhododendron*, *Ilex*, die Koniferen, mit Ausnahme der Lärchen. Diese Gehölze verdunsten während des Winters durch ihre Blätter und Nadeln viel Wasser. Gerade spät gepflanzte Immergrüne haben daher große Schwierigkeiten, den ersten Winter zu überstehen. Kommen sie aber schon im Spätsommer oder im Frühherbst in den Boden (August/September), können sie bis Winterbeginn ausreichend Saugwurzeln bilden. Im August haben die Immergrünen ihren Zuwachs abgeschlossen, befinden sich also in einer Phase relativer Ruhe.

Große oder kleine Bäume?

Viele Gartenfreunde möchten möglichst schnell einen fertigen Garten haben. Sie wollen große Bäume pflanzen, um die Zeit zu verkürzen. Der Wunsch ist verständlich, doch sprechen viele Erfahrungen dagegen: Großbäume, mit meist tonnenschweren Ballen, können nur vom Landschaftsgärtner mit Maschinen gepflanzt werden. Das verteuert die sowieso sehr kostspieligen Gehölze noch einmal erheblich. Junggehölze sind leicht und handlich, sie bereiten dem Amateur-Gärtner beim Pflanzen keine Schwierigkeiten, und sie wachsen leichter an! Meist überholen die Jungbäume ältere Großbäume relativ schnell. Ihr Wachstum kommt schneller in Gang, sie haben ihre Hauptwachstumsphase noch vor sich, während größere Gehölze gerade diese Phase unterbrechen müssen.
2 Jahre Geduld braucht man allerdings auch bei kleinen Gehölzen. Erst dann haben sie so weit Fuß gefaßt, daß ihr richtiges Wachstum beginnen kann.

Pflanzen von Rosen

Während Parkrosen oder einmalblühende Wildrosen beim Pflanzen wie andere Ziergehölze zu handhaben sind und keine Probleme bereiten, sei zu den anspruchsvolleren Beetrosen einiges angemerkt: Beetrosen werden leider oft an Südseiten, z. B. am Fuß oder am Rand von Terrassen, gepflanzt. Solche heißen und trockenen Standorte sagen ihnen nicht zu. Eher vertragen sie leichten, vorübergehenden Schatten, wenn nur die Luft nicht zu trocken ist. Der optimale Boden ist tiefgründig, d. h. nach Möglichkeit sollte er 2 Spaten tief gelockert sein. Rosen lieben einen nährstoffreichen, lehmig-kalkigen Boden. Sandige Böden lassen sich mit Tonmehl rosengerecht verbessern. Schwere Tonböden werden mit grobem Sand aufgelockert. Als Vorratsdünger sind langsam fließende Phosphat-Kali-Dünger geeignet, z. B. Thomaskali. Eine Handvoll pro 1 m^2 wird in die oberste Bodenschicht eingearbeitet.

In klimamilden Lagen und bei leichten, warmen Böden hat sich die Herbstpflanzung als optimal erwiesen. In Höhenlagen, insbesondere bei schweren Böden, bringt die Frühjahrspflanzung sichere Erfolge. Beetrosen aus der Baumschule oder dem Gartencenter machen oft einen traurigen Eindruck. In Plastik gepfercht, schreien sie förmlich nach Befreiung, nach Gartenboden. Sie dürfen also nicht erst lange liegen, sondern müssen schnell gepflanzt werden. Dazu schneidet man die starken und beschädigten Wurzeln auf maximal 30 cm zurück, läßt aber die feinen Wurzeln unbehelligt. Anregend auf das Wachstum wirkt, wenn man die Wurzeln in eine Lehmbrühe taucht oder sie eine Zeitlang wässert. Beim Einsetzen dürfen die Wurzeln nicht gestaucht werden.

Die Veredelungsstelle der Beetrosen kommt beim Pflanzen etwa 5 cm unter die Bodenoberfläche. Die Veredelungsstelle ist an den Trieben zu er-

Richtig säen und pflanzen

kennen, die in einem begrenzten Teilstück des Wurzelhalses entspringen. Nach dem Einpflanzen wird oberirdisch geschnitten: Es bleiben die kräftigsten, etwa kleinfingerdicken Triebe. Dünne Triebe werden entfernt. Pro Trieb bleiben 3–5 Augen erhalten. Schwache Rosentriebe schneidet man kürzer als kräftige. Die Rosentriebe sind in der Regel nicht verholzt, sondern noch grün und aktiv, d. h. sie atmen und assimilieren. Dadurch sind sie aber auch bei trockenem, kaltem Wetter gefährdet. Mehr zur Rosenpflanzung ab S. 134.

Pflanzung von Hecken

Hecken stellen eine besonders anspruchsvolle Form von Pflanzung dar: Die Heckengehölze stehen sehr dicht, sind meist extremem Klima ausgesetzt, stehen in nicht allerbestem Boden am Rande des Grundstücks und werden regelmäßig geschnitten. Sie verlieren jährlich Substanz. Es kommt der verständliche Wunsch hinzu, den lebenden Sichtschutz möglichst schnell hoch und dicht zu bekommen. Gerade der Wunsch nach schnellem Erfolg wird durch gründliche Bodenvorbereitung und Sorgfalt beim Pflanzen eher erreicht, als durch bereits hohe und besonders teure Heckengehölze.

Noch bevor man die Pflanzen einkauft, geht es an die Lockerung des Bodens. Auf 50 cm Breite wird dazu der bessere Oberboden seitlich abgelegt, und zwar auf Spatentiefe. Anschließend wird der Unterboden gegraben. Sollte er sich als besonders schwer und undurchlässig herausstellen, dann hilft Sand, den man in den gelockerten Boden einarbeitet. Anschließend verbessert, wenn erforderlich, der Gärtner auch den Oberboden: schweren Boden mit Sand und Kompost, leichten, sandigen Boden ebenfalls mit guter Komposterde. Bei minderwertigen, nährstoffarmen Böden kann sogar ein Austausch des Oberbodens angebracht sein: Hecken sind anspruchsvoll!

Qualität und Stückzahl

Auf 2 m Heckenlänge kommen bei Schnitthecken 6–7 Heckenpflanzen. Eine 10 m lange Hecke erfordert also 30–35 Pflanzen. Die Stückzahl hängt davon ab, wie oft die Heckenpflanzen in der Baumschule bereits umgepflanzt und geschnitten wurden, ob sie lose Wurzeln besitzen oder einen festen Ballen. Die teurere Ware ist bereits reichlich mit Seitenholz garniert, braucht also nicht ganz so dicht gepflanzt zu werden.

Andere Stückzahlen erfordern Einfassungshecken, z. B. Buchs, Lavendel oder *Teucrium*. Bei diesen Zwerggehölzen rechnet man, auch wieder je nach Qualität, mit 5–7 Stück/m.

Technik des Heckenpflanzens

Gerade Hecken gelingen nur, wenn man sie entlang einer sehr stramm gespannten Schnur pflanzt. Drückt nur eine Pflanze unbemerkt die Schnur leicht zur Seite, ergeben sich schnell Krümmungen, die auch durch Schnitt kaum zu korrigieren sind.

Nun folgt eine Arbeit, die man besser zu zweit macht, denn das Schneiden der zu langen oder verletzten Wurzeln kann man kaum auf Vorrat betreiben. Einer schneidet also, hält anschließend die Heckenpflanze, und der zweite füllt die Erde auf. Dabei wird die Erde noch nicht angetreten. Die noch losen Gehölze lassen sich dadurch später besser ausrichten.

Wie bei allen Gehölzen achte man auf die richtige Pflanztiefe. Nachdem die Pflanzen fest angetreten wurden, sollen sie genauso tief wie zuvor in der Baumschule stehen. Entlang der Hecke zieht man einen kleinen Bewässerungsgraben und gießt anschließend gründlich. Der Graben wird später wieder aufgefüllt. Heckenpflanzen mit losen Wurzeln erhalten nun ihren 1. Schnitt. Auch wenn einem das Herz blutet, ist es angebracht, die Gehölze um mindestens die Hälfte, besser auf $1/3$ zurückzuschneiden, nur dann entwickelt sich eine dichte, undurchdringliche Hecke. Das Höhenwachstum wird durch Schnitt in den ersten Jahren zugunsten der seitlichen, reichen Verzweigung gedrosselt. Heckenpflanzen mit kräftigem Ballen bleibt der starke Rückschnitt erspart. Nur muß der schnellere Erfolg mit erheblich höheren Preisen honoriert werden. Eine lästige Begleiterscheinung von Hecken können Unkräuter werden. Auch wenn sie den Heckengehölzen nicht mehr schaden, so wachsen aber von dort Wurzelunkräuter in die Beete hinein. Eine Mulchschicht, z. B. aus Rasenschnitt, zwischen und vor den Heckenpflanzen wirkt vorbeugend. Weiteres über Hecken, die Pflanzenauswahl, Pflanzung und Pflege ab S. 98.

Eine Fichtenhecke wird gepflanzt: Nach dem Ausheben der ersten Schicht wird der Boden darunter gelockert.

Die Ballentücher müssen unbedingt geöffnet werden.

Der Abstand zwischen den Pflanzen muß stimmen, man rechnet mit 6–7 Pflanzen auf 2 m Länge.

Eine gerade Hecke pflanzt man am besten zu zweit. Einer peilt und richtet aus, der zweite bringt die Erde ein.

Die Phänologie

Der Gärtner, der Bauer und das Wetter

Wohl kein Berufszweig hängt in seinem Erfolg so sehr vom Wetterablauf, von der Witterung aber auch vom Klima einer Region ab, wie der Beruf des Gärtners und des Bauern.

Das Wetter Als kurzfristige Erscheinung begünstigt oder verhindert es die Feldarbeit, sorgt für trockenes Heu oder läßt es kurz vor dem Einfahren noch naß werden.

Die Witterung Als längerfristige Erscheinung beschert sie z. B. ein trockenes Frühjahr, einen kühlen, feuchten Sommer oder einen milden, goldenen Oktober.

Das Klima Landschaftsgebunden dagegen ist das Klima. Man spricht vom Seeklima, vom Weinbauklima, vom Gebirgsklima, aber auch vom Kleinklima. Und man versteht unter Klima das sich jährlich wiederholende, für eine Landschaft typische Witterungsgeschehen. Es findet seinen Ausdruck z. B. in bestimmten Monatsmitteltemperaturen, in einer typischen Verteilung der Niederschläge über das Jahr, in einem sehr zusammengedrängten Vegetationsjahr, wie im Hochgebirge, oder einem langen Vegetationsjahr, wie es für den Oberrhein oder für die Küstenlandschaft typisch ist.

Pflanze und Witterung

Daß Gärtner und Landwirt immer auf das Wetter schauen, die Witterung bei ihrer Arbeit einplanen und das Klima bei der Auswahl ihrer Kulturen und Fruchtfolgen berücksichtigen, dies hängt mit der unglaublich engen Verkoppelung von pflanzlichem Wachstum, pflanzlicher Entwicklung mit Wetter, Witterung und Klima zusammen. Verhagelt das Getreide, ist das Wetter schuld, vielleicht aber auch der Bauer, der Getreide in einer Klimazone mit häufig auftretenden Hagelgewittern anbaut. Reifen die Tomaten besonders gut, hat der Wein hohe Öchslegrade oder friert, um noch eine negative Erscheinung zu nennen, das Wintergetreide aus, dann lag es an der Witterung. Sind in der Regel pro Jahr 3 Gemüsekulturen auf ein und derselben Fläche hintereinander möglich, ist andererseits die Vegetationszeit so kurz, daß nur noch überwinternde niedrige Kräuter es zu Blüte und Frucht bringen, dann ist dies eine Sache des Klimas.

Die Phänologie

Nun gibt es eine Wissenschaft, die diesen Zusammenhang zwischen Pflanze und Witterungsgeschehen, zwischen Pflanze und Klima genau untersucht, eine Wissenschaft zwischen Meteorologie und Botanik. Sie heißt »Phänologie«, weil sie auf den Beobachtungen der pflanzlichen Erscheinungen (Phänomenen) basiert. Es sind jährlich wiederkehrende Erscheinungen, die in bestimmter Reihenfolge auftreten. Sie werden genau beobachtet und ihr Eintrittsdatum registriert. Objekte der Beobachtung sind sowohl Wildpflanzen, z. B. Schneeglöckchen, Huflattich, Wegwarte, als auch Kulturpflanzen der Landwirtschaft, z. B. Getreide, Kartoffeln, die Wiesen. Gute Objekte sind auch Obstgehölze und andere Gartenpflanzen.

Die Phänologie baut auf der Erfahrung auf, daß Pflanzen optimale Meßinstru-

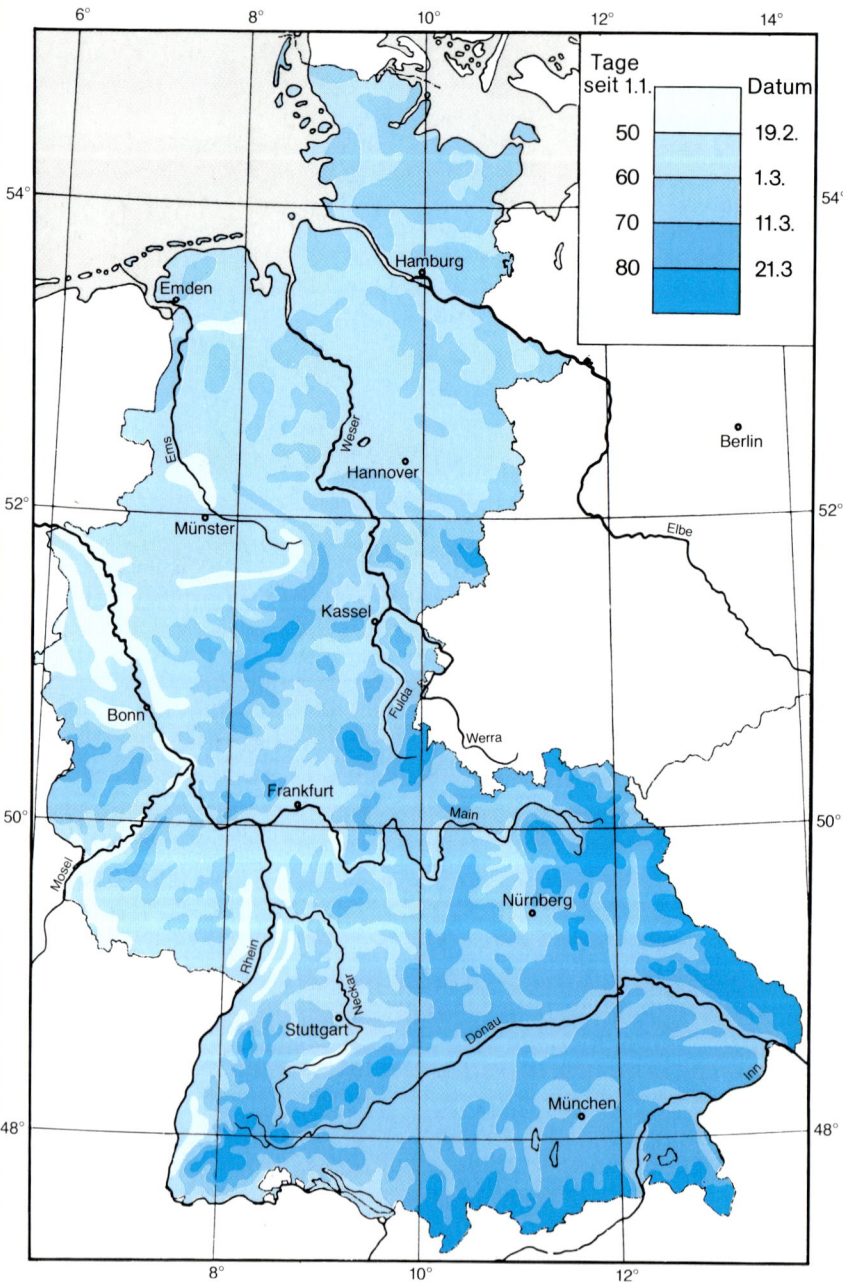

Mittlerer Beginn der Schneeglöckchenblüte (1936–1960): Die Blütezeit wandert von Nordwest nach Südost, d. h. die Schneeglöckchen blühen meist in der Gegend um Münster früher als in Bayern.

Die Phänologie

mente für eine Fülle von Klimafaktoren darstellen. Sie vereinen das Thermometer mit dem Luxmeter zur Erfassung der Lichtmenge pro Zeiteinheit, und sie messen natürlich auch die Niederschläge. Phänologische Beobachtungsobjekte besitzen einen weiteren enormen Vorteil: Sie sind fast überall anzutreffen, man kann also flächendeckende Beobachtungen an ihnen machen.

Klimakarten

Durch genaue Beobachtungen entstehen Klimakarten von hohem Aussagewert. Sie beruhen auf langjährigen Mittelwerten bestimmter Erscheinungen für ein bestimmtes Gebiet, z. B. für die Bundesrepublik Deutschland. Verfügt man über ein paar tausend solcher Mittelwerte, die gut über das Beobachtungsgebiet verteilt sind, und verbindet man gleiche Eintrittsdaten durch Linien, dann entstehen Klimakarten, wie die Karte vom Beginn der Schneeglöckchenblüte. Die Blüte setzt in den hellen Gebieten zuerst ein. Die dunklen Bereiche sind die spätesten. Diese Schneeglöckchenkarte gibt uns Aufschluß darüber, wann in welcher Region mit dem Beginn des Vorfrühlings zu rechnen ist, und zwar aufgrund von Erfahrungen aus zahlreichen vergangenen Jahren. Derartige Karten werden vom Deutschen Wetterdienst und von anderen europäischen Wetterdiensten für verschiedenste Beobachtungsobjekte hergestellt.

Eine bemerkenswerte und wichtige Karte ist die vom Beginn des Vollfrühlings. Beobachtet wird dabei der Beginn der Apfelblüte. Die Wetterdienste stellen aber nicht nur Karten mit Mittelwerten her, sondern auch aktuelle Karten, z. B. die Schneeglöckchenblüte des gerade vergangenen Vorfrühlings. Solche Karten, die das tatsächliche Witterungsgeschehen eines gerade abgelaufenen Zeitabschnittes widergeben, zeigen dem Betrachter, um wieviel die Witterung von der langjährigen Norm abwich.

Der phänologische Kalender

Der normale Kalender beruht auf astronomischen Ereignissen, speziell auf 4 Daten, die das Jahr umreißen: die

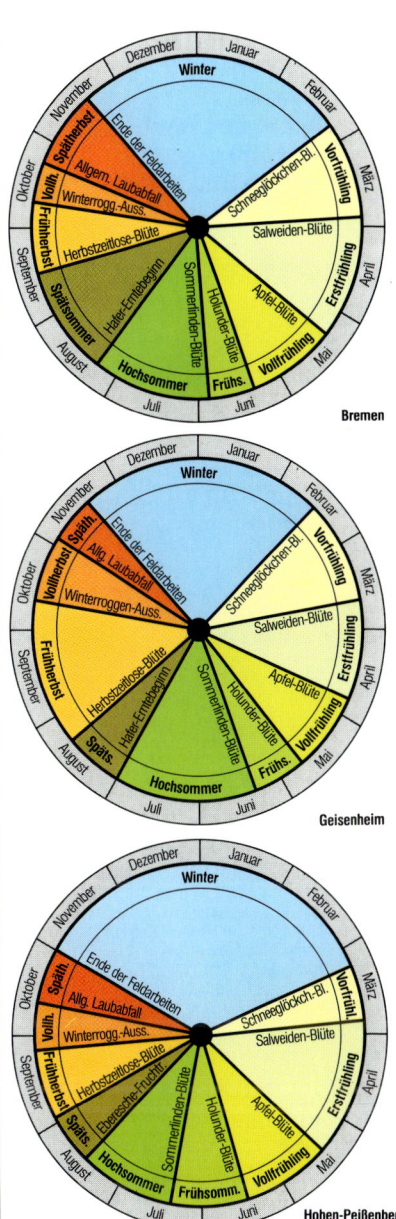

Phänologische Uhren von der Küste, vom Rhein und vom Alpenvorland. Sie geben Verlauf und Dauer der natürlichen Jahreszeiten wider.

Wintersonnenwende, die Tag- und Nachtgleiche im März, die Sommersonnenwende und die Tag- und Nachtgleiche im September. Auch der Nichtphänologe wird schon festgestellt haben, daß diese Daten, die ja ganz offiziell als Anfänge der 4 Jahreszeiten gelten, nur im Ausnahmefall mit der Entwicklung in der Natur übereinstimmen. Die Phänologen haben deshalb einen Kalender entwickelt, der nach Art der »Korfschen Uhr« von Christian Morgenstern mimosisch zart geht, sich nämlich nach der pflanzlichen Entwicklung in der Natur richtet. Dieser phänologische Kalender besitzt die Eigenart, in allen Landschaften richtig zu gehen, obwohl in manchen Gegenden die Vegetationszeit bereits Mitte Februar beginnt, in anderen erst in der letzten Märzdekade. Gleichgültig, ob in Ostfriesland, im Donautal zwischen Regensburg und Passau oder in der Schwäbischen Alb, der Kalender stimmt. Und es kümmert nicht, daß ein Jahr einen völlig anderen Witterungsverlauf hat, als das vorangegangene.

Der phänologische Kalender teilt das Vegetationsjahr in 9 Jahreszeiten. Hinzu kommt der Winter, der genau betrachtet keine einheitliche Jahreszeit ist, sondern aus 3 Phasen besteht: dem Vorwinter, dem Hochwinter und dem Nachwinter. Ähnlich sind die anderen 3 Hauptjahreszeiten in 3 Unterjahreszeiten gegliedert, so daß im Endeffekt 12 Jahreszeiten herauskommen. Es wäre einfach, würden diese 12 Jahreszeiten mit den 12 Monaten des Jahres übereinstimmen. Wie die phänologischen Uhren für Bremen, Geisenheim und Hohenpeißenberg aber zeigen, sind die einzelnen Jahreszeiten sehr unterschiedlich lang und dies von Landschaft zu Landschaft anders.

Die phänologischen Jahreszeiten

Die Zeitspannen sind nur als langjährige Mittelwerte zu verstehen. Gerade in den Frühlingsphasen können in einzelnen Jahren ganz erhebliche Abweichungen auftreten.

In Hohenpeißenberg in Oberbayern blüht das Schneeglöckchen im Mittel am 7. März. Zwischen 1950 und 1980 kamen aber Blühtermine am 22. Januar, doch auch am 14. April vor. Bremen im gleichen Zeitraum: Mittelwert für das Schneeglöckchen ist der 23. Februar, aber es gibt Extremwerte, die vom 29. Januar bis zum 19. März reichen.

Die Vorfrühlingsphase beginnt im Nordwesten (Münster, Aachen, Kölner Bucht) und wandert nach Südost. Der Vollfrühling kommt aus dem Südwesten Europas, beginnt in Deutschland am Oberrhein und wandert mit etwa 30 km pro Tag nach Nordosten. In die Berge steigt der Frühling täglich rund 30 m. Der Frühling beginnt also unten im Tal und erreicht zuletzt die Wipfel. Umgekehrt beim Herbst. Er steigt von

Die Phänologie

Mit den Schneeglöckchen beginnt der Vorfrühling.

den Bergen hinab in die Täler. Die späten Kalenderdaten der Herbstphasen sind daher die der Täler und wieder Daten vom Oberrhein.
Im Gebirge verkürzt sich dadurch die Vegetationszeit, je höher, desto enger werden Frühling und Herbst zusammengeschoben. Der Sommer dazwischen fällt schließlich von einer bestimmten Höhe ab aus.

Die Kennpflanzen sowie die typischen landwirtschaftlichen Arbeiten auf Wiese, Weide und Feld stellen nur eine sehr begrenzte Auswahl dar. Die Reihenfolge entspricht meist der Aufzählung. Es kommen aber Jahre vor, in denen einzelne Blühereignisse vertauscht sind. Auch ist die Reihenfolge im norddeutschen Flachland oder auf Höhenrücken gelegentlich eine andere als in »Normal«-Lagen.
Es kommt daher darauf an, die phänologischen Daten und ihre Auswertungen nicht schablonenhaft vorzunehmen, sondern mit biologischem Feingefühl: Die Pflanzen registrieren offensichtlich mehr Daten und reagieren entsprechend darauf, als wir es uns vorstellen können.

Links:
Der Erstfrühling beginnt zusammen mit der Schlüsselblumenblüte.

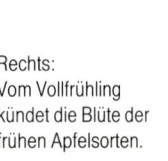

Rechts:
Vom Vollfrühling kündet die Blüte der frühen Apfelsorten.

Der Vorfrühling

Zeitspanne
Beginn: Mitte Februar bis Ende März.
Ende: 1. Märzdrittel bis 1. Aprildrittel.

Kennpflanzen
Beginn: Blüte des Schneeglöckchens; Blüte der Frühlingsknotenblumen; Haselnußkätzchen.
Mitte: Blüte des Huflattich; Blüte der Schwarzerlen.
Ende: Blüte der Salweiden; Blüte der Buschwindröschen.

Der Vorfrühling in Garten und Landwirtschaft
Etwa zur Zeit der Huflattichblüte setzen mit der Grünlandpflege die landwirtschaftlichen Arbeiten ein. Gegen Ende des Vorfrühlings (Salweidenblüte) beginnen die Feldarbeiten: Abschleppen des trockenen Ackers, Sommergetreidesaat.
Im Garten blühen Schneeglöckchen, Frühlingsknotenblume, Winterling, frühe Krokusse.
Gegen Ende des Vorfrühlings folgen die Duftveilchen: Es ist Zeit für erste Freilandaussaaten.

Der Erstfrühling

Zeitspanne
Beginn: 1. Märzdrittel bis 1. Aprildrittel.
Ende: Letztes Aprildrittel bis Mitte Mai.

Kennpflanzen
Beginn: Blüte des Himmelschlüssels; Stachelbeeren entfalten die Blätter.
Mitte: Blüte von Sumpfdotterblume, Schlehe, Spitzahorn und Vogelkirsche.
Ende: Roßkastanien und Birken entfalten die Blätter, Lärchen zeigen erste Nadeln, die Eschen und der Löwenzahn blühen.

Der Erstfrühling in Landwirtschaft und Garten
Auf den Feldern gehen die Sommergetreide auf. Die Frühkartoffeln werden gelegt, etwas später die Spätkartoffeln. Aussaat der Zuckerrüben, Aussaat des Mais. Weideaustrieb der Jungrinder.
Im Garten blühen Stachel- und Johannisbeeren, Zwetschen, Süßkirschen und Forsythien. Gegen Ende des Erstfrühlings Blüte der Birnen. Zeit der Primeln und Narzissen.

Der Vollfrühling

Zeitspanne
Beginn: Letztes Aprildrittel bis Mitte Mai.
Ende: Ende Mai bis 1. Junidrittel.

Kennpflanzen
Beginn: Blüte der frühen Apfelsorten; Blattentfaltung bei Buche, Linde, Spitzahorn.
Mitte: Maitrieb von Fichte, Tanne, Kiefer; Blüte von Roßkastanie, Weißdorn und Eberesche.
Ende: Erste Wiesengräser blühen: Wiesenfuchsschwanz und Knäuelgras.

Der Vollfrühling in Landwirtschaft und Garten
Auf dem Acker gehen Zucker- und Futterrüben sowie der Mais auf. Wintergerste und Winterroggen schieben ihre Ähren, die Kartoffeln zeigen sich. Erste Wiesenschnitte als Grünfutter und für Silage.
Im Garten blühen neben Apfelbäumen noch einige Pflaumen, Kirschen, Birnen, vor allem aber der Flieder. Im Blumengarten geben Vergißmeinnicht, das Tränende Herz, Tulpen und Akelei den Ton an. Gegen Ende des Vollfrühlings blühen Goldregen und Himbeeren.

Die Phänologie

Der Frühsommer

Zeitspanne
Beginn: Ende Mai bis 1. Junidrittel.
Ende: Letztes Junidrittel bis Anfang Juli.

Kennpflanzen
Beginn: Blüte des Schwarzen Holunders, der Heckenrose und der Robinien.
Mitte: Blüte des Klatschmohn und des Liguster.
Ende: Blüte der Sommerlinde.

Der Frühsommer in Landwirtschaft und Garten
Zeichen für den beginnenden Frühsommer ist ein blühendes Getreide: der Winterroggen. Auf den Wiesen blühen jetzt nicht nur die Gräser, sondern auch Kräuter wie Margerite und Wiesensalbei. Es wird Heu gemacht, wenn das Wetter es erlaubt.
Im Garten hat die Rosenzeit begonnen. Gleichzeitig blühen die ersten Rittersporne und Pfingstrosen. In der Sonne stehen die Schwertlilien in voller Pracht, im Halbschatten die ersten Taglilien und Türkenbunde. Zu den auffälligen Blühgehölzen des Frühsommers gehören neben Rosen der falsche Jasmin *(Philadelphus)* und der Goldregen. Auch viele zweijährige Blumen blühen jetzt: Bartnelke und Marienglockenblume, hohe Gartenmalven, Goldlack und Vexiernelke.

Der Hochsommer

Zeitspanne
Beginn: Letztes Junidrittel bis Anfang Juli.
Ende: Letzte Juliwoche bis Beginn des 2. Augustdrittels.

Kennpflanzen
Beginn: Blüte der Madonnenlilie und der Wegwarte.
Mitte: Blüte der Winterlinde.
Ende: Blüte des Heidekrautes.

Der Hochsommer in Landwirtschaft und Garten
Der Hochsommer ist die Erntezeit für die Getreidearten. Es beginnt mit der Wintergerste und dem Winterraps. Es folgen Winterroggen und Sommergerste. Mit der Winterweizenernte geht der Hochsommer zur Neige.
Im Garten ist Erntezeit für Obst. Es beginnt mit Johannisbeeren, es folgen Himbeeren und späte Süßkirschen. Weiter geht es mit Stachelbeeren und Sauerkirschen. Den Abschluß machen die ersten Pflaumen und Zwetschen.

Der Spätsommer

Zeitspanne
Beginn: Ende Juli bis Mitte August.
Ende: Mitte August bis Mitte September.

Kennpflanzen
Beginn: Fruchtreife der Eberesche und der Schneebeere; Blüte des Heidekrautes.
Mitte: Klarapfelernte!
Ende: Fruchtreife der Brombeeren.

Der Spätsommer in Landwirtschaft und Garten
Auf den Feldern werden die letzten Getreidesorten geerntet: Sommerweizen und Hafer. Die Kartoffelernte beginnt. Die Wiesen werden zum 2. Mal geschnitten (Grummet-Ernte).
Im Obstgarten können nun Pfirsiche, Frühzwetschen, Brombeeren und frühe Birnen geerntet werden.
Im Staudengarten blühen Rudbeckien, *Helenium* und *Solidago,* Kugeldisteln und Goldgarben. Im Schatten und Halbschatten beginnen die ersten Herbstanemonen zu blühen. Der Spätsommer ist eine Zeit der Ruhe und Betrachtung.

Von oben nach unten: Kennzeichen des beginnenden Frühsommers ist die Holunderblüte.

Mit der Heidekrautblüte beginnt die letzte Sommerphase: der Spätsommer.

Reifende Brombeeren erzählen davon, daß der Sommer zur Neige geht.

Links innen: Blüht der Klatschmohn an den Feldrändern, hat der Frühsommer seinen Höhepunkt erreicht.

Die Phänologie

Die Blüte der Herbstzeitlose weist auf den beginnenden Frühherbst hin.

Die *Rudbeckia sullivantii* 'Goldsturm'. Ein Dauerblüher von Juli bis September.

Gegen Mitte des Frühherbstes reifen die Hauszwetschen.

Wenn die ersten reifen Eicheln fallen, ist der Höhepunkt des Vollherbstes erreicht.

Der Frühherbst

Zeitspanne
Beginn: Mitte August bis Mitte September.
Ende: Mitte bis Ende September.

Kennpflanzen
Beginn: Blüte der Herbstzeitlose; Reife Früchte am Schwarzen Holunder.
Mitte: Reife Hauszwetschen.
Ende: Reife Früchte der Kornelkirsche.

Der Frühherbst in Landwirtschaft und Garten

Im Getreidebau schließt sich der Kreis: Schon wird wieder Wintergerste gedrillt. Die Ernte des Silomais beginnt, der Körnermais reift noch etwas nach. Der Frühherbst ist Erntezeit für Kartoffeln.
Im Garten reifen mittelfrühe Birnen und Äpfel sowie Hauszwetschen heran. Im Staudengarten blühen die verschiedenen Herbstastern. Zum 2. Mal erfreut nach Rückschnitt der Rittersporn in Gesellschaft von hohen Gräsern, Kupferkosmeen und Rudbeckien.

Der Vollherbst

Zeitspanne
Beginn: Mitte bis Ende September.
Ende: Mitte Oktober bis Anfang November.

Kennpflanzen
Beginn: Reife Roßkastanien und Walnüsse.
Mitte: Reife Eicheln, Bucheckern; Laubverfärbung bei Kastanien, Buchen, Birken und Eichen.
Ende: Laubverfärbung bei der Esche; Blattfall bei Pflaumen und Kirschen.

Der Vollherbst in Landwirtschaft und Garten

Anfangs ist die Spätkartoffelernte noch im Gange. Winterroggen und -weizen werden gedrillt. Die Zuckerrübenernte beginnt und die Wintergerste geht auf. Im Obstgarten werden Walnüsse, Winteräpfel und Winterbirnen geerntet. Noch blühen Astern, Chrysanthemen und später Eisenhut. Im Steingarten erfreuen herbstblühende Krokusse und überall farbiges Laub.

Der Spätherbst

Zeitspanne
Beginn: Mitte Oktober bis Anfang November.
Ende: Anfang bis Mitte November.

Kennzeichen
Beginn: Blattfall bei Roßkastanien, Buchen, Birken und Eichen.
Ende: Stärkerer Bodenfrost beendet die Garten- und Feldarbeit.

Der Spätherbst in Landwirtschaft und Garten

Die Zuckerrübenernte wird abgeschlossen. Die zuletzt abgeernteten Mais- und Zuckerrübenflächen werden gepflügt, ebenso Flächen, auf denen Gründünger, z. B. Raps, stand.
Auch in den Gemüsegärten wird bei schweren Böden im Spätherbst umgegraben.
Aufräumungsarbeiten schließen das Gartenjahr ab.

Der Winter

Zeitspanne
Beginn: Anfang bis Mitte November.
Ende: Mitte Februar bis Beginn des 2. Märzdrittels.

Die Phasen des Winters

Der Winter umfaßt im Jahreszeitenkalender Mitteleuropas eine besonders lange Zeit. In der ersten winterlichen Phase lösen Kälte, Schnee und mildes Wetter einander ab.
Besonders immergrüne Gehölze, aber auch Gräser und Kräuter werden dann kurzfristig wieder zu biologischer Aktivität angeregt.
Hochwinter Auch im Hochwinter wechseln strenge Kälte und milderes Wetter ab. In höheren Lagen bleibt nun aber der Schnee liegen.
Spätwinter Der Spätwinter zeichnet sich durch viel Schnee aus. Die Temperaturen steigen dank intensiver Sonnenstrahlung wieder.
Empfindliche Gehölze leiden während des Spätwinters unter den großen Temperaturunterschieden, wie sie zwischen Tag und Nacht anfallen. Oft betragen sie mehr als 20 °C.

Die Phänologie

Phänologie im Garten

Gärten sind Naturräume mit einem besonderen Klima. Hecken, Mauern und Gebäude behindern einen normalen Luftaustausch oder bremsen ihn zumindest. Gartenland trocknet daher meist langsamer ab als Ackerland. Durch fehlenden Luftaustausch, durch Licht- und Wärmereflektionen gibt es andererseits starke Erwärmungen des Bodens. Im Garten sind die Extreme heiß-trocken und kühl-feucht deshalb viel deutlicher ausgeprägt als in der freien Natur. Diese extremen Lebensräume im Garten sind durchaus positiv zu bewerten. Ermöglichen sie doch dem Gartenfreund eine sehr große Stauden- und Gehölzvielfalt und mehr Lebensbereiche für Tiere.

Dank seines anderen Klimas, das sich aus vielen Kleinklimabereichen zusammensetzt, stellt der Garten aber auch eine besondere phänologische Einheit dar. Die Daten des Gartens weichen zum Teil erheblich von den Daten der freien Natur ab, hinzu kommt, daß der Garten durch seine Pflanzen- und Standortfülle viel mehr Daten zu liefern vermag.

Es gehört zu den besonders interessanten Gartentätigkeiten am Rande, solche Daten mindestens wöchentlich zu notieren. Eine schöne Tätigkeit für den Sonntag, dann kann man nämlich die Gartenarbeiten des Samstags auch gleich aufzeichnen. Noch bessere Ergebnisse lassen sich bei täglichem Aufschreiben erzielen, dann in Kombination mit Wetternotizen, Niederschlagsmengen, Höchst- und Tiefsttemperaturen.

Bereits im 2. Jahr lassen sich nun Vergleiche anstellen, kann man überprüfen, ob bestimmte Jahreszeiten früher oder später begonnen haben. Nach mehreren Jahren lassen sich bereits Mittelwerte errechnen, die Jahr für Jahr um neue Daten erweitert und damit präzisiert werden können. Solche phänologischen Gartendaten ermöglichen einen Arbeitsfahrplan, der präzis auf einen ganz bestimmten Garten zugeschnitten ist. Aussaaten, Pflanztermine, Gehölzschnitt, Pflanzenschutzmaßnahmen können im Laufe der Jahre dem Naturkalender angepaßt werden, dem pflanzlichen Geschehen im Laufe des Vegetationsjahres.

Notiert man Anfang und Ende der Blühzeit von Gehölzen, Stauden, ein- und zweijährigen Blumen, so kann man nach einigen Jahren Erfahrung bewußt die Gleichzeitigkeit des Blühens oder das Nacheinander oder leichte Überschneidungen bei der Anlage neuer Pflanzungen berücksichtigen. Wiesenmargarite und Wiesensalbei haben nicht nur die gleichen Ansprüche an Boden und Standort, sie erweisen uns auch die Freude, auf den Tag gleichzeitig mit ihrer Blüte zu beginnen. Wenn der Holunder zu blühen beginnt, dann eröffnet nicht nur der Klatschmohn am Feldrain sein Feuerwerk, sondern auf den Tag auch der große türkische Mohn *(Papayer orientale)*. Und damit läßt sich gestalten! Aber solche Erfahrungen muß man selber machen und vor allem zunächst prüfen, ob sie ein Zufallsergebnis sind oder sich jährlich aufs neue bestätigen. Viele Daten werden sich auch im Laufe der Jahre verschieben, wenn z. B. die Gehölze und Stauden größer sind und mehr Schatten werfen. Phänologische Gartendaten, ergänzt mit Notizen über Gartenarbeiten, Witterung und Beobachtungen in der freien Natur ergeben in wenigen Jahren ein Nachschlagewerk, auf das man im Zweifelsfall so gern zurückgreift wie auf ein gutes Gartenbuch.

Im Hochwinter ruht die Natur, aber bald kommt wieder die Zeit, in der die Tage länger, die Temperaturen wärmer werden und Pflanzen und Tiere zu neuen Aktivitäten erwachen.

Der Ziergarten

Bäume und Sträucher

Autostellplätze können mit Hilfe hochstämmiger Bäume gegliedert und beschattet werden. Allerdings müssen sich die Nachbarn über die gemeinsame Gestaltung einig sein, wenn, wie hier, die Bäume auf der Grundstücksgrenze gepflanzt werden.

Wo der Platz für größere Bäume im Vorgarten nicht ausreicht, bieten kräftige Sträucher, hier die Strauchkastanie, *Aesculus parviflora*, Möglichkeiten zur Gestaltung des Straßenraumes.

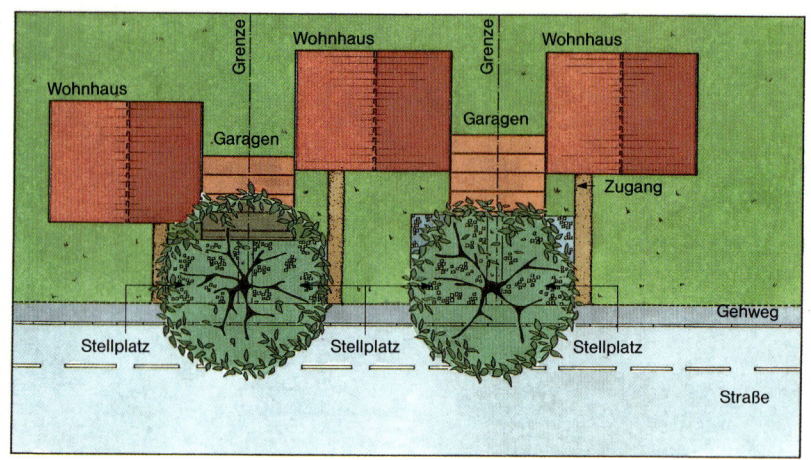

Bäume für den Ziergarten

Bäume sind von jeher ein Sinnbild für Standhaftigkeit und Ausdauer. Der Baum symbolisiert Schutz, Stärke und Schönheit der Natur für den Menschen. Es ist deshalb verständlich, daß der Baum in der gebauten Umwelt der Siedlungen als Freund des Menschen stets verehrt worden ist, stellt er doch als elementarer Bestandteil des Waldes eine direkte Verbindung zur natürlichen Umwelt dar. Das Bedürfnis des Menschen nach solchen lebendigen Elementen innerhalb seines unmittelbaren Lebensbereiches im Garten ist tief verwurzelt, nur wird allzu oft durch Baumaßnahmen, wie Erschließungsstraßen und Wohnungsbauten, vorhandene Baumvegetation entfernt. Auch bei sorgfältiger Planung und Durchführung solcher Bauwerke können Bäume nicht immer erhalten werden. Um so bedeutsamer ist die Neupflanzung von Bäumen in den Gärten. Im Rahmen dieses Abschnittes sollen Möglichkeiten aufgezeigt werden, wo Bäume im Garten sinnvoll anzuordnen und welche Arten im Einzelfall geeignet sind.

Bäume im Vorgarten

Im Vorgarten, das ist die Fläche zwischen Erschließungsstraße und Wohngebäude, müssen meist viele Funktionsbereiche untergebracht werden. So werden hier der Zugangsweg zum Haus, der Platz für die Mülltonne und Stellflächen für Pkw angeordnet. Platz für nutzbaren Gartenraum ist meist nicht vorhanden, weil der Flächenzuschnitt zu ungünstig und fast immer Einsicht von der Straße her gegeben ist. Um so mehr kommt diesem Bereich Bedeutung für die Gestaltung des Straßenraumes zu.
In vielen Fällen sind im Straßenprofil selbst keine Baumpflanzungen möglich, weil die Flächen versiegelt oder zu gering dimensioniert sind. Die Baumpflanzung im Vorgarten kann die zwar notwendige, aber sterile Funktionsfläche der Straße zu einem Erlebnisraum aufwerten. Zusätzlich bringen Bäume hier durch ihre Beschattung eine geringere Aufheizung der Straßenoberfläche im Sommer. Diese Bäume, vor allem wenn möglichst viele Vorgartenbesitzer von dieser Möglichkeit Gebrauch machen, können aber auch die Luftverschmutzung vermindern, weil z. B. durch Fahrzeuge aufgewirbelter Staub in der großen Oberfläche des Laubes ausgefiltert wird. Besonders günstig wirkt so ein Baum im Vorgartenbereich als Schattenspender für abgestellte Autos im Sommer.
Außerdem kommt natürlich auch der integrierenden Wirkung von Bäumen auf die Architektur eine große Bedeutung zu. Der Gesamteindruck des Siedlungsbildes wird verbessert. Bauwerk und Baum gehören einfach zusammen. So ein »Hausbaum« im Vorgarten bietet auch Orientierungshilfe und individuelle, vielfältige Gestaltungsmöglichkeit.
Gerade im Vorgarten kann selbst bei relativ kleinen Grundstücken ein Baum gepflanzt werden. Dies ist deshalb möglich, weil im Regelfall zur Straße hin der gesetzliche Abstand zur Grundstücksgrenze nicht eingehalten werden muß. Hier ist lediglich der geforderte Freiraum über der Straße und der unbehinderte Fußgängerbereich zu beachten.
Die Beschattung der Wohnung durch den Baum im Vorgarten kann meist toleriert werden, weil zur Straße hin häufig Räume mit geringerem Lichtanspruch angeordnet sind. Bei sehr

Bäume und Sträucher

schmalen Grundstücken bietet sich auch die gemeinsame Pflanzung eines Baumes an der Grundstücksgrenze an. Oft besteht dort der »Vorgarten« nur noch aus befestigten Wegen, Zufahrten und Stellplätzen. Allerdings müssen die Nachbarn sich einig sein, hier auf den geforderten Grenzabstand zu verzichten.

Eine große Artenfülle bietet nahezu für jeden Vorgarten eine individuelle Lösungsmöglichkeit, wobei auch viele heimische Baumarten Verwendung finden können. Großkronige, weit ausladende Bäume wie Ahorn oder Linde wären zum Beispiel dort denkbar, wo Gebäude mit geringer Höhe vorhanden sind und die Krone sich bei flachgeneigten Dächern auch weit über das Gebäude hinaus entwickeln kann.

Bei engen Vorgartenbereichen und dort, wo sehr hohe, vielgeschossige Gebäude vorhanden sind, wird man auf schmalkronig wachsende Bäume wie Eberesche, Säuleneiche, bestimmte Robinien-Sorten und andere zurückgreifen müssen. Auch von der Baumhöhe her können nahezu alle Wünsche erfüllt werden.

Im Gegensatz zu einer Pflanzung im Straßenraum selbst findet der Baum im Vorgarten meist sehr gute Standortbedingungen im Bodenbereich vor. Zumindest können diese durch entsprechende Bodenverbesserungsmaßnahmen geschaffen werden.

Der Nutzen und die Freude über den durch den Hausbaum gestalteten Lebensraum wiegen sicher auf, daß gelegentlich im Herbst einmal Fallaub einzusammeln oder ein bescheidener Aufwand für die Pflege zu betreiben sind.

Auf große Bäume sollten Sie im Vorgarten verzichten, wenn im Straßenraum selbst eine ausreichende Begrünung vorhanden ist. In solchen Fällen ist die Pflanzung von kleinkronigen Bäumen oder größeren Sträuchern als Ergänzung sinnvoll.

Pflanzenauswahl

Für die Pflanzung von Bäumen im Vorgarten sind viele Arten geeignet. Zu berücksichtigen sind im Einzelfall die besonderen Ansprüche an den Boden sowie der verfügbare Raum zwischen Haus und Straße. In der Tabelle ist eine detaillierte Zusammenstellung der wichtigsten Baumarten enthalten. Diese vermittelt auch Hinweise auf die Wuchsstärke, Bodenansprüche und

Geeignete Baumarten für den Vorgarten

Name	Höhe m	Breite m	Standort	Bodenanspruch	Bemerkungen
Feldahorn, *Acer campestre*	12–15	5–7	◐–◑	Sandig-lehmige Kalkböden	Anspruchslos; prachtvolle gelbe Herbstfärbung, Rückschnitt problemlos.
Spitzahorn, *Acer platanoides*	25–30	10–12	◐–◑	Nährstoffreich, schwach sauer bis alkalisch	Stark wachsender, heimischer Baum; Blüte gelb vor Laubaustrieb, Herbstfärbung orange bis rötlich; sehr viele Gartenformen im Handel mit unterschiedlichem Wuchs und farbigem Laub.
Bergahorn, *Acer pseudoplatanus*	30–40	15–18	◐–◑	Nährstoffreich, tiefgründig	Mächtige Baumart mit ausladender Krone; benötigt viel Platz und gute Standorte; schmalkronige Auslesen im Handel.
Rotahorn, *Acer rubrum*	15–20	4–6	◐–◑	Nährstoffreich, tiefgründig und frisch	Kegelförmiger Baum mit prachtvoller, orangeroter Herbstfärbung; Blüte rot vor Laubaustrieb; nur für neutrale bis schwach sauere Böden.
Roßkastanie, *Aesculus hippocastanum*	20–25	10–15	◐–◑	Tiefgründig	Breit ausladender Wuchs, untere Zweige meist hängend; Winterknospen harzig; Blüte in aufrechten Rispen, weiß, Mai–Juni; sterile Form: *A. h.* 'Baumannii', weiß, gefüllt.
Strauchkastanie, *Aesculus parviflora*	2–3	3–5	◐–◑	Humus, frischfeucht	Strauchartig, breitwachsend, Ausläufer bildend, weiße Blütenkerzen von Juli bis August, gut für Einzelstellung.
Götterbaum, *Ailanthus altissima*	20–25	8–10	◐–◑	Durchlässig	Anspruchsloser Baum mit mächtiger Krone, jedoch locker aufgebaut; warme Standorte bevorzugt.
Lindenblättrige Birke, *Betula maximowizciana*	15–20	8–10	◐–◑	Nährstoffreich	Weit ausladende Krone; Stämme orange bis grauweiß; durch Belaubung und Rindenfärbung eine der schönsten Birken; Herbstfärbung goldgelb.
Papier-Birke, *Betula papyrifera*	20–30	8–10	◐–◑	Nährstoffreich	Raschwüchsige, größte aller Birken; braucht große Straßenräume; herrlich weiße Rinde; goldgelbe Herbstfärbung.
Sand-Birke, *Betula verrucosa*	20–30	8–10	◐–◑	Nährstoffreich, auch trocken	Heimischer, großer Baum mit weißschwarzer Rindenzeichnung; Zweige an alten Bäumen bilden Schleppen; Herbstfärbung goldgelb; viele Auslesen im Handel.
Hainbuche, *Carpinus betulus*	15–20	6–10	◐–●	Tiefgründig, frisch	Anspruchsloser, dichter Baum mit kegelförmiger Krone; Stamm drehwüchsig; Herbstlaub gelb bis braun, lange haftend; schmalkronige Auslese: *C. b.* 'Fastigiata'.
Eßbare Kastanie, *Castanea sativa*	20–25	10–15	◐–◑	Tiefgründig, nährstoffreich	Mächtiger Baum mit z. T. stark drehwüchsigem Stamm; dunkelgrüne, glänzende Blätter; eßbare Früchte reifen nur in warmen Gegenden aus.
Trompetenbaum, *Catalpa bignonioides*	12–15	8–10	◐–◑	Tiefgründig, nährstoffreich	Tropisch anmutender Baum; große, herzförmige Blätter; Blüte weiß, im Juni bis Juli in aufrechten, großen Rispen, Früchte in langen, bohnenähnlichen Kapseln; Kleinform: *C. b.* 'Nana'.

Bäume und Sträucher

Geeignete Baumarten für den Vorgarten

Name	Höhe m	Breite m	Standort	Bodenanspruch	Bemerkungen
Baumhasel, *Corylus colurna*	15–20	6–8	○–◐	Keine besonderen Ansprüche	Sehr anspruchsloser, stadtfester Baum mit schmaler Krone; goldgelbe Herbstfärbung; Früchte eßbar.
Dorn, *Crataegus* 'Carrierei'	6–8	4–6	○–◐	Keine besonderen Ansprüche	Kleinkroniger Baum mit kurzen Dornen; anspruchslos; langhaftendes Laub, Herbstfärbung orange, Früchte orangefarben, kugelig, bis in den Winter hinein am Baum haftend.
Rotdorn, *Crataegus laevigata* 'Paul's Scarlet'	6–8	4–5	○–◐	Keine besonderen Ansprüche	Bekannter, kleinkroniger Straßenbaum mit leuchtend rosaroten, gefüllten Blüten; häufig Rückschläge in die Stammsorte, dann unterschiedliche rosarote Blüten.
Pflaumen-Dorn, *Crataegus × prunifolia*	5–7	3–4	○–◐	Keine besonderen Ansprüche	Kleinkroniger Baum mit starken Dornen, Blüte weiß, Mai bis Juni, in Dolden; zahlreiche, rote Früchte bis in den Winter; herrliche, orangegelbe bis rote Herbstfärbung.
Esche, *Fraxinus excelsior*	30–40	10–15	○–◐	Tiefgründig, nährstoffreich, frisch	Großer, heimischer Baum mit lockerer, breitkegelförmiger Krone; gefiedertes Laub mit gelber Herbstfärbung; für nicht zu trockene Böden; verschiedene Formen im Handel.
Blumenesche, *Fraxinus ornus*	6–10	4–6	○–◐	Keine besonderen Ansprüche	Besonders widerstandsfähiger, kleinkroniger Baum; Blüte cremefarben, Mai bis Juni, in großen Rispen, duftend.
Gleditsche, *Gleditsia triacanthos*	20–30	8–12	○–◐	Tiefgründig, nährstoffreich	Lockerer, schirmförmiger Baum ohne große Ansprüche; starke Dornen an Stamm und Ästen; später Austrieb; Herbstfarbe goldgelb; Früchte in langen, braunen Hülsen; verschiedene Formen auch ohne Dornen im Handel.
Blasenbaum, *Koelreuteria paniculata*	8–12	4–6	○–◐	Tiefgründig, locker	Kleinkroniger Baum, häufig mehrstämmig, mit 40 cm langem, gefiedertem Laub; goldgelbe Herbstfärbung; Blüte gelb, Juli bis August; lampionartige Früchte bis in den Winter.
Amberbaum, *Liquidambar styraciflua*	20–30	6–10	○–◐	Frisch, nährstoffreich	In der Jugend schmal kegelförmiger Wuchs; starke Korkleistenbildung an den Zweigen; ahornähnliches Laub mit herrlicher Herbstfärbung; nicht für kalkhaltige Böden.
Tulpenbaum, *Liriodendron tulipifera*	20–30	8–12	○–◐	Tiefgründig, nährstoffreich	Raschwüchsiger Baum mit lockerer, breitkegelförmiger Krone; Herbstlaub goldgelb; tulpenähnliche, grünlich-gelbe, innen orangefarbene Blüten; nur für kalkfreie Böden.
Magnolie, *Magnolia kobus*	8–10	4–6	○–◐	Tiefgründig, nährstoffreich, frisch	Zauberhafter Blütenbaum mit weißen, sternförmigen Blüten; blühfähig erst als größerer Baum; starkwüchsig und früher blühfähig: *M. k.* var. *borealis*.

Lichtbedürfnisse des jeweiligen Gehölzes. Ergänzt werden die Angaben durch zusätzliche Bemerkungen, z. B. Wuchsform, Lichtdurchlässigkeit der Krone, Schmuckwirkung von Laub und Blüte sowie Austriebs- und Blattfallzeitpunkt. Bei der Auswahl sollte sich vor allem der weniger versierte Gartenliebhaber davor hüten, im Vorgarten mit besonders auffälligen oder gar exotisch anmutenden Bäumen zu arbeiten. Besondere Zurückhaltung ist bei buntlaubigen Arten angebracht. Je auffälliger die Blattfarbe, desto größer ist die Gefahr, daß keine harmonische Gesamtwirkung erzielt werden kann. Alle heimischen Baumarten in ihrer Wildform bieten diesbezüglich problemlose Gestaltungsmöglichkeiten. Dazu gehören vor allem Ahorn, Linde, Esche, Eiche und Weißbuche. Die genannten Baumarten werden teilweise recht mächtig; falls wenig Raum vorhanden ist, können durch die Berücksichtigung von Auslesen und Sorten mit geringerer Wuchskraft auch kleinkronige Bäume ausgesucht werden. Es ist jedoch auch möglich, Formen auszusuchen, die eine große Höhenentwicklung aufweisen und nur sehr schmale Kronen ausbilden. Dazu zählen viele Sorten, die mehr oder weniger exakte Kegelkronen ausbilden.

Bäume an der Terrasse

Der Sitzplatz auf der Terrasse sollte windgeschützt und sonnig sein. Dies gilt vor allem im Frühjahr und Herbst, wenn die Strahlen der Sonne noch nicht oder nicht mehr so kräftig sind. Im Sommer allerdings wünscht man sich einen Schutz vor allzu intensiver Besonnung. Meist wird dieser Sonnenschutz durch Sonnenschirme oder ans Haus angebrachte Jalousien erreicht. Besser ist es jedoch, einen Sonnenschutz mit Hilfe eines Baumes an der Terrasse zu erreichen. Für diesen Zweck sollten solche Schattenbäume erst relativ spät austreiben, so daß im Frühjahr die Sonne weitgehend ungehindert auf die Terrasse scheinen kann. Mit zunehmender Laubentwicklung im Verlauf des Jahres nimmt die Schattenwirkung dann zu. Der natürliche Schattenspender Baum paßt sich damit der Kraft der Sonne an. Wenn die Baumart dann auch schon bald im Herbst die Belaubung abwirft, kann das schwächer werdende Sonnenlicht

Bäume und Sträucher

wieder voll genutzt werden. Besonders geeignet als Schattenbäume sind Laubgehölze mit lockerer Krone. Diese Arten, z. B. Gleditzia und Robinien, erzeugen durch die Struktur ihrer Krone nur einen lichten Schatten, der besonders angenehm empfunden wird. Selbstverständlich kann man auch Blütenbäume verwenden, die nicht nur als Schattenspender dienen, sondern durch die Fülle ihrer Blüten den Sitzplatz an der Terrasse besonders schmücken. Zu nennen sind hier die

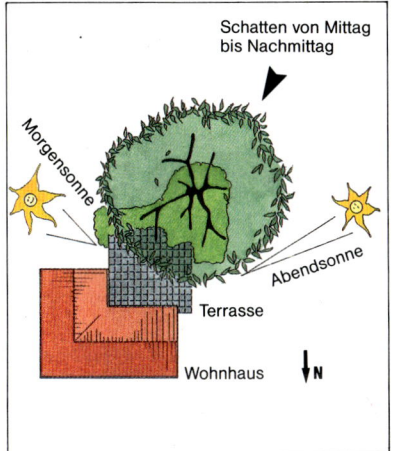

Großkronige Bäume an Terrassen sollten in südwestlicher Richtung zur Terrasse stehen.

baumartigen Formen von Magnolie, Kirsche und Zierapfel. Auch Blumenesche, Goldregen und Blumenhartriegel gehören zu den auffälligen Zierbäumen. Besonders hübsche Farben des Herbstlaubes bringen Amberbaum, Fächerahorn und Blasenesche, während Weißdorn, Zierapfel und Eberesche auch durch lange im Winter haftende Früchte zieren.
In der Liste sind Gehölzarten aufgeführt, die sich als Schattenbäume an Terrassen eignen. Die meisten Bäume entwickeln nur eine verhältnismäßig kleine Krone, so daß stets gewährleistet ist, daß die Terrasse nicht vollständig beschattet wird. Der Pflanzstandort wird möglichst so gewählt, daß während der heißen Mittags- und Nachmittagsstunden eine Schattenwirkung entsteht. Wenn der Baum in südwestlicher Richtung zur Terrasse angeordnet wird, bleibt der Sitzplatz am Morgen und Abend voll besonnt.
Bei großkronigeren Bäumen müssen später durch gezielten Schnitt die Äste eingekürzt werden; besser ist es jedoch, solche Arten für diesen Standort von vornherein nicht vorzusehen.

Geeignete Baumarten für den Vorgarten

Name	Höhe m	Breite m	Standort	Bodenanspruch	Bemerkungen
Zierapfel, *Malus* spec.	4–10	3–6	○–◑	Nährstoffreich, lehmig	Je nach Art und Sorte sehr verschiedene Wuchstypen; Blütenfarbe weiß bis rot, einfach bis gefüllt; großer Schmuckwert durch Laub, Blüte und Fruchtbehang; Kultur wie Fruchtsorten.
Blauglockenbaum, *Paulownia tomentosa*	12–15	5–8	○–◑	Sehr tiefgründig, nährstoffreich, frisch	Einer der schönsten Blütenbäume für wärmere Gegenden; prachtvolle, blauviolette Blüten in großen Kerzen vor Laubaustrieb.
Zierkirsche, *Prunus* spec.	4–12	3–8	○–◑	Nährstoffreich, kühl	Eine sehr große Palette von Arten und Formen im Handel; Blütenfarbe weiß bis rosarot, einfach bis gefüllt; z. T. sehr schöne Herbstfärber.
Birne, *Pyrus calleryana* 'Chanticleer'	8–10	4–5	○–◑	Tiefgründig, nährstoffreich	Auslese einer Wildbirne mit kegelförmiger Krone; dunkelgrünes, glänzendes Laub; Herbstlaub rötlichgelb bis scharlachrot, lange haftend.
Scheinakazie, *Robinia pseudoacacia*	20–25	8–10	○–◑	Keine besonderen Ansprüche	Raschwüchsiger Baum mit lockerer Krone; weiße Blüten in hängenden Trauben, Juni; stark duftend; einige Formen im Handel, auch rosafarbene; ausgezeichneter Straßenbaum.
Schnurbaum, *Sophora japonica*	20–25	10–15	○–◑	Nährstoffreich, locker, tiefgründig	Sommerblühender Baum mit breiter Krone; Blätter gefiedert, Herbstlaub goldgelb; in der Jugend langsamer Wuchs.
Mehlbeere, *Sorbus aria*	10–12	4–6	○–◑	Keine besonderen Ansprüche	Sehr resistenter, heimischer Baum mit kleiner Krone; Blüten im Mai bis Juni, weiß, in Dolden; Früchte orangerot, lange haftend; gelbes Herbstlaub.
Vogelbeere, Eberesche, *Sorbus aucuparia*	10–15	4–8	○–◑	Nährstoffreich, tiefgründig	Heimischer Baum mit kegelförmiger, im Alter rundlicher Krone; Laub gefiedert mit z. T. schöner Herbstfärbung; Blüten weiß im Mai; Fruchtbehang im Spätsommer, leuchtend rot.
Schwedische Mehlbeere, *Sorbus intermedia*	10–12	4–6	○–◑	Nährstoffreich, tiefgründig	Kleinkroniger Baum, häufig mehrstämmig; Laub dunkelgrün, unterseits grau; Blüten weiß; Früchte orangerot; sehr widerstandsfähig.
Eberesche, *Sorbus* spec.	6–10	4–6	○–◑	Nährstoffreich, tiefgründig	Meist kleinkronige Bäume; besonders für kleine Pflanzflächen geeignet; einige Arten mit prachtvollem Fruchtschmuck und leuchtend orangeroter Herbstfärbung.
Nadelgehölze					
Drehkiefer, *Pinus contorta*	10–15	4–6	○–◑	Nährstoffreich, tiefgründig	Schlank kegelförmiger bis rundkroniger Baum; auch für kleine Flächen geeignet.
Schwarzkiefer, *Pinus nigra*	20–40	8–10	○–◑	Keine besonderen Ansprüche	Breit kegelförmige, im Alter waagrecht geformte Krone; wirkt durch die schwarzgrüne Nadelfarbe sehr finster.
Gemeine Kiefer, Föhre, *Pinus sylvestris*	20–25	6–8	○–◑	Keine besonderen Ansprüche	Trockenresistenter Baum mit graugrünen Nadeln; in der Jugend raschwüchsig, im Alter flache Kronen bildend.

Bäume und Sträucher

Bäume und Großsträucher für Terrasse und Rasen

Name	Höhe m	Breite m	Stand-ort	Boden-anspruch	Bemerkungen
Schlangenhaut-Ahorn, *Acer capillipes*	8–12	4–6	○–◐	Tiefgründig, nährstoffreich	Kleinkroniger, lockerer Baum mit ausgeprägter Rindenzeichnung; braungrün mit weißen Längsstreifen; Blätter mit roter Aderung; Herbstfarbe karminrot.
Eschen-Ahorn, *Acer negundo*	10–15	6–8	○–◐	Tiefgründig, nährstoffreich, frisch	Raschwüchsiger Baum mit gefiederten Blättern; häufig mehrstämmig; Zweige z. T. bereift; nur für etwas windgeschützte Bereiche; viele Formen im Handel.
Fächer-Ahorn, *Acer palmatum*	6–8	4–5	○–◐	Tiefgründig, nährstoffreich, frisch	Feinkroniger Kleinbaum mit zauberhafter Wirkung in der Belaubung; Herbstlaub leuchtend karmin bis scharlachrot; als Terrassenbaum nur die höher werdenden Formen verwenden!
Streifen-Ahorn, *Acer pensylvanicum*	6–10	4–6	○–◐	Tiefgründig, nährstoffreich, frisch bis feucht	Meist mehrstämmiger, breitgefächerter Baum mit grün-weiß gestreifter Rinde; Laub im Herbst prachtvoll gelb; am besten in Verbindung mit Wasserflächen.
Rostbart-Ahorn, *Acer rufinerve*	6–10	4–6	○–◐	Tiefgründig, nährstoffreich	Junge Rinde dunkelgrün, mit auffällig weißen Längsstreifen; Blüten in rostfarbenen, behaarten Trauben; Laub im Herbst leuchtend karminrot.
Rote Pavie, *Aesculus pavia*	4–6	4–5	○–◐	Tiefgründig, nährstoffreich	Hübscher, kleinkroniger Baum mit hellroten bis gelbroten Blüten im Juni; Kastanien hellbraun, glatt.
Weißrindige Himalajabirke, *Betula jacquemontii*	12–15	6–8	○	Nährstoffreich, humos	Breitwachsender Baum mit weißer, fein abrollender Rinde; häufig nur mit kurzem Fußstamm; Herbstlaub leuchtend goldgelb.
Judasblattbaum, *Cercidiphyllum japonicum*	10–15	8–10	○–◐	Nährstoffreich, frisch	Breitausladender, mehrstämmiger Baum; Austrieb rötlich violett, vergrünend; Herbstlaub gelb bis orange, nach Lebkuchen duftend.
Etagen-Hartriegel, *Cornus alternifolia*	5–8	3–4	○–◐	Nährstoffreich, frisch, neutral	Im Alter ausgeprägte, waagrechte Schichtung des Astwerkes; Herbstlaub leuchtend gelb bis orange; Blüten in aufrechten Dolden auf den Zweigen.
Etagen-Hartriegel, *Cornus controversa*	10–15	4–6	○–◐	Nährstoffreich, frisch, neutral	Ähnlich im Aussehen wie *C. alternifolia*, jedoch wesentlich größer; große, dunkelgrüne Blätter, Herbstlaub orangegelb bis rotviolett.
Blumen-Hartriegel, *Cornus florida*	6–10	4–6	○–◐	Nährstoffreich, frisch, sauer bis neutral	Zauberhafter Großstrauch mit stammartigen Haupttrieben; großes, dunkelgrünes Laub, Herbstfarbe leuchtend rot bis violett; weiße bis hellrosa Hochblätter um die unscheinbaren Blüten.
Japanischer Blumen-Hartriegel, *Cornus kousa*	5–7	4–5	○–◐	Nährstoffreich, frisch, sauer bis neutral	Ähnlich der vorherigen Art; Hochblätter zu 4 Stück, spitz auslaufend; Fruchtbehang erdbeerartig, an langen Stielen, rot; Herbstlaub leuchtend scharlachrot; größere Form: *C. k.* var. *chinensis* mit baumartigem Wuchs.

Prachtvolle Solitärgehölze wie diese Tulpenmagnolien

Solitärbäume im Rasen

Oft kann an der Grenze zum Nachbargrundstück kein Baum gepflanzt werden. Dies gilt vor allem für kleine Gärten. Wer trotzdem einen Baum pflanzen will, kann dies auch in der Rasenfläche tun. Allerdings ist es notwendig, solche Arten zu verwenden, die nur in geringem Maße den Boden beschatten, weil Rasen im stärkeren Schatten nicht gedeihen kann, rasch vermoost und langfristig fast ganz verschwindet. Wie an der Terrasse sind locker wachsende Arten zu berücksichtigen. Diese Bäume oder Großsträucher sollten zusätzlich durch Wuchsform, Blatt und Blüte besondere Akzente aufweisen, damit der exponierte Standort in der Rasenfläche gerechtfertigt ist.
Für die Pflanzenauswahl kann die Liste von Seite 90 und 91 als Grundlage herangezogen werden. Neben diesen sind natürlich auch hochstämmige Obstbäume, besonders Apfel, Birne und Kirsche, geeignet. Zusätzlich haben sich für diesen Zweck auch kleine Bäume bzw. Großsträucher, wie z. B. Felsenbirne (*Amelanchier laevis*),

Bäume und Sträucher

...ommen in freien Rasenflächen besonders gut zur Wirkung.

Feuerahorn *(Acer ginnala)*, Maiglöckchenstrauch *(Halesia monticola, H. carolina)* und Hopfenbuche *(Ostyra carpinifolia)*, bewährt.

Man sollte sich jedoch davor hüten, kleine Rasenflächen mit zu vielen Bäumen zu überstellen.

In jedem Fall sollte um den Stamm selbst eine Baumscheibe von etwa 3–4 m² verbleiben. Damit ist eine leichtere Pflege von Rasen und Baum gewährleistet. Das Wachstum des Baumes wird durch diese Maßnahme vor allem in den ersten Jahren nach der Pflanzung begünstigt, weil mehr Wasser und Nährstoffe der Pflanze zur Verfügung stehen und nicht durch die Gräser zum größten Teil entzogen werden.

Sollte im Verlauf der Entwicklung die Rasenfläche unter dem Baum nicht zu erhalten sein, kann an dieser Stelle eine entsprechende Pflanzung aus schattenverträglichen Stauden (s. auch ab S. 187) angeordnet werden. Günstig ist es, wenn diese in Verbindung mit einer Randpflanzung von der Seite her unter den Baum geführt werden kann.

Bäume und Großsträucher für Terrasse und Rasen

Name	Höhe m	Breite m	Standort	Bodenanspruch	Bemerkungen
Dorn, *Crataegus* 'Carrierei'					Siehe Liste S. 88.
Pflaumen-Dorn, *Crataegus × prunifolia*					Siehe Liste S. 88.
Ölweide, *Elaeagnus angustifolia*	5–7	5–8	○	Keine besonderen Ansprüche	Silbergrau belaubter, breitausladender Großstrauch mit dunklen Stämmen und dornigen Zweigen; hellgelbe Blüten im Juni, duftend; Früchte eßbar; sehr trockenheitsresistent.
Blumen-Esche, *Fraxinus ornus*					Siehe Liste S. 88.
Gleditschie, *Gleditsia triacanthos*					Siehe Liste S. 88.
Blasenbaum, *Koelreuteria paniculata*					Siehe Liste S. 88.
Goldregen, *Laburnum ×watereri* 'Vossii'	5–7	3–4	○–◐	Tiefgründig, kalkhaltig	Starkwüchsiger Strauch mit schlankem Aufbau; sehr lange, gelbe Blütentrauben (bis 50 cm), duftend; Vorsicht: Giftpflanze! Auch als Hochstämme im Handel.
Amberbaum, *Liquidambar styraciflua*					Siehe Liste S. 88.
Magnolie, *Magnolia kobus*					Siehe Liste S. 88.
Magnolie, *Magnolia × loebneri*	4–8	3–6	○–◐	Tiefgründig, nährstoffreich, frisch	Hoher Strauch mit dunklen Stammringen, langsam wachsend; zauberhafter, sternförmiger Blütenschmuck im April bis Mai, leuchtend roter Fruchtschmuck; sehr schöne, großblumige Sorte: *M. × l.* 'Merrill'.
Tulpen-Magnolie, *Magnolia × soulangiana*	4–6	4–6	○	Tiefgründig, nährstoffreich, frisch	Beliebte Magnolienart mit großen, weißrosa Blütenkelchen vor Laubaustrieb; Wuchs meist mehrstämmig oder mit kurzem Stammfuß; verschiedene Sorten im Handel.
Scheinbuche, *Nothofagus antarctica*	6–8	4–6	○–◐	Nährstoffreich, frisch, neutral	Kleiner, mehrstämmiger Baum; sehr kleinblättrig (Pfennigbuche); goldgelbe Herbstfärbung.
Parrotie, *Parrotia persica*	6–10	6–8	○–◐	Nährstoffreich, frisch	Breit ausladender Großstrauch, selten baumartig mit 1 Stamm; junge Blätter rot gerandet; Herbstlaub orangegelb bis scharlachrot; Blüte gelblich mit roten Staubgefäßen im März; interessante Rindenzeichnung; platanenähnlich.
Zierkirsche, Zierpflaume, *Prunus* spec.					Siehe Liste S. 89.
Scheinakazie, *Robinia pseudoacacia*					Siehe Liste S. 89.
Scheinakazie, *Robinia luxurians*	6–10	4–5	○	Keine besonderen Ansprüche	Großstrauch oder kleiner Baum, bei uns häufig hochstammveredelt; Zweige dornig; Blüten in dichten Trauben, rosaweiß, Juni bis August; für windgeschützte Standorte.
Mehlbeere, Eberesche, *Sorbus* spec.					Siehe Liste S. 89.

Bäume und Sträucher

Sträucher im Ziergarten

Viele Ziersträucher sind in den Listen zum Thema »Freiwachsende Blütenhecken«, s. S. 107, enthalten, so daß auf eine weitere Darstellung verzichtet werden kann. Nachfolgend werden für den Ziergarten besonders wertvolle Sträucher beschrieben, die ihre volle Schönheit nur in Einzelstellung erreichen. Es handelt sich dabei um ausgesprochene Kostbarkeiten, die vor allem im Vorgarten sowie in unmittelbarer Nähe von Wegen, Terrassen und Plätzen ihren angemessenen Pflanzort finden. Eine kleine Auswahl aus der großen Artenfülle der Gehölze wird vorgestellt.

Schönfrucht
Callicarpa bodinieri var. *giraldii*

Die deutsche Bezeichnung »Schönfrucht« oder »Liebesperlenstrauch« für diesen etwa 2 m hoch werdenden Strauch ist auf die auffälligen, beerenartigen Früchte zurückzuführen. Sie erscheinen im Herbst und zieren mit ihren leuchtenden violetten Farben bis in den Winter hinein. Die Fruchttriebe eignen sich auch als Vasenschmuck. Der Strauch gedeiht besonders gut an geschützten, sonnigen Plätzen in gepflegten, humosen Gartenböden. In ungünstigen Klimalagen ist ein Winterschutz zu empfehlen. Meist dauert es mehrere Jahre, bis die Sträucher nach der Pflanzung einen üppigen Fruchtansatz aufweisen. Bei der Sorte 'Profusion' ist mit den Früchten erheblich früher zu rechnen, ebenso ist die Pflanzung mehrerer Exemplare vorteilhaft, weil so durch die Kreuzbefruchtung ein sicherer Fruchtansatz gewährleistet ist.

Schneeflockenstrauch
Chionanthus virginicus

Dieser ca. 2–3 m hoch werdende, lokker wachsende Strauch ist für die Solitärstellung besonders geeignet. Seinen Namen hat er von den weißen Blüten, die im Sommer in lockeren, duftigen Rispen wie Schnee die ganze Pflanze bedecken. Sonnige bis halbschattige Lagen und humoser Gartenboden sagen diesem Gehölz zu. Eine Pflanze, die auch gut für den Vorgarten in Einzelstellung geeignet ist. Der besondere Wert dieses Gehölzes besteht neben der Schönheit und der filigranen Struktur der Zweige in der Tatsache, daß Sommerblüher bei den Gehölzen ziemlich selten sind. Zusätzlich ist fast immer mit einer schönen gelben Herbstfärbung zu rechnen. Der Strauch wächst nur sehr langsam und ist an windgeschützten Stellen vollständig winterhart.

Korkenzieher-Hasel
Corylus avellana 'Contorta'

Eine Auslese der heimischen Haselnuß, die im Wuchs durch ihre gedrehten Triebe auffällt. Der Strauch wird im Gegensatz zur reinen Art nur etwa 3–4 m hoch, allerdings wird er auch genauso breit. Die besondere Wirkung der Pflanze besteht in der Struktur des Zweigwerkes, das in unbelaubtem Zustand vor Mauern oder Hauswänden gut zur Geltung kommt. Der üppige Besatz der Blütenkätzchen unterstützt diesen Effekt. Im Sommer fällt das Gehölz weniger auf; das Laub verfärbt sich jedoch im Herbst leuchtend gelb. Ein Solitärstrauch, der auch reizvollen Vasenschmuck liefert. Das Gehölz gedeiht nahezu in allen Gartenböden und stellt keine besonderen Ansprüche.

Seidelbast
Daphne mezereum

Der heimische Seidelbast bringt seine stark duftenden, purpurrosa Blüten bereits im zeitigen Frühjahr vor dem Laubaustrieb. Besonders wohl fühlt sich dieser nur etwa 1 m hoch werdende Strauch im lichten Schatten von Bäumen; er gedeiht jedoch auch in sonnigen Lagen. Im Vorgarten kann man ihn sehr gut mit Waldrandstauden vergemeinschaften. Im Herbst erscheinen orangerote, beerenartige Früchte, die sehr dekorativ, aber hoch giftig sind. Die im Handel sehr seltene, bereits ab Herbst blühende Sorte 'Autumnalis' bringt keine Früchte und ist deshalb für Kinder weniger gefährlich. Die Pflanze ist anspruchslos, bevorzugt jedoch kalkhaltigen Boden. Neben der heimischen, unter Naturschutz stehenden Wildart ist auch die erst im Mai bis Juni blühende Form *Daphne* × *burkwoodii* für den Garten von Interesse. Diese ist besonders gut in Verbindung mit kleinen Mauern oder Findlingen

Von links nach rechts:
Die violetten Früchte des »Liebesperlenstrauches« sind die besondere Zierde dieses kleinbleibenden Strauches.

Der Schneeflockenstrauch, *Chionanthus virginicus*, ist wegen seiner duftenden Sommerblüten besonders wertvoll.

In der Natur wächst der Seidelbast meist im lichten Schatten alter Bäume oder am Waldrand.

Bäume und Sträucher

anzuordnen. Der immergrüne, niedrige Rosmarinseidelbast *(Daphne cneorum,* Naturschutz!) liebt sonnige Plätze und sollte im Steingarten oder in Trögen Verwendung finden. Sehr reizvoll ist das Zusammenwirken von alpinen Polsterstauden und Zwerggehölzen mit dieser Seidelbastart. Eine etwas größere Form als die Art finden wir in der Sorte 'Eximia' mit tief rosafarbener Blüte.

Blauschote
Decaisnea fargesii

Dieser lockere, aufrecht wachsende Strauch ist nur für geschützte Standorte oder wärmere Lagen geeignet. Die bis zu 80 cm langen, gefiederten Blätter färben sich wundervoll gelb im Herbst. Der wesentliche Schmuckwert besteht jedoch in den grünlich-gelben Blüten in langen Rispen im Juni, aus denen sich die blauen, wurstähnlichen Früchte entwickeln. Diese stehen meist zu 3 zusammen und zieren den Strauch oft bis spät in den Herbst hinein. Das weiße Fruchtfleisch ist eßbar. Besonders gut gedeiht dieses Gehölz bei genügender Bodenfrische und nahrhaften Böden. Es sollte wegen der Wuchsform und des Gesamteindruckes stets als Solitärstrauch gepflanzt werden.

Prachtglocke
Enkianthus campanulatus

Durch die straff aufrechten Mitteltriebe wird dieser Strauch ca. 3–4 m hoch. Das nahezu waagerecht geschichtete Zweigwerk gibt dem Gehölz seinen charakteristischen, etagenförmigen Wuchs, der durch die Stellung des sommergrünen Laubes und die Anordnung der hängenden, gelbrosa Blütendolden noch betont wird. Bei sonnigem bis halbschattigem Standort wird das Herbstlaub prachtvoll rot. Der Boden muß für dieses Gehölz jedoch kalkfrei und stets frisch sein.
Die Prachtglocke ist ein wunderbarer, raschwüchsiger Strauch, der meist als *Rhododendron*-Begleitgehölz Verwendung findet. Ebenso ist er auch als Solitärgehölz für Heidegärten, Trogbepflanzung und im lichten Schatten von Großgehölzen einzusetzen. In Verbindung mit laubabwerfenden Rhododendren kommt es im Herbst zu einem prachtvollen Spiel verschiedenster Farben des Laubes.

Korkspindelstrauch
Euonymus alatus

Ein mittelhoher Strauch, dessen eigenartig breite Korkleistenbildung im laublosen Zustand hohen Zierwert besitzt. Das kleine, 3–5 cm lange Laub färbt sich bei sonnigem Stand im Herbst prachtvoll scharlachrot. Aus unauffälligen, grünlich-gelben Blüten, die im Mai bis Juni erscheinen, entwickeln sich leuchtend orange Früchte mit orangerotem Fruchtmantel (Pfaffenhütchen). Diese Früchte sind jedoch sehr giftig, so daß Pflanzungen im Bereich von Kinderspielplätzen oder ähnlichen Situationen nicht empfehlenswert sind. An den Boden stellen die Korkspindelsträucher keine allzu großen Ansprüche.

Großfrüchtiges Pfaffenhütchen
Euonymus planipes

Diese Art des Pfaffenhütchens gilt als eine der schönsten der Gattung überhaupt. Der lockere, aufrechte Wuchs mit sparrig nach außen stehenden Zweigen macht diesen Strauch als Solitärgehölz sehr wertvoll, als Sichtschutz ist er weniger geeignet. Seine Endhöhe liegt bei etwa 3 m, wobei die Basis des Strauches sehr schmal bleibt. Das relativ große Laub, im Sommer glänzend grün, färbt sich im Herbst orange bis violett. Besonders auffallend sind hier jedoch die leuchtend roten Früchte in großer Anzahl, die lange bis in den Winter hinein haften. Auch hier muß auf die Giftigkeit der Spindelsträucher hingewiesen werden.

Federbuschstrauch
Fothergilla gardenii

Der Aufbau dieses, zu den *Hamamelis*-Gewächsen zählenden Strauches ist locker und bizarr, da die Zweige oft dünn und krumm wachsen. Die Größe des Strauches übersteigt selten 1 m; das macht ihn für kleine Pflanzflächen besonders wertvoll. Seine bürstenartigen, cremeweißen Blüten stehen im April bis Mai endständig auf den Zweigen, sie duften ausgezeichnet. Das kleine »*Hamamelis*-Laub«, das unterseits auch weißgrün sein kann, färbt sich im Herbst leuchtend karminrot. Eine stärker wachsende zweite Art finden wir in der *Fothergilla major,* deren Wuchs dichtbuschig und kugelig (Höhe 1,5–3 m) ist. Die Blüten erscheinen im Mai mit dem Laub und sind etwas größer und langgezogener als bei der ersten Art. Beide benötigen als optimalen Standort Sonne bis Halbschatten sowie frische, durchlässige und kalkfreie Böden. In schattigen Bereichen ist jedoch die Herbstfärbung des Laubes nicht so ausgeprägt.

Lichtmeß-Zaubernuß
Hamamelis mollis

Die im Februar bis März zur Blüte kommende Art ist wohl die bedeutendste Zaubernuß. Ihr Wuchs ist locker aufrecht mit weit ausladenden Ästen und trichterförmiger Krone. Die Ausmaße können im Laufe der Jahre etwa 4 m Höhe und Breite erreichen, so daß dieses Gehölz sehr viel Raum benötigt. Es muß jedoch bemerkt werden, daß der Zuwachs pro Jahr kaum über 20 cm beträgt. Das große, haselnußähnliche Laub bringt im Herbst goldgelbe bis orangegelbe Farben. Die im Spätwinter auffallenden Blüten sind goldgelb, stehen zu mehreren in kleinen Blütenköpfchen zusammen und duften wunderbar. Aus der Art *H. mollis* als Kreuzungspartner sind eine Reihe von Sorten entstanden. Die Hauptgruppe finden wir unter der Bezeichnung *Hamamelis × intermedia.* Die Blütenfarben variieren von schwefelgelb über goldgelb bis leuchtend rot. Alle Arten benötigen freien Stand und gute, nährstoffreiche Böden, die nicht zu kalkhaltig sein dürfen. Als Pflanzplatz soll man wegen der frühen Blüte möglichst Stellen aussuchen, die nahe an Wegen und Plätzen liegen.

Mit der Prachtglocke, *Enkianthus campanulatus,* lassen sich in Verbindung mit Fächerahorn, Zierkirschen, Bambus und Stauden fernöstliche Gartenmotive gestalten.

Bäume und Sträucher

Eibisch
Hibiscus syriacus

Der besondere Wert dieses Strauches liegt in seiner späten Blütezeit (August/September bis Oktober). Der Wuchs ist straff aufrecht und wenigtriebig, die gebildete Krone eiförmig; der Laubaustrieb erfolgt spät im Mai, die Herbstfärbung des Laubes ist leuchtend gelb. Seit über 200 Jahren werden mit dieser Art Züchtungen durchgeführt. Eine Fülle von Sorten mit nahezu allen Farben – Weiß, Rosa, Rot, Blau – stehen zur Verfügung; ebenso können einfache bis gefüllt blühende Sorten ausgewählt werden. Bei den besonders dicht gefüllten Sorten passiert es jedoch immer wieder, daß sich bei trübem Wetter die Blüten kaum öffnen. Ebenso muß bei den meisten Sorten im Jugendstadium Winterschutz gegeben werden. Als Standort wählt man am besten warme, geschützte, sonnige Plätze aus. Der Boden muß kräftig und

Der Eibisch, *Hibiscus syriacus*, entwickelt sich ziemlich langsam. Erst nach Jahren kommt die volle Blütenpracht.

frisch sein, da die *Hibiscus* empfindlich gegen Trockenheit sind.

Ball-Hortensien
Hydrangea arborescens

Diese dichtbuschig wachsende Art kann bei uns unter besten Bedingungen bis zu 3 m hoch werden, in der Regel erreicht sie aber nur Höhen zwischen 1 und 2 m. Das hellgrüne Laub bringt im Herbst eine leuchtend hellgelbe Färbung. Durch Züchtung entstanden einige Sorten, die sich von der Art durch Blütenfarbe und Form unterscheiden, so auch die bekannte große Ball-Hortensie (*H. a.* 'Grandiflora'). Die auffallenden weißen Blütenbälle erscheinen im Juli bis August, können bis 20 cm Durchmesser erreichen und färben sich im Verblühen hellrosa.

Hortensie
Hydrangea aspera

Der dichtbuschige Strauch ist gekennzeichnet durch seine einzelnen dicken Grundtriebe, die stark behaart sind. Ebenso ist das sehr große, bis 35 cm lange, dunkelgrüne Blatt stark borstig behaart. Die interessanten Blüten in großen, flachen Trugdolden erscheinen im Juli bis August, wobei die fruchtbaren, weißen bis blauen Blüten in der Mitte stehen, während die sterilen weißen Blüten am Rand angeordnet sind. Eine sehr reizvolle Hortensienart, die vor allem im Halbschatten und Schatten anzusiedeln ist.

Garten-Hortensie
Hydrangea macrophylla ssp. *macrophylla*

Als Ergänzung im Hortensiensortiment sind die Formen und Hybriden aus dieser Gruppe erwähnenswert, da die wichtigsten Gartenformen einschließlich der »Zimmerhortensien« in diese Gruppe gehören. Es handelt sich hier um dichte, kugelige Büsche mit auffallenden Schirm- oder Ballblüten in den Farben Weiß bis Rosa und Rot, zum Teil mit hellblauen bis violettblauen, sterilen Randblüten. Die Blütenanordnung kann aber auch umgekehrt sein, so daß die fruchtbaren Blüten blau bis violett sind und die sterilen Randblüten weiß oder rosa. In milderen Gebieten ist nicht immer Winterschutz notwendig, bei ungünstigem Klima ist eine Abdeckung mit Laub und Stroh sehr zu empfehlen. Für alle Hortensienarten gilt als optimaler Standort der Halbschatten bei genügend frischem, humosem Boden, der nicht kalkhaltig sein soll. Bei sonnigen Pflanzplätzen ist für genügend Bodenfeuchte zu sorgen, da sonst sehr schnell Trockenschäden an den Blättern entstehen.

Rispen-Hortensie
Hydrangea paniculata 'Grandiflora'

Dieser aufrechte, sehr typisch gabelig verzweigte Strauch kann bei uns Höhen von ca. 3 m erreichen. Die besonders auffallenden Blütenrispen färben sich zuerst weiß, werden im Verblühen rosarot und schmücken das Gehölz im Juli bis August. Durch Rückschnitt der Zweige kann man die Größe der Blütenrispen fördern, so daß gelegentlich riesige Blütenstände von etwa 30 cm Länge entstehen. Das eiförmige, hellgrüne Laub nimmt im Herbst eine sehr schöne orange Färbung an.

Lilienblütige Magnolie
Magnolia liliflora

Diese Art ist mit ihren Sorten besonders für kleine Gärten geeignet. Es sind auffallende, schwachwüchsige Sträucher, deren Blüten mit dem Laub im Mai bis Juni erscheinen. Die bekannteste Form ist *M. l.* 'Nigra' mit ca. 12–15 cm langen, dunkel purpurfarbenen Blüten, die innen etwas heller sind

Bei der Rispenhortensie, *Hydrangea paniculata* 'Grandiflora', bestehen die Rispen meist aus auffälligen, unfruchtbaren Blüten.

und duften. In diese Gruppe gehören eine ganze Reihe von Sorten, die aus Kreuzungen der lilienblütigen Magnolie und der Sternmagnolie entstanden sind und ihre Eltern an Blühfreudigkeit, Blütengröße und Duft zum Teil bei weitem übertreffen.

Sternmagnolie
Magnolia stellata

Ein kleiner, sparriger Strauch, der neben der bekannten Tulpenmagnolie wohl am häufigsten in Gärten zu sehen ist. Bei einer Endgröße von ca. 3 m kann man diese Magnolienart in vielen Pflanzungen verwenden. Sie sollten jedoch wegen ihrer auffallenden Schönheit in Einzelstellung gepflanzt werden. Die sternförmigen, 13–15 cm großen Blüten zeigen ein strahlendes Weiß. Der Blütenschmuck erscheint schon im zeitigen Frühjahr von März bis April, so daß etwas geschützte Standorte empfohlen werden. Auch bei der Sternmagnolie stehen zwischenzeitlich einige Sorten zur Verfügung, die in Blütengröße, Farbe und Wuchskraft von der Art abweichen. Der Boden soll bei den Strauchmagnolien stets nährstoffreich, humos und frisch sein, besonders die frühblühenden Arten und Sorten lieben waldähnliche Pflanzplätze. Vor allem sollte man bei diesen Magnolien für ungestörte Standorte sorgen, da sie ein Umgraben im Wurzelbereich nicht vertragen (extreme Flachwurzler!).

Strauchpfingstrose
Paeonia suffruticosa

Zu den Kleinoden im Garten zählen mit Sicherheit die wunderbaren, auffälligen Strauchpfingstrosen, von denen es unzählige Sorten im Handel gibt. Es sind wenig verzweigte, aufrechte Sträucher mit hellbrauner, abblätternder Rinde. Ihr Wuchs ist relativ langsam, die Ansprüche an Standort, Boden und Pflege hoch. Die Pflanzung der Strauchpfingstrosen soll nur im zeitigen Frühjahr kurz vor dem Austrieb vorgenommen werden. Der Pflanzplatz muß vorher tiefgründig gelockert sein, der Boden nahrhaft, humos und durchlässig. Eine Abdeckung der Wurzelscheibe im Herbst mit Laub, Reisig und verrottetem Stallmist ist sehr vorteilhaft. Verblühte Blüten sollen unbedingt entfernt werden. Bei den vielen Sorten stehen schwach- und starkwüchsige zur Verfügung, so daß man Sträucher von 1–3 m Höhe erzielen kann; ebenso ist in der Auswahl bei Blütenform und -farbe kaum eine Einschränkung gegeben. Die Hauptfarben sind Rosa und Rot, daneben gibt es auch gelbe, weiße und hell lilafarbene Sorten.

Zwergblutpflaume
Prunus × cistena

Der häufige Wunsch nach rotlaubigen Kleingehölzen kann mit dieser Art erfüllt werden. Die Zwergblutpflaume wird kaum über 2,5 m hoch und breit, wächst langsam und ist während des Jahres mit dunkelbraun-rotem Laub bedeckt. Die Blätter an den Jungtrieben sind hellrot, werden mit zunehmendem Alter dann braunrot. Im Kontrast zum dunklen Laub stehen die weißen bis rosanen Blüten im Mai, aus denen sich schwarzrote Früchte entwickeln. Der Boden für diesen Strauch soll nahrhaft und frisch sein. Oberflächenverdichtungen und saure Böden sind nicht zuträglich.

Zwergmandel
Prunus tenella

Dieser etwas dünnzweigige, aufrechte Strauch kann mit seinen Ausläufern lichte Gebüsche von ca. 1,5 m Höhe bilden, die sogar das Zwischenpflanzen von Kleinblumenzwiebeln und Knollen zulassen. Der zauberhafte Blütenflor im zeitigen Frühjahr vor Laubaustrieb in einem leuchtenden Rosa und der starke Mandelduft sind Wahrzeichen des sehr robusten, extrem winterharten Strauches. Die Mandelfrüchte sind klein und bitter im Geschmack. Die hauptsächliche Verwendung dieses Gehölzes liegt im Bereich von größeren Steingärten und Steppenheideflächen, aber auch in großen Trögen oder Balkonkästen in voller Sonne. Wichtig ist hier, daß man wurzelechtes Pflanzgut verwendet, da Veredlungen nie den eigentlichen Charakter der Zwergmandel zeigen können.

Mandelbäumchen
Prunus triloba

Der wilde Typ dieses Strauches ist bei uns kaum im Handel, sondern nur die gefüllt blühende Form. Veredlungen als Halb- oder Hochstämme können niemals den Wuchscharakter der Man-

Strauchpfingstrosen lassen sich gut mit Stauden vergemeinschaften.

Beim Mandelbäumchen erreicht man durch gelegentlichen Rückschnitt lange Zweige mit dichtem Blütenbesatz.

del haben. Wurzelechte Sträucher haben einen breit aufrechten Wuchs und sind sehr dicht verzweigt. Die rosettenartigen, gefüllten, rosafarbenen Blüten erscheinen an der ganzen Länge der vorjährigen Triebe; die Blütezeit erstreckt sich von März bis April; Früchte werden nur sehr selten ausgebildet. An den Boden und den Standort stellt das Mandelbäumchen keine großen Ansprüche, es gedeiht auch noch zufriedenstellend in halbschattigen Bereichen. Die Verwendung ist im wesentlichen die Solitärstellung in Staudenflächen oder großen Trögen. Die Zweige eignen sich als Vasenschmuck.

Zwergflieder
Syringa meyeri 'Palibin'

Aus der Gruppe der kleinen Wildflieder ist eine Art besonders hervorzuheben. Es handelt sich hier um eine Zwergform mit einer Endhöhe von ca. 1,5 m. Der sehr dichte, niedrige Strauch ist zur Blütezeit im Juni übersät mit hellrosafarbenen Rispen; das kleine, rundliche Laub wird im Herbst bei sonnigem Stand leicht orangerot. Wesentlich bei dieser Zwergfliederart ist die extreme Winterhärte und die Blühfähigkeit schon im Jugendstadium. An Boden und Standort werden sehr geringe Ansprüche gestellt: Die Verwendung sollte entsprechend der Wuchsgröße am ehesten im Steingarten oder in Trögen erfolgen. Auch die Pflanzung in kleineren Balkonkästen oder auf Dachflächen ist wegen der Winterhärte möglich.

Der Duftschneeball, hier *Viburnum carlesii*, wird selten von Schädlingen befallen.

Duft-Schneeball
Viburnum carlesii

Ein sommergrüner lockerer Strauch, der in keinem Garten fehlen sollte. Heute muß man jedoch sagen, daß die Selektionen im Handel, z.B. 'Aurora', 'Charis' und 'Diana', wesentlich gesünder im Laub sind als der alte Typ und deshalb mehr Verbreitung verdienen. Dazu kommt noch, daß die Knospen und Blüten größer und intensiver rosa gefärbt sind und stärker duften. Die kugeligen Blütenstände erscheinen im April bis Mai; im Verblühen sind sie fast weiß. Der Standort sollte sonnig bis halbschattig sein, der Boden nahrhaft und frisch, jedoch nie feucht.
Bei Veredlungen sind stets die Durchtriebe der Unterlage zu entfernen, da sonst sehr schnell die Edelform unterdrückt wird!

Schnitt von Bäumen und Sträuchern

Zur natürlichen Entwicklung von Bäumen und Sträuchern ist ein Rückschnitt eigentlich nicht erforderlich. Vor allem die bei uns heimischen Gehölze bedürfen kaum solcher Eingriffe. Meist entwickeln sie sich dann am besten, wenn sie durch Schnittmaßnahmen möglichst wenig beeinflußt werden. Für den Garten werden jedoch auch viele nicht heimische Gehölze oder Züchtungen verwendet, die teilweise regelmäßig zu schneiden sind, um im Garten ihre volle Schönheit entfalten zu können. Auch in Verbindung mit der Pflanzung kann es sinnvoll sein, Gehölze zurückzuschneiden, um das Anwachsen zu erleichtern.

Pflanzschnitt

Bei dem Ausgraben von Bäumen und Sträuchern in der Baumschule verlieren die Pflanzen einen großen Teil des Wurzelwerkes. Das Verhältnis zwischen den oberirdischen Teilen der Pflanze und dem Wurzelwerk wird dabei zu Ungunsten der Wurzeln verändert. Damit die Wasser- und Nährstoffaufnahme durch die verbleibenden Wurzeln nach der Pflanzung zu einer ausreichenden Versorgung führt, kürzt man die Zweige ein oder entfernt einige ganz. Damit stehen für die restlichen Zweige mehr Wasser und Nährstoffe zur Verfügung und die Pflanze kann damit die kritische Zeit des Anwachsens leichter überstehen. An den Wurzeln wird möglichst wenig geschnitten; vor allem sind die feinen Faserwurzeln zu schonen. Gequetschte oder abgebrochene Wurzeln, auch solche, die im Verhältnis zu den anderen sehr lang sind, werden eingekürzt. Auf scharfes Werkzeug ist hier besonders zu achten. Nadelgehölze sollte man möglichst immer mit Ballen pflanzen. Der Pflanzschnitt entfällt dann. Dies gilt auch für Laubgehölze mit Ballen. Durch den Erdballen sind die Wurzeln besser geschützt, weil sie kaum austrocknen. Die feinen Saugwurzeln bleiben erhalten und sorgen so für eine bessere Versorgung, so daß die oberirdischen Triebe nicht eingekürzt werden müssen. Lediglich bei zu dichtem Zweigwerk kann das Herausnehmen von einzelnen Partien das Anwachsen erleichtern, wobei auf die Gesamterscheinung des Gehölzes Rücksicht zu nehmen ist.

Pflanzschnitt bei Sträuchern
Sträucher ohne Ballen werden so eingekürzt, daß der natürliche Aufbau weitgehend erhalten bleibt. Einen Teil der Triebe entfernt man vollständig. Die verbleibenden werden etwa um die Hälfte eingekürzt. Auf diese Weise erzielt man einen gestaffelten Rückschnitt, der Voraussetzung für eine natürliche Entwicklung der Sträucher ist. Keinesfalls sollten die Triebe in einer Höhe entfernt werden – dies führt zur Bildung eines »besenartigen« Wuchses.

Pflanzschnitt bei Bäumen
Vor der Pflanzung ist bei Hochstämmen auf die zukünftige Kronenbildung zu achten. Das Einkürzen aller Triebe wie bei Sträuchern muß deshalb entfallen, weil es dann an den Schnittstellen oft zu Gabelbildungen kommt, die später häufig zu Astbrüchen führen. Besonders wichtig ist dabei der Leittrieb. Das ist die durchgehende Verlängerung des Stammes. Hier führen Gabelungen später oft zu Faulstellen und Rissen an der Nahtstelle, im Alter kön-

Bäume und Sträucher

nen die Bäume dort auseinanderbrechen. Falls in der Baumkrone Zweige vorhanden sind, die den Aufbau der Krone stören, weil sie z. B. nach unten gerichtet sind oder andere kreuzen, werden sie ganz entfernt. Damit kann vermieden werden, daß sich die Äste später berühren und durch gegenseitiges Scheuern unschöne Wundstellen entstehen.

Aufbau- und Erhaltungsschnitt

Von vielen Ziergehölzen wird erwartet, daß sie regelmäßig eine große Blütenfülle hervorbringen. Das gilt in erster Linie für Blütensträucher. Ohne Schnitt läßt im Laufe der Zeit die Blühleistung nach. Durch Schnittmaßnahmen kann man hier regulierend eingreifen. Auch bei Bäumen ist zur Entwicklung und Erhaltung der Kronen eine gelegentliche Schnittmaßnahme erforderlich.

Aufbau- und Erhaltungsschnitt bei Sträuchern

Viele Sträucher müssen praktisch nicht geschnitten werden. Meist handelt es sich dabei um ohnehin langsam wachsende, sommergrüne Arten, wie Seidelbast *(Daphne* spec.), Hibiscus *(Hibiscus syriacus)*, Zaubernuß *(Hamamelis* spec.), Magnolien *(Magnolia* spec.), Korkenzieher-Hasel *(Corylus avellana* 'Contorta'). Auch einige raschwüchsige Laubgehölz-Arten können praktisch ohne Schnitt auskommen. Dazu gehören z. B. Felsenbirne *(Amelanchier laevis)*, Wildflieder *(Syringa × chinensis)*, Goldregen *(Laburnum × waterei* 'Vossii') Kirschlorbeer *(Prunus laurocerasus)* und der Feuerdorn *(Pyracantha* spec.).

Immergrüne Sträucher müssen grundsätzlich nicht regelmäßig geschnitten werden. Etwa alle 3–4 Jahre ist ein Erhaltungsschnitt bei Blütensträuchern, wie *Spiraea, Weigelia, Deutzia, Forsythia* und Pfeifenstrauch, notwendig. Die älteren Triebe sind nicht mehr blühfähig, da sich die Knospen am vorjährigen Holz bilden. Man nimmt deshalb diese alten Triebe direkt über dem Boden heraus und schafft damit Platz für die Entwicklung neuer, blühfähiger Zweige. Bei den Frühjahrsblühern kann der Schnitt vor oder während der Blüte erfolgen. Die Zweige können dann in der Vase angetrieben oder direkt als Blütenschmuck verwen-

det werden, z. B. bei Goldglöckchen *(Forsythia intermedia)*, Spierstrauch *(Spiraea arguta)* und Blutjohannisbeere *(Ribes sanguineum)*. Arten, die erst später im Jahr blühen, sollten bereits im Winter geschnitten werden, da nach einem Sommerschnitt die neu gebildeten Jungtriebe nicht bis Ende der Vegetationszeit ausreifen.

Bei Gehölzen, die am zwei- und mehrjährigem Holz blühen, dürfen natürlich nicht alle Triebe entfernt werden. Dazu gehören vor allem Zierkirsche und Zierapfel. Bei diesen sollte nur in großen Zeitabständen (ca. 4–6 Jahre) behutsam ein Teil der Äste entfernt werden. Zu starke Eingriffe führen hier zur Bildung von senkrechten Trieben und einer unnatürlichen Wuchsform.

Bei einigen Arten ist auch ein regelmäßiger, jährlicher Rückschnitt aller Triebe erforderlich, z. B. bei Schmetterlingsstrauch *(Buddleia davidii)*, Beetrosen und Bartblume *(Caryopteris incana)*. Diese blühen am einjährigen Holz und verkahlen ohne Schnitt von unten her. Ein kräftiger Rückschnitt fördert die Entwicklung der einjährigen Triebe und damit die Blütenbildung.

Aufbau und Erhaltungsschnitt bei Bäumen

Im wesentlichen unterscheidet sich dieser Schnitt nicht vom Pflanzschnitt bei Bäumen. Es reicht eine Kontrolle im Abstand von mehreren Jahren. Hier wird nachgesehen, ob der Leittrieb ohne Konkurrenztrieb geblieben ist bzw. ob sich störende Äste neu gebildet haben. Andere Maßnahmen sind nicht erforderlich.

Verjüngungsschnitt

Es gibt viele Laubgehölze, die kaum geschnitten werden müssen. Dies gilt besonders für Bäume und größere Sträucher. Trotzdem ergibt sich die Notwendigkeit, in einen Baum- oder Strauchbestand einzugreifen, wenn die Wuchsstärke einer Pflanze ihrem Platz im Garten nicht entspricht. Oft werden Bäume oder Sträucher einfach im Verlauf der Jahre zu mächtig und müssen deshalb eingekürzt werden.

Bei einigen Arten kann man diesen, schon bei der Gehölzauswahl entstandenen Fehler durch einen rigorosen Rückschnitt teilweise ausgleichen. Dazu werden die Bäume unter Erhaltung ihres natürlichen Aufbaues zurückgenommen. Diese Arbeit erfordert große Erfahrung und entsprechende Ausrüstung wie Hubsteiger und spezielle Werkzeuge. Dem Laien kann deshalb empfohlen werden, diese Arbeit von einem Fachmann ausführen zu lassen. Bei Sträuchern ist der Verjüngungsschnitt leichter durchzuführen. Hierbei können die Gehölze teilweise bis auf den Boden zurückgeschnitten werden. Besser ist es jedoch, noch kurze Triebansätze stehen zu lassen.

Gut verjüngen lassen sich alle Weidenarten, Liguster, Gemeiner Flieder, sommergrüne Berberitzen, Pfeifenstrauch, Goldglöckchen, Weigelie, Blutjohannisbeere und *Spiraea*. Nadelgehölze vertragen nur bedingt einen Verjüngungsschnitt. Ein Austrieb erfolgt jedoch nur an benadelten Zweigen. Lediglich die Eibe kann sich auch aus unbenadelten Trieben wieder regenerieren.

Von links nach rechts: Bei überalterten Blütengehölzen ist ein Verjüngungsschnitt notwendig, um die Blühwilligkeit zu erhalten.

Ein fachgerecht verjüngtes Blütengehölz behält auch nach dem Schnitt seinen natürlichen Wuchscharakter. Die überalterten Zweige werden dabei direkt über dem Boden entfernt.

Hecken für den Garten

Hecken, ob freiwachsend oder geschnitten, sind nicht nur schön anzusehen, sie bieten auch vielen Tieren Unterschlupf und Nahrung.

Hecken gehören zu den wesentlichen Gestaltungselementen im Garten. Mit Hecken ist es eigentlich erst möglich, Gartenräume zu schaffen. Die Hecke bietet aber auch vielfältigen Schutz und Geborgenheit. So kann sie, richtig aufgebaut und angeordnet, den Wohnraum im Freien vor lästiger Zugluft schützen. Der Boden des Gemüsegartens hinter einer Hecke bleibt ohne Erosion erhalten und muß weniger bewässert werden. Mülltonnen oder Autostellplätze können hinter Hecken versteckt werden und sind gleichzeitig gut beschattet, Gartenräume werden überschaulich und nutzbar durch sinnvoll angelegte Hecken. Im Vorgarten können Hunde abgewehrt und Abgrenzungen deutlich gemacht werden. Hecken sind durchaus in der Lage, einen großen Teil des Straßenlärms abzuhalten. Hecken können einerseits als winzige Einfassung für intensiv gestaltete Blumenbeete dienen; andererseits sind sie bis hin zum wuchtigen Heckenwall aus Sträuchern und großen Bäumen jeder gewünschten Höhe anzupassen.

Einen besonderen Wert erlangt die Hecke jedoch im Garten dadurch, daß sie vielen Tieren Unterschlupf, Nahrung und Nistmöglichkeiten bietet. Gerade in den dicht besiedelten und lebensfeindlichen Ballungsräumen ist die Hecke als Lebensraum von unschätzbarem Wert.

Gründe also genug, um sich mit der Anlage und Pflege von Hecken im Garten zu beschäftigen. Für eine zielgerichtete Zusammensetzung und Anordnung einer Hecke muß man die wesentlichen Eigenschaften, den Platzbedarf und die notwendigen Pflegemaßnahmen kennen. Nachfolgend werden die jeweiligen Heckenarten erläutert und konkret an Beispielen dargestellt.

Schnitthecken

Bei Schnitthecken handelt es sich um eine von Menschen durch besondere Kulturmaßnahmen, wie z. B. den regelmäßigen Rückschnitt, künstlich herbeigeführte Wuchsform der Pflanzen. Die geschnittene Hecke hatte ursprünglich vor allem architektonische Bedeutung, wenn man an die klassische Gartenkunst denkt. Bei der Ausgestaltung von Blickachsen und Gartenräumen störte die freie Wuchsform von Bäumen und Sträuchern. Deshalb zwang man sie in geometrische Formen. Heute hat die geschnittene Hecke vor allem in Wohngärten dort eine große Bedeutung, wo auf engstem Raum Wind- und Sichtschutz gefordert sind. Bei den infolge der Baulandpreisentwicklung immer kleiner werdenden Grundstücken sind große, freiwachsende Gehölzpflanzungen oft nicht möglich. Als Alternative zu Mauern oder anderen technischen Lösungen bietet hier die geschnittene Hecke große Vorteile. Einmal ist ihre Höhe den jeweiligen Verhältnissen sehr gut anzupassen oder sogar zu verändern, zum anderen ist keine Baugenehmigung erforderlich, und die vorgeschriebenen Grenzabstände zum Nachbargrundstück sind durch die Höhenfestlegung ebenfalls leicht einzuhalten.

Gegenüber baulichen Strukturen hat sie zudem noch den Vorteil, daß es sich trotz geometrisch festgelegter

Hecken für den Garten

Form noch immer um lebendige Pflanzen mit einer gewissen Wandlungsfähigkeit durch Blattfarbe, Blüte oder Frucht handelt, die die Erlebnisqualität eines Gartenraumes wesentlich beeinflußt. Zusätzlich bieten auch geschnittene Hecken für Insekten, Vögel und Kleinsäuger Nahrung, Brutplatz und Unterschlupf. Viele heimische und anspruchslose Wildgehölze, wie Rainweide, Kornelkirsche, Hainbuche, Weißdorn und Heckenkirsche, sind für Schnitthecken geeignet. Trotz der zusätzlichen Arbeit für den regelmäßigen Schnitt ist deshalb diese Heckenform als problemlos und pflegeleicht anzusehen.

Gehölze für Schnitthecken

Aus der großen Fülle der Gehölze sind nur wenige Arten für regelmäßig geschnittene Hecken geeignet. Für diesen Zweck müssen sie auch bei natürlichem Wuchs schon eine möglichst dichte Struktur besitzen und in hohem Maße regenerationsfähig sein. Nach dem Schnitt sollen sie möglichst rasch neue Knospen und Triebe bilden; der Wuchs darf aber auch nicht zu stark sein, um übermäßige Schnittarbeit zu vermeiden. Eine Auswahl der wichtigsten geeigneten Arten und Sorten enthält die Tabelle S. 99 und 100. Es ist notwendig, für die jeweils gewünschte Heckenhöhe Pflanzenarten mit entsprechender Wuchsstärke auszuwählen. In der Tabelle ist für jede Pflanzenart die jeweils günstige Heckenhöhe angegeben. Je höher die Hecke später werden soll, desto größer muß die Wuchsstärke der Pflanzenart sein. Als grobe Regel könnte man sagen, daß bei Heckenhöhen von ca. 2 m und darüber baumartige Gehölze und Großsträucher, z. B. Hainbuche und Feldahorn, verwendet werden sollten. Sträucher sind für Heckengrößen von ca. 1–2 m geeignet, z. B. Rainweide, Kornelkirsche, Heckenkirsche und Weißdorn; bei Hecken unter 1 m Höhe sind vorwiegend Kleinsträucher, z. B. Arten der Spiere, des Fünffingerstrauchs und der Zwergrainweide, angebracht. Wenn die Wuchsstärke der ausgewählten Art zu gering ist, wird die gewünschte Höhe und Dichte der Hecke nicht erreicht. Stimmt das Verhältnis der gewünschten Heckengröße zur Wuchskraft des Gehölzes nicht, lei-

Laubgehölze für geschnittene Hecken

Name	Günstige Heckenhöhe in cm	Pflanzen je m (1reihig)	Günstige Pflanzengröße	Stand	Bemerkungen
Feldahorn, *Acer campestre*	200–400	2–3	He 2xv 80–100	○–●	Herbstfärbung, kalkliebend.
Sauerdorn, *Berberis aggregata*	50–100	4–5	Str 2xv 40–60	○–◐	Gelbe Blüte, rote Früchte lang haftend, selten im Handel.
Sauerdorn, *Berberis julianae*	100–200	3–4	Str 2xv 60–80	◐–●	Immergrün, gut frosthart, in der Sonne schöne Winterfärbung, blaue Früchte.
Sauerdorn, *Berberis thunbergii*	50–100	3–4	Str 2xv 60–80	○–◐	Gelbe Blüte, leuchtend rote Früchte, gelb bis orangefarbene Herbstfärbung.
Sauerdorn, *Berberis wilsoniae* var. *subcaulialata*	50–100	3–4	Str 2xv 40–60	○–◐	Sehr dichttriebig, scharlachrote Herbstfärbung, leuchtend gelbrote Früchte.
Buchsbaum, *Buxus sempervirens* var. *arborescens*	100–200	3–4	He 2xv mB 30–40	○–●	Immergrün, anspruchslos, Schnitt erst nach Mitte Mai.
Buchsbaum, *Buxus sempervirens* 'Handsworthiensis'	50–100	4–5	Bü 3xv mB 40–60	○–●	Sehr gute Winterhärte, Schnitt erst nach Mitte Mai.
Hainbuche, *Carpinus betulus*	100–400	2–3	He 2xv 100–125	○–●	Anspruchslos, kalkliebend, Laub haftet teilweise bis zum Neuaustrieb.
Kornelkirsche, *Cornus mas*	100–200	3–4	Bü 2xv 40–60	○–◐	Kalkliebend, gelbe Blüte im März bis April, eßbare Früchte.
Weißdorn, *Crataegus coccinea*	100–200	2–3	Bü 2xv 60–100	○–◐	Sehr starke Bewehrung, resistent gegen Rost, scharlachrote Früchte.
Pflaumen-Dorn, *Crataegus × prunifolia*	100–200	2–3	Bü 2xv 60–100	○–◐	Starke Bewehrung, krankheitsresistent, scharlachrote Beeren, rote Herbstfärbung.
Weißdorn, *Crataegus laevigata*	100–200	2–3	Bü 2xv 60–100	○–◐	Häufig Befall von Rost.
Weißdorn, *Crataegus monogyna*	100–300	2–3	Bü 2xv 60–100	○–◐	Alle Weißdornarten sind ausgezeichnete Vogelschutzgehölze!
Rotbuche, *Fagus sylvatica*	200–400	2–3	He 2xv 100–125	◐–●	Goldbraune Herbstfärbung, liebt tiefgründige Kalkböden.
Stechpalme, *Ilex aquifolium*	100–200	2–3	Bü 2xv mB 60–80	◐–●	Dichte, immergrüne Hecken, nur für frische Böden, giftige Beeren.
Liguster, Rainweide, *Ligustrum ovalifolium*	50–200	3–4	Str 2xv 5–7 Tr 60–100	◐–●	Wintergrün, für geschützte Lagen, giftige Beeren.
Liguster, Rainweide, *Ligustrum vulgare* 'Atrovirens'	50–200	3–4	Str 2xv 5–7 Tr 60–100	○–◐	Wintergrün, unempfindlich, giftige Beeren.
Liguster, Rainweide, *Ligustrum vulgare* 'Atrovirens Compact'	50–100	4–5	Str 2xv 5–7 Tr 40–60	○–◐	Wintergrün, unempfindlich, giftige Beeren.
Liguster, Rainweide, *Ligustrum vulgare* 'Lodense'	–50	4–5	Str 2xv 30–40	○–◐	Zum Teil wintergrün mit rötlichem Laub, kaum fruchtend.
Heckenkirsche, *Lonicera coerulea*	50–200	3–4	Str 2xv 40–60	◐–●	Raschwüchsig, rotbraune Rinde, früh austreibend, giftige Beeren.
Heckenkirsche, *Lonicera xylosteum* 'Clavey's Dwarf'	50–100	3–4	Str 2xv 40–60	◐–●	Anspruchslos, salzverträglich, giftige Beeren.

Abkürzungen: He = Heckenpflanze mB = mit Ballen ○ = volle Sonne
Str = Sträucher Co = Container ◐ = Halbschatten
Bü = Büsche Tr = Triebe ● = Schatten
v = verpflanzt

Hecken für den Garten

Name	Günstige Heckenhöhe in cm	Pflanzen je m (1reihig)	Günstige Pflanzengröße	Stand	Bemerkungen
Lorbeer-Kirsche, *Prunus laurocerasus* 'Herbergii'	50–150	3–4	Bü 2xv mB 40–60	◐–●	Immergrün, weiße Blütenkerzen, schwarze, giftige Beeren, frische Böden.
Feuerdorn, *Pyracantha* in Arten und Sorten	100–200	2–3	Bü 2xv Co 40–60	◐–●	Schorfresistente Sorten bevorzugt, Fruchtschmuck, immergrün, Vogelschutzgehölz.
Alpenjohannisbeere, *Ribes alpinum* 'Schmidt'	50–100	3–4	Str 2xv 5–7 Tr 30–40	◐–●	Kalkhaltige, nährstoffreiche Böden, früher Austrieb.
Spierstrauch, *Spiraea × arguta*	50–100	3–4	Str 2xv 40–60	○–◐	Trockenheitsresistent, unangenehmer Blütenduft.
Spierstrauch, *Spiraea × cinerea* 'Grefsheim'	50–100	3–4	Str 2xv 40–60	○–◐	Anspruchslos, nicht verkahlend, sehr reiche, weiße Blüte.
Spierstrauch, *Spiraea × vanhouttei*	100–150	3–4	Str 2xv 40–60	○–◐	Im Schatten Blattlausbefall und lichter Wuchs, anspruchslos.
Winterlinde, *Tilia cordata*	200–400	2–3	Heist 2xv 125–150	○–◐	Alte Heckenpflanze, häufig Befall von Sternrußtau.

Nadelgehölze für geschnittene Hecken

Name	Günstige Heckenhöhe in cm	Pflanzen je m (1reihig)	Günstige Pflanzengröße	Stand	Bemerkungen
Scheinzypresse, *Chamaecyparis lawsoniana* in Sorten	100–200	2–3–4	mB 40–60–80	○	Bevorzugen frische Böden und hohe Luftfeuchte.
Europäische Lärche, *Larix decidua*	200–300	2–3	mB 80–100	○	Leuchtend gelbe Herbstfärbung, häufig Wollausbefall.
Japanische Lärche, *Larix kaempferi*	200–300	2–3	mB 80–100	○	Schöne, blaugrüne Benadlung, gelbbraune Herbstfärbung, liebt hohe Boden- und Luftfeuchte.
Fichte, *Picea abies*	200–300	2–3	mB 60–80–100	○	Für kalkarme, saure Böden, liebt hohe Boden- und Luftfeuchte.
Serbische Fichte, *Picea omorika*	100–300	2–3	mB 60–80–100	○	Liebt tiefgründige, frische Böden, oft Magnesiummangel, krankheitsresistent.
Eiben, *Taxus baccata* und *Taxus media* in Formen	100–200	2–3–4	mB 40–60–80	◐–●	Lieben tiefgründige, frische Böden, Giftpflanzen!
Lebensbaum, *Thuja occidentalis*, *Thuja plicata* in Formen	100–300	2–3–4	mB 40–60–80–100	○	Unterschiedliche Winterfärbung bei den Sorten, »Thujengeruch«.

det die Alterungsfähigkeit der Hecke, und gleichzeitig ist der Aufwand für die Schnittmaßnahmen sehr hoch.

Welche Pflanzenmenge wird benötigt?

Bei geschnittenen Hecken muß relativ dicht gepflanzt werden, weil die Pflanzen durch die Schnittmaßnahmen wesentlich kleiner bleiben als bei natürlicher Entwicklung. Da Schnitthecken häufig für den Sichtschutz geplant sind, sollte sich die Oberfläche der Heckenwände durch Zweige und Blätter oder Nadeln bald schließen. Dies ist auch der Grund dafür, daß manchmal Hecken mehrreihig gepflanzt werden. Dieser Aufwand ist jedoch nur selten sinnvoll. Meist genügt die einreihige Pflanzung, weil sich die Einzelpflanzen dann schneller entwickeln. Es kann davon ausgegangen werden, daß bei baumartigen Gehölzen 1–2, bei großen Sträuchern ca. 2–3 und bei kleinen Sträuchern ca. 5–10 Stück/m Heckenlänge erforderlich sind. Dies ist allerdings auch im Zusammenhang mit der Qualität und Größe des Pflanzen-

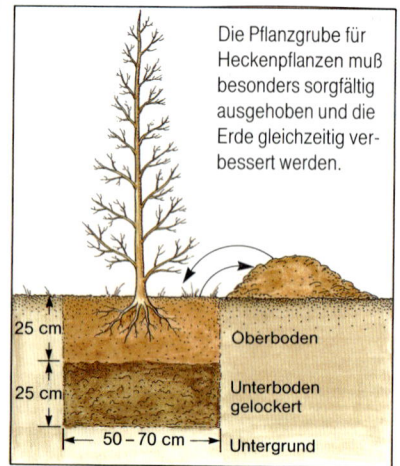

Die Pflanzgrube für Heckenpflanzen muß besonders sorgfältig ausgehoben und die Erde gleichzeitig verbessert werden.

gutes zu sehen. Je größer das Pflanzenmaterial, desto geringer die Anzahl der benötigten Pflanzen. Neben den Pflanzenqualitäten, wie Sträucher und Heister, sind für die Anpflanzung von geschnittenen Hecken in den Baumschulen auch speziell angezogene Heckenpflanzen erhältlich. Gekennzeichnet sind diese mit dem Kurzzeichen »He«. Sie werden bereits während der Anzucht mehrmals gestutzt, sind dann bereits zum Zeitpunkt der Pflanzung ausreichend dicht und bieten damit erhebliche Vorteile.

Hecken für den Garten

Sorgfältige Bodenvorbereitung

Die Bodenvorbereitung ist bei geschnittenen Hecken besonders wichtig. Der geringe Pflanzabstand verursacht eine starke Konkurrenz um Licht, Wasser und Nährstoffe. Hinzu kommt, daß durch den Schnitt dauernd Verluste an Nährstoffen auftreten. Es ist deshalb wichtig, daß eine besonders gründliche Bodenvorbereitung und Bodenverbesserung durchgeführt wird. Vor der Pflanzung hebt man einen Pflanzgraben aus (s. Abb.). Dazu wird der Oberboden etwa spatentief abgetragen und seitlich gelagert. Die darunterliegende Schicht wird durch Umgraben gelockert, der anfangs abgetragene Oberboden mit Bodenverbesserungsmitteln aufbereitet. Bindige Böden sollte man zu je ⅓ mit gut abgelagertem Kompost und Sand mischen. Sandige Böden werden mit je ⅓ Kompost und Torf oder Rindenhumus verbessert. Die Pflanzen werden in den Pflanzgraben gestellt und der vorbereitete Oberboden eingefüllt. Eine straff gespannte Schnur bietet beim Grabenaushub und der Ausrichtung der Pflanzen eine gute Hilfe, wenn man Wert auf eine exakte Heckenflucht legt. Bei Pflanzen mit Ballen ist das Ballentuch am Wurzelhals nach dem Einstellen in den Graben zu lösen. Der Boden ist im Wurzelbereich kräftig anzutreten; anschließend durchdringend wässern.

Wie wird geschnitten?

Gehölze aus herkömmlicher Anzucht werden etwa 2 Jahre nach der Pflanzung lediglich gestutzt, damit sich ein dichtes Zweigwerk bildet; es reicht, wenn jeweils die Mittel- und Seitentriebe der Zweige im Frühjahr vor dem Austrieb zur Hälfte eingekürzt werden. Falls die Heckenhöhe nach der Pflanzung noch nicht gegeben ist, wird der Mitteltrieb zunächst nicht geschnitten, bis die gewünschte Höhe erreicht ist. Für den 1. Flächenschnitt sollte man sich ein Gerüst aus Holzlatten, eine sogenannte Lehre herstellen. Ähnlich wie beim Bau von Mauern werden an dem Lattengerüst Schnüre oder Drähte gespannt, die bei der Durchführung der Schnittarbeit als Orientierung dienen. Um zu verhindern, daß die Hecken später im unteren Teil infolge Lichtmangels verkahlen, sollte die Hecke an der Basis über dem Boden breiter sein als an der Krone. Üblicherweise wird die Heckenwand ca. 5–10% aus der Senkrechten nach innen geneigt (s. Abb.). Dadurch kommen die unteren Zweige der Hecke zu einem höheren Lichtgenuß, und die Oberfläche erhält eine gleichmäßige, dichte Struktur ohne Lücken oder Fehlstellen durch abgestorbene Äste. Einen ähnlichen Zweck hat der Heckenschnitt mit gerundeten Profilen (s. Abb.). Allerdings erfordert der Schnitt solcher Hecken sehr viel Übung, weil kaum nach Lehren gearbeitet werden kann. Der Vorteil dieses Profils besteht darin, daß es der natürlichen Wuchsform der Pflanzen besser entspricht. Bei einigen Arten, z. B. Hainbuche und Feldahorn, ist auch ein Schnittprofil mit senkrechten Wänden möglich, weil der Lichtanspruch vergleichsweise gering und die Regenerationsfähigkeit der Pflanzen sehr groß ist (s. Abb.).

Wann sollte geschnitten werden?

Im Regelfall reicht es aus, wenn Hecken einmal im Jahr geschnitten werden. Der Schnitt nicht frostgefährdeter Arten kann sowohl im Herbst als auch im Frühjahr erfolgen. Empfindliche Arten, wie Buchs *(Buxus sempervirens)*, Japanischer Liguster *(Ligustrum ovalifolium)* und Blaue Heckenkirsche *(Lonicera caerulea)*, sollten erst im Frühjahr nach den letzten Spätfrösten geschnitten werden, um Schäden an den Jungtrieben zu vermeiden. Ein zweimaliger Schnitt erscheint nur bei besonders hohen Anforderungen gerechtfertigt oder dann, wenn die gewünschte Heckenhöhe für die gewählte Pflanzenart zu gering ist. In diesem Fall wird der 2. Schnitt Mitte bis Ende Juni durchgeführt, um ein Ausreifen der neuen Triebe im Herbst zu gewährleisten. Der jährlich neu durch

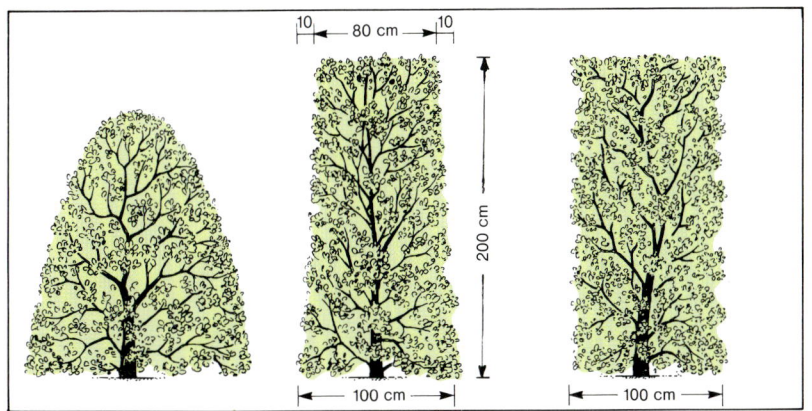

Hecken können mit rundem Abschluß, mit Anlauf (mittlere Zeichnung) und ohne Anlauf geschnitten werden.

Um einen geraden Schnitt zu erzielen, muß eine straffe Schnur in Schnitthöhe gespannt werden.

Hecken für den Garten

zuführende Heckenschnitt wird auf der Höhe des 1. Schnittes durchgeführt. Bei der Arbeit mit der Heckenschere kann man sich deshalb an den deutlich erkennbaren Schnittstellen des vorherigen Jahres orientieren und auf die erneute Anlage eines Lattengerüstes mit Drahtspannung verzichten. Für ungeübte Heckenfreunde erleichtert allerdings auch in diesem Fall das Spannen eines Drahtes oder einer Schnur die Arbeit und verbessert die Gleichmäßigkeit der Schnittführung.

Regeneration von Schnitthecken

Es kommt immer wieder vor, daß Hecken durch unsachgemäße oder unterlassene Pflege durchwachsen. Manchmal soll auch eine bereits vorhandene Hecke in der Höhe zurückgenommen werden. Dies bereitet erfahrungsgemäß keine Probleme, wenn man einige Regeln beachtet. So sollte man solche vernachlässigten Hecken nicht mehr als etwa ⅓ in der Höhe und Breite zurücknehmen, damit die Pflanzen wieder von innen heraus neue Triebe bilden können. Dazu kann man einfach, wie bei dem 1. Schnitt beschrieben, eine Lehre herstellen und alle darüber hinausragenden Triebe mit Rosenschere oder Säge abschneiden. Damit die Schnur überhaupt zu spannen ist, muß erst eine »Schneise« freigeschnitten werden. Die Schnittstellen dickerer Zweige ab ca. 3 cm Durchmesser sind zweckmäßigerweise mit Wundverschlußmitteln zu verschließen, nachdem sie mit dem Messer nachgeglättet wurden. Eine stärkere Einkürzung als ⅓ der vorhandenen Höhe und Breite vertragen nur sehr regenerationsfähige Arten wie Hainbuche, Feldahorn und Liguster. Besser ist es jedoch, in solchen Fällen einen gestaffelten Rückschnitt durchzuführen. Dazu werden im 1. Jahr der Zurücknahme lediglich die stärkeren Äste auf die zukünftige Oberfläche der Hecke zurückgeschnitten. Die verbleibenden Seitentriebe und die neu gebildeten Zweige werden im darauffolgenden Jahr mit einem herkömmlichen Heckenschnitt eingekürzt. Da erfahrungsgemäß dann ein sehr kräftiges Längenwachstum der Neutriebe einsetzt, empfiehlt es sich, im Verlauf der ersten Jahre nach der Regeneration neben dem Herbst- oder Frühjahrsschnitt einen Sommerschnitt im Juni durchzuführen, damit die Bildung von seitlichen Kurztrieben gefördert wird. Auch immergrüne Hecken von Buchs, Eibe, Lebensbaum und Scheinzypresse können regeneriert werden. Bei der Fichte ist dies jedoch nicht möglich, weil sie nur aus benadelten Zweigen austreiben kann.

Beseitigung von Fehlstellen

Unsachgemäße Anwendung von Pflanzenschutzmitteln, Überdüngung oder mechanische Einwirkungen führen oft zu Fehlstellen. Diese können durch den Ausfall ganzer Pflanzen oder durch das Absterben einzelner Äste hervorgerufen werden. Wenn ganze Pflanzen ausgefallen sind, wird im Regelfall nur die Neupflanzung von Gehölzen zum Erfolg führen. Falls es, wie z. B. bei Hainbuche, Feldahorn und Eibe, baumschulmäßig herangezogene Heckenpflanzen gibt, kann man diese in der Größe der Hecke nachpflanzen. Bei anderen Arten sollten Stammbüsche, Heister mit Ballen oder Solitärpflanzen beschafft werden, die man sehr gut für die Fehlstelle formieren kann. Zu kleine Pflanzen führen kaum zum Erfolg, weil die Konkurrenz der Wurzeln und Triebe der Hecke selbst ein zügiges Höhenwachstum der Nachpflanzung stark hemmt. Eine kräftige Düngung im Bereich der Neupflanzung und sorgfältige Bodenpflege sind Grundlage für ein rasches Schließen der Lücke. Falls der Ausfall der Pflanzen durch Überdüngung, Bodenherbizide oder andere pflanzenschädigende Stoffe hervorgerufen wurde, ist auf jeden Fall ein vollständiger Bodenaustausch vor der Pflanzung durchzuführen. Kleinere Öffnungen in der Hecke lassen sich dadurch beseitigen, daß benachbarte Astpartien durch Anbinden in die Lücke gezogen werden, so daß die zukünftigen Triebe diese Fehlstelle ausfüllen können.

Das richtige Werkzeug für den Schnitt

Richtiges Werkzeug ist die halbe Arbeit! Deshalb sollte man für den Heckenschnitt nur bestes Material verwenden. Hier Geld zu sparen, ist sicher falsch. Für kleinere Gärten ist eine zweischneidige Heckenschere mit langen Klingen ausreichend. Mit ihr können allerdings nur relativ dünne Zweige sauber und glatt geschnitten werden. Wichtig ist, daß die beiden Klingen stets eng zusammenstehen, da-

An einer belebten Straße schützt diese Schnitthecke den Gartenraum vor Staub, Lärm und neugierigen Blicken.

mit beim Schneiden keine Quetschungen entstehen. Von Zeit zu Zeit sollte man die Klingen mit einem Abziehstein nachschärfen. Eine Astschere ist notwendig bei der Regeneration von Schnitthecken sowie beim Verjüngen von freiwachsenden Hecken. Hier müssen oft dickere Zweige entfernt werden. Durch die kräftige, hebelartige Übersetzung der Schneidwerkzeuge ist der Schnitt mit geringem Kraftaufwand möglich.

Arbeitserleichterung, besonders bei größeren Hecken, bringen Heckenscheren mit Motorantrieb. Die Arbeit mit ihnen ist allerdings nicht ganz ungefährlich. Es muß immer auf das Elektrokabel geachtet werden, damit es bei der Schnittarbeit nicht durchgetrennt wird.

Wenn höhere Hecken zu schneiden sind, darf nicht von einer Leiter aus gearbeitet werden, da unachtsames Handeln zu bösen Unfällen führen kann. Für die Arbeit im Garten reichen meist Gerüste aus Holzböcken und Bohlen aus, die schnell auf- und wieder abgebaut werden können. Für höhere Hecken sind Arbeitsbühnen sehr praktisch; allerdings sind sie für den Heckenschnitt im Garten sehr aufwendig.

Bodenpflege und Düngung

Vor allem in den ersten Jahren nach der Pflanzung sollte der Boden im Wurzelbereich offen, d. h. unkrautfrei gehalten werden. Auch das Abdecken mit Mulchstoffen wie Stroh oder Schälrinde hat sich bewährt. Zur Versorgung der Heckenpflanzung mit Nährstoffen ist das Einarbeiten von ca. 12 g Stickstoff (N), 12 g Phosphor (P) und 20 g Kali (K) pro m Hecke im Jahr ausreichend, wobei die Düngung in mehreren Gaben im Herbst und Frühjahr erfolgen sollte. Die in den Tabellen mit »anspruchslos« bezeichneten Arten kommen auch mit geringerer Düngermenge aus. Es ist zu beachten, daß der Boden zum Zeitpunkt der Düngung feucht ist, weil es sonst zu Verbrennungen kommen kann. Nach Erreichen der gewünschten Wuchshöhe kann die Düngung auf die Hälfte verringert werden oder unter Umständen ganz entfallen. Selbstverständlich ist dabei die Leistungsfähigkeit der verschiedenen Böden zu berücksichtigen.

Diese mehrschichtig aufgebaute Blütenhecke bietet nicht nur hervorragenden Sichtschutz, sondern erfreut im Jahresablauf auch durch Blattaustrieb, Blütenbesatz, Herbstfärbung und reichgliedrige Struktur.

Ungeschnittene Hecken

Das natürliche Leitbild ungeschnittener Hecken sind Feldhecken mit heimischen Pflanzen unterschiedlicher Höhe. Schematisch bestehen solche Pflanzengemeinschaften aus
- der Baumschicht,
- der Strauchschicht,
- der Krautschicht.

Naturnahe Wälder weisen eine ähnliche dreischichtige Struktur auf. Tatsächlich könnte man sagen, diese Hecken sind ein kleiner Wald auf engstem Raum – praktisch zwei Waldränder (s. Grafik S. 104). Diese Formation besticht durch ihre Vielfalt und Reichgliedrigkeit. Natürlich wird man sich vor allem auf kleinen Grundstücken einen solchen »Heckenwald« nicht immer leisten können. Neben einer Breite von 5–8 m ist vor allem auch die spätere Höhe der Bäume zu berücksichtigen. Die Beschattung des eigenen Grundstückes oder der angrenzenden Flächen ist zu überprüfen. Bei kleinen Grundstücken können solche Feldhecken kaum realisiert werden. Trotzdem muß man als Freund naturnaher Pflanzungen auf eine Feldhecke nicht verzichten. Für einen geringeren Flächenbedarf von ca. 2–3 m Breite werden beim Schichtaufbau die baumartigen Gehölze nicht berücksichtigt. Die »Baumschicht« wird durch größere Sträucher erreicht. Damit ist auch die angestrebte Höhe der Hecke zu beeinflussen.

Pflanzenauswahl

Die Auswahl geeigneter Pflanzenarten für den jeweiligen Verwendungszweck gehört zu den schwierigsten Aufgaben des Gärtners. Bei der Konzeption von Hecken, insbesondere von mehrschichtig aufgebauten Pflanzungen aus Bäumen bzw. Großsträuchern, Sträuchern und Kräutern ist dies nicht anders; sind dabei doch viele Dinge zu berücksichtigen. Vor allem kommt es darauf an, die voraussichtliche Wuchsentwicklung einer Pflanze abzuschätzen. Es stellen sich z. B. die Fragen, ob eine Pflanze baumartig wächst oder ein kleiner Strauch wird; ob sie langsam

Hecken für den Garten

Rechtes Bild:
Diese ungeschnittene Hecke ist äußerst pflegeleicht, braucht jedoch etwas mehr Platz zur Entfaltung.

Der Aufbau einer mehrschichtigen Hecke entspricht dem Leitbild naturnaher Wälder. Zwei Waldränder zusammen ergeben einen solchen »Heckenwald«.

wächst oder schnell. Darüber hinaus muß man wissen, welche Anforderungen von den Pflanzenarten an den Standort gestellt werden. Zwar gibt es einige, die fast überall wachsen; die meisten stellen jedoch an den Boden und an den Lichtgenuß sehr spezifische Ansprüche, die zu beachten sind. Auch Blütezeit, Fruchtbildung, Herbstfärbung und andere spezielle Eigenschaften sollten bekannt sein, um erfolgreich Pflanzen miteinander zu vergemeinschaften, damit sie gut gedeihen und der Gartenbesitzer später möglichst viel Freude an seiner Hecke hat. Für mehrschichtig aufgebaute Hecken finden Sie eine Auswahl der geeigneten heimischen Gehölze einschließlich der Angaben, die für die Vergemeinschaftung wissenswert sind, s. Tabelle S. 105 und 106.

Pflanzgröße und Pflanzabstand

Baumartig wachsende Gehölze sollten als sogenannte Heister oder Stammbüsche gepflanzt werden. Heister sind mehrmals verpflanzte, baumartige Gehölze, die noch keine Krone, aber schon Seitenzweige besitzen und gut bewurzelt sind. Stammbüsche sind mindestens 2,5 m hoch, mindestens zweimal verpflanzt und besitzen eine besonders volle Zweiggarnierung. Dies sind die in Baumschulen erhältliche Qualitäten, welche einen weitgehend natürlichen Wuchs aufweisen. Wenn ohne Rückschnitt gepflanzt werden soll, sind Heister und Stammbüsche mit Ballen zu pflanzen. Setzt man Bäumchen, deren Wurzeln nicht in geschlossenen Ballen gewachsen sind, muß meistens ein Rückschnitt bei der Pflanzung erfolgen. Wenn möglichst bald nach der Pflanzung bereits eine wirksame Hecke erreicht werden soll, können auch Solitärpflanzen verwendet werden. Diese sind besonders voll garniert, d.h., sie sind schon größer und reicher mit Ästen und Zweigen besetzt, besitzen im Regelfall einen Erdballen und kosten etwas mehr. Strauchartig wachsende Gehölze werden meist als Sträucher ohne Ballen oder Solitärs mit Ballen gehandelt. Sträucher ohne Ballen sollten fast ausnahmslos bei der Pflanzung etwa um $\frac{1}{3}$–$\frac{1}{2}$ zurückgeschnitten werden. Ballenpflanzen müssen nicht geschnitten werden, es sei denn, daß verletzte Triebe vorhanden sind. Der Pflanzabstand bei Sträuchern muß der Wuchskraft der jeweiligen Art angepaßt werden. Durchschnittlich kann man mit einem Pflanzabstand von 1,5–2 m rechnen. Nähere Angaben enthält die Tabelle S. 105 und 106.

Pflege

Im Verlauf der 1. Vegetationsperiode nach dem Pflanzen muß bei Trockenheit gelegentlich gewässert werden. Im übrigen ist in den ersten beiden Vegetationsperioden der Aufwuchs von Akkerunkräutern zu entfernen. Im Verlauf der weiteren Entwicklung der Pflanzung sollten vor allem solche Gehölze herausgenommen oder eingekürzt werden, die nur als raschwüchsige Pioniere auf schlechten Standorten für eine ausreichende Anfangsentwicklung sorgen sollen. Auch auf guten Standorten werden solche Pflanzen oft verwendet, wenn ein möglichst rascher Bestandsschluß der Hecke notwendig ist. Insbesondere Arten wie Weide, Pappel und Erle sind dafür geeignet. Diese Gehölze sind stark verdrängend, werden deshalb nach ca. 3–5 Jahren entfernt, um den eigentlich gewünschten Gehölzarten Platz zur Entwicklung zu lassen.

Einige Pflanzbeispiele

Alle Pflanzbeispiele sind als maßstabsgetreue Grundrißpflanzpläne dargestellt. Unter Verwendung der grafischen Maßstableiste können für jede Pflanze die Pflanzabstände ermittelt werden. Dies gibt Ihnen die Möglichkeit, die Pflanzung mühelos vom Plan auf die tatsächliche Pflanzfläche im Garten zu übertragen. Die Pflanzpläne sollen jedoch nicht als überall kopierbares Pflanzrezept, sondern lediglich als Orientierungshilfe verstanden werden. Die Boden- und Klimaverhältnisse, der jeweilige Flächenzuschnitt und die speziellen Wünsche des Heckenfreundes sind im Einzelfall zu berücksichtigen.

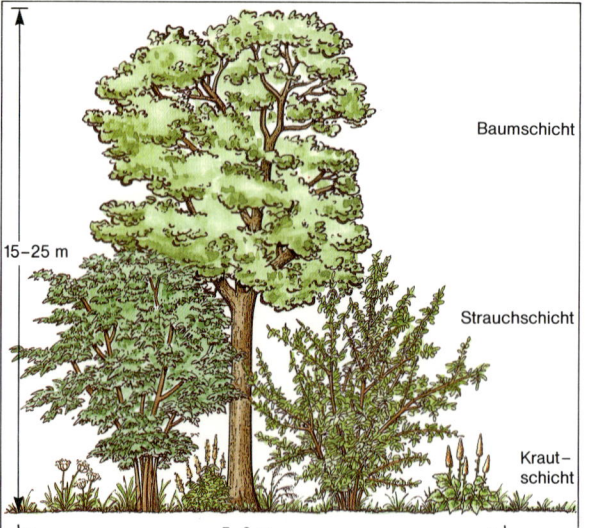

Hecken für den Garten 105

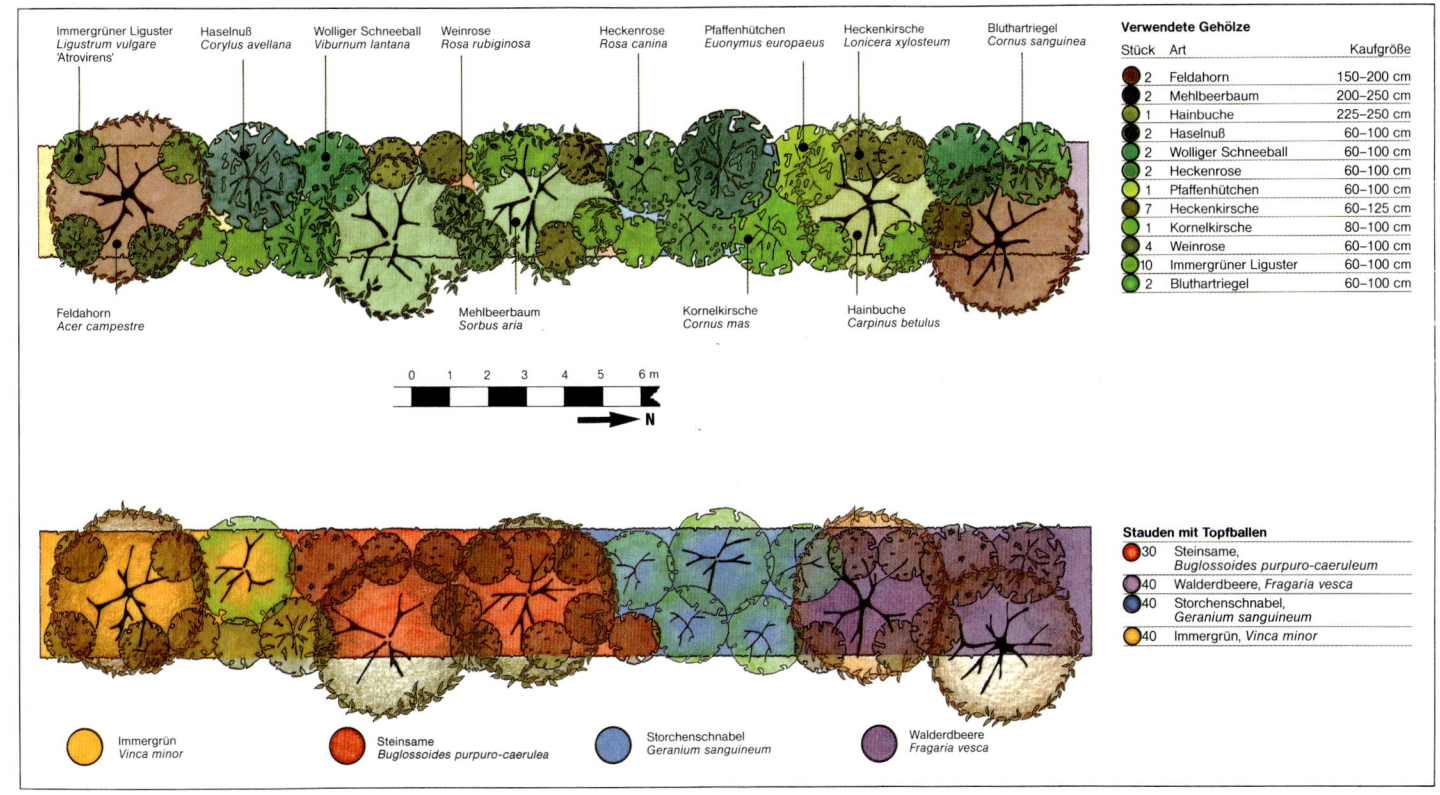

Feldhecke für kleinere Gärten

Der erste Pflanzplan beinhaltet einen Pflanzvorschlag für eine Feldhecke, die ausschließlich aus heimischen Gehölzen besteht. Die Breite dieser Pflanzung beträgt ca. 2,5–3 m. Sie dürfte deshalb auch für kleinere Gartengrundstücke realisierbar sein. Bei dieser Heckenbreite besteht auch sehr gut die Möglichkeit, »Sichtfenster« in die Umgebung freizuhalten, z. B. durch das Einkürzen der Triebe der Rainweide oder Heckenkirsche, die solche Eingriffe sehr gut tolerieren. Bei der Rainweide wäre auch die nur 1 m hoch wachsende Sorte *Ligustrum vulgare* 'Lodense' als Ersatz für die reine Art möglich, allerdings wächst diese nur sehr langsam. Falls die natürliche Wuchshöhe der Hainbuche nicht erwünscht ist, kann diese Art problemlos durch Herausnehmen des Mitteltriebes in ihrem Wuchs beschränkt werden. Alternativ dazu ist auch die Verwendung von höher wachsenden Sträuchern, z. B. Weißdorn, Kreuzdorn oder Salweide, angebracht. Diese wirkungsvolle Feldhecke, die in ähnlicher Form durchaus auch in der freien Landschaft anzutreffen ist, bietet sehr guten Sicht- und Windschutz. Freun-

Heimische Gehölze für Feldhecken

Name	Wuchshöhe in m	Blütezeit	Blütenfarbe	Stand	Bevorzugte Bodenart	Bemerkungen
Feldahorn, *Acer campestre*	10–15	April–Mai	gelb	○–●	mittel bis schwer	Gelbe Herbstfärbung.
Gemeine Felsenbirne, *Amelanchier ovalis*	1–2	April–Mai	weiß	○	leicht bis mittel	Eßbare Beeren, Ausläufer.
Gemeiner Sauerdorn, *Berberis vulgaris*	1–2	Mai	gelb	○–◐	leicht bis mittel	Eßbare Beeren, alte Heilpflanze.
Hainbuche, *Carpinus betulus*	20–30	Mai–Juni	grünlich	○–●	mittel bis schwer	Sehr dichter Wuchs, gelbe Herbstfärbung.
Kornelkirsche, *Cornus mas*	3–5	März–April	gelb	○–◐	leicht bis mittel	Früchte eßbar, langsamer Wuchs.
Roter Hartriegel, *Cornus sanguinea*	3–4	Mai	weiß	○–●	leicht bis schwer	Rötliche Rinde, anspruchslos an Boden und Standort, rote Herbstfärbung.
Haselnuß, *Corylus avellana*	3–5	Februar/März	gelb	○–●	leicht bis schwer	Bienenweide.
Eingriffeliger Weißdorn, *Crataegus monogyna*	4–6	Mai–Juni	weiß	○–◐	leicht bis schwer	Roter Beerenschmuck, Vogelschutzgehölz, Blüte unangenehm riechend.
Zweigriffeliger Weißdorn, *Crataegus laevigata*	2–5	Mai–Juni	weiß bis rosa	○–◐	leicht bis schwer	Roter Beerenschmuck, Vogelschutzgehölz, Blüte unangenehm riechend.
Purpurginster, *Cytisus purpureus*	0,5–1	Juni–Juli	purpurrot	○	leicht bis mittel	Auffälliger Blütenschmuck, für warme Standorte.
Besenginster, *Cytisus scoparius*	1–2	Mai–Juni	goldgelb	○	leicht bis mittel	Kalkfreier Standort, alle Ginsterarten sind leicht giftig.
Pfaffenhütchen, *Euonymus europaeus*	3–5	Mai–Juni	gelblichgrün	◐–●	leicht bis schwer	Giftige, rote Früchte, gute Herbstfärbung.

Hecken für den Garten

Heimische Gehölze für Feldhecken

Name	Wuchshöhe in m	Blütezeit	Blütenfarbe	Stand	Bevorzugte Bodenart	Bemerkungen
Sanddorn, *Hippophae rhamnoides*	4–6	März–April	gelblichbraun	○	leicht bis mittel	Eßbarer Beerenschmuck, starke Ausläufer.
Gemeiner Goldregen, *Laburnum anagyroides*	5–6	Mai–Juni	gelb	○–◐	leicht bis schwer	Giftig, nicht duftende Blüten.
Liguster, Rainweide, *Ligustrum vulgare*	3–5	Juni–Juli	weiß	○–●	leicht bis schwer	Schwarze Früchte, giftig, in geschützten Lagen wintergrün.
Blaue Heckenkirsche, *Lonicera coerulea*	1–2	April–Mai	gelblich-weiß	◐–●	mittel bis schwer	Schwarzblaue Früchte, giftig, rotbraune Rinde, früher Austrieb.
Waldgeißblatt, *Lonicera periclymenum*	3–4	Mai–Juni	gelblich-weiß	◐–●	mittel bis schwer	Rote Beeren, giftig, Schlinger für kleine Bäume und Großsträucher.
Rote Heckenkirsche, *Lonicera xylosteum*	2–3	Mai–Juni	gelblich-weiß	◐–●	leicht bis schwer	Rote Beeren, giftig, früher Austrieb, gern auf trockenen Standorten; kleinbleibende Auslesen im Handel.
Wildapfel, *Malus sylvestris*	6–8	April–Mai	weiß bis rosa	○	leicht bis schwer	Verwertbare Früchte, Vogelschutzgehölz, dornähnliche Kurztriebe.
Steinweichsel, *Prunus mahaleb*	5–7	Mai	weiß	○–◐	leicht bis mittel	Breiter Wuchs, Blüten duftend, kleine, schwarze Früchte.
Traubenkirsche, *Prunus padus*	10–15	April–Mai	weiß	◐–●	mittel bis schwer	Blüten duftend, Rinde faulig riechend.
Schlehe, Schwarzdorn, *Prunus spinosa*	2–4	April–Mai	weiß	○	leicht bis schwer	Eßbare Früchte, Vogelschutzgehölz, häufiger Befall von Gespinstmotte, Ausläufer!
Gemeiner Faulbaum, *Rhamnus frangula*	–5	Mai–Juni	gelblich	○–◐	mittel bis schwer	Schwarze Beeren, giftig, gelbe Herbstfärbung, für frische Standorte.
Alpenjohannisbeere, *Ribes alpinum*	1–2	April–Mai	gelblich-grün	◐–●	mittel bis schwer	Besonders zur Unterpflanzung geeignet; kleinbleibende Auslesen im Handel.
diverse Wildrosen, s. a. S. 109						
Gemeine Brombeere, *Rubus fruticosus*	2–3	Juni–Juli	weiß bis rosa	○–●	leicht bis schwer	Eßbare Früchte, Vogelschutzgehölz, bei Pflanzung auf Herkünfte achten!
Salweide, *Salix caprea*	8–10	März–April	gelb	○	leicht bis schwer	Sehr wichtige Bienenweide, für trockene Standorte geeignet.
Purpurweide, *Salix purpurea*	3–5	April–Mai	gelb	○	mittel bis schwer	Bienenweide, für frische Standorte.
Schwarzer Holunder, *Sambucus nigra*	4–6	Juni–Juli	weiß	○–●	leicht bis schwer	Eßbare, schwarze Beeren, duftende Blüten.
Traubenholunder, *Sambucus racemosa*	2–3	April–Mai	gelblich-grün	○–●	leicht bis schwer	Eßbare, rote Beeren, sehr früher Austrieb.
Mehlbeerbaum, *Sorbus aria*	10–12	Mai	weiß	○–◐	leicht bis mittel	Eßbare, rote Beeren, weißfilziger Austrieb.
Vogelbeerbaum, *Sorbus aucuparia*	10–15	Mai	weiß	○–◐	leicht bis schwer	Eßbare, rote Beeren, orangefarbene Herbstfärbung, raschwüchsig.
Wolliger Schneeball, *Viburnum lantana*	3–5	Mai–Juni	weiß	○–●	leicht bis schwer	Giftige, rot-schwarze Beeren, für warme, trockene Stellen, kalkliebend.
Gemeiner Schneeball, *Viburnum opulus*	2–4	Mai–Juni	weiß	○–●	mittel bis schwer	Giftige, hochrote Beeren, häufig Blattlausbefall, für frische bis feuchte Böden.

den heimischer Pflanzen ist sie natürlich besonders zu empfehlen. Die gute Höhengliederung der Gehölze bringt Lebendigkeit und Abwechslung. Im zeitigen Frühjahr leuchten die Blüten von Kornelkirsche und Haselnuß. Später bringen Wildrosen und der Wollige Schneeball bescheidenen Flor. Besonders prächtig leuchten im Herbst die gelben und roten Farben des Laubes bei Pfaffenhütchen, Hartriegel und Feldahorn.

Wenn nach einigen Jahren die Gehölze der Hecke den Boden beschatten, kann auch eine Krautschicht angesiedelt werden. Geeignet sind dazu schattenverträgliche, heimische Stauden und Kleingehölze, z. B. Immergrün (*Vinca minor*), Walderdbeere (*Fragaria vesca*), Steinsame (*Buglossoides purpurocaeruluea*) und Frühlingsblatterbse (*Lathyrus vernus*). Ein Vorschlag zur Anpflanzung der Krautschicht dieser Feldhecke ist im zweiten Pflanzplan enthalten.

Freiwachsende Blütenhecken

Wenn Gärten ohne direkten Bezug zur freien Landschaft innerhalb des Siedlungsbereiches mit Hecken als Sicht- und Windschutz bepflanzt werden sollen, dann erscheint eine zwingende Bindung zu heimischen Pflanzenarten nicht unbedingt notwendig. Es gibt viele wertvolle Gartenpflanzen, die zwar nicht bodenständig sind, aber für unsere Zwecke eine hervorragende Eignung besitzen, weil sie aus ähnlichen Klimabereichen stammen. Sie weisen oft als Ergebnis gärtnerischer Züchtungsarbeit auffällige Blüten, Blattfarben oder Wuchseigenschaften auf. Vor allem in kleineren Gärten können sie für bestimmte Funktionen leistungsfähiger als heimische Arten sein, weil eine größere Auswahlmöglichkeit gegeben ist. Selbstverständlich können auch hier heimische Arten von S. 105 und 106 mitverwendet werden.

Der Pflanzplan enthält einen Vorschlag für eine stark strukturierte, locker wachsende Hecke aus Kleinbäumen und Sträuchern. Die Endhöhe der Pflanzung beträgt zwischen 2 und 5 m. Im wesentlichen ist das Prinzip der mehrschichtigen, naturnahen Feldhecke beibehalten, ohne die Artenauswahl auf heimische Pflanzen zu beschränken. Zieräpfel, Zierkirsche und

Hecken für den Garten 107

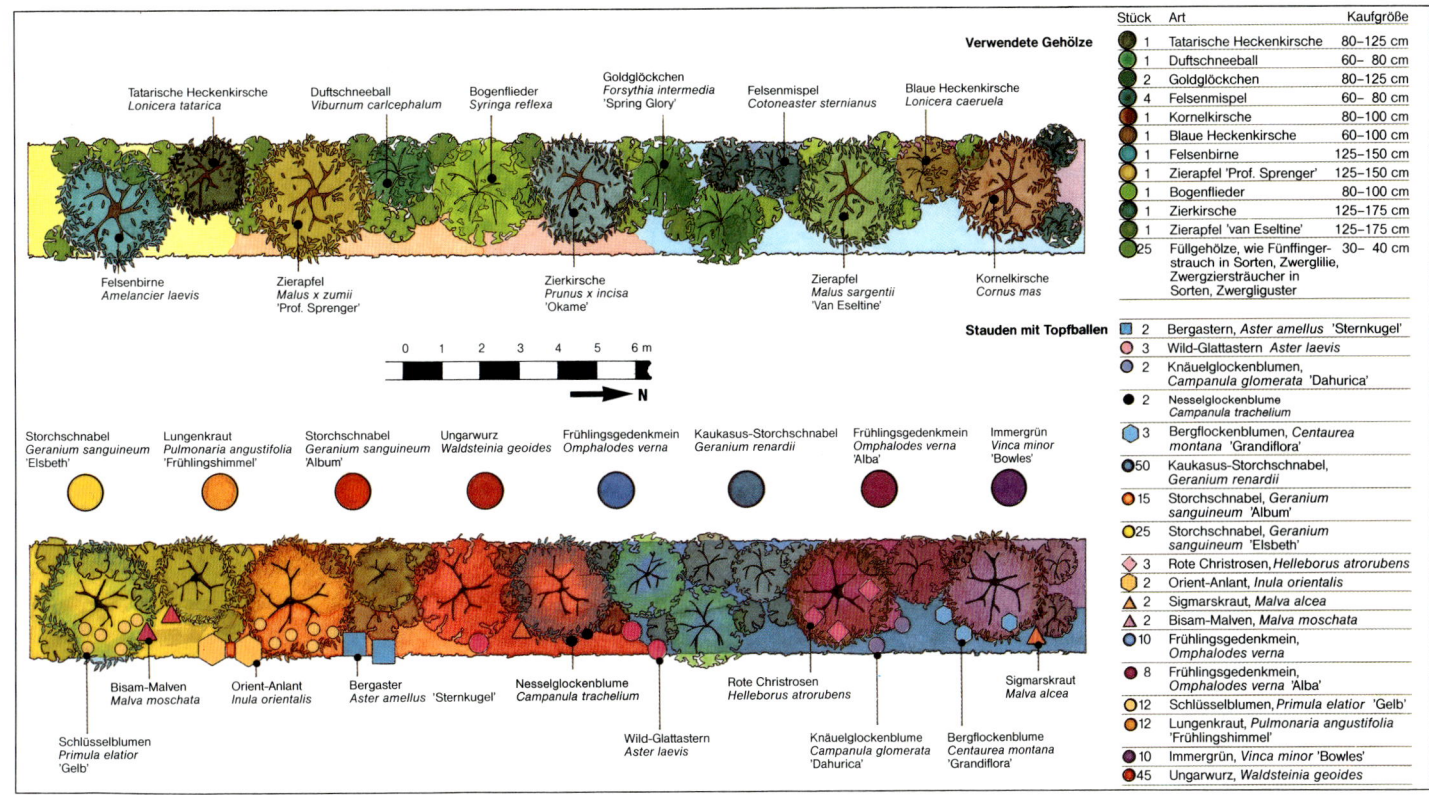

Felsenbirne sind die Charakterarten dieser Pflanzung. Daraus ergibt sich auch, daß diese Hecke einen absoluten Sichtschutz nicht gewährleistet, weil der Aufbau von Zweigen und Blattwerk dieser Gehölze locker und auch im Sommer teilweise durchschaubar bleibt. Diese Pflanzengemeinschaft ist aber außerordentlich lebendig. Schon im sehr zeitigen Frühjahr sprießt erstes frisches Grün bei der blauen Heckenkirsche, und die Kornelkirsche ist mit duftigen gelben Blüten geschmückt. Später folgt das beliebte Goldglöckchen. Zieräpfel, Zierkirschen und die Blütenschleier der Felsenbirne sorgen im weiteren Jahresablauf für ein überwältigendes Frühlingsfest mit weithin leuchtenden weißen und rosa Farben. Auch die zartrosa bis weißen Schneebälle verströmen in dieser Zeit ihren Duft. Im Sommer geht es in dieser Hecke stiller zu. Rosa Bogenflieder, gelbe Fünffingersträucher und gelbrote Zwergweigelien nehmen sich dabei vergleichsweise bescheiden aus. Der Spätsommer und Herbst kommt mit Früchten und Blattfarbe. Schon im August freuen sich die Vögel an der süßen, aromatischen, auch für Menschen genießbaren Felsenbirne. Die Früchte der Zieräpfel leuchten in Gelb und Orange, und unter dem Laub der

Gartengehölze für freiwachsende Blütenhecken

Name	Wuchshöhe in m	Blütezeit	Blütenfarbe	Stand	Bevorzugte Bodenart	Bemerkungen
Feuerahorn, *Acer ginnala*	4–6	Mai	gelblich-weiß	○–◐	mittel bis schwer	Duftende Blüten, hochrote Früchte, schönes rotes Herbstlaub.
Felsenbirne, *Amelanchier laevis*	8–10	April–Mai	weiß	○–◐	mittel bis schwer	Prachtvoller Großstrauch mit orangeroter Herbstfärbung, Früchte eßbar, bevorzugt frische bis feuchte Standorte.
Sauerdorn, *Berberis julianae*	2–3	Mai–Juni	gelb	◐–●	mittel bis schwer	Stark bewehrter, immergrüner Strauch, bei hellem Standort gelb bis rötliches Winterlaub.
Sauerdorn, *Berberis thunbergii*	–1	Mai	gelb	○–◐	mittel bis schwer	Leuchtend rote Früchte, gelb bis orangefarbene Herbstfärbung.
Schmetterlingsstrauch, *Buddleia alternifolia*	2–4	Juni–Juli	purpur-lila	○	mittel bis schwer	Schön überhängender, sommergrüner Strauch mit duftenden Blüten, besonders für Böschungen geeignet.
Schmetterlingsstrauch, *Buddleia davidii* in Sorten	3–5	Juli–Okt.	weiß-lila	○	leicht bis schwer	Starkwüchsig, Jahrestriebe bis 3 m Länge, regelmäßiger Rückschnitt im Frühjahr erforderlich.
Judasbaum, *Cercis siliquastrum*	6–8	April–Mai	purpur-rosa	○–◐	mittel bis schwer	Interessant durch stammbürtige Blütenbüschel, in der Jugend frostgefährdet.
Hartriegel, *Cornus alba* in Sorten	1,5–3	Mai–Juni	weiß	○–●	leicht bis schwer	Anspruchslose Sträucher für frische bis feuchte Standorte.
Scheinhasel, *Corylopsis spicata*	–2	April	hellgelb	○–◐	mittel bis schwer	Zauberhafter, vorfrühjahrsblühender Strauch mit duftenden Blüten, humose Böden.

Hecken für den Garten

Gartengehölze für freiwachsende Blütenhecken

Name	Wuchs-höhe in m	Blütezeit	Blüten-farbe	Stand	Bevor-zugte Bodenart	Bemerkungen
Perückenstrauch, *Cotinus coggygria* in Sorten	2–4	Juni–Juli	gelblich	○	leicht bis schwer	Perückenähnliche Blüten- und Fruchtstände, auffallende Belaubung, für warme, sonnige Lagen.
Zwergmispel, *Cotoneaster dielsianus*	–2	Juni	weiß	○–◐	leicht bis schwer	Stark fruchtender Kleinstrauch, anspruchslos.
Zwergmispel, *Cotoneaster sternianus*	2–3	Mai–Juni	weiß-rosa	○–◐	mittel bis schwer	In geschützten Lagen wintergrün, sehr schöne, leuchtend orangerote Beeren.
Weißdorn, *Crataegus × 'Carrierei'*	7–10	Mai–Juni	weiß	○–◐	mittel bis schwer	Großstrauch bis kleiner Baum mit langhaftenden Blättern, große orangerote Früchte bis in den Winter.
Pflaumen-Dorn, *Crataegus × prunifolia*	5–7	Mai–Juni	weiß	○–◐	leicht bis schwer	Dorniger Strauch mit großen Doldenblüten, Früchte scharlachrot, Vogelschutzgehölz.
Deutzie, *Deutzia × hybrida* in Sorten	1–1,5	Juni	malven-rosa	○	mittel bis schwer	Auffallende Blütensträucher, anspruchslos an Böden, Auslichten alter Zweige nötig!
Deutzie, *Deutzia scabra* in Sorten	2,5–3	Juni–Juli	weiß	○	mittel bis schwer	Straff aufrecht wachsende Sträucher mit abblätternder Rinde, auffällige Blüte, Auslichten alter Zweige nötig!
Ölweide, *Elaeagnus multiflora*	2–3	Mai	gelb	○–◐	leicht bis mittel	Breitlagernder Strauch mit stark duftenden Blüten, eßbare Früchte.
Pfaffenhütchen, *Euonymus planipes*	3–5	Mai	gelblich-grün	○–◐	mittel bis schwer	Anspruchslos an Standort und Boden, sehr zahlreiche, hochrote Früchte, giftig!
Goldglöckchen, *Forsythia × intermedia* in Sorten	2–3	April–Mai	gelb	○	leicht bis schwer	Eines der schönsten Blütengehölze, Wuchs der verschiedenen Gartenformen beachten, Auslichten alter Zweige nötig!
Blumenesche, *Fraxinus ornus*	6–10	Mai	weiß	○	leicht bis mittel	Kleinbaum mit großen, duftenden Blütenrispen, auch als Hausbaum brauchbar, liebt trockene, warme Böden und Standorte.
Kerrie, *Kerria japonica* 'Pleniflora'	–2	April–Mai	gelb	○–◐	leicht bis schwer	Nur rutenbildender Strauch mit auffallend grüner Rinde, Einzeltriebe kurzlebig, regelmäßiges Auslichten nötig!
Kolkwitzie, *Kolkwitzia amabilis*	2–3	Mai–Juni	rosaweiß	○–◐	leicht bis schwer	Langsam wachsender, prächtiger Blütenstrauch, anspruchslos.
Goldregen, *Laburnum × watereri* 'Vossii'	5–7	Mai–Juni	gelb	○	leicht bis schwer	Raschwüchsiger Strauch, kalkliebend, duftende, bis 50 cm lange Blütentrauben, Giftpflanze!
Liguster, Rainweide, *Ligustrum ovalifolium*	2–4	Juli	gelblich-weiß	◐–●	leicht bis schwer	An günstigen Stellen wintergrüner Strauch, raschwüchsig, für schnelle Eingrünung, giftig!
Geißblatt, Heckenkirsche, *Lonicera tatarica* in Sorten	2–4	Juni	weiß bis hellrot	○–●	leicht bis schwer	Dichter, aufrechter Strauch mit bläulichgrünem Laub, auffallende Blüte, roter Fruchtbehang, giftig!
Zieräpfel, *Malus* in Arten und Sorten	2–10	Mai–Juni	weiß-rot	○	mittel bis schwer	Sträucher bis Kleinbäume mit auffallendem Blüten- und Fruchtschmuck, Äpfel einiger Sorten verwertbar.

Der Schmetterlingsstrauch, *Buddleia alternifolia*, benötigt im Gegensatz zu *Buddleia davidii* keinen regelmäßigen Rückschnitt.

Kornelkirsche findet man glänzend rote, säuerlich schmeckende, beerenartige Steinfrüchte. Fast alle hier verwendeten Gehölze schmücken sich mit gelbem bis rotem Herbstlaub, wobei Felsenbirne, Kornelkirsche, Zieräpfel und Zierkirsche besonders herauszuheben sind. Auch im Winter hat diese Hecke ihre Reize. Die orangefarbigen Früchte und die silbrig glänzenden Blätter der Felsenmispel haften teilweise bis in das Frühjahr hinein. Das gilt auch für die glasigen Beeren der Heckenkirsche sowie für das dunkel glänzende Laub des Zwergligusters.

Pflanzung und Pflege
Diese lockere und reich gegliederte Pflanzengemeinschaft verlangt keinen regelmäßigen Rückschnitt. Lediglich die überalterten, mehrjährigen Triebe des Goldglöckchens, der Zwergspiersträucher, des Fünffingerstrauches und der Zwergweigelie sind herauszunehmen. Dies dürfte jedoch nur alle 2–3 Jahre erforderlich sein, wenn die Blühwilligkeit abnimmt. Die prägnanten Aststrukturen der bestimmenden Äpfel und Kirschen sollten nicht durch Schnittmaßnahmen verstümmelt werden. Auf Pflanzenschutzmaßnahmen kann praktisch verzichtet werden, da

Hecken für den Garten

besondere Anfälligkeiten gegen Krankheiten und Schädlinge kaum gegeben sind. Selbstverständlich kann diese Pflanzung variiert werden. So könnte durch die verstärkte Verwendung von Kornelkirsche und Liguster (dann aber die wintergrüne, hohe Art *Ligustrum vulgare* 'Atrovirens') auf Kosten von Zierapfel, Zierkirsche oder *Amelanchier* die Funktion des Sicht- und Windschutzes verbessert werden. Man muß dann natürlich auf einen Teil der prächtigen Blüten und Früchte verzichten.

Die Blütenhecke wird sinnvoll durch eine Krautschicht aus Stauden ergänzt, die sich am Gehölzrand und teilweise unter den Gehölzen wohlfühlen. Einen entsprechenden Vorschlag zur Unterpflanzung enthält der Pflanzplan. Die Pflanzung der Stauden kann durchaus bereits bei der Neuanlage erfolgen, weil die verwendeten Arten auch halbschattige bis sonnige Plätze tolerieren.

Sommerblühender Spierstrauch, *Spiraea bumalda* 'Anthony Waterer'.

Die Kolkwitzie sollte in keiner Blütenhecke fehlen.

Gartengehölze für freiwachsende Blütenhecken

Name	Wuchshöhe in m	Blütezeit	Blütenfarbe	Stand	Bevorzugte Bodenart	Bemerkungen
Blasenspiere, *Physocarpus opulifolius*	2–3	Juni–Juli	weiß	○-●	leicht bis schwer	Anspruchsloser, dichter Strauch, rotbrauner Fruchtbehang.
Fünffingerstrauch, *Potentilla fruticosa* in Sorten	–1,5	Mai–August	gelb bis weiß	○	leicht bis mittel	Anspruchslose Kleingehölze für warme, trockene Standorte und Böden, Füllgehölze.
Kirschpflaume, *Prunus cerasifera* in Sorten	4–8	März–April	weißrosa	○-◐	mittel bis schwer	Bekannte »Blutpflaume« mit auffallend dunkelrotem bis schwarzrotem Laub, großfruchtige Sorte: 'Hollywood'.
Zierkirsche, *Prunus sp.*, z. B. *Prunus serrulata*, *Prunus subhirtella*	4–12	April–Juni	weiß bis rosarot	○	mittel bis schwer	Vielgestaltige, reichblühende Kleinbäume mit zum Teil ausgezeichneter Herbstfärbung, sehr gute Treibgehölze.
Feuerdorn, *Pyracantha*-Arten und -Sorten	2–4	Mai–Juni	weiß	◐-●	mittel bis schwer	Immergrüne, bewehrte Sträucher mit unterschiedlich ausgefärbtem, starkem Fruchtbehang, Fruchtfarbe Gelb bis leuchtend Rot.
Blutjohannisbeere, *Ribes sanguineum* in Sorten	2–4	April–Mai	rosarot	○-◐	leicht bis schwer	Stark blühendes Ziergehölz, Auslichten alter Zweige nötig.
Wildrosen, *Rosa* in Arten und Formen	1–4	Mai–August	weiß, gelb, rot	○-◐	leicht bis schwer	Große Artenvielfalt, durch Blüte, Frucht und Bestachelung zierend, Vogelschutzgehölze.
Fiederspiere, *Sorbaria aitchisonii*	2–3	Juli–August	weiß	○-◐	mittel bis schwer	Nicht ausläufertreibende Form, Blüten in langen Rispen, tiefgründige, frische Böden.
Eberesche, *Sorbus* in Arten und Formen	3–15	Mai–Juni	weiß	○	leicht bis schwer	Große Artenvielfalt, unterschiedlichste Formen in Frucht und Belaubung, Früchte eßbar.
Spiersträucher, *Spiraea* in Arten und Formen	1–2	Mai–August	weiß, rosa, rot	○-◐	leicht bis schwer	Sehr viele Arten und Sorten im Handel, auf Wuchsformen achten!
Kranzspiere, *Stephanandra incisa*	1–2	Juni	grünlichweiß	○-◐	leicht bis mittel	Bogig überhängender Wuchs, lebhaft rotbraune Rinde.
Schneebeere, *Symphoricarpos albus* var. *laevigatus*	–2	Juni–Sep.	rötlichweiß	○-●	leicht bis schwer	Überreicher, weißer Beerenschmuck, besonders zur Unterpflanzung geeignet.
Schneebeere, *Symphoricarpos × chenaultii*	1,5–2	Juni–Juli	rosa	○-●	leicht bis schwer	Kugelige, rote Früchte mit weißen Punkten, besonders zur Unterpflanzung geeignet.
Wildflieder, *Syringa* in Arten und Formen	1–5	Mai–Juli	weiß, rosa, rot, lila	○-◐	mittel bis schwer	Große Artenvielfalt, ausgezeichnete Sichtschutzsträucher, auf Form und Wuchs achten!
Tamariske, *Tamarix pentandra*	3–5	August–Sept.	rosarot	○	leicht bis mittel	Schönste und wertvollste Art durch späte Blüte, beim Pflanzen starker Rückschnitt erforderlich.
Schneeball, *Viburnum* in Arten und Formen	1,5–4	Nov.–Juni	weiß, rosa	○-●	mittel bis schwer	Sehr große Artenvielfalt, sommer-, winter- und immergrüne Formen mit z. T. stark duftenden Blüten, aufrechte Formen gut als Sichtschutz geeignet.
Weigelie, *Weigela*-Gartenformen	1–3	Mai–Juli	weiß, rosa, rot	○-◐	mittel bis schwer	Anspruchslose Blütengehölze, sehr langlebig, bis in hohe Alter verpflanzbar, Auslichten alter Zweige nötig!

Hecken für den Garten

Gartengehölze für ungeschnittene Hecken und Einfassungen aus einer Art

Name	Wuchshöhe in m	Blütezeit	Blütenfarbe	Stand	Bevorzugte Bodenart	Bemerkungen
Sauerdorn, *Berberis* in Arten und Formen	0,5–1,5	Mai–Juni	gelb bis orange	○–●	mittel bis schwer	Sommer-, winter- und immergrüne Arten, alle mehr oder minder stark bewehrt.
Buchsbaum, *Buxus sempervirens* 'Suffruticosa'	–0,5	April–Mai	gelblich	○–●	leicht bis mittel	Anspruchslos, bekannte Einfassungspflanze, immergrün.
Bartblume, *Caryopteris* × *clandonensis*	–1	Nov.–Dez.	blau	○	leicht bis mittel	Rückschnitt im Frühjahr nötig, dadurch stärkere Blüte, gute Sorte: 'Heavenly Blue'.
Zierquitte, *Chaenomeles*-Hybriden	–1,5	März–Mai	weiß bis rot	○–◐	mittel bis schwer	Sehr viele Sorten im Handel, ausgezeichnete Treibgehölze, gelblichgrüne Früchte, eßbar.
Zwergmispel, *Cotoneaster franchetii*	1–2	Mai–Juni	weiß bis rosa	○–◐	mittel bis schwer	In geschützten Lagen wintergrün, sehr schöne, leuchtend orangerote Beeren bis in den Winter.
Deutzie *Deutzia gracilis*	0,5–0,7	Mai–Juni	weiß	○–◐	mittel bis schwer	Anspruchslos, jedoch nicht zu trockener Boden, gelegentlicher Rückschnitt erforderlich.
Liguster, Rainweide, *Ligustrum vulgare* 'Lodense'	–1	Juni–Juli	weiß	○–●	leicht bis schwer	Kaum Blüte und Frucht, Winterlaub bronzebraun, z. T. nicht abfallend.
Heckenkirsche, *Lonicera nitida* 'Elegant'	–1	Mai	rahmweiß	◐–●	mittel bis schwer	Immergrüner, waagrecht geschichteter Strauch, raschwüchsig, geringe Blüte und Frucht, giftig.
Heckenkirsche, *Lonicera coerulea*	1–1,5	April–Mai	gelblich-weiß	◐–●	mittel bis schwer	Dichter Strauch mit rotbrauner Rinde; früher Austrieb.
Heckenkirsche, *Lonicera xylosteum* 'Clavey's Dwarf'	1–1,5	Mai–Juni	gelblich-weiß	◐–●	leicht bis schwer	Anspruchslos, salzverträglich, giftig rote Beeren, sehr dichter Wuchs.
Mahonie, *Mahonia aquifolium*	–1	April–Mai	gelb	○–●	leicht bis mittel	Vielfach Typen mit Ausläuferbildung im Handel, immergrün, z. T. rötliches Winterlaub, Früchte verwertbar.
Pfeifenstrauch, Falscher Jasmin, *Philadelphus*, niedrige Sorten	1–2	Mai–Juni	weiß	○–◐	mittel bis schwer	Zum größten Teil stark duftende Blüten, leicht Läusebefall, Auslichten alter Zweige nötig.
Fünffingerstrauch, *Potentilla fruticosa*, aufrechte Sorten	–1,5	Mai–Sept.	gelb bis weiß	○	leicht bis mittel	Anspruchslose Kleingehölze für warme, trockene Standorte und Böden, gelegentliches Auslichten erforderlich.
Alpenjohannisbeere, *Ribes alpinum* 'Compactum'	–1,5	April–Mai	gelblich	◐–●	mittel bis schwer	Sehr dichter Wuchs, kalkhaltige, nährstoffreiche Böden, früher Austrieb.
Apfelrose, Kartoffelrose, *Rosa rugosa*	1–1,5	Juni–Okt.	rosarot	○–◐	leicht bis mittel	Stark stacheliger Strauch, große, flachkugelige Hagebutten, verwertbar, einigermaßen salzverträglich, einige Sorten im Handel.
Spierstrauch, *Spiraea albiflora*	0,4–0,6	Juli–August	weiß	○–◐	leicht bis mittel	Anspruchsloser Kleinstrauch mit gelblichgrünem Laub, gelegentlicher Rückschnitt erforderlich.
Spierstrauch, *Spiraea* × *arguta*	1–2	April–Mai	weiß	○–◐	leicht bis mittel	Trockenheitsresistent, sehr frühblühend, Blüte mit unangenehmem Geruch.

Pflanzenauswahl für freiwachsende Blütenhecken

Neben den heimischen Arten sind viele Gartengehölze für ungeschnittene Hecken geeignet. Eine Zusammenstellung der wichtigsten Gehölze enthält die Tabelle auf S. 107, 108 und 109. Hier sind überwiegend problemlose Arten enthalten, die im Regelfall ohne besondere Pflegemaßnahmen gedeihen und vergleichbare Pflanzenkombinationen ermöglichen, wie im Pflanzplan S. 107 beschrieben. Selbstverständlich sind auch Kombinationen mit heimischen Arten der Tabelle S. 105 und 106 möglich. Dabei sind Wuchshöhe, Boden- und Lichtanspruch und Wuchsform aufeinander abzustimmen. Der Experimentierfreudigkeit des Heckenfreundes sind insofern kaum Grenzen gesetzt.

Ungeschnittene Hecken aus einer Pflanzenart

Der Schnitt als Pflegemaßnahme sorgt zwar einerseits dafür, daß die Heckenwände sehr dicht werden und auf engstem Raum eine intensive Schutzfunktion erfüllen. Ungünstig dabei ist, daß die meisten Gehölzarten bei regelmäßigem Schnitt der einjährigen Triebe nur wenig oder keine Blüten ansetzen. Es liegt deshalb nahe, Hecken zu pflanzen, die auch ohne Rückschnitt ausreichend dicht werden. Bei den freiwachsenden Hecken, die aus vielen verschiedenen Pflanzenarten bestehen, erreicht man dies durch den Schichtaufbau; allerdings ist das nur auf reichlich breiten Pflanzflächen möglich. Ungeschnittene Hecken, die aus einer Pflanzenart bestehen, sind auf Pflanzbreiten von 0,5–2 m möglich. Die verwendeten Pflanzenarten müssen artbedingt eine dichte Struktur aufweisen. Zusätzlich ist es günstig, wenn es sich um Pflanzen handelt, die relativ langsam wachsen, damit sie nicht zu rasch von unten her verkahlen. Diese ungeschnittenen Hecken benötigen zwar mehr Platz als geschnittene, dafür lei-

Hecken für den Garten

sten sie bezüglich Blüten und Fruchtbehang erheblich mehr. Besonders wertvoll ist diese Form als ungeschnittene Einfassung. Wenn es darum geht, im Vorgartenbereich ungebetene Gäste wie Fußgänger oder Hunde abzuwehren, sind sie manchmal wirkungsvoller als ein Zaun oder eine niedrige Mauer; z. B. wenn Pflanzen mit Dornen oder Stacheln verwendet werden.

Auch bei niedrigen Einfassungen von Stauden- und Rosenbeeten oder der Begrenzung von Wegen bieten sich diese Pflanzungen an, wobei natürlich nicht unbedingt stachelige Arten notwendig sind. Für Sichtschutzhecken mit höher werdenden Gehölzen sind solche ungeschnittenen Hecken nicht in dem Maße zu empfehlen, weil sie dann auch viel Platz benötigen, oft von unten verkahlen und oben nicht ausreichend dicht werden. In diesen Fällen sollte die Schnitthecke bevorzugt werden.

Pflanzung und Pflege

Die Bodenvorbereitung und Pflanzung sind identisch mit der von Schnitthecken. In der Pflege unterscheidet sie sich jedoch grundlegend. So wird diese Hecke grundsätzlich nicht flächig geschnitten. Nach der Pflanzung sollte man in den ersten Jahren bei den schwachwachsenden Arten auf jeden Schnitt verzichten, z. B. bei niedrigen Berberitzen. Stärker wachsende Arten wie Goldglöckchen und Kolkwitzie werden in dieser Zeit einige Male durch Entfernen des Mitteltriebes und der längsten Seitentriebe im zeitigen Frühjahr gestutzt. Weitere Schnittmaßnahmen werden erst erforderlich, wenn es zu Verkahlungen und zum Nachlassen der Blühfähigkeit kommt. In diesem Fall werden die alten Triebe möglichst kurz über dem Boden herausgenommen. Solche Verjüngungsschnitte sind nur im Abstand von mehreren Jahren notwendig. Der Gesamteindruck der Hecke ist dabei zu erhalten, gleichzeitig kann die Höhe und Breite der Hecke entsprechend vermindert werden. Eine Zusammenstellung von Gehölzen, die für ungeschnittene Hecken aus einer Art geeignet sind, enthält die Tabelle auf S. 110 und 111. Für den jeweiligen Standort können geeignete Arten ausgewählt sowie Pflanzenbedarf und gängige Pflanzgrößen entnommen werden.

Gartengehölze für ungeschnittene Hecken und Einfassungen aus einer Art

Name	Wuchshöhe in m	Blütezeit	Blütenfarbe	Stand	Bevorzugte Bodenart	Bemerkungen
Spierstrauch, *Spiraea* × *bumalda* 'Anthony Waterer'	–0,8	Juli–Sept.	karminrot	○–◐	leicht bis mittel	Rötliche Herbstfärbung, Blätter im Sommer häufig weißbunt, gelegentlicher Rückschnitt erforderlich, weitere Sorten im Handel.
Spierstrauch, *Spiraea* × *cinerea* 'Grefsheim'	–1,5	Mai	weiß	○–◐	leicht bis schwer	Anspruchslos, nicht verkahlend, sehr reiche Blüte, die unangenehm duftet.
Spierstrauch, *Spiraea japonica* 'Little Princess'	–0,8	Juni–August	lilarosa	○–◐	leicht bis schwer	Breit aufrechter Strauch, sehr reichblühend, gelegentlicher Rückschnitt erforderlich.
Spierstrauch, *Spiraea thunbergii*	–1	April–Mai	weiß	○–◐	leicht bis schwer	Sehr früh austreibend, hellgrüne Laubfarbe, die frühblühendste *Spiraea*, Auslichten alter Zweige nötig.
Kranzspiere, *Stephanandra incisa* 'Crispa'	0,5–0,8	Juni	weiß	○–◐	mittel bis schwer	Bogig wachsender, breiter Strauch mit braunroter Herbstfärbung, liebt frische Böden und hohe Luftfeuchte.
Schneebeere, *Symphoricarpos* × *doorenbosii* 'Mother of Pearl'	1,5–2	Juni–Juli	rosa	○–●	leicht bis schwer	Sehr große, runde Beeren, perlenähnlich, weiß mit rosa Wange, gelegentlicher Rückschnitt erforderlich.
Schneeball, *Viburnum carlesii*	1–1,5	April–Mai	weiß bis rosa	○–◐	mittel bis schwer	Kugeliger Strauch, Blüten stark duftend, einige Sorten im Handel.

Hecke aus einer Pflanzenart, hier einer *Berberis thunbergii* im Herbstkleid.

Der Rasen

Was sind Gräser?

Der Begriff der grasartigen Pflanzen bedarf wohl kaum einer Erläuterung, da der Volksmund mit dem Begriff »Gras« die Pflanzen kennzeichnet, die auf dem Boden wachsen und dabei relativ flach bleiben. Wesentlich unbekannter ist aber schon die Tatsache, daß Getreide und Korn auch zu den Gräsern gehören.
Was ist es, was die sogenannten grasartigen Pflanzen auszeichnet? Sie sind alle gekennzeichnet durch schlanke Halme, schmale Blätter und fast völlig unscheinbare Blüten. Diese Blüten sitzen bei den grasartigen Pflanzen meistens am Halmende.
Im botanischen System gehören die grasartigen Pflanzen zur Klasse der sogenannten Einkeimblätterigen oder auch Monocotyledonae. Die Samen der Einkeimblättrigen keimen nur mit 1 Keimblatt. Außerdem geht bei den grasartigen einkeimblättrigen Pflanzen die sogenannte Keimwurzel bald zugrunde und wird von Nebenwurzeln ersetzt, die dann zusammen ein Wurzelbüschel bilden. Ein weiteres Merkmal der grasartigen einkeimblättrigen Pflanzen ist, daß unsere einheimischen Arten fast ausschließlich krautigen Wuchs aufweisen.
Sie sind zwischen wenigen Zentimetern bis zu einer Höhe von 6 m hoch. Unser größtes Gras ist das Schilfrohr *(Phragmites australis)*. Die Halme dieses Grases können bis zu 3 m hoch werden.
In wärmeren Gegenden gibt es baumartige Gräser (z. B. Bambus), deren verholzte Halme bis zu 36 m hoch werden. Bei einigen Bambusarten hat man einen täglichen Zuwachs von fast 1 m gemessen, man kann sie buchstäblich wachsen sehen.

Der Bau der Gräser

Jeder hat sicherlich schon einmal einen Grashalm aus der Erde herausgezogen. Dabei kann man feststellen, daß der von der Blattscheide verdeckte Teil des Grases weich und saftig ist. An diesem Teil des Halmes, an seinem Grund, findet das Längenwachstum statt. Deshalb ist es sinnvoll, daß dieser weiche Teil des Halmes von der sogenannten Blattscheide umschlossen ist. Wird der Halm umgeknickt, wächst der untere Teil des Knotens stärker als der obere, der Halm richtet sich langsam wieder auf.
Die Halme verzweigen sich aus Knospen in den Blattscheiden. An diesem Punkt der Halme entstehen ständig neue Blätter, und zwar vor allem dann, wenn die alten Blätter abgefressen oder abgeschnitten werden. Außerdem kommt es zu einer ständigen Neubildung von Triebknospen in den Achseln der alten Triebe. Das ist die Erklärung dafür, daß Graspflanzen immer dichter wachsen, je öfter man sie abschneidet. Eine der Grundregeln für einen guten Rasen heißt ja auch: mähen, mähen, mähen.
Woher kommt es, daß unsere Gräser so unempfindlich sind gegen das ständige Mähen? Das kommt daher, daß die Triebspitzen so lange nahe der Erdoberfläche bleiben, bis sie blühen können. Die Blätter wachsen von unten in die Höhe gegen das Licht. Die Triebe, die sich allzu sehr strecken, um zu blühen und um Frucht anzusetzen, sterben jedoch in dem Moment ab, in dem die Frucht reif wird. Bei den mehrjährigen Gräsern gibt es dann neue Seitentriebe von den unterirdischen Pflanzenteilen, den sogenannten Erdachsen, aus.
Die bei uns heimischen Grasarten verzweigen sich auf verschiedene Weise. Bei Gräsern, die aufrechte Triebe und horstigen Wuchs haben, richten sich die Seitentriebe sofort auf. Der unterirdische Teil dieser Gräser ist sehr kurz. Die Triebe der Gräser können entweder unmittelbar nebeneinander stehen, also Horste bilden, oder aber durch ober- und unterirdische horizontale Glieder miteinander verbunden sein. Wir sprechen dann von Ausläufer bildenden Gräsern.
Diejenigen Gräser jedoch, die eine kriechende Erdachse und zerstreut stehende Halme haben, schicken ihre Seitentriebe erst ein Stück waagerecht

Es gibt wohl kaum einen Garten ohne Rasenfläche. Hier lädt ein Gebrauchsrasen zum Spielen, Austoben oder einfach zur Betrachtung ein.

Der Rasen

durch den Boden, bevor sie sich aufrichten. Bei anderen Gräsern wachsen die Seitentriebe erst über den Boden hin und wurzeln an den Knoten, bevor sie sich zum Blühen aufrichten. Bei den Wurzeln der Gräser handelt es sich um sogenannte Nebenwurzeln, die in dichten Kränzen von den unterirdischen oder auf den Boden liegenden Stengelgliedern ausgehen. Die eigentliche Keimwurzel verschwindet sehr schnell.

Die sterilen Triebe einiger Gräser sterben im Winter ab. Die das Wachstum des Grases erhaltenden Knospen liegen verborgen im Boden. Die meisten unserer mehrjährigen Gräser sind allerdings wintergrün. Sie haben ihre Triebknospen an der Erdoberfläche. Diese Gräser wachsen das ganze Jahr über und bilden stets neue Blätter. Eine Ausnahme bilden nur Frostperioden. Im Winter sterben die voll entwickelten Blätter ab, bleiben aber als schützende Hülle um die jungen Triebe erhalten.

Wenn es das Klima zuläßt, wachsen Gräser während des ganzen Jahres und bilden auch entsprechende Nahrung. Dadurch sind sie in der Lage, sich in ihrem Bestand auf dem einmal eingenommenen Platz zu behaupten.

Die verschiedenen Rasengräser

Die Auswahl der richtigen Rasengräsermischung für die geplante Rasenfläche kann zu einem Problem werden, da die verschiedenen Firmen, die als Anbieter auf dem Markt sind, ihre einzelnen Produkte mit sehr viel Werbung anpreisen. Dem Laien ist es manchmal gar nicht möglich, zu erkennen, ob es sich um Fantasiebezeichnungen handelt, beziehungsweise ob das besonders angepriesene Gras für seinen speziellen Zweck geeignet ist.

Damit Sie erkennen können, um welche Art von Gräsern es sich handelt, wird in der Tabelle, in der die verschiedenen Rasengräser beschrieben sind, deutlich gemacht, ob es sich um horstbildende (Kennzeichen H) oder um ausläuferbildende (Kennzeichen A) Gräser handelt.

Die in der Tabelle beschriebenen Gräser kann man in 3 große Gruppen einteilen.

- Gruppe 1: Strauß-Gräser *(Agrostis-*Arten*)* mit schmaler bis mittlerer Blattbreite,
- Gruppe 2: Schwingel-Gräser *(Festuca-*Arten*)* mit feiner bis schmaler Blattbreite,
- Gruppe 3: Mischungen aus Kammgras *(Cynosurus cristatus)*, Weidelgras *(Lolium)*, Lieschgräsern *(Phleum nodosum* und *Phleum pratense)*, Wiesenrispe *(Poa pratensis)*.

Die Straußgras-Arten (Gruppe 1)

Den Straußgras-Arten, dazu gehören das Hundsstraußgras *(Agrostis canina canina)*, das Flechtstraußgras *(Agrostis stolonifera)* und das Rote Straußgras *(Agrostis tenuis)*, ist gemeinsam, daß sie nur eine relativ geringe Belastbarkeit und eine ebenfalls relativ geringe Resistenz gegen Trockenheit besitzen. Das Konkurrenzvermögen gegenüber anderen Arten müssen wir im Ansaatjahr als mittel bezeichnen, während sich in den Folgejahren ein hohes Konkurrenzvermögen herausbildet. Dies ist jedoch nur dann der Fall, wenn eine solche Rasenfläche intensiv gepflegt wird, d. h. wenn ständig beregnet, or- dentlich gedüngt und ein vernünftiger Schnitt durchgeführt wird. Die Straußgras-Arten verfügen alle über eine gute Tiefschnittverträglichkeit.

Die Schwingel-Arten (Gruppe 2)

Die bei den Schwingel-Arten, dazu gehören der Hartschwingel *(Festuca ovina duriuscula)*, Feinschwingel *(Festuca ovina tenuifolia)*, Horstrotschwingel *(Festuca rubra commutata)*, Ausläuferrotschwingel *(Festuca rubra rubra)*, als echte Rasengräser für die Anlage in Frage kommenden Sorten besitzen alle ein feines bis schmales

Von oben nach unten: *Festuca rubra*, der Rotschwingel, der sowohl als horstbildende und als ausläufertreibende Art vorkommt.

Lolium perenne, Deutsches Weidelgras, ein horstbildendes Gras, das in keinem Rasen fehlen sollte.

Poa pratensis, die dichte Rasen bildende Wiesenrispe, ein sehr anpassungsfähiges Gras.

Links: Der Bau eines Grashalms.

Der Rasen

Rasengräser und Rasentypen

Grasart	Blattbreite	Bewurzelungstyp	Trockenheitsresistenz	Belastbarkeit	Konkurrenzkraft Ansaatjahr	Folgejahre
Agrostis canina	schmal	A	gering bis mittel	gering	mittel	hoch
Agrostis stolonifera	mittel bis breit	A	gering	gering	mittel	hoch
Agrostis tenuis	mittelbreit	H/A	gering	gering	mittel	hoch
Festuca ovina	borstig bis fein	H	hoch	gering	gering	mittel bis gering
Festuca rubra commutata	fein	H	hoch	gering	gering	mittel
Festuca rubra rubra	schmal	A	hoch	gering	gering	gering
Cynosurus cristatus	breit	H	mittel bis gering	mittel bis hoch	mittel	mittel bis gering
Lolium perenne	mittel bis breit	H/A	hoch	sehr hoch	sehr hoch	gering
Phleum nodosum	mittel bis breit	H/A	mittel	mittel bis hoch	hoch	mittel
Phleum pratense	sehr breit	H/A	mittel	mittel bis hoch	hoch	mittel bis gering
Poa pratensis	breit	A	hoch	hoch	gering	hoch

H = Horstbildung A = Ausläuferbildung

Blatt. Während ihre Belastbarkeit im allgemeinen gering ist, zeichnen sie sich durch eine hohe Trockenheitsresistenz aus. Dies gilt besonders für die *Festuca ovina*-Arten. Im allgemeinen verfügen sie sowohl im Ansaatjahr als auch in den Folgejahren über keine große Konkurrenzkraft, wenn sie in einen Intensivrasen eingesät werden. Als Intensivrasen bezeichnen wir eine Rasenfläche, die regelmäßig beregnet, gedüngt und geschnitten wird. Andererseits zeichnen sich die Schwingel-Arten durch eine gute Trockenheitsresistenz aus. Werden sie daher in einen Extensivrasen eingesät, d. h. in eine Rasenfläche, die nicht regelmäßig beregnet, gedüngt und geschnitten wird, dann sind Schwingel-Arten durchaus in der Lage, die überwiegende Grasart zu bilden. Sie sind daher besonders für trockene Standorte geeignet.

Die »Strapaziergräser« (Gruppe 3)

Diese scheinbar so vielschichtig zusammengesetzte Gruppe hat zwei wesentliche Eigenschaften, die sie für die Anlage eines Rasens interessant machen. Das ist zum einen die mittelbreite bis sehr breite Blattausbildung und zum anderen die besonders gute Belastbarkeit. Sie reicht von mittelhoch bis sehr hoch. Aufgrund dieser beiden Eigenschaften muß man die Gräser der Gruppe 3 als ausgesprochene »Strapaziergräser« im weitesten Sinne bezeichnen.
Besonders die gute Trockenheits- und Hitzeresistenz der Arten *Lolium perenne* (Deutsches Weidelgras) und *Poa pratensis* (Wiesenrispe) sind hervorzuheben.

Die Bodenvorbereitung

Die für Rasen und sonstige Vegetation vorgesehenen Flächen sind vor der Bodenbearbeitung von allen störenden, insbesondere aber von pflanzenschädlichen Stoffen zu säubern. Dazu gehören Baurückstände, Verpackungsreste, schwer verrottbare Pflanzenteile und ähnliches. Sofern mineralische Fette, Öle, Farben oder sonstige chemische Stoffe im Boden vorhanden sind, müssen diese Bodenteile entfernt und gegen einwandfreien Boden ausgetauscht werden.
Die Reste von Baumaßnahmen sind bis auf 50 cm unter der Oberfläche der vorgesehenen Rasenfläche zu entfernen!
Sofern man feststellt, daß der vorhandene Boden für die vorgesehene Nutzung ungeeignet ist, sollte man ihn bis zu einer Tiefe von mindestens 30 cm abschieben und gegen geeignete Bodenarten austauschen.

Rasenanlage auf früherem Weide- und Ackerland

In ländlichen Bereichen kann es durchaus vorkommen, daß zu dem Grundstück, das man für den Hausbau erwirbt, noch ein Bereich gehört, der bisher als Weideland genutzt wurde. In diesem Fall sollte man den vorhandenen Grasbewuchs entfernen und mit der Anlage des Rasens unbedingt 1 Jahr warten. In diesem Jahr soll die Fläche brach liegen, damit die noch vorhandenen Grassamen auskeimen. Auf diese Weise kann man feststellen, wieviele der ursprünglichen Futtergräser noch gekeimt haben und eine entsprechende Bodenbearbeitung durchführen. Im allgemeinen bedürfen Flächen, die vor der Rasenneuanlage Weideland waren, keiner besonderen Bodenverbesserung, da es sich um recht fruchtbare Böden handelt.
Hier erübrigt sich im allgemeinen in den ersten 2 Jahren eine Düngung mit Kali und Phosphor, da Weideflächen in der modernen Landwirtschaft heute intensiv gedüngt werden und daher diese beiden Nährstoffe noch im Boden vorhanden sind. Lediglich Stickstoff-Dünger muß nach dem 1. Schnitt gegeben werden. Dabei haben sich Mineraldünger und Naturdünger gleichermaßen gut bewährt. Um sicher zu gehen, daß man keine Restbestände unerwünschter Chemikalien im Boden hat, sollte man sich bei dem Vorbesitzer erkundigen, mit welchen Mitteln er z. B. eine Unkrautbehandlung durchgeführt hat. Die dabei verwendeten Herbizide können unter Umständen für das Wachstum des neuen Rasens von Nachteil sein.
Das für Weideflächen gesagte gilt für frühere Ackerflächen sinngemäß.

Rasenneuanlage auf früherem Brachland

Das Schlimmste, was einem Gartenbesitzer passieren kann, ist, einen Rasen auf einem Grundstück anzulegen, das lange Zeit brach gelegen hat.
Die Vegetation auf solchem Brachland ist zwar sehr artenreich, man muß aber

Der Rasen

damit rechnen, daß vor allen Dingen tief wurzelnde Ungräser, z. B. Disteln, Brennesseln, Löwenzahn, Quecke und ähnliches, dort wachsen. Die sicherste Methode, zu einem schönen Rasen zu kommen, ist die sorgfältige Entfernung des gesamten Bewuchses. Dies erweist sich jedoch als problematisch, da die sogenannten Wurzelunkräuter nur sehr schwer erfaßt werden.
Der zukünftige Rasenbesitzer, der nun einen Rasen auf früherem Brachland anzulegen beabsichtigt, wird gut daran tun, sich in Geduld zu üben. Sollte sich an einigen Stellen hartnäckig Unkraut breit machen, wird man nicht darum herumkommen, an diesen Stellen Unkrautvernichtungsmittel einzusetzen.

Rasenneuanlage auf vorher mit Gebüsch bestandener Fläche

Soll auf einer solchen Fläche Rasen angelegt werden, so muß das daraufstehende Gebüsch gerodet werden. Man muß versuchen, die Wurzelstücke so gründlich wie möglich aus dem Boden zu entfernen, da sonst die Gefahr besteht, daß sich aus den im Boden verbliebenen Wurzeln immer wieder neue Triebe bilden, die den Rasen verunzieren. Je gründlicher ein Grundstück vor der Anlage eines Rasens gesäubert wird, desto mehr Freude wird man später an seinem Rasen haben. Dabei sollte man auch kleine und kleinste Wurzeln entfernen, da gerade aus diesen kleinen Wurzeln neue Triebe an die Oberfläche dringen können.

Rasenneuanlage auf einer Fläche mit Bäumen

Hier kommt es natürlich darauf an, wieviel Bäume auf dieser Fläche wachsen. Sofern es sich um ein Waldgrundstück handelt, wird man versuchen, so viel Bäume wie möglich stehen zu lassen. Dies wird bereits deshalb notwendig sein, da es heute in fast allen Bundesländern eine Baumschutzverordnung gibt und das Fällen von Bäumen nur noch mit Genehmigung der Behörden möglich ist.
Sofern Bäume entfernt werden sollen, muß man darauf achten, daß die im Boden verbleibenden Wurzelstöcke, auch Stubben genannt, entfernt werden.
Je gründlicher wir die Bäume und ihre Wurzeln entfernen, desto weniger Ärger machen sie uns später. Aus im Boden verbleibenden Baumwurzeln können sehr unangenehme Störenfriede für eine Rasenfläche werden, die Sie unter Umständen dazu zwingen können, eine neu angelegte Rasenfläche nach einigen Jahren völlig umzuarbeiten.

Der Unterboden

Unterboden ist die unter dem Oberboden (Mutterboden) liegende, verwitterte Bodenschicht, die durch entsprechende Maßnahmen, wie z. B. Lockerung und Bodenverbesserung, zur Verwendung für gärtnerische Zwecke vorbereitet werden muß.
Eine Lockerung des Unterbodens ist nötig, damit später das durch den Oberboden nach unten fließende Wasser auch im Unterboden versickern kann. Unterbleibt eine Lockerung des Unterbodens, so kann dies später zu Staunässeerscheinungen führen.
Bei den Bodenlockerungsmaßnahmen können wir zwischen der mechanischen Bodenlockerung und der biologischen Bodenlockerung unterscheiden.
Für welche Methode Sie sich entscheiden, hängt von Ihrer Geduld ab, denn die biologische Methode dauert länger als die herkömmliche Lockerung.

Verbesserung des Unterbodens mit Nährstoffen

Bei der Bodenverbesserung ist es wichtig, daß bereits jetzt für die richtige Versorgung dieses Rasenbodens mit allen wichtigen Nährstoffen gesorgt wird. Aus vielen Bodenproben, die untersucht worden sind, wissen wir, daß in mehr als der Hälfte aller Fälle erschreckende Mängel an Kali und Magnesium vorhanden waren. Diese beiden Pflanzennährstoffe sind aber für das Rasenwachstum von großer Bedeutung. Kali und Magnesium gelten als Hauptnährstoffe für den Rasen und müssen in größeren Vorräten vorhanden sein, um eine bedarfsgerechte Ernährung der Rasengräser über die ganze Vegetationszeit hin sicherzustellen. Sie werden dann im Laufe der Zeit durch Umsetzung und Austausch freigesetzt und ergänzen sich mit der regelmäßigen Düngung der Rasenflächen.
Stickstoff, der ja ebenfalls wichtig ist für die Ernährung des Rasens, kann nur in geringen Mengen aus dem Boden nachgeliefert werden. Stickstoff muß daher mit der laufenden Düngung bis etwa August immer wieder den Rasengräsern angeboten werden. Mehr zur richtigen Düngung des Rasens ab S. 121.
Der verbesserte Boden sollte folgende Nährstoffvorräte in mg/100 g Boden aufweisen:

- Phosphat (P_2O_5): 10–20 mg.
- Kali (K_2O): 15–30 mg.
- Magnesium (Mg): 11–15 mg.

Mechanische Bodenlockerung

<u>Das Umgraben</u> Die bekannteste Bodenlockerungsmaßnahme ist zweifellos die des Umgrabens. Sie kommt aber nur für kleine Flächen in Frage. Für die Bearbeitung des Unterbodens wird man zweckmäßigerweise einen Spaten oder eine Grabgabel verwenden.

Von links nach rechts: Wichtig: den Boden sorgfältig lockern und alle groben Teile entfernen.

Derartiger Unrat darf auf keinen Fall im Boden bleiben.

Der Rasen

Wer die zu bearbeitende Fläche in solche Felder aufteilt, wird keine Enttäuschungen bei der Rasenanlage erleben.

Das Fräsen Bei größeren Flächen sollte man von vornherein an den Einsatz einer Bodenfräse denken. Diese Bodenfräsen kann man als Zubehör zu verschiedenen Motorrasenmähern im Gartenfachhandel ausleihen oder den Auftrag zur Lockerung des Unterbodens gleich an eine erfahrene Firma des Garten- und Landschaftsbaus vergeben.

Bei dem Einsatz einer Fräse muß darauf geachtet werden, daß sie nicht zu schnell läuft. Bei schnellaufenden Fräsen wird die natürliche Bodenstruktur völlig zerschlagen, was später negative Auswirkungen auf das Wachstum des Rasens hat.

Vermessung und Höhenausgleich

Die für den Höhenausgleich erforderliche Vermessung des Gartens ist relativ einfach durchzuführen, wenn man das richtige Handwerkszeug hat.

Man benötigt eine Latte oder einen Balken von 2–4 m Länge und einer Stärke von 3–4 cm. Latte oder Balken sollen möglichst gerade, d. h., lotrecht sein. Außerdem brauchen Sie eine Wasserwaage, die ruhig etwas größer als normal sein kann, ferner eine Richtschnur und einen Hammer.

Wenn wir das Handwerkszeug beisammen haben, suchen Sie sich einen Festpunkt. An diesem Festpunkt beginnen Sie mit der Vermessung (z. B. Oberkante der Kasematte eines Kellerfensters). Bei Häusern ohne Keller nimmt man als Festpunkt den Beginn der Treppe ins Haus oder wählt einen Festpunkt am Eingang. Die Wahl eines Festpunktes am Haus ist deshalb wichtig, damit der Höhenausgleich vom Haus weg durchgeführt werden kann.

Es muß darauf geachtet werden, daß das Gefälle, d. h. die Neigung des Geländes, vom Haus weg weist. So wird das Wasser vom Haus weggeleitet.

Der Festpunkt erhält die Höhenbezeichnung 0,00. Bei dem Höhenausgleich auf dem Unterboden muß unbedingt darauf geachtet werden, daß für das spätere Feinplanum nochmals Boden in Höhe von ca. 15 cm aufgefüllt wird. Aufgrund der späteren Verdichtung des Feinplanums ist damit zu rechnen, daß dieser aufgefüllte Boden nochmals um ca. 2–3 cm zusammensackt. Sie müssen daher die Höhen beim Höhenausgleich auf dem Unterboden um mindestens 12 cm tiefer legen, d. h., die Festpunkte, die wir mit der Höhe 0,00 bezeichnet haben, liegen tatsächlich bei einer Höhe von −0,12 cm. Bei der Auffüllung des Feinplanums wird sich dann herausstellen, daß wir mit dem angefüllten Boden etwas über der Oberkante der Kellerfensterkasematten oder unserer sonstigen Festpunkte am Haus liegen. Dies darf Sie jedoch nicht irritieren, da sich aus der Bearbeitung des Feinplanums eine gewisse Sackung ergibt, so daß die für die Raseneinsaat vorgesehene Fläche dann wieder bündig mit den Festpunkten am Haus liegen wird. Nun legen Sie die Latte mit dem einen Ende auf diesen Festpunkt. Die Wasserwaage wird darauf gelegt, und wenn sich die Libelle der Wasserwaage genau in der Mitte der beiden Markierungen befindet, liegt das andere Ende der Latte oder des Balkens ebenfalls auf 0,00. Dort wird nun als Stütze für das Holz ein Pflock eingeschlagen, und zwar wegen des nötigen Gefälles um 1 cm tiefer. Wir haben nun eine weitere Höhe.

Steine oder sonstige Unterlagen sollte man nicht verwenden, da nur mit Holzpflöcken genau gearbeitet werden kann, was bei der Vorbereitung zur Rasenanlage sehr wichtig ist. Von den einzelnen Pflöcken aus gehen Sie dann weiter von Punkt zu Punkt, wobei der letzte Punkt jeweils der neue Festpunkt ist. Am besten legt man sich ein Raster an. Je kleiner der Garten, desto kleiner kann dieses quadratische Raster sein. Quadrate im Maß von 5 × 5 m sind gut zu bearbeiten.

Von links nach rechts: Für Vermessung und Höhenausgleich wird an einem Punkt des Hauses begonnen.

Meßlatte und Wasserwaage sind wichtige Helfer.

Die gesetzten Pflöcke werden waagerecht mit einer Schnur verbunden und die dadurch entstandenen Felder mit Erde aufgefüllt.

Der Rasen

Sollte sich herausstellen, daß unter der auf den Pflöcken liegenden Latte oder dem Balken Vertiefungen sichtbar werden, so nimmt man die Latte von den beiden Festpunkten herunter und spannt statt dessen zwischen den Pflöcken eine Richtschnur. Es ist nun ganz leicht, diese Vertiefung solange aufzufüllen, bis der Boden die Richtschnur erreicht. Auch die Berechnung der erforderlichen Füllbodenmenge ist mit Hilfe dieser Quadrate leicht möglich. Eine Berechnung ist deshalb wichtig, da es unter Umständen vorkommen kann, daß nach Abschluß der Baumaßnahmen weder Füllboden noch Aushub der Baugrube zur Verfügung steht. Sie müssen dann in der Lage sein, bei einem Unternehmer, der mit Erde handelt, eine grobe Angabe über die Menge des erforderlichen Füllbodens zu machen.

Der Oberboden

Nachdem der Höhenausgleich auf dem Grobplanum abgeschlossen wurde, geht man an die Vorbereitung der Erde für das Saatbeet. Diese Erde, auch Vegetationsschicht genannt, mischt man am besten separat. Auch dabei gibt es einige Grundregeln zu beachten. Der Boden für eine Rasenansaat sollte grundsätzlich schwachlehmig sein und nicht mehr als 5% Ton und 5% organische Substanz enthalten. Die Anteile an grobem Sand sollten bei 60% und der pH-Wert des Bodens bei 5,5–6,5 liegen, da Rasengräser einen schwachsauren Boden bevorzugen.

Leichte Böden Die für die Bodenverbesserung verwendeten Produkte richten sich nach dem vorhandenen Boden. Sofern das Grundstück einen schwach humosen Sandboden hat, der nicht mehr als 20% Anteile enthält, die kleiner als 0,02 mm sind, kann man auf eine Verbesserung verzichten (eine genaue Bodenuntersuchung mit Einbeziehung einer Schwemmanalyse sollte man bei der nächstgelegenen Landwirtschaftlichen Untersuchungs- und Forschungsanstalt durchführen lassen). Ein derart zusammengesetzter Boden muß lediglich im Hinblick auf seine Nährstoffe verbessert werden. Sofern dieser Sandboden aber einen zu hohen Gehalt an organischer Substanz hat, nämlich mehr als 5%, ist es ratsam, diesen Boden mit Sand zu vermagern.

Ein zu hoher Gehalt an organischer Substanz und ein zu hoher Feinsandanteil (0,06–0,2 mm Durchmesser) führen nämlich dazu, daß das auf den Rasen treffende Wasser zurückgehalten wird. Dadurch würde die Qualität des Rasens leiden. Hat ein Sandboden jedoch eine zu geringe Wasserspeicherfähigkeit, muß man Bodenverbesserungsstoffe zugeben. Hierzu s. auch S. 34.

Schwere Böden Sofern es um die Verbesserung von fetten, schweren Böden geht, kommen in erster Linie Stoffe mit grober Körnung in Frage, die sowohl natürlicher Herkunft sein können, als auch synthetisch.

Es kommen Sand, Kiessand und Split sowie ähnliche Stoffe in natürlicher und aufbereiteter Form in Frage. Auch Bims und Lavaschlacke, sofern sie grobkörnig sind, können für die Verbesserung von schweren und fetten Böden verwendet werden.

Zu den als Bodenverbesserer zählenden Gesteinsmehlen noch einige grundsätzliche Bemerkungen. Basalt, Granit und Tonminerale sind keine Düngemittel, auch wenn eine Analyse zum Teil erhebliche Mengen an verschiedenen Inhaltsstoffen nachweist. Der Wert von Basalten und Graniten liegt in der möglichen Verbesserung des Porenvolumens des Bodens. Die Zugabe der genannten Stoffe hat nur eine physikalische Wirkung.

Bei den Tonmineralen, den Bentoniten, darf für gärtnerische Zwecke nur Kalzium-Bentonit verwendet werden. Andere Bentonite führen zu einer Verfestigung des Bodens, zu einer Verdichtung.

Das Einarbeiten

Grundsätzlich gilt, daß die zur Bodenverbesserung verwendeten Stoffe alle

in den Boden eingearbeitet werden müssen, so daß es zu einer guten Durchmischung mit dem Ausgangsboden kommt, sofern man es nicht vorgezogen hat, die Bodenverbesserung und das Einarbeiten der verschiedenen Stoffe separat durchzuführen.

Die Rasenanlage

Die Vorbereitung des Saatbeetes

Nachdem wir die verschiedenen bodenverbessernden Stoffe außerhalb unserer Vegetationsfläche sorgfältig mit dem für die Rasenansaat vorgesehenen Boden vermischt haben, beginnen wir nun mit der Auffüllung dieses verbesserten Bodens auf den Unterboden.

Zweckmäßigerweise verbleiben die für die einfache Durchführung des Höhenausgleichs auf dem Unterboden eingeschlagenen Holzpflöcke im Boden. Da wir jetzt jedoch um ca. 15 cm erhöhen wollen, müssen diese Pflöcke entweder um 15 cm höher gesetzt werden oder man schlägt an derselben Stelle einen um etwa 15 cm längeren Pflock ein. Sofern man sich diese Arbeit ersparen will, spannt man Richtschnüre zwischen den einzelnen Pflöcken. Da nicht die ganze Fläche mit einem Netz von Richtschnüren überzogen werden soll, empfiehlt es sich, Streifen abzustecken, die an der einen Seite eine Kantenlänge von 5 m haben und in der Länge beliebig lang sein können. Bei leicht welligem Gelände empfiehlt es sich, ein Raster von etwa 2 × 2 m zu erstellen, um eine ebenmäßige Feinplanie erstellen zu können. Sofern die Fläche jedoch gerade ist, kann man ohne weiteres Richtschnüre in einer Länge von 15–20 m spannen und dann diese längeren Streifen der Reihe nach auffüllen. Dabei wird zweckmäßigerweise mit der Auffüllung wieder direkt am Haus begonnen und dann vom Haus weg in die anderen Richtungen des Gartens gearbeitet. Das hat den Vorteil, daß ein gleichmäßiges Gefälle vom Haus weg entsteht und sich kein Wasser sammeln kann.

Dieser schwere Boden wurde von der Rasenansaat nicht genügend verbessert, so daß nun das Wasser stehenbleibt und der Rasen fault.

Der Rasen

Vor der Grobplanie wird der Boden mit Bodenverbesserungsmitteln versehen. Hier ist es Kompost.

Dann wird die von allem Unrat und Unkraut befreite Erde aufgebracht.

Gut zu sehen: der Pflock mit der gespannten Schnur. Bei der Planie bitte nur mit leichtem Gerät, hier mit der Gartenkarre, arbeiten.

Für das Verdichten der Feinplanie kann man sich einfache Trittbretter selbst basteln.

Für größere Flächen empfiehlt sich eine Walze, die es im Gartenfachhandel zu leihen gibt.

Es dürfte selbstverständlich sein, daß bei der Feinplanie keine Maschinen benutzt werden, sondern eine Gartenkarre.

Beim Verteilen der Erde wird darauf geachtet, daß alle sich eventuell noch im Boden befindlichen Verunreinigungen entfernt und vor allem Erdklumpen sorgfältig zerkleinert werden. Die Beseitigung der im Oberboden noch vorhandenen Erdbrocken und das Herausharken von Verunreinigungen ist deshalb wichtig, da sich Bodenbrocken später nicht mehr zerteilen und dann zu einer ungleichmäßigen Rasenoberfläche führen.

Der Ausgleich jeglicher kleinster Unregelmäßigkeiten im Feinplanum ist sehr wichtig.

Nachdem Sie Ihre für die Rasenansaat vorgesehene Gartenfläche mit dem verbessernden Boden aufgefüllt und die Feinplanie durchgeführt haben, wird von Ihnen wieder eine Geduldsprobe erwartet. Nun müssen Sie nämlich die planierte Fläche 14 Tage, am besten 3 Wochen, brach liegen lassen. Sie werden erstaunt sein, wieviele unerwünschte Gräser und sonstige Pflanzen in dieser Zeit aus dem Boden kommen. Sie müssen daher die Fläche sorgfältig beobachten und immer schnell mit einer Harke bei der Hand sein, um die sich zeigenden Pflänzchen gleich sorgfältig herauszunehmen. Nach etwa 2–3 Wochen haben sich nicht nur die noch im Boden eventuell vorhandenen unerwünschten Pflanzen gezeigt, sondern der Boden hat sich auch abgesetzt.

Diese Absetzzeit ist für den Erfolg eines schönen Rasens von entscheidender Bedeutung. Nur wenn ich dem Feinplanum die Gelegenheit gebe, sich genügend abzusetzen, haben die Rasengräser eine Chance, sich von Anfang an optimal zu entwickeln. Fehler bei der Vorbereitung des Feinplanums, Verzicht auf die Ebenmäßigkeit und Ungeduld in bezug auf das Absetzen des Bodens sind oft die Ursache für jahrelangen Ärger bei der späteren Rasenpflege.

Die Feinplanie

Der Boden wurde aufgebracht, die Fläche ebenmäßig hergerichtet. Anschließend wird das Feinplanum leicht ver-

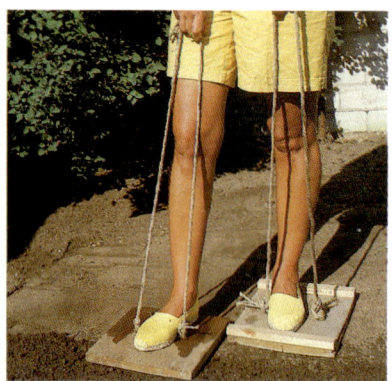

dichtet. Dazu schnallt man sich entweder Trittbretter unter die Füße und geht damit über den zu verdichtenden Boden oder Sie leihen sich eine Walze. Nach Abschluß dieser Arbeiten macht die ganze Fläche einen ordentlichen Eindruck, man ist der Meinung, daß auch die Ebenmäßigkeit gewährleistet ist. Um jedoch ganz sicher zu gehen, nehmen Sie wieder die bereits vorher benötigte Richtlatte und legen sie auf den Boden, um zu prüfen, ob die Ebenmäßigkeit wirklich gegeben ist. Sollte sich herausstellen, daß an bestimmten Stellen zwischen den Enden der Latte mehr als 2 cm Luft ist, so müssen wir an diesen Stellen das Feinplanum noch etwas erhöhen. Seien Sie dabei bitte vorsichtig, da es jetzt sehr leicht passieren kann, daß Sie die gesamte Höheneinteilung Ihres Feinplanums in Unordnung bringen. Bevor Erde aufzufüllen ist, müssen Sie natürlich die vorher durch Trittbretter oder eine Walze durchgeführte Verdichtung wieder etwas lockern, wozu die Eisenharke gut geeignet ist. In den meisten Fällen genügen 1–2 Schaufeln Erde, die dann verteilt wird. Anschließend wird der Boden wieder verdichtet.

Die Rasenansaat

Für Rasengräser herrschen bei Bodentemperaturen ab 8°C und einer entsprechenden Bodenfeuchte die günstigsten Keimbedingungen. Bei den in unseren Klimabereichen vorherrschenden Witterungsbedingungen sind diese Bedingungen in der Regel in der Zeit von Mitte April bis Mitte Juni oder von Anfang August bis Anfang September gegeben. Sofern man früher als zu den genannten Zeitpunkten oder auch später einsät, ergeben sich in der Regel unerwünschte Verschiebungen in der Rasenzusammensetzung, da es einige Gräserarten gibt, die auch bei geringeren Bodentemperaturen zu keimen beginnen. Die im Handel angebotenen Rasenmischungen sind jedoch alle auf die vorgenannten Bedingungen abgestellt, so daß bei Beachtung dieser Angaben damit gerechnet werden kann, daß eine geschlossene Rasendecke entsteht.

Die Menge des Saatgutes

Grassamen sind extrem leicht. Daraus ergibt sich, daß pro 1 m² Saatfläche mindestens 30000–50000 Körner der

Der Rasen 119

Von links nach rechts: Bei der Aussaat per Hand empfiehlt es sich, Quadratmeterweise vorzugehen.

Nach der Aussaat erfolgt das Einharken der Samen mit anschließendem Festtreten oder Walzen.

Einfach und genau kann mit einem Streuwagen ausgesät werden.

einzelnen Gräserarten auf den Boden kommen müssen, um eine vernünftige Begrünung zu erreichen. Diese Zahl entspricht einer Aussaatmenge von 10–15 g/m² Rasenfläche. Auf den meisten Packungen der im Handel befindlichen Rasenmischungen werden 25 g/m² empfohlen. Diese Zahl ist deshalb so gewählt, da man davon ausgeht, daß die meisten Gartenbesitzer bei der Anlage ihres Rasens nicht die Geduld aufbringen und die erforderliche Sorgfalt walten lassen, so daß man von vornherein mehr empfiehlt, um Enttäuschungen vorzubeugen. Wenn Sie sich an die in diesem Buch gegebenen Anweisungen jedoch genau halten, können Sie die Aufwandmenge ohne weiteres auf 15 g reduzieren. Bei ungünstiger Witterung, d.h. bei niedrigeren Bodentemperaturen als 8°C und auch bei anderen Saatzeiten als den vorgenannten, sollten Sie aber unbedingt die 25 g/m² Saatfläche beachten.

Das Ausbringen des Saatgutes

Hier werden oft viele Fehler gemacht, da manche Gartenbesitzer meinen, daß man den Grassamen ganz leicht von Hand ausstreuen kann. Dabei sind große Unregelmäßigkeiten zu erwarten, die sich später in einer unregelmäßigen Ausbildung der Rasenfläche zeigt.
Sie sollten zum Ausbringen des Saatgutes unbedingt einen der handelsüblichen Streuwagen benutzen. Da man eine Rasenfläche im allgemeinen ja nur 1- oder 2mal anlegt, empfiehlt es sich, einen Streuwagen zu leihen. Da die Grassamen sehr leicht sind, sollte man die erforderliche Samenmenge vorher mit anderen Stoffen vermischen. Dadurch erleichtert sich die Ausbringung ganz wesentlich. Für die Vermischung sind scharfer Sand, der frei ist von Verunreinigungen, sowie auch Sägespäne gut geeignet. Diese Vermischung mit anderen Stoffen ist deshalb wichtig, da Grassamen aufgrund ihres unterschiedlichen Korngewichtes zum Entmischen neigen und es dann an bestimmten Stellen des Rasens zu einer Anhäufung ganz bestimmter Gräserarten kommt. Das ist aber im Interesse einer gleichmäßigen Rasennarbe nicht erwünscht.

Das Einarbeiten des Saatgutes

Nachdem das Saatgut mit einem Streuwagen gleichmäßig auf der Fläche ausgebracht wurde, muß dafür gesorgt werden, daß das Saatgut gleichmäßig eingearbeitet wird. Rasengräser dürfen nicht tiefer als 0,5–1 cm in den Boden eingearbeitet werden. Dazu benutzen Sie die Eisenharke.
Anschließend muß die aufgeraute Fläche wieder leicht angedrückt werden. Dazu sollten Sie am besten eine sogenannte Gitterwalze verwenden, die man sich in einem Gartenfachgeschäft ausleihen kann. Sofern keine Gitterwalze zur Verfügung steht, genügt auch die bei der Herrichtung des Feinplanums verwendete glatte Walze oder aber die bereits besprochenen Trittbretter.

Die Beregnung der Fläche

Sofern nach Abschluß der Einsaat keine natürlichen Niederschläge mit entsprechender Ergiebigkeit fallen, müssen Sie bis zum Auflaufen der Rasenfläche pro Woche 4 Wassergaben zu je 5 l/m² verabreichen. Sparen Sie bei der Wässerung auf keinen Fall, da die ausreichende Durchfeuchtung des Bodens für das Auflaufen der Saat von großer Bedeutung ist. Es kommt darauf an, daß die Beregnung mit möglichst feinen Tropfen erfolgt. Dazu sind besonders die zahlreich im Handel erhältlichen Rasensprenger zu empfehlen.

Die Düngung der Neuansaat

Wenn der Samen aufgelaufen ist, muß die Fläche mit mindestens 5 g Stickstoff/m² gedüngt werden. Um den Dünger gleichmäßig auszubringen, benutzt man am besten einen Streuwagen. Auf der Rückseite eines solchen Wagens ist eine Tabelle, aus der hervorgeht, welche Einstellung nötig ist,

10 Regeln für einen guten Rasen

1. Sorgfältigste Vorbereitung des Saatbeetes mit absoluter Ebenflächigkeit.
2. Verwendung bester Gräsersorten, die auf den Verwendungszweck des Rasens abgestimmt sind. Nur zugelassenes Saatgut verwenden.
3. Von der Einsaat an ständig wässern und die Fläche nicht austrocknen lassen.
4. Nach dem Auflaufen der Saat 1. Schnitt mit Sense oder Walzenmäher durchführen.
5. Auf ausreichende Versorgung der Gräser mit Nährstoffen, vor allem Stickstoff, achten.
6. Lieber weniger häufig, aber dafür länger beregnen.
7. Mindestens 1× in der Woche mähen, am besten 2×.
8. Mindestens 3× im Jahr düngen.
9. Im Spätherbst Vorsicht mit zuviel Stickstoff.
10. Mindestens 1× im Jahr vertikutieren und besanden.

Der Rasen

Innenspalte von oben nach unten: Walzenmäher sind für die Rasenpflege am besten geeignet.

Rotationsmäher mit Grasfangkorb machen das Mähen großer Flächen leicht.

Luftkissenmäher sind auf steilen Hängen und bei hohem Gras nur noch von der Sense zu übertreffen.

Balkenmäher bewältigen Wuchshöhen bis zu 1,50 m.

um die richtige Menge Dünger zu streuen.
Wie errechnet man die 5 g Stickstoff? Wenn ein Dünger z. B. eine Zusammensetzung von 10% N, 5% P_2O_4 und 5% K_2O hat, so heißt das, daß 100 kg dieses Düngers 10 kg N (= Stickstoff) enthalten. 5 kg enthalten dann 0,5 kg N. Verwendet man von einem solchen Dünger für 100 m^2 5 kg, ist der Rasen gut versorgt.

Der 1. Schnitt

Wenn der Rasen ungefähr 5–8 cm hoch gewachsen ist, ist es Zeit für den 1. Schnitt.
Dieser Schnitt wird als Schröpfschnitt bezeichnet. Er fördert die Bestockung, d. h. die Grasnarbe schließt sich besser, da durch diesen Schnitt die Gräser wieder angeregt werden, neue Blätter zu bilden.
Der 1. Schnitt Ihrer neu angelegten Rasenfläche kann nicht sorgfältig genug durchgeführt werden. Wenn möglich, sollte zuerst mit einer Sense geschnitten werden. Das mindeste, was Sie aber tun müssen, ist das Verwenden eines Walzenmähers, auch Zylindermäher genannt.
Ein solcher Walzen- oder Zylindermäher geht mit dem jungen Rasen we-

Ein Gummirechen ist zum Harken nach dem Schnitt besonders gut geeignet.

sentlich schonender um als die Rotations- oder Sichelmäher. Bei der Verwendung des Walzenmähers ist es sehr wichtig, daß das Messer des Mähers scharf ist.
Beim 1. Schnitt darf der Rasen nicht zu kurz geschnitten werden. Wenn wir davon ausgehen, daß Sie bei einer Aufwuchshöhe des Rasens von 5–8 cm den Rasenmäher ansetzen, so darf die Schnitthöhe des Rasenmähers, die individuell eingestellt werden kann, entsprechend der Aufwuchshöhe höchstens bei 2–5 cm liegen. Daraus ergibt sich, daß der Schnitt nur so tief sein darf, daß die jungen Rasengräser nicht kürzer als auf 3 cm Aufwuchslänge zurückgeschnitten werden. Sie dürfen den 1. Schnitt auch nicht mit schweren Geräten durchführen, da sonst Spuren im Rasen bleiben.
Ferner ist es wichtig, daß Sie das Schnittgut sorgfältig entfernen. Für das Abharken sind Eisen-, Kunststoff- oder Holzrechen ungeeignet. Bitte beschaffen Sie sich im Handel einen Rechen, der Gummizinken hat. Nur mit diesen Gummizinken ist es möglich, den jungen Rasen schonend vom Schnittgut zu befreien. Alle anderen Harken sind zu schwer, sie reißen die jungen Pflanzen aus, der Rasen wird lückig, wodurch Moos und Unkraut vermehrt aufkommen können.

Die verschiedenen Rasenmäher

Bei den Rasenmähern unterscheiden wir zwischen Walzen- oder Zylindermähern, den Sichelmähern und den Balkenmähern.

Walzen- oder Zylindermäher

Das wesentliche eines Zylindermähers besteht darin, daß in diesem Zylinder Spiralmesser eingebaut sind, die gegen ein horizontales Bodenmesser arbeiten. Diese Mäher haben den Vorteil, daß man mit ihnen das Gras sehr sauber schneiden kann, wenn es relativ trocken ist. Ein Nachteil der Zylindermäher ist, daß es mit ihnen nicht immer möglich ist, bei Nässe den Rasen sauber zu schneiden. Zylindermäher gibt es auf dem deutschen Markt in einer großen Zahl, sowohl für reinen Handbetrieb als auch mit Elektro- oder Benzinmotoren.

Rotations- oder Sichelmäher

Während ein Zylindermäher den Rasen sauber und flach schneidet, reißt der Sichelmäher die obersten 1–2 mm des Grashalmes auf. Dadurch erhält der Rasen eine leicht braune Färbung, da diese 1–2 mm zerfaserten Grases sehr schnell austrocknen. Eine solche Fläche sieht nie gut aus.

Voraussetzung für eine einwandfreie Pflege der Rasenfläche mit einem Sichelmäher ist, daß die Messer immer sehr scharf sein müssen. Da es sich trotz sorgfältigster Rasenpflege nicht

vermeiden läßt, daß manchmal kleine Steine oder Holzstücke im Rasen liegen, auf die die Schneidemesser auftreffen, werden die Messer der Sichelmäher sehr leicht schartig.
Hier soll nun keinesfalls der Eindruck entstehen, daß wir von der Verwendung von Sichelmähern abraten. Es muß aber der Fairneß halber gesagt werden, daß Sie nur dann einen schönen Rasen bekommen, wenn die Messer des Sichelmähers immer sehr gut in Ordnung sind.

Balkenmäher

Sie arbeiten nach dem Prinzip einer Mähmaschine und sind nur für sehr große Rasenflächen zu empfehlen. Vor allen Dingen dann, wenn man sich für die Anlage einer Wiese entschieden hat, die nur 1- oder 2mal im Jahr gemäht wird, wird man mit einem Zylindermäher unter Umständen Schwierigkeiten haben. Auch ein Sichelmäher kann nicht unbedingt einen einwandfreien Schnitt des höheren Grases gewährleisten, während ein solcher Balkenmäher auch 1–1,50 m hohen Aufwuchs gut bewältigt.

Rasenpflege

Die Düngung des Rasens

Wie alle anderen Pflanzen auch, braucht Gras Nährstoffe, also Stickstoff, Phosphat, Kali, Magnesium und Spurenelemente. Diese Nährstoffe sind entscheidend für den Wuchs, die Gesundheit und die gesamte Erscheinung der Rasengräser.
Wozu werden nun die einzelnen Elemente besonders benötigt?
Stickstoff wird vom Rasen vor allen Dingen für den Aufbau von Pflanzenmasse, für die Eiweißbildung und für das ständige Wachstum benötigt. Mehr dazu s. S. 52.
Phosphat benötigt der Rasen für besseres Wurzelwachstum, für einen guten Energietransport und für den Enzymaufbau.
Kali schließlich wird benötigt, um ein straffes Gewebe zu reduzieren und die Widerstandsfähigkeit gegen Krankheiten und mechanische Verletzungen zu erhöhen. Außerdem ist Kali verantwortlich für die Einlagerung von Reserveenergien in die Rasengräser.
Magnesium, Eisen und Spurenelemente sind nötig, um Blattgrün (Chlorophyll) zu bilden, Energie aufzunehmen und den gegebenen Stickstoff richtig auszunutzen.
Außerdem sind die genannten Elemente für den Enzymaufbau wichtig.
Da die verschiedenen Rasenflächen vielen verschiedenen Zwecken dienen und auch sehr unterschiedlich genutzt werden, gibt es grundsätzlich keine einheitliche Rasenernährung. Die Ernährung der Rasengräser muß daher dem speziellen Bedarf der einzelnen Rasentypen angepaßt werden, was vor allen Dingen für den Stickstoff gilt. Folgende Mengen an Reinnährstoff sind pro Jahr von den einzelnen Elementen bezogen in Gramm und je 1 m² erforderlich:

Nährstoff	Menge in g/m²
Stickstoff (N)	10–40
Phosphat (P_2O_5)	4–8
Kali (K_2O)	8–16 (24)
Magnesium (MgO)	2–4 (6)

Die in Klammer gesetzten Zahlen in der Tabelle gelten für besonders durchlässige Sandböden.

Stickstoff

Er ist für die Gräser von besonderer Bedeutung und muß aus der Bodenlösung ständig nachgeliefert werden. Der Jahresbedarf an Stickstoff ist bei allen Gräsern hoch, sie sind jedoch empfindlich gegen zu hohe Konzentrationen von Stickstoff in der Bodenlösung. Deshalb kommt es darauf an, den Stickstoff dosiert den Gräsern anzubieten.
Stickstoff ist ursächlich verantwortlich für das Blattlängenwachstum und den Breitwuchs der Gräser.
Bei zuviel Stickstoff kommt es zu
- übermäßig starkem Blattlängenwuchs,
- höherem Mähaufwand,
- weichen, empfindlichen Zellwänden,
- hohen Wasserverlusten.

Richtig dosiert führt Stickstoff zu
- gleichmäßigem Wachstum und intensivem Breitwuchs,
- schnellem Überwachsen von Rasenschäden,
- straffen, stabilen Blättern,
- verbesserter Strapazierfähigkeit.

Wenn zuviel Stickstoff gedüngt wird, muß häufig vertikutiert werden, da sich

Ein schöner Rasen benötigt ein gewisses Maß an Pflege durch richtige Düngung, Schnitt und Bewässerung. Sehr hilfreich beim Rasenmähen ist übrigens die Pflastereinfassung zwischen Beet und Rasen; hier kann mit dem Rasenmäher darübergemäht werden, ohne die Randbepflanzung zu schädigen, vom Mähwerk ganz zu schweigen.

Der Rasen

»Wolkenbildung« durch falsche Düngung.

sehr viel Rasenfilz bildet. Dadurch wird die Wasserableitung verhindert, es kommt zu einer geringen Durchlüftung des Rasens. Das wiederum erhöht die Gefahr von Pilzinfektionen und führt zu schwachem Wurzelwachstum. Richtig dosierter Stickstoff verlangsamt die Filzbildung, und es kommt zu einem besseren biologischen Abbau. Zwangsläufig muß weniger vertikutiert werden, da die Bodendurchfeuchtung und Belüftung verbessert wird und auch das Wurzelwachstum zunimmt. Auch die Gefahr von Pilzinfektionen wird reduziert.

Der Stickstoff ist aber auch verantwortlich für das Wurzelwachstum. Wenn wir zuviel Stickstoff geben, erhöht sich die Verätzungsgefahr, die Wurzeln wachsen nur schwach und zu flach, die Rasennarbe reißt leicht ab und wird anfällig gegen Trockenheit.

Richtig dosierter Stickstoff fördert ein dichtes und tiefes Wurzelwachstum, bedeutet gute Nährstoffausnutzung und damit ein längeres Durchhalten bei Trockenperioden. Außerdem kommt es zu einer starken Regenerierung der Gräser und zu einer besseren Grünfärbung.

Phosphor und Kali

Im Gegensatz zu dem Stickstoff, der aus dem Boden schlecht nachgeliefert wird und deshalb immer wieder auf den Rasen gegeben werden muß, können Phosphor und Kali in beträchtlicher Menge im Boden festgelegt werden. Auf leichten Böden kommt es allerdings vor allen Dingen bei Kali zu einer ganz erheblichen Auswaschung. Wir sagten eingangs, daß es aufgrund der unterschiedlichen Ansprüche an die verschiedenen Rasenflächen sehr schwer ist, eine einheitliche Empfehlung für eine Rasenernährung zu geben. Bei der Auswahl Ihrer Rasendünger sollten Sie allerdings darauf achten, daß das Verhältnis von Stickstoff zu Phosphor und Kali ungefähr bei 3:1:1 liegt. Das heißt, daß auf 3 Teile Stickstoff je 1 Teil Phosphor und Kali kommen. Das entspricht z. B. einem Dünger mit 15% N, 5% P_2O_5 und 5% K_2O oder 18% N, 6% P_2O_5 und 6% K_2O.

Düngezeitpunkte

Frühjahrsdüngung erfolgt im späten Frühjahr (z. B. Mai) in den abklingenden Frühjahrswachstumsschub hinein. Damit wird der Anschluß gesichert für ein gesundes, funktionsgerechtes Wachstum über viele Wochen.

Sommerdüngung erfolgt Ende Juli bis Mitte August nach dem Wiedereinsetzen der Sommerniederschläge. Nicht gedüngt werden sollte während der Sommertrockenheit. Die Sommerdüngung gibt dem Rasen neue Kraft und fördert vor allem die Einlagerung von energiereichen Reservestoffen für den Winter, was den Rasen bedeutend widerstandsfähiger gegen Krankheiten macht.

Bei der Herbstdüngung gibt es verschiedene Auffassungen. Einerseits kann bei einer zu späten Herbstdüngung mit stark stickstoffhaltigen Düngern der Befall mit Pilzen aller Art gefördert werden, andererseits beginnt im Spätherbst die Hauptregenerationszeit für die Wurzeln und für die Bestockungstriebe. Es ist daher erforderlich, zu diesem Zeitpunkt den Anteil an Stickstoff im Dünger zu reduzieren und dafür etwas mehr Phosphor und Kali zu düngen. Die Düngung im Spätherbst sollte erst dann erfolgen, wenn die Bodentemperatur dauerhaft unter 10 °C liegt. Außerdem sollte erst gedüngt werden, wenn das Blattlängenwachstum des Rasens aufgehört hat. Eine solche Spätherbstdüngung sichert über Winter eine gute Farbe und fördert das rechtzeitige Grünwerden des Rasens für das folgende Frühjahr.

Düngerarten

Zwischen Rasenfachleuten wird immer wieder über die Frage diskutiert, ob es nun einen wesentlichen Unterschied gibt zwischen organischen Rasendüngern und mineralischen Rasendüngern. Über diese Frage werden zum Teil heftige Glaubenskämpfe ausgeführt, wobei an dieser Stelle einmal erwähnt werden sollte, daß z. B. im klassischen Rasenland England der Anteil an rein organischen Rasendüngern bei der Rasenpflege wesentlich höher ist als in der Bundesrepublik Deutschland.

Zu den Kurzzeitdüngern gehören alle die Düngemittel, in denen Nitrat oder Ammoniakstickstoff enthalten ist. Bei rein mineralischen Kurzzeitdüngern, deren Stickstoff nicht in langsam fließender Form vorliegt, kann es bei sandigem Boden und starken Niederschlägen nach 2–3 Wochen nötig sein, wieder nachzudüngen.

Die Langzeitwirkung eines Langzeitdüngers kann auf 3 Möglichkeiten beruhen. Einmal kann man die darin enthaltenen Düngestoffe mit anderen Stoffen umhüllen. Dadurch wird die Freisetzung des Düngers reduziert. Hierfür kommen sowohl Ionenaustauscherharze als auch Schwefel in Frage. Eine andere Möglichkeit, Nährstoffe über längere Zeit freizusetzen, besteht darin, komplizierte chemische Verbindungen aufzubauen. Sie haben meist eine entsprechend lange Abbauzeit.

Eine 3. Möglichkeit, Nährstoffe über längere Zeit freizusetzen, besteht in der Verwendung von Horndüngern. Da sie nicht wasserlöslich sind, müssen sie mit Hilfe der Mikroorganismen erst umgewandelt und der in ihnen enthaltene Stickstoff in eine für die Pflanzen aufnehmbare Ionenform übergeführt werden. Man bezeichnet diese Düngemittel auch als witterungsgebunden, da sie nur in Abhängigkeit von entsprechender Temperatur und Feuchte und einer entsprechenden mikrobiellen Aktivität im Boden wirksam werden. Es kommt daher unter Umständen bei zu niedrigen Temperaturen und bei Trockenheit zu einer geringeren Wirkung, ein Nachteil der Langzeitdünger auf organischer Basis. Ihre großen Vorteile liegen allerdings darin, daß man mit diesen Naturdüngern den Rasen weniger oder gar nicht verätzt. Sie lassen sich gut streuen und haben einen sehr hohen Nachwirkungseffekt. Bei organischen Langzeitdüngern hält die Wirkungsdauer ungefähr 6–8 Wochen an. Oftmals werden auch Rasendünger angeboten, die mit Chemikalien zur Unkrautbekämpfung verbunden sind. Da die Wirkung dieser Chemikalien im Boden unter Umständen sehr negativ sein kann, rate ich von der Verwendung von Kombi-Präparaten ab.

Der Rasen 123

Rasenkrankheiten

Erkrankung	Ursachen	Maßnahmen zur Gesundung	Bemerkungen
Vermoosung	Bodenverdichtung	Verticutieren, Besanden, Belüften, Nachsaat.	Vermoosung ist keine echte Erkrankung.
Verunkrautung: Starker Besatz mit Hahnenfuß, Wegerich, Gänseblümchen	Schlechte Rasenpflege.	Tiefschnitt, Verticutieren, Belüften, Nachsaat.	Starke Verunkrautung muß auf Rasenflächen bekämpft werden, da sonst alle Gräser verdrängt werden.
Pilzbefall, d. h. sichtbare Pilze mit Fruchtstand	Keine generelle Aussage möglich.	pH-Wert prüfen, Kalken, Verticutieren, Belüften.	Mit dem Pilz zum nächsten Pflanzenschutzamt gehen und sich beraten lassen.
Andere Pilze, z. B. Schneeschimmel (*Fusarium nivale*)	Winterkrankheit, wenn Rasen lange unter einer Schneedecke lag. Allerdings auch bei längerer milder und feuchter Wetterlage im Herbst zu beobachten.	Vorsicht mit zuviel Stickstoff im Herbst. Kali-Düngung beachten. Keinen Kompost benützen. Rasenfilz mit Verticutieren bekämpfen. Gute Entwässerung beachten.	Nur durch gute Pflege zu bekämpfen. Fungizide nur bedingt anwendbar. pH-Wert muß beachtet werden, eventuell Kalkung durchprüfen.
Rotspitzigkeit (*Corticium fuciforme*)	Sommerkrankheit, ab Ende Mai bei viel Tau auf den Rasenflächen zu beobachten.	Regelmäßige Wässerung, regelmäßiger Schnitt, beste Düngung. Abkehr der geschnittenen Rasenteile vom Rasen.	
Dollarfleckenkrankheit	Weitgehend unbekannt.	Siehe Rotspitzigkeit.	
Mehltau	Weitgehend unbekannt. Befällt hauptsächlich Schattenrasenlagen.	Intensive Pflege. Rein pflanzlich mit Pilzvorbeugemitteln auf Basis von Knoblauch, Zwiebeln und Meerrettich.	Bitte im einschlägigen Handel nachfragen. Inzwischen sind auch spezielle Mehltaumittel auf dem Markt.
Hexenringe	Weitgehend unbekannt.	Regelmäßiges intensives Bewässern. Intensives Verticutieren und Aerifizieren. Verabreichung eines der üblichen Pilzbekämpfungsmittel. Sterilisation mit einer 40%igen Konzentration von Formalin für 10 m² ausreichend. Abdecken mit lichtundurchlässiger Mulchfolie. Keinen Kompost verwenden.	
Gemeiner Brachkäfer (Junikäfer)	Weitgehend unbekannt. Wird aber offensichtlich durch starkes Einbringen von organischen Düngern auf Basis von Klärschlamm und sehr viel Kompost gefördert.	Rücksprache mit dem Pflanzenschutzamt nehmen, da der Brachkäfer nur mit Hilfe von Chemikalien wirkungsvoll bekämpft werden kann.	

Moos verdrängt auf Dauer alle Gräser.

Der Schneeschimmel ist häufig nach regenreichen Sommern zu sehen.

Regelmäßiges Wässern und häufiger Schnitt verhindern das Auftreten der Rotspitzigkeit.

Hexenringe sind zwar hübsch anzusehen, zerstören aber auf Dauer jeden Rasen.

Der Rasen

Das Mähen

Das Mähen des Rasens ist eine der wesentlichsten Pflegemaßnahmen. Durch das Mähen werden die Gräser kurz gehalten und der Rasenwuchs gesteuert. Regelmäßiges Mähen sichert außerdem eine gute Narbendichte, führt zu einer schönen Farbe und erhöht den Gebrauchswert eines Rasens ganz entscheidend. Durch regelmäßiges Mähen werden außerdem Bestockung und Ausläuferbildung für den notwendigen Breitwuchs der Gräser gefördert.

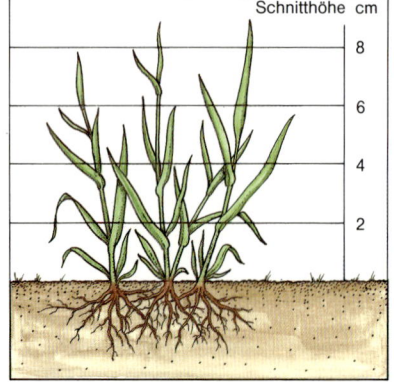

Der normale Gebrauchsrasen im Hausgarten wird meist auf etwa 4 cm Höhe gemäht.

Über die Häufigkeit des Mähens können keine generellen Aussagen gemacht werden, da sie abhängig ist von den Ansprüchen, die man an einen Rasen stellt. Zierrasenflächen müssen selbstverständlich häufiger gemäht werden als reine Gebrauchs- oder Sport- und Spielrasen. Entscheidend ist aber, und das ist allen Rasenflächen gemeinsam, daß so rechtzeitig geschnitten werden muß, daß die Gräser nicht blühen. Zierrasen werden im Laufe einer Vegetationszeit ungefähr 20–40mal geschnitten. Bei den sogenannten Landschaftsrasen verringert sich die Schnittzahl schon auf 1–3 Schnitte pro Jahr, Parkrasen, die man ebenfalls als Mischung für den Hausgarten kaufen kann, liegen zwischen 3 und 20 Schnitten im Jahr, die besonders gepflegten Flächen eines Golfplatzes werden im Extremfall täglich kurzgeschnitten.

Beim Mähen eines Rasens kommt es darauf an, die richtige Schnitthöhe einzustellen. Dabei werden leider häufig Fehler gemacht, denn sehr oft wird ein extremer Kurzschnitt durchgeführt. Das muß jedoch vermieden werden, da ein Kurzschnitt die Energieausnutzung und den guten Wuchs der Gräser beeinträchtigen würde. Generell ist zu sagen, daß für Zierrasenflächen eine Schnitthöhe von 2–3,5 cm richtig ist, während für Sport- und Spielrasen 3,5–4,5 cm nötig sind.

Zum Mähen des Rasens gehört auch das Abkehren des Schnittgutes. Das Schnittgut muß immer dann abgekehrt werden, wenn es sich um grobes, langes, verholztes Schnittgut handelt. Das Mähen muß bei kühlem, kaltem oder feuchtem Wetter durchgeführt werden. Ferner muß das Mähgut abgekehrt werden, wenn man feststellt, daß es sich streifig oder klumpig auf dem Rasen hinter dem Mäher verteilt. Auch auf stark sauren Böden sollten Sie das Mähgut unbedingt entfernen, da es nur sehr schwer umgesetzt wird.

Das Liegenlassen des Schnittgutes kann bei feinem, kurzem Schnittgut erfolgen, bei einer guten Verteilung des Schnittguts hinter dem Mäher und bei trockenem, warmem Wetter. Ferner kann das Schnittgut immer dann liegengelassen werden, wenn es sich um gute Mineralisierungsbedingungen handelt, d. h. wenn der Boden einen pH-Wert zwischen 6 und 7 hat.

Das Verticutieren

Unter Verticutieren versteht man das senkrechte Einschneiden in die Grasnarbe. Zu diesem Zweck gibt es sowohl hand- als auch motorgetriebene Geräte. Das Verticutieren hat die Funktion, im Überfluß gebildetes, braun gefärbtes und abgestorbenes Pflanzenmaterial zwischen der Bodenoberfläche und der Blattzone herauszuschneiden. Man bezeichnet dieses Material als Rasenfilz.

Mit dem Verticutieren wird das Versikkern des Wassers erleichtert. Ferner beugt es schlechtem Wurzelwachstum vor und ist eine bewährte Pflegemaßnahme, um Pilzinfektionen auf dem Rasen, die sehr unangenehm werden können, zu verhindern.

Wer regelmäßig seine Rasenfläche mit zuviel Torf, Rindenhumus oder aber abgesiebtem Kompost bearbeitet, fördert den Rasenfilz. Auch das Liegenlassen des Mähgutes auf dem Rasen, sofern es zu lang ist und man nur 1mal in der Woche mäht, fördert die Rasenfilzbildung. Ferner wird die Bildung von Rasenfilz durch ein Überangebot von Stickstoff in Verbindung mit häufigem Schnitt gefördert. Schließlich wird Rasenfilz auch durch sauer reagierende Dünger oder durch zu niedrigen pH-Wert des Bodens begünstigt.

Der Rasenfilz kann in 3–4 Jahren eine Stärke von 1–2 cm erreichen. Eine derartig verfilzte Rasendecke hält dann bis zu 20 l/m^2 Wasser zurück. Dadurch dringen weder die natürlichen Niederschläge noch das Wasser aus den Regnern in den Boden ein. Dieses Wasser geht daher durch Verdunstung verloren.

Auch bestimmte Gräserarten, wie z. B. *Festuca rubra commutata*, *Festuca ovina* und *Poa pratensis*, neigen zur Filzbildung. Die *Agrostis*-Arten und die Einjährige Rispe (*Poa annua*) nehmen eine Mittelstellung ein, während Gräser wie *Cynosurus cristatus*, *Phleum pratense*, *Phleum nodosum* und *Lolium perenne* weniger zur Filzbildung neigen.

Bevor man einen Rasen verticutiert, sollte man ihn sehr kurz mähen, also auf etwa 2 cm zurückschneiden. Außerdem sollte man genügend Müllsäcke oder sonstige Behälter zur Verfügung haben, da die herausgeschnittene Pflanzenmasse viel größer sein wird, als sich der Leser vorstellen kann.

Das für das Verticutieren verwendete Gerät wird so eingestellt, daß der Boden 1–2 mm angeritzt wird. Es kommt darauf an, daß der Rasenfilz voll durchschnitten wird. Sollte die Filzstärke mehr als 1 cm betragen, darf man bei der 1. Bearbeitung des Rasens nicht zu tief schneiden, da sonst die Narbendichte gefährdet wird. Es empfiehlt sich in solchen Fällen, in mehreren und zeitlich getrennten Arbeitsgängen über den Rasen zu gehen. Als Zeitpunkt für diese Verticutiermaßnahmen

Regelmäßiges Verticutieren in Verbindung mit einem Besanden der Rasenfläche beugt vielen Rasenkrankheiten vor.

Der Rasen

ist die Zeit von Mai bis September zu empfehlen, da bei zu frühem Verticutieren die Bildung von narbenschließenden Ausläufern im Rasen gestört wird.

In Verbindung mit dem Verticutieren sollte das Besanden der Rasenfläche erfolgen. Dafür verwenden wir groben Sand in der Körnung 0–3, der in einer Menge von 3–4 l/m² Rasenfläche aufgebracht wird. Auch die Verwendung von grobem Lavagestein (Urgesteinsmehl) zur Verbesserung der Spurenelementversorgung hat sich bewährt.

Das Aerifizieren

Eine weitere Maßnahme, um den Abbau von Rasenfilz zu fördern, ist das Löchern des Rasens, auch Aerifizieren genannt. Dabei werden entweder mit einem Motorgerät, das sich jedoch nur bei großen Flächen lohnt, oder aber mit kleineren Stachelwalzen oder sonstigen auf dem Markt befindlichen Handgeräten 6–8 cm tiefe Löcher in den Rasen gestochen. Das dabei herausgeholte Material kann man, sofern es nicht allzu viel ist, mit einem scharfen Besen auf der Rasenfläche verteilen. In größeren Mengen muß es abgeharkt werden. Anschließend hat sich das Aufbringen von Sand ebenfalls sehr gut bewährt. Als Zeitpunkt für diese Arbeit ist die Zeit des besten Gräserwuchses zwischen Mai und September geeignet.

Dieses Löchern des Rasens kann man auch mit einer Grabegabel besorgen, die man in den Boden sticht und leicht hin und her bewegt.

Durch dieses Löchern erreicht man eine bessere Luftzufuhr zum Boden, eine bessere Ableitung des Oberflächenwassers und fördert ganz allgemein das Wachstum der Gräser. Es gibt auch die Möglichkeit, daß man sich Nagelbretter unter die Schuhe schnallt und damit viele kleine Löcher in den Rasen tritt. Wichtig ist dabei nur, daß die Nägel lang und stark genug sind, damit sie sich beim Auftreten auf dem Rasen nicht verbiegen und tief genug eindringen. Gleichzeitig mit dem Aerifizieren empfiehlt es sich, zu sanden. Das Besanden einer Rasenfläche ist sehr arbeitsaufwendig und muß mit großer Sorgfalt durchgeführt werden. Sofern man weiß, daß der Rasen auf einem Sandboden aufgebaut wurde, kann man den Sand vor dem Löchern

ausbringen. Sofern man es jedoch mit einem schweren Boden zu tun hat, sollte der Sand erst nach dem Abkehren des Lochaushubes aufgebracht werden.

Düngemittel können vor dem Ausbringen des Sandes auf die Rasenfläche gegeben und anschließend zusammen mit dem Sand in den Rasen wieder eingearbeitet werden. Anschließend ist es günstig, zu wässern.

Die Bewässerung

Bei der Bewässerung der meisten Rasenflächen wird viel gesündigt. Man wässert entweder zum falschen Zeitpunkt oder in zu langen Abständen mit zu geringen Wassermengen.

Dabei ist es vollkommen gleichgültig, ob Sie sich mit dem Gartenschlauch hinstellen und den Rasen sprengen, oder ob Sie das den stationären oder beweglichen Rasensprengern überlassen. Selbst bei Versenkregnern kann es zu den vorgenannten Fehlern kommen. Es sei denn, Sie haben eine automatische Anlage, die dann aber richtig programmiert sein muß. Damit haben wir schon alle Möglichkeiten der Beregnung bzw. Wasserversorgung eines Rasens, mit Ausnahme des Regens, besprochen.

Der häufigste Fehler ist das Wässern um die Mittagszeit, wenn die Sonne vom Himmel brennt und Baum, Strauch und Rasen scheinbar verdursten. Wer um diese Zeit wässert, verschenkt nicht nur Wassergeld, sondern schadet seinen Pflanzen. Die auf den Blättern liegenden Wassertropfen wirken wie Brenngläser. Die Blattoberfläche wird sehr warm, und das Wasser verdunstet, bevor die Pflanzen es nutzen können. Bei Wind ist die Verdunstungsrate noch höher. Diese Verdunstung tritt immer ein, wenn bei Sonnenschein, ob morgens, mittags oder nachmittags, beregnet wird.

Die beste Zeit für die Beregnung ist die Zeit vor Sonnenaufgang oder nach Sonnenuntergang. Auch mitten in der Nacht kann man wässern.

Wie kann ein Rasenbesitzer nun prüfen, ob sein Rasen Wasser braucht oder nicht?

Wer sich eine automatische Versenkregneranlage einbauen läßt, der sollte sich auch gleich Feuchtefühler mit einbauen lassen. Bei den meisten Rasenflächen wird das jedoch nicht der Fall sein, und so muß man nach anderen Möglichkeiten suchen.

Ob ein Rasen Wasser braucht, läßt sich nach folgenden Kriterien bestimmen:
- nach der Bodenfeuchte;
- nach den Witterungsverhältnissen;
- nach dem Beginn der Welke.

Grundsätzlich gilt, daß die Beregnung stets in größeren Zeitabständen mit größeren Wassermengen durchgeführt werden muß.

Die meisten Rasenflächen leiden unter Wassermangel und fangen an zu welken. Die Beregnung nach Welkebeginn ist zwar einerseits die Methode, die am meisten Wasser spart, setzt aber voraus, daß man ein Gespür für den Welkebeginn hat, und daß man die Rasenfläche beobachten kann. Der Beginn der Welke macht sich durch gerollte und schlaffe Blätter bemerkbar. Auf der Rasenfläche entstehen kleinere Flecken, die eine dunkle, ins Grau gehende Farbtönung haben. Wenn man dieses Bild beobachtet, muß innerhalb kürzester Zeit beregnet werden. Auf keinen Fall darf ein welker Rasen gemäht werden, da das Schnittgut vom Rasenmäher nur unzureichend zerkleinert wird, sich dadurch langsamer zersetzt und die Bildung von Rasenfilz fördert.

Das Aerifizieren erfolgt bei kleineren Rasenflächen am besten mit der Stachelwalze.

Bei nur wenig verfilzten Flächen helfen diese selbstgemachten Stachelbretter auch, um den Boden zu durchlüften.

Die Gartenrosen

Die Strauchrose 'Elmshorn' belebt die »Gehölzkulisse«, Lavendel ist ein schöner Rosenpartner.

Wohl kaum eine andere Art wird von so vielen Menschen als Gartenpflanze geschätzt und als Schnittblume geliebt wie die Rose. Groß ist die Zahl der Gartenbesitzer, die zahlreiche Rosensorten mit besonderer Liebe pflegen. Sehr groß ist auch die Zahl der Rosenarten und -sorten, die von den Rosenbaumschulen angeboten werden. Rund 300 Sorten stehen im Katalog eines großen Rosenproduzenten.

So erfreulich diese Vielfalt an Wuchsformen, Blütenfarben und -formen ist, so bringt sie doch dem Anfänger unter den Rosenfreunden manche Qual der Wahl.

Um Erfahrungen im Umgang mit Rosen zu sammeln und auszutauschen, haben sich im Verein Deutscher Rosenfreunde (VDR) über 7000 Mitglieder zusammengeschlossen. Rosarien, Rosengärten und Rosenpflanzungen in öffentlichen Grünanlagen zeigen, wie sich Rosensorten unter den dort gegebenen Bedingungen entwickeln und geben vielfältige Hinweise auf deren Verwendungsmöglichkeiten.

Diesem Ziel, nämlich aufzuzeigen, wo man überall Rosen pflanzen kann, welche Sorten dafür besonders geeignet sind, welche Ansprüche die Rosen an den Standort stellen, wie man sie pflanzt, bewässert, düngt, schneidet und schützt und mit welchen anderen Pflanzen man sie vergemeinschaften kann, soll dieser Abschnitt des Buches dienen.

Weiteres zu Rosen auch S. 76.

Wohin pflanzt man Rosen?

Beete

Das Rosenbeet ist die wohl bekannteste Verwendungsweise von Rosen im Bereich des Hausgartens. Vielfältig sind gerade hier die Möglichkeiten: Rosenbeete als Rabatten entlang des Eingangsweges bzw. der Einfahrt, im Vorgarten, vor der Terrasse, am Rande oder in der Mitte von Rasenflächen, am Zaun, am Haus. Je größer das Beet ist, um so sorgfältiger ist die Bodenvorbereitung zu treffen, um so mehr kommt es auf die Auswahl der richtigen Sorten an. Bei dieser »Monokultur« sind die Pflanzen einer größeren gegenseitigen Ansteckungsgefahr hinsichtlich der Krankheiten (Sternrußtau, Mehltau) und Schädlinge (Läuse, Spinnmilben) ausgesetzt. Mit resistenteren Rosensorten und ausreichender Pflege bringt aber so ein Rosenbeet eine großartige farbliche Wirkung.

Bei der Sortenwahl ist auf die Wuchsstärke, die Höhe und Breite der Pflanzen, die Form ihrer Blütenstände und ihrer Einzelblüten zu achten.

Floribunda-Rosen bringen die größten Farbeffekte. Die Höhe ihrer Sorten reicht von etwa 30 cm bis über 1 m hinaus. Zumeist stellen die niedrigsten höhere Ansprüche an Standort und Pflege. Es bleibt dem Geschmack jedes Gartenbesitzers überlassen, ob er einfach-, halbgefüllt- oder dichtgefüllt-blühende Sorten wählt. Am wirkungsvollsten ist ein Beet mit einer einzigen Sorte. Bei sehr großen Beeten können auch Teilflächen mit mehreren Sorten bepflanzt werden. Hierbei sollte darauf geachtet werden, daß nicht Sorten mit sich »beißenden« Farben (z. B. blutrot zu ziegelrot) nebeneinander zu stehen kommen. Durch Hinzufügen einiger Pflanzen einer weißen Strauchrose (z. B. 'Schneewittchen') kann die Leuchtkraft der Farbe erhöht werden.

Gruppen vor Gehölzen

Viel zu selten wird diese Art der Rosenverwendung genutzt. In vielen Gärten gibt es Baum- und Strauchgruppen,

z. B. als Sichtschutz an den Grenzen, die nach der Blütezeit der Bäume oder Sträucher »nur« als »grüne Wand« wirken. Hier können Rosen Farbakzente setzen. Die einmalblühenden Strauchrosen kann man <u>in</u> die Baum- und Strauchkulisse mit einbeziehen, die öfterblühenden werden zweckmäßigerweise <u>davor</u> gestellt – als Einzelexemplare oder kleine Gruppen von 3 Pflanzen. Bei längeren Gehölzpflanzungen sollten Rosen an mehreren Stellen, in unregelmäßigen Stückzahlen und Abständen, eingesetzt werden.

Torbögen, Drahtpyramiden

Der Torbogen gehört zu den »klassischen« Verwendungsbereichen der Kletterrosen. Ein aus Latten oder Eisen gebauter, ausreichend breiter Bogen dient als Gerüst, an das die langen Triebe der Kletterrosen angebunden werden. Hierfür eignen sich vorwiegend Sorten mit elastischen, biegsamen Trieben, wie 'New Dawn'. Am Fuß des Bogens muß genügend Bodenraum für die Pflanzen vorhanden sein – wenigstens 50 × 50 cm – bei genügender Bodentiefe.

Da der Bodenraum oft zu knapp ist, sollen diese Rosen ausreichend bewässert und gedüngt werden. Sie müssen aufgebunden, geschnitten, gespritzt und für den Winter geschützt werden. So ein blühendes Eingangstor sagt jedem Gast ein »Herzlich-Willkommen«. Moderner ist das Pflanzen von Kletterrosen an Pyramidengestellen aus starkem Welldraht, Aluminiumstangen oder Holz. Diese sollten eine Höhe von etwa 3 m, einen unteren Durchmesser von ca. 1–1,50 m haben, stabil und standfest sein und ausreichend Querverbindungen zum Anbinden der Rosentriebe aufweisen. Gewöhnlich wird man zwei Rosen der gleichen Sorte an eine Pyramide pflanzen, von starkwüchsigen genügt auch eine Pflanze.

Pergolen

An Pergolen ergeben sich ausgezeichnete Verwendungsmöglichkeiten für Kletterrosen. Ein Teil ihrer Leistungsfähigkeit bleibt jedoch ungenutzt, wenn man ihre Langtriebe nur an eine schmale Säule anbindet, zu den Auflagehölzern der Pergola hochleitet. Meist verkahlen die Triebe unten, bringen nur an ihren Seitenzweigen im »Sparrenbereich« Blätter und Blüten. Besser wäre es, an den Säulen ein Lattengerüst anzubringen, an dem die Seitenzweige, bogig angebunden, reichen Flor bringen. Gleiches erreicht man, wenn man die Haupttriebe spiralig an der Säule hochwindet.

Spaliere, Wände

Eine klassische, aber nicht unproblematische Verwendung für Kletterrosen. Welche Wand ist am besten geeignet, die Süd-, West-, Ost- oder Nordwand? Wie weit muß das Gerüst von der Wand entfernt sein? Kletterrosen gedeihen an jeder Wand, wenn die Gerüste nicht zu nahe (ca. 15 cm) an der Wand angebracht werden; an der Südseite wären die Rosen sonst zu starker Überhitzung und damit starkem Schädlings- und Krankheitsbefall ausgesetzt.

Zäune, Hecken

Die Hundsrose oder Heckenrose *(Rosa canina)* kommt in der Natur an strauchgesäumten Waldrändern vor. Diese Wildrose kann man zwar zur Erstellung geschnittener Hecken verwenden; das entspricht aber keineswegs ihrem natürlichen, überhängenden Wuchscharakter. Für eine, der Wuchsform einer geschnittenen Hecke näherkommende, straff-aufrechte, steife, heckenartige Abpflanzung eignet sich viel besser *Rosa rugosa* oder eine ihrer Sorten. Pflanzstreifen mindestens 1 m breit. Viele einmalblühende und öfterblühende Strauchrosen können aber, am Zaun entlang in Reih' und Glied aufgepflanzt, als ungeschnittene Hecken genutzt werden. Die starkwüchsigen, mit bogig überhängenden Trieben, wie *Rosa pimpinellifolia* mit ihren Sorten, *Rosa omeiensis* 'Pteracantha', erfordern eine Raumbreite von 1,50 m und mehr. Von den öfterblühenden Strauchrosen benötigen die für diese Verwendungsweise geeigneten Sorten wie 'Lichtkönigin Lucia', 'Dirigent', 'Robusta', 'Schneewittchen' einen etwa 1 m breiten Pflanzstreifen, die breiter aufgebauten, überhängenden Sorten wie 'Elmshorn', 'Westerland', 'Feuerwerk' dagegen eine Raumbreite von etwa 1,50 m und mehr. Vor

Von links nach rechts: Edelrosen lassen sich, wie Beetrosen, auch beetweise pflanzen.

Mit Kletterrosen am Torbogen verschönt man den Eingang, heißt man Gäste willkommen.

Pergolen sind »klassische« Verwendungsmöglichkeiten für Kletterrosen; sie sind jetzt wieder modern.

Die Gartenrosen

Auch am Zaun finden Kletterrosen oft ihnen zusagende Plätze.

Die Pflanzkübel für Rosen sollten möglichst groß sein, mindestens 30–50 Liter.

dem Pflanzen der Rosen muß der Boden unbedingt von Wurzelunkräutern (Quecken, Giersch, Zaunwinden usw.) freigemacht werden.

Böschungen

An steilen Böschungen, die nur schwer das Gedeihen und Pflegen eines schönen Rasens zulassen, kommt den im letzten Jahrzehnt aktuell gewordenen, sogenannten bodenbedeckenden Rosen eine große Bedeutung zu. Sie können derartige Flächen sehr eindrucksvoll beleben. Voraussetzung ist allerdings ein weitgehend unkrautfreier Boden und eine ausreichende Bodenpflege, bis zum Erreichen einer geschlossenen Bedeckung der Bodenoberfläche durch Triebe und Blätter der Rosen. Auch sollten diese Rosen winterhart genug sein, also ihre Triebe nicht Jahr für Jahr stark zurückfrieren. Bodendeckerrosen gibt es in verschiedenen Wuchstypen (s. S. 133).

Mauern

Eine besonders reizvolle Möglichkeit, Wände mit Rosen zu bekleiden, ist bei Stützmauern gegeben. Hinter die Mauerkrone gepflanzt, genügend Bodenraum vorausgesetzt, können Kletterrosen ihre Triebe über diese legen und an der Mauer entlang herunterhängen. Hierfür eignen sich besonders Sorten mit leicht biegsamen Trieben, wie 'New Dawn', auch Bodendeckerrosen, wie 'Max Graf', 'Swany', 'Snow Ballet', 'Immensee', 'Repandia'.

Pflanzgefäße, Kübel, Balkonkästen

Bewohner von Wohnblocks, Mietwohnungen, Reihenhäusern brauchen zumeist nicht auf die Freude mit Rosen zu verzichten, wenn sie bereit sind, ein gewisses Maß an Pflege aufzuwenden. Es gibt Rosen, die mit dem geringen Lebensraum eines Balkonkastens auskommen, wenn man sie durch ausreichende Bewässerung und Düngung gut versorgt. Dem Schutz gegen Krankheiten und Schädlinge sowie dem Winterschutz muß man besondere Aufmerksamkeit schenken. Über Winter werden die Balkonkästen in die Erde des Gartens eingesenkt und mit Fichtenreisig bedeckt oder in einen kalten Keller gebracht.

Der Balkonkasten sollte nicht zu klein sein. Man muß bedenken, daß beim Einpflanzen der Rosen deren Veredlungsstelle tief genug (3 cm) in die Balkonkastenerde kommt und dennoch für die Wurzeln genügend Raum verbleiben muß. Also sollte der Balkonkasten mindestens 20–30 cm tief und

möglichst ebenso breit sein. Da die Größe der Wurzelmasse gewöhnlich in einem bestimmten Verhältnis zur Trieb- und Blattmasse steht, eignen sich für Balkonkästen dieser Größe nur kleinbleibende Rosen wie Zwergrosen (= Miniaturrosen = Zwergbengalrosen), z. B. 'Zwergkönig', 'Starina', die »Compacta-Rosen« wie 'Alberich' oder schwachwüchsige, niedrige Polyantharosen, wie 'Muttertag', 'Vatertag'. Neuerdings gibt es dafür »wurzelechte«, z. B. über Stecklinge vermehrte Sorten, wie 'Orange Meilandina' und ähnliche.

In die bei manchen Großbauten im Bereich der Balkone oder Loggien integrierten, betonierten, großen Pflanzwannen können auch Beetrosen, wie 'Sarabande', 'Paprika', 'Montana', 'Chorus', 'Gruß an Bayern', ja selbst schwachwüchsige Strauchrosen, wie 'Schneewittchen', gepflanzt werden.

Botanik in Stichworten

Die Rose im botanischen System

Die Gattung *Rosa* ist wie folgt in das botanische System einzugliedern (vereinfacht dargestellt):

Abteilung Spermatophyta (Samenpflanzen)
Unterabteilung Angiospermae = Bedecktsamige Pflanzen (neu: Magnoliophytina)
Klasse Dicotyledonae = Zweikeimblättrige Pflanzen (neu: Magnoliatae)
Unterklasse Rosidae
Ordnung Rosales (Rosenartige)
Familie Rosaceae (Rosengewächse)
Unterfamilie Rosoideae (Rosenähnliche)
Gattung *Rosa* (Rose)

Eigenschaften der Rosen

Rosen sind Sträucher, sie haben mehrere, an der Basis entspringende, gleichrangige Triebe (»Stämme«), die sich zumeist mehrfach verzweigen. Diese Triebe werden, je nach Art oder

Die Gartenrosen

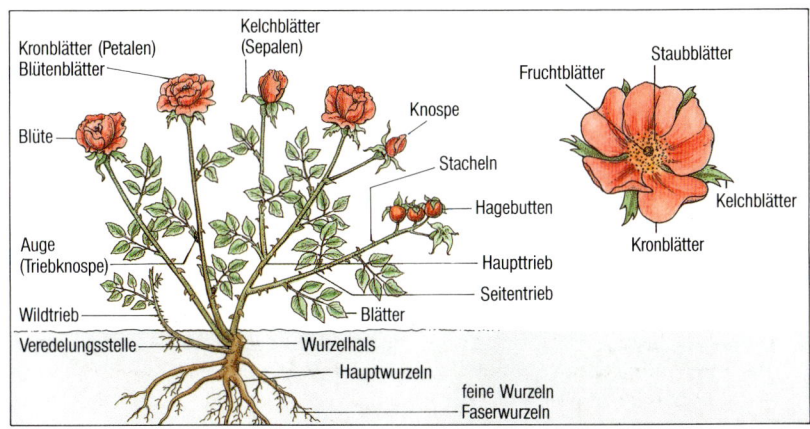

Schematische Darstellung einer Rosenpflanze, zur Erläuterung ihrer Organe.

Klasse, nur 20–30 cm oder einige Meter lang. Sie stehen entweder straff aufrecht, hängen bogig über oder breiten sich niederliegend auf dem Boden aus. Die langtriebigen, kletternden Arten können sich weder an der Wand selbst festhalten, wie der »Selbstkletternde Wilde Wein« (*Parthenocissus tricuspidata* 'Veitchii'), noch können sie sich an einer Stütze hochwinden (wie die Bohne); auch besitzen sie keine Ranken (wie die Erbse), mit denen sie sich am Gerüst festhalten können. Man kann sie weder als »Schlingrosen« noch als »Rankrosen« bezeichnen. Ein Klettern ist ihnen durch die Stacheln möglich, mit denen sie ihre langen, bogig auseinanderspreizenden Triebe an den Ästen anderer Gehölze oder an Spaliergerüsten festhaken – wovon der unschöne Ausdruck »Spreizklimmer« abgeleitet wurde. Die Stacheln weisen je nach Art bzw. Sorte vielfältige Größen, Formen und Farben auf. Ihre Formen reichen von gerade bis hakenförmig, von borstig oder nadelförmig bis flachgedrückt und breit. Es gibt Arten mit sehr dichter Bestachelung (*Rosa rugosa*) und fast stachellose Rosen (*Rosa alpina*). Einige Rosen breiten sich mit Hilfe ihrer Ausläufer, die immer neue Triebe bilden, aus, wie *Rosa nitida*. Die Fiederblätter der meisten Rosen sind sommergrün, sie werden zu Beginn des Winters abgeworfen. Die Arten mit immergrünen Blättern sind bei uns nicht winterhart (*Rosa banksiae*). Die Zahl der Fiederteile ist von Art zu Art verschieden; sie beträgt bei vielen Wildarten 7 oder 9, bei asiatischen Arten oft bis 15 oder mehr; diese sind verschieden groß und in ihrer Form unterschiedlich. Die meisten Kulturrosen haben 5 oder 7 Fiederteile. In den Blattachseln, oberhalb der Ansatzstellen der Blattstiele, sitzen am Trieb die Augen. Das sind kleine, seitliche Vegetationspunkte, Knospen, aus denen neue (Seiten-)Triebe entstehen, die zur Verzweigung der Haupttriebe führen. Die Blütenstände der Rosen sind verkürzte (gestauchte) Sproßsysteme, an denen die Blüten einzeln oder in rispen-, dolden-, schirmrispen-, scheindolden- oder doldenrispen-ähnlichen Anordnungen (Büscheln) unterschiedlicher Größe und Dichte zusammengefaßt sind. Im allgemeinen Sprachgebrauch werden jedoch die Begriffe »Einzelblüte«, »Rispe« und »Dolde« verwendet. Die Einzelblüten der Wildrosen haben zumeist 5 Blütenblätter = Kronblätter = Petalen und 5 Kelchblätter = Sepalen, zahlreiche Staubblätter (20–100) mit Pollensäcken und mehrere Fruchtblätter. Nimmt die Zahl der Kronblätter zu, so nennt man die Blüten halbgefüllt (7–20 Petalen), gefüllt (ca. 20–35 Petalen) oder stark gefüllt (über 35 Petalen). Die Zentifolien (*Rosa × centifolia*-Sorten) haben ihren Namen von den ca. 100 Kronblättern pro Blüte erhalten. Die Kelchblätter können sehr verschiedene Formen aufweisen, einfach bis gefiedert, glatt oder mit Stieldrüsen besetzt sein (Moosrosen). Die unteren Teile der zu Fruchtknoten (Stempeln) verwachsenen Fruchtblätter enthalten die Samenanlagen und sind in den zumeist fleischig werdenden, krugförmigen Blütenboden eingesenkt. Mit ihm bilden sie die als Hagebutten bezeichneten Scheinfrüchte (Sammelfrüchte). Die Hagebutten sind in Größe, Form und Farbe sehr unterschiedlich, dienen als charakteristische Merkmale für einzelne Arten oder Artengruppen. Die meisten halbgefüllt- und gefülltblühenden bzw. öfterblühenden Sorten bilden keine Hagebutten.

Die wichtigsten Rosenklasssen

Die Rosen lassen sich, in Abhängigkeit von ihrer Wuchsgröße und Wuchsform, von der Länge und Verzweigung ihrer Triebe, von der Anordnung ihrer Blüten, vom Blührhythmus sowie von ihrer Entwicklungsgeschichte, unter anderem in folgende Klassen einteilen:

Einmalblühende Strauchrosen

Wildrosen
Die meisten heute in Gärten und Anlagen verwendeten Rosen sind durch vielfältige Kreuzungen entstandene Hybriden, deren Erbanlagen aus vielen Arten (oder Vorgängersorten) stammen. Dennoch sind auch einige Wildarten schon einige Jahrhunderte in Kultur, rechtfertigen auch heute noch ihre Verwendung. Die bei uns winterharten blühen nur einmal, werden in Katalogen der Rosenfirmen gewöhnlich unter »Wildrosen« geführt und weisen sehr unterschiedliche Wuchsstärken und Wuchsformen auf. Ihre

Rosa hugonis blüht zwar nur einmal pro Jahr, doch sehr früh und herrlich; Platzbedarf beachten!

Von links nach rechts: *Rosa gallica* 'Scharlachglut' mit schönen, großen Blüten wirkt am besten solitär gepflanzt.

'Schneewittchen', eine unentbehrliche Strauchrose für Solitär- und Gruppenpflanzung. Partner für Beetrosen und Stauden.

Schematische Darstellung der wichtigsten Rosengruppen.

Blüten sind einfach. Die starkwüchsigeren, höheren werden in und vor Gehölzgruppen verwendet, wie *Rosa canina* (Hundsrose), *R. hugonis* (Hugo's Rose), *R. rubiginosa* (Weinrose), *R. glauca* (Hechtrose), *R. pimpinellifolia* (Bibernellrose). Andere eignen sich für Böschungen oder als bodenbedeckende Rosen, wie *Rosa multiflora* (Vielblütige Rose), *R. nitida* (Glanz-Rose), *R. rugosa* (Kartoffelrose).

Park- und Moosrosen

Diese Rosen entstanden zum Teil durch spontane Erbsprünge (Mutationen) und unterscheiden sich hinsichtlich ihrer Wuchsform, Blütenform, Blütenfarbe von ihrer Ausgangsart. Sie und aus Kreuzungen entstandene Sorten, die in wesentlichen Merkmalen **einer** Art nahestehen, werden unter dem Namen dieser Ausgangsart geführt. Da auch diese, teils sehr starkwüchsigen, nur einmal im Jahr blühen, werden auch sie zu den Einmalblühenden Strauchrosen gerechnet. Einige davon, besonders die im 19. Jahrhundert entstandenen Sorten von *Rosa centifolia*, *R. gallica* usw. werden gerne auch als »Alte Rosen« bezeichnet. Die Einmalblühenden Strauchrosen (Wild-, Park-, Moosrosen) bilden zumeist straff aufrechte oder bogig überhängende, teils 1,50 bis über 3 m hohe und breite Sträucher, die bereits sehr früh – im Mai/Anfang Juni – mit einfachen, halbgefüllten oder gefüllten Blüten übersät sind. Ihre Blüten sitzen an den vielen kleinen Seitenzweigen, die Jahr für Jahr an den ohnehin schon stark verzweigten Trieben niedrigerer Ordnung gebildet werden. Sie blühen daher erst ab dem 2. Standjahr. Es wäre falsch, bei diesen Rosen die verblühten Blumen abzuschneiden; aus ihnen entwickeln sich bei den Wildarten und bei vielen einfachblühenden Sorten sehr zierende Hagebutten.

Öfterblühende Strauchrosen

Diese Rosen unterscheiden sich von jenen der vorigen Gruppe dadurch, daß sie mindestens zweimal im Jahr blühen. Einige überbrücken die Zeit zwischen dem 1. und dem 2. Hauptflor mit einigen Blüten, wodurch der Begriff »Dauerblühende Strauchrosen« entstand. Bei diesen, auch Zierstrauchrosen genannten Sorten kann man unterschiedlich hohe, straff aufrechte oder bogig überhängende Sträucher mit einfachen, halbgefüllten oder gefüllten Blüten finden. Diese Blüten sitzen in kleinen oder vielblütigen Büscheln an den Enden der Triebe, also an den kurzen Seitenzweigen höherer Ordnung. Auch bei diesen Rosen sollte das Augenmerk auf einen guten Aufbau der Strauchgestalt mit vielen starken, mehrfach verzweigten Haupttrieben gelegt werden. Dies ist nur bei sinnvollem, sparsamem Gebrauch von Schere und Säge möglich. Die Größe der Sträucher hängt in starkem Maß von der Frosthärte ab. Bei empfindlicheren Sorten frieren in klimatisch ungünstigen Gebieten die Triebe in manchen Wintern herunter.

Kletterrosen

Kletterrosen sind (wie die Strauchrosen) in einmalblühende und öfterblühende zu unterteilen, blühen ebenfalls nicht an den Haupttrieben, sondern an kurzen Seitentrieben. Auch hier gilt also der Grundsatz, daß die Reichblütigkeit einer Pflanze um so größer ist, je mehr Seitentriebe 1., 2. und höherer Ordnung sie besitzt (s. Zeichnung und »Grundregeln« des Schnittes S. 140). Wie die kletternden Wildrosen bedürfen auch die Kultursorten der Kletterrosen einer Stütze. Ihre oft meterlangen einjährigen Ruten müssen zum Klettern an ein Gerüst angebunden werden; sie dürfen, auch wenn sie zunächst keine Blüten bringen, keineswegs als »Wasserschosse« betrachtet und weggeschnitten werden.

Durch rechtzeitiges fächerartiges Ordnen und leicht bogiges Aufbinden der langen einjährigen Triebe und der daraus entstandenen Seitentriebe 1. Ordnung kann man nicht nur eine starke, gleichmäßige Verzweigung erreichen, sondern auch viele kurze Seitenzweiglein höherer Ordnung, an deren Enden sich Blüten entwickeln.

Als Climbing-Sorten werden Kletterrosen bezeichnet, die durch Mutationen aus Sorten anderer Rosengruppen entstanden sind. Es kann eine buschig wachsende, nur etwa 70 cm hohe Beetrose plötzlich einen Trieb von einigen Metern Länge bilden. Veredelt der

Einmalblühende Strauchrose — Öfterblühende Strauchrose — Beetrose — Edelrose — Zwergrose — Topfrose

Die Gartenrosen

Auswahlsortiment bewährter Rosen (— = ADR-Rose)

	Beetrosen (mit Blütenbüscheln) für größere Beete	Edelrosen (große Blüten auf langen Stielen)	Strauchrosen (öfterblühend)	Strauchrosen (einmalblühend)	Kletterrosen	Zwergrosen	Bodendecker-Rosen	Duftrosen	Schnittrosen und Büschelblütige Schnittrosen*
karmin- bis blutrot	'Gruß an Bayern' 'Olala' 'Andalusien' 'Mariandel' 'Nina Weibull' 'Lilli Marleen' 'Käthe Duvigneau'	'Erotika' 'Alec's Red' 'Oklahoma' 'Burgund 81' 'Hidalgo'	'Dirigent' 'Fontaine' 'Robusta' 'Lichterloh'	Rosa gallica 'Scharlachglut' Rosa rugosa 'F. J. Grootendorst' Rosa canina 'Kiese'	'Paul's Scarlet Climber' 'Flammentanz' 'Burghausen'	'Alberich' 'Zwergkönig 78'	'Fiona' 'Red Yesterday' 'Rote Max Graf' 'Moje Hammarberg'	'Alec's Red' 'Mildred Scheel' 'Hidalgo' 'Oklahoma' 'Burgund 81' 'Papa Meiland'	'Erotika' 'Alec's Red' 'Kardinal'
scharlachrot	'Montana' 'Neues Europa' 'Chorus' 'Sarabande' 'Paprika'	'Henkel Royal' 'Melina'	'Shalom' 'Grandhotel'	Rosa acicularis 'Dornröschen'	'Sympathie' 'Gruß an Heidelberg'	'Scarletta' 'Starina' 'Zwergenfee'	'Fairy Prince'	'Melina'	'Roter Stern' 'Florentina' 'Henkel Royal' 'Duftzauber'
lachs- bis orangerot	'Prominent' 'Ludwigshafen am Rhein' 'La Sevillana' 'Taora'	'Herzog von Windsor' 'Alexander' 'Lady Rose' 'Superstar'	'Bischofsstadt Paderborn' 'Feuerwerk' 'Brillant'		'Coral Dawn'	Orange Meillandina	'La Sevillana'	'Duftwolke' 'Lady Rose' 'Duftstern' 'Herzog von Windsor'	'Prominent' 'Super-Star' 'Alexander' 'Angelique'
lachsrosa	'Träumerei' 'Bella Rosa' 'Sommerwind' 'Make up'	'Harmonie' 'Panorama' 'Aachener Dom'	'Gloriette' 'Pink Meidiland' 'Elveshörn'		'Coral Satin' 'Compassion' 'Rosenresli' 'Rosarium Uetersen'	'Fresh Pink' 'Pink Meillandia'	'Candy Rose' 'Heidekönigin' 'Pink Meidiland' 'Sommerwind'	'Sans Souci' 'Harmonie' 'Compassion' 'Piroschka' 'Pariser Charme'	'Panorama' 'Sonia Meiland' 'Make up'* 'Flamingo'
rosa	'Märchenland' 'Bonica 82' 'Queen Elizabeth' 'The Fairy' 'IGA 83 München' 'Betty Prior' 'Escapade'	'Carina' 'Silver Jubilee' 'Sylvia' 'Esmeralda'	'Ilse Haberland' 'Erfurt' 'Centenaire de Lourdes' 'Angela' 'Romanze'	Rosa moyesii 'Margaret Hilling' Rosa rugosa 'C. F. Meyer' 'Pink Grootendorst' Rosa sweginzowii 'Macrocarpa'	'New Dawn' 'Lawinia'	'Zwergkönigin 82'	'Max Graf' 'The Fairy' 'Dagmar Hastrup' 'Repandia' 'Heideröslein Nozomi' 'Yesterday' 'Ballerina'	'Esmeralda' 'Stephanie de Monaco' 'Pariser Charme' 'C. F. Meyer'	'Carina' 'Carlita' 'Sylvia' 'Bonica 82'* 'The Fairy'*
gelb bis goldgelb	'Friesia' 'Goldbeet' 'Polygold' 'Goldener Sommer' 'Goldmarie 82'	'Gloria Dei' 'King's Ransom' 'Berolina'	'Lichtkönigin Lucia' 'Golden Showers'	Rosa hugonis Rosa spinosissima 'Frühlingsgold'	'Goldstern' 'Golden Showers'	'Bit O'Sunshine' 'Guletta' 'Sonnenkind'		'Mabella' 'Duftgold'	'King's Ransom' 'Mabella'
bernstein bis kupfrig	'Goldtopas' 'Amber Queen' 'Bernsteinrose'	'Sutter's Gold' 'Lolita' 'Whisky'	'Westerland' 'Bonanza'	Rosa spinosissima 'Maigold'	'Goldener Olymp'			'Sutter's Gold' 'Lolita' 'Whisky' 'Maigold'	'Sutter's Gold' 'Whisky'
weiß	'Edelweiß' 'Margaret Merril' 'Schneewittchen' 'Schneeflocke'	'Evening Star' 'Pascali' 'Polarstern'	'Schneewittchen'	Rosa × alba 'Suaveolens' Rosa omeiensis 'Pteracantha' Rosa multiflora	'Ilse Krohn Superior' 'White Cockade'	'White Gem'	'Snow Ballet' 'Swany' 'Weiße Immensee' Rosa × paulii	'Margaret Merril' 'Evening Star'	'Pascali' 'Evening Star'
violett (»blau«)	'Shocking Blue' 'Lavender Dream'	'Mainzer Fastnacht'						'Mainzer Fastnacht' 'Shocking Blue' 'Blue Parfum'	'Mainzer Fastnacht' 'Silver Star'
rot/weiß			'Red Yesterday'	'Mozart'	'Maria Lisa' 'Dortmund'		'Red Yesterday'		

—— = ADR-Rose

Kletterrosen ('New Dawn' und 'Paul's Scarlet Climber') als Bindeglieder zwischen Beetrosen und Haus.

'Queen Elizabeth', zurecht eine der beliebtesten (hohen) »Großblumigen Floribundarosen«.

Gärtner »Augen« dieses Triebes, so bilden auch die entstehenden neuen Pflanzen lange, kletternde Triebe. Ihre Blätter und Blüten können dabei wie bei der Ausgangspflanze bleiben. So sind von vielen Sorten »Climbings« entstanden, wie 'Climbing Gloria Dei', 'Climbing Super Star', 'Climbing Queen Elizabeth', 'Climbing Schneewittchen' usw.
Als *Kordesii*-Kletterrosen *(Rosa × kordesii)* bezeichnet man die von Wilhelm Kordes herausgebrachten Sorten, die sich durch Öfterblühen und Winterhärte auszeichnen (teils wachsen sie wie Strauchrosen).

Beetrosen, Buschrosen

Unter diesem Begriff werden Rosen unterschiedlichsten Aussehens zusammengefaßt. Man will mit »Beetrosen« ausdrücken, daß diese Rosen üblicherweise zu mehreren Exemplaren nebeneinander auf Beete gepflanzt werden. Von den öfterblühenden Strauchrosen unterscheiden sie sich durch geringere Höhe und Breite. Doch können auch Beetrosen Sträucher beträchtlicher Höhe und Breite bilden, wenn sie nicht zurückfrieren und man sie nur wenig schneidet. Beetrosen blühen am Ende ihrer diesjährigen Triebe. Sie haben zumeist stark verzweigte Triebe und tragen ihre sehr zahlreichen Blüten in dolden- oder rispenförmigen Blütenständen. Je nach Geschmack oder Verwendungszweck lassen sich durch geeignete Sortenwahl und Schnittmaßnahmen entweder einheitlich hohe und dichte Farbflächen erzielen oder aber lockere Blütengruppen unterschiedlicher Höhe. Von den heutigen Beetrosen lassen sich nicht alle Sorten genau einer der bisherigen entwicklungsgeschichtlichen Unterklassen Polyantharosen, Polyantha-Hybriden und Floribundarosen zuordnen. Zu zahlreich sind die Übergänge. Nicht zuletzt sind auch aus vielen Kreuzungen von Rosen anderer Klassen (z. B. Strauchrosen) Arten entstanden, die den Beetrosen zuzurechnen sind. Es erscheint daher sinnvoller, alle vielblütigen, büschelblütigen Beetrosen im Sinne einer geeigneten Verwendung nach Wuchskraft und Wuchshöhe wie folgt zu unterteilen (Sorten nur als Beispiele):

Sehr niedrige Sorten
etwa 25–40 cm: 'Marlena', 'Polygold', 'Muttertag', 'Vatertag'.
Niedrige Sorten
etwa 40–60 cm: 'Bonica 82', 'Edelweiß', 'Frau Astrid Späth', 'Friesia', 'Happy Wanderer', 'Insel Mainau', 'Neues Europa', 'Sarabande'.
Mittelhohe Sorten
etwa 60–80 cm: 'Lilli Marleen', 'Paprika', 'Gruß an Bayern'.
Hohe Sorten
etwa 80–100 cm: 'Chorus', 'Märchenland', 'Montana', 'Queen Elizabeth'.
Natürlich können diese Höhenangaben nur als Durchschnittswerte angesehen werden. Boden, Klima, Düngung, Schnitt, Veredlungsunterlage usw. üben einen erheblichen Einfluß auf die Höhe aus. Nicht übersehen werden darf, daß die gleiche Sorte im 2. Flor höher ist als im 1. Flor.
Die Blütenform der Sorten reicht von einfach über alle Stufen der Füllung bis zu sehr dicht gefüllt; die Blütengröße von nur 2 bis ca. 12 cm Durchmesser und mehr. Fast unüberschaubar sind dabei die Kombinationsmöglichkeiten dieser Merkmale mit den unzähligen Farben und Farbton-Nuancen. Hier ist sicher für jeden Geschmack und für alle Verwendungsbereiche die richtige Sorte zu finden.

Langstielige Edelrosen

Großblumige, edelblütige Rosen mit (bei typischen Sorten) jeweils nur 1 Blüte an den langen Stielen nennt man Langstielige Edelrosen. Hierzu sind die »Teehybriden« und die diesen nahestehenden »Großblumigen Floribundarosen« (Floribunda-Grandiflora) zu rechnen, die an langen Verzweigungen neben der Hauptblüte einige ebenso große Seitenblüten tragen. Die Knospen der Edelrosen sind groß, von edler Form, entfalten ihre spiralig angeordneten, an den Rändern etwas zurückgerollten Blütenblätter langsam zu großen, zumeist dicht gefüllten Blüten. Edler Duft und gute Haltbarkeit zeichnen die besten Sorten aus. Diese langstieligen Rosen benötigen, wie die Beetrosen, einen gut vorbereiteten Standort, eben das Beet, und ausreichend Pflege. Sie werden zweckmäßigerweise in Gruppen aus mehreren Exemplaren der gleichen Sorte ge-

Die Gartenrosen

Von links nach rechts: Die Edelrose 'Gloria Dei' ist auch unter den Namen 'Peace', 'Madame A. Meilland' und 'Gioia' bekannt.

'Fresh Pink' ist eine starkwüchsige Zwergrose in einem herrlichen Rosa.

pflanzt. Durch die Langstieligkeit sind sie als Schnittblumen besonders beliebt und geeignet. Aufgrund der – gegenüber den büschelblütigen Beetrosen – geringeren Zahl von Einzelblüten können sie keine so großflächigen Farbeffekte ergeben. Wegen ihrer schönen Blütenform sollte man sie aus der Nähe betrachten können.

Zwergrosen

Die charakteristischen Merkmale dieser auch als »Zwergbengalrosen« oder »Miniaturrosen« bezeichneten Rosen sind dünne Triebe und zierliche Blätter mit sehr kleinen Fiederblättchen. Außerdem tragen die heutigen Sorten kleine, meist gefüllte Blüten, oft in großen Büscheln. Die Sträucher werden etwa 25–30 m hoch, einige Sorten auch höher. Die geringe Wuchsstärke ermöglicht ihre Verwendung in Balkonkästen. Gerne werden sie auch in Töpfen kultiviert und als blühende Topfrosen verkauft. Im Garten können sie auf kleine Beete, im Steingarten oder als Wegeinfassung gepflanzt werden.

Bodenbedeckende Rosen

Bei den Sorten, die zu dieser modernen Rosengruppe zu rechnen sind, handelt es sich keineswegs nur um Neuzüchtungen. Einige davon sind schon lange im Handel, doch war ihre Verwendung als »Bodendecker« nicht so üblich, wie in den letzten 10–15 Jahren. Beispiele hierfür sind 'Max Graf' (1919), *Rosa × paulii* (Syn. *Rosa rugosa repens alba*, 1903), 'Moje Hammarberg' (1931), 'Nozomi' (= 'Heideröslein Nozomi', 1968). Von aktueller Bedeutung ist, daß sie, flächig gepflanzt, mit ihren Trieben und Blättern den Boden bedecken. So sieht man sie als Alternative zu anderen als Bodendecker verwendeten Gehölzen (z. B. *Cotoneaster dammeri*-Sorten) oder Stauden (z. B. *Sedum*-Arten). Für eine zweckentsprechende Verwendung ist es wichtig, die unterschiedlichen Wuchsformen und Wuchsstärken der Sorten zu kennen. So lassen sich unterscheiden (Sorten nur als Beispiele):

Gruppe 1 Schwachwachsend, flach niederliegend: 'Nozomi', 'Snow Carpet'.
Gruppe 2 Werden auch als »Kleinstrauchrosen« bezeichnet. Steif aufrechtwachsend: 'Moje Hammarberg'.
Gruppe 3 Niedrig, flachbuschig ausgebreitet wachsend: 'Swany', 'Snow Ballet'.
Gruppe 4 Werden auch als »Böschungsrosen« bezeichnet. Hoch, aufrecht, leicht bogig überhängend: 'Fleurette'.
Gruppe 5 Starkwachsend, flachbogig, weit ausgebreitet, niederliegend: 'Max Graf', *Rosa × paulii (R. rugosa repens alba)*, 'Immensee'.

Je nach erstrebtem Ziel wählt man eine Sorte aus der entsprechenden Gruppe. Für den Hausgartenbereich werden sich vorwiegend die Sorten der Gruppen 1 und 3 eignen. Für größere Böschungen die Sorten der Gruppen 4 und 5, für ungeschnittene Hecken oder an Böschungen die Sorten der Gruppe 2. Die Pflanzabstände sind nach der Wuchs- und Ausbreitungskraft der jeweiligen Sorte zu richten. Wichtig ist eine gute Vorbereitung des Bodens vor dem Pflanzen. Vor allem sollte der Boden frei von ausdauernden Unkräutern sein und möglichst wenig Samen von einjährigen Unkräutern enthalten. Bis zum Schließen der Bodendecke (durch Triebe und Blätter) ist das dennoch erscheinende Unkraut durch Hacken und Jäten zu vernichten. Der Einsatz von selektiven Herbiziden, also von Unkrautvernichtungsmitteln, die die Rosen nicht schädigen, ist zu vermeiden. Bei den Bodendeckerrosen der Gruppen 1, 3 und 5 ist es unzweckmäßig, die zunächst schräg aufwärts wachsenden Triebe abzuschneiden; sie legen sich allmählich nieder und bilden ein flächiges Polster.

Hochstammrosen, »Trauerrosen«

Die Hochstammrosen bilden keine eigene Rosenklassen. Diese Art des Rosenwuchses ist nur auf eine andere Anzuchtmethode zurückzuführen. Hier werden Augen von Sorten, die zu verschiedenen Rosenklassen gehören können, nicht wie sonst üblich in den Wurzelhals der Unterlage (der Wild-

Die 'Rote Max Graf' läßt sich am besten als »Böschungsrose« verwenden.

Die Gartenrosen

Hochstammrosen aus Kletterrosen bilden oft recht große, breite Kronen (Platzbedarf!).

»Alte Rosen« aus alten Bauerngärten sind heute oft im Gespräch.

Rechts: Güteklasse A, links: Güteklasse B.

rose) veredelt, sondern – in einer bestimmten Höhe – in einen langen Unterlagen-Trieb. Bei den dazu besonders gerne verwendeten Edelrosen (Teehybriden), aber auch bei Beetrosen (Floribundarosen) spricht man, je nach Höhe der Veredlungsstelle am Wildling, von Hochstämmen (90 cm), von Halbstämmen (60 cm) oder von Fußstämmen (30 cm), letztere jedoch vorwiegend bei Zwergrosen. Als Hänge- oder »Trauerrosen« (eine für Rosen unschöne Bezeichnung) bezeichnet man andererseits Pflanzen, bei denen in etwa 1,40 m Höhe Augen einer Kletterrose in den Unterlagentrieb veredelt wurden. Die biegsamen Triebe der Kletterrosen sollen von den hohen Veredlungsstellen aus herunterhängen.

Die Hochstammrosen und Hängerosen werden wieder modern. Sie können großartig wirken, benötigen aber auch eine besondere und aufmerksame Pflege. Ihre Kronen müssen vor dem Wintereinbruch gut geschützt und im Frühjahr vorsichtig geschnitten werden.

Alte Rosen

Unter dieser Bezeichnung sind in der letzten Zeit Rosen wieder modern geworden, die vor vielen Jahrzehnten oder im 19. Jahrhundert gezüchtet worden sind, zumeist handelt es sich um Strauchrosen, die zu *Rosa × centifolia*, *R. gallica*, *R. rugosa* oder anderen Arten zu rechnen sind. Aber auch aus verschiedenen, im letzten Jahrhundert entstandenen, Hybriden-Klassen, wie Bourbonrosen, Remontantrosen, Noisetterosen, Portlandrosen, Teerosen gibt es Sorten, die von Rosenfreunden als »Alte Rosen« geliebt werden.

Pflanzenkauf und Pflanzzeit

Was ist beim Kauf von Rosen zu beachten?

Vor jedem Kauf ist zu entscheiden, ob man für eine bestimmte Gartensituation am besten Strauch-, Kletter-, Zwerg-, Edel-, Beet- oder Bodendeckerrosen verwenden. Auch sind von den vielen Sorten jene herauszusuchen, die hinsichtlich der Wuchsstärke, Wuchsform, Wuchshöhe, Blütengröße, -füllung und -farbe dem persönlichen Geschmack oder dem Verwendungszweck am besten entsprechen. Diese Eigenschaften sind aus Katalogen oder Büchern zu entnehmen. Besonders der Anfänger sollte sich vor der Wahl die Rosen in Rosarien, Rosenanlagen oder Baumschulen ansehen. In der Blütezeit müssen auch die Bestellungen aufgegeben werden, wenn man sicher sein will, die gewünschte Sorte zur Herbst- oder Frühjahrspflanzung geliefert zu bekommen. Die Kataloge der Firmen geben Auskunft über lieferbare Sorten und deren Preise (Preisgruppen beachten). Die Bestellung sollte enthalten: Bestell-Nr. und Namen der Sorte, Stückzahl, gewünschte Lieferzeit, genaue Empfängeradresse (Postadresse; bei größeren Mengen auch Expreßgutstation). Bei der Bestellung von Stammrosen ist unbedingt die Stammhöhe anzugeben, also: Hochstamm = 90 cm Stammhöhe (von den Wurzeln bis zur Veredlungsstelle), Halbstamm = 60 cm, Fußstamm = 30 cm, Trauerrosen = 140 cm Stammhöhe. Auch ist bei der Sortenwahl zu beachten, daß Trauerrosen mit hängenden Kronen nur aus Kletterrosen mit elastischen Trieben entstehen können.

Bei Bodendeckerrosen können einige Sorten ('Nozomi', 'Swany', 'Snow Ballet', 'Bonica 82', 'Fairy Dance', 'Fiona', 'Candy Rose', 'The Fairy') auch wurzelecht (Stecklingsvermehrung) geliefert werden. Wenn dies gewünscht wird, muß die Bestellung darauf hinweisen. Gleiches gilt für Zwerg-, Miniatur- und Topfrosen.

Güteklassen

Bei in den Wurzelhals der Unterlage veredelten Rosen (Beet-, Edel-, Strauch-, Kletterrosen) heißt (vereinfacht dargestellt):

<u>Güteklasse A</u> Einjährige Pflanzen aus letztjähriger Veredlung, mit mindestens 3 gut entwickelten, ausgereiften Trieben. Davon müssen 2 aus der Veredlungsstelle entspringen, der 3. höchstens 5 cm darüber aus einem der beiden erstgenannten Triebe.

<u>Güteklasse B</u> Ebensolche Pflanzen mit mindestens 2 gut entwickelten Trieben, die aus der Veredlungsstelle entspringen. Auch diese Rosen können sich bei gutem Standort und Pflege gut entwickeln.

Die Gartenrosen

Stammrosen

<u>Güteklasse A</u> Kräftiger, gerader, gut bewurzelter Stamm mit mindestens 9 mm Durchmesser unter der Veredlungsstelle und mit guter Faserbewurzelung; Krone aus mindestens 3 gut entwickelten Trieben aus 2 Veredlungsstellen.

<u>Güteklasse B</u> Wie bei A, jedoch Krone, auch aus einer Veredlungsstelle gebildet, mit mindestens 2 gut entwickelten Trieben.

Pflanzzeit

Im allgemeinen erweist sich die Herbstpflanzung als zweckmäßig; beste Zeit ist Mitte Oktober/Anfang November; auf jeden Fall so rechtzeitig vor Eintritt starker Fröste, daß die Pflanzen noch mit Hilfe neuer Wurzeln im Boden festwachsen können. Deshalb sollten Besteller aus Gebieten mit frühem Wintereinbruch eine rechtzeitige Lieferung verlangen oder die Frühjahrspflanzung vorziehen. Auch in Gebieten mit spätem Frühjahrsbeginn sollte im Herbst gepflanzt werden. Bei zu später Herbstpflanzung wurzeln die Rosen, insbesondere in schwerem Boden, schlecht an, werden vom Frost hochgehoben und erfrieren. Hier kann Frühjahrspflanzung vorzuziehen sein. Heute werden Rosenpflanzen gewöhnlich im Kühlhaus bei etwa 0,5 (−1)°C und 95–98% relativer Luftfeuchtigkeit überwintert. Sie können mit gutem Erfolg im Frühjahr, bis in den Mai hinein, gepflanzt werden; sie müssen allerdings vorher ca. 3–12 Stunden im Wasser stehen. Für den Überwinterungsaufwand wird manchmal ein geringer Preisaufschlag pro Pflanze erhoben.

Noch später, eigentlich die ganze Vegetationsperiode über, lassen sich Rosen aus Containern pflanzen. Die, zumeist in Kaufhäusern angebotenen, einzeln in Plastikbeuteln verpackten Rosen (»SB-Rosen«) sollten stets genau auf ihren Zustand überprüft werden. Waren sie zu lange und zu warm gelagert, sind ihre Wurzeln trocken, haben sie zuviel Wasser verdunstet, ist ihre Rinde sehr runzelig, haben sie lange junge Triebe gebildet, dann haben sie mitunter an Kraft eingebüßt; ihr Anwachsen, Austreiben, Blühen kann dann erschwert, verzögert werden. Ausfälle sind in solchen Fällen häufiger als bei frischen Pflanzen. Vor dem Pflanzen unbedingt 3–12 Stunden ins Wasser stellen; Rückschnitt der Triebe ist oft erforderlich.

Standortansprüche

Die meisten Rosen bevorzugen einen warmen, sonnigen bis halbschattigen, luftigen Platz mit tiefgründigem Boden, der ausreichend Wasser, Nährstoffe und Luft enthält. Hohe Standortansprüche also! Doch viele Rosen gedeihen auch unter weniger idealen Bedingungen noch recht gut. Je besser der Standort ist, um so weniger Pflege (z. B. Pflanzenschutz) ist nötig.

Wärme, Sonne

Für Rosen sollte man einen warmen, sonnigen Platz wählen. Jedoch ist eine Fläche unmittelbar an einer Südwand oder zwischen dem Pflaster einer südwärts gerichteten Terrasse nicht sehr günstig. Hier entsteht durch die starke Sonneneinstrahlung sehr heiße, trockene Luft, die nicht nur zu Verbrennungen an den Blättern und zu raschem Verblühen der Blumen, sondern auch vermehrt zu starkem Befall durch Mehltau und Rote Spinne führt. Die Wintersonne entzieht den Trieben zu viel Wasser, diese vertrocknen, erfrieren hier leichter. Beete im Freien, im Rasen oder Standorte vor Gehölzen sind besser. Auch Halbschatten oder Wanderschatten vertragen Rosen gut.

Bodenart, Bodentiefe

Zwar ist es gut, wenn der Boden einen ausreichenden Anteil Lehm enthält, doch ist zu schwerer oder gar zu tonreicher Lehmboden wegen seiner schlechten Durchlüftung und Neigung zum Vernässen ungünstig. Am besten eignet sich ein mittelschwerer, lehm-, humus- und sandhaltiger Boden, der Nährstoffe und Wasser gut hält, aber auch ausreichend durchlässig, locker und lufthaltig ist.

Für die tiefwurzelnden Rosen ist es vorteilhaft, wenn der Boden einige Monate vor dem Pflanzen 2 Spaten tief gelockert wird, »Holländern« genannt.

Wasser

Rosen benötigen viel Wasser, sind jedoch gegen stauende Nässe sehr empfindlich. Der Grundwasserstand sollte nicht höher als 70 cm sein. Der Boden sollte genügend Wasserhaltekraft besitzen. Bei zu leichten, zu durchlässigen Böden wird die Wasserhaltekraft durch Zufuhr von Lehm und Humus (verrotteter Stallmist, Kompost, Torf) erhöht, bei zu schwerem, lehmig-tonigem Boden die Durchlässigkeit durch Sand, grobfaserigen Torf, Perlite, Styromull usw. verbessert.

Bodenluft

Die lufthungrigen Wurzeln der Rosen lieben einen krümeligen, lockeren Boden mit genügend kleinen Lufträumen (Poren). Der Porenanteil eines guten Bodens beträgt 30 Vol.%.

Humus

Der Humusgehalt des Bodens ist von großer Bedeutung für das Gedeihen der Rosen. Ein üblich mit Humus versorgter Gartenboden besitzt 2–4% organische Substanz, Rosen können mehr, 7(–10)%, gebrauchen. Das Humuskolloidsystem bewirkt im Boden einerseits eine gute Wasserhaltekraft, andererseits auch eine gute Luftführung. Humus besitzt und liefert, je nach Ausgangsmaterial, mehr oder weniger viele Nährstoffe, hält aber auch die durch Düngung dem Boden zugeführten Nährstoffe gut fest. Er erhöht einerseits die Speicherkraft des Bo-

»Container-Rosen« sind auch im Sommer pflanzbar.

Die Gartenrosen

dens für Nährstoffe und andererseits dessen Pufferkraft gegenüber zu großen Düngesalzgaben. Rechtzeitige Humuszufuhr – einige Monate vor dem Pflanzen der Rosen, etwa 1–2 Spaten tief eingearbeitet – ist vorteilhaft. Die Mengen richten sich nach dem Ausgangszustand des Bodens. Gute Humuslieferanten sind verrotteter Stallmist bzw. Kompost (50–100 l/m²), gut angefeuchteter Torf (3–6 Ballen bzw. Säcke/100 m²). Bei sehr humosem oder moorigem Boden ist natürlich eine Humuszufuhr unzweckmäßig; für sauren Boden ist der saure Torf ungünstig, für zu kalkhaltigen Boden aber sehr wertvoll. Bei humusarmen Böden können weitere Humusgaben vorteilhaft sein.

Nährstoffe

Rosen sind nährstoffbedürftige und gleichzeitig salzempfindliche Pflanzen. Stickstoff (N), Phosphor (P) und Kali (K) werden als die <u>Hauptnährstoffe</u> bezeichnet, weil sie von den Pflanzen in größeren Mengen benötigt werden. Rosenboden sollte pro 100 g ca. 25 mg P_2O_5 und 45 mg K_2O enthalten. Der durch Wettereinflüsse und biologische Umsetzungen schwankende Stickstoffgehalt läßt keine konkreten Mengenangaben zu. Für Rosen ist aber ein Nährstoffverhältnis $N:P_2O_5:K_2O = 1:0,8:1,5$ günstig. Eine besondere Beachtung verdienen auch Calcium (Ca), Magnesium (Mg) und Eisen (Fe). Calcium spielt nicht nur als Nährstoff, sondern, in Form von Kalk, auch eine wichtige Rolle für die Struktur des Bodens. Ausreichend mit Kalk versorgter Boden hat die für gutes Wachstum wichtige Krümelstruktur; zuviel Kalk kann jedoch auch nachteilig sein (s. »Eisenmangelchlorose« S. 144). Magnesium nimmt im Blattgrün (Chlorophyll) eine ähnliche Stellung ein wie das Eisen im Hämoglobin, dem Blutfarbstoff. Bei Magnesiummangel können keine ausreichenden Mengen des der Photosynthese dienenden Chlorophylls gebildet werden. In vielen Volldüngern ist Magnesium enthalten. Eisen ist, in Form von Eisensalzen, zumeist in ausreichender Menge im Boden enthalten. In sehr kalkreichen Böden wird es jedoch festgelegt und steht der Pflanze nicht zur Verfügung; die Blätter werden gelb = Eisenmangelchlorose.
<u>Spurenelemente</u>, wie Bor (B), Mangan (Mn), Kupfer (Cu), Zink (Zn) und andere, werden nur in bestimmten extremen Situationen fehlen oder in zu großer Menge vorhanden sein. Um sie braucht sich der Rosenfreund zumeist nicht zu sorgen. Lehmhaltiger durch Stallmist, Kompost und Dünger verbesserter Boden enthält und liefert den Rosen einen Teil der von ihnen benötigten Hauptnährstoffe sowie die sonstigen Nährstoffe (auch »Spurenelemente«) in ausreichender Menge.
Mehr davon auch ab S. 53.

pH-Wert

Als pH-Wert (von »pondus Hydrogeni« abgeleitet) bezeichnet man eine Zahl zwischen 1 und 14, mit der angegeben wird, wieviele freie Wasserstoff-Ionen (H-Ionen) sich in einem wässerigen Bodenauszug befinden, also wie sauer oder alkalisch ein Boden ist. Man nennt einen Boden mit pH 7 = neutral, mit pH 6–7 = schwach sauer, mit pH 5–6 = mäßig sauer, mit ca. pH 4–5 = stark sauer; bei pH 7–8 ist er schwach alkalisch, bei pH 8–9 mäßig alkalisch usw. Mehr davon ab S. 32.
Rosen bevorzugen einen Boden mit einem pH-Wert von etwa 6,5. Man kann den pH-Wert des Bodens durch Zufuhr entsprechend wirkender Materialien verändern. So wird man Torf bzw. sauer wirkende Dünger in zu alkalischen Boden, dagegen Kalk, kalkhaltigen Kompost, alkalisch wirkende Dünger in zu sauren Boden einarbeiten. Die Art des Bodens, seinen pH-Wert und seinen Gehalt an wichtigen Hauptnährstoffen kann man durch Untersuchungsanstalten bestimmen lassen.

Rosenbehandlung vor dem Pflanzen

Rosenpflanzen werden heute von den Baumschulen zumeist in Plastiksäcken bzw. innen beschichteten Papiersäcken und Kartons verpackt geliefert. Die große Trockenheitsempfindlichkeit der Wurzeln zwingt dazu. Deshalb sollte stets darauf geachtet werden, daß die Wurzeln nicht trocken werden. Bei der Pflanzarbeit nur soviele Pflanzen aus der Verpackung nehmen, wie rasch gepflanzt werden können. Die Wurzeln dürfen nie (!) offen an der Sonne oder im Wind liegen; sie sollten stets mit feuchtem Material (Säcke, Papier, Torf) bedeckt sein oder in einem Eimer im Wasser stehen. Kommen die Rosen rechtzeitig zur Herbstpflanzung an, werden sie sobald wie möglich gepflanzt. Waren sie unterwegs stärkerem Frost ausgesetzt, läßt man sie etwa 1 Woche in einem kühlen, frostfreien Raum langsam auftauen und packt sie erst dann vorsichtig aus. Ist ein Pflanzen dann nicht mehr möglich, werden die Bündel geöffnet und die Pflanzen so tief eingeschlagen, daß die Wurzeln, die Veredlungsstelle und ca. 15 cm der aus ihr entspringenden Triebe in der Erde sind. Die Erde wird leicht an die Wurzeln angetreten, damit guter Kontakt zwischen Wurzeln und Boden entsteht. Einige Fichtenzweige werden über die herausragenden Triebe gelegt.
Die im Frühjahr eintreffenden Rosen sind nach dem Auspacken zuerst 3–12 Stunden ins Wasser zu stellen, damit sie ihren Wasserverlust wieder ersetzen können. Gleiches gilt, wenn Rosen durch zu langen Transport bei zu warmem Herbstwetter größeren Wasserverlust erlitten haben. Besonders wichtig ist das Wässern vor dem Pflanzen bei den in Folienbeuteln etc. verpackten, im Frühjahr aus Kaufhäusern erworbenen Rosenpflanzen.

Beetrosen können auch in größeren Gruppen gepflanzt werden und bringen dann großartige Farbeffekte.

Die Gartenrosen

Pflanztechnik

Pflanzschnitt

Vor dem Pflanzen werden die Wurzeln auf ein handliches Maß zurückgeschnitten, d. h. auf etwa 20 cm, von der Veredlungsstelle an gemessen. So finden sie im Pflanzloch besser Platz und werden zu starker Wurzelneubildung angeregt. Alle beschädigten, abgebrochenen Wurzelteile werden entfernt. Die Triebe von Beetrosen kürzt man bei Herbstpflanzung nur so weit (auf etwa 30–40 cm), daß sie handlicher sind; ihr endgültiger Pflanzschnitt wird erst im Frühjahr durchgeführt. Bei Frühjahrspflanzung schneidet man die Triebe von Beet- und Edelrosen gleich auf das richtige Maß – starke Triebe auf 4–5 Augen (etwa 15–20 cm), schwache Triebe auf 2–4 Augen (etwa 10–15 cm). Bei Strauch- und Kletterrosen kann die doppelte bis dreifache Trieblänge (20–40 cm) erhalten bleiben. Dies sind Richtwerte! Genaues Zählen der Augen ist unnötig.

Pflanzloch

Das Pflanzloch soll unbedingt tief genug (möglichst 30 cm) ausgehoben werden; auch weit genug (etwa 20 cm). Der ausgehobenen Erde kann vor dem Wiedereinfüllen – bei Bedarf – etwas feuchter Torf, Komposterde usw. beigemischt werden. Beimischen, nicht direkt in das Pflanzloch geben!

Pflanztiefe

Es ist unbedingt darauf zu achten, daß die Veredlungsstelle nach dem Absetzen des Bodens 3–5 cm unter der Bodenoberfläche sitzt. Die Pflanzen werden so tief in das Pflanzloch gehalten, daß die Veredlungsstelle etwa handbreit unter dem Pflanzlochrand ist, dann die Wurzeln gut verteilen, die Aushuberde locker einfüllen, die Pflanzen leicht rüttelnd wenig nach oben ziehen, so daß die Veredlungsstelle 5 cm unter der Oberfläche ist, die eingefüllte Erde, unter Festhalten der Rose auf dieser Höhe, fest andrücken (bei schwerem Boden) oder leicht antreten (bei leichtem Boden). Bleibt die Veredlungsstelle nach dem Absetzen der Erde außerhalb der Bodenoberfläche, erfrieren die Pflanzen leicht; wird sie zu tief in den Boden gebracht, wird der Trieb verzögert.

Bei <u>Kletterrosen</u> sollte die Veredlungsstelle etwa 5–10 cm unter den Boden kommen.

Vor dem Pflanzen von <u>Stammrosen</u> wird ein Pfahl innerhalb des ausgehobenen Pflanzlochs in den festen Untergrund geschlagen. Dann wird die Rose gepflanzt. Es ist darauf zu achten, daß der Pfahl, von der Rose aus gesehen, gegen die Hauptwindrichtung steht. Der Pfahl muß bis in die Krone reichen, so daß an ihm der Stamm und auch der Kronenhaupttrieb angebunden werden können. Stammrosen werden so tief gepflanzt, daß die obersten Wurzeln 10 cm unter die Bodenoberfläche kommen. Die Kronentriebe werden etwas eingekürzt.

Angießen

Ein starkes Angießen nach dem Pflanzen, damit die Erde dicht an die Wurzeln geschlämmt wird, ist besonders wichtig, ja entscheidend für den Anwachserfolg. Dies trifft sowohl für die Herbst- als auch für die Frühjahrspflanzung zu.

Bei Herbstpflanzung (von links nach rechts):

 Pflanzschnitt im Herbst;
 Anhäufeln;
 Bedecken mit Reisig;
 Abhäufeln im Frühjahr;
 Nachschneiden im Frühjahr.

Bei Frühjahrspflanzung (von links nach rechts):

 Pflanzschnitt im Frühjahr;
 richtige Pflanztiefe beachten;
 Dünger und Torf nicht ins Pflanzloch geben ...
 ... sondern der Erde beimischen;
 Torf vorher gut anfeuchten; leicht antreten.

Die Gartenrosen

Frost- und Verdunstungsschutz

In jedem Fall, bei Herbst- wie auch bei Frühjahrspflanzung, sind die Rosen nach dem Angießen 15–20 cm hoch anzuhäufeln. Diese Erdhügel ebnet man erst bei Beginn des Austriebs ein, bei Frühjahrspflanzung 3–4 Wochen nach dem Pflanztermin.

Die Krone junger Hochstammrosen niederlegen, mit Erde bedecken, nicht eingraben; den Stamm eventuell mit Reisig bedecken.

Die Triebe der Kletterrosen werden bei Herbstpflanzung vor dem 1. Winter stark angehäufelt und mit Reisig bedeckt, im Frühjahr abgehäufelt, auf 30–40 cm zurückgeschnitten und bogig an das Spalier gebunden; bei Frühjahrspflanzung werden sie für einige Wochen angehäufelt.

Bei Hochstammrosen wird der Stamm vor Wintereintritt vorsichtig umgebogen und festgehakt, die Krone auf (nicht unter) die Erde gelegt und 15–20 cm hoch mit lockerer Erde bedeckt. Geht dies nicht, wird die Krone mit Stroh, trockener Holzwolle oder Styroporwolle ausgefüllt und mit Fichtenreisig vor Frost- und Sonneneinwirkung geschützt.

Allgemein gilt, Schnee ist ein guter Winterschutz, daher kann in schneesicheren Gebieten eine rechtzeitige Herbstpflanzung günstig sein, zumal dort im Frühjahr eine Pflanzung oft erst spät möglich ist.

Pflanzabstände

Die Pflanzabstände sind oft umstritten. Sie hängen sehr von der Wuchshöhe und Wuchsform der Art bzw. Sorte, aber auch vom Boden, vom Klima und anderen Faktoren ab. Nicht zu dichtes Pflanzen erwies sich in sternrußtaugefährdeten Gebieten als besser. Konkrete Angaben sind nur für eine bestimmte Sorte und unter Berücksichtigung der Standortverhältnisse zu machen. Auf die jeweilige Rosenklasse bezogen, haben sich im Durchschnitt folgende Pflanzabstände als gut erwiesen:

Beetrosen

Sehr stark- und breitwüchsige Sorten: Pflanzabstand etwa 45 cm bzw. 5(–6) Pflanzen/m².
Mittelstarkwachsende Sorten: Pflanzabstand etwa 40 cm bzw. 6(–7) Pflanzen/m².
Schwachwachsende bzw. sehr schlanke Sorten: Pflanzabstand etwa 35 cm bzw. (7–) 8 Pflanzen/m².

Edelrosen

Bei beetweiser Pflanzung von Teehybriden ist es zweckmäßig, die bei Beetrosen genannten Pflanzabstände einzuhalten.

Zwergrosen

Diese Rosen werden zumeist in kleinen Gruppen oder in Reihen gepflanzt. Bei beetweiser Pflanzung sind folgende Pflanzabstände üblich:
Sehr starkwüchsige Sorten: Pflanzabstand etwa (33–)35 cm bzw. 8(–9) Pflanzen/m².
Mittelstarkwachsende Sorten: Pflanzabstand etwa 33 cm bzw. 9(–10) Pflanzen/m².
Schwachwüchsige Sorten: Pflanzabstand etwa 30(–33) cm bzw. (9–)11 Pflanzen/m².

In Balkonkästen rechnet man normalerweise mit einem Pflanzabstand von etwa 20–25 cm oder 4–5 Pflanzen/m.

Öfterblühende Strauchrosen

Diese Rosen können als Einzelpflanzen aber auch in Gruppen von 3 (oder 5) Pflanzen gut wirken. Bei Gruppenpflanzung hängen die Pflanzabstände davon ab, welche gestalterische Wirkung man erzielen will. So ist es möglich, 3 Pflanzen in einer Gruppe so eng zu pflanzen, daß sie zu einem großen Busch zusammenwachsen. Dann ist bei starkwüchsigen Sorten ein Pflanzabstand von etwa 1–1,20 m, bei schwachwüchsigen einer von etwa 0,80–1 m einzuhalten. Sollen sich die Pflanzen einer 3er-Gruppe frei entfalten können, so ist der Abstand bei starkwüchsigen Sorten auf 2–2,50 m oder mehr, bei mittelstarkwachsenden auf etwa (1,50–)2 m, bei schwachwüchsigen auf 1,20–1,50 m zu erhöhen. Als ungeschnittene Hecke, in Reihe gepflanzt, erhalten stark- und breitwüchsige Sorten 0,80–1 m, schwachwüchsige 0,70–0,80 m Pflanzabstand.

Einmalblühende Strauchrosen

Die großen Unterschiede in der Wuchsstärke, Wuchsform und Verwendungsweise machen eine einheitliche Maßangabe für den Pflanzabstand unmöglich. Im Hausgartenbereich werden starkwüchsige Arten bzw. Sorten meist solitär gepflanzt. Schwachwüchsige, weniger breitwüchsige können, genügend Gartenraum vorausgesetzt, auch in einer 3er-Gruppe gepflanzt werden. Zur freien Entfaltung benötigen sie 1,50–2 m Pflanzabstand, je nach Sorte auch mehr; auf 0,80–1,20 m gepflanzt, wachsen 3 Pflanzen zu »einer« großen zusammen.

Kletterrosen

Der Pflanzabstand hängt sehr von der Wuchsstärke, Wuchsform und vom Klima ab. In Gebieten ohne nennenswertes Herunterfrieren der Triebe benötigen starkwüchsige Sorten mit breitbogig ausbreitenden Trieben etwa 2,50–3,50 m und mehr, schwachwüchsige bzw. mehr aufrechtwachsende Sorten etwa 2–2,50 m. In klimatisch ungünstigen Gebieten mit öfterem Rückfrieren der Triebe genügt oft ein Pflanzabstand von 1,50–2,50 m.

Bodenbedeckende Rosen

Die Pflanzdichte dieser Rosen hängt in ganz besonderer Weise vom Wuchscharakter und von der Wuchsstärke der einzelnen Arten und Sorten ab.

Sehr schwachwüchsige, flach ausgebreitete Sorten vom Typ 'Snow Carpet': Pflanzabstand etwa 33–35 cm bzw. 8–9 Pflanzen/m². 'Nozomi': Pflanzabstand 45–50 cm bzw. 4–5 Pflanzen/m².

Deutlich aufrechtwachsende, breitbuschige Sorten vom Typ 'Dagmar Hastrup': Pflanzabstand etwa 50–60 (–70) cm bzw. (2–)3–4 Pflanzen/m².

Mittelstark-, breitbuschigwachsende Sorten vom Typ 'Snow Ballet': Pflanzabstand etwa 50–60 cm bzw. 3–4 Pflanzen/m².

Höhere, aufrechte, leicht bogig überhängende Sorten vom Typ 'Fleurette': Pflanzabstand etwa 70–100 cm bzw. 1–2 Pflanzen/m².

Starkwüchsige, flach- und breitausladende Sorten vom Typ 'Max Graf': Pflanzabstand etwa (70–)100 cm bzw. 1(–2) Pflanzen/m².

Besonders starkwüchsige Sorten mit langen, niederliegenden Trieben vom Typ Rosa × paulii (R. rugosa repens alba), 'Immensee': Pflanzabstand etwa 1–1,40 m bzw. 1 Pflanze/1–2 m².

Bei der Entscheidung über die Pflanzabstände der bodenbedeckenden Rosen muß bedacht werden, daß die Pflanzen bei zu geringen Abständen ihre Triebe nach Erreichen der Bedeckung gegenseitig hochschieben.

Hochstammrosen

Die Pflanzabstände der Hochstammrosen richten sich vorwiegend nach der Gestaltungsidee. Hochstammrosen wirken sowohl einzeln als auch in Reihe oder als Gruppe gepflanzt. Hier sollten sie einen Pflanzabstand von mindestens 1 m bekommen. Werden Hochstammrosen in ein Beetrosenbeet »eingestreut«, muß der Pflanzabstand größer sein. Halbstammrosen sollten mindestens 0,80 m, Fußstammrosen aus Zwergrosen mindestens 0,50 m Abstand erhalten.

Bei Hochstammrosen mit Kletterrosen-Kronen (»Trauerrosen«) sollte der Pflanzabstand ausreichend sein (ca. 1,50 m). Diese wirken allerdings am besten, wenn sie als Solitär oder in einer weiten Dreiergruppe stehen.

'Sutters Gold', eine herrliche, reichblühende, duftende Rose ist für Hochstämme sehr geeignet.

Pflege der Rosen

Abhäufeln

Die kleinen, im Spätherbst als Winterschutz angehäufelten Erdhügel werden im Frühjahr mit einer kleinen Hacke oder Gabel – unter Schonung der Triebe – eingeebnet. Die beste Zeit dazu sind die warmen, trockenen Tage von Mitte März bis Mitte April – also dann, wenn der Boden abgetrocknet ist, die Augen (Triebknospen) der Rosen anschwellen und sich rötlich färben.

Schneiden

Der Rosenschnitt ist nicht so schwierig, wie es auf den ersten Blick aussieht; wenn man die Grundregeln kennt und beachtet. Vorweg sei gesagt, daß nicht alle Rosen jährlich geschnitten werden sollen. Wildrosen und Einmalblühende Strauchrosen benötigen praktisch fast keinen Schnitt. Es wäre falsch, an ihnen laufend herumzuschnippeln. Mehr zu diesem Thema ab S. 140.

Hacken, Graben, Bodenbelüften

Der Boden sollte zwischen den Rosenpflanzen nicht nur wegen der Unkraut-

Die Gartenrosen

bekämpfung des öfteren gehackt (gelockert) werden. Rosenwurzeln sind sehr lufthungrig. Eine verkrustete Bodenoberfläche läßt keinen ausreichenden Luftaustausch zu. Das durch Atmung der Wurzeln, Kleinlebewesen und durch Rotteprozesse entstehende Kohlendioxyd (CO_2) kann nicht entweichen, der Sauerstoff der Luft kann nicht in die Bodenporen hinein. Folge: Die Rosen leiden, werden anfälliger, auch gegenüber Sternrußtau. Eine verkrustete Bodenoberfläche sollte durch flaches Hacken aufgebrochen werden. Den Boden vorher abtrocknen lassen; nassen Boden nicht hacken, nie betreten, besonders wenn er schwer und lehmig ist. Gegen Verkrustung kann eine dünne Mulchschicht aus Torf oder sonstigem lockerem, humosem Material helfen, auch verrotteter Rindenmulch ist geeignet. Roher, unverrotteter Rindenmulch in größeren Mengen könnte während des Rotteprozesses zu Stickstoffmangel führen; zusätzliche Stickstoffzufuhr wäre nötig.

Gießen, Bewässern

Rosen benötigen eine ganze Menge Wasser, sind aber gegenüber Dauernässe empfindlich. Sieht man vom 1. Jahr ab, in dem sie in Trockenzeiten gegossen werden müssen, so kann sich das Bewässern auf lange Trockenheitsperioden beschränken. Dann wird ausgiebig (ca. 20–30 l/m²) bewässert. Es hat wenig Zweck, oft kleine Wassermengen zu geben. Häufig benetzte Blätter werden leichter von Sternrußtau befallen.
Man sollte also beim Bewässern stets darauf achten, daß die Blätter wenig benetzt werden bzw. bald abtrocknen. Das geht (bei wenig geöffnetem Wasserhahn) am besten mit einem Schlauch, der unter dem Blattdach entlanggezogen wird.

Innenspalte von oben nach unten:
Schema der Seitentriebe verschiedener Ordnung.

Förderung des Austriebs:
a + b: Oberseitenförderung,
c: Spitzenförderung.

Auf richtige Schnittstellen achten!

Tiefer Rückschnitt bringt langen, hoher Rückschnitt kurzen Neutrieb.

Grundregeln des Rosenschnittes

- Spitzenförderung: An den Trieben höher stehende Augen treiben früher und stärker aus als die weiter unten sitzenden.
- Dickere Triebe entwickeln mehr, stärkere und längere neue Triebe als dünne.
- Je tiefer man einen Trieb heruntersschneidet, je weniger Augen man ihm also beläßt, um so stärker und länger werden die daraus entstehenden neuen Triebe.
- Die dickeren Triebe weniger tief abschneiden, ihnen mehr Augen belassen (4–6), die dünneren stärker (auf 3–4 Augen) zurückschneiden.
- Will man langstielige Blüten (bei Edelrosen): stark zurückschneiden, will man mehr Blüten, allerdings mit kürzeren Stielen (bei Beetrosen): weniger stark zurückschneiden.
- Schwachwüchsige Sorten werden stärker, starkwüchsige weniger tief zurückgeschnitten.
- Abgestorbene, erfrorene, kranke Triebe müssen stets vorweg bis ins gesunde Holz herausgeschnitten werden.
- Zu schwache Triebe sind an ihrem »Astring« (Ansatzstelle) abzuschneiden.
- Vergabelungen alter Triebe nach Möglichkeit mit wegschneiden.
- Der Schnitt wird etwas schräg, etwa 0,5 cm über dem Auge durchgeführt – keine Zapfen (»Kleiderhaken«) über dem sich aus dem Auge entwickelnden Neutrieb stehen lassen.
- Eine scharfe Rosenschere sollte selbstverständlich sein; das Holz soll geschnitten, nicht gequetscht werden.

Auf die richtige Schnittführung achten; das Auge trocknet aus, wenn die Schnittstelle zu nahe oder zu schräg ist.

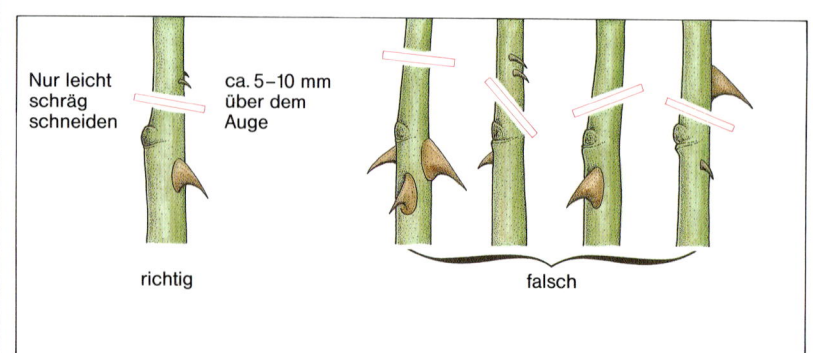

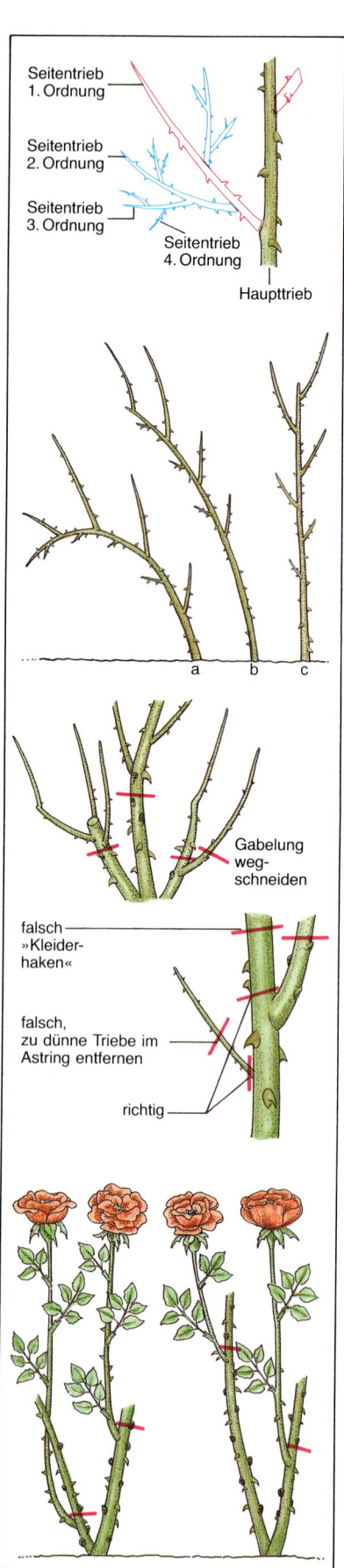

Die Gartenrosen

Frühjahrsschnitt

Wildrosen, Einmalblühende Strauchrosen

Diese Rosen blühen an den Seitentrieben erster oder höherer Ordnung. Alle Schnittmaßnahmen sollten darauf Rücksicht nehmen. Sieht man vom Pflanzschnitt ab, ist bei diesen Rosen fast kein Schnitt mehr erforderlich. Die Sträucher sollen sich ihrer natürlichen Wuchsform entsprechend aufbauen, das können sie ohne unsere Hilfe besser. Es werden nur abgestorbene, erfrorene oder kranke Triebe entfernt. Erst nach etwa 5 Jahren kann es notwendig werden, zum Verjüngen den einen oder anderen überalterten Trieb ganz in Bodennähe herauszuschneiden. An den Zweigspitzen hat die Schere nichts zu suchen.

Öfterblühende Strauchrosen

Auch diese Rosen blühen vorwiegend an ihren Seitentrieben. In klimatisch günstigen Gebieten, in denen die Triebe nicht zurückfrieren, sollte sich der Schnitt auf das Verjüngen bzw. Auslichten beschränken. Die Rosen bilden dann große, reichblühende Büsche in annähernd natürlicher Wuchsform. Zum Erzwingen eines Neudurchtriebs aus der Basis werden, jeweils nach 3–4 Jahren, überalterte Triebe in Bodennähe herausgeschnitten. In Gebieten mit häufigeren Frostschäden an den Trieben kann man diese Rosen in Anlehnung an den Schnitt der Beetrosen schneiden. Um einen höheren, breitbuschigen »Stock« zu erzielen, schneidet man die starken Haupttriebe auf etwa ⅔, die schwachen auf etwa ⅓ ihrer Länge zurück.

Kletterrosen

Kletterrosen blühen an den Seitentrieben erster und höherer Ordnung. Die langen einjährigen Triebe (Ruten) blühen nicht, dürfen deshalb aber nicht als »Wasserschosse« bezeichnet und weggeschnitten werden. Sie dienen der Verjüngung, dem Neuaufbau des Strauches. Sie werden bogig angebunden und blühen ab dem nächsten Jahr an ihren Seitentrieben. Zunächst werden alle erfrorenen, abgestorbenen Triebe weggeschnitten, die überalterten Triebe, deren Blühfähigkeit nachläßt, möglichst tief herausschneiden, um einen Neudurchtrieb von der Basis her zu erzwingen. Von zu dicht stehenden Seitentrieben 1. oder höherer

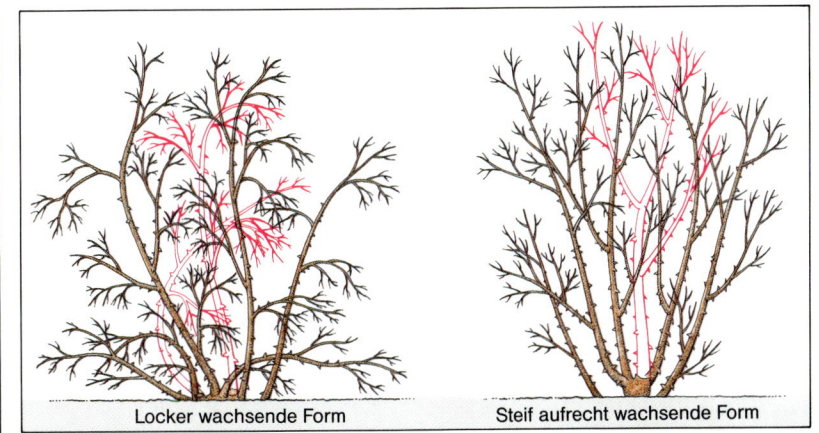

Einmalblühende Strauchrosen nur durch Herausschneiden zu alter Triebe (rot) verjüngen.

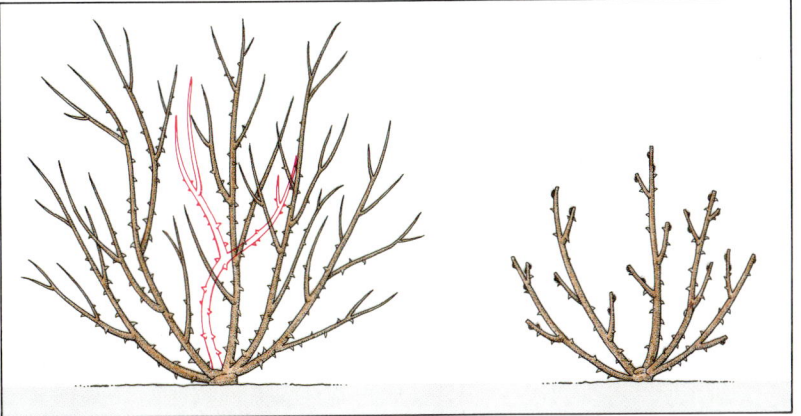

Bei Öfterblühenden Strauchrosen: zu alte Triebe (rot) entfernen, dann Haupttriebe nur etwas, Seitentriebe höherer Ordnung stärker zurückschneiden.

Bei Kletterrosen: Haupt- und große Seitentriebe bogig anbinden, wenig zurückschneiden; Seitentriebe höherer Ordnung stärker zurückschneiden.

Eine Beetrose, links vor dem Frühjahrsschnitt, rechts nach dem Frühjahrsschnitt. Zu schwache und sich kreuzende Triebe ganz entfernen, kräftige, dickere Triebe etwas höher, dünnere Triebe etwas tiefer schneiden.

Die Gartenrosen

Ordnung werden notfalls einige entfernt. Die kräftigeren, langen Seitentriebe 1. oder 2. Ordnung sind bogenförmig anzubinden. Die Seitentriebe der jeweils höchsten Ordnung werden bis auf einige (3–4) Augen zurückgeschnitten.

Beetrosen und Edelrosen

In manchen Gebieten frieren die Triebe dieser Rosen in fast allen Wintern stark zurück, müssen also ohnehin geschnitten werden.

Bei den büschelblütigen Beetrosen schneidet man sie auch dann stark zurück, wenn sie nicht bis zum Boden zurückgefroren sind. Damit erreicht man relativ niedrige, buschige, reich blühende Pflanzen. Unter Beachtung der genannten Grundregeln wird wie folgt vorgegangen: Erfrorene, abgestorbene, kranke, beschädigte Triebe mindestens bis ins gesunde Holz zurückschneiden. Zu schwache Triebe am Astring entfernen. Von zu dicht aneinanderstehenden oder sich überkreuzenden Trieben den schwächeren oder den zu alten entfernen. Von den guten Trieben starke auf ca. 4–6 Augen, also etwa 15–25 cm, schwache auf 3–4 Augen, also etwa 10–15 cm, zurückschneiden. Bei starkwüchsigen Sorten kann man den Trieben um jeweils 2–3 Augen mehr belassen. Ein genaues Zählen der Augen erübrigt sich; man wählt ein dickes, antreibendes Auge. Bei alten Pflanzen mit sehr dicken Trieben und mehreren gabelähnlichen Seitentrieben muß man jedoch auch mal tiefer, in das alte Holz, zurückschneiden. Die »Gabel« wird weggeschnitten, auch wenn an dem dicken alten Holz kein Auge zu sehen ist. Dadurch wird ein Neuaustrieb aus tief an den dicken alten Trieben neu entstehenden »Adventivknospen« erzwungen. In günstigen Klimaten, wo die Triebe nicht jährlich abfrieren, kann man starkwüchsige Beetrosensorten auch mal für eine gewisse Zeit höher, wie Öfterblühende Strauchrosen, schneiden. Sie bauen sich dann wie diese zu größeren Sträuchern auf und blühen reich. Nach einigen Jahren müssen sie aber zum Verjüngen wieder mal tiefer geschnitten werden.

Der Schnitt der langstieligen Edelrosen (Teehybriden) gleicht dem der büschelblütigen Beetrosen. Doch werden die Triebe um 1–2 Augen tiefer geschnitten, wenn man längere Stiele erzielen will.

Haupttriebe und große Seitentriebe nur soweit schneiden, wie dies die Kronenform erfordert; andere Triebe stärker.

Zwergrosen

Für Zwergrosen gelten die bei Beetrosen geschilderten Schnittmaßnahmen – natürlich auf deren Maß abgestimmt. Oft spricht man dabei von einem Formierungsschnitt.

Hochstammrosen, Trauerrosen

Bei Hochstamm- und Halbstammrosen, die eine Krone aus Edel-, Beet- oder Zwergrosen haben, wird der Schnitt nach den Schnittregeln der entsprechenden Rosenklassen durchgeführt. Jedoch brauchen die Haupttriebe nicht so tief heruntergeschnitten zu werden, vorausgesetzt, daß sie nicht

erfroren sind. Bei den Hochstammrosen kommt es auf eine gute Kronenform an. Dazu werden auch alle wichtigen Seitentriebe genutzt und nur soweit zurückgeschnitten, wie es der Krone dienlich ist. Die Seitentriebe letzter Ordnung werden auf einige Augen (3–4) zurückgeschnitten. Bei Trauerrosen, mit Kronen aus Kletterrosen, die ja erst am zwei- und mehrjährigen Holz blühen, müssen die Kletterrosen-Schnittregeln beachtet werden. Die Seitentriebe letzter Ordnung sind auf 3–4 Augen zurückzuschneiden.

Schnittzeitpunkt

Der bisher besprochene Schnitt wird grundsätzlich im Frühjahr durchgeführt. Das Verjüngen oder Auslichten der Wildrosen und Einmalblühenden Strauchrosen sollte möglichst vor Austriebsbeginn, aber bei frostfreiem Wetter geschehen. Für den Schnitt der Beet-, Edel- und Zwergrosen, der Öfterblühenden Strauchrosen und der Kletterrosen sollte man sich, je nach Klimagebiet und Witterungsablauf, bis Mitte März/Mitte April Zeit lassen, auch wenn die warmen Märztage schon einen Austrieb der obersten Augen bewirken. Dann, wenn die unteren Augen, auf die üblicherweise zurückgeschnitten wird, gut erkennbar sind, wird auf ein gut entwickeltes Auge geschnitten.

Sommerschnitt

Bei einmalblühenden Rosen erfolgt kein Sommerschnitt. Viele von ihnen schmücken sich mit Hagebutten.

Bei allen öfterblühenden Rosen werden die Triebe – nach dem Verblühen der Blüten des 1. Flors – auf ein unter dem Blütenstand befindliches gutes Auge zurückgeschnitten. Damit erreicht man einen raschen Durchtrieb und einen baldigen 2. Flor. Das beste Auge sitzt in der Regel in der Blattachsel des 2. vollentwickelten Blattes unter dem Blütenstand. Es ist gewöhnlich dicker und treibt früher aus als die anderen. Je tiefer man zurückschneidet, um so stärker und länger wird der neue Trieb, der jedoch später blüht. Bei Edelrosen und langstieligen Floribundarosen folgt der 2. Flor früher, wenn man sie nur bis zum 2. bis 3. großen Blatt zurückschneidet.

Grundsätzlich ist zu beachten: Je mehr Blätter man der Pflanze beläßt, um so rascher treibt sie aus, bringt frühere und mehr Blüten. Es lohnt sich, Blätter zu schonen und gesund zu erhalten.

Herbstschnitt

Im Herbst werden keine Rosen geschnitten, es sei denn, man nimmt bei dicht stehenden Beetrosen nur die zu hohen Spitzen weg, um das Anhäufeln besser durchführen zu können.

Düngung

Die Meinungen über eine geeignete Düngung der Rosen gehen auseinander. Dies ist nicht selten auf eine unzureichende Berücksichtigung von Bodenart, Klima, Düngerart usw. zurückzuführen.

Die Gartenrosen

Vorratsdüngung

Eine gute Bodenvorbereitung ist ausschlaggebend für das Gedeihen der Rosen. Tiefgründiges Lockern, Verbesserung der Struktur durch Humuszufuhr, ausreichender Nährstoffgehalt sind Voraussetzung. Zur Vorbereitung armer Böden kann man 300–500 g/m² eines niedrigprozentigen organischen Düngers oder 100–150 g/m² eines höherprozentigen organischen oder organisch-mineralischen Mischdüngers einarbeiten. Ebenso ist dafür das rechtzeitige Einarbeiten von etwa 80–100 (–150) g/m² eines organisch-mineralischen Rosendüngers oder von etwa 50–80 (–100) g/m² eines höherprozentigen, überwiegend mineralischen Rosendüngers möglich (Mengenempfehlungen der Hersteller beachten). Zur Verbesserung des Nährstoffgehaltes sehr armer Böden kann man andererseits auch etwa 80–100 (–150) g/m² eines mineralischen Volldüngers bei der Bodenvorbereitung (rechtzeitig vor dem Pflanzen) einarbeiten.

Weitere Düngung

In der 1. Vegetationsperiode nach dem Pflanzen der Rosen darf weder zu früh noch zu viel gedüngt werden. Zumindest ist zu warten, bis die Rosen ausreichend neue Wurzeln entwickelt haben. Mineralische Dünger sollten Ende Mai bis Ende Juni gegeben werden; organische um 2–3 Wochen früher. Von beiden wird nur die Hälfte der üblichen Menge verwendet.

Ab dem 2. Jahr ist die Nährstoffversorgung durch folgende Düngergaben zu sichern: Im März/April werden als 1. Düngergabe etwa 80–100 g/m² eines chloridarmen mineralischen Volldüngers gestreut und eingehackt. Ebenso lassen sich auch organisch-mineralische Volldünger einsetzen. Die organische Bestandteile enthaltenden Dünger müssen so früh wie möglich ausgebracht und eingearbeitet werden. Ähnliches trifft für Dünger mit Langzeitwirkung zu, also für Depotdünger (Langzeitdünger), von denen etwa 70 g/m² zu streuen wären.

Die 2. Düngergabe, etwa 50 g/m² eines mineralischen Volldüngers, erhalten die Rosen gegen Ende des 1. Flors. Organische oder langsam wirkende Dünger werden schon zu dessen Beginn eingesetzt. Die 2. Düngergabe soll den 2. Flor beschleunigen, zum Herbst hin, aber in ihrer Wirkung ausklingen. Deswegen verwendet man zur Sommerdüngung vorzugsweise rascher wirksame und rasch abklingende Dünger. Eine 3. Düngung mit stickstoffhaltigen Düngern (Volldüngern) muß vermieden werden, da die Rosentriebe im Herbst »ausreifen« sollen, also holziger und damit frosthärter werden müssen. Dieses Bestreben wird durch Kalidünger unterstützt. Diese Reifedünger werden ab Mitte September bis Mitte Oktober gegeben.

Mineralische Dünger dürfen nicht in zu großen Mengen auf einmal gegeben werden, da die meisten Rosen salzempfindlich sind. Dünger sollten, soweit möglich, nie über Blätter und Blüten gestreut werden. In keinem Fall aber, wenn diese von Regen oder Tau naß sind. Starke Verbrennungen sind sonst gewöhnlich die Folge.

Flüssigdüngung

Will man den Rosen die Nährstoffe so zuführen, daß diese rasch wirken, gibt man ihnen diese in einer Düngerlösung. Man löst pro 1 l Wasser 2–3 ml eines Flüssigdüngers oder 2–3 g eines leicht löslichen mineralischen Düngers und gießt damit die Rosen. Von dieser Düngerlösung niedriger Konzentration werden etwa 5–10 l/m² gegeben, bei ausreichend feuchtem Boden.

Blattdüngung

Die Blattdüngung sollte den Fällen akuter Mangelerscheinungen vorbehalten bleiben. Sie erfolgt durch Spritzen oder Sprühen mit einer niedrigprozentigen Lösung eines flüssigen oder leicht löslichen mineralischen Düngers auf die Blattunterseite. Die Konzentration der Lösung beträgt, je nach verwendetem Dünger bzw. Präparat beim Spritzen mit feiner Düse, 0,5–2 g bzw. ml/l Wasser, bei Verwendung eines Sprühgerätes (nebelig feine Verteilung) etwa 3–4 g/l Wasser. Die Blüten müssen dabei verschont werden.

Auch sollte man bei trübem (nicht regnerischem) Wetter oder am Abend (nicht bei starkem Sonnenschein) spritzen, damit die Lösung lange wirkt.

Winterschutz

Wildrosen und die meisten Einmalblühenden Strauchrosen bedurfen, vom 1. Winter nach der Herbstpflanzung abgesehen, keines Winterschutzes. Öfterblühende Strauchrosen kommen in sehr günstigen Klimabereichen ebenfalls ohne Winterschutz aus. Ähnliches gilt auch bei weitgehend winterharten Kletterrosen. In klimatisch ungünstigen Gebieten frieren die Triebe der Kletter- und Zierstrauchrosen in vielen Wintern herunter. Ihre Veredlungsstelle ist daher tiefer zu setzen (5–10 cm); sie sind bei Winterbeginn gut anzuhäufeln. Die an Gerüsten, Spalieren, Torbögen angebundenen Triebe der Kletterrosen schützt man gegen die Januar- und Februarsonne und gegen Wind durch dachziegelartig angebrachtes Fichtenreisig.

Für Beet-, Edel- und Zwergrosen bietet das Anhäufeln den sichersten Schutz gegen Totalausfall, auch wenn die Triebe bis zum Erdhügel herunterfrieren. Hochstamm- und Trauerrosen-Kronen werden in blattlosem Zustand (notfalls entblättern), wenn noch möglich, heruntergebogen, festgehakt und mit Erde bedeckt. Sonst sind sie mit trockenem, lockerem Material (Holzwolle, Styroporwolle, Stroh) auszufüllen und mit Fichtenreisig dachziegelartig einzupacken, damit das Wasser außen abläuft und die innere Verpackung nicht naß wird. Keineswegs die Krone mit Plastikbeuteln einpacken.

Winterschutz mit Fichtenreisig. Bei Hochstammrosen: Kronen einpacken; bei Beetrosen auflegen und anlegen.

144 Die Gartenrosen

Ursachen für schlechtes Gedeihen

Allgemeine Wachstumsstörungen

Optimale Wachstumsverhältnisse erübrigen manche Krankheits- und Schädlingsbekämpfungsarbeit. Die Rose ist auch nicht anfälliger als manche andere Pflanze. Man sollte sich mehr darum bemühen, den Rosen gute Wachstumsbedingungen zu schaffen, als nach Krankheiten und Schädlingen Ausschau zu halten. Nicht wenige Schädigungen oder Symptome schlechten Gedeihens sind auf andere Ursachen zurückzuführen.

Wetterschäden

Bei Spätfrostschäden schneidet man nach Abklingen der Frostperiode die letztjährigen Triebe auf das nächste, unter dem zerstörten Austrieb befindliche Auge zurück. Wurden die Blätter und Triebe durch Hagel weitgehend zerstört, schneidet man auf weniger stark geschädigte Triebteile zurück.

Wasserversorgung

Zu trockener Boden hemmt die Wasser- und Nährstoffversorgung der Rosen. Zu nasser, insbesondere staunasser Boden bewirkt Sauerstoffmangel im Wurzelbereich und hemmt die Aufnahme des Nährstoffes Eisen. Die jungen Blätter werden hellgelb, ihre Blattadern bleiben grün. Die Pflanze ist schwachwüchsig und kümmert.

Nährstoffmangel und Nährstoffüberschuß

Nährstoffmangelsymptome

Stickstoffmangel äußert sich in unzureichendem Wachstum, kleinen, gelblich-hellgrünen Blättern, schwachen, vorzeitig abschließenden Trieben, wenigen kleinen Blüten. Rasche Abhilfe schafft man mit schnellwirkenden Düngern, eventuell als Flüssigdüngung (siehe dort). Noch rascher wirkt eine Blattdüngung mit einem Flüssigdünger (siehe dort).

Stickstoffüberschuß ist vor allem im Herbst ungünstig. Die Triebe reifen nicht aus, sind anfällig gegen die Rindenfleckenkrankheit, erfrieren im Winter leicht. Zusätzliche Kalidüngung im September/Oktober (50 g Patentkali/m²) gleicht das ungünstige Nährstoffverhältnis aus.

Phosphormangel tritt selten auf und bewirkt dickliche, blasige, blaugrüne Blätter mit violett verfärbten Rändern und Unterseiten.

Bei Kalimangel werden zuerst die unteren Blätter von der Spitze und vom Rand her gelb, dann braun und sind anfälliger gegen Krankheiten. Die Blüten sind blasser, die Pflanzen überwintern schlecht. Zusätzliche Kalidüngung – besonders im Herbst – mit 50 g Pa-

Nährstoffmangelerscheinungen (von oben nach unten): Stickstoffmangel; Phosphormangel; Kalimangel; Eisenmangel.

tentkali (28% K_2O : 9% MgO) oder Kaliphosphat (52% P_2O_5 : 34% K_2O) sind angebracht.

Magnesiummangel bewirkt mosaikartige, gelblich-grüne Partien, vorwiegend auf älteren Blättern, die dann grau werden und absterben. Die Blattspitzen und Blattränder sind aufgewölbt. Abhilfe durch Verwendung magnesiumhaltiger Volldünger. Bei starkem Mangel streut man 30–50 g/m² Bittersalz (Magnesiumsulfat) und hackt und wässert dieses ein.

Kalkchlorose wird zumeist Eisenmangelchlorose genannt und ist die am häufigsten auftretende Nährstoffmangelerscheinung bei Rosen. Durch zu hohen Kalkgehalt des Bodens wird die Aufnahme der (im Boden zumeist ausreichend vorhandenen) Eisenverbindungen sehr erschwert. Die jungen Blätter können nicht genügend Chlorophyll bilden, sind daher hellgelb, ihre Adern bleiben jedoch grün. Die Blätter sind klein; die Triebe bleiben schwach, dünn, blühen kaum; die Pflanzen krüppeln dahin, gehen zum Schluß ein.

Um einen niedrigeren pH-Wert zu erhalten und die eisenfestlegende Wirkung des Kalkes zu reduzieren, arbeitet man (sauren) Torf in den Boden ein und verwendet sauer wirkende Dünger. Außerdem sollte man Eisen-Chelate wie nachfolgend beschrieben verabreichen: Boden mit ca. 3–5 l/m² einer Fetrilon-Lösung (2,5–5 g/l Wasser) gießen und/oder Blatt-Unterseiten mit dünner Fetrilon-Lösung (0,1–0,25 g/l Wasser) fein besprühen.

Salzschäden durch Dünger

Zu große Mengen mineralischer Dünger können, besonders bei leichtem Boden und Trockenheit, Schäden durch zu hohen Salzgehalt des Bodens verursachen. Gedrungener, gestaucht wirkender Wuchs, dickliche, blasig aufgetrieben wirkende Blätter mit Trockenschäden an den Rändern können Anzeichen dafür sein. Gute Humusversorgung des Bodens hilft, Dauerschäden zu vermeiden. Erhebliche Schäden treten auf, wenn Dünger über die von Regen oder Tau feuchten Blüten gestreut werden. Ist ein Streuen des Düngers anders nicht möglich, so sollte dies bei vollkommen abgetrockneten Pflanzen geschehen. Der Dünger sollte seitlich so geworfen werden, daß er möglichst nicht in offene Blüten fällt.

Die Gartenrosen

Schäden durch für Pflanzen giftige Stoffe

Herbizide

Immer wieder bekommt man Rosentriebe gezeigt, deren Spitzen verkrüppelt, deren Blätter deformiert, gekrümmt, verfärbt sind. In den meisten Fällen wurde der Rasen um die Rosenpflanzen oder um die Rosenbeete mit einem Rasendünger gedüngt, der auch ein Bekämpfungsmittel für Rasenunkräuter enthält. Die unkrautvernichtenden Substanzen werden mit dem Regenwasser auch in den Bereich der Rosenwurzeln transportiert und schädigen die Rosen oft sehr stark. Auch gibt es Schäden, die durch Spuren von Herbiziden entstehen, die in den Spritzgeräten verblieben, wenn man ein Gerät zuerst zum Ausbringen von Herbiziden, dann zum Spritzen der Rosen mit Fungiziden oder Insektiziden verwendet, ohne es ausreichend gereinigt zu haben.

Auf das Anwenden von Selektiv-Herbiziden, also von Präparaten, mit denen man (bei fachgerechtem Ausbringen) das Unkraut in Rosenpflanzungen bekämpfen könnte, ohne die Rosen zu schädigen, sollte man unbedingt verzichten, insbesondere im Hausgartenbereich. Einerseits zum Schutze des Grundwassers, andererseits weil man nach der Anwendung derartiger Präparate zumindest einige Zeit nicht hacken darf, was sich sehr nachteilig auf den für Rosen so wichtigen guten »Gasaustausch« zwischen Boden und Luft auswirkt. Schonender ist hier auf jeden Fall das altbewährte Hacken.

Holzschutzmittel

Rosen, die in der Nähe von Pergolen, Lattengerüsten und Zäunen stehen, erleiden oft Schäden durch die Dämpfe der Lösungsmittel der verwendeten Holzschutzmittel. Besonders bei großer Wärme und Sonneneinstrahlung werden diese Dämpfe rasch frei und zerstören Blätter und junge Triebe. Weniger aggressive Mittel verwenden, jedoch nicht bei heißem Wetter anwenden. Rosen vor Spritzern abschirmen.

Streusalz

Rosen, die in der Nähe von Pflasterwegen stehen, werden dadurch geschädigt, daß das zum Auftauen von Schnee und Eis verwendete Salz mit dem Wasser in ihren Wurzelbereich fließt. Die

Rose ist aber nicht nur gegenüber hoher Salzkonzentration empfindlich, sondern auch gegenüber dem Chloranteil des Streusalzes.

Bodenmüdigkeit

Eine viel diskutierte, umstrittene Angelegenheit. Rosen (und andere Arten der Familie der Rosengewächse) gedeihen schlecht, wenn sie in einen Boden gepflanzt werden, der vorher jahrelang mit Rosengewächsen bestanden war. Also wenn man ein altes Rosenbeet räumt und darauf neue Rosensorten pflanzen will oder wenn eine abgestorbene Rosenpflanze durch eine neue ersetzt werden soll. Die jungen Pflanzen kümmern dahin, entwickeln nur schwache Triebe, kleine Blätter, wenig Blüten. Versuche haben gezeigt, daß die Studentennelken *(Tagetes erecta)* keine große Hilfe bringen. Das Entseuchen des von alten Rosen geräumten Bodens mit einem radikal wirkenden Präparat hat sich zwar, wie Versuche bewiesen haben, sehr positiv auf das Wachstum der danach aufgepflanzten neuen Rosen ausgewirkt, doch erfordert das Anwenden derartiger Präparate sehr gute Fachkenntnisse und große Umweltverantwortung. Im Hausgartenbereich sollte darauf verzichtet werden bzw. ist das Verwenden meist verboten! Etwas Abhilfe kann aber auch durch Bodenaustausch geschaffen werden. Zumindest sollte man den Boden etwa 2 Spaten tief lockern (holländern), alle Wurzelreste der alten Rosen entfernen und möglichst einen guten Teil der Erde durch gute humus- und nährstoffreiche Erde ersetzen. Will man statt einer ausgefallenen alten Pflanze eine neue pflanzen, sollte beim Ausheben des Pflanzlochs möglichst viel des alten Bodens durch neuen ersetzt und dieser Boden durch tiefes Umbrechen mit der darunterliegenden Schicht etwas vermengt werden.

Krankheiten und Schädlinge

Es ist besser und einfacher, den Rosen gute Wachstumsbedingungen zu schaffen, als laufend Pflanzenschutz zu treiben. Vorbeugen ist besser als heilen. Viele Krankheiten und Schädlinge vermehren sich insbesondere dann stark, wenn für die Rose ungünstige Standortverhältnisse gegeben sind. So treten Blattläuse, Blasenfuß, Rote Spinne und Echter Mehltau besonders häufig an zu warmen Plätzen mit trockener Luft (vor einer Südmauer) auf.

Generell müssen wir uns auch bemühen, die in den Gärten verbliebenen Teilbereiche des natürlichen Gleichgewichts zu erhalten.

So sollten einige Blattläuse an den Rosen keine Panik verursachen, der Nützling Marienkäfer (seine Larven) wird ihrer schon Herr, wenn wir ihn nicht voreilig bei der Bekämpfung der Blattläuse mit abtöten.

Dünger nie in die Blüten und nicht bei nassen Pflanzen streuen, da Verbrennungsgefahr besteht!

Folgen ungünstiger Standortverhältnisse: Bodenmüdigkeit. Neue Rosen wachsen in Böden schlecht, in denen vorher jahrelang Rosen standen.

Die Gartenrosen

Von links nach rechts: Sternrußtau ist die schlimmste Rosenkrankheit; die gelben, schwarzfleckigen Blätter fallen ab.

Rosenrost ist an den goldgelben, im Herbst schwarzbraunen Sporenhäufchen auf der Blattunterseite erkennbar.

Grundsätzlich müssen wir unterscheiden zwischen Krankheiten der Rose, die durch Schadpilze verursacht werden, und Schädigungen durch Tiere, zumeist Insekten.

Dies ist wichtig zu wissen. Gegen pilzliche Krankheitserreger setzt man »Fungizide« (*Fungus* = der Pilz), gegen Insekten »Insektizide«, gegen Spinnmilben »Akarizide« und gegen Älchen (Nematoden) »Nematizide« ein.

Pilzliche Rosenkrankheiten

Echter Mehltau
Sphaerotheca pannosa var. *rosae*

Das Myzel des Pilzes bildet auf der Blattoberseite mit den zur Vermehrung dienenden Sommersporen einen weißen Belag. Der Pilz ernährt sich aus den befallenen Pflanzenteilen, schädigt diese. Junge Triebe und Blätter verkrüppeln. Der Pilz befällt die Rosen besonders stark, wenn in warmen Sommern der Temperaturunterschied zwischen Tag und Nacht sehr groß ist. Er tritt zumeist verstärkt ab dem 2. Flor auf. Überdüngte, besonders durch überhöhte, zu einseitige Stickstoffdüngung verweichlichte Pflanzen werden stärker befallen als harmonisch ernährte. Es gibt größere Unterschiede in der Anfälligkeit der Sorten. Am besten vorbeugen, sonst bei Erscheinen erster Befallssymptome in 1–2wöchigem Abstand spritzen.
Geeignete Mittel sind im Fachhandel erhältlich.

Sternrußtau
Diplocarpon rosae, Syn. *Marssonina rosae*

Dies ist die schlimmste Blattzerstörungskrankheit der Rosen. Der Pilz verursacht auf der Blattoberfläche zunächst braunschwarze, violett gerandete, rundliche, 5–15 mm große Flecken, deren Ränder sternförmig ausgefranst sind. Zwischen den Flecken wird die Blattspreite gelb; die Blätter fallen ab, die Pflanze wird sehr geschwächt. Der Pilz breitet sich durch Sporen aus und überwintert im Gewebe der abgeworfenen Blätter. Kühle, regnerische Sommer, langes Naßbleiben der Blätter bei zu engem Stand oder wenig durchlüfteten Gartenräumen, zu schwerer, nasser, verschlämmter, wenig durchlüfteter Boden führt zu starker Ausbreitung des Befalls. Man sollte stets für humosen, krümeligen, nährstoffreichen Boden, für eine stets lockere Bodenoberfläche (Bodenluftaustausch) und für nicht zu häufiges Benetzen der Blätter (beim Gießen) sorgen. Nach dem Abhäufeln und Einebnen des Bodens kann ein Spritzen der Pflanzen und des Bodens vorteilhaft sein. Ab Mai, nach dem Entfalten der Blätter, ist öfteres (etwa 14tägiges) Spritzen, besonders nach Regen und bei feuchtem Wetter, angebracht.

Rosenrost
Phragmidium mucronatum

Das Myzel des Pilzes wächst in den Zellzwischenräumen, seine Saugorgane entnehmen die Nahrung aus den Zellen. Im Sommer sehen die Blätter oberseits gesprenkelt aus. Auf der Blattunterseite erscheinen zuerst gelbe (der Ausbreitung dienende), später schwarzbraune (der Überwinterung dienende) Sporenhäufchen, »Pusteln«. Die Blätter vergilben schließlich ganz

und fallen vorzeitig ab, die Pflanzen werden ziemlich geschwächt. Rostbefall kann in manchen Jahren als Epidemie auftreten, in anderen keine Bedeutung haben. Bodennässe, hohe Luftfeuchte, lange naßbleibende Blätter, kühle Sommer begünstigen den Rostpilz. Bei ersten Befallsanzeichen spritzen.

Rindenbrand
Coniothyrium wernsdorffiae

Der Pilz befällt vor allem die nicht ausreichend ausgereiften, zu weichen Triebe von stickstoffüberdüngten Rosen. Im zeitigen Frühjahr, zum Zeitpunkt des Frühjahrsschnitts, weisen die Triebe lange, ovale, braunschwarze, violettrot umrandete Flecken auf. Die Flecken werden immer größer, die Rinde und schließlich auch die Triebteile über den Befallsstellen sterben ab.

Vorbeugend sollte durch ein richtiges Nährstoffverhältnis, notfalls durch Kali-

Von links nach rechts: Die Folgen starken Mehltaubefalls: zerstörte Blätter.

Der Rindenbrand zerstört die Triebe zumeist im unteren Bereich.

Zusatzdüngung im Herbst, für ein gutes Ausreifen der Triebe gesorgt werden.

Im Spätherbst, <u>nach</u> dem Blattfall, und im Nachwinter, <u>vor</u> dem Austrieb, mit z. B. Grünkupfer spritzen.

Geschädigte Triebe im Nachwinter bis ins »gesunde Holz« zurückschneiden.

Die Gartenrosen 147

Grauschimmel
Botrytis cinerea

In kühlen Sommern mit großen Niederschlagsmengen und hoher Luftfeuchtigkeit werden die Knospen und Blüten von diesem Pilz befallen. Die Blütenblätter bekommen Flecken, die Knospen werden vom Pilz überzogen, können sich nicht öffnen. Es sollten Standorte vermieden werden, an denen die Pflanzen zu lange naß bleiben, wie schlecht durchlüftete enge Gartenräume. Bei häufigem *Botrytis*-Befall muß ausreichende Kaliversorgung sichergestellt werden; befallene Pflanzenteile abschneiden und vernichten (nicht auf dem Kompost).

Wirkstoffe und Wirkungsbreite der Fungizide

Einige Wirkstoffe bekämpfen nicht nur einen Schadpilz, sondern mehrere. Man braucht nicht für jede Krankheit ein eigenes Präparat anzuwenden. Verschiedene Fungizide gibt es auch in Spraydosen. Diese sind in der Anwendung praktisch, aber etwas teurer und zumeist nur für kleinere Rosengärten gedacht.

Tierische Rosenschädiger

Schäden an Knospen und Blüten

Der Rosenkäfer *(Cetonia aurata)*, etwa 2 cm groß; Flügeldecken goldgrün mit weißen Flecken, unterseits kupferrot, und der Kleine Rosenkäfer oder Gartenlaubkäfer *(Phyllopertha horticola)*, nur 1 cm groß, Flügeldecken dunkelbraun, zerwühlen und zerstören das Innere der Knospen und Blüten, kommen jedoch nicht häufig vor. Absammeln morgens, wenn sie nicht sehr beweglich sind, eventuell spritzen.
Der Himbeerblütenstecher *(Anthonomus rubi)* tritt selten auf, aber dann in größerem Umfang. Das Weibchen legt ein Ei in die Knospe, nagt den Blütenstiel etwas an; die Knospen knicken dort ab, bleiben zunächst hängen und fallen schließlich, ohne sich zu öffnen, ab. Die Larve frißt die Staubgefäße, der Käfer verläßt im Sommer den Rest der Knospe. Aufsammeln und vernichten der befallenen Knospen; eventuell spritzen.

Schäden an den Blättern

Rosenblattlaus *(Macrosiphon rosae)*; Hauptwirt dieser 3–4 mm großen grünen Laus sind die Rosen, Nebenwirte Scabiosen, Baldrian usw. Sie befällt vorwiegend junge Blätter, Triebe und Knospen, bringt diese zum Verkrüppeln. Starke Ausbreitung an warmen, lufttrockenen Stellen. Nur bei stärkerem Befall spritzen. Auch Brennessel-Auszug und ähnliche biologische Mittel helfen.
Rote Spinne (Spinnmilben, z. B. *Tetranychus urticae*); vorwiegend bei großer Lufttrockenheit vor Südwänden oder im Terrassenpflasterbereich besiedeln diese kleinen rötlichen Tiere in großer Zahl die Blattunterseiten. Weiteres Erkennungszeichen: Spinnwebfäden und weiße Häute. Die Blätter sind zuerst oberseits gelblich getüpfelt, vergilben dann und fallen bald ab. Außer guter Wasserversorgung sollte bei erstem Auftreten ein Akarizid oder ein Insektizid, das auch akarizide Wirkung hat, angewendet werden. Folidol-Öl-Spritzmittel u. ä. können bei dringendem Bedarf gegen die Eier und die »Winterweibchen« der Roten Spinne und gegen Überwinterungsformen anderer Schädiger eingesetzt werden. Sie dürfen jedoch nur im Nachwinter/Vorfrühling, unbedingt **vor** dem Austriebsbeginn angewendet werden. Nach dem Austrieb würden sie starke Schäden an den Rosen verursachen.
Der Blasenfuß *(Thrips fuscipennis)* befällt an trockenen, lufttrockenen, warmen Plätzen Triebspitzen, Blätter und Blüten. Das Insekt ist etwa 1 mm groß und schwarz. Die Blätter sind zuerst mit kleinen gelblichen Flecken versehen, später silbrig. Die Blütenknospen entfalten sich schwer, die Blüten sind verkrüppelt. Nur bei Bedarf spritzen.
Die Rosenblattrollwespe *(Blennocampa pusilla)* ist eine schwarze Wespe und legt ihre Eier an die Blattränder; die Blätter rollen sich zylindrisch ein, die Assimilationsfläche wird klein, die Larven sind dadurch geschützt. Sie verlassen im Juli dieses Versteck, um sich im Boden zu verpuppen. Bei Erscheinen der ersten eingerollten Blätter (vor dem Einrollen weiterer Blätter) im Abstand von 5 Tagen spritzen oder bestäuben. Bereits eingerollte Blätter mit den Larven abschneiden und vernichten, nicht auf den Komposthaufen.

Weitere Rosenblattschädiger

Eine Reihe von Schadinsekten tritt sporadisch auf, verursacht nennenswerten Schaden nur bei massiertem Befall. Bei regelmäßigem, jährlich starkem Auftreten sollte man bei ersten Anzeichen mit Fraß- und Kontaktmitteln stäuben bzw. spritzen.
Derartige Schädlinge sind:
Rosenzikade *(Typhlocyba rosae)*; durch die Saugtätigkeit der gelblich-grünen,

Von links nach rechts: Bei großer Nässe zerstört der Grauschimmel die Blüten; diese »verkleben« und bilden »Mumien«.

Der Befall durch die »Kleinste Rosenblattrollwespe« führt zum Einrollen der Blätter.

Rosenzikaden auf der Blattunterseite verursachen die »Sprenkelungen« auf der Blattoberseite.

148 Die Gartenrosen

Die »Tapezierbiene« schneidet Segmente der Blattränder aus und benutzt diese für ihren Nestbau.

Die Larven des Dickmaulrüßlers halten sich im Boden auf, sie fressen am Rosenwurzelstock.

Die Larven des Rosentriebbohrers fressen lange Gänge im Inneren der Rosentriebe.

weißlich geflügelten, auf der Blattunterseite sitzenden Zikaden entstehen blattoberseits gelblichweiße Sprenkelungen, zuerst im Bereich der Blattadern, dann über die ganze Blattspreite.
Rosenwickler (Cacoecia oporana und andere Arten); die Raupen fressen an jungen Blättern und Trieben, ziehen diese mit Fäden zusammen und verpuppen sich in ihnen. Abschneiden und vernichten der Gespinste.
Rosenblattwespe (Caliroa aethiops); durch Herausfressen der oberen Blattzellenschichten, wobei die untere Zellschicht erhalten bleibt, verursachen die Larven »Fensterfraß«.
Rosensägewespe (Emphytus cinctus); durch die Larven werden Löcher in die Blattspreite und in den Blattrand gefressen.
Tapezierbiene (Megachile centuncularis); das Insekt schneidet Blattflächenteile vom Blattrand heraus und verwendet diese für sein Nest.

Schäden an Wurzeln

Dickmaulrüßler (Otiorrhynchus sulcatus); sporadisch, aber manchmal in großer Zahl auftretender, 10 mm großer schwarzer Käfer, der nachts aus den Blatträndern viele Kerben herausfrißt. Er legt seine Eier in den Boden; die 10–15 mm langen, dicken Larven verursachen an den Wurzeln starke Fraßschäden. Absammeln der Käfer wird empfohlen. Der Käfer frißt jedoch nachts und läßt sich bei Störung sofort auf den Boden fallen. Bekämpfung notfalls auch mit im Handel erhältlichen Streumitteln bzw. Staub.

Schäden an den Trieben

Rosentriebbohrer sind sporadisch, manchmal in großer Zahl auftretende Wespen. Der Abwärtssteigende Rosentriebbohrer (Ardis brunniventris) legt seine Eier im Frühjahr/Vorsommer in die oberen Bereiche der Triebe. Die Larven fressen sich im Triebmark nach unten; die Triebe welken, sterben auch ab. Der Aufwärtssteigende Rosentriebbohrer (Monophadnus elongatus) legt die Eier an die Ansatzstelle des Blattstiels; die Larven fressen sich im Mark nach oben; die Triebe welken. Die Verpuppung und Überwinterung erfolgt im Boden. Welke Triebe bis ins gesunde Holz (ohne Fraßgang) zurückschneiden, verbrennen oder in die Mülltonne, nicht auf den Kompost! Bei jährlichem starken Auftreten rechtzeitig (Mai/Juni) öfter mit einem systemischen Insektizid spritzen bzw. bestäuben.
Bei sehr starkem Befall kommt es darauf an, daß die Triebe rechtzeitig abgeschnitten und vernichtet werden; also ehe die Larven zum Verpuppen in den Boden gewandert sind. Das sollte möglichst auch in den Nachbargärten erfolgen.

Rosen in Gemeinschaft mit anderen Pflanzen

Es ist unbestritten, daß ein großes, mit Floribundarosen bepflanztes Beet durch die vielen dichtstehenden Rosenblüten sehr hübsch wirkt. Da sich bei dieser »Monokultur« die Pflanzen leichter gegenseitig mit Sternrußtau, Mehltau, Rost anstecken, und tierische Schädiger epidemisch auftreten können, ist gute Pflege erforderlich. Die Schönheit so eines Beetes lohnt diese Arbeit. Viel zu wenig werden jedoch die vielfältigen Möglichkeiten genutzt, Rosen in Gemeinschaft mit anderen Pflanzen zu verwenden. Durch derartige Vergemeinschaftung von Rosen mit Stauden und Gehölzen wird nicht nur die Ansteckungsgefahr vermindert, sondern lassen sich auch zauberhafte Gartenbilder schaffen. Man sollte jedoch nie ein wirres Durcheinander pflanzen. Die Rose muß entweder die 1. Geige, die anderen Pflanzen die Begleitmusik im großen Gartenkonzert spielen, oder sie hat nur die Aufgabe, Farbakzente in Stauden- und Gehölzpflanzungen zu setzen.

Verschiedene Kombinationen

Ein Rosenbeet kann mit niedrigen Sträuchern oder Stauden umrahmt werden. Auch können diese vor den Rosen oder als Bindeglieder zwischen dem Rosenbeet und dem Plattenweg verwendet werden. Hierzu eignen sich z. B. flachwachsende Zwergmispeln (Cotoneaster dammeri-Sorten), Sonnenröschen (Helianthemum-Sorten), niedrige Fingerstrauch-Sorten (Potentilla fruticosa), wie 'Hachmanns Gigant', 'Farreri Prostrata', 'Kobold', 'Goldteppich', flachwachsende Wacholder-Arten und -Sorten, wie Juniperus horizontalis 'Glauca' und 'Douglasii', Juniperus communis 'Repanda', und das Schneekissen (Iberis sempervirens-Sorten).
Von den Stauden eignen sich dazu der Graublättrige Kerzenehrenpreis (Veronica spicata ssp. incana), der Wollziest (Stachys byzantina 'Silvercarpet'), das

Filzige Hornkraut *(Cerastium tomentosum)*, verschiedene Mauerpfeffer *(Sedum floriferum* 'Weihenstephaner Gold', *Sedum spurium* 'Album Superbum'), der Blauschwingel *(Festuca cinerea*-Sorten) und andere. Da es sich bei den genannten Stauden um Steingartenpflanzen handelt, sollte man für sie den Boden »vermagern«, mit Sand durchsetzen.

Etwas höhere Gehölze und Stauden heben die Wirkung größerer Rosenbeete, wenn man sie einzeln oder in kleinen Trups hinter oder zwischen Rosen pflanzt.

Beispiele: Höhere Fingerstrauch-Sorten *(Potentilla fruticosa)*, Lavendel-Sorten *(Lavandula angustifolia)*, Heiligenkraut *(Santolina chamaecyparissus)*, Zuckerhutfichte *(Picea glauca* 'Conica'), Niedrige Bergkiefer *(Pinus mugo* var. *mughus)*, Zwergkiefer *(Pinus pumila* 'Glauca').

Von den Stauden eignen sich besonders: Rittersporn *(Delphinium elatum-*Hybriden), Katzenminze *(Nepeta × faassenii* 'Six Hills Giant'), Hohe Goldgarbe *(Achillea filipendulina* 'Parker' und *Achillea × hybrida* 'Coronation Gold'), Salbei *(Salvia × superba* 'Mainacht' und *S. officinalis)*, Kugeldistel *(Echinops ritro* 'Veitch's Blue'), Schleierkraut *(Gypsophila paniculata*-Sorten), Herbstastern *(Aster novi-belgii, Aster novae-angliae*-Sorten), auch Ziergräser wie Blaustrahlhafer *(Helictotrichon sempervirens)*, Lampenputzergras *(Pennisetum alopecuroides)*, Chinaschilf *(Miscanthus sinensis* 'Silberfeder').

Auch von den vielen Möglichkeiten, Rosen als Farbakzente in Gehölz- oder Staudenpflanzungen mit einzusetzen, einige Beispiele: In eine Baum- und Strauchabpflanzung am Grundstücksrand können Einmalblühende Strauchrosen integriert werden. Vor solche Gehölze gepflanzt, verlängern Öfterblühende Strauchrosen das Blühen der anderen Sträucher. Auch für Beete von Floribundarosen wirken derartige Gehölzgruppen als Hintergrund gut. In Beetstauden-Pflanzungen können höhere Beetrosen, in kleinen Tuffs, aber auch Öfterblühende Strauchrosen als Einzelpflanzen, zusätzliche Farbeffekte bringen. Sehr niedrige, großflächige Pflanzungen aus bodenbedeckenden Gehölzen oder Stauden wirken noch lebendiger, wenn in sie ab und zu eine Öfterblühende Strauchrose hineingestellt ist; die »Baumscheibe« um die Rose ist freizuhalten.

Rosen vor einer »Gehölzkulisse«; davor Goldlauch und Blauschwingel.

Rosen und Rittersporne sind gut geeignete, harmonische Blüh- und Farbpartner; sie steigern sich gegenseitig in ihrer Wirkung.

Zwergmispel als »Bindeglied« zwischen 'Sarabande' und Pflaster.

Stauden beleben mit ihrer Formen- und Farbenvielfalt den Gehölz-Rand (GR).

Die Sichtung der Stauden

Abgesehen von früheren Bestrebungen um eine überregionale Prüfung, begann die Staudensichtung im heutigen Sinn 1952. Staudengärtner und Staudenverwender waren am Herausstellen der besten Sorten der zum Teil unüberschaubar gewordenen Beetstauden-Sortimente interessiert. Es wurden Sichtungsgärten und eine »Arbeitsgemeinschaft Staudensichtung« gegründet. In den ersten Jahren wurden die Sortimente von *Helenium* und *Delphinium* gesichtet; bald folgten *Phlox paniculata* und die Herbstastern.

Der Gartenwert der Stauden

Arbeitsgemeinschaft und Sichtungsgärten übernahmen die Aufgabe, die Sorten auf ihren Gartenwert zu prüfen und von jedem Sortiment ein »Standardsortiment« aufzustellen. Als Gartenwert einer Staude bezeichnet man die Eignung der jeweiligen Art bzw. Sorte für die Verwendung in bestimmten Gartensituationen. Er wird, insbesondere bei einer Beetstaudensorte, aufgrund wichtiger Eigenschaften ermittelt, z. B. Winterhärte und Ausdauer, Wuchskraft, Standfestigkeit, Wirkung vor, während und nach der Blüte, Reichblütigkeit, Blütezeit, Blühdauer, Blütenfarbe, Resistenz gegenüber Krankheiten und Wettererscheinungen (Hitze, Regen), Vermehrbarkeit, Marktwert und Verwendbarkeit in Pflanzengemeinschaften. Selbstverständlich muß ein Standardsortiment Sorten unterschiedlicher Höhe, Blütezeit, Farbe usw. enthalten.

Bei den sehr sortenreichen und daher früh gesichteten »Steingartenstauden« *Aubrieta* und *Phlox subulata* mußten ähnliche Kriterien angesetzt werden. Statt der Standfestigkeit mußte jedoch die Polsterqualität geprüft werden. Während es bei der Sichtung der Beetstauden und sonstiger umfangreicher Sortimente auf die Auswahl der besten Sorten aus einer großen Sortenfülle ankommt, werden bei der Wildstaudensichtung die Arten auf ihre Verwendbarkeit für unterschiedliche Standortverhältnisse und Pflegebedingungen geprüft. Kann man bei Beetstauden davon ausgehen, daß für sie die ihren Ansprüchen entsprechenden günstigen Standortverhältnisse geschaffen werden, so geht es bei Wildstauden darum, geeignete Arten für ganz bestimmte, zum Teil extreme Standortsituationen herauszustellen. Dies geschieht durch Zuordnung der Arten zu bestimmten Lebensbereichen und durch Hinweise auf geeignete Verwendungsbereiche. Dazu werden Kurzformeln verwendet, wie: »B« für Beet, »G« für Gehölz, »GR« für Gehölz-Rand.

Die Bewertung der Stauden

Beetstauden Für den Gartenwert bei Beetstauden, beetstaudenähnlichen Arten und züchterisch stark weiterentwickelten Sortimenten werden folgende Zeichen verwendet:

***	= vorzügliche Sorte (Hauptsortiment)
**	= sehr wertvolle Sorte (Hauptsortiment)
*	= wertvolle Sorte (Ergänzungssortiment)
Li	= Staude für den Pflanzenliebhaber
S	= wertvolle Schnittstaude

Wildstauden Der Gartenwert der Wildstauden wird mit folgenden Zeichen ausgedrückt:

<u>w</u>	= sehr wertvolle Wildstaude (Hauptsortiment)
w	= wertvolle Wildstaude (Ergänzungssortiment)
Li	= Staude für den Pflanzenliebhaber

Stauden für jeden Garten

Die Lebensbereiche

Ein wichtiges Ergebnis der Sichtungsarbeit war die Erkenntnis, daß sich die Stauden anhand ihrer Ansprüche, Wuchsformen und Verhaltensweisen verschiedenen Lebensbereichen zuordnen lassen. Es erwies sich, daß Stabilität und Ausdauer von Staudenpflanzungen in Gärten und Anlagen in starkem Maß von der Berücksichtigung der Lebens- und Verwendungsbereiche der Arten und Sorten beeinflußt werden. Hierbei spielen alle Standortfaktoren eine Rolle, auch der Einfluß des Menschen, dessen Wünsche, Auswahl und Pflegeaufwand.

Auch wenn es in den ersten 1½ Jahrzehnten vorwiegend darum ging, die sortenreichen, züchterisch stark beeinflußten Sortimente zu sichten, so wurde doch bereits bald erkannt, daß auch diese nach Lebens-/Verwendungsbereichen zu untergliedern waren. Den Standortsituationen in Gärten und Anlagen entsprechend lassen sich die Stauden nach folgenden Lebens- und Verwendungsbereichen gliedern.

Lebensbereich Gehölz (G)

Im lichten Schatten und Halbschatten, vornehmlich unter locker aufgepflanzten Bäumen, gedeihen viele »Waldstauden« sehr gut. Sie beleben diese Bereiche von Gärten und Anlagen durch ihre Wuchsformen und Blüten. Die verrottenden Blätter der Bäume sorgen für den erforderlichen humosen, frischen Boden und sollten nicht weggeräumt werden.

Die Menge des im Herbst herabfallenden Laubes der Bäume und Sträucher, seine artspezifische Verrottungszeit, seine Eignung als Humusbildner, Bodenverbesserer, Nährstofflieferant wirken sich auf den Standort und damit auf die Verwendbarkeit der verschiedenen Stauden aus.

Die Wuchsform der Gehölze ist nicht selten entscheidend für die Möglichkeit, darunter Stauden zu pflanzen. Aufstrebende oder schräg nach oben gerichtete, locker angeordnete Äste und Zweige lassen das Gedeihen vieler Staudenarten zu; bogig geneigtes, stark überhängendes, eine »Schleppe« bildendes Geäst erschwert oder verhindert geradezu die Lebensmöglichkeiten mancher Stauden.

Nicht übersehen werden darf, daß sich die Standortverhältnisse im Bereich der Bäume und Sträucher fortlaufend ändern. Bei frisch gepflanzten Gehölzen kann kaum von einer nennenswerten Schattenwirkung die Rede sein, es können noch Staudenarten und -sorten gepflanzt werden, die gewisse Lichtansprüche haben. Mit zunehmendem Alter der Gehölze wird die Beschattung der Flächen größer, dichter; für manche Stauden reicht das Licht nicht mehr aus; andere finden erst jetzt ideale Verhältnisse. Kronenform und -dichte, Laubgröße und -dichte der Gehölze üben einen beträchtlichen Einfluß aus.

Aber auch die großen Unterschiede hinsichtlich des Wurzelwerks der Gehölze sind zu beachen. Unter Birken und Robinien mit ihrem dichten, flach, in der Nähe der Bodenoberfläche verlaufenden Wurzelwerk haben es die Stauden schwer, können manche keine große Leistung bringen.

Dagegen kommen ihnen Eichen, Haselnuß mit den tiefergehenden Wurzeln entgegen, lassen ihnen genügend Wurzelraum.

Ein kleiner »Trick« ist bei den Gehölzen mit verdrängendem Wurzelwerk möglich: Pflanzt man die Stauden gleich nach dem Pflanzen der Bäume (wenn diese also auch erst mit der Wurzelbildung beginnen müssen), so können sie sich leichter behaupten als wenn man versucht, sie in den bereits dichten Wurzelfilz (z. B. einer Birke) zu pflanzen.

Zu den Stauden des Lebensbereichs Gehölz (G) gehören einerseits heimische Waldstauden, die sich vorzugsweise im Bereich gut eingewachsener Bäume mit »reifem« (humosem, frischem) Boden und einem gewissen »Waldmilieu« wohlfühlen, wie *Asarum europaeum, Hepatica nobilis, Helleborus niger* und manche Farne. Andererseits können hierher auch Arten gerechnet werden, die beetstaudenähnliche Standorte bevorzugen und einen beetstaudenähnlichen Wuchscharakter mit stattlicher Erscheinung, üppigem Wuchs und auffälligeren Blüten usw. aufweisen wie *Cimicifuga*-Arten. Sie erhielten die Lebensbereichszuordnung »G$_2$-b«.

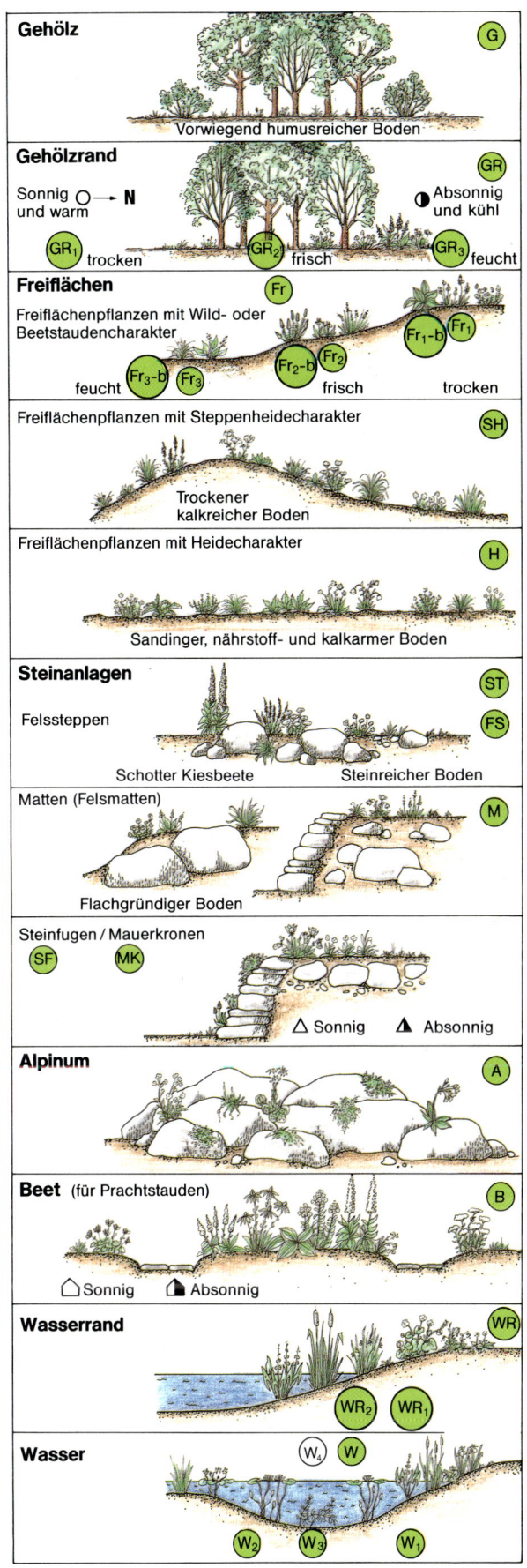

Stauden für jeden Garten

Lebensbereich Gehölz-Rand (GR)

Am Rande von Baum- und Strauchgruppen, vielfach in gutem, humosem Boden, finden zahlreiche Stauden optimale Standortverhältnisse. Im Gegensatz zum Lebensbereich Gehölz (G), der im Garten nur selten in vollem Umfang anzutreffen ist, gibt es den Lebensbereich Gehölz-Rand (GR) dort des öfteren. Hier sind z. B. in und vor den Abpflanzungen an den Grundstücksrändern derartige Standortsituationen gegeben, wie sie den Gehölzrändern in der Natur, dem »Waldsaum«, in etwa entsprechen. Aber auch bei größeren Gehölzgruppen vieler Guts- oder Villengärten entstehen Situationen, die dem Lebensbereich Gehölz-Rand (GR) entsprechen.

Wie im Lebensbereich Gehölz (G), nicht selten sogar in noch verstärktem Ausmaß, ändern sich aber hier die Standortfaktoren mit zunehmendem Alter der Bäume und Sträucher. Sehr bedeutungsvoll ist dabei der Abstand der Pflanzstelle einer bestimmten Staude von dem Pflanzplatz eines bestimmten Baumes oder Strauches. Ausbreitungsmaß des Gehölzes in einer gewissen Anzahl von Jahren, Wuchsform, Kronenhöhe, Kronenbreite und -dichte usw. verändern artspezifisch mehr oder minder rasch die Wachstumsbedingungen der Stauden.

Aus offenen Gehölz-Rändern werden geschlossene, dichte; aus sonnigen Bereichen können halbschattige oder schattige werden.

Zu beachten ist, daß einige Arten mehr den offenen, sonnigen, warmen, südlichen Gehölz-Rand bevorzugen, wie *Anemone sylvestris, Dictamnus albus, Geranium sanguineum*. Andere gedeihen besser im kühleren, halbschattigen oder wechselschattigen, bodenfrischen, nordseitigen Gehölz-Rand, wie *Astilbe chinensis* var. *pumila, Doronicum pardalianches, Geranium endressii, Hypericum calycinum, Lysimachia clethroides*.

Auch im Lebensbereich Gehölz-Rand (GR) gibt es Arten, die in der Lage sind, sich den sich allmählich verändernden Standortfaktoren anzupassen. Einige »wandern« durch sich bewurzelnde Ausläufer dem Licht entgegen, wenn die Plätze, an denen sie ursprünglich gepflanzt worden waren, von den größer werdenden Gehölzen zu sehr beschattet werden.

Schließlich ist, wenn andere Stauden infolge zu dichter Beschattung durch die Bäume nicht mehr ausreichende Lebensbedingungen finden, noch das große Heer der Zwiebel- und Knollengewächse zu nennen. Diese beleben derartige Stellen im Vorfrühling und Frühling, verbringen die Zeit des zu großen Schattendruckes und Wasserdefizits in einer Art Ruhestadium. Auch im Lebensbereich Gehölz-Rand (GR) ist zwischen den »typischen« Wildstauden und jenen zu unterscheiden, die in Ansprüchen, Aussehen und Verhaltensweisen beetstaudenähnlich sind. Letztere sind besonders geeignete, oft geradezu erwünschte »Bindeglieder« zwischen den Gehölz-Rand-Pflanzungen und Beetstaudenpflanzungen, wie *Aconitum-, Astilbe-, Anemone japonica*-Hybriden (GR_2-b).

Bodenfeuchtigkeit Die Ansprüche der Stauden an die Bodenfeuchtigkeit, die ja in starkem Maß von der Exposition (nord-/südseitiger Gehölz-Rand) abhängt und vom Wasserentzug durch die Gehölze beeinflußt wird, wurden durch die Zeichen 1 = trocken, 2 = frisch, 3 = feucht, angegeben.

Licht und Schatten Zur Kennzeichnung der Licht-/Schattenverträglichkeit bzw. -wünsche der Stauden werden der Lebensbereichskurzformel (GR) noch die allgemein bekannten Zeichen ○ = sonnig, ◐ = halbschattig, ● = schattig, beigefügt.

Lebensbereich Freiflächen (Fr)

Außerhalb der Standorte von Bäumen und Sträuchern (auf offenen, sonnigen »freien Flächen«) finden viele Stauden die für sie günstigen Lebensbedingungen.

Dieser Lebensbereich erstreckt sich einerseits bis zu den lockeren Beständen des offenen Gehölz-Randes (GR), andererseits bis zu den baumfreien oder baumarmen Bereichen der Beete in Hausnähe. Er ist zumeist vollsonnig, kann aber bis an den lichten Schatten oder Wanderschatten einzelner Bäume oder Gebäude reichen. Andererseits reicht er von den Randbereichen steiniger Flächen (mit Neigung zu Trokkenheit) bis zum sumpfigen Bereich des Lebensbereichs Wasser-Rand (WR). Hinzu kommt noch, daß die Flächen auf Böschungen oder in Mulden liegen können, die Böschungen nach Süden oder Norden geneigt sein können, der Neigungswinkel sehr unterschiedlich sein kann.

Der Boden kann sandig oder lehmig, humusarm bis humusreich oder moorig, kalkarm, kalkhaltig oder kalkreich, trocken, frisch oder feucht sein.

Nicht selten sind z. B. Höhendifferenzen zwischen Terrassen und Garten durch mehr oder minder steile südseitige Böschungen überbrückt, auf denen Freiflächensituationen mit trockenem oder frischem Boden vorliegen. Diese können entweder für beetstaudenähnliche Pflanzengemeinschaften genützt werden, wenn der Boden frisch ist, oder für den Steppen-Heiden nahestehende Pflanzungen, bei trockenem Boden (SH).

Unter bestimmten Umständen ist es bei sandigem, trockenerem, nährstoffärmerem und saurem Boden möglich, Pflanzungen anzulegen, die der sandigen Heide (H) nahestehen.

Der Gesamtlebensbereich Freiflächen läßt sich also nach speziellen Standortverhältnissen in mehrere Teilbereiche (Verwendungsbereiche) einteilen. Damit zusammenhängend lassen sich auch die dafür jeweils vorwiegend geeigneten Pflanzen in Arten mit Wildstaudencharakter und Arten bzw. Sorten mit beetstaudenähnlichem (»b«) Charakter gliedern.

Wildstauden

Je nach ihren Ansprüchen an Feuchtigkeitsgehalt/Wasserhaltekraft des Bo-

Ein guter Eindruck, auf den ersten Blick! Doch sollten für Daueranlagen Beet- und Wildstauden in getrennten Pflanzungen verwendet werden (nicht gemischt).

Stauden für jeden Garten

dens lassen sich unter den Wildstauden unterscheiden:
- Arten für warmen, vollsonnigen Standort mit durchlässigem, trockenem Boden (Fr_1).
- Stauden für frischen Boden (Fr_2).
- Stauden, die einen ausreichend feuchten Boden bevorzugen (Fr_3).

Beetstaudenähnliche Stauden

Arten und Sorten mit beetstaudenähnlichem Wuchscharakter (»b« = »beetstaudenähnlich«) werden wie folgt bezeichnet.
- Für trockenen Boden: Fr_1-b.
- Für frischen Boden: Fr_2-b.
- Für feuchten Boden: Fr_3-b.

Für sehr warme, sonnseitig geneigte Böschungen mit trockenem kalkhaltigem Boden eignen sich sogenannte »Steppen-Heide«-Pflanzen (SH).
Für die nährstoffärmeren, etwas bodensauren Bereiche eignen sich Pflanzen der »Heide« (H).

Wiesen und Trockenrasen

Bei größeren Freiflächen, z. B. im öffentlichen Grün, gibt es manchmal Situationen, in denen man auch Wiesen anlegen kann. Der Wunsch nach »Blumenwiesen« ist in den letzten 1–2 Jahrzehnten modern geworden.
Zumeist wird übersehen, daß vielerorts der Boden zu frisch und zu nährstoffreich ist und darauf die erträumte blumenreiche »Bergwiese« gar nicht entstehen kann oder sich nicht auf längere Zeit erhalten läßt. Aber auch eine für unser Gebiet »normale« Wiese, auf gutem Boden, mit den dafür typischen Gräsern und Kräutern ist schön, wenn man sie entsprechend pflegt (mäht, düngt usw.).
Dem Wunsch nach »natürlichem« Pflanzenbestand kommen auch die »Trockenrasen« und »Halbtrockenrasen« nahe, die im weiten Sinn auch den »Freiflächen« zuzurechnen sind. Diese, in Anlehnung an die in der Natur vorkommenden Pflanzenbestände, da und dort bedingt realisierbaren Wildstaudenanlagen des Öffentlichen Grüns bergen eine Reihe von Stauden, die in Staudengärtnereien erhältlich sind. Diese Gräser und Kräuter der Magerrasengesellschaften benötigen einen flachgründigen, trockenen, nährstoffarmen (zumindest stickstoffarmen) Boden, der, wenn er nicht an den dafür vorgesehenen Stellen gegeben ist, geschaffen werden muß (Dränage, Vermagern etc.).

Man kann unterscheiden: den »Trockenrasen« und den »Halbtrockenrasen«. Die Trockenrasen lassen sich, nach der Art des Bodens und nach dessen Kalkgehalt, unter anderem wie folgt weiter differenzieren:
Im »Kalkmagertrockenrasen« (mit kalk- und lehmhaltigem Boden, oft auf Süd- und Südwesthängen) sind zahlreiche Pflanzen zu finden, die auch im Freiflächen-Teilbereich (-Verwendungsbereich) Steppen-Heide (SH) bzw. in den Steinanlagen, z. B. in den Fels-Steppen (FS), große Bedeutung haben, wie z. B.: *Adonis vernalis, Anthericum liliago, Aster linosyris, Buphtalmum salicifolium, Pulsatilla vulgaris*; von der großen Gruppe der Gräser: *Stipa pennata, Stipa capillata, Melica ciliata, Sesleria cinerea*.
Bei dem »Sauren Magerrasen« mit zumeist sandigem, schwach saurem Boden, gibt es Arten, die im Freiflächen-Teilbereich Heide (H) verwendbar sind, wie z. B. *Armeria maritima, Sedum acre, Sedum sexangulare, Thymus serpyllum*; oder Gräser, wie *Festuca ovina, Koeleria glauca* usw.
Im »Halbtrockenrasen« mit weniger extremer Bodentrockenheit, auch auf weniger besonnten Nordhängen, kennt man eine Reihe von Arten, die in verschiedenen Teilbereichen der Freiflächen und Steinanlagen geeignete Plätze finden.

Lebensbereich Steinanlagen (St)

Viele Stauden fühlen sich im Bereich der Steine wohl. Manche sind nässeempfindlich und wachsen daher am besten in einem von Kies bzw. Felsbrocken durchsetzten, wasserdurchlässigen Boden.
Wie andere Lebensbereiche, so ist auch der Gesamtlebensbereich Steinanlagen in mehrere Teilbereiche (Verwendungsbereiche) zu unterteilen.
Als Sonderstandorte dieses Lebensbereichs könnte man die Flächen zwischen den Pflasterplatten von Terrassen- oder Hofflächen, die mit Steinen aufgefüllten oder belegten Stellen im Regenschatten von Dachvorsprüngen bezeichnen. Aber auch in Trögen, Wannen und anderen Pflanzgefäßen werden vorzugsweise »Steingartenpflanzen« verwendet. Sonderstandorte für ganz bestimmte Steingartenpflanzen stellen auch die nördlich geneigten, absonnigen Flächen von Steinanlagen dar, die nördlich ausgerichteten Trockenmauern, Steinfugen, Nischen, Mulden, die im Schatten oder Wanderschatten von Gehölzen oder von großen Steinen gelegenen Partien größerer Steinanlagen.
Grob unterteilt kann man folgende Verwendungsbereiche des Lebensbereichs Steinanlagen unterscheiden:

Eine ansprechende Blumenwiese mit Salbei, Margeriten, Klee, Leimkraut usw., wie sie vorwiegend in Bergregionen vorkommt, auf normalem Gartenboden aber kaum als Daueranlage realisierbar ist.

Mit Trockenmauern kann man Böschungen »abfangen«, sichern. Hinter ihre Mauer-Krone (MK) und in ihre Fugen (Stein-Fugen = SF) lassen sich viele Stauden gut pflanzen. Das gilt auch für die dabei entstandenen Terrassen.

Von links nach rechts: Einige Steinbreche und andere Hochgebirgspflanzen finden auch in kleinsten Gesteinsmulden geeignete Plätze.

In dem engen Raum zwischen größeren Steinen fühlen sich Steingartenpflanzen wohl.

Fels-Steppen (FS), Mauer-Kronen (MK), Stein-Fugen (SF), Matten (M), Absonnige Steinanlagen (∆ = »abs.«). Ihre wesentlichen Merkmale und einige typische Pflanzen:

Fels-Steppen (FS)
Dies sind mit Steinen unterschiedlicher Größe durchsetzte und belegte Flächen, deren Boden wasserdurchlässig und gut durchlüftet ist, leicht austrocknet, von den Sonnenstrahlen rasch erwärmt wird. Hier fühlen sich viele Arten wohl, nicht zuletzt weil sie vor Übernässung geschützt sind. Beispiele: *Acaena buchananii*, *Allium*-Arten, *Centranthus ruber*, *Eryngium planum*, *Nepeta* × *faassenii* u. a.

Mauer-Kronen (MK)
Das sind die obersten Abdeckplatten von Trockenmauern. Sie schließen auf der einen Seite an die Oberschicht des hinter der Trockenmauer befindlichen Bodens an. In diesen Boden, unmittelbar an die Mauer-Krone gepflanzte Stauden, Halbsträucher und Zwerggehölze sind vor Vernässung geschützt. Das überschüssige, vom Boden nicht mehr festzuhaltende Wasser kann nicht nur durch die Dränageschicht, sondern auch durch die Mauerfugen abfließen.

Je nach Art bzw. Sorte werden einige Pflanzen aufrecht stehen (wie *Alyssum montanum*, *Euphorbia polychroma*), Polster bilden (wie *Armeria caespitosa*, *Arabis caucasica*-Sorten) oder ihre langen Triebe über die Mauer-Krone (MK) legen und an der Mauer entlang herunterhängen lassen (wie *Phlox subulata*- und *Aubrieta* Hybriden-Sorten, *Geranium dalmaticum* usw.).

Matten (M)
Als »Matten« im Sinne eines der Verwendungsbereiche des Lebensbereichs »Steinanlagen« versteht man nicht unbedingt die mit diesem Begriff bezeichneten speziellen Bereiche der natürlichen Vegetation, obzwar eine gewisse Anlehnung an die »Gebirgsmatten« gegeben ist. Als Teilbereich der von Menschenhand geschaffenen Steinanlagen werden unter »Matten« flache, manchmal sandreiche, aber zumeist wenig von Steinen durchsetzte Bodenschichten über größeren Steinen, Grus oder Schotter verstanden. Beispiele der für diesen Verwendungsbereich geeigneten Pflanzen sind: *Dianthus caesius*-Sorten, *Helianthemum*-Arten und -Sorten usw.

Stein-Fugen (SF)
Fugen zwischen den Steinen von Trockenmauern aber auch in oder zwischen größeren Steinen sind charakteristische, geeignete Standorte für verschiedene »Steingartenpflanzen«. Hier sind sie nicht nur von der Konkurrenz anderer Pflanzen geschützt; hier finden sie mit ihren tief in die Fugen oder durch diese hindurch in den Bodenbereich eindringenden Wurzeln genügend Wasser und sind dennoch vor Übernässung bewahrt. Für die sonnenseitigen Stein-Fugen eignen sich z. B.: *Sempervivum*-Arten und -Sorten oder die auch hinter die Mauer-Krone (MK) pflanzbaren *Campanula poscharskyana*-Sorten sowie *Geranium dalmaticum*. Diese wachsen von dort mit Hilfe ihrer Ausläufer sogar durch die Stein-Fugen der Trockenmauer heraus.

Absonnige Steinanlagen (∆ = »abs.«)
Insbesondere bei größeren Steinanlagen gibt es zu jedem der mehr oder minder stark der Sonne ausgesetzten Verwendungsbereiche auch als Gegenstück die gleichen in absonniger Lage. Dies trifft insbesondere für die nordexponierten Trockenmauern zu, in denen sich verschiedene Primeln (z. B. *Primula marginata*, kalkliebend; *Primula hirsuta*, kalkmeidend) und einige Farne wohlfühlen. Auf absonnigen Matten gedeihen z. B. *Saxifraga* × *arendsii*- und *Primula pruhoniciana*-Sorten gut. Im Schatten der in Steinanlagen stehenden Gehölze wachsen *Epimedium* × *warleyense*-Sorten gut.

Stauden für jeden Garten

Lebensbereich Alpinum (A)

Einige reizvolle, aber auch anspruchsvolle, oft nicht sehr konkurrenzkräftige Stauden finden den besten Platz im Alpinum, wie *Chrysanthemum haradjanii, Leontopodium alpinum, Papaver alpinum.*

Hier kann man ihnen die artspezifisch erforderliche Kombination verschiedener der Einzelstandort-Faktoren bieten. Also sonnigen oder schattigen Platz kombiniert mit trockenem, frischem oder feuchtem Boden bzw. mit kalkhaltigem oder saurem, humosem, moorigem oder mineralischem Boden usw. Hier, im Alpinum, sollten Pflanzen einen Platz finden, die unter den Bedingungen der üblichen Steinanlagen anderen Steingartenpflanzen gegenüber zu konkurrenzschwach wären. Als Beispiele seien nur die Hochgebirgssteinbreche genannt (*Porophyllum*-Sektion).

Lebensbereich Beet (B)

Für die in Gärten am häufigsten anzutreffende Standortsituation, das Beet, gibt es eine große Zahl herrlicher Stauden mit stattlichem Habitus und prachtvollen Blüten, die Beetstauden oder Prachtstauden. Sie benötigen einen humosen, mittelschweren, lehmhaltigen, nährstoffreichen, frischen Boden. Dessen Oberfläche sollte durch flaches Hacken oder auch gelegentliches flaches Graben offengehalten werden. Darin sind die Beetstauden mit anderen auf Beete mit gutem Gartenboden angewiesene Pflanzen, wie Gemüse, Beetrosen, Sommerblumen usw. gleichzusetzen. Mit Rosen und Sommerblumen lassen sie sich auch vergemeinschaften. Düngen, gelegentlich auch Bewässern (in langen Trockenperioden) können ihre Leistungsfähigkeit erheblich verlängern. Die Dauerhaftigkeit ist allerdings artspezifisch recht unterschiedlich.

Paeonia, Heliopsis z. B. können bei guter Pflege 1–2 Jahrzehnte am gleichen Platz stehen bleiben, ohne in der Leistung nachzulassen.

Chrysanthemum coccineum, Erigeron lassen (je nach Standort und Pflege) nach 3–4 Jahren in ihrer Leistung (Wuchsstärke, Standfestigkeit, Höhe, Reichblütigkeit, Blumengröße usw.) nach. Sie sollten dann aufgenommen, geteilt und in nicht zu großen Teilpflanzen auf gut verbessertem Boden neu gepflanzt werden. Dann bringen sie wieder art- bzw. sortenspezifische große Qualitäten.

Das alles bedeutet, daß man bei Beetstauden ein gewisses Maß an Pflege aufwenden muß; dennoch sollte man auf keinen Fall auf sie verzichten. Wer würde schon das Blau eines Rittersporns (*Delphinium*), das weithin leuchtende Rot oder Rosa des Hohen Sommer-Phloxes (*Phlox paniculata*), das üppige Blühen des Sonnenauges (*Heliopsis*) missen wollen! Geeignete Wahl der Arten und Sorten vorausgesetzt, bieten uns Beetstaudenpflanzungen eine sommerlange, überwältigende Blüten- und Farbenpracht.

Beetstauden sollten vorwiegend mit ihresgleichen gepflanzt, also nicht mit Wildstauden vergemeinschaftet werden. Wildstauden benötigen zumeist andere Standortverhältnisse, andere Pflege, andere Gemeinschaften. Allerdings gibt es auch Wildstauden, die einen beetstaudenähnlichen Charakter aufweisen. Das heißt, sie gedeihen auf Beeten mit gutem Gartenboden bestens, stellen gewisse, den Beetstauden ähnliche Ansprüche, lassen sich in bestimmten Situationen mit diesen vergemeinschaften. Bei der Sichtung der vorwiegend anderen Lebensbereichen, wie Gehölz-Rand (GR), Freiflächen (Fr) etc. zuzuordnenden Arten und Sorten erhielten diese neben den Lebensbereichs-Kurzformeln noch ein kleines »b« = »beetstaudenähnlich«; z. B.: *Campanula latifolia* var. *macrantha* (GR$_2$-b), *Dicentra spectabilis* (GR$_2$-b), *Salvia* × *superba* 'Mainacht' (Fr$_2$-b), *Achillea clypeolata* (Fr$_1$-b).

Unter den Stauden des Lebensbereichs Beet (B) gibt es Arten und Sorten, denen als »Leitstauden« bei einer Beetstaudenpflanzung dominierende »Ge-

rüstbildnerfunktionen« zukommen, wie *Aster novae-angliae-, Heliopsis scabra-, Paeonia lactiflora-, Phlox paniculata-, Rudbeckia nitida-, Miscanthus sinensis*-Sorten.

Andere dienen als »Begleitstauden«, wie *Aster dumosus-, Chrysanthemum maximum-, Erigeron speciosus*-Hybride, *Lupinus polyphyllus*-Hybride, *Papaver orientale*-Sorten.

Lebensbereich Wasser-Rand (WR)

Dem Wunsch vieler Gartenbesitzer nach einem Teich oder Wasserbecken mit interessanten Wasserpflanzen kommen nicht nur die Staudengärtner durch Erweiterung des Angebots an Wasserpflanzen entgegen, sondern

auch die Industrie. Sie bietet eine sehr große Auswahl »künstlicher« fertiger Wasserbecken unterschiedlicher Größe und Form (z. B. aus glasfaserverstärktem Polyester) an. Diese brauchen nur in eine ihrer Form und Tiefe entsprechende, aus dem Boden ausgehobene Mulde eingebaut zu werden. Vielfältig sind auch die Möglichkeiten der Erstellung von Teichen aus Folien. Hierbei können auch die am Rande der meisten natürlichen Gewässer gegebenen Sumpfflächen nachgeahmt und damit den »Sumpf«- und »Wasser-Rand«-Pflanzen geeignete Lebensbedingungen geschaffen werden. Es sollte allerdings auch stets darauf geachtet werden, daß den in Teichen oder Becken verwendeten Pflanzen, auch außerhalb der Wasserfläche, ge-

Das Hechtkraut *(Pontederia cordata)* läßt sich gut im Grenzbereich von Wasserrand und Wasser verwenden.

Das Tränende Herz *(Dicentra spectabilis)* läßt sich gut im Gehölzrand verwenden; es zieht im Sommer ein.

Stauden für jeden Garten

eignete Arten beigesellt werden. Diese sollten dem gleichen Lebensbereich (Wasser-Rand) oder dem Lebensbereich Freiflächen mit feuchtem Boden (Fr_3) angehören und optisch mit den Wasserpflanzen gut harmonieren.

Von den feuchtigkeitsliebenden, für diesen Zweck geeigneten Pflanzen des Lebensbereichs Freiflächen (Fr_3) seien als Beispiele genannt: *Achillea ptarmica* 'Schneeball', *Alchemilla mollis*, *Eupatorium fistulosum* 'Atropurpureum', *Primula florindae*. Der Begriff »Wasser-Rand« (WR) umfaßt nicht nur die Grenzlinie zwischen »Wasser« und »Festland«, sondern Bereiche des feuchten bis sumpfigen Bodens und ebenso die Zone flachen Wassers.

Nach ihrem Vorkommen in der Natur und ihrer vorwiegenden Verwendung lassen sich die Stauden des Lebensbereichs Wasser-Rand wie folgt einteilen:

- »Sumpfstauden« (WR_1) für feuchten bis nassen, zeitweise überfluteten bzw. abtrocknenden Boden, wie *Caltha palustris*, *Gladiolus palustris*, *Menyanthes trifoliata*, *Mimulus luteus*, *Myosotis palustris*, *Primula rosea*.
- Stauden der »Röhrichtzone« (WR_2) für feuchten oder dauernassen Boden bis hin zu flachem Wasser (ca. 0–20 cm Wassertiefe), wie *Acorus calamus*, *Phalaris arundinacea*, *Scirpus tabernaemontani* 'Zebrinus', *Sparganium erectum*, *Typha angustifolia*.

In Grünanlagen und Gärten sind hierzu auch die Bereiche geringer Wassertiefe zu rechnen, die bei tiefenmäßig abgestuften, z. B. aus Folie gefertigten Wasserbecken an deren Rändern geschaffen werden können.

In tieferen, kastenförmig gebauten Wasserbecken mit fast senkrechten Wänden kann einigen »Wasser-Rand«-Stauden dieser ihnen zusagende geringe Wasserstand dadurch geboten werden, daß sie in Gefäße gepflanzt und diese auf »Sockel« gestellt werden.

Lebensbereich Wasser (W)

Bei natürlichen Gewässern läßt sich der Lebensbereich »Wasser« keinesfalls scharf gegenüber dem Lebensbereich »Wasser-Rand« abgrenzen. Viele Pflanzen reichen in ihrer Standortbreite vom »Sumpf«- oder vom »Röhrichtbereich« bis hin zu mehr oder minder tiefem Wasserstand.

Bei größeren Gewässern in der Natur unterscheidet man nach dem Röhrichtgürtel kommend, den Schwimmblattpflanzen-Gürtel, den Laichkrautgürtel, den Gürtel der untergetaucht lebenden (submersen) und »freischwimmenden« Pflanzen. Auch wenn sich die Stauden des Lebensbereichs Wasser nicht in scharf abgrenzbare Verwendungsbereiche einteilen lassen, erschien deren Zuordnung zu folgenden Gruppen zweckmäßig:

- W_1 = Wasserpflanzen, die im Boden wurzeln, ihre Trieb- und Blattmasse überwiegend über die Wasseroberfläche herausheben, wie *Alisma plantago-aquatica*, *Butomus umbellatus*, *Hippuris vulgaris*.
- W_2 = Wasserpflanzen, die im Boden wurzeln, deren Blätter aber überwiegend **auf** dem Wasser aufliegen (»Schwimmblattpflanzen«), wie *Nuphar lutea*, *Nymphoides peltata*, *Nymphaea*-Arten und -Hybriden für verschiedene Wassertiefen.
- W_3 = Untergetauchte, submerse Pflanzen, deren Triebe und Blätter sich unterhalb der Wasseroberfläche befinden, wie *Ceratophyllum demersum*, *Elodea canadensis*, *Myriophyllum verticillatum*.
- W_4 = Freischwimmende Pflanzen, die nicht im Boden festgewurzelt sind, wie die Wasserlinse *(Lemna)*.

Die Pflanzen der 1. Gruppe (W_1), die wie die Pflanzen des Lebensbereichs Wasser-Rand im Boden wurzeln und deren Trieb- und Blattmasse überwiegend über der Wasseroberfläche steht, werden bei größeren Wasserbecken und Teichen (in Anlehnung an den natürlichen Standort) in die Randbereiche der Wasserflächen gepflanzt.

Die »Schwimmblattpflanzen« (W_2), deren Blätter also überwiegend auf dem Wasser schwimmen, sollten mehr von den Teich- oder Beckenrändern abgesetzt, zur Wasserflächenmitte hin gepflanzt werden.

Die untergetaucht lebenden, submersen, im Boden wurzelnden Pflanzen (W_3) sind in der Natur häufig in langsam fließendem Gewässer zu finden. Die wenigen wirklich freischwimmenden, d. h. nicht durch Wurzeln im Boden verankerten Arten, kommen vorwiegend in stehendem oder ruhigem Gewässer vor, schwimmen auf oder knapp unter der Wasseroberfläche.

Organisation der Staudensichtung

Die Sichtungsgärten und die Staudengärtner arbeiten bei der Staudensichtung eng zusammen. In den Sichtungsgärten werden anhand geeigneter Anpflanzungen in Sortimenten und in Pflanzengemeinschaften durch laufende Beobachtungen und konkretes Erfassen von Daten (mit Hilfe von Bonitierungslisten und Blütenkalendern) Erfahrungen mit den einzelnen Arten bzw. Sorten gesammelt. Diese werden zusammen mit den durch Fragebogen erfaßten Erfahrungen von Staudengärtnern und -verwendern in Sammellisten eingebaut. Diese dienen bei der Tagung der Arbeitsgemeinschaft Staudensichtung als Unterlagen für Erfahrungsaustausch, Beratung, Diskussion und Beschlußfassung über die Bewertung und Verwendungsempfehlungen der einzelnen Arten bzw. Sorten (oder Sortimente). Die Ergebnisse werden den Staudengärtnern und Sichtungsgärten mitgeteilt und den Staudenverwendern durch Veröffentlichungen vermittelt.

Mehr über Pflanzung, Pflege und z. B. Teilung der Stauden erfahren Sie ab S. 63 und 70. Damit soll eine wesensgerechte Verwendung der Stauden gefördert werden.

Auf die Wuchsstärke der Wasserpflanzen achten! – Nicht zu dicht pflanzen; Seerosen mehr in die Mitte der Wasserfläche pflanzen.

Stauden für jeden Garten

Stauden

Schafgarbe
Achillea filipendulina 'Parker'

Höhe 120 cm.
Wuchs Horstig, buschig aufrecht, Stengel am Grund verholzend.
Blatt Gefiedert, graugrün, behaart, aromatisch duftend.
Blüte Juni bis August, goldgelb, Einzelblüten zu flachen Dolden zusammengefaßt, gute Schnittblume.
Standort Nährstoffreiche, humose Böden in voller Sonne.
Für Rabatten und Beete; B–Fr_2.

Rote Schafgarbe
Achillea millefolium 'Kelway'

Höhe 60 cm.
Wuchs Oberirdisch kriechend.
Blatt Mehrfach gefiedert, grün, wenig behaart, aromatisch duftend.
Blüte Juni bis September, dunkelkarminrot, Einzelblüten zu schwach gewölbten Dolden zusammengefaßt; Schnittblume, Heilkraut.
Standort Nährstoffreiche Böden in voller Sonne.
Für Rabatten und Beete; B–Fr_1.

Gelbe Polstergarbe
Achillea tomentosa

Höhe 20 cm.
Wuchs Lockere Polster bildend.
Blatt Fein gefiedert, wollig behaart, graugrün.
Blüte Mai bis Juni, goldgelb, Einzelblüten zu Dolden vereinigt.
Standort Durchlässige, kalkfreie Böden in voller Sonne.
Für sommertrockene Böschungen, Terrassen und Tröge; FS.

Eisenhut
Aconitum × arendsii

Höhe 120 cm.
Wuchs Aufrecht, Wurzeln knollig, alle Pflanzenteile giftig.
Blatt Handförmig geteilt, glänzend, dunkelgrün.
Blüte September bis Oktober, violettblau, helmförmig, in lockerer Traube stehend; Schnittblume.
Standort Nährstoffreiche, humose, offene Böden in Sonne bis Halbschatten.
Für halbschattige Rabatten, im Schatten von Mauern, am Gehölzrand; GR_2(b).

Eisenhut
Aconitum napellus

Höhe 100 cm.
Wuchs Aufrecht, Wurzeln knollig, alle Pflanzenteile giftig.
Blatt Handförmig geteilt, glänzendgrün.
Blüte Juli/August, blauviolett, helmförmig, in dichter Traube stehend.
Standort Nährstoffreiche, humose, frische bis feuchte Böden in sonniger oder absonniger Lage.
Für feuchte, halbschattige Lagen; W, GR_3.

A. napellus 'Bicolor', Blüte blau mit weiß, verträgt mehr Sonne; Fr_2.

Christophskraut
Actaea alba

Höhe 80 cm.
Wuchs Horstig, locker.
Blatt 5teilig gefiedert, auf hohen Stengeln, ausgebreitet.

Blüte Unscheinbar, Frucht kugelrund, weiß an roten Stielen, Juli bis September, giftig.
Standort Nährstoff- und humusreiche, kalkarme Böden im lichten, warmen Schatten von Gehölzen; G_1, w.

Günsel
Ajuga reptans 'Atropurpurea'

Höhe 15 cm.
Wuchs Flächig, durch oberirdische Triebe ausgebreitet, Wildstaudencharakter.
Blatt Wintergrün, spatelförmig, braungrün. 'Atropurpurea', metallisch glänzend, braunrot; 'Multicolor', gelbbraun-rot gesprenkelt.
Blüte Mai/Juni, lilablau, an aufrechten Stengeln angeordnet.
Standort Humose, trockene und frische, kalkhaltige Böden in halbschattiger Lage, bei genügend Feuchtigkeit auch in der Sonne wüchsig.
Zur Flächendeckung; GR_2, w.

Frauenmantel
Alchemilla mollis

Höhe 40 cm.
Wuchs Buschig, kräftig.
Blatt Fast kreisrund, gefaltet, behaart.
Blüte Juni/Juli, grüngelb, kleine Einzelblüten zu lockeren Dolden zusammengefaßt, duftend, versamt sich leicht; Schnittblume.
Standort Trockene bis frische Böden, im Halbschatten, sehr anspruchslos, bei genügend Feuchtigkeit auch in voller Sonne; für Teich- und Bachränder geeignet; Fr_3, GR_2, w.

Auffallend in Farbe und Form sind die helmartigen Blüten des Eisenhut.

Die Schafgarbe entwickelt sich zu kräftigen Pflanzen und blüht sehr lange.

Der Frauenmantel bildet große Blatt- und Blütenbüsche.

158 Stauden für jeden Garten

Von links nach rechts: Das Steinkraut fühlt sich besonders wohl auf trockenen warmen Mauern.

An halbschattigen, luftfeuchten Plätzen unter Gehölzen entwickelt sich der Geißbart zu großen Solitärpflanzen.

Steinkraut
Alyssum montanum 'Berggold'

Höhe 20 cm.
Wuchs Niederliegend, Triebe gelegentlich aufsteigend, lockere Polster bildend.
Blatt Länglich, grün bis silbrigweiß.
Blüte April/Mai, leuchtend gelb, beim Aufblühen doldig, später traubig, duftend.
Standort Steinige, durchlässige, möglichst kalkhaltige Böden in voller Sonne.
Für Fugen, Mauerkronen, Kiesflächen, in Verbindung mit Platten; FS.

A. saxatile 'Compactum', 25 cm hoch, bildet kleine verholzende Büsche, Blüten reingelb; 'Citrinum', 25 cm hoch, Blüten hellgelb; w.

Herbstanemone
Anemone hupehensis 'Septembercharme'

Höhe 100 cm.
Wuchs Buschig, im Laufe der Zeit durch Wurzelausläufer große Büsche bildend.
Blatt 3lappig, ungleich gezähnt, auf dünnen Stielen.
Blüte August/September, hellviolettrosa, in verzweigten Rispen.
Standort Humose, nährstoffreiche, kaum durchwurzelte Böden im Halbschatten.
Für Pflanzungen im Schatten von Mauern und Gehölzen; G (GR).

A. japonica 'Honorine Jobert', Höhe 100 cm, Blüte August bis Oktober, weiß.
'Königin Charlotte', Höhe 100 cm, Blüte September/Oktober, silbrig rosa, halbgefüllt; 'Prinz Heinrich', Höhe 80 cm, Blüte August/September, purpurrot, halbgefüllt.

A. tomentosa 'Robustissima', Höhe 100 cm, Blüte November, zartviolettrosa; GR₂.

Akelei
Aquilegia vulgaris

Höhe 50 cm.
Wuchs Horstartig, kräftige, tiefreichende Wurzelstöcke bildend.
Blatt Doppelt 3zählig, gestielt.
Blüte Mai/Juni, violettblau, mitunter weiß, weißblau oder rosa, Sporn gebogen, Blüten nickend zu 3–10 an 1 Stengel, samt sich leicht aus.
Standort Nährstoffreiche, humose und kalkhaltige Böden im Halbschatten.
Die Akelei wächst am liebsten im lichten Schatten von Mauern und Gehölzen; GR₁.

A. caerulea, Höhe 75 cm, Blüten groß, langgespornt, gelbrot.

Gänsekresse
Arabis caucasica

Höhe 20 cm.
Wuchs Polsterförmig.
Blatt Graugrün, behaart, oval gezähnt.
Blüte März/April, weiß, in endständigen Trauben.
'Plena', Höhe 25 cm, Blüte weiß, gefüllt.
Standort Nährstoffreiche, durchlässige, frische bis trockene Böden in voller Sonne.
Für Mauerkronen, Fugen, Kiesflächen; SF/FS.

A. procurrens, Höhe 5 cm, wintergrün, ausläuferbildend, wüchsig, Blüte April/Mai, weiß.

Geißbart
Aruncus sylvester

Höhe 130 cm.
Wuchs Horstartig, im Alter mächtige Büsche bildend.
Blatt Doppelt gefiedert, Blättchen gesägt.
Blüte Juni/Juli, gelblich weiß, in etwa 50 cm langen, lockeren Rispen.
Standort Humusreiche, feuchte Böden im Halbschatten.
Für Pflanzungen im Schatten von Mauern und Bäumen bei möglichst hoher Luftfeuchtigkeit; G₂, GR₃, w.

Haselwurz
Asarum europaeum

Höhe 10 cm.
Wuchs Kriechend, flächig.
Blatt Nierenförmig, glänzend, wintergrün, aromatisch duftend.
Blüte März/April, braunrot, unscheinbar unter den Blättern.
Standort Humusreiche Waldböden im Schatten alter Gehölze, heimische Waldstaude.
Zur flächigen Unterpflanzung von Bäumen und Sträuchern; G, w.

Bergaster
Aster amellus

Höhe 40–60 cm.
Wuchs Gedrungen aufrecht, höhere Sorten nicht ganz standfest.
Blatt Länglich, behaart.
Blüte Juli/August, 'Dr. Otto Petschek', blauviolett; 'Sternkugel', violett; 'Veilchenkönigin', dunkelviolett; 'Lady Hindlip', rosa; 'Kobold', dunkelviolettblau.
Standort Nährstoffreiche, humose Böden in voller Sonne.
Für sonnige, offene Rabatten; B.

Die Gänsekresse liebt die volle Sonne.

Stauden für jeden Garten

Kissenaster
Aster dumosus

Höhe 40–60 cm.
Wuchs Kriechend.
Blatt Schmal-lanzettlich, sitzend.
Blüte August/September, locker verzweigt, verschiedene Farben, weiß, violettrosa, blau, blauviolett.
Standort Nährstoffreiche, offene Böden in voller Sonne.
Für sonnige Rabatten, Beeteinfassungen, verträglicher Flächendecker für den Vordergrund; B.

Raublattaster
Aster novi-angliae

Höhe 100 cm.
Wuchs Schwach ausläufertreibend, Stengel aufrecht, beblättert.
Blatt Lanzettlich, weich behaart.
Blüte September/Oktober, lachsrosa, rubinrot, blauviolett; die Einzelblüte schließt sich bei bedecktem Himmel.
Standort Nährstoffreiche Böden, volle Sonne, offene sonnige Rabatten; B.

Glattblattaster
Aster novi-belgii

Höhe 100 cm.
Wuchs Leicht ausläufertreibend.
Blatt Lanzettlich, glatt.
Blüte September/Oktober, locker verzweigt, blauviolett bis purpurrot, gute Schnittblume.
Standort Wie *A. novi-angliae*.

Prachtspiere
Astilbe × arendsii

Höhe 80–100 cm.
Wuchs Horstartig, buschig.
Blatt 3fach 3teilig, der Austrieb ist rotbraun.
Blüte Juni/Juli, lockere Blütenrispen. 'Cattleya', karminrosa; 'Brautschleier', weiß; 'Feuer' und 'Glut', karminrot; gute Schnittblume.
Standort Nährstoffreiche, humose Böden in Gehölznähe.
Im lichten Schatten von Gehölzen, Mauern, am Gehölzrand, auf halbschattigen Rabatten; GR₂(b).

A. japonica, Höhe 50 cm, Blüte Juni/Juli, 'Deutschland', weiß; 'Europa', hellviolettrosa; 'Red Sentinel', dunkel rubinrot.
A. taquetii, Höhe 110 cm, Blüte Juli, schmal aufrecht; 'Superba', violettrosa; 'Purpurlanze', karminrot.
A. thunbergii, Höhe 100 cm, Blüte Juli/August, locker verzweigt, überhängend, 'Straußenfeder', karminrosa; 'Professor van der Wielen', weiß.

Prachtspiere
Astilbe chinensis var. *pumila*

Höhe 40 cm.
Wuchs Kriechend, flächendeckend.
Blatt 3fach 3zählig, behaart.
Blüte August/September, aufrechte Rispe, violettrosa.
Standort Nährstoffreiche, humose Böden in wechselsonniger Lage.
Verträglicher Flächendecker zwischen und vor Gehölzen und Mauern; GR₂₋₃.

Blaukissen
Aubrieta × cultorum

Höhe 10 cm.
Wuchs Polsterförmig.
Blatt Eiförmig-länglich, behaart, wintergrün.
Blüte April/Mai, in lockeren Trauben, 'Dr. Mules', violett; 'Blaumeise', violettblau; 'Blue Emperor', blauviolett; 'Schloß Eckberg', blauviolett.
Standort Kalkhaltige, steinig durchlässige Böden in voller Sonne, für Mauerkronen, Steinfugen, Tröge; SF.

Bergenie
Bergenia cordifolia

Höhe 30 cm.
Wuchs Oberirdisch kriechend, große Horste bildend.
Blatt Herzförmig, gestielt, lederartig, wintergrün, zum Teil schöne Herbstfärbung.
Blüte April/Mai, Trauben auf kräftigen, oben verästelten Stengeln; 'Silberlicht', weiß mit rosa; 'Abendglocken', karminrot; 'Morgenröte', leuchtendrosa; 'Admiral', rot.
Standort Anspruchslos, trockene bis frische Böden in Sonne bis Halbschatten. Im Halbschatten an Platten und Stufen, im Gehölzbereich; G, GR₂.

Karpatenglockenblume
Campanula carpatica

Höhe 25 cm.
Wuchs Dicht buschig.
Blatt Juni/Juli, einzeln an langen, dünnen Stielen, offene Glocken; 'Blaue Clipps', hellviolettblau; 'Karpatenkrone', hellblauviolett; 'Weiße Clipps', weiß.
Standort Kalkhaltige, lehmig-humose Böden in voller Sonne.
Für Mauerkronen, Fugen, Kies, wird gerne von Schnecken gefressen; FS/SF.
Die höherwüchsigen Sorten (bis 40 cm) 'Isabel', dunkelblau; 'Violetta' violett; 'White Star', weiß; eignen sich auch zur Bepflanzung absonniger Mauerfugen.

C. cochleariifolia, Zwergglockenblume, Höhe 10 cm, Wuchs flächig, Blüte Juni bis August, kleine hängende Blüten auf dünnen Stielen; kalkliebend.

Die im Spätsommer blühende Kissenaster kann man in größeren Flächen pflanzen.

Astilbenblüten bringen leuchtende Farben in den Schatten.

Weit öffnen sich die Blütenschalen der Karpatenglockenblume.

160 Stauden für jeden Garten

Glockenblume
Campanula garganica

Höhe 15 cm.
Wuchs Polsterförmig.
Blatt Herzförmig, milchsaftig.
Blüte Juni bis August, geöffnete Glokken in kleinen Büscheln, blau mit weißer Mitte; 'Erinus Major', blau.
Standort Kalkhaltige, sandig-humose, frische Böden in absonniger Lage.
Für Mauerkronen, Fugen, in Verbindung mit Stufen und Platten in absonniger oder schattiger Lage; SF.

C. portenschlagiana, Höhe 15 cm, Wuchs polsterförmig niederliegend, schwach ausläufertreibend, Blüte Juni/Juli, aufrecht, blauviolett; w.
C. porscharskyana, Höhe 15 cm, Wuchs ausläufertreibend, oberirdische Triebe bis 50 cm lang, je schattiger der Standort, desto länger die Triebe, niederliegend, Blüte Juni bis August, zu wenigen an den Triebenden, hellblauviolett; w.

Knäuelglockenblume
Campanula glomerata

Höhe 60 cm.
Wuchs Polsterartig, Kolonien bildend.
Blatt Grundblätter eiförmig, Stengelblätter länglich, rauh behaart.
Blüte Juni/Juli, blauviolett, in Büscheln zusammen am Stengelende und in den oberen Blattachseln. 'Dahurica', dunkelviolett; 'Schneekrone' weiß.
Standort Kalkhaltige, nährstoffreiche, durchlässige Böden im warmen Halbschatten.
Vor Gehölzen, auch auf halbschattigen Rabatten; GR₂.

C. persicifolia, Höhe 80 cm, Blätter schmal, Blüten aufrechte, lockere Trauben, Einzelblüte als offene Glocke, waagerecht abstehend; GR, w.

Flockenblume
Centaurea dealbata 'Steenbergii'

Höhe 70 cm.
Wuchs Buschig.
Blatt Fiederförmig gelappt, Unterseite grau.
Blüte Juni/Juli, karminrot, Blütenköpfchen endständig.
Standort Nährstoffreiche, humose Böden in voller Sonne; B.

C. montana 'Grandiflora', Höhe 50 cm, Wuchs ausgebreitet, Wurzeln kriechend, Blätter länglich, graugrün, Blüte von Mai bis August, blau; w.

Bunte Margerite
Chrysanthemum coccineum

Höhe 70 cm, nicht standfest.
Wuchs Horstartig, sehr locker.
Blatt Doppelt gefiedert, duftet.
Blüte Mai/Juni, Blütenköpfe auf langen, unverzweigten Stielen; 'E. M. Robinson', hellrosa; 'Regent', tiefrot; 'Brenda', kirschrot; 'Alfred', gefüllt, rot.
Standort Nährstoffreiche, humose, durchlässige Böden in voller Sonne.
Für Rabatten und zur Schnittblumengewinnung; B.

Gartenchrysantheme
Chrysanthemum × hortorum

Höhe 60–70 cm.
Wuchs Horstig, Stengel am Grunde verholzend.
Blatt Fiederspaltig, graugrün, aromatisch duftend.
Blüte September bis November, Blütenkörbchen an verzweigten Stengeln; 'Red Velvet', gefüllt, rot; 'Hebe', rosa; 'Altgold', pompon, gefüllt, kupfrig; 'Goldmarie', goldgelb; 'Schwyz', gefüllt, rot.
Standort Nährstoffreiche, humose Böden in voller Sonne.
Für sonnige Rabatten; B.

Sommermargerite
Chrysanthemum maximum

Höhe 80 cm.
Wuchs Horstartig.
Blatt Etwas fleischig, lanzettlich, leicht gezähnt.
Blüte Juli bis September, Blütenköpfe einzeln stehend, Strahlenblüten weiß; 'Beethoven', Blütendurchmesser etwa 16 cm; 'Gruppenstolz', standfest, 50 cm hoch; 'Christine Hagemann', gefüllt; 'Julischnee', gefüllt, frühblühend.
Standort Nährstoffreiche, frische Böden in voller Sonne.
Für offene, sonnige Rabatten; B.

Silberkerze
Cimicifuga cordifolia

Höhe 160 cm.
Wuchs Horstartig, große Büsche bildend.
Blatt Doppelt 3teilig, groß.
Blüte Juli bis September, weiß, dichtbuschige Traube auf locker verzweigten Stielen.
Standort Humusreiche, luft- und bodenfeuchte Bereiche in Gehölznähe. Pflanzen entwickeln sich erst nach einigen Jahren zu voller Schönheit.
Im kühlen Schatten von Mauern; G₂, w.

C. racemosa, Höhe 180 cm, Blüte Juli/August, weiß; w.
C. ramosa, Höhe 200 cm, Blüte September, cremeweiß; w.
C. simplex 'Armleuchter', Höhe 140 cm, Blüte September/Oktober, weiß, bogig überhängend; w.

Maiglöckchen
Convallaria majalis

Höhe 20 cm.
Wuchs Flächig, ausläuferbildend.
Blatt Elliptisch, am Grund zu 1–3 zusammen.
Blüte Mai, weiß, duftend, in aufrechten Trauben, Beeren rot, alle Teile giftig.
Standort Humusreiche Böden im hellen Schatten.
Vor Gehölzen oder Mauern, zur Unterpflanzung von Gehölzen; GR.

Die Silberkerze ist eine der prächtigsten Stauden im Halbschatten.

Die farbenprächtige Bunte Margerite ist eher eine gute Schnittstaude als eine Beetstaude.

Stauden für jeden Garten

Mädchenauge
Coreopsis grandiflora

Höhe 60 cm.
Wuchs Horstartig.
Blatt Ungeteilt und geteilt, länglich, saftiggrün.
Blüte Juli bis September, goldgelb, Einzelblüten auf langen, glatten Stielen, Rückschnitt nach der Blüte erforderlich, sonst Auswinterungsschäden; 'Badengold', goldgelb; 'Sunray', goldgelb, gefüllt; gute Schnittblumen.
Standort Nährstoffreiche, frische Böden in voller Sonne; B.

C. lanceolata, Höhe 25 cm, Wuchs buschig; 'Sonnenkind', hellgoldgelb; 'Sterntaler', goldgelb mit braunem Auge.
C. verticillata, Höhe 60 cm, Wuchs horstig, sich langsam ausbreitend, Blüte Juni bis August, gelb, zu mehreren am verzweigten oberen Stielende, Standort: Nährstoffreiche durchlässige Böden in voller Sonne; Fr_1.

Rittersporn
Delphinium × cultorum

Höhe 140–200 cm.
Wuchs Horstartig, mächtig.
Blatt Handförmig gelappt, etwas behaart.
Blüte Juni/Juli und September, falls nach der 1. Blüte sofort auf 10 cm zurückgeschnitten wurde; 'Abgesang', Höhe 160 cm, Blüte hellviolett; 'Adria', 140 cm, ultramarinblau; 'Berghimmel', 180 cm, hellblau; 'Finsteraarhorn', 170 cm, violettblau mit dunklem Auge; 'Ouvertüre', 160 cm, mittelblau bis rosa.
Standort Nährstoffreiche, humose Böden in voller Sonne.
Für Rabatten, Einzelstellung, als Schnittblume; B.

Pfingstnelke
Dianthus caesius,
Syn. *D. gratianopolitanus*

Höhe 80 cm.
Wuchs Polsterbildend.
Blatt Schmal, grasartig, graugrün.
Blüte Mai/Juni, zu mehreren an straff aufrecht stehenden Stielen, duftend, rosa; 'Blaureif', weißlich-rosa; 'Feuerhexe', rotviolett; 'Nordstjernen', Höhe 15 cm, rosa.
Standort Felsige, kalkhaltige, durchlässige Böden in voller Sonne.

Für Mauerkronen, Fugen, in Verbindung mit Steinen und Platten. Für Dachgärten und Tröge; FS.

D. plumarius, Höhe 25 cm, Blüte Juni/Juli, Blütenblätter tief eingeschnitten; 'Altrosa', violettrosa; 'Diamant', weiß, gefüllt; 'Heidi', blutrot, gefüllt.

Tränendes Herz
Dicentra spectabilis

Höhe 50 cm.
Wuchs Buschig, Stengel glasig.
Blatt Doppelt 3teilig, gestielt, zieht nach der Blüte ein.
Blüte April/Mai, rosarot, herzförmig an überhängenden Stielen.
Standort Nährstoffreiche, humose Böden im Bereich von Gehölzen.
Im Schatten von Mauern, auf halbschattigen Rabatten; GR_2, b.

Fingerhut
Digitalis purpurea

Höhe 120 cm.
Wuchs Horstartig, Pflanze ist nur zweijährig, sät sich an passenden Standorten selbst aus, giftig.
Blatt Eiförmig, rauh, leicht behaart, Stengelblätter länglich.
Blüte Juni/Juli, kirschrot, innen dunkel gefleckt, einseitige Traube.
Standort Sandig-humoser, frischer Boden im Halbschatten.
Unter und vor Gehölzen im Schatten von Mauern; G_2, w.

D. grandiflora, Höhe 60 cm, Blüte Juni/Juli, gelb, innen braun gestreift. Standort: Kalkhaltige, humose, durchlässige, frische Böden; GR, w.

Gemswurz
Doronicum caucasicum

Höhe 40 cm.
Wuchs Buschig, etwas kriechend.
Blatt Herzförmig, gestielt, zieht nach der Blüte ein und treibt im Herbst wieder aus.
Blüte April/Mai, gelb, endständig auf leicht verzweigten Stengeln.
Standort Nährstoffreiche, humose, frische Böden in Sonne bis Halbschatten. Zwischen und vor Gehölzen, auf halbschattigen Rabatten; $GR_2(B)$.

D. plantagineum 'Excelsum', Höhe 70 cm, Blüte Mai, gelb, gute Blume für den Schnitt.

Elfenblume
Epimedium grandiflorum

Höhe 20 cm.
Wuchs Buschig.
Blatt 3geteilt auf drahtigen Stielen, Austrieb braungrün, alte Blätter im Frühling über dem Boden abschneiden.
Blüte Mai, weißlich, zu mehreren in kurzen lockeren Trauben, vor den Blättern; 'Rose Queen', Höhe 25 cm, Blüte tiefrosa.
Standort Humusreiche, frische bis feuchte Böden.
Zwischen und vor Gehölzen; GR_3, w.

Wo er sich selber aussät, erhält man rasch größere Bestände des Fingerhutes.

Der Gemswurz ist eine der frühesten Schnittblumen in unseren Gärten.

E. × *versicolor* 'Sulphureum', Höhe 30 cm, Wuchs kriechend, Blatt im Winter bronzefarbig, Blüte gelb.
E. perraldianum 'Fronleiten', ausläufertreibend, Blatt wintergrün, Blüte gelb.
E. pinnatum 'Elegans', stark ausläufertreibend, Blatt wintergrün, groß, lederartig, Blüte gelb.
E. youngianum 'Niveum', Höhe 15 cm, Blüte weiß.

Feinstrahl
Erigeron-Hybriden

Höhe 60–70 cm.
Wuchs Buschig verzweigt.
Blatt Lanzettlich, kahl.
Blüte Juni/Juli, Nachblüte im September; 'Adria', hellblauviolett; 'Dunkelst Aller', blauviolett; 'Foersters Liebling', rotviolett; 'Sommerneuschnee', weiß, sehr locker, Blütenköpfchen an locker verzweigten Stengeln.
Standort Nährstoffreiche, humose, frische Böden in voller Sonne; B.

Stengelloser Enzian
Gentiana acaulis

Höhe 10 cm.
Wuchs Polsterartig, unterirdisch Ausläufer bildend.
Blatt Längs-oval, glänzendgrün.
Blüte Mai/Juni, tiefblau, dicht über dem Laub stehend, trichterförmig.
Standort Lehmig-humose, kalkhaltige, frische Böden in voller Sonne.
Für kleine, mattenartige Flächen auf sonnigen, feuchten Böschungen; M.

G. lagodechiana, Sommerenzian, Höhe 20 cm, Wuchs vieltriebig, niederliegend, Spitzen ansteigend, Blatt länglichbreit, Blüte Juli bis September, violettblau.

G. sino-ornata, Herbstenzian, Höhe 15 cm, Wuchs niederliegend, buschig, Blatt nadelartig spitz, Blüte September/Oktober, leuchtend blau, grünlich gestreift. Standort: Kalkfrei, humos, feucht; M.

Storchschnabel
Geranium dalmaticum

Höhe 10 cm.
Wuchs Zierlich, polsterförmig ausgebreitet.
Blatt Rundlich, handförmig geteilt.
Blüte Juni/Juli, seidigrosa, einzeln stehend.
Standort Kalkhaltige, sandig-lehmige, durchlässige Böden in sonniger Lage. Für Mauerkronen und Fugen, in Verbindung mit Platten und Steinen; SF, w.

G. subcaulescens 'Splendens', Wuchs durch Rhizome ausgebreitet, Blüte karminrot mit dunkler Mitte; SF.

Storchschnabel
Geranium endressii

Höhe 30 cm.
Wuchs Ausgebreitet, niederliegend, flächendeckend.
Blatt Rundlich, 5teilig, aromatisch duftend.
Blüte Juni/Juli, hellrosa, zu mehreren an 1 Stengel.
Standort Nährstoffreiche, durchlässige Böden in wechselsonniger Lage. Für warme Gehölzränder; GR$_3$, w.

G. macrorrhizum 'Spessart', Höhe 25 cm, Blüte klein, hellrosa, vereinzelt, Wuchs horstig, buschig; w.
G. magnificum, Höhe 60 cm, Blüten zu mehreren an verzweigten Stielen, blauviolett mit dunklen Adern; w.

G. sanguineum, Höhe 30 cm, Wuchs flächig, Blatt tief geteilt, Blüte Mai bis August, karminrot, einzeln stehend; kalkhaltige, durchlässige, trockene Böden im Halbschatten; GR$_1$, w.

Nelkenwurz
Geum coccineum 'Borisii'

Höhe 25 cm.
Wuchs Oberirdisch schwach kriechend.
Blatt Ungleich gefiedert, behaart, wintergrün.
Blüte Mai bis Juli, Nachblüte im September, orangerot, einzeln auf verzweigten Stielen.
Standort Humose, frische Böden in Halbschatten.
Für nicht zu trockene Rabatten, vor Gehölzen, als Einfassung; FR$_2$, b, (GR), w.

Schleierkraut
Gypsophila paniculata

Höhe 70 cm.
Wuchs Buschig, mächtig.
Blatt Schmal, zugespitzt, blaugrün.
Blüte Juni bis August, grauweiß, Blütenstand sehr fein verästelt; 'Bristol Fairy', Höhe 100 cm, Blüte weiß, gefüllt; 'Flamingo', Höhe 120 cm, Blüte rosa, gefüllt; 'Schneeflocke', Höhe 80 cm, weiß, einfach bis gefüllt. Alle gute Schnittblumen.
Standort Tiefgründige, durchlässige, sandig-lehmige Böden in voller Sonne. Für kiesige, warme Böschungen, Tröge, Terrassen, Mauerkronen; Fr$_2$, b, (FS).

G. repens 'Rosea', Höhe 10 cm, Blüte Mai/Juni, hellrosa; SF, w.
G. × *hybrida* 'Rosenschleier', Höhe 30 cm, Blüte Juni bis August, hellrosa, gefüllt; SF.

Von links nach rechts: Eine regelmäßige Düngung ist notwendig, damit sich der Feinstrahl zu einer guten Beet- und Schnittstaude entwickelt.

Der Storchschnabel, hier *Geranium magnificum*, paßt gut in eine Wildstaudenpflanzung.

Die leuchtend orangeroten Blüten der Nelkenwurz kommen vor dunklem Hintergrund besonders gut zur Geltung.

Sonnenbraut
Helenium × hybridum

Höhe 80–150 cm.
Wuchs Horstartig, aufrecht, am Grunde verholzend.
Blatt Lanzettlich, gezähnt.
Blüte Juli bis September, an verzweigten Stengelenden. 'Kanaria', 150 cm, gelb; 'Goldene Jugend', 80 cm, gelb; 'Moerheim Beauty', 80 cm, kupferrot; 'Waltraut', 90 cm, goldbraun; 'Dunkle Pracht', 100 cm, dunkelbraun. Alle gute Schnittblumen.
Standort Nährstoffreiche, humose, frische Böden in voller Sonne.
Für offene, sonnige Rabatten; B.

Sonnenröschen
Helianthemum × hybridum

Höhe 15 cm.
Wuchs Ausgebreitet, Zwergstrauch.
Blatt Länglich, klein, wintergrün.
Blüte Juni bis September, in kurzen, lockeren Rispentrauben angeordnet; 'Golden Queen', gelb; 'Lauwrenson's Pink', rosa; 'Sterntaler', kräftig gelb; 'Rubin' rot, gefüllt.
Standort Kalkhaltige, durchlässige, trockene Böden in voller Sonne.
Für Fugen, Mauerkronen, Kies, Tröge, in rauhen Lagen Winterschutz erforderlich; FS, (M).

Sonnenblume
Helianthus decapetalus

Höhe 110 cm.
Wuchs Horstig, aufrecht.
Blatt Eiförmig, rauh, scharf gesägt.
Blüte August/September, Einzelblüten am verzweigten Stengelende; 'Capenoch Star', zitronengelb; 'Meteor', gelb, halbgefüllt; 'Soleil d'Or', gelb, gefüllt, gute Schnittblumen.

Standort Nährstoffreiche, möglichst frische Böden in voller Sonne.
Für sonnige Rabatten; B, (Fr_1, Fr_2).

H. atrorubens 'Monarch', 150 cm, tiefgelb. Gute Schnittblume.

Taglilie
Hemerocallis × hybridum

Höhe 60–90 cm.
Wuchs Horstig, buschig.
Blatt Linealisch, überhängend.
Blüte Mai bis Juli, gelb bis rotbraun, trichterförmig, zu mehreren am geteilten Stengelende; 'Atlas', 100 cm, zitronengelb; 'Shooting Star', 120 cm, hellgelb; 'Cartwheels', 80 cm, orangegelb; 'Jake Russel', 80 cm, goldgelb; 'Crimson Glory', 110 cm, karminrot.
Standort Nährstoffreiche, lehmig-humose Böden in Sonne bis Halbschatten; Fr_2, B, w.

Funkie
Hosta sieboldiana

Höhe 50 cm.
Wuchs Horstartig, buschig.
Blatt Herzförmig, groß, blaugrün.
Blüte Juli, hellviolett, trichterförmig, in einfachen Trauben angeordnet.
Standort Nährstoffreiche Böden im Halbschatten, zwischen und unter Gehölzen, im Schatten von Mauern; G, (GR, B), w.

H. elata, Höhe 70 cm, Blatt herzeiförmig, breit, hellgrün, Blüte hellviolett.
H. ventricosa, Höhe 70 cm, Blatt breitherzförmig, glänzend dunkelgrün, Blüte violett, große Blütenglocken.
H. fortunei 'Aureomaculata', Höhe 50 cm, Blatt herzförmig, goldgelbe Mitte, grüner Rand, Blüte hellviolett; w.
H. undulata 'Univittata', Höhe 50 cm, Blatt herzförmig, Mittelstreifen weiß, Rand grün, gewellt, Blüte violett; w.
H. albo-marginata 'Alba', Höhe 30 cm, Blatt schmal-oval, grün, Blüte weiß; w.

Johanniskraut
Hypericum calycinum

Höhe 30 cm.
Wuchs Flächig, ausläufertreibend, Halbstrauch.
Blatt Breit-länglich, ledrig, unter dem Schnee immergrün, sonst im Frühjahr bis auf den Boden zurückschneiden.
Blüte Juli bis September, leuchtend gelb, einzeln stehend, groß.
Standort Nährstoffreiche, durchlässige Böden im Halbschatten. Flächendecker unter Gehölzen; GR_3, w.

Schleifenblume
Iberis saxatilis

Höhe 10 cm.
Wuchs Niederliegend, stark verzweigt.
Blatt Schmal-linealisch, wintergrün.
Blüte April/Mai, im September nachblühend, weiß, in endständigen Trugdolden.
Standort Durchlässige, sandig-humose Böden in voller Sonne.
Für Mauerkronen, Fugen, Tröge, gute Polsterpflanze; FS, w.

I. sempervirens 'Schneeflocke', Höhe 25 cm, Blüte Mai, weiß; 'Findel', Höhe 20 cm, Blüte weiß; 'Zwergschneeflocke', Höhe 15 cm, Blüte weiß.

Taglilien sind sehr langlebige, widerstandsfähige Stauden. Sie können jahrelang an der gleichen Stelle stehen, ohne ihre Vitalität zu verlieren. Die Variationsbreite ihrer Blütenfarben reicht vom hellen Gelb bis zum dunklen Braunrot.

Die hohen Staudensonnenblumen sind häufig nicht sehr standfest.

Stauden für jeden Garten

Die Blütezeit der Schwertlilien ist einer der Höhepunkte in unseren Gärten. Leider sehen die Laubblätter nach der Blütezeit meist unschön aus. Deshalb bedarf es einer geschickten Zwischenpflanzung mit z. B. Sommerblumen.

Schwertlilie
Iris barbata-elatior, Syn. *I. germanica*

Höhe 60–100 cm.
Wuchs Aufrecht, mit dickem, kriechendem Wurzelstock (= Rhizom); beim Pflanzen beachten, daß dieses nicht mit Erde bedeckt wird.
Blatt Aus der Wachstumsspitze des Rhizoms schmal aufrecht sich entwickelnd, blaugrün.
Blüte Mai/Juni, in fast allen Farbschattierungen, auch 2farbig, 3 Hängeblätter und 3 Domblätter bilden die Blüte; zahlreiche Sorten in den Katalogen.
Standort Nährstoffreiche, sandig-lehmige, durchlässige Boden in voller Sonne, keine Winternässe. Für offene, sonnige, trockene Rabatten; B.

Zwergschwertlilie
Iris barbata-nana, Syn. *I. pumila*

Höhe 20 cm.
Wuchs Aufrecht, mit kriechendem, dickem Wurzelstock, beim Pflanzen nicht mit Erde bedecken!
Blatt Schmal aufrecht, schwertförmig.
Blüte Mai/Juni, in vielen Farbschattierungen von Blau, Weiß, Gelb, in bräunlichen und rötlichen Tönen.
Standort Kalkhaltige, lehmig-steinige, durchlässige Böden in voller Sonne; SH.

Japanische Iris
Iris kaempferi

Höhe 70 cm.
Wuchs Aufrecht, mit kriechendem Wurzelstock.
Blatt Schmal, schwertförmig, hellgrün.
Blüte Juni/Juli, weiß, rosa, blau, violett, Hängeblätter waagerecht ausgebreitet, Domblätter klein.
Standort Nährstoffreiche, feuchte, im Frühjahr nasse Böden in voller Sonne. Für Bach- und Teichränder; WR.

Sumpfschwertlilie
Iris pseudacorus

Höhe 80 cm.
Wuchs Aufrecht, Wurzeln kriechend.
Blatt Breit, schwertförmig.
Blüte Juni, Dom- und Hängeblätter gelb, dunkel geädert.
Standort Feuchte und dauernasse Plätze in Sonne oder Halbschatten. Für Teich- und Bachränder, in der freien Landschaft, für Kübel und Tröge, sonnige, feuchte Rabatten; WR_1, WR_2, Fr_3, w.

Sibirische Wieseniris
Iris sibirica

Höhe 90cm.
Wuchs Buschig aufrecht.
Blatt Schmal linealisch, aufrecht, später überhängend.
Blüte Juni, Domblätter klein, Hängeblätter deutlich größer; 'Caesar', blauviolett; 'Perry's Blue', hellblau; 'Cambridge', türkisblau; 'Snow Crest', weiß. Alle gute Schnittblumen.
Standort Nährstoffreiche, lehmhaltige frische bis feuchte Böden in voller Sonne.
Für Bach- und Teichufer, auch an Betonbecken, für Tröge und Kübel; Fr_3, (B).

Fackellilie
Kniphofia × hybridum

Höhe 80–100 cm.
Wuchs Horstartig, aufrecht.
Blatt Schmal, schilfartig, wintergrün.
Blüte Juli bis September, große Ähre, deren Einzelblüten zunächst abstehen, dann am Stengel anliegen. 'Canary', zitronengelb; 'Alcazar', orange; 'Orange Fackel', orange; 'Royal Standard', schwefelgelb und orange.
Standort Nährstoffreiche, humose, frische bis feuchte Böden in voller Sonne, keine Winternässe, nur im Frühjahr pflanzen. Für sonnige, bodenfeuchte Rabatten; Fr_2, b.

K. uvaria 'Grandiflora', unten gelb, oben leuchtend rot.

Prächtiger Busch der Fackellilie, einer Staude, die etwas schwierig zu kultivieren ist.

Stauden für jeden Garten

Goldnessel
Lamium galeobdolon 'Florentinum'

Höhe 25 cm.
Wuchs Flächig ausgebreitet, Triebe wurzeln, starkwüchsig.
Blatt Herzförmig, weißbunt gefleckt, aromatisch duftend, wintergrün.
Blüte April/Juli, gelb, in den Blattachseln stehend, wenig zahlreich.
Standort Humose, frische Böden in Halbschatte und Schatten.
Zur Unterpflanzung von Gehölzen, wenig toleranter Flächendecker; G$_2$, w.

L. maculatum 'Argenteum', Waldnessel, Blatt grün, silbrig gefleckt, Blüte rot, ein Bodendecker für kleine Flächen; 'Checkers', Blatt dunkelgrün, weißsilbrig gestreift, Blüte violettrosa; G$_2$, w.

Staudenwicke
Lathyrus latifolius

Höhe 200 cm.
Wuchs Kletternd.
Blatt Gefiedert, Blättchen eirund, Stengel kantig geflügelt.
Blüte Juni bis August, Schmetterlingsblüten zu mehreren an langgestielten Trauben, purpurrosa, im Aufblühen heller.
Standort Nährstoffreiche, durchlässige Böden im Halbschatten.
Zur Berankung von Zäunen und Pergolen im Halbschatten; GR$_{1-2}$, w.

L. vernus, Höhe 30 cm, Wuchs horstig, Blatt spitz-oval, paarig zusammengesetzt, hellgrün, glänzend, Blüte April/Mai, in Trauben zusammengesetzt, violettblau; Standort: Sehr humoser Waldboden im Schatten alter Gehölze, nicht für Neuanlagen; G$_2$, w.

Lavendel
Lavandula angustifolia

Höhe 40 cm.
Wuchs Buschiger Kleinstrauch.
Blatt Schmallanzettlich, seitlich eingerollt, aromatisch duftend.
Blüte Juni/Juli, langgestielte Scheinähren; 'Hidcote Blue', blauviolett; 'Dwarf Blue', 25 cm, lavendelblau; 'Munstead', hellblauviolett.
Standort Nicht zu nährstoffreiche, trockene, warme Böden in voller Sonne.
Für Mauerkronen, Kiesflächen, Tröge; FS.

Prachtscharte
Liatris spicata

Höhe 70 cm.
Wuchs Straff aufrecht.
Blatt Schmallinealisch, am Stengel herablaufend.
Blüte Juli bis September, walzenförmige Ähre, blüht von oben nach unten auf, rotviolett. 'Floristan Violett', violett; 'Floristan Weiß', reinweiß; 'Septemberglory', hellpurpur; 'Kobold', 40 cm, rötlichviolett. Alle gute Schnittblumen.
Standort Bevorzugt nährstoffreiche, überwiegend trockene Böden in voller Sonne, keine Winternässe und keine Staunässe.
Für offene Beete, Böschungen, Dachgärten; Fr$_1$, Fr$_2$, b.

Kreuzkraut
Ligularia clivorum

Höhe 100 cm.
Wuchs Horstartig, buschig.
Blatt Herzförmig, groß, Blattstiele und -unterseite rotbraun.
Blüte August/September in orangegelber Farbe, in lockeren Trugdolden angeordnet.
Standort Nährstoffreiche, frische bis feuchte Böden im Halbschatten.
Zwischen und vor Gehölzen, bei genügend Feuchtigkeit auch in der Sonne, an Teichen; GR$_2$, Fr$_3$.

Kreuzkraut
Ligularia × hessei

Höhe 60 cm.
Wuchs Horstartig, buschig, groß.
Blatt Schmal herzförmig, sehr groß.
Blüte Juli/August, leuchtendgelb, rispenartiger Blütenstand, gute Schnittblume.
Standort Nährstoffreiche, frische bis feuchte Böden im Halbschatten.
Zwischen und vor Gehölzen, bei genügend Feuchtigkeit auch in der Sonne; GR$_2$, Fr$_3$.

Kreuzkraut
Ligularia przewalskii

Höhe 120 cm.
Wuchs Horstartig, buschig.
Blatt Herzförmig, vielfach geteilt.
Blüte August/September, gelb, in schmalen, aufrechten Ähren.

Ein robuster, rascher Kletterer ist die Staudenwicke, die rosaroten Blüten duften nicht.

Lavendelbüsche können sehr breit werden, man kann sie auch als Hecken schneiden.

Die Prachtscharte sollte möglichst in kleinen Gruppen gepflanzt werden.

Das Kreuzkraut ist gut als Solitärstaude im Halbschatten oder am Wasser zu verwenden, hier *Ligularia przewalskii*.

Stauden für jeden Garten

Standort Nährstoffreiche, frische bis feuchte Böden in voller Sonne.
In der Nähe von Teichen, auch am feuchten Gehölzrand; Fr₃, b.

Goldflachs
Linum flavum

Höhe 30 cm.
Wuchs Buschig, am Grund verholzend.
Blatt Länglich zugespitzt, bläulich bereift.
Blüte Mai bis Juli, hellgelb, in verzweigten Trugdolden. 'Compactum', Höhe 20 cm; 'Goldzweig', Höhe 10 cm..
Standort Kalkhaltige, durchlässige Böden in voller Sonne.
Für Mauerkronen, Kiesflächen, Dachgärten; SH, FS, w.

Alpenlein zusammen mit der Spornblume, *Centranthus ruber.*

Die leuchtend roten Blüten der Brennenden Liebe stehen auf straffen, aufrechten Stielen.

Innenspalte: Der Goldfelberich ist fast wie ein Unkraut, er breitet sich überall aus.

Alpenlein
Linum perenne

Höhe 50 cm.
Wuchs Aufrecht, horstartig.
Blatt Schmallinealisch, am Stengel herablaufend.
Blüte Juni/Juli, blau, in endständigen, lockeren Trauben; 'Album', weiß.
Standort Kalkhaltige, durchlässige Böden in voller Sonne.
Für Mauerkronen, Kiesflächen, Dachgärten, locker pflanzen; SH, w.

Steinsame
Lithospermum purpureocaeruleum

Höhe 25 cm.
Wuchs Ausgebreitet, flächendeckend durch oberirdische Ausläufer.
Blatt Lanzettlich zugespitzt, rauh behaart.
Blüte Juni/Juli, erst rot, dann enzianblau, in endständigen Doldentrauben.
Standort Kalkhaltige, auch trockene Böden in Sonne bis Halbschatten.
Im warmen Schatten von Gehölzen, wüchsiger Flächendecker; GR₁, w.

L. diffusum 'Heavenly Blue', 20 cm, Blüte hell enzianblau, kalkfliehend, für sandig-humose Böden.

Lupine
Lupinus × hybridum

Höhe 80 cm.
Wuchs Horstartig.
Blatt Quirlständig, lanzettlich, etwas behaart.
Blüte Juli/August, in langen, aufrechten Blütenständen; aus Samen vermehrte Sorten, nicht immer ganz einheitlich. 'Mein Schloß', rote Farbtöne; 'Kastellan', blaue Farbtöne mit weißer Fahne; 'Kronleuchter', gelbe Farbtöne; 'Edelknabe', karminrote Farbtöne.
Standort Nährstoffreiche, durchlässige, leicht saure Böden in voller Sonne, Staude nicht sehr langlebig, nach der Blüte zurückschneiden.
Für sonnige, offene Rabatten; B.

Brennende Liebe
Lychnis chalcedonica

Höhe 90 cm.
Wuchs Horstartig, steif aufrecht.
Blatt Eiförmig-länglich, rauh behaart.
Blüte Juni/Juli, leuchtendrot, in endständiger Trugdolde. Gut zum Schnitt geeignet.

Standort Nährstoffreiche, humose wie auch trockene Böden in voller Sonne.
Für sonnige, offene Rabatten; B.

L. coronaria, Höhe 60 cm, Blatt graufilzig, Blüte einzeln, karminrot; FS.
L. viscaria, Höhe 40 cm, Blüte karminrot, gefüllt, für sonnige Gehölzränder; GR₁.

Pfennigkraut
Lysimachia nummularia

Höhe 5 cm.
Wuchs Ausgebreitet, oberirdische Triebe wurzelnd.
Blatt Rund, hellgrün.
Blüte Mai bis Juli, gelb, einzeln, achselständig. 'Aurea', Blatt gelbgrün, Blüte gelb, schwachwüchsiger.
Standort Nährstoffreiche, frische bis feuchte Böden im Halbschatten, wüchsiger Flächendecker an Teichen und Bächen.
Im Bereich von Gehölzen; Fr₃, GR₂, w.

Goldfelberich
Lysimachia punctata

Höhe 80 cm.
Wuchs Buschig, unterirdische Ausläufer bildend.
Blatt Breitlanzettlich, behaart, sehr weich.
Blüte Juni bis August, gelb, erscheinen in den Blattachsen.
Standort Mehr oder weniger nährstoffreiche, frische bis feuchte Böden in Sonne und Halbschatten.
Zwischen und vor Gehölzen, an Teichen und Bächen; Fr₂, GR₂, w.

L. clethroides, Entenschnabel-Felberich, Höhe 100 cm, starkwüchsig, Blüte weiß in abgeknickten Trauben; G₃, w.

Stauden für jeden Garten 167

Blutweiderich
Lythrum salicaria

Höhe 100 cm.
Wuchs Aufrecht.
Blatt Schmallanzettlich.
Blüte Juni bis August, in schmalen, aufrechten Rispen. 'Feuerkerze', kräftig rosa; 'Rakete', rosarot; 'Robert', karminrot.
Standort Nährstoffreiche, lehmhaltige, frische bis feuchte Böden, in voller Sonne.
Für Bäche und Teichufer; Fr$_3$.

Federmohn
Macleya cordata

Höhe 200 cm.
Wuchs Aufrecht, wuchernd.
Blatt Rundlich, gelappt, blaugrün, Blätter und Stengel braun saftend.
Blüte Juli/August, weißlich, kleine Einzelblüten in lockeren Rispen. 'Korallenfeder', Einzelblüte kupfrig.
Standort Nährstoffreiche Böden in voller Sonne.
Zur Einzelstellung in der Nähe von Gebäuden; B, w.

Indianernessel
Monarda × hybridum

Höhe 80 cm.
Wuchs Aufrecht, ausläuferbildend.
Blatt Spitzoval, aromatisch duftend.
Blüte Juli bis September, Einzelblüten in Quirlen am Stengelende. 'Adam', karminrot; 'Cambridge Scarlet', leuchtendrot; 'Präriebrand', lachsrot; 'Prärienacht', dunkellila. Alle gute Schnittblumen.
Standort Nährstoffreiche, humose, frische Böden in Sonne oder Halbschatten.
Für bodenfrische, sonnige Rabatten; B.

Katzenminze
Nepeta × faassenii

Höhe 30 cm.
Wuchs Buschig, locker.
Blatt Klein, eiförmig, gesägt, grau, aromatisch duftend.
Blüte Mai bis September, quirlig übereinander, an dünnen Stielen, lilablau. 'Six Hill's Gigant', lavendelblau.
Standort Mehr oder weniger nährstoffreiche, durchlässige Böden in voller Sonne, Sommertrockenheit liebend. Tatsächlich legen sich Katzen gerne mitten in die Pflanzen.
Für Mauerkronen, Fugen, Kiesflächen, Dachgärten; FS, w.

Nachtkerze
Oenothera missouriensis

Höhe 25 cm.
Wuchs Niederliegend.
Blatt Schmaloval, zugespitzt, an roten Stielen.
Blüte Juni bis September, hellgelb, groß, abends aufblühend.
Standort Warme, sommertrockene, durchlässige Böden in voller Sonne.
Für Mauerkronen, warme Böschungen, Kiesflächen; FS, M, w.

Hohe Nachtkerze
Oenothera tetragona

Höhe 40–60 cm.
Wuchs Aufrecht, buschig.
Blatt Eiförmig.
Blüte Juni bis August, leuchtend gelb, in den Blattachseln am Stielende. 'Hohes Licht', zahlreiche hellgelbe Blüten; 'Fyrverkeri', 40 cm, Blüte gelb, Knospen rot.
Standort Mehr oder weniger nährstoffreiche Böden in voller Sonne.
Für offene Rabatten, auf Böschungen; Fr$_2$, B.

Gedenkemein
Omphalodes verna

Höhe 20 cm.
Wuchs Ausgebreitet, Ausläufer bildend.
Blatt Herzförmig, gestielt, hellgrün, den Boden dicht bedeckend.
Blüte April/Mai, leuchtendblau mit weißem Auge.
Standort Humose, frische Böden im Halbschatten.
Unter Gehölzen, als Flächendecker im Schatten; G$_2$, w.

Zur Zeit der Blüte sind die grauen Blätter der Katzenminze nicht mehr zu sehen. Im Hintergrund Sommersalbei.

Eine sehr dekorative Pflanze ist der Federmohn.

Die leuchtend gelben Blüten der Nachtkerze sind erst abends weit geöffnet.

Innenspalte:
Die roten Blüten der Indianernessel sind von großer Leuchtkraft.

Stauden für jeden Garten

Dickanthere
Pachysandra terminalis

<u>Höhe</u> 25 cm.
<u>Wuchs</u> Flächig, unterirdisch Ausläufer bildend.
<u>Blatt</u> Spitzoval, zum Teil gezähnt, ledrig, hellgrün, Stengel fleischig, immergrün. 'Variegata', schwachwüchsig, Blätter weißbunt.
<u>Blüte</u> April, weißlich, in endständigen Ähren.
<u>Standort</u> Humose, frische Böden im Halbschatten.
Flächendecker vor und unter Gehölzen; G_2, <u>w</u>.

Pfingstrose
Paeonia lactiflora

<u>Höhe</u> 60–100 cm.
<u>Wuchs</u> Horstartig, breitbuschig, Wurzeln knollenartig verdickt. Pflanzen lang an einer Stelle stehenlassen.
<u>Blatt</u> Doppelt 3zählig, gestielt, glänzend grün, Austrieb bronzefarben, Herbstfärbung braunrot.
<u>Blüte</u> Juni, einfach oder gefüllt, in weißen, rosa und roten Farbtönen, mehrere, nacheinander aufblühende Knospen am Stengelende.
<u>Standort</u> Gut mit Nährstoffen versorgte, lehmhaltige Böden möglichst in voller Sonne.
Für offene Rabatten; B.

Von den vielen angebotenen Sorten seien hier nur einige genannt: 'Inspecteur Lavergne', dunkelrot, gefüllt; 'Bunker Hill', karminrot, gefüllt; 'Reine Hortense', rosa, gefüllt; 'Marie Lemoine', weiß, gefüllt; 'Rembrand', rot, einfach; 'Schwindt', rosa, einfach; 'Angelika Kauffmann', weiß, einfach.

Neben üppig gefüllten gibt es auch halbgefüllte und einfach blühende Pfingstrosen.

Bauernpfingstrose
Paeonia officinalis

<u>Höhe</u> 80 cm.
<u>Wuchs</u> Breitbuschig, Wurzeln knollenartig verdickt.
<u>Blatt</u> Doppelt 3zählig, mehrfach geteilt.
<u>Blüte</u> April/Mai, rot, einfach, jedoch selten im Handel. Verbreitet ist 'Rubra Plena' mit gefüllten, dunkelviolettroten Blüten, Blüten einzeln stehend.
<u>Standort</u> Nährstoffreiche, offene, sonnige Plätze, Rabatten; B.

Islandmohn
Papaver nudicaule

<u>Höhe</u> 30 cm.
<u>Wuchs</u> Horstartig.
<u>Blatt</u> Länglich, fiederschnittig, blaugrün, behaart, milchsaftig.

Der Islandmohn liebt die volle Sonne.

<u>Blüte</u> Juni bis September, gelb, rot oder weiß, auf blattlosen Stengeln, einzeln. 'Kardinal', Blüten rot.
<u>Standort</u> Kalkhaltige, durchlässige Böden in voller Sonne.
Für Mauerkronen, Böschungen, Steinanlagen, sät sich am passenden Standort leicht aus; M.
P. alpinum, Höhe 10 cm, Blüte weiß, gelb, orange, zierlicher als *P. nudicaule*.

Türkenmohn
Papaver orientale

<u>Höhe</u> 50–100 cm.
<u>Wuchs</u> Horstartig, aufrecht, fleischige Pfahlwurzeln.
<u>Blatt</u> Länglich oval, tief eingeschnitten, rauh behaart, zieht nach der Blüte ein, treibt im Herbst wieder aus.
<u>Blüte</u> Mai/Juni, rosa bis rot, einzeln stehend auf blattlosen, behaarten Stielen. 'Beauty of Livermere', Höhe 100 cm, tiefrot; 'Feuerriese', Höhe 80 cm, ziegelrot; 'Marcus Perry', Höhe 70 cm, organgerot; 'Sturmfackel', Höhe 60 cm, feurigrot.
<u>Standort</u> Nährstoffreiche, durchlässige, sommertrockene Böden in voller Sonne.
Für offene Rabatten; Fr_1, b.

Sommerphlox
Phlox paniculata

<u>Höhe</u> 80–100 cm.
<u>Wuchs</u> Horstartig, straff aufrecht.
<u>Blatt</u> Länglich zugespitzt, mattgrün, gegenständig.
<u>Blüte</u> Juni bis September, weiß bis rot und mehrfarbig, dicht verzweigte, endständige Doldentraube. 'Pax', Höhe 100 cm, weiß; 'Kirmesländler', Höhe 120 cm, weiß mit rotem Auge; 'Landhochzeit', Höhe 130 cm, rosa mit rotem Auge; 'Pastorale', Höhe 100 cm, lachsrosa; 'Starfire', Höhe 90 cm, leuchtendrot; 'Sternhimmel', Höhe 90 cm, violett mit weißem Auge; 'Aida', Höhe 80 cm, rotviolett, als Schnittblume geeignet.
<u>Standort</u> Nährstoffreiche, humose Böden in voller Sonne.
Für offene Rabatten; B.

Teppichphlox
Phlox subulata

<u>Höhe</u> 10 cm.
<u>Wuchs</u> Ausgebreitet, polsterförmig.
<u>Blatt</u> Schmal, nadelförmig, wintergrün.
<u>Blüte</u> April/Mai, weiß bis rot, in kleinen Doldentrauben. 'Atropurpurea', purpurrot; 'Daisy Hill', rosa; 'G. F. Wil-

Der Teppichphlox ist eine gute Polsterstaude für den Steingarten.

Stauden für jeden Garten 169

son', hellschieferblau; 'Nivalis', weiß; 'Temiscaming', purpurrot.
Standort Kalkhaltige, sandig-lehmige, durchlässige Böden in voller Sonne. Für Mauerkronen, Fugen, Tröge; FS.

Lampionblume
Physalis franchettii

Höhe 80 cm.
Wuchs Aufrecht, unterirdisch Ausläufer treibend, wuchernd.
Blatt Herzförmig, gestielt.
Blüte Juli, gelblich-weiß, unauffällig.
Frucht September/Oktober, ballonartig, orangerot, Schnittblume für Trockensträuße.
Standort Sandig-durchlässige Böden im Halbschatten.
Zwischen und vor Gehölzen, wuchernder Flächendecker; GR$_1$, w.

Gelenkblume
Physostegia virginiana

Höhe 80 cm.
Wuchs Aufrecht, Wurzelstock kriechend.
Blatt Schmallänglich, scharf gesägt.
Blüte August bis Oktober, in aufrechten Rispen, Einzelblüte beweglich. 'Bouquet Rose', rosarot; 'Vivid', violettrosa; 'Summersnow', weiß, Schnittblume.
Standort Nährstoffreiche, humose, frische Böden in Sonne bis Halbschatten. Für frische bis feuchte Pflanzungen in Teich oder Bachnähe; Fr$_3$, b, GR$_2$.

Ballonblume
Platycodon grandiflorum

Höhe 60 cm.
Wuchs Horstartig.
Blatt Eiförmig zugespitzt, schwach gezähnt.
Blüte Juli/August, Knospe ballonartig, Blüte offene Schale, blau, selten weiß. 'Mariesii', tiefblau; 'Perlmutterschale', rosa.
Standort Humose, sandig-lehmige, frische Böden im Halbschatten. Für absonnige Rabatten, in Gehölznähe; GR$_2$, w.

Maiapfel
Podophyllum peltatum

Höhe 30 cm.
Wuchs Horstartig, buschig.
Blatt Schildförmig, handförmig gelappt, auf hohen Stielen, Pflanze giftig.

Blüte Mai, weiß, einzeln stehend, Frucht im August, gelb, hühnereigroß.
Standort Frische, sehr humose Böden im kühlen Schatten von Mauern und Gehölzen, flächendeckend; Fr$_3$, (GR), w.

P. hexandrum (P. emodi) 'Majus', Höhe 50 cm, Blatt schirmartig, Blüte rosa, Frucht groß, rot.

Jakobsleiter
Polemonium caeruleum

Höhe 60 cm.
Wuchs Horstartig, aufrecht.
Blatt Unpaarig gefiedert, leuchtend grün.
Blüte Mai bis Juli, blau, kleine Glocken in endständigen Rispen. Bei zeitigem Rückschnitt gute Nachblüte.
Standort Nährstoffreiche, frische bis feuchte Böden in wechselsonniger Lage.
Vor Gehölzen, bei genügend Feuchtigkeit auch in der Sonne, in Wassernähe; Fr$_2$, b.

P. reptans 'Blue Pearl', Höhe 30 cm, Blüte leuchtend hellblau.

Salomonsiegel
Polygonatum

Höhe 50–80 cm.
Wuchs Bogig aufrecht, Wurzelstock kriechend.
Blatt Eiförmig, stengelumfassend, den bogigen Stengel herablaufend.
Blüte Mai/Juni, cremeweiß, aus den Achseln der Blätter hängend.
Standort Lehmig-humose Böden im Halbschatten. Am Rand wärmeliebender Gehölze; GR.

P. commutatum, Höhe 90 cm, Wuchs stattlich, Blüten weiß, bis zu 6 zusammen; GR$_2$, w.
P. multiflorum, Höhe 60 cm, Blüten klein; GR$_2$, w.
P. macranthum 'Weihenstephan', Höhe 90 cm, Blüte früh; GR$_2$, w.
P. verticillatum, Höhe 60 cm, Blätter schmal, für kühle, feuchte Plätze; GR$_3$.

Knöterich
Polygonum affine

Höhe 20 cm.
Wuchs Ausgebreitet.
Blatt Breitlanzettlich, dunkelgrün, im Winter bronzefarbig.

Kräftig leuchten die orangeroten Kelchhüllen der Lampionblume in der Herbstsonne.

Im Frühling schieben sich die zusammengefalteten Blätter des Maiapfel aus der Erde.

Die leuchtend blauen Blüten der Jakobsleiter erfreuen nicht nur im Garten, sondern auch als Schnittblume.

Der dekorative Wuchs des Salomonsiegel kommt besonders zwischen niedrigen Bodendeckern zur Geltung.

Stauden für jeden Garten

Die Blütenfarbe des Knöterich ändert sich im Verlauf der Blühdauer.

Blüte Juni bis September, mehrfarbig rosa Blüten, ährenförmig angeordnet. 'Darjeeling Red', Wuchs kompakt, Blüte tiefrosa; 'Donald Lowndes', Wuchs polsterförmig, Blüte leuchtendrosa 'Superbum', Wuchs polsterförmig, Blüte rosarot.
Standort Lehmig-humose, frische Böden im Halbschatten.
Für Böschungen und Flächen im Halbschatten; Fr_3, w.

Wiesenknöterich
Polygonum bistorta 'Superbum'

Höhe 80 cm.
Wuchs Horstartig, stark wuchernd.
Blatt Eiförmig, länglich, unterseits blaugrün.
Blüte Mai bis Juli, rötlichweiß, walzenförmiger Blütenstand.
Standort Nährstoffreiche, frische Böden in voller Sonne.
Für Teich- und Bachränder, wüchsiger Flächendecker; Fr_3, WR_1, w.

P. compactum 'Roseum', Höhe 60 cm, Wuchs ausgebreitet, wuchernd, Blüte weißrot; w.
P. polystachium, Höhe 200 cm, Blüte September, weiß, duftend, wuchernd, aber sehr dekorativ; w.
P. sacchalinense, Höhe 300 cm, Blüte September, weiß, von großen Blättern fast überdeckt, stark wuchernd; w.
P. weyrichii, Höhe 200 cm, Blüte August, weiß, weniger stark wuchernd, aber im Alter sehr mächtig; w.

Fingerkraut
Potentilla aurea

Höhe 15 cm.
Wuchs Polsterförmig, locker.
Blatt 5zählig, gefingert, am Rand behaart.
Blüte Juni/Juli, goldgelb, Blütenstand locker; 'Goldklumpen', reichblütig.
Standort Durchlässige, lehmig-humose Böden in voller Sonne.
Für Mauerkronen und Kiesflächen; FS.

P. arenaria, Höhe 5 cm, Wuchs flach ausgebreitet, für kleine Flächen, Blatt graugrün, Blüte gelb.

Fingerkraut
Potentilla nepalensis

Höhe 50 cm.
Wuchs Locker aufrecht.
Blatt 5zählig, grob gesägt, behaart.
Blüte Juni bis August, hellkarminrot, Blütenstand locker. 'Miss Willmott', rosa; 'Roxana', rosa mit rotem Auge.
Standort Durchlässige Böden. Im lichten, warmen Schatten von Gehölzen oder Gebäuden; GR_1, w.

P. verna, Höhe 15 cm, Wuchs ausgebreitet, Blatt grün, Blüte goldgelb, Bodendecker auch für steinige Böden.
P. recta, Höhe 50 cm, Wuchs locker horstig, Blatt kastanienartig, graugrün, Blüte blaßgelb, in dichten Doldenrispen, anspruchslose Wildpflanze für durchlässige Böden; Fr_1, w.

Kugelprimel
Primula denticulata

Höhe 30 cm.
Wuchs Horstig.
Blatt Längsoval, runzlig, in dichten Rosetten.

Die Kugelprimel sollte alle 2–3 Jahre geteilt werden, da sie sonst von innen heraus leicht fault.

Blüte April/Mai, hellviolett, in dichten Kugeln auf kräftigen Stengeln stehend, vor den Blättern. 'Alba', weiß; 'Rubin', karminrot.
Standort Nährstoffreiche, humose, frische Böden im Halbschatten.
Zwischen und vor Gehölzen, im Schatten von Mauern, auf halbschattigen Rabatten; GR_2.

P. hortensis, Gartenaurikel, Höhe 10 cm, Wuchs horstig, Blatt fleischig, derb, glatt, Blüte Mai/Juni, meist rotviolett mit gelbem Auge, für durchlässige, aber nicht austrocknende Böden.

Sommerprimel
Primula florindae

Höhe 50 cm.
Wuchs Horstartig.
Blatt Herzförmig, gestielt, am Rand gesägt.
Blüte Juli/August, hellgelb, bemehlt, auf kräftigen Stielen, zu mehreren zusammen, überhängend, duftend.
Standort Nährstoffreiche, feuchte Böden in Sonne bis Halbschatten.
An kühlen, feuchten Gehölzrändern, bei genügend Feuchtigkeit auch in der Sonne, an Teichen; Fr_3, W_1, w.

P. rosea, Sumfprimel, Höhe 15 cm, Wuchs horstartig, Blatt im Austrieb rötlich, später grün, länglich, fein gezähnt, Blüte März/April, intensiv karminrosa, vor den Blättern, zu mehreren auf kräftigen Stielen, für dauerfeuchte Böden.

Etagenprimel
Primula japonica

Höhe 50 cm.
Wuchs Horstartig.
Blatt Länglich oval, kaum gestielt.
Blüte Mai bis Juli, karminrot mit hellerem Auge, Einzelblüten am aufrechten Stiel quirlförmig angeordnet.
Standort Nährstoffreiche, humose, lehmhaltige Böden im Halbschatten bei möglichst hoher Luftfeuchtigkeit.
Zwischen und vor Gehölzen, in Wassernähe; GR_3.

P. × bullesiana, Höhe 50 cm, Blüte Juni/Juli, gelbrote Pastellfarben.
P. bulleyana, Höhe 60 cm, Blüte orangegelb.
P. beesiana, Höhe 60 cm, Blüte rosarot.
P. pulverulenta, Höhe 70 cm, wüchsig, Blüte dunkelrot mit Auge, Kelch bemehlt.

Stauden für jeden Garten

Schlüsselblume
Primula Elatior-Hybride

Höhe 25 cm.
Wuchs Horstartig.
Blatt Eilänglich, runzlig.
Blüte April/Mai, weiß, gelb, rot, blau in verschiedenen Schattierungen, Blüten zu mehreren an kahlen Stielen.
Standort Nährstoffreiche, humose, frische Böden in halbschattiger Lage. Zwischen und vor Gehölzen, bei genügend Feuchtigkeit auch in der Sonne; GR_2.

P. vulgaris, Kissenprimel, Höhe 10 cm, Wuchs horstartig, buschig, Blüte März/April, weiß, gelb, rot, blau, Einzelblüten auf kurzen Stielen stehend.

Braunelle
Prunella grandiflora

Höhe 15 cm.
Wuchs Kriechend.
Blatt Eiförmig-länglich, gestielt.
Blüte Juni/Juli, hellviolett, in dichten, endständigen Ähren. 'Lovelyness', lila; 'Alba', weiß.
Standort Nährstoffreiche, frische bis feuchte Böden in Halbschatten bis Sonne. Flächendecker; Fr_{1-2}.

Lungenkraut
Pulmonaria angustifolia

Höhe 20 cm.
Wuchs Kriechend.
Blatt Länglich, rauhhaarig.
Blüte April/Mai, leuchtendblau, im Verblühen violett, Einzelblüten in endständigen Wickeltrauben. 'Azurea', enzianblau; 'Alba', weiß.
Standort Nährstoffreiche, trockene bis frische Böden im Halbschatten. Zwischen und vor Gehölzen, im Schatten von Mauern; GR_1, w.

P. saccharata 'Mrs. Moon', Höhe 25 cm, Blüte rot, im Verblühen blauviolett, anspruchslos, versamt sich leicht; GR_1, w.
P. rubra, Höhe 30 cm, Blüte März/April, ziegelrot, anspruchslos, für etwas frischere Böden; GR_2, w.

Küchenschelle
Pulsatilla vulgaris

Höhe 25 cm.
Wuchs Horstartig, buschig.
Blatt Mehrfach fiederschnittig, leicht behaart.
Blüte März/April, violett bis rosa, gelegentlich rot oder weiß, vor den Blättern erscheinend, Knospen stark behaart, Früchte im Juni, sehr zierend.
Standort Humose, sehr durchlässige, kalkhaltige Böden in voller Sonne. Für Mauerkronen, Fugen, mit Kies und Geröll; SH, FS, w.

Schaublatt
Rodgersia aesculifolia

Höhe 80 cm.
Wuchs Buschig, kräftig.
Blatt Roßkastanienartig, groß, dunkelgrün.
Blüte Juli/August, weiß, pyramidal, locker verzweigt.
Standort Nährstoffreiche, humose, frische Böden im Halbschatten. Zwischen und vor Gehölzen, auch Wassernähe; G_{2-3}, (B).

R. podophylla, Blatt 5teilig, grob gezähnt, Austrieb bronzefarben, Blüte Juni/Juli, gelblichweiß, in lockeren Rispen; 'Rotlaub', Blatt kupfrigrot; 'Smaragd', Blatt leuchtendgrün.
R. pinnata, Blatt handförmig, dunkelgrün, Blüte cremeweiß, breite Rispe.
Astelboides tabularis, Blatt rund, gestielt, Rispe grünlichweiß, überhängend.

Sonnenhut
Rudbeckia sullivantii 'Goldsturm'

Höhe 70 cm.
Wuchs Horstig, locker, sich langsam ausbreitend.
Blatt Spatelförmig, gestielt, dunkelgrün, rauh.
Blüte August/September, kräftig gelb mit schwarzem Köpfchen.
Standort Nährstoffreiche, frische Böden in voller Sonne. Für Rabatten, Tröge, Dachgärten; B, Fr_2.

R. laciniata 'Goldkugel', Höhe 120 cm, Wuchs ausgebreitet, buschig, etwas ausläuferbildend, Blüte goldgelb, gefüllt. 'Goldquelle', Höhe 70 cm, Wuchs ausgebreitet, buschig, wenig ausläuferbildend, Blüte zitronengelb, gefüllt, gute Schnittblume.
R. nitida, Höhe 200 cm, Wuchs stark, buschig, locker, Blüte August/September, leuchtend gelb.
R. purpurea, Höhe 100 cm, Wuchs straff aufrecht, Blüte Juli/September, karmin, Blütenblätter waagrecht abstehend, später gesenkt.

Die Braunelle ist ein sehr guter, sommerblühender Bodendecker, den es auch mit rosa und weißen Blüten gibt.

Das Lungenkraut blüht als eine der ersten Stauden im Frühling.

Mächtig haben sich die Blätter des Schaublattes *(Rodgersia tabularis)* entwickelt.

Stauden für jeden Garten

Von links nach rechts:
Die Blütenkerzen des Salbei dürfen eigentlich auf keinem sonnigen Staudenbeet fehlen.

Aus dem Schatten leuchten die zarten, duftigen Blüten des Porzellanblümchens hervor.

Die niedrigen Fetthenne-Arten sind gute Bodendecker in der Sonne.

Salbei
Salvia nemorosa 'Ostfriesland'

Höhe 40 cm.
Wuchs Horstartig, buschig.
Blatt Spitzoval, runzlig, aromatisch duftend.
Blüte Juni/Juli, dunkelviolett, in aufrechten Ähren. 'Blauhügel', Höhe 30 cm, Blüte leuchtendblau; 'Superba', Höhe 70 cm, Blüte hellviolett mit rötlichen Hochblättern; 'Mainacht', Höhe 30 cm, Blüte tiefblauviolett.
Standort Nährstoffreiche, durchlässige, auch frische Böden in voller Sonne.
Für warme, offene Rabatten, Dachgärten; Fr_2, b.

Seifenkraut
Saponaria ocymoides

Höhe 15 cm.
Wuchs Polsterförmig, an Steinen überhängend.
Blatt Eiförmig-länglich, etwas behaart.
Blüte Mai bis Juli, karminrosa, Einzelblüte klein, in lockeren Trugdolden angeordnet; 'Splendens', rosa.
Standort Durchlässige, sandig-lehmige Böden in voller Sonne; versamt sich leicht an zusagendem Standort.
Für Mauerkronen, Fugen, Dachgärten, Tröge; SF, w.

Moossteinbrech
Saxifraga × arendsii

Höhe 15 cm.
Wuchs Polsterartig.
Blatt Spatelförmig, klein, zu gleichmäßigen Rosetten zusammengesetzt, wintergrün.
Blüte Mai, rot, rosa, weiß, auch gelb, Blüten einzeln auf dünnen Stielen. 'Schneeteppich', weiß; ausdauernd; 'Blütenteppich', rosa; 'Triumph', rot; 'Schwefelblüte', gelb; 'Zwergsorte 'Peter Pan', rot, 10 cm.
Standort Humose, durchlässige, frische Böden in absonniger Lage.
Für Böschungen, Fugen, zwischen Steinen im Halbschatten; SF.

S. trifurcata, Höhe 20 cm, polsterförmig gewölbte, zerbrechliche Triebe, Blüte Mai/Juni, weiß.

Porzellanblümchen
Saxifraga umbrosa

Höhe 30 cm.
Wuchs Ausgebreitet, Rosetten dicht nebeneinander.
Blatt Spatelförmig, derb, Rand grob gezähnt, wintergrün.
Blüte Mai/Juni, weiß mit rosa Punkten, in lockeren Rispen. 'Elliot', Höhe 15 cm, Wuchs wie vorige, nur zierlicher, Blüte rosa.
Standort Humusreiche Waldböden im Halbschatten. Flächendecker vor und zwischen Gehölzen; GR, w.

S. hypnoides egemulosa, Höhe 5 cm, Wuchs mattenförmig, Blatt schmal, zu grünen, im Herbst und Winter bronzeroten Rosetten geformt, Blüte im Mai, weiß, auf dünnen Stengeln, nickend.

Mauerpfeffer
Sedum album 'Murale'

Höhe 10 cm.
Wuchs Teppichartig, ausgebreitet.
Blatt Walzenförmig, bräunlich.
Blüte Juni bis August, weiß, in dicht verzweigten Doldentrauben.
Standort Durchlässige, trockene, sandig-kiesige Böden in voller Sonne.
Für Dachterrassen, Kiesflächen, wüchsiger Flächendecker; FS, w.

S. acre, Höhe 5 cm, Wuchs locker, polsterförmig, Blatt dick, eiförmig, grün, Blüte Juni/Juli, gelb; w.
S. reflexum, Höhe 20 cm, Triebe niederliegend mit nadelartigen Blättern.
S. sexangulare, Höhe 5 cm, Wuchs flächig, Blatt walzenförmig, Blüte Juni/Juli, gelb, klein; w.

Fetthenne
Sedum floriferum 'Weihenstephaner Gold'

Höhe 15 cm.
Wuchs Niederliegend, ausgebreitet.
Blatt Spatelförmig, länglich, dunkelgrün, im Herbst rotbraun.
Blüte Juni/Juli, goldgelb.
Standort Nährstoffreiche, frische, möglichst lehmhaltige Böden, Sonne.
Flächendecker vor Gehölzen, auf Böschungen; Fr_1, GR_1, w.

S. spurium 'Album Superbum', Höhe 10 cm, Wuchs teppichartig, Blatt oval, wintergrün, Blüte im Juli, vereinzelt, weiß; w.
S. hybridum 'Immergrünchen', Höhe 10 cm, Wuchs flächig, Blatt keilförmig, wintergrün, Blüte Juni/Juli, gelb, auch für Halbschatten; w.
S. middendorfianum 'Diffusum', Höhe 15 cm, Wuchs kräftig, ausgebreitet, Blatt schmal, dunkelgrün, Blüte Juli, gelb, lange anhaltend; w.

Fetthenne
Sedum telephium 'Herbstfreude'

Höhe 50 cm.
Wuchs Horstartig, buschig.
Blatt Eiförmig, schmal, graugrün, dick.
Blüte September/Oktober, braunrot, in flachen Dolden.
Standort Durchlässige Böden in voller Sonne.

Stauden für jeden Garten 173

Zwischen Steinen, Platten, auf Dachterrassen; FS, w.

S. spectabile 'Brillant', karminrosa; 'Septemberglut', dunkelpurpur. Die Blütezeit dieser Art liegt vor der von *S. telephium*.

Hauswurz
Sempervivum × hybridus

Höhe 3 cm.
Wuchs Rosetten polsterförmig angeordnet, Einzelrosette stirbt nach der Blüte ab.
Blatt Spitzoval, fleischig, verschieden grün, grünbraun, braunrot gefärbt, glatt oder übersponnen.
Blüte Juli, karminrosa oder karminrot, in endständigen Dolden.
Standort Sandig-trockene, durchlässige Böden.
Für Steinfugen, Steinmulden, Trockenmauern; gut auch für Tröge und Dachgärten geeignet; SF.

Goldrute
Solidago × hybridus

Höhe 50–80 cm.
Wuchs Horstartig aufrecht.
Blatt Schmallanzettlich, am gesamten Stengel herablaufend.
Blüte Juni bis August, gelb, Blütenstände flach abstehend. 'Strahlenkrone', Höhe 70 cm, Wuchs straff, Blüten waagrecht abstehend, August/September, alle gleich hoch stehend; 'Goldwedel', Höhe 90 cm, Wuchs breit, locker, Blüte locker; 'Golden Shower', Höhe 80 cm, Blüte locker, weit verzweigter Blütenstand.
Standort Sandige, frische, auch nährstoffreiche Böden in voller Sonne.
Für offene Rabatten, Böschungen; Fr_1, b.

Ziest
Stachys grandiflora 'Superba'

Höhe 40 cm.
Wuchs Buschig, sich langsam ausbreitend.
Blatt Herzförmig, runzlig, gekerbt.
Blüte Mai/Juni, hellviolett, in gleichmäßigen Quirlen am Stengel stehend.
Standort Durchlässige, nährstoffreiche, trocken bis frische Böden im Halbschatten; GR_2, B, w.

S. lanata 'Silver Carpet', Höhe 20 cm, Wuchs kriechend ausgebreitet, Blatt elliptisch, dicht wollig behaart, Blüte unbedeutend, wüchsiger Flächendecker für steinige, warme Plätze; Fr_1, w.

Schaumblüte
Tiarella cordifolia

Höhe 20 cm.
Wuchs Dünne Ausläufer bildend, flächig.
Blatt Herzförmig, gelappt, im Herbst braunrot gefärbt.
Blüte Mai/Juni, weiß, Einzelblüten in lockeren, aufrechten Trauben.
Standort Humusreiche frische Waldböden im Halbschatten.
Verträglicher Flächendecker zwischen Gehölzen und im Schatten von Mauern; G_2(GR), w.

Trollblume
Trollius × cultorum

Höhe 50–80 cm.
Wuchs Horstartig, aufrecht.
Blatt Handförmig geteilt.
Blüte Juni, gelb bis orange Blütenblätter, meist kugelförmig gebogen. 'Earliest of All', Höhe 50 cm, frühblühend, hellgelb; 'Goldquelle', Höhe 80 cm,

großblumig, gelb; 'Lemon Queen', Höhe 60 cm, wüchsig, zitronengelb; 'Orange Globe', Höhe 80 cm, orangegelb. Alle gute Schnittblumen.
Standort Nährstoffreiche, frische, lehmige Böden in Sonne bis Halbschatten. Für offene, feuchte Rabatten, in Wassernähe; B, Fr_3, WR.

T. chinensis 'Golden Queen', Höhe 90 cm, Blüte hellorange, schalenförmig offen; Blütezeit Juli.
T. europaeus, Höhe 50 cm, Blüte hellgelb, kugelig. Geschützte Wildpflanze, bitte nicht ausgraben!

Königskerze
Verbascum longifolium pannosum

Höhe 160 cm.
Wuchs Stattlich, aufrecht.
Blatt Länglich zugespitzt, graufilzig, zunächst rosettenförmig, später am Stengel herablaufend.
Blüte Juni/Juli, gelb, riesige Blütenkerze, unverzweigt.
Standort Sandige, durchlässige, auch kies- und schotterreiche Böden in voller Sonne.
Für warme Böschungen, Terrassen, Kiesflächen, Dachgärten; Fr_1, SH, w.

V. olympicum, Höhe 200 cm, Blatt breitlanzettlich, graufilzig, Blüte mächtig, fast bis zur Spitze verzweigt. Versamt sich leicht.
V. bombyciferum, Höhe 130 cm, Blatt silberweißfilzig, dekorative Blattrosette, Blüte hellgelb, fast unverzweigte Blütenkerze; w.
V. phoeniceum, Höhe 60 cm, Blatt rosettenförmig, dicht am Boden aufliegend, grün, Blüte Mai/Juni, violett bis zartrosa, Blütenkerzen zierlich, gut für sandige Böden, sie sät sich dort willig aus; w.

Von links nach rechts: Die hohen Fetthenne-Arten beleben den herbstlichen Garten mit ihren farbenprächtigen Blütendolden.

Der Ziest breitet sich im Halbschatten langsam zu schönen großen Büschen aus.

Von der Goldrute, als »Unkraut« bekannt, gibt es auch Sorten, die unsere Staudenrabatten bereichern können.

174 Die Gräser

Eine besonders intensive Farbe hat das Ehrenpreis *Veronica teucrium* 'Knallblau'.

Die Palmlilie braucht einige Jahre bis sie blüht, man sollte sie deshalb gleich an ihren endgültigen Standort pflanzen. Im Vordergrund *Allium sphaerocephalum*.

Ehrenpreis
Veronica incana

Höhe 25 cm.
Wuchs Flächig.
Blatt Länglich, silbergrau behaart.
Blüte Juni/Juli, blau, in aufrechten Trauben.
Standort Durchlässige, frische, auch trockene Böden in voller Sonne.
Für Terrassen, Mauerkronen, in Verbindung mit Stufen und Platten; Fr_1, w.

V. spicata, Höhe 8 cm, Blatt länglich, kurz gestielt. Blüten an 30 cm langen dicken Ähren, blaue, rosa und weiße Sorten im Handel; Fr_1.
V. teucrium 'Knallblau', Höhe 20 cm, Blatt länglich, gekerbt, grün, Blüte enzianblau, in lockeren, aufrechten Trauben, mehr für kalkhaltige Böden; Fr_2.

Immergrün
Vinca minor

Höhe 15 cm.
Wuchs Kriechend, Triebe wurzelnd.
Blatt Lanzettlich, dunkelgrün, glatt, wintergrün.
Blüte April/Mai, blau, Einzelblüten an kurzen Stielen. 'Rubra', Blüte blau.
Standort Humusreiche Waldböden. Auch über Gestein, im Schatten alter Gehölze, robuster Bodendecker zwischen Gehölzen und im Schatten von Mauern; G, w.

V. major, Höhe 40 cm, Blüte lichtblau, einzeln stehend; G_1.

Waldsteinie
Waldsteinia geoides

Höhe 25 cm.
Wuchs Horstartig, buschig.
Blatt Herzförmig, 3geteilt, behaart, mattgrün.
Blüte April/Mai, gelb zu mehreren zusammen, kurz über dem Laub stehend.
Standort Humose, auch durchwurzelte warme Böden im Halbschatten. Guter Flächendecker zwischen und vor Gehölzen; G_1.

W. ternata, Höhe 10 cm, Wuchs flächig kriechend, Blatt 3geteilt, wintergrün, glänzend, Blüte gelb, zu 3 zusammen, nickend; G_2.

Palmlilie
Yucca filamentosa

Höhe 150 cm.
Wuchs Horstartig.
Blatt Länglich-lanzettlich, steif, blaugrün, immergrün, mit gedrehten Fäden an den Blatträndern.
Blüte Juli/August, cremeweiß, glockenförmig an hohem, verzweigtem Schaft, Pflanzenrosette stirbt nach der Blüte ab. 'Schellenbaum', weiß, breite, lockere Blütenstände.
Standort Kalkhaltige, durchlässige, sommertrockene Plätze in voller Sonne.
Für Terrassen, sonnige Rabatten, in Verbindung mit Steinen; FS, w.

Gräser

Blaustrahlhafer
Avena sempervirens,
Syn. *Helictotrichon sempervirens*

Höhe 35 cm.
Wuchs Horstartig, breitbuschig.
Blatt Eingerollt, starr, blaugrün, im Alter überhängend, wintergrün.
Blüte Juni bis August, in hohen, weit ausladenden Rispen. 'Pendula', überhängend.
Standort Durchlässige, mehr oder weniger nährstoffreiche Böden in voller Sonne, in offener, gut belüfteter Lage, sonst leicht Fäulnis oder Rostbefall.
Für Böschungen, Kiesbeete, Terrassen, Tröge; Fr_1, SH, w.

Zittergras
Briza media

Höhe 20 cm.
Wuchs Horstartig, locker.
Blatt Schmal, rauh behaart, aufrecht, ältere Halme niederliegend.
Blüte Mai/Juni, Ährchen herzförmig, an dünnen, geschlängelten Stielen hängend. Zum Schnitt für Trockensträuße verwendbar.
Standort Nährstoffreiche, durchlässige, überwiegend trockene Böden in der Sonne; SH, w.

Reitgras
Calamgrostis × acutiflora 'Karl Foerster'

Höhe 80 cm.
Wuchs Horstartig, aufrecht, nicht wuchernd.
Blatt Schmal, hart, früh austreibend, schöne Herbstfärbung.
Blüte Juni bis August, aufrechte, weit gefächerte Rispe, nach dem Verblühen Rispe schmal, später wieder breit, guter Winterschmuck.
Standort Frische bis trockene Böden in voller Sonne.
Für Böschungen, Terrassen, Kiesbeete, auch auf Rabatten, braucht viel Platz; Fr_2, (b), w.

Die Gräser

Japansegge
Carex morrowii 'Variegata'

Höhe 30 cm.
Wuchs Dichthorstig.
Blatt Ledrig-steif, schmal, zugespitzt, mit weißen Streifen am Rand, überhängend, wintergrün.
Blüte März/April, gelb, kurz über dem Laub stehend.
Standort Humose, frische bis feuchte Böden im Halbschatten.
Einzeln oder in Gruppen unter und vor Gehölzen; G$_2$, GR$_3$, w.

C. plantaginea, Breitblattsegge, Höhe 10 cm, Blatt bis 25 cm breit, bogig niederliegend, wintergrün; w.
C. sylvatica, Waldsegge, Höhe 20 cm, Wuchs lockerhorstig, Blatt breit, rinnig, überhängend, wintergrün, Blüte Mai/Juni, Ähren nickend, an überhängenden Stielen, für waldartige Pflanzungen; w.
C. umbrosa, Schattensegge, Höhe 20 cm, Wuchs dichthorstig, Blatt schmal, schlaff, im Frühjahr aufrecht, später überhängend, Blütenähren kurz, an 3kantigen, überhängenden Stielen; w.

Riesensegge
Carex pendula

Höhe 40 cm.
Wuchs Horstartig, stattlich.
Blatt Kräftig, 2 cm breit, rinnig, unterseits blaugrün, überhängend, wintergrün.
Blüte Mai/Juni, walzenförmige Ähren an weit überhängenden Stielen.
Standort Humusreiche, frische bis feuchte Böden im Halbschatten bei möglichst hoher Luftfeuchtigkeit.
Zwischen und vor Gehölzen, im Schatten von Mauern; G$_2$, GR$_3$, w.

Pampasgras
Cortaderia selloana

Höhe 80 cm.
Wuchs Horstartig, stattlich.
Blatt Schmal, hart, am Rand scharf, überhängend, graugrün.
Blüte September/Oktober, hoch, verzweigte, fedrige Rispe, weibliche Blütenstände geschlossener, männliche sehr locker.
Standort Nährstoffreiche Böden in voller Sonne, keine Staunässe.
Zur Einzelstellung in Verbindung mit Steinen, Kies, Baukörpern; Winterschutz erforderlich, auch gegen Nässe von oben; Fr$_2$, b.

Blauschwingel
Festuca glauca, Syn. *F. cinerea*

Höhe 20 cm.
Wuchs Horstig, halbkugelig.
Blatt Sehr schmal, steif, blau bereift, wintergrün, sehr variabel.
Blüte Mai bis Juli, Blütenrispen gedrungen, ebenfalls blaugrün.
Standort Sehr durchlässige, sandige Böden in voller Sonne, empfindlich gegen Winternässe und Schneedruck.
Für offene Kiesflächen, Dachterrassen, trockene, warme Böschungen; SH, w.

F. amethystina, Höhe 20 cm, Blatt sehr fein, blaugrün, nach der Blüte mehrfarbig, Blüte Mai/Juni, dunkelviolette Ährchen.
F. ovina, Höhe 20 cm, Blatt steif, dünn, graugrün; Fr$_1$; 'Blaufuchs', Höhe 15 cm, Blatt stahlblau.
F. scoparia, Höhe 10 cm, Blatt fadenförmig dünn, etwas stechend, wintergrün; FS, SF, w.
F. mairei, Atlasschwingel, Höhe 60 cm, Wuchs horstig, Blatt sehr früh austreibend, leicht überhängend, meist wintergrün. Blütenrispen höher als Blätter, Pflanzengestalt sehr schlank und zart; Fr$_2$, w.

Schillergras
Koeleria glauca

Höhe 15 cm.
Wuchs Horstartig.
Blatt Schmal, graugrün, rinnig, weich behaart.
Blüte Juni, gedrungene Ähre, silbrig blaugrün.
Standort Durchlässige, sandig-steinige Böden in voller Sonne.
Für den warmen Standort; SH, w.

Silberährengras
Lasiagrostis calamagrostis, Syn. *Achnatherum calamagrostis*

Höhe 60 cm.
Wuchs Horstig, breitbuschig.
Blatt Schmal, überhängend, blaugrün.
Blüte Juni bis September, Rispen locker, weit überhängend, gelblich, später bräunlich. 'Lemperg' wächst kompakter.
Standort Nährstoffreiche, trockene, steinige Böden in voller Sonne.
Für warme Böschungen, offene Terrassen und Rabatten; Fr$_1$, SH, w.

Hainsimse
Luzula nivea

Höhe 20 cm.
Wuchs Horstartig, mattenbildend.
Blatt Linealisch, flach, Ränder bewimpert, wintergrün.
Blüte Juni/Juli, weißlich, in dichten Büscheln.
Standort Sehr humoser, durchlässiger Waldboden im Halbschatten.
Zwischen und vor Gehölzen, im Schatten von Mauern; GR$_{1-2}$, w.

Das Pampasgras ist eines unserer stattlichsten Gräser. Es ist so ausdrucksstark, daß es kaum mit unseren heimischen Pflanzen zu kombinieren ist. Am besten steht es einzeln in Beziehung zu Gebäuden oder großen Steinen und Sandflächen.

Das Reitgras treibt früh aus und wuchert nicht.

176 Die Gräser

Waldmarbel
Luzula sylvatica

Höhe 25 cm.
Wuchs Horstartig, locker, mit sehr kurzen Ausläufern, kleinflächig. 'Marginata', horstartig geschlossener Wuchs, Blatt mit weißen Blatträndern.
Blatt Breitlinealisch, dunkelgrün, glänzend, wintergrün.
Blüte Mai/Juni, Blütenstände groß, braun.
Standort Humusreiche, frische Waldböden im Schatten alter Gehölze, keine Wintersonne.
Zur Unterpflanzung von Gehölzen; G, w.

Nicht nur die zarten Blätter, auch die Blüten des Schneemarbel *(Luzula nivea)* sind sehr dekorativ.

Im Spätsommer schieben sich die Blütenstände des Pfeifengrases hoch über die Blätter hinaus.

Silberfahnengras
Miscanthus sacchariflorus

Höhe 80 cm.
Wuchs Ausläufer treibend.
Blatt Lineal, erst aufrecht, dann überhängend.
Blüte September bis November, silbrig, Blütenstand konisch, bis 20 cm lang, im Aufblühen fedrig. 'Robustus', reichblütig, Schnittblume.
Standort Sandige, frische Böden in voller Sonne.
Für großflächige Pflanzungen auf Rabatten, in Gehölz- und Wassernähe; Fr_2, WR.

Chinaschilf
Miscanthus sinensis 'Gracillimus'

Höhe 130 cm.
Wuchs Horstartig, aufrecht.
Blatt Schmal, mit weißem Mittelstreifen, im oberen Bereich leicht überhängend.
Blüte Unbedeutend.
Standort Nährstoffreiche, frische Böden in der Sonne, ornamentales Gras.
Zur Einzelstellung in Rabatten, zu Wasser und an Gebäuden; Fr_2, b.

Schöne Sorten sind: 'Silberfeder', Höhe 150 cm, Wuchs horstartig, breitbuschig, Blatt schmal, mit weißem Mittelstreifen, locker überhängend, Blüte August/September, Ähren schmal, silbrigweiß, locker; Standort nährstoffreiche, frische bis trockene Böden in voller Sonne, für Rabatten, Wassernähe, zu Baukörpern.
'Zebrinus Strictus', Höhe 130 cm, Wuchs steif aufrecht, horstartig, Blatt steif, ziemlich breit, mit gelblichen Querstreifen.

Pfeifengras
Molinia altissima, Syn. *M. arundinacea*

Höhe 50 cm.
Wuchs Horstartig, breit.
Blatt Schmal aufrecht, rauh, Spitzen überhängend, schöne gelbe Herbstfärbung.
Blüte August/September, Rispenhalme sehr lang, Blütenrispen abstehend. 'Karl Foerster' und 'Windspiel' sind besonders dekorative Sorten.
Standort Nährstoffreiche, frische bis feuchte Böden in Sonne bis Halbschatten.
Am Gehölzrand, in Rabatten, in Wassernähe; Fr_3, w.

M. caerulea, Höhe 40 cm, Wuchs horstartig, Blatt starr, stumpf, blaugrün, Blüte August/September, Halme steif, drahtig, Blütenstände locker, schwarzbraun; Standort saure, humose, durchlässige Böden in voller Sonne, für Heidegärten.
'Moorhexe', Höhe 30 cm, Blütenähren schwarz.
'Strahlenquelle', Höhe 30 cm, Blütenhalme halbkugelig angeordnet.
'Variegata', Höhe 30 cm, Blatt gelblich gestreift; Fr_3, w.

Rutenhirse
Panicum virgatum

Höhe 60 cm.
Wuchs Horstartig, aufrecht.
Blatt Flach, leicht überhängend. 'Hänse Herms', rotbraune Blattenden, im Herbst stärker werdend; 'Rehbraun', hellbraunrote Blätter, schöne Herbstfärbung; 'Strictum', Höhe 80 cm, Blatt grün, im Herbst hellbraun.
Blüte Blütenstände zunächst dicht, später locker, fein.
Standort Bevorzugt nährstoffreiche, warme, sandig-lehmige Böden in voller Sonne.
Für offene Rabatten, Kübel, Dachgärten; Fr_2, b, w.

Federborstengras
Pennisetum compressum, Syn. *P. alopecuroides*

Höhe 60 cm.
Wuchs Horstartig, breitbuschig, Austrieb erst im Mai.
Blatt Schmal, zugespitzt, rauh, scharfkantig.
Blüte August/September, Blütenstände bis 25 cm lang, Ährchen flaumig, walzenförmig angeordnet;
'Hameln', Blütenstände etwas früher, rotbraun.
Standort Nährstoffreiche, frische, offene Böden in voller Sonne.
Für offene Böschungen, Rabatten, Terrassen; Fr_2, b.

Schirmbambus
Sinarundinaria nitida

Höhe 250 cm.
Wuchs Horstartig, buschig, sich langsam vergrößernd.
Blatt Länglich, zugespitzt, glatt, dunkelgrün, in kalten Wintern erfrierend, meist jedoch wintergrün.
Blüte Wird bei uns nicht ausgebildet.

Farne für den Schatten

Standort Sandig-humose, frische Böden im Halbschatten, möglichst mit hoher Luftfeuchtigkeit.
In Wassernähe, in schattigen Innenhöfen, unter alten Bäumen; GR₂, Fr₂.

Goldleistengras
Spartina michauxiana 'Aureomarginata', Syn. *S. pectinata*

Höhe 150 cm.
Wuchs Aufrecht, durch Ausläufer sich ausbreitend.
Blatt Schmal, rauh, gelb gerandet, sehr weit und locker überhängend, sehr scharfkantig.
Blüte August/September, Halm starr, Ährchen gedrungen zusammenstehend.
Standort Nährstoffreiche, frische bis feuchte Böden in voller Sonne.
Für offene Flächen, in Wassernähe; Fr–Fr₃, w.

Reiherfedergras
Stipa barbata

Höhe 30 cm.
Wuchs Horstartig, zierlich.
Blatt Sehr dünn, eingerollt, überhängend.
Blüte Juli/August, sehr lockere Rispen, überhängend, Grannen lang behaart.
Standort Kalkhaltige, sandig-lehmige, warme Böden, sommertrocken.
Für Terrassen, Mauerkronen, Tröge; SH, FS, w.

S. capillata, Grannen lang, unbehaart, zur Reifezeit korkenzieherartig gedreht; w.

Farne

Pfauenradfarn
Adiantum pedatum

Höhe 40 cm.
Wuchs Zierlich, sich langsam ausbreitend.
Blatt Horizontal ausgebreitet, auf drahtigem, schwarzen Stiel. 'Imbricatum', Höhe 20 cm, Blätter bläulichgrün.
Standort Saure, frische, humusreiche Waldböden in hoher Luftfeuchtigkeit.
Unter alten Gehölzen; G₂.

A. venustum, Höhe 25 cm, Blatt auf gebogenen hohen Stielen, mehrfach gefiedert, nach 3 Seiten überhängend.

Streifenfarn
Asplenium trichomanes

Höhe 10 cm.
Wuchs Buschig, Rhizome bildend.
Blatt Einfach gefiedert, Stiel schwarz, Blättchen mattgrün, rundlich, wintergrün.
Standort Kalkhaltige Substrate werden bevorzugt.
In Mauerfugen, absonnig im Alpinum; SF.

Rippenfarn
Blechnum spicant

Höhe 30 cm.
Wuchs Horstartig.
Blatt Wedel einfach gefiedert, glänzend, grün, sterile Wedel rosettenartig am Boden liegend, wintergrün, sporentragende Wedel aufrecht, im Winter braun.
Standort Humose, saure, frische Böden.
Im Schatten, unter Gehölzen, im windgeschützten Schatten von Gebäuden; G₂.

Frauenhaarfarn
Athyrinum filix-femina

Höhe 70 cm.
Wuchs Horstartig.
Blatt Doppelt bis 3fach gefiedert, hellgrün, Blattstiel am Grunde mit schwarzbraunen Schuppen besetzt, sehr variable Form.

Standort Humose, frische bis feuchte Böden.
Im Schatten alter Gehölze; G₂.

Wurmfarn
Dryopteris filix-mas

Höhe 80 cm.
Wuchs Horstartig, sich wenig ausbreitend.
Blatt Wedel kräftig, trichterförmig angeordnet, mattgrün, einfach gefiedert, Stiel mit hellbraunen Schuppen besetzt.
Standort Heimisch, weit verbreitet auf nährstoffreichen, humosen, frischen Böden.
Unter alten Gehölzen, im luftfeuchten Schatten von Gebäuden; G₂.

D. borreri, Goldschuppenfarn, Höhe 80 cm, Wedel doppelt gefiedert, glänzend dunkelgrün, Stiele goldbraun beschuppt, wintergrün.
D. erythrosora, Rotschleierfarn, Höhe 50 cm, Rhizom kriechend, Wedel im Austrieb rötlich, doppelt gefiedert, Sporenbehälter mit rotem Schleierhäutchen verdeckt, Wedel wintergrün.

Der zarte Pfauenradfarn sollte erst im luftfeuchten Schutz älterer Gehölze gepflanzt werden.

Besonders wohl fühlt sich der Streifenfarn in Mauerfugen.

Im Spätsommer beeindruckt das Reiherfedergras durch seine hübschen Fruchtstände.

Farne für den Schatten

Die Trichter des Straußfarns sind sehr dekorativ. Die braunen Wedel sind die Sporenträger des Vorjahres.

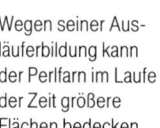

Wegen seiner Ausläuferbildung kann der Perlfarn im Laufe der Zeit größere Flächen bedecken.

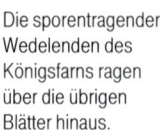

Die sporentragenden Wedelenden des Königsfarns ragen über die übrigen Blätter hinaus.

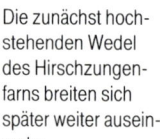

Die zunächst hochstehenden Wedel des Hirschzungenfarns breiten sich später weiter auseinander.

Straußfarn, Trichterfarn
Matteucia struthiopteris

Höhe 90 cm.
Wuchs Ausläuferbildend.
Blatt Doppelt gefiedert, hellgrün, Wedel trichterförmig angeordnet, Sporenträger in deren Mitte.
Standort Nährstoffreiche, humose Waldböden.
Für feuchte Plätze unter Gehölzen, im luftfeuchten Schatten von Gebäuden; G_2.

Perlfarn
Onoclea sensibilis

Höhe 40 cm.
Wuchs Kriechend, flächig.
Blatt Einfach gefiedert, Fiedern gelappt, sterile Wedel lang gestielt, hellgrün, sporentragende steif aufrecht, dunkelbraun, perlschnurartig aufgereiht.
Standort Feuchte, lehmig-humose Böden im kühlen Schatten.
Für flächige Pflanzungen im Gehölzbereich, an Bach- und Teichufern; G_2, GR_3.

Königsfarn
Osmunda regalis

Höhe 120 cm.
Wuchs Buschig.
Blatt Wedel gestielt, doppelt gefiedert, hellgrün, Spitzen der inneren Wedel sind sporentragend, gelbe Herbstfärbung; 'Purpurascens', Stiele besonders im Austrieb rot gefärbt, Wedel kupfergrün.
Standort Erlenbruch, saure, moorige, ständig feuchte Plätze im Halbschatten.
Königsfarn gehört bei uns zu den geschützten Pflanzen, er darf in der freien Natur nicht ausgegraben werden. G_3, GR_3.

Hirschzungenfarn
Phyllitis scolopendrium

Höhe 35 cm.
Wuchs Buschig.
Blatt Länglich-lanzettlich, ungefiedert, ledrig, wintergrün, etwa trichterförmig angeordnet. 'Crispa', Wedel am Rand gleichmäßig gewellt.
Standort Luftfeuchte Schluchtwälder, in kalkhaltigem, nährstoffreichem Substrat. In Fugen, zwischen Gehölzen, an beschatteten Bach- und Teichrändern; G_2.

Tüpfelfarn
Polypodium vulgare

Höhe 20 cm.
Wuchs Kriechend.
Blatt Wedel 3eckig, tief eingeschnitten, hellgrün, wintergrün.
Standort Sandig-steinige, gut durchlüftete Böden mit geringer Humusauflage.
Auf Baumstümpfen, in Felsspalten, in absonnigen Steinanlagen, zwischen Gehölzen; G_{1-2}.

Glanzschildfarn
Polystichum aculeatum

Höhe 80 cm.
Wuchs Buschig.
Blatt Wedel steif, einseitiggeneigt, 2–3fach, gefiedert, glänzend, grün, wintergrün.
Standort Bergwälder mit feuchten, humosen, nährstoffreichen, gut durchlüfteten Böden.
Zwischen Gehölzen, auf absonnigen Plätzen; G_2.

Weicher Schildfarn
Polystichum setiferum

Höhe 75–100 cm.
Wuchs Trichterförmige, breitausladende Büsche bildend, Wurzelstock holzig.
Blatt Bis 100 cm lang, 30 cm breit, doppelt gefiedert, mattgrün, weich, glanzlos. Stiel mit Schuppen und Haaren besetzt. Bei Schutz vor Wintersonne und zu starken Frösten wintergrün.
Standort Bergwälder mit humosen, nährstoffreichen Böden.
Im luftfeuchten Bereich vor und zwischen Gehölzen; G_2.

P. s. 'Plumosum Densum', Filigranfarn; Wedel schmal, flach gestellt, bis 70 cm lang. Im unteren Teil 3fach, sonst 2fach, sehr fein gefiedert. Fiederchen dicht gestellt, überlappen sich zum Teil. Alte Pflanzen entwickeln einen aus dem Boden herausragenden Stamm.
'Proliferum', Höhe etwa 40 cm, Wedel schmal, etwa 50 cm lang, leicht gebogen. Auf der Wedeloberseite bilden sich Brutknospen.
'Cristatum', variable Form, Wedel etwa 40 cm lang, 8–12 cm breit und an den Enden der Fiederchen gegabelt, häufig auch Wedelspitze flach oder kraus gegabelt.

Zwiebeln und Knollen

Zwiebeln und Knollen

Gelber Lauch
Allium flavum

Höhe 20–30 cm.
Zwiebel Eiförmig, mit schwarzer Faserhülle.
Blatt Halbrund, leicht gerinnt, graublau, wintergrün.
Blüte Juli/August, schwefelgelb, auf locker-bogigem Stiel, Blüten zunächst kugelig, später hängend angeordnet.
Standort Keine besonderen Ansprüche, kalkliebend, verträgt Sommertrockenheit.

Blauzungenlauch
Allium karataviense

Höhe 20–25 cm.
Zwiebel Rundlich, weiß.
Blatt Auffallend breit, metallisch blaugrün, nach 2 Seiten ausgerichtet, nach der Blüte nach außen eingerollt, sehr dekorativ.
Blüte April/Mai, weißrosa Blütenbälle, bis 10 cm stark, später als Fruchtstände ebenso.
Standort Durchlässige, warme Böden in Sonne bis Halbschatten.

Goldlauch
Allium molly

Höhe 20–30 cm.
Zwiebel Oval, weiß, klein.
Blatt Blaugrün, breit, horstartig massiv, mit kräftigem Lauchgeruch.
Blüte Mai/Juni, gelb in breiten, halbrunden Blütendolden, gute Bienenweide, Schnittblume.
Standort Anspruchslos, sonnig bis halbschattig, versamt sich leicht.

Lauch
Allium ostrowskianum,
Syn. *A. oreophilum*

Höhe 10–15 cm.
Zwiebel Rundlich, klein, weiß, Brutzwiebeln sehr zahlreich.
Blatt 2–3 mm breit, blaugrün.
Blüte Juli/August, karminrosa in lockerer Dolde.
Standort Sonnige, warme Plätze im Steingarten, sehr dauerhaft.

Lauch
Allium sphaerocephalum

Höhe 40–70 cm.
Zwiebel Rundoval, scharfkantig, weiß.
Blatt Halbzylindrisch, breitrinnig, 3 mm breit, kürzer als Blütenschaft.
Blüte Juli/August, dunkelpurpur, in kugelrunder, vielblütiger Dolde, manchmal durch Bulbillen (kleine Zwiebeln) ersetzt.
Standort Durchlässige, warme, sommertrockene Böden, anspruchslos.

Schneeglanz
Chionodoxa luciliae

Höhe 10–15 cm.
Zwiebel Rundoval, klein, weiß mit bräunlicher Hülle.
Blatt Schmal, rinnig, überhängend, meist nur 2 Blätter.
Blüte März, klarblau mit weißem Auge, sternförmig, in lockerer Blütentraube angeordnet, versamt sich leicht.
Standort Bevorzugt sandige, offene, warme Plätze.

Herbstzeitlose
Colchicum autumnale

Höhe 20–10 cm.
Zwiebel Längsoval, schief, mit brauner Hülle.
Blatt Großflächig, oval, glänzendgrün, muß während des Sommers eintrocknen können, giftig.
Blüte September/Oktober, kräftig violettrosa, öffnet sich erst, wenn sie bestäubt ist, zu vielen aus 1 Zwiebel wachsend. 'Album', Blüte reinweiß; 'Major', Blüte rosalila; 'Plena', Blüte lilarosa, gefüllt.
Auffallend in Blütengröße und Form sind die Hybriden 'Lila Wonder', fliederfarben; 'The Giant', malvenfarbig mit weißer Mitte; 'Wasserlilly', lilarosa, gefüllt, sehr großblumig.
Standort Offene, lehmhaltige, frische Böden in Sonne bis Halbschatten.

Krokus
Crocus kotschyanus, Syn. *C. zonatus*
Herbstblühende Art

Höhe 10–15 cm.
Knolle Flachkugelig, Hülle längsfaserig, dünn.
Steckzeit Juli bis August.
Blatt Sehr schmal, erscheint nach den Blüten.
Blüte September/Oktober, zartlila mit goldgelber Mitte, dunkler geadert.
Standort Humose, sommertrockene und warme, gut belichtete Plätze am Gehölzrand, versamt sich leicht.

Safran
Crocus sativus

Höhe 10 cm.
Knolle Tropfenförmig, Hülle seidig, netzartig, bildet reichlich Brutknollen.
Steckzeit Juli bis August.
Blatt Sehr schmal, erscheint vor den Blüten.
Blüte September/Oktober, blauviolett, früher als Farb- und Gewürzmittel verwendet.
Standort Nährstoffreiche, warme, durchlässige und sommertrockene Plätze in der Sonne.

Herbst-Krokus
Crocus speciosus

Höhe 10 cm.
Knolle Kugelig, Hülle dünn, sich am Grunde kreisförmig ablösend.
Steckzeit Juli bis August.

An zusagenden Standorten kann der Schneeglanz rasch größere Flächen besiedeln.

Die leuchtend gelben Blüten des Goldlauch duften nach Honig, die Blätter nach Knoblauch.

Zwiebeln und Knollen

Die zarten Blüten des Elfenkrokus erscheinen schon so zeitig, daß sie sich oft noch durch den Schnee kämpfen müssen.

Mächtig erheben sich die Blütenschäfte der Kaiserkrone.

Blatt 2–3 mm breit, weißlich gerinnt, erscheint im Frühjahr.
Blüte September/Oktober, dunkel geadert, hellblau, sehr variabel, becherförmig, geöffnet sehr breit; 'Aitchisonii', großblütig, hellblau, von Oktober bis November; 'Albus', reinweiß; 'Artabir', mattblau, dunkel geadert.
Standort Durchlässige, warme, sonnige Plätze.

Frühjahrsblühender Krokus
Crocus chrysanthus

Höhe 8–10 cm.
Knolle Walzenartig, rund, Hülle geringelt.
Blatt Schmal, dunkelgrün, Blüten nicht überragend.
Blüte Februar/März, orangegelb mit dunklerer Außenseite, sehr variabel, bauchig; 'Blue Bird', blau mit weißen Rändern; 'E. A. Bowles', sattgelb, außen braun gestreift; 'Snowbunting', weiß.
Standort Offene, sonnige Plätze auf nährstoffreichen, durchlässigen Böden. Läßt die Blühwilligkeit nach, sollten die Zwiebeln aufgenommen, geteilt und in verbesserte Erde neu gesetzt werden.

Elfenkrokus, Frühjahrsblüher
Crocus tomasianus

Höhe 8–10 cm.
Knolle Rundlich, Hülle netzartig.
Blatt Fein, grasartig.
Blüte Februar/März, hell-lila, zart, schlank und ziemlich groß. 'Whitewell Purple', rötlichpurpur; 'Barr's Purple', rubinpurpur; 'Ruby Giant', purpurviolett.
Standort Humose, auch trockene Böden am sonnigen, lichten Gehölzrand. Gerne auch auf Kalk. Verbreitet sich leicht durch Selbstaussaat, wenn man ihn in Ruhe läßt.

Gartenkrokus, Frühjahrsblüher
Crocus vernus

Höhe 15 cm.
Knolle Flachkugelig, Hülle gestreift, netzartig, wird gerne von Mäusen gefressen.
Blatt 5 mm breit, spitz zulaufend.
Blüte März/April, weiß, lila, blauviolett; zahlreiche Sorten im Handel.
Standort Normaler Gartenboden, bevorzugt am Gehölzrand.

Winterling
Eranthis hiemalis

Höhe 5 cm.
Knolle Runzelig, schwarzbraun, darf nicht austrocknen.
Steckzeit September.
Blatt Rundlich, stark geteilt, halskrausenartig auf 1 Stengel, aus der sich die Blüte entwickelt.
Blüte Februar/März, gelb, kugelförmig, fast geschlossen.
Standort Durchlässig humos, am warmen Gehölzrand, versamt sich leicht.

Kaiserkrone
Fritillaria imperialis

Höhe 70–90 cm.
Zwiebel Dicke, fleischige Schuppen bilden 1 bis faustgroße Zwiebel mit unangenehmem Geruch.
Blatt Längsoval, am Rand leicht gewellt, wechselständig an kräftigen Stielen angeordnet.
Blüte April/Mai, orangerot, am Ende des Stieles als hängender Blütenquirl angeordnete Glocken, die auch innen sehr dekorativ gezeichnet sind. 'Aurora', rotorange; 'Lutea Maxima', gelb; 'Rubra Maxima', rotbraun, kräftig.
Standort Nährstoffreiche, kühlbleibende, frische Plätze in Sonne bis Halbschatten. Die Zwiebeln müssen 25–30 cm tief gepflanzt werden.
Beste Pflanzzeit Juli/August.

Schachbrettblume
Fritillaria meleagris

Höhe 25–30 cm.
Zwiebel Etwa 2 cm groß, weißlich, ohne Hülle.
Blatt Schmallineal, rinnig, graugrün.
Blüte April/Mai, meist einzeln oder zu zweien auf dünnen Stielen, hell- bis dunkelpurpur, gescheckt, sehr variabel, auch weiß.
Standort Feuchte bis frische, nährstoffreiche Böden im Halbschatten, bevorzugt humose, saure Böden.
Beste Pflanzzeit September.

Großblütiges Schneeglöckchen
Galanthus elwesii

Höhe 15 cm.
Zwiebel Spitzoval, Hülle braun.
Blatt Blaugrün, bis 3 cm breit, zum Teil gedreht.
Blüte Februar/März, vor *G. nivalis*, bis 4 cm breit, weiß, innere Blütenblätter mit grünem Fleck oben und unten.
Standort Warme, sommertrockene Lagen am Gehölzrand, bildet horstartige Bestände.

Schneeglöckchen
Galanthus nivalis

Höhe 10 cm.
Zwiebel Spitzoval, klein, Hülle braun.
Blatt 5 cm breit, grünblau, leicht, nach außen gebogen.
Blüte Februar bis März, weiß, Einzelblüte 2,5 cm breit, innere Blütenblätter

Zwiebeln und Knollen

mit grünem Fleck unten. 'Hortensis', gefüllt, wüchsig; 'S. Arnott', sehr großblütig; 'Scharlokii', groß mit 2 stark ausgebreiteten Hochblättern.
Standort Humose, lehmig-feuchte Böden im Halbschatten.
Beste Steckzeit September/Oktober, etwa 10 cm, tief.

Frühlingsiris
Iris reticulata

Höhe 15 cm.
Zwiebel Oval, zugespitzt, mit hellbrauner, netzartiger Hülle.
Blatt 4kantig, zugespitzt, blaugrün, wächst erst nach der Blüte bis 25 cm hoch.
Blüte März, blauviolett mit orangefarbenen Mittelstreifen, zart duftend. 'Harmony', hellblau; 'Herkules', rötlichpurpur; 'J.S. Dijt', rotviolett.
Standort Durchlässige, nährstoffreiche, windgeschützte Lagen in der Sonne.
Beste Pflanzzeit September/Anfang Oktober, 10 cm tief.

Sommerknotenblume
Leucojum aestivum

Höhe Bis 60 cm.
Zwiebel Eiförmig, bis 4 cm hoch, weiß mit dunkler Hülle.
Blatt 2 cm breit, 30 cm lang, überhängend.
Blüte Mai/Juni, weiß mit grünen Spitzen, zu 3–6 an 40 cm hohen Stielen. 'Gravety Giant', robuste Sorte.
Standort Nasse Auwiesen und Flachmoore (geschützt). Nährstoffreiche, frische bis feuchte Lagen, auch im Sumpfbeet, entwickelt erst nach Jahren ungestörten Wachstums große Horste.
Beste Pflanzzeit September, 15–20 cm tief.

Märzenbecher
Leucojum vernum

Höhe 25 cm.
Zwiebel Kugelig, etwa 3 cm Durchmesser.
Blatt 15–20 cm lang, 1 cm breit, überhängend, glänzendgrün.
Blüte März/April, meist einzeln an 25 cm hohen Stengeln hängend, weiß, mit gelbem oder grünem Fleck, 3 cm groß.
Standort Nährstoffreiche, lehmig-humose, frische bis feuchte Böden im Halbschatten.
Beste Pflanzzeit August/September, Zwiebeln dürfen nicht trocken werden.

Madonnenlilie
Lilium candidum

Höhe Bis 1,50 m.
Zwiebel Locker schuppig, 7–10 cm stark.
Blatt Kurzer, 6 cm hoher Blattschopf erscheint im Spätsommer, aus dem sich der Blütenschaft entwickelt, ganzer Stengel beblättert, mit glänzend hellgrünen, spitzovalen Blättern. Werden gerne von Schnecken gefressen.
Blüte Juni/Juli, weiß, breit trichterförmig, zu 10 und mehr am Stengelende, duftend.
Standort Durchlässige, sommerwarme, kalkhaltige Lehmböden in voller Sonne.
Beste Pflanzzeit August/September, nur 3 cm tief!

Feuerlilie
Lilium bulbiferum

Höhe 80–120 cm.
Zwiebel Schuppig, weiß.
Blatt Schmallanzettlich am Stengel

herablaufend, glänzendgrün, in den Blattachseln entstehen grüne, später schwärzliche Bulben.
Blüte Juni, orangerot in aufrechten, offenen Schalen am Triebende. *L.* ssp. *croceum* hat schwarze Tupfen auf den Blütenblättern.
Standort Lehmig-humose, sommertrockene, warme Böden am offenen Gehölzrand.

Goldtürkenbund
Lilium hansonii

Höhe 1,20 m.
Zwiebel Weißrosa, fest, kugelig.
Blatt Breit, länglich zugespitzt, in Quirlen am Stengel.
Blüte Juni/Juli, orangegelb, braun gesprenkelt, Blütenblätter wachsartig verdickt, nach außen gebogen, bis zu 10 Einzelblüten an 1 Stengel, gute Schnittblume.
Standort Humos, frisch bis feucht und halbschattig. Zwiebeln treiben sehr früh aus, deshalb vor Spätfrösten schützen und am besten mit Laubhumus abdecken. 25 cm tief legen.

Mandarinen-Türkenbund
Lilium henryi

Höhe 1,50 m.
Zwiebel Oval, gelbliche Schuppen, fast geschlossen, bis faustgroß, mit lockeren Wurzeln tiefreichend, Stengel bewurzelt sich.
Blatt Spitzoval, in den Blattachseln bilden sich Bulben.
Blüte August/September, orangefarben, braun getupft, zu 10–15 an weit gebogenen, kräftigen Stengeln; bogig überhängend.

Von links nach rechts: Die kleine Schwester der Kaiserkrone ist die Schachbrettblume mit der interessanten Zeichnung ihrer Blütenblätter.

Das leuchtende Orangerot der Feuerlilie wirkt am besten, wenn die Pflanzen in kleinen Gruppen zusammenstehen.

Es dauert einige Jahre, bis sich die Sommerknotenblume zu solch schönen Büscheln entwickelt hat.

Zwiebeln und Knollen

Kräftig entwickelter Türkenbund, die Blütenfarbe ist nicht sehr auffallend.

Standort Lehmig-humose, auch kalkhaltige, sommertrockene, warme Böden im Halbschatten.
Beste Pflanzzeit Umpflanzen im zeitigen Frühjahr vor dem Austrieb, Pflanztiefe 25 cm.

Türkenbund
Lilium martagon

Höhe 1–1,30 m.
Zwiebel Feste, graugelbe Schuppen.
Blatt Elliptisch, in Quirlen angeordnet.
Blüte Mai/Juni, schmutzigpurpurn, mit stark zurückgeschlagenen Blütenblättern, an waagerechten Stielen nickend. 'Album' und 'Albiflorum', beide weiß, auffallender als die Art 'Cattaniae', weinrot.
Standort Humose, kalkhaltige, frische Böden im Halbschatten.
Beste Pflanzzeit Anfang September, 10 cm tief.

Königslilie
Lilium regale

Höhe 80–150 cm.
Zwiebel Rund, etwa 10 cm groß, mit lanzettlichen Schuppen; Brutzwiebeln entstehen über der Mutterzwiebel.
Blatt Linealisch, einnervig, ganzer Stengel beblättert.
Blüte Juli/August, weiß, außen braunrosa, trichterförmig, weit geöffnet, zu 5–20 je Stiel, duftend.
Standort Humoser, lehmiger, nährstoffreicher, auch trockener Boden in voller Sonne.
Beste Pflanzzeit Herbst, 25 cm tief, vor Spätfrösten schützen.

Zuchtlilien
Lilium-Hybriden

Moderne Zuchtergebnisse, Kreuzungen aus amerikanischen, orientalischen, asiatischen und vielen anderen Arten und Sorten haben eine große Zahl farbkräftiger und großblütiger Lilien hervorgebracht. Es seien stellvertretend nur einige Sorten genannt: 'African Queen', aprikosenfarbig; 'Pink Perfektion', kräftig rosa; 'Enchentment', orangerot; 'Golden Splendour', goldgelb.
Standort Nährstoffreiche, durchlässige, lehmig-humose Böden in voller Sonne.
Beste Pflanzzeit Frühjahr, ab März.

Traubenhyazinthe
Muscari armeniacum

Höhe 15 cm.
Zwiebel Rundoval, weiß, mit dünner brauner Hülle.
Blatt Lineal, etwas fleischig, erscheint schon im Herbst und bleibt über Winter grün.
Blüte April, kobaltblau, mit kleinem weißen Rand, traubenförmig auf festen Stielen; 'Blue Spike', zartblau, gefüllt, sehr reich blühend.
Standort Normale Gartenerde, durchlässig, warm, sommertrocken, in Sonne oder Halbschatten, am warmen Gehölzrand.
Beste Pflanzzeit September, 12–15 cm tief.

Das kräftige Blau der niedrigen Traubenhyazinthe wirkt gut als Vordergrund vor höheren Frühjahrsblühern.

Narzisse
Narcissus

Die Gartennarzissen sind Produkte ausgiebiger Züchtung, und eine Klassifizierung der vielfältigen Formen ist nicht einfach.
Standort Keine speziellen Ansprüche, am besten sind durchlässige, lehmig-humose, frische Böden im Halbschatten. Es empfiehlt sich, die Zwiebeln alle 5–6 Jahre herauszunehmen, zu teilen und in Komposterde wieder einzupflanzen.
Beste Pflanzzeit September, 12–15 cm tief. Narzissenlaub zieht erst Anfang Juli ein. Vorheriges Abschneiden schwächt die Pflanze. Bei der Planung beachten, daß sich vor den Narzissen andere Pflanzen entwickeln, die das unschöne Laub verdecken, so daß es ungesehen verrotten kann.

Trompetennarzissen

Die Trompete ist größer als der Blütenkranz. Sie sind sehr robust und langlebig.
Blütezeit April/Mai.
Sorten 'King Alfred', 40 cm hoch, Trompete und Blütenkranz gelb; 'Dutch Master', 40 cm hoch, goldgelb; 'Mount Hood', 40 cm hoch, Trompete weiß, Blütenkranz weiß; 'Magnet', 35 cm hoch, Trompete gelb, Kranz weiß.

Großkronige Narzissen

Trompete oder Krone kürzer als der Blütenkranz. Es sind wärmeliebende Sorten.
Sorten 'Carlton', 40 cm hoch, Krone und Blütenkranz zartgelb; 'Flower Record', 50 cm hoch, Krone orange, Blütenkranz weiß; 'Scarlet Elegance', 40 cm hoch, Krone rot, Blütenkranz goldgelb.

Kurzkronige Narzissen

Die Krone ist kürzer als $1/3$ des Blütenkranzes. Diese Art ist etwas empfindlicher als die Trompetennarzissen, auf geeigneten Standorten jedoch ausdauernd.
Sorten 'Barret Browning', 35 cm hoch, Krone rot, Blütenkranz weiß, gute Schnittsorte; 'La Riante', 30 cm hoch, Krone orange, Blütenkranz weiß; 'Birma', 35 cm hoch, Krone rot, Blütenkranz gelb; 'Actaea', die Dichternarzisse, Blüte Ende Mai, 40 cm hoch, Krone klein, rot, Blütenkranz weiß, duftend.

Zwiebeln und Knollen

Gefüllte Narzissen

Die Krone ist recht kurz, vervielfacht, mitunter ist der Blütenkranz mit einbezogen. Blüten sind häufig fürs Freiland zu schwer und brechen bei Regen.
<u>Sorten</u> 'Inglescombe', 35 cm hoch, Krone und Blütenkranz mattgelb; 'Texas', 40 cm hoch, Krone Orange mit Gelb, Blütenkranz gelb.

Narzissen mit mehrblumigen Stengeln

Hierzu gehören Züchtungen aus der Gruppe der *tazetta-, triandrus-, jonquilla-*Narzissen. Sie sind nicht so ausdauernd wie die vorigen. Sie brauchen einen warmen, offenen Standort, ohne Konkurrenz anderer Pflanzen.
<u>Sorten</u> 'Geranium', 35 cm hoch, Krone orange, Blütenkranz weiß; 'Laurens Kloster', 35 cm hoch, Krone dunkelgelb, Blütenkranz weiß; 'Cheerfulness', Krone und Blütenkranz rahmweiß, gefüllt; 'Thalia', 35 cm hoch, Blüten hängend, Krone gelb, Blütenkranz weiß; 'Trevithian', 40 cm hoch, Krone und Blütenkranz hellgelb, stark duftend.

Zwergnarzissen

Sie stehen zum Teil den Wildformen noch nahe und stellen häufig sehr differenzierte Standortansprüche, auf die in diesem Zusammenhang nicht eingegangen werden kann.
Einige Arten und Sorten, die relativ robust sind, seien angeführt: *Narcissus cyclamineus*, Höhe 20 cm, Blüte im März, goldgelb, nickend, liebt humose, saure, feuchte Böden im Halbschatten. Robuste Hybriden sind 'February Gold', rahmgelb; 'Peeping Tom', gelb.

N. triandrus, Höhe 15–20 cm, Blüte im April, rahmweiß, nickend, Blütenkranz weit zurückgeschlagen. Liebt lehmige, durchlässige, warme und sommertrockene Böden.
'April Tears', hellgelb, zu mehreren an einem Stiel hängend.

Glockenscilla

Scilla hispanica

<u>Höhe</u> 20–30 cm.
<u>Zwiebel</u> Groß und fleischig, weiß.
<u>Blatt</u> Breitlanzettlich, glänzendgrün, in dichten Horsten.
<u>Blüte</u> Ende Mai, blau, Einzelblüte hängend, mit zurückgebogenen Zipfeln. 'Myosotis', reinblau; 'Queen of the Pinks', tiefrosa; 'White Triumphator', weiß.
<u>Standort</u> Durchlässige, humose Lehmböden in Sonne bis Halbschatten, auch im Wurzeldruck von Bäumen wachsend, wärmeliebend. Am passenden Standort sehr ausdauernd.

Waldhyazinthe

Scilla non-scripta

<u>Höhe</u> 20–30 cm.
<u>Zwiebel</u> Rundlich, weiß.
<u>Blatt</u> Schmallanzettlich, glänzendgrün, horstartig.
<u>Blüte</u> Mai, dunkelblau, weiß und rosa. Glocken zu wenigen am Stiel, überhängend, mehr röhrenförmig.
<u>Standort</u> Lehmig-humose, nährstoffreiche, feuchte Böden im Halbschatten bis Schatten, anspruchsvoll, verwildert leicht an geeigneten Plätzen.

Blaustern

Scilla sibirica

<u>Höhe</u> 15 cm.
<u>Zwiebel</u> Klein, spitzoval.
<u>Blatt</u> Breitlineal mit kappenförmiger Spitze.
<u>Blüte</u> März/April, azurblau, nickende Blüten zu 2–5 am Stiel, 'Alba', weiß; 'Spring Beauty', tiefblau.
<u>Standort</u> Lehmig-humose Böden im Halbschatten, unter Bäumen und im Gras, versamt sich leicht.

Tulpe

Tulipa

Die uns heute bekannten Tulpen sind fast alle züchterisch beeinflußt, und nur wenige Wildarten lassen sich in unseren Gärten verwenden.
<u>Zwiebel</u> Tropfenförmig, meist weiß und mit einer pergamentartigen, hell- oder dunkelbraunen Hülle umgeben.
<u>Standort</u> Gartentulpen gedeihen in jedem nahrhaften, guten Gartenboden, nur nicht in staunassen, kalten Böden.
<u>Beste Pflanzzeit</u> Oktober, Pflanztiefe etwa 10–15 cm. Jährliche Düngung zu Beginn des Austriebs verlängert die Lebensdauer.
Ähnlich schwierig wie bei den Narzissen ist eine Klassifizierung der Tulpen. In aller Regel werden die Gartentulpen nach Blütezeit geordnet.

Einfache frühe und gefüllte frühe Tulpen

<u>Höhe</u> 35–40 cm.
<u>Blütezeit</u> April bis Anfang Mai.
<u>Einfache Sorten</u> 'Couleur Cardinal', scharlach; 'Apricot Beauty', lachsrosa; 'Ibis', dunkelrosa; 'Bellona', gelb; 'General de Wet', orange.
<u>Gefüllte Sorten</u> 'Dante', blutrot; 'Monte Carlo', gelb; 'Jan Vermeer', rot mit gelbem Rand.

Aus dem großen Narzissensortiment hier Vertreter der Trompeten- und der Kurzkronigen Gartennarzissen.

An den Gehölzrand passen die lichtblauen Glockenscilla am besten. Sie vermehren sich dort leicht.

Zwiebeln und Knollen

Triumph-Tulpen
Höhe 40–50 cm.
Blütezeit Ende April bis Mitte Mai.
Sorten 'Elmus', hellrot mit weißem Rand; 'Golden Melody', goldgelb; 'Kansas', reinweiß; 'Paris', orange mit gelbem Rand.

Darwin-Tulpen
Höhe 50–70 cm, langstielig und kräftig.
Blüte Ende Mai, Blütengrund fast eckig.
Sorten 'Campfire', blutrot; 'Margaux', weinrot; 'Zwanenburg', weiß; 'Sunkist', gelb.

Lilienblütige Tulpen
Höhe 40–60 cm.
Blütezeit April/Mai, Blüten schlank, mit nach außen gebogenen Spitzen.
Sorten 'Jacqueline', tiefrosa; 'Queen of Sheba', braunrot mit gelbem Rand; 'China Pink', rosa auf weißem Grund.

Papageitulpen
Höhe 50 cm.
Blütezeit Mai, Blütenblätter gefranst und wellig, oft mehrfarbig, Abnormitäten durch Virusinfektion entstanden.
Sorten 'Blue Parrot', violettrot; 'Fantasie', rosa mit grünen und weißen Streifen; 'Texas Flame', buttergelb, karminrot geflammt.

Botanische Wildtulpe
Tulipa eichleri

Höhe 25–30 cm.
Zwiebel Weiß mit brauner Hülle.
Blatt Graugrün, wellig.
Blüte April, leuchtend rot, mit gelbgerandetem, großem schwarzem Grundfleck.
Standort Warmer, nahrhafter Boden.

Botanische Wildtulpe
Tulipa fosteriana

Höhe 30–40 cm.
Zwiebel Weiß mit brauner Hülle.
Blatt Breit, graugrün.
Blüte April, die Art ist kaum im Handel, verbreitet sind zahlreiche Sorten: 'Golden Emperor', gelb; 'Red Emperor', leuchtendrot mit schwarzem Boden; 'Reginald Dixon', scharlach, gelb gerändert.
Standort Sonnig, in humosem, durchlässigem Boden.

Botanische Wildtulpe
Tulipa greigii

Höhe 20–30 cm.
Zwiebel Weiß mit brauner Hülle.
Blatt Blaugrün, braun gezeichnet.
Blüte April/Mai, feurig scharlachrot, offenglockig; 'Cape Code', braungelb, Boden purpur; 'Fiesta', zinnoberrot; 'Sweet Lady', pfirsichrosa; 'Tango', orangescharlach, Basis gelbschwarz.
Standort Sonnig, in humosem, durchlässigem Boden.

Botanische Wildtulpe
Tulipa kaufmanniana

Höhe 25 cm.
Zwiebel Weiß mit brauner Hülle.
Blatt Breitlanzettlich, graugrün, zuweilen braun gefleckt.
Blüte März/April, cremeweiß mit breitem, gelbem Grundfleck, außen rot getönt, in der Sonne weit geöffnet; 'Gaiety', zartgelb, rot gefleckt; 'Stresa', gelb mit blutroten Flecken. 'Shakespeare', lachsrosa mit goldgelbem Boden.
Standort Sonnig, in humosem, durchlässigem Boden.

Botanische Wildtulpe
Tulipa praestans

Höhe 30–40 cm.
Zwiebel Weiß mit brauner Hülle.
Blatt Breitlanzettlich, hellgrün.
Blüte April, hellscharlachrot, einfarbig, zu mehreren an einem Stiel; 'Füselier', hellrot; 'Tubergens Variety', orange-scharlachrot.
Standort Durchlässige, sonnige Plätze.

Weinbergtulpe, Wildtulpe
Tulipa sylvestris

Höhe 20–40 cm.
Zwiebel Ausläufertreibend, wuchernd.
Blatt Lineallanzettlich, graugrün.
Blüte April/Mai, gelb, zunächst hängend, später aufgerichtet, duftend.
Standort Humose, durchlässige Böden, für Steingärten und zum Verwildern, am warmen, sonnigen Gehölzrand Zwiebeln 20 cm tief legen.

Wildtulpe
Tulipa tarda, Syn. *T. dasystemon*

Höhe 10–15 cm.
Zwiebel Klein, spitzoval, weiß mit graubrauner Hülle.
Blatt 2 cm breit, eine lockere Rosette bildend, bräunlich-grün.
Blüte April/Mai, sternförmig, weiß mit kanariengelber Mitte, zu 3–8 Blüten je Stiel zusammen, öffnen sich weit bei Sonne.
Standort Warme, trockene Plätze im Steingarten, Zwiebeln 10 cm tief legen.

Tulpen müssen nicht unbedingt in Reih und Glied auf sonnigen, freien Beeten ausgepflanzt werden, auch am Gehölzrand, im lichten Schatten, wie hier zusammen mit der Dichternarzisse, kann man sie gut verwenden. Besonders gut paßt das leuchtende Orange zum Blau des Kaukasusvergißmeinnicht.

Zusammenfassung nach Lebensbereichen

Gehölz (G)

Stauden

Actaea alba
Anemone hupehensis,
A. japonica
Aruncus silvester
Asarum europaeum
Bergenia cordifolia
Cimicifuga cordifolia,
C. racemosa,
C. simplex,
Digitalis purpurea
Hosta-Arten
Lamium galeobdolon,
L. maculatum
Lathyrus vernus
Lysimachia clethroides
Omphalodes verna
Pachysandra terminalis
Rodgersia-Arten
Tiarella cordifolia
Vinca minor,
V. major
Waldsteinia geoides,
W. ternata

Gräser

Carex morrowii 'Variegata',
C. pendula,
C. plantaginea,
C. sylvatica,
C. umbrosa
Luzula sylvatica

Farne

Adiantum pedatum,
A. venustum
Blechnum spicant
Athyrinum filix-femina
Dryopteris borreri, D. erytrosora,
D. filix-mas
Matteuchia strutiopteris
Onoclea sensibilis
Osmunda regalis
Phyllitis scolopendrium
Polypodium vulgare,
P. aculeatum,
P. setiferum

Zwiebeln und Knollen

Lilium hansonii
Scilla non-scripta

Gehölz-Rand (GR)

Stauden

Aconitum × arendsii,
A. napellus
Ajuga reptans
Alchemilla mollis
Anemone hupehensis,
A. japonica
Aquilegia vulgaris,
A. caerulea
Aruncus silvester
Astilbe × arendsii,
A. chinensis
Bergenia cordifolia
Campanula glomerata,
C. persicifolia
Convallaria majalis
Dicentra spectabilis
Digitalis grandiflora
Doronicum caucasicum,
D. plantagineum
Epimedium grandiflorum
E. perraldianum, E. pinnatum,
E. versicolor
Geranium endressii,
G. macrorhizum,
G. sanguineum
Geum coccineum 'Borisii'
Hosta-Arten
Hypericum calycinum
Lathyrus latifolius
Ligularia clivorum,
L. hessei
Lithospermum purpureocaeruleum
Lychnis viscaria
Lysimachia nummularia,
L. punctata
Physalis franchettii
Physostegia virginiana
Platycodon grandiflorum
Podophyllum peltatum
Polygonatum commutatum,
P. multiflorum,
P. verticillatum
Potentilla nepalensis,
P. verna
Primula beesiana,
P. bulleyana,
P. denticulata,
P. elatior,
P. japonica,
P. vulgaris
Pulmonaria angustifolia,
P. saccharata,
P. rubra
Saxifraga umbrosa
Sedum floriferum 'Weihenstephaner Gold'
Stachys grandiflorum
Tiarella cordata

Gräser

Carex morrowii 'Variegata',
C. pendula,
C. plantaginea,
C. sylvatica,
C. umbrosa
Luzula nivea
Sinarundinaria nitida

Farne

Onoclea sensibilis
Osmunda regalis

Zwiebeln und Knollen

Allium karataviense,
A. moly
Crocus kotschianus,
C. tomasianus,
C. vernus
Eranthis hiemalis
Fritillaria imperialis,
F. maleagris
Galanthus elwesii,
G. nivalis
Leucojum vernum
Lilium bulbiferum,
L. hansonii,
L. henryi,
L. martagon
Narcissus
Scilla hispanica,
S. sibirica
Tulipa sylvestris

Freiflächen (Fr)

Stauden

Achillea filipendula 'Parker',
A. millefolium
Alchemilla mollis
Aconitum napellus 'Bicolor'
Geum coccineum 'Borisii'
Gypsophila paniculata
Helianthus atrorubens,
H. decapetala
Iris pseudacorus,
I. kaempferi,
I. sibirica
Kniphofia × hybridum
Liatris spicata
Ligularia clivorum,
L. × hessei,
L. przewalskii
Lysimachia nummularia,
L. punctata
Lythrum salicaria
Oenothera tetragona
Papaver orientale
Physostegia virginiana
Podophyllum peltatum
Polemonium caeruleum
Polygonum affine,
P. bistorta 'Superbum',
P. sacchalinense,
P. weyrichii
Potentilla recta

Zusammenfassung nach Lebensbereichen

Primula florindae,
P. rosea
Prunella grandiflora
Rudbeckia laciniata,
R. nitida,
R. sullivantii 'Goldsturm'
Salvia nemorosa
Sedum floriferum 'Weihenstephaner Gold', *S. spurium* 'Album Superbum',
S. hybridum 'Immergrünchen',
S. middendorfianum 'Diffusum'
Solidago × hybridum
Stachys lanata
Trollius × cultorum, T. chinensis
Verbascum bombyciferum,
V. longifolium,
V. olympicum,
V. phoeniceum
Veronica incana, V. teucrium

Gräser

Avena sempervirens
Calamagrostis × acutiflorus
Cortaderia selloana
Miscanthus sacchariflorus,
M. sinensis
Molinia altissima
Panicum virgatum
Pennistetum compressum
Sinarundinaria nitida
Spartina michauxiana

Zwiebeln und Knollen

Allium sphaerocephalum
Colchicum autumnale
Crocus sativus,
C. speciosus,
C. chrysanthus
Leucojum aestivum
Lilium regale, L.-Hybriden
Muscari armeniacum
Narcissus, Wildformen
Scilla sibirica

Steppen-Heide (SH)

Stauden

Iris barbata-nana
Linum perenne
Pulsatilla vulgaris
Verbascum bombyciferum,
V. longifolium,
V. olympicum,
V. phoeniceum

Gräser

Avena sempervirens
Briza media
Festuca glauca, F. amethystina
Koeleria glauca
Lasiagrostis calamagrostis
Stipa barbata, S. capillata

Zwiebeln und Knollen

Allium flavum,
A. sphaerocephalum,
Chionodoxa luciliae
Iris reticulata
Lilium candidum

Steinanlagen (FS)

Stauden

Achillea tomentosa
Alyssum montanum
Arabis caucasica
Campanula carpatica,
C. cochleariifolia, C. garganica,
C. portenschlagiana,
C. porscharskiana
Dianthus ceasius, D. plumarius
Helianthemum × hybridum
Gypsophila paniculata
Iberis saxatilis, I. sempervirens
Lavandula angustifolia
Linum flavum
Lychnis coronaria
Nepeta × faassenii
Oenothera missouriensis
Phlox subulata
Potentilla aurea, P. arenaria
Pulsatilla vulgaris
Yucca filamentosa

Zwiebeln und Knollen

Allium flavum, A. ostrowskyanum
Iris reticulata
Tulipa eichleri, T. forsteriana, T. greigii,
T. kaufmanniana, T. praestans

Matten (M)

Stauden

Gentiana acaulis, G. lagodechiana
Heliathemum × hybridum
Oenothera missouriensis
Papaver nudicaule, P. alpinum
Sedum album 'Murale', *S. acre,*
S. sexangulare,
S. telephium 'Herbstfreude'
Stipa barbata, S. capillata

Zwiebeln

Tulipa tarda

Stein-Fugen (SF)

Stauden

Arabis caucasica
Aubrieta × cultorum
Campanula carpatica, C. cochleariifolia,
C. garganica, C. porscharskiana, C. portenschlagiana
Geranium dalmaticum

G. subcaulescens 'Splendens'
Gypsophila repens,
G. × hybrida 'Rosenschleier'
Linum flavum
Saponaria ocymoides
Saxifraga × arendsii,
S. hypnoides egemulosa
Sempervivum

Beet (B)

Stauden

Achillea filipendulina 'Parker',
A. millefolium
Aconitum × arendsii
Aster amellus, A. dumosus,
A. novi-angliae, A. novi-belgii
Centaurea dealbata 'Stenbergii',
C. montana 'Grandiflorum'
Chrysanthemum coccineum,
C. × hortorum, C. maximum
Coreopsis grandiflorum, C. lanceolata,
C. verticillata
Delphinium × cultorum
Doronicum caucasicum
Erigeron × hybridum
Helenium × hybridum
Helianthus atrorubens,
H. decapetalus
Hemerocallis × hybridum
Iris barbata-elatior, I. sibirica
Lupinus × hybridum
Lychnis calcedonica
Macleya cordata
Monarda × hybridum
Oenothera tetragona
Paeonia officinalis,
P. suffruticosa
Phlox paniculata
Rudbeckia laciniata, R. nitida,
R. sullivantii 'Goldsturm'
Stachys grandiflorum
Trollius × cultorum

Gräser

Cortaderia selloana
Miscanthus sinensis
Panicum virgatum
Pennisetum compressum

Zwiebeln und Knollen

Crocus sativus, C. vernus
Lilium candidum, L.-Hybriden,
L. regale
Muscari armeniacum
Narcissus
Tulipa, Züchtungen

Wasser

siehe Kapitel »Wasser im Garten« ab S. 220.

Bodendecker – immer schön

Bodendecker

Immer wieder gibt es Bereiche im Garten, die dauerhaft und möglichst pflegeleicht begrünt werden sollen. Besonders an etwas absonnigen Plätzen, an Hängen oder dort, wo kein Rasen wachsen will, bietet sich die Verwendung flächig wachsender Pflanzen an. Es empfiehlt sich, keine zu großen Flächen mit nur einer Pflanzenart zu begrünen, da dies eintönig und gestalterisch wenig reizvoll wirkt. Allerdings sollte auch kein »Flickenteppich« entstehen. Höhere und niedere Pflanzengruppen sollten abwechseln, Immergrüne mit Stauden kombiniert werden. Staudenflächen, die erst im Laufe des Frühjahrs ihre Blätterdecke schließen,

Im Schatten und unter Gehölzen bilden das blaue Immergrün und die rosa Primel zauberhafte Teppiche.

Bodendeckende immergrüne Laubgehölze für den Schatten

Name	Pflanzen pro m²	Boden und Standort	Bemerkungen
Dickmännchen, Dickanthere, *Pahysandra terminalis*	Wenig verträglich mit anderen Arten, mindestens jedoch 8–10 Pflanzen.	Humusreicher, frischer Boden, unter Baumbeständen und vor Gehölzen.	Einer der dankbarsten Bodendecker, vermehrt sich stark.
Efeu, *Hedera helix*	2–3	Liebt kalkhaltige Böden, für Halb- und Vollschatten.	Besonders guter, schnell wachsender Bodendecker.
Heckenkirsche, *Lonicera* in verschiedenen Sorten	Abhängig von der Sorte, aber mindestens 3–4.	Alle genannten Sorten der *Lonicera* sind anspruchslos und wachsen auf fast allen Böden.	*Lonicera xylosteum* nicht in Gebieten mit Süßkirschen-Erwerbsanbau anbauen (Kirschfruchtfliege!).
Immergrün, *Vinca major*	4–6	Humusreicher Mull- oder Moderboden im warmen Schatten von Mauern und lichten Baumbeständen.	In rauhen Lagen braucht die Pflanze Winterschutz. Es sind verschiedene Sorten im Handel, die sich durch verschiedene Blütenfarben unterscheiden.
Immergrün, *Vinca minor*	4–6	Humusreicher Boden, auch über Kalkgestein.	Läßt sich aus eigenem Bestand leicht vermehren.
Immergrünes Johanniskraut, *Hypericum calycinum*	3–5	Sehr anspruchslos, wächst fast überall.	Ein vorzüglicher Bodendecker, der sich schnell ausbreitet; wächst im Vollschatten wie in der Sonne. Da die Pflanze am Jungholz blüht, die Triebe im Frühjahr kurz über dem Boden zurückschneiden.
Kriechende Mahonie, *Mahonia repens*	3–5	Anspruchslos, wächst nicht nur im Vollschatten, sondern auch in der Sonne.	Die Pflanze verträgt starken Rückschnitt, gut zur Auflockerung immergrüner Pflanzungen.
Niederliegende Scheinbeere, *Gaultheria procumbens*	1–2	Wächst am besten auf sauren, torfhaltigen, genügend feuchten Böden im Halbschatten.	Die Pflanze ist empfindlich gegen Trockenheit.
Spindelstrauch, *Euonymus fortunei* in Sorten	8–10	Keine besonderen Ansprüche an den Boden.	Absolut hart und industriefest und zur Bedeckung großer Flächen bestens geeignet, wächst in der Sonne und in vollem Schatten.
Zwergmispel, *Cotoneaster dammeri* 'Coral Beauty'	4	Alle nicht zu trockenen Böden.	Sehr niedrig bleibende Zwergform, industriefest, im Juni zahlreiche weiße, einzeln stehende Blüten, von September bis zum Frühjahr korallenrote, leuchtende Früchte.
Zwergmispel, *Cotoneaster dammeri* 'Skogholm'	3	Keine Ansprüche an den Boden.	Stark wüchsig, begrünt schnell große Flächen, verträgt das typische Großstadtklima.

188 Bodendecker – immer schön

Bodendeckende sommergrüne Laubgehölze für den Schatten

Name	Pflanzen pro m²	Boden und Standort	Bemerkungen
Gemeine Brombeere, *Rubus fructicosus*	1–2	Besonders anspruchslos.	Als Pionierpflanze zur Begrünung jeglicher Ödlandflächen bestens geeignet, wächst in der Sonne wie auch in vollem Schatten.
Jungfernrebe, Wilder Wein, *Parthenocissus quinquefolia*	1–2	Vollkommen anspruchslos, wächst sowohl in der Sonne als auch im Schatten. Auch zur Begrünung von Pergolen und von Mauern gedacht.	Die Pflanze ist hart und industriefest, Verwendung daher auch in Ballungsgebieten möglich. Die Form 'Engelmannii' sollte nicht in Nordlagen gepflanzt werden.
Kranzspiere, *Stephanandra incisa* 'Crispa'	1–2	Auf leichten, humosen Sandböden in sonniger bis halbschattiger Lage.	Hervorragender Bodendecker für absonnige Lagen.
Schneeball, *Viburnum opulus* 'Nanum'	3–4 (2–3)	Bessere, frische, ausreichend mit Feuchtigkeit versehene Böden.	Braucht viel Feuchtigkeit und verträgt absolut keine Dürre. Da breit wurzelnd, eher weniger Pflanzen je m² pflanzen.
Zimthimbeere, *Rubus odoratus*	1–2	Liebt frische, humose Böden.	Für eine großflächige Unterpflanzung unter Bäumen. Nach Blüh-Ende (August) die zweijährigen Triebe abschneiden, um die Entwicklung von Jungtrieben in Bodennähe zu fördern.

Bodendeckende Koniferen für den Schatten

Name	Pflanzen pro m²	Boden und Standort	Bemerkungen
Blauer Kriechwacholder, *Juniperus horizontalis* 'Glauca'	Je nach Größe 2–5 (in 10–15 Jahren erst 80–100 cm breit!).	Durchlässige Böden, nicht auf feuchte, schwere Böden, dichte Matten bildend!	Pflanze verträgt Kalk und innerstädtisches Klima, ist rauchhart, aber salzempfindlich.
Chinawacholder, *Juniperus chinensis* 'Mint Julep'	Je nach Größe 2–3, im Alter bis 3 m breit, langsam wachsend.	Alle Gartenböden, sauer bis alkalisch, Kalk vertragend bzw. sogar liebend.	Sehr gut im innerstädtischen Garten!
Sadebaum, *Juniperus sabina* 'Mas'	2–5, in 10–15 Jahren 150–200 cm breit und 80–100 cm hoch.	Boden durchlässig, sauer bis alkalisch, Kalk liebend.	Nicht in Verbindung mit *Rhododendron* pflanzen, verträgt Hitze und Trockenheit.
Tafeleibe, *Taxus baccata* 'Repandens'	Je nach Größe 2–5, im Alter 2–3 m breit und bis 1 m hoch.	Frische Böden, schwach sauer bis stark alkalisch (pH über 7,4!), stark saure Böden meidend, Kalk liebend.	Im Schatten wachsend, verträgt auch volle Sonne, guter Flächendecker, ist salzempfindlich, verträgt gut Innenstadtklima.

Von links nach rechts: Das anspruchslose Immergrüne Johanniskraut kann in rauhen Lagen zwar zurückfrieren, es treibt aber im Frühjahr wieder willig aus.

Die Niederliegende Scheinbeere liebt humosen, etwas saueren und feuchten Boden im Halbschatten.

können mit Blumenzwiebeln unterpflanzt werden, so daß es bereits im Frühling grünt und blüht.

Manche Bodendecker breiten sich mit der Zeit stark aus, drohen andere zu unterdrücken. Hier sollten Sie ordnend eingreifen, etwas zurückschneiden oder einzelne Pflanzen herausnehmen.

Wie alle anderen Pflanzen auch, sind die Bodendecker, ob nun Stauden oder Gehölze, für etwas Düngung und eventuell Bewässerung dankbar. Jäten ist nur anfangs nötig, wenn die Pflanzendecke noch nicht zusammengewachsen ist. Später ist sie so dicht geworden, daß Unkrautwuchs unterdrückt und der Pflegeaufwand auf ein Minimum beschränkt wird.

Bodendecker – immer schön

Bodendeckende Stauden für Sonne und Halbschatten

Name	Pflanzen pro m²	Standort	Blütezeit	Höhe
Andenpolster, *Azorella trifurcata*	10–15	○–◐	unscheinbar	5 cm
Blaukissen, *Aubretia*	8–10	○	April–Mai	5–8 cm
Fiederpolster, *Cotula squalida*	8–10	○–◐	Juli–August	3 cm
Fingerkraut, *Potentilla*-Arten (die Gattung zählt 300 Arten!)	8–10	○	April–August, je nach Art	Von 8–50 cm, je nach Art
Flammenblume, *Phlox* (ca. 50 Arten), z. B. *Phlox adsurgens, Phlox divaricata, Phlox nivalis, Phlox stolonifera*	8–15	○–◐	April–Juni	ca. 40 cm
Gänsekresse, *Arabis* (ca. 100 Arten)	8–15	○–● je nach Art	April–Mai	5–20 cm, je nach Art
Günsel, *Ajuga reptans*	8–10	○–◐	Mai–Juni	15 cm
Herzblume, *Dicentra eximia*	8–10	○–◐	Mai–Juni	20 cm
Hornkraut, *Cerastium*	8–10	○	Mai–Juni	15 cm
Katzenpfötchen, *Antennaria dioica*	8–10	○	Mai–Juni	10 cm
Knöterich, *Polygonum affine*	8–10	◐	August–Sept.	20 cm
Mauerpfeffer, *Sedum acre* und andere *Sedum*-Arten	10–12	○	Juni–August	5 cm
Monatserdbeere, *Fragaria resca*	8–10	○–◐	Fruchtreife Juni–Oktober	10 cm
Pfennigkraut, *Lysimachia nummularia*	8–10	○–◐	Mai–Juli	5 cm
Schaumblüte, *Tiarella cordifolia*	10–12	◐	Mai–Juni	20 cm
Silberwurz, *Dryas*	8–10	○	Mai–Juni	10 cm
Sternmoos (moosartiger Bodendecker), *Sagina subulata*	10–12	○	Juni–August	5 cm
Storchschnabel, *Geranium*	8–10	○	Juni–August	30 cm
Teppichsaum, *Sedum spurium*	10–12	○–◐	Juli–August	10 cm
Thymian, rot, *Thymus serpyllum*	10–15	○	Juni–Juli	5 cm
Waldsteinie, *Waldsteinia ternata*	8–12	◐	April–Mai	10 cm
Zwergspiere, *Astilbe chinensis pumila*	8–10	◐	August–Sept.	40 cm

Bodendeckende Stauden für den Schatten

Name	Pflanz. pro m²	Boden und Standort	Bemerkungen
Elfenblume, *Epimedium × versicolor* 'Sulphareum'	10–20	Humusreiche, im Frühjahr frische Böden im wandernden Schatten lichter Baumbestände.	Im Handel sind viele verschiedene Arten. Pflanze wächst erst buschig und nur allmählich flächig.
Goldnessel, *Lamium galeobdolon* 'Florentinum'	10–20	Humusreiche, frische Böden in halbschattiger bis schattiger Lage.	Unverträglicher, wüchsiger Flächendecker, anspruchslos, Vorsicht bei Pflanzung neben schwächeren Nachbarn!
Günsel, *Ajuga reptans* in verschiedenen Sorten	8–10	Kalkhaltige humose, trockene und frische Böden.	Wüchsiger Flächendecker, deren oberirdische Triebe wurzeln.
Haselwurz, *Asarum europaeum*	10–20	Humusreiche Mull- oder Moderböden, auch auf kalkhaltigen Lehmböden.	Die Pflanze verbreitet einen aromatischen Duft, sie ist ein immergrüner, verträglicher Flächendecker.
Schattenblume, *Smilacina racemosa*	10–20	Humusreiche, feuchte Böden.	Im kühlen Schatten von Mauern.
Schaumblüte, *Tiarella cordifolia*	10–20	Humusreiche Böden an frischen, schattigen Plätzen.	Flächendecker vor Gehölzen und im Schatten von Mauern.
Steinbrech, *Saxifraga*-Arten	10–20	Da die Bodenansprüche von humos über kalkhaltig bis kalkarm schwanken, vor der Verwendung Bodenart testen!	Bei den Steinbrechgewächsen handelt es sich um größtenteils anspruchslose, zum Teil sehr schön blühende, dankbare Flächendecker.
Waldsauerklee, *Oxalis acetosella*	10–20	Humusreiche, frische Böden.	Ein zierlicher, aber wüchsiger Bodendecker.
Waldsteine, *Waldsteinia ternata, Waldsteinia geoides*	3–10	Gut durchwurzelter Boden im warmen Schatten lichter Baumbestände.	Robuste Flächendecker, wertvolle Pflanzen.

Rhododendren und Azaleen

Der niedrig wachsende Rhododendron impeditum ist winterhart und kann sogar als Bodendecker verwendet werden.

Knaphill-Exbury-Hybriden bestechen durch ihre zarten Blüten und deren Leuchtkraft. Hier wachsen sie in Verbindung mit Akeleien, die auch den Halbschatten bevorzugen.

Rhododendren

Gut geeignet für Schattenlagen sind Rhododendren und Azaleen. Eigentlich spricht man als Botaniker nur von *Rhododendron*. Da aber seit einigen hundert Jahren Rhododendren und Azaleen stets getrennt gehandelt werden, obwohl Azaleen botanisch zu den Rhododendren gehören, wollen wir die praktische Trennung hier ebenfalls beibehalten.

Wenn Rhododendren gute Bedingungen vorfinden, wachsen sie problemlos. Sie wollen im Halbschatten in einem humosen, wasserdurchlässigen, gut durchlüfteten Boden stehen. Starker Wechsel zwischen Trockenheit und Nässe muß durch Mulchen vermieden werden. Scharfe, austrocknende Winde sollten durch die Pflanzung in Nischen bzw. durch Vorpflanzungen von immergrünen Gehölzen vermieden werden. Rhododendren be-

nötigen pro Jahr mindestens 2000 l Wasser/m². Sie müssen daher stets gegossen werden, vor allem im Herbst, da sie sonst im Winter vertrocknen. Optimal ist ein pH-Wert im Bereich von 4,5–5,0. Bei pH 6 läßt das Wachstum bereits nach, die Blätter färben sich hellgrün und werden schließlich gelb.

Da Rhododendren und Azaleen Flachwurzler sind, genügt eine Bodenverbesserung bis zu einer Tiefe von 30–35 cm. Der Untergrund muß auf wasserdurchlässige Schichten untersucht werden, da stauende Nässe schadet. Eine eventuell vorhandene verdichtete Schicht muß durchstochen werden. Gleiches gilt für lehmige Sandböden, die eine bessere nährstoffhaltende Kraft haben.

Beide Bodenarten werden auf den zu bepflanzenden Flächen 30 cm tief ausgehoben und im Verhältnis 1:1 mit organischen Stoffen vermischt, Kuhdung kann in Form von handelsüblichen Trockendüngern (3 kg/10 m²) gegeben werden. Torf sollte den größten Anteil bilden. Stroh wird zuvor etwas kleingehackt. Trockene Bestandteile, besonders Torf, müssen vor der Mischung bis zur Sättigung angefeuchtet werden. Die mit dem ausgehobenen Boden gut vermischten Bodenverbesserer werden zur Hälfte auf der zu bepflanzenden Fläche aufgeteilt und mit Grabgabel oder Spaten eingebracht. Dabei wird der Boden nochmals in 20 cm Tiefe verbessert. Größere Gehölze können jetzt so gepflanzt werden, daß die bisherige Pflanzhöhe mit dem Niveau vor dem Aushub übereinstimmt. Für größere Ballenpflanzen muß das Pflanzloch entsprechend vertieft werden. Die Pflanzen werden gut festgetreten. Höhere Pflanzen erhalten für das 1. Jahr nach der Pflanzung einen Pflanzpfahl, der schräg in Ostrichtung in den Ballen geschlagen wird. Anschließend wird die gesamte Fläche soweit aufgefüllt, daß das Niveau etwas höher liegt als das des gewachsenen Bodens. Jetzt können begleitende Kleingehölze und Bodendecker gepflanzt werden. Den Rest der verbesserten Erde kann man später zum Mulchen benutzen.

Die Auswahl der Arten sollte nach Fachberatung erfolgen. Großwachsende Rhododendren (3–5 m hoch) werden im Abstand von 2,50 m gepflanzt.

Arten mit 80–100 cm Pflanzhöhe erhalten Abstände von 1–1,50 m. Japanische Azaleen pflanzt man in Abständen von 50–60 cm. *Mollis*- und *Knaphill*-Hybriden werden auf 1,50 m Abstand gepflanzt. Bei der Wahl der Pflanzabstände sollte auch berücksichtigt werden, daß Einzelpflanzungen nicht empfehlenswert sind, denn mehrere Pflanzen einer Art fördern sich gegenseitig.

Rhododendren zur Bodenbedeckung

Name	Pflanzen pro m²	Boden und Standort	Bemerkungen
Alpenrose, Alpenrausch, *Rhododendron ferrugineum*	1–3	Wächst auch auf Kalk- und Kiesböden, pH von 4,5–6,0 wird jedoch bevorzugt.	Breit wachsend, wird nur 0,6–1 m hoch, winterhart, wächst langsam.
Steinrose, *Rhododendron hirsutum*	1–3	Wächst auch auf Kalk- und Kiesböden, pH von 5,8–7,2 wird bevorzugt.	Wird nur 0,5–1 m hoch, winterhart, wächst langsam.
Rhododendron impeditum	1–3	Sandiger Humusboden, pH im sauren Bereich, d. h. 4,5–6,0.	Wächst kissenförmig, breit und kompakt, wird nur 0,3–0,4 m hoch, winterhart.

Kletterpflanzen

Kletterpflanzen gehören zu den eigenwilligsten und zugleich gestalterisch am vielseitigsten verwendbaren Gewächsen. Anders als die meisten anderen Pflanzen wachsen sie von Natur aus ohne Ausbildung eines eigenen Traggerüstes. Sie können sich daher nicht selbst aufrecht halten, wie etwa Bäume durch Stamm und Krone, sondern brauchen zu ihrer Entwicklung immer geeignete Kletterhilfen oder Unterlagen. Dort erst finden ihre langen und zumeist schlanken Sprosse den Halt, an dem sie emporranken oder hochschlingen können. Viele Arten sind raschwüchsig und erreichen nicht selten 1–2 m Jahreszuwachs und mehr.

Verbreitung in der Natur

Der natürliche Halt der Kletterpflanzen sind die Triebe, Äste und Stämme anderer Pflanzen sowie Felsen oder Gesteinsblöcke. Aus diesem Grunde wachsen die meisten Arten in freier Natur im Wald, am Waldrand oder in Gebüschen. Obwohl in unseren Gärten ein breites Spektrum unterschiedlicher Arten kultiviert wird, sind in unseren Breiten doch nur einige wenige wirklich heimisch, z. B. Efeu, Hopfen oder Waldgeißblatt.

Die meisten Arten hingegen stammen aus anderen Ländern und Erdteilen und wurden bei uns vor allem im 17.–19. Jahrhundert von Pflanzenliebhabern und -sammlern eingeführt. Weltweit gesehen liegt der Schwerpunkt der Verbreitung von Kletterpflanzen in den Subtropen und Tropen. Dort heimische Arten können bei uns aber nur einjährig oder im Haus kultiviert werden, da sie nicht winterhart sind. Zum Glück gibt es aber auch noch zahlreiche Arten aus Nordamerika sowie China und Japan, die sich in unserem Klima als gut winterhart erwiesen haben.

Vielen sagt dieses gar so zu, daß sie heute bei uns oft weiter verbreitet sind als die heimischen Arten; bekannte Beispiele hierfür sind etwa der üppig wachsende Schlingknöterich oder der vielfach an Hauswänden gepflanzte Wilde Wein.

Der im Mai blühende Blauregen schätzt sonnige Standorte und wächst an dieser Fassade gemeinsam mit dreilappigem Wildem Wein.

Verwendung im Garten

Der gärtnerische Umgang mit Kletterpflanzen ist geprägt von deren Vielseitigkeit und Vitalität. Fast alle sind bemerkenswert anpassungsfähige Wuchskünstler, die sich je nach Art entweder flächig oder linear ausbreiten. Im Unterschied zu anderen Pflanzen wachsen sie nicht nur mehr oder weniger senkrecht von unten nach oben, sondern lassen sich an Kletterhilfen zudem auch schräg nach oben oder um Ecken ziehen. Manche Arten können sogar ohne Probleme von oben nach unten hängend verwendet werden.

Kletterpflanzen sind eine interessante Bereicherung für jeden Garten. Dabei gibt es gestalterisch so viele Möglichkeiten, daß nur einige aufgeführt werden sollen; Fantasie und Tatendrang sind hier kaum Grenzen gesetzt.

Natürliche Kletterhilfen

Ganz natürliche Stützen im Garten sind für Kletterpflanzen z. B. dort schon vorhandene Bäume. Insbesondere bei der Umgestaltung alter Gärten

Kletterpflanzen

Kletterrosen und Clematis-Hybriden sind unermüdliche Blüher und bilden hier einen »lebenden Zaun«.

Clematis vitalba gehört zu den mehrjährigen Kletterpflanzen und überzieht hier eine ansonsten unscheinbare Mauer mit zahlreichen Blüten.

sind sie zum Bewachsen großer oder aufkahlender Bäume fast unverzichtbar. Aber auch in Sträuchern oder an Hecken gesetzt können Kletterpflanzen sehr reizvoll wirken. Beachtet werden sollte nur, daß Größe und Wuchskraft der Arten aufeinander abgestimmt sind; nur so können dauerhafte Partnerschaften entstehen. So passen zu Hecken und Sträuchern nur kleinbleibende oder mittelstark wachsende Arten, wie etwa *Clematis*, *Lonicera* oder Winden, während kräftig- und hochwachsende Arten, wie z. B. Efeu oder Kletterhortensien, besser an Bäumen anzusiedeln sind.

Rankgerüste und Lauben

Der klassische Platz für Kletterpflanzen im Garten jedoch sind freistehende Gerüstkonstruktionen wie Pergolen, Spaliere, Torbögen oder Treillagen. Als raumbildende Elemente helfen sie, kleinere Gärten illusionistisch zu vergrößern wie auch größere Gärten zu strukturieren und untergliedern. Sie schaffen so Bereiche mit ganz spezifischen räumlichen und mikroklimatischen Qualitäten und benötigen bei all dem nur eine geringe Standfläche.

Auch für Gartenhäuser und Lauben lassen sich fast alle Arten verwenden. Durch Be- und Überwachsen mit Kletterpflanzen werden sie auf ganz natürliche Art und Weise in den Gartenraum einbezogen und ergeben ein richtiges grünes Zimmer im Freien. Geschützt vor Einblick, Sonne und Wind entstehen angenehm lauschige Aufenthalts- und Sitzbereiche, bewachsen z. B. von Kletterrosen, Pfeifenwinden oder Wildem Wein.

Kletterpflanzen als Bodendecker

Vielen ist noch wenig bekannt, daß manche Kletterpflanzen sich auch gut als Bodendecker eignen. Vor allem in Gartenteilen, wo aufgrund der Beschattung oder Bodenbeschaffenheit nur schwer etwas wächst, können manche Arten wirkungsvoll Abhilfe schaffen. Hierfür sind insbesondere Brombeeren, Efeu, Kletterspindel oder Wilder Wein geeignet.

Eine preiswerte Dachbegrünung

Eine Flächenbegrünung ist aber auch auf höherer Ebene, wie etwa auf Schuppen- oder Garagendächern, denkbar; sie zählt sicherlich zu den preiswertesten Arten der Dachbegrünung. Während die Pflanzen ganz normal im Boden wurzeln, werden die Triebe über eine Kletterhilfe nach oben geleitet und können sich ungehindert auf und über das Dach ausbreiten. Manche Autobesitzer verzichten heute von vornherein gleich auf eine abgeschlossene Garage und parken ihren Wagen in einem seitlich offenen Carport. Diese werden eigentlich erst durch Kletterpflanzen so richtig schön.

»Lebender« Zaun

Selbst Sichtschutz- und andere Zäune im Garten lassen sich mit Kletterpflanzen begrünen; nicht ohne Grund heißt der Wilde Wein in manchen ländlichen Gegenden bisweilen heute noch »Zaunwein«. Begrünte Zäune wirken immer freundlicher als solche ohne Bewuchs oder kahle Mauern. Wenn Kletterpflanzen auch nicht eindeutig unter den Begriff »Hecken« des Nachbarrechts fallen, so sollte man sich vor einer Zaunbepflanzung doch immer mit dem Nachbarn abstimmen, damit nachträglich kein Ärger entsteht. Geeignet jedenfalls sind viele Pflanzen, einjährige wie mehrjährige.

Die Begrünung von Wänden

Hervorragende Möglichkeiten für Kletterpflanzen bieten schließlich auch alle Fassaden, Hauswände und Mauerflächen im und um den Garten. Ganz auf die Situation abgestimmt lassen diese sich punktuell, linear, partiell oder auch vollflächig begrünen. Flächendeckend angeordnet stellen Kletterpflanzen z. B. für das bewachsene Bauteil einen natürlichen Schutz vor Wind und Wetter dar und dämpfen mit ihren Blättern wie eine zweite Haut dort auftretende Temperatur- und Feuchtigkeitsschwankungen.

Fassadengrün wird daher nicht selten mit einem grünen Pelz oder Pullover verglichen. Für das gesamte Gebäude stellen die Pflanzen außerdem eine Art natürlicher Klimaanlage dar, denn das zwischen Hauswand und Blättern entstehende Luftpolster wirkt ganz ähnlich einer Wärmedämmschicht. Während im Sommer die Blätter wie eine Jalousie das unerwünschte Aufheizen

Kletterpflanzen

des Baukörpers vermindern, kann nach dem Laubfall im Herbst und Winter die dann sehr wohl erwünschte Sonnenstrahlung ungehindert auf die Wand einwirken. An nordexponierten und daher das gesamte Jahr ohnehin unbesonnten Bauteilen hilft immergrüner Efeu, die Wärmeabstrahlung vom Haus zu vermindern. Sollen Kletterpflanzen direkt auf der Wand haften, muß diese ausreichend tragfähig sein. Kunststoffbeschichtete Putze sollten zur Vermeidung von Schäden nicht mit Selbstklimmern begrünt werden.

Kletterpflanzen am Balkon

Kletterpflanzen lassen sich aber nicht nur vom Boden aus über die Fassaden ziehen, sondern wachsen auch auf, von und vor einzelnen Gebäudeteilen, wie z. B. Balkons, Loggien, Veranden und Dachgärten. Dies ist möglich, da die meisten Arten problemlos auch in Pflanzgefäßen wie Blumenkästen oder Pflanztrögen gedeihen.
Über Kletterpflanzen, die auch in Kübeln gedeihen, weiteres ab S. 208.

Klettertechniken

Interessant und für den Umgang mit Kletterpflanzen von großer Bedeutung ist, daß sich im Laufe der Evolution verschiedene Klettertechniken herausgebildet haben. Dies muß bei Bau und Gestaltung der erforderlichen Kletterhilfen berücksichtigt werden.

Schlingpflanzen

Diese umschlingen mit Stengeln und Trieben spiralförmig die Stützvorrichtungen. Die meisten Schlinger wachsen – von oben betrachtet – entgegengesetzt dem Uhrzeigersinn (Linkswinder, z. B. Baumwürger oder Pfeifenwinde), einige wenige auch im Uhrzeigersinn (Rechtswinder, z. B. Geißschlinge). Um sich besonders gut festhalten zu können, haben verschiedene Arten zusätzliche Halteorgane, wie z. B. Borsten oder Dorne, entwickelt.
Als Kletterhilfe für diese weit verbreitete Klettertechnik eignen sich vor allem Stäbe, Stützen und Spaliere mit deutlich vertikaler Ausrichtung. Deren Durchmesser kann dabei je nach Pflanzenart wenige Zentimeter bis Dezimeter betragen. Um an langen Stäben oder glatten Stützen ein Abrutschen der Pflanzen zu verhindern, sollten diese in Abständen am besten mit kleinen Querverstrebungen versehen sein.

Rankpflanzen

Sie klettern mit speziellen Rankorganen, die durch Umwandlung von Blättern oder Sproßachsen entstanden, einige wenige auch nur mit Hilfe ihrer Blattstiele. Die zumeist fadenförmig dünnen Ranken sind mit reizempfindlichen Spitzen versehen, die sich ähnlich kreisenden Antennen bewegen und erst auf einen Berührungsreiz hin die Stützen umwickeln. Der eigentliche Pflanzentrieb hingegen wächst weiter nach oben. Bei einigen Arten verholzen die Ranken im Lauf der Zeit, bei anderen wiederum ziehen diese sich korkenzieherartig zusammen und wirken so wie eine elastische Tragfeder, an der die Pflanze hängt.
Die Gruppe der Rankpflanzen umfaßt zahlreiche Arten; bekannte Vertreter sind Waldrebe und Weinrebe. Als Kletterhilfe am besten geeignet sind Gitter, Netze und Spaliere. Deren Querschnitt sollte allerdings nicht zu massiv sein (etwa 2,5–25 mm), da die Ranken sich dort sonst nicht mehr herumwickeln können. Geeignet sind auch Drahtseile und Spanndrähte.

Wurzelkletterer

Sie bilden längs der jungen Triebe Haftwurzeln aus, die stets auf der vom Licht abgewandten Seite wachsen und so direkt auf der Unterlage haften. Der Vorgang des Anhaftens ist nur in der Wachstumsphase möglich; an verholz-

Wilder Wein vermag Fassaden flächendeckend dicht zu begrünen und wird daher oft mit einem grünen Pelz oder Pullover verglichen.

Mittlere Spalte: Hopfen (oben) und Rote Geißschlinge (unten) zählen zu den Schlingpflanzen.

Rechts: Weinrebe (oben) oder Waldreben (unten) sind typische Vertreter der Rankpflanzen.

Kletterpflanzen

Sehr gut zu sehen sind die Haftwurzeln des Efeu.

Auch die Kletterhortensie gehört zu den Wurzelkletterern.

Ein typischer Spreizklimmer ist die Kletterrose.

Zur Grafik rechts: Kletterhilfen am Haus oder an einer Mauer müssen sorgfältig verankert werden.

Der Feuerdorn ist ebenfalls ein typischer Vertreter der Spreizklimmer.

ten Trieben werden in der Regel keine neuen Haftorgane mehr gebildet. Nach heutigem Wissen geben diese Haftorgane weder Substanzen zur Anlösung des Untergrundes ab noch nehmen sie von dort Nährstoffe oder Wasser auf.
Im Gegensatz zu Schling- und Rankpflanzen brauchen die bisweilen auch als »echte Kletterpflanzen« bezeichneten Wurzelkletterer an Mauern und Wänden keine Kletterhilfen. Sie wachsen besonders gut auf rauhem Untergrund, wie z. B. Beton oder Putz; allenfalls an glatten Oberflächen können zur Unterstützung der Haftwurzeln in Abständen horizontal geführte Spanndrähte sinnvoll sein.
Vertreter dieses Klettertyps sind der Efeu sowie die Kletterhortensie. Nicht dazu zählt, entgegen einer weit verbreiteten Ansicht, der selbstkletternde Wilde Wein, obwohl dieser sogar noch auf Glasflächen ohne Kletterhilfe auskommt. Seine Haftscheiben sind, botanisch gesehen, umgebildete Ranken, die sich erst bei Kontakt mit der Unterlage ausbilden und die Pflanze dort regelrecht »verkleben«.

Spreizklimmer

Im Gegensatz zu allen bisher genannten Kletterpflanzen besitzen sie keine besonderen Befestigungs- oder Halteorgane, sondern bewegen sich mit Hilfe langer und sperriger, oft mit Dornen oder Stacheln versehener Triebe nach oben. Trifft der Sproß auf keinen Halt, sinkt er durch sein eigenes Gewicht zu Boden und legt sich dort auf kleinere Pflanzen oder andere, bereits niedergesunkene Triebe; so entsteht ein allmählich nach oben wachsendes Knäuel von Trieben. Vielfach werden Spreizklimmer aus diesem Grunde nur bedingt zu den Kletterpflanzen gezählt. Bekannte Vertreter sind Brombeeren oder auch Kletterrosen.
Als Kletterhilfen empfehlen sich Gerüste und Spaliere mit möglichst vielen waagerecht angeordneten Sprossen. An diese müssen die Pflanzen regelmäßig von Hand aufgesteckt und teils sogar angebunden werden.

Kletterhilfen

Kletterhilfen können sowohl freistehende als auch Mauern und Wänden vorgehängte Konstruktionen sein. Da es je nach Pflanzenwahl einige Zeit dauern kann, bis diese bewachsen sind, sollte deren Form und Gestaltung im voraus gut überlegt werden. Die folgende Übersicht der wichtigsten Materialien sowie Angaben zu ihrer Verarbeitung soll hierfür Anregung und Hilfe bieten.

Schnüre als Kletterhilfen

Einfach zu befestigen und sehr preiswert sind Schnüre aus Naturfasern, wie z. B. Hanf, Kokos oder Sisal. Das rauhe Material ist sehr pflanzenfreundlich und bietet den Pflanzen einen festen Halt. Allerdings dehnen sich Naturfasern unter dem Einfluß von Luftfeuchte und Sonnenstrahlung stark aus, können mitsamt den Pflanzen leicht vom Wind hin- und herbewegt werden und sind dadurch nicht sehr dauerhaft. Sie eignen sich daher im allgemeinen nur für einjährige Pflanzen.
Haltbarer sind Schnüre aus Kunststoff, vor allem die sogenannten Bohnen- oder Hopfenschnüre. Im Gegensatz zu normalen Schnüren ist deren Oberfläche so aufgerauht, daß die Pflanzen nicht abrutschen können. Diese Schnüre sind nicht nur preiswert und einfach zu handhaben, sondern optisch auch wenig auffällig und daher

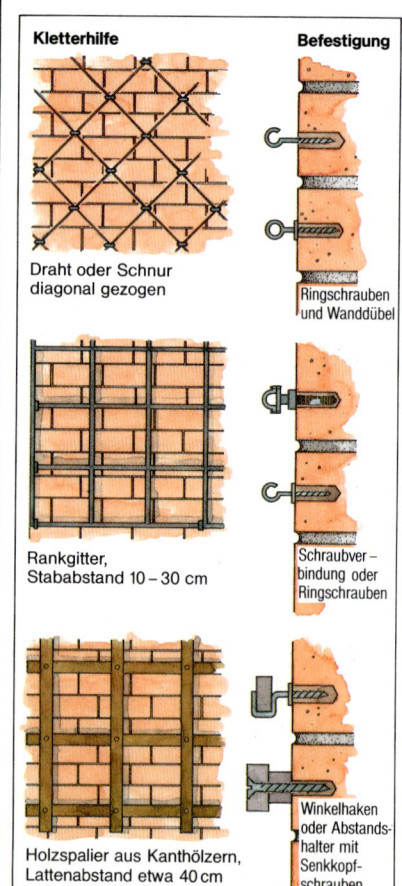

Kletterhilfe / **Befestigung**

Draht oder Schnur diagonal gezogen

Ringschrauben und Wanddübel

Rankgitter, Stababstand 10–30 cm

Schraubverbindung oder Ringschrauben

Holzspalier aus Kanthölzern, Lattenabstand etwa 40 cm

Winkelhaken oder Abstandshalter mit Senkkopfschrauben

Kletterpflanzen

fast überall zu integrieren. Mit ihnen lassen sich Abstände bis zu einigen Metern überspannen, doch werden starkwüchsige Pflanzen für diese Schnüre oft zu schwer.

Draht und Drahtseile
Wesentlich stabiler und daher auch für größere Pflanzen geeignet sind Kletterhilfen aus Draht und Drahtseile. Diese sind überall erhältlich und müssen rostgeschützt sein, z.B. durch eine Kunststoffummantelung. Dies beugt auch der Gefahr des winterlichen Ausfrierens sowie des sommerlichen Verbrennens von Pflanzenteilen vor, was bei reinen Metalldrähten immer ein gewisses Risiko darstellt. Das notwendige Spannen der Drähte erfolgt bei Spannweiten bis zu etwa 3 m über Drahtspanner, bei Längen bis zu 5–6 m über Spannschlösser und bei größeren Kletterhilfen durch sogenannte Kauschen; zu letzterem bedarf es der Hilfe von Fachleuten. Geriffelte oder aufgeraute Drähte sind glatten vorzuziehen, da sie den Pflanzen besseren Halt bieten.

Maschendraht
Weithin bekannt und verwendet ist auch Maschendraht, der heute in vielen Arten und Maschenweiten angeboten wird. Er wird verzinkt oder kunststoffummantelt vom Handel angeboten und ist durch sein geringes Eigengewicht einfach zu verarbeiten. Da er ohne zusätzliche Verspannung nicht sehr stabil ist, empfiehlt es sich, ihn am besten in einen Rahmen aus Holzleisten oder Stahlteilen einzuspannen. Für Pflanzen mit stärkerem Wachstum ist er durch seine Engmaschigkeit allerdings weniger geeignet.

Baustahlmatten
Leicht und dennoch stabil sind Baustahlmatten. Sie sind in beliebiger Form und Größe erhältlich und müssen vor dem Bepflanzen unbedingt nachhaltig vor Rost geschützt werden. Weniger Mühe machen bereits rostgeschützte Rankgitter, wie sie montagefertig vom Handel angeboten werden; sie sind allerdings auch teurer. Freistehend verwendet ergibt das stark räumliche Wirkungen, da sich Baustahlmatten ohne übergroßen Aufwand gut zu Bögen oder Laubengängen biegen lassen.
Das Material ist auch für kräftigwachsende Pflanzen ausreichend stabil.

Stahlrohr
Sehr stabil und dauerhaft sind Konstruktionen aus verzinktem Stahlrohr; dessen Verarbeitung erfordert jedoch Fachwissen und Spezialwerkzeug. Die im Querschnitt rechteckigen oder runden Rohre werden im allgemeinen verschweißt oder über eine T-förmige Rohrverbindung miteinander verschraubt. Um an glatten Rohren das Haften der Pflanzen zu verbessern, werden die senkrechten Teile oft mit kleinen Querdornen oder Rankdrähten versehen.

Bambusrohr
Einfacher zu verarbeiten ist Bambusrohr, das in verschiedenen Längen und Stärken vom Handel angeboten wird. Es ist auch ohne Oberflächenbehandlung ausreichend haltbar sowie vielseitig mit anderen Materialien kombinierbar. Da es beim Nageln oder Verschrauben aber gerne splittert oder reißt, muß es mit Bambusfasern oder besser noch mit einem dünnen Draht, der rostgeschützt sein sollte, verbunden werden.

Kletterhilfen aus Holz
In Form und Verwendung am vielseitigsten jedoch sind nach wie vor Kletterhilfen aus Holz: Das Material leitet weder Kälte noch Wärme und ist daher besonders pflanzenfreundlich. Besonders geeignet sind Nadelhölzer, z.B. Kiefer, Fichte oder Lärche, doch finden auch Harthölzer, z.B. Eiche, zunehmend Verwendung. Für dauerhafte und stabile Konstruktionen sind neben der Holzwahl zwei weitere Aspekte zu berücksichtigen:
Zum Schutz vor Wind und Wetter soll-

ten Kletterhilfen aus Holz durch pflanzenunschädliche Holzschutzmittel, z.B. Leinöl, Holzöl oder Naturharz, geschützt und tragende Teile am besten gleich druckimprägniert sein.
Darüber hinaus sollten die Konstruktionen immer so gebaut werden, daß kein Wasser in die Bauteile eindringen oder dort verbleiben kann. Dazu zählt neben der Verwendung gehobelter Profile und Kanthölzer auch das Abschrägen waagerechter Flächen, die Vermeidung wasserspeichernder Nuten und Stöße sowie die Wahl von Verbindungstechniken, die den Holzquerschnitt möglichst nicht verändern. Deshalb sind Leimen, Platten und Zapfen meist weniger geeignet als einfache Schraubverbindungen.

Spaliere aus Holz
Sie bestehen aus Latten (z.B. 24 × 48 mm), die mit jeweils 30–50 cm Abstand auf quer dazu verlaufende Unterzüge aufgeschraubt sind, am besten mit Senkkopfschrauben. Je nach Anordnung ergeben sich dabei quadratische, rechteckige oder diagonale Rasterformen, die freistehend oder Wänden vorgehängt verwendet werden. Hierbei muß zwischen Kletterhilfe und Wand immer ausreichend Abstand sein, damit die Pflanzen mit ihren Ranken und Trieben die Stützen auch umschlingen können; als Abstandshalter eignen sich Röhrenhülsen oder auch kleine Holzklötze.

Pergolen aus Holz
Dies ist die klassische Form eines freistehenden Klettergerüstes. Pergolen bestehen aus Stützen oder Pfosten so-

Feuerbohnen sind schnell- und kräftigwachsende Schlingpflanzen und bieten durch ihre großen Blätter einen guten Sichtschutz.

Oft reichen schon einige Holzlatten, um ein interessantes Spalier zu schaffen.

Kletterpflanzen

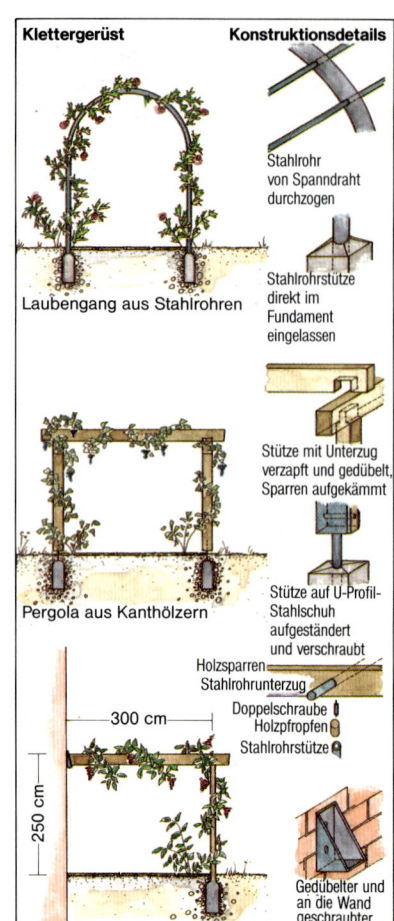

Freistehende Klettergerüste lassen sich vielseitig nutzen und bepflanzen.

Der Schlingknöterich blüht unermüdlich vom Sommer bis weit in den Herbst.

wie den horizontal aufliegenden Pfetten und Sparren; falls erforderlich, werden zur Versteifung auch noch zusätzliche Streben eingezogen. Pergolen lassen sich sowohl einreihig wie auch zweireihig bauen; bei zweireihigen sind vor allem die »richtigen« Proportionen wichtig. Eine Pergola sollte immer etwas breiter als hoch sein. Als Faustzahl für die Höhe der Pfettenunterkante gelten dabei etwa 2,20 bis 2,50 m, für den Abstand der Stützen maximal etwa 3 m und für den Abstand der Sparren untereinander etwa 40 bis 80 cm. Die Dimensionierung der Profilstärken hängt ab von der Bauart und vom Material. Ein zusätzliches Rankgitter oder Spalier zwischen die Stützen einzubauen ist dann vorteilhaft, wenn sich Blüten nicht nur auf und über den Sparren, sondern auch in Augenhöhe entwickeln sollen.

Wichtig ist außerdem, die Stützen einer Pergola auf frostfrei gegründete Fundamente von etwa 30 × 30 × 80 cm zu stellen. Dabei werden die Holzstützen zum Schutz vor Fäulnis auf einen verzinkten Eisenschuh oder Stahlbolzen mit mindestens 5 cm Bodenfreiheit aufgeständert. Die für die Stabilität einer Pergola wichtige Verbindung von Stütze zu Pfette sollte gedübelt, verschraubt oder fachgerecht verzapft werden und den Stützenkopf zum Schutz vor eindringender Feuchte immer voll abdecken. Bei Pfetten oder Sparren notwendig werdende Anschnitte sollten nur an deren Unterseite erfolgen. Wird die Pergola mit einer Mauer verbunden, sind die Pfetten auf dieser am besten mit einem Stahlschuh befestigt. Bei Anlehnung einer Pergola an ein Gebäude ist es vorteilhaft, in die Wand Stahlprofile einzulassen und dort die Pfetten zu verschrauben. Weiteres zu diesem Thema auch ab S. 23.

Der Standort

Kletterpflanzen schätzen ihrer Herkunft entsprechend einen Standort mit »kühlem Fuß und warmem Kopf«, also einen beschatteten Wurzelbereich und für ihre Blätter und Blüten eher Licht und Sonne. Für unsere Breiten sind aber auch durch kleinräumige Veränderungen bedingte klimatische Besonderheiten wichtig. So sind in Städten die Temperaturen im Jahresdurchschnitt oft einige °C höher als auf dem Land; das hat zur Folge, daß empfindliche Kletterpflanzenarten in der Stadt besser gedeihen. Durch ihre stärkere Erwärmung gegenüber der Umgebung bieten Gebäude und Mauern wärmeliebenden Arten oft bessere Lebensmöglichkeiten als freistehende Gerüste im Garten. Andererseits können

speziell vor sonnenexponierten hellen Wandflächen bisweilen solch hohe Temperaturen entstehen, daß Blätter und junge Triebe geschädigt werden. Die Winter- und Frühlingssonne kann hier die Blätter und Triebe immergrüner Arten schon zur Wasserverdunstung anregen, während der Boden noch gefroren ist und daher kein Wassernachschub für die Pflanze erfolgen kann. Es kommt dann zur sogenannten Frosttrocknis, d. h., die Pflanze vertrocknet.

Wichtig bei der Artenwahl ist auch, die Wuchskraft und erreichbare Größe der Pflanze auf das zu begrünende Objekt abzustimmen. Wuchskräftigen Arten, wie z. B. dem Blauregen oder dem Schlingknöterich, sollte immer ausreichend Platz zugestanden werden. Sie eignen sich kaum für kleinere Spaliere oder Blumenkästen auf Balkons. Umgekehrt werden deshalb kleinbleibende Arten, wie z. B. Duftwicken oder Winterjasmin, sinnvollerweise nur an kleinere Klettergerüste oder Wandflächen gesetzt.

Ihrer Lebensform und ihrer Verwendung entsprechend wird bei uns generell zwischen ein- und mehrjährigen Pflanzenarten unterschieden.

Einjährige Kletterpflanzen

Alle Einjährigen sind besonders gut zur schnellen Begrünung von Balkons und Veranden am Haus sowie Spalieren und Zäunen aller Art im Garten geeignet.

Sie brauchen zu ihrer Entwicklung Kletterhilfen, z. B. Blumengitter, Gerüste oder Stäbe, und sind in Blumenkästen oder Pflanzkübeln auch gut mit Balkonpflanzen oder Sommerflor zu kombinieren. Viele von ihnen entwickeln zudem attraktive und farbenkräftige Blüten.

Die vorwiegend in tropischen Gebieten beheimateten Pflanzen sind in ihrer Heimat oft mehrjährig und werden nur bei uns einjährig gezogen, da sie Temperaturen unter dem Gefrierpunkt nicht vertragen und mit den ersten Herbstfrösten absterben. Alle lassen sich leicht aus Samen ziehen und errei-

Kletterpflanzen 197

chen je nach Art Höhen von 1–5 m; manche Arten sind mit etwas Fingerspitzengefühl sogar im Haus zu überwintern.
Die Einjährigen brauchen zumeist vollsonnige Standorte, wobei bereits nasse und regnerische Sommer die Entwicklung mancher Art beeinträchtigen kann. Alle brauchen nährstoffreichen Boden; er sollte vor der Pflanzung gründlich gelockert und am besten mit Kompost und einer Grunddüngung, z. B. aus Hornspänen, versehen werden. Bei Pflanzung in Kästen, Kübeln und Töpfen sollte jedes Jahr neue Erde verwendet werden. Ab etwa 4–6 Wochen nach dem Auspflanzen muß regelmäßig nachgedüngt werden, da die Pflanzen durch ihr starkes Wachstum einen hohen Nährstoffverbrauch haben. Zu starkes Düngen mit Stickstoff fördert bei einigen Arten allerdings weniger die Entwicklung der Blüten als vielmehr die der Blätter. Vor allem bei der Pflanzung in Behältern ohne Bodenanschluß ist regelmäßiges, an heißen Tagen am besten tägliches Wässern erforderlich.

Einjährige werden nicht vor Mitte bis Ende Mai ins Freie ausgepflanzt, um Spätfröste zu vermeiden. Obwohl einige Arten auch direkt an Ort und Stelle ins Freie ausgesät werden können, ist eine Vorkultur im Haus meist vorteilhafter, da solche Pflanzen später im Freiland kräftiger wachsen. Die Aussaat erfolgt von Mitte März bis April, bei anspruchsvolleren Arten, wie etwa Kalebassen, auch schon einige Wochen früher. Jungpflanzen sollten immer rechtzeitig an Stäbe aufgebunden und so aufgestellt werden, daß sie mit ihren Nachbarpflanzen nicht zusammenwachsen. Ein Stutzen der Jungpflanzen zur besseren Verzweigung wird nur in Ausnahmen erforderlich.

Die Schwarzäugige Susanne ist leicht aus Samen zu ziehen und ein zuverlässiger Blüher.

Einjährige Kletterpflanzen

Name	Wuchshöhe in m	Standort	Härte robust	Härte empfindlich	Hauptmerkmale Blatt	Hauptmerkmale Blüte	Hauptmerkmale Frucht	Anzucht Vorkultur	Anzucht Direktsaat	Klettertechnik
Adlumie, *Adlumia fungosa*	2	◐		■	■	■		■		Rankpflanze
Asarine, *Asarina*-Arten	2–3	○	■ bis	■		■		■		Rankpflanze
Duftwicke, *Lathyrus odoratus*	1–2	○		■		■			■	Rankpflanze
Explodiergurke, *Cyclanthera explodens*	3–5	○	■		■	■			■	Rankpflanze
Feuerbohne, *Phaseolus coccineus*	3–4	○–◐	■		■	■	■		■	Schlingpflanze
Flaschenkürbis, Kalebasse, *Lagenaria siceraria*	3–6	○			■	■	■	■		Rankpflanze
Glockenrebe, *Cobaea scandens*	3–5	○–◐–●	■			■		■		Rankpflanze
Haargurke, *Sicyos angulatus*	3–5	○	■		■		■		■	Rankpflanze
Helmbohne, *Dolichos lablab*	2–4	○		■		■	■	■		Schlingpflanze
Igelgurke, *Echinocystis lobata*	4–5	○			■		■		■	Rankpflanze
Indischer Spinat, *Basella rubra*	2	○			■		■	■		Schlingpflanze
Japanhopfen, *Humulus scandens*	3–4	○–◐–●	■		■				■	Schlingpflanze
Kapuzinerkresse, *Tropaeolum*-Arten	1–3	○–◐	■		■	■			■	Rankpflanze
Prunkwinde, *Ipomea tricolor*	2–3	○		■	■	■		■		Schlingpflanze
Schönranke, *Eccremocarpus scaber*	2–3	○	■			■		■		Rankpflanze
Schwarzäugige Susanne, *Thunbergia alata*	1–2	○–◐	■			■		■		Schlingpflanze
Sternwinde, *Quamoclit lobata*	3	○–◐	■ bis	■		■		■		Schlingpflanze
Trichterwinde, *Pharbitis purpurea*	2–4	○	■		■	■			■	Schlingpflanze
Zierkürbis, *Cucurbita pepo* 'Ovifera'	3–5	○	■ bis	■	■		■		■	Rankpflanze

Kletterpflanzen lassen Haus und Garten zu einer Einheit werden. Während die im Juni blühende Bergwaldrebe (rechts) weitgehend abgeblüht ist, entwickelt der Echte Wein an der Hauswand noch kräftig neue Triebe.

Mehrjährige Kletterpflanzen

Alle mehrjährigen Kletterpflanzen sind sehr gut geeignet, freistehende Klettergerüste im Garten, z.B. Lauben und Pergolen, oder auch Hausfassaden und Wände dauerhaft zu begrünen. Sie erreichen je nach Pflanzenart dabei Wuchshöhen von 2–20 m. Die Mehrzahl der Arten braucht bauliche Kletterhilfen, und nur einige wenige, wie etwa der Efeu, kommen auch ohne diese aus, da sie direkt auf der Unterlage haften. Viele Arten entwickeln attraktive oder auffallende Blüten, die hauptsächlich vom Früh- bis zum Hochsommer erscheinen. Bei manchen Arten zeigt sich im Herbst zudem eine prächtig gelbe oder rote Laubfärbung, und nicht wenige entwickeln darüber hinaus auch noch zierende Früchte, die mitunter über den Winter an der Pflanze haften.

Mehrjährige stammen vor allem aus Amerika und Asien, während nur wenige Arten bei uns heimisch sind. Ihr natürlicher Standort ist der Waldrand; entsprechend schätzen die meisten der Arten daher halbschattige Standorte. Viele vertragen auch vollsonnige Standorte gut, während es nur wenige Arten gibt, die auch an vollschattigen Standorten noch problemlos wachsen. Allgemein bevorzugen Immergrüne schattige bis halbschattige, Sommergrüne hingegen eher halbschattige bis sonnige Standorte. Als Faustregel für die Pflanzenwahl kann gelten, daß die Besonnung um so wichtiger ist, je mehr Blüten erwartet werden.

An den Boden stellen die Pflanzen, abgesehen von wenigen Ausnahmen wie etwa den Hybrid-Waldreben, keine besonderen Ansprüche; normaler Gartenboden ist ausreichend. Pflanzzeit aller Arten ist sowohl Herbst wie auch Frühjahr, für die in Containern gezogenen Pflanzen auch noch der Sommer. Allen erleichtert anfängliches Anhaften oder Festbinden das Anwachsen und Festhalten auf der Unterlage; dies gilt auch für selbstkletternde Arten. Kletterhilfen sollten immer auf die Klettertechnik der Pflanzen abgestimmt sein. Mehrjährige sind zumeist Individualisten; dennoch lassen sich einzelne Arten mit anderen kombinieren: im Schatten z.B. Efeu mit Pfeifenwinde oder Kletterhortensie; im Halbschatten z.B. Kletterhortensie mit Waldrebe oder Efeu; in der Sonne z.B. Wilder Wein mit Kletterrosen oder Blauregen. Solche Mischkulturen sind ökologisch weit interessanter und in sich zumeist auch stabiler als Monokulturen.

Pflanzung, Pflege, Tips

Kletterpflanzen wachsen mit ihren Wurzeln allgemein eher tief als flach und brauchen daher schon beim Pflanzen ausreichend Bodentiefe: einjährige Arten etwa 15–30 cm, mehrjährige Arten 30–60 cm. In Gartenböden ist dies in aller Regel gewährleistet. Nur im Stammbereich großer Bäume können Trockenheit und Wurzelkonkurrenz für die Pflanzen zu einem Problem werden. Hier hilft man sich dadurch, daß die Pflanzen nicht unmittelbar an den Stamm, sondern etwas entfernt von diesem gesetzt und von dort über den Boden an den Stamm geleitet werden.

Durch Dachüberstände bedingte Trockenzonen vor Fassaden und Wänden werden ähnlich umgangen. Dort kann als zusätzliches Problem auftreten, daß der Boden mit Bauschutt oder anderem Unrat durchsetzt ist; damit wird vor dem Pflanzen eine Bodenverbesserung erforderlich. Hierzu muß der Boden mindestens 2 Spatenstiche tief umgegraben und gelockert sowie im Unterboden vorhandene Verdichtungen entfernt oder durchstoßen werden. Mit Schutt durchsetzter Boden muß davon gesäubert oder auch ganz ausgetauscht werden.

Bis auf Kletterrosen und die großblumigen *Clematis*-Sorten werden Kletterpflanzen nicht tiefer gesetzt, als sie vorher in der Baumschule oder Gärtnerei standen. Vorteilhaft ist es, die Wurzelscheibe mit Laub oder Rindenkompost leicht abzudecken oder eine flachwurzelnde Verpflanzung vorzusehen; dieses Vorgehen schützt den Boden vor Verschlämmung und allzu starker Austrocknung.

Mit Haftwurzeln kletternde Arten, wie etwa Efeu, werden mit ihren Trieben über den Boden an das Klettergerüst oder die Mauer geleitet und dort zunächst mit Klebeband befestigt oder, wie alle nicht selbstkletternden Arten, leicht angebunden. So gewinnt der Sproß ersten Halt.

Kletterpflanzen benötigen im allgemeinen keinen regelmäßigen Schnitt. Es genügt, im Frühjahr abgestorbene oder erfrorene Pflanzenteile zu entfernen. Wirklich notwendig werden

Kletterpflanzen

Schnittmaßnahmen nur bei wenigen Arten zur Förderung der Blüte. Vor allem bei Kletterrosen nimmt der Blütenreichtum mit zunehmendem Alter ab: hier fördert das Ausschneiden alter Triebe im Frühjahr sowie das regelmäßige Entfernen verwelkter Blüten den Blütenansatz.

Grundsätzlich geschnitten werden sollten auch die großblumigen Hybrid-Waldreben: Die im Frühjahr und Frühsommer blühenden Sorten werden am besten sofort nach der Blüte, die im Spätsommer und Herbst blühenden Sorten jedoch erst im Nachwinter zurückgeschnitten.

Staudige Kletterpflanzen, als Beispiel sei hier der Hopfen genannt, ziehen im Winter ein und dürfen erst geschnitten werden, wenn die Triebe und Blätter gelb und vertrocknet sind. Fruchtende Kletterpflanzen, wie Wein oder Kiwis, brauchen einen fachgerechten und regelmäßigen Fruchtschnitt.

Mehrjährige Kletterpflanzen

Name	Wuchshöhe in m	Standort	Wuchs	Härte robust	Härte empfindlich	Hauptmerkmale Blatt	Hauptmerkmale Blüte	Hauptmerkmale Frucht	Klettertechnik
Akebia, *Akebia quinata*	5–8	○–◐	schnell	■	bis ■	■		■	Schlingpflanze
Baumschlinge, *Periploca*-Arten	3–8	○–◐	mittel	■	bis ■	■		■	Schlingpflanze
Baumwürger, *Celastrus*-Arten	5–10	○–◐–●	schnell	■				■	Schlingpflanze
Berchemie, *Berchemia scandens*	3–5	○–◐	mittel	■	bis ■	■		■	Schlingpflanze
Chinesische Franchetie, *Sinofranchetia chinensis*	5–7	○–◐	mittel	■	bis ■	■			Schlingpflanze
Chinesischer Mondsame, *Sinomenium chinensis*	4–6	○–◐	schnell	■	bis ■				Schlingpflanze
Dreiflügelfrucht, *Tripterygium regelii*	3–4	○	mittel		■	■	■		Schlingpflanze
Efeu, *Hedera helix*	5–25	◐–●	langsam	■	bis ■	immergrün			Wurzelkletterer
Feuerdorn, *Pyracantha*-Sorten	2–5	○–◐	mittel	■	bis ■			■	Spreizklimmer
Geißschlinge, *Lonicera*-Arten	2–6	◐	mittel	■			■		Schlingpflanze
Glockenwinde, *Codonopsis*-Arten	2–3	○–◐	mittel	■			■		Schlingpflanze
Haarblume, *Trichosanthes kirilowii*	3–4	○–◐	schnell		■				Schlingpflanze
Hopfen, *Humulus lupulus*	4–6	○–◐	schnell	■				■	Schlingpflanze
Kletterbrombeere, *Rubus*-Arten	2–4	◐–●	mittel	■					Spreizklimmer
Kletterhortensie, *Hydrangea petiolaris*	6–10	◐	mittel	■		■	■		Wurzelkletterer
Kletterrose, *Rosa*-Arten	2–5	○	schnell	■	bis ■		■		Spreizklimmer
Kletterspindel, *Euonymus fortunei*-Sorten	3–5	◐–●	langsam	■		immergrün			Wurzelkletterer
Kokkelstrauch, *Cocculus trilobus*	3–4	○–◐	mittel	■					Schlingpflanze
Mondsame, *Menispermum*-Arten	3–6	◐	mittel	■					Schlingpflanze
Passionsblume, *Passiflora caerulea*	2–4	○	schnell		■		■		Rankpflanze
Pfeifenwinde, *Aristolochia macrophylla*	5–10	◐–●	mittel	■		■			Schlingpflanze
Scheinrebe, *Ampelopsis*-Arten	3–6	○–◐	mittel	■	bis ■	■		■	Rankpflanze
Schlingknöterich, *Fallopia aubertii*	8–15	○–◐–●	schnell	■			■		Schlingpflanze
Stechwinde, *Smilax*-Arten	4–6	◐	mittel	■	bis ■				Rankpflanze
Spaltkölbchen, *Schisandra chinensis*	5–8	◐	mittel	■				■	Schlingpflanze
Sternhortensie, *Decumaria barbara*	2–4	○–◐	mittel		■	■			Wurzelkletterer
Strahlengriffel, *Actinidia*-Arten	3–8	○–◐	mittel	■	bis ■			■	Schlingpflanze
Trompetenblume, *Campsis*-Arten	4–8	○	mittel	■			■		Wurzelkletterer
Waldreben-Sorten, *Clematis*-Hybriden	2–4	○–◐	mittel	■	bis ■		■		Rankpflanze
Weinrebe, *Vitis vinifera*	3–10	○	schnell		■	■		■	Rankpflanze
Wild-Waldreben, *Clematis*-Wildarten	2–10	○–◐	mittel	■	bis ■		■		Rankpflanze
Wilde Reben, *Vitis*-Arten	4–12	○–◐	schnell	■		■			Rankpflanze
Wilder Wein, *Parthenocissus*-Arten	8–15	○–◐	schnell	■		■			Rankpflanze
Winterjasmin, *Jasminum nudiflorum*	2–4	○–◐	langsam		■		■		Spreizklimmer
Wisterie, *Wisteria*-Arten	6–12	○–◐	schnell	■			■		Schlingpflanze
Yamswurzel, *Dioscorea*-Arten	2–4	◐	mittel		■	■			Schlingpflanze

Sommerblumen und Kübelpflanzen

Sommerblumen und Kübelpflanzen

Sieht man einmal von den Profigärten in Stadtparks und Gartenschauen ab, entdeckt man eines viel zu selten: die gemeinsame Verwendung von Kübelpflanzen und Sommerblumen. Dies ist nicht ganz verständlich, erfahrene Gärtner wissen das. Kübelpflanzen und Sommerblumen haben vieles gemeinsam. Abgesehen von den meisten Blattschmuckgehölzen, stammen sie fast alle aus heißen, sonnigen Gebieten. Leider brauchen sie solche Standorte auch bei uns, um zeigen zu können, was in ihnen steckt. Die andere Seite der Medaille ist, daß man in Schattenlagen kaum mit einem reichblühenden Sommerflor rechnen kann. Wie im Wald, ist hier das Reich der Blattschmuckpflanzen. Kaum treten wir aber aus dem Schatten heraus, ergänzen sich Sommerblumen und Kübelpflanzen ganz vorzüglich – sie stammen oft aus derselben Familie, Pflege, Düngung, Bewässerung, ja sogar die wichtigsten Schädlinge sind gleich. Warum sollte man sie also nicht in einem Kapitel zusammenfassen?

Der Hauptunterschied zwischen Kübelpflanzen und Sommerblumen ist, daß erstere meist nur als Einzelpflanzen oder in wenigen Exemplaren vorhanden sind; von Jahr zu Jahr werden sie größer und brauchen zur Überwinterung immer mehr Platz. Verwendet man Kübelpflanzen und Sommerblumen zusammen, ergibt sich deshalb fast zwangsläufig, daß die Kübelpflanzen die Solitärs darstellen und aus den Teppichen der Einjährigen herausragen. Derartige Beispiele, als Kübelpflanzen nimmt man dann häufig Stämmchen, findet man in jedem Stadtpark.

Ebenso wie manche Sommerblumen durchaus solitär wirken, denken wir nur an den Wunderbaum (*Ricinus*), sind eine ganze Reihe von Kübelpflanzen jedoch auch hervorragende Bodendecker.

Nicht nur auf schattigen Balkonen, auch im Kübel zählen Fuchsien zu den beliebtesten dauerblühenden Pflanzen. Besonders in kühlen, regnerischen Sommern zeigen sie, was in ihnen steckt. Manche Sorten sind, zumindest ihr Wurzelstock, sogar winterhart und können in den Garten gepflanzt werden. Ein leichter Winterschutz schadet nie!

Der Standort

Bei einer gemeinsamen Verwendung von Kübelpflanzen und Sommerblumen in Beeten empfiehlt es sich, die Kübelpflanzen in durchbrochene Wasch- oder Kartoffelkörbe zu setzen und sie mit diesen einzusenken. Die Wurzeln wachsen dann ins umliegende Erdreich, die Pflanzen erhalten mehr Wasser und Nährstoffe und wachsen entsprechend üppiger. Trotzdem wird der Wurzelballen beim Herausnehmen geschont, was die Überwinterung wesentlich erleichtert.

Entscheidend für die Auswahl der richtigen Pflanzen ist, daß der Gartenbesitzer die Lichtverhältnisse am zukünftigen Standort richtig einschätzen kann. Bei den meisten Pflanzen werden mit abnehmendem Licht die Blätter größer, heller grün, dünner. Die Dichte der Belaubung nimmt ab, die Pflanzen werden locker und offen. Gleichzeitig werden die Blüten kleiner und blasser, ihre Zahl verringert sich. Umgekehrt werden mit zunehmendem Licht die Blätter dunklergrün, oft graufilzig, gleichzeitig dicker und härter. Die Pflanzen sind kompakt, gestaucht und dicht belaubt. Die Blütenzahl und -größe nimmt zu, die Farben werden intensiver. Demzufolge brauchen fast alle Sommerblumen und blühenden Kübelpflanzen einen möglichst sonnigen Standort, der gleichzeitig aber auch warm sein soll.

Noch wärmer als vollsonnige, somit zwangsläufig freiliegende Flächen sind Standorte mit Windschutz auf West-, Nord- oder Ostseite. Ein wenig Schlagschatten kann man also durchaus in Kauf nehmen, ohne daß die Pflanzenqualität darunter leidet. Nun aber nachstehend zu einem Problemfall.

Pflanzen für schattige Plätze

Halbschattige und schattige Standorte findet man in Hausgärten meist nur im Zusammenhang mit größeren Bäumen oder gar Baumgruppen, zumal wenn sie so dicht ans Haus gepflanzt sind, daß sie dieses fast berühren. Jeder Gartenbesitzer wird selbst wissen, was eine richtige Schattenlage ist: all die

Sommerblumen und Kübelpflanzen

Sommerblumen und Kübelpflanzen für Schattenlagen

Name	Blütenfarbe	Blütezeit	Höhe in m	Überwinterung	Bemerkungen
Aukube, *Aucuba japonica*	rostrot	Dez.–Februar	2–3 (–5)	Kann mit Winterschutz ausgepflanzt werden.	Schöne rote Beeren, buntlaubige Sorten.
Bambus, div.	–	–	–6	Manche Arten winterhart.	
Efeu, *Hedera sp.*	–	–	0,1/10	Einige Sorten winterhart.	Auch als Kletterpflanze.
Efeuaralie, × *Fatshedera lizei*	–	–	–2	Hart bis –10°C.	Bekannte Zimmerpflanze.
Erdbeerbaum, *Arbutus unedo*	weiß	Nov.–Januar	2–3 (5)	Hart bis –10°C.	Erdbeerartige Früchte.
Fleißiges Lieschen, *Impatiens walleriana*	viele Farben	Januar–Dez.	–0,3	Als Topfpflanze möglich.	Sehr frostempfindlich.
Fuchsie, *Fuchsia*-Hybriden	viele Farben	Januar–Dez.	1–2		Rückschnitt beim Einräumen.
Hanfpalme, *Trachycarpus fortunei*	–	–	1 (–10)	Hart bis –10°C.	Wächst im Kübel sehr langsam. Ausgesprochen robuste Kübelpalme.
Japanische Faserbanane, *Musa basjoo*	–	–	–5	Blattschopf entfernen.	Windgeschützter Standort.
Klebsame, *Pittosporum tobira*	weiß, Duft	April–Juni	2 (–5)	Hart bis –10°C.	Neigt zum Verkahlen. Rückschnitt möglich.
Kletterfeige, *Ficus pumila*	–	–	0,50/5		Auch als Kletterpflanze
Knollenbegonie, *Begonia*-Knollenbegonien-Hybride	viele Farben	April–Okt.	–0,3	Abgetrocknete Knollen in trockenem Torf.	Sehr frostempfindlich.
Lorbeer, *Laurus nobilis*	cremegelb	Februar–April	2 (–8)	Hart bis –10°C.	Auf Schildläuse achten; Formschnitt.
Marienglockenblume, *Campanula medium*	weiß, rosa, blau	Mai–Juli	0,3–0,8	Zweijährig	Auch zum Schnitt.
Orangenblume, *Choisya ternata*	weiß, Duft	August–März	1–2	Hart bis –10°C.	
Paradiesvogelblume, *Strelitzia reginae*	orange-blau	Dez.–Mai	1–2		Vorzügliche Wintergartenpflanze, kostbare Schnittblume.
Sternjasmin, *Trachelospermum jasminoides*	weiß, Duft	April–Nov.	0,10/5	Hart bis –10°C.	Auch als Kletterpflanze.
Zieringwer, *Hedychium gardnerianum*	gelb-rot, Duft	August–Dez.	–1		Nach Abblühen bodeneben zurückschneiden.
Zimmeraralie, *Fatsia japonica*	creme	Sept.–Dez.	2 (–5)	Hart bis –10°C.	Bekannte Zimmerpflanze.

Plätze, auf die während des Sommerhalbjahres so gut wie kein Sonnenstrahl fällt.

Nun sind aber Schattenlagen genau die Orte, an denen es sich an heißen Sommertagen noch am ehesten aushalten läßt. Hierher gehören Waldpflanzen, zahlreiche Schattenstauden inmitten von Farnen können für Blüten sorgen. Von den Sommerblumen sind nur Knollenbegonien und Fleißige Lieschen *(Impatiens)* als Bodendecker einen Versuch wert, von den höher werdenden Sommerblumen vielleicht die Glockenblume *(Campanula medium)* und der Fingerhut *(Digitalis)*.

Demgegenüber gibt es eine ganze Reihe von Kübelpflanzen, die schattige Lagen gut vertragen. Mit Ausnahme der Fuchsien sind ihre Blüten aber entweder weiß oder unscheinbar, oder sie blühen im Winter. Um so mehr überzeugen sie durch ihre ornamentalen Blätter und ihren Habitus.

Die Gruppe der schattenverträglichen Blattschmuckpflanzen zeichnet sich durch eine ganze Reihe von guten Eigenschaften aus: Die meisten bekommen kaum Schädlinge. Sie vertragen spielend einige °C Frost, können deshalb früh aus- und müssen erst spät wieder eingeräumt werden. Überwintern kann man sie in jedem kühlen Treppenhaus, in wenig geheizten Zimmern, kalten Kellern und notfalls in der Garage.

Zu der Gruppe der schattenverträglichen Pflanzen zählt noch eine ganze Reihe von Arten, die man eher an extrem heißen Standorten erwarten würde, beispielsweise Agaven, einige *Yucca*- und Palmenarten. Da deren Platz eigentlich in der Sonne ist, werden sie dort besprochen. Auch zu den anderen in der Tabelle genannten Pflanzen ist zu sagen, daß sie im Halbschatten, manche auch in der vollen Sonne besser gedeihen.

Sommerblumen und Kübelpflanzen

Zieht man Strelitzia *im Kübel, hält die Einzelblüte etwa 4 Wochen.*

So sie sich nicht in Innenhöfen befinden, lehnen sich schattige Sitzplätze gewöhnlich an winterharte Pflanzen mit geringen Lichtansprüchen an. In den meisten Gärten werden das Immergrüne sein, Koniferen wie Hemlockstanne *(Tsuga)* oder Eiben, Laubgehölze wie *Rhododendron* oder Lorbeerkirschen, aber auch Gräser, wie Bambus. All diese Pflanzen, besonders der grazile Bambus, passen ganz vorzüglich zu den schattenverträglichen, subtropischen Blattschmuck-Kü-

Die Hanfpalme erträgt soviel Frost, daß man sie in Weinbaulagen mit Winterschutz auch auspflanzen kann.

Der Japanische Klebsame ist so robust, daß er in Norditalien oft als Heckenpflanze verwendet wird.

belpflanzen. Bambus ist deshalb so wichtig, weil er nie schwermütig wirkt – eine Gefahr, die bei einer unbedachten Aneinanderreihung großblättriger Immergrüner nicht unterschätzt werden darf.

Eine weitere Auflockerung erzielt man dadurch, daß man bei den Kübelpflanzen nicht unbedingt die gewöhnliche grüne Art nimmt, sondern panaschierte Formen, also solche mit weiß- oder gelbbunt gescheckten Blättern. Eine *Aucuba japonica* 'Crotonifolia' wirkt im Gegensatz zur normalen Form so, als würden Lichtreflexe auf den Blättern spielen. Ähnliches gilt für die weißbunte Zimmeraralie *(Fatsia)* und verschiedene Efeu *(Hedera)*. Es soll allerdings nicht verschwiegen werden, daß die Farben im tiefen Schatten nicht so gut herauskommen wie an helleren Standorten, die Pflanzen neigen zum Vergrünen.

Es gehört sehr viel Fingerspitzengefühl dazu, farbenfrohe Blütenpflanzen im Schatten richtig zu verwenden. Wunderschön ist hier und dort ein Tuff einer standortangepaßten Blütenstaude, als Sommerblumen auch Fingerhut oder Glockenblumen, gefährlich aber ist die Kombination mit hochgezüchteten Fleißigen Lieschen oder Knollenbegonien. Die oft schreienden Farben erinnern in einer Schattenpflanzung an eine Dame, die ihr Make up eindeutig zu dick aufgetragen hat. Am besten vermeidet man jede Konkurrenz und setzt die farbenfrohen Bodendecker entweder in eine freistehende Schale oder ein separates Beet, z. B. eine Baumscheibe. Oder aber man verwendet diese Pflanzen so, wie das in gepflegten Parkanlagen üblich ist: großflächig. Ähnliches gilt für Fuch-

sien. Ein Stämmchen oder ein üppiger Busch im Kübel ist sicher ein Gewinn für jeden Schattenplatz, will man die Pflanze jedoch in die Beete setzen, sollte man lieber die dezenteren, praktisch winterharten Freilandfuchsien wählen.

Viel zu wenig berücksichtigt wird, daß zahlreiche Zimmerpflanzen sehr gut den sommerlichen Schattenplatz im Freien schmücken können. Dies ist beispielsweise in südlichen Ländern allgemein üblich, wo während des Sommers die Fensterläden ständig geschlossen sind. Man sollte diese Zimmerpflanzen nicht zu früh und möglichst während einer Schönwetterperiode ins Freie bringen. Anderenfalls bekommen sie einen Kälteschock und wachsen wochenlang nicht weiter. In der Regel aber danken die Zimmerpflanzen eine Sommerfrische im Freien mit gutem Wuchs, gesunden und kräftigen Blättern. Allerdings müssen die meisten im September wieder ins Zimmer, da die Nächte dann schon merklich kühler werden.

Zimmerpflanzen, die in Schattenlagen im Freien gut gedeihen: Azaleen, *Ardisia, Coffea, Dizygotheca, Aspidistra, Dracaena, Monstera, Philodendron, Cissus, Rhoicissus, Schefflera, Sansevieria,* Farne, *Gardenia, Hydrangea, Zantedeschia* und andere.

Pflanzen für halbschattige Bereiche

Halbschattige Plätze müssen zumindest im Sommerhalbjahr ein paar Stunden direkte Sonne haben oder dürfen nur unter einem sehr lichten Baumschirm stehen. Plätze mit Morgen- oder Nachmittagssonne sind günstiger als Orte, die ausgerechnet während der heißesten Mittagsstunden in der vollen Sonne stehen. Warum? Nun, ein typisches Beispiel sind die Nachtschattengewächse (Solanaceen). Diese zeichnen sich, wie viele andere raschwüchsige Pflanzen auch, durch einen sehr hohen Wasserbedarf aus. Bei mäßiger Sonneneinstrahlung kann der Wasserbedarf ohne weiteres über die Wurzeln gedeckt werden. Während der heißesten Mittagsstunden verdunsten die Blätter aber mehr Wasser als die Wurzeln aufnehmen können – die Pflanzen welken. Mittelfristig hat das zur Folge, daß die Pflanzen die gewünschte tropische Üppigkeit vermis-

Sommerblumen und Kübelpflanzen

Sommerblumen und Kübelpflanzen für den Halbschatten

Name	Blütenfarbe	Blütezeit	Höhe in m	Überwinterung	Bemerkungen
Baumtomate, *Cyphomandra betacea*	weiß, Duft	Januar–Dez.	–5	Frostfrei	Früchte eßbar; viel Wasser und Nährstoffe.
Bleiwurz, *Plumbago auriculata*	blau, weiß	März–Nov.	–2	Ziemlich trocken, frostfrei.	Kann auch als Stämmchen und am Spalier gezogen werden. Mindestens jährl. Rückschnitt.
Begonie, *Begonia-Semperflorens*-Hybriden	weiß, rosa, rot	April–Frost	0,1–0,3	Als Topfpflanze möglich.	Anzucht schwierig; Bodendecker; 25–30 Pfl./m²
Duftsteinrich, *Lobularia maritima*	viele Farben, Duft	Mai–Frost	–0,2		Sehr zuverlässiger Bodendecker. Direktaussaat möglich, ca. 20 Pfl./m²
Echtes Fleißiges Lieschen, *Anisodontea capensis*	rosa	Januar–Dez.	–3	Frostfrei	Schön als Stämmchen, starkwüchsig. Rückschnitt beliebig.
Engelstrompete, *Brugmansia* (syn. *Datura*)	viele Farben	Januar–Dez.	–4	Frostfrei	Verliert im Winter viel Laub. Viel Wasser und Nährstoffe.
Feige, *Ficus carica*	–	–	–5	Hart bis –15°C.	Laubabwerfend; hoher Wasserbedarf.
Goldlack, *Cheiranthus cheiri*	orange-gelb, Duft	April–Juni	–0,5	Winterhart	Sommeraussaat, Zweijährig.
Granatapfel, *Punica granatum*	weiß, rot, orange	Juni–Okt.	–5	Hart bis –10°C.	Laubabwerfend, anspruchslos, Zwergsorten nur bis 1 m hoch. Schwache Triebe stark zurückschneiden.
Hammerstrauch, *Cestrum sp.*	rot, orange, lila, gelb	Januar–Dez.	–3	Frostfrei	Auch als Stämmchen. Viel Wasser und Nährstoffe.
Keulenlilie, *Cordyline australis*	creme	Juni–Juli	–6	Frostfrei, bei einseitigem Lichteinfall öfter drehen.	Verzweigt sich nach der Blüte.
Lobelie, *Lobelia erinus*	blau, weiß	April–Sept.	–0,2	Möglich	
Orange, Zitrone, Mandarine, *Citrus sp.*	weiß, Duft	Januar–Dez.	3 (–10)	Frostfrei	Früchte werden auch bei uns reif. Empfindlich gegen Kalk und Staunässe.
Papyrus, *Cyperus papyrus*	–	–	–4	Über 10°C, hell.	Für tropisch aussehende Wasserbecken. Sumpfpflanze.
Phlox, *Phlox drummondii*	rot, rosa, weiß	Juni–Frost	–0,4		Niedere Sorten auch als Bodendecker.
Polygala, *Polygala myrtifolia*	lila	Januar–Dez.	–2	Hell und frostfrei.	Empfindlich gegen Kalk und Staunässe. Im Winter ziemlich trocken halten.
Priesterpalme, *Washingtonia sp.*	–		–20	Hart bis –5°C, hell.	Blattwerk und Stamm überaus dekorativ. Hoher Wasserbedarf.
Schönmalve, *Abutilon*-Hybriden	gelb, rot, weiß	Januar–Dez.	–2	Frostfrei, im Winter Zimmerpflanze.	Schön als Stämmchen. Rückschnitt beliebig.
Seideneiche, *Grevillea robusta*	orangegelb (im Alter)	April–Juni	–20	Frostfrei, hell.	Verliert im Winter viel Laub. Triebe jährlich einkürzen.
Solanum, *Solanum rantonnetii*	blau	Januar–Dez.	–4	Frostfrei	Verliert im Winter viel Laub. Rückschnitt beliebig, viel Wasser und Nährstoffe.
Tibouchina, *Tibouchina urvilleana*	violett	Juli–Mai	–5	Frostfrei, kühl und hell.	Vorzügliche Wintergartenpflanze. Oft entspitzen, regelmäßiger Rückschnitt.
Veilchenstrauch, *Iochroma sp.*	rot, lila	Januar–Dez.	–5	Frostfrei, hell.	Vielfältig verwendbar (Spalier, Stämmchen, Busch). Viel Wasser und Nährstoffe.
Wandelröschen, *Lantana-Camara*-Hybriden	viele Farben	Januar–Dez.	–2	Frostfrei, hell.	Auf Weiße Fliege achten. Früchte entfernen.
Ziertabak, *Nicotiana sp.*	rot, rosa, weiß	Juni–Frost	–1		Viel Wasser und Nährstoffe.

Sommerblumen und Kübelpflanzen

Abutilon-Hybriden (links), wie hier die Sorte 'Feuerglocke', eignen sich auch für helle Zimmer.

Den Costa-Rica-Nachtschatten läßt man im Sommer am besten in unauffällige Sträucher wuchern.

Wenn Engelstrompeten gut gedeihen sollen, brauchen sie zwei Dinge im Übermaß: Wasser und Dünger.

Rechts: Gerade auf kleinen Balkonen ist der Zwerggranatapfel *(Brugmansia)* ideal. Manche Sorten bringen sogar Früchte.

sen lassen, die Blätter bleiben ziemlich klein, zeigen schnell Abbauerscheinungen (Vergilben, braune Blattränder und -flecken) und fallen bald ab. Die Blüten sind weniger betroffen, meist bleiben sie aber klein und verblühen schneller, ihre Zahl ist dagegen oft größer.

Im Halbschatten wachsen alle »Pflanzen für Schattenlagen« ganz vorzüglich. Eine Ausnahme machen die Zimmerpflanzen, die selbst auf nur kurzzeitig andauernde, direkte Sonneneinstrahlung mit einem fürchterlichen Sonnenbrand reagieren können. So ein Sonnenbrand hat oft den Totalverlust aller Blätter zur Folge, was sich bis zum Herbst kaum mehr auswächst.

Andererseits gedeihen auch viele Pflanzen, die eigentlich volle Sonne haben sollten, im Halbschatten durchaus zufriedenstellend. Hier kommt es oft auf den Versuch an – gedeiht die Pflanze an diesem Standort oder gedeiht sie nicht. Wer ein echter Gartenliebhaber ist, nimmt auch einmal einen Mißerfolg in Kauf.

Wer sich einen tropisch üppigen Sitzplatz in einer halbschattigen Lage einrichten will, kommt an den Nachtschattengewächsen kaum vorbei, zumindest dann nicht, wenn er viel Wert auf Blüten legt. Am Abend besonnte Stellen sind besonders günstig, in der Wärme der untergehenden Sonne läßt es sich lange aushalten. Gleichzeitig kann man den betörenden Duft, den viele Nachtschattengewächse erst am Abend ausströmen, genießen.

Allein schon die Nachtschattengewächse liefern uns fast alle Farben, die das Pflanzenreich anzubieten hat: Engelstrompeten *(Brugmansia)* in Rot, Gelb, Orange und Weiß, Hammersträucher *(Cestrum)* in Orange, Rot und Lila, verschiedene *Solanum* in allen Blauschattierungen, dazu die lila Glocken des Veilchenstrauches *(Iochroma)* oder die tomatenfarbenen, hühnereigroßen Früchte der Baumtomate *(Cyphomandra)*. Nimmt man noch die Farben der kletternden Nachtschattengewächse und die der Sommerblumen aus dieser Familie (Ziertabak, Petunien, Trompetenzunge, Spaltkölbchen) hinzu, hat man das gesamte Spektrum.

Eine überzeugende Pflanzung erhält man aber nur, wenn man einiges über die Wuchscharakteristika der erwähnten Pflanzen weiß. Gerade die strauchartigen Solanaceen sind überaus starkwüchsig. Eine gut ernährte aufrechtwachsende Engelstrompete – die gelbe *Brugmansia aurea*, ihre weiße Abart und auch die rosa Typen – macht Jahrestriebe von über 3 m, ein kletternder Nachtschatten wie *Solanum jasminoides* kann auch 7 m zulegen.

Demgegenüber erreichen andere *Brugmansia*-Arten, beispielsweise die rote *Brugmansia sanguinea* oder ihre gelbe Variante, *Brugmansia sanguinea* 'Flava', kaum mehr als 50 cm in einer Vegetationsperiode, sind dafür jedoch buschig und verzweigt.

Mittelstark im Wachstum sind die meisten weißblühenden Engelstrompeten, aber auch die verschiedenen Hammersträucher. Letztere eignen sich vorzüglich als seitliche Begrenzung oder als Vorpflanzung zu hoch wachsenden Engelstrompeten. Durch ihre dichte Belaubung decken sie den oft nackten Fuß der *Brugmansia* ab und geben diesen doch ziemlich brüchigen Pflanzen einen Windschutz.

Weniger brüchig sind auch die buschartig wachsenden *Solanum*-Arten. Da ihre Blüten wesentlich graziler sind, rückt man sie am besten etwas von den bisher genannten Pflanzen ab, sie würden sonst durch deren Massivität erschlagen. Neben dem dauerblühenden *Solanum rantonnetii* ist als Solitär besonders *Solanum laciniatum* oder der ganz ähnliche *Solanum aviculare* zu empfehlen. Diese beiden haben neben ihren tiefblauen Kartoffelblüten ein äußerst dekoratives, üppig dunkelgrünes, tief geschlitztes Laub und schmücken sich mit zahlreichen taubeneigroßen, gelben und orangen Früchten. Kletterpflanzen wie *Solanum wendlandii* oder auch die spreizklimmende *Iochroma* läßt man in kräftige, winterharte Büsche klettern, die sie dann im

Sommerblumen und Kübelpflanzen

Sommer und Herbst mit ihren lila Blüten überschütten.

Wem die niedrig und breitbuschig wachsenden *Brugmansia* und die verschiedenen Sommerblumen aus der Nachtschattenfamilie als Vorpflanzung nicht genügen, sollte es mal mit Zwergformen des Indischen Blumenrohrs versuchen. Gerade mehrfarbige Sorten, beispielsweise die großblumige 'Luzifer', verleihen solchen tropischen Pflanzungen den letzten Pfiff.

Werden Solanaceen in größeren Stückzahlen verwendet, sollte man sie, wenn irgend möglich, während des Sommers auspflanzen. Die im Frühjahr und Herbst anfallende zusätzliche Arbeit wird durch die wesentlich vereinfachte Düngung und Bewässerung mehr als ausgeglichen. Eines nämlich verlangen die Solanaceen: Während der Hauptwachstumszeit wöchentlich eine gehäufte Handvoll Blaukornvolldünger/ pro m^2, dazu möglichst täglich durchdringende Bewässerung.

Wem das Überwintern der im Herbst oft riesigen raschwachsenden *Datura* zu mühsam ist, geht einen anderen Weg: Er läßt die Pflanzen erfrieren. Zuvor jedoch schneidet er sich aus den Stämmen eine Anzahl bis 50 cm lange Stecklhölzer, steckt diese gleich in große Töpfe und überwintert auf der Fensterbank. Bis zum Frühjahr sind kräftige Büsche herangewachsen, die dann wieder als »Sommerflor« verwendet werden können.

Wegen der erhöhten Luftfeuchtigkeit gedeihen Solanaceen ganz besonders gut in der Nähe von Wasserbecken. Dort kann man ihnen ähnlich imposante, ungemein tropisch wirkende Pflanzen zuordnen, beispielsweise eine echte Lotosblume *(Nelumbo nucifera)* oder auch einen Papyrussolitär *(Cyperus papyrus)*.

Pflanzen für sonnige Standorte

Manche Pflanzen, speziell die aus wüsten- und halbwüstenähnlichen subtropischen Gebieten, können gar nicht genug Licht und Wärme bekommen. Dies gilt besonders für Pflanzen, deren Heimat das Mittelmeergebiet, das südliche Nordamerika, Südafrika und Australien ist. Vom Naturstandort her sind diese Pflanzen ständig strahlend blauen Himmel gewöhnt, die bei uns häufigen sommerlichen Schlechtwetterperioden sagen ihnen nicht zu. Nach Regenfällen verkleben oft die Blüten – zupft man sie nicht aus, kommt es zu Fäulnis. Es hört sich widersinnig an, wenn man erfährt, daß viele dieser Pflanzen trotzdem einen sehr hohen Wasserbedarf haben. An ihrem Naturstandort kann sich das Wurzelgeflecht wegen oft fehlender Kon-

Pflanzen für volle Sonne

Name	Blütenfarbe	Blütezeit	Höhe in m	Kulturhinweise	Überwinterung	Bemerkungen
Aeonium, *Aeonium arboreum*	gelb	Winter	−1 m	Sparsam düngen.	Als Topfpflanze hell und frostfrei.	Im Winter auf Fäulnis achten.
Agapanthus, *Agapanthus sp.*	blau, weiß	Mai–Juli	−1	Selten umtopfen.	Ziemlich trocken, frostfrei.	*Headborne*-Hybriden sind winterhart.
Agave, *Agave americana*	–	–	−1,5	Anspruchslos	Frostfrei	Blattspitzen entfernen!
Blumenrohr, *Canna-Indica*-Hybriden	viele Farben	Juni–Frost	0,5–1,5	Fruchtansatz entfernen.	Rhizome in trockenem Torf.	Für kleine Beete oder Kübel Zwergsorten verwenden.
Dahlie, *Dahlia*	viele Farben	Juli–Frost	0,2–1,5	Knollen Anfang Mai pflanzen.	Knollen in trockenem Torf.	Vorzügliche Schnittblume.
Chinesischer Eibisch, *Hibiscus rosa-sinensis*	viele Farben	März–Okt.	−3	Sehr hohe Wärmeansprüche.	Nicht unter 10 °C, Zimmerpflanze.	Im Winter sparsam gießen.
Eukalyptus, *Eucalyptus sp.*	rot, gelb, weiß	artabhängig	baumartig	Regelmäßig zurückschneiden.	Hell	Wertvolles Schnittmaterial, für Gestecke etc.
Fuchsschwanz, *Amaranthus caudatus*	rot	Juli–Frost	−1	Direktsaat Mitte Mai.		Auch als Schnittblume.
Gewürzrinde, *Cassia corymbosa*	gelb	Juli–Frost	−3	Rückschnitt beim Einräumen.	Frostfrei	Vorzüglich auch als Stämmchen.
Goldmohn, *Eschscholzia*	gelb, rot	Juni–Frost	−0,4	Direktsaat ab März.		
Greiskraut, *Senecio bicolor*	silberfilziges Laub	–	−0,4	Märzsaat, Vorkultur.		Sehr wirkungsvolle Beetpflanze.
Heliotrop, *Heliotropium arborescens*	tiefblau, Duft	Mai–Okt.	−0,4	Märzsaat, Vorkultur.	Frostfrei, ziemlich trocken.	Vorzüglich auch als Stämmchen.
Hornklee, *Lotus berthelotii*	rot	März–Sommer	Ampelpflanze	Nie trocken werden lassen.	Hell und frostfrei.	Vorzüglicher Bodendecker unter Kübelpflanzensolitärs.
Kapkörbchen, *Dimorphoteca*	weiß, gelb, lachs	Juni–Frost	−0,4	Direktsaat ab April.		Auch als Schnittblume.

Sommerblumen und Kübelpflanzen

Pflanzen für volle Sonne

Name	Blütenfarbe	Blütezeit	Höhe in m	Kulturhinweise	Überwinterung	Bemerkungen
Kerzenstrauch, *Cassia didymobotrya*	gelb	Juli–Frost	–3	Triebe nur leicht einkürzen.	Nicht unter 10 °C, hell, ziemlich trocken.	Blätter mit typischem Erdnußbuttergeruch.
Korallenstrauch, *Erythrina crista-galli*	rot	Juni–Okt.	–1	Abgeblühte Blütenstände entfernen.	Frostfrei, völlig trocken.	Junge Pflanzen im Winter hellstellen und gießen.
Lagerströmie, *Lagerstroemia indica*	viele Farben	August–Frost	–5	Heiße, vollsonnige Lagen.	Laubabwerfend, hart bis –10 °C.	Nur im Weinbauklima empfehlenswert.
Leberbalsam, *Ageratum houstonianum*	blau, weiß, rosa	Mai–Frost	0,1–0,6	Aussaat ab Januar, Vorkultur.		Hohe Sorten auch als Schnittblumen.
Levkoje, *Matthiola incana*	viele Farben, Duft	Juni–Sept.	0,4–0,9	Aussaat ab Februar, Vorkultur.		Hohe Sorten auch als Schnittblumen.
Mädchenauge, *Coreopsis sp.*	gelb-rot-braun	Juni–Frost	0,3–1	Aussaat ab März, Vorkultur.		Hohe Sorten auch als Schnittblumen.
Margeriten, *Chrysanthemum sp.*	viele Farben	Juni–Frost	0,2–0,8	Aussaat ab März, Vorkultur.		Höhere Arten auch zum Schnitt.
Mittagsblume, *Lampranthus sp.*	viele Farben	März–Nov.	–0,5	Stecklingsvermehrung.	Hell, frostfrei.	Guter Bodendecker für Kübelpflanzen.
Mittagsgold, *Gazania*-Hybriden	weiß, gelb, orange, rot	Juni–Frost	–0,3	Märzsaat, Vorkultur.	Möglich, im Topf.	Blüht nur bei gutem Wetter.
Mohn, *Papaver sp.*	weiß, gelb, orange, rot	Juni–Frost	0,4–0,7	*P. nudicaule* ist zweijährig.		
Oleander, *Nerium oleander*	weiß, gelb, rosa, rot	April–Okt.	–4	Viel Wasser, heißer Standort.	Frostfrei	Gelegentlicher Rückschnitt aller Triebe.
Palmlilie, *Yucca sp.*	weiß	Juni–Sept.	je nach Art	Anspruchslos	Vertragen Frost (außer *Y. elephantipes*).	*Y. filamentosa* ist winterhart.
Petunie, *Petunia*-Hybriden	viele Farben	Juni–Frost	–0,3	Aussaat ab Februar, Vorkultur.		Großblütige Sorten.
Phlox, *Phlox drummondii*	viele Farben	Juni–Okt.	0,2–0,4	Direktsaat ab März möglich.		
Portulak, *Portulaca grandiflora*	viele Farben	Juli–Frost	0,15	Direktsaat April möglich.		
Salbei (Prachtsalbei), *Salvia splendens*	rot	Juni–Frost	–0,4	Märzsaat, Vorkultur.	Möglich	
Sanvitalie, *Sanvitalia procumbens*	gelb-dunkelpurpur	Juni–Frost	–0,2	Aprilsaat, Vorkultur.		Auch als Hängepflanze geeignet.
Spaltkölbchen, *Schizanthus-Wisetonensis*-Hybriden	weiß, rosa, lila, purpur	Juli–Frost	–0,5	Aprilsaat, Vorkultur.		Im Halbschatten einen Versuch wert.
Spinnenpflanze *Cleome spinosa*	rosa, rot, weiß	Juni–Frost	–1	Aussaat ab März, Vorkultur.		Vorzüglich als Tuff in niederen Rabatten.
Stockmalve, *Alcea rosea*	rosa, rot	Juli–Frost	0,6–1,5	Märzsaat, Vorkultur.	Auch zweijährige Hybriden.	Etwas empfindlich.
Studentenblume, *Tagetes*-Hybriden	gelb, orange, braunrot	Mai–Frost	0,2–1	Aussaat ab Februar		
Verbene, *Verbena*-Hybriden	weiß, blau, rosa, rot	Juni–Frost	–0,3	Märzsaat, Vorkultur.		Guter Bodendecker für Kübelpflanzen.
Winde, *Convulvulus tricolor*	weiß, blau, rosa	Juni–Frost	–0,3	Direktsaat April.		
Wunderbaum, *Ricinus communis*	Blattschmuck	–	–3	Aussaat ab März, Vorkultur.	Möglich	Solitär in Kübeln, Rabatten, giftige Früchte!
Zinnie, *Zinnia sp.*	viele Farben	Juni–Frost	0,2–0,8	Direktsaat im Mai.		

Von links nach rechts: *Lotus berthelotii*, eine begeisternde Ampelpflanze von den Kanaren.

Oleandersorten mit einfacher Blüte blühen reicher und früher als gefüllte.

Agapanthus blüht auch bei schlechtem Wetter im Juli und August sicher.

kurrenz weit ausdehnen. Nach den gewöhnlich heißen Tagen sind die Nächte kühl; die Pflanzen können neben dem dann fallenden Tau das in der oberen Bodenschicht kondensierende Wasser aufnehmen. Wenn Sonnenpflanzungen fehlschlagen, liegt es oft an der Unkenntnis dieses Sachverhaltes. Kräftige Regengüsse oder tägliche durchdringende Bewässerung nützen diesen Pflanzen wenig, sie können höchstens zu Staunässe und damit zum Abfaulen führen. Gießen sollte man hier nach der Devise: mäßig, aber regelmäßig, während Schönwetterperioden möglichst jeden Morgen. Sollte der Boden wirklich einmal zu trocken werden, zeigen uns das die Pflanzen: sie welken. Im Gegensatz zu Schattenpflanzen ist das hier aber nicht weiter schlimm. Wenn nämlich Schattenpflanzen richtig welken, werfen sie oft die Blätter ab oder bekommen braune Blattränder. Welkende Sonnenpflanzen hingegen erholen sich nach einer Bewässerung meist in kürzester Zeit.

Wer eine südliche Stimmung im Garten liebt, aber nicht die Zeit oder Lust hat, sich täglich um seine Lieblinge kümmern zu müssen, kann sich ein Sukkulentenbeet anlegen. Sukkulenten sind Pflanzen, die eine ganze Menge Wasser speichern können, auf tägliche Bewässerung sind sie nicht angewiesen. Krankheiten und Schädlinge kommen kaum vor, die Pflege beschränkt sich auf das Entfernen absterbender Blätter.

Wenn man sich ein Sukkulentenbeet einrichten will, zwingt das nicht dazu, nur Sukkulenten zu verwenden. Es gibt zahlreiche andere Pflanzen mit ähnlich minimalen Ansprüchen, viele lassen sich in eine solche Pflanzung leicht eingliedern.

Mittelpunkt eines solchen Beetes ist oft eine schon seit Jahrzehnten gepflegte Agave, eine große *Yucca* oder eine Palme. Diese senkt man mit dem Topf ein, wobei, um Höhe zu gewinnen, das Gefäß nur zur Hälfte in der Erde stehen sollte. Diesen Höhenunterschied kann man kaschieren, indem man den Erdaushub zum Anböschen verwendet, vor den Topf einige Felsbrocken legt oder in den Topf einige raschwachsende Bodendecker pflanzt.

Je größer so ein Beet ist, desto mehr Wert sollte auf die Modellierung der Oberfläche gelegt werden, das sieht viel naturgetreuer aus. Die schönsten Anlagen sind entsprechend gestaltete Steingärten, deren an sich winterharte Grundbepflanzung im Sommer durch geeignete Kübelpflanzen ergänzt wird. Nur sollte man dann auf die meisten üblichen Steingartenstauden verzichten, Agaven und ähnliche Gesellen wirken im europäischen Hochgebirge etwas deplaziert. Dennoch ist die Auswahl an winterharten Pflanzen noch groß. Neben den obligatorischen Palmlilien (*Yucca filamentosa*) und verschiedenen frostresistenten Kakteen (*Opuntia sp.*) gibt es eine Vielzahl von Stauden und niederen Gehölzen speziell aus dem südlichen Nordamerika und aus Südafrika, die sich hervorragend eingliedern lassen. Vor allem aus diesen Ländern kommen auch die passenden Sommerblumen. Farbflecke während der ganzen Saison geben der Kalifornische Goldmohn (*Eschscholzia*), die Gazanien (Mittagsgold) oder das Kapkörbchen (*Dimorphoteca*). Ganz fantastisch sind einjährige Sukkulenten, wie der Portulak. Dauerblüher sind auch zahlreiche Mittagsblumen (*Lampranthus, Mesembryanthemum*), ihre Anzucht aus Frühjahrsstecklingen ist ein Kinderspiel. Wer mit Felsbrocken arbeitet, sollte diese doch meist bodendeckenden Pflanzen ziemlich sparsam verwenden, also einzeln oder als Tuff, sonst wirkt das ganze eher wie ein fremdländisches Blumenbeet.

Neben den echten Sukkulenten, wie *Aeonium, Agave, Aloë,* Kakteen und *Euphorbia*-Gewächsen, zu den Palmen und *Yucca* passen noch viele andere Pflanzen. Als hochwachsende beispielsweise die Keulenlilie (*Cordyline*), der Drachenbaum (*Dracaena draco*) oder der Johannisbrotbaum (*Ceratonia*), als mittelhohe der Neuseeländer Flachs (*Phormium*), der Bleiwurz (*Plumbago*) oder die schon im Frühjahr blühenden Zistrosen. Passend, aber anspruchsvoller sind Oleander (*Nerium*), der Kerzenstrauch (*Cassia didymobotrya*) oder der dunkelrote Korallenstrauch (*Erythrina cristagalli*).

Wer jetzt noch die richtigen Steine verwendet hat, deckt das ganze Beet mit einer dünnen Schicht aus Sand, Split und Schotter, sogenannten Mineralbeton, ab. Wenn Ihre Gäste vor diesem Beet stehen bleiben, merken Sie sofort, daß es geglückt ist.

Yucca gloriosa, eine nicht umzubringende Solitärpflanze.

Weit prächtiger als die normale Passionsblume wirkt *Passiflora amethystina*.

Kletterpflanzen

Je kleiner ein Garten ist und je grüner und farbiger er sein soll, desto wichtiger sind Kletterpflanzen. Selbst auf einem Balkon, in einem kleinen Innenhof oder einem »Handtuchgarten« kann man mit Kletterpflanzen ein Paradies zaubern, das die Umgebung vergessen läßt.

Kletterpflanzen lassen sich überaus vielseitig verwenden. Einige eignen sich als Bodendecker, andere läßt man über Büsche wachsen, viele Arten können einen Bogen, einen Zaun oder ein Spalier beranken, wieder andere zieht man an einer Pergola hoch oder verwendet sie gar als Hängepflanzen. Kletternde, gut verholzende Kübelpflanzen lassen sich zu wunderschönen »Trauer«-stämmchen formen, was man leider viel zu selten sieht.

Alles über Klettertechniken, Rankgerüste erfahren Sie ab S. 191.

Kletterpflanzen für Kübelpflanzungen

Name	Blütenfarbe	Blütezeit	Höhe in m	Klettertyp	Kulturhinweise	Überwinterung	Bemerkungen
Asarina, *Asarina erubescens*	rosa	Mai–Nov.	–3	Schlinger	Samenkapseln entfernen.	Frostfrei und Rückschnitt.	
Bougainvillea, *Bougainvillea*	viele Farben	Jan.–Dez.	–8	Spreizklimmer	Heiß, volle Sonne.	Minimal +10°C	Dornig, Stämmchen.
Costa Rica Nachtschatten, *Solanum wendlandii*	lila	Juli–Nov.	–5	Spreizklimmer	Auf Läuse achten.	Minimal +10°C	Meist laubabwerfend.
Duftwicke, *Lathyrus odoratus*	viele Farben, Duft	Juni–Okt.	–2	Ranker	Direktaussaat		Schnittblume
Feuerbohne, *Phaseolus coccinea*	rot	Juni–Okt.	–5	Schlinger	Direktaussaat		Früchte eßbar.
Glockenrebe, *Cobaea scandens*	blau/weiß	Juli–Nov.	–6	Ranker	Hoher Nährstoffbedarf.	Frostfrei und Rückschnitt.	Meist einjährig.
Japanischer Hopfen, *Humulus scandens*	grün	Juli–August	–8	Schlinger			Empfindlich gegen *Peronospora*.
Jasmin-Nachtschatten, *Solanum jasminoides*	hellblau-weiß	Feb.–Nov.	–10	Ranker	Auf Läuse achten.	Frostfrei und Rückschnitt.	Immergrün
Kapuzinerkresse, *Tropaeolum majus*	orange-gelb, rot	Mai–Okt.	–2	Spreizklimmer	Viel Wasser und Nährstoffe.	Sehr frostempfindlich.	Guter Bodendecker.
Pandorea, *Pandorea jasminoides*	rosa	März–Nov.	–5	Schlinger		Frostfrei	Immergrün
Passionsblume, *Passiflora sp.*	viele Farben	März–Dez.	–8	Ranker		Frostfrei und Rückschnitt.	Immergrün, einige Arten vertragen Fröste.
Podranea, *Podranea ricasoliana*	rosa	Juni–Nov.	–6	Spreizklimmer		Frostfrei	Bei kühler Überwinterung laubabwerfend.
Schwarzäugige Susanne, *Thunbergia alata*	orange mit schwarz. Auge	März–Nov.		Schlinger	Früchte entfernen	Frostfrei und Rückschnitt.	Zimmerpflanze
Sternjasmin, *Trachelospermum jasminoides*	weiß, Duft	Mai–Okt.	–6	Spreizklimmer		Hart bis –10°C.	Immergrün, guter Bodendecker.
Tecomaria, *Tecomaria capensis*	orange	Juli–Dez.	–8	Spreizklimmer		Frostfrei	Gute Stämmchen, immergrün.
Trichterwinde, *Ipomea sp.*	viele Farben	Juni–Okt.	–5	Schlinger	Früchte entfernen, Direktaussaat.		
Veilchenstrauch, *Iochroma sp.*	rot, blau	Januar–Dez.	–5	Spreizklimmer	Auf Schädlinge achten.	Frostfrei und Rückschnitt.	

Sommerblumen und Kübelpflanzen

Pflege von Sommerblumen und Kübelpflanzen

Während die Blattschmuckpflanzen durchweg als »pflegeleicht« gelten können, sind die meisten Blütenpflanzen pflegeintensiv. Sieht man vom Pflanzenschutz ab, liegt das hauptsächlich daran, daß letztere Verblühtes entweder nicht abwerfen oder aber Samen ansetzen.

Pflanzen, die Samen ansetzen, lassen in aller Regel mit der Blüte nach, die Pflanze steckt fast alle verfügbaren Nährstoffe in die Samen. Da man gewöhnlich eine möglichst lang andauernde Blüte wünscht, sollte man alles Verblühte wegschneiden.

Ganz ähnlich ist das Problem bei vielen Pflanzen, die nicht zum Samenansatz neigen. Bei diesen Pflanzen sind meist die Staubgefäße zu Blütenblättern umgewandelt, es entstehen dadurch halb oder ganz gefüllte Blüten. Diese trocknen während Regenperioden in ihrem Innern kaum ab, es entsteht ein optimaler Nährboden für Fäulnispilze, beispielsweise Grauschimmel *(Botrytis)*.

Um empfindlich gegen Fäulnis zu sein, muß die Blüte einer Pflanze gar nicht unbedingt gefüllt sein, es reicht schon, wenn der Blütenstand sehr dicht ist. Beispiele hierfür sind verschiedene, sich nicht selbst reinigende Geraniensorten oder der Bleiwurz *(Plumbago)*.

Viele etwas höher wachsende Sommerblumen, aber auch einige Kübelpflanzen neigen unter dem Einfluß von Wind und Regen zum Umfallen. Solange es sich nur um einzelne Triebe handelt, kann man sie mit Hilfe von Bambusstäben stützen. Handelt es sich jedoch um ganze Tuffs oder Büsche, helfen gestützte Drahtringe, die den ganzen Tuff umfassen. Das sieht zwar einige Tage, bis sich der Eingriff ausgewachsen hat, weniger schön aus, ist aber sicher besser, als die Pflanzen sich selbst zu überlassen.

Deshalb auch der Tip, die hochwachsenden Sommerblumen zum Schnitt möglichst zwischen höhere Prachtstauden zu setzen – dort können sie kaum umfallen und sind geschützt.

Für einen geschmackvoll gestalteten Innenhof bedarf es nicht nur der Pflanzen, sondern auch der passenden Accessoirs. Geeignete Kübel, sei es aus Terrakotta, glasierter Keramik oder auch aus Holz, geben den Pflanzenzusammenstellungen die persönliche Note. Allerdings: Bauchige Gefäße eignen sich nur als Übertöpfe!

Der Sommerschnitt

Eine Pflegemaßnahme besonders bei Kübel- und Kletterpflanzen ist der Sommerschnitt oder besser das weiche Entspitzen. Viele Pflanzen neigen dazu, einen oder mehrere Leittriebe zu bilden und vorzugsweise an deren Spitze zu blühen. Die Seitentriebe werden unterdrückt. Der buschige, kompakte Habitus geht verloren, die Blütenfülle läßt zu wünschen übrig. Bei solchen Pflanzen empfiehlt es sich, mit einer leichten Schere oder besser mit dem Daumennagel die Spitze der Leittriebe abzukneifen. Dies fördert die Seitentriebbildung, die Pflanze bleibt kompakt und blüht viel reicher. Besonders wichtig ist dieses weiche Entspitzen (Pinzieren) bei Stämmchen und Pyramiden, sie verlieren sonst schnell ihre Form. Allerdings sollte man nie alle Triebspitzen gleichzeitig wegnehmen, sondern immer nur die längsten. Sonst kann es passieren, daß die Pflanze eine Zeitlang zu blühen aufhört. Bei Stämmchen und Pyramiden, die man kompakt halten will, nimmt man am besten bereits nach 2–4 Blättern die Spitze weg. Derartig behandelte Pflanzen schneidet man beim Einräumen nicht zurück!

Ähnlich schneidet bzw. entspitzt man alle Blattschmuckstämmchen bzw. -pyramiden wie Lorbeer, Buchs oder Liguster. Auch wenn es viel Arbeit macht, sollte man hier Trieb für Trieb einzeln einkürzen, keinesfalls die Pflanze mit einer Heckenschere in Form bringen. Die Schnittstellen der verletzten Blätter werden sonst nämlich schwarz oder braun, wodurch die Pflanze über Monate ein schmutzig-grünes Aussehen bekommt.

Überwinterung

Viele der schönsten Sommerblumen sind »zweijährig«. Man sät sie in einem Jahr im Frühjahr oder Sommer aus, den genauen Termin findet man auf der Samentüte, und setzt sie im Herbst an ihren endgültigen Standort. Die Blüte erfolgt dann im nächsten Jahr. Winterkälte macht diesen Arten meist nichts aus – im Gegenteil, viele brauchen sogar niedere Temperaturen, um überhaupt blühen zu können.

Sommerblumen und Kübelpflanzen

Ensete ventricosum 'Maurelii', eine kostbare Rarität (links). Je hungriger man sie hält, desto kompakter bleibt sie.

Rechts: Eine Generation braucht es schon, um so einen Bleiwurzstamm zu ziehen.

Verholzende Kübelpflanzen

Verholzende Kübelpflanzen, aber auch einziehende Sommerblumen, wie *Canna* oder Dahlien, benötigen jedoch meist ein frostfreies Winterquartier.

Je nach Pflanzenart ist die Überwinterung verschieden. Alle Arten, die man bodeneben zurückschneiden muß, gräbt man nach den ersten Frösten aus, schneidet sie zurück, schlägt sie in trockenen Torf ein und stellt sie frostfrei auf. Bis zum Austrieb kann es völlig dunkel sein, Wasser brauchen die Pflanzen praktisch nicht. Zu diesem Überwinterungstyp gehören neben den bereits erwähnten *Canna* und Dahlien auch alle nicht winterharten Blumenzwiebeln, wie Gladiolen, *Crinum* oder *Sprekelia*, aber auch Kübelpflanzen, wie *Hedychium*. Auch den Bleiwurz (*Plumbago*), das Löwenohr (*Leonotis*) oder verschiedene Nachtschattengewächse, wie *Brugmansia* oder *Cestrum*, kann man so behandeln. Sobald die Pflanzen austreiben, muß man sie wieder hell stellen und vorsichtig mit dem Gießen beginnen.

Laubabwerfende Gehölze

Die zweite Gruppe sind die laubabwerfenden Gehölze, zu denen man hinsichtlich der Überwinterung einen Großteil der Halbimmergrünen zählen kann. Viele der Halbimmergrünen verlieren nämlich nach Frosteinwirkung ihr Laub und können dann, ebenso wie die laubabwerfenden, völlig dunkel überwintert werden. Wichtig ist jedoch, daß diese Pflanzen möglichst kalt stehen, gelegentliche Frostgrade schaden meist nicht. Eingeräumt wird so spät wie möglich, ausgeräumt, sobald die Knospen zu schwellen beginnen – oft schon Anfang März. Ist die Überwinterung zu warm, treiben die Pflanzen zu früh aus, erfriert in der Regel dann der Austrieb. Oder aber, wenn man die Pflanzen bis nach den Eisheiligen drinnen läßt, vergeilt der Austrieb wegen Lichtmangel und stirbt ab, sobald man ihn den Freilandbedingungen aussetzt. Treiben Pflanzen zu früh aus, hilft nur eines: Tagsüber, bei frostfreiem Wetter, ins Freie stellen, nachts – so Frost droht – wieder in die Wohnung. Das ist zwar mühsam, aber die einzige Lösung, wenn man nicht einen kühlen und hellen Platz hat, an dem sich der Neutrieb normal entwickeln kann.

Immergrüne Gehölze

Hinsichtlich der Überwinterung die dritte Gruppe sind die Immergrünen. Hier muß man unterscheiden zwischen den Pflanzen, die niedere Bodentemperaturen aushalten und solchen, die dagegen empfindlich sind. Pflanzen, die eine hohe Bodentemperatur benötigen, sollten in hellen Räumen, deren Durchschnittstemperatur nicht unter 10°C liegen darf, überwintert werden. Zu dieser Gruppe gehören *Bougainvillea*, *Hibiscus rosa-sinensis*, *Cassia didymobotrya*, Papyrus und verschiedene tropische Bananen. Im Winter behandelt man diese Arten wie Zimmerpflanzen. Räumt man ihnen den hellsten Platz direkt am Fenster ein, können sie auch in den dunklen Wintermonaten weiterblühen.

Keine Kübelpflanze braucht zu einem prächtigen Gedeihen soviel Sonne und Hitze wie *Bougainvillea*.

Die andere Gruppe der Immergrünen hält niedere Temperaturen, ja zum Teil sogar ganz erhebliche Fröste aus. Ihr optimaler Winterstandort ist kühl und hell, also beispielsweise ein ungeheiztes Treppenhaus. Je niederer die Temperatur ist, desto geringer sind die Lichtansprüche dieser Pflanzen. Dies bedeutet, daß sich viele Arten auch in einem fast dunklen Keller oder einer Garage überwintern lassen, wobei dieser Ort durchaus nicht ständig frostfrei zu sein braucht. Wichtig ist nur, daß der Ballen nicht über längere Zeit durchfriert. Natürlich sind solche Winterquartiere nicht optimal. Es kommt häufig zu Pilzbefall, besonders wenn die Luftfeuchte hoch und die Belüftung schlecht ist. Im Falle eines ungünstigen Winterquartiers empfiehlt es sich, geringfügige Frostschäden zu riskieren, dafür aber die Überwinterungszeit auf ein Minimum zu verkürzen. Im gar nicht seltenen Extremfall läßt man die Pflanzen an einem geschützten Standort bis in die 2. Dezemberhälfte draußen und räumt bereits Anfang März wieder aus. Stichtage sind, wenn die tägliche Durchschnittstemperatur unter den Gefrierpunkt fällt bzw. wieder über den Gefrierpunkt steigt.

Sommerblumen und Kübelpflanzen

Kübelpflanzen als Stämmchen

Stämmchen von Kübelpflanzen haben eine lange Tradition. Aber wie so viele Traditionen geriet auch diese weitgehend in Vergessenheit und wurde nur noch in Stadtgärtnereien und Schloßverwaltungen gepflegt. Den Erwerbsgärtnern war die Anzucht von Stämmchen meist zu langwierig und arbeitsaufwendig, vor allem aber war der Absatz nicht gesichert.

Diese Zeiten sind vorbei; der Trend zu Grün hat gerade dort, wo die Platzverhältnisse beschränkt sind, zu einem gewaltigen Aufschwung bei Stämmchen geführt – sie brauchen sommers wie winters eben sehr viel weniger Platz als freiwachsende Büsche.

Trotzdem sind die Gärtner skeptisch. Außer den üblichen Geranien, Fuchsien, Lantanen, Margeriten und vielleicht noch *Abutilon* werden kaum Stämmchen angeboten. Nun läßt sich aber im Prinzip aus jedem höher werdenden Strauch, ja selbst aus einigen Bodendeckern oder Kletterpflanzen ein Stämmchen ziehen. Wer so eine Besonderheit will, muß sich also nach einer Spezialgärtnerei erkundigen – oder er zieht sein Stämmchen selbst. Etwas Geduld und Überlegung gehören allerdings dazu.

Meist hat man schon die Pflanze und eine ziemlich genaue Vorstellung, was man mit dem zukünftigen Stämmchen anfangen will. Als wichtiges, später nicht mehr zu veränderndes Maß ergibt sich dadurch die Stammhöhe. Will man die Pflanze im Kübel aufstellen, sind 50–80 cm üblich, entsprechend mehr, wenn das Stämmchen eingesenkt werden soll. Bei vergleichsweise schwach und kompakt wachsenden Pflanzen wie Gardenien, Zistrosen oder Myrten, kann eine Stammhöhe von 30 cm ausreichen, bei anderen, so einigen starkwachsenden *Brugmansia*, kann wegen der erst in dieser Höhe auftretenden Blütentriebe eine Höhe von 1,5–2 m kaum unterschritten werden. Dafür kann man sich dann darunter setzen.

Vergleichsweise leicht ist die Anzucht von Stämmchen, deren Jahrestrieb länger ist als die gewünschte Stammhöhe. Um zu geraden Stämmen zu kommen, empfiehlt es sich bei den meisten dieser Arten, sie zuerst fast bodeneben zurückzuschneiden.

Von den aus der Basis erscheinenden Trieben nimmt man den stärksten und heftet ihn mit Nelkenringen oder Bast an einem Bambusstab an. Alle anderen Triebe werden weggeschnitten. Die sich am zukünftigen Stamm befindlichen Blätter entfernt man nicht. Hat dieser dann die gewünschte Höhe erreicht, knipst man die Endknospe aus. Die aus den oberen Blattachseln entspringenden Neutriebe werden nach 2–4 Blättern wieder entspitzt, weiter unten auftretende Neutriebe entfernt man. Auch wenn es vorläufig auf Kosten der Blüte geht, wiederholt man diese Prozedur so oft, bis man ein akzeptables Kronengerüst aufgebaut hat. Wer den Fehler macht, die Triebe nach dem Aufbau des Stammes erst einmal wachsen zu lassen, kann zwar mit einer früheren Blüte rechnen, aber auch damit, daß ihm die Krone auseinanderbricht oder der Stamm krumm wird, da die Pflanze ungestutzt zu schnell kopflastig wird.

Ist die Krone dieser Stämmchen einmal aufgebaut, sind nur noch herausschießende, starkwüchsige Triebe einzukürzen. Zurückgeschnitten wird dann beim Einräumen in der Regel auf 3–4 Augen.

Fast alle raschwachsenden Stämmchen brauchen zeitlebens eine Stütze. Meist ist dies ein Holzpfosten oder ein Bambusstab, der unbedingt bis ins Kroneninnere durchgehen sollte. Eine elegantere Methode wurde in Lahr entwickelt. Aus wenigen Rundeisen konstruierte man eine Art Trichter, auf dem Trichter liegt die Krone, der »Auslaß« ist unten am Topf befestigt.

Eine ganze Reihe von Pflanzen, besonders hartlaubige Immergrüne, erreichen in 1 Jahr nicht die gewünschte Stammhöhe, der Stamm muß also über 2 oder mehr Jahre aufgebaut werden. Der Kronenaufbau erfolgt wie oben, nur daß er bei Blattschmuckpflanzen (Lorbeer) praktisch endlos so weitergeführt wird: Nach 2–3 Blättern kneift man die Triebspitze aus. Bei Blütenpflanzen beschränkt man sich nach dem Kronenaufbau in der Regel auf einen Formschnitt, es werden also nur stark aus der Krone herausschießende Triebe zurückgeschnitten. Dies gilt auch beim Einräumen. Stämmchen dieser Art sollten deshalb möglichst hell überwintert werden, was bei den raschwüchsigen, stark zurückgeschnittenen und somit fast laublosen Stämmchen erst ab dem Austrieb notwendig ist. Daß fast laublose Pflanzen im Winter nahezu kein Wasser brauchen, müßte eigentlich klar sein.

Wie die Soldaten sollte man seine Kübelpflanzen nicht aufstellen, auch wenn sie noch so schön sind. Gelbe Strauchmargeriten, lila *Tibouchina*, eine weiße Lantane, ein Korallenstrauch und zwei gelbblühende Gewürzrindenarten geben sich hier ein Stelldichein.

Pflanzbeispiele

Ein Gartenbeet muß nicht immer rechteckig sein. Leicht geschwungene Formen lassen besonders solche bunten und fröhlich wirkenden Staudenpflanzungen gut zur Wirkung kommen und binden sie sehr gut in die Rasenfläche mit ein.

Pflanzbeispiele für das Gartenbeet

Die Beispiele sollen Anregungen dafür geben, wie man ein mittelgroßes Beet von etwa 3 × 1,75 m bzw. 3,50 × 1,50 m Größe, wie es in vielen Gärten vorkommen kann, so bepflanzt, daß während des ganzen Jahres abwechselnd einige Pflanzen blühen. Es werden überwiegend widerstandsfähige und im Handel allgemein erhältliche Zwiebeln und Stauden zusammengestellt. Sollten Sie die eine oder andere Sorte nicht bekommen, lassen Sie sich eine ähnliche empfehlen. Bei den beschriebenen Beispielen sind die Farben allerdings aufeinander abgestimmt, d. h., es sind orangefarbene, gelbrote und gelbe Sorten zusammengepflanzt oder blaue, violette und blaurote oder weiße und rote usw., so daß die Änderung einer Sorte unter Umständen die Änderung auch anderer Sorten bedingt, damit sie farblich harmonieren. Allerdings sollen Ihre eigenen Farbvorstellungen dadurch nicht sklavisch eingeengt werden, Sie können durchaus auch eigene Farbkombinationen zusammenstellen bzw. sich zusammenstellen lassen.

Wichtig und umstritten ist die Frage, wieviele Pflanzen pro m² gepflanzt werden sollten. Für die hier gegebenen Pflanzbeispiele wurde eine relativ große Dichte gewählt, um der Ungeduld vieler Gartenbesitzer, besonders der Neulinge unter ihnen, in gewissem Maße Rechnung zu tragen. Wer jedoch mehr Geduld hat und einmal öfter jäten will, könnte auf einige Pflanzen verzichten, so daß sich eine durchschnittliche Dichte von 5–6 Stück/m² ergibt (bei einer Mischung von bodendeckenden und einzeln stehenden Stauden). Pflanzen Sie jedoch immer bis an die Ränder der Beete, manche Pflanzen wollen über Platten oder Steine wachsen. In 2–3 Jahren werden die Flächen zugewachsen sein, und das Unkrautziehen wird zu einem Entfernen kräftig entwickelter Stauden geworden sein, damit diese nicht ihre schwächeren Nachbarn unterdrücken. Unsere prächtigen Beetstauden werden im Laufe der Jahre sogenannte Ermüdungserscheinungen zeigen, d. h., sie werden nicht mehr so üppig wachsen und blühen. Dann ist es Zeit, sie herauszunehmen, zu teilen und in gut gedüngte Erde wieder neu einzusetzen. Zu diesen gehören besonders die Astern, Rittersporn, Margeriten, Gartenchrysanthemen und der Sonnenhut. Zu den wichtigsten Pflegearbeiten gehört das flache Durchhacken, möglichst, nachdem es geregnet hat. Dabei wird einmal das Unkraut entfernt, zum anderen eine erhebliche Verbesserung der Bodenstruktur und Wasserhaltefähigkeit des Bodens bewirkt. Besonders angebracht ist dies bei Sommerblumen, Beetstauden- und Rosenpflanzungen. Bei Wald- und Wildpflanzungen und im Alpinum ist es jedoch nicht sinnvoll.

Staudenbeet in der Sonne

Die meist farbenprächtigen, kräftigen Prachtstauden, Rabattenstauden oder Beetstauden, wie sie auch genannt werden, haben eine jahrzehntelange, zum Teil jahrhundertelange züchterische Bearbeitung und Auslese hinter sich. Das hat zur Folge, daß sie, wie alle Kulturpflanzen, hohe Ansprüche an Bodenbearbeitung und Nährstoffversorgung stellen.

Wenn wir uns ein prächtiges Staudenbeet anlegen wollen, benötigen wir eine gut besonnte, frei gelegene Fläche mit einem tiefgründigen, nährstoffrei-

Pflanzbeispiele

chen Boden. Die Beetstauden verlangen einen offenen Boden, der im Laufe des Jahres immer wieder durchgehackt werden muß. Das bedeutet, daß man bereits bei der Planung daran denken sollte, die Pflanzung durch eine entsprechende Gliederung leicht zugänglich zu machen und die Beete nicht zu breit anzulegen.

Der Bodenvorbereitung muß besondere Aufmerksamkeit geschenkt werden. Der Boden sollte mindestens 30 cm tief gut gelockert, die Erde feinkrümelig und gut mit Dauerhumus und Nährstoffen versorgt sein. Besonders günstig ist es, wenn Sie in die Pflanzflächen eine 10–15 cm starke Kompostschicht einarbeiten. Es versteht sich natürlich von selbst, daß zuvor alle Wurzelunkräuter entfernt werden müssen. Sollten entsprechende Mengen an Kompost nicht vorhanden sein, können auch organisch-mineralische Mischdünger, Knochenmehl, Hornspäne oder mineralische Volldünger verwendet werden. Sehr leichter, sandiger und deshalb schnell austrocknender Boden kann durch Gaben von Gesteinsmehlen bzw. ähnlichen, im Handel erhältlichen Bodenverbesserern bindiger, d. h. wasser- und nährstoffhaltender gemacht werden, lehmiger, nasser, schwerer Boden durch Beimischungen von grobem Sand oder Torf lockerer und leichter.

Die beste Pflanzzeit für Stauden liegt jeweils nach deren Blüte, d. h. die Frühjahrsblüher werden im Frühsommer, die Herbstblüher im Herbst oder noch im Frühjahr verpflanzt. Da Stauden, besonders bei Neuanlagen, aus arbeitstechnischen Gründen häufig zusammen mit Gehölzen gepflanzt werden müssen, ist in aller Regel der Frühjahrspflanztermin vorzuziehen. Wichtig ist dann ausreichendes Wässern und gegebenenfalls vorübergehender Schutz der neugepflanzten Stauden gegen zu starke Sonneneinstrahlung.

Die meisten Blumenzwiebeln werden im Herbst gesteckt, und zwar etwa 3mal so tief wie die Zwiebel dick ist, mindestens jedoch 5 cm tief.

Nach dem Pflanzen ist es zweckmäßig, die Pflanzflächen mit ca. 2 cm Torfmull oder feinem Rindenkompost abzudecken, um das Keimen von Samenunkräutern zu verhindern und den Boden feucht und locker zu halten. Auch als Pflege- und Düngemaßnahme ist besonders das Mulchen mit an Torfmull gebundenen Düngemitteln sehr empfehlenswert. Sind diese oder Kompost nicht erhältlich, so müssen mineralische Volldünger verwendet werden. Es reichen in der Regel 50 g/m² und Jahr, von denen man 30 g Anfang Mai und 20 g Ende Juni geben sollte. Am besten streut man den Dünger bei regnerischem Wetter vorsichtig um die Pflanzen herum aus und hackt ihn anschließend leicht ein.

Pflanzenliste

Frühling (März – Mai)
① 2 Kaiserkronen, *Fritillaria imperialis*
② 50 Schneeglöckchen, *Galanthus elwesii*
③ 10 Botanische Tulpen, *Tulipa kaufmanniana* 'Corona'
④ 10 Frühe Tulpen, *Tulipa* 'Lucida'
⑤ 10 Triumphtulpen, *Tulipa* 'Lucky Strike'
⑥ 10 Darwintulpen, *Tulipa* 'Oxford'

Sommer (Mai – August)
⑦ 2 Rittersporn, *Delphinium × cultorum* 'Perlmutterbaum'
⑧ 1 *Delphinium × cultorum* 'Frühschein'
⑨ 1 *Delphinium × cultorum* 'Sommernachtstraum'
⑩ 2 Pfingstrosen, *Paeonia lactiflora*
⑪ 2 Schwertlilien, *Iris barbata-elatior*
⑫ 3 *Iris barbtior-elata* 'Amethyst Flame'
⑬ 2 Flammenblumen, *Phlox paniculata* 'Kirmesländler'
⑭ 2 *Phlox paniculata* 'Starfire'
⑮ 2 Margeriten, *Chrysanthemum maximum* 'Schwabengruß'
⑯ 5 Ziest, *Stachys grandiflora* 'Superba'
⑰ 2 Schafgarben, *Achillea filipendula* 'Coronation Gold'
⑱ 3 Salbei, *Salvia nemorosa*
⑲ 2 Lavendel, *Lavandula angustifolia* 'Hidcote Blue'

Herbst (August – November)
⑳ 3 Sonnenhut, *Rudbeckia* 'Goldsturm'
㉑ 2 Sonnenauge, *Heliopsis scabra* 'Goldgrünherz'
㉒ 3 Sonnenblumen, *Helianthus decapetalus* 'Soleil d'Or'
㉓ 5 Kissenastern, *Aster dumosus* 'Pacific Amaranth'
㉔ 10 *Aster dumosus* 'Kassel'
㉕ 1 Herbstaster, *Aster novi-angliae* 'Andenken an P. Gerber'
㉖ 1 *Aster ericoides* 'Erlkönig'

Gräser
㉗ 1 Blaustrahlhafer, *Avena candida*
㉘ 1 Reitgras, *Calamagrostis × acutiflorus* 'K. Foerster'

Sommerblumen
㉙ Kosmeen, *Cosmos bipinnatus*
㉚ Schlafmützchen, *Eschscholzia californica*

Auf diesem Staudenbeet erscheinen im sehr zeitigen Frühjahr die Schneeglöckchen, gefolgt von verschiedenen Tulpensorten, deren Blütezeit sich von Anfang April bis Ende Mai hinziehen kann. Wenn Sie die angegebenen Sorten nicht bekommen, können Sie selbstverständlich auch andere verwenden, es sei nur empfohlen, stets frühe, mittlere und späte Sorten zu pflanzen und die Blütenfarben aufeinander abzustimmen.

Stecken Sie die Blumenzwiebeln möglichst in unregelmäßigen größeren Gruppen in die Nähe von Gehölzen

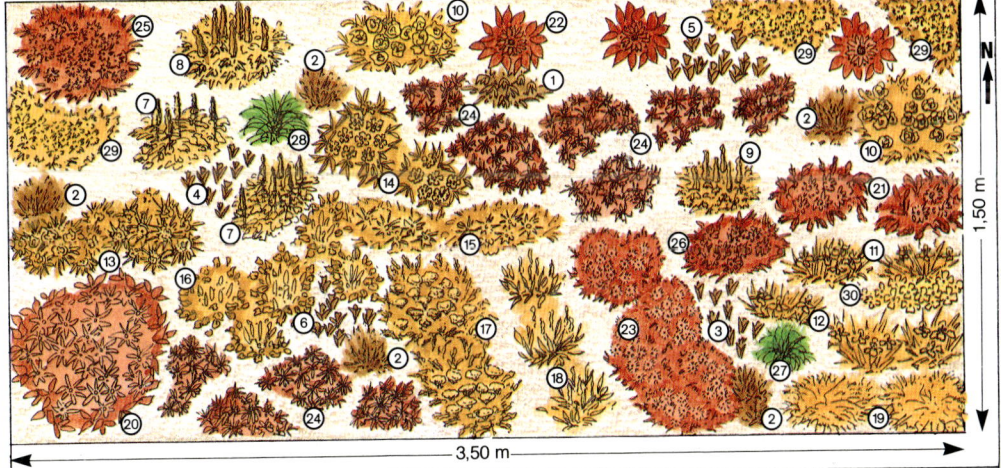

Pflanzplan für ein Staudenbeet in der Sonne.

Pflanzbeispiele

oder Stauden, die nicht mehr verpflanzt zu werden brauchen, das sind auf diesem Beet die Pfingstrosen und die Taglilie, oder zu flachwurzelnden Stauden, bei denen das Umpflanzen über den Zwiebeln erfolgen kann (Kissenaster, Schwertlilie), dann können die Zwiebeln bei sachgemäßer Düngung – jeweils zu Beginn ihres Austriebs – viele Jahre im Boden bleiben. Dies gilt insbesondere für die Kaiserkrone, bei der Sie beachten müssen, daß sie wenigstens 25–30 cm tief gepflanzt werden muß, damit sie blüht. Nach 4–5 Jahren werden Sie feststellen, daß Wuchsfreudigkeit und Blühwilligkeit Ihrer Stauden nachlassen, obwohl Sie alljährlich gedüngt haben. Das ist wahrscheinlich die Folge einer gewissen Bodenmüdigkeit und kann nur durch Herausnehmen, Teilen und wieder Einpflanzen der betroffenen Stauden (*Delphinium, Iris, Phlox, Aster, Heliopsis, Helianthus, Chrysanthemum*) behoben werden. Der Boden muß zuvor gründlich gelockert und mit Nährstoffen (z. B. Kompost, organischen Düngern, gedüngtem Torf) angereichert werden. Bei dieser Gelegenheit könnte man auch die Blumenzwiebeln herausnehmen und jeweils die größten wieder einsetzen.
Einige der hier verwendeten Stauden lassen sich durch Rückschnitt nach der Blüte zu einer Herbstblüte anregen, das sind Rittersporn, Schafgarbe und Salbei, und bei Lavendel empfiehlt es sich, im zeitigen Frühjahr einen Rückschnitt vorzunehmen, damit die Büsche nicht zu sehr auseinanderfallen.
Sollte Ihnen der Blütenflor der Stauden nicht üppig genug sein, können Sie mit Sommerblumen etwas nachhelfen. Zwischen den im Sommer etwas unschönen Schwertlilien könnte sich *Eschscholzia*, das Schlafmützchen, und in den Zwischenräumen zwischen den niedrigen Stauden *Cosmea*, das Schmuckkörbchen, entwickeln. Beide versamen sich leicht und tauchen jedes Jahr wieder auf, Sie können sie als Unkraut betrachten oder dort stehen lassen, wo sie Ihnen gefallen.

Rosenbeet mit Gräsern

Rosen haben ähnliche Ansprüche an Boden und Nährstoffe, wie unsere Beetstauden, deshalb lassen sie sich auch gut kombinieren. Sehr dekorativ ist eine Kombination mit Gräsern, da diese einen reizvollen Kontrast zu dem häufig etwas starren Wuchs der Rosen bilden. Allerdings sollte man horstartig wachsende Gräser verwenden, da Rosen in ihrer Entwicklung erheblich gestört werden, wenn sie von anderen Pflanzen zu stark bedrängt werden.
Der Boden sollte etwas lehmhaltig, humos und durchlässig sein, da Rosen sehr empfindlich gegen Staunässe sind. Entgegen der landläufigen Meinung sind Rosen dankbar für einen recht hohen Humusanteil im Boden (etwa 10%), den man am besten in Form von verrottetem Stallmist oder Kompost gibt. Sehr lehmige, schwere Böden lockert man durch Zugabe von grobem Sand. Der pH-Wert sollte bei etwa 6,5 liegen, d. h. im leicht sauren bis fast neutralen Bereich.

Genauere Angaben über Düngung, Pflege und Schnitt der Rosen finden Sie in einem speziellen Kapitel dieses Buches.

Pflanzenliste

Frühling (März – Mai)
① 10 Gefüllte frühe Tulpen, rot, *Tulipa* 'Carlton'
② 10 Gefüllte frühe Tulpen, weiß, *Tulipa* 'Schoonoord'
③ 10 Papageitulpen, rot, *Tulipa* 'Red Champion'
④ 10 Papageitulpen, weiß, *Tulipa* 'White Parrot'

Sommer (Juni – Oktober)
⑤ 10 Blauschwingel, *Festuca glauca* 'Aprilgrün'
⑥ 1 Federborstengras, *Pennisetum compressum*
⑦ 3 Rutenhirse, *Panicum virgatum* 'Strictum'
⑧ 1 Goldährengras, *Achnatherum calamagrostis*
⑨ 3 Bodendeckende Rosen
⑩ 7 Zwergrosen, 'Fresh Pink'
⑪ 7 Edelrosen, 'Red Star'
⑫ 3 Edelrosen, 'Rob Roy'
⑬ 2 Beetrosen, 'Queen Elizabeth'
⑭ 4 Beetrosen, 'Margaret Merill'
⑮ 5 Beetrosen, 'Bella Rosa'

Falls Sie die angegebenen Sorten nicht erhalten sollten, können Sie auch andere auswählen, achten Sie bitte darauf, daß die Farben verwandt sind, also nicht blaues Rot mit gelbem Rot mischen.
Zwischen den scheinbar leblosen verholzten Trieben der Rosen entwickeln sich Anfang April die frühen, gefüllten Tulpen. Falls Sie das Rosenbeet über Winter mit Fichtenreisig abgedeckt hatten, sollten Sie spätestens jetzt das Beet abdecken, einmal vorsichtig durchhacken und dabei etwa 30 g/m² mineralischen Volldünger mit einarbeiten.
Den in der Blütenform verspielten, gefüllten, niedrigen Tulpen folgen im Mai die hohen, fast etwas unordentlich wirkenden Papageitulpen. Zugleich beginnen Rosen und Gräser kräftig zu treiben. Das abwelkende Laub der Blumenzwiebeln verschwindet nach und nach zwischen dem Rosenlaub und kann etwa Ende Juni herausgenommen werden.
Im Herbst können Sie die Rosen leicht einkürzen, damit das Beet etwas »or-

Sehr apart sieht ein Rosenbeet in Verbindung mit Gräsern aus.

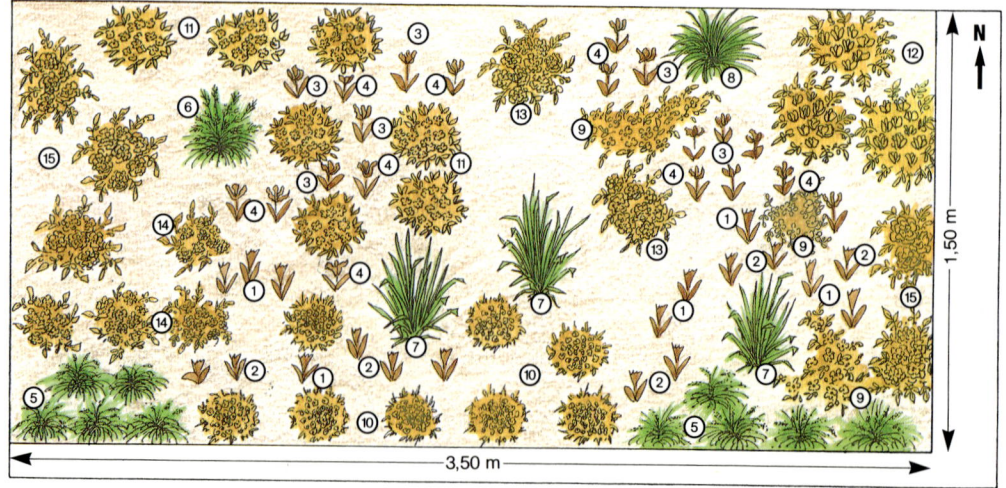

dentlicher« aussieht (der eigentliche Schnitt erfolgt erst im Frühjahr) und die Gräser über Winter stehenlassen, sie brauchen auch erst im Frühjahr zurückgeschnitten zu werden.

Staudenpflanzung am warmen Gehölzrand

Wenn die Gärten älter werden, die Gehölze höher und sich die Licht- und Bodenverhältnisse ändern, dann wollen viele Pflanzen, die wir vor Jahren gepflanzt hatten, nicht mehr recht gedeihen. Die Standortbedingungen haben sich entscheidend geändert.
Ein sehr spezieller Lebensbereich herrscht z. B. an der Südseite von Gehölzstreifen, Sicht- oder Windschutzpflanzungen, wie wir sie häufig in unseren Gärten antreffen. Hier ist es im Frühjahr feucht und hell, mit zunehmender Belaubung der Sträucher wird es schattiger und im Laufe des Sommers trockener. Die Konkurrenz der Gehölzwurzeln ist groß, sie entziehen dem Boden den größten Teil des Wassers und der Nährstoffe, die meisten Stauden dieses Lebensbereiches wurzeln deshalb nur sehr flach unter der Erdoberfläche. Sie benötigen zu ihrer Entwicklung dringend das herbstliche Laub, deshalb muß es hier eher hingeschafft als weggeräumt werden.
Im Bereich von sehr stark durchwurzelten Gehölzrändern kann es schwierig sein, auch die standortgerechten Pflanzen anzusiedeln. In solchen Fällen ist es ratsam, eine etwa 10 cm hohe Schicht Boden aufzubringen, in der die neu gepflanzten Stauden zunächst konkurrenzlos Wurzel fassen können, ehe sie sich mit dem Wurzelfilz der Gehölze verbinden.
Eine solche Pflanzung braucht wenig Pflege. Oberstes Gebot ist es, das Laub liegenzulassen und gelegentlich korrigierend einzugreifen, wenn einzelne Pflanzen zu dominant werden sollten. Fingerhut, Akelei und Scheinmohn werden sich versamen und an anderer Stelle in der Pflanzung auftauchen. *Lamium galeobdolon* kann sich sehr stark ausbreiten und muß unter Umständen eingedämmt werden.

Pflanzenliste

Frühling (März – Mai)
① 50 Schneeglanz, *Chionodoxa*
② 25 Waldtulpen, *Tulipa sylvestris*
③ 8 Immergrün, *Vinca minor*
④ 10 Steinsame, *Lithospermum purpureocaeruleum*

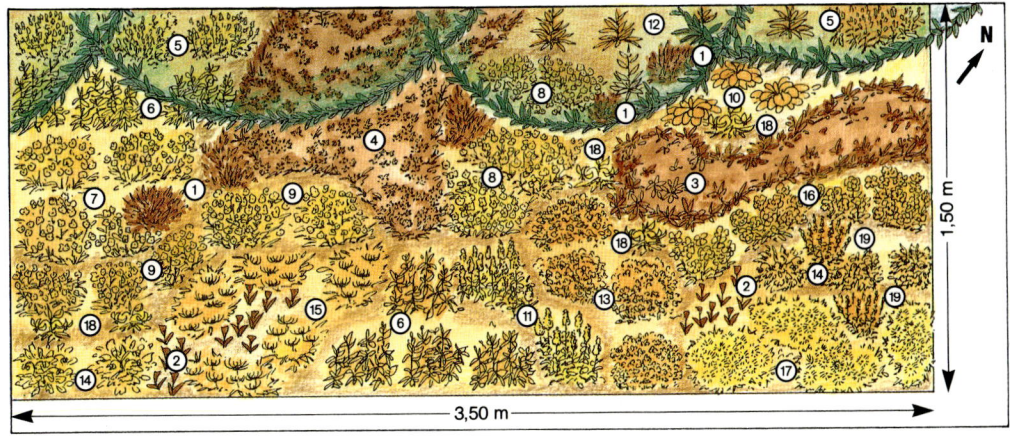

Sommer (Mai – September)
⑤ 4 Goldblattnesseln, *Lamium galeobdolon* 'Florentinum'
⑥ 7 Gefleckte Nesseln, *Lamium maculatum* 'Chequers'
⑦ 4 Storchschnabel, *Geranium macrorhizum*
⑧ 4 Storchschnabel, *Geranium magnificum*
⑨ 5 Storchschnabel, *Geranium sanguineum*
⑩ 3 Glockenblumen, *Campanula persicifolia*
⑪ 2 Diptam, *Dictamnus albus*
⑫ 5 Fingerhüte, *Digitalis gloxiniaeflora*
⑬ 4 Dost, *Origanum vulgare*
⑭ 5 Akeleien, *Aquilegia vulgaris*
⑮ 5 Flockenblumen, *Centaurea montana*
⑯ 4 Scheinmohn, *Meconopsis cambrica*
⑰ 4 Weiße Herbstastern, *Aster divaricatus*
⑱ 5 Feuerlilien, *Lilium bulbiferum*
⑲ 10 Graslilien, *Anthericum liliago* 'Major'

Als erste Frühlingsboten erscheinen im zeitigen Frühjahr der Schneeglanz und die Waldtulpen. Sie lieben es warm und sonnig und bringen erste Farbtupfen in den Garten. Die Frühjahrsblüher werden von Bodendeckerstauden umrahmt, denn über den Winter behalten besonders in wintermilden Gebieten Immergrün, Nesseln und einige Storchenschnabelarten ihre grünen Blätter, so daß die Pflanzfläche auch in der blütenlosen Zeit abwechslungsreich aussieht.
Die Blütenfülle im Sommer ist etwas verhalten, es herrschen rosa und blaue Farbtöne vor, einzig von den Feuerlilien unterbrochen. Auch im Herbst ist kein eindrucksvoller Blütenflor zu erwarten, vielmehr werden die Farben am Gehölzrand von den sich rot, gelb und braun verfärbenden Blättern bestimmt.
Im 2. oder 3. Jahr nach der Pflanzung wird die Fläche geschlossen bewachsen sein und dann kaum noch Pflege benötigen.

In älteren Gärten können Staudenpflanzungen am warmen Gehölzrand verwirklicht werden.

Staudenpflanzung im kühlen Schatten

Eine solche Pflanzengemeinschaft eignet sich nicht für Neuanlagen. Sie gedeiht am besten unter tiefwurzelnden, eingewachsenen Bäumen und Sträuchern oder auch an der Nord- und Ostseite von Gebäuden und Mauern, sofern der Boden ausreichend mit Humus angereichert und nicht zu trocken ist. Wichtigste Voraussetzung für das Gedeihen der Pflanzen ist eine tiefgründige Lockerung des Bodens. Der Humus wird am besten in Form von Lauberde oder Torf gegeben, auch das Abdecken der Pflanzflächen mit Komposterde im Herbst ist vorteilhaft. Mulchen mit Laub, Rasenmähgut oder Rindenkompost fördert die Bodengare.

216 Pflanzbeispiele

Alle zurückgeschnittenen, abgeblühten Pflanzenteile können an Ort und Stelle kleingeschnitten werden und auf der Pflanzfläche verbleiben. Laub im Herbst liegenlassen. Bei allen Pflegearbeiten während des Sommers den Boden möglichst wenig betreten, damit keine Bodenverdichtungen entstehen.

Pflanzenliste

Frühling (März – Mai)
① 40 Schneeglöckchen, *Galanthus nivalis*
② 30 Trompetennarzissen, *Narcissus*
③ 20 Narzissen, *Narcissus* 'Ice Follies'
④ 12 Schaumblüten, *Tiarella cordifolia*
⑤ 10 Waldmeister *Asperula odorata*
⑥ 15 Elfenblumen, *Epimedium × versicola* 'Sulphureum'
⑦ 8 Elfenblumen, *Epimedium peraldianum* 'Fronleiten'
⑧ 15 Lungenkraut, *Pulmonaria saccharata* 'Mrs. Moon'

Herbst (September – November)
㉑ 2 Eisenhut, *Aconitum wilsonii*
㉒ 1 Silberkerze, *Cimicifuga*
㉓ 4 Herbstanemonen, *Anemone* 'Königin Charlotte'
㉔ 4 Herbstanemonen, *Anemone huphensis* 'Septembercharme'
㉕ 12 Prachtspiere, *Astilbe chinensis pumila*

Am schönsten entwickeln sich Schattenpflanzen unter lockerkronigen, tiefwurzelnden Laubbäumen oder Sträuchern. Unter Fichten haben wir meist wenig Freude an ihnen, da diese flachwurzelnden Bäume dem Boden zu viel Wasser und Nährstoffe entziehen.
Nach den Schneeglöckchen entwickeln die Narzissen und die Bodendecker Schaumblüte, Waldmeister, Elfenblume und Lungenkraut ihre recht farbenfrohen Blüten.
Nach dem Abblühen der Narzissen legen Sie deren Laub um, ohne es abzuschneiden, die sich entwickelnden Stauden werden die unschönen Blätter bald verdecken. Wenn Sie das Laub, das (leider) sehr lange braucht, bis es vertrocknet, abschneiden, läßt die Blühwilligkeit der Pflanzen rasch nach. Den Sommer über wechseln sich die Stauden in ihren Blütezeiten ab, bis – je nach Witterungsverlauf – im Oktober noch die letzten Silberkerzen und Eisenhüte blühen. Sie sollten dann die verblühten Stauden zurückschneiden, die zerkleinerten Teile gleich liegenlassen und vor allem kein Laub fortschaffen, die Schicht kann ruhig, wenn es locker liegt, 10 cm hoch sein. Im Frühjahr wird das zusammengesunkene feuchte Laub dann beim vorsichtigen Durcharbeiten des Beetes nur von den austreibenden Pflanzen direkt heruntergenommen. Bei dieser Gelegenheit kann eine mineralische Düngung von ca. 20 g/m² eines Volldüngers vorgenommen werden.

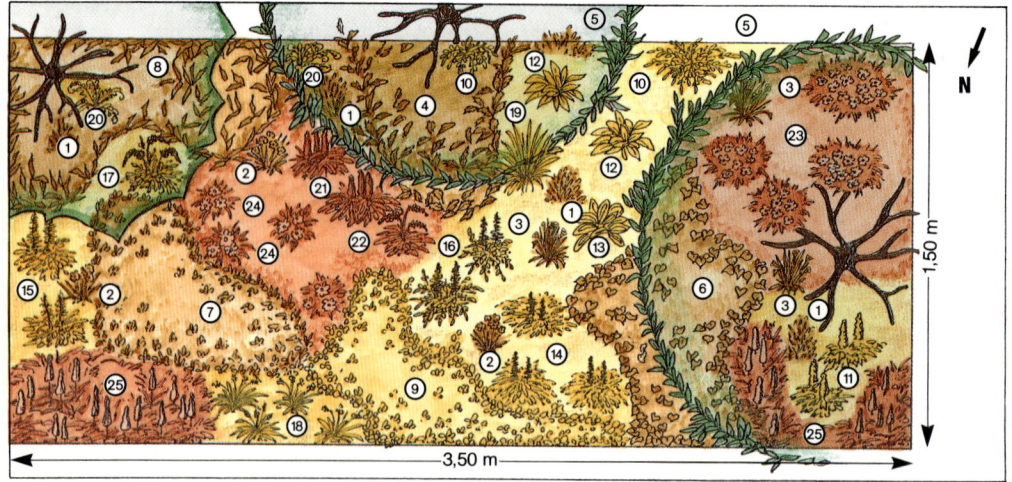

Hier eine Staudenpflanzung für den kühlen Schatten.

Sommer (Mai – September)
⑨ 2 Porzellanblümchen, *Saxifraga umbrosa*
⑩ 2 Geißbart, *Aruncus sylvester*
⑪ 2 Eisenhut, *Aconitum napellus*
⑫ 2 Schaublatt, *Astelboides tabularis*
⑬ 1 Funkie, *Hosta fortunei* 'Aurea'
⑭ 3 Prachtspiere, *Astilbe japonica* 'Red Sentinel'
⑮ 2 *Astilbe × arendsii* 'Brautschleier'
⑯ 2 *Astilbe thunbergii* 'Straußenfeder'
⑰ 1 Silberkerze, *Cimicifuga racemosa*
⑱ 4 Silberrandmarbel, *Luzula sylvatica* 'Marginata'
⑲ 1 Riesensegge, *Carex pendula*
⑳ 2 Wurmfarne, *Dryopteris filix-mas*

Heidebeet mit Winterheide

Der besondere Reiz der Winterheide (*Erica herbacea*) liegt in ihrer ungewöhnlichen Blütezeit, die, je nach Witterungsverlauf, von etwa November bis März liegt. Es gibt auch *Erica*-Arten, die im Sommer blühen, z. B. *Erica tetralix* und *E. cineria*. Sie haben sehr spezielle Standortansprüche (kalkfreie und torfreiche Böden) und können deshalb ohne besondere Bodenvorbereitung im Hausgarten nicht verwendet werden.
Auch wenn uns die winterliche Blütezeit noch so verlockt, ein Heidebeet in unserem Garten anzulegen, so sollten wir es niemals isoliert, ohne Verbindung zu passenden Sträuchern oder Stauden, planen. *Erica herbacea* kommt im Alpenraum im lichten, zumeist warmen Schatten sowohl auf sauren als auch auf kalkhaltigen Böden vor, wichtig für ihr gutes Gedeihen ist ein ausreichend großer Anteil an Rohhumus. Wenn wir in unserem Garten keinen geeigneten Standort finden, an dem eine Erika-Pflanzung in die Gesamtanlage integriert werden kann, sollten wir lieber ganz auf diese Pflanzenart verzichten – es wäre entwürdigend, sie z. B. entlang einer Garageneinfahrt aufzupflanzen! Die Schneeheide sollte großflächig verwendet werden, durchsetzt mit schwachwachsenden Kiefern, mit Gräsern und Stauden, wo es passend ist, auch mit Rhododendren und Azaleen. Bei ihrer Benachbarung mit Gehölzen muß berücksichtigt werden, daß die Winterheide sich im Bereich starken Tropfenfalls vor Gehölzen nicht sehr wohl fühlen wird.
Wenn die Pflanzen buschig und gedrungen bleiben sollen, empfiehlt es sich, sie im Abstand von etwa 2 Jahren jeweils im Frühjahr nach der Blüte zurückzuschneiden.

Pflanzbeispiele 217

Pflanzenliste

Frühling (März – Mai)
① 5 Winterheide, *Erica herbacea* 'Atrorubra'
② 2 Heide-Seidelbast, *Daphne cneorum*
③ 20 Trompetennarzissen, *Narzissus* 'Spring Glory'

Sommer (Mai – August)
④ 10 Cornwall-Heide, *Erica vagans* 'St. Keverne'
⑤ 5 Graslilien, *Anthericum liliago*
⑥ 5 Bergseggen, *Carex montana*
⑦ 4 Bergastern, *Aster amellus*
⑧ 5 Karthäusernelken, *Dianthus carthusianorum*
⑨ 4 Zwergalant, *Inula ensifolia*
⑩ 5 Kerzenveroniken, *Veronica prostrata*

Herbst und Winter (August – März)
⑪ 3 Goldhaarastern, *Aster linosyrus*
⑫ 20 Winterheiden, *Erica herbacea* 'Winterbeauty'
⑬ 6 *Erica herbacea* 'Vivellii'
⑭ 7 *Erica herbacea* 'Snow Queen'
⑮ 7 *Erica herbacea* 'Springwood'
⑯ 2 Zwergkiefern, *Pinus mugo*
⑰ 1 Scheinbuche, *Notofagus antarctica*

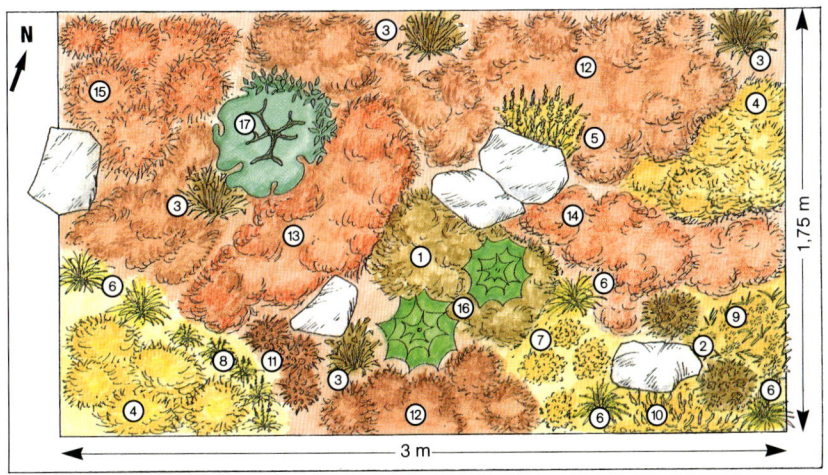

Von November bis März blüht die Winterheide auf diesem Beet.

Die beste Zeit, die Schneeheide zu pflanzen ist, im Frühherbst, die Pflanzen tragen dann schon die Knospen für die Frühjahrsblüte. Der Boden sollte gut gelockert und stark mit Rohhumus (Torfmull) durchsetzt sein. Am günstigsten ist eine leicht saure Reaktion des Bodens, jedoch ist, wie schon erwähnt, *Erica* nicht so empfindlich gegen Kalk wie die Sommerheide (*Calluna*). Man sollte *Erica* in kleineren Gruppen, die sich zu größeren Flächen addieren, relativ dicht pflanzen, 10 Stück/m², damit der Boden bald bedeckt ist. Dazwischen eingestreut können Gräser und Stauden stehen.

Wenn die Pflanzen dicht und buschig bleiben sollen, empfiehlt es sich, nach der Blüte, bei den meisten Arten im März, einen Rückschnitt vorzunehmen, d. h., die Triebe um 2–3 cm einzukürzen. Wenn man die Pflanzen jedoch sich selbst überläßt, werden die Triebe im Laufe der Jahre immer länger, fallen um und sind nur an den Triebenden grün und blühen. Zwischen dem kahlen Geäst können sich dann wieder Gräser und Stauden ansiedeln, so daß ein Aussehen fast wie am natürlichen Standort entsteht.

Mit dem Düngen sollte man recht vorsichtig sein und möglichst nur organische Dünger verwenden.

Heidebeet mit Sommerheide

Die auf vielen sandig-durchlässigen Böden in Deutschland anzutreffende Sommerheide (*Calluna vulgaris*), auch Besenheide genannt, braucht einen etwas anderen Standort als die Winterheide (*Erica herbacea*). Allerdings benötigt sie ebenfalls rohhumusreiche Böden, diese müssen aber eine ausgesprochen saure Reaktion haben, damit *Calluna* befriedigend gedeiht. Aus der Lüneburger Heide, ihrem bekanntesten Verbreitungsgebiet, kennen wir sie zusammen mit Wacholder, Ginster, Birken und Kiefern. Sie kommt aber auch an trockenen Gehölzrändern vor, z. B. im Bayerischen Wald oder im Raum Nürnberg.

Es gibt zahlreiche Sorten, die sich zum Teil erheblich von der bekannten Wildform unterscheiden. Sie alle lassen sich, je nach persönlicher Vorliebe, mit Ginster, Grasnelke, Königskerze, Schwingel-Arten auf offener besonnter Fläche anpflanzen oder zusammen mit Rhododendren, Azaleen und anderen Moorbeetpflanzen verwenden. Dann müßten die Rhododendren jedoch noch im Halbschatten höherer Gehölze stehen, die Besenheide aber bereits überwiegend in der Sonne.

Pflanzenliste

Frühling (März – Mai)
① 40 Schneeglanz, *Chionodoxa gigantea*

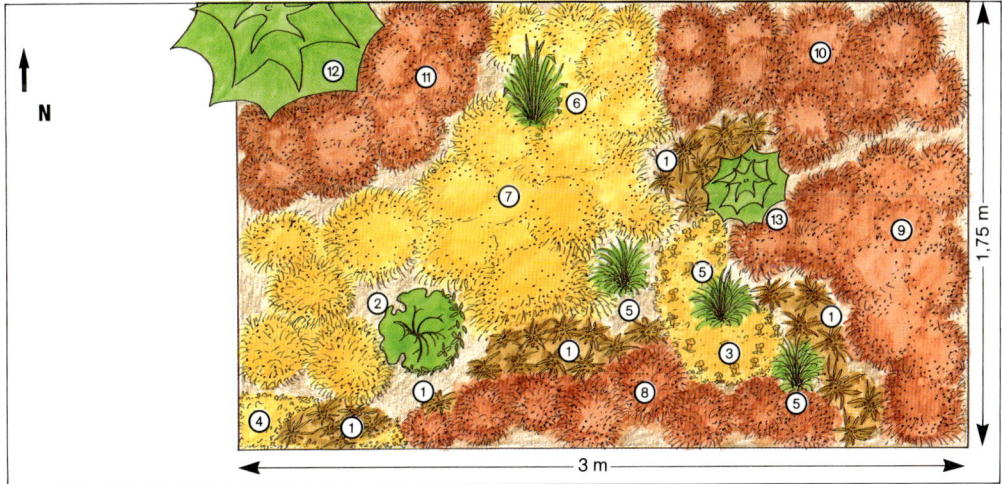

Sandige, durchlässige Böden liebt die Sommerheide.

Sommer (Mai – August)
- ② 1 Behaarter Ginster, *Genista pilosa*
- ③ 5 Glockenblumen, *Campanula rotundifolia*
- ④ 5 Thymian, *Thymus serphyllum*
- ⑤ 3 Pfeifengräser, *Molinia caerulea*
- ⑥ 1 Reitgras, *Calamagrostis × acutiflorus* 'K. Foerster'
- ⑦ 12 Sommerheiden, *Calluna vulgaris*

Herbst (August – Oktober)
- ⑧ 8 Sommerheiden, *Calluna vulgaris* 'Foxii'
- ⑨ 10 *Calluna vulgaris* 'County Wicklow'
- ⑩ 8 *Calluna vulgaris* 'H. E. Beale'
- ⑪ 8 *Calluna vulgaris* 'Alba Plena'

Gehölze
- ⑫ 1 Drehkiefer, *Pinus contorta*
- ⑬ 1 Säulenwacholder, *Juniperus communis* 'Hibernica'

Die hier vorgeschlagene Pflanzenzusammenstellung eignet sich für offene, sonnige Flächen auf sandigen, durchlässigen Böden. Reichern Sie vor dem Pflanzen den Boden gut mit Torfmull an (3–4 Ballen/100 m²) und geben Sie möglichst organischen Dünger bei, z. B. Hornspäne und Knochenmehl (50 g/m²). In den locker durchgearbeiteten Boden wird die Heide entweder im zeitigen Herbst oder im Frühjahr gepflanzt. Die Fläche sollte nach dem Pflanzen mit Torf oder feinem Rindenmulch abgedeckt werden, damit der Unkrautwuchs gehemmt wird.

In der Natur, der Lüneburger Heide z. B., wurde die Pflege der Heideflächen früher von den Schafherden übernommen, sie düngten und hielten die Pflanzen kurz. Leider müssen wir diese Arbeit heutzutage selber übernehmen. Sparsames Düngen mit organischem Material und ein regelmäßiger Rückschnitt sind alle 2–3 Jahre nötig, damit unsere Heidefläche ein niedriges, gleichmäßiges Aussehen bekommt. Der Rückschnitt erfolgt sinnvollerweise im Herbst nach der Blüte oder im März vor dem Austrieb, damit sich an den neuen Frühjahrstrieben die Blüten für den nächsten Sommer entwickeln können. Bei alten, ausgewachsenen Pflanzen hat es wenig Sinn, radikal bis ins verkahlte Holz zurückzuschneiden, die Wahrscheinlichkeit, daß das alte Holz wieder austreibt, ist recht gering. Einen sicheren, buschigen Austrieb erhält man nur, wenn der Rückschnitt im Bereich des grünen, mit Nadeln besetzten Triebes liegt.

Bei allen Pflegearbeiten sollten Sie beachten, daß Sie den Boden möglichst wenig betreten, so daß keine Verdichtungen entstehen. Die sehr feinen Wurzeln von *Calluna* sind sehr empfindlich dagegen. Ebenfalls empfindlich ist die Sommerheide gegen Tropfenfall im Bereich großlaubiger Gehölze und dagegen, daß während des Winters zu viel Laub auf den Pflanzen liegenbleibt. Deshalb muß Laub, falls es aus den Nachbarflächen herübergeweht worden ist, entweder unter die Heidepflanzen gesteckt oder, wenn es zu viel ist, entfernt werden.

Der Steingarten

Wenn wir uns einen Steingarten anlegen möchten, denken wir zunächst daran, ein Abbild der wunderschönen Pflanzenstandorte im Gebirge zu schaffen. Wenn wir jedoch überlegen, wie kompliziert und differenziert diese Standorte sind, werden wir rasch bescheidener.

Es müßten die Hangneigung, die Beschattung, die Sonnenintensität, die Art des Gesteins, ob es wandert oder ruhig liegt, der Durchwurzelungsgrad, die Humusauflage, die Luftfeuchtigkeit, der Windschutz, die Länge der Vegetationszeit und noch manch andere Wachstumsfaktoren berücksichtigt werden, wenn wir diese stark spezialisierten Pflanzen in unseren Gärten ansiedeln wollen.

Zum Glück für die »normalen« Gartenbesitzer gibt es jedoch eine ganze Reihe züchterisch beeinflußter Gebirgspflanzen, die sich auch bei uns im Tiefland recht wohlfühlen, wenn wir ihnen den Standort entsprechend herrichten.

Ein großer Teil dieser Pflanzen fühlt sich auf kalkhaltigen Substraten wohl, obwohl nur die wenigsten von ihnen unbedingt Kalk zum Wachstum benötigen. Man sollte also bereits bei den Überlegungen darüber, welche Steine man zum Bau der Steinanlage verwendet, berücksichtigen, daß damit eine Entscheidung über die zu verwendenden Pflanzenarten getroffen wird.

Die Frage nach dem besten Werkstoff ist schwer zu beantworten. Man wird meist (auch aus Kostengründen) solches Material verwenden, das in der Nähe ansteht, es fügt sich auch am besten in die Landschaft ein.

<u>Kalkstein</u> ist ein sehr gutes Material, es wird sowohl in dicken Platten als auch in unregelmäßigen Blöcken geliefert, so kann man es vielseitig verwenden. Nagelfluh, Kalktuff oder Travertin sind poröser, lassen sich leichter bearbeiten und bieten, wegen ihrer vielen Ritzen und Löcher, den Moosen, Flechten und Polsterpflanzen ausreichend Möglichkeiten zum Haften.

<u>Sandstein</u> ist ein weiches Material, er kommt lagerhaft und in Blöcken vor. Wegen seines großen Porenvolumens kann er Wasser lange halten und abgeben.

Das beste Material für Gewächse, die Kalk fliehen, sind natürlich die <u>Urgesteine</u> Porphyr, Granit, Basalt und auch der Schiefer. Letzterer kommt fast immer lagerhaft vor und hat den Nachteil, daß er sich in Südlagen sehr stark aufheizt. Die anderen Urgesteine werden in unregelmäßig großen Blöcken geliefert. Sie sind wegen ihres Gewichts schwer zu verarbeiten. Man kann mit ihrer Hilfe jedoch sehr gut größere Höhenunterschiede überwinden.

<u>Findlinge</u> nehmen eine gewisse Sonderstellung ein. Sie bestehen meist aus schwedischem Granit und sind durch den eiszeitlichen Transport rund geschliffen worden. In der Natur liegen sie flach auf dem Boden, mehr oder weniger eingesunken. Am Hang sollten die großen Steine am Hangfuß liegen, an ihrer Oberseite hat sich das Erdreich gestaut, an der Unterseite ist es weggewehrt. Zwischen den verstreut liegenden Findlingen haben sich größere und kleinere Kiesel gelagert. Man kann Findlinge zur Ausbildung von Geländestufen verwenden, aber nicht zum Bau von Felswänden!

Wenn die Überlegungen zur Materialwahl und der Wunsch nach bestimmten Pflanzen zur Ausarbeitung eines Planes geführt haben, wird sich bei der Ausführung herausstellen, daß die Geländebewegung oder besonders schöne Steine dazu zwingen, von der theoretischen Planung abzugehen. Jeder Stein muß gedreht und gewendet werden, bis er die richtige Lage hat, und dann muß man wieder wählen, bis man den geeigneten Nachbarn gefunden hat. So formen sich dann Felsgrup-

Pflanzbeispiele 219

pen, die einander beeinflussen, und erst beim Bau bildet sich die Gestalt unseres Steingartens.

Das Material, das wir zum Verfüllen von Zwischenräumen, Fugen und Ritzen verwenden, sollte humos, durchlässig und bindig sein, d. h., eine Mischung aus grobem Sand, Torf und Lehm zu gleichen Teilen ist für den Normalfall ausreichend. Bei kalkliebenden Pflanzen mischen wir statt Sand Kalkschotter bei. Um Geröllflächen nachzuahmen, decken wir die Oberfläche mit etwa 1 cm Kalkschotter oder Brechsand 7/10 mm ab.

Doch man braucht nicht unbedingt ins Hochgebirge zu gehen, um Anregungen für die Gestaltung von Steingärten zu bekommen: Überall, wo Steine und Schottermassen zutage treten, in Steinbrüchen, an Abhängen und Bahnböschungen, in Schluchten und Hohlwegen findet man reichlich Vorbilder für eigenes Schaffen.

Pflanzenliste

Frühling (März – Mai)
① 20 Zwergiris, *Iris reticulata*
② 20 Krokusse, *Crocus chrysanthus*
③ 3 Küchenschellen, *Pulsatilla vulgaris*
④ 2 Gänsekresse, *Arabis caucasica*
⑤ 4 Blaukissen, *Aubrieta* × *cultorum* 'Schloß Eckberg'
⑥ 4 Teppichphlox, *Phlox subulata* 'Atropurpurea'
⑦ 3 Aurikeln, *Primula* × *hortensis*

Sommer (Mai – August)
⑧ 2 Ginster, *Cytisus* × *kewensis*
⑨ 4 Silberwurz, *Dryas suendermannii*
⑩ 1 Seifenkraut, *Saponaria ocymoides*
⑪ 10 Zwergiris, *Iris barbata-nana*, 5 gelb, 5 blau
⑫ 4 Junkerlilien, *Asphodeline lutea*
⑬ 4 Sonnenröschen, *Helianthemum*, 2 gelb, 2 rosa
⑭ 4 Islandmohn, *Papaver nudicaule*
⑮ 4 Katzenpfötchen, *Antennaria tomentosa*
⑯ 3 Steinbreche, *Saxifraga cotyledon*
⑰ 2 Spornblumen, *Centranthus ruber* 'Coccineus'
⑱ 2 Lavendel, *Lavandula angustifolia* 'Munstead'
⑲ 2 Lein, *Linum flavum* 'Compactum'
⑳ 2 Edelweiß, *Leontopodium alpinum*
㉑ 2 Bitterwurz, *Lewisia cotyledon*
㉒ 2 Nachtkerzen, *Oenothera missouriensis*
㉓ 2 Rosen, *Rosa* 'CANDY Rose'
㉔ 8 Blauschwingel, *Festuca glauca*
㉕ 3 Federgras, *Stipa barbata*
㉖ 6 Hauswurz, *Sempervivum*
㉗ 1 *Perowskia abrotanoides*

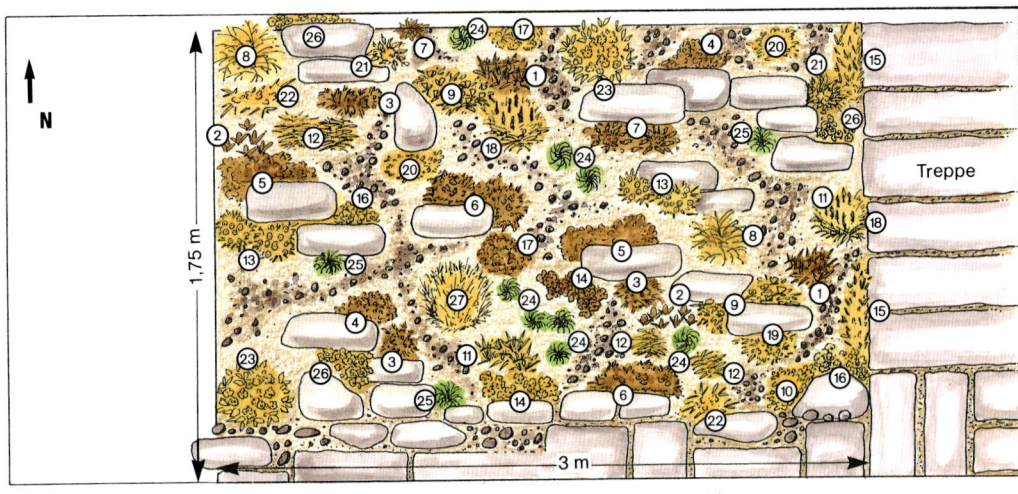

Viele Möglichkeiten der Bepflanzung findet man in einer Steingartenanlage.

Die hier zusammengestellten Pflanzen für einen Steingarten sind relativ robust und werden sich gut entwickeln, wenn Sie folgendes beachten:

Unter den Steinen müssen die Pflanzen etwa 30–40 cm lockeren, durchwurzelbaren Boden haben, der möglichst mit den Gesteinsteilen durchsetzt sein soll, die Sie auch zum Füllen der Zwischenräume und Fugen verwendet haben. Der Untergrund muß gut wasserdurchlässig sein, da die Pflanzen ausgesprochen empfindlich gegen Staunässe sind.

Halten Sie sich beim Bau Ihres Steingartens nicht genau an den hier gezeigten Plan, Sie wissen, daß sich die Anordnung der Steine beim Arbeiten ändern wird. Wichtig ist, daß Sie die Polsterpflanzen so einsetzen, daß die Wurzeln tief in den Untergrund eindringen können, die oberirdischen Teile sich jedoch auf einer warmen, trockenen Stelle (Stein- oder Schotterfläche) ausbreiten können. Die meisten von ihnen lieben nämlich »einen kühlen, feuchten Fuß und einen warmen, trockenen Kopf«.

Mit Dünger sollten Sie sehr sparsam sein und auf keinen Fall stickstoffhaltige Düngemittel verwenden.

Die aus Zwiebeln treibende Zwergiris zusammen mit dem orange blühenden Krokus sind die ersten Frühlingsboten auf unserem Beet. Zu ihnen gesellen sich alsbald die Küchenschelle, Gänsekresse, Blaukissen und Teppichphlox, die alle sehr kräftige Blütenfarben tragen. Der Frühling und der zeitige Sommer sind ja bekanntlich die Hauptblütezeiten für die Steingartenpflanzen, aber in dieser Pflanzenzusammenstellung reicht die Blütezeit bis Ende August.

Bei allen notwendigen Pflegearbeiten, Unkraut jäten, eventuell Samenstände abschneiden, sollten Sie stets über die Steine gehen und nicht auf den Boden treten, damit es nicht zu Bodenverdichtungen kommt. Das Abschneiden der Samenstände empfiehlt sich, wenn verhindert werden soll, daß sich manche Arten zu sehr versamen oder wenn die Mutterpflanze nicht zu sehr geschwächt werden soll. Schön ist es, wenn im Laufe der Jahre Lavendel, Islandmohn, Sonnenröschen, Spornblume, Seifenkraut und andere Staudenarten in den Fugen des Terrassenbelages oder der Treppenstufen keimen und wachsen und der Steingarten nicht isoliert liegt.

Lewisia und *Saxifraga* müssen auf die absonnige Seite von Steinen gepflanzt werden, damit sie sich wohlfühlen. Die Hauswurzen können Sie als einzelne Rosetten in kleine Löcher oder Vertiefungen im Stein pflanzen, sie werden allmählich zu stattlichen Kolonien heranwachsen. Die einjährigen Triebe der Perowskie brauchen erst im Frühjahr zurückgeschnitten zu werden, sie können den Winter über noch als Dekoration (z. B. im Rauhreif) stehenbleiben. Im Herbst empfiehlt sich eine Abdeckung aus Fichtenreisig als Schutz gegen Frost.

Wasser im Garten

Der Gartenteich

Ein Gartenteich belebt und beruhigt zugleich. Für ein reiches Tier- und Pflanzenleben muß der Gartenteich ausreichend groß gestaltet sein und im Pflanzenwuchs der Uferzone Schutzmöglichkeiten für viele Tierarten bieten.

Viele Gründe sprechen für die Anlage eines Gartenteiches. Wasser übt einen magischen Reiz aus. In der freien Natur empfinden wir Seen und Flüsse als eine außerordentliche Bereicherung der Landschaft – die Optik wechselt, die gerade Wasserfläche wirkt beruhigend. Wasser bietet aber auch Entfaltungsmöglichkeiten für eine sehr reichhaltige, andersgeartete Flora und Fauna, mit der sich zu beschäftigen besondere Erlebnismöglichkeiten bietet.

Kulturvölker empfanden das Wasser im Garten schon immer als die Krönung der Gartenkunst. In früheren Jahrhunderten und in südlichen Ländern spendeten Gartenanlagen mit Wasser die erfrischende Kühle aus formal und kunstvoll angelegten Wasserbecken, verbesserten also das Klima. Damit verbunden war eine entsprechende Schau durch Wasserspiele und Prachtentfaltung in den Schlössern und Villen der Reichen. Heute spielt das repräsentative Aussehen eines Gartenteiches sicherlich ebenfalls eine nicht zu unterschätzende Rolle. Hinzugekommen sind jedoch natürlich angelegte Teiche, eher gefragt mit einem Erlebnis- und Erholungswert, der sich vielfältig äußern kann: Naturfreunde suchen bei bedrohter Umwelt nach Entfaltungsmöglichkeiten für eigene Initiativen. Sie möchten der Flora und der Fauna der gefährdeten Feuchtgebiete zu Hilfe kommen und Reservate im Garten anlegen – seien sie auch noch so klein. Pflanzenliebhaber interessieren sich für die einheimische Flora oder für interessante Pflanzen aus anderen Ländern.

Moor- und Sumpfbeete sind zur Zeit besonders populär. Wasserläufe könnten als belebende Elemente und als Möglichkeit zum Pflanzenkultivieren auch auf beschränktem Raum weitaus mehr Verbreitung finden.

Weitere Gründe können sein: Regenwasser soll einem nützlichen Zweck dienen und nicht einfach versickern, Plansch- oder Badebecken werden für Kinder benötigt, die aus dem Sandkastenalter heraus sind und lieber Schiffe fahren lassen. Ein solches Wasserbecken kann später bepflanzt oder mit einem Wasserspiel ausgestattet werden.

Aquarianer suchen eine Erweiterung ihrer Aktivitäten und finden sie im Gartenteich. Vom Freilandaquarium bis hin zum privaten Angelteich oder zur Verbindung von Terrarium und Wasser zum sogenannten Vivarium, in dem sich eine Vielzahl von wasser- und landbewohnenden Tieren halten läßt. Gründe für die Anlage von Gartenteichen gibt es viele – und sei es die Umwandlung von Schwimmbecken, die bei den heutigen Heizkosten zu teuer wurden, in solche für Pflanzenbewuchs und Fischhaltung, oder die sich in Form von Wintergärten abzeichnenden Möglichkeiten im Innenbereich oder auf Dachgärten.

Der richtige Standort

Wenn auch ein Wasserfaß auf der Terrasse sehr schnell installiert ist, reift doch der Plan zu einem Gartenteich selten über Nacht. Standort und Größe des künftigen Teiches sollten Sie nicht im Winter, sondern im Sommer festlegen. Dann sind Bäume und Sträucher belaubt, und die Größenverhältnisse sowie die Verteilung von Licht und Schatten können realistischer beurteilt werden.

Verschiedene Gesichtspunkte müssen bei der Planung eines Gartenteiches berücksichtigt werden. Eine Wasserflä-

Wasser im Garten

che regt zum Betrachten an. Ihr Platz ist daher vor allem an Stellen, die häufig genutzt werden: in unmittelbarer Hausnähe, an einem Sitzplatz oder am Hauseingang. Wenn dieser Platz vom Boden, vom Lichteinfall her oder durch ideales Kleinklima auch für die umgebende Bepflanzung optimale Entwicklungsmöglichkeiten bietet, entsteht bald der gewünschte Gesamteindruck von einem üppigen Pflanzenwuchs, der zum Wasser paßt.

Aus dem Wasser herausragende Pflanzen besitzen allgemein ein weiches Gewebe und knicken leicht um. Auf Windschutz muß daher geachtet werden.

Wichtig ist außerdem, daß ein Wasserbecken in Hanglage zwar sehr reizvolle gestalterische Möglichkeiten eröffnet (den unmittelbaren Übergang von der Terrasse zum Wassergarten oder z.B. von diesem zum Steingarten), auf der anderen Seite aber an die Festigkeit des Untergrundes besondere Ansprüche stellt und einer entsprechenden dauerhaften Abstützung bedarf.

Wegen der starken Verschmutzungsgefahr durch herabfallendes Laub scheiden Standorte direkt unter Bäumen, falls irgend möglich, aus. Schließlich soll ein solches Becken pflegeleicht sein und wenig Arbeit verursachen. Ich besitze allerdings selbst einen Teich, der teilweise unter einer Eiche liegt. Im Herbst und Winter sammelt sich darin viel Laub. Im zeitigen Frühjahr bedeutet dies für ½ Tag Arbeit: weitgehendes Ablassen des Wassers und ein gründliches Entfernen der Blätter. Anschließend wird das Wasser wieder ergänzt. Das ist alles. Zuviel Arbeit? Ich nehme sie gern in Kauf, denn der in dieser Hinsicht ungünstige Platz schließt direkt an die Terrasse an, ermöglicht daher die ständige Beobachtung vom Haus aus, mit allem, was sich an Leben dort abspielt. Vögel kommen zum Trinken und Baden, Libellen schwirren, Frösche und Fische bewegen sich im Wasser. Das Wachsen und Blühen der Pflanzen ist immer interessant.

Voller Schatten scheidet aus – dort wird man infolge des immer zu kalten Wassers, der zu geringen Lichtmenge und später Pflanzenentwicklung keine Freude am Gartenteich haben.

Volle Sonne ist eigentlich nur problematisch, wenn man zusätzlich zu den Pflanzen Fische halten will. Bei zu großer Hitze erwärmt sich das Wasser und enthält nicht mehr genügend Sauerstoff. Außerdem nimmt die Algenbildung stark zu.

Hiergegen gibt es Abhilfe: Ist das Becken von vornherein groß und tief genug, d.h. in der Regel tiefer als 80 cm, können sich die Fische in kühlere Bereiche zurückziehen. Kühlender Schatten wird auch durch hochwachsende Pflanzen erreicht. Sauerstoff reichert sich an, wenn Springbrunnen, Wasserfälle, Wasserspeier in Betrieb sind. Notfalls läßt sich verdunstendes Wasser über einen verlegten Sprühschlauch ergänzen und damit Sauerstoff einbringen. Den Fischen ist überdies mit einem Ausströmerstein gedient, der ins

Becken verlegt wird. Eine kleine Aquariumpumpe reichert das Wasser ständig mit Sauerstoff an.

Ein Gartenteich benötigt mindestens 5–6 Stunden täglich volle Sonneneinstrahlung. Ideal ist also eine teilweise oder lediglich zu bestimmten Tageszeiten beschattetes Wasserbecken in offener Lage. Auch sollten bei den Ausschachtungen keine Erdkabel oder sonstigen Leitungen im Wege sein.

Größe und Form des Teiches

Bei der Bezeichnung »Teich« denke ich unwillkürlich an eine größere Wasserfläche. Es hat sich jedoch eingebürgert, auch schon bei kleineren Teichen oder fertigen Behältern von »Gartenteichen« zu sprechen.

Die Wasserfläche sollte nicht zu klein sein. Ein Beispiel: Schon wenn man 2–3 Seerosen und eine entsprechende Beipflanzung aus Sumpfiris, Tannenwedel oder Rohrkolben vorgesehen hat, ist eine Größe von wenigstens 4 × 2,5 m erforderlich. Viele Gartenteiche sind kleiner – sehr zum späteren Leidwesen der Besitzer. Bei dem mit Sicherheit zu erwartenden Spaß an einem Teich sagen sich die meisten: Hätte ich ihn doch gleich doppelt so groß geplant! Planen Sie so, daß ca. ⅓ der Wasserfläche von den ausgewachsenen Pflanzen bedeckt wird, ⅔ bleiben frei, damit die Bepflanzung zur Wirkung kommt.

Der Gartenteich soll also eher eine Nummer zu groß sein, Fertigteiche wirken vor dem Einbauen ohnehin viel größer als später mit Bepflanzung.

Welche Form gewählt wird, hängt häufig vom Stil des Gartens ab. Zu einer parkartigen Anlage paßt eher eine natürlich wirkende, abgerundete Form. In kleinen Gärten oder in Hausnähe werden geometrische, vor allem rechteckige Formen viel mehr angebracht sein. Auch wenn heute die natürlich wirkende, mit der Umgebung verschmelzende Form gefragt ist – auf Dauer wird man sich am Kontrast zwischen geraden Kanten und den vielfältigen Formen der Pflanzen erfreuen. Das Angebot von fertigen Becken berücksichtigt viele Wünsche. Am besten werden Sie sich anhand einer maßstabgerechten Skizze über die spätere Wirkung des Gartenteiches klar. Leider werden die meisten Anlagen im Früh-

Wie oft werden Terrassen mit viel Aufwand angeschüttet und mehr oder weniger ansehnlich bepflanzt. Ein Gartenteich direkt am Wohnbereich bietet dagegen einen ständigen Anlaß zur Freude, zur Naturbeobachtung, zur Fischhaltung.

jahr im Eiltempo in Angriff genommen. Dabei wäre es besser, sich damit im Sommer oder Herbst zu befassen, wenn die Vegetation voll entwickelt ist. Entscheidungen lassen sich dann leichter fällen. Die Pflanzzeit ist bei dem heutigen Angebot an blühenden, entwickelten Containerpflanzen in Gärtnereien und Gartencentern ohnehin nicht mehr eng begrenzt und kann ruhig bis in den Spätsommer reichen.

Die richtige Tiefe

Mehr Tiefe bedeutet mehr Aushub und damit höhere Kosten. Man wird also danach trachten, möglichst flach zu bleiben. Ein Teich mit reinem Pflanzenbewuchs kommt mit 40–60 cm maximaler Wassertiefe aus, er muß nicht tiefer, kann aber in einigen Zonen viel flacher sein. Gehen wir jedoch davon aus, daß Fische eingesetzt und darin auch über Winter am Leben bleiben sollen, reichen 60 cm nicht aus, da immerhin die Gefahr besteht, daß sich in harten Wintern in voller Tiefe eine Eisschicht bildet. Zumindest an einer Stelle müssen 80 cm oder besser 100 cm Wassertiefe erreicht werden. Und hierin werden sich gegebenenfalls die Fische zurückziehen. Eine solche Tiefe ist auch günstig, falls der Teich in voller Sonne liegt.

Auch Kleingärtner sind Interessenten für Gartenteiche. In manchen Städten und Ländern bestehen Vorschriften, die die Tiefe begrenzen. In Anbetracht der Gefahren, die eine solche Anlage für Kleinkinder mit sich bringt, sicherlich keine unsinnige Anordnung. Obwohl sich im allgemeinen keine Behörde für die Anlage kleiner privater Gartenteiche interessiert, sollten Sie sich als Vereinsmitglied doch nach den Regeln der Satzung erkundigen.

Der Teichgrund

Der Untergrund muß auf jeden Fall fest sein und darf nicht nachgeben. Dies erreicht man durch Abrütteln einer ca. 10 cm dicken Sandschicht auf der Teichsohle (Sand arbeitet bei Frost weniger als Erde) oder durch eine entsprechende Schicht Magerbeton (1:7). Bei Becken mit unterschiedlichen Tiefen ist ein möglichst genaues Einpassen nötig, was nicht immer ganz einfach ist. Anzeichen der Beckenform und mehrmaliges Einrichten sind notwendig, bis alles stimmt. Vorbeugend wird die Ausschachtung etwas größer vorgenommen und nach der Feinabstimmung mit der Wasserwaage Sand eingeschlämmt, der die verbleibenden Hohlräume füllt.

Eine Sandschicht ist auch notwendig bei steinigem Untergrund. Daß Wurzeln, Steine usw. sorgfältig abgesammelt werden, versteht sich von selbst, um Verletzungen der Teichhaut vorzubeugen. Ansonsten bietet der Handel Teichvliese an, das sind unverrottbare Matten, die unter den Folien verlegt werden und sie gegen Verletzungen schützen.

Ferner sollte der Grundwasserspiegel möglichst unter der tiefsten Teichstelle bleiben, sonst gibt es im Winter Schwierigkeiten mit Eis. Eine 20 cm starke Kiessohle als Dränage unter der Teichhaut sorgt für alle Fälle vor. Der Aushub ist zur Modellierung des Gartengeländes wahrscheinlich willkommen. Darüber, wo die erheblichen Erdmengen verbleiben sollen, muß man sich vorher im klaren sein.

Als Erde, in der die Pflanzen wachsen, hat sich möglichst humusarmer, lehmhaltiger Boden bewährt. Eine Schicht von 10–15 cm generell und von 20–25 cm an Stellen mit Pflanzenwuchs reichen aus. Torf ist ungünstig, weil er sich stark verfestigt, ebenso Sand. Eine dünne Kiesschicht hingegen hindert den Boden am Aufschwimmen und sieht zumindest am Anfang auch gut aus.

Stark wuchernde Pflanzen muß man ohnehin unter Kontrolle behalten. Sie stehen in großen Töpfen oder Pflanzkörben in organisch gedüngter, lehmiger Erde. Mineralische Dünger dürfen sich nicht sofort im Wasser lösen und die Algenbildung fördern. Es gibt hierfür sog. Depotdünger, deren Nährstoffe nach Bedarf frei werden.

Teichwasser einfüllen und entleeren

Ein häufiger Wasseraustausch kommt wohl kaum in Frage. Das Wasser bleibt im Normalfall auch im Winter über im Becken. Es sei denn, es handelt sich um eine Springbrunnenanlage oder um Teiche mit reiner Sommernutzung. Gänzliches Ablassen würde die Winterformen vieler Wasserpflanzen vernichten. 1mal jährlich im zeitigen Frühjahr ist jedoch eine Generalreinigung angebracht. Hierfür genügt eine Pumpe oder das Absaugen, wenn Gefälle vorhanden ist. Die billigsten Pumpen kosten nur ca. 30,– DM und können an jede Handbohrmaschine angeschlossen werden. Bis hin zur kräftigen Schlammpumpe ist das Angebot groß. Eine Ablaßvorrichtung ist also nicht immer nötig, wohl aber braucht man zur völligen Entleerung einen Schlammschacht, eine Vertiefung also, die den Saugkorb der Pumpe völlig aufnehmen kann. 20–25 cm Extratiefe hierfür dürften ausreichen.

Wo kein Stromanschluß vorhanden ist, wird ein eingebauter Ablauf erforderlich, am besten mit einem Standrohr als Überlauf kombiniert. Diese Armaturen in nichtrostender Ausführung gibt es fertig im Sanitärhandel. An der tiefsten Stelle eingebaut, entleeren sie über ein Rohr in das Abwassersystem des Hauses oder in eine mit Steinen gefüllte Sickergrube. In Hausnähe ist der Einbau eines Geruchsverschlusses (Syphon) erforderlich. Damit Fische nicht im Abfluß verschwinden oder er durch grobe Verunreinigungen verstopft wird, muß darüber ein Fangkorb angebracht werden.

Zur Abdichtung der Armaturen mit Beton oder Polyesterharz eignen sich die üblichen Dichtungsringe oder Bitumen, das erhitzt wird. Bei PVC-Folien arbeitet man besser mit 2-Komponenten-Klebern und befestigt die Armatur an einem Flansch oder an einer steilen Beckenwand, da das Material selbst zu wenig Halt gibt.

Ein einfacher Überlauf entsteht auch durch Einschneiden oder Niederdrücken des Teichrandes an einer geeigneten Stelle. Hier kann ein Ablaufrohr befestigt werden oder es schließt sich ein Sumpfbeet, ein Wasserlauf oder eine Sickergrube an.

Sicherheitsmaßnahmen

Von behördlicher Seite werden nur bei größeren Bauvorhaben Anzeige- und teilweise Genehmigungspflicht erwartet, insbesondere wenn es sich um betonierte Gartenteiche handelt. Besser ist es jedoch, sich durch eine Anfrage bei den zuständigen Bauämtern oder bei Anzapfen natürlicher Gewässer bei der Wasserbehörde der Gemeinde oder des Kreises abzusichern. Gleiches gilt dem Kanalisationsan-

Wasser im Garten

schluß zur Einleitung abgelassenen Teichwassers.

Wichtig ist jedoch die Sicherung gegen Unfallgefahr von Erwachsenen und noch mehr von Kindern. Schon geringe Wassertiefen können für Kleinkinder lebensgefährlich werden (ab 20 cm). Eine Umrandung ist meines Erachtens keine Lösung. Sie stört optisch und wird im Ernstfall leicht überwunden.

Besser finde ich zwei andere Methoden: Entweder nach der Bepflanzung kleinere Gartenteiche bis kurz unter die Wasseroberfläche mit Steinen füllen oder das Auflegen und Befestigen engmaschigen, ummantelten Rank- oder Stahlgeflechtes auf Sockeln, kurz unter der Oberfläche.

Die Pflanzen wachsen ungestört hindurch und verdecken es mit ihren Schwimmblättern. Das Stahlgitter bleibt dabei fast unsichtbar.

In einem jedermann zugänglichen Vorgarten ist ein Gartenteich immer eine Gefahr, ebenfalls dicht an einem viel begangenen Weg. Hierauf kann man schon bei der Planung achten.

Der Gartenteich im Winter

Meist werden heute Gartenteiche ganzjährig genutzt. Fische und Pflanzen bleiben also auch den Winter über im Teich. Was ist schon bei der Anlage eines Teiches zu beachten, damit hinterher Frostschäden weitgehend ausgeschlossen sind?

Gefährdet sind vor allem steile Wände, die dem Eisdruck ausgesetzt sind. Bekanntlich vergrößert gefrorenes Wasser sein Volumen um 10% und zwar nach allen Seiten. Dabei kann nicht nur das Wasser im Teich, sondern auch das umgebende gefrierende nasse Erdreich gegen Wände und von unten gegen den Boden drücken, so daß Risse und damit undichte Stellen entstehen. Vor allem bei gemauerten oder betonierten Becken, wie sie früher üblich waren, treten leicht Risse auf. Folienbecken oder Folienteiche aus PVC oder Polyesterharz sind dauerelastisch und damit weitaus problemloser. Die Hersteller gewähren sogar bis zu 10 Jahren Garantie gegen Schäden dieser Art. Wenn irgend möglich, sollte man daher nicht mehr betonieren.

Die Oberfläche des Wassers läßt sich gegen zu starkes Durchfrieren wohl

am einfachsten durch eine schwimmende, lichtdurchlässige Luftpolsterfolie schützen. Ein schwimmender Ballen Stroh läßt genügend Luft durch und gibt dem Eis die Möglichkeit zur Ausdehnung. Weitere Alternativen sind Styroporkugeln oder -platten oder die Belüftung durch einen Luftausströmerstein. Dieser wirbelt jedoch die natürliche Wasserschichtung durcheinander. Einfacher ist es, mit einem Strohbüschel, Schilf oder einem käuflichen Eisfreihalter den sich bildenden Faulgasen das Entweichen auch bei Frost zu ermöglichen und umgekehrt Sauerstoff eindringen zu lassen.

Teiche aus verschiedenen Materialien

In den letzten Jahren haben sich bei starren Formen Fertigteiche aus Polyesterharz oder Kunststoff und die vielseitig verwendbaren Folienteiche in den Vordergrund geschoben.

Der Fertigteich

Fertigteiche sind aus reinen Kunststoffen oder aus glasfaserverstärktem Polyester in vielen variantenreichen Formen erhältlich. Fast jeder Anforderung werden diese Programme gerecht, auch lassen sich mehrere Fertigteiche leicht zu einer größeren Anlage kombinieren.

Die Vorteile der Fertigteiche: Sie sind leicht, daher auch – vom Platzbedarf abgesehen – leicht zu transportieren und von 1–2 Personen schnell einzubauen. Die Materialien sind schlag- und stoßfest, verrottungsfest, frostbeständig, dauerelastisch, aber in sich genügend stabil gegen Verformung, so

Wo Kinder spielen, sind Sicherheitsmaßnahmen dringend notwendig. Die Pflanzen wachsen durch das Gitter.

Verbleibende Pflanzenreste von Gräsern und Schilf schaffen bei Rauhreif und Schnee eine zauberhafte Atmosphäre. Die Stengelreste sorgen zudem für eine natürliche Sauerstoffzufuhr in Frostperioden.

224 Wasser im Garten

Ein Fertigteich wird eingebaut: Die ausgehobene Grube muß dem vorgegebenen Profil entsprechen.

Während der Arbeiten wird ab und zu nachgemessen.

Das Einpassen ist leicht, denn ein Fertigteich wiegt wenig.

Sorgfältiges waagerechtes Einwiegen mit der Wasserwaage ist wichtig. Fehler sind später deutlich sichtbar.

Verbleibende Zwischenräume werden mit Sand ausgefüttert und mit Wasser eingeschlämmt.

Rechts: Schon wenige Wochen nach dem Anwachsen der Pflanzen wartet diese Anlage mit Blüten auf.

daß außer einem Sand/Kiesbett keine weiteren Abstützungen benötigt werden. Weitere Vorteile sind, wie bei guten Folien, die Herstellergarantie und daß man sie bei Änderungen später wieder einmal herausnehmen und weiter verwenden kann. Sie besitzen vorgeformte Pflanzzonen und Taschen, in denen sich die Pflanzen leicht umgruppieren und teilen lassen. Fertigteiche sind schnell erstellt, spätere mögliche Probleme sind vom Hersteller vorausgeahnt und beseitigt worden. Leider sind sie teurer als Folienteiche. Kleine Fertigbecken oder Schalen passen auch in den Innenbereich.

In Hanglagen lassen sich Fertigteiche schlecht verarbeiten, weil die Gefahr des Abrutschens besteht und selten eine ganz feste Unterlage hergestellt werden kann. Beim Einbau ist das richtige Bodenprofil und Seitenprofil mitunter schwierig herzustellen. Wer hier nicht genau einpaßt, kann erleben, daß sich der Fertigteich nach Einfüllen des Wassers verzieht.

Mehrere Fertigteiche lassen sich so geschickt miteinander verbinden, daß eine kleine Teichlandschaft entsteht. Werden größere Teiche benötigt, bietet sich die Teichbaufolie an.

Der Folienteich

Folienteiche sind kostengünstig zu erstellen und erweiterungsfähig. Aber nicht jede Folie ist geeignet, deshalb sollte man nur Qualitätsfolien mit Garantie von zuverlässigen Herstellern kaufen. Sie darf nicht spröde werden, d. h., den Weichmacher verlieren, sondern muß dauerelastisch bleiben, UV-lichtbeständig sein, Wurzeldruck und ständigem punktuellen Druck standhalten können, und sie sollte undurchsichtig sein. Baufolien zersetzen sich schnell unter Lichteinfluß. Sie sind für Gartenteiche nicht geeignet.

Das hohe Gewicht ist hinderlich beim Transport. Hier bringen die nur 0,5 mm starken Teichbaufolien Vorteile, die nicht viel weniger aushalten als 0,8 oder 1 mm Stärken.

Erweiterungen sind leicht durch Anschweißen weiterer Bahnen möglich. Bei Angabe der Maße übernehmen diese Arbeit die Hersteller. Dafür, daß die Schweißnähte dicht sind, wird garantiert.

Mit speziellen Kunststoffklebern, die die Hersteller mitliefern, kann man das Kaltverschweißen auch an Ort und Stelle durchführen. Die Bahnen werden 5–10 cm überlappend gelegt und mit einem Flachpinsel beidseitig ein Kleber aufgetragen, der das Material anlöst. Wie beim Fahrradschlauch-Flikken entsteht durch kräftiges Andrücken eine dauerhafte Verbindung. Genügend Gewicht bringt ein sandgefülltes Säckchen, das die arbeitende Person nachzieht.

Die Folie wird auf die feinplanierte, fertig ausgehobene und modellierte Teichschale gebreitet. Eine 20 cm starke verdichtete Kies- und Sandschicht als Untergrund schützt gegen mögliche Verletzungen durch Steine, Wurzeln usw. Provisorisch wird die Folie dann durch Steine gehalten und ca. 15 cm hoch Erde aufgetragen, in der die Pflanzen wachsen sollen. Oder es wird gleich mit Wasser aufgefüllt, wobei man noch Falten und Unebenheiten ausgleichen kann. Die Herstellung des Untergrundes bereitet keine Schwierigkeiten, die Folie paßt sich an.

Wasser im Garten 225

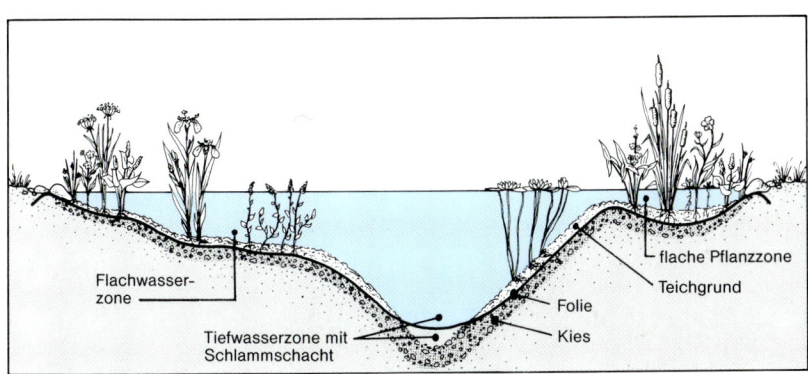

Berechnung des benötigten Materials

Am genauesten ergeben sich Länge und Breite der Folie, wenn man mit einer in die Grube gelegten Schnur alle Unebenheiten ausmißt. Aber es gibt auch eine Faustformel: Von Oberkante zu Oberkante werden mit einer Schnur Länge und Breite gemessen.
Hinzu addieren: $2 \times$ die Tiefe.
Ebenfalls hinzu addieren: 2×30 cm für den Beckenrand. Dies jeweils für Länge und Breite.

Beispiel Ein ovaler Teich mißt 5 m in der Länge und 3 m in der Breite, Tiefe 1 m.

$5 + 1 + 1 + 0{,}30 + 0{,}30 =$
benötigte Länge der Bahn 7,60 m.
$3 + 1 + 1 + 0{,}30 + 0{,}30 =$
benötigte Breite der Bahn 5,60 m.

Die nicht benötigten Ecken werden umgelegt oder abgeschnitten. Sie können natürlich auch eine Schnur durch die fertig ausgeschachtete Teichgrube legen, den Rand hinzugeben und haben dann das genaue Maß.
Die günstigsten Farben der Folie sind Braun und Schwarz. Da mitunter nicht zu vermeiden ist, daß nach der Bepflanzung Folie unbedeckt zutage tritt, wirken bunte Farben unnatürlich. Schwarz gibt dem Wasser den Eindruck der Tiefe. Ohnehin werden sich schon nach kurzer Zeit Algen ansetzen und den anfangs noch bestehenden künstlichen Eindruck mildern.

Gestaltung der Randzone

Damit bei Folienteichen keine Erde nachrutscht, sollte die Böschungsneigung nicht steiler als 1 : 2 sein. Ansonsten die Böschung abstützen.
Falten beeinträchtigen die Haltbarkeit an sich nicht, sehen jedoch nicht gut aus. Deshalb sollte man sie möglichst mit Steinen oder Erde abdecken.
Problematisch sind bei Folienteichen stets die Randzonen. Auf glatter Oberfläche halten sich weder Pflanzenwurzeln noch Erde. Wenn es nicht durch geschicktes Modellieren gelingt, die Folie verschwinden zu lassen, bleibt sie außerhalb des Wassers sichtbar. Neuerdings erhältliche Profilfolien haben eine pyramidenartig vertiefte oder eine genoppte Oberfläche. An diesen Widerständen lagern sich Schwebstoffe, Sand und Erde an, allmählich kann sich die Oberfläche auch begrünen.
Eine weitere, sogar nachträglich einzusetzende Möglichkeit, Kunststoffränder zu begrünen, ist die Böschungsmatte. Dieses unverrottbare Geflecht wird in der Uferbepflanzung mit Ankern befestigt und reicht bis unter die Wasseroberfläche. Mit Sand, gröberem Kies oder Torf gefüllt bietet es Pflanzen Halt. Nach kurzer Zeit ist der Rand unsichtbar geworden und natürlich begrünt – vor allem an steilen Stellen.

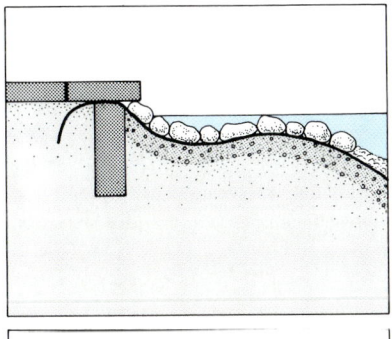

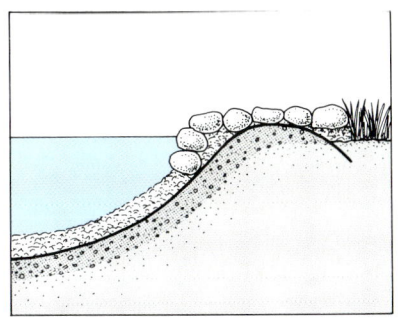

Innenspalte:
Bereits bei der Anlage der Teichschale muß Klarheit über die vorgesehene Gestaltung und Wassertiefe bestehen, z. B. wenn eine Sumpfzone eingebaut oder Fische überwintert werden sollen.

Fotos von oben nach unten:
Die Anlage eines Folienteiches.
Mit abgesteckten Pfosten werden Form und die spätere Randhöhe markiert.

Die Grube ist von spitzen Gegenständen befreit, geglättet und mit einer feinen Sand- oder Kiesschicht überzogen.

Die Folie wird im Randbereich provisorisch befestigt. Falten stören wenig. Der Wasserdruck glättet sie später.

Sehr wichtig: Verschiedene Pflanzhöhen schaffen. Besonders die flache Uferzone sollte nicht zu klein geraten.

Im flachen Wasser wird der mit Steinen abwechslungsreich gestaltete Uferrand sichtbar. Blanke Folienränder müssen nicht sein.

Innenspalte:
Für die Gestaltung des Teichrandes gibt es viele Möglichkeiten. Es sollte jedoch immer darauf geachtet werden, daß die Folie über den Wasserspiegel hochgezogen wird, um ein Überlaufen von Kapillarwasser zu verhindern.

Wasser im Garten

Ein ausgedienter Futtertrog dient hier als Quelle. Von hier aus fließt das Wasser in ein größeres Becken, das zahlreichen Fischen Platz bietet.

Betonierte Teiche

Diese Teiche werden heute weniger gebaut. Sie haben ihre Berechtigung nach wie vor bei großen Gartenteichanlagen.

Teiche als Bio-Kläranlage

Es gibt Pflanzen, die durch ihr reich verzweigtes Wurzelsystem Wasser klären, von Schadstoffen auf natürliche Weise befreien und mit Sauerstoff anreichern können. So wirken insbesondere Binsen *(Juncus)*, Blumenbinse *(Butomus)* und Froschlöffel *(Alisma)* keimtötend. Selbst komplizierte chemische Verbindungen werden von ihnen zerlegt und dienen anschließend Einzellern und Bakterien als Nahrung. Rohrkolben *(Typha)* und Schilf *(Phragmites)* fischen Schwebstoffe heraus und reduzieren durch ihr eigenes Wachstum den Nährstoffgehalt der Gewässer. Ein noch dazu sehr hübsch blühender Schwerarbeiter auf diesem Gebiet ist die blaue Wasserhyazinthe *(Eichhornia)*, die allerdings nur in warmen Ländern üppig gedeiht. In geringerem Maße wirken auch die schönen einheimischen Wasserpflanzen Gelbe Wasserschwertlilie *(Iris pseudacorus)*, Igelkolben *(Sparganium)* und das weiße Pfeilkraut *(Sagittaria)* filternd. Forschungsarbeiten mit diesen Pflanzen führten zu praktikablen Bio-Kläranlagen, die nicht nur auf Campingplätzen, auf entlegenen Grundstücken, in den Bergen, sondern auch in Kommunen aufwendige Technik auf sehr erfolgreiche Weise ersetzen.

Das Prinzip: In Dreikammersystemen oder in Gräben mechanisch vorgeklärtes Wasser wird durch die Pflanzen von Nitraten, Phosphaten und Schadstoffen befreit und gesäubert. Auf einer Folie werden dabei mehrere langgezogene Beete mit einer 30–60 cm dicken Filterschicht aus Grobkies und darin wachsendem Schilf angelegt. Das Abwasser durchströmt sie mit geringem Gefälle. Anschließend wird es in einem zweiten Teich mit langsam fließendem Wasser durch Pflanzen weiter gereinigt und kann danach wieder verwendet werden oder im Boden versickern.

Mit der Anlage solcher »Hydrobotanischen Anlagen« beschäftigen sich inzwischen Spezialfirmen des Garten- und Landschaftsbaus, die später auch für das Funktionieren garantieren.

Badeteiche

Ist an einer vollsonnigen Stelle im Garten genügend Platz vorhanden, dann kann man durchaus auch sommerliche Badefreuden genießen. Einige wichtige Punkte gilt es jedoch zu beachten, damit das Wasser sauber bleibt und der gefahrlose Ein- und Ausstieg möglich ist. Ein natürlich abfallendes Ufer ist leicht zu steil und glitschig, besonders wenn zur Abdichtung Folie verwendet wird, die genügend dick sein muß (mindestens 1 mm), sonst tritt sie sich schnell durch. Besser ist es, den Einstieg terrassenförmig anzulegen und mit feinem Sand abzudecken. Oder von vornherein einen Steg vorzusehen mit einer Einstiegsleiter und einem Geländer als Haltevorrichtung.

Eine Tiefe von 150–180 cm ist angenehm. Sie sollte jedoch mindestens 120 cm betragen. Damit man sich im Teich bewegen kann, wird ein Durchmesser von mindestens 6–8 Meter benötigt. Günstige Maße sind 10 Meter Länge und 4–6 Meter Breite für den Badebereich.

Ein abgeteilter flacher Bereich von 40–60 cm Tiefe, der mit Pflanzen bestanden ist, sorgt für die Reinhaltung des Wassers auf natürliche Weise. Er darf nicht zu klein sein (⅓ des Badebereiches), sonst kann er seine Aufgabe nicht erfüllen. Er funktioniert wie die bereits beschriebene Bio-Kläranlage. Das Wasser aus dem Badebereich wird zunächst in einem Schlammschacht am tiefsten Punkt (mit Absaugrohr) mechanisch vorgeklärt. Hier setzen sich Schmutzpartikel (Mulm) ab, die hin und wieder in längeren Zeiträumen abgesaugt werden müssen. Danach wird das Wasser in den Pflanzenbereich geleitet und am Ende dieses Klärprozesses über eine Filteranlage eventuell noch zu einer Quelle gepumpt, die am Ende eines Schlauches etwas erhöht austritt. Als Bachlauf gestaltet, rinnt das Wasser durch ein Sandbett allmählich wieder in den Badeteich zurück und reichert sich auf dieser letzten Stufe noch mit Sauerstoff an.

Auf ganz ähnliche Weise lassen sich auch ehemalige Schwimmbecken in eine erweiterte, naturgemäße und noch dazu reich blühende Wasserlandschaft umwandeln.

Das Freilandaquarium

Ein Freilandaquarium unterscheidet sich von einem Gartenteich dadurch, daß ein Einblick von einer oder mehreren Seiten in das Unterwasserleben möglich ist. Hierzu muß mindestens eine Front für den Betrachter zugänglich sein, z. B. mit Treppe in eine Vertiefung.

Eine solche Anlage ist in der Regel teuer. Die hierfür benötigte Glasscheibe muß stark genug sein, um den Druck auszuhalten, der Glashandel gibt hier entsprechende Auskunft.

Natürlich kann man fertige Aquarien verwenden, ob sie immer groß genug sind, ist die Frage. Nach genauem Zuschnitt lassen sich jedoch auch große Scheiben vorher an Ort und Stelle mit farblosem Silikonkautschuk dauerhaft fest und drucksicher verbinden. Mit dem gleichen Material läßt sich eine Verbindung zwischen PVC-Teichbaufolie und Glas herstellen, so daß der Gartenbesitzer nicht an starre Formen gebunden ist.

Gerade im Garten bietet sich ja die Verbindung von Aquarium und Terrarium zum sogenannte Vivarium an, das auch am und im Wasser lebenden Tieren eine Bleibe bietet. Vorsicht jedoch bei Schildkröten, sie ernähren sich von Pflanzen!

Die Frontscheibe wird am besten in Mauerwerk eingekleidet oder in einen Stahlrahmen eingepaßt und mit Silikon gedichtet. Dehnungsfuge nicht vergessen!

Größere fertige Aquarien gibt es auch aus dem dauerhaften Asbestzement im Handel, so daß Glas und Folie nicht die einzigen Alternativen auf dem Markt sind.

Im Freien veralgen Scheiben noch schneller als im Haus, deshalb von vornherein darauf achten, daß Algen nicht überhand nehmen: Eine Bepflanzung mit Seerosen beschattet das Wasser, die Sichtscheibe sollte deshalb unbedingt im Schatten liegen. Mittel zur Algenhemmung reduzieren deren Vermehrung. Den Belag entfernt man am besten mit einem Haushaltsschwamm oder mit einem bei Schwimmbädern üblichen Magnetreiniger.

Teiche aus Eisenbahnschwellen

Aus den heute so beliebten Eisenbahnschwellen oder imprägnierten Hölzern lassen sich in Verbindung mit Teichfolien sehr gut Gartenteiche bauen, sogar mit Sichtscheibe als Freilandaquarium. Vorteilhaft ist vor allem, daß man sie übereinander stapeln und damit senkrechte Ränder gestalten kann. Selbst auf nacktem Beton sind damit gefällig wirkende Hochteiche möglich. Die Folie wird dabei entweder in die Fuge zwischen zwei Schwellen eingeklemmt oder aber mit einer Abdeckleiste aus Metall (z.B. Aluminium) oder dauerhaft imprägniertem Holz auf den Schwellen festgeschraubt.

Wie bei der Verarbeitung von Eisenbahnschwellen generell üblich, werden sie in ein dränierendes Kiesbett verlegt und mit Bauklammern untereinander verbunden.

Naturteiche

Hierunter werden Teiche verstanden, die durch natürlich vorhandenes Grundwasser einen ausreichenden Wasserstand erreichen. Ist ein Zufluß aus einem Gewässer oder einer Quelle vorhanden, der Grundwasserspiegel aber nicht hoch genug, wird man zur Abdichtung möglicherweise auch zu Ton greifen – vor allem, wenn dieses Material in Baustellennähe erhältlich ist, ansonsten ist diese Lösung teuer. Es muß schon Ton sein, wenn der Teich dicht sein soll, Lehm mit seinem starken Sandanteil ist ungeeignet. Es gibt im Handel auch Tonziegel, die mit einer Ramme verdichtet werden.

Eine Schicht von 20–30 cm wird erdfeucht aufgetragen und ohne Risse abgerüttelt. Die Oberfläche glättet und dichtet man mit einer Tonschlämme, die mit einem Besen abgezogen wird. Darauf kommt eine Kiesschicht (5 cm).

Ein Gartenteich mit gekonnter Bepflanzung. Pflanzen aus Europa, Nordamerika und Ostasien ergänzen sich vorteilhaft zu einem natürlich wirkenden Bild. Gräser und Binsen mit hellen, gestreiften Blättern vermitteln auch an trüben Tagen eine freundliche Stimmung.

Scheinwerfer
Druckglasscheibe
Stahlrahmen (verschraubt und mit Silikon abgedichtet)

Ein Hochteich aus Eisenbahnschwellen zaubert Wasser notfalls sogar auf kahlen Beton.

Wasser im Garten

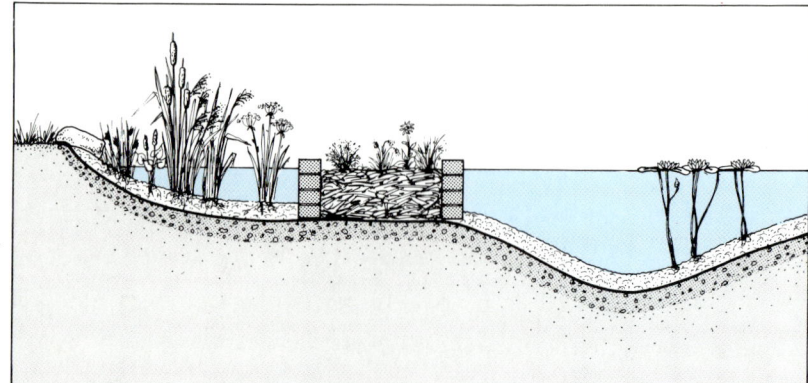

Moorbeete

Sie sind zur Zeit besonders populär. Vielleicht liegt es an der bedrohten Umwelt, der der Pflanzenliebhaber auf diese Weise ein Refugium bieten kann. Es enthält Boden mit einem sehr niedrigen Säurewert (pH unter 5), wie ihn spezielle Moorpflanzen fordern.

Ein Moorbeet läßt sich am einfachsten mit Teichfolie erstellen, z. B. als Überlauf eines Wasserbeckens. Aber auch in Betonringen, die im Boden versenkt und mit Fasertorf und *Sphagnum* gefüllt werden, gedeiht eine Moorvegetation. Das Wasser wird vom Regenwasserzulauf (am Fallrohr) oder bei weichem Stadtwasser (Wasserhärte unter 7) aus der Wasserleitung zugeleitet.

Das Moorbeet benötigt volle Sonne, es gehört keinesfalls in den Schatten, will man daran Freude haben.

Für ein kleines Moorbeet eignen sich vor allem insektenfressende Pflanzen wie Sonnentau, Fettkraut, winterharte Sarracenien aus Kanada oder Orchideen. Großflächig wirkende Pflanzen benötigen mehr Platz.

In diesen Teich wurde ein Moorbeet mit Hilfe eines eingesenkten Betonringes integriert. Er ist mit Torf gefüllt und entspricht damit den Bedingungen der Moorbeetpflanzen.

Wasserläufe kommen mit wenig Gefälle aus. Eine Pumpe im Teich und ein Schlauch sorgen für den Umlauf.

Wasserläufe

Um einen Bach oder Wasserfall im Garten zu erstellen, wird nur wenig Gefälle benötigt. Als Quelle genügt z. B. ein unterirdisch verlegter Schlauch und eine Auffangschale, z. B. ein Gartenteich, in dem die Umlaufpumpe steht. 1–1,5 m Höhenunterschied ermöglichen bereits eine Vielzahl von Variationen und halten die laufenden Kosten für den Gartenbesitzer in Grenzen. Denn die hierfür benötigten elektrischen Unterwasser-Druckpumpen nehmen nicht viel mehr als 60–70 Watt auf, sind preisgünstig in der Anschaffung und leise im Betrieb. Bei größeren Höhenunterschieden steigen die Kosten für Installation und Betrieb erheblich.

Wasserläufe lassen sich sehr gut sowohl aus besandeten Fertigteilen als auch aus Teichbaufolie ohne weiteres selbst erstellen.

Man sollte auf alle Fälle darauf achten, die Ränder zur angrenzenden Bepflanzung mit einer niedrigen, senkrechten Folienwand abzugrenzen. Sonst saugt der Boden laufend Wasser ab, dessen Ergänzung unter Umständen das biologische Gleichgewicht stört.

Weitere Möglichkeiten

Fässer, Becken aus Asbestzement, Vogeltränken, Quellsteine, Mühlsteine (täuschend ähnlich nachgefertigt aus mit Kieselsand bestreutem Plastik), Springbrunnenanlagen sind weitere Alternativen, Wasser in den Garten zu bringen.

Die Wasserqualität

Insbesondere wenn der Gartenteich der Fischhaltung dient, erfordert die Wasserqualität erhöhte Aufmerksamkeit.

Leitungswasser Es ist für den menschlichen Genuß aufbereitet und fast immer unbedenklich. Bevor Fische eingesetzt werden, sollte es einige Tage abstehen. Dabei lösen sich eventuell beigegebene Chlorgase heraus, und auch der richtige Sauerstoffgehalt stellt sich ein. Die Wasseraufbereitungsmittel der Aquarianer neutralisieren zusätzlich eventuell enthaltene fischschädliche Salze. Ein hoher Eisengehalt führt nicht nur zu häßlichen Ablagerungen, sondern er kann sich auf Schleimhäute und Kiemen der Fische schädigend auswirken.

Zu hoher Nitrat- und, nach weiterer Umwandlung, schädlicher Nitritgehalt entstehen durch Überdüngung und zu starkes Füttern sowie durch einen ungenügend funktionierenden biologischen Abbauprozeß. Der Teich sieht dabei »schlecht« aus, das Leben darin wird vergiftet.

Regenwasser Es kann Industrieschadstoffe mit sich führen, insbesondere aber schweflige Säure aus den Ölheizungsrückständen. Regenwasser ist daher in vielen Gegenden nicht unbedenklich.

Eine Wasserprobe vorab schafft Klarheit. In Aquarienhandlungen gibt es einfache Testmethoden, die die genannten Bedingungen aufspüren, und im Fachhandel gibt es auch die entsprechenden Mittel, um Schäden zu beheben.

Wasser im Garten

Wassertemperatur und pH-Wert

Wer nur Wasserpflanzen kultivieren will, hat mit der Wasserqualität weit weniger Probleme. Hier kommt es vor allem auf die Erhaltung des richtigen biologischen Gleichgewichtes an – also auf einen ausgeglichenen Auf- und Abbauprozeß, der sich bei richtigem Verhältnis von Wasseroberfläche zur Wassertiefe (ideal ca. 350 l/m^2) und bei ausreichendem Pflanzenbesatz von allein einstellt.

Ideale Temperaturen für Pflanzen und Fische liegen zwischen 12–22°C. Zu hohe Temperaturen stehen in engem Zusammenhang mit der vorigen Frage. Das Pflanzenwachstum, aber auch das der Algen, entfaltet sich bei Sonnenschein und Wärme üppiger.

Bei Hitze können Umwälzanlagen kühles Wasser aus dem Untergrund nach oben bringen und wie in der freien Natur für Ausgleich und Wasserbewegung sorgen. Hierfür genügt eine einfache Pumpe, eventuell in Verbindung mit einem Wasserlauf, Wasserfall oder einem Springbrunnen.

Zu niedrige Temperaturen hindern die Entwicklung, auch die der Fische. In quellgespeisten kalten Gartenteichen ist dies mitunter der Fall. Schon ein einfaches Vorwärmbecken, in dem sich das Wasser erst einmal staut und an die Lufttemperatur angleicht, hilft. Auch wenn der Teich zu schattig liegt, erwärmt sich das Wasser wenig.

Wiederum gibt es bei reinem Pflanzenbesatz weit weniger Probleme. Regenwasser ist von Natur aus weich und reichert sich erst allmählich mit gelösten Salzen an, die den pH-Wert nach oben verändern.

In sauer reagierendem Wasser können Fische nicht existieren – der saure Regen und die verödenden skandinavischen Seen sind Beispiele.

Aber auch die Pflanzen benötigen Kalk zum Gewebeaufbau. Und nur wenige gedeihen unter den extremen Moorbedingungen.

Oft genügt es schon, Leitungswasser einzuleiten, um einen Ausgleich herbeizuführen, denn selten ist seine Reaktion zu sauer. Indikatorpapiere zeigen schnell, woran man ist. Ansonsten kann Branntkalk ins Wasser gegeben werden.

Weitaus häufiger wird es nötig sein, den pH-Wert zu senken, der infolge zu hohen Kalkgehaltes für übermäßige Algenbildung verantwortlich ist und auch den Fischen nicht bekommt.

Zum Ansäuern wird vielfach die Anwendung von Humintorf (Schwarztorf) empfohlen. Leider werden bei diesem Verfahren nicht unerhebliche Mengen Schwarztorf benötigt, um eine Wirkung zu erzielen. Sie tritt ohnehin nicht schnell ein. Am einfachsten ist es immer noch, zu einem geeigneten Zeitpunkt einen Teil des Wassers abzulassen und mit dem nächsten Regenwasser zu ergänzen. Dies kann jeder Gartenbesitzer selbst erledigen. Falls dies nicht möglich ist, kann man auch wenig verdünnte Salzsäure einleiten. Eine ständige Kontrolle bis zum Erreichen des richtigen pH-Wertes ist dabei selbstverständlich.

Mit Algen leben

Jeder frisch aufgefüllte Gartenteich erlebt nach kurzer Zeit die »Wasserblüte«, d. h., ein massiertes Auftreten von grünlichen, das Wasser trübenden Schwebealgen. Sie sind ein Zeichen des intakten biologischen Klärungsprozesses und verschwinden nach Erreichen des biologischen Gleichgewichtes von alleine. Wasserwechsel wäre in diesem Falle völlig verkehrt.

Schlimmer sind die Blau- oder Fadenalgen, die mit watteartigen Kissen bis hinab zum Grund die Pflanzen überziehen und ersticken können. Sie sind ein Zeichen zu hohen Kalkgehaltes und zu hoher Nährstoffversorgung und zeugen davon, daß das biologische Gleichgewicht noch nicht erreicht ist.

In kleinen Teichen kann der Besitzer mit einem Rechen, mit den Fingern oder mit einem Stock diese Algen entfernen. Mehr als 2–3mal pro Sommer ist dies nicht notwendig.

Beschattender Pflanzenwuchs hält die Algenbildung in Grenzen. Die Aquarianer verdunkeln das Wasser durch Kaliumpermanganat und haben damit einen gewissen Erfolg. Auch gibt es algenhemmende, weitgehend pflanzen- und fischunschädliche Mittel.

Biologische Methoden der Algenbekämpfung sind auf Dauer wirksam: Kaulquappen und Posthornschnecken z. B. leben von Algen. Schwimm- und Unterwasserpflanzen machen ihnen Licht und Nährstoffe streitig und hemmen damit ihren Ausbreitungsdrang. Außerdem erzeugen sie in hohem Maße Sauerstoff, der die Wasserqualität verbessert und die biologische Umsetzung umgebenden organischen Materials beschleunigt (z. B. Hornblatt, *Ceratophyllum*). Am besten hilft immer noch das Senken des Kalkgehaltes und die Verringerung des Nährstoffangebotes durch erhöhten Besatz an Pflanzen.

Je kleiner und flacher der Teich und je nährstoffhaltiger das Wasser, desto größer sind die Probleme mit Algen.

Links: Schäumende Fontänen, Quellsteine und Wasserspiele vertragen sich schlecht mit dichtem Pflanzenwuchs.

Wo beschattender Pflanzenwuchs und vor allem Unterwasserpflanzen fehlen, nehmen Fadenalgen überhand.

Von oben nach unten:
Nymphaea 'James Byrdon' mit kirschroten Blüten bringt in großer Zahl immer neue Knospen hervor.

Nymphaea 'Sulphurea' verkörpert den leider selten anzutreffenden gelben Farbton.

Zu den zuverlässigsten Züchtungen zählt *Nymphaea* 'Marliacea Rosea'.

Die schöne *Nymphaea × daubenyana* ist tropischen Ursprungs und daher bei uns nicht winterhart.

Seite 231
von oben nach unten:
Tiefe Wasserzonen bevorzugt die Gelbe Teichrose (*Nuphar*).

Die Früchte der Wasserkastanie (*Trapa*) sind eßbar. Man fand sie in ehemaligen Pfahlbausiedlungen.

Zu den fleischfressenden Pflanzen zählt auch der Wasserschlauch (*Utricularia*).

Elegant und auch für kleinere Gewässer geeignet ist die Seekanne (*Nymphoides*).

Die Krebsschere (*Stratiodes*) lebt halb getaucht. Sie vermehrt sich vor allem durch Ableger.

Düngen oder nicht?

Falls der Bodengrund, in dem die Pflanzen wachsen, aus einem guten, nährstoffreichen aber humusarmen Mutterboden besteht, wird selten Düngermangel eintreten. Eher hat der Teichbesitzer mit einem Überangebot an Nährstoffen zu kämpfen. Vor allem wenn Fische gefüttert werden. Die schnelle Entwicklung der Wasserpflanzen, die schon bald nach Teilung verlangen, zeigt es an.
Dennoch mag es hin und wieder angebracht erscheinen etwas nachzuhelfen, vor allem, wenn die Pflanzen in Behältern stehen und ihre Nährstoffverluste nicht ergänzen können. Langzeitdünger, die von den Pflanzen selbst gelöst werden, belasten die Wasserqualität nicht. Direkt in die Wurzelzone kann man auch organische Dünger wie Hornspäne und Hornmehl geben. Keinesfalls mineralische Dünger »als Flächendüngung« ins Wasser geben – das biologische Gleichgewicht wäre damit sofort gestört.

Wasserpflanzen im Winter

Das Angebot an Wasserpflanzen enthält ganz überwiegend Arten, die völlig winterhart sind bei mindestens 60 cm, besser 80 cm Wassertiefe. Sie können also zumindest ein kurzes Einfrieren vertragen, da sie unserer heimischen oder der nordamerikanischen Flora entstammen.
Gelbe oder kupferfarbene Seerosen sind etwas empfindlicher – hier sollte man die vorgeschriebenen Wassertiefen strikt einhalten oder die Körbe, die in flachem Wasser stehen, rechtzeitig an tiefere Stellen bringen. Tropische oder subtropische Wasserpflanzen sind etwas für Spezialisten, da ihre Überwinterung an heizbare Gewächshäuser gebunden ist. Einen Teil dieser Wasserpflanzen kennen wir als Zimmerpflanzen und als solche lassen sie

sich am Fensterbrett bei 12–18 °C überwintern: *Cyperus alternifolius*, das Zyperngras, *Cyperus papyrus*, die Papyrusstaude und *Zantedeschia aethiopica*, die Zimmerkalla. Lediglich das Austrocknen nehmen sie übel.
Eine andere Behandlung verlangen z. B. die hübsche, blaublühende Wasserhyazinthe (*Eichhornia crassipes*), der Wassermohn (*Hydrocleys nymphoides*), die Muschelblume (*Pistia stratiotes*) oder die schönen tropischen Seerosen. Sie müssen rechtzeitig, d. h. schon bei +5 °C, aus dem Teich genommen und in ein geheiztes Gewächshaus bei einer Mindesttemperatur von 15 °C und vollem Licht gebracht werden. Hier bleiben sie in Gefäßen mit einer Lehmschicht als Boden, bis sie Ende Mai/Anfang Juni wieder nach draußen können.
Eine Überwinterung im dunklen Keller ist leider nicht möglich und schränkt damit den Kreis derer erheblich ein, die solche Pflanzen halten können.

Pflanzen für verschiedene Wassertiefen

Es sind einige Seerosenarten, die die höchsten Ansprüche an die Wassertiefe stellen: *Nymphea lutea,* die gelbe Teichrose, auch Mummel genannt, und *Nymphea alba,* unsere heimische weiße Seerose, sowie einige davon abstammende Sorten. Beide wachsen wild in deutschen Gewässern und vertragen Tiefen bis zu 1,50 m.
Die meisten Seerosen jedoch, und erst recht andere Wasserpflanzen, müssen flacher stehen. Schon mit 40–80 cm Tiefe kommen die meisten Sorten bestens aus. *Nymphea pygmea alba* genügen sogar bereits 10–20 cm Wasser. Vor allem noch jungen Pflanzen bekommt ein flacherer Wasserstand aufgrund der besseren Erwärmung stets besser als ein zu hoher. Wenn es allerdings zur Blüte kommen soll, bedarf es des gewünschten Wasserstandes. Herausragende Blätter, bei denen die Stiele gut zu sehen sind, erinnern den Teichbesitzer daran, daß die Pflanzen mehr Wasser benötigen.

Bewährte Seerosensorten für 40–60 cm Wassertiefe
Weiß *Nymphea alba, N. candida* 'Hermine' und 'Marliacea Albida', *N. odorata* 'Maxima' (gefüllt).
Rosa *N. candidissima* 'Rosea', 'Marliacea Rosea', 'Marliacea Carnea', 'Masaniello', *N. odorata* 'Rosennymphe' (gefüllt).
Rot 'Attraction', 'Cardinal', 'Charles de Meurville', 'Conqueror', 'Gloriosa'.
Gelb-Orange 'Comanche', 'Marliacea Chromatella', *Nymphea odorata* 'Sulphurea' (gefüllt).

Wasser im Garten

Pflanzen für die Seerosenzone

Name	Einheimische Art	Blütezeit	Wassertiefe in cm	Stand	Blütenfarbe	Bemerkungen
Goldkolben, *Orontium aquaticum*		Mai–Juni	20– 50	○	gelb	Tiefwurzler
Wasserfeder, Wasserprimel, *Hottonia palustris*	▲	Mai–Juni	30– 60	○	rosa bis weiß	Lebt untergetaucht, hübsche Blütenähre, graziler Wuchs.
Wasserähre, *Aponogeton distachyos*		Mai–Juni	30– 50	○	weiß	Muß im Winter in eine frostfreie Zone verbracht werden.
Schwimmendes Laichkraut, *Potamogeton natans*	▲	Mai–August	60–100	○	grün	Wuchernde Unterwasserpflanze, wertvoll zur Aufzucht von Jungfischen.
Wasseraloë, Krebsschere, *Stratiotes aloides*	▲	Mai–August	40– 80	○	weiß	Hübsche Gestalt, rosettenartig, algenbekämpfend.
Wasserpest, *Elodea canadensis*		Mai–August	20–200	○–◐	weiß	Stark wuchernd, sauerstoffliefernde Unterwasserpflanze.
Wasserstern, *Callitriche palustris*	▲	Mai–Sept.	20– 60	○–◐	grün	Polsterbildend, wintergrün, reizvoll für Gefäße.
Wasserhahnenfuß, *Ranunculus aquaticus*	▲	Juni–Juli	10– 40	○	weiß	Sehr hübsch blühend, bildet einen dichten Teppich.
Froschbiß, *Hydrocharis morsus-ranae*	▲	Juni–August	20– 50	○	weiß	Gedeiht nur in kalkarmem Wasser.
Hornkraut, *Ceratophyllum demersum*	▲	Juni–August	50–120	○–◐	grün	Bildet stark Ausläufer, lebt untergetaucht.
Tausendblatt, *Myriophyllum verticillatum*	▲	Juni–August	10–120	○	rosa	Benötigt viel freien Raum, für größere Teiche.
Wasserschlauch, *Utricularia vulgaris*	▲	Juni–August	10– 80	○	gelb	Wurzellos, hübsche Blüte, fängt kleinere Wassertiere.
Gelbe Teichrose, *Nuphar lutea*	▲	Juni–Sept.	100–150	○	gelb	Tiefwurzler, nur für große Teiche.
Japanische Teichrose, *Nuphar japonica*		Juli–August	50–150	○	gelb	
Kleine Teichrose, *Nuphar pumila*		Juli–August	20– 50	○	gelb	
Wasserhahnenfuß, *Ranunculus fluitans*	▲	Juli–August	50– 80	○	weiß	Unterwasserpflanze
Seekanne, *Nymphoides peltata*	▲	Juli–August	20– 50	○	gelb	Ähnelt sehr der Seerose, Blätter viel kleiner.
Wassernuß, Wasserkastanie, *Trapa natans*	▲	Juli–August	30– 60	○	weiß	Unscheinbare Blüte, eßbare Frucht.
Wasserknöterich, *Polygonum amphibium*	▲	Juli–August	10– 40	○	rot	Vermehrt sich stark durch Ausläufer.
Kleine Wasserlinse, *Lemna minor*	▲	–	0–100	○–◐	–	Schwimmpflanze, verbreitet sich unkrautartig.
Armleuchteralgen, *Chara*-Arten	▲	–	50– 80	○	–	Algenbekämpfend, gedeiht nur in kalkreichem Wasser.

Wasser im Garten

Von links nach rechts: Der Tannenwedel *(Hippuris)* zählt zu den dankbarsten, üppig wachsenden Bewohnern der Flachwasserzone.

Das Pfeilkraut *(Sagittaria)* blüht von Juni bis August.

Von links nach rechts: Das Hechtkraut *(Pontederia)* aus Brasilien ist eine besondere Zierde jeden Gartenteiches.

Die Schwanenblume *(Butomus)* benötigt volle Sonne, dann blüht sie lange und reichlich.

Pflanzen für den flachen Wasserstand

Name	Einheimische Art	Blütezeit	Wassertiefe in cm	Stand	Blütenfarbe	Bemerkungen
Tannenwedel, *Hippuris vulgaris*	▲	Mai–Juli	10–30	○–◐	grün	Nadelartige Blätter.
Schwanenblume, *Butomus umbellatus*	▲	Juni–August	10–20	○	rosa-rot	Sehr hübsche Blütendolde.
Pfeilkraut, *Sagittaria sagittifolia*	▲	Juni–August	10–20	○	weiß	Dekorative Blätter und Blüten.
Zungenhahnenfuß, *Ranunculus lingua*	▲	Juli–August	10–20	○	gelb	Hoch und üppig wachsend.
Zebrasimse, *Scirpus tabernaemontani* 'Zebrinus'		Juli–August	10–20	○	schwarz-braun	Hübsch gezeichnete Blätter, dekorativ.
Hechtkraut, *Pontederia cordata*		Juli–Sept.	10–20	○–◐	blau	Sehr apart, lang blühend, sollte nirgends fehlen.
See- oder Teichsimse, *Scirpus lacustris*	▲	August–Sept.	10–30	○–◐	schwarz-braun	An zusagendem Standort üppig wachsend.
Kalmus, *Acorus calamus*	▲	August–Sept.	10–20	◐–●	grün	Heilpflanze, irisartiger Wuchs.
Kleefarn, *Marsilia quadrifolia*	–		10–20	○	–	Wasserfarn mit kleeähnlichen Blättern.
Wassermoos, *Fontinalia antipyretica*	▲		20–30	○		Liebt fließendes Wasser.

Seerosen für flachen Wasserstand (20–40 cm Tiefe)
Weiß *Nymphea pygmea alba.*
Rosa *Nymphea odorata* 'W. B. Shaw', 'Princess Elisabeth', 'Luciana', 'Laydekeri lilacea'.
Rot 'Ellisiana', 'Graziella', 'Laydekeri Purpurata', 'Laydekeri Fulgens'.
Orange 'Aurora', 'Indiana', 'Sioux' (kupferfarben).

Pflanzen für flachen bis mittleren Wasserstand (20–40 cm)
Hierin gehören überwiegend freischwimmende und in der Tiefe bewurzelnde Wasserpflanzen wie: *Callitriche* (Wasserstern), *Ceratophyllum* (Hornblatt), *Elodea* (Wasserpest) – eine sauerstoffliebende Pflanze und wichtig für die Fischhaltung, *Hottonia* (Wasserfeder), *Hydrocharis* (Froschbiß), *Nymphoides* (Seekanne), *Polygonum amphibium* (Wasserknöterich), *Potamogeton* (Laichkraut) – gut geeignet zur Aufzucht von Fischen, *Ranunculus* (Wasserhahnenfuß), *Sparganium erectum* (Igelkolben), *Stratiotes* (Krebsschere), *Trapa* (Wassernuß), *Utricularia* (Wasserschlauch), *Myriophyllum spicatum* (Tausendblatt), *Nitella flexilis* (Armleuchter), *Chara aspra* (Rauhe Alge), algenreduzierend.

Pflanzen für die immerfeuchte Uferregion (Wassertiefe 5–15 cm)
Acorus calamus (Kalmus), *Alisma* (Froschlöffel), *Butomus* (Blumenbinse), *Calla* (Sumpfkalla), *Caltha* (Sumpfdotterblume), *Carex* (Segge), *Hippuris* (Tannenwedel), *Iris pseudoacorus* (Sumpfschwertlilie), *Iris versicolor* (Amerikanische Sumpfiris), *Menyanthes* (Fieberklee), *Pontederia* (Hechtkraut), *Sagittaria* (Pfeilkraut), *Scirpus* (Teichsimse), *Typha* (Rohrkolben), *Veronica beccabunga* (Bachbunge).

Pflanzen für die feuchte Randbepflanzung (gelegentlich überflutet)
Drosera (Sonnentau), *Equisetum* (Schachtelhalm), *Filipendula* (Mädesüß), *Gentiana pneumonatha* (Lungenenzian), *Gladiolus palustris* (Sumpfsiegwurz), *Iris kaempferi* (Japan-Iris), *Juncus* (Binse), *Lysichiton* (Scheincalla), *Lysimachia* (Pfennigkraut), *Mimulus* (Gauklerblume), *Orchis*-Arten, *Lythrum* (Blutweiderich), *Myosotis palustris* (Sumpfvergißmeinnicht).

Wasser im Garten 233

Von oben nach unten:
Einheimische Orchideen wie dieses Knabenkraut *(Dactylorhiza)* zählen zu den Kleinoden des Wassergartens. In Staudengärtnereien sind die Pflanzen zu kaufen.

Besonders problemlos und üppig gedeiht der Fieberklee *(Menyanthes)*.

Auch unsere einheimische Flora verfügt über prächtige Vertreter. Die Gelbe Wasserschwertlilie *(Iris pseudacorus)* gehört dazu.

Herbstblüher sollten in keinem Wassergarten fehlen. Der Blutweiderich *(Lythrum)* blüht lange.

Pflanzen für den immerfeuchten Uferrand

Name	Einheimische Art	Blütezeit	Wassertiefe in cm	Wuchshöhe in cm	Stand	Blütenfarbe	Bemerkungen
Scheincalla, *Lysichiton camtschatcense*		März–April	0	30–40	◐–●	gelb	
Sumpfdotterblume, *Caltha palustris*	▲	April–Mai	0–10	20–30	○–◐	gelb	Unempfindlich, wüchsig; 'Multiplex' blüht zeitiger.
Wollgras, *Eriophorum angustifolium*	▲	April–Juli	0–10	30–40	○	weiß	Breitet sich schnell aus.
Fieberklee, *Menyanthes trifoliata*	▲	Mai–Juni	5–10	20–30	○	weiß	
Gelbe Wasserschwertlilie, *Iris pseudacorus*	▲	Mai–Juni	5–20	80–100	○–◐	gelb	Wüchsig, reichblühend.
Asiatische Sumpfiris, *Iris laevigata*		Mai–Juni	5–10	60–80	○	blau	
Sumpfwolfsmilch, *Euphorbia palustris*	▲	Mai–Juni	+10–5	50–100	○–◐	grün-gelb	Verbreitet sich an zusagendem Standort.
Wiesenknöterich, *Polygonum bistorta*	▲	Mai–Juni	0–10	60–80	○–◐	rosa	Breitet sich schnell aus.
Knabenkräuter und andere Wildorchideen, *Dactylorhiza*-Arten	▲	Mai–Juli	+10–0	30–40	○–◐	gefleckt rosa, rot	Unter Naturschutz, kultiviert erhältlich.
Bachbunge, *Veronica beccabunga*	▲	Mai–August	10–15	20–30	○	blau	Paßt als Fußpflanzung zu Iris-Arten.
Amerikanische Sumpfiris, *Iris versicolor*		Juni–Juli	5–10	60–70	○	rosa bis rot	Verträgt keinen tiefen Wasserstand.
Japan-Iris, *Iris kaempferi*		Juni–Juli	+10–5	60–70	○	rosa, blau, weiß	Prächtige Erscheinung, im Winter trokkener Stand.
Pfennigkraut, *Lysimachia nummularia*	▲	Juni–Sept.	+10–10	5–10	○–◐	gelb	Verdeckt schnell unschöne Ränder.
Sumpfvergißmeinnicht, *Myosotis palustris*	▲	Juni–Okt.	+10–10	30–40	○–◐	hellblau	Sät sich leicht selbst aus.
Zwergbinse, *Juncus ensifolius*	▲	Juli–August	0–15	50–60	○–◐	schwarzbraun	Dekorativ, besonders zwischen Kieselsteinen.
Gauklerblume, *Mimulus luteus*		Juli–Sept.	0–15	20–25	○	gelb	Breitet sich leicht durch Samen aus.
Igelkolben, *Sparganium erectum*	▲	Juni–Sept.	5–20	30–60	○	weißlichgrün	
Zwergigelkolben, *Sparganium minimum*	▲	Juli–Sept.	5–15	20–30	○	weißlichgrün	Interessante, kastanienartige Blüten.
Froschlöffel, *Alisma plantago – aquatica*	▲	Juli–Sept.	5–20	30–70	○–◐	weiß/rötlich	Schleierkrautähnliche Blüten, hübsch für Trockensträuße.
Wasserdost, *Eupatorium purpureum*	▲	Juli–Okt.	+10–0	150–200	○	purpurrot	Gute Schnittblume.
Sumpfsiegwurz, *Gladiolus palustris*	▲	August–Okt.	+10–5	60–70	○	rosa gefleckt	Aparte Erscheinung, winterhart.
Blutweiderich, *Lythrum salicaria*	▲	August–Sept.	+10–10	70–100	○–◐	karminrot	Langandauernde Blüte.
Amerik. Gauklerblume, *Mimulus ringens*		Sept.–Okt.	0–+30	40–60	○	blau	Sehr hübsch, bis 60 cm hoch.
Rohrkolben, *Typha latifolia*	▲	Sept.–Nov.	10–30	150–180	○	schwarzbraun	Wuchert, haltbare Blütenstände.
Zwergrohrkolben, *Typha minima*		Sept.–Nov.	10–20	100–120	○	schwarzbraun	Kurzer Blütenstand.

Wasser im Garten

Pflanzen für den Teichrand

Die letztgenannte Gruppe geht teilweise in die nun folgende über. Hierin befinden sich einige besonders schöne Dauerblüher. Eine gute Bepflanzung ist so abgestimmt, daß im und am Wassergarten ständig etwas blüht und sich die Pflanzen vom Typ und von der Farbe her ergänzen. Wie auch sonst ist es besser, statt eines Sammelsuriums von Raritäten zu jeder Jahreszeit 3–5 geeignete Arten in größeren Tuffs zusammen blühen zu lassen.

Stauden

Alchemilla (Frauenmantel) – ein Dauerblüher für den Sommer, eine zarte Begleitpflanze; *Aruncus silvester* (Geißbart), hohe Büsche bildend; *Astilbe,* für Halbschatten, in vielen Farben erhältlich; *Bergenia cordifolia,* ganz zeitig rosa blühend, immergrün; *Geranium* (Storchschnabel), mehrere unverwüstliche und schöne Arten für die Hochsommerblüte; *Helianthus salicifolius* (Papyrus-Sonnenblume), eine bis 2 m hohe, grazile Erscheinung; *Hemerocallis* (Taglilie), in vielen schönen Farben, universell für Sonne und Schatten verwendbar; *Heracleum* (Herkulesstaude), zweijährig, also keine Staude, imposante 2–3 m hoch, mit riesigen weißen Blütenschirmen, noch im Winter dekorativ; *Hosta* (Funkie), ein Sommerblüher für schattige Partien; *Inula magnifica* (Alant), bis 2 m hoch, Sommerblüher; *Iris sibirica* (Sibirische Schwertlilie), problemlos und reichblühend im Frühling; *Lysimachia punctata* (Felberich), gelbblühend, unverwüstlich, bildet große Gruppen; *Rodgersia aesculifolia* (Schaublatt), wirkt durch seine riesigen Blätter; *Rudbeckia fulgida* 'Goldsturm', problemloser Spätsommerblüher; *Trollius* (Trollblume), blüht im Mai, gehört in jeden Wassergarten; *Primula florindae* (Glockenprimel), eine besonders wertvolle Primel für die Sommerblüte, duftet, blüht lange!

Gräser

Cortaderia (Pampasgras); *Miscanthus* (Chinaschilf), bis 2 m hoch; *Molinia* (Pfeifengras), schöne Herbstfärbung; *Pennisetum compressum* 'Hameln' (Lampenputzergras); *Sinarundinaria* (Gartenbambus), winterhart und wintergrün, bis 1,80 m hoch, bildet im Laufe der Zeit große Büsche.

Farne

Adiantum pedatum (Venushaarfarn); *Blechnum spicant* (Rippenfarn), wintergrün; *Osmunda regalis* (Königsfarn); *Polistichum* (Fliederfarn), sowie *Phyllitis scolopendrium* (Hirschzungenfarn).

Tierwelt des Gartenteiches

Wer eine Wasserfläche als Grundlage für ein Feuchtbiotop anzubieten hat, muß wenig tun und wird trotzdem seine Freude an vielen Tieren haben, die sich nach und nach einstellen.
Alles Leben kommt bekanntlich aus dem Wasser. So bildet sich ganz ohne unser Zutun (oder mit ein wenig Nachhilfe) eine Nahrungskette und damit eine Lebensgemeinschaft heraus, die mit dem Wasserfloh beginnt.
Dieses winzige Krebstier mit dem hübschen Namen *Daphnia* bewegt sich ruckartig vorwärts, wird nur ca. 1 mm dick und ist bald in jeder Wasserpfütze zu finden, wo es sich von Algen ernährt. Sein Schicksal ist es, anderen Gästen im und am Gartenteich als Nahrung zu dienen, vornehmlich auch den Fischen. Neben den Wasserflöhen gibt es eine Vielzahl von winzigen Lebewesen, wie z.B. Hüpferlinge, Pantoffeltierchen, Wassermilben, Muschelkrebschen, Eintagsfliegenlarven usw., die einerseits als Gesundheitspolizei fungieren und pflanzliche und tierische Überreste verzehren, andererseits aber auch von höheren Tieren gefressen werden.
Sehr bald schon findet sich im Wasserteich der gravitätisch dahingleitende Wasserläufer ein, ein Räuber, der von lebenden und toten Insekten lebt.
Schon auffälliger ist der fliegende Taumelkäfer und der eifrig tauchende Furchenschwimmer. Wo es Fische gibt, können sich die Insekten nicht lange halten.
Anders allerdings der ca. 3 cm große Gelbrandkäfer, ein hübsches, maikä-

Gartenteiche dürfen nicht zu klein sein. Dieses Beispiel verbindet eine gelungene Gestaltung mit einer abwechslungsreichen Uferbepflanzung. Die Pflanzen ergänzen, aber überlagern sich nicht.

Wasser im Garten 235

ferähnliches Tier, das eine Zierde in fischfreien Teichen ist, aber ansonsten als schlimmer Schädling auftritt, sich von Larven der Frösche, Molche und von Laich ernährt, aber auch auf erwachsene Fische und Frösche losgeht. In Fischteichen sollte man Gelbrandkäfer mit dem Kescher schnell herausfischen, bevor sie größeren Schaden anrichten.

Die Libellen

Auffällige Vertreter gibt es auch unter den Libellen, die als Larven ca. 3 Jahre heranwachsen, in warmen Sommernächten an Blattstengeln aus dem Wasser herausklettern, sich zum letzten Mal häuten und dann mit hubschrauberähnlichem Flug davonschwirren. Sie erhaschen ihre Nahrung (Mücken) im Flug. Trotz ihres bedrohlichen Aussehens sind sie für den Menschen völlig ungefährlich, eher nützlich.

Metallisch gefärbt sind auch die sich zwischen den Wasserpflanzen bald einfindenden Kleinlibellen, die Schlankjungfern, wie sie auch genannt werden. Die Weibchen fallen durch smaragdgrüne, die Männchen durch leuchtend blaue Färbung auf.

Die Familie der Lurche

Von selbst finden sich auch häufig Vertreter der Familie der Lurche ein. Zu ihnen zählen die Frösche, Kröten und Unken, aber auch die urtümlich anmutenden Molche mit bei den Männchen lebhaft gefärbtem Kamm. Selten bekommt man sie zu Gesicht. Bei Gefahr tauchen sie sofort unter, sind aber gezwungen, nach einiger Zeit wieder zum Luftholen an die Oberfläche zu kommen. Der schönste aller Molche ist der Bergmolch mit herrlich blau schimmernder Oberseite und gelbem Bauch. Er kommt nicht nur im Bergland vor. Der schwarzbraune Teichmolch ist weit häufiger und findet sich gern von selbst am Gartenteich ein. Frösche im Teich auszusetzen, hat keinen Zweck, da sie wie die Kröten stets an die Stätte ihrer Geburt zurückstreben. Ein gangbares Verfahren ist es dagegen, etwas von dem glasklaren Laich mit gelblichen Dotterkugeln einem bekannten Standort zu entnehmen und in den Gartenteich zu bringen. April bis Mai ist der richtige Zeitpunkt dazu. Die entschlüpfenden Tiere werden ihn dann immer als ihren Standort betrachten.

Die Entwicklung der Frösche vom im

April nach lautstarker Hochzeitsnacht abgelegten gallertartigen Laich über das Kaulquappenstadium mit fischartigem Schwanz bis hin zum fertigen Springer hat wohl jedes naturverbundene Kind erkundet.

Der Grüne Wasserfrosch *(Rana esculenta)* hält sich am Gartenteich gern auf, wenn er durch reichen Pflanzenwuchs in der Umgebung Schutz findet. Die Kaulquappen sind stark gefährdet, deshalb verringert sich die Zahl zunehmend. Den Fröschen setzen in Hausnähe besonders Katzen zu. Den Alptraum manches Teichbesitzers von störenden Froschkonzerten erlebt man zwar in großen Sumpfgebieten, aber selten am kleinen Gartenteich.

Frösche sind lebhafte, zutrauliche Tiere, die unter Mückenlarven, Schnaken und Fliegen kräftig aufräumen.

Neben dem Wasserfrosch findet man bisweilen sehr zahlreich den kleinen erdfarbenen Grasfrosch, der sich ruckartig vorwärts bewegt. Und Kröten. Die Erdkröte, braunrot gefärbt, ist sehr nützlich, macht sie doch während der Abend- und Nachtstunden auf Schnekken, Raupen und Würmer Jagd. Obwohl alljährlich viel Laich abgelegt wird, nehmen die Kröten nicht überhand. Sie unternehmen oft große Wanderungen, um an die Stelle ihrer Geburt zurückzukommen.

Den Kröten eng verwandt sind die Unken. In wassergefüllten Lehmgruben kommt die Rotbauch- oder Tieflandunke vor. Hübscher ist die Berg- oder Gelbbauchunke, die kiesiges Gelände bevorzugt. Fühlt sie sich bedroht, dann wirft sie sich auf den Rücken und zeigt dem Feind warnend die auffallend gemusterte Bauchseite. Beide können am Gartenteich heimisch werden.

Die Teichmuschel

Ein interessantes Studienobjekt ist auch die Teichmuschel, die in vielen Bächen und Flüssen vorkommt. Ihr weicher Körper wird von einer schwarzgrauen Kalkschale geschützt. Bei Gefahr schließen sich die Schalenhälften fest. Bald nach dem Einsetzen im Gartenteich versucht sie im sandigen Teichgrund zu verschwinden, den sie durchpflügt, filtriert und dabei auch durchlüftet, so daß weniger giftige Fäulnisprozesse auftreten. Sie ernährt sich von Schwebeteilchen und dient den Bitterlingen als Behausung für die Aufzucht ihrer Jungen.

Die Schnecken

Etwas problematisch können Schnecken sein. Für viele Teichbesitzer gehören sie dazu, für andere sind sie schlimme Schädlinge. Vor allem die Großen Spitzschlammschnecken mit gelblichem Gehäuse, ca. 6 cm lang, vergreifen sich stark an unseren Wasserpflanzen. Nur eine ausreichend üppige Bepflanzung widersteht ihnen. Ist Ihr Teich klein oder mit jungen Pflanzen besetzt, sollten Sie sie beim ersten Auftreten schon entfernen, bevor sie sich vermehren.

Libellen sind trotz ihres furchterregenden Aussehens harmlos.
Sie ernähren sich von Insekten.

Die Gelbbauchunke ähnelt einer Kröte. Sie bleibt jedoch kleiner und ist auffälliger gezeichnet.

Der schönste aller Molche ist der blaue Bergmolch. Mitunter trifft man ihn auch im Flachland an.

Einige Fischarten gewöhnen sich beim Füttern so gut an den Menschen, daß kleinere Dressuren möglich sind.

Anders ernährt sich die Große Posthornschnecke. Sie sucht den Bodengrund nach Nahrung ab und verzehrt in großen Mengen Algen, frißt jedoch selten an Pflanzen.

Schildkröte und Ringelnatter

Schildkröten sind besonders für Kinder attraktiv. Die im Mittelmeerraum häufig vorkommende Europäische Sumpfschildkröte scheint sich sogar in freien niedersächsischen Gewässern wieder zu behaupten. Sie wird, aus den Balkanländern kommend, in Zoohandlungen angeboten und erweist sich als robust.

Die bis zu 35 cm langen Tiere leben sowohl im Wasser als auch auf dem Lande. In der Freiheit lebende Wasserschildkröten ernähren sich von Regenwürmern, Insekten, Kaulquappen und kranken oder toten Fischen. Sie bevorzugen stark mit Pflanzen bewachsene Gewässer, lassen sich bei uns kaum ansiedeln, jedoch gut in einem umgrenzten Terrarium mit Planschteich halten.

Die Europäische Sumpfschildkröte war einst bei uns heimisch. Es wird versucht, sie wieder einzubürgern.

Anders die einheimische Ringelnatter, die sich mitunter in Naturbiotopen mit reichlichem Pflanzenwuchs einfindet. Diese harmlose, ungiftige Schlangenart ist nicht leicht an die menschliche Umgebung zu gewöhnen. Mitunter gelingt es jedoch, sie mit Fisch oder Gefrierfisch, in Streifen geschnitten, anzulocken und sie zu füttern, so daß sie sogar handzahm wird.

Fische im Gartenteich

Das biologische Gleichgewicht stellt sich ohne Fische leichter ein. Fische werden im allgemeinen gefüttert, meistens zuviel. Die Reste werden mineralisiert, das Nährstoffangebot und damit das Algenwachstum steigern sich in nicht gewünschtem Maße. Es gibt Teichbesitzer, die gar nicht füttern – wie in der Natur.

Wo Fische sind, können sich dagegen andere Lebewesen nur schwer entwickeln, denn ihre Eier und Larven dienen ihnen als Nahrung. Das muß man wissen. Andererseits bereiten Fische, z. B. die Japanischen Zierkarpfen, Koi genannt, viel Freude.

Im flachen Wasser fühlen sich Fische nicht wohl, die Temperatur steigt im Sommer zu schnell an, der Sauerstoff wird knapp. Pflanzen hingegen geht es dann erst richtig gut.

Denken Sie an Fischhaltung, dann wählen oder bauen Sie einen Gartenteich mit einer Mindesttiefe von 70–80 cm, besser 100 cm. Ab diesen Tiefen ist auch die Überwinterung von Fischen kein Problem. Mit Teichfolie läßt sich auch ein großer Angelteich gestalten.

Mindestabmessungen für Karpfen- und Schleiehaltung sind 1,50 m Tiefe und ca. 10 m Durchmesser. Meist wird jedoch an Zierteiche mit Goldfischen, Kois, Pfauenaugenbarschen, Diamantbarschen oder den einheimischen kleinen Fischen gedacht, von denen eine große Anzahl geeignet ist, z. B. Plötzen, Elritzen, Rotfedern, Karauschen, Grundlinge oder Orfen und Moderlieschen.

Orfen sind als schnelle, hübsche Fische, die sich an der Oberfläche aufhalten, besonders empfehlenswert. Sie sind so flink, daß ihnen auch Katzen nichts anhaben können, und werden mitunter handzahm wie Goldfische. Wenn Sie Fische in einen neuen Gartenteich setzen wollen, sollten Sie 2–3 Wochen warten, damit sich das Wasser neutralisiert und Schadstoffe, wie z. B. Chlor, entweichen können.

Der naturnahe Garten

Garten und Natur

Der Gartenzaun galt jahrtausendelang als Grenze zwischen »feindlicher Wildnis« und gepflegter Kultur. »Draußen« wucherten Bäume, Sträucher und »Unkraut« in ungebrochener Vitalität. Von draußen bedrohten auch hungrige Tiere die fruchtbare Gartenoase des Menschen. Hasen und Rehe, Brennesseln und Dornengesträuch mußten vertrieben werden, damit Blumen und Gemüse wachsen und gedeihen konnten. Der Zaun beschützte die geordnete Gartenwelt vor den wilden Kräften der Natur.

Zum ersten Mal in der langen Geschichte der seßhaft gewordenen Menschen haben diese Regeln ihre Gültigkeit verloren. Die Situation steht auf dem Kopf: Die Natur vor dem Zaun ist heute gefährdeter als die behüteten Pflanzen des Gartens. Ihre Kraft wurde gebrochen durch zahlreiche Eingriffe des Menschen. Vielen Wildpflanzen und Tieren droht der Artentod; viele sind bereits ausgestorben.

Zum ersten Mal werden deshalb zur Rettung der Natur die Gartentore geöffnet. Heimische Sträucher und Blumen, Schmetterlinge und Kleintiere sollen hinter dem schützenden Zaun eine Überlebenschance erhalten. Für die Naturschützer bedeutet dies eine Möglichkeit zu schnellem, wirkungsvollem Handeln – jeder kann hier mithelfen, die Umwelt zu retten.

Für viele Gartenbesitzer ist es allerdings noch immer eine ungewohnte Vorstellung, daß nun das »Un-Kraut« einen Ehrenplatz neben Rosen und Salat erhalten soll. Die Furcht, von der »Wildnis« überrannt zu werden, sitzt tief und hat uralte Tradition.

Der ungezähmte, wuchernde Naturgarten wird sicher nicht Allgemeingut werden. Auf den folgenden Seiten finden Sie deshalb vor allem Anregungen für naturnahe Lebensbereiche und Gestaltungselemente, die sich in einen ganz »normalen« Garten einfügen lassen. Sie können diejenigen Anregungen aufgreifen, die zu Ihrem Grundstück und zu Ihrer Lebensweise passen.

Ein konsequent naturnah angelegter Garten kann sehr reizvoll sein, wenn Sie ein Grundstück am Ortsrand besitzen, das an Wiesen oder an den Wald grenzt. So entsteht ein fließender Übergang zwischen den Wildpflanzen im Garten und der Landschaft.

Auch rund um ein Wochenendhaus können Sie natürliche Pflanzengemeinschaften einfach wachsen lassen, ergänzt durch die gezielte Anpflanzung von heimischen Sträuchern, wie z. B. Heckenrosen, Holunder, Weißdorn und Schlehen.

Im kleinen Reihenhausgarten ist so viel »wilde Freiheit« meist nicht möglich. Hier kann eine Kombination von Kulturpflanzen und begrenzten Naturoasen sehr sinnvoll sein. Legen Sie z. B. einen kleinen Teich mit sumpfiger Uferzone an, der den Wasserpflanzen ihrer Heimat ein Refugium bietet. Die Tierwelt findet sich dann meist von selber ein.

Eine wilde Blumenwiese könnten Sie unter Obstbäumen aussäen. Sie eignet sich aber nicht für solche Stellen im Garten, die oft betreten werden. Wo kleine Kinder spielen und herumtollen, finden hochwachsende Wildblumen keinen geeigneten Lebensraum. Entscheiden Sie sich dann lieber für einen »trittfesten« Kompromiß. Praktische Anregungen finden Sie dafür am Schluß dieses Kapitels ab S. 247.

Wenn Ihr Grundstück genügend Platz bietet, haben Sie die Möglichkeit, in einer Ecke eine wirkliche Naturinsel zu schaffen: Grenzen Sie ein nicht zu kleines Stück mit Heckenrosen, Haselsträuchern, Holunder, Kätzchenweiden, Kornelkirschen und Blutjohannisbeeren ab. Mit der Zeit entsteht dort eine lebendige Hecke. In diesem geschützten Raum lassen Sie Gräser, Kräuter und Wildblumen einfach wachsen. Sie werden sich wundern, welche bunte Vielfalt dort entsteht.

Eine andere Möglichkeit: Pflanzen Sie im Schutz der Hecke gefährdete Wildpflanzen, deren Samen Sie in Spezialgärtnereien kaufen können.

Natur und Gartenkultur können eine harmonische Gemeinschaft eingehen.

Der naturnahe Garten

Mit heimischen Wildsträuchern können Sie natürlich auch eine »grüne Mauer« als Sicht- und Lärmschutz zur Straße oder zum Nachbargrundstück anlegen. So verbindet sich der praktische Nutzen einer abgrenzenden Hecke mit dem Wunsch nach mehr Natur.

Selbst im kleinsten Garten können Sie noch einen Beitrag leisten zur Rettung gefährdeten Lebens. Lassen Sie in einer Ecke 2 oder 3 Brennesselstauden wachsen, und beobachten Sie, wie sich dort die Raupen des Kleinen Fuchses einfinden. Oder gewähren Sie in einem kleinen Wildblumenbeet Glockenblumen (*Campanula*), Kuckucksnelken (*Lychnis flos-cuculi*) und Wiesenskabiosen (*Centaurea jacea*) eine Heimat. Im Kräutergärtchen gedeihen Johanniskraut, Schafgarbe und Wiesenprimel leicht neben Thymian und Kümmel.

Wenn Sie der Natur das Gartentor zuerst nur einen Spaltbreit öffnen, gewinnen Sie Zeit, um ihre stillen Schönheiten näher kennenzulernen. Die Furcht vor chaotischer Wildnis wird dabei langsam schwinden. So können sich Gartenfreuden und Naturschutz auch auf einem ganz normalen Grundstück nebeneinander entfalten.

Ein wichtiges Naturgesetz müssen Sie beim Säen oder Pflanzen von Wildkräutern und Wiesenblumen immer beachten: Diese Gewächse gedeihen auf Dauer nur unter Bedingungen, die ihrer Natur entsprechen. Deshalb sollten Sie sich, ehe Sie die »Naturkinder« in den Garten holen, zuerst einmal mit den natürlichen Lebensgemeinschaften der Wildpflanzen beschäftigen, so wie sie an den charakteristischen Standorten in der Landschaft vorkommen.

Von links nach rechts: Wildpflanzen, hier Mohn, sind an den Standort angepaßt.

Die Hauswurz ist ein Durstkünstler und gehört zu den Sukkulenten.

Hier wachsen Wildblumen auf Schotter und locker angehäuftem Bauschutt.

Naturgemäße Lebensbereiche

Die Bodenart, die Wasserversorgung, die Licht- und Wärmeverhältnisse schaffen zusammen die Lebensbedingungen, unter denen Pflanzen gedeihen oder verderben. Je nachdem, ob sich an einem Ort feuchte, nahrhafte Erde in halbschattiger Lage oder felsiger Untergrund mit einer dünnen, mageren Humusschicht in voller Sonne anbieten, siedeln sich unterschiedliche Pflanzen an. In der Natur dauern solche Prozesse sehr lange. Am Ende einer Entwicklung haben ganz bestimmte Pflanzen eine stabile Lebensgemeinschaft gebildet. Sie ergänzen sich untereinander und passen sich den Bedingungen des Standortes hervorragend an. So können sie überleben und sich weiter vermehren – wenn das feingeknüpfte Netz vielfältiger Beziehungen, das sie untereinander und mit ihrer Umwelt verbindet, nicht zerrissen wird.

Pflanzen auf Felsen und Mauern

Auf extremen Standorten, die überwiegend aus Gestein bestehen, können nur wenige hochspezialisierte Pflanzenarten leben. Nackte Felsen sind vor allem von Moosen und Flechten bewachsen. In Fugen und Ritzen, wo sich ein wenig Humus und Feuchtigkeit sammeln können, schlagen Sukkulenten (Dickblattgewächse), wie Mauerpfeffer-Arten (*Sedum*), Wurzeln. Diese Pflanzen besitzen fleischige, dicke Blätter, in denen sie Wasser speichern können. So überstehen sie längere Durstperioden. Auch Thymian (*Thymus*), Felsen-Leimkraut (*Silene rupestris*) und Hasenklee (*Trifolium arvense*) können unter sehr kargen Bedingungen wachsen, wenn es nicht zu kalt wird. In Mauerritzen wächst die anspruchslose Hauswurz (*Sempervivum*).

Pflanzen auf Schutt und Geröll

Standorte, die durch zertrümmertes Gestein oder Geröll gekennzeichnet sind, können sowohl in der Natur vorkommen (Geröllhalden oder steinige Hänge) als auch im Gefolge der Menschen (Bahndämme, Kiesgruben, Schuttplätze, Trümmer- und Abbruchgrundstücke). Die Wachstumsbedingungen variieren sehr stark; sie können mehr oder weniger trocken, windig oder geschützt, sonnig oder schattig sein. Entsprechend vielfältig sind die Pflanzengesellschaften, die sich an solchen Plätzen einfinden. Anfangs tauchen meist kurzlebige Pioniere, wie z. B. verschiedene Malven (*Malva*), auf. Danach richten sich dann dauerhafte Bewohner, wie Eselsdisteln (*Onopordum acanthium*), Nachtkerzen (*Oenothera*), Natternkopf (*Echium*), Ochsenzunge (*Anchusa*), Wilde Resede (*Reseda lutea*), Königskerzen (*Verbascum*), Huflattich (*Tussilago*), Kanadisches Berufskraut (*Erigeron*), Goldrute (*Solidago*) und viele andere, ein.

Auf den Trümmerbergen der Nachkriegszeit breiteten sich Weidenrös-

Der naturnahe Garten

chen (*Epilobium*) in großen Mengen aus. Birken und Weiden keimen leicht an solchen Standorten. Wo genügend Humus vorhanden ist, wächst auch der Holunder.

Pflanzen der Steppe
(Magerrasen und Trockenrasen)

In Mitteleuropa sind steppenartige Zonen meist dort entstanden, wo die ursprünglich vorhandenen Laubwälder zurückgedrängt und die Vegetation durch Viehwirtschaft kurzgehalten wurde. Unterhalb der Waldgrenze dehnen sich z. B. in den Alpen auf Kalkgestein die Kalkmagerrasen aus. In verschiedenen Landschaften Deutschlands gibt es Trockenrasenstandorte, die sehr niederschlagsarm und warm sind. Allen Mager-, Trocken- und Halbtrockenrasen gemeinsam ist eine relativ dünne Erdschicht, die von einer dichten, rasenartigen Pflanzendecke überzogen ist. Bäume und Sträucher fehlen oder gedeihen nur sehr vereinzelt. Die Bodenarten und die Klimabedingungen sind sehr verschieden. Entsprechend unterschiedlich entwickeln sich auch die Pflanzengesellschaften.

Im Kalkmagerrasen gedeihen z. B. Schneeheide (*Erica herbacea*), Adonisröschen (*Adonis vernalis*), Küchenschelle (*Pulsatilla*), Silberwurz (*Dryas octopetala*), Stengelloser Enzian (*Gentiana clusii*), Sonnenröschen (*Helianthemum*), Karthäusernelken (*Dianthus carthusianorum*), Gipskraut (*Gypsophila*), Felsennelken (*Petrorhagia saxifraga*), Silberdistel (*Carlina acaulis*) und Golddistel (*Carlina vulgaris*).

Charakteristisch für Trocken- und Halbtrockenrasen sind unter vielen anderen Zittergras (*Briza media*), Aufrechte Trespe (*Bromus erectus*), Pfeifengras (*Molinia coerulea*), Frühlingsfingerkraut (*Potentilla tabernaemontani*), Grasnelke (*Armeria*), Orangerotes Habichtskraut (*Hieracium aurantiacum*), Rundblättrige Glockenblume (*Campanula rotundifolia*), Schwarze Königskerze (*Verbascum nigrum*), Thymian (*Thymus*), Wilder Majoran (*Origanum vulgare*), Echtes Seifenkraut (*Saponaria officinalis*), Echtes Johanniskraut (*Hypericum perforatum*), Tausendgüldenkraut (*Centaurium*) und Gewöhnliche Nachtkerze (*Oenothera biennis*).

Die Pflanzen der mageren, trockenen Rasen sind besonders bunt, artenreich und vielfältig.

Pflanzen der Wiese und Weide

Die Wiesen der Kulturlandschaften Mitteleuropas werden meist auch als Weiden genutzt. Je intensiver die Viehwirtschaft, desto üppiger das Gras, desto spärlicher die blühenden Wildkräuter. Wiesen können trocken, frisch oder feucht sein. Entsprechend verschieden sind auch die Pflanzengesellschaften. Die buntesten Wiesenblumen finden sich auf eher trockenen, nährstoffarmen Standorten ein. Dazu gehören vor allem Wiesensalbei (*Salvia pratensis*), Wiesenmargeriten (*Chrysanthemum leucanthemum*), Wiesenglockenblumen (*Campanula patula*), verschiedene Kleearten, Skabiosenflockenblumen (*Centaurea jacea*), Kleiner Wiesenknopf (*Sanguisorba minor*) und Wilde Möhre (*Daucus carota*).

Auf fetten Wiesen oder Weiden mit nassem Untergrund wachsen Hahnenfuß (*Ranunculus*), Sauerampfer (*Rumex acetosa*), Wiesenbärenklau (*Heracleum sphondylium*) und Löwenzahn (*Taraxacum officinale*). Auf frischfeuchten Wiesen finden sich Kümmel (*Carum carvi*), Baldrian (*Valeriana*), Schafgarbe (*Achillea millefolium*), Wiesenstorchschnabel (*Geranium pratense*), Kuckuckslichtnelken (*Lychnis flos-cuculi*), Großer Wiesenknopf (*Sanguisorba officinalis*) und Frauenmantel (*Alchemilla vulgaris*).

Pflanzen des Waldrandes

Dort, wo der Wald lichter wird und sich allmählich zu Wiesen und Äckern öffnet, kann die Sonne schon überall durchscheinen. Die Gehölze stehen weit genug auseinander, um am Boden genügend Zwischenraum für niedrige Pflanzen übrig zu lassen. Diese Standorte sind geprägt von den dort wachsenden Baumarten und können kalkreich oder leicht sauer, trocken oder feucht sein. In Laub- oder Mischwäldern ist der Boden in der Regel humusreich.

Am Waldrand und auf Lichtungen wachsen neben verschiedenen Gräsern und Farnen Walderdbeeren (*Fragaria vesca*), Veilchen (*Viola*), Bärlauch (*Allium ursinum*), Fingerhut (*Digitalis*), Leberblümchen (*Hepatica nobilis*), Lungenkraut (*Pulmonaria officinalis*), Maiglöckchen (*Convallaria*), Buschwindröschen (*Anemone nemorosa*), Waldmeister (*Galium odoratum*), Hohler Lerchensporn (*Corydalis cava*), Waldschlüsselblume (*Primula elatior*), Akelei (*Aquilegia vulgaris*), Salomonssiegel (*Polygonatum*) und Aronstab (*Arum*).

Zu dieser Pflanzengesellschaft gehören auch Klettergewächse, wie Waldgeißblatt und Jelängerjelieber. Am Waldrand gedeihen zahlreiche Sträucher, die sich für lockere Naturhecken im Garten eignen: Heckenrosen, Schwarzer und Roter Holunder (*Sambucus nigra* und *S. racemosa*), Haselnuß, Kätzchenweiden, Blutjohannisbeeren und Pfaffenhütchen (*Euonymus*).

Pflanzen am Wasser

Bäche, Teiche und sumpfige Uferzonen sind Lebensräume für ganz spezielle Pflanzen, die sich in millionenjähriger Entwicklung an das feuchte Element angepaßt haben. Direkt im

Mager muß der Boden sein, wenn eine Wiese so üppig blühen soll im Schmuck von Margeriten, Glockenblumen und zahlreichen Wildkräutern.

Der naturnahe Garten

Am Rande eines Gewässers gedeihen jene Pflanzen, die »feuchte Füße« lieben, z. B. die leuchtend gelb blühenden Trollblumen.

fließenden Wasser eines Baches leben Flutender Hahnenfuß und Flutendes Laichkraut. Im stillen, stehenden Gewässer eines Teiches oder Tümpels finden zahlreiche Gewächse Lebensraum. Sie unterscheiden sich aber in ihren Ansprüchen: Es gibt Pflanzen, die nur in niedrigem Wasser, nahe am Ufer leben können, solche, die in größerer Wassertiefe wurzeln, und solche, die frei im Wasser treiben. Im flachen Wasser gedeihen z. B. Fieberklee (*Menyanthes trifoliata*), Tannenwedel (*Hippuris vulgaris*), Blumenbinse (*Butomus umbellatus*), Froschlöffel (*Alisma plantago-aquatica*) und Pfeilkraut (*Sagittaria sagittifolia*).
50–150 cm Wassertiefe vertragen Seerosen, Wassernuß (*Trapa natans*), Seekanne (*Nymphoides peltata*) und Froschbiß (*Hydrocharis morsus-ranae*). Im Wasser treiben Tausendblatt (*Myriophyllum*), Laichkräuter (*Potamogeton*) und Algen.
Am sumpfig-feuchten Uferrand finden sich Pflanzengesellschaften aus Sumpfdotterblumen (*Caltha palustris*), Sumpfschwertlilien (*Iris pseudacorus*), Blutweiderich (*Lythrum salicaria*), Sumpfvergißmeinnicht (*Myosotis palustris*) und Mädesüß (*Filipendula*). Dazu gehören vielfältige Sauergräser (Seggenarten, *Carex*).

Pflanzen am Acker- und Wegrand

Die bunte Vielfalt der wilden Ackerblumen war früher jedem Kind vertraut. Nachdem sie durch Unkrautvernichtungsmittel fast ausgerottet war, soll sie nun wieder gefördert werden. Auch diese Pflanzengesellschaft, die vor allem am Rand der Felder und Feldwege ihren Platz hat, setzt sich, je nach Standort, unterschiedlich zusammen. Im fruchtbaren Humus neben einem Weizenfeld sieht sie anders aus als am kargen Rand eines Hafer- oder Gerstenackers.
Zum Lebensraum des Roggen- und Weizenfeldes gehören Klatschmohn, Echte Kamille, Ackerrittersporn (*Delphinium consolida*), Ackergauchheil (*Anagallis arvensis*) und Erdrauch (*Fumaria officinalis*). Am Rand eines Hafer- oder Gerstenfeldes gedeihen Kornblumen, Kornrade, Klatschmohn, Ackerstiefmütterchen, Ackerhundskamille und Hasenklee.
Typische Pflanzen des Wegrandes sind Moschusmalven (*Malva moschata*), Skabiosenflockenblumen (*Centaurea scabiosa*), Wilde Möhren (*Daucus carota*), Rundblättrige Glockenblumen (*Campanula rotundifolia*), Wegwarte (*Cichorium intybus*).

Gemeinschaft von Pflanzen und Tieren

Zu den Pflanzengemeinschaften eines bestimmten Standortes gehört auch eine spezielle Gesellschaft von Tieren, die dort Lebensraum und Nahrung findet. Alle sind voneinander abhängig: der Boden, die Pflanzen und die Tiere. Das Netz der vielfältigen Beziehungen ist sehr dicht und fein geknüpft; wo es willkürlich zerrissen wird, entstehen schwere Schäden.
Ein Gärtner, der einen Teil des natürlichen Ökosystems in seinen Garten überträgt, bietet neben den Pflanzen auch zahlreichen Tieren Lebensraum an. Meist finden sich Insekten, Amphibien und kleinere Säugetiere ganz von selbst ein, wenn sie günstige Lebensbedingungen in einem Garten antreffen. So werden von blühenden Wildpflanzen zahlreiche Hummeln, Bienen und andere nützliche Insekten, wie Schwebfliegen und Wespenarten, angelockt. Schmetterlinge, die in der freien Natur immer mehr verdrängt und in ihrer Existenz bedroht werden, finden in Gärten oft neue Lebensräume. Viele dieser buntgeflügelten Falter sind auf bestimmte Pflanzen spezialisiert, von denen sich ihre Raupen ernähren. So kann ein Gärtner sich Schmetterlinge ganz bewußt in den Garten locken, wenn er ihnen ihre Futterpflanzen anbietet. Auf Brennesseln finden sich z. B. die Raupen des Tagpfauenauges, des Kleinen Fuchses, des Admirals und des Landkärtchens ein. Disteln und Kletten benötigt der Distelfalter. Mauerpfeffer und Fetthenne liebt der Apollofalter. Zu Veilchen, Himbeeren und Brombeeren fühlen sich Perlmutterfalter und Kaisermantel hingezogen. Doldenblüter locken den Schwalbenschwanz.
Ganz andere Lebensräume entstehen am Boden. Zwischen locker aufgeschichteten Steinen finden Erdkröten, Blindschleichen und Molche in feuchten Höhlungen Schutz. Auch das nützliche Mauswiesel, das die Wühlmäuse und die Feldmäuse fängt, nistet sich manchmal in einer ungestörten »Steinburg« ein. Auf warmen Steinen sonnen sich gerne die Eidechsen.

Der naturnahe Garten

Im »Lebensraum Gehölz« finden nicht nur zahlreiche Vögel Nistplätze und Futter. Zwischen Laub und Reisig am Boden sucht sich der Igel ebenso einen Unterschlupf wie die nützliche Spitzmaus und die Blindschleiche. Im modernden Holz leben auch zahlreiche Insekten und Käfer. In einem alten Obstbaum, der noch die so selten gewordenen Asthöhlen oder tiefe Risse aufweist, baut sich vielleicht sogar ein Specht seine Nisthöhle. Auch Fledermäuse, Siebenschläfer und Haselmäuse suchen solche geschützten »Baumwohnungen«.

Rund um das Wasser hat sich wieder eine ganz andere Tiergesellschaft zusammengefunden. Teils leben die Tiere direkt im nassen Element, z. B. Wasserflöhe, Wasserläufer, Wasserspinnen, Gelbrandkäfer, Wasserschnecken und Wasserfrösche. In den feuchten Uferzonen sind Kröten, Lurche und Laubfrösche zu Hause. Libellen jagen rund um das Wasser. Sie gehören zu den schönsten Bewohnern dieses Lebensraumes. Mit durchsichtigen Flügeln bewegen sie sich blitzschnell über die Wasseroberfläche. Ihre schillernden schlanken Körper blitzen in der Sonne. Die Larven dieses Räubers leben bis zu 4 Jahren im Wasser.

Naturelemente im Garten

Nachdem Sie nun einen kleinen Einblick in die großen Lebensräume der Landschaft gewonnen haben, können Sie sich aussuchen, welche Naturelemente in Ihrem Garten am besten verwirklicht werden können. Gehen Sie dabei möglichst von den vorhandenen Gegebenheiten aus. Es ist nicht sehr sinnvoll, wenn Sie sich ausgerechnet auf einem schattigen, feuchten Grundstück den Traum von einer Felsenheide oder einer Magerwiese erfüllen wollen. Das wäre eher ein Unternehmen wider die Natur.

Wenn Sie dagegen ein sonniges, trockenes Hanggrundstück besitzen, können Sie dort leicht die wunderschönen Wildkräuter der Magerrasen-Gesellschaft ansiedeln oder einen artenreichen Steingarten anlegen.

Wo bereits vorhandene Bäume und Sträucher Schatten werfen, fühlen sich dagegen Wildstauden und Bodendecker wohl, die weniger Sonne brauchen. So sollte auch die Entscheidung für ein Stück Natur im Garten bereits von den Bedürfnissen der Natur geprägt sein.

Kleine und große Wasserstellen

Das lebenswichtige Element des Wassers kann in den Garten auf ganz verschiedene Weise einbezogen werden. Von der Vogeltränke über kleine Wasserbecken bis zum großen Naturteich reichen die Möglichkeiten. In einem sehr kleinen Garten oder in einem Innenhof dient eine flache Wasserschale aus Keramik oder ein ausgehöhlter Naturstein Vögeln und Insekten als Trinkstelle. Wenn Sie einmal beobachtet haben, wie emsig Bienen, Wespen und Hummeln kleine Wassermulden besuchen, dann wird Ihnen rasch klar, daß nicht nur die Menschen in heißen Sommerwochen Durst haben! Auch zum Baden werden solche kleinen Wasserstellen gern genutzt. Wichtig ist, daß die Gefäße keine steilen Wandungen besitzen, und daß sie nicht zu tief sind. Andernfalls können Mäuse, Vögel und andere kleine Tiere darin ertrinken. Vogeltränken sollten immer so aufgestellt werden, daß Katzen sich nicht ungesehen anschleichen können. Über die Anlage eines Wasserbeckens oder eines Teiches können Sie alles Wissenswerte im Kapitel »Wasser im Garten« nachlesen. Für ein naturnahes Gewässer im Garten sollten Sie sich aber auf jeden Fall einige wichtige Grundregeln merken:

- Die Seitenwände müssen sanft und allmählich vom Ufer zum Wasser abfallen. Steile Böschungen stellen für zahlreiche Wassertiere ein unüberwindliches Hindernis dar; sie können nicht mehr herausklettern.
- Ideal ist die Einteilung in 3 unterschiedlich hohe Bereiche:
  ein tiefes Becken, mindestens 80–90 cm, das im Winter nicht bis zum Boden durchfriert;
  eine halbhohe Stufe, die langsam zum Ufer ansteigt;
  eine sumpfige Uferzone.

In jedem dieser 3 Bereiche gedeihen unterschiedliche Wasserpflanzen und Tiere.

Nur selten entstehen durch tonigen, undurchlässigen Untergrund oder durch hohen Grundwasserstand natürliche Wasserstellen im Garten. In der Regel müssen Sie die Vertiefungen selber ausheben und den Untergrund sorgfältig abdichten.

Für die Pflanzen müssen Sie rechtzeitig Mulden im Grund einplanen, die mit Erde gefüllt werden. Verwenden Sie möglichst keinen nährstoffreichen Humus, der das Wasser trübt. Am besten eignet sich lehmiger Boden, der mit etwas Sand oder feinem Mist vermischt wird. Als Dünger, z. B. für die Seerosen, verteilen Sie etwas Hornmehl unter die Erde.

Ein Teich braucht anfangs viel Geduld. Die trübe Brühe der ersten Wochen läßt noch nicht viel vom Zauber der durchsichtigen Wasserfläche ahnen, die später so viel Freude bereitet. Auf keinen Fall dürfen Sie in dieser Übergangsphase das Wasser auswechseln! Die Reinigung vollzieht sich von selbst nach natürlichen Gesetzen. Pflanzen und Tiere werden dafür sorgen.

Die starke Sonnenstrahlung im Frühling begünstigt auch in »eingespielten«

Die Raupen des Tagpfauenauges benötigen zu ihrem Gedeihen Brennesseln.

Auch kleine Wasserstellen, wie dieser Quellstein, sind wichtig für die Lebewesen im Garten.

Der naturnahe Garten

Diese Trockenmauer bietet einer Fülle von Pflanzen Lebensraum. Aber auch wärmeliebende Tiere, z. B. Eidechsen, fühlen sich hier wohl.

An einem kleinen Gartenteich finden sich ganz von selbst zahlreiche Tiere ein, vom Frosch bis zur schillernden Libelle.

Gewässern eine Vermehrung der Algen, die das Wasser trüben. Wenn das biologische Gleichgewicht des Teiches in Ordnung ist, reguliert sich auch diese vorübergehende Störung meist von selbst. Falls sich Fadenalgen in großen Mengen entwickeln, fischen Sie sie am besten mit der Hand oder mit einem Netz heraus. In einem Gewässer, das leicht beschattet und von Seerosen oder Pflanzenblättern bedeckt ist, können sich Algen nicht vermehren. Einige Unterwasserpflanzen, wie z. B. Wasserstern und Hahnenfuß, wirken erfolgreich gegen Algen, weil sie das Gewässer mit Sauerstoff anreichern.

Je vielfältiger die Pflanzen- und Tierwelt eines kleinen Teiches sich entwickelt, desto natürlicher wirkt die ganze Anlage. Zuwuchern und verwildern darf die begrenzte Wasserwelt aber nicht. Deshalb müssen Sie alle paar Jahre die Pflanzen auslichten, soweit dies möglich ist.

Besonders empfindlich ist die feuchte Uferzone eines Teiches. Hier sollten Sie möglichst nicht herumlaufen, weil viele Tiere sich zwischen Halmen und Wurzeln verstecken. Legen Sie aus Natursteinen einen Weg bis zum Ufer an oder bauen Sie einen einfachen Holzsteg, der auf Stützen bis ins Wasser reicht. Dort können Sie die wunderbare Wasserwelt in Ruhe betrachten. Die meisten Tiere, wie Frösche, Lurche, Kröten, Libellen, Wasserläufer und viele andere, finden sich hier von selbst ein. Wenn Frösche zum Laichen einwandern, sollten Sie lieber keine Fische in den Teich einsetzen, weil diese die Brut zum größten Teil auffressen.

In unserer Zeit der hektischen Eile und Betriebsamkeit kann eine Mußestunde am Teichufer die innere Ruhe wieder herstellen. Wer die Wasserläufer auf der glitzernden Oberfläche beobachtet oder dem faszinierenden Schauspiel einer Libellengeburt zuschaut, der ahnt wieder, wie reich die Vielfalt der Natur sich in Millionen von Jahren entwickelt hat. Er ahnt auch, wie leer und traurig unsere Umwelt eines Tages aussehen wird, wenn viele dieser Geschöpfe keinen Lebensraum mehr finden und aussterben. Zahlreiche kleine Gartenteiche könnten dazu beitragen, daß Überlebensoasen für Pflanzen und Tiere entstehen – Oasen, die auch den Menschen Stunden des Glücks und des Friedens schenken.

Gärtnern mit Steinen

Steine können ein sehr eindrucksvolles Gestaltungsmittel im Garten sein und gleichzeitig eine Fülle natürlicher Lebensräume schaffen.

Findlinge

Mit ihren malerischen Aushöhlungen eignen sie sich für eine Wildpflanzensammlung auf kleinstem Raum. Steinbrecharten, *Sedum*-Arten und Hauswurz gedeihen ausgezeichnet in solch begrenzten, ihrer Natur entsprechenden Wurzelräumen.

Steingarten, Trockenmauer

Sie werden aus Natursteinen aufgeschichtet und bieten einer Fülle von Pflanzen Lebensraum. In den Fugen und auf kleinen Pflanzstellen zwischen den Steinen gedeihen Gewächse aus den Lebensbereichen Felsen, Geröll und Magerrasen.

Achten Sie darauf, daß eine solche Anlage möglichst geschützt in der Sonne liegt und daß das Wasser leicht abfließen kann. Trockener Boden, Licht und Wärme sind für die Pflanzen dieses Bereiches wichtig. Falls Sie Gewächse der Kalkmagerrasen-Vegetation ansiedeln möchten, müssen Sie auch auf ausrei-

chende Kalkversorgung achten. Ideal wäre es, wenn Sie bereits beim Bau der Mäuerchen kalkhaltiges Gestein verwenden könnten.

Steinhaufen

Kleine Geröllhaufen kann man eigentlich in jedem Garten aufschichten. Dafür verwendet man am besten Material, das in der näheren Umgebung auch vorkommt. In locker aufgetürmten Bruchsteinhaufen entstehen zahlreiche Spalten und kleine Höhlen, die »Untermieter« anlocken. Unter Büschen oder in einer möglichst stillen Gartenecke versteckt, stören diese Steinansammlungen überhaupt nicht. Wer handwerklich geschickt ist, der kann Felsbrocken und Steinplatten auch so harmonisch anordnen, daß sie zu einem besonderen Blickfang werden.

Falls Sie in der näheren Umgebung kein passendes Baumaterial finden, können Sie auch die Steine sammeln, die Sie bei der Gartenarbeit im Boden finden. Zusammen mit etwas Reisig und Laub lassen sich damit kleine Steinhügel anhäufen.

Schuttberg

Dies ist eine etwas ausgefallene, aber durchaus reizvolle Variante des Themas. Bauschutt, vor allem wenn er zerbrochene Ziegelsteine enthält, kann zu einem lockeren Haufen aufgeschüttet werden. Auch hier können Sie ein wenig »künstlerisch« eingreifen; lassen Sie aus den roten Ziegelsteinen eine malerische »Ruine« entstehen, und siedeln Sie einige Pflanzen der Geröllflora dort an. Zahlreiche Tiere werden von einem solchen »wilden« Ort magisch angezogen. Vielleicht wird der Schuttberg bald zu Ihrem Lieblingsplatz im Garten, wo Sie aufregende Naturabenteuer erleben können.

Der naturnahe Garten

Die Naturhecke

Ein Stück Natur, das in fast jedem Garten verwirklicht werden kann, ist eine lockere Hecke aus blühenden und fruchttragenden Gehölzen. Sie eignet sich als Sichtschutz und als »grüne Mauer«, die das Grundstück zur Straße oder zum Nachbarn hin begrenzt. Eine solche Hecke sollte in der Hauptsache aus heimischen Gehölzen bestehen, die für die Tierwelt ein reiches Angebot an Nahrungs- und Nistmöglichkeiten bieten. Schön und nützlich sind z. B. Haselnuß, Weißdorn, Schlehe, Kätzchenweide, Heckenrose, Kornelkirsche, Pfaffenhütchen, Schwarzer und Roter Holunder, Heckenkirsche, Blutjohannisbeere, Bluthartriegel, Gemeiner Schneeball und Liguster.

Einige dieser robusten Wildsträucher, die auch in der freien Natur weitverbreitet sind, entwickeln sich allerdings im Laufe der Jahre zu großen, sperrigen Gehölzen; Schlehen und Weißdorn brauchen z. B. nach allen Seiten viel Platz; ihre dornigen Zweige bilden im Alter undurchdringliche »Festungen«. Vögel wissen das als Vorteil zu schätzen und bauen ihre Nester gern im Schutz dieser natürlichen Bewehrung. Für Menschen haben die Dornen aber auch ihre unangenehmen Seiten. Für kleine Grundstücke sind Schlehen und Weißdorn deshalb nicht empfehlenswert.

Breitausladend wachsen auch Haselnuß- und Holundersträucher. Diese Gehölze können allerdings, wenn es sein muß, leicht zurückgeschnitten werden. Im allgemeinen sollte die Naturhecke aber ungestört wachsen dürfen. Dies ist ja der Sinn der Sache: Je weniger der Mensch sich dort zu schaffen macht, desto wohler fühlen sich Vögel, Igel und zahlreiche andere Tiere, für die naturgemäßer Lebensraum entstehen soll.

Für kleine Grundstücke bringt eine hohe Hecke manchmal mehr Probleme als Nutzen mit sich. Der Garten versinkt im Laufe der Jahre ganz im Schatten. Darüber sollten sich naturfreundliche Gärtner im klaren sein, bevor sie ihre Auswahl unter den Gehölzen treffen. Entscheiden Sie sich lieber von Anfang an für halbhohe Sträucher, wie z. B. Blutjohannisbeeren, Berberitzen und den langsam wachsenden, immergrünen Ilex.

Sie können auch einige der seit langem an unser Klima angepaßten Blütensträucher unter die »einheimischen« mischen. Flieder, Falscher Jasmin, Spiersträucher, Deutzien, Weigelien, Forsythien, Zierquitten, Feuerdorn, Ranunkelstrauch und Sommerflieder eignen sich sehr gut für lockere Hecken. Gleichzeitig erfreuen sie die Gartenbesitzer mit ihrem bezaubernden Blütenschmuck.

Wunderschön kann auch eine Hecke aus Strauchrosen wirken. Heute sind wieder zahlreiche Naturarten und alte Rosensorten im Handel erhältlich. Sie werden 1,50–3 m hoch und eignen sich auch, bei sorgfältiger Auswahl, für kleinere Gärten. Eine solche Rosenhecke verbindet viele Vorteile miteinander: duftende Blütenfülle, reichen Hagebuttenbehang und dornenbewehrte Zweige, die ein schützendes Vogeldickicht bilden.

Wählen Sie die Gehölze für Ihre Naturhecke so aus, daß sie sich gut in das Grundstück einfügen. Nur so werden Sie jahrelang Freude daran haben. Da die Sträucher sich nach allen Seiten ungezwungen mit ihren Zweigen ausbreiten sollen, ist es wichtig, daß Sie bei der Pflanzung genügend Abstand zur Nachbargrenze einhalten.

Auch der Standort muß gut überlegt sein. In schattigen, zugigen Ecken gedeihen Rosen und viele Blütensträucher nicht. Sie brauchen Sonne und Wärme für eine gesunde Entwicklung. Pflanzen Sie an ungünstigen Stellen lieber Weißdorn oder Holunder, die sich ohne Schwierigkeiten durchsetzen.

Halten Sie bei der Pflanzung zwischen den einzelnen Gehölzen genügend Abstand ein. Die jungen Sträucher, die oft nur aus einigen nackten Zweigen bestehen, täuschen über den späteren Umfang hinweg. Die erwachsenen Pflanzen sollten zwar mit der Zeit eine lockere, geschlossene Hecke bilden, aber sie dürfen sich trotzdem nicht »verfilzen«.

Wildstauden

Langlebige Wildstauden können auf vielfältige Weise in den Garten einbezogen werden. In einem ganz konsequent angelegten Naturgarten wird sich der Gärtner auf die reinen Wildformen beschränken. Im Garten des Naturfreundes, der Kompromisse zwischen ökologischen Bedürfnissen und seiner Freude an schönen Pflanzen eingeht, ist auch eine Mischung erlaubt. In gut sortierten Staudengärtnereien werden sowohl Wildstauden angeboten als auch Züchtungen, die den Charakter der Naturformen weitgehend erhalten haben.

Sie können an einer geeigneten Stelle im Garten ein Extra-Wildstaudenbeet anlegen. Sehr sinnvoll ist es aber auch, vorhandene Gehölze und Wildstauden als Lebensgemeinschaft miteinander zu verbinden. Wenn sie unter naturgemäßen Gesichtspunkten angelegt werden, sind Heidegärten, Steingärten und Wassergärten auch gleichzeitig Wild-

Eine Wildsträucherhecke aus Heckenrosen und Holunder bietet zur Blütezeit einen zauberhaften Anblick. Viele Tiere finden hier Schutz und Nahrung im dichten Gezweig.

244 Der naturnahe Garten

Von oben nach unten:
In einer naturnahen Pflanzung ergänzen sich Gehölze, Stauden und Bodendecker.

Ein Feldblumenbeet mit Mohn und Kornblumen ist ein Schmuckstück im Garten.

Sonnige, trockene Plätze lieben Königskerzen und zahlreiche Gräser.

staudenanlagen. Blütenstauden, ausdauernde Wasserpflanzen, Gräser, Farne, Bodendecker und Zwiebelblumen gehören alle in diese große Gruppe von Pflanzen. Ihr gemeinsames Kennzeichen ist die Langlebigkeit und die Standorttreue für viele Jahre. Deshalb sollten Auswahl und Pflanzung wohl überlegt und sorgfältig vorgenommen werden.

Wildstauden für feuchten Boden in lichtem Schatten
Am Rand von Gehölzen oder halbschattigen Plätzen fühlen sich Fingerhut (*Digitalis*), Eisenhut (*Aconitum*), Glockenblumen (*Campanula*), Waldgeißbart (*Aruncus*), einfache Akeleien (*Aquilegia*), Naturformen der Astilben, Bergenien, Funkien (*Hosta*), Salomonssiegel (*Polygonatum*), Beinwell (*Symphytum*), Elfenblumen (*Epimedium*) und Lerchensporn (*Corydalis*) wohl. Sie alle lieben guten, feuchten Humus.
Zu diesen hohen und halbhohen Blütenstauden passen als Ergänzung niedrige Teppichpflanzen, wie Maiglöckchen (*Convallaria*), Vergißmeinnicht (*Myosotis*), Waldprimeln (*Primula elatior*), Leberblümchen (*Hepatica nobilis*), Lungenkraut (*Pulmonaria*), Buschwindröschen (*Anemone nemorosa*), Veilchen (*Viola adorata*), Haselwurz (*Asarum*) und Münzkraut (*Lysimachia nummularia*).
Gute Nachbarn sind außerdem Waldgräser und Farne, die noch aus den uralten Vorräten der Erde stammen und sich seit Jahrmillionen kaum verändert haben. Schließlich fügen sich in eine solche naturgemäße Lebensgemeinschaft im Halbschatten noch kleine Zwiebelgewächse, wie Schneeglöckchen, Anemonen und Wildnarzissen, ein.

Wildstauden für trockene, sonnige Plätze
Pflanzen des Wegrandes, der Heide oder trockener Grassteppen eignen sich für Gärten mit sandiger oder magerer, steiniger Erde in sonniger Lage: Besenheide (*Calluna vulgaris*), Fingerkraut (*Potentilla*), Kerzenveronika (*Veronica longifolia*), Königskerze (*Verbascum*), Disteln (*Echinops* und *Eryngium*), Kardendistel (*Dipsacus*), Herkuleskraut (*Heracleum*), Storchenschnabel (*Geranium*), Nachtkerze (*Oenothera*). Außerdem gedeihen hier diejenigen Wildkräuter, die an den natürlichen Standorten »Magerrasen« und »Trockenrasen« zu Hause sind. Dazu passen niedrige Bodendecker, wie Thymian (*Thymus*), Silberwurz (*Dryas*), Hauswurz (*Sempervivum tectorum*), Katzenminze (*Nepeta*) und Mauerpfeffer (*Sedum acre*). Auch blaugraue Trockengräser, wie z.B. Blauschwingel (*Festuca glauca*) oder Schillergras (*Koeleria glauca*), fühlen sich in dieser Gemeinschaft wohl. Dazu können Sie noch Zwiebelblumen, wie Zwergiris, Winterlinge (*Eranthis*), botanische Krokusse und botanische Tulpen pflanzen.

So entsteht eine Wildstaudenpflanzung

Wildstauden müssen immer eine Pflanzengemeinschaft bilden, die sich ergänzt und jahrelang eine funktionierende Einheit bilden kann. Wählen Sie deshalb eine Mischung aus hohen oder halbhohen Stauden und bodendeckenden »Teppichknüpfern« aus. Zwiebelgewächse sind kein »Muß«, sie bilden aber eine hübsche Ergänzung.
Im Gegensatz zu den Beet- und Prachtstauden, die auf offenen Flächen gepflanzt werden und ständig gepflegt werden müssen, sollen Wildstauden zu geschlossenen Gruppen zusammenwachsen. Die niedrigen Arten bilden dichte Teppiche, die die Erde schützend überziehen. Vor der Pflanzung sollten Sie deshalb sorgfältig alles Unkraut entfernen. Lockern Sie den Boden gründlich und versorgen Sie ihn für Pflanzen, die eine humusreiche »Lebensgrundlage« gewöhnt sind, mit Kompost und einem organischen Dünger, der sich langsam umsetzt. Niemals werden die Kinder der Wildnis mit schnellwirkenden Nährstoffkombinationen angetrieben. Sie verlieren dadurch ihren Wuchscharakter. Wildpflanzen, die an karge Bedingungen gewöhnt sind, werden überhaupt nicht gedüngt. Unter Umständen müssen Sie für diese Gewächse Ihren Gartenboden sogar zusätzlich mit Sand und Steinen »verbessern«.
Legen Sie zunächst alle Pflanzen auf dem vorbereiteten Beet aus und ordnen Sie sie sorgfältig nach Höhe, Umfang und Blütenfarbe. Stellen Sie sich dabei immer vor, wie groß die erwachsenen Pflanzen werden und wieviel Platz sie dann beanspruchen. Entsprechend reichlich halten Sie die Ab-

Der naturnahe Garten

stände ein. Es macht nichts, wenn die Pflanzung zuerst etwas kahl wirkt. Wichtig ist, daß die Stauden auf Dauer genügend Lebensraum haben. Wenn Sie sich auf diese Weise Ordnung und Übersicht verschafft haben, setzen Sie zuerst die größeren Stauden in die Erde. Dann »verstecken« Sie an freien Stellen noch einige Zwiebelgewächse. Zum Schluß füllen Sie die Zwischenräume mit Teppichpflanzen. Später, wenn die Pflanzendecke sich schließt, können sich Schneeglöckchen und andere Zwiebelblumen ungestört in der Erde ausbreiten und vermehren. Es macht ihnen nichts aus, sich im Frühling durch den niedrigen Blätterteppich hochzuarbeiten. Im Schutz der Bodendecker werden sie jedes Jahr reichlich blühen.

Anfangs müssen Sie ein Wildstaudenbeet regelmäßig jäten, damit Ihre Naturecke nicht von ungebetenen Eindringlingen überwuchert wird. Sobald die Pflanzendecke sich schließt, brauchen Sie weder Hacke noch Spaten. Wildstauden gedeihen am schönsten, wenn sie viele Jahre lang ungestört bleiben. Sie »raufen sich selbst zusammen«. Wenn Sie das Beispiel der Natur in richtiger, einfühlsamer Weise auf Ihren Garten übertragen haben, dann danken die schönen »Halbwilden« Ihnen diese anfängliche Mühe durch ein fast sorgenloses Gärtnerleben. Sie sind die idealen Pflanzen für die »intelligenten Faulen«.

Solche Gartenecken haben während des ganzen Jahres ihre Reize: zur Blütezeit ebenso wie an einem tauübersäten Herbstmorgen oder an einem klirrenden Winternachmittag, wenn die dürren Halme im Frost zu malerischen Gestalten erstarren.

Ein Feldblumenbeet

Ein kleiner Ausschnitt aus der großen Natur blüht in einem Feldblumenbeet auf. Für kleine Gärten ist dies eine ideale Möglichkeit. Die hübschen Wildblumen sind ein bildschöner Blickfang; sie locken Insekten und Schmetterlinge an. Außerdem können Kinder auf einem solchen Beet diejenigen Feld- und Ackerrandblumen kennenlernen, die »draußen« kaum noch zu finden sind.

Kornblumen (*Centaurea cyanus*), Klatschmohn (*Papavar rhoeas*), Kornrade (*Agrostemma*), Schafgarbe (*Achillea*), Natternkopf (*Echium*) und Färberkamille (*Anthemis tinctora*) sind neben manch anderen Schönheiten vom Wegrand darin enthalten. Wenn Sie die ein- und zweijährigen Blumen Samen ansetzen lassen, säen sie sich oft jahrelang von selbst im Garten aus.

Eine Bienenweide

Ein Naturfreund, der mit einem besonders reichhaltigen Nektarangebot Bienen und andere nützliche Insekten in seinen Garten locken möchte, kann gezielt honigreiche Wildpflanzen und Kräuter anbauen.
Zahlreiche Gewächse des Heilkräuter- und Gewürzgartens gehören zu den »Bienenpflanzen«. Oft verraten das schon die volkstümlichen Namen. Die Zitronenmelisse (*Melissa officinalis*) wird z. B. auch Bienenfang oder Honigblume genannt. Umschwärmt von Honigsuchern sind zur Blütezeit auch Thymian (*Thymus*), Origano (*Origanum*), Lavendel (*Lavandula*), Ysop (*Hyssopus*), Boretsch (*Borago*), Schnittlauch und Herzgespann (*Leonurus cardiaca*).
Das bekannteste Bienenkraut, das auch speziell für diese Insekten auf großen Feldern angebaut wird, ist die *Phacelia*, zu deutsch Bienenfreund. Zur Blütezeit bildet dieses rasch wachsende, unkomplizierte Kraut ein wogendes lilablaues Meer, aus dem das unentwegte Summen von Bienen, Hummeln und Schwebfliegen aufsteigt. Ein sommerliches *Phacelia*-Beet ist im Garten Bienenweide und Augenweide zugleich.

Die Blumenwiese

Die bunte, blütenreiche Wildblumenwiese ist seit einiger Zeit zum Inbegriff für mehr Natur im Garten geworden. Immer mehr Gärtner versuchen, sich diesen Traum zu erfüllen – für viele endet er leider mit einer Enttäuschung. Das ist schade, denn die Flora der Magerwiesen ist wirklich traumhaft schön. Da sie in der Landschaft weitgehend von stark gedüngten grünen Grasweiden verdrängt wird, wäre ihre Wiederbelebung im naturnahen Garten durchaus sinnvoll. Die artenreichen Wiesenblumen sind Lebensgrundlage für zahllose Schmetterlinge und Insekten; hinter dem schützenden Gartenzaun könnten sie erfrischende Oasen in der Wüste finden; bedrohte Arten wären dann hier und da vielleicht ein wenig weniger bedroht.
Damit die gute Absicht nicht an der Wirklichkeit scheitert, sollten Sie einige wichtige Gesichtspunkte bei der Anlage einer blüten- und nektarreichen Blumenwiese beachten:

Die *Phacelia* ist ein Nektar-Paradies für Bienen und andere Insekten.

Eine blütenreiche Wildblumenwiese muß sorgfältig geplant werden.

246 Der naturnahe Garten

So wird eine Blumenwiese angelegt: Zuerst muß der Gärtner die Fläche säubern, lockern und die Erde glätten.

Das Saatgut wird mit Sand vermischt; so kann es gleichmäßiger gestreut werden.

Breitwürfig und möglichst gleichmäßig verteilt der Gärtner die Samen.

Mit Gartenstiefeln oder mit einer Walze wird die Aussaat fest ins Erdreich gedrückt.

Nun muß die Fläche bewässert und gleichmäßig feuchtgehalten werden.

- Wildblumen brauchen Platz, um sich richtig entfalten zu können. Für sehr kleine Gärten sind sie nicht geeignet. Ein »Klecks« Wiese wirkt weder optisch noch kann er ökologisch funktionieren.
- Blumenwiesen sind keine Spielwiesen. Die Wildkräuter und Gräser wachsen hoch und dicht. Sie dürfen nicht niedergetreten werden.
- Die Wiese wird nur 1–2 mal gemäht und nie gedüngt!
- Das Verhältnis von Grassamen (möglichst niedrige, nicht wuchernde Arten) und Wildblumen muß stimmen. Es ist also wichtig für die Aussaat, eine gute, fachmännisch zusammengestellte Saatmischung zu kaufen.

Schwierigkeiten sind dazu da, daß man mit ihnen fertig wird. Lassen Sie sich also nicht von Ihrem Wiesentraum abschrecken, sondern versuchen Sie, ihn so in die Wirklichkeit Ihres Gartens zu übertragen, wie die Verhältnisse es zulassen.

Vorbereitungen

Wo bietet sich im Garten denn überhaupt Platz für eine richtige Wiese, die im Sommer einem bunten Blütenmeer gleicht? Geeignet sind große Gärten, wo eine Fläche von 100–200 m² eingesät und ungestört bleiben kann. Unter Obstbäumen kann sich eine Blumenwiese ausbreiten, wenn die Erntezeit in etwa mit den Zeiten des Mähens zusammenfällt. In Gemeinschaft mit den fruchttragenden Bäumen wirkt sie auch ganz natürlich. Ein nicht zu steiler Hang, ein Wochenendhaus-Grundstück oder der Teil eines Gartens, der langsam in die freie Landschaft übergeht, bieten sich ebenfalls für eine echte Blumenwiese an.

Für die Aussaat muß die Fläche immer gründlich vorbereitet werden. Sie können die Saat nicht einfach wild ausstreuen; die Samen keimen nur in offenem Boden. Je nach Größe der vorgesehenen Fläche müssen Sie also umgraben oder die vorhandene Pflanzendecke mit einer Fräse aufreißen. Dauerunkräuter und Wuchergräser werden sehr sorgfältig entfernt. Nährstoffreiche Erde sollte möglichst mit Sand und etwas Algenkalk vermischt werden.

Die Aussaat

Glätten Sie die Fläche, und streuen Sie die Wiesenblumenmischung breitwürfig aus. Die günstigste Zeit dafür liegt in den Monaten Mai und Juni. Mit dem Rechen harken Sie die Samen nun sehr oberflächlich in die Erde. Anschließend wird festgewalzt oder mit Brettern festgetreten. Genau wie beim Rasen muß die Aussaat nun 5–6 Wochen lang gleichmäßig feuchtgehalten werden.

Im ersten Sommer lohnt es sich, »ungewollte« Unkräuter herauszureißen, damit die Wiesenblumen sich gut entwickeln können. Im Jahr der Aussaat geben Kornblumen und Klatschmohn mit ihrem leuchtenden Blau und Rot den Ton an. Sie keimen aber nur in frisch aufgebrochenem Boden, da sie eigentlich zur Ackerflora gehören. Vom 2. Jahr an setzen sich die »richtigen« Wiesenblumen durch. Ihre Zusammensetzung schwankt so lange, bis sich ein Gleichgewicht eingependelt hat, das den örtlichen Besonderheiten angepaßt ist. Je nach Standort wachsen und blühen dann auf Ihrer Wiese Margeriten, Wiesenglockenblumen, Schafgarbe, Wiesenflockenblumen (*Centaurea jacea*), Blutstorchschnabel (*Geranium sanguineum*), Witwenblumen (*Knautia*), Hornklee (*Lotus*), Wiesenkümmel (*Carum carvi*), Kuckuckslichtnelken (*Lychnis flos-cuculi*), Wiesensalbei (*Salvia pratensis*), Kleiner Wiesenknopf (*Sanguisorba minor*), Braunelle (*Prunella*) und viele andere.

Die Pflege

Wenn sie einmal angewachsen ist, beansprucht die »wilde« Wiese nur noch wenig Pflege. Gemäht wird das hohe, blütenreiche Gras nur 1–2mal (Juli bis August und September bis Oktober). Dies geschieht nach alter Art mit einer Sense, mit einem modernen Nylonfaden-Mäher (nur für kleine Flächen geeignet) oder mit einem Balkenmäher. Für den Kompost oder zum Mulchen kann man das selbstgeschnittene Heu nur verwenden, wenn die Blumen und Gräser noch keine Samen angesetzt haben.

Es kann sehr sinnvoll sein, wenn Sie einen Weg durch die Wiese anlegen, indem Sie dort das Gras regelmäßig mähen. Auch ein Randstreifen sollte unter Umständen (wo die Wiese an den »kultivierten« Garten grenzt) kurzgehalten werden.

Die Wiese wird nie gedüngt oder gewässert. Je dichter Kräuter und Gräser zusammenwachsen, desto nährstoffärmer wird der Boden, desto bunter entwickelt sich diese Pflanzengesellschaft.

Der naturnahe Garten 247

Von links nach rechts:
Diese hübsche Feldblumenmischung ist im Fachhandel erhältlich.

Ein reizvoller Anblick ist diese Schmetterlingswiese.

In einer Blumenrasenmischung dominieren im ersten Jahr Mohn- und Kornblumen.

Wildblumen pflanzen

Wenn Sie gerne ganz bestimmte Wildblumen auf einem Grundstück ansiedeln möchten, können Sie auf nicht zu großen Flächen auch vorgezogene Pflanzen aussetzen. Spezialgärtnereien bieten dafür ein reichhaltiges Sortiment an. Auf Quadratmeter umgerechnet ist das allerdings ein teures Vergnügen. Preiswerter wird es, wenn Sie sich Saatgut (teils im Fachhandel, teils in Kräutergärtnereien erhältlich) kaufen. Dann können Sie sich selber größere Mengen Kräuter und Wildblumen heranziehen.

Der Vorteil dieser Methode ist, daß Sie größeren Einfluß auf die Zusammenstellung der Blütenpflanzen haben und daß Sie die Verteilung auf der Fläche selbst bestimmen können. Sie komponieren sich Ihre Farbensymphonie selber. Auf größeren Wiesenanlagen ist auch eine Kombination möglich: Verteilen Sie mehrere Pflanzengruppen, und säen Sie die freien Flächen dazwischen ein.

Kompromiß für kleine Gärten: Die flache Blumenwiese

Für kleine Gärten bietet sich ein blühender Kompromiß an, der zwar ökologisch nicht so wertvoll, aber auf jeden Fall freundlicher als das monotone Grasgrün ist.

Zu diesem Zweck stechen Sie in einem vorhandenen Rasen an mehreren Stellen die Grasnarbe ab. Lockern Sie die offengelegte Erde und füllen Sie die Lücken mit sehr niedrig wachsenden, robusten Blütenstauden. Sie können die Samen der einzelnen Blumen aussäen oder, was sicherer ist, vorgezogene Pflanzen verwenden.

Geeignet sind vor allem Gänseblümchen, Veilchen und Kissenprimeln (*Primula acaulis*). Die kleinen Stauden ducken sich tief an den Boden und überleben dadurch auch das Rasenmähen (nicht zu tief einstellen und nicht zu oft mähen). Auch die blaublühende, teppichbildende Veronika und sogar der rotblättrige Günsel (*Ajuga*) können sich im Rasen durchsetzen, wenn sie erst einmal Fuß gefaßt haben.

An den offengelegten Stellen im Rasen können Sie, bevor die kleinen Stauden eingepflanzt werden, auch noch ein paar Hände voll Blumenzwiebeln verstecken. Schneeglöckchen, Wildkrokusse, Herbstkrokusse, Blauglöckchen (*Scilla*), Schneeruhm (*Chionodoxa*) und Wildnarzissen sorgen dann für zusätzliche Blütenüberraschungen im Frühling und im Herbst.

Ein solcher Blumenrasen ist abwechslungsreich und doch trittfest. Kleinen Kindern schenkt er Naturerlebnisse mit Blumen, Insekten und Schmetterlingen, ohne daß ihr Bewegungsdrang eingeschränkt werden muß. Die Freude an der blühenden Wiese oder am Blumenrasen ist dann am größten, wenn die richtigen Pflanzen am richtigen Platz wachsen können. Im naturnahen Garten führen vor allem Verständnis für die Zusammenhänge und Einfühlungsvermögen dazu, daß Pflanzen und Menschen der Natur wieder ein Stückchen näher kommen.

Ein Kompromiß: Der normale Rasen wird mit niedrig bleibenden Blütenstauden geschmückt.

Der Nutzgarten

Das Gemüse

Gemüse aus dem eigenen Garten

Als wir gebaut hatten, stellte sich heraus, daß mein Mann, im Gegensatz zu mir, einen Ziergarten ohne jedes Gemüse anlegen wollte. Zum Glück konnte ich ihn nach einiger Zeit bekehren – unterstützt durch hohe Abzahlungen und Preise für gekauftes Gemüse. Inzwischen möchte er auf diesen Teil des Gartens ebensowenig verzichten wie die übrige Familie. Es spricht ja auch alles dafür: die absolute Frische durch das »Vom-Beet-in-die-Küche« viele Monate hindurch, bei guter Planung sogar während der kalten Jahreszeit. Spätgemüse eigener Ernte, auch im Lager wohlschmeckend und gesund, ist jederzeit verfügbar.

Kleine Gärten lassen Selbstversorgung nicht zu. Aber noch das winzigste Grundstück, Terrasse und Balkon bieten Platz für im Handel seltene Gemüse, für solche, die dem persönlichen Geschmack besonders entsprechen oder für notwendige Diät gebraucht werden.

»Nützliches Gemüse« sieht gut aus, wenn es gesund und gepflegt ist. Außerdem haben Züchter uns Sorten beschert, die in Farbe und Form mit vielen Zierpflanzen wetteifern können. Sie scheinen um die Verspieltheit zu wissen, die in vielen von uns steckt. Rote Salate, rote Zwiebeln, blaue und rotgefleckte Bohnen, grüner Blumenkohl, gelbe Zucchini, violetter Brokkoli, oranger Chinakohl, rot-weißer Chicorée, roter Rosenkohl, gelbe Tomaten – und an weiteren Überraschungen wird gearbeitet.

Gemüse gedeiht nicht überall

Wenn Sie wissen, was Sie wollen, sollten Sie sich darüber informieren, was die von Ihnen ausgesuchten Gemüse zum Gedeihen brauchen, bevor Sie Samen oder Pflanzen kaufen, damit es keinen Ärger gibt. Es ist besser auf etwas zu verzichten, wenn die Gegebenheiten nicht stimmen.

Gartenstücke, die an verkehrsreiche Straßen angrenzen, eignen sich nicht für den Anbau von Nahrungspflanzen. Vermeidbare Schädigungen sollten wir vermeiden!

Der richtige Platz für Ihr Gemüse

Der Gemüsegarten

Aus praktischen Gründen pflegt man Gemüse meist in einem besonderen Teil des Gartens. Das vereinfacht alle anfallenden Arbeiten, weil nichts »im Wege« ist. Man trennt die Gemüsefläche durch einen festen (Platten-)Weg vom übrigen Grundstück. Er ist auch bei Regen und Schnee gut zu begehen. Damit im Herbst die ganze abgeleerte Fläche gelockert oder mit Gründüngungspflanzen bestellt werden kann, gibt es zwischen den Beeten nur schmale (30 cm) getretene Wege. Man kann sie mit passenden Brettern belegen, die ein Gehen im Schlamm ersparen und gute Schneckenfallen sind. Im Herbst getrocknet und bis zum Frühjahr unter Dach aufbewahrt, halten sie einige Jahre.

Gemüse auf Hügelbeet und Hochbeet

In niederschlagsreichem Klima ebenso wie in kühlen, regenreichen Jahren ist der Anbau auf diesen Beeten besonders erfolgreich. Überschüssiges Wasser läuft ab, »warme Füße« sind dadurch und durch die verrottende Packung der untersten Schicht garantiert. Für wärmeliebende Gemüsearten entscheidend wichtig!

Ab dem 2. Jahr müssen Sie düngen. Weil in hochgelegten Beeten durch Re-

So ein weiträumiger Garten im Grünen steht nicht jedem Hobbygärtner zur Verfügung. Durch gute Planung lassen sich aber auch kleine Grundstücke »nahrhaft« und hübsch gestalten.

gen und notwendigerweise häufigeres Gießen in Trockenzeiten die Nährstoffe stärker ausgewaschen und in für Wurzeln unerreichbare Tiefen gespült werden, als dies bei Normalkultur der Fall ist, geben Sie etwas mehr!
Mehr über dieses Thema ab S. 280.

Gemüse auf dem Komposthaufen

Auch auf Komposthaufen gedeihen Kürbisse aller Arten und Sorten besonders gut. Das gleiche gilt für Freilandgurken und sogar für Melonen, wenn Sie für unsere Breiten gezüchtete Sorten wählen.
Die Erde soll noch grobbrockig sein, weil diese Gemüse besonders von guter Belüftung des Bodens und ausreichender Feuchtigkeit abhängig sind. Entscheidend sind außerdem gesunder Kompost ohne Krankheitskeime (S. 46) und volle Sonne.

Gemüse im Ziergarten

Vom Aussehen her passen viele Gemüsearten und -sorten in den Ziergarten: gelb- und rotblättrige Blattsalate mit interessant geformten Blättern, violetter Brokkoli, grüner Blumenkohl, rotgefleckte Bohnen, rotstieliger Mangold, rote Zwiebeln, Kürbisse und Zucchini in verschiedenen Formen, Feuerbohnen, Artischocken und andere.
Gegen »Mischanbau« spricht, daß Arbeiten am Gemüse mühsamer sind, so daß nach dem Abernten oft unschöne Lücken entstehen. Ausnahmen: dunkelgrüner Winterporree, der erst sehr spät geholt wird, Feuerbohnen und hohe Erbsen als Zaunberankung.
Für ganz kleine Gärten läßt sich aber eine gut geplante Gemüsepflanzung denken, die zugleich Zierde ist – sogar im Vorgarten! Man verzichtet dann an dieser Stelle auf Blumen oder benutzt sie lediglich als Einfassung.

Gemüse auf Terrasse und Balkon

Hohe fadenlose Feuerbohnen in tiefen Balkonkästen, an Spalier oder Stangen gezogen, sind Sichtschutz und Blütenwand zugleich. Eine neue rotblühende Feuerbohnensorte bleibt niedrig und kommt ohne Stütze aus, wie niedrigbleibende Cocktail- und Balkontomaten. Pflücksalat, Schnittsalat, Porree wachsen im Balkonkasten. Sogar Mischkultur ist hier möglich: Pflücksalat mit Radieschen, kurzbleibende Möhrchen mit Schnitt- oder Pflücksalat und Radieschen oder kurzen Frührettichen. Bei genauem Arbeiten und guter Pflege sind die Ernten nicht schlecht. Zur Frühkultur (wie zum Vorziehen junger Pflanzen) besonders geeignet ist das Krieger'sche Balkonfrühbeet mit Abdeckhaube, mit und ohne thermostatische Heizung und ähnliche Modelle.

Gemüse auf dem Kinderbeet

Für Ihre Kinder sind eigene Beete an geeigneter Stelle wichtiger als manches andere. Sie sollten Vorrang haben.

Boden und Wasser

Unsere Gemüse gedeihen am besten auf humus- und kalkhaltigen, durchlässigen gepflegten Böden. Lehmanteile sind erwünscht.
Feuchtigkeit muß stets verfügbar sein. Aber gestaute Nässe, vor allem in schweren oder verdichteten Böden (z.B. nach Bauarbeiten) eine Gefahr, läßt Wurzeln, Samen und Keimlinge faulen. Oberflächliche Trockenheit ist nur für keimende und ganz junge Pflanzen gefährlich, sie wird von eingewurzelten Gemüsen ertragen. Der Wurzelbereich, 5–20 cm unter der Beetoberfläche, darf nie austrocknen. Geben Sie deshalb bei Bedarf 10–20 l Wasser/m², nicht weniger. Sie sparen Wasser und nützen der Bodenstruktur und dem Bodenleben, wenn Sie für Beschattung der Beeterde sorgen: durch Folge- und Zwischenkulturen, Gründüngung, Mulch (S. 40ff.). Empfehlenswert: Sammeln und Verwenden von Regenwasser.

Nahrung für Gemüse

Wir nutzen unser Gemüseland intensiv, nehmen beim Ernten, was sonst wieder in den natürlichen Kreislauf eingefügt würde. Deshalb reichen auch die in humusreichen Böden mit idealer Struktur enthaltenen und durch das Bodenleben »nachgeschaffften« Nährstoffe nicht aus.

Dünger aus »Eigenproduktion«

Wir düngen deshalb mit viel Kompost, der jedes Frühjahr auf die Beete gebracht und dort eingerecht wird, mulchen mit organischem Material (gesunde Gemüseabfälle, nicht blühendes »Unkraut«, Grasschnitt), säen Gründüngungspflanzen, arbeiten gesunde Ernterückstände flach in den Boden ein. Kaninchen-, Geflügel- oder Rindermist, Brennessel, Wollwurz und Kamille lassen wir mit Wasser vergären (flüssige Düngung) oder kompostieren sie. Wer Tiere mag und Zeit findet, sie richtig zu versorgen, hat mit 3–4 Zwerghühnern »Guanolieferanten« für etwa 400 m² Land. Rindermist bekommen Städter kaum frisch, aber der Handel führt ihn getrocknet. Die bisher genannten Dünger sind für Gemüse und Bodenleben gleichermaßen wichtig.

Über mineralische und andere Dünger

Darüber, aber auch über Grundsätzliches bei der Düngung, lesen Sie ab S. 52.
Wenn Sie sich an die Anweisungen halten und die bei den einzelnen Gemüsekulturen ab S. 255 angegebenen Düngermengen nicht überschreiten, werden Sie viel Freude an Ihrem Gemüse haben.

Auch auf dem Balkon kann Gemüse wachsen; hier sind es Bohnen und Tomaten zusammen mit Blumen und Gewürzen.

Das Gemüse

Einzelkultur, Folgekultur, Mischkultur

Beim Gemüse ist es entscheidend wichtig, daß die gleiche Art nicht mehrmals nacheinander auf demselben Stück Land steht. 4–5 Jahre Pause sollten Sie wenigstens einhalten. Sonst breiten sich »spezialisierte« Krankheiten und Schädlinge aus, der Boden wird einseitig genutzt, Stoffwechselprodukte und Wurzelausscheidungen einer Art häufen sich an. Ergebnis: Wachstum und Ernten lassen zu wünschen übrig. Die Ausnahme von der Regel sind Sojabohnen, die besser gedeihen, wenn sie mehrere Jahre hintereinander auf dem gleichen Beet wachsen.

Folgekultur

Die meisten Gemüse sind nach so kurzer Zeit abgeerntet, daß andere vorher oder (und) nachher auf dem gleichen Beet wachsen können. Mögliche Folgekulturen sind beispielsweise Frühkopfsalat und Frühkohlrabi mit Radieschen vor Bohnen, Winterendivie, Spinat, Feldsalat, Winterpostelein, Radicchio.

Zwischenkultur

Ein Beispiel: Zwischen mehrjährigen Kulturen, wie Spargel und Rhabarber, können im 1. Jahr Salat, Kohlrabi, Buschbohnen, Rettich und Radies geerntet werden.

Mischkultur

Wenn verschiedene Gemüsearten gleichzeitig auf einem Beet wachsen, ist exakter Kulturwechsel nicht so wichtig. Nährstoffe werden vielfältig genutzt, Ausscheidungen der einen Art von anderen oft »neutralisiert«. Krankheiten und Schädlinge finden weniger Opfer, machen sich weniger breit. Bestimmte Arten schützen einander durch Duftstoffe, die Schädlinge irreführen, und unerwünschter Bewuchs (»Unkraut«) hat weniger Chancen.

Bewährte Mischkulturen
- Kopfsalat und Kohlrabi, Radies.
- Schwarzwurzel und Spätporree.
- Frühkraut und Buschbohnen.
- Möhren mit Zwiebeln oder Lauch.
- Möhren mit Buscherbsen, Blumenkohl, Sellerie, Frühporree.
- Tomaten mit Blumenkohl, Porree oder Sellerie, Winterrettich, Kopfsalat, Schnittsalat, Radies, Möhren, Zwiebeln, Spinat.
- Rosenkohl, Sellerie, Kerbel, Spinat, Schnittsalat, Porree.

Pflanzenschutz und Gemüse

Im Garten kann man auf chemischen Pflanzenschutz verzichten, für Gemüse sollte er tabu sein! Rückstände mindern sonst den Wert Ihres Anbaus.
Es gibt Sorten, die Wetterschwankungen nicht so leicht übel nehmen und solche, die gegen häufige Krankheiten widerstandsfähig sind. Sie finden ab S. 255 bei jeder Kultur Sortenempfehlungen, die auch nach diesen Gesichtspunkten gegeben sind.

Natürliche Helfer und was Sie selbst giftfrei tun können

In Gärten mit zusammengewachsenem Gesträuch, zwischen dem Fallaub und Schnittholz liegenbleiben, wo mit Ausnahme von Wurzelunkräutern Wildpflanzen wie Wegerich, Weidenröschen, ein paar große Brennesseln stehen bleiben, finden viele Nützlinge Lebensraum: insektenessende Vögel, Igel, Spitzmäuse, Marienkäfer, Schlupfwespen, Schwebfliegen, Spinnen, Laufkäfer und andere. Genauso hilfreich (gegen viele Krankheiten) ist intaktes, vielfältiges Bodenleben.
Sogar Schnecken können Sie giftfrei bekämpfen. Wir verzichten seit Jahren konsequent auf chemische Mittel und fahren nicht schlecht dabei.
Herbizide (Unkrautvernichtungsmittel, auf Packungen manchmal als UV abgekürzt) haben meiner Ansicht nach im Hausgarten grundsätzlich nichts zu suchen. Sogar für Fachleute ist es schwierig, sie einzusetzen, ohne Kulturpflanzen zu schädigen. Sie beeinträchtigen das Bodenleben und man weiß, daß bei Blaukraut Erträge und Karotingehalt weit schlechter waren als in »von Hand« unkrautfrei gehaltenen Pflanzungen. Ob nicht andere Gemüse ähnlich reagieren? Deshalb rate ich auch von Düngern mit UV ab!
Übrigens werden in der Schweiz von Gemüseanbauern inzwischen »Unkräuter« (keine Wurzelunkräuter) als »Beipflanzen« zu Gemüse empfohlen. Man hat entdeckt, daß ihr Verschwinden auch für Gemüse wichtige Nützlinge verschwinden ließ!

Tomaten, Kopfsalat, Zwiebeln und Gemüsefenchel in Mischkultur – hier gedeiht alles prächtig, wenn der Boden nahrhaft und die Pflege gut ist.

Folie und Vlies

Die weit verbreiteten Flachfolien werden zu Recht immer mehr von den Vliesen verdrängt. Da sie luft- und wasserdurchlässig sind, herrschen unter ihnen ausgeglichene Temperaturen und gleichmäßige Feuchtigkeit. Zur Abwehr verschiedener Schädlinge Kohlgewächsen und Möhren gibt es feinmaschige Kulturschutznetze aus Kunststoff.

Samen und Zubehör

Vom selbstgezogenen Gemüse erwarten wir ein Höchstmaß wertvoller Inhaltsstoffe, ausgeprägten, angenehmen Geschmack, Widerstandsfähigkeit gegen Krankheiten und Schädlinge, möglichst attraktives Aussehen. Die Sortenauswahl entspricht weitgehend diesen Anforderungen. Aber auch gute Sorten gedeihen schlecht, wenn sie falsch behandelt werden!

Samen und Jungpflanzen

Gesundes, keimfähiges Saatgut ist Voraussetzung für gesunde Pflanzen und gute Ernten. Sie bekommen es im Fachgeschäft, oft in Keimschutzpackungen mit Angabe der Mindesthaltbarkeit (Keimfähigkeit). Von anderen Samen kaufen Sie am besten nur den jeweiligen Bedarf, keinen Vorrat. Falls ein Rest bleibt, Einkaufsjahr auf die Tüte schreiben – die Keimprozente sind schon nach 1 Jahr weniger gut. Aufbewahrung trocken, kühl, frostfrei! Jungpflanzen bekommt man oft beim Gärtner. Ab April lassen sie sich selbst heranziehen, von Besitzern eines heizbaren Gewächshauses auch früher.

Erde für Gemüsejungpflanzen

Für die Anzucht im Gefäß (Schale, Topf) ziehe ich schwach gedüngte abgepackte Fertigerden normaler Komposterde vor. Der Grund: Sie sind keimfrei. Das ist wichtig für junge Pflanzen, die unter künstlichen Bedingungen heranwachsen.

Vorbereitung von Saat- und Pikiergefäßen
Mehr zu diesem wichtigen Thema lesen Sie ausführlich ab S. 60 und S. 65.

Etikettierung

Damit Sie auch nach einiger Zeit noch wissen, was wann gesät wurde, vermerken Sie Saatdatum, Gemüseart und -sorte, später auch Verpflanz- (Pikier-) und Pflanzdatum mit wetterfestem Stift auf Plastiketiketten (beides im Fachhandel). Neben den Pflanzen in den Boden stecken!

Vorbereitung der Beete

Über Vorbereitung von Beet oder Frühbeet lesen Sie ausführlich ab S. 65, über »Technik« und Regeln bei Saat, Pikieren (Verpflanzen), Verziehen, Pflanzen (Setzen) samt notwendigem Abhärten ab S. 60 und 65.

Bodenbearbeitung im Gemüsegarten

Sie gleicht der Bodenbearbeitung in anderen intensiv bewirtschafteten Gartenteilen.

Ernte und Lagerung

Zur Haltbarmachung und Lagerung eignet sich nur Gemüse ohne Verletzungen, ohne Faulstellen und Fraßgänge. Alles Beschädigte aussortieren, ausschneiden und möglichst bald verbrauchen. Frühjahrs- und Sommergemüse genau wie frühes Herbstgemüse holt man, eben fertig und noch zart, nach Bedarf vom Beet. So ist der Geschmack am besten, alle wertvollen Inhaltsstoffe bleiben bei sachgemäßer, schonender Zubereitung erhalten. Pflanzen, die weiterwachsen sollen (wie Bohnen, Erbsen, Tomaten, Paprika, Gurken), dürfen beim Ernten nicht beschädigt werden. Pflücksalat muß alle Herzblättchen behalten (s. S. 256).

Wenn zuviel Gemüse auf einmal fertig ist, kann das meiste für wenige Tage kühl, vielleicht im Gemüsefach des Eisschranks oder im Keller, aufbewahrt werden.
Sind die Mengen sehr groß, muß haltbar gemacht werden: durch Tiefgefrieren, milchsaure Gärung, Trocknen oder Einkochen – Methoden, die allerdings für Blattsalate nicht in Frage kommen. Deshalb gerade hier: Sehr genaue Anbauplanung nach dem Bedarf!
Vor dem Konservieren wird das Gemüse kochfertig zubereitet. Die nötigen Gewürzkräuter gibt man am besten gleich dazu.
Wichtig: Etiketten für jede Portion, auf denen Erntemonat, Jahr, Gemüseart und vielleicht Sorte vermerkt sind. Innerhalb eines knappen Jahres soll alles verbraucht sein, beim Trocknen schon nach einem halben Jahr.
Einfrieren Hierfür brauchen Sie eine Tiefkühltruhe, möglichst mit Schubladen, weil das Suchen erspart. Beutel brauchen weniger Platz als Dosen. Kräuter können geschnitten auf einem Blech vorgefrostet werden. So »kleben« sie nicht zusammen, man kann sie portionsweise entnehmen. Für Rohkost eignet sich gefrorenes Gemüse weniger, weil das Gewebe beim Tauen weich wird.

Auf gepflegten, kompostgedüngten Beeten in warmer Lage und bei richtiger Sortenwahl ist die Bohnenernte im Garten meist kaum schlechter als auf der Gemüseinsel Reichenau.

Das Gemüse

Milchsaure Gärung Geeignet sind Töpfe aus Steinzeug und spezielle Gärtöpfe aus glasiertem Steinzeug mit Wasserrinne, Tragegriffen und Beschwerungsstein, mit einem Fassungsvermögen von 10, 15, 20 und 25 l.

Trocknung Dafür können Sie Ihren Backofen benutzen – bei geöffneter Tür. Unterlage für das Trockengut: saubere Alufolie auf einem Blech. Kräuter nicht über 35°C, Gemüse nicht über 50°C erwärmen. Große Stücke vor der Trocknung zerteilen. Kräuter sind fertig, wenn sie sich leicht zerbröseln lassen, Wurzelgemüse, wenn sie nirgends mehr feucht und »wie Leder« sind. Praktische Apparate wie Dörrex oder Starmix Vita Safe gibt es ebenfalls im Haushaltsgeschäft.

Einkochen in Gläsern Wecktopf oder Reglerbackofen sind hier das Übliche.

Alle Vorräte häufig kontrollieren!

Spätgemüse für den Winter

Einige Gemüse holt man auch im Winter an frostfreien Tagen aus dem Garten in die Küche. Andere Spätgemüse können gefroren, getrocknet, eingekocht oder bei weitgehender Erhaltung von Geschmack und Inhaltsstoffen einige Monate gelagert werden. Die Haltbarkeit hängt ab von Einflüssen während des Wachstums (Boden, Belichtung, Temperatur, Wasserversorgung, Ernährung) und von den Sorten. Wichtig außerdem: Der Sorte entsprechender Erntetermin bei möglichst trockenem Wetter, genau wie ein gut gelüfteter, kühler (+3 bis +10°C), frostfreier Lagerraum mit (für die meisten Gemüse) hoher Luftfeuchtigkeit (80–90%). Mit Thermometer und Hygrometer prüfen! Manchmal läßt sich der kühlste Raum des Kellers mit Styropor- oder Korkplatten gegen die übrigen Räume isolieren, die Luftfeuchtigkeit durch Verlegen von Ziegelsteinen auf dem Boden erhöhen. Steine ab und zu gießen, sie verdunsten das gespeicherte Wasser (6–8 l/m²) nach und nach. Kleine Mengen finden in erdgefüllten Wannen oder Kisten Platz. Gegen Feuchtigkeitsverlust locker mit »wachsender« oder gelochter Folie bedecken.

Lagergemüse im Garten aufbewahren

Eternittruhen Sie sind für Lagergemüse gut geeignet; bis zum Rand eingraben.

Erdmiete Hierfür hebt man den Boden 30–40 cm tief und 80–100 cm breit aus, in einer Länge, die der unterzubringenden Erntemenge entspricht. Manchmal wird eine zweite Miete nötig. Als Mäuseschutz mit punktgeschweißtem engmaschigen rostfreien Drahtgewebe auskleiden, mit einem Deckel aus demselben Material und darüber einem gut passenden, starken Brett abdecken. Auf das Brett häuft

man erst eine dicke Lage Stroh, dann 30 cm hoch Erde.

Schichten Sie das Gemüse in Miete oder Truhe lagenweise, am besten jeweils eine Mischung aller Arten. So können Sie an frostfreien Tagen Vorräte für einen abwechslungsreichen 2–3-Wochen-Speiseplan holen. Jede einzelne Lage wird mit etwas Erde und kurzem Stroh abgedeckt. Bei mildem Wetter Lüften nicht vergessen! Daß Obst und Gemüse nie zusammen aufbewahrt werden dürfen, wissen Sie vielleicht. Das vom Obst abgegebene Äthylen verändert oft den Geschmack der Gemüse in unguter Weise und verkürzt die Haltbarkeit.

Ernte der Spätgemüse

Frostempfindliche Gemüse Bohnen, Gurken, Paprika, Tomaten, Zucchini verderben schon bei Temperaturen um 0°C. Sie müssen vor dem ersten Frost abgeerntet sein.

Robustere Arten Ende Oktober beginnt die Ernte in der Reihenfolge Winterrettich, Rote Rüben, Möhren, Sellerie, Wurzelpetersilie. Nach Frostnächten im Boden tauen lassen, nicht waschen, gleich ins Lager bringen. Laub von Winterrettichen und Möhren vorsichtig abdrehen oder -schneiden, ohne die Wurzeln zu beschädigen. An Roten Rüben Blätter bis auf einen Stielrest von etwa 3 cm entfernen. Knollen nicht verletzen, weil sie sonst langsam »ausbluten«. Bei Knollensellerie Wurzeln kürzen, Außenblätter entfernen oder für Gemüsebrühe verwenden (die auch eingefroren werden kann). Kopfkohl, Spätkohlrabi, Spätblumenkohl behalten die Wurzeln. Blumenkohl und Kohlrabi in mit feuchter Erde gefüllte Wannen pflanzen, Kopfkohl mit dem Kopf nach unten im Keller aufhängen. Kohlrabi lassen sich auch ohne Wurzeln mit den Kartoffeln aufbewahren. Blumenkohl und Kohlrabi sind meist einige Wochen, Kopfkohlarten einige Monate haltbar. Unterbringung im Lager.

Endivie, Chinakohl, Zuckerhut Sie vertragen leichten Frost, leiden aber unter häufigem Wechsel zwischen Gefrieren und Tauen. Deshalb im Frühbeet einschlagen, bei frostfreiem Wetter lüften, innerhalb von 4–6 Wochen verbrauchen.

Gemüse zur Winterernte »vom Beet weg« Dies sind Grünkohl, Rosenkohl, Winterporree, Feldsalat, Winterpostelein, Schwarzwurzeln, Winterradicchio. Schwarzwurzeln können aber auch im Keller in Erde (wie Möhren) untergebracht oder wie Rosenkohl und Winterporree an der Nordseite von Haus oder Garage »eingeschlagen« und mit Fichtenreisig geschützt werden. Das erleichtert die Ernte.

Gefrorenes Gemüse immer vor der Zubereitung in einem kühlen Raum langsam tauen lassen!

Verletzte Rote Rüben »bluten aus«. Deshalb läßt man die Blattstummel stehen und schneidet sie nicht.

Wenn Sie in Erdmieten die einzelnen Gemüse nicht gemischt, sondern, wie hier, getrennt einlagern, können Sie nicht so leicht abwechslungsreich kochen.

Das Gemüse

Blätter und Sprosse

Kopfsalat, Häuptelsalat
Lactuca sativa var. *capitata*

- Keimdauer 8 Tage.
- Pflanzung bis Erntebeginn 5–8 Wochen.

Sorten
Pflanzung Anfang bis Ende April 'Attraktion', 'Maikönig', 'Viktoria/Hilmar', 'Reskia', 'Blondine'.
Pflanzung Mitte bis Ende Mai 'Attraktion', 'Neckarriesen', 'Ovation', 'Reskia', 'Mona', 'Mirena', 'Merveille des Quatre Saisons' (rot).
Pflanzung Ende Mai bis Anfang Juli 'Ovation', 'Pirat', 'Neckarriesen', 'Soraya', 'Dolly', 'Kagrauer Sommer', 'Merveille des Quatre Saisons'.
Pflanzung Mitte Juli bis Mitte August 'Merkur', 'Neckarriesen', 'Mirena', 'Dolly', 'Clarion', 'Mona', 'Ovation', 'Karola', 'Merveille des Quatre Saisons'.
Pflanzung Ende September bis Anfang Oktober 'Maiwunder', 'Merveille des Quatre Saisons'. In rauhem Klima sind die Erträge abhängig vom Verlauf des Winters.
Unbedingt mit »wachsender« Folie oder Vlies abdecken.

Kultur
Kopfsalat braucht volles Licht und verfügbare Feuchtigkeit ohne Nässe. Blätter sollen vor Abend abgetrocknet sein. Auf zu hohe Düngergaben reagiert Salat mit »Verbrennungen« (braune Flecken an den Blättern)!
Grunddüngung 50 g/m², organisch-mineralisch 60–80 g/m², Kopfdüngung (nur nach starken Regenfällen) 20 g/m², organisch-mineralisch 40 g/m².
Nicht zu viel, dafür lieber öfter pflanzen, damit nichts überständig wird.
Flach säen, feucht halten, später verziehen, schließlich auspflanzen – nicht tiefer, als die Setzlinge vorher standen. Sie bilden sonst lockere Köpfe, Umblätter faulen leicht!
Anzuchtdauer bei April-Saat 5–6, später nur 4 Wochen. Sommersalat gedeiht besonders gut bei Saat aufs Beet mit anschließendem Verziehen.
Der endgültige Abstand für Frühsalat beträgt 25 × 25 cm, für Sommersalat 30 × 25 cm.
Folienschutz Vlies kann im Frühjahr bis zur Ernte auf dem Beet bleiben, wenn es nicht zu warm wird. Folientunnel genügend lüften, Kopfsalat ist hitzeempfindlich und lufthungrig! Wer nur einen Teil der Pflanzen bedeckt, kann dadurch die Ernte staffeln.
Ernte Schneiden Sie den größten Kopf ruhig bevor er ganz fertig ist, sonst kommen Sie vielleicht später nicht gegen den Segen an.

Eissalat
Lactuca sativa var. *capitata*

- Keimdauer wie Kopfsalat.
- Pflanzung bis Erntebeginn etwa 8 Wochen.

Sorten
Die Sorte 'Great Lakes' ist mehltauresistent.
Weitere Sorten sind 'Saladin', 'Laibacher Eis', 'Timo'.
'Sioux' ist als rot-grün gefleckte Sorte auf dem Markt.

Kultur
Hitzeverträglichkeit größer als bei Kopfsalat-Sommersorten, Ansprüche sonst gleich.
Kopfdüngung 3–4 Wochen nach Pflanzung 20–30 g/m², organisch-mineralisch 40 g/m².
Pflanzung Ende April bis Ende Juli ist möglich, aber auch Direktsaat aufs Beet. Zeit für die Vorkultur 4–5 Wochen. Abstand 30–40 × 30 cm.

Ernte und Verwendung
Wie Kopfsalat.

Endivie, Winterendivie
Cichorium endivia

- Keimdauer 6–10 Tage.
- Pflanzung bis Erntebeginn 8–9 Wochen.

Sorten
'Jeti', 'Hilds Diva', 'Bubikopf'; 'Wivita', besonders widerstandsfähig gegen Herbstnässe; alle selbstbleichend; 'Grüner Escariol' verträgt Fröste bis −4 °C.
Gekrauste (Frisée-)Sorten 'Très fine Maraichère/Goldherz', 'Wallone frisée', 'Grüne große Krause'.

Kultur
Ähnlich wie Kopfsalat, aber höherer Wasserbedarf. Jungpflanzen brauchen mehr Wärme, damit es später keine Schosser gibt.
Grunddüngung 70–80 g/m², organisch-mineralisch 100 g/m².
Saat von Mitte Juni bis Mitte Juli. Nach 4–5 Wochen flach pflanzen. Blätter vorher nicht einkürzen. Pflanzabstand 30 × 30 cm. Bei Saat Ende Mai an Ort und Stelle kann früher geerntet wer-

Von links nach rechts: Nichts geht über frischen, knackigen Kopfsalat aus dem eigenen Garten.

Eissalat ist besser aufzubewahren als Kopfsalat und hält sich im Gemüsefach des Kühlschranks tagelang frisch.

Endivie ist ein unentbehrliches Wintergemüse und enthält mehr Karotin und Vitamin C als Kopfsalat.

den, das Kopfgewicht ist höher, der innere Strunk kürzer.
<u>Bleichen</u> Bei knappen Pflanzabständen färben sich grüne Endivien ohne andere Maßnahmen innen hell.

Ernte und Lagerung
Sobald die Pflanzen ausgewachsen sind, nach Bedarf schneiden. Leichter Nachtfrost schadet nicht. Trotzdem mit dem Hereinholen warten, bis die Blätter aufgetaut sind, damit sie nicht zusammenfallen.
Zum Lagern vor stärkeren Frösten ausgraben, nach Entfernen schlechter Blätter in sandige, feuchte Erde »pflanzen« und kühl, aber frostfrei halten. Locker mit Vlies oder Zeitungslagen abdecken, damit nichts welkt. So halten die Köpfe einige Wochen.

Bataviasalat Sorten 'Dorée de Printemps', 'Favorite', 'Rouge grenobloise/Winnetou' (rot) ist weicher im Blatt, aber gleich in der Kultur.

Pflücksalat
Lactuva sativa var. *crispa*

- Keimdauer wie Kopfsalat.
- Saat bis Erntebeginn 5–6 Wochen.
- Erntezeit mehrere Wochen.

Sorten
'Salli', 'Red Salad Bowl/Vulcano', (roter Eichblatt), 'Salad Bowl', (grün-gelber Eichblatt), 'Lollo Rossa' (rot), 'Lollo Gelb', 'Till' (Fingersalat), 'Brunia' (rot).

Kultur
Ähnlich wie beim Kopfsalat. Als Standort kommt aber auch ein Balkonkasten in Frage. Grunddüngung 50 g/m², organisch-mineralisch 80 g/m², Kopfdüngung 40–50 g/m².
Saat ist von April bis September möglich, in flachen Reihen mit einem Abstand von 25 cm. Später auf 25–30 cm in der Reihe verziehen.
In Hitzeperioden verhilft Vlies zu besserer Keimung.

Ernte
Wer immer nur die größten Blätter pflückt und alle Herzblätter stehen läßt, kann lange Zeit ernten. Bei weiten Abständen wachsen lockere Köpfchen, die Sie auch im ganzen schneiden können.

Radicchio
Cichorium intybus var. *foliosum*

- Keimdauer 6–10 Tage.
- Saat bis Erntebeginn bei Herbstsorten 4 Monate, bei der Überwinterungssorte 8 Monate.

Sorten
'Palla Rossa/Roter Ballon' und 'Palla Rossa/Rubico' zur Herbsternte, 'Roter von Verona' zu Überwinterung und Ernte im Spätwinter und Vorfrühling.

Kultur
Ansprüche wie Endivie.
Grunddüngung mineralisch und organisch-mineralisch 60–80 g/m², Kopfdüngung nach dem Verziehen 30 bis 40 g/m².
Säen Sie 'Roter Ballon' ab Mitte Mai, 'Marina' ab Mitte Juni und 'Roter von Verona' Juli bis Anfang August gleich an Ort und Stelle aus. Reihenabstand 25 cm, auf 20 cm in der Reihe verziehen. Auch Ballenpflanzung mit 4wöchiger Vorkultur in Töpfchen ist möglich.
Bei 'Roter von Verona' im Spätherbst Beete mit Reisig, Stroh oder »wachsender« Schattierfolie abdecken oder Pflanzen im Frühbeet einschlagen. Vorher Laub auf 3–4 cm einkürzen. Ab Februar mit Folientunnel überbauen. Die lockeren Köpfchen wachsen im Februar/März.

Ernte
Schneiden Sie die roten Köpfchen mit 2–3 cm Wurzel, die feingeschnitten unter den Salat gemischt wird.

Chicorée, Zichoriensalat
Cichorium intybus var. *foliosum*

Stammt von der Wegwarte ab.
- Keimdauer 6–10 Tage.
- Saat bis Ernte 5–6 Monate.
- Treibdauer der Wurzelrüben 4–6 Wochen.

Sorten
'Zoom' mit und ohne Deckerde zu treiben; 'Flash', 'Tardivo', 'Mitado', Treiberei ohne Deckerde; 'Brüsseler Witloof', Treiberei mit Deckerde; 'Rouge Carla' (rot-weiß), Treiberei ohne Deckerde.

Kultur
Chicorée gedeiht auch in rauhem Klima. Bei Trockenheit gießen, vor allem August bis Oktober, wenn die Rüben wachsen.
Grunddüngung 70–80 g/m², organisch-mineralisch 100 g/m², Kopfdüngung nach 6–8 Wochen, bevor die Pflanzen zusammengewachsen sind 40 g/m².
Aussaat Mitte Mai aufs Beet, 2–3 cm tief, Reihenabstand 40 cm. Bald zwischen den Reihen lockern, Unkraut

Von links nach rechts:
Beim Pflücksalat schmecken sogar noch die Blätter lang gewordener Pflanzen.

Radicchioköpfchen sind im Spätwinter locker und tiefrot.

Chicoree – die Treiberei ist einfach, das Ergebnis gesund und wohlschmeckend.

Das Gemüse

entfernen, 2–3 Wochen nach der Keimung auf 10 cm Abstand in der Reihe verziehen.

Ernte und Lagerung der Treibwurzeln

Im Spätherbst Wurzelrüben mit der Grabgabel aus dem Beet nehmen und eine knappe Woche samt Laub im Schatten an regengeschützter Stelle draußen abtrocknen lassen. Dabei werden Nährstoffe aus den Blättern von den Wurzeln aufgenommen. Dann Laub 3–4 cm über dem Rübenkopf abschneiden. Wurzeln bis zum Treiben in feuchte Erde bringen und bei +1 bis +3°C lagern.

Treiberei mit und ohne Deckerde Als Treibgefäße eignen sich am Boden mit Löchern versehene Eimer aus Blech oder Plastik, Holzkisten, am Boden mit geschlitzter oder gelochter Folie ausgelegte Pappkartons. Den Gefäßboden 10 cm hoch mit Komposterde bedecken, Rüben dicht an dicht senkrecht daraufstellen, 3–5 cm hoch Erde aufbringen, durch kräftiges Gießen zwischen die Wurzeln spülen und alle Zwischenräume ausfüllen. Sorten zur »Treiberei mit Deckerde« zum Schluß 20 cm hoch mit feuchter Gartenerde abdecken.

Sorten zur »Treiberei ohne Deckerde« bekommen nur eine Decke aus »wachsender« Mulchfolie, Vlies oder Zeitungslagen. Bei Temperaturen um 17°C und hoher Luftfeuchtigkeit ist nach 4 Wochen Ernte. Ist es kälter, 12°C dürfen nicht unterschritten werden, dauert alles länger. Bei höherer Wärme werden die Sprosse locker.

Ernte der Treibsprosse Brechen Sie die Sprosse von den Wurzeln, wenn sie 15 cm lang und noch fest geschlossen sind.

Sie sollten nie mehr treiben, als Sie innerhalb von 1–2 Tagen verbrauchen können.

Verwendung als Salat und Kochgemüse.

Bindesalat, Sommerendivie, Romanasalat, Kochsalat, Lattich

Lactuca sativa var. *longifolia*

- Saat bis Erntebeginn 10–14 Wochen.

Sorten

'Kasseler', 'Verde degli Ortolani', 'Parris Island Cos', 'Little Leprechaun' (rot).

Kultur

Ansprüche wie anderer Salat, heißes Sommerwetter wird gut vertragen. Nur bei Trockenheit gießen, weil zu viel Feuchtigkeit Pilzkrankheiten begünstigt.

Grunddüngung 60 g/m², organisch-mineralisch 80 g/m², Kopfdüngung bevor die Pflanzen sich berühren 20–30 g/m² beziehungsweise 40 g/m².

Säen Sie Mitte Mai bis Ende Juni aufs Beet, Reihenabstand 35 cm, in der Reihe auf 30 cm verziehen.

Genausogut können Sie aber auch in Kistchen vorkultivieren, Abstand 5 × 3 cm und nach 4 Wochen auf 35 × 30 cm Abstand pflanzen.

Ernte und Lagerung

Fertige Köpfe möglichst nach Bedarf in die Küche holen. Sie halten kühl (z.B. im Gemüsefach des Eisschranks) aufbewahrt 2–3 Tage. Verwendung als Salat und Kochgemüse.

Zichorie, Zuckerhut, Fleischkraut

Cichorium intybus var. *foliosum*

Stammt von der Wegwarte ab.
- Keimdauer wie Endivie.
- Saat bis Ernte 3–4 Monate.

Sorten

'Zuckerhut/Hilmar', 'Zuckerhut/St. Vatter', 'Kristallkopf'.

Kultur

Ansprüche wie Endivie. Grunddüngung 80 g/m², organisch-mineralisch 100 g/m², Kopfdüngung 30–40 g/m². Saat Mitte bis Ende Juni an Ort und Stelle. Reihenabstand 35 cm, auf 35 bis 40 cm in der Reihe verziehen.

Ernte und Lagerung

Zuckerhut ist meist ab Mitte Oktober fertig. Vorsicht beim Hereinholen, die Blätter sind brüchig!

Weil Frost bis −3°C vertragen wird – wiederholtes Gefrieren und Tauen weniger –, gräbt man meist erst Mitte bis Ende November aus, bei frostfreiem Wetter! Vorräte wie Endivie einschlagen oder am Strunk im kalten, frostfreien Raum aufhängen, wo sie lange eßbar bleiben. Verwendung als Salat und Kochgemüse.

Feldsalat, Rapunzel, Ackersalat, Nüßlisalat

Valerianella locusta

- Keimdauer 8–14 Tage.
- Saat bis Erntebeginn bei Herbstsorten 3, bei Wintersorten 5–6 Monate.

Sorten

'Vit', 'Holländischer Breitblättriger' für Herbsternte, 'Dunkelgrüner vollherziger', 'Verte de Cambrai'; 'Elan' für Überwinterung und Winterernte.

Kultur

Feldsalat wächst am besten in nicht zu schweren Böden. Und pflanzen Sie Feldsalat nicht nach Kresse oder Gurken! Bei kühlem Wetter gewachsene Blätter sind fest und widerstandsfähig gegen Krankheiten.

Grunddüngung 30 g/m², nach stark gedüngter Vorkultur weniger. Organisch-mineralisch 40 g/m².

Bindesalat, ebenfalls für rohe Salate und Kochgemüse geeignet, ist weniger beliebt und auf bestimmte Gebiete beschränkt.

Zichorie: Ein sehr schönes Exemplar dieses Salat- und Kochgemüses, das in den letzten Jahren den Markt erobert hat.

Das Gemüse

Feldsalat enthält viel Kalium und Vitamin A und schmeckt sogar unangemacht.

Saat zur Herbsternte Anfang Juli, zur Überwinterung Anfang September, 1 cm tief und nicht zu dicht. Reihenabstand 8–10 cm. Beet 1 Woche vorher lockern und ebnen, damit die Erde sich »setzt«, der Samen nicht tief einsinkt.
Das Gießen, Jäten und Lockern geschieht je nach Bedarf.

Ernte

Schneiden Sie, was Sie am gleichen Tag verbrauchen, nie in gefrorenem Zustand! Roh als Salat.

Spinat

Spinacia oleracea

- Keimdauer 7–10 Tage.
- Saat bis Erntebeginn im Frühjahr und Herbst 8 Wochen, bei Winterspinat 6 Monate.

Sorten

'Matador', 'Butterfly' für alle Saattermine; 'Monnopa', 'Triplet' für Frühjahr

Jungen Spinat, mit etwas Sahne zubereitet, schätzten meine Kinder bereits im Breialter.

Verwendungstips

Gemüseart	Verwendete Teile	Zubereitung, Besonderheiten
Artischocke	Blütenknospen, noch fest geschlossen, farblos.	Blattspitzen um 1 cm kürzen. Knospen in Wasser mit wenig Salz und Zitronensaft garen, inneres »Heu« entfernen, mit Fleisch-, Fisch- oder Pilzfülle überbacken. Oder Böden allein füllen, Blätter, in pikante Soße getaucht, auslutschen.
Bindesalat	Blätter mit Strünken oder Strünke allein ohne Grün.	Nach Spinat- oder Spargelrezepten zubereiten.
Bleichsellerie	Untere fleischige Stengelteile.	In 2 cm lange Stücke schneiden, mit Zitronensaft beträufeln. Senf, Salz, Pfeffer, Zucker, Olivenöl, Eigelb, Sahne nach und nach zu Soße verrühren, darüber geben. Gut zu gebratenem Fleisch.
Brokkoli	Hauptsproß mit 20 cm Stengel, später Seitensprosse, Blätter.	Nach allen Blumenkohl- und Spargelrezepten. Blätter wie Wirsing. Harte Stengel schälen.
Cardy	Gebleichte Blattstiele.	Stiele garen, enthäuten, mit zerlassener Butter essen oder mit Butter und Käse überbacken.
Chinakohl	Einwandfreie Blätter, zarte Strünke.	Nicht sauerkrautgeeignet, weil er sich verfärbt. Wie Wirsing kochen, lagenweise mit Hackfleischteig als Auflauf, zu rohem Kohlsalat. Bläht nicht!
Chop-Suey, Salat-Chrysantheme	Triebspitzen und Blätter vor Blühbeginn.	Kurz fritiert zu Reis oder Nudeln, wie Spinat gekocht, als Würze zu Rohkostsalaten.
Gemüsezwiebel	Zwiebel ohne harte Außenhäute.	Gefüllt und überbacken, mit saurer Sahne als Gemüse, zu Salaten.
Grünspargel	15–20 cm lange, ungeschälte Stangen.	Nach allen Spargelrezepten, schmeckt auch roh!
Knollenfenchel	Knollen ohne schlechte Teile und Wurzelenden, zarte Herzblättchen.	In wenig Salzwasser garen, mit zerlassener Butter oder frischer Kräutermayonnaise essen.
Lauchzwiebel	Helle, saftige Stangen samt Schlotten (Blättern).	Im Ganzen gedünstet, als Würze zu Salat, Pizza, Mischgemüse, Suppen, Reis- und Nudelgerichten.
Mangold	Junge Blätter mit Stielen oder breite Stiele allein.	Wie Spinat oder Spargel zubereiten.
Melone	Fruchtfleisch.	Frisch aus der gehälfteten Schale löffeln, gewürfelt, mit etwas Zitronen-(Orangen)saft und Sahne, gut gekühlt.
Melonenkürbis	Fruchtfleisch	Gewürfelt, in verdünntem, mit Zucker, Salz, Nelken und anderen Gewürzen abgeschmecktem Weinessig sterilisieren.
Melonensquash	Fruchtfleisch	Süßsauer eingemacht wie Kürbis, als Salat, im Eintopf, zu Kürbiskuchen: Mürbteigboden mit Belag aus 200 g Kürbismus, 2 Eiern (Eiweiß als Schnee), ½ Tasse Zucker, Ingwerstückchen, Zimt, Muskat.

Das Gemüse

Verwendungstips

Gemüseart	Verwendete Teile	Zubereitung, Besonderheiten
Neuseeländer Spinat	Triebspitzen und Blätter.	Wie Spinat.
Ölkürbis	Fruchtfleisch, Kerne.	Verwendung wie bei Zucchini und Kürbis. Kerne im Ganzen knabbern, zerkleinert in Gebäck oder mit Salz und Zucker geröstet essen.
Pak Choi	Gute Blätter samt breiten Rippen.	Wie Chinakohl.
Pastinake	Weiße Wurzelrübe.	Wie Möhren mit Petersilie, im bunten Eintopf.
Porree	Helle »Stangen« mit noch zartem, gesundem Laub.	Als Würze für Suppen und als Gemüse mit saurer Sahne.
Puffbohnen	Bohnenkerne ohne Hülsen.	Garen und mit Soße aus geschmorten Zwiebeln essen.
Rhabarber	Junge Stangen ohne giftige Blätter.	Gewürfelt als Kompott, evtl. mit Erdbeeren auf Obstkuchen.
Schalotte	Kleine Zwiebelchen.	Im Ganzen in Weinessig einlegen und sterilisieren, auch mit Essiggemüse.
Schwarzwurzel	Wurzelrübe	Schälen, in leicht angesäuertes Wasser legen, in diesem Wasser kochen, mit weißer Soße oder überbacken essen.
Sojabohnen	Kerne aus grünen oder leicht gelblichen Hülsen, die deutlich als Verdickungen kenntlich sind; Trockenbohnen aus pergamentartig trockenen Hülsen.	Grüne Hülsen 20 Minuten kochen, damit Bohnen sich herausdrücken lassen. Trockenbohnen über Nacht einweichen und im Kochwasser garen. Mit frischer Mayonnaise, in Eintöpfen, mit Mixed Pickles als Salat.
Spaghettikürbis	Fruchtfleisch	Frucht im ganzen 20–30 Minuten kochen, hälften, »Pflanzenspaghetti« herauslöffeln, mit Tomatenhackfleischsoße und (oder) geriebenem Käse essen.
Speiserübe	Mairüben mit 5 cm Durchmesser, Herbstrüben größer, Blattstiele aus Engsaat als »Rübstiel«.	Mit Fleischbrühe kochen, mit Petersilie würzen. »Rübstiel« wie Spinat zubereiten.
Steckrüben	Fertige Rüben, von schlechten Stellen, Blättern und Wurzelansatz befreit.	Gewürfelt in Fleischbrühe als Gemüse.
Winterheckezwiebel	Schlotten (Laub), feingehackt.	Würze für verschiedenste Gemüse und Salate, Butterbrotbelag.
Zucchini	20 cm lange, ungeschälte, in Scheiben oder Würfel geschnittene Früchte.	Mit Zwiebel und Sauerrahm schmoren, mit Gemüseeintopf kochen, mit Hackfleisch gefüllt überbacken, Scheiben in Eierkuchenteig tauchen und ausbacken.
Zuckererbsen	Schoten samt sehr kleinen Erbsen.	Frisch vom Strauch, garen und mit Petersilie und zerlassener Butter essen, zerteilt zu gemischten Salaten.
Zuckermais	Kolben mit noch saftigen Körnern ohne Außenblätter und »Fäden«.	Sehr jung ohne Zutaten eßbar. Sonst mit zerlassener Butter oder kurz in Butter angebraten knabbern. Gegart in Butter schwenken, mit geschmorten Gemüsepaprikastreifen essen.

und Herbst; 'Atlanta' und 'Rico' eignen sich besonders gut für Sommeranbau und sind spätschießend.

Kultur
Spinat gedeiht auch in rauhem Klima, verträgt aber keine Trockenheit. Grunddüngung 60 g/m², Kopfdüngung nach 1. Schnitt, wenn noch einmal geerntet werden soll, 20–30 g/m².
Saat so früh wie möglich und bis Mitte Mai, dann wieder ab August (Herbstspinat) bis Anfang September (Winterspinat), 3 cm tief und nicht zu dicht. Reihenabstand 20 cm. Boden locker halten, Unkraut entfernen!

Ernte
Spinat schmeckt am besten jung und zart. Wenn nichts eingefroren wird, lieber öfter wenig säen. Auch (junge Blätter) als roher Salat.

Neuseeländer Spinat
Tetragonia tetragonioides

- Keimdauer 16–21 Tage.
- Saat bis Erntebeginn 10 Wochen.

Sorten
Gibt es nicht.

Kultur
Die Pflanzen brauchen viel Wärme, volle Sonne, gute Wasserversorgung und reichlich Kompost.
Grunddüngung 50 g/m², organisch-mineralisch 80 g/m², 1. und 2. Kopfdüngung Ende Juni und Anfang August je 30 g/m². Gefäßpflanzen ab der 4. Woche nach Pflanzung alle 8 Tage mit 2–3 g/l versorgen.
Samen nach 24stündigem Vorquellen

Neuseeländer Spinat stellt höhere Ansprüche als Spinat und ist wohl deswegen wenig verbreitet.

260 Das Gemüse

Von links nach rechts: Stielmus, in Süddeutschland kaum bekannt, ist in Fleischbrühe gekocht ein köstliches Gemüse.

Rhabarber in guten Sorten schmeckt als durstlöschendes Kompott mit oder ohne Erdbeeren.

in lauwarmem Wasser Anfang April einzeln in 10-cm-Töpfchen legen, bei 20 °C aufstellen. Pflanzung mit unbeschädigtem Ballen Ende Mai/Anfang Juni in die Mitte eines geschützten Beetes. Abstand von Pflanze zu Pflanze 50 cm. Äußere Beetränder können ab Ende April mit Frühsalat, Frühkohlrabi, Rettich oder Radies genutzt werden, die abgeräumt sind, wenn der Spinat mehr Platz braucht.

Ernte
Den Sommer über einmal in der Woche alle Triebspitzen mit 5 voll entfalteten Blättern schneiden, dazu wenige Blätter. Die Pflanzen sollen ja weiterwachsen.

Mangold, Römischer Kohl, Beißkohl
Beta vulgaris var. *vulgaris*

- Keimdauer 14 Tage.
- Saat bis Ernte 6 Wochen.

Sorten
'Glatter Silber', breite weiße Rippen; 'Lukullus', krause gelbe Blätter und breite weiße Rippen, sehr ergiebig; 'Vulkan', 'Feurio', rotstielig und rot kochend, auch für Zierzwecke.

Kultur
Mangold wächst noch im Halbschatten, aber nicht nach sich selbst, Roten Rüben und Spinat. Grunddüngung 50 g/m², organisch-mineralisch 80 g/m², Kopfdüngung nach mehrmaligem Pflücken 30 g/m², organisch-mineralisch 40 g/m².

Die Mangoldsorte 'Feurio' paßt sogar in den Ziergarten.

Gesät wird am besten Ende April, mit einem Abstand von 30 × 25 cm. Legen Sie pro Stelle 2–3 Mangoldsamen etwa 2 cm tief und lassen nur eine Pflanze stehen.

Ernte
Wer nur die äußeren Blätter holt und das »Herz« stehen läßt, kann bei guter Wasser- und Nährstoffversorgung den Sommer über ernten.

Stielmus
Brassica rapa var. *rapa*

- Keimdauer wie Mairüben (s. S. 270), ebenso Saat bis Ernte.

Sorten
'Blattstielgemüse'; 'Namenia', sehr wohlschmeckend, zum Kochen der hellgelben Stiele samt grünen Blättern.

Kultur
Wie Mairüben, Saat Ende März/Anfang April, Reihenabstand 25 cm, auf 15 cm in der Reihe verziehen.

Ernte
Man schneidet Ende April/Anfang Mai nach Bedarf und verbraucht bald. Zubereitung wie Schwarzwurzel oder Spargel.

Rhabarber
Rheum rhaponticum

- Zeit von Pflanzung bis Erntebeginn wenigstens 2 Jahre.

Sorten
'Holsteiner Blut', 'Viktoria', 'Roter Prinz', 'Red Sutton', alle rotstielig.

Kultur
Rhabarber gedeiht auch im Halbschatten und in rauhem Klima, wenn reichlich Nährstoffe und Wasser ohne Staunässe zur Verfügung stehen.
Düngung vor der Pflanzung 150 g/m², organisch-mineralisch 220 g/m², dieselben Mengen im Juni des 1. Jahres und später jeweils nach der Ernte. Zudem jedes Frühjahr viel Kompost, Humobil oder Rindermist. Im Herbst vor der Pflanzung soll der Boden 2 Spatenstiche tief gelockert, die oberste Schicht mit Kompost, Rindermist oder Humobil angereichert werden.
Die ersten »Klumpen« (etwa 1 kg schwere Wurzelstockteile mit Trieb-»Augen«) müssen Sie kaufen. Später können Sie eigene Pflanzen teilen.
Bringen Sie die »Klumpen« im Oktober oder März so tief in den Boden, daß die Knospen 2–3 cm hoch mit Erde bedeckt sind. Später alle Blütentriebe entfernen, damit mehr Stiele wachsen.

Ernte
Erst ab dem 2. Jahr nach Pflanzung 1–2mal pro Woche von jeder Pflanze wenige Stiele »mit Ruck« herausziehen, weil Stümpfe faulen! Ab Ende Juni nichts mehr nehmen. Die Blätter müssen nun fürs kommende Jahr Nährstoffe produzieren und in die Wurzelstöcke einlagern. Dünger- und Wassergaben nicht vergessen!

Verfrühung durch Folie Wenn Sie im März einzelne Pflanzen mit »wachsender« Folie oder Vlies abdecken, beginnt die Ernte früher. Abdeckung so bemessen, daß die bis 60 cm langen Stiele gerade in die Höhe wachsen können!

Neupflanzung Nach 8–10 Jahren läßt der Ertrag nach. Dann gräbt man

Das Gemüse

die alten Stöcke im Oktober oder März aus, teilt mit scharfem Spaten so, daß Stücke von etwa 1 kg Gewicht mit mindestens einer Knospe entstehen und pflanzt auf ein anderes, gut vorbereitetes Beet.
Wichtig Vom Rhabarber sind nur die gekochten Stiele genießbar, die Blätter sind gesundheitsschädlich! Gut als Kompott mit Erdbeeren.

Grünspargel
Asparagus officinalis

- Pflanzung bis Erntebeginn 2 Jahre.

Sorten
'Merrygreen', 'Mary Washington', 'Helios', 'Arlette'.

Kultur
Grünspargel (ungebleichter Spargel) wächst besonders gut in nicht zu schwerem Boden auf einem voll besonnten, geschützten Beet. Spätfrostlagen vermeiden! In nassen, kühlen Jahren gibt es wenig zu ernten.
Grunddüngung im Herbst vor der Pflanzung nach tiefem Lockern. Dabei werden reichlich Kompost- (und Rinderdung), 200 g/m^2 Thomasmehl, 100 g/m^2, 40%iges chlorfreies Kali in die obere Schicht eingearbeitet. Im Frühjahr vor der Pflanzung 3–5 Säcke z. B. Humobil/m^2 flach einarbeiten, 5–6 Wochen danach 20 g/m^2 Kalkammonsalpeter.
Im Jahr nach der Pflanzung gibt man jeweils im April, Mai, Juni 50 g/m^2, organisch-mineralisch 80 g/m^2. Ab dem 2. Jahr nach Ernteschluß 2mal im Abstand von 5 Wochen 75 g/m^2, organisch-mineralisch 90 g/m^2 geben, reichlich Kompost oder Humobil zwischen den Pflanzen verteilen.
Einjährige Pflanzen mit starken Knospen und 10–12 cm langen Wurzeln schon im Herbst oder Winter fürs Frühjahr bestellen, eigene Anzucht ist zu umständlich.
März und April ist Pflanzzeit. Weil die Pflanzen nach Auspacken und kurzem Wässern sofort gesetzt werden müssen, soll der Boden schon vorbereitet sein. Flach durcharbeiten, abrechen, 1 m voneinander entfernte Furchen ziehen, in leichten Böden 15 cm, in schweren 10 cm tief. In jeweils 40 cm Abstand Pflanzstellen markieren und die Pflanzen mit strahlenförmig nach allen Seiten ausgebreiteten Wurzeln in die Furchen setzen. 5 cm hoch mit Erde bedecken, zusätzlich mit verrottetem Stallmist oder feuchtem Torf. Erst nach Anwachsen und Neutrieb die Furchen ganz auffüllen.
Im Pflanzjahr und im Jahr danach ist Zwischenpflanzung von Kopfsalat, Kohlrabi, Buschbohnen und anderem möglich.

Ernte
Im 2. Jahr nach der Pflanzung schneiden Sie die ersten »Pfeifen« nur bis Anfang Juni, erst ab dem Jahr danach bis Ende Juni, 15–20 cm lang, mit scharfem Messer, etwa 1 cm unter der Erdoberfläche. Die Deckblätter der »Köpfe« sollen noch fest anliegen. Alle 2–3 Tage durchgehen! Zubereitung wie Bleichspargel, Schonkost.

Neupflanzung
Sie ist nach 10–12 Jahren nötig, an anderer Stelle!

Pflanzenhygiene
Diese beugt spezifischen Krankheiten und Schädlingen vor. Abgestorbenes Laub deshalb im Spätherbst handbreit über dem Boden abschneiden und zum Müll geben. Im Frühjahr zieht man die nun trockenen Spargelstümpfe heraus. Auch sie gehören in die Mülltonne.

Weniger bekannte Salatgemüse

Winterportulak, Winterpostelein, Bürzelkraut, Kubaspinat
Montia perfoliata

- Keimdauer 8–10 Tage.
- Saat bis Ernte 4 Wochen.

Sorte
Keine bekannt.

Kultur
Saat April für Ernte Mai bis Juni oder August bis September für Ernte September bis Oktober. Abstand 20 × 10 cm.
Samen andrücken, feucht halten.

Ernte
Nach 4 Wochen, ein- bis zweimal, je nachdem, wie tief geschnitten wird. Auch Blütchen sind eßbar. Schmeckt roh als Salat, gekocht wie Spinat.

Grünspargel schmeckt köstlich und ist, beizeiten geschnitten, bis zum Ansatz zart.

Löwenzahn
Taraxacum officinale

- Keimdauer 12–15 Tage.
- Saat bis Blatternte 5 Wochen.

Sorten
'Nouvelle', 'Vollherziger Beitblättriger', 'Lyonel', alle nicht so bitter wie »wilder« Löwenzahn.

Kultur
Saat März/April, Abstand 25 × 10 cm.

Ernte
Junge Blätter spätestens vor der Blüte schneiden. Starke Wurzeln im Herbst ausgraben und in Wannen mit Erde oder im Frühbeet einschlagen, wo sie zartes Grün treiben. Unter dunkler Folie oder einem übergestülpten Eimer getrieben schmecken die Blätter weniger bitter.

Winterportulak wird samt den niedlichen weißen Blütchen gegessen.

Das Gemüse

Salat-Chrysanthemen haben ein ganz eigenes Aroma. Die Blättchen geben anderen Blattsalaten eine pikante Note.

Salat-Chrysantheme
Chrysanthemum coronarium

- Keimdauer wenige Tage.
- Saat bis Ernte 4–6 Wochen.

Sorte
'Sperlings Chop Suey'.

Kultur
Saat Anfang April bis Mitte August, Reihenabstand 15 cm, 6–8 cm Abstand zwischen den Pflanzen.
Grunddüngung 30 g/m², organisch-mineralisch 40–50 g/m².

Ernte
Schneiden, sobald die Pflanzen handhoch sind. Innere Blätter stehenlassen, damit mehrmals, immer vor der Blüte, geerntet werden kann.

Keimsalate (Keimsprossen)

Samen dafür gibt es überall im Fachhandel. Kresse und Senf können Sie schon im April aufs Gartenbeet säen, Reihenabstand 6 cm. Im Keimblattstadium schneiden.

Links:
Wenn Sie die äußeren Blätter über jungen Blumenkohl knicken, bleibt er schön weiß.

Rechts:
Brokkoli, aromatischer als Blumenkohl, bringt höhere Erträge, enthält Chlorophyll und mehr Vitamine.

Kohlvariationen

Pflanzenhygiene – besonders wichtig

Sämtliche Kohlgemüse und alle anderen Kreuzblütler wie Rettich, Radies, Senf sind für dieselben Krankheiten und Schädlinge anfällig. Deshalb frühestens nach 4–6 Jahren auf die gleiche Stelle bringen! Kohlstrünke nach Ernte ausgraben und zum Müll geben. Im Kompost bleiben Krankheitskeime und Schädlinge am Leben!
Außerdem: Nur gesunde Jungpflanzen verwenden, ohne Verdickungen an Wurzeln und Wurzelhals oder bräunlich verfärbte eingeschnürte Stellen.

Blumenkohl, Karfiol, Käsekohl
Brassica oleracea var. *botrytis*

- Keimdauer 4–8 Tage.
- Saat bis Pflanzung 4 Wochen.
- Pflanzung bis Erntebeginn 7–9 Wochen, 'Flora Blanca', 'Coronado' 10 Wochen.

Sorten
'Erfurter Zwerg', 'Neckarperle' eignen sich für die erste Pflanzung draußen (April).
Pflanzung Mai bis Juli 'Hormade', 'Danova', 'Herbstriesen', 'Neckarperle'. 'Alverda', grünköpfig, und 'Minaret', gelb-grün, 'Violetto di Sicilia', violett, grünkochend, Saat Mitte Mai/Mitte Juni, Pflanzung auf 50 × 60 cm. Winterblumenkohl 'Walcheren Winter 3 Armado April', Saat Anfang bis Mitte August, Pflanzung Mitte bis Ende September, Ernte Mai; unbedingt mit Vlies abdecken!

Kultur
Blumenkohl braucht Windschutz, Sonne und gleichmäßig feuchten Boden. Grunddüngung 60 g/m², organisch-mineralisch 75–100 g/m², 1. Kopfdüngung 3 Wochen nach Pflanzung, 50 g/m², 2. Kopfdüngung zu Beginn der Blumenbildung, 30 g/m². Nach starken Regenfällen 3. Kopfdüngung, 20 g/m². Organisch-mineralisch nur eine Kopfdüngung von 60 g/m².
Ganz früh wachsen Topfpflanzen (vom Gärtner oder aus dem Kleingewächshaus) am besten weiter.
Von Ende April bis Anfang August ist eigene Anzucht ohne Gewächshaus möglich. Saat in Kistchen oder aufs Beet mit späterem Verpflanzen. Jungpflanzen einmal in der Woche mit 2 g/l versorgen!
Schlecht ernährter, zu trocken, kalt oder naß gehaltener Blumenkohl bildet nur kümmerliche Blumen!
Pflanzen Sie 4–5 Wochen nach der Saat bis an die ersten richtigen Blättchen in die Erde, Abstand 50 × 50 cm, und häufeln an. Abdecken mit »wachsender« Folie oder Vlies bis Mitte Mai fördert bei früher Pflanzung das Wachstum und verhindert Kohlfliegenbefall.

Ernte
Schneiden Sie, sobald die Blumen ausgewachsen, aber noch fest geschlossen sind. Ab einer gewissen Größe täglich kontrollieren! Wo die Blätter die Blume nicht decken, müssen Sie sie darüberbiegen (notfalls knicken), damit sie weiß bleibt – wenn Ihnen das wichtig ist. Im Ganzen gegart mit Butter essen, Röschen mit Holländischer Soße oder auch als Mayonnaisesalat, Schonkost.

Brokkoli
Brassica oleracea convar. *botrytis* var. *italica*

- Saat bis Ernte des Hauptsprosses 10–12 Wochen.

Sorten
'Juwaprim', 'Juwatard', 'Futura', 'Green Valiant', 'Septal', 'Rosalind', rotviolett, grünkochend, intensiver Geschmack.

Kultur

Ansprüche ähnlich wie Blumenkohl, Hitze wird besser vertragen. Wegen der längeren Erntezeit eine weitere Kopfdüngung ratsam.
Saat ab Mitte Mai bis Mitte Juli direkt aufs Beet, vielleicht zwischen halbfertigen Salat. Der Reihenabstand beträgt etwa 45 cm, in der Reihe alle 45 cm je 3 Korn 1,5 cm tief legen und nach der Keimung den kräftigsten Sämling stehen lassen.
Genauso möglich ist Vorkultur im April in Töpfchen und Pflanzung 4 Wochen später.
Pflanzung, Anhäufeln und Lockern wie beim Blumenkohl.

Ernte

Knospen festgeschlossen mit 10–20 cm langem Stück Stengel schneiden, zuerst den Hauptsproß, später die nachwachsenden Nebensprosse. Zubereitung wie Blumenkohl oder Spargel, Schonkost.

Kohlrabi, Oberkohlrabi

Brassica oleracea var. *gongylodes*

- Pflanzung bis Ernte bei Früh- und »Allround«-Kohlrabi 7–8, bei Sommerkohlrabi 5–6, bei Spätkohlrabi 14–15 Wochen.

Sorten

'Blaro', blau, 'Azur Star', blau, 'Marko', weiß, 'Lauro', weiß, 'Folio', weiß, für Frühpflanzungen;
'Blaro', 'Lauro', 'Marko', 'Noriko', 'Blusta', blau, für Frühling, Sommer und Herbst. 'Blauer Speck', Saat Juni, Ernte Mitte Oktober bis Mitte November; 'Superschmelz', Saat Anfang bis Mitte April, Ernte Spätsommer, Abstand 60 × 60 cm, bis 6 kg schwer, aber zart.

Kultur

Kohlrabi brauchen gleichmäßige Wasserversorgung, damit sie weder holzig werden noch platzen.
Genauso wichtig sind Tagestemperaturen von 16–18 °C, nachts über 10 °C, damit sie nicht schossen.
Grunddüngung 60–70 g/m², Kopfdüngung 3 Wochen nach Pflanzung 20–30 g/m². Organisch-mineralische Grunddüngung 80–100 g/m², Kopfdüngung 50 g/m².
Erste Setzlinge kauft man meist beim Gärtner. Ab Ende April sind sie leicht selbst heranzuziehen. Gepflanzt wird nur bis an die Keimblättchen, damit sich gute runde Knollen bilden. Abstand für Frühsorten 30 × 25 cm, für Sommer- und Herbstsorten 30 × 30 cm.
Saat von Ende Mai bis 20. Juli direkt aufs Beet mit Verziehen bringt besonders zarte Knollen.
Abdecken mit »wachsender« Folie, Vlies oder Kulturschutznetz verhindert Madigwerden, weil es die Rettichfliegen fernhält. Folie und Vlies verfrühen außerdem die Ernte erster Saaten, sind später ungünstig.
Randbepflanzung von Tomaten- und Gurkenbeeten möglich. Bei Folgepflanzungen alle 4–5 Wochen stehen viele Monate Kohlrabi zur Verfügung.

Ernte und Lagerung

Man holt die Knollen mit Herzblättchen, sobald sie fertig sind. Nur 'Superschmelz' kann etwas länger stehen, ohne holzig zu werden, braucht aber dazu viel Wasser und eine Kopfdüngung mehr.
Schmeckt als Gemüse mit Fleisch gefüllt und als Rohkost.

Kopfkohl

Brassica oleracea var. *capitata*

Weißkohl, Weißkraut, Weißkappes, Weißkabis. Rotkohl, Blaukraut, Rotkraut, Rotkappes, Rotkabis. Wirsing, Wirz.

- Pflanzung bis Erntebeginn bei Frühweißkohl und Frühwirsing 8–9, bei Frührotkohl 11–12, bei Herbstweißkohl, Herbstrotkohl, Herbstwirsing 14–15 Wochen.

Die Entwicklungsdauer von Kopfkohl ist also sehr unterschiedlich, und gute Ernten hängen auch von richtigen Terminen ab.

Weißkraut enthält viel Vitamin C und schmeckt auch als Rohkost sehr gut.

Blaukraut, das in Norddeutschland Rotkohl heißt, ist mit Äpfeln gekocht besonders delikat.

Mit Fleischbrühe gekochtes Wirsinggemüse ist ein Genuß, aber nichts für Magen- und Galleempfindliche.

Sorten, früh und mittelfrüh

Abstand 50 (40) × 50 cm.
<u>Weißkohl</u> 'Erstling', 'Cape Horn', 'Minicole', 'Dithmarscher', 'Marner Allfrüh', Abstand 40 × 40 cm; 'Picolo', 'Wiam', 'Castello' halten wochenlang auf dem Beet, ohne zu platzen.
<u>Rotkohl</u> 'Frührot', 'Mohrenkopf' und 'Marner Rocco' (Abstand 30 × 40 cm), bei später Pflanzung auch für Späternte und Lagerung, 'Allrot' für Früh- und Spätanbau.
<u>Wirsing</u> 'Praeco', 'Eisenkopf', 'Vorbote', 'Butterkohl'.
'Salarite' ist gut rohkostgeeignet! Mildsüßer Geschmack.

Junge Kohlrabi, auch roh eßbar, brauchen kaum geschält zu werden! Blätter mitkochen, Herzblätter dann roh gehackt zugeben.

Herbst- und Lagersorten
Abstand 50–60 × 60 cm.
<u>Weißkohl</u> 'Filderkraut', 'Hidena', 'Bison', 'Garant', lagerfähig bis April/Mai; 'Shamrock', süß, besonders für Rohkost, Ernte September.
<u>Rotkohl</u> 'Lagerrot', 'Ruby Perfection', lagerfähig bis April/Mai.
<u>Wirsing</u> 'Savoy Star'; 'Vertus', 'Wivoy' für Ernte vom Beet bis März. 'Advent', Saat August, Pflanzung September, Ernte Mai, mit Vlies abdecken!

Kultur
Kühles Wetter und rauhes Klima schaden nicht, Trockenheit wird schlecht ertragen. Bei krassem Wechsel zwischen Trockenheit und Nässe platzen die Köpfe.
Grunddüngung 70 g/m², organisch-mineralisch 90 g/m². 1. Kopfdüngung 3 Wochen nach Pflanzung, 50–60 g/m², 2. Kopfdüngung zu Beginn der Kopfbildung, 30 g/m². Organisch-mineralische Kopfdüngung 5 Wochen nach Pflanzung, 80 g/m².
Setzlinge für frühe Pflanzung siehe Blumenkohl. Ab Anfang April sät man Herbstkohl ins Frühbeet oder unter »wachsender« Folie oder Vlies auf ein Anzuchtbeet, Lagerkohl Ende April, Winterwirsing Mitte Mai bis Anfang Juni, Frühwirsing zur Herbsternte noch Anfang Juli. Bei Abständen von 5 × 5 cm und reichlich Torf in der Erde braucht nicht pikiert zu werden. 4–5 Wochen nach Aussaat ist Pflanzzeit. Wichtig: Tief setzen, bis an die ersten Blättchen, und nach 2–3 Wochen anhäufeln. Durch Abdecken mit Vlies bis Mitte Mai können Sie die Ernte um 1–2 Wochen vorverlegen.

Ernte und Lagerung
Schneiden Sie die Köpfe voll ausgewachsen, möglichst noch fest geschlossen und nicht geplatzt. Frühkohl hält bei +1 bis 3°C 3–4 Wochen, Lagerkohl unter geeigneten Bedingungen mehrere Monate. Gemüse, Eintopf, Krautwickel (Weißkraut), Rohkost.

Rosenkohl
Brassica oleracea var. *gemmifera*

- Pflanzung bis Erntebeginn 18–20 Wochen.

Sorten
'Hilds Ideal', Pflanzung Mitte bis Ende Juni, Ernte November/Dezember; 'Citadel', Pflanzung Ende Mai bis Anfang Juni, Ernte Oktober bis Januar; 'Hossa', Pflanzung um 10. Juni, Ernte Oktober bis März; 'Fortress', Pflanzung Mitte Mai bis Mitte Juni, Ernte Anfang Januar bis Ende Februar, 'Rubine' (rot).

Kultur
Rosenkohl gedeiht auch in rauhem Klima.
Grunddüngung 80 g/m², organisch-mineralisch 90 g/m², Kopfdüngung 4 Wochen nach Pflanzung, 40 g/m², organisch-mineralisch 90 g/m². Bei späterer Düngung leidet die Frosthärte!

Inhaltstoffe der Gemüsearten

Blätter und Sproße

Kopfsalat	Vitamin C, viel Karotin, Mineralstoffe, Bitterstoffe sowie Zitronensäure.
Bindesalat, Pflücksalat, Schnittsalat, Eissalat	Siehe Kopfsalat.
Endivie	Mehr Karotin und Vitamin C als Kopfsalat, Bitterstoffe, Mineralstoffe.
Radicchio	Siehe Endivie.
Chicorée	Karotin, Vitamin C, Mineralstoffe, Bitterstoffe.
Zichorie, Zuckerhut	Siehe Endivie.
Feldsalat	Vitamin- und Mineralstoffgehalt höher als bei Kopfsalat.
Spinat	Karotin, Vitamin B_1, B_2, reichlich Mineralstoffe. Oxalsäuregehalt leicht durch normale Kalk- und Vitamin-C-Zufuhr (Milch, Quark) zu neutralisieren.
Neuseeländer Spinat	Viel Vitamin C, Karotin, B_{12}, der Oxalsäuregehalt ist ähnlich wie bei Spinat.
Mangold	Reichlich Karotin, Vitamin B_1, B_2, C, Mineralstoffe, sehr wenig Oxalsäure.
Stielmus	Siehe Speiserüben.
Rhabarber	Etwas Vitamine, Mineralstoffe, Apfel- und Oxalsäure.
Grünspargel	Karotin, Vitamin C, B_1, B_2, B_{12}, Mineralstoffe, von allem mehr als Bleichspargel.

Weniger bekannte Salatgemüse

Winterportulak	Karotin, B_2, C, reichlich Mineralstoffe.
Löwenzahn	Sehr viel Karotin, Vitamin C, Mineralstoffe, Bitterstoffe.
Kresse, Senf	Vitamine, Senföle.

Kohlvariationen

Blumenkohl	Viel Vitamin C, etwas Karotin, Vitamin B_1, Vitamin B_2, Mineralstoffe.
Brokkoli	Mehr Karotin, Vitamin C und K, als Blumenkohl, dazu Chlorophyll.
Kohlrabi	Siehe Kopfkohl, Blätter haben mehr Vitamine.
Kopfkohl	Reichlich Vitamin C, etwas Karotin, B_1, B_2, B_{12}, reichlich Mineralstoffe.
Rosenkohl	Viel Vitamin C und Mineralstoffe.
Winterkohl	Reichlich Vitamin C, Karotin, Mineralstoffe, relativ viel hochwertiges Eiweiß.
Chinakohl	Reichlich Vitamin C, Eiweiß, Kohlenhydrate, Mineralstoffe.
Pak Choi	Siehe Chinakohl.

Dieser Rosenkohl hat schöne feste Röschen, ein Zeichen für richtige Ernährung.

Das Gemüse

Inhaltstoffe der Gemüsearten

Wurzeln und Knollen

Möhre	Sehr viel Karotin, andere Vitamine, Mineralstoffe, Kohlenhydrate.
Pastinake	Reichlich Mineralstoffe, etwas Vitamine, Kohlenhydrate.
Rettich	Siehe Radieschen.
Radieschen	Vitamin B_1, B_2, B_{12}, C, Mineralstoffe, Senföle.
Rote Rübe	Wenig Vitamine, reichlich Mineralstoffe, Rohrzucker, organische Säuren, ein roter Farbstoff (Anthocyanin).
Knollensellerie	Vitamin B_1, B_2, B_{12}, C, E, Karotin, Mineralstoffe.
Bleichsellerie	Siehe Knollensellerie.
Cardy	Etwas Karotin, Vitamine des B-Komplexes, Mineralstoffe, Bitterstoffe.
Fenchel, (Knollen)	Viel Karotin, etwas Vitamin B_1, B_2, B_{12}, Mineralstoffe.
Schwarzwurzeln	Reichlich Karotin, Vitamin B_1, B_2, B_{12}, Mineralstoffe, Kohlenhydrate.
Steckrübe	Karotin, Vitamin C, Zucker, Mineralstoffe.
Speiserübe	Mineralstoffe, Vitamine, Zucker, Eiweiß, Senföl, andere ätherische Öle.
Kartoffel	Karotin, viel Vitamin C, wenig B, Mineralstoffe, Eiweiß, reichlich Kohlenhydrate.

Hülsenfrüchte

Erbse	Viel Eiweiß, Kohlenhydrate, etwas Fett, Mineralstoffe, viel Vitamin B_1, und B_2.
Bohnen, grün	Reichlich Vitamin C, Eiweiß, Mineralstoffe.
Bohnen, trocken	Viel Eiweiß und Kohlenhydrate, Mineralstoffe, Vitamin B_{12} und C.
Sojabohnen	Reichlich Vitamin C, B, Karotin, ungesättigte Fettsäuren, viel hochwertiges Eiweiß.

Tomaten und Paprika

Tomaten	Karotin, Vitamin B_1, B_2, B_{12} (Niacin), Mineralstoffe, Fruchtsäuren, Zucker
Paprika	Karotin, Vitamin B_1, B_2, B_{12}, viel Vitamin C, als einzige Gemüseart Vitamin P, das Kreislaufstörungen vorbeugt.

Gurken, Melonen und Kürbis

Gurken	Mineralstoffe, Vitamine in geringen Mengen.
Melonen	Vitamin A, B_1, B_2, B_{12}, C, Mineralstoffe.
Kürbis aller Arten	Karotin, wenig andere Vitamine, Mineralstoffe.
Ölkürbiskerne	45% Kürbiskernöl, das zu 60% aus ungesättigten Fettsäuren besteht, Eiweiß, Vitamine.

Zwiebelgewächse

Zwiebel	Viel Karotin, Vitamin B_1, B_2, B_{12}, E, Zucker, ätherische Öle.
Lauchzwiebel	Siehe Zwiebel.
Porree, Lauch	Karotin, Vitamin B_1, B_2, C, Mineralstoffe, ätherische Öle.
Knoblauch	Karotin, Vitamin B_1, B_{12}, C, Hormone, die ähnlich wie Sexualhormone wirken, Fermente (antibiotische Wirkung).
Schalotte	Siehe Zwiebel.

»Exoten«

Artischocke	Reichlich Mineralstoffe, Inulin, etwas Vitamin B, C, Karotin.
Zuckermais	Karotin, Vitamin B_1, B_2, C, etwas weniger Eiweiß als Zuckererbsen, Kohlenhydrate, Mineralstoffe.

Frühester Saattermin für Herbsternte ist der 20. März, für Winter- und Frühjahrsernte der 10. April. Bei früher Saat und weitem Stand (5 × 5 cm) sind Ertrag und Qualität besonders gut.
Pflanzung 5 Wochen nach Saat – in Reihen mit 60 cm Abstand. Abstand von Pflanze zu Pflanze 50–60 cm. Tief (bis an die 1. Blätter) setzen und später anhäufeln. Dadurch bilden sich viele zusätzliche Wurzeln, die der besseren Ernährung der Pflanzen genauso dienen wie festerem Stand.
Zudem belohnen uns die Rosenkohlpflanzen mit einem reichen Röschenansatz.
Entspitzen nennt man das Ausbrechen der Spitzenknospe. Man praktiziert es, wenn Mitte September noch keine Röschen angesetzt sind. Alle Blätter schonen, weil sie die Röschen ernähren und gegen Kälte schützen.

Ernte
Entweder pflückt man mehrmals jeweils die größten Röschen oder einmal nach Hereinholen der nötigen Pflanzen. Schmeckt als Gemüse.

Winterkohl, Grünkohl, Blätterkohl
Brassica oleracea var. *sabellica*

- Pflanzung bis Erntebeginn 18–20 Wochen.

Sorten
'Niedriger grüner Krauser', 'Halbhoher grüner Krauser', 'Lerchenzungen', 'Fribor'; 'Winterbor', sehr frosthart.

Kultur
Grünkohl ist eine gute Nachkultur nach abgeräumten Erdbeeren und nach Gemüse.

Grünkohl ist – nach dem Durchfrieren – mit Schweinefett oder durchwachsenem Speck geschmort, besonders herzhaft im Geschmack, aber nichts für empfindliche Mägen.

Das Gemüse

Säen Sie Ende Mai bis Ende Juni und pflanzen Sie 4 Wochen später, Abstand 40 × 40 cm. Spätsaaten Mitte Juli bis 10. August aufs Beet, Reihenabstand 15 cm, bleiben klein und werden wie Spinat geschnitten.
Grunddüngung 60 g/m², organisch-mineralisch 80 g/m². 2 Kopfdüngungen von je 20 g/m² im Abstand von 4–5 Wochen, organisch-mineralisch eine Kopfdüngung von 40 g/m².

Ernte
Grünkohl schneidet man nach Bedarf – nicht vor dem 1. Frost, weil er erst danach gut schmeckt. Verwendet werden die großen »fedrigen« Blätter ohne grobe Rippen und ohne Strunk.

Chinakohl
Brassica pekinensis

- Saat bis Ernte 55–85 Tage, je nach Sorte.

Sorten
'Hongkong', 55–60 Tage, bis 20°C ab April in Töpfen vorkultivieren; 'Chorus', 65 Tage, Kohlhernie-tolerant, 'Monument', 75 Tage, 'Nagaoka King', 80–85 Tage, alle sehr gut lagerfähig; 'White Witch', orangefarbig.

Kultur
Chinakohl braucht ziemlich viel Wasser, verträgt trockene Luft schlecht, erträgt aber leichten Frost.
Grunddüngung 80–90 g/m², organisch-mineralisch 100–120 g/m². Chinakohl gedeiht besonders gut nach Bohnen.
Saat fast aller Sorten Mitte bis Ende Juli, weil sie sonst schossen, anstatt Köpfe zu bilden. Reihenabstand 30 cm, auf 20–30 cm in der Reihe verziehen. Anzucht in Töpfchen (auch Joghurtbechern mit Loch im Boden) und Pflanzung mit Ballen ist möglich. Erdflohbefall können Sie durch Feuchthalten der Beete vorbeugen.

Ernte und Lagerung
Man holt die Köpfe nach Bedarf, – 2 bis 3°C werden vertragen. Vor stärkerem Frost behutsam ernten, Druckstellen und Verletzungen faulen leicht! Lagerung bei etwa +4°C und einer Luftfeuchtigkeit von 65% 2–3 Monate möglich. Für Gemüse und Rohkost.

Pak Choi, Chinesischer Senfkohl
Brassica rapa var. *chinensis*

- Saat bis Erntebeginn etwa 65 Tage.

Sorten
'Joi Choi' mit ganz weißen, breiten Rippen, Saat ab Ende Juni möglich, schoßresistent; 'Pak Choy', 'Shanghai', Saat Ende Juli bis Anfang August.

Kultur
Ansprüche wie Chinakohl.
Saat mit 30 cm Reihenabstand aufs Beet, auf 30 cm in der Reihe vereinzeln.

Ernte
Sie können die Köpfe schneiden oder durch Pflücken der äußeren Blätter und Schonung des »Herzens« die Erntezeit ausdehnen. Verwendung wie Chinakohl, blüht nicht.

Wurzeln und Knollen

Möhre, Mohrrübe, Gelbe Rübe, Karotte, Wurzel
Daucus carota ssp. *sativus*

- Keimdauer 14–21 Tage.
- Saat bis Ernte 10–16 Wochen, je nach Sorte.

Sorten
'Suko', nur 7 cm lang mit kurzer Entwicklungszeit; 'Frühbund' und 'Nantaise' fürs Frühjahr (unter Flachfolie), Sommer und Herbst mit Saat bis Anfang Juli, auch zum Einlagern; 'Decora' für schwerere Böden und die gleichen Zeiten; 'Rotin', 'Juwarot', 'Rothild', alle drei sehr karotinreich, zum Saften und Einlagern geeignet.

Kultur
Möhren werden am schönsten in leichten, tiefgründigen Böden mit hohem Humusgehalt. Rauhes Klima wird vertragen, aber Wärme fördert den Karotingehalt. Windlagen oder Mischkultur beugen Schädlingen vor. Von der Saat bis zur Bildung der ersten richtigen Blättchen nicht zu naß halten. Beim Rübenwachstum wird mehr Wasser gebraucht. Starke Schwankungen in der Wasserversorgung lassen Möhren platzen.
Grunddüngung 40 g/m², organisch-mineralisch 60–80 g/m², weil Sämlinge düngesalzempfindlich sind. Kopfdüngung, wenn die Pflänzchen Handhöhe haben, 40 g/m².
Reihenabstand für Frühsorten 20 cm, für späte (Lagersorten) 25 cm. Pillensaatgut, von einigen Sorten zu haben, legt man in 3 cm Abstand 3 cm tief in den Boden und hält gleichmäßig feucht. Bei normalem Saatgut baldmöglichst auf den richtigen Abstand verziehen. Wer dem Möhrensamen etwas Radiessamen beimischt, kann bald zwischen den Reihen lockern.
Die Saatzeit beginnt, sobald der Boden zu bearbeiten ist, und dauert bis Mitte Juni, für 'Suko', 'Frühbund', 'Nantaise' bis Anfang Juli.
Verfrühung erster Saaten durch Abdecken mit Vlies wenigstens bis zur Entwicklung der ersten zwei Laubblätter lohnt.

Von links nach rechts:
Chinakohl blüht nicht und ist roh oder gekocht Schonkost.

Pak Choi, noch wenig bekannt, gleicht in den Ansprüchen dem Chinakohl und ist diätgeeignet.

Das Gemüse 267

Ernte und Lagerung
Immer mit der Grabgabel, nicht mit dem Spaten ernten (Verletzung des Ernteguts), Lagermöhren nicht vor Ende September/Anfang Oktober. Vor dem Einschichten in Kisten mit leichter, feuchter Gartenerde, in Miete oder Truhe Laub abdrehen, ohne den Rübenkopf zu verletzen. Haltbarkeit geeigneter Sorten bei richtiger Lagerung bis ins Frühjahr.
Schmeckt als Gemüse, in Eintöpfen, roh gerieben mit Zitronensaft und Zukker, schonkostgeeignet.

Pastinake
Pastinaca sativa

- Keimdauer 12–20 Tage.
- Saat bis Ernte 7–8 Monate.

Sorte
'Halblange weiße', 'White Diamond'.

Kultur
Vertragen etwas schwerere Böden als Möhren und mehr Feuchtigkeit. Höchste Erträge in feuchtem Klima. Grunddüngung 40 g/m², Kopfdüngung Juli/August, organisch-mineralische Grunddüngung 60–80 g/m², Kopfdüngung 40 g/m².
Saat möglichst dünn Ende März bis Anfang April, Abstand 30 × 15 cm.

Ernte und Lagerung
Die Rüben sind frosthart. Trotzdem holt man sie meist Oktober/November vom Beet und überwintert wie Möhren. Zum Kochen wie Möhren oder wie Bratkartoffeln.

Rettich
Raphanus sativus var. *niger*

- Keimdauer 4–6 Tage.
- Saat bis Ernte bei Bündelrettich 8 Wochen, Stückrettich 10 Wochen, Winterrettich 15 Wochen.

Sorten
Saat von März–Mai: Bündelrettiche 'Schifferstädter Mai', weiß, 'Ostergruß', rosa, beide Abstand 15 × 12 cm; Stückrettich 'Rex', 'Unus', beide weiß, auch zum Pflanzen, 'Hilds Neckarruhm', weiß oder rot, alle Abstand 20 × 20 cm. Saat von Mai–Juli: 'Halblanger weißer Sommer', 'Mainkrone', 'Münchner Treib und Setz/Eckwe', Abstand 20 × 20 cm; 'Aspro', 'Silverstar', 'Florian', sehr lang, aber mit typischem Rettichgeschmack; 'April Cross', Saat ab April, 'Minowase Summer Cross', Saat ab Juni, beide sehr lang, milder Geschmack, widerstandsfähig gegen Rettichschwärze, Abstand 30 × 30 cm. Saat Mitte–Ende Juli (Herbsternte, Einlagerung): 'Runder schwarzer Winter', 'Hilds blauer Herbst und Winter'; Saat bis Mitte August, 'Münchner Bier'.

Kultur
Rettich gedeiht am besten in tiefgründigem, lockerem Boden mit guter Wasserversorgung. Nur dann bleibt er zart und ohne Erdflohbefall.

Grunddüngung 60 g/m², organisch-mineralisch 80 g/m². Kopfdüngung nach 3–4 Wochen 20 g/m² Kalkammonsalpeter, auf kalkreichen Böden besser Ammonsulfatsalpeter oder physiologisch sauer wirkende Dünger. Organisch-mineralisch 40 g/m².

Saattermine und Abstände möglichst genau einhalten! Saatstellen können Sie in der Reihe vormarkieren und an jeder Stelle 2–3 Korn 2 cm tief in den Boden »stupfen«. Nach der Keimung die kräftigste Pflanze stehen lassen. Pflanzrettiche sät man in Schalen und stellt sie am hellen Fenster oder im Frühbeet warm auf. Nach 10–12 Tagen ist das Hypokotyl (Stengelstück zwischen Keimblättern und Wurzel) etwa 6 cm lang – richtig zum Pflanzen. Ganz gerade und bis zu den Keimblättern in die Erde bringen, Abstand 25 × 20 cm. Diese Rettiche werden meist besonders schön.
Abdecken mit Vlies bis nach Mitte Mai und mit Schattierfolie bei heißem Sommerwetter bringt Vorteile. Die erste Ernte läßt sich auch durch Folientunnel verfrühen.

Ernte und Lagerung
Ausgewachsen mit der Grabgabel ernten oder herausziehen. Früh- und Sommerrettiche halten in Plastikschalen mit Deckel im Eisschrank fast 1 Woche, Lagerrettiche den Winter über. Schmeckt »so« zu Brot, geschnitten und leicht gesalzen; Leberschonkost.

Radieschen, Monatsrettich
Rhaphanus sativus var. *sativus*

- Keimdauer 3–4 Tage.
- Saat bis Ernte 4–6 Wochen.

Sorten
'Cyros', 'Neckarperle', 'Juwasprint', 'Cherry Belle' für Frühjahr und Herbsternte; 'Parat', 'Prinz Rotin', 'Riesenbutter' für Sommersaat ab Ende Mai; 'Sora', 'Raxe', 'Pernot', rotweiß, zur Saat von Frühjahr bis Herbst.

Gut geratene, eben »fertige« Rettiche (oben) machen Appetit auf eine kräftige Brotzeit mit Bier.

Pastinaken kocht man mit etwas Sahne, Koriander, Anis und Petersilie.

Innenspalte: Möhren schmecken »vom Beet weg«, in herzhaften Gerichten, in Diät und Rohkost.

268 Das Gemüse

Frische Radieschen wachsen vom frühen Frühjahr bis in den Herbst hinein. Delikate Leberdiät!

Eingelagerte Rote Rüben, oft zur Blutbildung empfohlen, bereichern den winterlichen Eßplan.

Sellerie schmeckt als Koch- und Salatgemüse, würzt Suppen und Eintöpfe.

Kultur
Radieschen sind anspruchslos. Grunddüngung 30–40 g/m^2, organisch-mineralisch 60–80 g/m^2. Damit die Knollen rund werden, nur 1 cm tief säen, Abstand 10 × 5 cm. Verziehen nicht vergessen! Saat in Schalen und Pflanzung der 2 cm langen Sämlinge bis an die Keimblätter ist möglich. Vlies verfrüht erste Saaten ganz beträchtlich.

Ernte und Lagerung
Ziehen Sie die größten Radieschen und lassen die anderen noch wachsen. Haltbarkeit unter Rettichbedingungen (s. S. 267) knapp 1 Woche. Gut zu Brot, zum Garnieren, als Salat; Leberschonkost.

Rote Rübe, Rote Bete, Rahne, Salatrübe
Beta vulgaris var. *conditiva*

- Keimdauer 10–12 Tage.
- Saat bis Ernte 12–16 Wochen.

Sorten
'Rote Kugel', 'Amigo', 'Ferro', 'Dardani'; 'Forono', länglich-zylindrisch für gleichmäßige Scheiben. Zu empfehlen ist monogermes Saatgut aus Einzelsamen, statt aus den ursprünglichen Samenknäueln der Roten Rüben. 'Dardani', 'Amigo' und 'Ferro' haben nur Einzelsamen.

Kultur
Rote Rüben gedeihen noch im Halbschatten, brauchen wenig Wärme, vertragen aber keine Trockenheit. In kalkreicher Erde als Dünger Bor-Nitrophoska verwenden, weil die Rüben sonst schwarzfleckig werden. Grunddüngung 30 g/m^2, organisch-mineralisch 40–60 g/m^2, Kopfdüngung zu Beginn des Rübenwachstums, 25 g/m^2, organisch-mineralisch 40–60 g/m^2. Saat nach Ende April, weil es sonst Schosser gibt. Saaten bis Ende Juni sind möglich, ihr Ertrag eignet sich zur Einlagerung. Reihenabstand 25 cm, auf 10 cm in der Reihe verziehen. Für Pflanzungen 6 Wochen vor geplantem Termin in Gefäß oder auf Anzuchtbeet säen, pikieren oder verziehen. Relativ dichte Spätsaat Anfang Juli mit 20 cm Reihenabstand ergibt zarte »Babybeets« zum Einlegen im Ganzen.

Ernte und Lagerung
Holen Sie nach Bedarf, was fertig ist, Babybeets schon nach 6–7 Wochen, Rote Rüben zum Einlagern etwa Mitte Oktober (Grabgabel!). Nicht verletzen und Laub vorsichtig abdrehen, damit die Rüben nicht langsam »ausbluten«. Wie Möhren aufbewahrt, halten sich Rote Rüben bis ins Frühjahr. Gegart als Salat, als Rohkost.

Knollensellerie, Sellerie, Eppich, Wurzelsellerie
Apium graveolens var. *rapaceum*

- Keimdauer 12–20 Tage.
- Pflanzung bis Ernte 3–4 Monate.

Sorten
'Monarch', 'Regent', 'Neckarland', 'Phoenix', 'Dolvi', 'Ibis'.

Kultur
Schwere und Niedermoorböden eignen sich besser als sandige. Feuchtigkeit ist wichtig, Staunässe ungut. In windigen Lagen und kühlen Sommern geraten die Knollen oft am besten. Gute Vorkultur, weil das dichte Wurzelwerk den Boden lockert und mit Humus anreichert.
Grunddüngung 50 g/m^2, organisch-mineralisch 75 g/m^2. 1. Kopfdüngung Ende Juni, 2. Kopfdüngung Anfang August, je 50 g/m^2. Organisch-mineralische Kopfdüngung Mitte Juli, 75 g/m^2. In den ersten 3 Wochen nach Pflanzung schadet jede mineralische Düngung. Auf kalkreichen Böden Bor-Nitrophoska verwenden, damit die Knollen keine schwarzen Flecken bekommen.
Saat, so dünn wie möglich, Mitte bis Ende März in Schalen mit Anzuchterde. Andrücken, nicht abdecken, vorsichtig gießen, bis zur Keimung mit Zeitungsblatt abdecken. Feucht halten und bei 18 °C aufstellen, damit später gute Knollen wachsen und keine Blüten (= Schosser). Keimlinge sehr hell stellen (Beleuchtung!), bald auf 5 × 5 cm Abstand pikieren. Es gibt auch Setzlinge zu kaufen. Ab Ende Mai ist Pflanzzeit, Abstand 40 × 40 cm. Flach in den Boden bringen. Blätter nicht kürzen! Weil auch direkt unter der Erdoberfläche Wurzeln sind, Beete immer nur ganz flach lockern!

Ernte und Lagerung
Einzelne Knollen lassen sich ab September in der Küche verbrauchen. Ernte zur Lagerung Anfang November. Laub vor der Lagerung bis auf Herzblätter entfernen. Was gesund ist, kann feingehackt oder durchgedreht als Suppenwürze eingefroren werden. Gut für Aufläufe, Suppen, Eintöpfe, gekochte Salate, Rohkost; schonkostgeeignet.

Das Gemüse

Bleichsellerie, Stangensellerie
Apium graveolens var. *dulce*

- Keimdauer wie Knollensellerie.
- Saat bis Ernte 20–22 Wochen.

Sorten
'Giant White', weiß-hellgrün; 'Golden Spartan', gelbgrün, fleischig; 'Tall Utah 52/70', dunkelgrün, besonders fleischig. Grüne Sorten sind zarter, fleischiger, saftiger, und deshalb besonders rohkostgeeignet.

Kultur
Ähnliche Ansprüche wie Knollensellerie. Saat wie Sellerie, aber Mitte April. Die Keimlinge sollten nach dem Pikieren ins Frühbeet oder unter einen Folientunnel gestellt werden. 3 Wochen später pflanzen, Abstand 40 × 30 cm.

Ernte und Lagerung
Die Stangen sind ab Ende August/Anfang September fertig. Nicht zu lang stehenlassen, sonst werden sie hart. Bleichen durch Zusammenbinden ist unnötig. Mit den Wurzeln ausgegraben, in feuchte Erde eingeschlagen hält sich Stangensellerie einige Wochen, läßt sich aber auch tiefgefrieren. Schmeckt roh oder halbweich gekocht in pikante Soßen getunkt.

Cardy, Kardone, Gemüseartischocke, Spanische Artischocke
Cynara cardunculus

- Keimdauer 10–12 Tage.
- Saat bis Ernte 5–7 Monate.

Sorten
Gibt es nicht.

Kultur
Gedeiht nur auf besonntem, geschütztem Beet in lockerer, humoser Erde. Grunddüngung 60 g/m², organisch-mineralisch 80 g/m², 1. und 2. Kopfdüngung im Abstand von 4 und 8 Wochen nach Pflanzung, 30 g/m², organisch-mineralisch 40 g/m².
Säen Sie Mitte bis Ende April die Samen einzeln in 9-cm-Töpfchen und stellen bei 20–22 °C auf. Gepflanzt wird Ende Mai bis Anfang Juni, Abstand 100 × 100 cm.
Cardy faßt man besser mit Handschuhen an, sie stechen empfindlich!

Eßbar sind nur die gebleichten Stiele junger (im gleichen Jahr gesäter) Pflanzen. Außerdem können Cardy wie Artischocken ausdauernde Zierstauden zur Einzelstellung sein, mit dekorativem Laub und schönen, großen, violettblauen Distelblüten.

Ernte
Bleichen der Stiele beginnt Anfang September. Man bindet Blätter und Blattstiele der kräftigsten Pflanze zusammen und umhüllt sie mit schwarzer Folie. Zusätzlich mit Erde anhäufeln. Handschuhe nicht vergessen, die Pflanzen stechen! Nach 2–3 Wochen sind die Stiele fertig. Holen und bald verbrauchen. Bleichen draußen ist meist bis in den November möglich. Zubereitung wie Spargel.

Fenchel, Knollenfenchel, Gemüsefenchel
Foeniculum vulgare var. *azoricum*

- Keimdauer 14 Tage.
- Saat bis Erntebeginn 90–110 Tage.

Sorten
'Zefa Fino', Saat ab April; 'Cantino', Saat ab April; 'Sirio' mit besonders großen Knollen, Saat Mitte Juli.

Kultur
Knollenfenchel braucht Wärme, Sonne, lockere, humusreiche Erde. Grunddüngung 50–60 g/m², organisch-mineralisch 60–80 g/m². Kopfdüngung 6 Wochen nach Saat, 30 g/m², organisch-mineralisch 40 g/m².
Saat aufs Beet ist üblich, Reihenabstand 35 cm, auf 25 cm in der Reihe verziehen. Verwenden Sie Mulchfolie, legen Sie alle 20 cm 3 Korn und lassen Sie den kräftigsten Sämling stehen. Auch Vorkultur in Töpfchen ist möglich. Letzter Pflanztermin ist Ende Juli. 7–8 und 10–12 Wochen nach Pflanzung anhäufeln, damit die Knollen hell und zart werden.

Ernte und Lagerung
Knollen holt man, sobald sie die nötige Größe haben, Knollen aus Juli-Saat spätestens Ende Oktober bis Anfang November. Mit Wurzeln und Herzblättern im Frühbeet oder mit sandiger Erde gefüllter Wanne eingeschlagen (»eingepflanzt«) halten sie unter »Möhrenbedingungen« bis Januar/Februar. Im ganzen weichkochen, mit Mayonnaise servieren; Rohkostsalat. Fenchelgrün kann, feingeschnitten, mitverwertet werden. Die ganzen Wedel sehen in bunten Sträußen hübsch aus.

Von links nach rechts: Würziger Stangensellerie verdiente eine viel weitere Verbreitung!

Cardy ist ein Gemüse für Kenner. Nur gebleichte Stengel sind genießbar!

Fenchelknollen schmecken gut mit Mayonnaise. »Ohne« sind sie Schonkost.

Das Gemüse

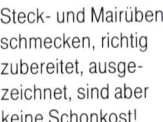

Schwarzwurzeln sind zu Unrecht etwas »aus der Mode« gekommen. Gönnen Sie ihnen ein Eckchen im Garten!

Schwarzwurzel
Scorzonera hispanica

- Keimdauer 10 Tage.
- Saat bis Ernte 7½ Monate.

Sorten
'Hoffmanns schwarze Pfahl', 'Duplex', 'Einjährige'.

Kultur
Schwarzwurzeln brauchen tiefgründigen, lockeren, nicht zu schweren Boden, damit die Rüben schön gerade werden und beim Ernten nicht brechen. Zwischen Mitte Juli und Ende August ist der Wasserbedarf relativ hoch. Die eigentlich mehrjährige Pflanze wird einjährig angebaut, Wurzeln schmecken aber noch im 2. Jahr. Grunddüngung 60 g/m², organisch-mineralisch 100 g/m². 1. Kopfdüngung Anfang bis Mitte Juni, 2. Kopfdüngung August, je 20 g/m², organisch-mineralisch Mitte Juni, 40 g/m².
Saat so früh wie möglich und ziemlich dicht, weil die Keimfähigkeit nicht besonders hoch ist. Reihenabstand 25–30 cm, auf 5–6 cm in der Reihe vereinzeln. Beim notwendigen Andrücken Samenstäbchen nicht zerbrechen!
Im 1. Jahr vorzeitig wachsende Blütenstände entfernen, damit die Wurzeln sich gut entwickeln.

Ernte und Lagerung
Wenn das Laub im Lauf des Novembers abstirbt, erntet man mit der Grabgabel. Wurzeln nicht liegenlassen, sondern entweder verbrauchen oder so rasch wie möglich geschützt in Hausnähe einschlagen. Bei Frost mit Laub oder Reisig abdecken. Von hier läßt sich meist leicht etwas in die Küche holen. Übriggebliebenes kann im nächsten Jahr verbraucht werden. Im ganzen in angesäuertem Wasser garen, mit Holländischer Soße essen; Schonkost.

Steckrübe, Kohlrübe, Erdkohlrabi
Brassica rapa

- Keimdauer wie Mairüben.
- Saat bis Ernte 6 Monate.

Sorten
'Merrick', weiß, bronzeköpfig; 'Wilhelmsburger gelbe grünköpfige'. Für Speise- und Futterzwecke.

Kultur
Kohlrüben gedeihen am besten in niederschlagsreichen Gebieten und nicht zu leichten Böden mit Lehmanteil. Trockenheit wird nicht vertragen. Grunddüngung 80 g/m², Kopfdüngung bei Beginn der Rübenbildung 40 g/m². Saat Ende April aufs Beet, 2 cm tief, Reihenabstand 50 cm, auf 40 cm in der Reihe verziehen ist eine Möglichkeit. Vorkultur mit dünner Saat auf ein Beet und Auspflanzen nach 6 Wochen, so tief, wie die Pflanzen vorher standen, ist die 2. Möglichkeit. Anhäufeln verhindert Grünfärbung der Rübenköpfe, die nicht erwünscht ist.

Ernte
Kohlrüben vertragen Frost bis −8°C. Trotzdem besser bei offenem Boden ausgraben (Ende Oktober/Anfang November). Laub vorsichtig entfernen. Keine gefrorenen Rüben einlagern! In Miete oder Keller (wie Möhren) untergebracht, halten sie bis zum Frühjahr. Gewürfelt in wenig Fleischbrühe garen, Soße binden. Schmeckt sehr gut zu Fleisch.

Speiserübe
Brassica rapa var. *rapa*

- Keimdauer 6–8 Tage.
- Saat bis Ernte 5–9 Wochen. Rübstiel 4–5 Wochen.

Sorten
Mairüben 'Holländische Weiße', 'Tokyo Cross', eßbar ab 3 cm Durchmesser; 'Market Expreß', weiß, eßbar ab 5–6 cm Durchmesser; 'Goldball', 'Teltower', beide gelb.
Herbstrüben 'Goldwalze', gelb; 'Weseler' weiß mit rotem Kopf, verträgt leichten Frost. Speiserüben aus Dichtsaat 10 × 2–3 cm erntet man als »Rübstiel«, Sorte meist 'Holländische Weiße'.

Kultur
Ansprüche an Wasserversorgung und Wärme sind geringer als bei Kohlrüben. 'Teltower' bevorzugen leichte sandige Böden.
Saat von Mairüben so früh wie möglich, eventuell unter Vlies, Abstand 20 × 15 cm. Weitere Saaten bis Mitte Mai. Saat von Herbstrüben Juli/August (auch April), Abstand 25 × 20 cm, 'Teltower' 15 × 8 cm.
Grunddüngung 60–80 g/m².

Ernte
Entweder klein nach 30 Tagen oder später ausgewachsen. Mairüben lassen sich kühl und nicht zu trocken einige Tage aufheben. Herbstrüben können in Keller oder Miete gelagert werden. Zubereitung ähnlich Steckrüben.

Steck- und Mairüben schmecken, richtig zubereitet, ausgezeichnet, sind aber keine Schonkost!

Das Gemüse 271

Kartoffel
Solanum tuberosum

- Bei Frühkartoffeln von Legen bis Ernte ca. 3 Monate, bei mittelfrühen 3½–4 Monate.

Sorten
'Christa', fest kochend, Ernte Anfang Juli; 'Margit', etwas mehlig (aufspringend), Ernte Mitte Juli; 'Jetta', vorwiegend festkochend, Ernte Ende August; 'Sieglinde' speckige Salatkartoffel, Ernte Mitte August; 'Aula', mehlig, Ernte Mitte September. Vorgekeimt gelegt sind bei allen frühen Sorten Anfang bis Mitte Juli die ersten Kartoffeln zu holen, Anfang bis Mitte August alle fertig.

Kultur
Kartoffeln wachsen am besten in sandiger Erde in vollem Licht. »Schwieriges« Unkraut läßt sich durch den Anbau zum Verschwinden bringen, eine Wirkung der Wurzeln und der Hackarbeit! Man gießt nur bei Trockenheit, vor allem wenn die Knollen zu wachsen beginnen. Grunddüngung 90 g/m², organisch-mineralisch 150 g/m². Nach starken Regenfällen ist Kopfdüngung mit 20 g/m² Kalkammonsalpeter günstig.
<u>Vorkeimen</u> Dazu stellt man die in Steigen ausgebreiteten Kartoffeln 4–5 Wochen vor Legetermin bei 12–15°C hell auf, an schönen Tagen auch im Freien. Die Keime sollen nur 2 cm lang, kräftig und gedrungen sein.
<u>Legen</u> Saatkartoffeln bekommen Sie im frühen Frühjahr in vielen landwirtschaftlichen Lagerhäusern und im Landhandel. In Steigen ausgebreitet kühl und luftig aufbewahren. Grüne Stellen schaden nichts. Nie vor dem 15. April legen, in rauhen Gebieten und ungünstigen Jahren lieber erst Ende April/Anfang Mai. Stecken Sie die Knollen reichlich so tief in den Boden wie sie dick sind, die Keime müssen nach oben zeigen. Abstand 70 × 30 cm.
<u>Verfrühung durch Folie</u> Wenn Sie vorgekeimte Kartoffeln auf Vlies kultivieren und bis Mitte oder Ende Mai mit »wachsender« Folie abdecken, können Sie noch früher ernten.

Ernte und Lagerung
Man erntet nach der Blüte, das Laub darf noch grün sein. An der kräftigsten Staude finden Sie wahrscheinlich die ersten großen Kartoffeln. Nach dem »Ausbuddeln« die Erde wieder glätten,

damit die übrigen Knollen noch wachsen können.
Weil Frühkartoffeln nur kurze Zeit aufbewahrt werden können, nie mehr anbauen, als in wenigen Wochen gegessen wird. Aus gesundheitlichen Gründen grüne Stellen nicht verwenden.

Hülsenfrüchte

Erbse, Schote
Pisum sativum

- Keimdauer 10 Tage.
- Saat bis Erntebeginn Palerbsen 10 Wochen, Markerbsen 12 Wochen, Zuckererbsen 10 Wochen, Wintererbsen 9 Monate.

Formen
Palerbse (Kneifelerbse, Brockelerbse), Markerbse (Runzelerbse), Zuckererbse (Knackerbse).

Sorten
<u>Palerbsen</u> 'Kleine Rheinländerin', 'Feltham First', beide niedrig; 'Desirée', blauhülsig.
<u>Markerbsen</u> 'Progress No. 9', 60 cm hoch, sehr früh; 'Kelvex', 70 cm hoch; 'Nova', 80 cm hoch, mittelfrüh, und 'Markana', 70 cm hoch, mittelspät; beide durch Ranken weitgehend selbststützend; 'Sima' für Herbstsaat, Überwinterung, Frühernte.
<u>Zuckererbsen</u> 'Denise', rundhülsig, 'Frühe Heinrich', flachhülsig, 'Zuga', alle halbhoch; 'Nofila', fadenlos, 'Oregon Sugar Pod', mit Fäden, beide hoch.

Kultur
Erbsen sind besonders selbstunverträglich, frühestens nach 5 Jahren aufs gleiche Beet bringen. Gute Vorkultur. Nur in vollem Licht gibt es guten Ertrag. Der Wasserbedarf ist gering. Gießen bei Trockenheit ist nur nach Blühbeginn nötig, um Ansatz und Entwicklung der Hülsen zu fördern. Palerbsen brauchen wenig, Mark- und Zuckererbsen etwas mehr Wärme. Das bedingt unterschiedliche Saatzeiten.
Grunddüngung 40–50 g/m², organisch-mineralisch 60–80 g/m².

<u>Aufleitung (Stützen)</u> Hohe, meist auch mittelhohe Sorten brauchen Stützen aus mit Maschendraht bezogenen Rahmen, wenn nicht an den Zaun gesät wird. Vor der Saat mit Reihenabstand 30–35 cm anbringen!
<u>Aussaat</u> Früh, Palerbsen gleich, wenn der Boden zu bearbeiten ist, Mark- und Zuckererbsen Mitte bis Ende April. Saaten ab Mai durch Mehltau gefährdet. Legen Sie die Körner in Doppelreihen, hohe Sorten zu beiden Seiten der Stützen, 5–6 cm tief (Vogelfraß!), Reihenabstand 35 cm, Abstand in der Reihe 4 cm. Häufeln Sie an, wenn die Sämlinge 10 cm hoch sind, damit sie mehr Wurzeln machen, sich besser ernähren können und fester stehen. Sie »kippen« sonst leicht bei Wind und anhaltendem Regenwetter und knicken ab.

Frühkartoffeln aus dem eigenen Garten sind eine Delikatesse. Mit Schale kochen oder gehälftet auf dem Blech backen!

Junge süße Erbsen schmecken roh fast besser als gekocht!

272 Das Gemüse

Ernte und Lagerung
Palerbsen können Sie als Grün- oder Trockenerbsen ernten, Mark- und Zuckererbsen nur grün, mit nicht zu kleinen, aber noch zarten, süßen, saftigen Körnern, immer vorsichtig, mit beiden Händen.
Trockenerbsen müssen am Strauch ganz hart werden.
Zuckererbsen, im Ganzen mitsamt (fleischigen) Hülsen zu essen, holt man, wenn die Körner noch recht klein sind.
Grüne Erbsen können in der Hülse für Stunden im Kühlschrank aufbewahren, aber auch ausgepalt tiefgefroren werden. Ausgepalte Trockenerbsen halten, trocken gelagert, bis zum Frühjahr.

Bohnen
Phaseolus vulgaris

- Keimdauer 4–10 Tage.
- Saat bis Erntebeginn 2½–3 Monate.
- Erntedauer bei Buschbohnen wenige Wochen, bei Stangen- und Feuerbohnen den Sommer über.

Allgemeine Tips
Gute Vorkultur (Stickstoffsammler). Wärme und Windschutz sind für Bohnen günstig, Temperaturen nahe dem Gefrierpunkt tödlich. Vorsichtig ernten, mit beiden Händen. Hülsenstiele mit dem Daumennagel abkneifen, nie reißen. Lagerung grüner Bohnen nur kurz im Gemüsefach des Eisschranks. Durch Sterilisieren und Tiefgefrieren mit Bohnenkraut als Würze bis zur nächsten Ernte haltbar zu machen. Einkochen macht wesentlich mehr Arbeit.

Buschbohnen, Kruppbohnen
Phaseolus vulgaris var. *nanus*

Sorten
'Solores', 'Dufrix', 'Saxa', 'Delinel', 'Marona', 'Primel', 'Cropper Teepee', 'Maxi', beide Gluckentyp (über dem Laub hängende Hülsen); 'Purple Teepee', 'Royal Burgundy', beide dunkelviolett, grün kochend; 'Canadian Wonder', rot, 'Kidney', rot, 'Facta', weiß, als Trockenbohnen gut; Wachsbohnen sind 'Hildora', 'Erato'.

Kultur
Buschbohnen gedeihen und tragen auch im Halbschatten.
Grunddüngung 50 g/m², organisch-mineralisch 80 g/m². Kopfdüngung bei Blühbeginn 30 g/m², organisch-mineralisch 40 g/m².
Bei nassem und kühlem Wetter zusätzlich 20 g/m² Kalkammonsalpeter ausbringen.
Pflanzung Bei warmer Vorkultur Mitte April je 5 Bohnen 2 cm tief in zur Hälfte mit Pikiererde gefüllte Töpfchen legen, bei 16–18°C hell stellen. Nach der Keimung bis obenhin füllen. Bei 12 cm Pflanzenhöhe mit Ballen auspflanzen, Abstand 50 × 40 cm. Bei Freilandsaat Mitte Mai je 5 Korn in 2–3 cm tiefe Löcher bringen, eventuell Mulchfolie benutzen. Folienschutz durch Tunnel oder Vlies für erste Bohnen entfernt man bei rauhem Wetter erst Anfang oder Mitte Juni. Bei jedem Durchziehen leicht anhäufeln, damit die Pflanzen mehr Wurzeln bilden und fester stehen. Bei Folgesaaten (bis 10. Juli) ist eine Vorkultur nicht erforderlich.

Ernte
Die Hülsen sollen gut ausgebildet, die Kerne von außen noch nicht sichtbar sein. »Halbweiche« Bohnen erntet man von schon zähen Hülsen, Trockenbohnen hart, mit bastartigen Hülsen. Bei den sogenannten »Gluckentypen« hängen die Bohnen über dem Laub, was die Ernte wesentlich erleichtert.

Stangenbohnen
Phaseolus vulgaris var. *vulgaris*

Sorten
'Perle von Marbach', 'Markant', früh; 'Neckarkönigin', 'Sabrina'; 'Blauhilde', blau, grünkochend; Wachsbohnen 'Neckargold', 'Goldelfe'; Stangenbohne mit feinen Buschbohnenhülsen 'Bertina', 'Markant'.

Kultur
Stangenbohnen brauchen volles Licht. Sie vertragen weder Trockenheit noch anhaltende Nässe.
Grunddüngung 60–70 g/m², organisch-mineralisch 80 g/m², 1. Kopfdüngung bei Blühbeginn, 2. Kopfdüngung nach 1. Pflücke, je 25 g/m², organisch-mineralisch 40 g/m².
Aufleitung Hierfür braucht man 2–3 m hohe Stangen aus Welldraht oder mit pflanzenunschädlichen Mitteln imprägniertem Holz. Vor der Saat stecken! Abstand 100 × 60 cm, am Zaun 100 cm.
Vorkultur wie bei Buschbohnen, aber 6–8 Korn im 10-cm-Topf legen. Mit Ballen an die Stangen pflanzen.
Für Direktsaat je Stange 6–8 Bohnen im Halbkreis um die Stange stecken, 3 cm tief. Schweren Boden vor Saat oder Pflanzung mit Torf oder Kompost verbessern. Nur bis Ende Juni säen.
Bei drei Saatterminen: 20. Mai, Anfang Juni, Ende Juni dauert Ihre Ernte bis zum Frost.
Pflegemaßnahmen Flache Bodenlockerung, durchdringendes Gießen bei Trockenheit, Aufbinden herunterhängender Triebe.

Ernte
Wie bei Buschbohnen. Bei drei Saatterminen (20. Mai, Anfang Juni, Ende Juni) dauert ihre Ernte bis zum Frost

Stangenbohnen lassen sich oft am Zaun unterbringen. Sie tragen viele Wochen.

Ein Korb voll prächtig entwickelter Buschbohnen! Solch gute Ernte erlaubt Tiefgefrieren für den Winter.

Das Gemüse

Feuerbohne
Phaseolus coccineus

Sorten
'Preisgewinner', rotblühend mit Fäden; 'Désirée', weißblühend, ohne Fäden. 'Butler', 'Polestar', 'Hammonds Dwarf Scarlet', 25 cm hoch, nicht rankend, alle drei sind rotblühend und fadenlos.

Kultur
Feuerbohnen sind widerstandsfähiger gegen rauhes Klima und Wind, gegen Krankheiten und Schädlinge, als Busch- und Stangenbohnen, vertragen aber trockene Hitze schlecht.
Die etwas rauhen Hülsen schmecken, jung geerntet, zart und aromatisch.
Düngung Wie Stangenbohnen.
Aufleitung Die Stangen bekommen einen Abstand von 110 × 80 cm, am Zaun 110 cm. Je Stange halbkreisförmig 5 Korn 3 cm tief stecken.
Pflegemaßnahmen Wie bei Stangenbohnen.

Ernte
Wie Stangenbohnen.

Puffbohne, Dicke Bohne, Saubohne, Ackerbohne
Vicia faba

- Keimdauer 10–14 Tage.
- Saat bis Ernte 8–10 Wochen. Erntedauer 1 Monat.

Sorten
'Con Amore', 'Hangdown', 'Dreifach Weiße'.

Kultur
Puffbohnen stellen keine besonderen Ansprüche und vertragen kühles Wetter. Sie leiden aber bei Trockenheit von Luft und Boden (Befall durch schwarze Bohnenlaus).
Grunddüngung 50–60 g/m², organisch-mineralisch 60–80 g/m². Kopfdüngung, wenn Pflanzen handhoch sind, 20 g/m², organisch-mineralisch 40 g/m².
Saatzeit ist, sobald der Boden sich bearbeiten läßt. In Reihen mit 50 cm Abstand alle 20 cm 2 Körner 3 cm tief legen, nach der Keimung die kräftigste Pflanze stehen lassen. Vorkultur in Töpfchen Ende Februar/Anfang März ist möglich. Der Zeitvorsprung hilft zu früherer Ernte.

Ernte und Lagerung
Pflücken Sie die Hülsen grün, wenn die Kerne gut ausgebildet, aber noch weich sind. Lagerung für Stunden im Eisschrank oder einem kühlen Raum ist möglich, außerdem Einfrieren.

Sojabohnen
Glycine max

- Keimdauer 7–12 Tage.
- Saat bis Erntebeginn gut 3 Monate.

Sorten
'Maple Arrow', 'Gieso'.

Kultur
Die Pflanzen brauchen humusreichen, kalkhaltigen Boden, volle Besonnung und Windschutz, notfalls durch zwischen Latten ausgespannte Leinwand (Sackleinen). Mulchfolie als Unterlage ist zu empfehlen. Nach dem Anwurzeln wird relative Trockenheit besser vertragen als zu viel Nässe.
Sojas gedeihen besonders gut nach sich selbst, für mehrere Jahre.
Grunddüngung 50 g/m², organisch-mineralisch 80 g/m². Bei Gelbfärbung der Blätter und Wachstumsstockung nach kühlem, regnerischem Wetter hilft 1 Kopfdüngung von 20 g/m², organisch-mineralisch 40 g/m².
Bei Vorkultur legen Sie die 24 Stunden in lauwarmem Wasser vorgequollenen Samen zwischen 15. und 20. April einzeln in halbgefüllte 9-cm-Töpfchen. Bei 18–20 °C und ab Keimung sehr hell stellen, Töpfchen bald auffüllen. 4 Wochen später mit Ballen pflanzen, Abstand 20 × 20 cm.
Ab 20. Mai ist Saat draußen auf Mulchfolie möglich, im angegebenen Abstand 3 cm tief. Bei kühlem Wetter bis Anfang oder Mitte Juni mit »wachsender« Folie schützen. In Trockenzeiten gießen, bei Anbau ohne Folie organisch mulchen.

Ernte und Lagerung
Nehmen Sie Gemüsesojas ab, wenn die Hülsen grün oder ganz leicht gelblich, die Bohnen darin als deutliche Verdickungen zu erkennen sind, Trockenbohnen, wenn die Hüllen pergamentartig trocken sind – bevor die Kerne ausfallen!
Gemüsesojas werden meist sofort verwertet, halten aber auch 2–3 Tage im Kühlfach des Eisschranks. Trockenbohnen halten, wie andere trockene Hülsenfrüchte, den Winter über.

Feuerbohnen heißen nicht zu Unrecht auch Blumenbohnen. Hülsen jung und zart pflücken, dann schmecken sie gut!

Die nußartig schmeckenden Sojabohnen sind nahrhafter und gehaltvoller als alle anderen Gemüse.

Das Gemüse

Tomaten und Paprika

Tomate
Lycopersicon lycopersicum
- Keimdauer 10–14 Tage.
- Pflanzung bis Ernte 8–10 Wochen.

Sorten
Wir unterscheiden hohe und halbhohe Stabtomaten (Hellfrucht- und Fleischtomaten), Buschtomaten, hohe und niedrige Cocktailtomaten (Kirschtomaten, Partytomaten). Fleischtomaten haben sehr große, Partytomaten sehr kleine Früchte.
Stabtomaten 'Matina', 'Hildares', 'Meran', früh; 'Amfora', 'Master', 'Pyros', Fleischtomaten für sonnige Lagen. 'Yellow Pearshaped', gelb, birnenförmig; 'Roma', rot, eierförmig.
Buschtomaten 'Ranger', 'Balkonstar', 'Patio', auch einzeln im 10-l-Eimer.

Wie gut, daß es aromatische Tomatensorten auch für Balkonkästen gibt.

Cocktailtomaten 'Sweet 100', hoch, auch für 10-l-Eimer; 'Wagners Mirabell', hoch, gelbe Früchte; 'Phyra', niedrig, für Balkonkästen oder große Töpfe.

Kultur
Tomaten brauchen für ein gutes Gedeihen volle Sonne, Windschutz, gleichmäßige Wasserversorgung ohne Benetzen der Blätter, das Pilzkrankheiten fördert.
Pflanzen müssen Sie in Gefäßen öfter gießen und an heißen Tagen 2 × täglich kontrollieren.
Grunddüngung 60 g/m², organisch-mineralisch 100 g/m². 1. Kopfdüngung 5 Wochen nach Pflanzung, 2. Kopfdüngung 4 Wochen später, Mitte bis Ende August, jedesmal 30 g/m², organisch-mineralisch eine Kopfdüngung bei Fruchtansatz, 100 g/m². Gefäßpflanzen bekommen keine Grunddüngung, aber ab der 5. Woche nach Pflanzung wöchentlich 1 × 2–3 g/l.
Jungpflanzen hat der Gärtner, aber nicht immer in der gewünschten Sorte. Sie können selbst säen, Ende März/Anfang April in Saatschalen oder Töpfchen. Bei 22°C im heizbaren Kleingewächshaus oder Vermehrungsbeet aufstellen und feucht halten. Sämlinge bald einzeln in 8–9-cm-Töpfchen pflanzen, tagsüber bei 20–22°C, nachts bei 18–20°C und sehr hell halten.
Pflanzung nach draußen ist erst nach Mitte Mai möglich, Abstand Stabtomaten 50 × 50 cm, Buschtomaten 40 × 40 cm. Setzen Sie die Pflanzen etwas tiefer, als sie im Pikiergefäß standen, damit sie mehr Wurzeln bilden, fester stehen und sich besser ernähren können. Mulchfolie als Unterlage ist zu empfehlen. Später können Sie jeden Tomatenstrauch mit einer der neuen geräumigen Folienhauben schützen oder mit Frühbeetfenstern (Folie) auf selbstgefertigtem Lattengestell überbauen. Eine Hilfe bei Kühle und Nässe!
Aufleitung Hohe Tomaten brauchen als Stütze Welldrahtstäbe (leichte Reinigung) oder imprägnierte Holzpfähle, die vor der Pflanzung im richtigen Abstand in den Boden gebracht werden. Obere Stabenden an einem Gerüst aus Pfählen und Spanndraht befestigen. Einzelstäbe aus Holz sind schwerer hygienisch sauber zu halten. Zur Aufleitung wird jede Pflanze nach und nach vorsichtig um den gehörigen Stab gelegt oder locker mit Bast befestigt. Als Halt für Busch-, Party- und Balkontomaten genügen Bambusstäbe oder Balkongitter.
Ausgeizen Eintriebige Stabtomaten tragen besser. Deshalb jede Woche alle in Blattachseln wachsenden Nebentriebe vorsichtig ausbrechen (ausgeizen). Busch- und Partytomaten geizt man nicht aus.
Entspitzen Wenn Stabtomaten 5–6 Blütentrauben gebildet haben, alle weiteren ausbrechen, damit die vorhandenen sich voll entwickeln und ausreifen.
Wenn nicht auf Mulchfolie gepflanzt wurde, entfernt man die unteren Blätter bis 35 cm über dem Boden, um Pilzkrankheiten vorzubeugen, läßt aber alle anderen wachsen!

Ernte und Lagerung
Tomaten schmecken am besten, wenn sie an der Pflanze voll ausreifen. Grüne Tomaten, vor dem Frost abgenommen, reifen nicht richtig. Sie bleiben fad, auch wenn sie gefärbt sind, können aber dann »verkocht« werden. Schon gefärbte Tomaten röten sich und entwickeln bei 18°C auch etwas Aroma. Zum Nachreifen immer flach auf Zeitungslagen oder Butterbrotpapier ausbreiten, bei Zimmertemperatur im Dunkeln lagern.
Reife Tomaten lassen sich einige Tage aufbewahren und können für den Winter tiefgefroren werden.

Gemüsepaprika und Gewürzpaprika
Capsicum annuum
- Keimdauer 6–10 Tage.
- Pflanzung bis Ernte 8–9 Wochen.

Sorten
Gemüsepaprika 'Bell Boy', 'Yolo Wonder', 'Merit', 'Frühzauber', alle grün; 'Pusztagold', 'Golden Bell', beide gelb; alle Sorten rot abreifend.
Tomatenpaprika 'Topboy', gelb, 'Topgirl', rot.
Gewürzpaprika 'De Cayenne', 'Westlandia', beide scharf; 'Festival', mild.

Kultur
Paprika hat ähnliche Ansprüche wie Tomaten, braucht aber eher mehr Wärme, Sonne, Windschutz. In ungünstigem Klima nur auf schwarze Folie pflanzen und mit Folientunnel schützen.
Grunddüngung 80 g/m², organisch-mineralisch 100 g/m². 1. Kopfdüngung nach Fruchtansatz, 2. Kopfdüngung bei Vollertrag, 30 g/m², organisch-mineralisch nach Fruchtansatz, 100 g/m². Paprika im Gefäß ab 5. Woche nach Pflanzung mit 2–3 g/l versorgen.
Saat Ende März/Anfang April in Schalen. Zuerst bei 22–25°C, nach der Keimung bei 18–20°C, sehr hell stellen. Bald in kleine Töpfe pikieren.
Pflanzung mit Ballen Anfang Juni, Abstand 40 × 40 cm. Bei starker Besonnung leicht überbrausen. Boden locker halten, damit die Wurzeln gut atmen können.

Das Gemüse

Bei sehr kleinen Pflanzen kneift man die erste Frucht aus, damit das Wachstum nicht stockt.
Gemüsepaprika wachsen auch in 25–30-cm-Töpfen, 'Sperlings Peppi' im 12-cm-Topf. Gefäße auf Terrasse oder Balkon stellen, im Zimmer oft Befall durch Blattläuse und Weiße Fliege. Bei voll tragenden Paprika jeden Trieb stützen und vorsichtig anbinden.

Ernte und Lagerung
Früchte erntet man ausgewachsen, je nach Sorte meist grün oder gelb, aber noch nicht rot. Gewürzpaprika können Sie grün- oder rotreif abnehmen. Lagerung ist für wenige Tage möglich, aber auch Einfrieren oder Einlegen in Essig.

Gurken, Melonen und Kürbis

Gurken
Cucumis sativus

- Keimdauer 6 Tage.
- Pflanzung bis Erntebeginn etwa 6 Wochen.

Sorten fürs Gartenbeet
Alte Sorten wurden durch kühles, nasses Wetter bitter oder gingen ein. Viele Neuzüchtungen sind widerstandsfähiger.

Jungfernfrüchtige (parthenokarpe) Sorten (auf Samentüte vermerkt) von anderen getrennt anbauen!
<u>Einlegegurken</u> 'Hok', 'Tomara', beide mehltauresistent; 'Mepram', 'Parmel', 'Bidretta', 'Bush Champion' (Kübel!).
<u>Salatgurken</u> 'Burpless Tasty Green', 'Paska', 'Tanja', 'Marketmore', 'Jazzer', 'Sprint'.

Kultur
Gurken haben ähnliche Ansprüche wie Paprika. Möglichst temperiertes (abgestandenes), aber sauberes Wasser zum Gießen verwenden. Pferdemist im Herbst oder Kuhmist im Frühjahr, flach in den Boden eingebracht, sind durch nichts anderes ganz zu ersetzen, getrockneter Rinderdung (im Fachhandel zu erstehen) aber leichter zu beschaffen.
Grunddüngung 40 g/m², organisch-mineralisch 60–80 g/m², 1. Kopfdüngung Ende Juni, 2. Kopfdüngung Ende Juli, je 25 g/m², organisch-mineralisch Anfang Juli, 60–80 g/m².
Saat an Ort und Stelle ist ab Mitte Mai möglich: In der Beetmitte alle 30 cm je 3–4 Samen 2 cm tief legen, später die beiden kräftigsten Keimlinge stehen lassen.
Zur Vorkultur füllen Sie Anfang Mai 9-cm-Töpfchen halb mit Anzuchterde, legen in jedes 2 Korn 2 cm tief und stellen bei 22–25 °C auf. Den schwächeren Keimling vorsichtig abkneifen und nach kurzer Zeit Töpfe bis an die Keimblätter der Gurken auffüllen. Gepflanzt wird mit 2–3 »richtigen« Blättern (nach den Keimblättern). In diesem Stadium wachsen die Gurken am besten an. Abstand wie bei Direktsaat.
Der Boden soll immer feucht, aber nicht naß sein. An heißen Tagen Pflanzen in den späten Vormittagsstunden leicht überbrausen. Vor der Nacht sollen die Blätter abgetrocknet sein.
Schnitt ist bei Freilandgurken nicht nötig und üblich.
Anbau auf Mulchfolie fördert Frühzeitigkeit und Ertragshöhe. Hier gibt man die ganze Düngermenge in Form von Langzeitdüngern, wie Nitrophoska permanent, vor dem Verlegen der Folie. Bei naßkaltem Wetter hilft zusätzliches Bedecken mit Vlies oder Folientunnel.

Ernte und Lagerung
Einlegegurken sollen 6–7 cm, Schlangengurken 25–30 cm lang sein beim Schneiden. 2–3mal wöchentlich durchgehen und schneiden, was die richtige Größe hat. Dann wachsen Früchte nach. Frisch verbrauchen, einlegen oder einfrieren.
Mit Obst (Äpfeln) zusammen aufgehoben, werden Gurken bitter!

Melonen
Cucumis melo

- Keimdauer 6 Tage.
- Pflanzung bis Erntebeginn 12–14 Wochen.

Sorten
<u>Zuckermelonen (Honigmelonen)</u>
'Maja', oranges Fleisch; 'Alpha', oranges Fleisch, sehr früh, robust, 'Sweetheart', oranges Fleisch, kurzrankend; 'Ambrosia', hellrosa Fleisch; 'Honigtopf'.

<u>Wassermelonen</u> 'Crimson Sweet', tiefrotes Fleisch; 'Sugar Baby', lachsrosa Fleisch, süß.

Kultur
Melonen brauchen sehr viel Wärme, Wassermelonen noch mehr als Zuckermelonen, und viel Licht. Die Ansprüche an Bodenqualität und die Wasserversorgung sind ähnlich wie bei Zucchini.
Grunddüngung 40 g/m², organisch-mineralisch 60 g/m². 2 Kopfdüngungen im Abstand von 5 und 10 Wochen nach Pflanzung von 30 g/m², organisch-mineralisch 40 g/m².
Säen Sie Anfang bis Mitte April in kleine Töpfe, wie bei den Gurken (s. S. 275) beschrieben. Pflanzung in

Scharfe Peperoni sind, im Gegensatz zum milden Gemüsepaprika, mit Vorsicht zu genießen. Nur sparsam verwenden!

Hier wachsen Gurken an Schnüren hoch – zwischen anderem Gemüse und windgeschützt.

der 1. oder 2. Juniwoche auf Mulchfolie. Bei ungünstigem Wetter die ersten Wochen unter Folientunnel oder »wachsender« Folie halten. Abstand für Zuckermelonen 150 × 60 cm, für Wassermelonen 200 × 60 cm.
Schnitt ist nicht nötig. Da eine Pflanze bei uns aber nicht mehr als 5–6 Früchte ausreifen kann, entfernen Sie überzählige Ansätze.

Ernte
Zuckermelonen sind fertig, wenn sie zu duften beginnen und der Stiel etwas einsinkt, Wassermelonen, sobald die Frucht bei vorsichtigem Klopfen hohl klingt und der Stiel schrumpft.

Kürbis & Co
Cucurbita

- Keimdauer 5–8 Tage.
- Saat bis Erntebeginn 10–12 Wochen.

Sorten
<u>Zucchini</u> *(Cucurbita pepo var. giromontiina)* 'Diamant', 'Ambassador', grün; 'Gold Rush', gelb; 'Black Jack', schwarzgrün, 'Schlangenkürbis', rankend.
<u>Riesenkürbis</u> *(Cucurbita maxima)* 'Riesen Melonen', bester zum Einmachen, Gewicht bis 50 kg.
<u>Patisonkürbis</u> 'Custard white'.
<u>Spaghettikürbis</u> 'Vegetable Spaghetti', gelb.
<u>Melonen-Squash</u> 'Early Butter Nut', gelb, auch zum Einlagern.
<u>Wintersquash</u> Für Herbsternte und Einlagern 'Table Ace', 'Table King'.
<u>Rondini</u> 'Tondo chiaro di Nizza'.

Zucchini brauchen weniger Wärme als Gurken. Blätter und Blüten sind dekorativ, die Erträge meist sehr gut.

Ein noch unfertiger Riesenkürbis, der ein Prachtstück zu werden verspricht.

<u>Ölkürbis</u> 'Herakles', 'Comet', grün, gelb gestreift.

Kultur
Kürbisarten haben ähnliche Ansprüche wie Gurken, brauchen aber etwas weniger Wärme und Luftfeuchtigkeit. Alle wachsen besonders gut auf Komposthaufen oder Hügelbeet, Zucchini und Patisonkürbis auch in Gefäßen mit 10–15 l Inhalt und 25–30 cm Tiefe. Grunddüngung 60 g/m², organisch-mineralisch 80 g/m². Kopfdüngung 20 g/m², organisch-mineralisch 40 g/m². Auf dem Komposthaufen ist mineralische Düngung entbehrlich!
Gefäßpflanzen bekommen ab der 4. Woche nach Pflanzung 1× wöchentlich 3 g/m² – wenn Sie nicht in guten Kompost setzen.
Saat draußen ist nach Mitte Mai möglich, »normale« Beete davor mit Mulchfolie abdecken. Man legt 2–3 Korn 3 cm tief. Abstand für Zucchini und Patisonkürbis 80 × 80 cm, für Riesen-, Spaghetti- und Ölkürbis 100(150) × 100 cm.
Vorkultur in Töpfchen ist besser als Direktsaat, vor allem in rauhem Klima. Bei 20 °C, nach der Keimung bei vollem Licht, entwickeln sich die Jungpflanzen rasch, sind nach 4 Wochen »pflanzfähig«.
Ende Mai bis Anfang Juni erhalten sie ihren Platz draußen, Abstände wie bei Direktsaat.
Reichliches Gießen bei trockener Wärme, vor allem nach Blühbeginn, nicht vergessen. Unkraut kommt bald nicht mehr hoch.

Ernte und Lagerung
Zucchini vorsichtig am Stielansatz abbrechen, wenn sie 20 cm lang sind, Patisonkürbis, wenn sie einen Durchmesser von 15 cm haben. Spaghettikürbis erntet man in Handballgröße, Riesenkürbis erst im Herbst, wenn der Stiel zu schrumpfen beginnt und die Schale beim Eindrücken mit dem Fingernagel etwas knackt. Wintersquash und Melonensquash sollen ungefähr 20 cm lang sein.
Ölkürbisse sind erst fertig, wenn Laub und Ranken völlig abgestorben sind. Die reifen, schalenlosen Kerne sind dunkel und dickbauchig und sitzen locker im Fruchtfleisch. Bei diesem Kürbis werden Kerne und Fruchtfleisch verwertet.
Lagerung in kühlem (ca. 12–16 °C) Raum für mehrere Wochen möglich. Wintersquash bleiben bis Februar/März verwendungsfähig.

Zwiebelgewächse

Zwiebel
Allium cepa

- Keimdauer 10–20 Tage.
- Zeit bis zur Ernte bei Steckzwiebeln 4 Monate, Pflanzzwiebeln 5 Monate, Säzwiebeln 6 Monate, Frühlingszwiebeln 8–9 Monate, Winterzwiebeln 10–11 Monate, Wintersteckzwiebeln 9 Monate.

Die verschiedenen Zwiebeln werden auf vielerlei Weise kultiviert, in für den jeweiligen Zweck besonders gezüchteten Sorten.
<u>Säzwiebeln</u> Sie halten besser im Lager als die früher reifenden Steckzwiebeln. Saat so früh wie möglich mit späterem Verziehen.
<u>Milde Gemüsezwiebeln</u> Diese sät man im März/April unterm Folientunnel, in niederschlagsreichen Gegenden ist

auch später Schutz durch Überbauung angebracht. Sehr druckempfindlich!

Pflanzzwiebeln (Säzwiebelsorten) Sie machen mehr Arbeit, räumen das Beet aber schneller als Säzwiebeln. Saat Ende Februar/Anfang März ins Frühbeet, Pflanzung 6 Wochen später.

Wintersäzwiebeln Saattermin etwa 18. August, sie bleiben in der kalten Jahreszeit draußen, in schneelosen, kalten Wintern am besten unter »wachsender« Schattierfolie, Vlies oder Fichtenreisig.

Steckzwiebeln Sie eignen sich besonders für rauhes Klima, wo zeitige Saat nicht möglich ist. Nur haselnußgroß, vor dem Stecken im März/April 4 Wochen bei 30 °C »gedarrt« oder den Winter über bei Zimmertemperatur gelagert, schossen sie kaum.
Abstände bei Gemüsezwiebeln 25 × 20 cm, bei den übrigen 25 × 3–4 cm.

Wintersteckzwiebeln Sie eignen sich zu besonders früher Ernte, sind ebenfalls klein und sollen möglichst gedarrt werden, man steckt sie Ende September/Anfang Oktober 5 cm tief, Abstand 20 × 7 cm.

Sorten

Sä- und Pflanzzwiebeln 'Bronco' hält im Lager bis März; 'Bronce Age' bis April; 'Piroska', dunkelrot, wohlschmeckend, bis Dezember; 'Stuttgarter Riesen', 'Rijnsburger Lagergold', beide bis Frühjahr.

Milde Gemüsezwiebeln Gut zum Füllen und für Zwiebelgemüse 'The Kelsae', 'Ailsa Craig', 'Yellow Sweet Spanish', lagerfähig bis Dezember/Januar.

Steckzwiebeln 'Stuttgarter Riesen', 'Sturon', 'Stunova', alle gelb; 'Piroska', rot; lagerfähig bis zur nächsten Ernte.

Wintersäzwiebeln 'Expreß Yellow', 'Keep Well', 'Yellow Stone', 'Senshyu Yellow', alle 2–3 Monate lagerfähig; 'Weiße Frühlingszwiebel', zur Ernte Mai/Juni, einige Wochen haltbar.

Wintersteckzwiebeln 'Presto', 'Taify', beide gelb; 'Romy', rot.

Kultur

Zwiebeln brauchen lockere Böden, Licht, Wärme. Bei Trockenheit so gießen, daß das Laub vor Abend abgetrocknet ist. Während des Ausreifens grundsätzlich trockener halten.
Grunddüngung 60 g/m², organisch-mineralisch 80 g/m². Kopfdüngung für Sommerzwiebeln Mitte Juni, für Winterzwiebeln, bei Wachstumsbeginn, je

30 g/m², organisch-mineralisch 40 g/m².

Frühe Steckzwiebeln kann man selbst ziehen: Zeitig im Frühjahr säen, Reihenabstand 15 cm, Saatmenge 15 g/m². Gedüngt wird nicht. Im Juli können Sie ernten, wenn das Laub abgestorben ist. 2 Wochen flach in Steigen ausgebreitet draußen trocknen, bei Regenwetter unter Dach. Anschließend bis zum Frühjahr bei Zimmertemperatur und »Zimmertrockenheit« aufbewahren.

Ernte und Lagerung großer Zwiebeln

Man erntet mit der Grabgabel, sobald das meiste Laub abgestorben ist. Nachhelfen durch »Umtreten« schadet. Sie dürfen aber in nassen Jahren zur normalen Erntezeit – nicht früher! – die Wurzeln vor oder hinter der Reihe mit der Grabgabel etwas lockern und leicht anheben, um Abreifen zu beschleunigen.
Nach der Ernte unter Dach im Freien nachtrocknen: flach in Steigen ausgebreitet oder zu Zöpfen geflochten und aufgehängt. Erst danach ins trockene, luftige, eben frostfreie Winterlager bringen.

Lauchzwiebel
Allium fistulosum

- Keimdauer wie Zwiebel.
- Saat bis Ernte unterschiedlich nach Sorte.

Sorten

'Evergreen Bunching', nicht winterhart; 'Kaigaro', mit Schutz zu überwin-

tern; 'White Lisbon', weiß; 'Toga', rot, für Früh- und Spätsaat; 'Senshyu Yellow', 'Keep Well', 'Yellow Stone', halbfertig Ende April/Anfang Mai, als Lauchzwiebel zu ernten, winterhart.

Kultur

Ansprüche wie Zwiebeln.
Saat für Sommerernte so früh wie möglich, zuerst unter Folienschutz. Für frühe Ernte April/Mai Saat August/September.

Ernte

Lauchzwiebeln entwickeln keine Zwiebeln, nur einen langen, zarten Schaft mit oder ohne leichte Verdickung. Nach Bedarf holen und bald verbrauchen.

Porree, Lauch
Allium porrum

- Keimdauer 12–14 Tage.
- Saat bis Ernte 3–5 Monate.

Sorten

'Titan', 'Bavaria' für Ernte Juli/August; 'Herbstriesen', 'Noël', für Ernte September/Dezember; 'Blaugrüner Winter', 'Genita' zur Ernte bis März.

Kultur

Porree braucht guten Boden, hinterläßt ihn aber auch in gutem Zustand, weil das dichte Wurzelwerk lockert und später Humus bildet. Verträgt keine Trockenheit, aber kühles Klima. Grunddüngung 50 g/m², organisch-mineralisch 80 g/m². 1. und 2. Kopfdüngung 4 und 8 Wochen nach Pflanzung,

Von links nach rechts: Eine Prachternte! Etwas für Leute, die viel mit Zwiebeln kochen.

Bei den Lauchzwiebeln wird nur der lange, zarte Schaft gegessen.

278 Das Gemüse

Die Kulturansprüche des Poree sind gering. Jeder kann in seinem Garten schöne Stangen heranziehen.

Von links nach rechts: Die »Ewige Zwiebel« liefert fast den ganzen Winter würziges Grün direkt aus dem Garten in die Küche.

Knoblauch, eine vielseitige Gesundheitspflanze, ist auch als Würze sehr beliebt.

30 g/m², organisch-mineralisch einmal 80 g/m².
Setzlinge zur 1. Pflanzung hat vielleicht der Gärtner, im Abstand 25 × 10 cm pflanzen. Für Pflanzung Mai/Juni können Sie ins Frühbeet säen, möglichst dünn in Reihen mit 10 cm Abstand. Notfalls etwas verziehen. Für Junipflanzung und Herbsternte Mitte April am einfachsten gleich an Ort und Stelle säen, Reihenabstand 30 cm, später auf 10–15 cm in der Reihe vereinzeln. Überwinterungsporree zur Pflanzung Mitte August muß Ende Juni gesät werden, endgültiger Abstand 40 × 15 cm. Vorkultur und Pflanzung sind auch bei Herbst- und Winterporree möglich.
Zum Pflanzen Blätter und Wurzeln nie einkürzen! Damit das untere zarte, helle Stück der »Stangen« möglichst lang wird, pflanzt man in 10 cm tiefe Furchen und bringt die Setzlinge bis zum Blattansatz in die Erde (5–8 cm). Später beim Lockern die Furche nach und nach auffüllen und, dem Wachstum entsprechend, die Pflanzen anhäufeln. Auch aufs Beet gesäten Porree anhäufeln. Bei Trockenheit gründlich wässern.

Ernte und Lagerung
Sommer- und Herbstlauch holt man nach Bedarf. Bei Lagerung (1 Woche) verliert er an Wert und Geschmack. Für Winterporree ist der Garten bester Lagerraum. Er kann im Frühwinter bei offenem Boden ausgegraben, an Nordseite von Haus oder Garage eingeschlagen und mit Stroh oder Reisig locker abgedeckt werden.

Schalotte, Eschlauch, Ewige Zwiebel, Winterhecke
Allium ascalonicum

- Keimdauer der Winterzwiebel 10–20 Tage.
- Saat bis Erntebeginn bei Frühsaat 4, bei Augustsaat 7½ Monate. Legen der Schalotten bis Ernte etwa 4 Monate.

Sorten
Gibt es nicht.

Kultur
Beide Zwiebelarten bevorzugen geschützte, helle, besonnte Beete. Gießen wie Küchenzwiebel.
Grunddüngung 40–50 g/m², organisch-mineralisch 60 g/m². Kopfdüngung Anfang Juni 40 g/m², organisch-mineralisch 60 g/m². Winterheckezwiebeln bekommen bei Herbstsaat die Kopfdüngung im Frühjahr.
Zeit fürs Stecken von Schalotten-Brutzwiebeln ist der März, Abstand 30 × 15 cm. Vom herangewachsenen Grün dürfen Sie wenig für die Küche nehmen.
Saatzeit für Winterheckezwiebeln ist März/April oder August. Reihenabstand 20 cm, Abstand in der Reihe 10 cm. Beim möglichen büschelweisen Verpflanzen Abstand 20 × 20 cm.

Ernte und Lagerung
Schalottenlaub stirbt im Juli ab. Dann die zusammenhängenden kleinen Zwiebeln herausnehmen, nachtrocknen und ungeteilt bis zum Verbrauch lagern, kühl, frostfrei und trocken die kleinsten als »Saatgut« fürs kommende Jahr.
Laub der Winterschnittzwiebel (Schlotten) ist recht frosthart und steht deshalb meist bis Weihnachten zur Verfügung.

Knoblauch, Schnittknoblauch
Allium sativum, A. tuberosum

- Legen der Knoblauchzehen bis Ernte 4 Monate, nach Stecken im Oktober 8 Monate.
- Saat bis Schnittbeginn bei Schnittknoblauch 4–5 Monate.

Sorten
Knoblauchsorten gibt es nicht. Vom Schnittknoblauch sind unter anderem 'Wagners Kobold' und 'Sperlings Knolau' im Handel.

Kultur
Beide Knoblaucharten brauchen nicht zu schweren Boden und volle Sonne. Gießen ist nur bei wirklicher Trockenheit nötig.
Düngung ist bei guter Kompostversorgung unnötig. Knoblauch als Zwischenpflanzung hält Erdbeeren gesund, schützt Rosen gegen Krankheiten und fördert ihren Duft.
Knoblauchzehen (Zinken, Finger), Teilzwiebeln der von dünner weißer Haut umgebenen »Knoblauchzwiebel«, legt man im April, 4 cm tief. Abstand 20 × 15 cm. Ernte dann im Herbst. Beim Stecken im Oktober für Frühsommerernte, in rauhem oder wechselhaften Klima Fichtenzweige auflegen!

Das Gemüse

Schnittknoblauch sät man im April aufs Beet oder, mit nachfolgendem, büschelweisen Verpflanzen, in Kistchen. Er entwickelt nur Grün mit gemäßigtem Knoblaucharoma. Die schönen Blüten im Spätsommer machen die eigentlich mehrjährigen Pflanzen ziergartengeeignet. Der endgültige Abstand beträgt 20 × 15 cm.

Ernte und Lagerung

Wenn das Laub vergilbt, Knoblauchpflanzen an einem trockenen Tag aus dem Boden nehmen, 2 Tage dünn ausgebreitet auf dem Beet oder unter Dach nachreifen.
Danach samt Laub bündeln oder zu Zöpfen flechten und trocken bei 5–8°C aufbewahren.
Schnittknoblauch bleibt auf dem Beet, überdauert oft auch strenge Winter ohne Schutz.

»Exoten«

Artischocke

Cynara scolymus

- Keimdauer 15–25 Tage.
- Saat bis 1. Erntebeginn 15 Monate.

Sorten

'Green Globe', 'Große Grüne', 'Große von Laon'; 'Romagna', violett.

Kultur

Ansprüche, Vorkultur und Pflanzzeit wie Cardy (s. S. 269), Düngung wie Cardy, aber ab 2. Jahr 2 Kopfdüngungen bei Austrieb und 6 Wochen später, je 30 g/m², organisch-mineralische Düngung 40 g/m².
Vermehrung durch Kindel (Seitentriebe) Dies ist besser, wenn die »Eltern« reich- und großblütig sind. Sämlinge entwickeln sich unterschiedlich in bezug auf den Ertrag! Kindel treiben im Frühjahr aus dem Wurzelstock überwinterter Pflanzen. 3 müssen Sie jeder lassen, die übrigen schneiden Sie direkt am Ansatz. Am besten, wenn sie schon ein paar Wurzeln haben.
Pflanzung Ab Ende Mai gleich nach draußen, dort bewurzeln lassen, zuerst unter Vlies. Die 1. Blüten sind nach 1 Jahr zu erwarten. Sämlinge und Kindel aus Töpfen setzen Sie Anfang Juni, 4–5 cm tiefer als sie vorher standen. Abstand für alle 100 × 100 cm. 4–8 Knospen pro Jahr sind zu erwarten. Sie werden größer, wenn nur die Endknospen an den Haupttrieben wachsen, die anderen vorsichtig ausgebrochen werden.
Neupflanzung Nach 3–4 Jahren läßt das Blühen nach, Sie müssen neu pflanzen!
Behandlung im Herbst Im Oktober Blütenstengel dicht über dem Boden abschneiden, mit Reisig decken. Auch Ausgraben mit großem durchfeuchtetem Ballen und Einschlagen in sandige feuchte Erde in Keller oder Frühbeet bis zum Frühjahr ist möglich.

Ernte

Die Knospen sollen ausgewachsen, aber noch ungeöffnet und ohne sichtbare Farbe sein. Nur so sind sie zart und eßbar.

Zuckermais

Zea mays convar. *saccharanta*

- Keimdauer 4–7 Tage.
- Saat bis Erntebeginn etwa 3½ Monate.

Sorten

'Aztek', 'Goldprinz', süß; 'Golden Supersweet', 'Honey comb', beide extra-süß; 'Popcorn'.

Kultur

Zuckermais braucht sehr nahrhaften, humusreichen Boden, Sonne und Wärme. Der Wasserbedarf ist natürlicherweise am höchsten, wenn die Kolben wachsen.
Zur Erhaltung einer guten Bodenstruktur sollten Sie zwischen den Reihen mulchen.
Grunddüngung 50 g/m², organisch-mineralisch 80 g/m², 2 Kopfdüngungen von je 25 g/m², organisch-mineralisch 40 g/m², 5 und 8 Wochen nach Saat.
Saat Mitte Mai, Reihenabstand 70 cm, in der Reihe 15 cm. Legen Sie je Saatstelle 3–4 Körner etwa 3 cm tief. Nach der Keimung die kräftigsten Pflanzen stehen lassen.
Durch einen Bestand von 20 Pflanzen, am besten in 2 Reihen nebeneinander, sichern Sie Bestäubung und Körneransatz. 300 m Abstand zu anderem Mais halten, damit wirklich süße Körner wachsen.

Ernte und Lagerung

Ernten Sie erst, wenn die Fäden an den Kolben sich braun gefärbt haben, die Spitzen der Kolben noch etwa 3 cm hoch, weiß und unreif sind. Der Rest jedes Kolbens soll gleichmäßig mit glänzend gelben Körnern besetzt sein, aus denen bei Eindrücken mit dem Fingernagel Milchsaft spritzt.
Die neuen, extra-süßen Sorten für den Zuckermais-Liebhaber sind nicht nur direkt nach der Ernte besonders süß, sondern bis zu 4 Tagen später. Grund dafür: Die Umwandlung von Zucker in Stärke geschieht entsprechend langsam.

Artischocken, zu selten angebaut, sind Delikatesse und Zierpflanze in einem.

Bald sind die Maiskolben fertig zum Abknabbern der saftigen Körner.

Mischkultur im Garten

Warum bauen wir Mischkulturen an?

Bei Mischkulturen im Gemüsebau handelt es sich um den gleichzeitigen Anbau mehrerer Gemüsearten auf 1 Beet. Wir säen, pflanzen und pflegen also Gemüsearten mit verschiedener Reifezeit und unterschiedlichen Nährstoffbedürfnissen auf dem gleichen Beet. Der Boden wird durch die verschiedenen Gemüsearten – Flach- und Tiefwurzler, Stark-, Mittel- und Schwachzehrer – besser durchwurzelt, seine Nährstoffreserven werden besser ausgenützt.

Die Mischkultur ist aus Beobachtungen in der Natur entstanden. Dort findet man nämlich keine sogenannten Monokulturen. Man kann daran erkennen, daß das Zusammenleben, Wachsen und Gedeihen verschiedener Pflanzengemeinschaften seine Bedeutung haben muß. Nach vielen Beobachtungen und Versuchen mit den verschiedensten Gemüsearten stellte sich heraus, daß zahlreiche Pflanzen sich gegenseitig im Wachstum fördern und vor Schädlingen und Krankheiten schützen. Andererseits konnte man auch feststellen, daß einige Gemüsearten sich gegenseitig stören und behindern, und bei einer ganzen Anzahl ist das Verhalten neutral. Diese gegenseitige Beeinflussung, sei sie nun fördernd, behindernd oder neutral, geht zum einen Teil vom Wurzelbereich der Pflanzen aus, und zwar durch unterschiedliche Beanspruchung von Nährstoffen und Bodenbakterien und bei der Verwertung von sichtbaren und unsichtbaren Rückständen, die jede Pflanze im Boden hinterläßt. Andererseits hat auch der Duft, den jede Pflanze in mehr oder weniger starker Form ausstrahlt, Einfluß auf die Nachbarpflanzen, besonders auf dem Gebiet der Schädlingsabwehr.

Das ganze Gebiet der gegenseitigen Beeinflussung von verschiedenen Pflanzen ist bis heute in Europa und Amerika noch wenig wissenschaftlich erforscht. Es ist nur eine geringe Anzahl von Publikationen verfügbar. In Rußland dagegen gibt es einige tausend Veröffentlichungen über dieses Thema. Wir können trotzdem kaum auf wissenschaftlich gesicherte Erkenntnisse zurückgreifen und müssen uns mit den wertvollen Ergebnissen, die durch praktische Erfahrungen entstanden sind, begnügen.

Durch die gleichzeitige Kultivierung verschiedener Gemüsearten mit unterschiedlicher Reifezeit auf dem gleichen Beet ist der Boden das ganze Jahr über mit keimenden, jungen und ausgewachsenen Pflanzen bewachsen, so daß immer eine mehr oder weniger gute Bodenschattierung (gleich Bodenbedeckung) vorhanden ist.

Die Bodenschattierung fördert die Bodengare. Dieser erwünschte Bodenzustand wird entweder durch Schattengare oder durch Frostgare erreicht. Es bedeutet, daß der Boden eine gute, krümelige Struktur aufweist, er ist elastisch und porös. Die Wasserführung, die Luftführung und die Erwärmung sind ideal. Wenn man von einem solchen Boden einen Spatenstich herausnimmt und auf eine harte Unterlage wirft, zerschellt er in runde, porige Krumen. Man kann diese Probe auch nur mit einem ungefähr faustgroßen Erdklumpen machen, indem man ihn in die Hand nimmt und leicht zusammendrückt. Zerfällt er wie oben gesagt, dann haben wir es in diesem Fall mit einem garen Boden zu tun.

Selbstverständlich können niemals allein Bodenschattierung oder Bodenbedeckung eine gute Bodengare hervorrufen, dazu gehört immer die Düngung mit Kompost, um den Boden mit organischem Material, vor allem Humus, anzureichern, welches die erwünschten Eigenschaften besitzt. Mehr zu den hier nur kurz angeschnittenen Themen in den jeweiligen Kapiteln.

Ein weiterer Vorteil der Mischkulturen, und sicher nicht der unattraktivste, ist die wesentliche Ertragssteigerung, die man damit erreicht. Mischkulturen anzupflanzen ist auch sehr interessant, man ist zu vermehrtem Nachdenken, Planen und Beobachten gezwungen. Der Arbeitsaufwand ist jedoch im Hausgarten nicht größer als bei Monokulturen.

Das einjährige Hügelbeet. In der Mittelreihe Tomaten und Petersilie, in der ersten Reihe Blumenkohl, in der zweiten Reihe Stielmangold, Sellerie und Lauch und in der dritten Reihe Kohlpflanzen.

Mischkultur im Garten 281

Fruchtwechsel und Fruchtfolge

Jede Pflanze entnimmt dem Boden Nährstoffe in bestimmter Menge und bestimmtem Verhältnis und scheidet gleichzeitig durch ihre Wurzeln Stoffe aus.
Wenn man mehrmals hintereinander auf dem gleichen Beet die gleiche Pflanzenart anbaut, dann werden dem Boden einseitig Nährstoffe entzogen, und auch die besten Kompost- und Düngergaben können dies nicht in genügendem Maße ausgleichen. Andererseits wirken die von den Pflanzenwurzeln ausgeschiedenen Stoffe zum Teil für nachfolgende Pflanzen gleicher Art wachstumshemmend. Es tritt eine sogenannte Bodenmüdigkeit ein, die Pflanzen gedeihen nicht mehr und werden von Krankheiten und Schädlingen befallen.
Deshalb muß auch beim Anbau mit Mischkulturen ein ständiger Fruchtwechsel stattfinden. Die Meinung, daß wegen der verschiedenen Gemüsearten, die gleichzeitig auf einem Beet angebaut werden, ein Fruchtwechsel nicht notwendig sei, ist falsch.
Bei der Hügelbeetmethode ist die Fruchtfolge dadurch geregelt, daß jedes Jahr ein neues Hügelbeet gebaut wird und sich deshalb eine Verschiebung der einzelnen Anbaupläne automatisch ergibt.

In welcher Mischkultur finde ich die Gemüsearten?

Gemüseart		Flachbeet Nr.	Hügelbeet Nr.
Bohnen	Busch-	7	5
	Stangen-	10	1/2/3
Erbsen	hohe	11	3
	niedrige	8	–
Erbsen, Zucker-	hohe	–	4
	niedrige	8	–
Fenchel, Knollen-	früher	11	2
	später	8	2/4
Gurken		7	2
Kartoffeln, Früh-		1	6
Knoblauch		12	4
Kohlgewächse			
– Blumenkohl	früher	3	2
	später	2	1
– Broccoli		5	1
– Grünkohl		5	3
– Kohlrabi	frühe	–	2
	späte	2/12	2
– Rosenkohl		8	1
– Rotkohl	früher	6	2
	später	2	1
– Weißkohl/Wirz	früher	3	2
	später	2	1
Lauch		12	1
Mangold	Stiel-	3	1
	Blatt-	5	–
Möhren	frühe	4/9	5
	späte	12	3/4
Radieschen		4/11	3/4/5
Rettich	Sommer-	12	3
	Winter-	4	–
Rote Rüben	frühe	6	2/3
	späte	5	2

Gemüseart		Flachbeet Nr.	Hügelbeet Nr.
Salate			
– Eissalat		12	4
– Endivien		3/7	2
– Feldsalat		1/9	3
– Kopfsalat	früher	2	4
	später	8	4
	Winter-	12	–
– Pflücksalat		8	–
– Radiccio		3/7	4
– Schnittsalat		5/8	4
– Treib-Chicorée		10	3
– Zuckerhut		3/7/8	2
Schalotten		9	5
Schwarzwurzeln		10	3
Sellerie	Schnitt-	5	–
	Stangen-	3	1
	Knollen-	2	1
Spinat		1/6	6
Tomaten		4	1
Zucchini		6	1/2
Zwiebeln	Steck-	9	5
	Winter-	12	3
Erdbeeren		12	4/5
Kräuter, einjährige			
– Basilikum		11	2/4
– Bohnenkraut		7	5
– Borretsch		6	1
– Dill		5/6/7/9	3/4/5
– Kerbel		3	4
– Petersilie		4	1

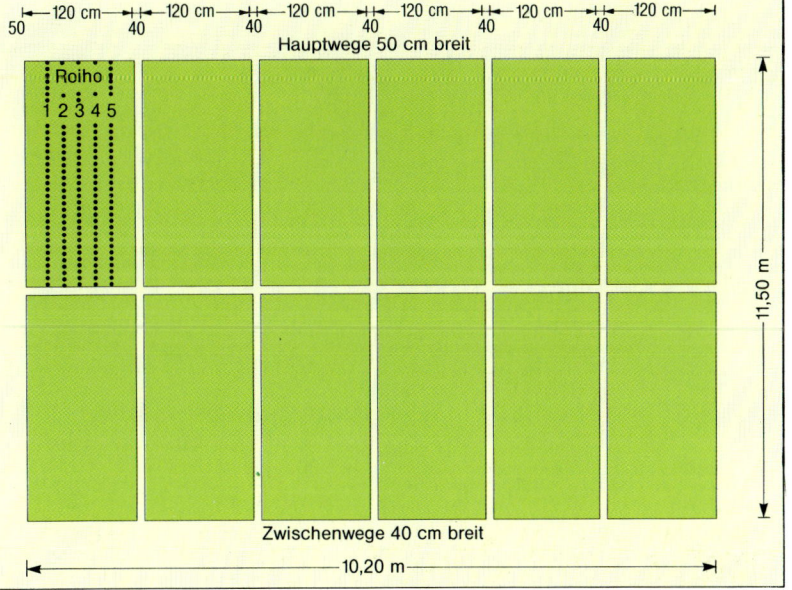

Der Gartenplan soll zuerst einmal zeigen, daß man die beschriebenen 12 Mischkulturen auf einer Fläche von ca. 100 m² anbauen kann. In diesen Kulturplänen sind alle üblichen Gemüsearten berücksichtigt. Abänderungen sind selbstverständlich möglich. Dabei müssen aber folgende Dinge berücksichtigt werden:
- Die Verträglichkeit der Gemüsearten untereinander.
- Der Nährstoffbedarf der einzelnen Pflanzen.
- Eine ausgewogene Fruchtfolge für die einzelnen Beete.

Weil die Mischkultur 12 über 3 Jahre auf dem gleichen Beet stehen bleibt, können die Beete nicht einfach jährlich um ein Beet verschoben werden. Jeder Gartenbesitzer muß sich deshalb selbst überlegen, wie er die Mischkulturen auf die einzelnen Beete verteilt. Das macht seine Arbeit interessant, er muß jedes Jahr wieder neu planen.

Auf einer Fläche von etwa 100 m² können alle 12 Mischkulturen auf einmal angebaut werden. Für den normalen Haushalt reichen aber auch 2–3 Beete, um immer frisches Gemüse auf dem Tisch zu haben.

Mischkultur im Garten

Mischkultur mit Zwiebeln und Möhren. Rechts und links daneben Melde.

Planung des Mischkultur-Gartens

Da der Autor aus der Schweiz stammt, die Gemüsearten aber im Hinblick auf das Hauptverbreitungsgebiet dieses Buches mit den deutschen Bezeichnungen aufgeführt werden, wollen wir hier zur besseren Verständlichkeit für die Leserschaft in der Schweiz die unterschiedlichen Gemüsebezeichnungen gegenüberstellen:

BRD	Schweiz
Möhren, Karotten	Rüebli
Rote Rüben, Rote Bete	Randen
Feldsalat	Nüsslisalat
Chicorée	Brüsseler Zichorie
Zuckererbsen	Kefen
Eissalat	Krachsalat
Radicchio	Palla Rossa, Zichorie
Paprika	Peperoni

Die Herkunft des Autors ist mit ein Grund, warum auf Sortenempfehlungen verzichtet wurde. Aber auch grundsätzlich sind solche Angaben immer nur beschränkt gültig, weil die Eignung der Sorten von Region zu Region stark variiert. Jeder Gärtner sollte sich daher an den Sorten orientieren, die aufgrund positiver Erfahrungen in seiner Umgebung vom Fachhandel angeboten und empfohlen werden. Viele Gemüsesorten finden Sie auch im Kapitel »Gemüse« ab S. 50.
In den Pflanzplänen kommen Bezeichnungen wie z. B. »später Kopfsalat« vor. Das soll ausdrücken, daß eine Sorte erforderlich ist, die für spätere Anbautermine in der Wachstumsperiode geeignet ist.
Wenn bei der Düngung von Pflanzenjauchen die Rede ist, sind in erster Linie Brennessel- und Beinwelljauche gemeint (s. S. 58/59).

Die in den Pflanzplänen verwendeten Abkürzungen bedeuten:
V = Vorkultur
H = Hauptkultur
N = Nachkultur
m = laufende Meter

Mischkulturen für Flachbeete

Mischkultur Nr. 1

Bepflanzungsplan

1. Reihe: H = Spinat
2. Reihe: H = Frühkartoffeln
3. Reihe: H = Spinat
4. Reihe: H = Frühkartoffeln
5. Reihe: H = Spinat
Als Nachfrucht auf dem ganzen Beet: 8 Reihen Feldsalat.

Vorbereitung des Beetes und Düngung
Im Herbst wird das Beet mit der Grabgabel gelockert. Dann werden, rechts und links 30 cm von der Beetmitte weg, 2 Furchen gezogen, jede 15 cm tief, und mit halbreifem Kompost aufgefüllt. In die mit Kompost gefüllten Furchen werden im kommenden Frühjahr die Kartoffeln gesteckt.

Aussaat und Bepflanzung
Im Herbst, möglichst früh, sät man in der 1., 3. und 5. Reihe Spinat. Zwischen diesen Reihen wird das Beet gut gemulcht.
Im März bis Anfang April werden die Saatkartoffeln folgendermaßen angetrieben: In Gemüsekistchen legt man eine Kunststoffolie oder ein paar alte Zeitungen, damit die Pflanzerde nicht unten herausfällt und zudem länger feucht bleibt. Eine Mischung aus Lavagranulat und Erde zu gleichen Teilen wird gut angefeuchtet und dann etwa 3–5 cm hoch in die Kistchen gefüllt. In diese setzt man die Saatkartoffeln in Abständen von 5 cm. Wichtig ist, daß die »Krone«, das ist der Teil, der die meisten Augen aufweist, nach oben schaut. Die Krone befindet sich bei der Kartoffel immer auf der entgegengesetzten Seite der »Nabelschnur«, das ist dort, wo die Kartoffel mit der Mutterpflanze verbunden war.
Die Saatkartoffeln werden mit dem Lavagranulat-Erde-Gemisch ungefähr 2 cm hoch zugedeckt und die Kistchen an einem hellen Kellerfenster, im Frühbeet oder im Gewächshaus aufgestellt. Am Fenster stehende Kistchen müssen von Zeit zu Zeit gedreht wer-

Mischkultur im Garten

den, damit die Triebe nicht einseitig in eine Richtung (gegen das Licht) wachsen.

Wenn die Triebe lang (geil) werden, statt kurz und gedrungen, dann liegt dies an einer der folgenden Ursachen: Entweder der Raum, in dem man das Kistchen aufgestellt hat, war zu warm (maximale Temperatur 12–16 °C) oder es fehlte an Licht. Aus Saatkartoffeln mit langen, geilen Trieben wachsen keine gesunden Kartoffelpflanzen. Es ist besser, man bricht diese Triebe ab; an der Saatkartoffel hat es immer noch genügend keimfähige Augen. Vor dem Auspflanzen der vorgekeimten Saatkartoffeln müssen diese abgehärtet werden, indem man sie zuerst nur am Tag und später dann auch während der Nacht (ausgenommen bei Frostgefahr) ins Freie stellt. Je nach Klima und Gegend wird Anfang bis Ende April ausgepflanzt, in Berggegenden sogar noch später. Die vorgetriebenen Saatkartoffeln haben inzwischen so viele Wurzeln getrieben, daß man sie regelrecht auseinanderreißen muß. Die Knollen werden nun in Abständen von 30 cm in die mit Kompost gefüllten Furchen gesetzt. Nachher mulcht man die Kartoffelreihen gut, d.h., sie werden mit altem Gras oder gehäckseltem Stroh abgedeckt. Die Spinatreihen hält man von dieser Bodenbedeckung frei. Besonders bei Frostgefahr ist eine gute Abdeckung der jungen Kartoffeltriebe notwendig. Mit dieser Anbaumethode kann man Erträge bis zu 2,6 kg pro Kartoffelstaude ernten.

Nach der Kartoffelernte werden auf dem Beet 8 Reihen Feldsalat angesät. Dünn säen, denn nur dann bilden sich schöne Röschen.

Mischkultur Nr. 2

Bepflanzungsplan

1. Reihe: V = Ackerbohnen
   H = Weißkohl und Knollensellerie
2. Reihe: H = Kohlrabi und Kopfsalat
3. Reihe: V = Ackerbohnen
   H = Blumenkohl und Knollensellerie
4. Reihe: H = Kohlrabi und Kopfsalat
5. Reihe: V = Ackerbohnen
   H = Rotkohl und Knollensellerie

In der 1., 3. und 5. Reihe Zwischenpflanzung von Dill und Borretsch.

Vorbereitung des Beetes und Düngung

Im Herbst wird das Beet mit der Grabgabel gelockert. Dann wird ungefähr 5 cm hoch frischer Stallmist oder 3 cm dick halbreifer Kompost darüber ausgebreitet und in die obersten 5 cm des Bodens leicht eingearbeitet. Nachher wird gemulcht. Sellerie, Weißkohl, Blumenkohl und Rotkohl müssen nach dem Anwachsen noch mit Pflanzenjauche nachgedüngt werden.

Aussaat und Bepflanzung

Im März, sobald der Boden aufgetaut ist, sät man in die Reihen 1, 3 und 5 Ackerbohnen. Ende März bis Anfang April pflanzt man in die Reihen 2 und 4 im Wechsel mit 25 cm Abstand Kopfsalat und Kohlrabi. Die Ackerbohnen werden, sobald sie den Kopfsalat und die Kohlrabi zu sehr beschatten, abgeschnitten, zerkleinert und als Bodenbedeckung liegengelassen. Anfang bis Mitte Juni werden in der 1. Reihe, mit einem Abstand von 50 cm von Pflanze zu Pflanze, im Wechsel Weißkohl und Knollensellerie ausgepflanzt. Der Kohl wird tief gesetzt (bis zur 1. Blattachsel), der Sellerie dagegen muß hoch gesetzt werden, sonst bildet er keine Knollen. In der 3. Reihe werden Blumenkohl und Sellerie und in der 5. Reihe Rotkohl und Sellerie ausgepflanzt. In allen 3 Reihen setzt man dazwischen Dill- und Borretschsetzlinge.

Mischkultur Nr. 3

Bepflanzungsplan

1. Reihe: V = Ackerbohnen
   H = früher Weißkohl und Stangensellerie
   N = Endivien
2. Reihe: V = Ackerbohnen
   H = Stielmangold
3. Reihe: V = Ackerbohnen
   H = früher Blumenkohl und Stangensellerie
   N = Zuckerhut

Zwischen den 3 Reihen 2 Reihen Kerbel.

Vorbereitung des Beetes und Düngung

Im Herbst wird das Beet mit der Grabgabel gelockert. Dann wird ungefähr 3 cm halbreifer Kompost darüber ausgebreitet und mit einer Hacke in die obersten 5 cm des Bodens leicht einge-

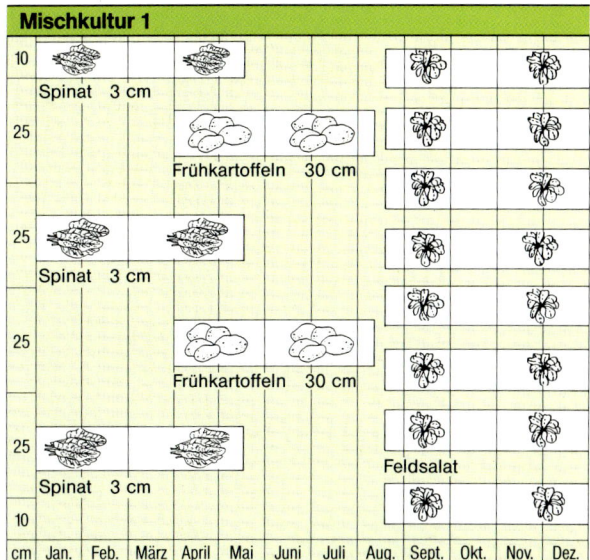

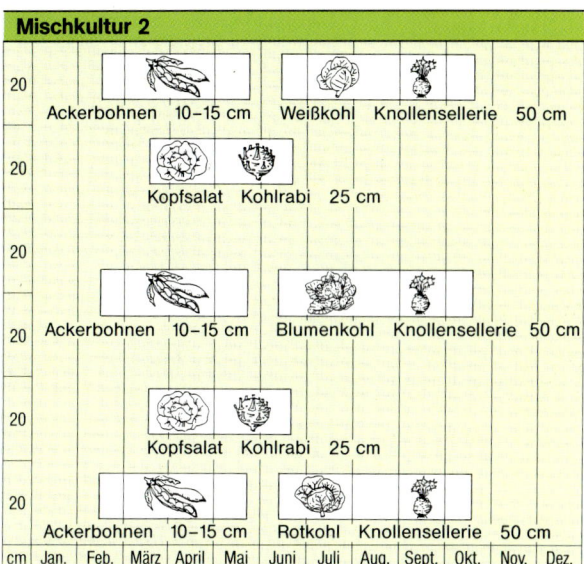

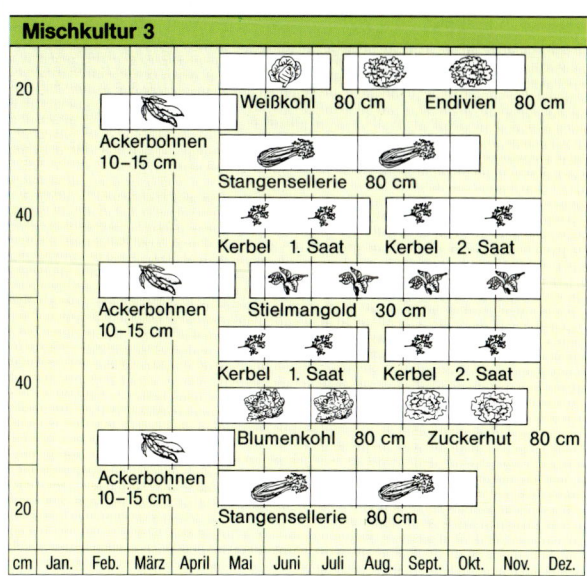

284 Mischkultur im Garten

Stielmangold (vom Vorjahr), rechts und links daneben: Ackerbohnen als Gründüngung.

arbeitet. Nachher wird gemulcht. Besonders beim Blumenkohl, eventuell auch beim Weißkohl und Stielmangold nach dem Anwachsen noch mit Pflanzenjauche nachdüngen.

Aussaat und Bepflanzung

Im März, sobald der Boden aufgetaut ist, sät man in allen 3 Reihen Ackerbohnen.

Anfang Mai pflanzt man in der 1. Reihe alle 80 cm 1 Weißkohlsetzling. Die Akkerbohnen werden zu diesem Zeitpunkt nur dort abgeschnitten, wo der Kohlsetzling ausgepflanzt wird. Das Grünzeug wird zerkleinert und als Bodenbedeckung liegengelassen. Die anderen Ackerbohnen in der Reihe bleiben stehen und schützen den Setzling vor Frösten. Erst wenn sie das Wachstum der Setzlinge behindern, werden sie abgeschnitten und als Bodendecke verwendet.

Mitte Mai pflanzt man in der 2. Reihe die Stielmangoldsetzlinge mit einem Abstand von 30 cm von Pflanze zu Pflanze. Auch hier wird mit den Ackerbohnen wie in der 1. Reihe vorgegangen.

Zum gleichen Zeitpunkt pflanzt man in der 3. Reihe mit 80 cm Abstand die Blumenkohlsetzlinge. Die Ackerbohnen werden auch nur dort entfernt, wo der Setzling zu stehen kommt. Anfang Juni werden in der 1. und 3. Reihe die Stangenselleriesetzlinge zwischen Weiß- und Blumenkohl ausgepflanzt.

Im August werden anstelle des Weißkohls in der 1. Reihe und des Blumenkohls in der 3. Reihe Zuckerhut bzw. Endivien ausgepflanzt. Zur gleichen Zeit sät man zwischen den 3 Reihen 2 Reihen Kerbel an.

Mischkultur Nr. 4

Bepflanzungsplan

1. Reihe: H = frühe Karotten mit Dill
   N = Winterrettich
2. Reihe: H = Radieschen
3. Reihe: H = Tomaten
4. Reihe: H = Radieschen
5. Reihe: H = frühe Karotten mit Dill
   N = Winterrettich
Am Beetende Petersilie.

Vorbereitung des Beetes und Düngung

Im Herbst wird das Beet mit der Grabgabel gelockert. Dann wird 1 cm völlig ausgereifter Kompost darüber ausgebreitet und mit einer Hacke leicht in die oberen 5 cm des Bodens eingearbeitet. Vor dem Auspflanzen der Tomaten im nächsten Jahr gibt man in jedes Pflanzloch eine Schaufel halbverrotteten Kompostes. Später werden die Tomaten noch mit Pflanzenjauche nachgedüngt.

Aussaat und Bepflanzung

Im Herbst, kurz vor den ersten Frösten, sät man in der 1. und 5. Reihe Karotten. Der Samen sollte vor dem Wintereinbruch nicht mehr keimen, weil sonst, besonders in Gegenden mit starken Frösten, die jungen Keimlinge erfrieren. Mit der Herbstaussaat, wenn sie gelingt, gewinnt man gegenüber der Frühjahrsaussaat einen Vorsprung von 2–3 Wochen. Wenn man im Herbst den richtigen Zeitpunkt für die Aussaat verpaßt oder die Keimlinge erfroren sind, dann sät man möglichst früh im nächsten Frühjahr. Bei der Frühjahrssaat mischt man unter den Karottensamen etwas Dillsamen. Im März/April sät man in der 2. und 4. Reihe Radieschen. Ende Mai, nach den Eisheiligen, werden in der 3. Reihe die Tomatensetzlinge ausgepflanzt. Sollten die Pflanzen schon zu groß geworden sein, schneidet man die unteren Blätter mit einem scharfen Messer ab und legt die Setzlinge in einen Graben, so daß nur die Spitze mit ein paar Blättern aus dem Boden schaut. In jeder Blattachsel der abgeschnittenen Blätter bilden sich nun Wurzeln. Die aus dem Boden schauende Spitze dürfen Sie auf keinen Fall nach oben biegen! Sie würde dabei nur abbrechen. Nach ein paar Tagen hat sie sich selber wieder gerade aufgerichtet. Der Vorteil dieser Methode ist, daß die Pflanze einen großen Wurzelballen bekommt und nachher viel schneller und kräftiger wächst. Bei der Aussaat des Winterrettichs stupft man alle 15 cm 2–3 Samenkörner in die Reihe. Später wird dann nur das kräftigste Pflänzchen stehen gelassen.

Mischkultur Nr. 5

Bepflanzungsplan

Für das ganze Beet eine Senf-Vorkultur als Gründüngung.
1. Reihe: H = Blattmangold
2. Reihe: H = Rote Rüben und Dill
3. Reihe: H = Broccoli und Schnittsellerie
4. Reihe: H = Rote Rüben und Dill
5. Reihe: H = Schnittsalat

Vorbereitung des Beetes und Düngung

Im Herbst wird das Beet mit der Grabgabel gelockert. Dann werden 1–2 cm reifer Kompost darüber ausgebreitet und mit einer Hacke in die obersten 5 cm des Bodens leicht eingearbeitet. Im Frühjahr wird auf dem ganzen Beet Senf als Gründüngung angesät.
Die Broccolipflanzen bekommen nach dem Anwachsen noch eine Nachdüngung mit Pflanzenjauche.

Aussaat und Bepflanzung

Im April wird das ganze Beet mit Senf als Gründüngung angesät. Senfsamen ist sehr ausgiebig: Für 100 m² braucht man nur 500 g, für 6 m² also nur 30 g.

Mischkultur im Garten

285

Mitte Juni wird der Senf abgeschnitten. Die Wurzeln bleiben im Boden. Das Grünmaterial wird später zum Mulchen verwendet, nachdem es vorher zerkleinert wurde. Da die Reihenabstände zwischen der 2., 3. und 4. Reihe 40 cm betragen müssen, sät man die 1. und die 5. Reihe mit Blattmangold bzw. Schnittsalat an die äußeren Beetränder. In der 3. Reihe werden dann die Broccolisetzlinge mit einem Abstand von 50 cm von Pflanze zu Pflanze gesetzt. Dazwischen setzt man je 1 Pflanze Schnittsellerie. Es lohnt sich, dafür Setzlinge vorher anzuziehen. Sie wachsen viel schneller und werden nicht wie eine Aussaat von den Kohlpflanzen zurückgedrängt.
In der 2. und 4. Reihe werden gleichzeitig Rote Rübensetzlinge mit einem Abstand von 15 cm ausgepflanzt. Dazwischen setzt man Dill oder man sät die Roten Rüben mit Dillsamen in die Saatrille und lichtet später auf 15 cm aus. Auch der Dill wird ausgelichtet. In Gegenden mit rauhem Klima lohnt es sich immer, beide Pflanzen als Setzlinge auszupflanzen.

Mischkultur Nr. 6

Bepflanzungsplan

An den beiden Beetenden je eine Zucchinipflanze.
1. Reihe: H = früher Rotkohl mit Borretsch
2. Reihe: H = frühe Rote Rüben mit Dill
3. Reihe: H = früher Rotkohl mit Borretsch
Als Nachfrucht werden auf dem ganzen Beet 8 Reihen Spinat als Gründüngung angesät.

Vorbereitung des Beetes und Düngung

Im Herbst wird das Beet mit der Grabgabel gelockert. Dann werden 1–2 cm reifer Kompost darüber ausgebreitet und in die obersten 5 cm eingearbeitet. Im nächsten Jahr erhalten eventuell die Zucchini und der Rotkohl noch eine Nachdüngung mit Pflanzenjauche.

Aussaat und Bepflanzung

Ende Mai pflanzt man an die beiden Beetenden je 1 Zucchinisetzling. Jede dieser Pflanzen braucht 1 m² Lebensraum. Infolgedessen sind die Pflanzreihen für Rotkohl und Rote Rüben nur noch 3 m lang. Ebenfalls Ende Mai setzt man in die 1. und 3. Reihe mit 50 cm Abstand je 1 Rotkohl. Dazwischen wird Borretsch gepflanzt. In der 2. Reihe sät man Dill und setzt dann in die Saatrille mit 10 cm Abstand je 1 Rote Rübensetzling. Nach der Ernte des Rotkohls und der Roten Rüben, die meistens vor der letzten Zucchiniernte erfolgt, sät man 8 Reihen oder breitwürfig Spinat. Sobald die letzten Zucchini geerntet sind, wird auch dort Spinat angesät.

Mischkultur Nr. 7

Bepflanzungsplan

Für das ganze Beet eine Senf-Vorkultur als Gründüngung.
1. Reihe: H = Buschbohnen und Bohnenkraut
   N = Endivien
2. Reihe: H = Gurken und Dill
   N = Zuckerhut
3. Reihe: H = Buschbohnen und Bohnenkraut
   N = Endivien

Vorbereitung des Beetes und Düngung

Im Herbst wird das Beet mit der Grabgabel gelockert. Dann werden 1–2 cm ausgereifter Kompost darüber ausgebreitet und mit einer Hacke in die obersten 5 cm des Bodens leicht eingearbeitet. Nachher wird gemulcht.
Im April/Mai wird das ganze Beet mit Senf als Gründüngung eingesät. Bevor Ende Mai die Gurken ausgepflanzt und die Buschbohnen ausgesät werden, wird der Senf abgeschnitten. Die Wurzeln bleiben im Boden. In der Gurkenreihe werden 3–5 cm halbreifer Kompost in die oberste Bodenschicht eingearbeitet, so daß ein kleiner Wall entsteht.

Aussaat und Bepflanzung

Ende Mai werden auf der 2. Reihe die Gurkensetzlinge mit einem Abstand von 30 cm von Pflanze zu Pflanze gesetzt. Dazwischen setzt man je 1 Dillsetzling. In der 1. und 3. Reihe sät man Buschbohnen. Gleichzeitig sät man in die Saatrillen Bohnenkraut. Beim Pflanzen und Säen der Gurken und Buschbohnen sollte der Boden bis zu einer Tiefe von 25 cm mindestens 12 °C warm sein. Sonst kümmern die Gurkenpflänzchen, und die Buschbohnensamen verfaulen im Boden oder wer-

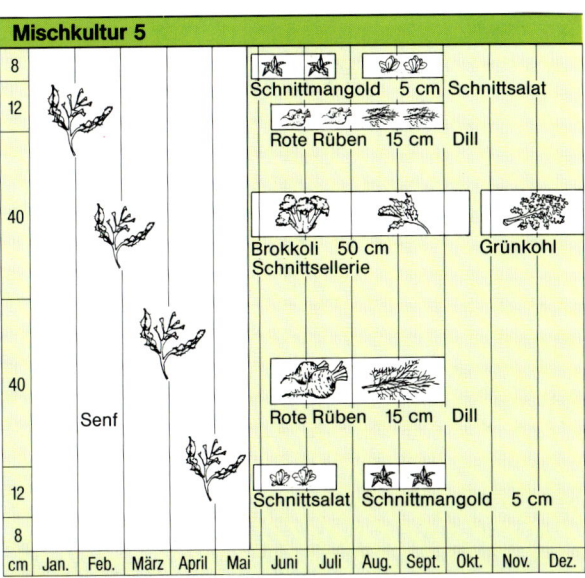

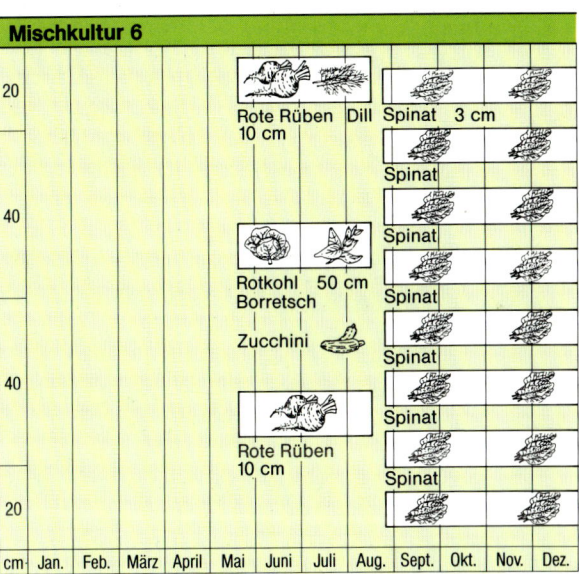

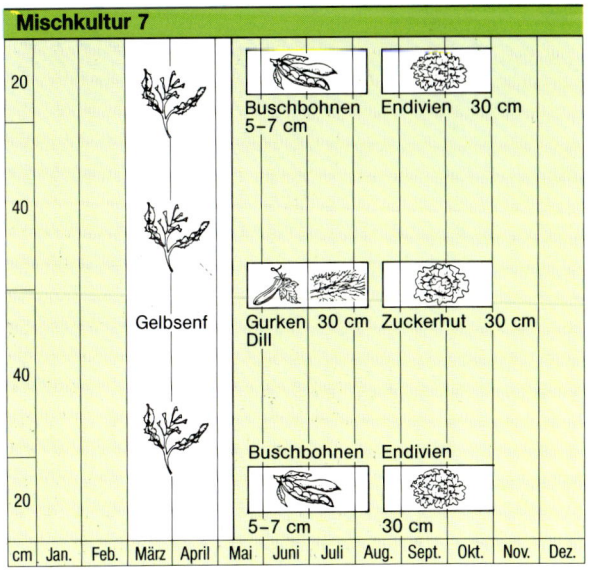

Mischkultur im Garten

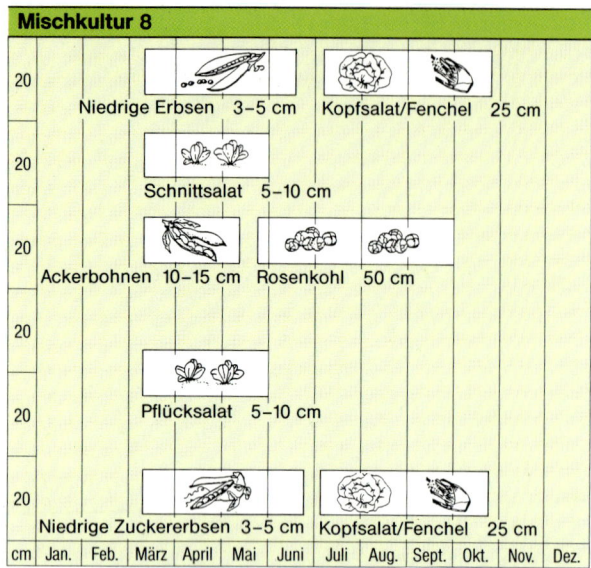

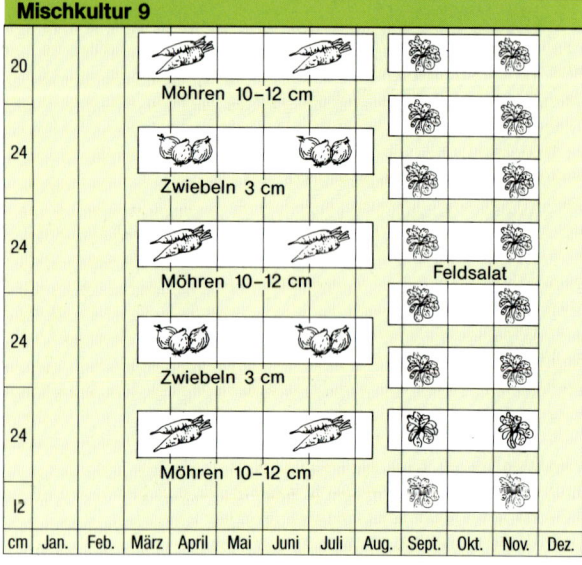

Die Mischkultur Nr. 8 im Spätsommer.

Innenspalte: Mischkultur Nr. 9 mit Möhren und Zwiebeln.

den vom Bohnenrost befallen. Im Spätsommer werden dann in die 1. und 3. Reihe Endivien und in die 2. Reihe Zuckerhut im Abstand von 30 cm gepflanzt.

Mischkultur Nr. 8

Bepflanzungsplan

1. Reihe: H = Erbsen, niedrige Sorte
   N = später Fenchel und später Kopfsalat oder Zuckerhut, mit Basilikum
2. Reihe: H = Schnittsalat
3. Reihe: H = Rosenkohl mit Dill
4. Reihe: H = Pflücksalat
5. Reihe: H = Zuckererbsen, niedrige Sorte
   N = später Fenchel und später Kopfsalat mit Basilikum

Vorbereitung des Beetes und Düngung

Im Herbst wird das Beet mit der Grabgabel gelockert, dann wird ungefähr 1 cm vollkommen ausgereifter Kompost darüber ausgebreitet und mit einer Hacke in die obersten 5 cm des Bodens leicht eingearbeitet.
Vor dem Auspflanzen des Rosenkohls wird auf dieser Reihe noch einmal eine 1–2 cm dicke Schicht Kompost ausgebracht und leicht in die obersten 5 cm des Bodens eingearbeitet. Eventuell später noch einmal mit Pflanzenjauche düngen.

Aussaat und Bepflanzung

Im März sät man in die 1. Reihe niedrige Erbsen und in die 5. Reihe niedrige Zuckererbsen. In Gegenden mit rauhem Klima werden beide Erbsensorten vorkultiviert. Ebenfalls im März sät man in der 2. und 4. Reihe Schnittsalat und Pflücksalat. Ende Mai werden in der 3. Reihe Rosenkohlsetzlinge im Abstand von 50 cm von Pflanze zu Pflanze ausgepflanzt. Dazwischen setzt man je 1 Dillsetzling. Sobald die Erbsen und Zuckererbsen abgeerntet sind, werden die Pflanzen zerkleinert und als Bodenbedeckung liegen gelassen. Die Wurzeln bleiben im Boden (s. Mischkultur Nr. 3). Dann werden Kopfsalat bzw. Zuckerhut und Fenchel im Wechsel mit einem Abstand von 25 cm ausgepflanzt. Dazwischen setzt man je 1 Basilikumsetzling.

Mischkultur Nr. 9

Bepflanzungsplan

1. Reihe: H = Möhren
   N = Feldsalat
2. Reihe: H = Schalotten
   N = Feldsalat
3. Reihe: H = Möhren
   N = Feldsalat
4. Reihe: H = Zwiebeln
   N = Feldsalat
5. Reihe: H = Möhren
   N = Feldsalat

In die Möhren-Reihe werden Dill und Radieschen mit eingebracht.

Vorbereitung des Beetes und Düngung

Im Herbst wird das Beet mit der Grabgabel gelockert. Dann wird ungefähr 1 cm dick ganz ausgereifter Kompost darüber ausgebreitet und mit einer Hacke in die obersten 5 cm des Bodens leicht eingearbeitet. Zwiebeln und Möhren brauchen sehr wenig Nährstoffe. Wenn man keinen ausgereiften Kompost hat, verzichtet man besser auf jegliche Düngung.

Aussaat und Bepflanzung

Im März/April werden die Möhren ausgesät; frühe Saaten werden weniger von der Möhrenfliege befallen. Unter den Möhrensamen mischt man etwas Dillsamen. Außerdem stupft man alle 5 cm 2–3 Radieschensamen in die Saatrille. Zur gleichen Zeit werden die Zwiebeln ausgesät oder Steckzwiebeln gesteckt. Auch die Schalotten werden jetzt gesteckt. Nachher wird zwischen den Reihen gemulcht.
Nachdem die Zwiebeln, Schalotten

Mischkultur im Garten 287

und Möhren abgeerntet sind, wird auf dem Beet in 8 Reihen oder breitwürfig Feldsalat ausgesät. Achtung: Feldsalat wird meistens viel zu dicht gesät! Es bilden sich dann keine schönen Röschen.

Mischkultur Nr. 10

Bepflanzungsplan

1. Reihe: H = Schwarzwurzeln
2. Reihe: V = Ackerbohnen
   H = Zuckermais
3. Reihe: H = Treib-Chicorée

Vorbereitung des Beetes und Düngung

Im Herbst wird das Beet mit der Grabgabel gelockert. Dann wird ungefähr 1 cm hoch reifer Kompost darüber ausgebreitet und mit einer Hacke in die obersten 5 cm des Bodens leicht eingearbeitet. Nachher wird gemulcht.

Aussaat und Bepflanzung

Im März sät man in der 2. Reihe Ackerbohnen. Etwas später, im März/April, werden in der 1. Reihe Schwarzwurzeln ausgesät. Die Saatrille muß 3 cm tief sein. Später werden die Pflänzchen auf 5 cm ausgelichtet. Man kann auch alle 5 cm 2–3 Samenkörner in die Rille stupfen.
Später darf nur 1 Pflänzchen stehen bleiben. Zum gleichen Zeitpunkt sät man in der 3. Reihe Treib-Chicorée (Brüsseler), ebenfalls in 3 cm tiefe Rillen. Nachher muß dann auf 10–12 cm ausgelichtet werden. Ende Mai wird der Zuckermais angesät.

Mischkultur Nr. 11

Bepflanzungsplan

An die beiden Beetränder kommen Radieschen.
1. Reihe: H = früher Fenchel und Basilikum
2. Reihe: H = Erbsen
3. Reihe: H = früher Fenchel und Basilikum

Für das ganze Beet eine Senf-Nachkultur als Gründüngung.

Vorbereitung des Beetes und Düngung

Im Herbst wird das Beet mit der Grabgabel gelockert. Dann wird 1 cm dick ausgereifter Kompost darüber ausgebreitet und in die obersten 5 cm des Bodens eingearbeitet.

Aussaat und Bepflanzung

Im März/April sät man in der 2. Reihe die Erbsen. Zur gleichen Zeit kann man an den Beeträndern die Radieschen, zeitlich gestaffelt, aussäen. Also zuerst die Hälfte der nächsten Reihe und so fort. Die Zeitabstände bei der Aussaat können 1–2 Wochen betragen. So hat man jede Woche erntereife Radieschen und nicht auf einmal eine große Menge. Mitte bis Ende Mai werden in der 1. und 3. Reihe mit Abständen von 30 cm die Fenchelsetzlinge ausgepflanzt. Dazwischen setzt man dann Anfang Juni die Basilikumpflänzchen. Nach der Ernte von Erbsen, Fenchel, Radieschen und Basilikum wird das ganze Beet mit Senf als Gründüngung angesät.

Mischkultur Nr. 12

Bepflanzungsplan

Im Herbst des Vorjahres
1. Reihe: H = Winterzwiebeln
2. Reihe: H = Winterkopfsalat
3. Reihe: H = Knoblauch
4. Reihe: H = Winterkopfsalat
5. Reihe: H = Winterzwiebeln

Im 1. Jahr
1. Reihe: H = Eissalat und früher Kohlrabi
2. Reihe: H = Sommerrettich
3. Reihe: H = Knoblauch (im Vorjahr gesteckt)
4. Reihe: H = Sommerrettich
5. Reihe: H = Eissalat und früher Kohlrabi

Nach der Ernte der auf der 1., 2., 4. und 5. Reihe stehenden Gemüse werden, neben dem eventuell noch auf der Mittelreihe stehenden Knoblauch, je 1 Reihe Erdbeeren angepflanzt.

Im 2. Jahr
1. Reihe: H = Erdbeeren
2. Reihe: H = Lauch
3. Reihe: H = Erdbeeren

Im 3. Jahr
1. Reihe: H = Erdbeeren
          N = Gründüngung
2. Reihe: H = Möhren
3. Reihe: H = Erdbeeren
          N = Gründüngung

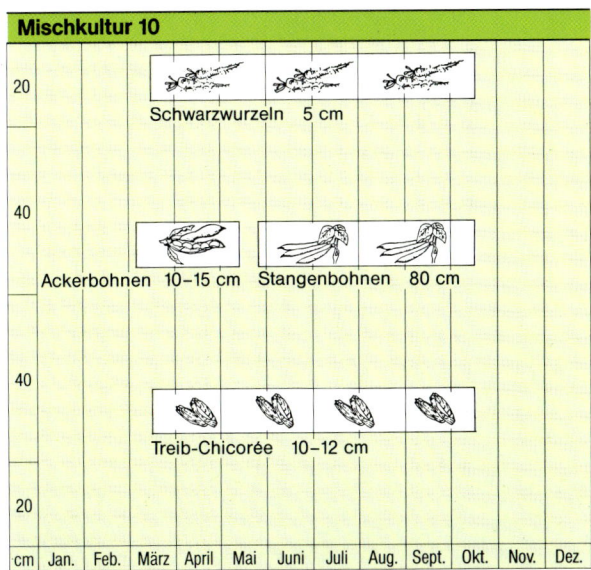

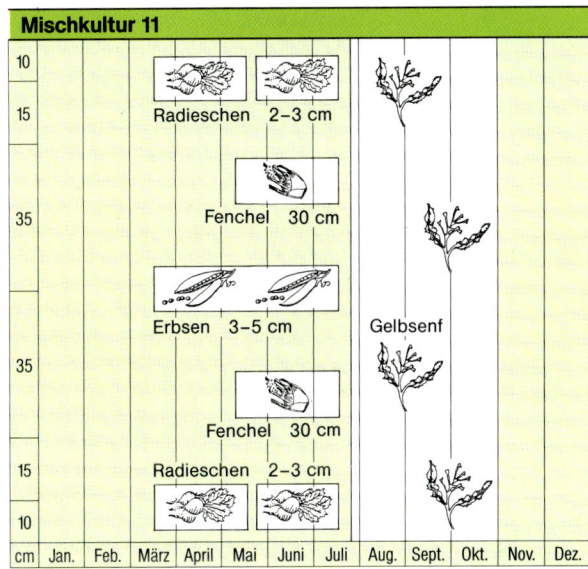

Vorbereitung des Beetes und Düngung

Im Herbst des Vorjahres wird das Beet mit der Grabgabel gelockert. Dann wird 1 cm reifer Kompost darüber ausgebreitet und mit einer Hacke leicht in die oberen 5 cm des Bodens eingearbeitet.
Vor der Pflanzung der Erdbeeren im Spätsommer des 1. Jahres werden, nach vorheriger Lockerung mit der Grabgabel, noch einmal 2–3 cm reifer Kompost darüber ausgebreitet und in den Boden eingearbeitet. Nach der ersten Erdbeerernte im 2. Jahr wird, nachdem die alten Blätter der Erdbeerpflanzen abgeschnitten wurden, wiederum mit 1–2 cm reifem Kompost nachgedüngt.

Mischkultur im Garten

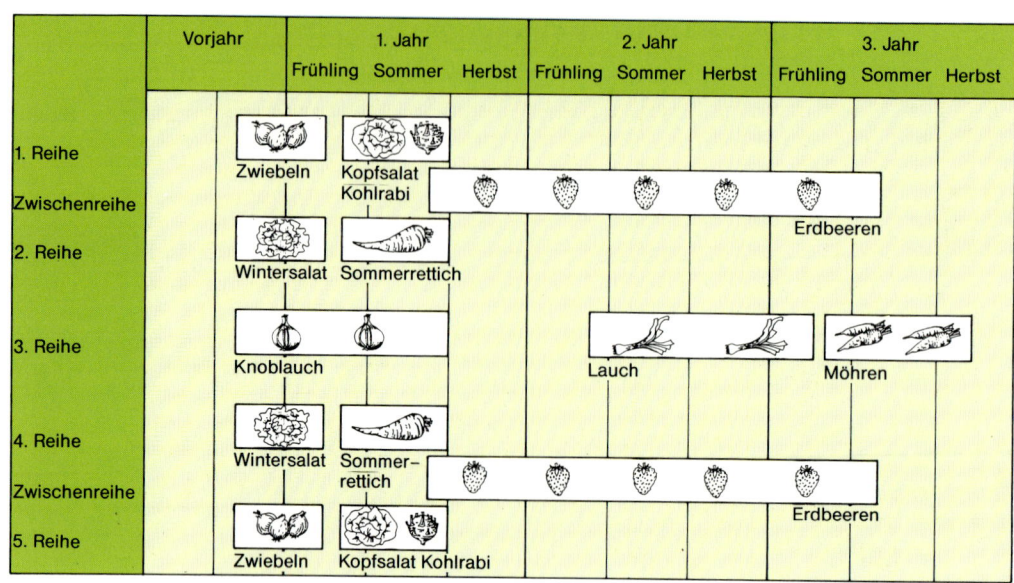

Mischkultur Nr. 12.

Mischkultur mit Lauch und Erdbeeren.

Aussaat und Bepflanzung

Im September/Oktober des Vorjahres steckt man in der 1. und 5. Reihe Winterzwiebeln mit einem Abstand von 10 cm. Zugleich werden in der 2. und 4. Reihe Wintersalatsetzlinge mit einem Abstand von 25 cm von Pflanze zu Pflanze ausgepflanzt. In der 3. Reihe steckt man mit 10 cm Abstand Knoblauchzehen.

Nach der Ernte des Winterkopfsalates im Frühjahr des 1. Jahres werden in der 2. und 4. Reihe alle 10 cm 2–3 Sommerrettichsamen gestupft. Nach erfolgter Keimung wird nur 1 Pflänzchen stehen gelassen. Nach der Ernte der Winterzwiebeln werden in der 1. und 5. Reihe im Wechsel alle 25 cm je 1 Eissalat und 1 Kohlrabi ausgepflanzt.

Im Spätsommer, nachdem der Eissalat, die Kohlrabi und die Rettiche abgeerntet wurden, wird das Beet auf beiden Seiten neben dem eventuell noch stehenden Knoblauch mit der Grabgabel gelockert, gedüngt und die Erdbeeren ausgepflanzt. Der Abstand zwischen den beiden Reihen beträgt 75 cm, der Abstand von Pflanze zu Pflanze 25 cm. Im 2. Jahr, im Juni nach der Erdbeerernte, wird in der 3. Reihe (Mittelreihe) mit einem Abstand von 15 cm von Pflanze zu Pflanze Lauch gepflanzt. Der Lauch bleibt über den Winter auf dem Beet und wird erst im Frühjahr des 3. Jahres geerntet. An seine Stelle sät man Möhren. Anstelle der ausgerissenen Erdbeeren wird »breitwürfig« Feldsalat (Nüsslisalat) ausgesät.

Das Hügelbeet

Es war Hermann Andrä, der in den 60er Jahren auf die Idee kam, Gemüse auf sogenannten Hügelbeeten anzupflanzen. Er hat diese Anbaumethode jahrelang ausprobiert und immer wieder verbessert. Fortgesetzt wurde seine Arbeit durch Hans Beba, Autor der Schrift »Hügelkultur – die Gartenbaumethode der Zukunft«.

Wie funktioniert ein Hügelbeet?

Ein Hügelbeet erlaubt noch eine intensivere Flächennutzung als Mischkulturen auf Normalbeeten, denn durch die Hügelform vergrößert sich die Anbaufläche um ungefähr ein Drittel. Außerdem kann man die Reihen etwas enger als üblich nebeneinander legen, weil durch die Neigung der Lichteinfall besser ist. Zusätzlich wird durch den Aufbau des Hügels und das dafür verwendete Material (Holz, Pflanzenteile, Rasenziegel, Laub, Rohkompost und Erde) die Humusbildung gefördert und Wärme erzeugt. Die Wärmeerzeugung verlängert die Vegetationsperiode, denn das Beet kann wegen der höheren Bodentemperaturen (5–8°C), die durch das Verrotten des Materials entstehen, im Frühjahr eher bepflanzt werden. Im Herbst läßt sich die Anbau- und Erntezeit etwas hinausschieben. Aus diesen Gründen eignet sich die Hügelbeetmethode besonders für kleine Gärten (Vergrößerung der Anbaufläche) und für Gegenden mit rauhem Klima (Wärmeerzeugung).

Ein eindeutiger Nachteil der Hügelkultur ist allerdings, daß die Beete bei anhaltender Trockenheit schneller austrocknen. Während solcher Perioden darf deshalb mit dem Bewässern nicht zu lange gewartet werden, auch wenn die Pflanzen noch kein Zeichen von Wassermangel zeigen. Ist ein Hügelbeet erst einmal innen ausgetrocknet, wird es äußerst schwierig, es wieder feucht zu bekommen. Am besten hat sich dagegen das Tropfbewässerungssystem bewährt. Ich bin der Auffassung, daß in Gegenden mit geringem Niederschlag eine Tropfbewässerung unerläßlich ist.

Mischkultur im Garten 289

In den letzten Jahren wurde in verschiedenen Publikationen in Garten- und Fachzeitschriften behauptet, daß Salat und Spinat, die auf einem Hügelbeet gewachsen seien, einen besonders hohen Nitratgehalt aufweisen und sich deshalb jeder Biogärtner überlegen müsse, ob er in seinem Garten diese Anbaumethode anwenden wolle. Ich bin dieser Sache nachgegangen und habe feststellen müssen, daß der untersuchte Salat und Spinat in den genannten Fällen auf einem einjährigen Beet angepflanzt wurde. Es ist jedoch ein grober Fehler, bereits im 1. Jahr solches Gemüse auf dem Hügelbeet anzupflanzen. Das muß ja zu übermäßigem Nitratgehalt führen! Im 1. Jahr besonders, aber auch noch im 2. Jahr ist das Hügelbeet doch ein typisches Starkzehrerbeet, und dazu noch ein »geheiztes«. Daher ist es bei der Nutzung von Hügelbeeten besonders wichtig, auf die Fruchtfolge zu achten. In den ersten 2 Jahren ist selbstverständlich der Anbau von nitratgefährdeten Nahrungspflanzen zu vermeiden. Bei mir kommt erst im Herbst des 2. Jahres der erste Zuckerhut und Endiviensalat auf den Hügel.

Wenn jemand in seinem Garten die Hügelbeetmethode anwenden und darauf innerhalb 1 Jahres alle üblichen Gemüsearten anpflanzen will, muß er 6 Hügelbeete haben, vom ein- bis zum sechsjährigen.

Der Bau eines Hügelbeetes

Die beste Jahreszeit zum Anlegen eines Hügelbeetes ist der Herbst. Das aufgeschichtete Material kann sich dann bis zum Frühjahr genügend setzen. Aber man kann selbstverständlich auch im Frühjahr und im Sommer Hügelbeete bauen.

Hügelbeete sollten möglichst in Nord-Süd-Richtung angelegt werden. In Hanglagen wird das nicht immer möglich sein, aber sonst sollte man sich grundsätzlich an diese Regel halten. Beim Bau eines Hügelbeetes wird auf einer Fläche von 1,80 m Breite und beliebiger Länge die Erde etwa 25 cm tief ausgehoben. Wenn man das Hügelbeet auf einer Wiese oder auf einem Rasen anlegt, sticht man die Rasenziegel sorgfältig aus und legt sie beiseite. In der Mitte der flachen Grube schichtet man nun einen 50 cm breiten und 45 cm hohen, abgerundeten Walm aus zerkleinertem Holz und groben Pflanzenteilen auf. Dieser Walm muß an seinen beiden Enden 60–80 cm kürzer sein als die Grube. Wird der Holzkern nur aus zerkleinerten Ästen (20–30 cm lang) gebaut, dann gibt er auch noch im 3. Jahr Wärme ab. Werden dagegen viele Pflanzenteile, z. B. Staudenabfälle oder Heckenschnitt, verwendet, so heizt er allerhöchstens bis zum 2. Jahr. Bei einem Kern wie oben beschrieben (mit grobem pflanzlichem Material) ist aber die Gefahr des Austrocknens viel weniger groß, während der nur aus Ästen gebaute Walm wie eine Dränage wirkt.

Es muß sich also jeder selber überlegen, ob er mehr Wert auf viel Wärme im Beet legt, dafür aber immer auf der Hut sein muß, daß es nicht austrocknet, oder lieber weniger Wärme hat, aber die Gefahr des Austrocknens weniger groß ist.

Wenn der Holzkern fertig gebaut ist, werden die ausgestochenen Rasenziegel mit dem Gras nach unten darauf gelegt. Hat man keine Rasenziegel, dann schichtet man über den Holzkern etwa 5 cm Laub, Gras, Stroh oder zerkleinerte Gartenabfälle und darüber ungefähr 10 cm Erde. Es folgt nun eine 25 cm hohe Schicht aus feuchtem Laub. Diese muß richtig gepackt werden, so daß sie, auch unter dem Gewicht der nun folgenden Grobkompost- und Erdschicht, immer noch mindestens 20 cm hoch bleibt. Die Schichten aus halbverrottetem Grobkompost und aus mit Kompost vermischter Gartenerde werden je 15 cm hoch angebracht.

Wie aus dieser Beschreibung ersichtlich ist, braucht man zum Bau eines Hügelbeetes sehr viel Material. Wenn man es im Herbst baut und den Kern aus Ästen machen will, dann muß man sich diese bereits im Frühjahr besorgen.

Der Aufbau eines Hügelbeetes: der Holzkern; die umgekehrten Rasenziegel; eine 30 cm dicke Laubschicht; 15 cm Rohkompost. Die Gartenerde (auch 15 cm) wird über dem Rohkompost ausgebreitet.

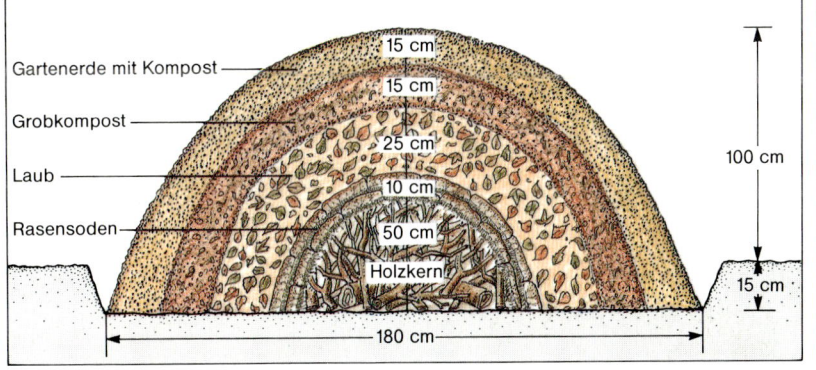

Der Aufbau eines Hügelbeetes: der Holzkern; die umgekehrten Rasenziegel; eine 30 cm dicke Laubschicht; 15 cm Rohkompost. Die Gartenerde (auch 15 cm) wird über dem Rohkompost ausgebreitet.

Mischkultur im Garten

Mischkulturen für Hügelbeete

Die Bepflanzungspläne in diesem Kapitel werden vom Alter des Hügelbeetes bestimmt, weil auf Nährstoffverhältnisse und Wärmeentwicklung Rücksicht genommen werden muß.

Die einzelnen Reihen werden wie folgt bezeichnet:

M-Reihe: Mittelreihe, die Reihe auf dem Scheitel des Beetes.
1. Reihe: Die nächstfolgende Reihe um die Mittelreihe.
2. Reihe: Die nächstfolgende Reihe um die 1. Reihe.
3. Reihe: Die nächstfolgende Reihe um die 2. Reihe.

Auf einem 5 m langen Beet ist die Länge der einzelnen Reihen ungefähr:
M-Reihe: 4 m
1. Reihe: 8,50 m
2. Reihe: 9 m
3. Reihe: 9,50 m

Das einjährige Hügelbeet

Bepflanzungsplan

M-Reihe: Tomaten, Petersilie
1. Reihe: Blumenkohl oder Broccoli, Knollensellerie mit Dill und Borretsch
2. Reihe: Stielmangold, Stangensellerie, Lauch
3. Reihe: Weißkohl oder Wirz, Rosenkohl, Rotkohl mit Dill und Borretsch
Am Südende des Beetes: Zucchini
Am Nordende: Stangenbohnen

Das einjährige Hügelbeet.

Vorbereitung des Beetes und Düngung

Der Hügel wird im Herbst gebaut. Im Frühjahr wird das Beet bis zur Bepflanzung mit einer dicken Mulchschicht abgedeckt, die auch nach der Bepflanzung liegenbleibt und ständig erneuert wird.
Mit Pflanzenjauche wird nur nachgedüngt, wenn Wachstumsstörungen an den Pflanzen auftreten sollten.

Aussaat und Bepflanzung

Ende Mai pflanzt man in der Mittelreihe mit Abständen von 80 cm Tomaten. Dazwischen sät oder setzt man Petersilie.
Zum gleichen Zeitpunkt setzt man in der 1. Reihe mit 40 cm Abstand Blumenkohl oder Broccoli im Wechsel mit Knollensellerie. Erstere müssen tief, Knollensellerie dagegen hoch gesetzt werden. Dazwischen säen oder setzen Sie am vorteilhaftesten Dill oder Borretsch.
In der 2. Reihe pflanzt man mit einem Abstand von 30 cm von Pflanze zu Pflanze in der folgenden Reihenfolge je 1 Setzling: Stielmangold, Lauch, Stangensellerie, Lauch, Stangensellerie, Lauch, Stangensellerie, Lauch, Stielmangold.
In der 3. Reihe wird Weißkohl oder Rosenkohl im Wechsel mit Rotkohl mit 60 cm Abstand ausgepflanzt. Dazwischen sät oder setzt man Dill oder Borretsch.
Am Südende des Beetes wird ein Zucchinisetzling gepflanzt. Da diese Pflanze mindestens 1 m² Lebensraum braucht, werden die 1., 2. und 3. Reihe nicht um das Südende des Beetes herumgezogen.
Am Nordende werden auf jeder Seite am Fuß des Beetes 1 Bohnenstange gesteckt und Bohnen angesät.

Das zweijährige Hügelbeet

Bepflanzungsplan

M-Reihe: Gurken mit Basilikum
1. Reihe: V = Ackerbohnen
           H = Kohlrabi, Fenchel, Rote Rüben
2. Reihe: V = Ackerbohnen
           H = Weißkohl oder Wirz, Rotkohl, Blumenkohl
           N = Zuckerhut, Endivien
3. Reihe: V = Ackerbohnen
           H = Kohlrabi, Fenchel, Rote Rüben
Am Südende des Beetes: Zucchini
Am Nordende des Beetes: Stangenbohnen

Vorbereitung des Beetes und Düngung

Vor dem Auspflanzen wird der Boden mit einer Ziehhacke (Krail) gelockert. Die Mittelreihe bekommt 2–3 cm Kompost. In den anderen Reihen werden Ackerbohnen als Gründüngung eingesät.

Aussaat und Bepflanzung

Im März/April, sobald der Boden aufgetaut ist, sät man auf allen Reihen Ackerbohnen aus.
Ende Mai, in milden Gegenden eventuell schon früher, pflanzt man in der 1. Reihe mit 25 cm Abstand im Wechsel frühe Kohlrabi, Fenchel und Rote Rüben. Die Ackerbohnen werden abgeschnitten. Ihre Wurzeln bleiben im Boden. Das Grünzeug wird zerkleinert und als Bodenbedeckung verwendet.
Zum gleichen Zeitpunkt, nachdem auch hier die Ackerbohnen abgeschnitten wurden, pflanzt man in der 2. Reihe im Wechsel frühen Weißkohl,

Mischkultur im Garten

291

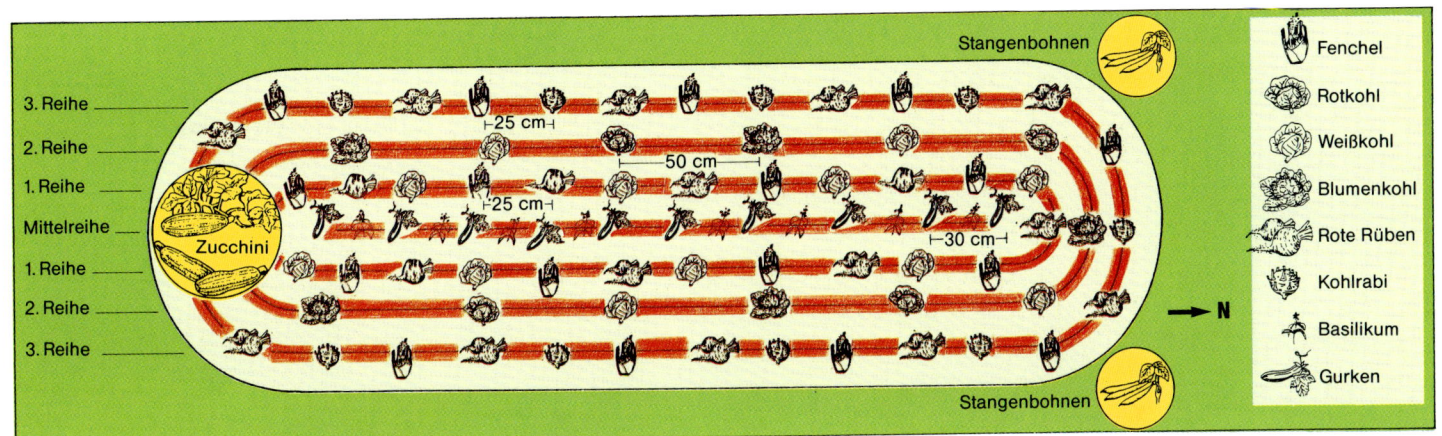

Das zweijährige Hügelbeet.

Rotkohl und Blumenkohl mit 50 cm Abstand von Pflanze zu Pflanze. Ende Mai werden in der Mittelreihe mit einem Abstand von 30 cm von Pflanze zu Pflanze Gurken ausgepflanzt. Dazwischen setzt man Basilikum. Ende Juli, nach Ernte des Kohls, setzt man in der 2. Reihe im Wechsel mit 30 cm Abstand Zuckerhut und Endivien.

In der 3. Reihe läßt man die Ackerbohnen bis Mitte oder Ende Juli stehen. In milden Gegenden sind sie dann bereits erntereif. Nachher werden sie abgeschnitten, zerkleinert und als Bodenbedeckung verwendet. Wo sie noch nicht ausgereift sind, müssen sie trotzdem entfernt werden, denn jetzt ist es Zeit, dort im Wechsel mit 25 cm Abstand späte Kohlrabi, Fenchel und Rote Rüben auszupflanzen.

Am Südende des Beetes wird Ende Mai wiederum 1 Zucchinisetzling gepflanzt. Deshalb werden auch hier wieder die Reihen 1–3 nicht um den Hügel herumgezogen, ausgenommen die Ackerbohnen. Denn die Zucchinipflanze braucht nachher den Stickstoff, den die Ackerbohnen mit ihren Knöllchenbakterien angesammelt haben. Am Nordende Stangenbohnen.

Das dreijährige Hügelbeet

Bepflanzungsplan

M-Reihe: H = Erbsen
N = Grünkohl
1. Reihe: H = Treib-Chicorée, Schwarzwurzeln
2. Reihe: H = Möhren mit Dill und Radieschen
N = Winterzwiebeln, Knoblauch
3. Reihe: H = frühe Rote Rüben, Rettich
N = Erdbeeren
Am Nordende des Beetes: Stangenbohnen
Zwischen den Reihen: Feldsalat

Vorbereitung des Beetes und Düngung

Vor der Aussaat wird das Beet gründlich gelockert. Eine Düngung braucht das dreijährige Hügelbeet eigentlich nicht. Man kann eventuell im Frühjahr eine 1 cm hohe Schicht vollkommen ausgereiften Kompost darüber ausbreiten und leicht einarbeiten.

Aussaat und Bepflanzung

Je nach den klimatischen Verhältnissen sät man im März oder April in der Mittelreihe Erbsen und in der 1. Reihe des Beetes auf der einen Seite Treib-Chicorée und auf der anderen Seite Schwarzwurzeln. In der 2. Reihe sät man Anfang Juni Möhren. Unter die Samen mischt man etwas Dillsamen. Außerdem stupft man in derselben Reihe alle 5–10 cm Radieschensamen. Im Mai setzt man in der 3. Reihe mit 30 cm Abstand Rote Rüben, dazwischen stupft man 2–3 Rettichsamen. Ende Mai sät man am Nordende des Beetes Stangenbohnen. Ende Juli, wenn die Erbsen abgeerntet sind, schneidet man das Kraut bodeneben ab. Die Wurzeln bleiben im Boden. Dann pflanzt man mit 50 cm Abstand Grünkohl. Anfang August setzt man in der 3. Reihe Erdbeeren mit 25 cm Abstand und sät zwischen den Reihen 1 Reihe Feldsalat. Im September steckt man in der 2. Reihe alle 15 cm im Wechsel je 1 Wintersteckzwiebel oder 1 Knoblauchzehe. Im nächsten Frühjahr Ernte der Winterzwiebeln, dann steht in der Reihe nur noch alle 30 cm 1 Knoblauch.

Das dreijährige Hügelbeet.

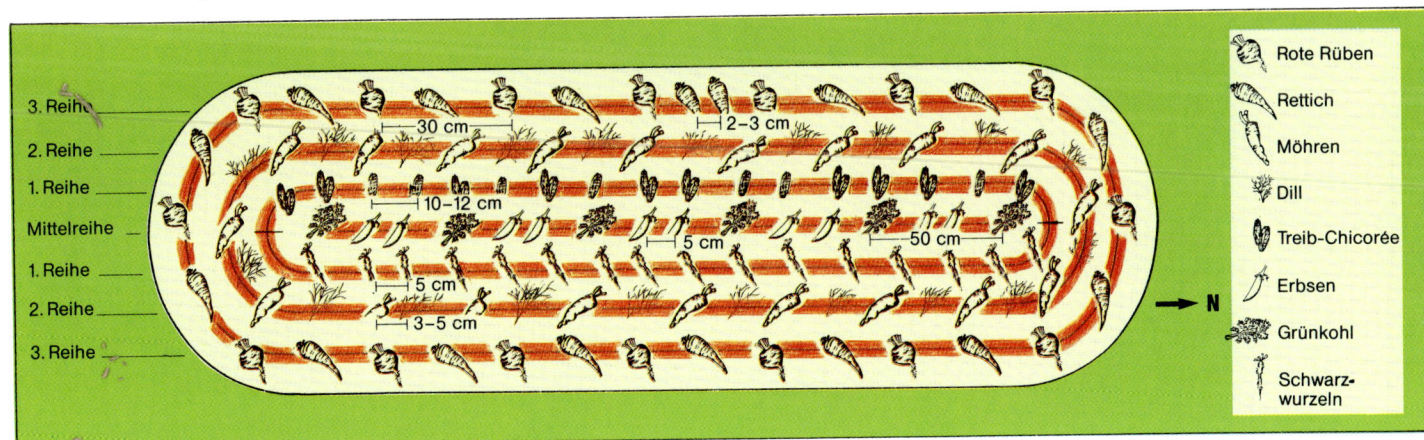

Mischkultur im Garten

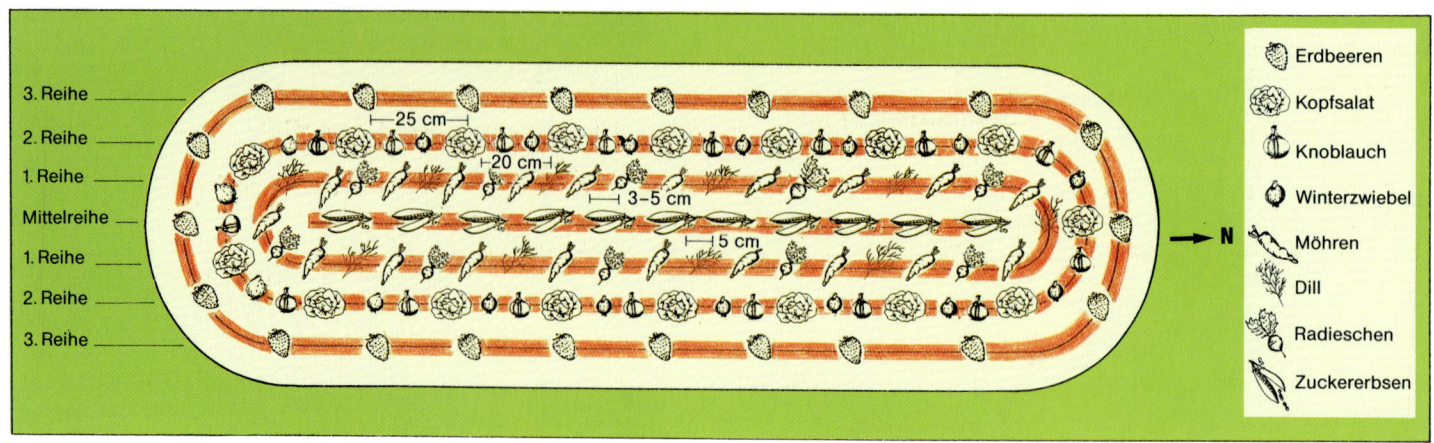

Das vierjährige Hügelbeet.

Das vierjährige Hügelbeet

Bepflanzungsplan

M-Reihe: V = Zuckererbsen
H = Radicchio 'Palla Rossa' oder später Kopfsalat und Kerbel
1. Reihe: H = Möhren mit Dill und Radieschen
N = Schnittsalat 'Verona'
2. Reihe: H = Knoblauch (vom Vorjahr), Kopfsalat oder Eissalat
N = später Fenchel mit Basilikum
3. Reihe: = Erdbeeren

Vorbereitung des Beetes und Düngung

Vor der Aussaat und dem Auspflanzen wird das Beet mit einer Ziehhacke gelockert. Dann wird ungefähr 1 cm ausgereifter Kompost darüber ausgebreitet und leicht in den Boden eingearbeitet. Eine Nachdüngung ist auf der Mittelreihe sowie auf der 1. und der 2. Reihe nicht notwendig. Wegen der Möhren darf auf diesem Beet niemals mit Pflanzenjauche gedüngt werden. In der 3. Reihe wird vor dem Auspflanzen der Erdbeeren noch einmal mit Kompost nachgedüngt.

Aussaat und Bepflanzung

Im März/April sät man in der Mittelreihe die Zuckererbsen. In der 1. Reihe werden Ende Mai Möhren gesät. Unter den Samen mischt man etwas Dillsamen und stupft nachher in die Saatrille Radieschensamen. In der 2. Reihe wird nach der Ernte der Winterzwiebeln zwischen dem Knoblauch je 1 Kopfsalat gepflanzt. Nachdem die Zuckererbsen in der Mittelreihe abgeerntet wurden, sät man dort Radicchio 'Palla Rossa'. Dies muß aber bis spätestens Mitte Juli geschehen.
In Gegenden mit rauhem Klima oder in Jahren mit einem kalten Frühling, der einen starken Wachstumsrückstand zur Folge hat, empfiehlt es sich, auf den Radicchio zu verzichten und an seiner Stelle späten Kopfsalat mit 25 cm Abstand zu pflanzen. Dazwischen sät man Kerbel. Sobald die Möhren in der 1. Reihe geerntet sind, wird dort Schnittsalat 'Verona' ausgesät, der über den Winter auf dem Beet stehenbleibt.

In der 2. Reihe wird, nachdem Kopfsalat und Knoblauch abgeerntet sind, Fenchel mit einem Abstand von 20 cm von Pflanze zu Pflanze gesetzt. Dazwischen pflanzt man Basilikum.
In der 3. Reihe stehen die im letzten Spätsommer gepflanzten Erdbeeren.

Das fünfjährige Hügelbeet

Bepflanzungsplan

M-Reihe: Buschbohnen mit Bohnenkraut
1. Reihe: frühe Möhren mit Dill und Radieschen
2. Reihe: Zwiebeln, Schalotten
3. Reihe: Erdbeeren
Nach der Ernte werden auf dem Beet 5 Reihen Spinat ausgesät.

Vorbereitung des Beetes und Düngung

Vor der Aussaat und der Bepflanzung wird das Beet mit einer Ziehhacke gelockert. Dann wird ungefähr 1 cm völlig ausgereifter Kompost darüber ausgebreitet und leicht in den Boden ein-

Das fünfjährige Hügelbeet.

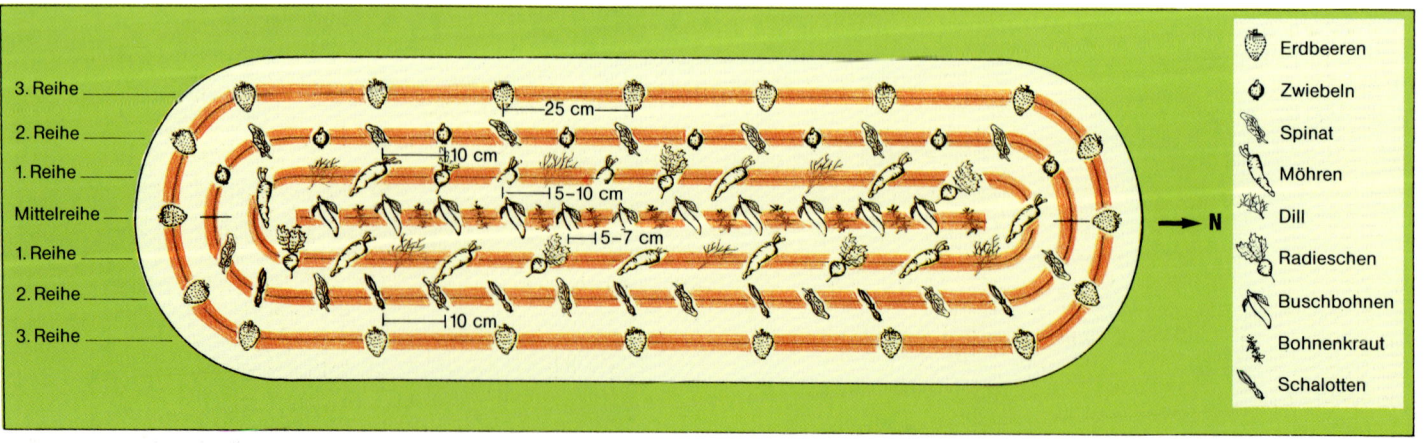

Mischkultur im Garten

gearbeitet. Über die 1. und 2. Reihe streut man zusätzlich Holzasche und arbeitet sie mit dem Kompost oberflächlich in den Boden ein.

Wenn man keine Holzasche hat, dann eignen sich sehr gut auch die nachfolgend genannten Düngungsmethoden für das Hügelbeet.

Man sammelt das Kompostwasser: Wenn der Kompost auf einem lehmigen Untergrund liegt, sammelt sich nach Regen um den Haufen herum braunes Wasser an. Durch kleine Gräben leitet man es in ein bodeneben eingegrabenes Gefäß. Dieses Wasser wird vor der Aussaat im Verhältnis 1:15 (1 l Kompostwasser auf 15 l Wasser) verdünnt über die 1. und 2. Reihe gegossen. Bei halber Kulturzeit (ungefähr Ende August) wird mit einer Verdünnung von 1:10, also 1 l Kompostwasser auf 10 l Wasser, nachgedüngt.

Sehr vorteilhaft hat sich eine Bodenbedeckung mit zerkleinertem Wurmfarn erwiesen. Es ist bis Ende Juni besonders kalihaltig. Aber auch später geerntete Pflanzen tun noch ihre Wirkung. Das Farnkraut wird zerkleinert und, wenn die Möhrenpflänzchen ungefähr 5–10 cm hoch sind, zwischen den Reihen als Mulch (Bodenbedeckung) ausgestreut (auch bei den Zwiebeln und Schalotten).

Die Erdbeeren werden nicht mehr gedüngt, weil sie nach der Ernte ausgerissen werden.

Zwischen der Möhrenreihe und der Zwiebel-/Schalottenreihe wird nach der Ernte je 1 Reihe Spinat angesät.

Aussaat und Bepflanzung

Mitte April werden in der 1. Reihe Möhren gesät. Dem Samen mischt man etwas Dillsamen bei. Außerdem stupft man in die Saatrille alle 5–10 cm Radieschensamen. Im April/Mai steckt man in die 2. Reihe auf der einen Seite des Beetes Zwiebeln und auf der anderen Seite Schalotten. Im Juni werden auf der Mittelreihe Buschbohnen gesät. In die Saatrille streut man etwas Bohnenkrautsamen zwischen die Buschbohnen.

Nachdem das Beet vollkommen abgeerntet ist, wird es gelockert und mit einem Rechen ausgeebnet – es ist im Laufe der Jahre ja fast flach geworden. Da im nächsten Jahr auf den beiden Außenreihen Kartoffeln stehen sollen, werden jetzt zwischen der Mittelreihe und den beiden Außenreihen je 1 Reihe Spinat angesät.

Das sechsjährige Hügelbeet

Bepflanzungsplan

Auf der Mittel- und den 2 Außenreihen werden Frühkartoffeln angepflanzt.
Dazwischen stehen 2 Reihen Spinat vom letzten Herbst.

Vorbereitung des Beetes und Düngung

Auf der 1., 3. und 5. Reihe wird der Spinat abgeschnitten; die Wurzeln bleiben im Boden. Dann werden mit 60 cm Abstand 3 je 10–12 cm tiefe Gräben gezogen und mit ausgereiftem Kompost oder kompostreicher Erde gefüllt.

Aussaat und Bepflanzung

Im Mai setzt man die ca. 50 Stück vorgekeimten Saatkartoffeln mit 30 cm Abstand von Knolle zu Knolle in die mit Kompost oder kompostreicher Erde gefüllten Gräben. Es macht nichts, wenn die Keimblätter mit in die Erde kommen, im Gegenteil, es schützt sie vor Spätfrösten. Sie stoßen später wieder durch.

Änderungen bei der Bepflanzung

Dieser Bepflanzungsplan kann natürlich abgeändert und ergänzt werden. Vielleicht hat jemand eine bestimmte Gemüseart nicht gern oder will von einer Sorte mehr haben. Bei Abänderungen ist aber grundsätzlich darauf zu achten, daß auf dem einjährigen und zweijährigen Hügelbeet keine Schwachzehrer und auch kein Salat und Spinat angebaut werden dürfen. Erst im Herbst des 2. Jahres darf Zukkerhut und Endiviensalat gesetzt werden.

Insgesamt sind 23 Gemüsearten mit 39 verschiedenen Variationen sowie Erdbeeren und Kartoffeln berücksichtigt. Es fehlen nur Pastinaken und Topinambur. Paprika wurden absichtlich nicht berücksichtigt, weil sie nur in mildem Klima im Freien gedeihen. Wer sie auf dem Hügelbeet anbauen will, kann dies vom 2.–5. Jahr tun.

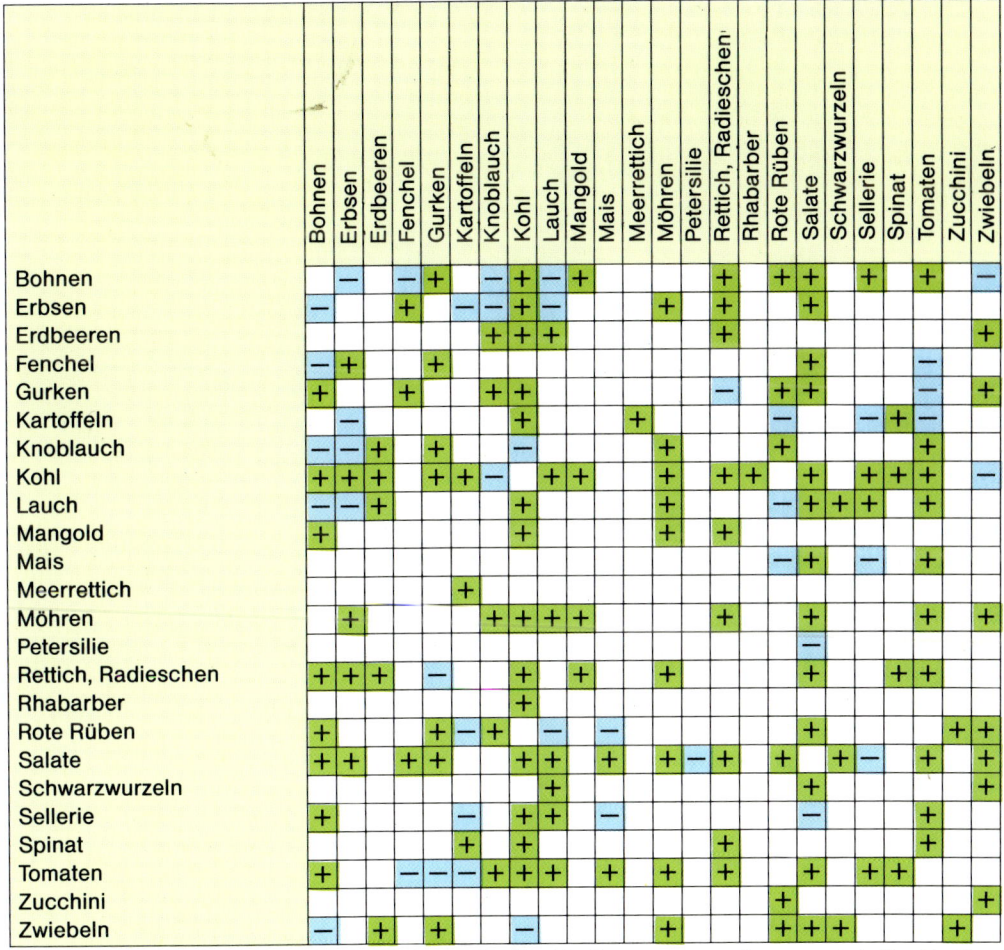

Viele Gemüsearten wachsen, richtig miteinander kombiniert, gesünder und kräftiger heran.

+ = günstige Kombination   − = ungünstige Kombination   leer = neutrale Kombination

Obst aus dem Hausgarten

Das Baumobst

Obstbäume sowie Beerensträucher wachsen in jedem Garten. Erfolg und Freude werden wir damit aber nur haben, wenn wir die Eigenheiten der einzelnen Arten ein wenig berücksichtigen bzw. wenn wir nur solche Obstarten pflanzen, die sich für unsere Verhältnisse eignen. Das Goethe-Wort »Die Pflanze gleicht den eigensinnigen Menschen, von denen man alles erhalten kann, wenn man sie nach ihrer Art behandelt« gilt auch für Obstbäume und Beerensträucher.

Apfel
Malus

Dies ist die wichtigste Obstart und gehört zu der Familie der Rosaceae. Die Sortenvielfalt ermöglicht es uns, ab Ende Juli bis weit in das nächste Frühjahr hinein Äpfel aus dem eigenen Garten zu essen. Mit ihrem Apfel aus dem Paradies könnte Eva heute allerdings keinen Adam mehr verführen, denn der Urapfel der Menschheitsgeschichte war vermutlich holzig, sauer und verlockte kaum zum Hineinbeißen. Anders die Äpfel von heute. Wir können sie direkt vom Baum essen – einfach paradiesisch! – oder vielseitig verwerten zu Apfelmus, Gelee oder Dörrobst, Apfelsaft (Süßmost) und Apfelwein, also Most. Und wer ißt nicht gerne einen mit Apfelschnitzen belegten Kuchen?

Der gesundheitliche Wert des Apfels ist allgemein bekannt, und mancher hat es sich angewöhnt, täglich vor dem Zubettgehen noch einen Apfel zu essen. Äpfel enthalten jedenfalls beträchtliche Mengen an Vitamin A, B, C und Mineralstoffen. Wertvoll ist auch der Reichtum an Pektinen und Gerüststoffen mit starker Quellbarkeit und Absorptionsfähigkeit. Aus diesem Grunde hilft bei Durchfall eine Apfeldiät, also mehrmals täglich geriebene Äpfel neben Haferschleim.

Standortansprüche

Apfelbäume können in jedem Garten gepflanzt werden, auch im kleinsten. Durch die Wahl entsprechender Unterlagen haben wir die Möglichkeit, die Kronenausdehnung den vorhandenen Platzverhältnissen anzupassen.

Der Baum wurzelt verhältnismäßig flach, was aber nicht heißt, daß ihm ein flachgründiger Boden besonders zusagen würde. Vor allem darf der Boden nicht zu trocken sein. Unter solchen »mageren« Verhältnissen würde ein Apfelbaum klein bleiben, geringe Erträge bringen und bereits frühzeitig absterben. Auch kalte und nasse Böden sagen dieser Obstart nicht zu; das Holz reift dann, vor allem in regenreichen Jahren, nur schlecht aus. Als Folge davon ist der Baum frostgefährdet und wird leicht krebsig.

Ideal ist ein nährstoffreicher, lehmiger Boden, tiefgründig, gut durchlüftet und gut mit Humus versorgt. Wenn diese Verhältnisse nicht von Natur aus vorhanden sind, sollte man sie annähernd schaffen. Also: Fehlende Nährstoffe durch Düngung zuführen, fehlenden Humus durch Kompost ergänzen, und sollte der Boden zu zäh und schwer sein, so kann man ihn mit eingearbeiteten Kunststoff-Flocken lockerer machen.

Der Apfelbaum liebt eine höhere Luftfeuchtigkeit als die übrigen Obstarten. Wir pflanzen ihn deshalb möglichst nicht an einen trockenen Südhang oder als Spalier an eine Südwand. Die Bäume bleiben dort klein, leiden unter Schädlingen und Krankheiten und tragen schlecht. In sehr warmen, trockenen Gegenden eignen sich Apfelbäume besser für die kühlere, feuchtere Nordlage.

Befruchtungsverhältnisse

Alle Apfelsorten sind selbstunfruchtbar, d. h., sie sind auf Bestäubung mit sortenfremden Pollen (Fremdbestäubung) angewiesen.

Doch es wird noch komplizierter: Nicht jede Sorte ist auch ein guter Pollenspender. Nur diejenigen Sorten mit diploidem, also zweifachem Chromosomensatz (bei Apfel 34 Chromosomen) sind als Pollenspender geeignet. Es gibt aber auch Sorten mit triploidem, also dreifachem Chromosomen-

Ein ideal aufgebauter Apfel-Buschbaum mit 3 kräftigen, gut verteilten Leitästen – einer befindet sich dem Betrachter gegenüber –, einigen locker gestreuten Seiten- und Fruchtästen sowie viel gut belichtetem Fruchtholz. Sorte: 'Prinz Albrecht von Preußen', regelmäßig und sehr reichtragend, sehr frosthart und kaum schorfanfällig.

Obst aus dem Hausgarten

satz (= 51 Chromosomen). Deren Blüten können zwar mit Blütenstaub einer anderen diploiden Sorte befruchtet werden, ihr eigener Blütenstaub taugt dazu aber nicht. Der Blütenstaub (Pollen) einer triploiden Sorte keimt schlecht oder stirbt frühzeitig auf der Narbe der anderen Sorte ab, so daß es zu keiner Befruchtung kommt. 'Boskoop', eine bekannte, wertvolle Sorte, ist beispielsweise triploid; wenn wir sie pflanzen, müssen im Garten oder in der Nachbarschaft noch 2 weitere, und zwar diploide Sorten stehen. Wenn wir 'Boskoop' mit A bezeichnen und die beiden anderen Sorten mit B und C, dann kann B die Sorte A ('Boskoop') und C befruchten; Sorte C kann ebenfalls A ('Boskoop') und außerdem B befruchten.

Dies heißt: Für jede Apfelpflanzung sind mindestens 2 diploide Sorten erforderlich, die sich gegenseitig und außerdem vorhandene triploide Sorten befruchten können. Wenn im eigenen Garten oder in der Nachbarschaft mehrere Apfelbäume stehen, braucht man sich hierzu keine Gedanken zu machen. Wer aber ein isoliert liegendes Grundstück besitzt oder als einziger in der Umgebung Apfelbäume pflanzen will, sollte auf diese Zusammenhänge achten.

Unterlagen

Die ursprüngliche Unterlage beim Apfel ist der Sämling. Dabei werden die Apfelkerne in der Baumschule ausgesät und später auf die Sämlingspflanzen die Edelsorten veredelt. Solche Bäume bekommen ein umfangreiches Wurzelwerk, eine weitausladende Krone, sie erreichen ein hohes Alter und können hohe Erträge bringen. Der Ertragsbeginn liegt allerdings spät, man muß sich gedulden; bei manchen Sorten hat es früher an die 8–12 Jahre gedauert, bis sie so richtig mit dem Ertrag einsetzten. Durch die empfohlenen Schnittmethoden (s. S. 316), vor allem durch Waagerechtbinden von nicht zum Kronenaufbau benötigten Trieben, läßt sich bereits wesentlich früher, meist ab 3.–5. Standjahr, eine 1. Ernte erzielen. Sämlingsunterlagen werden für Hoch-, Halb- und Niederstämme verwendet.

Daneben gibt es die vegetativ vermehrten Zwerg-Unterlagen, meist als Typen-Unterlagen bekannt, die von der englischen Versuchsstation East Malling stammen. Sie werden mit arabischen

Zahlen, wie M 9, M 26 oder M 7 usw., bezeichnet. Einige davon spielen für unsere Zwecke eine besondere Rolle: M 9 ist die typische Unterlage für kleinbleibende Apfelbäumchen, ganz gleich, ob wir sie als Spindelbusch, Obsthecke, Spalier oder in Form einer anderen Kunstkrone (z. B. senkrechter Kordon, Palmette) ziehen wollen.

Da diese Unterlage außerordentlich schwachwüchsig ist, beginnt die aufveredelte Sorte früh und regelmäßig zu tragen; oft ist dies schon im Jahr nach der Pflanzung der Fall. Die Fruchtqualität, also Größe, Farbe und Inhaltsstoffe, ist auf M 9 ausgezeichnet. Allerdings brauchen Bäumchen auf M 9 wegen des flachen Wurzelverlaufs dieser Unterlage zeitlebens einen Pfahl. Als Lebensalter kann man mit 20 bis 25 Jahren rechnen.

M 26 hat ähnliche Eigenschaften wie M 9 und eignet sich deshalb als Unterlage für alle Apfelbäumchen, die klein bleiben sollen. Dieser Typ wächst allerdings geringfügig stärker als M 9 und wird deshalb bevorzugt auf Böden verwendet, die nicht ganz so ideal sind wie für M 9 nötig. Auch schwächer wachsende Edelsorten, die auf M 9 zu zwergig bleiben würden, werden besser auf M 26 gepflanzt.

M 7 ist mittelstark wachsend. Diese Typenunterlage wird deshalb vor allem bei weniger guten Bodenverhältnissen und in Kombination mit besonders schwachwüchsigen Sorten ('Klarapfel', 'James Grieve', 'Prinz Albrecht von Preußen' u.a.) verwendet. Der Ertrag von Spindelbüschen, die auf M 7 veredelt sind, beginnt allerdings nicht so früh wie bei den vorhin genannten Typen-Unterlagen. Dafür aber können Bäumchen auf M 7 mehr Trockenheit und Nässe vertragen. Ähnlich verhält sich M 2. Ein Pfahl ist auch hier nötig. Sind die gewünschten Sorten auf M 7 bzw. M 2 nicht erhältlich, kann man sie notfalls auch auf M 4 veredelt beziehen.

Jetzt wird in einigen Baumschulen auch die ebenfalls aus East Malling/England stammende Apfelunterlagen-Neuheit M 27 verwendet. Sie wächst noch schwächer als der Typ M 9 und eignet sich deshalb für die Kultur starkwüchsiger Sorten auf nährstoffreichen Böden, wo die Bäume in Kombination mit M 9 zu starkem Wuchs neigen würden, oder für den Topfobstbau.

Verwendung im Garten

In einem größeren Garten, etwa ab 600–800 m², sollte, wenn irgendwie möglich, ein Hoch- oder Halbstamm gepflanzt werden, vielleicht als Eckpunkt der Terrasse oder an einer anderen Stelle, die betont werden soll.

Am besten verwenden wir dazu eine Sorte, die wenig anfällig gegen Krankheiten und Schädlinge ist und deshalb nicht gespritzt zu werden braucht.

Gut geeignet sind beispielsweise 'Grahams Jubiläumsapfel', 'Blenheim', 'Kaiser Wilhelm'. Erstere hat den Vorzug, daß sie erst sehr spät im Mai blüht. Die »Eisheiligen« können ihr also nichts anhaben, es gibt jedes Jahr Früchte.

Ob ein Hochstamm oder Halbstamm gepflanzt werden soll, nun, das muß jeder selbst entscheiden. Wer unter der Krone bequem hindurchgehen will, sollte einen Hochstamm mit 1,80 m Stammhöhe bevorzugen. Was

Deutlich ist bei diesem Spindelbusch über dem Boden die knollenartige Veredlungsstelle zu erkennen.

Beim Spindelbusch werden die Fruchtäste in eine fast waagrechte Lage gebunden. Dadurch setzt der Ertrag sehr früh ein, meist schon ab dem 2. Jahr nach der Pflanzung.

296 Obst aus dem Hausgarten

'James Grieve', eine beliebte Herbstsorte, wohlschmeckend, reich- und regelmäßig tragend.

Der vom Markt her bekannte 'Golden Delicious' bringt sehr hohe und regelmäßige Erträge, ist jedoch sehr schorfanfällig.

den Platzbedarf angeht, so können wir mit 8–12 m Kronendurchmesser rechnen.
Für die Selbstversorgung mit Obst sollten wir allerdings kleine Baumformen, also den Spindelbusch, vorziehen. Dabei bringen wir auf die gleiche Fläche, die ein Hoch- oder Halbstamm beansprucht, 8–10 Bäumchen unter. Was nützt es, wenn wir von einem großkronigen Apfel- oder Birnbaum 6–8 Zentner und noch mehr Früchte von ein und derselben Sorte ernten, die wir im eigenen Haushalt kaum verbrauchen können?
Pflanzen wir dagegen Spindelbüsche oder eine Obsthecke mit Bäumchen auf schwachwachsender Unterlage, so bringen wir auf einer verhältnismäßig kleinen Fläche mehrere Sorten unter; wir haben bei überlegter Sortenwahl

Bewährte Obstsorten

Apfelsorten

'Stark Earliest'	Baum- und Genußreife Mitte Juli/Anfang August; gute Rotfärbung und besserer Fruchtgeschmack als bei 'Weißer Klarapfel'; trägt reich, daher kräftiger Schnitt und Ausdünnen der Früchte.
'James Grieve'	Baumreife Anfang/Mitte September, Genußreife September/Mitte November; Ersatz für Gravensteiner; trägt reich und regelmäßig; Spindelbüsche sollen auf M 26, 7 oder 4 stehen, da sie sich auf M 9 zu leicht erschöpfen und schwach wachsen.
'Alkmene'	Baumreife Anfang/Mitte September, Genußreife von der Ernte bis Ende November; in Form und Farbe der 'Goldparmäne' ähnelnd; Geschmack erfrischend aromatisch; Ertrag früh einsetzend und reich.
'Geheimrat Oldenburg'	Baumreife Mitte September/Anfang Oktober, Genußreife Oktober/Dezember; sehr hohe, regelmäßige Erträge und gute Fruchtfärbung; geschmacklich allerdings nicht überragend.
'Goldparmäne'	Baumreife Anfang Oktober, Genußreife Oktober/Dezember; nach wie vor eine unserer wertvollsten Sorten; gute Fruchtfärbung; sehr geschätzt zur Weihnachtszeit; sehr wohlschmeckend; früher und reicher Ertrag; Behang vielfach so reich, daß Ausdünnen zu empfehlen ist.
'Prinz Albrecht von Preußen'	Baumreife Anfang Oktober, Genußreife Oktober/Januar; trägt regelmäßig und sehr reich und ist deshalb bei Gartenfreunden sehr beliebt; Wirtschaftsapfel; sehr frosthart.
'Cox' Orangenrenette'	Baumreife Anfang/Mitte Oktober, Genußreife November/Januar; edelster und höchstbezahlter Tafelapfel; leider sehr empfindlich gegen Schorf, Mehltau, Frost usw., ja sogar gegen Spritzmittel (Kupfer, Schwefel); sehr pflegebedürftig; nur für beste Standorte.
'Jonagold'	Baumreife Ende September/Mitte Oktober, Genußreife Oktober/März; Farbe im vollreifen Zustand sattgelb, sonnenseits verwaschen bis geflammt orangerot; Geschmack süßlich-feinsäuerlich; reichtragend.
'Freiherr von Berlepsch'	Baumreife Ende Oktober, Genußreife November/März; trägt regelmäßig; ausgezeichneter Geschmack; hoher Vitamin C-Gehalt; die Sorte 'Roter Berlepsch' ist intensiv rot gefärbt.
'Roter Boskoop'	Baumreife Mitte Oktober, Genußreife Ende Dezember/Ende März; sehr großfruchtig; würziger frischer Geschmack (hoher Säuregehalt); Bratapfel; trägt auf Typ M 9 (Spindelbusch) früh und regelmäßig; zum Aufpfropfen auf schwachwüchsigere Bäume (auch Halb- bzw. Hochstämme) gut geeignet.
'Golden Delicious'	Baumreife Ende Oktober, Genußreife Dezember/März; nur in warmen Gebieten mit viel Sonnenschein (Weinklima) anbauen; Kronen gut lichten, da sonst Fruchtfarbe und Geschmack zu wünschen übriglassen; Fruchtbarkeit früh, regelmäßig und hoch, jedoch sehr schorfanfällig.
'Schöner aus Nordhausen'	Baumreife Mitte Oktober, Genußreife Dezember/März; sehr wertvolle Sorte für ungünstige Lagen, da sowohl im Holz als auch in der Blüte sehr frostwiderstandsfähig; Fruchtfleisch würzig und angenehm spritzig; früh, reich und regelmäßig tragend; als Spindelbusch auf M 26 oder 7 bzw. 4.
'Melrose'	Baumreife Anfang/Mitte Oktober, Genußreife Dezember/Mai; Farbe dunkelrot mit braun auf gelbem Grund; Früchte mittelgroß bis groß; Geschmack fruchtig-süßlich, aromatisch.
'Ontario'	Baumreife Ende Oktober, Genußreife Januar/April; Farbe wird auf Lager gelb; wertvoll wegen der langen Haltbarkeit; früh und reich tragend; Schorfanfälligkeit gering; im Holz empfindlich, in der Blüte dagegen sehr unempfindlich gegen Kälte; in schweren Böden krebsanfällig.

Obst aus dem Hausgarten

Ältere robuste Sorten

Äpfel

'Berner Rosenapfel'	Genußreife November/Januar; beliebter Weihnachtsapfel.
'Ernst Bosch'	Genußreife Oktober/November; sichere und reiche Erträge auch bei weniger günstigen Böden und Lagen.
'Goldrenette von Blenheim'	Genußreife November/März; gesunder Wuchs; kaum schorfanfällig.
'Grahams Jubiläumsapfel'	Genußreife September/Januar; wertvoller Kochapfel; kaum krankheitsanfällig; auch für rauhe Lagen; blüht erst in der 2. Maihälfte, deshalb kaum Ausfälle durch Blütenfrost.
'Gravensteiner'	Genußreife September/Oktober; geschmacklich wertvoller Frühapfel; nur für gute Anbaulagen.
'Jakob Fischer'	Genußreife September/Oktober; bewährter Herbstapfel für baldigen Verbrauch.
'Jakob Lebel'	Genußreife Oktober/Januar; auf leichten Böden auch für rauhere Lagen geeignet.
'Kaiser Wilhelm'	Genußreife November/März; wertvoller Apfel für Most- und Süßmostbereitung; in späteren Jahren reiche und regelmäßige Erträge; auch für mittlere Höhenlagen.
'Krügers Dickstiel'	Genußreife Dezember/Februar; widerstandsfähige Sorte mit guter Fruchtqualität.
'Landsberger Renette'	Genußreife Oktober/Februar; robuster Tafel- und Verwertungsapfel; besonders für Süßmost geeignet.
'Lohrer Rambur'	Genußreife Februar/April; wertvoller Wirtschaftsapfel für rauhe Lagen; kaum krankheitsanfällig; guter Mostapfel.
'Riesenboiken'	Genußreife Februar/Mai; Lagerapfel für Höhenlagen.
'Schöner aus Herrenhut'	Genußreife Oktober/Februar; robuster Tafel- und Verwertungsapfel; auch für rauhere Lagen.
'Schöner aus Wiltshire'	Genußreife November/März; wertvoller Tafel- und Wirtschaftsapfel mit großer Anpassungsfähigkeit.
'Schweizer Orangenapfel'	Genußreife Dezember/März; Tafel- und Wirtschaftsapfel für wärmere Lagen.
'Winterrambour'	Genußreife Dezember/März; Wirtschaftsapfel für den bäuerlichen Anbau; starkwüchsig mit breit ausladender Krone; ziemlich anspruchslos; spät, dann aber reich tragend.
'Zabergäurenette'	Genußreife Dezember/März; robuster, guter Tafelapfel mit feinem Aroma.

über viele Monate hinweg Äpfel aus dem eigenen Garten.

Bei Spindelbüschen genügt ein Pflanzabstand von 1,80–2,20 m, zumindest wenn nur 1 Reihe gepflanzt wird. Erziehen wir uns die Bäumchen als »Schlanke Spindel«, so sind bereits 1,20 m ausreichend. Auch die Höhe bleibt sehr im Rahmen: 2,50 m werden kaum überschritten, und wenn, dann brauchen wir ja nur beim Schnitt den Mitteltrieb auf einen weiter unten befindlichen seitlichen Trieb absetzen. So können wir die Bäumchen zeitlebens auf einer Höhe von 2,20–2,50 m halten.

Alle Arbeiten können am Spindelbusch bequem durchgeführt werden, ganz gleich, ob es sich um den Schnitt, um Pflanzenschutzmaßnahmen oder um die Ernte handelt. Zur Ernte benötigen wir äußerstenfalls einen Hocker oder eine kleine Haushaltsstaffelei, um auch die letzten Früchte oben am Gipfeltrieb zu erreichen.

Ein weiterer Vorteil: Der Ertrag bei solchen zwergig wachsenden Bäumchen auf schwachwüchsiger Unterlage setzt sehr früh ein, meist gibt es schon im 2. Standjahr die ersten Naschfrüchte. Dabei ist die Ernte bei Spindelbüschen regelmäßig und erstaunlich hoch. Spitzenerträge von 150–250 Früchten, oder in Gewicht ausgedrückt 25–40 kg sind bei bester Kultur auch im Haus- und Kleingarten zu erreichen. Hinzu kommt, daß wir mit einer Spindelbuschreihe oder einer Obsthecke entlang der Nachbargrenze einen guten Sichtschutz und zugleich Windschutz schaffen können.

Von links nach rechts: 'Cox Orangenrenette', von edlem Geschmack, aber sehr pflegebedürftig und anfällig gegen Krankheiten.

'Ontario', ein beliebter, reichtragender Spätapfel; hält sich auf Lager bis in den April hinein.

'Kaiser Wilhelm', ein wertvoller Apfel für die Most- und Süßmostbereitung.

Birnbäume eignen sich auch gut als Hausbäume und erfreuen uns im Frühjahr durch ihre reiche Blüte.

'Clapps Liebling', eine der wertvollsten Frühsorten. Rechtzeitig ernten, da Früchte sonst teigig werden.

Birne

Pyrus

Die meisten Birnensorten lassen sich nicht so lange lagern wie Äpfel; selbst ausgesprochene Winterbirnen halten sich bei weitem nicht so lange wie so manche späte Apfelsorte. Wir pflanzen deshalb im Verhältnis zum Apfel nur etwa halb soviele Bäume oder etwa ein Drittel davon.

Doch saftreiche, aromatische Birnen, sie gehören zu den Rosaceaen, sind etwas Köstliches. Soweit sie nicht gleich vom Baum oder nach kurzer Lagerung gegessen werden, können wir die Früchte in Gläsern oder Dosen für den Winter haltbar machen; zu dieser Zeit werden Birnen als Nachspeise sehr geschätzt bzw. zu Kompott oder Dörrobst verarbeitet. Im erwerbsmäßigen Anbau werden sie darüber hinaus eingemaischt und anschließend zu Schnaps gebrannt. Die wertvollste Sorte für diesen Zweck ist 'Williams Christ', die auch in manchem Haus- und Kleingarten zu finden ist.

Birnen enthalten zwar weniger Vitamin C als Äpfel, sind aber reicher an Vitamin A und vor allem an Calzium; an Vitaminen der B-Gruppe enthalten sie etwa genauso viel. Die Fruchtsäfte sind, wenn sie ausgereift sind, für die Verdauung ausgezeichnet.

Standortansprüche

Die Birne will mehr Wärme als der Apfel. Dies gilt besonders für spätreife Sorten, die nur im Weinklima oder an sehr begünstigten Stellen ihr köstliches, sortentypisches Aroma entwickeln. Unter weniger günstigen Verhältnisse pflanzen wir deshalb solche anspruchsvollen Spätsorten nur als Spalier an eine Süd- oder Südwestwand, wenn wir nicht ganz darauf verzichten wollen. Im anderen Fall werden wir nur in sehr sonnenreichen Jahren damit zufrieden sein, während in feuchten, kühlen Jahren der Geschmack eher rübenartig, das Fruchtfleisch trocken und zäh bleibt. Wenn man die Früchte mit dem Messer durchschneidet, findet man dann um das Kernhaus herum häufig die für Birnen typischen Steinzellen.

Die Birne ist ein Tiefwurzler, allerdings nur, soweit es die auf Sämling veredelten Hoch- und Halbstämme betrifft. Solche Bäume können wegen des tiefreichenden Wurzelsystems auch längere Trockenzeiten gut überstehen. Der Boden sollte deshalb möglichst tiefgründig sein.

Dies trifft allerdings nicht auf Birnspindelbüsche oder Obsthecken aus Birnbäumchen zu. Für diese kleinbleibende Baumform wird nämlich die Quitte als Unterlage verwendet, also eine Obstart mit verhältnismäßig flach verlaufendem Wurzelwerk.

Ganz allgemein sagt der Birne ein leichter, sandiger Lehm- oder lehmiger Sandboden besonders zu. Ungeeignet sind dagegen Böden, die zu ständiger Nässe im Untergrund oder zur Verdichtung neigen. In solchen Fällen kommt es zu Luftmangel im Wurzelbereich, was sich vor allem bei Verwendung der Quitte als Unterlage nachteilig auswirkt. Auf Quitte veredelte Birnen neigen außerdem auf kalkhaltigem Boden oder nach längeren Regenperioden häufig zu Chlorose, d.h., die Blätter verlieren ihr typisches Grün und nehmen eine gelblich-bleiche Färbung an. Die Birne will es eher trocken als zu feucht haben.

Die Birnblüte wird durch Spätfröste mehr geschädigt als die Apfelblüte. Dies hängt mit der früheren Blütezeit zusammen. Im Holz sind vor allem auf Quitte veredelte Birnen in besonders kalten Wintern empfindlich. Andererseits kann man alte Mostbirnbäume auf

Obst aus dem Hausgarten

Bewährte Obstsorten

Birnensorten

'Frühe von Trevoux'	Baum- und Genußreife Mitte August; auch für ungünstige Lagen geeignet; saftig, aromatisch, Ertrag sehr regelmäßig.
'Clapps Liebling'	Genußreife Mitte August, Haltbarkeit 1–2 Wochen; eine der wertvollsten Frühbirnen; saftiges Fleisch und würziges Aroma; nicht sehr windfest; Ernte sollte 8–10 Tage vor Vollreife erfolgen, Früchte werden bei zu später Ernte rasch teigig.
'Williams Christbirne'	Baumreife Mitte August, Genußreife Ende August/Anfang September; gleichmäßig gelbgefärbte Frucht von unregelmäßiger Form; trägt hauptsächlich am kurzen Fruchtholz, deshalb auch für Spalier geeignet; Fruchtbarkeit früh und reich; weißes, saftig-würziges Fruchtfleisch; bestens zur Konservierung geeignet.
'Gute Luise'	Baumreife Anfang/Mitte September, Genußreife Ende September/Oktober; saftig-süß, hervorragender Geschmack; reich tragend; in eingeschlossenen Lagen und bei dichter Baumkrone sehr schorfanfällig, deshalb Baum frei stellen und Krone sehr licht halten; vorzüglich als Spalier.
'Köstliche von Charneu'	Baumreife Mitte/Ende September, Genußreife ab Oktober; reichtragend; ziemlich süß, saftig, wohlschmeckend.
'Tongern'	Baumreife Ende September, sobald grüne Grundfarbe gelb wird (nicht zu spät) ernten, Genußreife Oktober; Fruchtfarbe braunrot; saftig, aromatisch; Erträge hoch und regelmäßig.
'Bosc's Flaschenbirne'	Baumreife Oktober, Haltbarkeit 3–4 Wochen; nur für warme Lagen; Blüte spät, widerstandsfähig; nicht schorfanfällig.
'Alexander Lucas'	Baumreife Mitte Oktober, Genußreife November/Dezember; Frucht groß bis sehr groß; früh einsetzende, regelmäßige Fruchtbarkeit, sehr widerstandsfähig gegen Schorf; in rauhen Gegenden nur als Südwandspalier.
'Madame Verté'	Baumreife Ende Oktober, Genußreife Januar/Februar; sehr wertvolle Wintersorte, auch für klimatisch weniger günstige Gebiete; das köstliche, zimtartige Aroma entwickelt sich ab Januar, gut als Spalier geeignet.

Ältere robuste Sorten

Birnen

'Bosc's Flaschenbirne'	Genußreife Oktober, Haltbarkeit 3–4 Wochen; nur für warme Lagen, dort auch auf Obstwiesen; Blüte spät, widerstandsfähig; nicht schorfanfällig.
'Bunte Julibirne'	Genußreife Mitte Juli, Haltbarkeit 7 Wochen; beliebte Frühbirne; auch für weniger günstige Standorte.
'Gute Graue'	Genußreife September, Haltbarkeit 2 Wochen; eine Frühbirne, die auch vorzügliches Dörrobst liefert.
'Neue Poiteau'	Genußreife Oktober, Haltbarkeit 6 Wochen; hohe Ertragssicherheit auch in rauheren Lagen.

den Fluren vorfinden, die bestimmt 80 Jahre und älter sind und auch die extremsten Winter der letzten Jahrzehnte ohne Schaden überlebt haben.

Befruchtungsverhältnisse

Hier gilt das gleiche wie beim Apfel, d. h., die Birnsorten sind selbstunfruchtbar und benötigen den Blütenstaub (Pollen) einer anderen Sorte, damit die Samenanlagen befruchtet werden können.

Allerdings sind die meisten Sorten diploid. Nur von der wertvollen 'Alexander Lucas' ist bekannt, daß sie triploid und damit ein schlechter Pollenspender ist. Obwohl diploid (s. S. 295), soll nach Beobachtungen auch zwischen den häufig gepflanzten Sorten 'Trévoux', 'Williams Christ' und 'Gute Luise' eine gegenseitige Unfruchtbarkeit vorliegen. Solche Verhältnisse (Intersterilitätsgruppen) sind sonst nur von den Süßkirschen her bekannt. Wer also diese 3 Sorten pflanzen möchte, soll noch eine weitere als Befruchtersorte hinzunehmen, soweit nicht in der Umgebung bereits Birnbäume vorhanden sind.

Interessant ist, daß bei der Birne die sogenannte Jungfernfrüchtigkeit (Parthenokarpie) vorkommen kann. In diesem Fall entwickeln sich Früchte, ohne daß vorher eine Befruchtung stattgefunden hat, z. B. wenn durch Frost die Samenanlagen vernichtet wurden. Bekannt ist diese Erscheinung vor allem bei der Sorte 'Williams Christ', aber auch bei 'Trévoux' und 'Alexander Lucas'.

Unterlagen

Ebenso wie beim Apfel wird für Hoch- und Halbstämme der Birnsämling als Unterlage verwendet. Auf weniger fruchtbaren Böden kommen Birnen auf Sämling besser voran als solche,

Von links nach rechts: 'Gräfin von Paris' liebt eine warme, geschützte Lage (Wandspalier); Ernte erst Ende Oktober, Reife: Dezember.

'Alexander Lucas', eine ideale Spätsorte für das Wandspalier; sehr widerstandsfähig gegen Schorf.

'Madame Verte'; Früchte wenig ansehnlich aber von edlem Geschmack, sehr aromatisch.

Obst aus dem Hausgarten

Birnbaum ohne Schnitt. Die Triebe biegen sich schon in jungen Jahren nach unten, der Baum beginnt bald zu vergreisen.

Hinter dieser Haustür müssen liebe Menschen wohnen. Birnspalier 'Gräfin von Paris'.

die auf Quitte veredelt wurden. Kräftiger Wuchs, hohes Alter und eine gute Standfestigkeit sind die Vorteile von Bäumen auf Sämling. Hinzu kommt die ausgezeichnete Frosthärte selbst in extrem kalten Wintern. Nachteilig ist, von den umfangreichen, meist sehr hohen Kronen abgesehen, daß die Fruchtqualität meist nicht so gut ist wie bei den auf Quitte veredelten Bäumen.

Wie die schwachwüchsigen Apfelunterlagen, so zeigt auch die Quittenunterlage schwachen Wuchs und braucht ständig einen Pfahl. Sie eignet sich für den Spindelbusch, für die Obsthecke und für kleinere Obstspaliere. Weitere Vorteile sind der günstige Einfluß auf die Fruchtgröße und -qualität sowie auf die Reife. Auf Quitte veredelte Birnbäume tragen außerdem regelmäßiger. Allerdings, ganz so schwachwüchsig wie M 9 und M 26 als Typenunterlage bei Apfel ist die Quitte nicht. Birnspindelbüsche werden also etwas größer als Apfelspindelbüsche, sie ähneln bereits einem Buschbaum. Soll entlang der Gartengrenze eine Obstreihe gepflanzt werden, so empfiehlt es sich, Apfel- und Birnspindelbüsche nicht durcheinander zu setzen und bei den Birnen geringfügig mehr Abstand einzuhalten.

Verwendung im Garten

Hier gilt ähnliches wie beim Apfel. Einen Birnhoch- oder -halbstamm pflanzen wir im Terrassenbereich oder an einer anderen Stelle des Gartens, die aus gestalterischen Gründen betont werden soll. Der rein obstbauliche Nutzen kann dabei eine untergeordnete Rolle spielen. Bei der Planung sollte berücksichtigt werden, daß der Kronendurchmesser eines solchen Baumes später durchaus 6–8 m erreichen kann. Vor allem wachsen viele Birnsorten steil in die Höhe.
Für den eigentlichen Obstertrag pflanzen wir die Birne dagegen bevorzugt als Spindelbusch mit einem Abstand von mindestens 2,50–2,80 m bei einreihiger Pflanzung. Ebenso wie Äpfel, lassen sich die auf Quitte veredelten Bäumchen als Obsthecke ziehen.
Ausgezeichnet eignet sich die Birne für ein Spalier an der Süd- oder Südwestwand des Hauses, wobei wir Sorten bevorzugen, die von Natur aus kurzes Fruchtholz bilden. Für die besonders wärmeliebenden Spätsorten kommt in Gegenden, die nicht gerade Weinklima haben, ohnehin nur eine geschützte Hauswand in Frage.

Pflaume, Zwetsche, Mirabelle, Reneklode
Prunus

Nach Apfel und Birne spielen diese Obstarten für den Haus- und Kleingarten die nächstwichtigste Rolle.

Pflaumen sind an den Enden abgerundet, sie haben eine Fruchtnaht, wie z. B. Pfirsiche, und ihr Kern sitzt mehr oder weniger fest am Fruchtfleisch. Die frühesten Sorten werden bei uns schon ab Juli geerntet. Die Sorten, die erst im Spätsommer reifen, enthalten mehr Fruchtzucker, das Fleisch ist fester. Wir können sie zu Kompott, Marmelade oder Rote Grütze verwenden oder süßsauer einlegen. Vor allem aber eignen sie sich zum Frischgenuß. Die Mirabellen werden nur etwa kirschgroß. Typisch ist außerdem ihre goldgelbe Schale und das gelbe Fruchtfleisch. Sie reifen ab August. Wegen ihrer Süße essen wir sie direkt vom Baum; ebenso begehrt sind sie aber auch zum Einmachen, als Kompott oder zum Einlegen in Essig, Zucker und Wein bzw. für den Rumtopf. Die Reneklodn, auch Reineclauden geschrieben, erkennt man an der kugeligen Form, der grüngelben Haut und dem hellen Fruchtfleisch. Wir essen die köstlichen Früchte direkt vom Baum oder verarbeiten sie zu Kompott.
Zwetschen reifen erst spät im Jahr. Sie sind kleiner als Pflaumen, haben spitze Enden, keine Fruchtnaht und sie sind meist gut steinlöslich. Die sehr zarte Haut zerfällt beim Kochen leicht, sodaß sie sich gut einkochen lassen. Zu Mus eignen sich vor allem Zwetschen, die am Stiel schon leicht runzelig zu werden beginnen; sie sind besonders aromatisch und enthalten viel Fruchtzucker. Überhaupt haben Zwetschen von allen den höchsten Gehalt an Fruchtzucker und den niedrigsten Wassergehalt. Sie sind vielseitig in der Küche zu verwenden: für Kuchen, Mus, Kompott und zum Einlegen in Essig und Wein; sie lassen sich als einzige »Pflaumenart« einfrieren, entweder als ganze Früchte ohne Zucker oder halbiert und mit einer Zuckerlösung bedeckt. Vor allem die spätestreifende Sorte, die 'Hauszwetsche', ist sehr wertvoll, da sich ihre zuckerreichen Früchte hervorragend als Kuchenbelag (Zwetschgendatschi) eignen. Genauso gerne essen wir sie aber auch direkt vom Baum, machen daraus Marmelade, wecken sie ein oder dörren sie. Das Brennen zu Zwetschgenwasser scheidet für den Hobbygärtner allerdings aus. Wichtig ist, daß wir die 'Hauszwetsche' lange genug am Baum hängen lassen, damit der Zuckergehalt möglichst hoch wird und sich das typi-

Obst aus dem Hausgarten

Pflaumen-, Zwetschen-, Renekloden- und Mirabellensorten

'Zimmers Frühzwetsche'	Reife Anfang August; Frucht mittelgroß, dunkelblau; gut steinlösend; vielseitig verwertbar; Ertrag reich und regelmäßig.
'Ontario-Pflaume'	Reife Anfang August; Frucht groß bis sehr groß, kugelig und von goldgelber Farbe; wohlschmeckend; gut für Konservierung geeignet; Baum starkwüchsig; wenig anspruchsvoll; oft zu reich tragend.
'Graf Althans Reneklode'	Reife August; Frucht groß bis sehr groß, kugelig, von violettrosa Farbe mit bläulichem Hauch; Fleisch gelb, saftig und sehr aromatisch; gut vom Stein lösend; der Baum ist starkwachsend; Erträge früh einsetzend und regelmäßig; auch zum Einkochen vorzüglich geeignet.
'Mirabelle von Nancy'	Reife Mitte/Ende August; kleine bis mittelgroße, rundliche Früchte von gelber Farbe; gut steinlösend; süßer, würziger Geschmack; bestens geeignet zur Konservierung; kann fast in jedem Boden gepflanzt werden, jedoch geschützte Lagen bevorzugt, da Holz und Blüte frostempfindlich.
'Wangenheims Frühzwetsche'	Reife Mitte August/Mitte September; Früchte rötlich-blau, bereift; sehr süß; vorzüglich als Kuchenbelag geeignet; beginnt früh mit dem Ertrag; sehr reichtragend; Ersatz für 'Hauszwetsche' in rauhen Gebieten.
'Große grüne Reneklode'	Reife Ende August/Mitte September; Frucht mittelgroß, rund, dunkelgrün; Fleisch gut vom Stein lösend, saftig und von bestem Geschmack; hervorragend für Frischgenuß und zur Konservierung.
'Hauszwetsche'	Reife ab Mitte September; sollte in keinem Garten fehlen, da für alle Zwecke geeignet; sehr wichtig: nur wertvollen Typ pflanzen! Frucht länglich, tiefblau und leicht steinlösend; Baum starkwüchsig und reichtragend.

sche Aroma voll ausbildet. Leichte Nachtfröste schaden den Früchten nicht.

Standortansprüche
Pflaumen, Zwetschen und all die anderen aus dieser Gruppe kommen mit jedem halbwegs normalen Gartenboden gut zurecht. Dies ist wohl auch der Grund für die weite Verbreitung.
Ideal sind nährstoffreiche, warme, dabei aber ausreichend feuchte Böden, die gut mit Humus versorgt sind. Dabei braucht der Boden gar nicht besonders tiefgründig zu sein. Selbst ein Grundwasserstand, der bis 50 cm unter die Bodenfläche ansteigt, macht einem Zwetschenbaum nichts aus. Nur Trokkenheit wird schlecht vertragen; es kommt dann zu Fruchtfall noch vor der Reife.
Die Pflanzstelle sollte möglichst sonnig und warm sein. Bei zuviel Schatten werden die Früchte nicht genügend süß, und in einer rauhen Lage wird die besonders wertvolle, aber späte 'Hauszwetsche' in manchen Jahren nicht reif. Ansonsten aber ist gerade sie sehr anpassungsfähig.

Befruchtungsverhältnisse
Bei Pflaumen und Zwetschen gibt es alle Übergänge von selbstfruchtbar bis zu selbstunfruchtbar. Um eine sichere Befruchtung zu erreichen, ist es deshalb am besten, wenn im eigenen Garten oder in der näheren Umgebung verschiedene Sorten stehen. Auch Schlehen (Prunus spinosa) und die in so manchem Garten stehende Blutpflaume (Prunus cerasifera 'Nigra') sollen nach Beobachtungen in der Lage sein, Pflaumen und Zwetschen zu befruchten. Die 'Hauszwetsche' ist normalerweise voll selbstfruchtbar, d. h., auch ein einzelstehender Baum kann gute Erträge bringen.

Unterlagen
Auch bei dieser Obstart gibt es sowohl Sämlingsunterlagen als auch auf ungeschlechtlichem Weg vermehrte Typen- bzw. Klonunterlagen. Schwachwachsende Unterlagen, mit denen wie bei Apfel und Birne kleinste Baumformen möglich sind, gibt es hier vorerst noch nicht.
In jüngster Zeit werden jedoch in verschiedenen Baumschulen neugezüchtete, virusfreie Unterlagen verwendet, die alle vegetativ vermehrt werden. Hier sei nur 'St. Julien INRA 655/2' genannt. Die schwachwüchsigen Sorten, die auf dieser Unterlage veredelt sind, kommen mit etwa 14–20 m² Standfläche aus und werden höchstens 3 m hoch. Der Ertrag setzt bereits im 2.–3. Standjahr ein, also sehr frühzeitig.

Verwendung im Garten
Was im größeren Garten ein Apfel- oder Birnbaum als gestalterisch betonter Punkt sein kann, ist im kleinen Garten ein Baum aus der Pflaumen-Gruppe. Auch den Kompostplatz kann ein Zwetschenbaum gut beschatten. Für alle diese Zwecke bevorzugen wir den Hoch- oder Halbstamm, weil man darunter hindurchgehen bzw. arbeiten kann. Der Kronendurchmesser liegt bei 4–6 m, man muß also mit einem Platzbedarf von 30–35 m² rechnen; dabei spielt es keine Rolle, ob wir einen Hoch-, Halb- oder Viertelstamm pflanzen.

Von links nach rechts: 'Wangenheims Frühzwetsche' reift ab Mitte August; sie eignet sich vorzüglich als Kuchenbelag (»Zwetschgendatschi«).

'Große grüne Reneklode', eine Sorte von edlem Geschmack; vorzügliche Einmachfrucht.

Die Sauerkirsche ist hinsichtlich Klima und Boden äußerst genügsam und bringt beinahe alljährlich eine reiche Ernte, vor allem, wenn eine der beiden in der Tabelle genannten Sorten gepflanzt wird. Diese Obstart eignet sich auch gut als Wandspalier, allerdings nicht an der Nordseite. Als Spalier oder als Buschbaum gepflanzt, kann der Baum zur Erntezeit mit Netzen gegen Vögel geschützt werden.

Sauerkirsche
Prunus

Dies ist eine Obstart, die sich für den kleinen Garten ebenso gut eignet wie für den großen. Die Krone bleibt von Natur aus wesentlich kleiner als bei der Süßkirsche und läßt sich zudem gut im Schnitt halten. Ein Schutz mit Netzen gegen Vögel ist deshalb gut möglich, so daß wir von einem Sauerkirschenbusch durchaus 20–40 kg Früchte ernten können.

Sauerkirschen reifen später als Süßkirschen, je nach Gegend im Juli oder August, und blühen auch später. Außerdem sind die Blüten recht widerstandsfähig gegen tiefe Temperaturen, alles Gründe, warum Sauerkirschen sehr regelmäßig tragen.

Die Verwertungsmöglichkeiten sind ähnlich wie die der Süßkirschen. Nur zum Essen direkt vom Baum können sie an erstere nicht heran; das Naschen von ein paar Früchten genügt uns meistens. Dafür sind sie in Gläsern eingemacht eine köstliche Nachspeise für all die übrigen Monate des Jahres. Man sollte aber den Baum gut beschneiden, weil dadurch bei der bekannten 'Schattenmorelle' die Früchte doppelt so groß werden, während sich der Stein nicht vergrößert. Und weil wir schon beim Genießen sind: Eine Schwarzwälder Kirschtorte aus vollreifen Sauerkirschen ist ein Hochgenuß.

Standortansprüche
Die Sauerkirsche ist hinsichtlich Klima und Boden äußerst genügsam. Selbst in rauheren Gegenden und in Gebieten mit wenig Niederschlägen kommt die Sauerkirsche gut voran.

Auch wenn der Boden dürftig ist, die Sauerkirsche wächst und bringt Früchte. Der Boden darf im Prinzip also schlecht, nur gut durchlüftet muß er sein. Ausgesprochen »sauer« reagiert die Sauerkirsche nur auf sehr schwerem, kaltem Boden, vor allem wenn Nässe hinzukommt. Wachstum und Ertrag lassen unter solchen extremen Verhältnissen zu wünschen übrig, vor allem erhöht sich auch die Anfälligkeit gegen Krankheiten. Besonders bei der Sorte 'Schattenmorelle' tritt dann Zweig- und Frucht-*Monilia* auf; einige Äste werden dürr und manchmal stirbt sogar der ganze Baum ab. An halbwegs »normalen« Standorten aber gibt es mit Sauerkirschen kaum Probleme.

Befruchtungsverhältnisse
Es gibt Sorten, die 100%ig selbstfruchtbar sind, ebenso sind aber auch selbstunfruchtbare im umfangreichen Sortiment vertreten. Für unseren Garten wählen wir nur bewährte Sorten aus der erstgenannten Gruppe und gehen damit allen Schwierigkeiten aus dem Weg. Ein weiterer Vorteil ist, daß die selbstfruchtbaren Sorten ohne Insekten auskommen, weil sie in den meisten Fällen ausreichend durch den Wind bestäubt werden.

Unterlagen
Auf fruchtbaren Böden empfiehlt sich die Vogelkirsche (wilde Süßkirsche) als Unterlage; auf flachgründigen, steinigen und deshalb überwiegend trockenen Böden verwendet man dagegen besser die Steinweichsel. In den Baumschulen wird meist auf Vogelkirschen- bzw. Sauerkirschen-Sämlingen und auf die bereits bei der Süßkirsche genannte Klonunterlage F 12/I veredelt. Ebenso wie bei Süßkirschen wird neuerdings auch bei Sauerkirschen auf 'Typ Weihroot' veredelt.

Verwendung im Garten
Die Sauerkirsche pflanzen wir als Buschbaum in den Garten oder aber an die Hauswand, wo sie als Spalier fächerförmig gezogen wird. Da die Krone, besonders bei 'Schattenmorelle', klein gehalten werden kann, eignet sich solch ein Busch gut als optischer Schwerpunkt am Anfang oder am Ende eines Staudenbeetes oder im Terrassenbereich anstelle eines kleinkronigen Ziergehölzes.

In allen Fällen können wir ihn vor der Ernte mit einem Netz gegen Vögel schützen, denn die Krone wird nicht groß. Ein Durchmesser von 4–5 m

Obst aus dem Hausgarten

wird kaum überschritten und bei der 'Schattenmorelle', der ein scharfer Schnitt gut tut, läßt sich der Krone sogar noch wesentlich kleiner halten.
Mit einem Vorurteil muß bei der 'Schattenmorelle' allerdings aufgeräumt werden: daß sie auch im Schatten prächtig gedeiht. Das Gegenteil ist der Fall: Je mehr Sonne der Baum bekommt, desto besser wächst er und desto köstlicher schmecken die Früchte. Der Wortteil »Schatten« ist vielmehr vom französischen »Château« (Schloß) abgeleitet. Der Baum sollte also auf keinen Fall an die Nordseite des Hauses oder unter ein anderes großkroniges Obstgehölz gepflanzt werden, wie dies manchmal geschieht.
Wichtig ist, daß wir mit der Ernte abwarten, bis sich die Früchte schwarzrot färben. Erst in diesem Zustand entwickeln sie nämlich ihr köstliches Aroma, eine aparte Mischung aus Säure und Süße, zu früh abgenommen, sind die Früchte nur sauer.

Sauerkirschensorten

'Schattenmorelle'	Für den Liebhaber die wertvollste Sorte; selbstfruchtbar; sehr reich tragend; Baum trägt am einjährigen Holz, deshalb jährlich nach der Ernte scharfer Schnitt, um die Neutriebbildungen anzuregen.
'Morellenfeuer' (= 'Kelleriis Nr. 16')	Mit am frosthärtesten in der Blüte und geschmacklich mit an der Spitze aller Sauerkirschensorten; selbstfruchtbar; kein regelmäßiger Schnitt erforderlich, sondern nur gelegentliches Auslichten; Frucht etwa ein Drittel kleiner als bei 'Schattenmorelle'; reift ca. 10–14 Tage vor 'Schattenmorelle'.

Süßkirschensorten

'Hedelfinger' 'Schneiders Späte Knorpelkirsche'	Sollten ausnahmsweise Süßkirschen gepflanzt werden, so sei zu diesen beiden Sorten geraten. Süßkirschen sind auf Fremdbefruchtung angewiesen; diese beiden wertvollen Sorten ergänzen sich darin.

Süßkirsche
Prunus

Eine wertvolle Obstart, die durch die hohen Erntekosten teuer geworden ist. Schon vom Preis her lohnt also der Anbau im eigenen Garten. Leider stehen dem der große Platzbedarf von mindestens 60–80 m² und die recht speziellen Bodenansprüche entgegen. Ein weiterer Nachteil: Die umfangreiche Krone läßt sich nur sehr schwer mit Netzen gegen Amseln und Stare schützen, die die Früchte ebenso gern mögen wie wir.
Wenn wir eine Süßkirsche im Garten stehen haben, essen wir die Kirschen am liebsten vollreif vom Baum, ganz gleich, ob es sich um eine früh reifende, weichfleischige Herzkirsche oder um eine später reifende, im Fleisch meist festere Knorpelkirsche handelt. Daneben können wir die Kirschen tiefgefrieren, in Gläsern einmachen oder zur Bereitung von Saft (Süßmost), Mixgetränken und Likör verwenden. Wen es interessiert: Das »Schwarzwälder Kirschwasser« wird aus ausgelesenen zuckerreichen Wildkirschen (Vogelkirschen) hergestellt. Süßkirschen haben einen ähnlichen Vitamingehalt wie Äpfel, sind aber reich an Kalium, Kalzium, Phosphor und anderen Mineralstoffen.

Standortansprüche

Die Süßkirsche ist nicht anspruchsvoll an die Qualität des Bodens. Ideal: tiefgründig und kalkhaltig; er darf durchaus steinig sein, wenn er nur in der Tiefe genügend zerklüftet ist. Höhenlagen sind zum Anbau geeignet, ebenso auch etwas trockene Böden. Der Wasserbedarf dieser Obstart ist nämlich gering, denn die Früchte reifen schon im Juni/Juli, so daß die Bäume noch aus dem Wasservorrat vom Winter und Frühjahr her zehren können.
Bestes Wachstum und hoher Ertrag sind aber auch bei der Süßkirsche nur von einem »Idealboden« zu erwarten: tiefgründig, gut mit Humus versorgt, nährstoffreich und gut durchlüftet. Wenig Freude werden wir dagegen an einem Kirschbaum haben, der auf nassem, kaltem, schwerem Boden steht. Ein solcher Baum wird bald nur noch

dahinvegetieren. Es tritt Spitzendürre auf, Gummifluß, und schließlich sterben ganze Astpartien ab. Auch Frostschäden werden an einem solch ungeeigneten Standort gefördert; die Blüte ist außerdem sehr empfindlich gegen Spätfröste. In Gegenden mit hohen Niederschlägen während der Reifezeit platzen die Früchte auf. Vor allem die wertvollen, großfrüchtigen Knorpelkirschen sind gefährdet.

Befruchtungsverhältnisse

Bei der Süßkirsche sind alle Sorten selbstunfruchtbar, d. h., die Narben müssen mit sortenfremdem Blütenstaub (Pollen) bestäubt werden. Ja, die Befruchtungsverhältnisse sind hier sogar weitaus komplizierter als bei den anderen Obstarten: Es gibt bei Süßkirschen nämlich, nach neuestem Stand, an die 25 Sortengruppen, deren einzelne Sorten sich gegenseitig nicht befruchten können. Man spricht hier von

Links:
Gut aufgebauter und verhältnismäßig niedrig gehaltener Süßkirschenbaum.

Frühling! Ein weißblühender Kirschbaum vor tiefblauem Himmel.

Obst aus dem Hausgarten

Sind diese leuchtendroten Süßkirschen nicht zum Hineinbeißen?

Intersterilität und Intersterilitätsgruppen (s. Sorten, S. 303). Es sollten deshalb im eigenen Garten bzw. in der Nachbarschaft möglichst mehrere Sorten stehen, damit geeignete Befruchtungspartner vorhanden sind.

Oft ist der Mangel an Früchten nach einer reichen Blüte auf das Fehlen von Befruchtern zurückzuführen und es hilft schon, wenn wir in einen blühenden Kirschbaum einige mit Wasser gefüllte Gläser mit blühenden Zweigen von Wildkirschen (Vogelkirschen) hängen.

Unterlagen

Süßkirschensorten werden überwiegend auf Vogelkirschensämlinge und auf Klonunterlagen F 12/I veredelt, die von einer in East Malling (England) ausgelesenen Ausgangspflanze abstammen.

Verschiedene Baumschulen veredeln neuerdings auch auf 'Colt'- und 'Weihroot'-Unterlagen. Beide bewirken ein schwächeres Wachstum, so daß die aufveredelten Süßkirschensorten früher und reicher tragen; die Bäume bleiben kleiner und lassen sich dadurch mit Netzen besser gegen Amseln und Stare schützen.

Verwendung im Garten

Bevor wir eine Süßkirsche pflanzen, sollte geprüft werden, ob in der näheren und weiteren Nachbarschaft Süßkirschenbäume stehen, die gesund sind und reich tragen. Damit hätten wir den praktischen Beweis, daß sich der Boden in unserem Garten für diese Obstart eignet. Und noch etwas: Zur Erntezeit würde sich die Vogelschar auf mehrere Bäume verteilen, so daß der Schaden beim einzelnen Baum nicht so sehr ins Gewicht fällt. Schließlich lassen sich von einem gut entwickelten Süßkirschenbaum 100–150 kg und mehr ernten.

Die Nachteile wurden bereits erwähnt, vor allem die große Krone mit 8–10 m Durchmesser beim Hoch- und Halbstamm und die Schäden durch Amseln und Stare. Leider gibt es bis heute keine kleinbleibende Süßkirsche, etwa dem Spindelbusch bei Apfel und Birne vergleichbar. Das wäre die ideale Bauform, denn 10–20 kg würden für den Eigenbedarf völlig genügen. Die obstbauliche Forschung und Baumschulen arbeiten längst und intensiv an diesem Problem, doch der große »Wurf« ist noch nicht gelungen.

Pfirsich
Prunus persica

Eine sehr wärmebedürftige Obstart, die sich vor allem im Weinbauklima wohlfühlt. Erwerbsmäßig werden Pfirsiche deshalb bei uns nur in solch begünstigten Gebieten angebaut.

Wegen ihres saftreichen Fleisches essen wir die druckempfindlichen Pfirsiche direkt vom Baum. Ebenso gut eignen sie sich zum Einmachen in Gläsern oder für Marmelade. Spätreifende Sorten sind aromatischer als frühreifende und sollten daher für den Anbau im eigenen Garten bevorzugt werden. Die gelbfleischigen Früchte enthalten vor allem das wertvolle Karotin (Provitamin A) und reichlich Kalium. Pfirsiche aus dem eigenen Garten, von denen wir wissen, daß sie nicht gespritzt sind, essen wir samt Schale, sie ist besonders reich an Karotin.

Standortansprüche

Der Pfirsich liebt das ganze Jahr über eine möglichst warme Lage. Auch die Winter dürfen nicht zu kalt sein, da sonst das Holz geschädigt wird. Die frühe Blüte wird auch häufig durch Spätfröste geschädigt. Wir suchen deshalb für diese Obstart eine besonders begünstigte Stelle aus. Der Boden sollte locker und warm, dabei aber genügend feucht sein. Auf leichteren Böden, vor allem in Verbindung mit kiesigem Untergrund, können Pfirsichbäume alt werden. Gänzlich ungeeignet sind dagegen nasse und kalte Böden sowie kalte, spätfrostgefährdete Lagen. Hier leidet der Pfirsich bald unter Gummifluß. Solche nicht zusagenden Verhältnisse, auch zuviel Kalk im Boden haben vielfach Chlorose zur Folge.

Unterlagen

Hierfür werden meist Pfirsichsämlinge verwendet, auf die der Baumschuler die verschiedenen Sorten aufveredelt. Vegetativ vermehrte Unterlagen, also Klon- bzw. Typenunterlagen, gibt es beim Pfirsich nicht.

Verwendung im Garten

Der Pfirsich wird in Gegenden mit Weinklima vor allem als Buschbaum angebaut. Die fertige Krone bekommt einen Durchmesser von 4–5 m. Im Garten kann man den Buschbaum aber durchaus auch kleiner halten, der Pfirsich ist für scharfen Schnitt (s. S. 319) ohnehin dankbar. Kernechte Sorten eignen sich auch für klimatisch weniger günstige Lagen, vor allem, wenn wir sie als Fächerspalier an einer warmen Hauswand ziehen.

Selbst in rauhen Lagen können wir es mit einem Pfirsich versuchen; wir müssen dann allerdings in Kauf nehmen, daß die Blüte in 2 von 3 Jahren erfriert. In den verbleibenden Ertragsjahren ist die Ernte aber auch unter ungünstigen Bedingungen erstaunlich hoch. Erträge

Von links nach rechts: Ein Netz ist der beste Schutz gegen Amseln, der Kirschbaum darf allerdings nicht zu hoch sein.

Nur im eigenen Garten können die Pfirsiche bis zur vollen Reife am Baum bleiben.

von 50 kg je Baum und mehr sind dann keine Seltenheit. Wer im Garten über reichlich Platz verfügt oder eine geschützte Hauswand frei hat, kann also durchaus einen Pfirsich pflanzen, auch in Gebieten, die von Natur aus dazu nicht gerade geeignet sind.

Ebenso wie den kleinbleibenden Sauerkirschenbusch können wir auch den Pfirsich in den Ziergarten mit einbauen. Zur Blütezeit oder mit Fruchtbehang ist er ein Schmuckstück. Sogar im Gemüsegarten könnte ein Pfirsich stehen, denn das luftige Gezweig mit den schmalen Blättern nimmt nur wenig Luft und Licht weg.

Die Nektarine ist eine glattschalige, unbehaarte Varietät des gewöhnlichen Pfirsichs; Ansprüche an Boden, Klima und Pflege sind gleich. Die großen, saftigen Früchte schmecken besonders süß und aromatisch. Früchte mit 100 g und mehr Einzelgewicht sind keine Seltenheit. Die Steine lösen sich leicht vom Fruchtfleisch. Die Ernte zieht sich über 3–4 Wochen hin. Ebenso wie der Pfirsich eignet sich die Nektarine zum Frischgenuß und zur Konservierung.

Pfirsichsorten

Edle Frühsorten sind nur für warmes Klima geeignet. In allen übrigen Gebieten wollen wir uns auf mittelfrüh- und spätreifende Sorten beschränken.

'Frau Anneliese Rudolf'	Reife Mitte August; sehr große Frucht; Fleisch saftig und sehr wohlschmeckend; relativ frostharte Sorte.
'Rekord aus Alfter'	Reife Mitte August/September; die Frucht ist gut steinlösend, saftig und wohlschmeckend; verhältnismäßig widerstandsfähig.
'Roter Ellerstädter'	Auch 'Kernechter vom Vorgebirge' genannt; git als beste Einmachfrucht; Frucht mittelgroß, saftig, aromatisch; Ansprüche an den Standort gering, geeignet für weniger günstige Verhältnisse; Reife erst im September.
'South Haven'	Reife Anfang September; sehr groß, gelbfleischig, gut steinlösend, saftig, süß; starkwüchsig.

Aprikose
Prunus armeniaca

Auch die Aprikose, vielerorts als Marille bezeichnet, läßt sich vielseitig verwenden: Wir können die herrlich aromatischen Früchte direkt vom Baum essen, ebenso gut eignen sie sich für Kompott, Marmelade und zum Dörren. Trotz dieser Vorzüge finden wir sie selten in den Gärten. Grund: Was beim Pfirsich über Wärmebedürftigkeit gesagt wurde, trifft noch mehr für die Aprikose zu. Sie ist nach der Haselnuß die am frühesten blühende Obstart und wird deshalb häufig bereits während oder nach der Blüte durch Frost geschädigt. Vielfach trägt sie nur in jedem 3. Jahr Früchte. Im Holz ist die Aprikose allerdings frosthärter als der Pfirsich; man kann sie deshalb sogar als Spalier gepflanzt in nach Süden geöffneten Bergtälern finden. Wird es allerdings im Spätwinter empfindlich kalt, so können stärkere Schäden auftreten, weil die Aprikose frühzeitig in Saft kommt und das Holz in diesem Zustand besonders frostanfällig ist. Es gibt aber noch einen anderen Grund, warum die Aprikose so selten in den Gärten zu finden ist: Die Bäume sterben oft plötzlich ab, sozusagen über Nacht. Die Ursachen sind noch nicht restlos geklärt, es scheint aber, daß pilzliche Schädiger, Gummifluß und Schäden am Holz zusammenwirken.

Aprikosen enthalten reichlich Karotin, die Vorstufe des Vitamins A, und zwar gleich das zwanzigfache wie etwa Äpfel. Vor allem getrocknete Aprikosen sind für die Gesundheit wertvoll durch ihren Gehalt an konzentriertem Karotin, der größer ist als der von Butter, Eigelb und sogar Leber. Daneben sind in Aprikosen reichlich Kalium sowie die übrigen Vitamine und Mineralstoffe in ähnlicher Menge wie bei den anderen Obstarten enthalten.

Standortansprüche

Zum Anbau ist nur im Weinklima oder an einer warmen, geschützten Hauswand zu raten. Der Boden sollte nicht allzu schwer sein, warm, dabei aber nicht zu trocken. Die Bodenansprüche sind also ähnlich wie beim Pfirsich. Wo es im Sommer viel regnet, leidet die Aprikose unter verschiedenen Pilzerkrankungen wie *Monilia*, Schrotschuß und anderen.

Günstig ist es, wenn in solchen regenreichen Gegenden die Aprikose unter

Zur Blütezeit kann es der Pfirsich mit jedem Ziergehölz aufnehmen, vor allem, wenn sich die rosa Blüten vom blauen Himmel abheben. Die Krone sollte allerdings nicht allzu hoch werden, da sonst der Baum in den unteren Teilen verkahlt. Am besten pflanzen wir den Pfirsich als Buschbaum oder als Wandspalier.

Obst aus dem Hausgarten

einem vorspringenden Dach steht, das den Regen von Blüte, Blatt und Frucht abhält.

In klimatisch begünstigten Gebirgstälern mit hohen sommerlichen Niederschlägen läßt sich beobachten, wie sich derart geschützte Aprikosenbäume wohl fühlen.

Befruchtungsverhältnisse

Die hier empfohlenen Sorten sind im allgemein selbstfruchtbar. Wind und Insekten (Bienen) sorgen bei günstiger Witterung gemeinsam für Bestäubung und damit für die nachfolgende Befruchtung. Sollten während der frühen Blütezeit noch keine oder nur wenige Bienen fliegen und die Lage sehr windgeschützt sein (Spalier), kann im Liebhabergarten die Bestäubung mit einem trockenen Pinsel erfolgen, d. h., wir übertragen den Blütenstaub von einer Blüte zur anderen. Dies ist zwar zeitraubend, aber es wirkt.

Die selbe Methode können Sie übrigens genausogut für Pfirsiche anwenden, die ebenfalls früh blühen.

Unterlagen

Die Baumschulen verwenden als Veredlungsunterlage verschiedene *Prunus*-Arten (Pflaume).

Soll der Aprikosenbaum auf schwerem, frischem Boden gepflanzt werden, so eignet sich als Unterlage vor allem die wurzelecht vermehrte 'Hauszwetsche', die zudem widerstandsfähig gegen die *Verticillium*-Welke, eine Pilzkrankheit, ist.

Aprikosensorten werden aber auch auf Aprikosensämlinge veredelt, die vor allem auf leichteren Böden die Fruchtbarkeit günstig beeinflussen. Nachteilig ist allerdings, daß diese gegen die vorhin genannte Krankheit sehr empfindlich sind.

Aprikosensorten

'Ungarische Beste' 'Aprikose von Nancy'	Beide Sorten sind verhältnismäßig widerstandsfähig. Trotzdem ist der Anbau nur in sehr günstigen klimatischen Gebieten zu empfehlen.

Quittensorten

'Portugiesische Quitte'	Birnenförmige, große Früchte von rein gelber Farbe; früh- und reichtragend; frostempfindlich im Holz; selbstfruchtbar.
'Riesenquitte von Lescovac'	Früchte apfelförmig und sehr groß; früh- und reichtragend; weniger frostempfindlich als obige; selbstfruchtbar.

Verwendung im Garten

In den meisten Gegenden ist nur die Pflanzung an eine warme, geschützte Hauswand erfolgversprechend. Ein solcher Platz ist schon deshalb zu empfehlen, weil hier die Blätter und Früchte vor sommerlichen Regenfällen geschützt sind. Dies aber ist der beste Schutz gegen Pilzkrankheiten, in deren Gefolge Äste oder sogar der ganze Baum absterben können.

Um die frühe Blüte vor Frost zu bewahren, gibt es eine recht simple, dabei aber sehr wirkungsvolle Methode: Ein einfaches Gestell aus Dachlatten wird in entsprechender Größe zusammengezimmert, mit Maschendrahtgeflecht bespannt und zwischen die Drahtmaschen bereits während des Winters Fichtenzweige hindurchgesteckt. Dann lehnt man diese locker gesteckte Fichtenwand im Februar leicht schräg vor das Aprikosenspalier an der Südseite des Hauses; dadurch wird die Blüte bis Ende März oder April hinausgezögert. Der Schutz bleibt auch nachher noch bis zu den Eisheiligen vor dem Aprikosenbaum stehen, denn auch die jungen Früchte sind kälteempfindlich.

Quitte
Cydonia oblonga

Obwohl mit Apfel und Birne verwandt, können die prächtigen, pelzigen Quittenfrüchte nicht direkt vom Baum gegessen werden; sie sind nur im gekochten Zustand genießbar. Ende Oktober, wenn die Quitten gelb werden, nimmt man die flaumigen Früchte ab, legt sie in einen Spankorb und bewahrt sie im Hause auf. Sie sehen nicht nur hübsch aus, sie verströmen auch einen einmaligen Duft, der immer intensiver wird. Im November oder auch erst im Dezember werden dann die köstlich duftenden, aromatischen Früchte zu Quittengelee oder Quittenlikör verarbeitet.

Die Quitte, als Busch oder kleines Bäumchen gezogen, wird nicht groß und eignet sich deshalb auch für kleinste Gärten; sie wird nur 2–3 m hoch und ebenso breit.

Standortansprüche

Die Quitte liebt einen möglichst warmen, geschützten Platz. Dadurch reift das Holz gut aus, und die Empfindlichkeit gegenüber Winterfrösten wird herabgesetzt. Ansonsten aber ist die Quitte denkbar anspruchslos. Sie fühlt sich auch auf weniger fruchtbaren, trockenen Böden noch recht wohl und trägt selbst dort genügend Früchte. Der Boden sollte nur nicht zu kalkreich sein, da sonst die Blätter chlorotisch werden, sich also bleichgelb verfärben. Günstig ist die sehr späte Blüte, so daß ein Quittenstrauch sogar an eine etwas spätfrostgefährdete Stelle gepflanzt werden kann, die sich für frühblühende Obstbäume nicht eignet.

Befruchtungsverhältnisse

Die Quitte ist meist selbstfruchtbar, ein Busch genügt also. Einzelstehende Bäumchen oder Sträucher zeigen uns dies.

Ihr köstliches Aroma und ihren Duft entwickeln Aprikosen nur, wenn sie bis zur vollen Reife am Baum bleiben.

Das strahlende Gelb und die eigenwillige Form der Quittenfrüchte sind bereits für das Auge ein Genuß.

Obst aus dem Hausgarten

Unterlagen

Die von Natur aus strauchartig wachsende Quitte wird in der Baumschule entweder auf die arteigene Quitte A ('Quitte von Angers') oder auf den eng verwandten Weißdorn *(Crataegus oxyacantha)* veredelt. Es besteht zwar die Gefahr, daß solche Kombinationen an der Veredlungsstelle abbrechen, doch zeigt die Praxis, daß der Wuchs und die Lebensdauer auf Weißdorn meist besser ist als auf der arteigenen Unterlage. Von der Unterlage Quitte A weiß man zudem, daß sie die Frostwiderstandsfähigkeit des Holzes ungünstig beeinflußt.

Um hochstämmige Quittenbäumchen zu bekommen, wird außerdem noch der Rotdorn als Stammbildner (Verbindung zwischen Wurzelunterlage und Quittensorte) verwendet. Durch diesen »Trick« bekommt man einen geraden Stamm.

Verwendung im Garten

Wenn auch der Nutzwert nicht so hoch ist wie bei anderen Obstarten, so sollte die Quitte allein schon wegen der Zierde gepflanzt werden. Wer im kleinen Garten sich an einem malerischen Strauch oder kleinem Baum freuen möchte, kann sie dazu verwenden. Selbst in einem schmalen Reihenhausgarten hat ein Quittenbusch noch Platz. Er sieht im Sommer und Winter gut aus und macht dabei kaum Arbeit. Allein die großflächigen dunklen Blätter wirken so hübsch, daß sich fast schon ihretwegen die Pflanzung lohnt. Dazu kommen im Frühjahr die großen weißen, rötlich angehauchten Blüten. Ein weiterer Vorzug: Der Quittenstrauch steht das ganze Jahr über gesund da; Schädlinge und Krankheiten sind kaum bekannt.

Walnuß

Juglans regia

Diese Obstart eignet sich wegen ihrer später umfangreichen Krone nur für sehr große Gärten, etwa ab 1000 m², denn 12–15 m Durchmesser sind keine Seltenheit. Dort kann sie als malerischer Schattenbaum im Bereich der Wohnterrasse oder als Hofbaum in einem bäuerlichen Anwesen eine beherrschende Rolle spielen.

Einmal gepflanzt, haben wir mit einem Walnußbaum kaum Arbeit. Er wächst mehr oder weniger von selbst, und die im nassen Sommer auftretenden Pilzkrankheiten schädigen zwar die Fruchtschalen und Nüsse, können aber dem Baum nicht viel anhaben.

In erster Linie wird man den Walnußbaum in klimatisch begünstigten Gebieten pflanzen; die praktischen Erfahrungen zeigen aber, daß die Walnuß auch in verhältnismäßig rauhen Gegenden gut gedeiht, wenn nur die Lage einigermaßen geschützt ist.

Von einem aus dem Kern selbst gezogenen und daher von der Fruchtqualität her meist wenig wertvollen Baum können wir später durchaus 25–40 kg Nüsse ernten, die zur Weihnachtszeit und den ganzen Winter über von Jung und Alt gern aufgeknackt werden.

Die Nüsse enthalten, im Unterschied zu den anderen Obstarten, wenig Wasser und nicht allzu viele Vitamine. Sie sind aber sehr eiweiß- und vor allem fettreich. Auf 100 g eßbarem Anteil bezogen enthalten Walnüsse 62,7 g Fett = 1685 Joule (= 705 Kilokalorien).

Standortansprüche

Der Boden soll warm, aber nicht zu trocken und vor allem gut durchwurzelbar sein. Geeignet sind vor allem tiefgründige, bessere Sandböden oder ein nicht zu schwerer Lehmboden. Auch ein gut zerklüfteter, genügend feuchter Gesteinsboden ist günstig.

Vor allem Höhenlagen, die nicht so sehr spätfrostgefährdet sind, eignen sich für den Anbau, während in Tallagen mit Kaltluftstau die Blüten und auch der Austrieb im Mai häufig erfrieren und nur selten Früchte geerntet werden können.

Warum nicht anstelle eines Zierstrauches einen Quittenbusch pflanzen? Er sieht das ganze Jahr über gesund aus.

Den Sommer über ist die Walnuß unter einer grünen äußeren Schale verborgen.

Dieser gewaltige Walnußbaum an der Terrassenecke gibt dem Sitzplatz optischen Halt. Die Terrassenfläche links davon ist unbeschattet, so daß jeder nach Vorliebe, Jahreszeit und Temperatur wählen kann: Sonne oder Schatten. Übrigens, der Baum ist aus einem Nußkern gewachsen, den bereits die Großmutter vor Jahrzehnten an diese Stelle in die Erde gelegt hat.

In tiefgelegenen Frostlagen friert der Baum auch im Holz leicht zurück. Sollte trotz ungeeignetem Standort der junge Trieb einmal erfrieren, so geht der Baum noch nicht zugrunde; er treibt im Frühsommer erneut aus. Dies darf sich allerdings nicht häufig wiederholen, sonst leidet die Holzausreife, und es kommt zu einer nachhaltigen Schädigung des Baumes.

Befruchtungsverhältnisse

Die Walnuß ist selbstfruchtbar. Trotzdem gibt es bei der Befruchtung von Sämlingsbäumen häufig Schwierigkeiten, da die Blüten nicht zwittrig sind, sondern sich männliche und weibliche getrennt am selben Baum befinden.

Die auffälligen Kätzchen, also die männlichen Blüten, liefern den Blütenstaub der bei Wind, einer gelben Wolke gleich, durch den Baum schwebt; an den unauffälligen weiblichen Blüten sind bei genauem Hinsehen der Fruchtknoten und darüber 3 kleine gelbliche Federn, die Narben, zu erkennen; sie fangen den Blütenstaub auf, damit es zur Befruchtung kommt. Weithin leuchtende Blütenblätter, die bei den anderen Obstarten die Insekten anlocken, sind nicht nötig, denn die Walnuß wird ausschließlich vom Wind bestäubt.

Zwar ist die Walnuß selbstfruchtbar, d.h., die weiblichen Blüten können mit dem Blütenstaub des gleichen Baumes befruchtet werden. Trotzdem gibt es bei aus Samen gezogenen Walnußbäumchen häufig Schwierigkeiten, da hier der männliche Pollen bereits reift, ehe die weiblichen Narben empfängnisbereit sind und umgekehrt. In solchen Fällen kommt es zu keiner Befruchtung, es sei denn, im Umkreis von etwa 100 m stehen weitere Walnußbäume.

Unterlagen

Wegen der Nachteile eines Sämlings, also eines aus einem Nußkern gezogenen Walnußbaums, pflanzt man heute vorwiegend veredelte Bäume; diese bleiben auch kleiner.

Als Unterlagen für solche Veredlungen nimmt der Baumschuler frostharte Herkünfte der Walnuß *(Juglans regia)* und der Schwarznuß *(Juglans nigra)*. Eine Kombination mit *Juglans regia*, also der normalen Walnuß, ergibt starkwachsende, großkronige, ertragreiche Bäume; wird die betreffende Sorte dagegen auf *Juglans nigra* veredelt, so bekommt man mittel- bis kleinkronige Bäume. Der Ertrag ist dann zwar geringer, doch es wird auch nicht so viel Platz benötigt. Für den normalen Hausgarten ist diese Lösung meist günstiger.

Verwendung im Garten

Bei der Pflanzung im Hausgarten geben wir einem veredelten Walnußbaum den Vorzug, denn bei einem selbstgezogenen Sämling weiß man nie, was in bezug auf Fruchtgröße und Ertrag herauskommt.

Außerdem bleibt die Krone eines veredelten Walnußbaumes merklich kleiner, was in den meisten Gärten willkommen ist. Wer allerdings genügend Platz hat und die Walnuß als markanten Haus- oder Hofbaum möchte, wird den Sämling bevorzugen. Wir können ihn selbst heranziehen, indem wir an die gewünschte Stelle eine Nuß in die Erde legen.

Walnußsorten

Die Walnuß eignet sich wegen ihrer später sehr umfangreichen Krone nur für große Gärten, etwa ab 1000 m² aufwärts, vor allem auch als Hofbaum in bäuerlichen Anwesen. Es gibt inzwischen Sorten, die unter Nummern-Bezeichnungen angeboten werden und auf *Juglans nigra* veredelt sind. Diese Bäume bleiben kleinkroniger.

Nr. 26	Wuchs mittel bis stark; Austrieb und Blüte spät, deshalb wenig spätfrostgefährdet; keine Fremdbefruchtung erforderlich; Nußgröße mittel; Ertrag früh, hoch und regelmäßig.
Nr. 120	Wuchs stark, breite, lockere Krone; Fremdbefruchtung erforderlich; Nuß groß bis sehr groß; hoher Ertrag.
Nr. 139	Wuchs mittel; Austrieb spät, deshalb wenig spätfrostgefährdet; keine Fremdbefruchtung erforderlich; Nußgröße mittel; Ertrag früh, sehr hoch, regelmäßig.

Haselnuß
Corylus

Im Gegensatz zum Walnußbaum eignet sich die Haselnuß auch für den kleineren Garten. Sie wächst meist strauchartig und wird deshalb gerne als Sichtschutz oder als Ziergehölz verwendet. Aber auch zur Befestigung von Böschungen sind Haselnußsträucher gut geeignet. Man sollte aber die Stärke des Wuchses nicht unterschätzen, denn ein Haselnußstrauch kann durchaus 4–7 m hoch werden und einen Durchmesser von 3–4 m bekommen.

Standortansprüche
Der Haselnußstrauch gedeiht gut in jedem nicht zu trockenen Boden.
Die bei den anderen Obstarten gefürchteten Spätfröste beeinträchtigen den Fruchtansatz nur unwesentlich. Was die Frosthärte des Holzes angeht, übertrifft die Hasel alle übrigen Obstarten. Erst bei –35°C bis –45°C konnten Schäden an einzelnen Ästen festgestellt werden.

Befruchtungsverhältnisse
Die Haselnuß ist nicht selbst fruchtbar, also auf fremden Blütenstaub angewiesen. Deshalb sollten möglichst verschiedene Sorten gepflanzt werden oder man pflanzt zu einer Kultursorte eine Wildhasel, die sich gut zur Bestäubung eignet.

Verwendung im Garten
Meist wird der Haselnußstrauch in der das Grundstück umgebenden Rahmenpflanzung, zusammen mit verschiedenen Ziersträuchern verwendet, oder man bringt ihn als Großstrauch in einer Gartenecke unter. Vor allem im naturnahen Garten darf er nicht fehlen. Auch zum Beschatten des Kompostplatzes ist die Hasel geeignet.
Der Haselnußstrauch ist Nutz- und Ziergehölz zugleich. Bereits im Februar/März fallen die gelben Blütenkätzchen auf. Dies sind die männlichen Blüten, während die zur gleichen Zeit am Strauch befindlichen weiblichen Blüten, ähnlich wie bei der Walnuß, recht unscheinbar sind.
Wer Farbe in den Garten bringen will, kann auch die Purpurhasel oder Bluthasel (*Corylus maxima* 'Purpurea') pflanzen. Mit der Ernte ist es dann allerdings nicht weit her, denn die Nüsse sind kleiner und der Ertrag geringer als bei den Sorten.

Die Stammhöhen

Bei den Obstgehölzen gibt es nicht nur verschiedene Sorten, die auf verschiedene Unterlagen veredelt werden, sie werden in der Baumschule auch mit unterschiedlichen Stammhöhen angeboten. Sie alle haben ihre Vor- und Nachteile. Je nachdem, wohin wir den betreffenden Baum pflanzen wollen, wählen wir die eine oder die andere.

Der Hoch- und Halbstamm
Die Stammhöhe beträgt beim Hochstamm 1,60–1,80 m, beim Halbstamm 1,20 m. Dies ist die klassische Baumform, die früher, von Spalierbäumen abgesehen, fast ausschließlich verwendet wurde. Heute pflanzen wir Hoch- und Halbstämme im Garten vorwiegend aus gestalterischen Gründen, denn ein großkroniger Apfel- oder Birnbaum steht einem Ziergehölz bezüglich Schönheit in nichts nach.
Die Zwetsche oder Pflaume eignet sich als schattenspendender Hochstamm am Kompostplatz, in einem schmalen Reihenhausgarten kann sie als optischer Schwerpunkt an der Terrasse oder im hinteren Drittel des Gartens stehen. An all diesen Stellen hat der Hochstamm den Vorteil, daß wir uns bequem unter seiner Krone bewegen können. Manchmal genügt aber auch der Halbstamm für die genannten Zwecke, der die meistverwendete Baumform besonders bei Pflaume und Zwetsche, aber auch bei der Süßkirsche ist.
Nach wie vor sollten Hoch- und Halbstämme vor allem im bäuerlichen Garten gepflanzt werden. Unter den hochstämmigen Kronen kann das Vieh weiden, und man kann mit der Sense oder Maschine mähen.

Der Meter- oder Niederstamm
Apfel und Birne, vor allem aber die verschiedenen Steinobstarten sind meist auch mit Stämmen von nur 0,80–1 m Höhe erhältlich. Vor allem bei Pflaume, Zwetsche und Süßkirsche ist diese geringe Stammhöhe vorteilhaft, weil wir die Pflege- und Erntearbeiten leichter durchführen können, als bei einem Hoch- oder Halbstamm. Wir müssen allerdings in Kauf nehmen, daß man unter den Kronen nicht hindurchgehen kann und auch das Mähen und die übrige Bodenpflege mühsamer werden. Vor allem aber dürfen wir uns durch die geringe Stammhöhe nicht über die künftige Kronenentwicklung täuschen lassen. Die Kronen werden hier genauso groß wie auf Halb- oder Hochstämmen. Dies ist bei den Pflanz- und Grenzabständen zu berücksichtigen!

Der Buschbaum
Mit einer Stammhöhe von nur 40–60 cm ist der Buschbaum im Haus- und Kleingarten vor allem für Sauerkirsche und Pfirsich empfehlenswert.

Für den Hausgarten besonders gut geeignet sind die kleinbleibenden Spindelbüsche und Meterstämme.

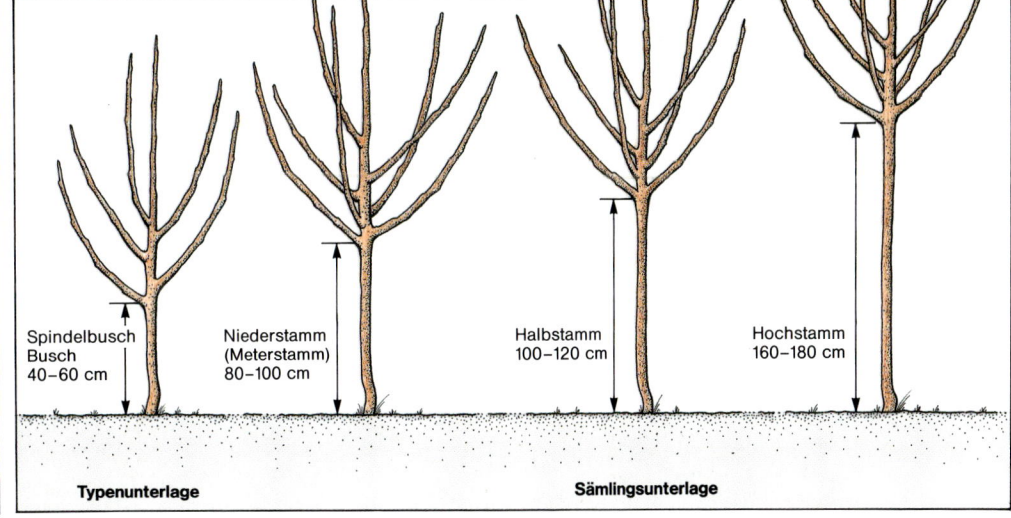

Spindelbusch Busch 40–60 cm | Niederstamm (Meterstamm) 80–100 cm | Halbstamm 100–120 cm | Hochstamm 160–180 cm

Typenunterlage | Sämlingsunterlage

Durch richtigen Schnitt locker aufgebauter Sauerkirschenbusch, Sorte 'Schattenmorelle'. Diese Obstart sollte bevorzugt als Buschbaum gepflanzt werden, weil sich dann der jährliche Schnitt und die Ernte bequem durchführen lassen. Vor allem aber kann solch eine niedrige Krone zur Erntezeit mit Netzen gegen Vogelfraß geschützt werden.

Kleinbleibende Spindelbüsche tragen früh, reich und regelmäßig.

Beide Obstarten bleiben verhältnismäßig kleinkronig, nehmen also als Buschbaum nicht viel Platz in Anspruch. Außerdem erfordern sie einen jährlich scharfen Schnitt, der am Buschbaum mit geringer Stammhöhe bequem durchzuführen ist, das gleiche gilt für die Ernte. Bei der Sauerkirsche kommt noch hinzu, daß wir kleinere Bäume zur Erntezeit mit Netzen verhältnismäßig leicht schützen können. Von Buschbäumen der übrigen Obstarten im Liebhabergarten möchte ich dagegen abraten, weil sie verhältnismäßig viel Platz benötigen, vor allem aber, weil wir uns wegen der geringen Stammhöhe unter solchen Bäumen nicht bewegen können.

Der Spindelbusch

Mit einer Stammhöhe von nur 40 bis 60 cm ist der Spindelbusch die moderne Baumform schlechthin, zumindest bei Apfel und Birne.
Er ist für den kleinen Garten geradezu ideal, eignet sich aber ebenso gut für mittlere und große Gärten. Wir verwenden diese Baumform, wenn wir im Nutzgartenteil entlang des Zaunes eine Reihe reichtragender Obstbäumchen pflanzen wollen, oder auch als einzelstehendes Bäumchen in einem kleinen Reihenhausgarten. Ja, Spindelbüsche blühen und fruchten sogar, wenn sie einen großen Topf gepflanzt auf der Terrasse oder auf dem Balkon aufgestellt werden. Im Kleingarten wird diese Baumform gerne benutzt, um entlang der Parzellengrenze einen fruchttragenden Sicht- und Windschutz zu erzielen.

Der zeitlebens kleinbleibende Spindelbusch trägt im Gegensatz zum Hoch- und Halbstamm zwar oft »nur« 10 kg, vielfach jedoch 20–30 kg und mehr. Doch dies genügt für den eigenen Haushalt.

Ein weiterer Vorteil: Alle anfallenden Pflegearbeiten können an den kleinbleibenden Spindelbüschen bequem durchgeführt werden, der Schnitt, die Schädlingsbekämpfung, die Ernte. Dies alles macht so richtig Spaß, denn wir brauchen dazu keine Leiter.

Außerdem können wir die kleinen Bäumchen sozusagen im Vorbeigehen im Auge behalten, so daß es kaum zu einem unbemerkten Auftreten von Schädlingen und Krankheiten kommen kann bzw. wir können durch genaues Beobachten mit einer Spritzung solange warten, bis diese wirklich nicht mehr zu umgehen ist.

Entscheidend für den Erfolg mit Spindelbüschen ist eine schwachwachsende Unterlage. Während Hochstamm usw. auf Sämling veredelt sind, eignet sich für den Apfel-Spindelbusch nur eine schwachwachsende Typenunterlage, bei Birne die Quitte.

Statt die Spindelbüsche einzeln oder in einer Reihe zu pflanzen, können wir mit dem gleichen Pflanzmaterial auch eine schmale Obsthecke ziehen oder sie als Spalier an die Hauswand pflanzen.

Die Obsthecke

Statt einer Reihe Spindelbüsche können Sie entlang der Nachbargrenze auch eine Obsthecke ziehen. Ernte und Sichtschutz lassen sich auf diese Weise gut kombinieren. Außerdem benötigen wir noch weniger Platz, weil sich die stärkeren Äste nur nach zwei Seiten hin entwickeln. Diese Erziehungsform ist also gerade für schmale Reihenhaus- aber auch für Kleingärten ideal. Ein weiterer Vorteil: Die Früchte bekommen besonders viel Sonne und färben sich vorzüglich aus.

Für eine Obsthecke verwenden wir das gleiche Pflanzmaterial wie beim Spindelbusch, also ein- bis zweijährige Veredlungen auf schwachwachsender Un-

Obst aus dem Hausgarten

terlage. Für das Gerüst schlägt man mindestens alle 5 m Holzpfähle ca. 60 cm tief in den Boden. Sie sollten etwa 2,80 m lang sein und einen oberen Durchmesser von 10–12 cm haben. Die Endpfähle werden schräg gestellt und mit einem Schraubenanker fest verspannt. Die Drähte zieht man in Höhen von 0,60 m, 1,10 m, 1,60 m und 2,10 m über dem Boden mit Hilfe von Drahtspannern fest. Anstelle von Holzpfählen können auch Eisenrohre in den Boden einbetoniert werden.

In kleineren Gärten empfiehlt sich eine geringere Höhe, etwa 1,60 m. Die Pfähle brauchen dann nur ca. 2,30 m lang zu sein. Der erste verzinkte Draht wird 50 cm über dem Boden gespannt; in Abständen von 50 cm folgen zwei weitere. Wenn möglich, sollte ein solches Spaliergerüst wegen der besseren Besonnung in Nord-Süd-Richtung erstellt werden. Doch auch Gartenfreunde mit einer Obsthecke in Ost-West-Richtung sind damit sehr zufrieden. Der Abstand von Baum zu Baum sollte 2,50 m betragen.

Das Obstspalier

Ein Spalier bezieht das Haus erst richtig in den Garten mit ein. Ein von Spalierbäumen umgebenes Haus verbreitet eine gemütliche Note, es ist einladend. Dörfer werden durch Obstspaliere liebenswert, mehr noch als durch Blumenschmuck. Hinzu kommt, daß sich gerade in rauheren Gebieten manche Obstart oder -sorte überhaupt nur als Wandspalier erfolgreich ziehen läßt. Die Früchte reifen an der warmen Hauswand aus, werden süß und aromatisch. Vor allem für anspruchsvolle Birnensorten, für Pfirsich, Aprikose, Sauerkirsche und Wein ist eine sonnige Hauswand der ideale Platz.

Neben dem Wohnhaus bieten sich die Wände einer Garage, Werkstatt, Stallung oder eines Geräteschuppens hierfür an. Birne, Pfirsich, Aprikose, Sauerkirsche und Wein pflanzen wir an die Süd-, Südwest- oder Südostwand, während eine Westwand mit einer frühen Birnensorte oder einem Weinstock bekleidet werden kann.

Damit die Äste den nötigen Halt bekommen, ist ein Spaliergerüst nötig. Es wird meist aus gehobelten und vorher mit Holzschutzmitteln behandelten Latten erstellt. Dabei genügt es, wenn die Latten etwa 4 cm breit und 1,5 cm stark sind. Ihre Länge, meist 3–4 m, richtet sich nach der Hauswand.

Die Längslatten werden im Abstand von 50 cm angebracht. Dabei unterlegt man sie je Meter mit einem Holzklötzchen, einem Lattenstück von 10 cm Länge, und befestigt die Längslatte an diesen Stellen mit genügend langen, in das Mauerwerk hineinreichenden Nägeln. Auf diesen Längslatten werden, verteilt auf die Mauerfläche, einige Querlatten mit schwächeren, kürzeren Nägeln angebracht.

Es gibt auch andere Möglichkeiten, um ein Spaliergerüst anzubringen, z. B. mit nur zwei gut im Mauerwerk befestigten kräftigen Querlatten, auf denen im Abstand von 50–60 cm schwächere Längslatten befestigt werden. Das Spaliergerüst sollte von der Wand 5–10 cm Abstand haben, damit die Luft zirkulieren kann.

Wer es noch einfacher machen will und auf die hübsche grafische Wirkung, vor allem auch im Winter, eines gut gestalteten Spaliergerüsts keinen Wert legt, bringt im Bereich der stärkeren seitlichen Äste einige Dübel an. Auch dies genügt, damit das Obstspalier an der Wand festgehalten wird.

Bei Pfirsich, Aprikose und Wein eignen sich alle Sorten auch für Wandspaliere. Bei Birnen bevorzugen wir dagegen Sorten, die willig kurzes Fruchtholz bilden, wie 'Frühe von Trévoux', 'Williams Christ', 'Gute Luise', 'Vereins Dechantbirne'. 'Alexander Lucas', 'Gräfin von Paris', 'Madame Verté', 'Josefine von Mecheln'.

Äpfel sind bei weitem nicht so gut geeignet für eine Wandbepflanzung als Birnen; sie lieben mehr Luftfeuchtigkeit und Luftbewegung. Von der Fruchtholzbildung her gesehen eignen sich 'Klarapfel', 'Stark Earliest', 'Mantet', 'Gravensteiner', 'Landsberger Renette', 'Ontario', 'Ananas Renette', 'Zuccalmaglio Renette', vor allem aber 'Weißer Winterkalvill'. Letztgenannte Sorte sollte nur als Wandspalier gezogen werden.

Eine Obsthecke als blühende und fruchttragende Wand entlang der Grundstücksgrenze benötigt nur wenig Platz.

Eine Visitenkarte, wie sie schöner und persönlicher gar nicht sein könnte, dieses mit viel Liebe und Fachkenntnis gezogene Birnspalier.

Obst aus dem Hausgarten

Obstbaumpflanzung

Bevor wir an die eigentliche Pflanzarbeit gehen, sollten wir uns darüber klar werden, welche Obstarten und Sorten wir pflanzen und von welcher Baumschule wir diese beziehen wollen. Eine kleine Skizze unseres Grundstücks, auf der die Pflanzstellen unter Berücksichtigung der nötigen Pflanz- und Grenzabstände eingezeichnet werden, ist dabei eine wertvolle Hilfe. Dadurch kommen wir nicht so leicht in Versuchung, in der ersten Begeisterung zuviele Sträucher und Bäume zu pflanzen, so daß diese später zu eng stehen. Ein Fehler, der immer wieder gemacht wird.
Mehr dazu s. S. 27.

Pflanzung von Halb- und Hochstamm, Buschbaum

Pflanzgrube Für einen einzelstehenden Baum, ganz gleich ob ein Hoch-, Halbstamm oder ein Buschbaum, wird eine Pflanzgrube ausgehoben: 1,20 × 1,20 m im Quadrat und 1 Spatenstich tief. Sofern nicht eine Bodenuntersuchung ergibt, daß der Boden ohnehin ausreichend mit Phosphorsäure und Kali versorgt ist, bringen wir diese Nährstoffe als Vorratsdünger in die untere Bodenschicht mit ein: Man streut auf die Sohle je 1–2 kg Thomasmehl und Kalimagnesia oder je 1–2 kg Phosphatkali und vermischt diese Vorratsdünger beim folgenden Umgraben mit der Grabgabel mit der unteren Bodenschicht. Der Boden ist also anschließend etwa 40–50 cm tief gelockert. Diese Vorbereitung reicht in den meisten Gärten aus, denn auch großkronige Obstbäume wurzeln nicht so sehr in die Tiefe als vielmehr in die Breite. Wenn allerdings der Untergrund sehr verfestigt ist, hebt man zuerst die obere Bodenschicht in Spatentiefe aus und lagert sie an einer Seite der Pflanzgrube. Danach wird die darunter befindliche Schicht bis auf etwa 40 cm Tiefe ebenfalls ausgehoben, an der anderen Seite der Grube gelagert und mit 1–2 kg der vorhin genannten Vorratsdüngung vermischt. Dann streuen wir 1–2 kg je Vorratsdünger auf die Sohle aus und lockern diese mit der Grabgabel oder dem Spaten bzw. bei sehr schwerem Boden mit dem Pickel. Beim darauffolgenden Einfüllen kommen die Bodenschichten genauso in die Grube wie sie vorher gelegen haben, also der Unterboden nach unten, der lebendigere Oberboden (Mutterboden) obenauf. Die Grube wird bis auf eine kleine Vertiefung an der eigentlichen Pflanzstelle restlos eingefüllt.

Die Art von Bodenvorbereitung erscheint zwar aufwendig, lohnt sich aber. Schließlich bleiben Obstbäume ein Menschenalter, ja oft über Generationen hinweg im Garten. Auf keinen Fall sollte der Fehler begangen werden, auf schwerem Boden nur ein kleines Loch auszubuddeln und den Baum zu pflanzen. Die Wurzeln befinden sich dann wie in einem Blumentopf und stoßen bald an die verdichtete »Topfwand« an; das Wachstum stockt.

Baumpfahl Er muß bei Halb- und Hochstämmen nicht sein, ist aber keineswegs von Nachteil und sieht obendrein hübsch aus. Wer sparen will, verwendet einen längeren Tomatenpfahl, um dem Jungbaum erst einmal Halt zu geben. Es geht aber auch ganz »ohne«, denn die Krone ist nach dem Pflanzschnitt nicht mehr allzu groß, so daß sie dem Wind keine nennenswerte Angriffsfläche bietet. Sobald aber die Krone umfangreicher wird, hat sich bereits ein umfangreiches Wurzelwerk entwickelt, das den Baum auch bei Sturm im Boden gut verankert. Dies gilt allerdings nur für Halb- und Hochstamm bzw. Buschbaum, also für Bäume, die auf Sämling oder eine andere stark wachsende Unterlage veredelt sind, nicht aber für den Spindelbusch.

Pflanzung Zuerst schneiden wir die Wurzeln, soweit sie beschädigt sind, bis auf gesunde Teile zurück. Alle übrigen Wurzeln bleiben wie sie sind, denn je mehr Wurzeln, desto rascher kann der Baum anwachsen.

Das Pflanzen geht am besten, wenn man zu zweit ist. Dabei hält eine Person das Bäumchen in das Pflanzloch, während die andere die mit feuchtem Torf und Kompost verbesserte Erde einfüllt und gelegentlich mit den Händen nachhilft. Durch Rütteln des Bäumchens bzw. durch gelegentliches Heben und Senken fällt die Erde in alle Hohlräume und legt sich dicht an die Wurzeln an.

Anschließend treten wir den Boden um den Baum herum leicht an und binden den Stamm mit einem Kokosfaserstrick oder anderem kräftigem Material in Form einer 8 am Pfahl an. Das Anbinden sollte aber nur ganz locker geschehen, damit sich das frisch gepflanzte Bäumchen noch setzen kann. Wichtig ist, daß der Baum nicht tiefer gepflanzt wird, als er vorher in der Baumschule gestanden hat, d. h., die wulstartige Veredelungsstelle muß über dem Boden zu sehen sein.

Wird im Herbst gepflanzt, dann führen wir den Pflanzschnitt erst im darauffolgenden Frühjahr durch, bei Frühjahrspflanzung sofort.

Rund um den Baum werfen wir einen Gießrand, also einen kleinen Erdwall auf und schwemmen den Baum mit mehreren Gießkannen Wasser oder mit dem Schlauch ein. Abschließend wird die ganze Baumscheibe mit kurzem Stroh, verrottetem Stallmist, Grasschnitt oder Rindenmulch abgedeckt, damit sich die Feuchtigkeit lange hält und der Boden locker bleibt.

Pflanzung von Spindelbusch, Obsthecke, Obstspalier

Pflanzung Hier geht das Pflanzen genauso vor sich, wie bei Halb- und Hochstämmen sowie dem Buschbaum. Es sind allerdings ein paar Besonder-

Spindelbüsche brauchen zeitlebens einen intakten Pfahl, sonst: siehe Bild!

Obst aus dem Hausgarten

heiten zu beachten: Spindelbüsche haben nur ein schwach ausgebildetes, flach dahinstreichendes Wurzelwerk, d. h., der Boden muß hier besonders gründlich vorbereitet und verbessert werden. Wir heben nicht einzelne Pflanzgruben aus wie bei Halb- und Hochstämmen, sondern bearbeiten den Boden in der gesamten Länge der Spindelbuschreihe, meist werden mehrere Bäumchen in einer Reihe gepflanzt, in einer Breite von etwa 2 m und 40 cm tief. Stets muß dabei die unterste Bodenschicht unten, die oberste Bodenschicht, also der Mutterboden, oben bleiben. Bei dieser Bodenvorbereitung werden selbstverständlich auch größere Steine und Dauerunkräuter entfernt.

Baumpfahl Ein Pfahl bei Spindelbüschen ist unbedingt nötig. Er sollte, 2,20–2,50 cm lang und 7–8 cm stark sein. Der Pfahl wird vor der Pflanzung in den Boden geschlagen und muß immer wieder erneuert werden, sobald er abgefault ist. Andernfalls würde der Spindelbusch mit seinem schwachen Wurzelwerk beim nächsten Sturm umfallen, besonders bei starkem Fruchtbehang oder im Winter bei Schneedruck.

Pflanztiefe Besonders bei Spindelbüschen ist es wichtig, daß der Baum nicht zu tief in den Boden kommt. Hat sich der Baum nach dem Pflanzen gesetzt, so muß die wulstartige Veredlungsstelle noch zu sehen sein.

Steht ein Spindelbusch zu tief, so entwickeln sich oberhalb der Veredlungsstelle ebenfalls Wurzeln, und der Baum beginnt unerwünscht stark zu wachsen; der Fachmann sagt: Der Baum hat sich »freigemacht«. Um dies zu vermeiden, pflanzen wir absichtlich etwas höher, damit sich der Baum nach dem Setzen des Bodens in der richtigen Höhe befindet.

Abschließend wird kräftig angegossen und der Boden mit organischen Materialien abgedeckt.

Obstbaumschnitt

Bäumchen, die nicht geschnitten werden, tragen früher, manchmal schon im Jahr nach der Pflanzung, doch solche Bäumchen erschöpfen sich bald unter der Last der Früchte, die Triebe hängen nach unten, der Neutrieb bleibt nur schwach usw.

Durch richtigen Schnitt erreichen wir, daß die Krone zeitlebens licht bleibt. In einer solchen Baumkrone entwickelt sich das Fruchtholz entlang des Stammes und der Äste bis unten hin und nicht nur weit oben, wie bei einem ungeschnittenen Baum. Nicht geschnittene Bäume tragen zudem meist recht unregelmäßig. In dem einen Jahr gibt es eine Massenernte, in dem darauffolgenden überhaupt nichts. Hinzu kommt, daß in nicht geschnittenen Bäumen die Früchte klein bleiben; sie bekommen wegen des Schattens wenig Farbe und schmecken zudem säuerlich.

Nachdem wir möglichst nicht oder nur wenig spritzen wollen, kommt dem Obstbaumschnitt eine weitere wichtige Bedeutung zu: Geschnittene Bäume bleiben sichtbar gesünder als unbehandelte oder umgekehrt, zu dichte Baumkronen werden stärker von Pilzkrankheiten befallen als licht gehaltene. Grund: Die Blätter bleiben nach Regenfällen länger feucht; nachdem aber auch die mikroskopisch kleinen Pilze zu ihrer Entwicklung Wärme und Feuchtigkeit benötigen, ebenso wie die Waldpilze, kommt es in dichten Kronen zu starkem Befall durch Pilzkrankheiten. Obstbaumschnitt fördert also die Fruchtqualität und gesundes Blattwerk, er ist vorbeugender Pflanzenschutz.

Gekonnter Obstbaumschnitt ist allerdings, ebenso wie das Veredeln, eine Arbeit, die man aus einem Buch kaum richtig erlernen kann. Hier gehört die Praxis unbedingt dazu.

Ein Tip: Besuchen Sie im Winter Kurse über Obstbaumschnitt. Sie werden viel lernen und die Arbeit wird Ihnen Spaß machen, vorausgesetzt der Kurs wird von einem erfahrenen Fachmann geleitet, der nicht nur schneiden, sondern auch das »Wie« und »Warum« gut verständlich erklären kann. Solche Kurse werden von Obst- und Gartenbauvereinen, von Siedler- und Kleingärtnervereinen und von Volkshochschulen veranstaltet. Hinweise können der lokalen Presse entnommen oder bei den örtlichen Geschäftsstellen genannter Verbände erfragt werden. Auch städtische Gartenämter, Fachberater für Gartenbau an den Landratsämtern und andere Stellen geben gerne Auskunft.

Der Schnitt des Halb- und Hochstammes

Hoch- und Halbstämme, also Bäume mit hohem Stamm und großer Krone, pflanzen wir meist nur punktuell, viel-

Der Obstbaumschnitt ist eine wichtige Winterarbeit, die an einem sonnigen, milden Tag sogar Spaß macht.

Dieser Spindelbusch wurde zu tief gepflanzt. Er hat sich »freigemacht«, erkenntlich am sehr starken Trieb.

Obst aus dem Hausgarten

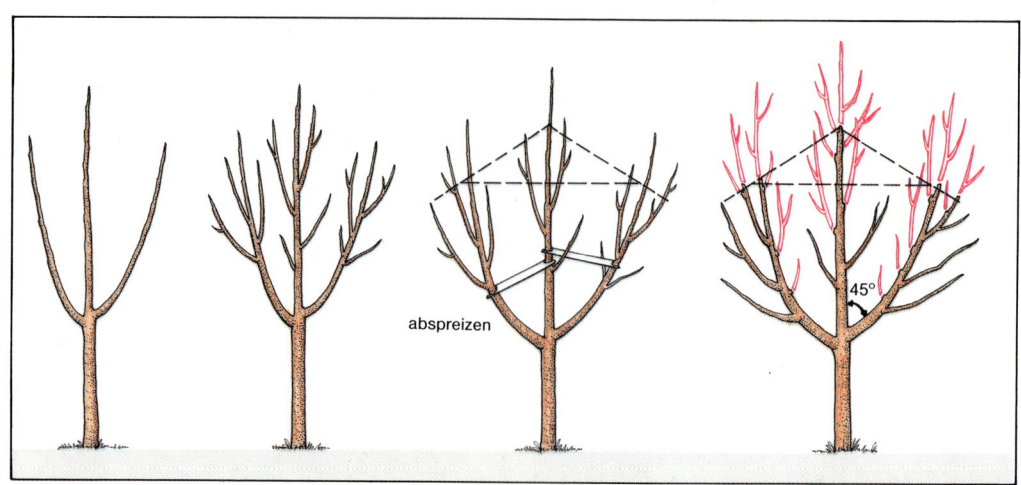

Der richtige Schnitt des Obstbaumes ist Voraussetzung für reiche Ernte. Neben dem Stamm sind hier 2 Leitäste zu sehen, der dritte Leitast befindet sich hinter der Stammverlängerung.

fach anstelle von Ziergehölzen. Mit einem richtigen Pflanz- und Erziehungsschnitt wachsen Bäume heran, die nicht nur gestalterische Schwerpunkte in unserem Garten bilden, sondern zusätzlich reichlich Obst bringen. Durch Schnitt erzielen wir eine ideale Baumkrone, bestehend aus Stamm, Leitästen und Seitenästen, also ein kräftiges Kronengerüst, an dem sich locker gestreut gut belichtete Fruchtäste und Fruchtholz befinden. Was hierzu nachfolgend gesagt wird, gilt für alle Obstarten, die als Halb- oder Hochstamm gepflanzt werden, ebenso aber auch für sogenannte Meter-Stämme und Buschbäume.

Pflanzschnitt

Wir wählen in der jungen Krone 3 kräftige, günstig am Stamm verteilte Triebe aus. Diese 3 Triebe, die späteren Leitäste, sollten sich nicht an einem Punkt des Stammes befinden, sondern möglichst auf einer Stammlänge von etwa 60 cm verteilt sein. Dadurch sind sie gut »verankert«.
Entspringen sie an einem Punkt, so kann es leicht zur Abdrosselung der Stammverlängerung kommen.
Ideal ist es, wenn die späteren Leitäste in einem möglichst stumpfen Winkel zum Stamm entspringen. Erst etwas vom Stamm entfernt, sollen sie in einem Winkel von etwa 45° ansteigen. Spitzwinklig angesetzte Triebe sind als Leitäste nicht geeignet, weil bei ihnen die Gefahr besteht, daß sie später einmal bei stärkerem Fruchtbehang oder Schneedruck abschlitzen. Alle kräftigen, steil stehenden Triebe werden deshalb aus der jungen Baumkrone entfernt, vor allem der Konkurrenztrieb. Darunter versteht man den Trieb, der sich zuoberst am Mitteltrieb befindet, zumeist in einem sehr spitzen Winkel.
Steht einer der künftigen Leitäste steiler als die beiden anderen, so wird er abgespreizt; bei zu flacher Stellung binden wir ihn hoch.
Außer diesen 3 künftigen Leitästen können durchaus noch 1–2 schwache Triebe in der jungen Krone verbleiben. Soweit sie nicht bereits weitgehend waagerecht stehen, binden wir sie mit Bast waagerecht. Solche Triebe bleiben unbeschnitten und können deshalb den 3 Leitästen keine Konkurrenz machen. Sie setzen frühzeitig Blütenknospen und Früchte an und versorgen mit ihren Blättern den jungen Baum zusätzlich mit Baustoffen (Assimilaten).
Anschließend kürzen wir die 3 Leitäste um mindestens $1/3 - 1/2$ ein, und zwar immer auf eine nach außen gerichtete Knospe. Beim Steinobst schneiden wir am besten noch schärfer zurück. Nur so treiben sämtliche Knospen aus, und die Leitäste bekleiden sich bereits von unten her mit Fruchtholz. Außerdem wird durch den Rückschnitt das Dikkenwachstum der künftigen Leitäste gefördert. Je kräftiger der Rückschnitt, desto stärker der Austrieb und umgekehrt.
Die Schnittflächen der 3 Triebe sollen in ungefähr der gleichen Höhe liegen (Saftwaage). Nur 1 überdurchschnittlich kräftiger Trieb halten wir etwas kürzer, weil er ohnehin begünstigt ist. Die Stammverlängerung (Mitteltrieb) schneiden wir so weit zurück, daß sie die 3 künftigen Leitäste um Handbreite überragt. Wir kürzen sie über einer Knospe ein, die eine möglichst gerade Triebfortsetzung verspricht.

Erziehungsschnitt

Auch im kommenden Spätwinter bzw. zeitigen Frühjahr wird die junge Baumkrone geschnitten. Wir sprechen jetzt von Erziehungsschnitt. Man wiederholt ihn so oft, bis die Krone fertig aufgebaut ist, also etwa 5–8 Jahre lang. Spreizhölzer, Stäbe und Bastfäden, die vom Pflanzschnitt her noch in der Krone sind, werden entfernt, soweit dies nicht bereits im Sommer geschehen ist. Dann wenden wir uns den Leitästen zu. Waren beim Pflanzschnitt noch keine 3 günstig gestellten Leitäste vorhanden, so können jetzt entsprechende Korrekturen durchgeführt werden.
Vor allem aber werden beim Erziehungsschnitt alle Konkurrenztriebe sowie zu dicht stehende oder auf den Astoberseiten entstandene Triebe an den Ansatzstellen entfernt. Die übrigen neugebildeten Triebe werden mit Bast in eine beinahe waagerechte Lage gebunden, sofern sie nicht schon waagerecht stehen.
Anschließend werden die Stamm- und Leitastverlängerungen zurückgeschnitten, wobei sich die Stärke des Rückschnittes nach der Wuchsstärke des Baumes richten sollte. Bei kräftigem Trieb werden die Verlängerungstriebe nicht mehr so stark eingekürzt wie bei der Pflanzung. Hat der Baum jedoch auf den Pflanzschnitt nur mit einem sehr schwachen Austrieb reagiert, so unterlassen wir diesmal ausnahmsweise den Rückschnitt. Die Triebfortsetzungen entwickeln sich dann aus den kräftigen Endknospen.
Für den Anfänger ist es schwierig, die Stärke des Rückschnittes richtig zu bemessen. Überlegen wir uns deshalb, was wir damit erreichen wollen: Durch das Einkürzen der Stamm- und Leitastverlängerungen sollen sämtliche Knospen entlang der verbleibenden Triebteile austreiben. Angenommen, wir schneiden einen Leitast zu wenig zurück, so werden zwar die oberen Knospen durchtreiben, nicht aber die im unteren Drittel befindlichen. Folge: Der Leitast garniert sich zu wenig mit Fruchtholz, er bleibt kahl und schwach. Schneiden wir dagegen zu stark zurück, so treiben sämtliche Knospen aus, jedoch wesentlich stärker als wünschenswert. Es bildet sich kaum Fruchtholz, vielmehr entstehen zahlreiche Holztriebe, die wegen ihrer zu dichten Stellung zum Teil wieder entfernt werden müssen.

Wir müssen also beim Rückschnitt die Wuchsstärke des jeweiligen Baumes richtig beurteilen. Der Rückschnitt der Stamm- und Leitastverlängerungen muß so stark sein, daß zwar sämtliche Knospen austreiben, sich jedoch nur wenige kräftige, aber zahlreiche schwache Triebe, Fruchtholz, entwickeln. Wer beobachtet, wird rasch feststellen, ob die Stärke des vorjährigen Rückschnitts richtig war. Wenn nicht, kann man im Jahr darauf die Fehler korrigieren bzw. die Konsequenzen daraus ziehen.

Im 3. Jahr nach der Pflanzung und die Jahre danach bleiben die Schnittarbeiten die gleichen. Neu kommt nur die Erziehung von Seitenästen hinzu, etwa 3 je Leitast. Der erste dieser Seitenäste darf erst mindestens 60–80 cm vom Stamm entfernt entstehen; andernfalls würde die Krone später zu dicht. Untereinander sollen die Seitenäste etwa 1 m Abstand haben, damit auch in der fertig aufgebauten Krone alle Teile genügend Licht bekommen. Die Seitenäste sollten leicht schräg aufwärts gerichtet und in ihrer Länge den Leitästen untergeordnet sein.

Die übrigen, entlang der Leitäste entstehenden Triebe behandeln wir als Fruchtäste, d. h., wir schneiden sie nicht zurück, sondern lenken sie durch Ableiten auf jüngere Triebe so, daß ihre Spitze waagerecht gerichtet ist oder leicht abwärts zeigt. Dadurch wird verhindert, daß sie zu einer Konkurrenz für die Seitenäste werden. Jungtriebe allerdings, die sich entlang der Leit- und Seitenäste entwickeln und zu dicht stehen, werden beim jährlichen Schnitt ganz entfernt.

Auch entlang der Stammverlängerung sollten sich in lockerer Streuung einige Fruchtäste bilden. Wir erziehen sie so, daß sie auf Lücke stehen und die darunter befindlichen Äste möglichst nicht beschatten.

Ebenso werden alle Konkurrenztriebe an der Stammverlängerung sowie an den Leit- und Seitenästen entfernt. Auch andere steilstehende Jungtriebe, die auf den Oberseiten der kräftigen Astteile (Leitäste, Seitenäste, Fruchtäste) entstanden sind, schneiden wir an den Ansatzstellen bis auf Astring weg. Stehen sie dagegen etwas schräg, so können wir sie im Sommer waagerecht binden und dadurch zu Fruchtästen umbilden. Dies ist freilich nur sinnvoll, wenn genügend Platz für zusätzliche Fruchtäste vorhanden ist bzw.

wenn sie als Ersatz für abgetragene Fruchtäste verwendet werden sollen. Auf dem beim Erziehungsschnitt entstehenden kräftigen Kronengerüst, bestehend aus Stamm bzw. Stammverlängerung (Mitteltrieb), aus Leit- und Seitenästen, entwickelt sich das Fruchtholz. Es besteht aus schwachwachsenden Kurztrieben, die Blütenknospen ansetzen. Zuviel Fruchtholz, wie es häufig bei älteren Bäumen vorkommt, ist ein Zeichen von Vergreisung. In solchen Fällen sollte man das Fruchtholz verjüngen, indem man von jedem Fruchtholzansatz etwa die Hälfte wegschneidet. So entsteht ein Triebanreiz.

Ist zuviel Fruchtholz vorhanden, bleiben die Früchte klein. Die Bäume neigen außerdem zur Alternanz, d. h., sie tragen sehr unregelmäßig.

Abschließend schneiden wir die im letzten Jahr entstandenen Verlängerungstriebe von Stamm, Leitästen und Seitenästen zurück. Wir beginnen immer beim schwächsten Leitast. Nachdem alle Leitastverlängerungen zurückgeschnitten sind, folgen die Seitenäste und schließlich die Stammverlängerung. Nach dem Einkürzen soll der Baum die Form eines Hausdaches haben, d. h., die Spitze ist die Stammverlängerung, der sich die Enden der

Am Ende dieses Leitastes (Jungbaum) sind mehrere kräftige Holztriebe entstanden (links). Beim Schnitt wird die Leitastverlängerung auf den nach außen zeigenden Trieb abgesetzt; auch der nächstfolgende kräftige Trieb (Schere) wird entfernt.

Ideal aufgebaute Krone eines Apfel-Halbstammes. Deutlich sind die 3 kräftigen, gut verteilten Leitäste zu erkennen, an denen sich locker gestreut Seiten- und Fruchtäste befinden. Die wenigen kräftigen Teile sind gleichmäßig mit gut belichtetem Fruchtholz garniert.

Obst aus dem Hausgarten

Birn-Halbstamm, Alter 8 Jahre, an dem sich nach dem Herausnehmen einiger zu dichtstehender Äste viel Neutrieb zeigt.

Der gleiche Baum nach erfolgtem Schnitt. Am Ende der kräftigen Äste wurde jeweils nur eine Triebfortsetzung belassen.

Man muß schon einiges verstehen, um sich in diesem Triebgewirr zurechtzufinden.

Leitäste dachförmig unterordnen und diesen wiederum die Seitenäste.
Eine Faustregel: Schwache Verlängerungstriebe sollte man um etwa die Hälfte einkürzen, bei kräftigem Jahrestrieb genügt es dagegen meist, wenn nur 1/3 weggeschnitten wird. Wichtig: Immer auf nach außen gerichtete Augen (= Knospen) schneiden, damit eine breitausladende, gut belichtete Krone entsteht.
Das Kronengerüst des fertig aufgebauten Halb- oder Hochstammes und ähnlicher Baumformen besteht bei richtigem Pflanz- und Erziehungsschnitt aus:

- Stamm bzw. Stammverlängerung (Mitteltrieb);
- 3 gut verteilten, kräftigen Leitästen; bei schwachwüchsigen Steinobstarten wie Zwetsche, Pflaume, Sauerkirsche dürfen es auch 4 sein;
- 3 Seitenästen an jedem Leitast;
- mehreren locker gestreuten Fruchtästen entlang der Stammverlängerung und entlang der Leit- und Seitenäste;
- Fruchtholz, das über alle diese kräftigen Kronenteile gleichmäßig verteilt ist; es sollte möglichst waagerecht stehen, gut belichtet sein und ständig etwas Neutrieb zeigen.

Instandhaltungsschnitt

Sobald die Krone fertig aufgebaut ist, brauchen wir sie nur noch in Ordnung zu halten. Wichtig ist dabei die ständige Fruchtholzerneuerung, so wie dies beim Spindelbusch beschrieben wird. In all den folgenden Jahren muß die Krone vor allem licht bleiben; nur dann kann gesundes Qualitätsobst geerntet werden. Um dies zu erreichen, entfernen wir mehr als 3 Jahre alte Fruchtäste, die abgetragen haben und meist stark nach unten hängen bzw. setzen sie auf Jungtriebe ab, die nach oben oder schräg nach außen wachsen.
Dadurch gibt es eine ständige Fruchtholzerneuerung.

Der Schnitt des Spindelbusches

Spindelbüsche behalten zeitlebens eine kleine Krone. Sie stehen im Gegensatz zum Halb- und Hochstamm, der auf Sämling veredelt ist, auf einer schwachwüchsigen Unterlage und benötigen deshalb einen speziellen Schnitt.

Pflanzschnitt

Er wird ebenso wie beim Halb- und Hochstamm im zeitigen Frühjahr durchgeführt.
Meist beziehen wir den Spindelbusch von der Baumschule mit zweijähriger Krone, wobei zuerst der Konkurrenztrieb sowie die tiefer als 50 cm über dem Boden entstandenen Triebe weggeschnitten werden. Dann binden wir 4 gut verteilte Triebe fast waagerecht, sofern sie nicht von selbst in ziemlich flachem Winkel aus dem Stamm entspringen. Diese Triebe, die in etwa den späteren Fruchtästen beim Halb- und Hochstamm entsprechen, bleiben so wie sie sind, d. h., sie werden nicht eingekürzt. Dadurch setzt der Ertrag früher ein. Sollten noch weitere starke Triebe entlang des Stammes vorhanden sein, so entfernen wir diese, denn andernfalls würde die Krone später zu dicht. Vorhandene Kurztriebe bleiben dagegen am Stamm; sie werden nicht zurückgeschnitten.
Der Mitteltrieb wird auf 5–7 Augen (= Knospen) über dem obersten seitlichen Trieb zurückgeschnitten. Dadurch treiben die verbleibenden Augen zuverlässig aus, d. h., entlang des Mitteltriebes entstehen viele Seitentriebe bzw. Fruchtholz. Da sich an den waagerecht gestellten Fruchtästen rasch Fruchtholz entwickelt, setzt der Ertrag bei Spindelbüschen bereits im 2. Jahr nach der Pflanzung ein.

Erziehungsschnitt

In den folgenden Jahren sollen entlang des Stammes weitere Fruchtäste entstehen, locker gestreut und so am Stamm angeordnet, daß sie auf Lücke stehen, also zwischen den darunter befindlichen Fruchtästen. Beim Rückschnitt der Triebe streben wir eine pyramidale Krone an.
Neben diesem weiteren Aufbau der kleinen Spindelbuschkrone beschränkt sich die Schnittarbeit in den Jahren nach der Pflanzung überwiegend auf eine leichte Verjüngung, d. h., wir leiten abgetragene Triebteile, die meist stark nach unten hängen, auf Jungtriebe ab. Fruchtholz, das älter als 3 Jahre ist, wird entfernt, da sich sonst der reichtragende Spindelbusch zu rasch erschöpfen würde. Bei Apfelsorten, die bereits am einjährigen Holz blühen, wie 'James Grieve', 'Golden Delicious' u. a., läßt man die Fruchttriebe nur 2 Jahre alt werden und ersetzt sie durch Jungtriebe.

Obst aus dem Hausgarten

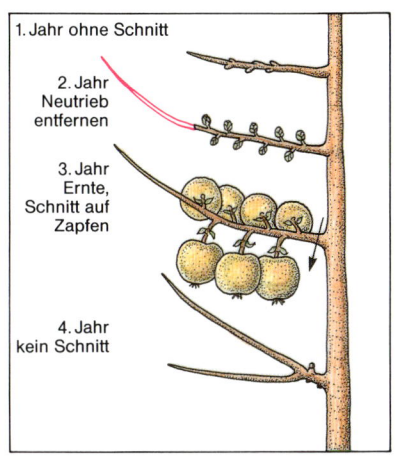

Instandhaltungsschnitt

Ab 5.–6. Standjahr kürzen wir die Enden der Fruchtäste etwas ein bzw. setzen sie auf Jungtriebe zurück. Dadurch wird der Neutrieb angeregt und einer raschen Erschöpfung vorgebeugt.

Nach dem Schnitt soll der Spindelbusch seine pyramidale Form beibehalten. Es muß immer darauf geachtet werden, daß die unteren Fruchtäste länger als die oberen sind. So sieht das Bäumchen nicht nur hübsch aus, dies hat vor allem praktische Gründe: Bei der angestrebten Pyramidenform sind alle Teile optimal belichtet. Beläßt man dagegen die zur Spitze hin entstandenen Fruchtäste länger als die darunter befindlichen, so würden letztere ein »Schattendasein« führen. Sie würden bald von den oberen, triebmäßig überaus begünstigten und deshalb besonders kräftigen Trieben überbaut und mehr und mehr verkümmern.

Verjüngungsschnitt

Nach weiteren Ertragsjahren wird schließlich eine Verjüngung notwendig. Den Zeitpunkt hierfür erkennt man am nachlassenden Trieb. Sobald der Neutrieb jährlich nur noch wenige Zentimeter beträgt, setzt man die Stammverlängerung, also den Mitteltrieb, 50 cm und mehr herunter. Gleichzeitig schneidet man alle Fruchtäste kräftig bis ins alte Holz hinein zurück, d. h., man setzt sie auf Triebe ab, die sich näher am Stamm befinden. Zusätzlich wird der größte Teil des schwachen Fruchtholzes ganz entfernt und das normal entwickelte um etwa ⅓ eingekürzt.

Auch nach dieser Radikalkur sollte der Spindelbusch wie eine Pyramide aussehen. In Verbindung mit Düngung, Bodenpflege und Pflanzenschutz entsteht dann ab Frühjahr ein kräftiger Neutrieb. Das Bäumchen zeigt neues Leben, verbunden mit besserer Fruchtqualität.

Die Pflege älterer Baumkronen

Vielfach stehen in den Gärten ältere Apfel-, Birn- und Pflaumenbäume, an denen seit Jahren nichts mehr getan wurde. Ihre Kronen sind meist viel zu dicht, und Fruchtholz fehlt im Kroneninnern oft völlig. Dafür haben sich um so mehr Triebe an den Enden der stärkeren Äste entwickelt, so daß ein dichtes Blätterdach kaum mehr einen Lichtstrahl in das Innere der Krone läßt.

Das Auslichten

Zunächst werden sämtliche zu dicht stehenden Äste an den Ansatzstellen entfernt, bevorzugt natürlich krebsige oder schwächlich gebliebene Äste bzw. solche, die dicht auf anderen aufliegen. Ziel dieser Arbeit: Eine gut belichtete Krone sowie Bildung von Jungtrieben und damit von Fruchtholz an den verbleibenden Ästen. Verständlicherweise lohnt sich dieser Arbeitsaufwand nur bei gesunden und noch im besten Ertragsalter befindlichen Bäumen. Andere werden besser ganz gerodet oder noch einige Jahre »abgemolken« und dann entfernt.

Am leichtesten tun wir uns beim Auslichten, wenn wir wie folgt vorgehen: Vorrangig werden alle Äste entfernt, bei denen eindeutig feststeht, daß sie weg müssen. Wir beginnen im oberen Bereich der Krone, steigen dabei aber immer einmal wieder von der Leiter, um uns den Baum aus einiger Entfernung anzusehen. So tun wir uns leichter bei der Entscheidung, welche Äste als nächstes abgesägt werden sollen. Noch besser: Wir arbeiten zu zweit; einer steht auf der Leiter oder in der Krone und sägt, während der andere in einiger Entfernung vom Baum beobachtet und Anweisungen gibt, welche zu dicht stehenden Äste nacheinander heraus müssen.

Ältere, stark verwahrloste Kronen sollten nicht auf einmal ausgelichtet werden, weil sonst an den verbleibenden Ästen ein kaum zu bändigender, starker Neutrieb (»Wasserschosse«) entstehen würde. Solche Bäume werden besser in 2–3 Wintern hintereinander ausgeschnitten, wobei natürlich zuerst die besonders störenden Teile entfernt werden.

Für all diese groben Schnittarbeiten ist die verstellbare Baumsäge das richtige Werkzeug. Schnittwunden, die größer als ein Zweimarkstück sind, vor allem aber die Wunden von besonders großen Ästen, werden nach getaner Arbeit mit einem Wundverschlußmittel verstrichen. So sind die Wunden gegen schädliche Einflüsse von außen geschützt und beginnen von den Rändern her zu verheilen.

Das zu dichte Triebgewirr an den äußeren Partien einer seit Jahren ungepflegten Krone wird mit der Schere gelichtet. Zu hohe Kronen setzen wir auf tieferstehende Äste ab, so daß die Pflege- und Erntearbeiten erleichtert werden. Alle diese groben Schnittarbeiten können bereits ab November, also gleich nach dem Laubfall, vorgenommen werden. Am Ende dieser Durchforstung sollte die Krone eine stumpfpyramidale Form haben, also einem Hausdach ähnlich sehen.

Durch ein solches Auslichten läßt sich verständlicherweise keine Idealkrone mehr erzielen, so wie sie beim Erziehungsschnitt beschrieben ist. Wir müssen Kompromisse schließen. Doch es ist schon viel erreicht, wenn in das Kroneninnere wieder genügend Luft und Licht gelangen können, wenn die Früchte größer werden und besser gefärbt sind, und wenn der Befall an Schädlingen und Krankheiten zurückgeht und dadurch Spritzungen eingespart werden können.

Richtiger Schnitt beim Spindelbusch.

Den Obstbaumschnitt lernt man am besten in der Praxis. Hier wird ein zu steil stehender Ast (Zwetsche) auf einen nach außen wachsenden abgesetzt. Auf diese Weise kommt mehr Licht in das Kroneninnere.

Mit dem Auslichten allein ist es allerdings nicht getan. Entscheidend für den langfristigen Erfolg ist die Nachbehandlung, denn an den verbleibenden Ästen entstehen zahlreiche Jungtriebe. Die zu dicht stehenden werden im kommenden Winter entfernt. Lediglich alle 40–50 cm verbleibt ein Trieb. Diese Jungtriebe, auch wenn sie sich senkrecht auf den Astoberseiten befinden, brauchen nicht eingekürzt zu werden. Bereits im Jahr danach setzen sie Blütenknospen an, und wieder 1 Jahr später blühen und fruchten sie. Dann entfernen wir diese Triebe an der Ansatzstelle, damit es Platz für neue gibt. Wir arbeiten also auch hier auf eine Fruchtholzerneuerung hin. Sie länger zu belassen hat wenig Sinn, da sie sich wegen ihrer steilen Stellung sehr kräftig entwickeln und die Krone überbauen und beschatten würden.

Neben solchen Jungtrieben, die meist im 2. Jahr blühen und fruchten, gibt es in einer gut ausgelichteten Krone auch am verbliebenen alten, aber leicht verjüngten Fruchtholz reichlich Blüten und Früchte von wesentlich besserer Qualität als vorher.

Verjüngen

Ältere Bäume, die kaum noch Neutrieb zeigen und deren Früchte zu klein bleiben, können wir verjüngen. Damit wird der zunehmenden Vergreisung entgegengewirkt. Die Krone wird dabei insgesamt um etwa ein Drittel zurückgenommen.

Zuerst wird die gesamte Krone ausgelichtet, so wie vorher beschrieben. Dann werden alle verbliebenen starken Äste um 1–2 m eingekürzt. Ausgehend vom schwächsten Leitast setzen wir sowohl die Leitäste als auch die Stammverlängerung auf tieferstehende Seitenäste ab. Von diesen schneiden wir anschließend auf 50 cm, von der Spitze her gerechnet, alles Seitenholz auf Astring zurück. Dadurch entstehen aus schlafenden Augen kräftige neue Triebfortsetzungen. Den nun vorhandenen Leitastenden werden sämtliche Seitenäste untergeordnet, d. h., auch die Seitenäste werden bis ins alte Holz hinein zurückgeschnitten. Dabei sollten die tieferstehenden Seitenäste verhältnismäßig lang bleiben, während die oberen Kronenpartien stärker verjüngt werden.

Sind Leit- und Seitenäste entsprechend zurückgeschnitten, setzen wir die Stammverlängerung auf einen tieferstehenden Seitenast ab. Anschließend sollte die gesamte Krone ein dachförmiges Aussehen haben.

Auch das im Baum befindliche Fruchtholz wird kräftig ausgeglichen bzw. zurückgesetzt, damit auch an diesen Stellen Neutrieb erfolgt.

Äpfel, Birne, Sauerkirsche und Pfirsich sprechen auf eine solche Verjüngung besonders gut an, sie bilden kräftigen Neutrieb und bringen wieder größere Früchte. Süßkirschen und einige andere Steinobstarten reagieren dagegen manchmal mit Gummifluß.

Das Verjüngen kann ebenso wie das Auslichten älterer Baumkronen bereits ab November, also gleich nach dem Laubfall, vorgenommen werden. Je früher, desto kräftiger ist der nächstjährige Austrieb. In Verbindung mit einer Düngung lassen sich alternde Obstbäume auf diese Weise förmlich zu neuem Leben erwecken.

Was die Behandlung der vielen Jungtriebe betrifft, die nach einem kräftigen Verjüngen entstehen, so gilt das unter »Erziehungsschnitt« bzw. »Auslichten« Gesagte.

Schnittbesonderheiten bei einigen Obstarten

Birnen Hier ist die Stammverlängerung vom Pflanzschnitt an bewußt kurz zu halten; sie soll die Leitäste nur wenig überragen. Dies gilt auch für den Erziehungsschnitt, denn Birnbäume wachsen von Natur aus meist steil in die Höhe.

Süßkirschen Sie sind sehr starkwüchsig, deshalb sollten die Leitäste entlang des Stammes besonders weit auseinanderstehen. Ist das Kronengerüst einmal aufgebaut, wird nur noch ausgelichtet. Eine Fruchtholzbehandlung entfällt. Grobe Schnittarbeiten wie das Entfernen größerer Äste oder ein Verjüngen der gesamten Krone führen wir am besten gleich nach der Ernte (Juli/August) durch. Bei einer Verjüngung ist darauf zu achten, daß an den Schnittstellen stärkerer Äste möglichst junge Triebe oder Nebenäste sitzen.

Pflaumen und andere Steinobstarten Sie sollte man bei der Pflanzung möglichst stark zurückschneiden; andernfalls verkahlen die Triebe im unteren Bereich. Steinobst ist gegen direkte Sonnenstrahlung auf starke Astteile sehr empfindlich; die Stammverlängerung sowie die Leit- und Seitenäste sollten deshalb reichlich mit Fruchtholz garniert sein. Wir lassen bei diesen Obstarten deshalb mehr Fruchtholz stehen als bei Apfel und Birne. Anstelle von 3 Leitästen können hier durchaus 4 starke Äste belassen werden, die möglichst gleichmäßig verteilt und nicht an einem Punkt des Stammes entstehen sollen.

Sauerkirschen Sie werden meist als einjährige Veredlungen gepflanzt, mit einer Stammhöhe von etwa 40 cm. Darüber befinden sich vorzeitige Triebe, d. h., Triebe, die während des Sommers an dem im gleichen Jahr gewachsenen Mitteltrieb entstanden sind. Am besten schneiden wir die unteren dieser vorzeitigen Triebe weg, so daß sich eine Stammhöhe von 60 cm ergibt. Dadurch wird die spätere Bodenbearbeitung unter dem Baum erleichtert.

Über diesem 60 cm hohen Stamm belassen wir nur 3–4 vorzeitige Triebe und kürzen sie auf 2–4 Augen ein, führen also einen sehr scharfen Pflanzschnitt durch. Der Mitteltrieb wird eine Handspanne darüber auf eine gut ausgebildete Knospe zurückgeschnitten. Fehlt eine solche Knospe, weil in Rückschnitthöhe am Stamm nur vorzeitige Triebe vorhanden sind, so schneiden wir den Mitteltrieb bis auf einen vorzeitigen Trieb zurück und kürzen diesen bis auf die unterste Knospe ein.

Nach diesem Schnitt treibt der Baum gewöhnlich stark durch. Im nächsten Frühjahr wählen wir aus den zahlreichen Trieben 3–4 günstig gestellte, möglichst gleichmäßig um den Stamm verteilte Triebe aus und schneiden sie scharf bis auf etwa ein Drittel ihrer Länge zurück. Der weitere Kronenaufbau vollzieht sich wie beim Halb- und Hochstamm.

Nachdem in den meisten Gärten die besonders wertvolle Sorte 'Schattenmorelle' angebaut wird, sei auf die besondere Art der hier erforderlichen Fruchtholzbehandlung hingewiesen: Die Schattenmorelle trägt fast nur an Trieben, die sich im Vorjahr entwickelt haben, d. h., wir müssen durch entsprechenden Schnitt dafür sorgen, daß alljährlich viele kräftige Jungtriebe entstehen.

Unterlassen wir die Fruchtholzbehandlung, so verlängern sich die Triebe jährlich nur um ein kleines Stückchen. An diesem kurzen Neutrieb sitzen im nächsten Jahr Blüten und Früchte, der

Obst aus dem Hausgarten

Von links nach rechts: 'Schattenmorelle' ohne jährlichen Schnitt. Folge: kahle Peitschentriebe.

'Schattenmorelle' richtig geschnitten. Die kräftigen Jungtriebe mit Blütenknospen sind gut zu erkennen.

dahinter liegende Teil verkahlt. Unbehandelte ältere Schattenmorellen gleichen deshalb Trauerweiden. Die Früchte, die sich an den nur kurzen, schwachen Neutrieben bilden, werden merklich kleiner.

Um dies zu verhindern, schneiden wir jeweils nach der Ernte die abgetragenen Triebe bis auf Jungtriebe zurück, die sich in der Nähe stärkerer Kronenteile (Stamm, Äste) entwickelt haben. Diese Jungtriebe kürzen wir nicht ein, weil sie besonders im oberen Drittel die meisten Blüten und Früchte tragen. Durch diese ständige Fruchtholzverjüngung nach der Ernte bleibt der Schattenmorellenbaum lebendig. Jährlich entstehen zahlreiche kräftige Neutriebe. Die Früchte werden wesentlich größer als an unbehandelten Bäumen. Alte, trauerweidenähnliche Schattenmorellenbüsche werden am besten gleich nach der Ernte oder im Winter verjüngt. Erst werden alle zu dicht stehenden Äste aus der Krone herausgeschnitten, dann das verbleibende Kronengerüst um etwa ein Drittel zurückgenommen. Anschließend entfernen wir den größten Teil der langen, peitschenartigen Triebe. Soweit es sich anbietet, werden diese kahlen Triebe bis auf Jungtriebe zurückgeschnitten, die sich an ihrem unteren Drittel entwickelt haben. Ein Schattenmorellenbaum sieht nach dieser rigorosen Behandlung zwar sehr licht aus, bereits ab nächsten Frühjahr folgt aber ein kräftiger Austrieb an Stamm und Ästen, und bereits im Jahr darauf gibt es eine reiche Ernte großfrüchtiger Schattenmorellen. Das hier Gesagte gilt auch für ein Wandspalier, für das sich die 'Schattenmorelle' vorzüglich eignet.

Pfirsich Er wird ebenfalls meist als einjährige Veredlung gepflanzt. Pflanzschnitt und sonstiger Kronenaufbau erfolgen wie bei der Sauerkirsche. Anstelle einer normalen Krone mit Stammverlängerung, Leit- und Seitenästen können wir hier aber auch eine Hohlkrone aufbauen; sie hat sich beim Pfirsich bewährt. Beim Erziehungsschnitt im Jahr nach der Pflanzung bleiben dann nur 3 möglichst gleichmäßig im Luftraum verteilte Leitäste stehen, während die Stammverlängerung herausgeschnitten wird. Der weitere Aufbau der Leit- und Seitenäste erfolgt wie bei einer normalen Baumkrone (s. S. 314).

Nachdem der Pfirsich von Natur aus besonders stark zur Spitzenförderung neigt, sollten wir den Baum ständig in scharfem Schnitt halten; andernfalls verkahlen die unteren Teile der Baumkrone sehr rasch. Wie die 'Schattenmorelle', so trägt auch der Pfirsich nur an den im Vorjahr gebildeten Trieben. Wir sorgen also auch hier durch Schnitt für jährlichen Neutrieb.

Die schönsten Früchte entwickeln sich beim Pfirsich an den »wahren Fruchttrieben«. Diese Triebe sind etwa bleistiftstark und haben eine Länge von 50 cm und mehr. Meist stehen an ihnen 3 Knospen zusammen: zwischen zwei rundlichen Blütenknospen ist eine Holzknospe eingebettet. Wenn wir diese wahren Fruchttriebe um etwa die Hälfte einkürzen, bilden sich besonders schöne, große Früchte. Außerdem entsteht dadurch ein kräftiger Neutrieb, also wahre Fruchttriebe für das kommende Jahr.

»Falsche Fruchttriebe« sind erheblich schwächer und kürzer; sie sind beinahe ausschließlich mit Blütenknospen besetzt. Nachdem sich mangels Blätter an solchen Trieben kaum Früchte ausbilden, schneiden wir sie bis auf kurze Stummel von 1–2 Knospen zurück. Durch diesen scharfen Rückschnitt erreichen wir kräftigen Neutrieb und damit die Bildung wahrer Fruchttriebe für das kommende Jahr.

Holztriebe, die auf ihrer ganzen Länge nur mit länglich-spitzen Holzknospen besetzt sind, werden nur eingekürzt, wenn wir sie als Verlängerung von Leit- und Seitenästen benötigen; andernfalls entfernen wir sie ganz. Im Pfirsichbaum befinden sich darüber hinaus sehr kurze, mit vielen Blüten besetzte Triebe, die nicht geschnitten werden; wir bezeichnen sie wegen ihres Aussehens als Bukettriebe.

Der Rückschnitt der Leit- und Seitenäste und der Schnitt der wahren und falschen Fruchttriebe kann vor, während oder bald nach der Blüte erfolgen. Letzterer Zeitpunkt ist in klimatisch ungünstigen Lagen vorzuziehen, in denen die Pfirsichblüte des öfteren erfriert. Sind nämlich die Blüten bzw. die jungen Früchte erfroren, so schneiden wir nicht nur die falschen, sondern auch die wahren Fruchttriebe bis auf kurze Stummel zurück. Da es in einem solchen Jahr ohnehin keine Früchte gibt, erzielen wir durch scharfen Rückschnitt einen kräftigen Neutrieb und damit zahlreiche wahre Fruchttriebe für das kommende Jahr. Wenn ein Pfirsichbusch oder ein Spalier in seinen unteren Teilen verkahlt, so empfiehlt sich ein Verjüngungsschnitt, am besten im Sommer, gleich nach der Ernte. Die Leitäste und die an diesen locker verteilten Seitenäste werden dabei weit ins alte Holz hinein zurückgenommen. Dabei sollte darauf geachtet werden, daß sich an den größeren Schnittstellen jüngere Triebe befinden, die als Verlängerung der betreffenden Äste dienen können. Das Verstreichen aller größeren Wunden mit einem Wundverschlußmittel ist besonders beim Pfirsich wichtig.

Beim Pfirsich entwickeln sich die schönsten Früchte an den kräftigen »wahren« Fruchttrieben.

Obst aus dem Hausgarten

Links:
Hier wurden an Wäscheklammern befindliche Betonklötzchen zum »Waagrechtbinden« verwendet. Sobald sich der Trieb in weitgehend waagrechter Stellung befindet, kann man das Klötzchen an einen anderen Trieb hängen.

Rechts:
Früher und reicher Fruchtbehang an waagrechten Trieben. Hier die Birnensorte 'Andenken an den Kongreß'.

Der Sommerschnitt

Es ist ratsam, den Erziehungsschnitt in den ersten Jahren durch eine Sommerbehandlung im Juli/August zu ergänzen. Dies gilt für Halb- und Hochstamm, für Busch und Spindelbusch. Bei Spindelbüschen empfiehlt sich ein Sommerschnitt auch später. Besonders wichtig ist eine sommerliche Behandlung bei Wandspalieren und anderen streng gezogenen Formobstbäumen (s. S. 311).

Der Sommerschnitt hat bei Jungbäumen einen Wachstumsvorsprung zur Folge, der Kronenaufbau geht rascher vor sich. Es werden dabei alle für den Kronenaufbau entbehrlichen Triebe, die man im Winter ohnehin entfernen würde, weggeschnitten. Dazu gehören die Konkurrenztriebe an Stammverlängerung und Leitästen sowie steile »Ständer«, also Triebe, die auf den Astoberseiten sitzen und zu sehr ins Kroneninnere wachsen, und zu dicht stehende schwächere Triebe. Letztere braucht man bei Apfel und Birne nur bis auf die Blattrosette zurückschneiden, damit sich an diesen Stellen Blütenknospen entwickeln können. Bei Kirsche, Pfirsich und Aprikose müssen solche Triebe dagegen an der Ansatzstelle entfernt werden, da hier verbleibende Stummel eintrocknen würden. Alle übrigen Triebe, soweit sie nicht für das Kronengerüst benötigt werden, binden wir waagerecht; Langtriebe werden dadurch zu Fruchttrieben umgewandelt, denn: Je waagerechter sich ein Trieb im Baum befindet, desto mehr neigt er zum Blühen und Fruchten, je steiler er dagegen steht, desto mehr wird er vom Saft-Nährstoffstrom begünstigt, desto kräftiger und ungestümer wächst er.

Wer den Sommerschnitt an Jungbäumen durchführt, braucht im Nachwinter nicht mehr viel zu tun. Bei Halb- und Hochstämmen brauchen dann nur noch die Stamm-, Leitast- und Seitenastverlängerungen auf Knospen nach außen eingekürzt zu werden, alles übrige ist bereits erledigt.

Schnitt der Obsthecke

Anstelle einer Rundkrone mit Ästen nach allen Seiten erziehen wir hier eine flache Krone, d. h., die stärkeren Triebe sollen sich nur nach 2 Seiten hin entwickeln. Diese Seitenäste werden in einem stumpfen Winkel zum Stamm oder aber weitgehend waagerecht erzogen. Bereits bei der Pflanzung heften wir die untersten beiden Seitentriebe an den Draht und kürzen den Mitteltrieb etwa 50 cm darüber, unmittelbar über eine Knospe ein.

So treibt die Mitte kräftig durch und es entstehen dicht unterhalb der Schnittstelle Triebe, von denen die 2 geeignetsten wiederum zu beiden Seiten an den nächstfolgenden Spanndraht angeheftet werden.

Im kommenden Frühjahr schneiden wir wieder nur die Mitte auf 50 cm über der 2. Astserie zurück, damit die nächsten Seitenäste entstehen können. So entwickelt sich eine freiwachsende Obsthecke, aus der nur alle sehr steil sowie zu dicht stehenden Triebe an der Ansatzstelle entfernt werden, während die übrigen verbleiben.

Sobald die Obsthecke die gewünschte Höhe von 2,20–2,50 m, in kleinen Gärten niedriger, erreicht hat, biegen wir den Mitteltrieb auf den obersten Spanndraht herunter, damit der Wuchs gebremst wird. Wenn die Bäume dann richtig in Ertrag kommen, läßt der Trieb von selbst nach.

Ähnlich wie beim Spindelbusch werden im Laufe der Jahre das Fruchtholz und die Seitenäste (Fruchtäste) auf Jungtriebe zurückgesetzt, so daß der vorhandene Platz ausreicht. Dies be-

Links:
Die Laubkrone vor und nach dem Sommerschnitt.

Rechts:
Auch Bäume am Drahtspalier vertragen den Schnitt im Sommer.

Obst aus dem Hausgarten

deutet gleichzeitig eine ständige leichte Verjüngung.

Außer Apfel und Birne eignen sich für diese Art der Erziehung auch Sauerkirsche, Pfirsich und Aprikose. Diese Obstarten erzieht man am besten als Fächerspalier, indem man die entstehenden Neutriebe einschließlich des Mitteltriebes in jedem Sommer umbiegt und etwas schräg an den Draht heftet.

Schnitt des Obstspaliers

Obstbäume an Hauswänden können als locker aufgebautes Spalier, als naturgemäßes Fächerspalier oder als strenges Formspalier gezogen werden. Die beiden erstgenannten Methoden erfordern weniger Kenntnisse und machen vor allem auch weniger Arbeit. Das Fruchtholz ist allerdings etwas ungleichmäßiger verteilt und steht meist etwas weiter von der Hauswand ab als dies bei einem strengen Formspalier der Fall ist.

Ein locker aufgebautes oder ein Fächerspalier braucht eine größere Wandfläche zur freien Entfaltung, vor allem wenn eine starkwüchsige Sämlingsunterlage verwendet wurde. Besonders unter ungünstigeren klimatischen Verhältnissen, richtige Sortenwahl und richtiger Schnitt vorausgesetzt, bringen aber naturgemäße gezogene Spaliere regelmäßigere Erträge und ebenso schönes Obst wie ein Formspalier.

Aus diesem Grunde soll hier nur der Schnitt der beiden erstgenannten besprochen werden.

Locker aufgebautes Spalier

Für ein locker aufgebautes Spalier verwenden wir das gleiche Pflanzmaterial wie beim Spindelbusch, also ein- bis zweijährige Veredlungen auf schwachwachsenden Unterlagen bzw. auf starkwachsenden, wenn eine größere Wandfläche bedeckt werden soll. Bei einer zweijährigen Veredlung werden die untersten beiden Seitentriebe in flachem Winkel an das Spaliergerüst geheftet und der Mitteltrieb etwa 50 cm darüber abgeschnitten.

Auf diese Weise treibt die Mitte kräftig durch, und es entstehen unmittelbar unterhalb der Schnittstelle am Stamm mehrere Triebe, von denen die 2 geeignetsten wiederum zu beiden Seiten an die nächstfolgende waagerechte

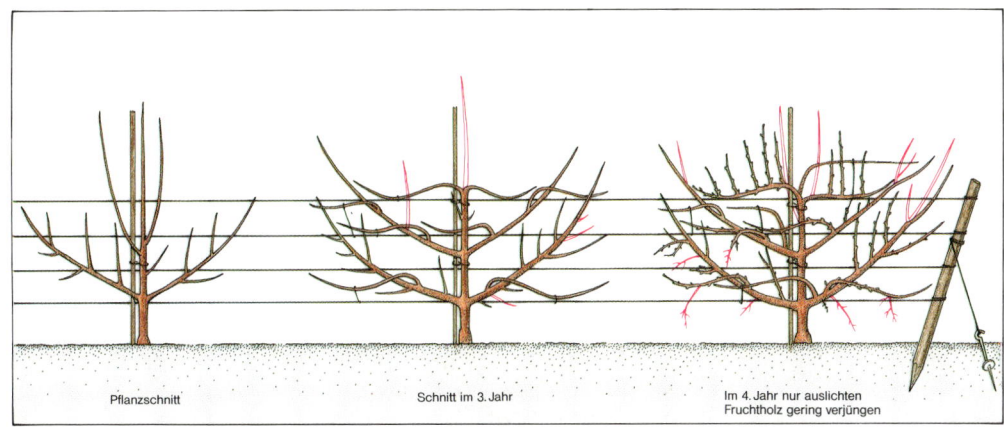

Pflanzschnitt — Schnitt im 3. Jahr — Im 4. Jahr nur auslichten Fruchtholz gering verjüngen

Spalierlatte angeheftet wird. Im Frühjahr darauf schneiden wir erneut nur die Stammverlängerung auf 50 cm über der 2. Astserie zurück, damit die nächstfolgenden Seitenäste entstehen können. So entwickelt sich ein locker aufgebautes Obstspalier, bei dem nur auf den Seitenästen sehr steil bzw. zu dicht stehenden Triebe an der Ansatzstelle entfernt werden. Diese Spalierform ähnelt zwar im Aussehen dem strengen Formspalier, entspricht aber vom geringen Arbeitswand her dem Fächerspalier.

Fächerspalier

Es bedeckt die Wandfläche recht unregelmäßig. Die Pflanzware ist die gleiche wie bereits beschrieben, nur wird hier der Mitteltrieb nicht gerade belassen und eingekürzt, sondern in eine schräge oder beinahe waagerechte Lage gebunden. Durch das Umbiegen des Mitteltriebes wird dessen Triebkraft gebremst und die Entwicklung von Fruchtholz gefördert.

Es bilden sich aber an der Biegungsstelle auch kräftige, senkrecht stehende Holztriebe. Diese dürfen nicht eingekürzt werden. Wir binden sie vielmehr links oder rechts am Spaliergerüst oder an waagerecht gespannten Drähten an, ganz so wie es der vorhandene Platz erlaubt. Dabei werden diese kräftigen Triebe in eine schräge oder waagerechte Lage gebracht bzw. bogenförmig umgelegt. Sollten zu viele derartig stark wachsende Triebe vorhanden sein oder sind sie zu sehr nach vorne gerichtet, so schneiden wir sie dicht an der Entstehungsstelle weg. Eingekürzt braucht bei einem Fächerspalier überhaupt nichts zu werden, es sei denn, wir stellen fest, daß die unteren Augen der waagerecht bzw. bogenförmig gebundenen Triebe nicht austreiben und sich an diesen Stellen kein Fruchtholz entwickelt. In solchen Fällen schneiden wir die Triebe um etwa ¼–⅓ ihrer Länge zurück und erreichen dadurch den Durchtrieb aller Augen.

Die weitere Behandlung eines Kernobst-Fächerspaliers ist recht einfach: Zu dicht stehende oder weit nach vorne wachsende Zweige werden ausgelichtet, keinesfalls aber eingekürzt. Beim Aufbau eines solchen Spaliers sorgen wir vor allem dafür, daß die Wandfläche möglichst gleichmäßig bekleidet wird. Je stärker ein Trieb wächst, desto mehr müssen wir ihn waagerecht binden. Dadurch wird der Trieb gebremst und die Bildung von kurzem Fruchtholz gefördert. Diese Arbeit erfolgt am besten im Juli/August, weil zu diesem Zeitpunkt die Triebe noch weich sind und sich in jeder Lage fügen. Geradezu ideal eignen sich Pfirsich, Aprikose und Sauerkirsche für ein Fächerspalier, während für Apfel und Birne das eingangs beschriebene freiwachsende, also das locker aufgebaute Spalier mehr zu empfehlen ist.

Richtiges Schneiden einer Obsthecke.

Ein Haus, eingerahmt von Obstspalieren, sieht heimelig aus. Schon die Spalierlatten gliedern die Wandfläche und beleben sie.

Veredeln von Obstbäumen

Veredeln ist ähnlich wie der Obstbaumschnitt eine Handfertigkeit, die man nicht allein aus Büchern lernen kann. Man muß sie praktisch üben, wozu in Kursen (s. S. 313) Gelegenheit gegeben ist.

Bereits vorhandene Bäume lassen sich umveredeln, wenn deren Ertrag oder die Qualität nicht befriedigt. Vor allem können wir durch Veredeln wertvolle alte Obstsorten erhalten, die nur lokale Bedeutung haben und die folglich in den Baumschulen nicht erhältlich sind. Übrigens, um im Garten noch mehr Sorten unterzubringen, ist es möglich, auf vorhandene Obstbäume zusätzlich eine oder gar zwei Sorten aufzuveredeln. Dies gelingt auch bei Spindelbüschen recht gut. Grundsätzlich sollten aber nur Bäume umveredelt werden, die noch verhältnismäßig jung und wüchsig sind.

Vorbereitungen zur Veredelung

Bereits im Winter vor dem Umveredeln wird die gesamte Baumkrone bis weit ins alte Holz hinein zurückgenommen, »abgeworfen«, wie der Fachausdruck lautet. Je nach Obstart ist der Abwurfwinkel verschieden. Beim Apfel soll er 100–120°, bei der Birne und beim Steinobst 80–90° betragen. Im ersteren Fall soll die abgeworfene Krone also einem flachen, bei Birne und Steinobst einem steilen Hausdach ähneln. Kronen, die keinen richtigen Aufbau mit Leit- und Seitenästen haben bzw. zu dicht sind, werden vor dem Abwerfen ausgelichtet.

Die stärksten Äste sollen nach dem Abwerfen noch 1–1,50 m lang sein, bei sehr jungen Bäumen und Spindelbüschen jedoch wesentlich kürzer. Wird zu kurz abgeworfen, so können ältere Bäume »im Saft ersticken«. Nachdem die Umveredlung erst im Frühjahr erfolgt, lassen wir die zu veredelnden Äste zunächst etwa 20 cm länger; sie werden erst unmittelbar vor dem Veredeln bis ins frische Holz nachgeschnitten! Wichtig ist auch, daß die Pfropfköpfe nicht mehr als 10 cm Durchmesser haben; andernfalls würde deren Verheilung zu lange dauern. Einige schwächere und tief hängende Äste bleiben unbehandelt; wir belassen sie als »Zugäste«.

Es gibt verschiedene Veredlungsmethoden. Geißfußpfropfen und Pfropfen in den seitlichen Spalt können bereits im zeitigen Frühjahr, also vor dem Austrieb vorgenommen werden. Zu dieser Zeit sind die Edelreiser noch besonders frisch. Allerdings sind diese Verfahren für den Ungeübten etwas schwierig. Deshalb soll hier nur auf das Pfropfen hinter die Rinde eingegangen werden, ein Verfahren, das meist gelingt und auch für den obstbaulichen Anfänger leichter erlernbar ist.

Noch etwas wird vorbereitet: Die Edelreiser. Sie werden bereits im Januar, also während der Saftruhe, von einem reichtragenden Baum der gewünschten Sorte geschnitten. Als Edelreiser nehmen wir bleistiftstarke, einjährige Triebe, die an der Sonnenseite des Mutterbaumes, also an gut belichteten Stellen, gewachsen sind; nur solche Jungtriebe sind gut ausgereift und haben kräftige Knospen ausgebildet.

Wer die Edelreiser nicht bei einem Bekannten schneiden kann, bezieht sie von einer Baumschule oder aber von einem Obstbauinstitut. Nachdem die Edelreiser geschnitten bzw. bei uns eingetroffen sind, schlagen wir sie an der Nordseite des Hauses oder in einem kühlen Kellerraum tief in die Erde oder in leicht feuchten Sand ein. Sie dürfen weder eintrocknen noch vorzeitig austreiben.

Das Pfropfen hinter die Rinde

Es wird angewandt, sobald sich die Rinde gut vom Holz löst, ab Mitte April und im Mai. Pflaumen und Zwetschen werden bereits ab Anfang April, Kirschen am besten während der Blütezeit umveredelt. Bei Apfel und Birne ist dies von April bis Anfang Juni möglich. Wann der günstigste Zeitpunkt ist, hängt immer auch von der Witterung und dem örtlichen Kleinklima ab. Auf jeden Fall muß sich die Rinde lösen.

Kurz vor dem Veredeln wird der Pfropfkopf, wie bereits erwähnt, frisch abgesägt, d. h., jeder Ast wird um 20 cm zurückgenommen. Dann werden die Edelreiser mit der Baumschere in Stücke mit 3–5 Augen (Knospen) geschnitten und gegenüber einem Auge mit einem mindestens 4–5 cm langen, glatten Kopulationsschnitt versehen. Dazu brauchen wir ein scharfes Kopuliermesser.

Die Rinde des Pfropfkopfes erhält ebenfalls einen Längsschnitt. Dann

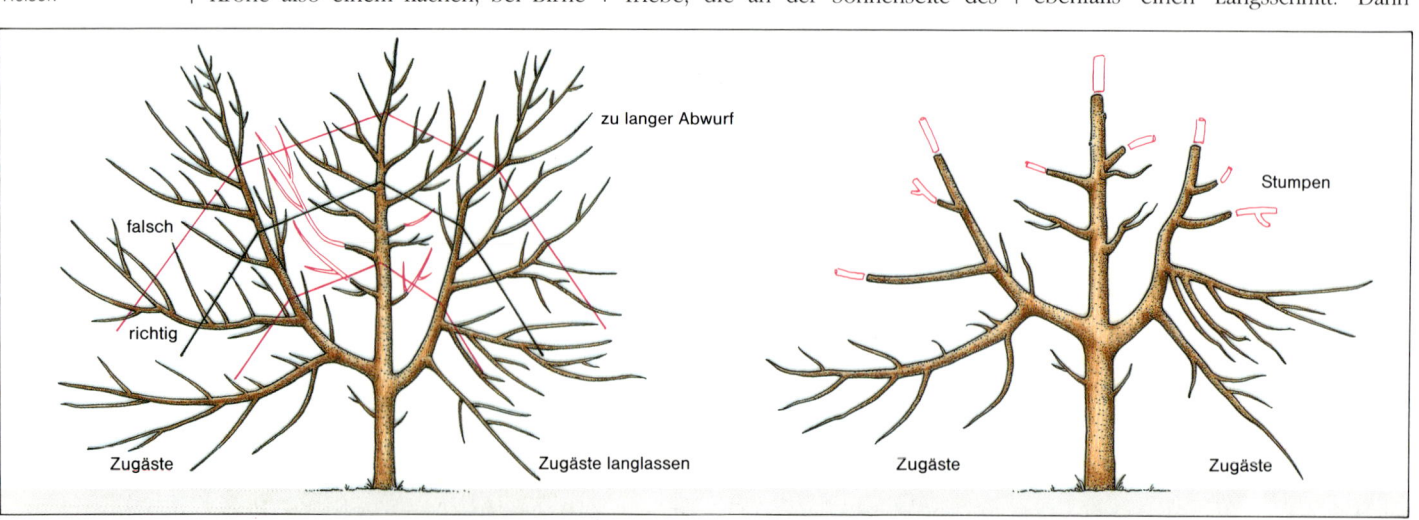

Der Abwurf muß genau die richtige Länge haben (rechte Grafik). Die Vorbereitung der Stumpen geschieht im Winter, das endgültige Absägen der Pfropfköpfe erfolgt erst kurz vor dem Einsetzen der Reiser.

Obst aus dem Hausgarten

Von links nach rechts: Veredelungsvorgang: Glattschneiden des Pfropfkopfes.

Längsschnitt am Pfropfkopf.

Anheben der Rindenflügel.

Von links nach rechts: Einschieben des Edelreises, das vorher mit einem glatten Längsschnitt gegenüber einer Knospe versehen wurde.

Umwickeln mit Bast.

Stärkerer Pfropfkopf mit 3 Reisern.

werden die beiden Rindenflügel mit dem Messerrücken leicht angehoben und das Edelreis dazwischengeschoben, aber nur soweit, daß von der Schnittfläche des Edelreises noch etwa 3–5 mm sichtbar bleiben. Gleich anschließend wird mit Bast oder Kunststoffband verbunden und mit Baumwachs verstrichen.

Wichtig ist, daß alle Stellen, die irgendwie mit der Luft in Berührung stehen, mit dem Veredlungswachs abgedichtet werden.

Wichtig ist vor allem auch der lange, glatte Kopulationsschnitt, der mit einem Spezialmesser mit rasiermesserscharfer Klinge durchgeführt werden muß. Bevor wir erstmals veredeln, üben wir diesen Schnitt mehrmals an Jungtrieben, die bei den winterlichen Schnittarbeiten anfallen. Auch Weidentriebe sind dazu geeignet. Entscheidend ist, daß der Kopulationsschnitt auf einmal gelingt und die Schnittflächen nicht verschmutzt bzw. mit den Fingern berührt werden. Jedes Nachschneiden ist zu vermeiden.

Bereits nach 2–3 Wochen beginnen die Reiser auszutreiben, gelegentlich kann dies aber auch noch einige Wochen länger dauern. Also nicht gleich die Geduld verlieren, sondern beobachten!

Die Nachbehandlung der Pfropfköpfe

Ebenso wichtig wie das Veredeln ist die Nachbehandlung der Pfropfköpfe. Nach etwa 5–6 Wochen wird der Bast, mit dem die Edelreiser festgebunden sind, durch einen Längsschnitt gelöst. Andernfalls würde er bei dem nun beginnenden Dickenwachstum die Edelreiser einschnüren.

Unterhalb der Pfropfköpfe kommt es infolge Wegnahme und Einkürzen vieler Äste zu starkem Neutrieb. Ab Frühsommer werden deshalb bis auf 30 cm unterhalb der Pfropfköpfe alle Jungtriebe bis auf Blattrosette entfernt. Die noch weiter unterhalb entstandenen kräftigen Triebe werden entspitzt oder waagerecht gebunden. Dadurch kommt der Saftstrom vor allem den Edelreisern zugute.

Der aus den Reisern entstandene Neutrieb bleibt im Sommer unbehandelt; wenn auf stärkeren Pfropfköpfen 2, 3 oder 4 Reiser aufgesetzt wurden, belassen wir nur den aus dem Reis auf der Astoberseite entstandenen Trieb lang, während wir die übrigen entspitzen. Dadurch wird ein Trieb, die Ast- bzw. Stammverlängerung, besonders gefördert, während die anderen untergeordnet werden; sie dienen nur der raschen Verheilung des Pfropfkopfes.

Im kommenden Winter schneiden wir die Äste bis auf 30 cm unterhalb der Pfropfköpfe vollkommen frei. In der Krone entstandene steilstehende Triebe werden ebenfalls entfernt. Andere, schwächere oder nicht ganz so steil stehende Triebe bringen wir in eine waagerechte Lage bzw. leiten sie möglichst nach außen ab, sofern wir sie nicht bereits im Sommer waagerecht gebunden haben. Auch jetzt wäre es falsch, alle Triebe der Unterlage, also der alten Sorte, zu entfernen. An den verbleibenden Trieben bildet sich vielmehr bald Fruchtholz, und es gibt an diesen Stellen bald besonders schöne große Früchte.

Je Pfropfkopf soll nur ein Neutrieb die Fortsetzung übernehmen. Die übrigen

Verstreichen des Pfropfkopfes sowie der oben befindlichen Schnittstelle des Edelreises mit Baumwachs.

Obst aus dem Hausgarten

Apfelbaum mit 2 Sorten: obenauf 'Boskop' mit deutlich erkennbaren großen Blättern, der rechte Ast ist die Sorte 'Goldparmäne' mit viel kleineren Blättern.

aus den Edelreisern entstandenen Jungtriebe werden beim winterlichen Schnitt waagerecht gebunden oder abgesetzt, damit keine Konkurrenz zu den Leit- und Seitenastverlängerungen entsteht.

Wurden je Pfropfkopf mehrere Reiser aufgesetzt, so schneiden wir in den folgenden Jahren das eine oder andere völlig weg, damit die ausgewählte Verlängerung genügend Platz hat. Ist der Pfropfkopf im Winter nicht mehr dicht mit Baumwachs bedeckt, so wird die Wunde erneut verstrichen. Dies braucht nicht mehr mit Baumwachs zu geschehen, jedes übliche Wundverschlußmittel genügt.

Der weitere Aufbau der neuen Krone mit den aus den Edelreisern entstandenen Trieben erfolgt genauso wie bereits beim Halb- und Hochstamm bzw. Spindelbusch unter »Erziehungsschnitt« beschrieben.

Mehrere Sorten auf einem Baum

Der Hobbygärtner möchte in seinem Garten, im Gegensatz zum Erwerbsobstbauer, möglichst viele Sorten haben. Meist fehlt es aber an Platz, um all die Bäumchen unterbringen zu können. Was liegt also näher, als auf vorhandene Halb- und Hochstämme, aber auch auf Spindelbüsche zusätzliche Sorten aufzuveredeln. Dies gelingt recht gut.

Jeder Leitast und dessen Seitenäste bringen dann eine andere Sorte, während an den bei der Veredlung ohnehin erforderlichen Zugästen und am unteren Teil der Krone weiterhin die Früchte der bisherigen Sorte hängen. Wir sollten nur darauf achten, daß wir je Baum immer nur starkwüchsige oder schwachwüchsige Sorten zusammenbringen. Andernfalls würde sich ein Ast, der mit einer besonders starkwüchsigen Sorte veredelt wurde, wesentlich stärker entwickeln als die Stammverlängerung und die übrigen Äste. In einem solchen Fall wäre das Gleichgewicht gestört, und die Krone würde nicht mehr gut aussehen. Auch früh- und spätaustreibende Sorten sollten nicht miteinander kombiniert werden. Erstere wären sonst im Vorteil.

Geeignete Sortenkombinationen

Apfel, schwachwachsend 'Klarapfel', 'Mantet', 'James Grieve', 'Oldenburg', 'Golden Delicious', 'Jonathan', 'Ontario' u. a.
Apfel, mittelstarkwachsend 'Goldparmäne', 'Glockenapfel', 'Melrose' u. a.
Apfel, starkwachsend 'Alkmene', 'Jonagold', 'Boskoop', 'Gravensteiner', 'Roter Berlepsch' u. a.
Birne, schwachwachsend 'Williams Christ', 'Madame Verté' u. a.
Birne, mittelstark wachsend 'Köstliche aus Charneu', 'Frühe von Trévoux', 'Gute Luise', 'Tongern', 'Bosc's Flachenbirne', 'Vereins Dechantbirne', 'Alexander Lucas', 'Gräfin von Paris' u. a.
Birne, starkwachsend 'Clapps Liebling', 'Gellerts Butterbirne' u. a.
Pflaume Innerhalb dieser Gruppe kann man Zwetschen, Pflaumen, Mirabellen und Renekloden auf einen Baum veredeln, z. B. 'Hauszwetsche' mit einer Mirabellen- und Pflaumensorte oder 'Hauszwetsche' mit Frühzwetschen oder verschiedene Renekloden.
Süßkirsche Hier paßt z. B. 'Hedelfinger' mit 'Schneiders späte Knorpel' und 'Große schwarze Knorpel' zusammen. Damit ist dann auch gleichzeitig die Befruchtung gesichert, denn Süßkirschen brauchen Partner, damit sie nicht nur blühen, sondern auch Früchte bringen.

Wichtige Pflegearbeiten

Einige dieser Arbeiten fallen bei allen Obstarten und in jedem Jahr an. Sie dürfen nicht übersehen werden, weil andernfalls Schäden auftreten oder die Gesundheit der Bäume und Sträucher leidet.

Wundpflege

Eine wichtige Arbeit, durch die so mancher Baum gerettet werden kann. Beinahe jedes Jahr kommt es zu Schäden an Stamm und Ästen, sei es durch Frost, Obstbaumkrebs, Abschlitzen eines Astes, Zweig-*Monilia* oder Hasenfraß. Auch beim Obstbaumschnitt entstandene Wunden, die größer als ein Zwei-Mark-Stück sind, sollten nachbehandelt werden, damit sie möglichst rasch verheilen.

Dazu werden die Wundränder im zeitigen Frühjahr bzw. sobald der Schaden sichtbar ist, mit einem scharfen Messer (Hippe) nachgeschnitten und mit einem Wundverschlußmittel verstrichen. Bei Krebsstellen schneiden wir die befallene Stelle gründlich bis auf das gesunde Holz aus und verstreichen sie ebenfalls.

Handelt es sich um Frostplatten, so wird der erfrorene, eingesunkene Rindenteil beseitigt und von den meist braunen Rändern soviel weggeschnit-

Obst aus dem Hausgarten 325

ten, bis das gesunde grünlich-gelb gefärbte Holz sichtbar wird.

Mit gut streichfähigem Wundverschlußmittel können wir alle Säge- und Schnittwunden sowie ausgeschnittene Krebswunden und ebenso alle Wunden, die durch mechanische Verletzungen, Sonnenbrand, Frostplatten, Astbruch und Wildverbiß entstanden sind, gegen das Eindringen von Pilzen abdichten. Zum Verschließen kleinerer Wunden an unseren Obstbäumen kann man auch normales Wundwachs nehmen.

Eine andere Möglichkeit, die sich vor allem bei großen Wunden bewährt hat: Wundränder nachschneiden und Wunde mit Lehmbrei verstreichen, dem ein Drittel strohfreier Kuhmist beigemengt ist. Anschließend Wunde mit Sackleinen umwickeln und feucht halten.

Meist bleibt bei Hasenfraß noch genügend lebensfähiges Gewebe am Stamm, so daß die Verheilung rasch Fortschritte macht. Wenn die Rinde allerdings zur Hälfte des Stammes weggefressen ist, so besteht wenig Aussicht auf Erfolg. Schlimm sind vor allem Schäden durch Mäuse, da hier meist die Rinde rundherum bis aufs Holz weggenagt ist. In einem solchen Fall kommt jede Hilfe zu spät, und wir pflanzen besser einen neuen Baum.

Mulchen

Die wertvolle Pflegemaßnahme im Hinblick auf eine gute Wasserversorgung! Neben der sorgfältigen Behandlung von Baumwunden ist dies von allen hier empfohlenen Arbeiten die wichtigste. Vor allem unter flach wurzelnden Spindelbüschen (Obsthecke, Spalier) und unter Beerensträuchern decken wir den Boden vom Frühjahr an mit organischem Material ab. Dies gilt selbstverständlich auch für Baumscheiben von Hoch- und Halbstämmen.

Sehr gut eignet sich dazu kurzer Rasenschnitt, mit dem man im Haus- und Kleingarten meist ohnehin nicht weiß, wohin; er wird 10–15 cm hoch, also knapp handhoch aufgebracht. Ebenso gut kann kurzes Stroh, gut verrotteter Stallmist oder Rindenmulch verwendet werden, wobei eine geringere Abdeckhöhe genügt.

Unter einer solchen Mulchdecke bleibt der Boden gleichmäßig feucht, locker und beschattet; es kann sich ein reges Bakterienleben entwickeln, es wächst kaum Unkraut, und die lufthungrigen Wurzeln der Obstgehölze streifen bis an die Oberfläche, also bis dicht unter die Mulchdecke. Man sieht es den Sträuchern und Bäumen geradezu an, wie gut ihnen das tut; sie fühlen sich rundum wohl.

Erst im Herbst legen wir dann die Baumstämme wieder frei, sonst besteht die Gefahr von Mäusefraß im Winter.

Wässern

Frisch gepflanzte Obstbäume brauchen vor allem im 1. Jahr reichlich Wasser. Ihr Wurzelwerk ist noch spärlich und verläuft sehr flach. Bei Trockenheit also gießen!

Ältere Obstbäume werden dagegen nur gewässert, wenn es während der Vegetation längere Zeit hindurch trocken ist. Besonders während der Blütezeit und in den Wochen vor der Ernte, aber auch in sehr heißen Sommerwochen legen wir den Schlauch an die Bäume. Dabei ist durchdringend zu wässern, nicht nur am Stamm, sondern bei großkronigen Bäumen, vor allem auch im Bereich der Kronentraufe, damit das Wasser tatsächlich in den Wurzelbereich gelangt. Wenn schon, dann sollten je m² durchwurzelter Fläche 20–30 l Wasser gegeben werden. Schlauch abdrehen nicht vergessen!

Baumpfahl erneuern

Bei Spindelbüschen auf schwachwachsender Unterlage und bei Beerenobsthochstämmchen sollte immer wieder einmal der Pfahl überprüft werden. Ist er morsch geworden, so erneuern wir ihn möglichst rasch.

Es ist ärgerlich, wenn ein mit viel Liebe gepflegtes Bäumchen umfällt oder ein Stachelbeerhochstamm abbricht, nachdem dies leicht zu verhindern gewesen wäre.

Auch das Bindematerial (Kokosfaser) überprüfen wir von Zeit zu Zeit. Ebenso sollte man auf Etiketten achten, die beim Dickenwachstum den Stamm einschnüren oder gar schon hineingewachsen sind. Am besten Etiketten mit Draht gleich bei der Pflanzung entfernen und die Sorten auf einem Lageplan festhalten bzw. die Etiketten so an den Bäumchen anbringen, daß ein Einschnüren nicht möglich ist.

Baumscheiben anlegen

Großkronige Obstbäume, also Halb- und Hochstämme, werden meist in den Rasen oder in eine Wiese gepflanzt. Damit das Gras den wenigen jungen Wurzeln nicht zuviel Wasser und Nährstoffe wegnimmt, legen wir bei der Pflanzung eine Baumscheibe von 1–1,50 m Durchmesser an und decken diese den Sommer über mit Mulchmaterial ab. Dadurch bleibt der Boden feucht und locker und der Austrieb ist ein wesentlich besserer. Sobald die Krone entwickelt ist, können wir die Baumscheiben einsparen.

Von links nach rechts: An diesem alten Apfelbaum ist durch Sturm ein starker Ast abgeschlitzt. Nachdem die Wundränder sauber nachgeschnitten waren, wurde die riesengroße Wunde mit einem Wundverschlußmittel sorgfältig verstrichen. Bereits 7 Jahre später (rechts) sind die Wundränder kräftig überwallt. Um die große graue Fläche (Wundverschlußmittel) zu verdecken, wurde ein Efeu davorgepflanzt.

Obst aus dem Hausgarten

Jüngere Obstbäume im Rasen sollten mit einer genügend großen Baumscheibe versehen werden. Andernfalls würde das Gras zuviel Wasser und Nährstoffe im Bereich der Baumwurzeln entziehen. Wenn dann noch gemulcht wird, wie auf diesem Bild, haben wir dem Baum die besten Voraussetzungen für Wachsen und Fruchten gegeben.

Rechts:
Mit einer Düngelanze läßt sich die Düngerlösung rasch und bequem ausbringen.

Frostschutz

Ab Mitte Januar, spätestens aber ab Februar beginnen sich an sonnigen Tagen die Baumstämme an der Südseite zu erwärmen, während in darauffolgenden klaren Nächten die Temperaturen stark absinken. Dadurch entstehen Spannungen im Rindengewebe, die schließlich zu Frostrissen führen können. Auch Frostplatten, Teile der Rindenfläche trocknen ein, sind Folgen einer starken Sonnenbestrahlung und extremer Temperaturschwankungen.

Gegen solche Schäden streichen wir die Bäume vorbeugend mit Kalkbrühe, der zur besseren Haftfähigkeit etwas Tapetenkleister oder 3% Wasserglas zugesetzt wird. Einfacher ist es, die im Handel erhältliche fertige Kalkbrühe zu verwenden bzw. an die Südseite jedes Baumstammes ein Brett zu stellen, das die Sonnenstrahlen ebenfalls abhält. Übrigens, ein Kalkanstrich nützt nichts gegen Schädlinge, er reflektiert nur die Sonnenstrahlen.

Düngung der Obstgehölze

Von der Düngung hängen Regelmäßigkeit und Höhe der Erträge entscheidend ab. Allem voran sollte die Versorgung des Bodens mit organischen Stoffen, besonders mit Kompost oder verrottetem Stallmist, stehen. Dadurch wird der Boden locker und lebendig, das Bakterienleben wird gefördert.

Daneben brauchen die Obstbäume aber auch einige wichtige Nährstoffe, damit sie wachsen, fruchten und gleichzeitig Blütenknospen für das kommende Jahr ausbilden können. Es sind dies Stickstoff, Phosphor, Kali und Magnesium sowie einige Spurenelemente. Diese Stoffe sind zwar in den meisten Böden infolge von Verwitterungs- und Zersetzungsprozessen organischer Substanzen vorhanden, die Menge genügt aber bei im Ertrag befindlichen Obstbäumen im allgemeinen nicht. Schließlich werden diese Nährstoffe in Form des im Herbst geernteten Obstes dem Boden entzogen und sollten wieder ergänzt werden.

Bodenuntersuchung

Aufgrund einer Bodenuntersuchung wissen wir zuverlässig, wie es um den Nährstoffgehalt unseres Bodens bestellt ist, d.h., wir düngen nicht mehr ins Blaue hinein. Wenn alle 3–5 Jahre eine derartige Untersuchung durchgeführt wird, können sowohl Kosten als auch Arbeit eingespart werden. Vor allem aber wollen wir aus Gründen des Umweltschutzes dem Boden nicht mehr Nährstoffe zuführen als notwendig.

So kann es durchaus sein, daß durch jährliche Volldüngergaben ein überhöhter Phosphor- und Kaligehalt vorliegt, wie zahlreiche Proben aus Haus- und Kleingärten in der letzten Zeit gezeigt haben. In solchen Fällen kann dann auf Blau-Volldünger verzichtet und ausschließlich Stickstoff in organischer oder mineralischer Form ausgebracht werden. Vielfach genügt es dann sogar, wenn wir regelmäßig Kompost geben, vor allem wenn beim Aufsetzen des Kompostmaterials Horn-Knochen-Blutmehl bzw. Kalkstickstoff zur rascheren Verrottung beigegeben wird.

Doch auch ohne Bodenuntersuchung können wir in etwa feststellen, ob unsere Obstbäume an Nährstoffmangel leiden. Wir brauchen nur zu beobachten. Wenn sie gut und regelmäßig tragen, dabei reichlich Neutrieb entwickeln und gleichzeitig Blütenknospen für das kommende Jahr ansetzen, befinden sie sich im Idealzustand. Der Fachmann spricht dann vom »physiologischen Gleichgewicht«. Was wollen wir mehr? Warum sollten wir sie noch zusätzlich füttern? Auch Obstbäume wachsen nicht in den Himmel und sollen es auch gar nicht. Also lassen wir das Düngen bleiben, bis sich Bedarf zeigt.

Düngung in der Praxis

Unter Spindelbüschen und Beerensträuchern, also auf offenem Boden, bringen wir im März, sobald der Schnee weggetaut ist, Kompost aus und streuen zusätzlich 40–50 g/m² eines Blau-Volldüngers auf die von Wurzeln durchzogene Fläche bzw. wir

richten uns nach dem Ergebnis einer Bodenuntersuchung. Wer einen organisch-mineralischen Dünger bevorzugt, sollte wegen des geringeren Nährstoffgehalts etwa die doppelte Menge geben bzw. sich nach dem Aufdruck auf der Packung richten. Die Wirkung ist zwar langsamer als bei mineralischen Blau-Volldüngern, dafür aber lange anhaltend.

Auf keinen Fall darf einseitig mit Stickstoff gedüngt werden, denn dadurch würden die Obstgehölze zu mastig wachsen und krankheitsanfällig werden. Außerdem besteht die Gefahr von Nitratanreicherung im Grundwasser. Fehlt ausschließlich Stickstoff, weil die übrigen Nährstoffe in genügender Menge vorhanden sind, so genügt es meist, wenn wir 20–25 g/m², also etwa eine halbe Handvoll, z. B. Kalkammonsalpeter, ausstreuen und nur oberflächlich einarbeiten.

Bei Obstbäumen, die im Rasen stehen, gehen wir anders vor. Hier hätte es wenig Sinn, den Dünger auszustreuen, denn das meiste davon würde von der Grasnarbe aufgenommen. Vor allem schwer bewegliche Nährstoffe wie Kali, vor allem aber Phosphor, kämen den Obstbaumwurzeln nicht zugute. In diesem Fall düngen wir flüssig: Von einem Blau-Volldünger werden 250 g, das sind etwa 5 Handvoll, in 10 l Wasser durch kräftiges Umrühren gelöst. Wenn aufgrund einer Bodenuntersuchung Kali und Phosphor ausreichend vorhanden sind, wird nur ein Stickstoffdünger in der genannten Wassermenge gelöst. Dann öffnen wir im gesamten Wurzelbereich, also etwa 2 m über die Kronentraufe hinausreichend, mit der Grabgabel je m² 2–3 schmale Spalten, in die je 1 knapper Liter der Düngerlösung gegossen wird.

Dies geht recht einfach und rasch: Mit der Grabgabel in den Rasen einstechen, die Grabgabel etwas hin- und herbewegen, so daß sich ein Spalt öffnet, Düngerlösung hineingießen und mit dem Fuß leicht darauf treten, so daß sich die Grasnarbe wieder schließt.

Auf diese Weise kommen die Nährstoffe unmittelbar in den Wurzelbereich und stehen bereits zu Triebbeginn zur Verfügung. Eine solche Düngung wirkt sich sichtbar auf den Neutrieb, die Blattentwicklung, ebenso aber auch auf die Ausbildung der jungen Früchte und den Blütenknospenansatz fürs nächste Jahr aus.

Wer viele Obstbäume besitzt, kann zu dieser Arbeit eine Düngelanze verwenden, mit der sich die Düngerlösung besonders rasch und gleichmäßig in den Wurzelbereich einbringen läßt. Mit einer solchen Düngelanze geht die Arbeit recht mühelos und flott voran.

Die Lanze arbeitet auf Zug und Druck, wobei die Düngerlösung aus den am unteren Ende befindlichen Löchern tritt. Der Druck ist so groß, daß die kleinen Austrittslöcher selbst in schwerem Boden nicht verstopfen und die gelösten Nährstoffe unmittelbar in den Wurzelbereich der Obstbäume gelangen. Die stabile aber gewichtsmäßig leichte Lanze hinterläßt kaum sichtbare Einstichlöcher; diese brauchen nicht geschlossen zu werden. Es kann auch schräg eingestochen werden.

Bäumen mit starkem Fruchtbehang und mäßiger Triebentwicklung können wir Anfang Juni einen kleinen Nachschlag geben. Von einem Blau-Volldünger genügen 20–40 g/m², von einem Stickstoffdünger 10–20 g/m².

Düngen wir wie empfohlen, so werden unsere Obstbäume sowohl Früchte tragen als auch Blütenknospen für das nächste Jahr ansetzen und gleichzeitig reichlich Neutriebe entwickeln. Ist dieser Idealzustand ohnehin vorhanden, so können wir auf mehr oder weniger lange Zeit auch ohne eine mineralische Düngung auskommen.

So in etwa könnte man sich den Apfelbaum im Paradies vorstellen: vollbehangen mit wunderschönen rotgefärbten Äpfeln, denen keine Eva – und sicherlich auch kein Adam – widerstehen kann. Der trotz des enormen Behangs vorhandene kräftige Neutrieb zeigt uns an, daß der Baum mit Nährstoffen reichlich versorgt ist und sich vorerst eine zusätzliche Düngung erübrigt.

Damit die Flüssigdüngung direkt an die Wurzeln kommt, werden im Grasboden mit der Grabgabel schmale Spalten geöffnet.

Obst aus dem Hausgarten

Schorfflecken an 'Golden Delicious', einer sehr anfälligen Sorte.

Apfelmehltau: weißer, mehliger Belag auf Blättern und Blüten.

Der Obstbaumkrebs führt zu Wucherungen, über denen der Trieb oder Ast vielfach abstirbt.

Bei der Birne befällt der Schorf auch die Triebe; man spricht dann von »Zweiggrind«.

Der Birnengitterrost, eine Krankheit, die besonders in letzter Zeit stark auftritt.

Krankheiten und Schädlinge an Obstbäumen

Krankheit	Schadbild	Vorbeugende bzw. biologische Bekämpfung
Apfel		
Schorf	Auf den Blättern erst olivgrüne, später dunkle Flecken; auf den Früchten ähnliche runde, dunkle Flecken; die Schale reißt auf, sie wird schorfig.	Wichtigste Krankheit bei Apfel und Birne; durch reichliche Pflanzabstände und lichte Kronen läßt sich der Befall verhältnismäßig gering halten. Obstbaumschnitt! Sortenwahl!
Apfelwickler (Obstmade)	»Wurmige« Äpfel; auf den Früchten krümelige, braune Häufchen, darunter der Fraßgang; im Innern rötliche Raupe.	Anfang Juli an den Stämmen der Obstbäume Wellpappgürtel anlegen, nach der Ernte abnehmen und verbrennen; geringen Befall in Kauf nehmen, da sich »wurmige« Stellen ausschneiden lassen.
Grüne Apfelblattlaus, Mehlige Apfelblattlaus	Blätter rollen und kräuseln sich.	Beobachten, ob genügend Nützlinge am Baum sind (Marienkäfer und deren Larven u. a.), so daß sich eine Bekämpfung erübrigt.
Apfelmehltau	Nach dem Austrieb auf Blättern, Blütenknospen und Blüten weißer, mehliger Belag; Blüten kränklich blaßgrün.	Beim Winterschnitt Mehltautriebe entfernen, nach Austrieb erkrankte Triebe abschneiden und vernichten.
Obstbaumkrebs	Am Stamm oder an den Ästen Krebswucherungen, die sich ausdehnen; über diesen stirbt der Trieb oder Ast meist ab.	Bodenansprüche beachten, nicht mit Stickstoff überdüngen, größere Schnitt- u. a. Wunden verstreichen; befallene Zweige und schwächere Äste gut handbreit über Krebsstelle abschneiden.
Birne		
Schorf	Auf den Blättern erst grünliche, später dunkle Flecken, die immer größer werden, an den Früchten ebenfalls dunkle Flecken; Schale reißt häufig auf.	Wichtigste Krankheit, wie beim Apfel; Pflanzabstände genügend weit wählen, lichte Kronen aufbauen, dadurch Befall sichtlich geringer.
Birnengitterrost	Auf den Blättern ab Frühsommer leuchtende orangerote, runde Flecke; ab Spätsommer auf den Blattunterseiten gelbliche Anschwellungen.	Sobald Krankheit sichtbar wird, an kleinen Bäumen die befallenen Blätter entfernen und vernichten.
Feuerbrand	Blütenknospen von Birnen (auch Apfel) treiben aus, ohne sich zu entfalten, sie werden schwarz und vertrocknen; junge Triebe, auch größere Zweige, bräunen sich oft ganz plötzlich.	Befallene Teile großzügig herausschneiden. Bei starkem Befall den ganzen Baum roden; Auftreten dem nächsten Pflanzenschutz- oder Landwirtschaftsamt melden.
Birnblattsauger	Kleine, blattlausähnliche, platte, erst gelblich-, später dunkelbraune Tiere sitzen kolonienweise am Grunde junger Triebe; Honigtau und Rußtau.	Birnbäume im Frühjahr gelegentlich mit der Lupe kontrollieren. Der günstigste Zeitpunkt für eine Bekämpfung liegt nach dem Schlüpfen der Larven aus den gelben Eiern.

Obst aus dem Hausgarten 329

Krankheiten und Schädlinge an Obstbäumen

Krankheit	Schadbild	Vorbeugende bzw. biologische Bekämpfung
Pflaumen und Zwetsche		
Pflaumensägewespe	Die jungen Früchte fallen bald nach der Blüte ab, jede Frucht weist ein kleines Loch auf.	Schädling kann mehrere Früchte hintereinander befallen. Sofort nach Abfallen der Blütenblätter bis 5 Tage danach mit einem Insektizid spritzen.
Pflaumenwickler	Früchte »wurmig«, vorzeitiger Fruchtfall.	»Wurmige« Pflaumen in Kauf nehmen, da meist erntereife Unterkulturen vorhanden.
Narren- oder Taschenkrankheit	Früchte flachgedrückt, anfangs gelblichgrün, dann braun mit mehligem Überzug, größer als normal.	Befallene Früchte frühzeitig pflücken und vernichten.
Zwetschenrost	Auf der Oberseite der Blätter kleine gelbe Flecken, auf der Blattunterseite dunkelbraune Pusteln, vorzeitiger Laubfall.	Kronen licht halten.
Süß- und Sauerkirsche		
Schrotschußkrankheit	Auf jungen Blättern kleine rötliche Flecken, die später herausfallen.	Kronen licht halten.
Blüten- und Zweig-*Monilia*	Triebe welken während und kurz nach der Blütezeit und sterben ab (Spitzendürre).	Abgestorbene Triebe sofort bis etwa 20 cm ins gesunde Holz zurückschneiden; bei 'Schattenmorelle' jährlicher Fruchtholzschnitt gleich nach der Ernte.
Sprühfleckenkrankheit	Auf den Blättern zahlreiche kleine rotviolette »Sprühflecken«, Blätter werden gelblich und fallen vorzeitig ab.	Kronen licht halten.
Kirschfruchtfliege	»Wurmige« Kirschen.	Frühe Sorten werden nicht befallen; mit leuchtendgelben Leimtafeln den Flug beobachten; einen Teil »wurmige« Kirschen in Kauf nehmen.
Pfirsich und Aprikose		
Kräuselkrankheit	Blätter im Frühjahr blasig aufgetrieben, weißlichgrün bis rot gefärbt; erkrankte Blätter vertrocknen und fallen ab.	Vereinzelte befallene Blätter entfernen; gelbfleischige Sorten sind besonders anfällig.
Chlorose	Blätter gelb bis ausgebleicht.	Keine Krankheit, sondern Eisenmangel; kommt häufig auf kalkreichem, schwerem, nassem, schlecht durchlüfteten Boden vor; günstige Kulturbedingungen schaffen, Boden mit Kompost verbessern.
Aprikosensterben	Äste welken und vertrocknen ganz plötzlich, Gummifluß tritt auf, manchmal stirbt die ganze Krone ab.	Ursache nicht bekannt; einzelne abgestorbene Äste herausschneiden, Wunden verstreichen. Roden, wenn der ganze Baum abgestorben ist.

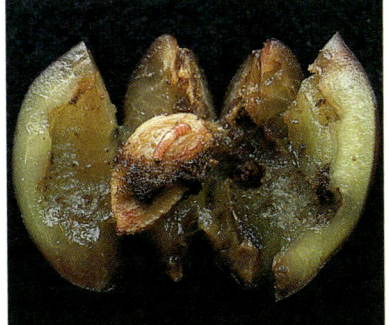

Befall durch den Pflaumenwickler, der sich im Garten kaum bekämpfen läßt.

Die Narren- oder Taschenkrankheit tritt gelegentlich bei der Hauszwetsche auf, vor allem, wenn es während der Blüte viel regnet.

Zwetschenrost, eine Pilzkrankheit, die zu vorzeitigem Blattfall führen kann.

Sprühfleckenkrankheit an Kirschen; die Blätter werden gelblich und fallen vorzeitig ab.

Die Kräuselkrankheit befällt bevorzugt gelbfleischige Pfirsichsorten.

Die Obsternte

Wenn wir schon Obst anbauen, wollen wir auch in den Genuß des vollen Aromas kommen. Dazu aber müssen wir den richtigen Erntezeitpunkt kennen. Die Früchte dürfen weder zu früh noch zu spät vom Baum genommen werden, da sonst Färbung, innere Qualität und Haltbarkeit nicht optimal sind.

Kernobst

Frühäpfel Sie reifen unterschiedlich, wir pflücken deshalb die Bäume mehrmals durch. Bleiben Äpfel zu lange am Baum, werden sie mehlig, die Birnen teigig.
Frühbirnen Sie nehmen wir schon 8–10 Tage vor der eigentlichen Reife vom Baum. Wie alle anderen Birnensorten werden sie nach der Ernte bis zur Genußreife kühl gelagert.

Eine gute Ausfärbung und das Lösen der Früchte bei leichtem Anheben oder Drehen zeigen an, daß es Zeit zur Ernte ist.

Herbstäpfel Zu ihnen gehören 'James Grieve' oder 'Oldenburg', wir lassen sie bis zur vollen Reife am Baum hängen; wir nehmen sie erst ab, wenn die Farbe gut ausgebildet ist. Herbstbirnen wie 'Gute Luise' werden dagegen schon vor der Genußreife abgenommen und noch etwas gelagert, bis sie ihr köstliches Aroma ausgebildet haben. Die Früchte müssen sich bei leichtem Drehen oder Anheben mühelos vom Fruchtholz lösen; dann ist der richtige Erntezeitpunkt gekommen.
Apfelspätsorten Zu ihnen gehören 'Boskoop', 'Berlepsch', 'Ontario' und andere, sie werden immer etwas vor der vollen Baumreife abgenommen, weil dies die Lagerfähigkeit verbessert. Das ist meist Mitte Oktober der Fall. Einige späte Birnensorten, wie 'Gräfin von Paris' oder 'Madame Verté', nehmen wir sogar erst gegen Ende Oktober ab. Bei zu früher Ernte bilden sie ihr typisches Aroma nicht aus und schmecken rübenartig.
Leichte Nachtfröste schaden den Früchten nicht, nur dürfen wir sie nach einer kalten Nacht nicht gleich mit den Händen anfassen, da es sonst Faulstellen gibt.
Quitten Hier reifen die Früchte am Busch nicht aus. Wir warten mit der Ernte bis zu den ersten Frösten und lassen sie dann in der Wohnung nachreifen.
Bei allen Obstarten wird die Ernte schonend vorgenommen. Schließlich wollen wir uns nicht um den Lohn für unsere Mühe bringen. Empfindliche Apfel- und Birnensorten pflücken wir in Plastikeimer oder in gepolsterte Handkörbe. Auch die Kisten, in die dann die Eimer oder Körbe entleert werden, sollten mit Wellpappe oder anderem weichem Material ausgelegt sein. Andernfalls ist es unvermeidlich, daß ein beträchtlicher Teil der Früchte einige Druckstellen oder Abschürfungen bekommt und bald zu faulen beginnt. Weniger empfindliche Apfel- und Birnensorten können in größeren gepolsterten Weidenkörben, in Obstkisten oder Flachsteigen transportiert werden.

Steinobst

Beim Steinobst zeigt uns eine Kostprobe, ob die Ernte beginnen kann. Auch stärkerer Fruchtfall ist bei Zwetschen und anderen Arten ein sicheres Zeichen dafür. Zwetschen und Mirabellen können geschüttelt werden, während wir die empfindlichen Pflaumen und Renekloden besser von Hand pflücken.
Zwetschen Die 'Hauszwetsche' und andere späte Sorten sollen möglichst lange am Baum hängen bleiben. Erst wenn die ersten Früchte zu schrumpeln beginnen, ist der ideale Zeitpunkt für die Ernte gekommen. Leichte Nachtfröste schaden nicht.
Pfirsiche Sie umfaßt man mit der ganzen Hand. Durch leichtes Drehen und Anheben der Frucht löst sie sich vom Fruchtholz; dies gilt auch für die Aprikose. Nicht zu früh ernten, denn nur bei Vollreife entwickeln Pfirsiche und vor allem Aprikosen ihr köstliches Aroma und den herrlichen Duft.
Süßkirschen Sie werden mit Stiel geerntet. Dabei zwicken wir die Stiele mit den Fingernägeln vom Fruchtholz ab oder drehen sie ab. Für besonders saftige Sorten nimmt man am besten die Schere zu Hilfe. Auch Sauerkirschensorten, die sich schlecht pflücken lassen, ernten wir mit der Schere. Für die Verwertung können die meisten Sorten ohne Stiel gepflückt werden.

Nüsse

Walnüsse Sie werden vollreif geerntet, d.h., wenn sie sich von selbst aus der grünen Hülle lösen. Dazu braucht man nicht auf den Baum zu steigen. Die Nüsse werden aufgesammelt, wenn sie ab September, vor allem aber im Oktober, vom Baum fallen. Falsch wäre es, die Nüsse mit Stangen vom Baum zu schlagen, wenn sie noch nicht völlig ausgereift sind.
Haselnüsse Die Haselnußernte fällt ebenfalls in die Monate September/Oktober. Die Nüsse sind reif, sobald die harte Nußschale in der unteren Hälfte ringsum braun gefärbt ist. Die Nüsse lassen sich dann leicht aus den sie umgebenden Hülsen lösen. Wir können die Nüsse zu diesem Zeitpunkt pflücken oder aber den Strauch schütteln und die am Boden liegenden auflesen. Sollen Nüsse gelagert werden, so müssen sie völlig reif sein und sich selbständig aus den Hüllen lösen.

Walnüsse werden aus der äußeren grünen Schale gelöst, mit einem Reisigbesen gereinigt und in Säckchen luftig aufbewahrt.

Obst aus dem Hausgarten

Obstlagerung

Während sich Kirschen und viele Beerenobstarten hervorragend zum Tiefgefrieren eignen bzw. wie auch Pflaumen und Zwetschen entweder vollreif gegessen zum Backen verwendet, eingeweckt oder zu Marmelade verarbeitet werden, ergeben sich für späte Äpfel und Birnen meist Lagerprobleme. In zu warmen, trockenen Räumen beginnen die Früchte bald zu schrumpfen, besonders die rauhschaligen. Als günstige Temperatur gelten 3–5 °C, zumindest sollten 8 °C nicht überschritten werden. Die relative Luftfeuchtigkeit sollte 85–90 % betragen.

Meist werden wir die Früchte in den Keller bringen oder in einen anderen, möglichst kühlen Raum. Zusätzlich öffnen wir die Fenster, wenn es kalt und neblig ist bzw. überbrausen in einem sehr trockenen Raum den Boden des öfteren mit Wasser.

Vor dem Einlagern wird der Raum gründlich gereinigt und geweißt. Dabei kann ein Desinfektionsmittel der Farbe zugesetzt werden. Auch die Stellagen, Obsthorden usw. sollten desinfiziert werden.

Beim Einräumen des Obstes achten wir darauf, daß die Äpfel und Birnen möglichst übersichtlich lagern, damit Früchte, die zu faulen beginnen, gleich entdeckt und entfernt werden können. Gut eignen sich für Äpfel und Birnen richtige Obsthorden oder aber Flachsteigen, die wir in jedem Lebensmittelgeschäft gratis bekommen können. Durch Übereinanderstellen läßt sich der Raum gut ausnutzen.

Einwickeln in Seidenpapier

Wenn wir in einem zu warmen, trockenen Raum wertvolle Spätsorten möglichst lange aufbewahren wollen, so kann dies mit luftfeuchtem Torf geschehen. Wir wickeln die einzelnen Früchte in Seidenpapier, bringen auf den Boden einer Obstkiste eine 5 cm hohe Torfmullschicht auf und legen darauf die 1. Schicht Äpfel. Nun folgen abwechselnd je 1 Torfmullschicht und 1 Schicht Äpfel bzw. Birnen. Selbstverständlich werden wir uns diese Mühe nur mit wirklich erstklassigen gesunden Früchten machen und wenn wir mit Zeit nicht zu geizen brauchen.

Folienbeutel

Auch mit Folienbeuteln kann die Haltbarkeit verlängert bzw. verbessert werden. Es kommen aber nur mittelgroße, völlig gesunde Früchte hierfür in Frage. Geeignet sind Beutel aus 0,05 mm starker PE-Folie, die 2–5 kg Äpfel fassen. Bewährt hat sich diese Möglichkeit bei 'Jonathan', 'Golden Delicious', 'Roter Boskoop', 'Glockenapfel' und 'Melrose'.

Diese Sorten sollen für die Lagerung in Folienbeuteln bereits etwa 1 Woche vor dem sonst üblichen Zeitpunkt geerntet werden. Die Beutel dürfen erst verschlossen werden, wenn sich das darin befindliche Obst der Lagerraumtemperatur angepaßt hat. Andernfalls bildet sich Schwitzwasser, Fäulnis wird begünstigt. Die Beutel sollten bei möglichst niedrigen Temperaturen, etwa 5–10 °C gelagert werden, da bei höheren Temperaturen Fruchtfleisch- und Schalenbräune auftreten können. Ist der Lagerraum geringfügig wärmer als angegeben, so sollte wenigstens dafür gesorgt werden, daß das beim Reifungsprozeß entstehende Kohlendioxid zum Teil abziehen kann. Dazu stechen wir einen 2-kg-Beutel ein- oder zweimal mit einer Büroklammer ein. Bei noch höherer Temperatur sollten bis zu 10 Einstiche angebracht werden, wodurch allerdings die Lagerfähigkeit erheblich verkürzt wird.

Man nimmt das Obst einige Tage vor dem Verbrauch aus dem Beutel und läßt es offen nachreifen. Dadurch verschwindet ein eventuell vorhandener muffiger Geruch. Die gute Haltbarkeit beruht auf der Sättigung mit Wasserdampf im weitgehend luftdicht verschlossenen Folienbeutel, was die weitere Verdunstung stoppt; die Früchte bleiben frisch und knackig. Aber auch das bei der Reife entstehende Kohlendioxid wirkt sich günstig auf die Haltbarkeit aus. Leider ist dies alles ein wenig umständlich und eben nur ein Notbehelf anstelle eines günstigen Lagerraums.

Gerätehütte

Geradezu ideal für die Obstlagerung ist ein Keller unter einer Gerätehütte oder unter einem Gartenhaus. Ein solcher Keller ist sehr kühl, dabei aber absolut frostsicher. Außerdem ist eine günstige relative Luftfeuchtigkeit vorhanden, bedingt durch den Natur- oder Ziegelboden.

Wenn ein solcher Keller fehlt, so kann trotzdem das Obst im Gartenhaus oder in der Gerätehütte eines Hausgartens gelagert werden. Die Obstkisten müssen dann nur mit Decken oder, noch besser, mit Isolierfolie (Noppenfolie) abgedeckt werden, damit bei nicht zu strenger winterlicher Kälte die vom Boden her nachfließende wärmere Luft zurückgehalten wird und das Obst nicht erfriert. Einige Grad unter Null schaden nicht. Nur wenn es ab Januar oder im Februar so richtig kalt wird, muß das Obst aus dem Lager geholt und im Haus gelagert werden. Doch bis dahin ist meist schon ein ganzer Teil verbraucht.

Balkon, Miete

Mangels eines geeigneten Lagerraums können wir die Obstkisten auf den Balkon stellen. Man gibt auf den Boden jeder Kiste mehrere Lagen Zeitungspapier, ebenso zwischen jede Obstschicht, und deckt die Kisten dick mit Zeitungspapier bzw. Wolldecken ab. Auf diese Weise halten sich die Äpfel meist bis zum Frühjahr frisch.

Sehr spätreifende und besonders hartfrüchtige Sorten, wie z. B. 'Rheinischer Bohnapfel', 'Welschisner', 'Roter Eiserapfel' u. a., lassen sich bis zum Frühjahr ausgezeichnet in 30–50 cm tiefen Erdmieten oder in leerstehenden tiefen Frühbeetkästen lagern, so wie wir dies von Wintergemüse her kennen.

Wer einen Obstgarten besitzt und ein Haus neu baut, sollte möglichst auch einen Obstlagerraum mit einplanen, vor allem, wenn die Kellerfläche groß genug ist. Ein solcher Raum wird gegen die anderen Räume gut isoliert, der Boden bleibt so wie er von Natur aus ist, d. h., er sollte aus gestampftem Lehm bestehen. Hier kann den Winter über laufend Feuchtigkeit hochsteigen.

Bei Sauerkirschen wartet man mit der Ernte, bis sie sortentypisch rot gefärbt sind. Die bekannte 'Schattenmorelle' sollte sogar möglichst schwarzrot sein, denn erst dann enthalten die Kirschen neben der Säure genügend Zucker und haben damit ihr einmaliges Aroma erreicht.

Etwas Besonderes für den Liebhaber ist die hier abgebildete Klettererdbeere, die an Spalieren oder Zäunen gut 1,20 m hoch klettert und bis zum Frost hin reich trägt.

Beerenobst

Ist der Garten auch noch so klein, ein Erdbeerbeet oder einige Beerensträucher lassen sich fast immer unterbringen. Zu Recht ist Beerenobst sehr beliebt. Einmal läßt es sich vielseitig verwerten und zum anderen sind die meisten Beerenobstarten sehr sicher im Ertrag. Dazu kommt die Anpassungsfähigkeit an den Boden und das Klima.

Erdbeeren
Fragaria

Die Erdbeere ist die am weitesten verbreitete Beerenobstart. Sie eignet sich für den großen Garten genauso gut wie für einen schmalen Reihenhaus- oder Kleingarten. Jedes Jahr freuen wir uns auf die köstlichen Beeren, die zudem auch hübsch aussehen. Dieses Jahr in den Boden gebracht, bringen die Pflanzen bereits im nächsten Jahr eine reiche Ernte.

Obendrein sind Erdbeeren gesund. So enthalten 100 g frische Beeren 60–90 mg Vitamin C und sind damit sogar den Zitronen (40–50 mg/100 g) überlegen, von denen wir außerdem keine großen Mengen essen können. Darüber hinaus sind in Erdbeeren, ebenso wie in anderen Beerenobstarten auch, Mineralsalze, Pektin und Fruchtzucker enthalten. Der hohe Wassergehalt (90%) begünstigt in Verbindung mit den genannten Inhaltsstoffen und den zahlreichen kleinen Samen die Sekretion von Magensäften und fördert so die Darmtätigkeit. Wegen ihres Siliciumgehaltes wirken Erdbeeren der Arteriosklerose entgegen. Sie entschlacken den Körper und sind auch für den Diabetiker zuträglich, da sie nur Fruchtzucker enthalten. Viele Gründe also, die für die Erdbeere sprechen.

Ansprüche

Erdbeeren können in beinahe jedem Garten angebaut werden. Lediglich extrem spätfrostgefährdete Lagen sind nicht geeignet. Wenn die Temperatur zur Blütezeit nur wenig unter 0°C absinkt, kann es zu Schäden an den Samenanlagen kommen; der Blütenboden färbt sich schwarz.

Die Erdbeeren stammen aus humusreichen Gebieten. Nach Möglichkeit geben wir deshalb auch im Garten reichlich Humus in Form von Kompost oder verrottetem Stallmist. Frischer Mist wird allerdings nicht vertragen; es kann in diesem Fall zu Verbrennungen kommen. Bewährt hat es sich, den Mist bereits zur Vorkultur, also z.B. zu Frühkartoffeln, zu geben.

Ansonsten stellen Erdbeeren an den Boden keine speziellen Ansprüche. Sie gedeihen in humosem Lehmboden, in lehmigem Sand oder sandigem Lehm und ebenso auf Moorboden. Selbst ein leichter, sandiger Boden ist geeignet, wenn wir ihn mit Humus anreichern, düngen und wässern. Auch bezüglich des pH-Wertes besteht eine große Anpassungsfähigkeit; der Boden kann leicht sauer (pH 5–6,5) bis nahezu neutral (pH 7) sein.

Pflanzung

Die Erdbeere kann mit ihren Wurzeln bis zu 1 m tief nach unten gehen. Die der Pflanzung vorangehende Bodenbearbeitung sollte deshalb möglichst tiefgründig erfolgen. Andererseits lieben Erdbeeren einen guten Bodenschluß. Läßt es sich nicht vermeiden, daß erst kurz vor der Pflanzung umgegraben wird, so sollte gründlich mit dem Schlauch gewässert werden, damit sich der Boden etwas setzt. Der Ertrag im kommenden Jahr hängt entscheidend vom Pflanzzeitpunkt ab. Ideal ist, wenn die Pflanzen bereits Ende Juli/Anfang August in den Boden kommen. Versuche haben ergeben, daß bei einer Pflanzung bis zum 15. August bereits im 1. Jahr mit einem Vollertrag gerechnet werden kann.

Wird dagegen erst im September gepflanzt, so schrumpft der Ertrag auf die Hälfte zusammen, ja, er ist gleich Null, wenn wir die Pflanzen erst Ende September oder gar erst im Oktober auf das Beet bringen.

Sollte das vorgesehene Beet im August noch nicht frei sein, so setzen wir die Jungpflanzen provisorisch woanders hin und bringen sie mit größtem unge-

Obst aus dem Hausgarten

störten Wurzelballen sobald als möglich an die vorgesehene Stelle.
Grundsätzlich gilt also: Je zeitiger die Pflanzung, desto höher der Ertrag im nächsten Jahr und umgekehrt. Dies hängt vor allem mit der Wurzelbildung zusammen, die Ende September ganz aufhört.

Wichtig zu wissen ist es auch, daß bei Erdbeeren die Blütenknospen nicht erst im Frühjahr ausgebildet werden, wie häufig angenommen wird. Dies erfolgt bereits im September, ausgelöst durch die kürzer werdenden Tage und die abnehmenden Temperaturen.

Neuerdings können Erdbeeren auch bereits im Mai/Juni gepflanzt werden, wie dies im Erwerbsanbau längst üblich ist. Dazu werden Frigo-Pflanzen aus dem Kühllager verwendet. Die in dieser Form angebotenen Pflanzen werden bereits im November, also während der Vegetationsruhe, gerodet, bis auf das grüne Herz geputzt und im Kühlraum bei −2°C eingelagert. Die Frigo-Pflanzen werden im Mai/Juni mit einem gut ausgebildeten Wurzelbart und einer kräftigen Herzknospe ausgeliefert, so daß es kaum Ausfälle gibt. Solche Frigo-Pflanzen können bis zu 4 Jahre stehenbleiben. Damit sie nicht von Krankheiten angesteckt werden, sollten sie allerdings auf Beete kommen, auf denen in den letzten 4 Jahren keine Erdbeeren gestanden haben.

Pflanzabstände Meist werden Erdbeeren auf Beete im Gemüsegarten, 1,10–1,20 m breit, gepflanzt. In diesem Fall bringen wir 3 Reihen mit 40 cm Abstand unter. In der Reihe sollte je nach Sorte ein Abstand von 25–30 cm eingehalten werden. Nach der 1. Ernte kommt die Mittelreihe heraus, so daß im 2. Jahr zwischen den verbleibenden Reihen ein Abstand von 80 cm vorhanden ist. Um diesen Platz zu nutzen, können im Spätsommer, also nach der Entfernung der Mittelreihe, Salat, Kohlrabi u.ä. gepflanzt werden. Ab kommenden Frühjahr muß aber der Platz zwischen den Reihen frei bleiben. Wer mit Pflanzenmaterial sparen will, pflanzt von vornherein nur 2 Reihen auf das Beet und verbreitert diese im nächsten Jahr durch die sich bildenden Ausläufer.

Wenn Erdbeeren nach der Pflanzung nicht richtig wachsen wollen, so hat dies meist 2 Gründe: Entweder wurde zu tief gepflanzt oder sofort nach der Pflanzung kräftig gedüngt; manchmal trifft beides zu.

Ein- oder mehrjährige Kultur?

Die einjährige Kultur hat den Vorteil, daß wir ständig eine Auslese gesunder, besonders ertragreicher Pflanzen vornehmen und jährlich die Anbaufläche wechseln können. Außerdem ist eine solche Pflanzung lichter und luftdurchlässiger wie eine mehrjährige. Einjähriger Anbau ist also gleichzeitig vorbeugender Pflanzenschutz. In einer einjährigen Pflanzung sind außerdem die Früchte größer als in einer zwei- oder mehrjährigen; sie reifen außerdem einige Tage früher.

Gewichtsmäßig gesehen bleibt der Gesamtertrag in etwa der gleiche, weil bei einjähriger Kultur enger gepflanzt werden kann. Es genügt ein Reihenabstand von 40–50 cm; in der Reihe sollte je nach Wüchsigkeit der Sorte ein Abstand von 15–30 cm eingehalten werden.

Wem jedoch die jährliche Pflanzarbeit zuviel ist und wer nicht frühzeitig, also gegen Ende Juli/Anfang August pflanzen kann, tut besser daran, die Kultur 2 oder 3 Jahre stehen zu lassen. Nach dieser Zeit sollte sie aber in jedem Fall erneuert werden.

Die Kultur auf schwarzer Mulchfolie

Manchmal sieht man in Gärten die Erdbeeren auf schwarzer Folie angebaut. Dies hat folgende Vorteile: Der Boden unter der Folie bleibt gleichmäßig feucht und locker; eine Bodenlockerung entfällt, die Wurzeln bleiben also ungestört und befinden sich zum Teil dicht unter der Folie; es kann kein Unkraut wachsen; die Früchte verschmutzen nicht, sie brauchen nicht mit Stroh unterlegt zu werden; die Reife setzt durch die Bodenerwärmung einige Tage früher ein.

Das Verfahren hat aber auch Nachteile: Es macht zusätzliche Arbeit und kostet zusätzlich Geld; die Gefahr von Blütenfrostschäden ist größer, da der Wärmenachschub aus dem Boden fehlt; leichter Boden trocknet in Hitzeperioden stark aus; vor allem aber ist die Gewinnung von Jungpflanzen nicht möglich, da die Ausläufer auf der Folie keine Wurzeln bilden können.

Die Bodenvorbereitung bei Folienkultur erfolgt wie bei einer normalen Erdbeerpflanzung. Der Dünger für 1–2 Jahre wird hier aber auf einmal, und zwar vor dem Auslegen der Folie, spatentief in den Boden eingearbeitet; man gibt Blau-Volldünger – Menge möglichst aufgrund einer Bodenuntersuchung – oder die entsprechende Menge an organischem Dünger auf Vorrat. Dann wird kurz vor der Pflanzung die schwarze Folie auf den angefeuchteten Boden ausgelegt und seitlich etwas eingegraben bzw. mit Erde beschwert. Schließlich werden mit der Schere an den vorgesehenen Pflanzstellen kreuzförmige Einschnitte angebracht, in die die Pflanzen gesetzt werden.

Wenn man die Vor- und Nachteile der Folienkultur bei Erdbeeren gegeneinander abwägt, so kann man darauf verzichten. Die Methode sollte hier nur beschrieben werden, weil sich manche Gartenfreunde vom Anbau auf schwarzer Folie ein kleines Wunder erwarten. Es ist zweckmäßiger, das Geld für eine gute Humusversorgung auszugeben, z.B. für eine Fuhre Stallmist.

Bei Erdbeeren auf schwarzer Mulchfolie entfällt die Bodenlockerung und die Unkrautbekämpfung; der Boden bleibt gleichmäßig feucht.

Frigopflanzen. Das gut ausgebildete Wurzelwerk muß beim Pflanzen möglichst senkrecht in den Boden kommen.

Düngung

An erster Stelle sollte die Versorgung des Bodens mit reichlich Humus stehen. Wir geben deshalb bereits vor der Pflanzung verrotteten Stallmist oder Kompost.

Hinsichtlich Nährstoffe sind Erdbeeren dagegen recht bescheiden. Wer eine größere Pflanzung anlegen möchte, läßt am besten eine Bodenuntersuchung durchführen, um zu erfahren, wie es im Boden mit dem Nährstoffvorrat aussieht bzw. welche Düngemittel und Mengen gegeben werden sollen. Im Normalfall verwenden wir einen organischen Dünger oder einen chlorfreien Blau-Volldünger. Hiervon genügen 50–70 g/m², also etwa eine halbe bis zwei Handvoll. Von dieser Gesamtmenge arbeitet man 20–30 g/m² bereits einige Wochen vor der Pflanzung oberflächlich ein, denn frisch gepflanzte Erdbeeren sind empfindlich gegen Mineraldünger. Die restlichen 30–40 g werden auf 2–3 Gaben bis Ende September verteilt, wobei die 1. Gabe erst 4 Wochen nach der Pflanzung gegeben werden sollte.

Dadurch entwickeln sich die Pflanzen bis zum Wintereintritt sehr kräftig und setzen reichlich Blütenknospen für das kommende Jahr an. Das wiederholt sich im nächsten Jahr nach der Ernte. Nachdem das dürrgewordene Laub samt Unkraut entfernt und der Boden oberflächlich gelockert wurde, bringen wir zwischen den Reihen Kompost und einen organischen Volldünger ein bzw. 50–70 g/m² eines Blau-Volldüngers in 2 Gaben: 1. Gabe gleich, 2. Gabe 4–6 Wochen später, also im August/September.

Entscheidend für den Erfolg ist diese Herbstdüngung, denn die Blütenanlagen werden bereits im September ausgebildet. Im Frühjahr sollte dagegen nur noch gedüngt werden, und zwar mit Stickstoff, wenn die Pflanzen schwächlich bzw. schlecht durch den Winter gekommen sind. Zuviel Stickstoff im Frühjahr fördert eine mastige Laubentwicklung und den Befall mit Grauschimmel. Die Ernte würde dadurch eher geringer als höher.

Pflege

Zwischen Erdbeeren darf der Boden nur flach gelockert, aber auf keinen Fall gegraben werden; es würden sonst zuviele Wurzeln beschädigt. In Gegenden mit strengen Wintern aber wenig Schnee, empfiehlt es sich, die Erdbeeren locker mit Fichtenzweigen oder Stroh abzudecken. Bevor die Früchte reifen, legen wir Stroh unter die Pflanzen, damit die Beeren nicht verschmutzen.

Zum Gießen: Den größten Wasserbedarf haben Erdbeeren beim Anwachsen, also bei und nach der Pflanzung, während der Blütenknospenbildung im September/Oktober und von Blühbeginn bis zur Ernte. Wenig Wasser wird dagegen von der Ernte bis Ende August benötigt.

Sofort nach der Ernte sollte der Boden oberflächlich gelockert, das Unkraut entfernt und die erste kleine Düngergabe ausgebracht werden. Das Laub wird nur abgemäht, wenn es stark von Pilzkrankheiten befallen ist. Es entwickeln sich dann rasch gesunde, neue Blätter, die wieder voll assimilieren können.

Wer keine Jungpflanzen benötigt, sollte die sich bildenden Ranken laufend abschneiden. Die Mutterpflanze wird verständlicherweise geschwächt, wenn sie neben den Früchten auch noch die Ausläufer ernähren soll.

Blüte, Frucht, Ernte

Die Blüten der heutigen Sorten sind zwittrig, d. h., männlich und weiblich zugleich. Trotzdem ist es ratsam, nicht nur eine Sorte anzubauen. Die Bestäubung erfolgt durch Wind und Insekten, besonders aber durch Bienen. Werden die Blüten infolge mangelnden Bienenfluges oder regnerischen Wetters ungenügend bestäubt, so führt dies zu teilweise verkrüppelten Früchten. Je mehr Samenanlagen befruchtet werden, desto vollkommener entwickeln sich die Beeren.

Die Ernte zieht sich je nach Gegend und Sorte von Ende Mai bis in den Juli hinein hin. Die Frucht bezeichnet der Botaniker als Sammelfrucht: Die köstlich schmeckende Erdbeere ist »nur« die fleischig verdickte Blütenachse, auf der obenauf die eigentlichen Früchte in Form kleiner Nüßchen zu sehen sind. Je nach Sorte sind diese Nüßchen mehr oder weniger tief im Fruchtfleisch eingesenkt. Geerntet wird am besten in den frühen Vormittagsstunden. Nur kleine Gefäße verwenden! Bei den heutigen Sorten und guter Kultur können wir je Pflanze mit 500 g Ertrag rechnen.

Vermehrung

Es gibt wohl kaum einen Gartenfreund, der Erdbeeren nicht selbst vermehrt, zumal dies denkbar einfach ist: Wir brauchen nur zu warten, bis die Pflanzen während der Erntezeit und danach Ausläufer bilden; sie bewurzeln sich rasch. Wenn sie kräftig genug sind, nehmen wir sie aus dem Boden und pflanzen damit ein neues Beet auf. Dies läßt sich fördern, indem wir nach der Ernte den Boden zwischen den Reihen oberflächlich lockern. Wenn wir dann noch Kompost oder feuchten Torf bzw. Torfkultursubstrat aufbringen, bewurzeln sich die Pflänzchen ausgezeichnet und können bereits Anfang August mit kräftigem Ballen auf die neuen Beete gepflanzt werden.

Wir können die Ausläufer aber auch in kleine Töpfchen stecken, die mit Torf-Kompost-Gemisch gefüllt sind, und die Töpfchen zwischen den Erdbeerreihen einsenken.

Wenn rechtzeitig vor Beginn der Fruchtreife Stroh untergelegt wird, trocknet der Boden nicht aus; er bleibt gleichmäßig feucht und locker. Vor allem aber verschmutzen die Früchte nicht und werden nicht so leicht von *Botrytis*-Fruchtfäule befallen.

Obst aus dem Hausgarten 335

Von links nach rechts: Erdbeervermehrung. Sobald die Ausläufer etwas Wurzeln gebildet haben, kann man sie in mit humoser Erde oder Torfkultursubstrat gefüllte Töpfchen einlegen, die auf dem Erdbeerbeet eingesenkt werden. Die Ranke wird mit einem U-förmig gebogenen Drahtstück verankert, so daß die Pflanze guten Halt hat.

Eine andere Möglichkeit: Die Ausläufer reichtragender, gesunder Pflanzen bereits zur Erntezeit abnehmen, auf ein reichlich mit Torf verbessertes kleines Beet oder in ein Kistchen mit 5 cm Abstand pikieren und mit Schlitzfolie überdecken. Wenn die ersten 2–3 Tage schattiert und gut feucht gehalten wird, bewurzeln sich die Ausläufer rasch, auch wenn sie beim Pikieren kaum Wurzeln hatten.

Wie wir auch immer die Vermehrung vornehmen wollen, sie darf nur von reichtragenden und vor allem von gesunden Pflanzen erfolgen. Andernfalls würden wir schlechte Eigenschaften fortpflanzen bzw. das neue Beet würde bald Krankheitserscheinungen zeigen. Aus diesem Grunde kennzeichnen wir bereits vor Erntebeginn die besten Träger und gesündesten Pflanzen z. B. mit Stäben. Nur von diesen werden Ausläufer gewonnen.

Noch einfacher gelingt die Auslese, wenn wir auf einem zweijährigen Beet, das ohnehin geräumt werden soll, sofort nach der Ernte alle nicht gekennzeichneten Pflanzen entfernen; dadurch entsteht Platz für die Ausläufer der gesunden Beestträger.

Trotz dieser ständigen Auslese bauen die Erdbeeren im Laufe der Jahre ab, d. h., Ertrag und Gesundheitszustand lassen nach. Der »Abbau« einer Sorte ist fast immer auf Befall mit Krankheiten und Schädlingen wie Älchen, Milben, Welkepilze, Viren usw. zurückzuführen. Aus diesem Grunde sollte alle 3–4 Jahre hochwertiges Erdbeerpflanzgut von einem Spezialbetrieb zugekauft werden.

Verschiedene Vermehrungsbetriebe führen heute bei Erdbeeren die Gewebe- oder Meristemvermehrung durch. Dabei werden Meristeme, also winzige Gewebepartien aus Sproßspitzen, steril gewonnen und auf speziellen Nährböden »in vitro« (= im Glase) zu kleinen Pflänzchen herangezogen. Diese Pflanzen aus der Retorte sind absolut frei von pilzlichen und tierischen Schädlingen und, man nimmt dies an, auch von Viruskrankheiten.

Sorten

Wie bei keiner anderen Obstart werden bei Erdbeeren laufend neue Sorten gezüchtet. Es ist daher selbst für den Fachmann schwierig, den Überblick zu behalten. Nachdem wir Erdbeeren im Garten nur für den Eigenbedarf anbauen, können wir bei der Sortenwahl alle erwerbswirtschaftlichen Gesichtspunkte außer acht lassen. Wir bevorzugten Sorten, die reich tragen und dabei ein vorzügliches Aroma haben; außerdem sollten die Pflanzen möglichst lange gesund bleiben und sich die Früchte vielseitig verwerten lassen.

Im Liebhabergarten können wir eine Neuheit durchaus in kleiner Stückzahl ausprobieren, das Risiko ist nicht groß. Man muß allerdings damit rechnen, daß eine Sorte, die überschwänglich gepriesen wird, in Kürze schon wieder vergessen sein kann. Eine »Jahrhundertsorte« wie die 'Senga Sengana', die auch heute noch in vielen Haus- und Kleingärten zu finden ist, kommt nur selten auf den Markt.

'Karina', sehr früh, Wuchs stark, mittlerer Ertrag, geschmacklich sehr gut, kurze Erntezeit. 'Elvira', früh, Wuchs schwach bis mittelstark, Ertrag gut bis sehr gut, kleinfrüchtig ab 2. Ertragsjahr, hervorragendes Aroma, wenig krankheitsanfällig. 'Senga Sengana', mittelfrüh, bekannte Sorte, Wuchs sehr stark, starke Rankenbildung, sehr hoher Ertrag, Geschmack säuerlich-aromatisch, geringe Bodenansprüche, allerdings anfällig gegen Grauschimmel, erfolgreichste Erdbeerzüchtung der letzten Jahrzehnte, die in den Gärten nach wie vor weit verbreitet ist, Früchte vielseitig verwertbar: Frischgenuß; zum Einmachen und Einfrieren bestens geeignet. 'Vigerla', mittelfrüh, Wuchs mittelstark, hoher Ertrag bei bestem Boden, von vorzüglichem Aroma, etwas anfällig gegen Mehltau. 'Elsanta', mittelfrüh, sehr ertragreich, von gutem Geschmack, aber empfindlich gegen Barfröste (= Frost ohne Schneedecke), ertragsmäßig Spitzensorte auf Sandböden, auf schweren Böden dagegen problematisch, da hier gegen Wurzelkrankheiten empfindlich.

'Hummi Stugarta', mittelfrüh, starkwachsend, mit großen, leuchtendroten Früchten, ertragreich. 'Tenira', mittelspät, hoher bis sehr hoher Ertrag, Früchte leuchtend ziegelrot und leicht zu pflücken; vorzüglich als Kuchenbelag geeignet, obwohl geschmacklich abfallend. 'Ostara', mehrmals tragend, Wuchs stark, breit ausladend, große Früchte, die denen von 'Senga Sengana' ähneln, jedoch geschmacklich besser sind.

'Hummi Gento', 'Derenthal', 'Imtraga', 'Rapella' und andere ebenfalls mehrmals tragende Sorten, von denen sich bis zum Frost laufend frische Erdbeeren ernten lassen.

Ein Tip für die Kultur von 'Ostara' und andere mehrmals tragenden Sorten:
1. Blüten entfernen, dann setzt die Ernte erst ab 20. Juli ein, also nach der Ernte der normalen, einmaltragenden Sorten. Von da ab kann bis zum Herbst geerntet werden. Der Ertrag ist dann insgesamt etwa ebenso hoch wie bei 'Senga Sengana'.

Werden dagegen die 1. Blüten nicht entfernt, so gibt es eine kleine Ernte zur normalen Erdbeerzeit, und die 2. Ernte beginnt erst ab Mitte August. Die letzten Früchte verfaulen dann meist.

Obst aus dem Hausgarten

Von links nach rechts: Wie im Schlaraffenland: Monatserdbeeren als Ampelpflanze in Mundhöhe. Ein origineller Einfall!

Walderdbeeren bringen köstlich schmekkende aromatische Früchte.

Monatserdbeere
Fragaria vesca var. semperflorens

Sie machen zwar mehr Arbeit zum Pflücken, aber schließlich ist der Garten für uns Liebhaberei, die Arbeitszeit spielt nicht die wichtigste Rolle. Für diese Mehrarbeit werden wir belohnt, denn Monatserdbeeren tragen unermüdlich das Jahr über bis in den späten Herbst hinein, und die Früchte haben ein köstliches Aroma. Die Beeren sind gleich gut zum Frischgenuß, als Kuchenbelag oder zum Verzieren geeignet. Und wie sich erst die Kinder freuen!
Monatserdbeeren bilden keine Ausläufer. Sie eignen sich deshalb bestens als Wegeinfassung im Gemüsegarten. Als gute Sorten kennen wir 'Rügen' und 'Baron Solemacher'.
Die Pflanzen können wir uns durch Aussaat selbst heranziehen, indem wir den im Fachgeschäft gekauften Samen ab April in Schalen oder einem größeren Topf dünn aussäen. Am Zimmerfenster oder im Frühbeet ist dies auch schon früher möglich. Nach leichtem Übersieben mit feiner Erde wird das Kistchen schattig gestellt und stets feucht gehalten. Darauf ist besonders zu achten, andernfalls vertrocknet die Saat während der Keimung. Sobald dann die Sämlinge 3–5 Blättchen entwickelt haben, pikieren wir sie auf 5 cm Abstand und pflanzen sie später, nachdem sie sich kräftig entwickelt haben, aus. Noch besser: Wir geben die kleinen Pflanzen in Töpfchen und kultivieren sie darin weiter, bis sich kräftige Pflanzen entwickelt haben. Sie können dann den ganzen Sommer über mit Ballen ausgepflanzt werden und wachsen selbst bei Hitze ohne Störung weiter. Bereits im Spätsommer gibt es dann die erste Ernte.

Walderdbeere
Fragaria vesca

So köstlich Monatserdbeeren auch schmecken, an das Aroma von Walderdbeeren können auch sie nicht heran. Wir können sie im Garten auf offenen Boden vor Gehölzen oder dazwischen als Bodendecker anstelle anderer teurer Bodendecker ansiedeln. Man braucht nur auf einem Waldspaziergang einige Ausläufer mit nach Hause nehmen und sie pflanzen. Ein- oder zweimaliges Angießen genügt, und schon fassen sie Fuß, ohne daß wir uns noch groß um sie kümmern mußten. Bald ist die ganze Fläche mit den zierlichen Ausläufern übersponnen. Eine billige und hübsche Lösung, vor allem im naturnahen Garten! Wer Kinder hat, macht gleichzeitig auch diesen eine Freude, den Walderdbeeren, noch dazu im eigenen Garten, naschen sie nur zu gerne.

Johannisbeeren
Ribes rubrum

Einige Johannisbeersträucher haben in jedem Garten Platz. Wir können sie entlang der Grenze pflanzen oder mit ein paar Sträuchern den Kompostplatz abschirmen. Auch als Begrenzung des Gemüsegartens zur Rasenfläche hin sind die Sträucher geeignet.
Es gibt Rote, Weiße und Schwarze Johannisbeeren. Nachdem sich die beiden erstgenannten in ihren Ansprüchen und in der Pflege ähneln, werden sie hier unter Roten Johannisbeeren zusammengefaßt und lediglich bei den Sortenempfehlungen getrennt behandelt.
Rote Johannisbeeren enthalten zwar wesentlich weniger Vitamin C als schwarze Sorten (32 mg/100 g bzw. 170 mg/100 g), dafür aber erheblich mehr Zitronen-, Apfel-, Weinsteinsäure und Pektin. Durch diese Fruchtsäuren bleibt beim Kochen ein großer Teil der Vitamine erhalten. Der in den Beeren enthaltene Fruchtzucker ist leicht verdaulich und deshalb auch für Diabetiker bekömmlich.
Rote Johannisbeeren, vor oder nach der Mahlzeit mit Zucker bestreut gegessen, regen die Verdauungssäfte an und wirken gegen Darmträgheit. Vorzüglich schmecken die roten Beeren als Kuchenbelag und zu Gelee verarbeitet, in dem Fruchtzucker, Vitamine und Fruchtsäuren in besonders hohem Maße erhalten bleiben.
Während Rote Johannisbeeren säuerlich schmecken, weiße sind süßer, ist den schwarzen Sorten ein typisch strenger Geruch eigen, der aber keinswegs unangenehm ist. Im Winter braucht man nur an den Trieben zu reiben und kann dann im Zweifelsfall sofort Rote von Schwarzen Sträuchern unterscheiden.
Schwarze Johannisbeeren zeichnen sich durch den höchsten Vitamin C-Gehalt unter allen Früchten unseres Gartens aus. Mit 170 mg und mehr auf 100 g frische Beeren liegt dieser mehr als fünfmal so hoch wie bei Roten Johannisbeeren. Zur Reifezeit können wir die Beeren gleich roh vom Strauch essen oder aber wir verarbeiten sie zu Saft. Schwarze Johannisbeeren wirken blutreinigend und sind reich an wertvollem Fruchtzucker.

Ansprüche
Die Johannisbeere gedeiht zwar noch im Halbschatten, entschieden reicher trägt sie aber in sonniger, luftiger Lage; die Früchte enthalten dann mehr Zucker, während die Beeren an einem etwas schattigen Standort einen höheren Säuregehalt aufweisen.
Günstig ist ein mittelschwerer, nährstoffreicher Boden mit einem pH-Wert von 5,5–6, also leicht sauer. Da Johannisbeeren sehr flach wurzeln, sollte vor allem die obere Bodenschicht vor der Pflanzung mit Komposterde verbessert werden. Besonders aber wollen wir darauf achten, daß der Boden frei von Dauerunkräutern wie Giersch, Quecke, Ackerwinden ist. Im anderen Fall würden die Wurzeln solcher langlebiger Unkräuter sehr rasch in die Wurzelstöcke der Johannisbeeren hineinwachsen, von wo aus sie sich in das umliegende Gartenland ausbreiten.

Obst aus dem Hausgarten

Pflanzung

Gepflanzt wird am besten im Herbst, denn Johannisbeeren treiben sehr zeitig aus. Kann erst im Frühjahr gepflanzt werden, so sollte dies sobald als möglich geschehen. Verschiedentlich werden heute Johannisbeeren in den Baumschulen und Gartencentern auch in Containern, also blumentopfähnlichen Behältern aus Kunststoff, angeboten. Eine solche Ware kann das ganze Jahr über, mit Ausnahme winterlicher Frostperioden, gepflanzt werden. Man stellt die Container samt Pflanzen ins Wasser, bis keine Luftbläschen mehr aufsteigen, dann wird der Container von der Pflanze abgezogen und diese in den Boden gebracht. Rote Sorten sollten nur etwas tiefer gepflanzt werden, als sie vorher in der Baumschule gestanden haben, schwarze Sorten bringen wir dagegen um Handbreite tiefer in den Boden. Dadurch entstehen aus dem Wurzelstock reichlich junge Triebe, die wir bei den schwarzen Sorten zur ständigen Verjüngung brauchen.

Soll eine ganze Reihe Johannisbeersträucher gepflanzt werden, so arbeiten wir den Boden vorher in der gesamten Länge und etwa 1,50 m breit durch. Er sollte mindestens in Spatentiefe gelockert werden, besser noch etwas tiefer. Das Lockern und Durcharbeiten geschieht bei einem halbwegs normalen Boden nicht mit dem Spaten, sondern mit der Grabgabel. Mit diesem Gerät lassen sich die Erdklumpen leicht zerkleinern und die zur Verbesserung verwendete Komposterde gleichmäßig verteilen. Bei schwerem oder steinigem Boden wird man den Pickel zu Hilfe nehmen müssen, um das Erdreich gründlich zu lockern.

Als Pflanzware genügen Sträucher mit 3–4 bzw. 5–7 Trieben. Eine stärkere und dadurch teurere Ware ist nicht nötig, da wir den Strauch ohnehin am Anfang mit höchstens 6 Trieben aufbauen. Für den Eigenbedarf reichen bei einer vierköpfigen Familie 4 Rote und 3 Schwarze Johannisbeersträucher aus. Nur wer viel Johannisbeersaft oder -wein herstellen will, wird mehr pflanzen. Häufig kann man in den Gärten eine große Zahl von Sträuchern sehen, die aber zu eng stehen und schlecht gepflegt sind. Lieber wenige Sträucher pflanzen und diesen optimale Kulturbedingungen bieten!

Bei der Pflanzung schneiden wir beschädigte Wurzeln bis auf gesunde Teile zurück, heben mit der Schaufel im vorbereiteten Boden ein kleines Pflanzloch aus, so groß, daß alle Wurzeln gut Platz haben, stellen den Strauch hinein und umgeben die Wurzeln mit ein paar Handvoll feuchten Torf. Dadurch wird die Neubildung von Wurzeln gefördert. Dann wird das Loch mit Erde gefüllt, wobei darauf geachtet werden sollte, daß die Wurzeln gut in Erde eingebettet sind. Schließlich wird der Boden um den Strauch herum mit den Fußspitzen leicht angetreten, die Pflanze mit Wasser kräftig angegossen und der Boden um den Strauch herum mit kurzem Stroh oder Stallmist abgedeckt. Auf diese Weise bleibt die Erde gleichmäßig feucht und locker; der Strauch hat ideale Startbedingungen.

Pflanzabstände

Schwarze Johannisbeeren 2 m, Rote Johannisbeeren 1,80 m (starkwüchsige Sorten wie 'Traubenwunder', 'Rote Vierländer', 'Rondom' usw.), Rote Johannisbeeren 1,50 m (schwachwüchsige Sorten wie 'Red Lake', 'Heros' u. a. sowie weißfrüchtige Johannisbeeren). Diese Abstände genügen bei einreihiger Pflanzung, wie dies im Haus- und Kleingarten meist üblich ist.

Schnitt

Unmittelbar bei der Pflanzung lassen wir nur 5–6 Triebe, natürlich besonders kräftige und gut verteilte, stehen und kürzen sie auf etwa ⅓ der vorhandenen Trieblänge ein. Durch diesen Rückschnitt erfolgt bereits im 1. Jahr ein kräftiger Austrieb. So manchem Hobbygärtner tut es zwar leid, so viel wegzuschneiden, doch das ist unbegründet. Je schärfer nämlich der Rückschnitt, desto kräftiger der Austrieb, desto rascher entsteht ein prächtiger Strauch und umgekehrt. Durch den beschriebenen Pflanzschnitt entsteht aus jeder Endknospe ein kräftiger Verlängerungstrieb, während die übrigen Knospen ebenfalls austreiben und sich zu kurzem Fruchtholz entwickeln.

Auch die nächsten 2–3 Jahre wird der Strauch auf diese Weise im Winter geschnitten. Wir kürzen die Verlängerungen der einzelnen Triebe soweit ein, daß die Endknospe wiederum kräftig durchtreibt, während die übrigen Knospen lediglich seitliches Fruchtholz entwickeln sollen.

Wie weit eingekürzt werden muß, richtet sich nach der Sorte, dem Boden und der Düngung. Man sollte beobachten, wie der Strauch auf den letzten Schnitt reagiert hat und bekommt dann rasch ein Gespür, ob mehr oder weniger eingekürzt werden muß. Entwik-

Werden Johannisbeersträucher kräftig zurückgeschnitten (rot eingezeichnete Triebe werden entfernt), kann mit gutem Ertrag gerechnet werden.

Nur bei ausreichend großem Pflanzabstand können sich Johannisbeersträucher so gesund entwickeln.

Obst aus dem Hausgarten

Unter Johannisbeeren und anderen Beerensträuchern wird der Boden mit verrottetem Stallmist, Rasenschnitt oder kurzem Stroh gemulcht.

keln sich aus allen Knospen starke Triebe, so war der Schnitt zu radikal; es darf dann nur wenig eingekürzt werden. Treibt dagegen nur die Endknospe aus und bleibt ansonsten der letztjährige Trieb weitgehend kahl, so ist dies ein Zeichen, daß zu wenig eingekürzt wurde. In den meisten Fällen ist es richtig, wenn die letztjährige Triebverlängerung um 1/3 zurückgeschnitten wird, 2/3 bleiben also erhalten. Diese Empfehlungen sollten nicht zu tierisch ernst genommen werden. Es klingt alles viel komplizierter, als es ist, außerdem lassen sich gemachte Fehler im nächsten Jahr korrigieren. Der weitere Schnitt ist bei Roten und Schwarzen Johannisbeeren unterschiedlich.

Rote Johannisbeeren Bei den roten Sorten sollte der im Ertrag befindliche Strauch nicht mehr als 8–12 kräftige, gut verzweigte Triebe haben. Triebe, die älter als 5 Jahre sind, erkenntlich am dunklen Holz, werden spätestens im Winter entfernt und dafür als Ersatz 2 oder 3 den Sommer über entstandene Jungtriebe belassen. Also: Jedes Jahr, am besten gleich nach der Ernte, 2 oder 3 ältere Triebe herausnehmen und ebenso viele kräftige, gut verteilte Neutriebe nachziehen. Alle übrigen aus dem Wurzelstock entstandenen Neutriebe werden im Sommer dicht über dem Boden herausgeschnitten. Ein jährlicher Rückschnitt der Verlängerungstriebe ist nur bei schwachwüchsigen Sorten nötig, bei denen wir im Winter den Triebzuwachs um 1/3–1/2 einkürzen. Dadurch wird eine gute Verzweigung erreicht, die Triebe werden stabil und hängen bei reichem Fruchtbehang nicht allzu sehr zu Boden.

Schwarze Johannisbeeren Während die roten Sorten vor allem am zwei- bis dreijährigen Holz reich tragen, bringen Schwarze Johannisbeeren den besten Ertrag vorwiegend an den einjährigen Trieben, und zwar besonders zur Spitze hin. Aus diesem Grunde müssen wir hier alljährlich für Neutrieb sorgen. Das erreicht man, indem die abgeernteten Triebe entweder dicht über dem Boden abgeschnitten werden, wenn genügend Jungtriebe aus dem Wurzelstock entstanden sind, oder aber, indem die abgeernteten Triebe bis auf Jungtriebe zurückgesetzt werden, die sich aus dem unteren Drittel der alten Triebe entwickelt haben. Wer es sich ganz bequem machen möchte, kann Ernte und Schnitt gleich kombinieren: Man schneidet die mit Beeren behangenen Triebe aus dem Strauch, entweder dicht über dem Boden oder über einem seitlich entstandenen Jungtrieb, und kann sie auf der Terrasse im Sitzen abpflücken. Die im Strauch verbleibenden Triebe können sich im Laufe des Sommers noch kräftig entwickeln.

Johannisbeer-Hochstämmchen
Ebenso wie bei Stachelbeeren gibt es auch Johannisbeeren als Stämmchen zu kaufen. Wer mehrere davon pflanzen will, sollte einen gegenseitigen Abstand von 1,30 m einhalten. Der Schnitt ist ähnlich wie bei den Sträuchern. Nach dem Aufbau sollte die Krone nicht mehr als 8 kräftige, gut verteilte Äste besitzen, deren Verlängerungstriebe alle Jahre auf 4–6 Knospen zurückgeschnitten werden, während wir die Seitentriebe auf 2–4 Augen einkürzen. Solche Hochstämmchen benötigen einen stabilen Pfahl, an dem sowohl das Stämmchen als auch ein kräftiger Trieb in der Krone angebunden werden.

Düngung und Pflege

Als Grundlage der Düngung arbeiten wir jedes Frühjahr reichlich Kompost oberflächlich unter den Sträuchern ein. Auf diese Weise wird der Humusgehalt und damit die Bodenstruktur verbessert und das Bodenleben gefördert.
Um den Nährstoffbedarf zu decken, geben wir jährlich 50–70 g/m² eines chlorfreien Blau-Volldüngers, also

Johannisbeer-Hochstämmchen im Topf für Balkon oder Terrasse. Wichtig ist eine stabile Stütze.

1–1½ Handvoll. 1/3 dieser Gesamtmenge wird im zeitigen Frühjahr, 1/3 zur Blütezeit und 1/3 Anfang Juli ausgebracht. Auf diese Weise stehen den Sträuchern in der Zeit der Hauptentwicklung laufend Nährstoffe zur Verfügung, außerdem ist die Gefahr einer Einwaschung in tiefere Bodenschichten wesentlich geringer, als wenn die Gesamtmenge auf einmal gegeben würde. Selbstverständlich kann auch ein organischer Volldünger in entsprechender Menge gegeben werden.
Zur Pflege: Man kann immer wieder sehen, daß Johannisbeersträucher in den Rasen gepflanzt werden und von Gras umgeben sind. Dies hat keinen Sinn, und die Sträucher reagieren entsprechend. Sie kümmern jämmerlich dahin, der Ertrag ist äußerst gering, denn die Grasnarbe entzieht Wasser und Nährstoffe. Gut entwickelte Sträucher wachsen nur auf offenem Boden heran.
Keinesfalls darf der Boden unter Strauchbeerenobst tief bearbeitet werden, da die meisten Wurzeln sehr flach, in nur 2–20 cm Tiefe, verlaufen. Deshalb auf keinen Fall im Herbst mit dem Spaten umgraben! Es würden dabei eine Menge Faserwurzeln abgestochen, die für die Wasser- und Nährstoffaufnahme nötig sind. Wenn der Boden gelockert und Unkraut entfernt werden muß, dann nur flach und mit der Grabgabel.
Die ideale Form der Bodenpflege unter den flachwurzelnden Sträuchern ist eine Bodenabdeckung mit Mulchmaterial. Dazu eignet sich vor allem der ab Mai anfallende kurze Rasenschnitt, mit dem man meist ohnehin nicht weiß,

Obst aus dem Hausgarten

wohin damit, aber auch kurzes Stroh und verrotteter Stallmist. Torf ist ebenso gut geeignet, nachdem aber die noch vorhandenen Moore möglichst geschont werden sollen, wollen wir Torf im Garten nur dort verwenden, wo es keinen gleichwertigen Ersatz gibt.

Unter einer solchen 10–15 cm hohen Mulchdecke bleibt der Boden gleichmäßig feucht, besitzt eine ausgezeichnete Gare und wird bei Regen nicht verschlämmt. Außerdem kommt kaum Unkraut hoch. Daß sich die Beerensträucher dabei sehr wohl fühlen, kann man schon daran erkennen, daß der Boden unter der Mulchdecke bis obenhin durchwurzelt wird.

Blüte, Frucht, Ernte

Johannisbeeren blühen oft bereits Anfang April, die Beeren reifen im Juli. Die grünlichen Blüten hängen in Trauben und sind zwittrig. Rote Johannisbeeren sind weitgehend selbstfruchtbar; wenn möglich, pflanzen wir aber mindestens zwei verschiedene Sorten, denn Fremdbefruchtung fördert den Ertrag und die Beerengröße. Bei Schwarzen Johannisbeeren gibt es dagegen Sorten, die selbstfruchtbar sind, wie 'Roodknop' und andere, die fast völlig selbstunfruchtbar sind, wie die bekannte 'Rosenthals Langtraubige'; es sind alle Übergänge vorhanden. Es sollten also auch hier mindestens zwei Sorten zusammengepflanzt werden.

Bienenflug ist bei Roten und Schwarzen Johannisbeeren günstig für die Bestäubung und den Fruchtansatz. Dadurch werden in den einzelnen Beeren mehr Samen ausgebildet, und die Beeren werden größer. Von gut entwickelten, reichtragenden Sträuchern können bei roten Sorten 10–15 kg je Strauch geerntet werden, bei Schwarzen Johannisbeeren 3–5 kg.

Das »Rieseln« der kleinen Beeren bald nach der Blüte kann man vor allem bei Schwarzen, aber auch bei Roten Johannisbeeren beobachten.

Die häufigste Ursache hierfür sind Spätfröste während der Blütezeit oder mangelnde Befruchtung, wenn während der Blüte der Bienenflug durch kaltes, nasses Wetter behindert ist. Auch das Fehlen von geeigneten Pollenspendern, also anderer Sorten in unmittelbarer Nähe, kann das Rieseln begünstigen. Es empfiehlt sich deshalb, nicht nur eine, sondern mindestens zwei verschiedene Sorten zu pflanzen.

Vermehrung

Johannisbeeren selbst zu vermehren hat nur Sinn, wenn im eigenen Garten oder im Garten eines Bekannten ein besonders wertvoller, reichtragender und gesunder Strauch steht, dessen Sorte wir nicht kennen. Diese Eigenschaften werden bei vegetativer, also ungeschlechtlicher Vermehrung getreu fortgepflanzt.

Anfang Oktober schneiden wir aus einem solchen Bestträger-Strauch kräftige einjährige Triebe und teilen sie mit der Schere in Stücke von 20 cm Länge auf. Die untere Schnittfläche soll bei jedem Teilstück dicht unterhalb einer Knospe verlaufen, da hier viel Reservestoffe gespeichert sind, die obere etwa 1 cm über einem Auge. Die Triebstücke werden sofort leicht schräg auf ein lockeres Beet gesteckt, und zwar so tief, daß nur noch 1 bis 2 Augen sichtbar bleiben.

Im nächsten Herbst nehmen wir die nun bewurzelten Triebstücke aus dem Boden und kürzen den Neutrieb auf etwa ⅓ seiner Länge ein. Dann wird das bewurzelte Steckholz im Abstand von 40 cm erneut gepflanzt und entwickelt sich bis zum kommenden Herbst zu pflanzfertigen Sträuchern.

In den Baumschulen wird heute zur Vermehrung vielfach die in den letzten Jahren entwickelte Meristemkultur angewandt, da man mit dieser Methode absolut gesundes Pflanzmaterial erzielen kann.

Beerenobsthochstämmchen, Johannis- und Stachelbeere, werden auf die Goldjohannisbeere *(Ribes aureum)* veredelt, weil diese lange, gerade Triebe, die Stämmchen, bildet. Das Veredeln erfolgt meist durch seitliches Einspitzen, und zwar bei Hochstämmchen in 80–90 cm Stammhöhe, bei Niederstämmchen in 40–50 cm Höhe.

Sorten

Rote Johannisbeeren 'Rondom', reift ab Ende Juni, starkwüchsig und auch sehr ertragreich, aufrechtwachsend, bei Fruchtbehang meist überhängend, die leuchtendroten, säuerlichen Beeren sitzen dicht beieinander und rund um den Stiel, deshalb »Rondom«, von hoher innerer Qualität, gut für Saftbereitung; 'Rote Vierländer' (= 'Erstling aus Vierlanden'), reift ab Mitte Juli, altbekannte Sorte, seit 1910 im Handel, robuste Sträucher, kräftigwachsend, breitausladend, Beeren mittelgroß und säuerlich-aromatisch; besser für die Verarbeitung zu Saft u. a. geeignet als für Frischgenuß; 'Heros', reift ab Mitte Juni, schwachwachsend, etwas überhängend und schlechte Verzweigung, deshalb ständig im Schnitt halten und düngen, lange Trauben mit sehr großen, mild-aromatischen Beeren, vorzüglich für Frischgenuß. Ähnliche Eigenschaften hat die Sorte 'Red Lake'; 'Heinemanns Rote Spätlese', starkwüchsig und sehr ertragreich, reift erst 5–6 Wochen nach den übrigen Sorten, also im August, lange Trauben mit mittelgroßen, hellroten Beeren besetzt, die viele Samen enthalten, säuerlich, gut gelierfähig, für Frischgenuß und Verarbeitung, Sträucher zur Erntezeit mit Netzen schützen, da sonst vielfach starker Schaden durch Amseln und

Selbst die zartgrünen Johannisbeerblüten sind von eigenem Reiz. Sie lassen bereits die kommende Ernte ahnen.

Johannisbeeren eintriebig als Spindel gezogen. Über die Qualität sagt das Bild mehr als viele Worte.

Obst aus dem Hausgarten

Stare. Neben den genannten sind inzwischen viele neue Sorten erhältlich: 'Rovada', 'Stanza' und 'Mulka'. Sehr hohe Erträge und lange Trauben bringt außerdem 'Traubenwunder'.

Weiße Johannisbeeren 'Weiße aus Jüterbog', reift bereits gegen Anfang Juni, schwachwachsend, deshalb geringer Platzbedarf, geringer Ertrag, aber sehr wohlschmeckend süß, und deshalb Sorte für den Liebhabergarten, für Frischgenuß, zur besseren Befruchtung rote Sorten dazupflanzen. 'Weiße Versailler' ist eine andere altbewährte Liebhabersorte.

Schwarze Johannisbeeren 'Rosenthals Langtraubige Schwarze', reift ab Ende Juni, starker, breitausladender Wuchs, frostempfindlich in Holz und Blüte, meist hoher Ertrag, große Beeren, hoher Säure- und Vitamin-C-Gehalt, für Verarbeitung; 'Silvergieters Schwarze', reift ab Ende Juni, wenig anspruchsvoll an Boden und Lage, kräftiger, aufrechter Wuchs, große Beeren, süßer und milder im Geschmack als andere Sorten, deshalb für Frischgenuß und Verarbeitung; 'Wellington XXX', reift ab Anfang Juli, starkwüchsig mit kräftiger Verzweigung, deshalb jährlich auslichten, in geschützter Lage hoher Ertrag, ansonsten frostanfällig, besonders in der Blüte, große aromatische Beeren, hoher Säure- und Vitamin-C-Gehalt, gut für Frischgenuß, aber auch für Verarbeitung; 'Strata', reift ab Juni, neuere Sorte, kräftiger, leicht überhängender Wuchs, Bestträger, wenig spätfrostempfindlich, deshalb hoher und regelmäßiger Ertrag, sehr große Beeren, aromatisch und süß, gut für Frischgenuß; 'Josta' – Kreuzung zwischen Schwarzer (Jo)hannisbeere und (Sta)chelbeere, sehr starkwachsend, braucht 2,50 m Abstand, mit wesentlich größeren Beeren als bei übrigen Schwarzen Johannisbeeren, beliebt für Saftgewinnung und andere Verarbeitung (siehe auch S. 342/343).

Stachelbeeren
Ribes

Auch sie enthalten wertvolle Fruchtzucker und Zitronensäure sowie Vitamin C in ähnlicher Höhe wie Rote Johannisbeeren. Stachelbeeren wirken blutreinigend und verdauungsfördernd. Im Haushalt sind bereits die grünen, noch unreifen Früchte als Kuchenbelag geschätzt. Halbreife und reife Früchte verarbeitet die Hausfrau zu Marmelade, Kompott oder macht sie in Gläsern ein. Vor allem aber essen wir die herrlichen Früchte vollreif gleich vom Strauch oder, noch besser, weil man sich nicht zu bücken braucht, vom Hochstämmchen weg; mancher setzt auch Stachelbeerwein an.

Ansprüche
In ihren Ansprüchen gleichen Stachelbeeren weitgehend den Johannisbeeren. Sie wollen hell und sonnig stehen, bringen aber auch bei sonstiger guter Pflege eine reiche Ernte, wenn sie wenigstens den halben Tag Sonne bekommen. Wenn die reifenden Früchte in der vollen Sonne hängen, können empfindliche Sorten sogar durch Sonnenbrand geschädigt werden.

Der Boden sollte möglichst lehmig und nährstoffreich sein. Trockene, sandige Böden werden deshalb vor der Pflanzung mit reichlich Kompost verbessert, weil sonst die Blattfallkrankheit stark auftritt.

Die Blüten sind gegen Spätfröste empfindlich, und es gibt dann eine geringe Ernte. Werden die Sträucher dagegen während der frühen Blüte einmal überraschend von Schnee bedeckt, so hat dies auf den Behang kaum einen nachteiligen Einfluß. Hochstämmchen sollte man bei viel Schnee, der im April meist naß und schwer ist, abschütteln, damit sie nicht abbrechen.

Pflanzung
Hier gilt das gleiche wie bei Johannisbeeren. Wenn einreihig gepflanzt wird, soll der Abstand von Strauch zu Strauch gut 1,50 m betragen. Bei Hochstämmchen, die sich durch Schnitt in ihrem Umfang begrenzen lassen, sollte ein Abstand von 1,20–1,30 m eingehalten werden. Wer allerdings genügend Platz hat, pflanzt die Hochstämmchen 1,80–2 m auseinander. Dann können die jungen Triebe lang bleiben und sich die Krone voll entwickeln. Bei guter Pflege erreicht sie nämlich einen Durchmesser von 1,80 m, ja gelegentlich sogar noch mehr.

Schnitt
Der Pflanzschnitt und der Aufbau erfolgt wie bei der Johannisbeere. Der fertige Strauch soll aus nicht mehr als 8–12 ein- und zweijährigen Trieben bestehen. Dies gilt auch für den Hochstamm. Triebe, die älter als 3 Jahre sind, erkenntlich am dunkleren Holz, werden möglichst entfernt und an ihre Stelle wieder Jungtriebe nachgezogen. Diese entstehen bei Sträuchern aus dem Wurzelstock, bei Hochstämmchen aus der Kronenbasis.

Das Auslichten geschieht am besten gleich nach der Ernte, denn zu diesem Zeitpunkt sind uns die »stachligen Erfahrungen« noch in bester Erinnerung, und wir sind dann beim Ausschneiden nicht gar so zimperlich.

Sollte »Amerikanischer Mehltau« vorhanden sein, kürzen wir im Winter

Von links nach rechts: Weiße Johannisbeeren sind wohlschmeckend, sie eignen sich deshalb besonders zum Frischverzehr.

Schwarze Johannisbeeren mit sehr hohem Vitamin C-Gehalt werden bevorzugt zu Saft verarbeitet.

Obst aus dem Hausgarten

sämtliche Triebspitzen bis auf das gesunde Holz ein. Sind die Jungtriebe dagegen gesund, so erübrigt sich ein Einkürzen. Die Beeren hängen dann an den Jungtrieben wie an einer Perlenkette bis zur Spitze hin.

Heckenerziehung, Hochstämmchen

Stachelbeeren können, ebenso wie Johannisbeeren, auch als Hecke gezogen werden. Man baut dazu ein ca. 1,20 m hohes Drahtgerüst, verteilt daran die aus dem Boden kommenden Triebe im Abstand von 20–25 cm locker nach rechts und links und heftet sie mit Bast an den Drähten an.

Sehr beliebt ist bei Stachelbeeren der Hochstamm und das zu Recht. Wir können, sozusagen im Vorbeigehen, an den reifen Früchten naschen, und das Beet läßt sich im Parterre zusätzlich mit Sommerblumen oder Gemüse nutzen.

Ebenso wie Rosenhochstämmchen erinnern auch die in dieser Form gezogene Stachelbeeren an die »gute alte Zeit«. Mit Hochstämmchen bringen wir einen Hauch Romantik in unseren Garten und gliedern gleichzeitig den Gartenraum. Dabei kann sich der Ertrag sehen lassen, denn 5 kg Ernte von einem gut gepflegten Hochstämmchen sind durchaus möglich.

Die Lebensdauer ist allerdings kürzer als beim Strauch, denn die Hochstämmchen sind auf die Goldjohannesbeere (Ribes aureum) aufveredelt. Von dieser gibt es Auslesen, wie z.B. 'Brechts Erfolg', die lange gerade Triebe, die Stämmchen, entwickeln. Sie werden in der Baumschule in der gewünschten Höhe mit Stachelbeersorten veredelt. Veredlungen mit nur 30 cm hohen Stämmchen bezeichnet man als Fußstamm, solche mit 1,20 m als Hochstämmchen.

Wichtig ist bei der Pflanzung von Hochstämmchen, daß sie einen imprägnierten Pfahl bekommen, der in die Krone hineinragen muß. An diesem wird nicht nur das Stämmchen, sondern auch ein kräftiger Trieb, der sich möglichst in der Mitte der Krone befindet, angebunden. Wird nur das Stämmchen befestigt, so besteht die Gefahr, daß eine umfangreich entwickelte Krone bei reichem Behang, Sturm, starkem Regen oder nassem Schneefall genau an der Bindestelle abbricht. Dies ist dann sehr ärgerlich. Aus dem gleichen Grunde überprüfen wir auch immer einmal wieder durch leichtes Dagegendrücken, ob der Pfahl noch in Ordnung oder bereits abgefault ist. In diesem Fall sollte er schleunigst ersetzt werden.

Eine andere Möglichkeit: Wir umgeben Stachelbeerstämmchen mit 3 Pfählen (Dreieck), die oben mit Latten verbunden werden. Die fruchtbeladene Krone kann auf dem Lattendreieck sicher aufliegen, auch bei stärkerem Sturm. Das Stämmchen braucht nur an einem der 3 Pfähle angebunden zu werden.

Der Schnitt des Hochstämmchens ist ähnlich wie beim Strauch. Nach einem kräftigen Rückschnitt bei der Pflanzung ist in den kommenden Jahren dafür zu sorgen, daß die Krone licht bleibt und sich stets lange Jungtriebe entwickeln, an denen die köstlichen Beeren hängen.

Pflege, Düngung

Die Bodenbearbeitung erfolgt in der gleichen Weise wie bei Johannisbeeren, denn auch die Stachelbeeren wurzeln sehr flach. Eine Mulchdecke fördert auch bei dieser Beerenobstart das Wachstum und den Ertrag.

Auch bezüglich Düngung gilt das bei den Johannisbeeren Gesagte, also 50–70 g/m² Blau-Volldünger pro Jahr. ⅓ dieser Menge geben wir bereits im zeitigen Frühjahr, ⅓ zur Blüte und ⅓ im Mai bis Anfang Juni. Das letzte Drittel braucht allerdings nur gegeben zu werden, wenn die Sträucher oder Hochstämmchen reich mit Früchten behangen sind.

Blüte, Frucht, Ernte

Die im April erscheinenden Blütenglöckchen sind unscheinbar gelbgrün. Sie stehen meist einzeln, zu zweit oder in kleinen Büscheln zusammen. Botanisch interessant ist, daß der männliche Blütenstaub bereits vorhanden ist und keimen kann, ehe die weibliche Narbe empfängnisbereit ist. Aus diesem Grunde sollten mehrere Sorten, mindestens zwei, gepflanzt werden, die unterschiedlich blühen.

Wenn in der weiteren Umgebung Bienen vorhanden sind, summt es in blühenden Stachelbeersträuchern und in den Kronen der Hochstämmchen den

Mit Stachelbeer-Hochstämmchen bringen wir einen Hauch Romantik in den Garten, die Beeren lassen sich bequem pflücken.

Auch Stachelbeeren können als Spindel gezogen werden. Wie an einer Perlenkette hängen die Beeren an den einjährigen Trieben.

Obst aus dem Hausgarten

An reichtragenden Sträuchern wird ein Teil der Beeren vorzeitig gepflückt, damit sich die übrigen besser entwickeln können.

ganzen Tag über, aber auch schwerfällige Hummeln lieben die Stachelbeerblüten und tragen zur Bestäubung bei. Von reichtragenden Sträuchern oder Stämmchen können bereits ab Mitte Mai 1/3–1/2 der noch unreifen Beeren herausgepflückt und in der Küche verwertet werden. Man spricht von Grünpflücke. Selbstverständlich sind diese Beeren nur zum Einkochen oder zur Kompottbereitung geeignet, immer mit verhältnismäßig viel Zucker. Bei der Grünpflücke nehmen wir vorwiegend die mangelhaft ausgebildeten Beeren weg und lassen die schönsten hängen. Die verbleibenden Früchte werden dadurch besonders gut ausgebildet.

Die Haupternte liegt im Juli. Man muß aber nicht alle Beeren auf einmal pflücken, sondern kann dies bei jeder Sorte über 2–3 Wochen hinweg ausdehnen. Wir pflücken dann jeweils nur die vollreifen und schönsten Früchte heraus. Ein gut gepflegter Stachelbeerstrauch kann 5–10 kg bringen, ein Hochstämmchen 5 kg und darüber.

Vermehrung

Wie Johannisbeeren, so wird auch diese Obstart nicht durch Aussaat, sondern vegetativ vermehrt. In der Baumschule geschieht dies durch Steckholz und krautige Stecklinge, im Garten dagegen durch Absenker und Abrisse. Das sind sehr einfache Methoden, mit denen wir in jedem Fall Erfolg haben. Wollen wir durch Absenker vermehren, so legen wir im Frühjahr kräftige vorjährige Triebe flach auf den lockeren, mit Kompost verbesserten Boden, haken sie fest und decken sie mit Erde ab. Im Laufe des Sommers werden die aus den Augen des heruntergelegten Triebes entstehenden Schosse mehrmals etwas angehäufelt. Nachdem sich bis zum Herbst jeder dieser Schosse

Stachelbeeren lassen sich sehr leicht durch Absenker vermehren.

bewurzelt hat, schneiden wir den heruntergelegten Trieb in einzelne Stücke, natürlich so, daß wir mehrere bewurzelte Schosse mit je einem kurzen Triebstück erhalten. Dies sind die neuen Pflanzen.

Wollen wir durch Abrisse vermehren, so muß die Mutterpflanze im Frühjahr bis dicht über den Boden zurückgeschnitten werden. Daraufhin entstehen aus dem Wurzelstock zahlreiche Jungtriebe, die wir im Sommer ebenfalls mehrmals anhäufeln. Im Herbst werden die inzwischen bewurzelten Triebe samt Wurzeln abgeschnitten und bis zur Pflanzung an den endgültigen Platz ein weiteres Jahr auf einem Beet mit gutem Boden, z. B. im Gemüsegarten, kultiviert.

Sorten

'Hönings Früheste', reift ab Mitte Juni, altbekannte gelbe Frühsorte, starkwachsend, reichtragend, süß und wohlschmeckend, deshalb vorzüglich zum Essen vom Strauch oder Hochstämmchen, wenig mehltauanfällig; 'Weiße Neckartaler', reift ab Anfang Juli, hervorragendes Aroma, beliebte Tafelsorte, aber etwas mehltauanfällig. 'Grüne Kugel', reift im Juli, ausgezeichneter Geschmack, aromatisch, sehr reichtragend, eignet sich für Grünpflücke und Frischverzehr, jedoch mehltauanfällig. 'Rote Triumph', reift von Mitte bis Ende Juli, Geschmack angenehm süßsäuerlich, Massenträger, kann jedoch Mehltau bekommen, wichtigste rote Sorte, geeignet für Grünpflücke und Verarbeitung. Ähnlich: 'Weiße Triumpf' mit weißlich- bis gelbgrüner Schale. Als Neuheiten sind inzwischen im Handel: 'Reverta', reift ab Anfang Juli, mittelgroße grüne Beeren mit sehr gutem Aroma, resistent gegen Mehltau und wenig empfindlich gegen Spätfröste. 'Invicta', reift Mitte bis Ende Juli, Geschmack angenehm süßsäuerlich, grüne Sorte aus England, widerstandsfähig gegen Mehltau. 'Dr. Bauers Rokula', reift Mitte bis Ende Juli, gutes Aroma, rote, große Früchte, sehr widerstandsfähig gegen Mehltau.

Jostabeere

Ribes nidigrolaria

Mit Josta wurde eine völlig neue Beerenobstart gezüchtet, eine Kreuzung zwischen Schwarzer Johannisbeere und Stachelbeere. Daher auch der Name: Jo(hannisbeere) und Sta(chelbeere). Die Schwarze Johannisbeere war die Mutter, die mit dem Blütenstaub der Stachelbeere bestäubt bzw. befruchtet wurde. Nahezu 60 Jahre ist es her, seit die ersten Kreuzungsversuche unternommen wurden, aber erst vor 30 Jahren begann das praxisreife Stadium dieser Neuheit, die nach 1975 in den Handel kam.

Im äußeren Erscheinungsbild herrscht eindeutig die Schwarze Johannisbeere vor, deshalb wird diese Neuheit auch bei dieser Beerenobstart vorgestellt. Stacheln fehlen an den Trieben. Die Jostasträucher wachsen außerordentlich kräftig, stärker als jede Sorte von Schwarzen Johannisbeeren. Die Büsche sollten deshalb mindestens 2,50 m, noch besser 3 m voneinander entfernt stehen. Geizen wir also nicht mit Platz, sonst wachsen die Triebe bald ineinander. Blätter und Beeren befinden sich dann zu sehr im Schatten und können ihr typisches Aroma nicht entwickeln.

Schwarze Johannisbeeren und Stachelbeeren blühen und tragen bereits am 1jährigen Holz. Diese gute Eigenschaft können wir auch bei der Josta beobachten. Die Blüten sind größer als bei Schwarzen Johannisbeeren und bei

Obst aus dem Hausgarten

Stachelbeeren und hängen in 3–5blütigen Trauben an den einjährigen Trieben. Am älteren Holz bilden sich wie bei der Stachelbeere zahlreiche Fruchtspieße mit jeweils mehreren Blüten- bzw. Fruchttrauben. Der Strauch trägt also über Jahre hinweg in allen Teilen Beeren und kahlt nicht so leicht auf wie die Schwarze Johannisbeere.

Die Beeren selbst sehen wie übergroße Schwarze Johannisbeeren oder wie etwas klein gebliebene Stachelbeeren aus. Meist sitzen 2–3, verschiedentlich aber auch bis zu 5 oder sogar 7 Beeren in einer Traube zusammen. Da die Beeren nicht gleichzeitig reifen, muß mehrmals durchgepflückt werden. Nur die bereits sehr dunklen, beinahe schwarzen Beeren sind vollreif. Die Ernte zieht sich innerhalb eines Strauches über 2 Wochen hin.

Etwa 2–3 Jahre nach der Pflanzung gibt es den ersten kleinen Ertrag, der sich in den folgenden Jahren steigert. Im Verhältnis zu den großen Sträuchern jedoch vielfach enttäuschender Ertrag, deshalb besser eine der auf S. 340 genannten »schwarzen Sorten« wählen.

Auch geschmacklich ist die Jostabeere etwas Neues. Wir haben hier eine Mischung von Stachelbeeraroma mit dem typischen Geschmack der Schwarzen Johannisbeere. Der herbe Geschmack der Schwarzen Johannisbeere ist also abgemildert. Im Vitamin-C-Gehalt kommt die Jostabeere mit 90–100 mg bei 100 g Beeren nahe an die Schwarze Johannisbeere heran und zählt damit zu unseren Vitamin C-reichsten Obstarten.

Ein paar Hinweise zum Schnitt: Ein Pflanzschnitt wie bei Johannis- und Stachelbeere ist bei der Jostabeere nicht nötig; sie wächst auf allen Böden gut an und entwickelt sich kräftig. Später genügt ein jährliches, mäßiges Auslichten, damit an die Blätter genügend Luft und Licht herankönnen. Der Auslichtungsschnitt kann gleich nach der Ernte vorgenommen werden. Wer um diese Zeit nicht dazu kommt, holt die Arbeit im Winter nach. Störende überhängende Triebe können ohne Nachteil eingekürzt werden.

Gedüngt braucht nur zu werden, wenn die Triebbildung deutlich nachläßt. In diesem Fall düngen wir wie bei Schwarzen Johannisbeeren.

Wertvoll an dieser Neuheit ist auch ihre Unempfindlichkeit gegen Krankheiten und Schädlinge. So konnte bisher weder Befall durch den Amerikanischen Stachelbeermehltau noch durch die Blattfallkrankheit beobachtet werden. Sehr widerstandsfähig scheint die Jostabeere auch gegen die Johannisbeergallmilbe zu sein, die bei Schwarzen Johannisbeeren die Rundknospigkeit hervorruft.

Selbstverständlich können wir die Jostabeeren gleich vom Strauch essen, so wie wir dies auch bei den anderen Beerenobstarten tun. Sobald die Sträucher aber reichlich tragen, wird man einen Teil der Ernte zu Gelee verarbeiten, das ganz vorzüglich schmeckt. Die Beeren werden dabei wie üblich entsaftet und mit der gleichen Menge Zucker eingedickt. Ebenso läßt sich Marmelade herstellen; dabei sollte allerdings der Zuckeranteil verringert werden. Vorzüglich schmeckt auch der Saft der Beeren. Wem die Arbeit auf einmal zuviel ist, kann sie erst tiefgefrieren und sie zu einem späteren Zeitpunkt verarbeiten.

Nach all den bisherigen Beobachtungen in Gärten und Versuchsanlagen handelt es sich bei der Jostabeere um keine »Eintagsfliege«. Nachdem sich die Beeren vielseitig verwerten lassen und die Sträucher sehr robust und ohne Krankheiten wachsen, dürften sie bald mehr und mehr als Ergänzung der traditionellen Beerenobstarten in den Gärten zu finden sein.

Himbeeren
Rubus idaeus

Himbeeren zeichnen sich duch einen hohen Gehalt an Mineralstoffen (Kalium, Eisen, Phosphor) aus. Durch die enthaltene Apfel- und Zitronensäure schmecken die Beeren angenehm säuerlich. Sie wirken erfrischend und blutreinigend. Im eigenen Garten angebaut, können wir die Beeren bis zur letzten Reife an den Pflanzen belassen. Allerdings, an das köstliche Aroma der kleineren Waldhimbeeren kommen auch die besten Sorten von Gartenhimbeeren nicht heran.

Ansprüche

Himbeeren wachsen am besten auf einem mittelschweren, lockeren und humosen Gartenboden in möglichst windgeschützter, sonniger Lage. Sie lieben leicht sauren Boden; ein pH-Wert von 5,5–6 wäre ideal, doch auch wenn dieser etwas höher liegt, kann man reichlich ernten, sofern die sonstigen Kulturansprüche beachtet werden. Ein zu hoher pH-Wert hat allerdings Eisen- und Manganmangel zur Folge; die Blätter färben sich dann ungesund gelblich (Chlorose).

Ist der vorhandene Boden leicht und sandig, verbessern wir ihn mit organischen Düngemitteln, also mit Kompost oder verrottetem Stallmist. Wenn dann gemulcht und zusätzlich bei Trockenheit während des Wachstums und der Fruchtreife gewässert wird, ist auch unter solchen von Haus aus ungeeigneten Böden der Anbau von Himbeeren lohnend.

Pflanzung

Himbeeren pflanzen wir, wie auch das übrige Strauchbeerenobst, am besten im Herbst. Der Start im Frühjahr ist dann ein besserer. Können wir erst im Frühjahr pflanzen, dann so früh wie möglich. Im Garten werden Himbeeren meist nur in einer Reihe gepflanzt, vielfach entlang des Zaunes oder als Abgrenzung des Gemüsegartens. Als Pflanzabstand genügen 40–50 cm und 1,50 m Reihenabstand, wenn mehrere Reihen gepflanzt werden sollen.

Die grundlegende Bodenvorbereitung nehmen wir wie bei den Johannisbeeren oder Stachelbeeren vor. Da die Wurzeln der Himbeeren empfindlich sind, werden die Pflanzen bei Ankunft der Sendung gleich eingeschlagen oder sofort gepflanzt. Jedenfalls muß verhindert werden, daß sie austrocknen. Beim Pflanzen selbst geben wir um die Wurzeln herum ein paar Handvoll feuchten Torf; dies fördert das Anwachsen.

Bei der Jostabeere sind die Früchte deutlich größer als bei der Schwarzen Johannisbeere.

Obst aus dem Hausgarten

Himbeeren, auf diese Weise gepflanzt, können ein hübscher Sichtschutz werden.

Wichtig ist, daß die an der Basis sitzenden Triebknospen nicht beschädigt werden, denn die sich daraus entwickelnden Triebe bringen die 1. Ernte im Jahr nach der Pflanzung. Wir setzen die Pflanzen so tief, daß die Bodenknospen etwa 5 cm hoch mit Erde bedeckt sind. Dann gießen wir an und decken den Boden mit kurzem Stroh, verrottetem Stallmist, grobem Kompost oder Rindenmulch ab. Schließlich werden die Triebe auf etwa 30–40 cm Länge eingekürzt. Würde man sie belassen, so entstünden im selben Jahr zwar einige Seitentriebe und vereinzelt auch Früchte, aber kaum ein Neutrieb für das kommende Jahr.

Entscheidend für den Erfolg ist auch hier die Sorte und die Herkunft des Pflanzmaterials. Es muß vor allem gesund sein, denn viele Himbeerkulturen leiden unter Mosaikvirus, gelblichgrüner Marmorierung und leichter Kräuselung der Blätter. Mit Himbeerausläufern, die man vom Nachbarn oder einem sonstigen guten Bekannten geschenkt bekommt, sollte man deshalb vorsichtig sein.

Schnitt

Der Schnitt ist einfach: Gleich nach der Ernte werden die abgetragenen Ruten dicht über dem Boden abgeschnitten. Gleichzeitig entfernt man alle schwachen, zu dicht stehenden Neutriebe. Je m sollten nur etwa 8–12 Ruten verbleiben. Diese tragen im kommenden Jahr. Zusätzlich können wir im zeitigen Frühjahr die besonders langen Ruten auf etwa 2 m Länge einkürzen. Sie bringen dann zwar ein paar Beeren weniger, die verbleibenden werden dafür um so größer.

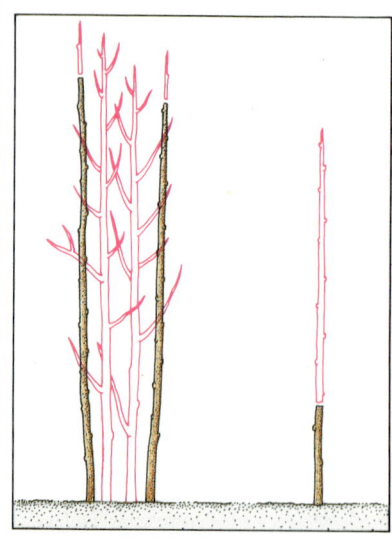

Auch bei den Himbeeren wird nur ein guter Ertrag erzielt, wenn Auslichtung und Schnitt richtig und regelmäßig ausgeführt werden.

Triebe, die zu weit von den Mutterpflanzen entfernt entstanden sind, gräbt man mit dem Spaten aus. Dadurch sieht die Pflanzung ordentlich aus, die eigentliche Himbeerreihe bekommt genügend Licht. Wurden mehrere Himbeerreihen gepflanzt, so werden auch die Triebe, die zwischen den Reihen aus dem Boden kommen, entfernt. Bei den zweimaltragenden Sorten werden dagegen im Winter bzw. zeitigen Frühjahr alle Triebe abgeschnitten. Man kann sie richtiggehend abmähen. Nachdem sich die neuen Ruten entwickelt haben, entfernen wir gegen Mitte Juni alle schwachen Jungtriebe, so daß nur noch 8–12 kräftige Triebe je m verbleiben.

Wenn wir so vorgehen, beginnen wir bei remontierenden, also zweimal tragende Sorten, erst dann mit der Ernte, wenn diese bei den normalen Sorten bereits beendet ist, d. h., die Ernte zieht sich bis in den Spätherbst hin. Wenn es im Oktober kälter wird, spannen wir eine Folie darüber und können auf diese Weise noch lange weiter ernten, denn Himbeeren erfrieren erst bei etwa −5–6 °C.

Spaliergerüst

Himbeeren benötigen ein einfaches Drahtgerüst: In Abständen von etwa 5 m werden imprägnierte Holzpfähle 50 cm tief in den Boden geschlagen; ihre Höhe über dem Boden sollte etwa 1,30 m betragen. Nach 70 cm und nach weiteren 50 cm werden Drähte gespannt, an denen wir die Ruten mit Bast befestigen.

Eine andere Möglichkeit ist es, an den Pfählen in 70 und 120 cm Höhe je 1 Querholz anzubringen, und diese durch Doppeldrähte miteinander zu verbinden. Die Ruten wachsen dann zwischen den Drähten hoch und fallen nicht auseinander. Bei dieser Methode ersparen wir uns das Anbinden der Ruten.

Pflege, Düngung

Gerade bei der Himbeere hat sich das Abdecken des Bodens mit organischen Stoffen bestens bewährt. Die bis dicht an die Oberfläche reichenden feinen Saugwurzeln sind dadurch ständig von Humus umgeben, vor Sonnenstrahlen geschützt, haben es feucht und gleichzeitig luftig. Die Pflanzen fühlen sich unter einer solchen Mulchdecke sichtlich wohl, denn auch an ihrem natürlichen Standort, in Waldlichtungen, ist die Himbeere bedeckten Boden gewohnt. Gleichzeitig ist das Mulchen mit die wichtigste Vorbeugungsmaßnahme gegen die gefürchtete Rutenkrankheit. Der Boden sollte bei Himbeeren überhaupt nicht gelockert werden. Die Wurzeln wachsen so sehr in die Mulchdecke, daß auch eine ganz flache und vorsichtige Bodenbearbeitung zu einer Wachstumsstörung führen kann. Vorhandenes Unkraut kann leicht von Hand aus der Mulchdecke entfernt werden.

Auch zur Düngung haben sich organische Stoffe bewährt. Um die verbrauchten Nährstoffe zu ersetzen, geben wir verrotteten Stallmist, Kompost, Hornspäne oder Rizinusschrot. Daneben bekommen die Pflanzen 50–70 g/m² Blau-Volldünger, der auch Magnesium enthalten sollte. Himbeeren leiden nämlich leicht an Magnesiummangel, wobei die Blätter zwischen den Rippen vergilben. Nachdem Himbeeren gegen eine zu hohe Salzkonzentration im Boden empfindlich sind, geben wir den Dünger nicht auf einmal: ⅔ davon streuen wir im zeitigen Frühjahr, ⅓ gegen Ende der Blüte im Bereich der Himbeerwurzeln aus. Selbst-

Obst aus dem Hausgarten

verständlich kann anstelle des Blau-Volldüngers auch einer der im Handel befindlichen organisch-mineralischen Volldünger in entsprechender Aufwandmenge, siehe Aufdruck auf der Packung, verwendet werden. Nachdem solche Dünger auf Horn-Knochen-Basis langsam wirken, gibt man die gesamte Menge im zeitigen Frühjahr gleich auf einmal.

Ob zusätzlich Kalk nötig ist, kann nur durch eine Bodenuntersuchung festgestellt werden. Nachdem Himbeeren einen schwach sauren Boden bevorzugen, sollte nur dann kohlensaurer Kalk ausgebracht werden, wenn der optimale pH-Wert von 5,5–6 unterschritten wird.

Blüte, Frucht, Ernte

Himbeeren sind selbstfruchtbar. Doch empfiehlt sich die Pflanzung von mehreren Sorten, denn auch bei dieser Beerenobstart bringt Fremdbestäubung besonders hohe und regelmäßige Erträge sowie große Beeren.

Die Früchte hängen an den im Vorjahr entstandenen Ruten und reifen im Juli. Gleichzeitig wachsen aus den Wurzelstöcken neue Triebe, die den Ertrag für das nächste Jahr liefern.

Geerntet wird erst, wenn die Beeren völlig rot sind. Dabei zieht man sie einfach vom Zapfen (Fruchtboden) ab. Nachdem die Beeren rasch überreif werden, pflücken wir sie alle 2–3 Tage durch, bei heißem Wetter sogar möglichst täglich.

Vermehrung

Bei Himbeeren ist die Vermehrung noch einfacher, als bei den bisher genannten Arten. Wir brauchen im Herbst oder Frühjahr nur die kräftigsten Wurzelschößlinge, von denen oft mehr entstehen als uns lieb ist, ausgraben und können mit diesen gleich ein neues Beet bepflanzen. Dazu ist allerdings nur zu raten, wenn es sich bei den Mutterpflanzen um eine geschmacklich wertvolle, reichtragende Sorte handelt und die Pflanzen einwandfrei gesund, d. h., virusfrei sind.

Nachdem aber die Himbeerbestände in den Gärten weitgehend virusverseucht sind, ist es meist besser, wenn wir neue Himbeerpflanzen von einer zuverlässigen Baumschule beziehen. Dort wird von viruskontrollierten Mutterpflanzen vermehrt, und zwar meist durch Wurzelschnittlinge.

Inzwischen gibt es neue Verfahren, um gesunde Himbeerpflanzen zu erzielen. Da ist einmal die Meristem- oder Gewebekultur, die nur in Betrieben oder an Instituten mit speziellen Laboreinrichtungen durchgeführt werden kann. Die Erfolge sind erstaunlich.

Daneben werden Himbeeren neuerdings auch durch Thermotherapie vermehrt. Dabei werden Austriebe von Wurzelschnittlingen mehrere Monate hindurch bei 37–39°C kultiviert. Anschließend entfernt man nur wenige Zentimeter lange Sproßspitzen, die zur Bewurzlung gebracht und dadurch vermehrt werden. Während dieser Zeit müssen sie gegen Insekten als Virusüberträger abgeschirmt sein. Nach dem neuesten wissenschaftlichen Stand dürfte die Kombination von Thermotherapie mit Meristemkultur die sicherste Methode sein, um virusfreies Pflanzenmaterial zu gewinnen.

Sorten

'Preußen', frühreifend ab Mitte Juni, stark aufrecht wachsend, kräftige Triebe, ausgezeichnet im Geschmack, deshalb besonders zum Frischgenuß aber auch zur Saftbereitung und zum Einmachen sehr gut geeignet, alte, in vielen Gärten vertretene Sorte, die allerdings rasch und stark abbaut, deshalb Jungpflanzen nur von einer zuverlässigen Baumschule beziehen, die eine Auslese dieser Sorte anbietet, anfällig gegen Himbeerrutenkrankheit, deshalb die Pflanzung nach spätestens 8 Jahren erneuern; 'Schönemann', spätreifende, bewährte Hauptsorte, kräftige, stark aufrechtwachsende Triebe, überaus reichtragend, Beeren dunkelrot, von angenehm süß-säuerlichem Geschmack, robust wachsend mit reichlich Wurzelschossen, wenig krankheitsanfällig; 'Himbostar', spät reifend, mittelstark wachsend mit wenig Jungtrieben, Anzahl jedoch für Vollertrag ausreichend, ertragreich, braucht ausreichend Niederschläge bzw. genügend feuchten Boden, Beeren leuchtendrot, aromatisch und gut vom Zapfen lösend, wertvolle Neuzüchtung; 'Zefa 1', reift mittelfrüh, kräftiger Wuchs und zahlreiche Neutriebe, Früchte wohlschmeckend, sehr winterhart, deshalb auch für rauhe, niederschlagsreiche Höhenlagen geeignet; 'Zefa 2', mittelfrüh reifend und wie die vorgenannte eine Schweizer Züchtung, starker Wuchs, kräftige Neutriebe, hoher Ertrag an dunkelroten, aromatischen Früchten, auch für etwas leichtere und weniger feuchte Böden geeignet; 'Zefa Herbsternte', in den Katalo-

Vorbildliche Himbeerreihen in einem Hausgarten. Die Rasenwege dazwischen erleichtern Pflege und Ernte.

Vollreife Himbeeren sind weich und beim Transport empfindlich. Schon deshalb lohnt der Anbau im eigenen Garten.

gen auch unter 'Zefa 3' geführt, Schweizer Züchtung, wohl die beste zweimaltragende Himbeere für warmen, sonnigen Standort, mäßiger Wuchs, Ruten werden nur bis etwa 1 m lang, Haupternte im September, Früchte reifen jedoch bis zu den ersten stärkeren Frösten, Beeren kräftig rot und wohlschmeckend; 'Korbfüller', eine zweimaltragende deutsche Sorte, die der oben genannten ähnelt; 'Shaffers Colossal', Kreuzung von Purpurhimbeere mit der gewöhnlichen Himbeere, ausgesprochene Liebhabersorte mit gelblich-rosafarbenen Beeren, schwachwüchsig, geringer Ertrag, aber besonderes Aroma.

Brombeeren
Rubus spec.

Bei Himbeeren sind es die Ausläufer, die so manchen Gartenfreund von der Pflanzung abhalten, bei den Brombeeren ist es das Gewirr von stachligen Trieben.

Dabei zählen die aromatischen, besonders bei Kindern beliebten Brombeeren zu den gesündesten Früchten. Von allen Beerenobstarten weisen sie den höchsten Gehalt an Vitamin A (Karotin) auf und eignen sich wegen ihres niedrigen Eiweiß- und Zuckergehalts für die Diät bei Magen-, Zucker-, Nieren- und Rheumaleiden.

Von besonderer Bedeutung ist der Gehalt an Mineralstoffen und Fruchtsäften. Brombeeren eignen sich vorzüglich als Naschfrüchte, man kann sie zu wohlschmeckenden Marmeladen, zu Kompott und Gelee verarbeiten oder aber zu Saft und sogar zu Likör. Loganbeere, Boysenbeere, Youngbeere und Marionbeere sind Kreuzungen von Brombeeren mit Himbeeren. Sie werden in den USA in vielen Sorten angebaut, haben aber bei uns trotz ihres interessanten Aussehens und vorzüglichen Geschmacks keine Bedeutung.

Wer eine der genannten Hybriden (Kreuzungen) trotz ihrer geringen Frosthärte und des geringen Ertrags pflanzen möchte, sollte dafür einen besonders geschützten Platz auswählen.

Ansprüche
Ideal für Brombeeren ist ein sonniger Platz, der möglichst wind- und frostgeschützt sein sollte. Dagegen sind die Ansprüche an den Boden sehr gering. Diese Beerenobstart ist selbst mit einem leichten, sandigen Boden zufrieden, der sich für andere Obstarten nur wenig eignet. Nur bei schwerem, feuchtem Boden ist Vorsicht geboten, weil hier besonders häufig winterliche Frostschäden auftreten.

Damit sind wir bei einem kleinen Schönheitsfehler: In sehr kalten Wintern, in denen die Temperatur unter −15 °C absinkt, erfrieren häufig die Ranken. In einem solchen Jahr gibt es dann keine Ernte. Ähnlich wie bei Kletterrosen, treiben aber nach einem solchen Frostwinter aus dem Stock zahlreiche Jungtriebe aus, die im kommenden Jahr ganz normal blühen und fruchten.

Wegen der Kälteempfindlichkeit eignen sich Höhenlagen über 600 m nicht mehr besonders für den Brombeeranbau. Hier kann es bereits im September Frostnächte geben, also bereits zu einer Zeit, zu der die Beeren noch bei weitem nicht alle abgeerntet sind. Pflanzt man die Brombeeren allerdings an eine sonnige, geschützte Hauswand oder an einen Holzschuppen, so gibt es auch in höheren Lagen noch eine annehmbare Ernte von köstlich schmeckenden aromatischen Beeren.

Pflanzung
Um Ausfälle während des Winters zu vermeiden, pflanzen wir Brombeeren am besten erst im Frühjahr. Nachdem die Pflanzen im Container, also mit Topfballen, angeboten werden, brauchen wir uns damit nicht zu beeilen. Die Bodenvorbereitung erfolgt wie beim übrigen Strauchbeerenobst. Obwohl anspruchslos, wollen wir auch bei Brombeeren darauf achten, daß vor der Pflanzung alle Wurzelunkräuter entfernt werden. Andernfalls würden diese, vom Wurzelstock der Brombeere ausgehend, immer wieder in den Garten hineinwachsen.

Bei den rankenden, mit Stacheln bewehrten Sorten sollte 3,50–4 m Pflanzabstand eingehalten werden, während bei den stachellosen Brombeeren 2 m Abstand genügen. Aufrechtwachsende Sorten werden mit 50 cm Abstand in der Reihe und mit 1,50–2 m Reihenabstand gepflanzt, sofern mehrere Reihen angelegt werden.

Beim Pflanzen darf das meist nur schwache Wurzelwerk nicht beschädigt werden, das gleiche gilt für die am Wurzelhals sitzenden Triebknospen. Wir pflanzen so tief, daß diese boden-

Die stachellose Brombeersorte 'Thornless Evergreen' mit auffallend geschlitzten Blättern und andere eignen sich vorzüglich zur Bekleidung einer Holzfläche (Gerätehütte, Gartenhaus), Haus- oder Garagenwand oder zu Belebung des Zaunes. Der Ertrag ist hoch, allerdings nicht so hoch als bei der alten, aber leider stachligen 'Theodor Reimers', deren Beeren vor allem auch saftiger und aromatischer sind.

nahen Knospen anschließend etwa 5 cm hoch mit Erde bedeckt sind. Dann wird angegossen und der Boden um die Pflanzstelle mit organischem Material abgedeckt.

Spaliergerüst

Auch bei Brombeeren ist ein Spaliergerüst erforderlich. Wir schlagen etwa alle 5 m einen imprägnierten Pfahl mit 10 cm oberem Durchmesser in den Boden oder betonieren ein Eisenrohr ein. Das Spaliergerüst soll 1,80 m hoch sein. Höhere, mit Ranken bewachsene Drahtgerüste machen den Garten optisch kleiner. Der 1. Draht wird 50 cm über dem Boden gespannt, in Abständen von je 25 cm folgen 5 weitere. Auf diese Weise haben wir die Möglichkeit, bei jeder Pflanze 6 Tragruten und 6 Jungtriebe anzuheften.

Wer will, kann aber auch nur 3 Drähte in 0,60, 1,20 und 1,70 m Höhe spannen und an diesen die Tragruten und Jungtriebe in geschlungener Form anbinden. Ebenso kann ein V-förmiges Gerüst, siehe Himbeeren, erstellt werden, an dem man sowohl Tragruten als auch Jungtriebe getrennt befestigt.

Schnitt

Bei der Pflanzung im Frühjahr wird an den ein- oder zweijährigen Pflanzen mit Topfballen weder an den Wurzeln noch an den Ruten etwas zurückgeschnitten, vielmehr binden wir die sommerlichen Jungtriebe an den Drähten des Spaliergerüsts an. Geiztriebe, die sich ab Ende Juni in deren Blattachseln entwickeln, werden auf 2 bis 4 Augen zurückgeschnitten, sobald sie 30–40 cm lang geworden sind. Dies geschieht bis zum Herbst mehrmals, ebenso wie das laufende Anbinden der Jungtriebe an den Drähten.

Durch das Einkürzen der Geiztriebe entwickeln sich aus deren verbleibenden Augen (2–4) im nächsten Jahr große Blütenstände und große Beeren, die rasch gepflückt werden können, ohne daß wir uns dabei die Hände zerkratzen.

Dieser Sommerschnitt ist die wichtigste Arbeit. Unterbleibt er, so entsteht in kurzer Zeit ein Triebgewirr, in dem wir uns kaum mehr zurechtfinden.

Im Winter nach der Pflanzung entfernen wir alle Triebe bis auf 3 besonders kräftige, die bis zur Hälfte eingekürzt werden. Im 2. Jahr nach der Pflanzung entsteht daraufhin aus dem Wurzelstock eine große Anzahl junger Triebe, von denen wir nur die 6 kräftigsten stehen lassen und diese an den Drähten links und rechts festbinden.

Der Sommerschnitt wiederholt sich in der beschriebenen Weise. Also Geiztriebe einkürzen! Im nächsten Jahr blühen und fruchten die 6 stehengebliebenen Triebe. Gleichzeitig entwickeln sich aus dem Wurzelstock wiederum zahlreiche Jungtriebe, von denen wir ebenfalls nur die 6 kräftigsten belassen und diese an den noch freien Drähten festbinden.

Um ein gewisses System in die Arbeit zu bringen, binden wir in dem einen Jahr die 6 neugebildeten Triebe links und rechts von der Pflanzenmitte an den 1., 3. und 5. Draht, während die Jungtriebe des nächsten Jahres am 2., 4. und 6. Draht befestigt werden. An den anderen Drähten befinden sich die Tragranken.

Eine andere Möglichkeit besteht darin, daß wir in dem einen Jahr die 6 belassenen Jungtriebe links von der Pflanzenmitte an die Drähte anbinden, während sich rechts davon die 6 tragenden Ranken befinden.

Der sich jährlich wiederholende Winterschnitt wird nach der Frostperiode, also erst im zeitigen Frühjahr, durchgeführt. Dabei werden alle abgetragenen Ranken weggeschnitten, während man die 6 im letzten Sommer belassenen Jungtriebe gleichmäßig verteilt an den Drähten anbindet. Wegen der Frostgefahr sollten sie im Spätherbst zusammen mit den abgetragenen Ranken auf den Boden heruntergelegt und, wenn möglich, mit Fichtenzweigen oder Stroh locker bedeckt werden.

Zu lange Ranken, bei der bekannten Sorte 'Theodor Reimers' können sie 8–10 m lang werden, schneiden wir im zeitigen Frühjahr um etwa $\frac{1}{3}$ zurück. Wir können sie dann leichter am Drahtgerüst anbinden, außerdem kommt dieser Rückschnitt den Blüten und Früchten zugute.

Wurde der so wichtige Sommerschnitt versäumt, so kann er im Nachwinter nachgeholt werden, wenn auch mit erheblich mehr Arbeitsaufwand als im Sommer. In diesem Fall kürzen wir die in den Blattachseln entstandenen Geiztriebe auf 1–2 Knospen, also auf kurze Stummel ein.

Pflege, Düngung

Auch Brombeeren sind für ein Bedecken des Bodens mit organischem Material (kurzes Stroh, verrotteter Stallmist, Rasenschnitt, Rindenmulch) dankbar, vor allem wenn sie auf einem leichten, sandigen Boden stehen. Wer die Pflanzen im Spätherbst gegen winterliche Kälte mit Stroh bedeckt hat, kann dieses im Frühjahr gleich als Mulchdecke liegenlassen.

Im Herbst sollten alle Ranken auf den Boden heruntergelegt und mit Stroh oder Fichtenzweigen bedeckt werden. Die alten abgetragenen Ranken läßt man auf den jungen liegen, weil dies auch ein gewisser Schutz gegen Kälte ist und schneidet sie erst im Frühjahr dicht über dem Boden ab.

Düngung wie bei Himbeeren, also Kompost oder verrotteter Stallmist und organischen bzw. 70–100 g/m² mineralischen Blau-Volldünger. Letzteren am besten in 2 Gaben ausbringen: $\frac{2}{3}$ im zeitigen Frühjahr, $\frac{1}{3}$ nach der Blüte.

Blüte, Frucht, Ernte

Brombeeren sind selbstfruchtbar, es genügt also eine Sorte. Die Bestäubung erfolgt durch Bienen und Hummeln während der gesamten Blütezeit vom Mai bis in den August hinein. Blüten und Früchte sind während dieser Zeit gemeinsam an den Ranken zu finden.

Der Schnitt (rote Triebe werden entfernt) einer Brombeerpflanze.

348 Obst aus dem Hausgarten

In einem sehr großen Garten können Brombeeren auch an einem V-förmigen Gerüst gezogen werden.

Geerntet wird erst, wenn die Früchte gut ausgereift sind, weil sie erst dann ihre Inhaltsstoffe und ihr köstliches Aroma voll entwickelt haben. Die Ansatzstelle des Fruchtbodens ist dann bläulich bis violett gefärbt, die Beeren bekommen meist einen matten Schimmer und lassen sich bei Vollreife leicht vom Fruchtboden lösen. Je nach Witterung und Sorte reifen die Früchte von Mitte Juli bis Ende September. Je m Pflanzreihe kann man mit 3–4 kg Ertrag rechnen.

Vermehrung

Bei den rankenden Sorten braucht man gegen Anfang September die Triebspitzen nur in kleine Vertiefungen am Boden einzulegen und mit Erde zu bedecken. An der heruntergelegten und mit einem Haken festgehaltenen Triebspitze bilden sich bald Wurzeln und ein neuer Austrieb. Diese neue Pflanze schneidet man im Frühjahr von der Ranke ab.
Die aufrechtwachsenden Sorten, wie z. B. 'Wilsons Frühe', werden wie Himbeeren durch Wurzelaustriebe vermehrt, d. h., diese brauchen nur ausgegraben und aufgepflanzt zu werden.

Rankende Brombeersorten sind sehr einfach zu vermehren.

Sorten

'Theodor Reimers', altbekannte, bewährte Sorte, die bereits um 1890 aus den USA eingeführt wurde, anspruchslos an Boden, entwickelt sie selbst auf leichten, mageren Böden bis zu 10 m lange Ranken, sehr stachelig, reift ab Anfang August bis in den Oktober hinein, sehr reichtragend, Beeren vollreif saftig, sehr süß und aromatisch, wertvoll für Frischgenuß und Verarbeitung, Ranken frostempfindlich, deshalb im Herbst auf den Boden legen und abdecken; 'Black Satin', eine neuere rankende, aber stachellose Sorte, starkwachsend, reift 2 Wochen früher als die meisten anderen Sorten, sehr guter Ertrag, Früchte glänzend schwarz mit typischem Brombeeraroma, eine sehr interessante Sorte! 'Thornless Evergreen', ebenfalls rankend, aber ohne Stacheln (Brombeeren haben keine Dornen, sondern Stacheln!), Wuchs mittelstark, reift ab Mitte August, hoher Ertrag, aber nicht so hoch und Früchte nicht so saftig und aromatisch wie 'Theodor Reimers', Frostschutz geben! Ähnlich ist 'Thornfree', vor allem für Frischgenuß, ebenfalls stachellos, reift ab Ende August, feines Brombeeraroma, wertvoll für Frischgenuß und Verarbeitung, sehr saftreich; 'Hull Thornless', absolute Neuheit, besser im Geschmack als 'Black Satin', Reife gleichmäßiger und einheitlicher, reift zur gleichen Zeit wie die alte 'Theodor Reimers' bzw. 8 Tage nach 'Black Satin'; 'Wilsons Frühe', einzige aufrechtwachsende Sorte, Wuchs mittelstark, wie Himbeeren behandeln, Pflanzabstand von 50 cm genügt, wenig Stacheln, Reife ab Ende Juli, Beeren bis mittelgroß, süßlich, mit vielen Samen, zur Zeit der Fruchtreife viel Wasser geben, damit Beeren nicht zu klein bleiben.

Tayberry

Es handelt sich hier um eine Kreuzung aus Himbeere und Brombeere, die allerdings vom Wuchs her der Brombeere viel näher steht als der Himbeere. Die Ranken werden 3–4 m lang und sind stark mit Stacheln besetzt, so daß man bei den erforderlichen Schnitt- und Bindearbeiten Handschuhe tragen muß. Die Ranken erscheinen wie bei der Brombeere aus der Basis des Strauches und entwickeln in ihrem unteren Bereich Geiztriebe.

Die Tayberry ist keine Frucht für den Frischgenuß, denn sie schmeckt auch im vollreifen Zustand recht sauer. Ideal eignet sich die Frucht dagegen für die Zubereitung von Gelee, Marmelade oder Konfitüre. Wenn die Beeren frisch püriert oder gezuckert werden, bekommt man eine Fruchtsoße, die zu Eis oder Pudding köstlich schmeckt. Sehr gut läßt sich Tayberry auch tiefgefrieren. Nachdem die weichen Früchte nicht transportfähig sind, dürfte diese Neuheit kaum am Markt angeboten werden.

Ansprüche

Tayberry wächst in jedem normalen Gartenboden. Selbst ein leichter Boden eignet sich, wenn bei Trockenheit genügend gegossen wird. Lediglich schwere, verdichtete Böden scheiden aus, da hier Wurzelkrankheiten auftreten können und der Trieb spät abschließt. Dadurch nimmt die Frostempfindlichkeit zu. Bei winterlichen Temperaturen unter −15°C erfrieren die Ranken, wenn sie nicht, wie bereits bei der Brombeere empfohlen, heruntergelegt und durch Schnee, Fichtenzweige oder Stroh geschützt sind. Die Frosthärte ist allerdings größer als bei der bereits erwähnten 'Loganbeere' oder 'Boysenbeere'.
Wegen der Frostgefährdung wird erst im Frühjahr gepflanzt. Meist genügen 1 oder 2 Pflanzen, die im Abstand von 2–2,50 m gesetzt werden. Wird Tayberry vor die Hauswand gepflanzt, so ist, ähnlich wie bei Brombeeren, ein Rankgerüst nötig bzw. für eine freistehende Hecke ein Drahtgerüst. Es genügen 4 Drähte, von denen der unterste etwa 60 cm über dem Boden verläuft, während die anderen im Abstand von 40 cm folgen.

Pflege, Düngung, Schnitt

Was bereits bei der Brombeere gesagt wurde, gilt auch hier. Im Frühjahr genügt neben reichlich Kompost eine Gabe von 50 g/m² Blau-Volldünger oder die entsprechende Menge eines organischen Düngers. Es kommt vor allem auf eine ausreichende Kali- und Magnesiumversorgung an, da diese Nährstoffe für eine gute Fruchtqualität wichtig sind.
Zum Schnitt: Die jungen Ranken läßt man am untersten Draht oder am Boden entlangwachsen, während die tragenden Ranken an den übrigen Drähten angebunden werden. Im Frühjahr

schneidet man die alten, abgetragenen Ranken über dem Boden weg und befestigt die im letzten Jahr entstandenen Jungranken an den Drähten. Während des Sommers verbleiben je Pflanze höchstens 6 Ranken. In den Blattachseln entstehende Geiztriebe werden auf 2–4 Augen eingekürzt.

Blüte, Frucht, Ernte

Die leicht rosa gefärbten Blüten mit vielen Stempeln erscheinen im Mai an kurzen Seitentrieben, meist 5–7. Die sich daraus entwickelnden Früchte sind fast walzenförmig, weinrot und etwa doppelt so schwer wie Himbeeren, allerdings samt Zapfen, denn dieser bleibt bei der Ernte, im Gegensatz zur Himbeere, in der Frucht.

Die Ernte beginnt wie bei Himbeeren etwa Anfang Juli und zieht sich über 3 Wochen hin. Man sollte unbedingt die Vollreife abwarten, denn nur dann erreicht Tayberry ihr typisches Aroma. Trotz der dornigen Triebe lassen sich die Früchte rasch ernten, weil sie frei hängen. An einem freistehenden Spalier kann man mit 3 kg Beeren je m rechnen.

Kulturheidelbeeren
Vaccinium

Die köstlich schmeckenden Kultursorten finden unter den Gartenfreunden zunehmend Liebhaber. Sie reifen, je nach Sorte, von Mitte Juli bis Mitte September und haben im allgemeinen mehr Zucker und weniger Säure als unsere Waldheidelbeeren.

Am besten schmecken die fast kirschgroßen Beeren (14–18 mm Durchmesser), wenn man sie frisch vom Strauch pflückt und gleich ißt. Aber auch für Kuchen, Kompott oder Saft sind sie geeignet; sie lassen sich aber ebenso konservieren und einfrieren. Die Früchte haben nichtfärbenden Saft, die Haut aber ist je nach Sorte hellblau bzw. ebenso tiefblau wie bei der gewöhnlichen Waldheidelbeere. Zur Blütezeit im Mai sind Heidelbeeren besonders attraktiv. Man kann die bis zu 2 m hoch werdenden Sträucher durchaus als Zierpflanzen am Gartenrand mit einpflanzen und später noch die Früchte ernten.

Ansprüche

Nicht immer tragen die Sträucher so reich, wie dies auf Abbildungen in Katalogen und Gartenbüchern zu sehen ist. Der Hobbygärtner ist dann sehr enttäuscht und schimpft auf den schuldlosen Pflanzenlieferanten. Der Grund für den Mißerfolg ist in beinahe allen Fällen eine unzureichende Bodenvorbereitung.

Wichtigste Voraussetzung für den Erfolg mit Kulturheidelbeeren ist nämlich ein saurer Boden mit einem pH-Wert von etwa 4–5; dies entspricht dem pH-Wert eines Hochmoor- oder eines humusreichen Waldbodens, also eines Bodens, der von Haus aus für die Kultur von Heidelbeeren geeignet ist. Die meisten Gartenböden zeigen dagegen eine nur schwachsaure bis neutrale Reaktion (pH 6–7) und müssen deshalb speziell für die Pflanzung von Heidelbeeren vorbereitet werden. Andernfalls würden die Pflanzen kümmern und kaum Neutriebe entwickeln. Heidelbeeren unter nicht zusagenden Bodenverhältnissen bekommen außerdem meist gelbliche Blätter, wachsen eher rückwärts als vorwärts und gehen schließlich ganz ein. Wenn allerdings die speziellen Wünsche an sauren Boden berücksichtigt werden, ist es durchaus möglich, auch auf von Natur aus ungeeigneten Böden erfolgreich Heidelbeeren anzubauen.

Wir heben deshalb vor der Pflanzung für jeden Strauch eine Grube von mindestens 1×1 m und 0,50 m Tiefe aus und füllen diese mit einer Mischung, bestehend aus saurem Torf, saurem, humusreichem Waldboden und ein wenig normaler Gartenerde. Wer kann, sollte die Pflanzgruben sogar $1{,}50 \times 1{,}50$ m groß und 0,50 m tief ausheben und sie mit dem genannten Substrat füllen. In Gegenden mit besonders kalkreichen Böden können wir zusätzlich die Innenwände der Pflanzgrube mit Folie auskleiden, damit von den Seiten her möglichst kein Kalk eingewaschen wird.

Und noch etwas: Die im Garten gepflanzten Sorten wollen, im Gegensatz zur Waldheidelbeere, in voller Sonne stehen.

Pflanzung

Die Pflanzung erfolgt im Herbst oder zeitigen Frühjahr. Schön sieht es aus, wenn die Sträucher in einer Gruppe zusammenstehen, die dann gleichzeitig Zierwert hat. Es kann aber auch eine Reihe gepflanzt werden. In all diesen Fällen sollte der Abstand von Strauch zu Strauch etwa 1,50–2 m betragen. Als Reihenabstand bei größeren Pflanzungen haben sich 3 m bewährt.

Als Pflanzmaterial kaufen wir zwei- bis dreijährige Sträucher, die möglichst gut bewurzelt sein sollen. Ähnlich wie bei Johannisbeeren sollten die Sträucher bei der Pflanzung etwas tiefer in den Boden kommen als sie vorher in der Baumschule gestanden haben; dadurch wird spätere Jungtriebbildung aus dem Wurzelstock gefördert. Anschließend treten wir die Sträucher leicht an und gießen kräftig, damit die Erde an die Wurzeln geschwemmt wird. Dann wird der Boden um die Sträucher mit Grasschnitt, kurzem Stroh oder verrottetem Stallmist abgedeckt, also gemulcht.

Pflege, Düngung

Ebenso wie Johannis- und Stachelbeeren sind die Kulturheidelbeeren ausgesprochene Flachwurzler. Deshalb darf zwischen den Sträuchern auf keinen Fall mit dem Spaten gegraben werden. Wir nehmen zur Bodenbearbeitung nur die Grabgabel, lockern flach und ziehen das Unkraut heraus.

Besonders wüchsig zeigen sich die Heidelbeeren, wenn der Boden unter den Sträuchern gemulcht wird. Dazu bringen wir jedes Jahr eine 10–15 cm hohe Schicht aus Rasenschnitt, kurzem Stroh oder Stallmist auf. Zum Gießen

Gartenheidelbeeren sind so recht etwas für den fortgeschrittenen Liebhaber. Einen solch reichen Behang wie auf dem Bild gibt es nämlich nur, wenn die Ansprüche dieser Pflanze genau beachtet werden.

Obst aus dem Hausgarten

wird möglichst kalkarmes Wasser, am besten also Regenwasser verwendet.
Um den Humusgehalt und damit das Bodenleben zu fördern, bringen wir jedes Frühjahr unter den Sträuchern organische Stoffe aus, also Kompost oder verrotteten Stallmist.
Bezüglich Nährstoffen sind Kulturheidelbeeren recht genügsam. Es genügt meist, wenn im April 50 g/m^2 eines Blau-Volldüngers oder die entsprechende Menge eines organischen Volldüngers gegeben wird.
Schwacher Neutrieb und gelblichgrüne Blätter sind Anzeichen von Stickstoffmangel. In diesem Fall gibt man in der Zeit von März bis Mai 20–50 g/m^2 schwefelsaures Ammoniak, am besten in 2 Gaben in vierwöchigem Abstand. Dieser Stickstoffdünger wirkt physiologisch sauer und trägt deshalb zur Senkung des pH-Wertes bei.

Schnitt

Ein starker Pflanzschnitt, wie er bei anderen Beerensträuchern anzuraten ist, braucht nicht durchgeführt zu werden. Die Kulturheidelbeeren kommen mit wenig Schnitt aus. Erst nach etwa 5 Jahren werden überalterte und zu sehr am Boden aufliegende Triebe herausgeschnitten. Der Schnitt erfolgt entweder dicht über dem Boden oder aber über einem Jungtrieb, der aus einem älteren Trieb entstanden ist. Als Ersatz läßt man einige gut verteilte kräftige Jungtriebe stehen, die sich aus dem Wurzelstock entwickelt haben. Die Triebe sollen möglichst nicht älter als 4–5 Jahre und dann durch junge ersetzt werden.

Blüte, Frucht, Ernte

Die 1,50–2 m hoch werdenden Sträucher sind im Mai mit weiß bis rosa gefärbten glockenförmigen Blüten besetzt. Sie sind zwittrig und selbstfruchtbar. Trotzdem empfiehlt es sich, mindestens 2 Sträucher verschiedener Sorten zu pflanzen. Durch Fremdbestäubung bringen die Sträucher höhere Erträge und größere Beeren. Bienen und Hummeln tragen das ihrige zu einer reichen Ernte bei.
Anfangs müssen wir uns zwar etwas gedulden, aber vom 3.–4. Jahr ab gibt es bereits recht erfreuliche Erträge. Ein voll entwickelter Strauch kann 2,5–5 kg Beeren bringen, unter besonders günstigen Verhältnissen sogar bis zu 10 kg und mehr. Die Sorte ›Dixi‹ soll nach neuesten Berichten sogar bis zu 14 kg je Strauch bringen.
Je nach Sorte reifen die Früchte von Mitte Juli bis in den September hinein. Mit der Ernte warten wir zu, bis die Beeren richtig blau sind; erst dann haben sie ihr köstliches Aroma voll entwickelt. Beeren, die nicht sofort verwertet werden können, lassen sich einige Tage im kühlen Keller oder Kühlschrank aufbewahren.
Nachdem die Beeren nacheinander reifen, werden sie gerne von Vögeln heimgesucht. Wir müssen sie deshalb unbedingt schützen, da sonst kaum eine Beere richtig reif wird. Scheinbar finden die Amseln um diese Zeit in den Gärten nichts Verlockenderes. Einzelne Sträucher oder eine kleine Gruppe umgeben wir deshalb am besten mit einem Käfig aus engmaschigem Drahtgeflecht oder Kunststoffnetz.

Vermehrung

Ähnlich wie Stachelbeeren können die Kulturheidelbeeren durch Absenker oder Wurzelschosse, also durch Anhäufeln vermehrt werden. Wir können aber auch von halbreifen Trieben, sie sollen nicht mehr zu weich, aber auch nicht verholzt sein, Stecklinge schneiden und diese unter Glas oder Folie in einem Gemisch aus 1 Teil Torf/1 Teil Sand zur Bewurzelung bringen. Die beste Zeit zum Stecklingschneiden ist im Juli/August. Im kommenden Frühjahr sind die Stecklinge bereits so weit bewurzelt, daß wir sie in kleine Töpfchen geben und nach einem weiteren Kulturjahr auspflanzen können. Auch Preiselbeeren werden am besten durch Stecklinge vermehrt.

Sorten

Bereits kurz nach 1900 begann in den USA die systematische Züchtung großfrüchtiger Kulturheidelbeersorten. Es gibt heute davon an die 50.
In Deutschland wurden nach 1930 mehrere wertvolle Sorten gezüchtet, die sich für unsere Verhältnisse eignen. Wertvoll ist vor allem ›BlauweißGoldtraube‹, anfänglich ein formenreiches Gemisch, aus dem schließlich die geschützten Sorten ›Ama‹ und ›Herma‹ ausgelesen wurden.
Wertvolle amerikanische Sorten, die von deutschen Baumschulen bezogen werden können, sind ihrer Reifezeit nach geordnet:
›Bluetta‹, sehr früh, dunkelblaue, gleichmäßig reifende Beeren; ›Bluecrop‹, mittelfrüh, reichtragend, große Fruchttrauben, sehr frosthart und widerstandsfähig gegen Trockenheit; ›Berkeley‹, mittelspät, sehr große, schön hellblau beduftete Beeren; ›Herbert‹, spät, große Fruchttrauben und große, dunkelblaue, platzfeste Beeren, sehr aromatisch; ›Jersey‹, spätreifend, Strauch sehr starkwachsend, winterhart und reichtragend, große hellblaue Beeren von gutem Geschmack; ›Coville‹, spätreifend und starkwachsend, attraktive lichtblaue Beeren, platzfest und von ausgezeichnetem Geschmack.

Preiselbeere
Vaccinium vitis-idaea

Aus einer wilden Pflanze durch züchterische Bearbeitung eine »zahme« zu machen, die auch im Garten befriedigt, ist nicht immer ganz einfach. Dies gilt auch für die Preiselbeere, die deshalb erst neuerdings dem Hobbygärtner zu versuchsweisem Anbau empfohlen werden kann. Preiselbeeren sind be-

Der richtige Schnitt von Kulturheidelbeeren steigert neben dem Ertrag auch die Wuchs- und Widerstandskraft der Pflanze.

Kulturheidelbeere ›Blauweiß-Goldtraube‹ mit hübsch ausgebildeten und farblich ansprechenden Beeren.

Obst aus dem Hausgarten

kanntlich nicht nur vielseitig verwertbar, sie haben auch einen vorzüglichen Geschmack und gelten deshalb zu Recht als Delikatesse.

Ansprüche

Preiselbeeren wachsen von Natur aus in sandigen Böden Norddeutschlands, in den Mittelgebirgen, z. B. im Bayerischen Wald, und in den Alpen bis zu 3000 m Höhe, vor allem aber sind sie in Finnland zu Hause. Sie kommen als Unterwuchs trockener Wälder, vor allem in lichten Kiefernwäldern, vor. Der Boden ist an diesen Stellen sandig, kiesig oder humusreich, in jedem Fall aber nährstoffarm und sauer.

Diese Voraussetzungen müssen wir auch den züchterisch bearbeiteten Pflanzen bieten. Überspitzt ließe sich sagen, daß Kulturpreiselbeeren da wachsen, wo sonst nichts mehr wächst. Allerdings: guter Boden bekommt ihnen schlecht. Sie lieben es humusreich, sandig, durchlässig, nährstoffarm. Sind solche Verhältnisse in unserem Garten nicht gegeben, bereiten wir den Boden wie zur Pflanzung von Rhododendren und Azaleen bzw. wie bei Kulturheidelbeeren (s. S. 349) vor. Wir vermischen ihn mit viel saurem Torf, Waldhumus, Sägespänen und eventuell Sand. Der pH-Wert sollte 5–6 betragen, der Platz sollte möglichst frei und sonnig bis halbschattig sein, d. h. man kann sie auch unter locker gestellten Gehölzen pflanzen.

Die Eingewöhnung von Preiselbeeren in den Garten fällt jedenfalls leichter als die von Kulturheidelbeeren. Auch später sind sie weniger heikel, weil sie ein geringeres Wurzelwachstum haben und deshalb nicht aus der vorbereiteten Bodenschicht herauswachsen.

Pflanzung, Pflege, Düngung

Gepflanzt wird am besten im Herbst oder zeitigen Frühjahr. Auf einem Beet normaler Breite, so wie vom Gemüsegarten her gewohnt, haben je nach Sorte 2–4 Reihen Platz, also Reihenabstand 25–50 cm und gleicher Abstand innerhalb der Reihen. Wenn wir die Pflanzen etwas tiefer setzen, treiben sie reichlich Ausläufer und bedecken bald das ganze Beet.

Wir können die Preiselbeeren aber auch im Ziergarten unterbringen, etwa als Bodendecker zwischen Rhododendren und Azaleen, denn sie gedeihen sowohl in voller Sonne als auch in leichtem Schatten und sind wintergrün. Auch für einen Heidegarten sind sie geeignet.

Zusätzliches Wasser brauchen Preiselbeeren sogar auf leichtem Boden selten, es sei denn, es ist einmal über eine längere Zeit hinweg trocken.

Gedüngt werden die Preiselbeeren nur sehr vorsichtig, mit allenfalls 20 g/m² eines Blau-Volldüngers, der auch Magnesium enthalten sollte. Hierzu liegen noch zu wenig Erfahrungen vor, um genaue Empfehlungen geben zu können. Bei stärkerer Düngung werden die sonst vollkommen gesunden Pflanzen anfällig für *Phytophtora*-Fäule. Das Mulchen mit Sägespänen, Torfmull oder Nadelstreu ist dagegen in jedem Fall vorteilhaft für die Entwicklung der Pflanzen.

Blüte, Frucht, Ernte

Die Preiselbeeren blühen meist zweimal, im Mai/Juni und nochmals im Juli/August. Die Reife der Beeren erfolgt ebenfalls in 2 Schüben. Der 1. ist im Juli dran, der 2. im September/Oktober. Die 1. Ernte bringt nicht viel, aber es reicht meist zu einer Kostprobe. Die Haupterntezeit ist also der Herbst. Die dann geernteten Beeren sind auch größer und von besserer Qualität.

Die glöckchenförmigen Blüten stehen dicht an dicht in mehrblütigen Trauben; sie sind weiß und rötlich getönt. Die Bestäubung der zwittrigen Blüten wird, wie bei anderen Beerenobstarten auch, überwiegend von Bienen und Hummeln übernommen. Ebenso wie die Blüten hängen auch die Früchte in dichten Trauben. Sie sind kugelig, erst weiß glänzend, dann scharlachrot. Einige Jahre nach der Pflanzung können je m² etwa 0,5 kg geerntet werden. Im Garten ernten wir mit der Hand, in norddeutschen Erwerbsbetrieben benützt man dazu einen finnischen Pflückkamm.

Sorten

'Koralle', sie wird vegetativ, also ungeschlechtlich vermehrt, so daß einheitliches Pflanzenmaterial zur Verfügung steht, bei einem Pflanzabstand von 50 × 50 cm können je Pflanze Höchsterträge von 300 g erzielt werden; 'Erntedank' und 'Erntekrone', bleiben kleiner, können also auch enger gepflanzt werden; 'Erntesegen', sehr wüchsig, mit über 40 cm langen Trieben, also entsprechende Pflanzabstände einhalten, sehr große, hellrote Beeren mit z. T. über 1 cm Durchmesser, Pflanzabstand bei den 3 letztgenannten Sorten: 25 × 25 cm.

Preiselbeeren sind denkbar anspruchslos. Die Wildform kommt auf nährstoffarmen, sauren Böden vor. Letzteres, also saurer Boden, ist auch im Garten erforderlich, wenn wir eine der inzwischen gezüchteten Sorten pflanzen wollen, die sich vorzüglich als Bodendecker unter licht gestellte Rhododendren und Azaleen eignen.

Obst aus dem Hausgarten

Befall durch Johannisbeergallmilbe zeigt sich durch ballonförmige Knospen.

Die Blattfallkrankheit kann durch Auslichten weitgehend vermieden werden (Bild rechts oben).

Rechts: Säulenrost mit rotbraunem Belag auf den Blattunterseiten.

So sieht Amerikanischer Stachelbeermehltau an den Früchten aus.

Die Himbeerrutenkrankheit läßt sich durch richtige Kultur in Grenzen halten (links unten).

Die Raupen der Stachelbeerblattwespe sind erstaunlich gefräßig (rechts unten).

Krankheiten und Schädlinge bei Beerenobst

Krankheit	Schadbild	Vorbeugende bzw. biologische Bekämpfung
Johannisbeeren		
Johannisbeergallmilbe	Kugelig angeschwollene Knospen an den winterlichen Trieben von Schwarzen Johannisbeeren; noch auffälliger kurz vor dem Austrieb.	Bereits im Winter alle erkennbaren Rundknospen auszwicken und in die Mülltonne geben. Triebe mit nur noch wenigen gesunden Knospen dicht über dem Boden abschneiden.
Säulenrost	Auf den Blattunterseiten von Schwarzen Johannisbeeren im Hochsommer rotbrauner Belag; es kann sehr rasch zu vorzeitigem Blattausfall kommen.	Sträucher bei oder gleich nach der Ernte gut auslichten!
Blattfallkrankheit	Winzig kleine, nur wenige Millimeter große dunkle Flecken auf den Blättern von Roten und Weißen Johannisbeeren; Blätter rollen sich bei fortschreitendem Befall vom Rand her ein, vertrocknen und fallen ab.	Sträucher gut auslichten!
Stachelbeeren		
Amerikanischer Stachelbeermehltau	Blätter, Triebe und Früchte von mehligem, weißem Pilzbefall überzogen, der später braun wird; Früchte zur Ernte fleckig braun und ungenießbar.	Sträucher gut auslichten, befallene Triebspitzen im Winter zurückschneiden; während der Vegetation befallene Triebe abschneiden und entfernen; mehltauempfindliche Sorten meiden.
Blattfallkrankheit	Im Sommer braune, runde Flecken auf den Blättern, die bald gelb werden und viel zu früh abfallen.	Sträucher gut auslichten.
Stachelbeerblattwespe	Sträucher plötzlich von innen heraus kahlgefressen.	Im Mai ab und zu nachsehen, ob Befall vorhanden.
Himbeeren		
Himbeerrutenkrankheit	Im Frühsommer zeigen sich an den jungen Trieben violette bis graue Flecken; die Rinde reißt auf und blättert ab.	Abgetragene Ruten sofort nach der Ernte bodeneben entfernen; nicht hacken, sondern zwischen den Pflanzen mulchen, optimal düngen: ⅔ der Gesamtmenge im zeitigen Frühjahr, ⅓ gegen Ende der Blüte.
Viruskrankheiten	Marmorierte Blätter, Vergilbungen bzw. Bänderung der Blattadern.	Kranke Pflanzen aus dem Boden nehmen und vernichten; gesundes Meristem-Pflanzgut beziehen.

Obst aus dem Hausgarten

Krankheiten und Schädlinge bei Beerenobst

Krankheit	Schadbild	Vorbeugende bzw. biologische Bekämpfung
Brombeeren		
Brombeerrankenkrankheit	Im Sommer auf den jungen Ranken etwa 2 cm große rötliche Flecken; sie färben sich allmählich braun mit typischem roten Rand; Blatt- und Fruchtentwicklung leiden.	Junge Ranken rechtzeitig hochbinden, kranke Ruten herausschneiden.
Erdbeeren		
Grauschimmel (*Botrytis*)	Reife und halbreife Früchte überziehen sich häufig sehr rasch mit einem grauen Schimmel; sie beginnen zu faulen, besonders bei Regenwetter; wichtigste Pilzkrankheit bei Erdbeeren.	Nicht zu eng pflanzen, Kultur möglichst nicht älter als 2 Jahre werden lassen, nicht zuviel Stickstoff geben, vor allem keine Stickstoffgaben im Frühjahr, Früchte mit Stroh unterlegen, während des Fruchtbehangs nicht spätabends gießen, kranke Beeren sofort entfernen, Sortenwahl.
Erdbeermilbe	Die Herzblätter sind stark gekräuselt und verkrüppelt; Blüten und Früchte sind mißgestaltet.	Befallene Pflanzen entfernen; gesundes Pflanzgut beziehen.
Rhizom- und Wurzelfäule	Die Pflanzen beginnen zu kümmern und kränkeln, die Blätter welken, schließlich gehen die Pflanzen ganz ein.	Gute Kulturbedingungen schaffen, harmonisch düngen, Anbaufläche wechseln, gesundes Pflanzmaterial beziehen.
Älchen (Nematoden)	Pflanzen kümmern reihenweise; geringer Ertrag, wenig Ausläufer; Blütenstiele kurz und verbreitert; Blüten verkrüppelt und dicht beieinander, sehen wie Blumenkohl aus.	Befallene Pflanzen entfernen; auf keinen Fall von einem verseuchten Beet Ausläufer gewinnen.
Nacktschnecken	Früchte werden vor allem nachts und bei feuchtem Wetter angefressen; Schleimspuren sichtbar.	Zwischen Erdbeerbeete alte Bretter legen, Schnecken können untertags von der Unterseite abgelesen werden; Schnecken frühmorgens oder bei leichtem Regen einsammeln.
Tausendfüßler	Längliche Tiere mit vielen Beinen fressen an oder in den Früchten.	Fruchtstände mit Stroh oder Holzwolle unterlegen; halbierte Kartoffeln als Köder mit der Schnittfläche nach unten auslegen.
Engerlinge, Erdraupen u. a.	Pflanzen kümmern und welken; Wurzelfraß; Befall besonders bei heißem, trockenem Wetter sichtbar.	Welkende Pflanzen aus dem Boden heben und die an den Wurzeln fressenden Larven bzw. Raupen zertreten; bei Befallsverdacht einige Salatpflanzen als Köder zwischen die Erdbeerreihen setzen.

Grauschimmel (*Botrytis*) ist die wichtigste Krankheit an Erdbeeren.

Die Brombeerrankenkrankheit: rötliche Flecken an den jungen Ranken.

Befall durch Erdbeermilbe: Die Herzblättchen der Pflanzen kräuseln sich.

Rhizom- und Wurzelfäulen lassen sich nur durch richtige Kultur vermeiden.

Kräuter und Gewürze

Kräutergärten im Wandel der Zeit

Wildwachsende Kräuter gehörten sicher zu denjenigen Pflanzen, die die Menschen seit grauer Vorzeit sammelten und nutzten. Von Naturvölkern, die ihre ursprüngliche Lebensweise bis in unsere Zeit beibehielten, wissen wir, daß sie ganz erstaunliche Kräuterkenntnisse besaßen, die sie im täglichen Leben und vor allem auch in der Heilkunde verwendeten. Das enge Zusammenleben mit der Natur, genaue Beobachtungen und Erfahrungen, die von einer Generation an die andere weitergegeben wurden, ermöglichen diesen Reichtum des Wissens. Ähnlich können wir uns auch das Verhältnis unserer frühesten Vorfahren zu den Wildkräutern vorstellen.

Erste Beweise für die Verwendung von Kräutern in der Vorzeit fanden Archäologen, die Reste von Mohn, Angelika und Kümmel in Pfahlbauten der Jungsteinzeit entdeckten. Erst als die wandernden Sammler und Jäger seßhaft wurden, erhielten auch die Kräuter einen festen Platz in eingezäunten Gärten. In allen Hochkulturen der Erde tauchen in den ersten schriftlichen Überlieferungen auch Nachrichten über Heilkräuter und Gewürze auf. Reichhaltige Werke, in denen das gesamte damals bekannte Wissen über Heil- und Würzpflanzen gesammelt wurde, sind uns aus dem antiken Griechenland und aus dem römischen Weltreich überliefert. Die Bücher von Hippokrates, Galenos, Dioskurides, Plinius dem Älteren und Columnella bildeten das Fundament des Wissens, auf dem die abendländische Medizin Jahrhunderte lang gegründet war.

Zahlreiche Kräuter, die ursprünglich in den Ländern rund um das Mittelmeer zu Hause waren, wanderten nach der Zeitenwende über die Alpen nach Mitteleuropa. Im Gepäck römischer Legionäre und frommer Mönche reisten Lavendel, Salbei, Rosmarin und viele andere »Spezereien« aus dem sonnigen Italien in die rauhe Fremde. Die Gärten der Römer in Germanien gingen zusammen mit dem Weltreich unter. Die Kräuter, die später hinter schützenden Klostermauern angesiedelt wurden, überstanden dagegen viele Jahrhunderte mit wechselvoller Geschichte.

Auch Kaiser Karl der Große trug viel zur Ausbreitung und Wertschätzung der Kräuter in seinem Reich bei. Um 812 n. Chr. erließ er eine Verordnung für seine Landgüter (das berühmte Capitulare de villis). Darin empfahl er den Anbau eines reichhaltigen Gewürz- und Arzneipflanzen-Sortiments. Erwähnt sind in dieser Liste z. B. Anis, Bachminze, Bohnenkraut, Dill, Eberraute, Fenchel, Krauseminze, Kerbel, Kresse, Koriander, Knoblauch, Kümmel, Liebstöckel, Muskatellersalbei, Minze, Petersilie, Raute, Rosmarin, Salbei, Sellerie, Senf, Schnittlauch, Wilde Minze und Zwiebeln.

Aber erst als die Erfindung der Buchdruckerkunst das Wissen von den verborgenen Kräften der Kräuter »unter die Leute« brachte, breiteten sich auch die Pflanzen in den Gärten weiter aus. Im ausgehenden Mittelalter schrieben die berühmten »Kräuterväter« Otho Brunfels, Leonhard Fuchs, Hieronymus Bock, Petrus Andreas Mathiolus und Jacobus Theodorus Tabernaemontanus ihre umfangreichen Bücher. Sie trugen mit dazu bei, daß eine Vielzahl aromatischer Pflanzen in die Bauern- und Bürgergärten Einlaß fanden. Nun nutzten immer mehr Menschen die guten Eigenschaften der heimischen und der eingewanderten Kräuter in ihrem Alltag. Sie verfeinerten ihre Speisen mit würzigen Blättern und Blüten und füllten die Hausapotheke mit wohltuender Naturarznei.

Erst im 20. Jahrhundert erlitt der vertraute Umgang mit den Kräutern in der Natur und im eigenen Garten einen tiefgreifenden Rückschlag. Die atemberaubend rasche Entwicklung neuer Techniken und wissenschaftlicher Fortschritte auf medizinischem Gebiet

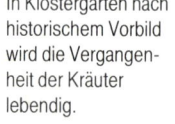

In Klostergärten nach historischem Vorbild wird die Vergangenheit der Kräuter lebendig.

Kräuter und Gewürze

ließ »Großmutters Kräuter« altmodisch und überholt erscheinen. Auch die Gärten in den großen Städten der Industriegesellschaft veränderten sich. Da immer mehr Häuser gebaut wurden, stiegen die Grundstückpreise, schrumpften die grünen Oasen zu kleinen Parzellen zusammen. Das kostbare Stückchen Erde hinter dem eigenen Haus war nun zu schade für »gewöhnliche« Nutzpflanzen. Anstelle von Gemüse, Obst und Kräutern pflanzten die meisten Menschen Blumen und Ziergehölze. Der Garten wurde zum Freizeit- und Erholungsraum für streßgeplagte Bürger.

Erst Umweltschäden und Zivilisationskrankheiten führten dazu, daß das Pendel wieder zurückschlug. Die Erkenntnis, daß Fortschritt nicht mit der Zerstörung der Natur bezahlt werden darf, setzte sich auf breiter Basis durch. Naturgemäße Gärten, natürliche Ernährung und auch die Naturheilkunde finden inzwischen wieder zahlreiche Anhänger. Die guten alten Kräuter erhielten im Zuge dieser Entwicklung einen neuen Ehrenplatz im Garten, in der Küche und auch in der Hausapotheke. Da viele Kenntnisse, die einst Jahrhunderte lang von einer Generation zur anderen überliefert wurden, verlorengingen oder in Vergessenheit gerieten, muß die Kräuterkunde heute von neuem verbreitet werden. Auch diesmal spielen die Bücher dabei eine wesentliche Rolle. Lernen wir mit ihrer Hilfe wieder Kräuter und Gewürze im Garten anzubauen und sie in der Küche ebenso wie in der Hausapotheke richtig zu verwenden.

Der beste Platz für Kräuter

Es gibt keinen Garten, in dem sich nicht ein passendes Fleckchen Erde für ein paar duftende Kräuter finden ließe. Die anregende Würze und die sanfte Heilkraft dieser Pflanzen sind so wichtig für ein gesundes Leben, daß sie nirgends fehlen dürfen. Ein großer Kräutergarten kann ein Paradies der Wohlgerüche und eine Fundgrube natürlicher Heilschätze sein. Aber auch ein kleines Gewürzbeet bietet bereits wertvolle Zutaten für die Küche und die Hausapotheke. In einem naturgemäßen Garten spielen Kräuter eine so wichtige Rolle, daß sie immer in die Anlage eingeplant werden sollten.

Licht als Lebenselexier

Die meisten Kräuter, die heute in unseren Gärten gedeihen, waren ursprünglich in den Ländern rund um das Mittelmeer zu Hause. Dort wachsen Thymian, Lavendel, Salbei und Rosmarin noch heute an heißen, lichtdurchfluteten Standorten wild. Nur unter dem intensiven Einfluß der Sonnenstrahlen entwickeln sie den höchsten Gehalt an ätherischen Ölen und anderen wertvollen Inhaltsstoffen. Deshalb müssen Sie für Ihren Gewürzgarten einen möglichst sonnigen, geschützten Platz aussuchen.

Nur wenige Kräuter fühlen sich auch im lichten Schatten wohl. In der Regel sind es einheimische Gewächse, die seit jeher an ein kühleres, feuchteres Klima und an wolkenverhangenen Himmel gewöhnt sind. Dazu gehören z. B. Pfefferminze, Schnittlauch und Beinwell.

Keine »fette« Erde

In magerem Boden, der locker und wasserdurchlässig ist, fühlen sich die meisten Kräuter wohler als in nährstoffreicher Erde. An gutgedüngten Standorten entwickeln die Pflanzen zwar üppiges Blattwerk, aber ihre »Substanz« leidet; der Gehalt an Inhaltsstoffen und der Duft schwinden bei übermäßiger »Wohlstandskost«.
Wenn Ihr Garten »fette« Erde enthält, sollten Sie den Boden auf den Kräuterbeeten mit Sand lockern. Wo durch schweren, tonigen Lehm stauende Nässe entsteht, verlegen Sie den Gewürzgarten besser auf Hochbeete mit guter Dränage. Auch Steingärten oder speziell für Kräuter angelegte Trockenmäuerchen »überbrücken« solche schwierigen Bodenverhältnisse.

Wenig Wasser – kaum Dünger

Nur Aussaaten und junge Gewürzpflanzen müssen Sie regelmäßig feuchthalten. Wenn die Kräuter genügend Wurzeln entwickelt haben und fest im Boden verankert sind, brauchen sie nur in heißen Sommerwochen ein wenig zusätzliche Feuchtigkeit. Im allgemeinen vertragen die meisten Arten Trockenheit besser als Nässe.
Eine Ausnahme bilden auch hier heimische Gewächse, wie Schnittlauch, Kümmel, Engelwurz, Beinwell und Pfefferminze. Sie lieben, ebenso wie Liebstöckel, Petersilie und Boretsch, tiefgründigen, feuchten Humus.
Gedüngt wird im Kräutergarten vor allem regelmäßig mit reifem Kompost. Nur starkwüchsige Pflanzen, wie Liebstöckel, Schnittlauch, Beinwell, Engelwurz, Alant und einige andere, vertragen eine leichte Zusatznahrung. Am besten eignet sich ein langsam wirkender organischer Vorratsdünger, wie z. B. Hornspäne, der im zeitigen Frühling rund um die Pflanzen ausgestreut und leicht in die Erde eingeharkt wird. Im Sommer können Sie einmal eine kleine Portion stark verdünnte Brennesseljauche (1:20) direkt in den Wurzelbereich gießen. Brausen Sie die nahrhafte Brühe aber niemals über die Blätter; der Jauchegeruch könnte Ihnen sonst eine Zeitlang den Genuß der Würze verderben!

Buntgemischte Kräuter auf einem erhöhten Beet mit gutem Wasserabzug.

Kräuter und Gewürze

Hübsch und übersichtlich: der geometrische Kräutergarten.

Verspielt wirkt diese Kräuterspirale.

Reichlich Platz benötigt ein Kräuter-Rondell.

Freude an vielfältiger Gestaltung

Für die Anlage eines Kräutergartens gibt es zahlreiche Möglichkeiten. Wenn Sie einen günstigen Standort ausgesucht haben, bleibt die äußere Gestaltung völlig Ihrer Fantasie überlassen.

Ein klassischer Kräutergarten

Wenn Sie reichlich Platz zur Verfügung haben, lohnt es sich, einen richtigen Kräutergarten anzulegen. Teilen Sie ihn in einzelne Beete auf, die durch schmale Wege voneinander abgegrenzt werden. Die Anlage wird in symmetrisch angeordnete Grundformen gegliedert. Dies können Rechtecke oder Quadrate sein, kombiniert mit Rundbögen und Kreisen. Sehr reizvoll ist auch ein Muster, bei dem die Wege sternförmig auf ein Rondell im Mittelpunkt zulaufen.
Als fester Belag für die Trittflächen eignen sich Platten, Ziegelsteine, Kies, Holzpflaster oder eine dicke Schicht aus Rindenmulch. In einer solchen Anlage können Sie die verschiedenen Gewürzpflanzen übersichtlich anordnen. Die kleinen Beete erleichtern die Pflege und die Ernte.

Bewegte Formen

Ein besonders hübscher Anblick sind ornamental gestaltete Kräutergärtchen, die auch auf begrenztem Raum Platz finden. Die Grundform wird aus Bruchsteinplatten oder Ziegelsteinen ausgelegt. Diese in einer Sandschicht eingebetteten Steine dienen auch als Trittplatten oder Wege. So können Sie ein Kräuter-Rondell in Form eines Rades mit Speichen anlegen oder fantasievoll Rauten- und Spiralmuster gestalten.

Kräuter im Steingarten

Wenn Sie einen sonnig gelegenen Steingarten besitzen, können Sie dort zwischen den blühenden Polterstauden auch Thymian, Salbei, Ysop, Weinraute, Origano, Lavendel und Eberraute pflanzen. Sie gedeihen gut unter den gleichen Bedingungen wie Gebirgspflanzen: in magerem, warmem Boden mit raschem Wasserabzug.

Kräuter-Rabatte

Sehr hübsch ist auch ein Beet, das Sie am Rand des Gartens als Kräuter-Rabatte bepflanzen. Hier können Sie ausdauernde Stauden, wie Zitronenmelisse, Estragon, Salbei, Origano, Thymian, Schnittlauch und Eberraute, mischen mit den einjährigen Kräutern, wie Kerbel, Dill, Bohnenkraut, Boretsch und Koriander.
Besonders anmutig wirkt ein solches Duft- und Würzbeet, wenn Sie noch einige farbenfrohe Arznei- und Teepflanzen darunter mischen: z. B. die leuchtenden Sonnen der Ringelblumen, rote Indianernesseln, gelbe Königskerzen, weiße Madonnenlilien und eine altmodische Zentifolienrose.

Kräuter auf Gemüse- und Blumenbeeten

Wenn Sie nur sehr wenig Platz zur Verfügung haben, säen oder pflanzen Sie einige Kräuter einfach am Rand der Gemüsebeete oder zwischen den Blumen des Gartens aus. Die folgenden Kombinationen haben sich in der Praxis bewährt: Bohnenkraut zu Buschbohnen, Dill zu Gurken, Petersilie zu Tomaten, Schnittlauch zu Erdbeeren,

Hier wachsen Kräuter und Blumen auf regelmäßig unterteilten Beeten.

Kräuter und Gewürze 357

Lavendel, Ysop und Salbei zu Rosen, Boretsch, Ringelblumen und Kapuzinerkresse zu den Sommerblumen.

Würze aus dem Blumentopf

Das kleinste Kräutergärtchen hat in Töpfen, Kästen und Kübeln Platz. Gefäße aller Größen können Sie als kleine Gewürzsammlung auf der Terrasse, auf dem Balkon, an einer sonnigen Hauswand oder in einem kleinen Innenhof aufstellen. In größeren Töpfen gedeihen sogar ausdauernde Kräuter, wie Zitronenmelisse, Estragon, Ysop und Salbei. Bohnenkraut, Dill, Kerbel, Kresse und Boretsch eignen sich zum Aussäen in Kästen. Lorbeerbäumchen und Rosmarin verleihen einem kleinen, mobilen Kräutergärtchen eine südländische Atmosphäre. Sie müssen aber im Winter ins Haus geholt werden.

Kräuter durch das ganze Jahr

Wenn Sie den idealen Standort für Ihre Kräuter ausgesucht und den Platz nach Ihren Vorstellungen gestaltet haben, sollten Sie zuerst die Erde gründlich lockern, z.B. mit dem Sauzahn oder mit einer Grabgabel. Entfernen Sie alle Unkräuter, die sich nun leicht herausziehen lassen. Dann glätten Sie den Boden mit einer kleinen Harke oder einem Grubber. Alle groben Erdbrokken müssen Sie sorgfältig zerkleinern. Streuen Sie nun 1–2 cm hoch feinen reifen Kompost aus. Zum Schluß ziehen Sie mit dem Rechen die ganze Fläche glatt. Dabei wird der Kompost ganz leicht in die Oberfläche eingeharkt. Das Beet soll nun ein feinkrümeliges weiches Bett für die Samenkörner und für die Wurzeln junger Pflanzen bilden. Damit ist die Grundlage für Ihren Kräutergarten gelegt.

Kräuter säen vom Frühling bis zum Sommer

Früheste Aussaat im März

Wenn die Märzsonne zum ersten Mal warm über den Garten strahlt, kribbelt es den meisten Gärtnern unwiderstehlich in den Fingern. »Alte Hasen« bleiben dann trotz der himmlischen Verlockungen geduldig. Sie wenden sich zunächst der Erde zu. Beim ersten prüfenden Handgriff stellen sie fest: Der braune Humus fühlt sich noch naß und kalt an; der Boden klebt zwischen den Fingern und unter den Stiefeln. In diesem Zustand darf er auf keinen Fall bearbeitet werden.

Lassen Sie sich nicht zu früh zum Aussäen verlocken. Nasse Böden, vor allem lehmige Erde, verkleben und verdichten sich jetzt noch unter jedem Schritt. An warmen Tagen backt die Oberfläche anschließend zu einer steinharten Kruste zusammen. Wie soll der zarte Keimling sich in einer solchen Umgebung entfalten?

Warten Sie lieber, bis die Erde nach ein paar sonnigen Tagen wirklich angewärmt und etwas abgetrocknet ist. Wenn Sie mit den Händen hineingreifen, soll der Humus von selbst in lockere, weiche Krümel auseinanderfallen. In diesem Boden können sich Samenkörner und junge Pflanzenwurzeln leicht entfalten.

Zum Keimen ist unbedingt eine warme, feuchte Atmosphäre nötig. In naßkalter Umgebung besteht die Gefahr, daß die Samen faulen oder nur sehr langsam zum Leben erwachen.

Die Wetterfesten

Beginnen Sie, sobald die Voraussetzungen günstig sind, mit denjenigen Kräutern, die die rauhen Gewohnheiten des Märzwetters nicht übelnehmen. Sie müssen ja damit rechnen, daß auf sonnige Tage wieder Schneeschauer oder Regengüsse folgen werden. Petersilie, Kresse und Kerbel sind »hart im Nehmen«; sie werden sich den Launen des frühen Frühlings anpassen.

Lockern Sie das Beet noch einmal mit dem Grubber oder einer kleinen Harke. Dann ziehen Sie die Erde mit dem Rechen glatt. Wenn Sie gerade, ordentliche Reihen lieben, dann spannen Sie nun zwischen zwei Stöcken eine Schnur. Darunter ziehen Sie mit dem umgedrehten Stiel des Rechens flache Rillen. Streuen Sie durchgesiebten, reifen Kompost in die Vertiefung, so daß ein feines, gleichmäßiges Saatbeet entsteht.

Der Abstand der Reihen richtet sich nach dem späteren Wachstum der

Pflanzen. Sehen Sie auf den Samentüten nach; dort sind meist genaue Maße angegeben. Petersilie braucht z.B. 10–15 cm Abstand von einer Reihe zur nächsten. Bei Kerbel und Kresse genügen 10 cm.

Nun können Sie mit der Aussaat beginnen. Reißen Sie am oberen Rand des Tütchens eine Ecke auf, und streuen Sie einen Teil des Samens in die eine

Viele Kräuter gedeihen in Kästen und Blumentöpfen, z.B. Rosmarin, Basilikum, Majoran und Schnittlauch.

Die Aussaat in der Reihe ist oft von Vorteil.

Kresse keimt schnell und unproblematisch.

Kräuter und Gewürze

Hand. Zwischen den Fingern der anderen Hand fassen Sie immer eine kleine Portion und lassen die Körner langsam auf die Erde rollen. Achten Sie darauf, daß die Samen nicht zu dicht liegen, sonst nehmen sich die jungen Pflanzen später Nahrung und Platz weg.

Petersiliensamen keimt sehr langsam; manchmal dauert es 3 Wochen, bis die ersten grünen Blättchen erscheinen. Legen Sie deshalb im Abstand von 10–15 cm einige Radieschenkörner in die Saatrille. Diese großen kugelrunden Samen keimen rasch. Sie markieren die Reihe, so daß Sie ohne Gefahr dazwischen die Erde lockern können. Zum Schluß schieben Sie mit den Händen oder aber auch mit dem Rücken des Rechens von beiden Seiten eine dünne Erddecke über die Saatreihen. Drücken Sie diese feine Humusschicht über den Samenkörnern ein wenig fest (aber bitte nicht festtreten!), damit die Körner ringsum von Erde eingehüllt sind. Nun gießen Sie mit feiner Brause und temperiertem Wasser leicht an. Dabei darf die Erde nicht auseinandergeschwemmt werden.

In den kommenden Wochen ist es sehr wichtig, daß alle Saatreihen gleichmäßig feucht bleiben. Bei warmem Wetter müssen Sie also morgens oder am Nachmittag gießen. Wenn die Aussaaten längere Zeit trocken liegen, verlieren sie ihre Keimkraft und gehen nicht auf.

Vergessen Sie auch nicht, das Samentütchen neben den Reihen zu befestigen. Sonst rätseln Sie später: Was wächst denn da? Solange Sie sich im Reich der Kräuter noch nicht so gut auskennen, ist eine Orientierungshilfe wichtig. Sie können die Tüte einfach in die Erde drücken und mit einem Stein beschweren. Sicherer ist es, wenn Sie ein kleines Holz- oder Bambusstäbchen am oberen Ende spalten und das Papier dazwischen einklemmen. Wie eine kleine Fahnenstange stecken Sie dieses Holz dann in die Erde. Falls Sie nicht alle Samen verbraucht haben und die Tüte noch aufheben, verwenden Sie ein Plastiketikett, das Sie mit einem wetterfesten Stift für die Beschriftung im Samenhandel kaufen können.

Bei der Petersilie können Sie zwischen den altbekannten Sorten und der glattblättrigen Bauernpetersilie wählen. Die krausen Blätter eignen sich gut zum Dekorieren. Die glatte Sorte, die ein wenig an feine Sellerieblätter erinnert, besitzt dagegen ein kräftiges Aroma. Außerdem können Sie noch Wurzelpetersilie aussäen. Hier müssen Sie später im Frühling die jungen Pflanzen in der Reihe auslichten. Bei 10 cm Abstand entwickeln sich kräftige Wurzeln, die im Herbst geerntet werden. Sie können damit Suppen, Braten und Wildgerichte würzen.

Kresse und Kerbel werden auf die gleiche Art ausgesät wie die Petersilie. Die rotbraunen Kressesamen sind sehr handlich und lassen sich gut dosieren. Damit können Sie das Aussäen besonders gut üben.

Kresse und Kerbel keimen und wachsen rasch. Bei günstiger Witterung zeigt die Kresse schon nach einer Woche die ersten grünen Blättchen. Beide Kräuter sollten Sie jung schneiden und gleich frisch verbrauchen. Im Alter werden sie hart und scharf. Säen Sie lieber alle 14 Tage eine neue Reihe aus. So haben Sie immer zarten Nachwuchs.

Auf der warmen Fensterbank

Außer den wetterfesten Freilandkräutern können Sie im März auch mit der Aussaat von wärmeliebenden Gewürzen aus dem Süden beginnen. Dafür räumen Sie einen Platz auf einer hellen, warmen Fensterbank frei. Im Blumentopf oder in einem kleinen Zimmergewächshaus aus Kunststoff können Sie Kräuter aus den Mittelmeerländern vermehren. Vor allem das duftende Basilikum lohnt diese kleine Mühe.

Für Kräutergärtner, die gern experimentieren, und solche, die viele Pflanzen brauchen, lohnt sich auch die Aussaat mehrjähriger Kräuter. Für die Vorkultur auf der warmen Fensterbank oder im Gewächshaus eignen sich z. B. Lavendel, Thymian, Salbei, Ysop, Zitronenmelisse und Rosmarin.

Legen Sie zunächst ein paar Tonscherben über die Öffnung des Blumentopfes, dann füllen Sie eine Hand voll Sand darüber. Auch die Schale des Fensterbankgewächshauses erhält eine Bodenschicht aus Sand. Wichtig für alle Aussaaten im Haus ist, daß das Gießwasser immer gut abfließen kann und kein sumpfiger Grund entsteht.

Die Erde vermischen Sie ebenfalls mit etwas Sand. Torf ist in den fertig käuflichen Mischungen meist reichlich vorhanden. Ziehen Sie die Oberfläche mit einem kleinen Holzbrettchen flach und glatt. Nun streuen Sie, ganz ähnlich wie im Freiland, die Samenkörner über die Fläche. Reihen brauchen Sie in den kleinen Gefäßen nicht zu ziehen, wenn Sie nur ein einziges Kraut aussäen. Erproben Sie Ihr Geschick für die Fensterbank-Gärtnerei zuerst einmal mit Basilikum.

Die feinen glänzend-schwarzen Körner sind nicht so einfach zu dosieren. Vermischen Sie sie in der Hand zuerst mit etwas feinem Sand. Wenn Sie nun beides ausstreuen, entstehen von selbst Zwischenräume. Drücken Sie die Samen leicht mit den Fingern fest und decken Sie sie nur hauchdünn mit ein wenig feiner Erde zu. Zum Schluß gießen Sie sehr zart und vorsichtig an.

Im Warmen keimt und wächst es schneller: Kräuteranzucht auf der Fensterbank.

Kräuter und Gewürze

Unter Folien wachsen die ersten frischen Frühlingskräuter (oben).

Junge Basilikumpflänzchen werden büschelweise pikiert.

Das Zimmergewächshaus decken Sie nun mit einem durchsichtigen Dach zu. Über den Blumentopf können Sie eine Glasscheibe legen; auch ein Plastikhäubchen mit Gummizug, wie man es im Haushalt braucht, eignet sich als Abdeckung. So entsteht eine feuchtwarme Gewächshausatmosphäre, in der die Samen rasch keimen. Sobald sich die winzigen grünen Blättchen zeigen, sollten Sie einmal am Tag die Abdeckung öffnen und etwas lüften. Die Erde muß immer gleichmäßig feuchtgehalten werden, sie darf aber nie vor Nässe triefen.

Sobald Sie die kleinen Pflänzchen zwischen den Fingern fassen können, setzen Sie sie einzeln in kleine Blumen- oder Preßtöpfchen. Darin werden sie weitergepflegt, bis sie im Mai ins Freiland umziehen können.

Ein würziges Frühlingsbeet im April

Wenn der April nicht noch einmal eine Schneemütze aufsetzt, kann Ihr Kräutergarten in diesen Wochen große Fortschritte machen. Viele einjährige Würz- und Küchenpflanzen vertragen bereits Freilandtemperaturen. Besorgen Sie sich rechtzeitig Saatgut, solange die Auswahl noch reichhaltig ist.

Vorsprung unter Folie

Für die erste frische Kräuterernte legen Sie am besten gleich zu Anfang des Monats ein Extrabeet unter einem Folientunnel an. Fertige Konstruktionen können Sie überall im Fachhandel kaufen. Es ist aber auch keine große Kunst, eine solche durchsichtige Abdeckung selber zu basteln. Dazu brauchen Sie nur einige starke, halbrunde Bögen aus Eisen oder festem Draht. Sie sollten mindestens 1 m breit die Erde überspannen. Drücken Sie diese Bögen fest in den Boden. Dann breiten Sie Plastikfolie, die Sie als Meterware kaufen können, darüber aus. Diese wärmende Haut wird glattgezogen und an den Breitseiten des Beetes mit sauberen Brettern und Steinen beschwert. An den Schmalseiten raffen Sie die Folie wie einen Vorhang zusammen und geben ihr dann ebenfalls mit Ziegelsteinen oder Platten festen Halt.

Ein warmes Bett für Saatkörner

Bevor Sie dieses Frühlingsbeet zudecken, sollten Sie die Erde sehr sorgfältig durchhacken und glatt rechen, so daß ein feinkrümeliges Saatbeet entsteht. Jedes Unkraut muß entfernt werden. Streuen Sie über die ganze Fläche etwa zwei Finger hoch reifen Kompost aus. Diese Erde darf keine Unkrautsamen enthalten, sonst überwuchern die vitalen Wildkräuter in kurzer Zeit die junge Saat. Unter der Folie entsteht ja ein feucht-warmes Klima, in dem alles besonders schnell wächst. Dadurch bereiten Sie sowohl den Kräutern als auch den Un-Kräutern ein »warmes Bett«.

Teilen Sie nun das Beet in Reihen ein, dann kann die Aussaat beginnen. Für die Kultur unter dem Foliendach eignen sich besonders solche Kräuter, die Sie für den ersten vitaminreichen Frühlingssalat schneiden können: Dill, Kresse, Kerbel und Boretsch.

Gesunde Frühlings-Mischkultur

Legen Sie in der Mitte des Beetes 1 Reihe mit Kopfsalat an. Pflanzen bekommen Sie um diese Zeit in jeder guten Gärtnerei. Länger ernten Sie von 1 Reihe Schnitt- oder Pflücksalat, die Sie an den Rand des kleinen Kräuterbeetes aussäen können.

Neben der Kresse, die schnell wächst und bald abgeerntet ist, sollten Sie ein paar Radieschenkörner in die Erde legen. Diese beiden Pflanzen beeinflussen sich gegenseitig günstig im Aroma. Außerdem schmecken sie auch vorzüglich, wenn Sie sie zusammen auf eine Scheibe Schwarzbrot mit Butter legen. Auf diesem Kräuter-Mischkulturenbeet gedeihen die Zutaten für würzige Salate direkt nebeneinander. Wenn Sie sie jung und frisch ernten, schmecken sie besonders würzig und pikant. Kresse, Kerbel und Radieschen benötigen nur 10 cm Reihenabstand. Für Boretsch und Dill sollten Sie 15–20 cm Zwischenraum zum Nachbarn einplanen. Die Kräuter auf diesem Beet sind für den schnellen Verbrauch im Laufe des Frühlings bestimmt. Säen Sie deshalb gegen Monatsende noch einmal auf Ihrem normalen Küchengartenbeet oder im eigentlichen Gewürzgärtchen Boretsch, Dill, Kresse und Kerbel nach. Dort benötigen Boretsch und Dill aber mehr Platz, weil sie sich zu großen Pflanzen entwickeln dürfen.

Falls Ihr Beet unter dem Folientunnel lang genug ist, sollten Sie eine Ecke abteilen, die Sie zur Anzucht wärmebedürftiger einjähriger Kräuter benutzen. Hier können Sie schon frühzeitig Bohnenkraut, Majoran, Portulak und Basilikum vorziehen. Ab Mitte Mai, wenn keine Nachtfröste mehr zu befürchten sind, werden diese Kräuter an ihren endgültigen Platz im Garten ausgepflanzt. Sie haben dann bereits einen beachtlichen Vorsprung vor den Maiaussaaten im Freiland.

Decken Sie alle Saatreihen dünn mit feingesiebter Erde zu, und klopfen Sie sie mit dem Rücken des Rechens oder mit der flachen Hand behutsam ein wenig fest. Zum Schluß feuchten Sie mit feiner Brause und abgestandenem, warmem Wasser das ganze Beet an. Nun erst wird die Folienhaut über die Bögen gezogen und der Tunnel an allen Seiten dicht geschlossen.

Gewußt wie: gießen, lüften und Schneckenabwehr

Unter dem durchsichtigen Dach entsteht sehr bald ein feucht-warmes Treibhausklima. Die Saat keimt rasch, das Unkraut ebenfalls. Nun müssen Sie öfter zwischen den Reihen mit dem Grubber oder einer kleinen Hacke die Erde lockern und alle unwillkommenen Pflanzen herauszupfen. Gießen Sie nur am Vormittag. In der Mittagszeit können Wassertropfen, die wie Brenn-

Kräuter und Gewürze

Innenspalte:
Gute Nachbarschaft mit Kräutern: Bohnenkraut mit Buschbohnen (rechts oben) und Dill am Rande des Gurkenbeetes (unten).

gläser die Sonnenstrahlen einfangen, Verbrennungsschäden verursachen. Späte Nässe kann dagegen Fäulnis hervorrufen, wenn die Frühlingsnächte noch kühl oder sogar frostig sind.
Sehr wichtig für das gesunde Gedeihen Ihres »Vitamin-Beetes« ist das Lüften. Manchmal strahlt im April die Sonne schon sehr warm vom Himmel. Dann entstehen unter der durchsichtigen Haut sehr schnell hohe Temperaturen. Damit die Pflanzen nicht verbrennen, rollen Sie die Folie morgens hoch. An weniger warmen Tagen genügt es, wenn Sie eine Schmalseite öffnen. Am späten Nachmittag muß der Folientunnel wieder geschlossen werden. So bleibt die Sonnenenergie noch eine Weile eingefangen.

robusteren Arten an, die einen kühlen Wetterstreich nicht übelnehmen. Dazu gehören Boretsch, Kerbel, Kresse, Dill, Koriander und Winterportulak.
Ab Mitte Mai, wenn keine Nachtfröste mehr drohen, kommen die Samen der wärmebedürftigen Arten in die Erde: Majoran, Bohnenkraut, Portulak und Schnittsellerie.

Die Aussaat im Freiland
Die Samen der einjährigen Kräuter können Sie breitwürfig ausstreuen oder in Reihen aussäen. Die Reihensaat hat den Vorteil, daß Sie zwischen den kleinen, keimenden Pflanzen bereits frühzeitig Unkraut jäten können. Bei lockerer Aussaat haben die Kräuter mehr Platz zur Entfaltung. Den kräftigen Boretsch sollten Sie z.B. niemals in enge Reihen zwängen. Winterportulak gedeiht ebenfalls besser auf geräumigen Flächen. Auch die Kapuzinerkresse braucht Platz für ihre langen Ranken. Ihre Blüten bringen leuchtende gelbe und rote Farbtöne in den sommerlichen Kräutergarten.
Die sogenannten Lichtkeimer werden nicht oder nur hauchdünn mit Erde zugedeckt; dazu gehören z.B. Majoran, Bohnenkraut und Basilikum. Wenn Sie die einjährigen Kräuter in Reihen auf einem Gewürzbeet aussäen, sollten Sie sie mit Namensschildern oder Samentüten kennzeichnen. Vor allem Anfänger gehen so sicher, daß sie später die verschiedenen Arten nicht durcheinander bringen.
Einige Kräuter gedeihen in der Mischkultur mit verschiedenen Gemüsearten besser als auf einem Extrabeet. Versuchen Sie einmal, den Dill an den Rand des Gurkenbeetes und das Bohnenkraut neben den Buschbohnen auszusäen. Die Kräuter wachsen in dieser Kombination besonders gesund und problemlos. Ganz nebenbei schützt das Bohnenkraut seine Nachbarn vor Schwarzen Läusen.
Und falls die Maisonne schon sehr heiß vom Himmel scheinen sollte, bewährt sich ein alter Gärtnertrick: Legen Sie feuchte Säcke über die Beete, bis die ersten Keimblätter durch die Erde dringen. Andernfalls müssen Sie regelmäßig gießen. Wenn die Saat aufgegangen ist, breiten Sie eine dünne Mulchdecke aus. Vergessen Sie niemals: Wärme und Feuchtigkeit sind die beiden Elemente, die alle Samenkörner brauchen, um aufzubrechen und neues Leben zu entfalten.

Eine Bierfalle schützt zarte Frühlingspflanzen vor Schnecken.

Damit die Schnecken nicht über Nacht Ihre zarten Salat- und Kräuterpflanzen abfressen, graben Sie am besten mehrere Plastikbecher ebenerdig ein, sobald die ersten grünen Keimblätter erscheinen. Wenn Sie die Gefäße jeden Abend zu ⅔ mit frischem Bier füllen, locken Sie die gefräßigen Mitesser in die »Schneckenkneipe«. Statt Dill genießen sie dann die Würze von Hopfen und Malz und ertrinken darin.

Freiland-Kräuter im April
Im Freiland können Sie ab Mitte April ebenfalls Boretsch, Dill, Kresse, Kerbel, Petersilie, Anis, Kümmel, Löffelkraut, Pimpinelle und Schnittlauch aussäen.

Aussaat im warmen Mai: Würze für einen Sommer

Sobald im Mai die Erde warm und trocken geworden ist, können alle einjährigen Kräuter ausgesät werden. Zu Beginn des Monats fangen Sie mit den

Die Pflege der jungen Pflanzen
Wenn die jungen Pflanzen zu wachsen beginnen, sehen Sie bald, wo sie zu dicht stehen. Zupfen Sie überall so viele Sämlinge heraus, daß die übrigbleibenden reichlich Raum zur Entfaltung haben. Den Überschuß verwenden Sie entweder als erste frische Würze in der Küche oder als kostbare Zugabe zu Kompost und Kräuterjauchen. Auch zum Mulchen können Sie die überzähligen Kräuter gebrauchen. Bei Kresse und Kerbel ist ein Ausdünnen meist nicht nötig. Diese Kräuter sollten Sie noch öfter während des Sommers nachsäen.
Majoran, Bohnenkraut und Portulak können Sie auch verpflanzen. Setzen Sie die Sämlinge, sobald sie kräftig zu treiben beginnen, auseinander. Ein trüber, feuchter Tag ist dafür geeigneter als warmes, trockenes Wetter.
Auch Boretsch läßt sich mit etwas Glück und Behutsamkeit verpflanzen. Meist »trauert« er anfangs und läßt seine großen, wasserhaltigen Blätter hängen. Setzen Sie deshalb nur sehr junge Boretschpflanzen bei regnerischem Wetter um. Dill eignet sich mit seinen langen Pfahlwurzeln nicht zum Verpflanzen!

Kräuter und Gewürze

Basilikum entwickelt sich buschiger, wenn Sie bei den jungen, bereits angewachsenen Pflanzen die obersten Spitzen herausbrechen. Dieses Kraut müssen Sie bei heißem Wetter reichlich gießen. Majoran und Bohnenkraut sind dagegen, wenn sie erst einmal Fuß gefaßt haben, während des Sommers unempfindlich gegen Trockenheit.

Wintergrüne Kräuter im Sommer säen

Robuste Gewächse, die auch in Eis und Schnee nicht untergehen, werden im Spätsommer und frühen Herbst gesät. Die günstigste Zeit liegt in den Monaten August bis September. Meist handelt es sich um die zweijährigen Arten. Sie bleiben auch in der kalten Jahreszeit grün und liefern Ihnen dann frische Würze und vor allem Vitamine für den winterlichen Speisezettel.

Für die Spätsommeraussaat eignen sich z. B. Petersilie, Löffelkraut, Winterkresse und Winterportulak. Alle diese Kräuter lieben einen feuchten, durchlässigen Humus und halbschattige Lage. Sie können sie im Kräutergarten aussäen oder am Rand abgeernteter Gemüsebeete. Sehr gut gedeihen die wintergrünen Kräuter auch in einem leeren Frühbeet. Hier können Sie sie bei starkem Frost oder Schneefall mit Fenstern zudecken. Dann ist die frische Ernte jederzeit möglich. Bereiten Sie den Platz für die späten Kräuter immer gründlich vor. Die Erde muß locker und unkrautfrei sein. Streuen Sie reichlich reifen Kompost über die gesamte Fläche oder zumindest in die Saatrillen.

Petersilie, die auch im Frühling gesät werden kann, keimt in der sommerlich warmen Erde viel schneller und problemloser. Wenn Sie Schwierigkeiten mit diesem vielbegehrten Küchenkraut haben, sollten Sie die späte Aussaat vorziehen. Für rauhe Landschaften, wo sich der Boden erst spät erwärmt, ist sie unbedingt empfehlenswert.

Bis zum Winter sollten alle Kräuter bereits kräftiges Blattwerk entwickelt haben. Decken Sie sie vor dem ersten Schnee locker mit Kiefernzweigen ab; dann können Sie noch lange frisches Grün ernten.

Auch in den ersten Frühlingswochen füllen diese Kräuter die Lücken, bis die neuen Aussaaten heranwachsen. Wenig später schießen sie in Blüte.

Langlebige Kräuter

Im Frühling (von April bis Mai) und im Herbst (von September bis Oktober) ist die Zeit günstig, um die wichtigsten Staudenkräuter im Garten auszupflanzen. Ähnlich wie die ausdauernden Blumen im Ziergarten, können diese Würz- und Heilpflanzen viele Jahre lang am gleichen Platz stehenbleiben. Sie werden mit der Zeit immer größer und üppiger. Damit sie gesund wachsen und reiche Ernten bringen, sollten Sie das Beet für diese langlebigen Kräuter gut vorbereiten.

Wählen Sie einen sonnigen Standort, und lockern Sie die Erde gründlich auf. Unkraut sollten Sie sehr sorgfältig mit allen Wurzeln entfernen. Damit ersparen Sie sich viel Ärger für die folgenden Jahre. Denn wenn sich die Wurzeln der Stauden mit Hahnenfuß, Winden oder Quecken verfilzen, dann wird es sehr mühsam, wieder Ordnung zu schaffen.

Versorgen Sie die ganze Fläche mit reifem, möglichst unkrautfreiem Kompost, der nur oberflächlich mit einem Grubber in die Erde geharkt wird. Diese Humusschicht genügt als Wachstumsgrundlage für das 1. Jahr.

Vorgezogene Staudenkräuter können Sie in vielen Gärtnereien, auf dem Blumenmarkt oder in Gartencentern kaufen. Das Angebot und die Auswahl sind in den letzten Jahren erfreulich vielseitig geworden. Ein Grundsortiment für den Anfang werden Sie meist in Ihrer Nähe finden. Wo dies schwierig ist, können Sie ausdauernde Gewürz- und Heilpflanzen auch bei guten Staudengärtnereien oder bei Kräuter-Spezialfirmen bestellen.

Verteilen Sie die Pflanzen, die meist in kleinen Töpfen angezogen werden, zuerst einmal »oberflächlich« auf dem vorbereiteten Beet. Stellen Sie sich dabei vor, wie groß sie in 1–2 Jahren

Staudenkräuter werden im Herbst oder im Frühling gepflanzt.

Kleines Staudenkräuterbeet mit Liebstöckel, Estragon, Dost und Zitronenmelisse.

Kräuter und Gewürze

wachsen werden. Planen Sie dann so viel Abstand ein, daß auch die erwachsenen Kräuter noch genügend Luft und Licht bekommen.

Einige Beispiele können Ihnen dabei sicher helfen: Zitronenmelisse wächst 0,50–1 m hoch. Sie bildet breite Büsche, da ihr Wurzelstock sich seitlich immer weiter ausdehnt. Estragon treibt im Sommer 0,60–1,50 m hohe Stengel. Er dehnt sich jedes Jahr auch seitlich aus, weil er unterirdische Ausläufer bildet. Zierlicher bleibt das Bergbohnenkraut, das zu einem kleinen, holzigen Strauch von 25–50 cm Höhe heranwächst. Der robuste Beifuß erreicht dagegen leicht 1–2 m Höhe; seine Zweige bilden umfangreiche Büsche. Besonders kraftvoll entwickelt sich der Liebstöckel. Nach ein paar Jahren kann er mühelos 2–3 m Höhe erreichen und sich auch nach allen Seiten sehr »breitmachen«.

Die Unterschiede in den Höhenangaben bei den einzelnen Pflanzen sind in den verschiedenartigen Wachstumsbedingungen begründet. Wenn Ihr Garten fruchtbaren Humus bereithält, dann entwickeln sich alle Gewächse, auch die Kräuter, üppiger. Auf magerem Sandboden wachsen sie dagegen langsamer und bleiben zierlicher. Unter durchschnittlichen Bedingungen sollten Sie für die meisten Staudenkräuter einen Pflanzabstand von 30–40 cm nach allen Seiten einplanen. Im 1. Jahr können Sie die Lücken, die sich nur langsam schließen, mit niedrigen Sommerblumen, wie z. B. Tagetes oder duftendem Steinkraut, schließen. Auch niedrige, einjährige Kräuter, wie z. B. Majoran, eignen sich als Bodenteppich zwischen den Stauden. Dabei sollte immer genügend Abstand erhalten bleiben, so daß die jungen Pflanzen sich ungehindert entwickeln können. Wenn Sie die Kräuter mit ausreichendem Zwischenraum auf dem Beet verteilt haben, prüfen Sie noch einmal, ob auch die Höhenverhältnisse stimmen. Ähnlich wie in der Blumenrabatte sollten auch auf dem Kräuterbeet die hochwachsenden Stauden im Hintergrund, die niedrigen im vorderen Bereich stehen. Liebstöckel und Beifuß gehören z. B. zu den »Großen«; mittlere Höhe erreichen Melisse, Estragon, Salbei, Lavendel, Sauerampfer, Pfefferminze und Origano. Für den Beetrand eignen sich Thymian und Schnittlauch. Wenn alle Kräuter verteilt sind, können Sie mit dem Pflanzen beginnen.

Sommerdüfte für die Winterzeit

Mitten im Sommer, wenn die Sonne hoch und heiß am Himmel steht, erreichen die meisten Gewürz- und Heilkräuter den Höhepunkt ihrer Reife. In diesen Wochen besitzen sie den höchsten Gehalt an ätherischen Ölen und anderen wertvollen Inhaltsstoffen. Wenn Sie jetzt, zum richtigen Zeitpunkt, ernten und konservieren, können Sie den größten Reichtum an Düften, aromatischer Würze und Heilkraft für sich gewinnen.

Zahlreiche Kräuter lassen sich, zu Sträußen gebunden, trocknen und für viele Monate haltbar machen. Dies ist eine der ältesten und schonendsten Konservierungsmethoden. Dabei sollten Sie sehr sorgfältig und behutsam arbeiten, damit die kostbaren Bestandteile keinen Schaden erleiden. Kräuter sind Pflanzen besonderer Art, sie wollen auch besonders behandelt werden.

Die Ernte der Kräuter

Pflücken Sie, wo immer dies möglich ist, die Blätter und Zweige der Gewürz- oder Heilpflanzen behutsam mit den Händen. Nur bei sehr harten Stengeln nehmen Sie ein scharfes Messer oder eine Schere zu Hilfe. Wählen Sie einen sonnigen Morgen für die Ernte. Der günstigste Zeitpunkt ist der etwas spätere Vormittag, wenn der Tau auf den Pflanzen gerade abgetrocknet ist; die sommerliche Hitze darf die Blätter aber noch nicht ermattet haben. Sie sollen noch frisch und voller Saft sein. Suchen Sie nur ganz gesunde Blätter und Triebspitzen aus; kranke oder verdorbene Pflanzenteile sind es nicht wert, konserviert zu werden. Benutzen Sie zum Sammeln ein luftiges Weidenkörbchen, und legen Sie die Kräuter nur locker aufeinander. Sie dürfen nicht zerdrückt werden. Ganz ungeeignet sind Plastiktüten oder andere luftdichte Gefäße, in denen die Blätter schwitzen und schnell verderben.

Kräuter, die sich zum Trocknen eignen

Kräuter	Günstigste Erntezeit, geeignete Pflanzenteile
Einjährige Kräuter	
Basilikum, *Ocimum basilicum*	Während der Blüte, ganze Zweige
Bohnenkraut, *Satureja*, einjähriges und mehrjähriges	Kurz vor und während der Blüte, ganze Zweige
Majoran, einjähriger, *Origanum majorana*	Kurz bevor sich die runden Blütenknospen öffnen, ganze Zweige.
Ringelblumen, *Calendula officinalis*	Äußere Blütenblätter während des ganzen Sommers
Mehrjährige Kräuter	
Beifuß, *Artemisia vulgaris*	Geschlossene Blütenknospen, ohne Blätter.
Brennessel, *Urtica dioica*	Frühling bis August das ganze Kraut mit oder ohne Blüten.
Estragon, Echter Französischer, *Artemisia dracunculus*	Während des ganzen Sommers Blatttriebe oder Zweige mit frisch geöffneten Blüten.
Johanniskraut, *Hypericum perforatum*	Blühendes Kraut, Blüten, Knospen und Blätter.
Lavendel, *Lavandula angustifolia*	Blüten, wenn sie sich frisch öffnen.
Liebstöckel, *Levisticum officinale*	Nicht zu derbe Blätter vom Frühling bis zum Sommer.
Melisse, *Melissa officinalis*	Kurz vor der Blüte die oberen Triebe.
Origano, *Origanum vulgare*	Während der Blüte, ganze Zweige.
Pfefferminze, *Mentha piperita*	Kurz vor der Blüte, ganze Zweige.
Salbei, *Salvia officinalis*	Kurz vor der Blüte, obere Triebspitzen.
Thymian, *Thymus vulgaris*	Kurz vor der Blüte, ganze Zweige.

Kräuter und Gewürze 363

Am besten ernten Sie Kräuter mit den Händen.

Reinigen und vorbereiten
Verarbeiten Sie Ihre Kräuterernte gleich weiter, denn längeres Liegen schadet den empfindlichen Pflanzen und zerstört die Inhaltsstoffe.
Am besten wäre es, wenn Sie die Blätter, Blüten und Zweige so trocknen lassen, wie Sie sie geerntet haben. In Gegenden mit hoher Luftverschmutzung werden Sie aber leider eine kurze Reinigung nicht umgehen können. Schütteln Sie zunächst die Kräuter kräftig aus, damit versteckte kleine Tiere herausfallen. Sortieren Sie sorgfältig alle beschädigten Pflanzenteile aus. Wenn es nötig ist, waschen Sie die Kräuter dann rasch unter einem sanft fließenden Wasserstrahl ab. Schütteln Sie sie noch einmal, damit der größte Teil des Wassers abläuft, und legen Sie sie dann locker auf saubere Baumwollhandtücher zum Abtropfen. Mit weißem Küchenpapier können Sie behutsam die Feuchtigkeit wegtupfen. Erst wenn sie wieder ganz abgetrocknet sind, dürfen die Kräuter weiter verarbeitet werden; anderenfalls könnte Ihre duftende Ernte schimmeln oder faulen.

Trockensträuße
Binden Sie Ihre Kräuter an den Stielen zu lockeren Sträußen zusammen, die dann an einem schattigen Platz kopfunter zum Trocknen aufgehängt werden. Der Raum sollte warm, luftig und möglichst staubfrei sein. Oft ist ein wenig benutztes Gästezimmer geeigneter als ein Speicher. In gutisolierten Zimmern müssen Sie unbedingt für frische Luft sorgen und öfter das Fenster öffnen. Ungeeignet zum Trocknen ist auf jeden Fall die Küche, in der ständig feuchte und fettige Dünste beim Kochen entstehen. Fotos, auf denen bunte Kräutersträuße direkt neben dem Herd zu sehen sind, wirken zwar sehr dekorativ, aber die Nachahmung ist nicht empfehlenswert!
Merken Sie sich diese wichtigen Grundregeln für schonendes Trocknen:
- mäßige, sanfte Wärme,
- luftige, schattige Umgebung,
- langsames, harmonisches Dörren.

Bei direkter Sonnenbestrahlung oder einer anderen starken Hitzequelle werden die leicht flüchtigen ätherischen Öle und andere wertvolle Stoffe zerstört. Was Ihnen übrigbleibt, gleicht eher trockenem Heu als aromatischer Würze oder inhaltsreicher Naturarznei.

Andere Trockenmethoden
Wenn Sie keinen geeigneten Raum besitzen, in dem Ihre Kräutersträuße unter guten Bedingungen trocknen, können Sie die Pflanzenteile auch einzeln und locker ausgebreitet auf Rosten dörren. Dies kann z.B. im Backofen geschehen, wenn Sie nur eine geringe Wärmestufe (30–40°C) einstellen und die Ofentür immer einen Spalt geöffnet lassen. So kann die verdunstende Feuchtigkeit abziehen.
Aus Holzleisten und Kunststoff-Fliegendraht (kein Metall!) können Sie sich einfache Trockenroste selber bauen, die luftig gestapelt werden. So lassen sich einzelne Blätter und vor allem empfindliche Blüten schonend ausbreiten.
Sehr gut eignet sich auch ein im Handel erhältlicher Trockenapparat, bei dem die Wärme mit einem Thermostat geregelt werden kann. Mehrere übereinander gestapelte Siebe bieten viel Platz für verschiedene Kräuter.

Aufbewahren für die Winterzeit
Die Kräuter sind fertig getrocknet, wenn sie so dürr sind, daß sie zwischen den Fingern rascheln und sich leicht brechen oder bröseln lassen. Sie dürfen weder dunkel noch fleckig sein! Zu diesem Zeitpunkt sollten Sie Ihre kostbare, duftende Ernte möglichst rasch verschließen.
Lose Blätter zerkrümeln Sie vorher, von den trockenen Zweigen streifen Sie die Blätter mit den Fingern ab. Füllen Sie Gewürze und Tees in gut verschließbare Gläser oder nichtrostende Blechdosen. Bewahren Sie sie möglichst kühl und dunkel auf; dann halten sich Aroma und Heilstoffe länger. Solange Sie noch nicht zu den geübten Kräuterhexen gehören, die den Inhalt der Dosen und Gläser mit der Nase erschnuppern können, sollten Sie die Gefäße mit Etiketten kennzeichnen, auf denen Name und Erntedatum vermerkt sind.
So haben Sie Duft, Würze und Heilkraft sicher aufbewahrt und können noch viele Monate, vor allem in der kalten Jahreszeit, vom Überfluß des Sommers zehren. Aroma und Heilkräfte der Kräuter bleiben im Durchschnitt etwa ein Jahr lang erhalten. Dann wird es Zeit, wieder eine neue Ernte zu sammeln und zu trocknen, damit die würzigen Vorräte nie ausgehen.

Zum Trocknen binden Sie Kräutersträuße, die luftig aufgehängt werden.

Sehr gleichmäßig trocknen Kräuter auf den Sieben eines Dörrapparates.

Die dürren Blättchen werden abgestreift und in verschlossenen Gläsern aufbewahrt.

Kräuter und Gewürze

Einjährige Kräuter

Basilikum
Ocimum basilicum

Basilikum bildet starkverzweigte Pflanzen mit kantigen Stengeln und länglich-ovalen Blättern, die leicht gewölbt sind.
Von Juli bis September blüht das Kraut; die weißlichen oder rosa Lippenblüten bilden Scheinquirle. Die ganze Pflanze wird, je nach den Kulturbedingungen, 50–60 cm hoch.
Im Handel werden kleinblättrige, großblättrige und rotblättrige Sorten angeboten.
Die Pflanzen enthalten ätherische Öle, Gerbstoffe, Glykosid und Saponin.

Basilikum können Sie in grünen und in rotblättrigen Sorten aussäen.

Anbau im Garten
Das wärmebedürftige Kraut säen Sie am besten im März oder April in Saatgefäßen auf einer Fensterbank oder im Gewächshaus aus. Basilikum ist ein Lichtkeimer; die feinen Samenkörner werden nur mit der Hand ins Erdreich gedrückt oder ganz dünn mit Sand übersiebt. Setzen Sie die jungen Pflänzchen büschelweise in kleine Töpfe um. Ab Mitte Mai können Sie Basilikum an sehr warme, geschützte Plätze im Garten umpflanzen. Es gedeiht auch gut in großen Blumentöpfen und Kästen. Die Erde sollte humusreich und locker sein. Bei Trockenheit müssen Sie reichlich gießen. Vor allem die Pflanzen in Gefäßen brauchen gleichmäßige Feuchtigkeit. Auf dem Gartenbeet benötigt das Basilikum 25 × 25 cm Abstand. Wenn Sie den Mitteltrieb herausbrechen, verzweigen sich die Pflanzen besser. Das Kraut ist sehr licht- und wärmebedürftig. In kühlen, nassen Sommern versagt es im Freiland. Dann halten Sie das Basilikum besser in Töpfen auf einer warmen Fensterbank.

Ernte und Verwendung
Blätter und Zweige des feinwürzigen Basilikums können Sie während des ganzen Sommers pflücken. Brechen Sie Blütenansätze frühzeitig heraus, dann dauert die Erntezeit länger. Trocknen lohnt nicht, weil das Aroma verlorengeht. Basilikum paßt zu Tomaten, Mittelmeergemüsen, Soßen, Salaten und Hähnchen.
Basilikumtee stärkt den Magen und lindert Blähungen.

Bohnenkraut
Satureja hortensis

Die Pflanze ist mit einer starken Hauptwurzel im Boden verankert und verzweigt sich nach allen Seiten. Die schmalen, dunkelgrünen Blätter sind leicht behaart, die zierlichen Lippenblüten weiß, blaßlila oder rosa gefärbt. Sie erscheinen von Juli bis Oktober. Die buschige Pflanze wird 30–40 cm hoch. Bohnenkraut enthält ätherische Öle und Gerbstoffe.

Anbau im Garten
Ab Mai, wenn die Erde sich erwärmt hat, können Sie Bohnenkraut breitwürfig oder in Reihen im Garten aussäen. Das Kraut liebt lockeren Humus und viel Sonne. Es gehört zu den Lichtkeimern, deshalb dürfen die Samen nur dünn mit Erde oder Sand bedeckt werden. Später brauchen die einzelnen Pflanzen 25–30 cm Abstand.
Bohnenkraut gedeiht besonders gut am Rand eines Bohnenbeetes. Sie können im Juni noch einmal eine Portion aussäen.

Ernte und Verwendung
Blätter und Zweige können Sie bis in den Herbst jederzeit pflücken. Kurz vor und während der Blüte ist Bohnenkraut besonders würzig und heilkräftig. Dann sollten Sie es in größeren Mengen schneiden und zum Trocknen aufhängen.
In der Küche paßt das kräftig-aromatische Kraut zu Bohnen, Eintöpfen und Kartoffelgerichten.
Ein Tee aus Bohnenkraut löst Krämpfe im Magen-Darmbereich und regt den Appetit an.

Bohnenkraut behält seine Würze auch nach dem Trocknen.

Boretsch
Borago officinalis

Die Pflanzen wachsen mit starken Wurzeln tief in den Boden. Die verzweigten Stengel sind kräftig, saftreich und rauh behaart. Auch die großen, elliptisch geformten Blätter haben auf beiden Seiten eine haarige Oberfläche, die sich anfangs samtig, im Alter aber hart und borstig anfühlt. Während des ganzen Sommers blühen an den kräftigen Pflanzen blaue, rosa oder weißliche Blütensterne auf. An günstigen Standorten erreicht der Boretsch leicht 80 cm Höhe und einen umfangreichen Durchmesser.
Das Kraut enthält vor allem Schleimstoffe, Gerbstoffe, Saponine, Kieselsäure und Mineralstoffe.

Anbau im Garten
Boretsch ist nicht empfindlich und kann ab April breitwürfig im Garten ausgesät werden. Bedecken Sie die schwarzen, großen Samenkörner gut mit Erde, denn das Kraut gehört zu den Dunkelkeimern. Zu dicht stehende Sämlinge zupfen Sie später aus, damit die Pflanzen sich breit und kräftig entwickeln können. 40–50 cm Abstand sind empfehlenswert. Verpflanzen läßt sich das Kraut schlecht.
Boretsch liebt feuchten, nährstoffreichen Humus und gedeiht an sonnigen bis halbschattigen Plätzen. Er verträgt eine leichte Düngung aus Brennessel-

Kräuter und Gewürze

Von links nach rechts: Blühender Boretsch ist nicht nur ein Genuß für das Auge und die Küche, sondern auch eine summende Bienenweide.

Vom Dill können Sie Blätter, Blüten und Samen ernten und verwenden.

jauche. Wo das Kraut einmal heimisch geworden ist, sät es sich leicht von selber aus.

Ernte und Verwendung

Junge, samtige Blätter können Sie jederzeit pflücken; auch die Blüten sind eßbar. Verwenden Sie das frisch-säuerlich schmeckende Kraut stets sofort; es läßt sich nicht konservieren.
Boretsch, auch Gurkenkraut genannt, paßt zu Salaten, Gurken, Quark und kalten Soßen.
Tee aus Boretschblättern wirkt blutreinigend, schleimlösend und herzstärkend.

Dill
Anethum graveolens

Dill ist ein uraltes Heil- und Gewürzkraut, das schon zur Zeit Karls des Großen in Westeuropa kultiviert wurde.
Das Kraut wächst aus einer langen Pfahlwurzel. Es besitzt hohle Stengel, zartgefiederte Blätter und große gelbe Blütendolden, die sich von Juni bis August öffnen. Charakteristisch sind auch die gerippten, länglichen Samenkörner, die in 2 Teile zerfallen. Die Pflanze erreicht 1,50 m Höhe, wirkt aber zartgliedrig und duftig.
Dill ist reich an ätherischen Ölen.

Anbau im Garten

Ab April können Sie Dill im Garten breitwürfig oder in Reihen aussäen. Das Kraut gedeiht am besten in feuchtem, lockerem Humus an einem sonnigen, warmen Platz. Die Reihen benötigen 25–30 cm Abstand. Zu dicht stehende Sämlinge sollten Sie auslichten; verpflanzen läßt sich das Kraut wegen der langen Pfahlwurzeln schlecht. Sie können aber bis zum Frühsommer noch mehrmals nachsäen. Sobald die Pflanzen größer geworden sind, empfiehlt sich eine leichte Mulchdecke, die den Boden feuchthält. Sehr gut gedeiht Dill im Gurkenbeet zwischen den Ranken!

Ernte und Verwendung

Frische Dillblätter können Sie vom Frühling bis zum Herbst pflücken; sie lassen sich auch einfrieren. Die Dillsamen ernten Sie kurz vor der Reife, damit sie nicht ausfallen. Trocknen Sie die Dolden im Haus. Die Körner werden als Einmachgewürz verwendet oder als Tee aufbewahrt.
Das frisch-würzige Dillkraut paßt zu Salaten, Gurken, Soßen, Fisch und Krabben.
Tee aus Dillsamen lindert Blähungen und krampfartige Bauchschmerzen.

Kerbel
Anthriscus cerefolium

Aus einer dünnen, langen Wurzel wächst ein hohler Stengel, der sich mehrfach verzweigt. Das Kraut hat weich gefiederte Blätter. Aus den Blattachseln treiben Stiele, an denen sich von Mai bis August weiße Blütenschirme öffnen. Die ganze Pflanze erreicht 30–60 cm Höhe.
Kerbel enthält vor allem ätherische Öle, Glykosid und Bitterstoffe.

Anbau im Garten

Das unempfindliche Kraut können Sie bei günstiger Witterung schon ab März im Freiland aussäen. Die Reihen benötigen nur 10 cm Abstand. Kerbel gedeiht am besten in etwas feuchtem Boden; er verträgt auch Halbschatten. Bei trockenem Wetter müssen Sie reichlich gießen. Das anspruchslose Kraut wächst rasch und beginnt auch bald zu blühen. Säen Sie Kerbel öfter nach, dann haben Sie immer zarte Blätter vorrätig. Sie können Samen von glattblättrigen oder krausblättrigen Sorten im Handel kaufen.

Ernte und Verwendung

Nur die zarten, jungen Blätter schmecken süß-würzig. Blühendes Kraut wird wertlos. Schneiden Sie Kerbel stets frisch. Er paßt zu Suppen, Omeletts, Soßen und Salaten.
Das frische Kraut eignet sich auch für eine blutreinigende Frühjahrskur.

Koriander
Coriandrum sativum

Aus einer spindelförmigen Wurzel wächst ein gerillter Stengel. Die Pflanze verzweigt sich und bringt 2 verschiedene Blattformen hervor: die unteren sind 3lappig, die oberen zart gefiedert. An den Zweigspitzen öffnen sich von Juni bis Juli weiß-rosa Blütendolden. Die runden Samen bestehen aus 2 Halbkugeln. Die ganze Pflanze wird 30–70 cm hoch. Sie enthält ätherische Öle, Gerbstoffe und Zucker.

Zarte Kerbelblätter wachsen immer wieder nach, wenn Sie öfter säen.

366 Kräuter und Gewürze

Von links nach rechts:
Nach den hübschen weißen Blüten entwickeln sich die würzigen Koriandersamen.

Bevor die kugeligen Knospen sich öffnen, wird der Majoran geschnitten.

Der saftige Portulak muß vor der Blüte verwendet werden.

Anbau im Garten
Koriander ist nicht besonders anspruchsvoll. Säen Sie ab April ins Freiland; die runden Samenkörner sollten etwa 1 cm tief in der Erde liegen. Die Reihen benötigen 30 cm Abstand. Achten Sie darauf, daß der Boden locker ist; ein wenig Kalk bekommt dem Kraut gut. Wählen Sie einen sonnigen Standort, damit die Samen gut ausreifen! Lichten Sie die Sämlinge später so aus, daß zwischen den Pflanzen 10–15 cm Zwischenraum entsteht. Verpflanzen ist nicht unmöglich aber schwierig.

Ernte und Verwendung
Schneiden Sie die Dolden mit den fast reifen Samen, und lassen Sie sie im Haus trocknen, bis sie ausfallen. In verschlossenen Gläsern sind die angenehm würzigen Korianderkörner lange haltbar. Sie werden zu Lebkuchen, Soßen, Marinaden, Braten und Likören verwendet.

Majoran
Origanum majorana

Das Kraut bildet niedrige, starkverästelte Sträuchlein mit vierkantigen behaarten Stengeln. Typisch sind die kleinen graugrünen, eiförmigen Blättchen. An den Spitzen der Zweige bilden sich von Juni bis September kugelige Blütenstände, die geöffnet weiß-rosa oder lila gefärbt sind.
Die Pflanze erreicht, je nach Standort und Wärme, 20–40 cm Höhe. Sie enthält reichlich ätherische Öle, Gerb- und Bitterstoffe.

Anbau im Garten
Majoran ist sehr wärmebedürftig. Erst ab Mai dürfen Sie ihn im Garten aussäen. Im März oder April können Sie das Kraut aber schon im Haus vorziehen. Wählen Sie im Garten einen warmen, sonnigen Platz mit humusreicher, durchlässiger Erde. Die feinen Samen werden nur dünn mit Sand oder Kompost bedeckt. Die Reihen benötigen 20–25 cm Abstand. Majoran läßt sich gut verpflanzen. Setzen Sie immer mehrere Sämlinge zusammen. Zwischen den Pflanzen halten Sie 15 cm Abstand ein.

Ernte und Verwendung
Einzelne Zweige können Sie vom Frühsommer bis zum Herbst pflücken. Kurz bevor die Knospen sich zu Blüten öffnen, erreicht der Majoran seine größte Würzkraft. Dann können Sie ihn in größeren Mengen schneiden und trocknen. Das Kraut behält sein Aroma noch sehr lange.
Majoran wird in der Küche zu Braten, Hackfleisch, Kartoffelgerichten, Tomaten und Aufläufen verwendet. Es besitzt eine unverwechselbare kräftige Würze.
Majorantee hilft bei leichten Magenbeschwerden und Appetitlosigkeit.

Portulak
Portulaca oleracea

Das Kraut bildet eine spindelförmige, verzweigte Wurzel und verästelte, sehr fleischige Stengel von rötlich-grüner Farbe. Die verkehrt eiförmigen Blätter sind ebenfalls dick und saftreich. Kleine gelbliche Blüten erscheinen in den Gabelungen der Zweige und an den obersten Trieben.
Die ganze Pflanze erreicht 15–30 cm Höhe. Portulak ist sehr vitaminreich.

Anbau im Garten
Erst ab Mai können Sie die feinen Samen des wärmebedürftigen Krautes im Garten aussäen. Der Platz muß sonnig sein, die Erde locker und durchlässig. Am besten eignet sich ein sandiger Boden. Decken Sie die feine Saat nur dünn mit Erde oder Sand zu. Die Reihen benötigen 20 cm Abstand.
Sie können Portulak wie Spinat zum Schnitt in der Reihe säen. Sie können aber auch einzelne Pflanzen mit Abstand versetzen. Dann verzweigen sie sich und werden größer. Das saftreiche Kraut braucht zum Gedeihen viel Wasser. Geschnittene Pflanzen wachsen noch mehrmals nach. Auch weitere Aussaaten lohnen sich.

Ernte und Verwendung
Geerntet werden stets die jungen saftigen Blätter, solange sie nachwachsen. Zum Konservieren eignet sich das Kraut nicht. Blühende Pflanzen werden ungenießbar.
In der Küche verwenden Sie die Blätter, die frisch und ein wenig säuerlich bis »salzig« schmecken, zu Salaten, Soßen, Suppen und Quark.

Ringelblume
Calendula officinalis

Aus verzweigten Wurzeln wachsen kantige, leicht behaarte Stengel. Wenn

Kräuter und Gewürze

sie brechen, tritt ein harziger, streng riechender Saft heraus. Die länglichen, ebenfalls behaarten Blätter werden im Alter sehr fest. An den Spitzen der verzweigten Stengel erscheinen von Juni bis zum Frost leuchtende gelbe oder orangefarbige Strahlenblüten.
Die Pflanzen erreichen 30–50 cm Höhe. Sie enthalten ätherische Öle, Farbstoff, Bitterstoffe, Schleim, Saponine und Calendulin.

Anbau im Garten

Die Ringelblumen bereichern den Kräutergarten mit leuchtenden Farben und wertvollen Heilkräften. Sie sind sehr anspruchslos und gedeihen fast überall. Sonnige Plätze und nährstoffreiche Böden sind aber besonders geeignet. Die großen Samenkörner können Sie schon ab März im Freiland ausstreuen. Die Sämlinge lassen sich später mühelos mit 20–30 cm Abstand verpflanzen. Schneiden Sie im Sommer stets alle verblühten Blumen heraus. Wo Ringelblumen einmal heimisch geworden sind, säen sie sich von Jahr zu Jahr selber aus.

Ernte und Verwendung

Frische Blütenblätter können Sie während des ganzen Sommers bis zum Herbst zum Würzen von Salaten und Fleischbrühe pflücken. Die Blütenblätter gerade aufgeblühter Blumen werden abgezupft und vorsichtig getrocknet.
Aus frischen Blumenblättern wird die berühmte Ringelblumensalbe mit Schmalz oder Butter hergestellt. Ringelblumentee wirkt blutreinigend und leicht krampflösend.

Winterportulak
Montia perfoliata

Die Heimat des Winterportulak, der auch Kleines Postelein genannt wird, liegt in Amerika. Die Pflanze hat verzweigte Wurzeln und bildet mit ihren Blättern am Boden eine dichte Rosette. Die Blätter sind teils spitz-eiförmig, überwiegend aber rundlich geformt mit einer schüsselförmigen Vertiefung. Aus der Blattmitte wachsen zierliche Stiele mit weißen, sternförmigen Blütchen.
Das Kraut wird 10–20 cm hoch. Es ist vitaminhaltig.

Anbau im Garten

Winterportulak ist, wie schon der Name vermuten läßt, nicht kälteempfindlich. Sie können ihn ab April im Freiland aussäen. Die feinen Samen werden nur dünn mit Erde zugedeckt. Ziehen Sie die Reihen mit 15–20 cm Abstand. Günstiger ist eine breitwürfige Aussaat, dann können sich die rundlichen Büsche, die bis zu 20 cm Durchmesser erreichen, besser ausbreiten. Zu dicht stehende Pflanzen müssen Sie rechtzeitig herauszupfen. Wichtig ist, daß Sie diese Aussaat gleichmäßig feuchthalten.
Von August bis September können Sie noch einmal Winterportulak aussäen. Diese Pflanzen bleiben über Winter grün und liefern in der kalten Jahreszeit willkommene Würze.

Ernte und Verwendung

Die frisch-säuerlich schmeckenden Blätter können jederzeit geerntet werden. Sie können sie auch mit den Blüten essen oder zum Dekorieren einer Salatschüssel verwenden. Konservieren lohnt nicht. Winterportulak paßt zu Salaten, Kräutersoßen, Quark und kalten Platten.

Zweijährige Kräuter

Kümmel
Carum carvi

Der Kümmel ist ein heimisches Kraut, das in ganz Europa wild wächst. Man findet ihn vor allem auf feuchten Wiesen. Aus einer langen Pfahlwurzel treibt die Pflanze im 1. Jahr eine niedrige Rosette gefiederter Blätter. Im 2. Jahr entwickeln sich kräftige, gerillte Stengel, die sich mehrfach verzweigen. Von Mai bis Juli öffnen sich an den Zweigspitzen weiß bis rosa gefärbte Blütendolden. Im Spätsommer und Herbst reifen die Samenkörner, die in zwei sichelförmige Teile auseinanderfallen.
Die ausgewachsene Pflanze wird bis zu 1,20 m hoch. Die Samen enthalten reichlich ätherische Öle.

Anbau im Garten

Säen Sie Kümmel entweder von April bis Mai oder von Juli bis August aus. Am besten gedeiht er in feuchtem, et-

was kalkhaltigem Humus. Kümmel gehört zu den Lichtkeimern, deshalb dürfen die Samen nur dünn mit Erde bedeckt werden. Die Reihen sollten 30–35 cm auseinander liegen. Halten Sie die Aussaat gleichmäßig feucht! Als zweijähriges Kraut ist der Kümmel natürlich winterhart.

Ernte und Verwendung

Geerntet werden vor allem die Samen. Der richtige Zeitpunkt ist erreicht, wenn sie sich braun färben. In ver-

Die strahlenden Ringelblumen dürfen in keinem Kräutergarten fehlen.

Erst im zweiten Jahr entwickelt der Kümmel Blüten und Samen.

Ebenso hübsch wie wohlschmeckend ist der blühende Winterportulak.

Kräuter und Gewürze

schlossenen Gefäßen halten sie sich sehr lange. In der Küche paßt Kümmel mit seinem typischen, ein wenig scharf-würzigen Geschmack zu Kohl, Käse, Quark und Fleischgerichten.
Ein Tee aus Kümmelkörnern hilft gegen Blähungen.

Löffelkraut
Cochlearia officinalis

Das Löffelkraut bildet eine spindelförmige Hauptwurzel mit vielen Nebenwurzeln. Daraus wachsen leicht verzweigte kantige Stengel. Die unteren Blätter zeigen die Löffelform, der das Kraut seinen Namen verdankt, die oberen sind eiförmig. Im 2. Jahr blüht das Löffelkraut mit Trauben duftender weißer Blüten.
Die ganze Pflanze wird 20–30 cm hoch. Sie enthält Senfölglykosid, Mineralstoffe, Gerbstoffe, Bitterstoffe und reichlich Vitamin C.

Anbau im Garten
Gesät wird das anspruchslose Kraut entweder von März bis April oder von

Den löffelförmigen Blättern verdankt das Löffelkraut seinen Namen.

Die glattblättrige Bauernpetersilie ist besonders würzig.

August bis September direkt ins Freiland. Es liebt feuchten Boden und gedeiht auch gut im Halbschatten. Die Reihen brauchen 20 cm Abstand. Breitwürfige Aussaat ist günstiger. Sorgen Sie immer für Feuchtigkeit; eine Mulchdecke ist empfehlenswert!

Ernte und Verwendung
Die löffelförmigen Blätter können laufend frisch gepflückt werden. Ihr kresseartiger Geschmack paßt zu Salaten, Quark, Kräutersoßen und Eiern.
Das vitaminreiche, sehr gesunde Kraut hilft gegen die Frühjahrsmüdigkeit.

Petersilie
Petroselinum crispum

Die Petersilie stammt aus den südöstlichen Mittelmeerländern, wurde aber schon zur Zeit Karls des Großen in Westeuropa angebaut.
Aus einer langen Pfahlwurzel treiben im 1. Jahr nur Blätter dicht über dem Boden. Im 2. Jahr erscheint ein kantiger verzweigter Stengel. Von Juni bis Juli bilden sich Dolden mit kleinen gelblich-grünen Blüten. Die braunen Samen reifen im Spätsommer.
Die erwachsene, blühende Pflanze erreicht bis zu 1,20 m Höhe. Für den Garten können Sie zwischen krausblättrigen und glattblättrigen Petersiliensorten wählen, die mit verschiedenen Züchterbezeichnungen im Handel erhältlich sind. Außerdem gibt es noch Wurzelpetersilie.
Die Blätter der Petersilie sind reich an ätherischen Ölen, Mineralstoffen und Vitamin C. Sie enthalten auch in geringen Mengen das giftige Apiol. Deshalb sollte das sonst gesunde Kraut nie im Übermaß verwendet werden. Gefährlich sind nur die Samen, die sehr viel Apiol enthalten und deshalb nie gegessen werden dürfen!

Anbau im Garten
Am besten gedeiht die Petersilie in nahrhaftem, feuchtem Boden, der aber durchlässig sein muß. Ein halbschattiger Platz ist günstig. Wechseln Sie jedes Jahr den Standort, denn Petersilie ist mit sich selbst unverträglich! Gegen Nematoden (Fadenwürmer) hilft eine Mischkultur mit Tagetes.
Säen Sie das Kraut entweder von März bis April oder von August bis September aus. Frühe Aussaaten in kalter Erde keimen sehr langsam; eine Markierung

der Reihen durch einige raschtreibende Radieschen ist deshalb empfehlenswert. Die Spätsommeraussaat wächst meist zügiger und problemloser. Halten Sie bei den Reihen einen Abstand von 10–15 cm ein. Sorgen Sie für gleichmäßige Feuchtigkeit durch Hacken, Gießen und Mulchen.

Ernte und Verwendung
Frische grüne Petersilienblätter können Sie jederzeit pflücken – auch noch im Winter. Erst wenn die Pflanzen blühen, werden die Blätter hart und bitter. Petersilie läßt sich auch auf Vorrat einfrieren.
Die kräftige, ein wenig scharfe Würze paßt in der Küche zu Salat, Kartoffeln, Gemüse, Suppen und Soßen.

Mehrjährige Kräuter

Beifuß
Artemisia vulgaris

Der Beifuß ist ein heimisches Kraut, das in ganz Europa wild wächst. Im Boden ist er mit einem starkverzweigten Wurzelstock verankert. Daraus wächst eine buschige, verästelte Pflanze. Die Blätter sind verschiedenartig gefiedert, auf der Oberseite grün und auf der Unterseite hellgrau gefärbt. Im August erscheinen an langen Rispen unscheinbare gelbliche Blüten. Die ganze Pflanze kann leicht 2 m Höhe erreichen. Beifuß enthält ätherische Öle, Gerb- und Bitterstoffe.

Anbau im Garten
Beifuß ist äußerst anspruchslos. Sie können sich an Schuttplätzen oder Wegrändern eine kleine Pflanze ausgraben. Das Kraut wird auch vorgezogen in Gärtnereien angeboten.
Pflanzen Sie Beifuß an eine sonnige Stelle. Die Erde sollte dort eher mager und gut wasserdurchlässig sein. Etwas Kalk bekommt dem Kraut gut. Sonst ist keine besondere Pflege erforderlich.

Ernte und Verwendung
Geerntet werden die Blütenknospen des Beifuß, so lange sie noch geschlossen sind.

Später werden sie bitter. Für die Hausapotheke können Sie die oberen Rispen mit Blütenknospen und Blättern trocknen.

In der Küche paßt Beifuß frisch oder getrocknet als Würze zu Gänse-, Enten-, Hammel- und Schweinebraten. Er macht fette Speisen besser verträglich. Beifußtee hilft außerdem bei Magenverstimmungen.

Estragon
Artemisia dracunculus

Das Kraut hat einen flachen Wurzelstock mit vielen seitlichen Ausläufern. An den buschig verzweigten Stengeln sind schmale, längliche Blätter locker verteilt. An den Spitzen öffnen sich von Juli bis September unscheinbare grüngelbe Blüten. Die ganze Pflanze erreicht 0,60–1,50 m Höhe.

Für den Garten werden zwei Arten angeboten:
- der Echte Aromatische oder Deutsche Estragon, der ein feineres Aroma besitzt und nur vegetativ durch Ausläufer oder Stecklinge vermehrt wird, und
- der Russische Estragon, der weniger aromatisch ist, dafür aber anspruchsloser und winterhärter. Diese Art können Sie auch durch Samen vermehren.

Estragon enthält ätherische Öle, Harz, Gerb- und Bitterstoffe.

Anbau im Garten

Estragon gedeiht sowohl in der Sonne als auch im lichten Halbschatten. Der Boden sollte humusreich und feucht sein. Stauende Nässe vertragen die Pflanzen aber nicht. Pflanzen Sie das Kraut im Frühling oder im Herbst mit 40 x 40 cm Abstand. Kompost und ein wenig organischer Dünger bilden die besten Nahrungsgrundlage. Wenn es sehr heiß und trocken ist, müssen Sie ausgiebig gießen.

Ab April können Sie Estragonsamen im Freiland oder im Frühbeet aussäen. Im Juli bis August werden Stecklinge für die Vermehrung geschnitten. Im Herbst oder im Frühling können Sie Wurzelausläufer von erwachsenen Pflanzen abtrennen.

Im Frühling werden die erfrorenen Zweige abgeschnitten. Estragon treibt dann willig aus den Wurzelstöcken wieder neu aus.

Ernte und Verwendung

Frische grüne Triebspitzen können Sie während des ganzen Sommers bis zum Herbst pflücken. Wenn das Kraut zu blühen beginnt, wird es zum Trocknen geschnitten.

Die unvergleichlich aromatische Würze des Estragon paßt zu Salaten, Geflügel, Suppen, Soßen, Fisch, eingelegten Gurken und Kräuteressig.

Estragontee hilft gegen Appetitlosigkeit.

Johanniskraut
Hypericum perforatum

Das Johanniskraut ist in Europa heimisch. Aus verzweigten Wurzeln, die nach allen Seiten Ausläufer treiben, wachsen kantige Stengel, die sich verästeln. Die Blätter sind länglich geformt und laufen in eine Spitze aus. Von Juli bis Oktober öffnen sich an den Zweigspitzen gelbe, schalenförmige Blüten.

Das echte Johanniskraut ist an folgenden Merkmalen zu erkennen:
- zweikantige Stengel,
- die Blätter wirken, wenn Sie sie gegen das Licht halten, wie durchlöchert. Dies sind Drüsen, die ätherische Öle und Harz enthalten,
- die Blütenknospen enthalten einen blutroten Saft, der beim Zerdrücken heraustritt.

Johanniskraut wird 30–90 cm hoch. Es enthält ätherische Öle, Rutin, Harze, Gerbstoffe und roten Farbstoff.

Anbau im Garten

Das anspruchslose Kraut gedeiht am besten in voller Sonne. Der Boden muß locker und durchlässig sein. Am besten pflanzen Sie mit 30–40 cm Abstand.

Wenn das Kraut gut angewachsen ist, braucht es kaum noch Pflege. Mit seinen gelben Blüten ist es eine Zierde des Kräutergartens.

Ernte und Verwendung

Wenn das Kraut in voller Blüte steht, wird es geschnitten und getrocknet. Einen Teil der Blätter können Sie mit verwenden. Sie können Johanniskraut auch in Öl einlegen und das berühmte Rote Johannisöl selber herstellen.

Johanniskrauttee wirkt nervenberuhigend. Das Öl ist ein gutes Einreibemittel, das bei Nervenschmerzen, Rheuma und kleinen Brandwunden hilft.

In der Küche findet das Kraut keine Verwendung zum Würzen.

Lavendel
Lavandula angustifolia

Aus einer tiefreichenden Pfahlwurzel wächst der kleine verholzende, reich verzweigte Halbstrauch. Die grau-grünen Blätter sind schmal und nadelartig.

Von links nach rechts: Beifuß ist ein anspruchsloses heimisches Kraut, das überall gedeiht.

Der Echte Aromatische Estragon ist ein Feinschmecker-Würzkraut!

Johanniskraut zählt zu den Heilpflanzen im Kräutergarten.

Kräuter und Gewürze

Eine Zierde für jeden Garten ist der duftende Lavendel. Er vertreibt Läuse von Nachbarpflanzen und Motten aus dem Schrank!

Der Frühlingsaustrieb des Liebstöckels täuscht – die Stauden werden leicht 2–3 m hoch!

Die Zitronenmelisse gehört zu den unentbehrlichen Würz-, Heil- und Bienenpflanzen.

An langen Stielen öffnen sich von Juli bis September lila-blaue, duftende Blütenähren.
Lavendel wird 30–60 cm hoch. Er enthält reichlich ätherische Öle sowie Gerb- und Bitterstoffe.

Anbau im Garten

Pflanzen Sie Lavendel im Frühling an einen sonnigen Platz, wo der Boden trocken, durchlässig und kalkhaltig ist. Vorgezogene Pflanzen werden überall angeboten. Ab März können Sie das Kraut auch im Warmen selber aussäen. Im Sommer ist eine Vermehrung durch Stecklinge möglich. Geben Sie dem Lavendel nur Kompost; stark treibende Dünger verträgt er nicht.

Ernte und Verwendung

Schneiden Sie den Lavendel mit langen Stielen zum Trocknen, wenn die Blüten gerade aufblühen. Dann duften sie besonders frisch und würzig. Für die Küche können Sie auch jederzeit einige Blätter zum Würzen von Fisch und Fleisch pflücken.
Lavendeltee wirkt entspannend und nervenberuhigend.

Liebstöckel
Levisticum officinale

Aus einem starkverzweigten Wurzelstock wachsen hohe Stengel mit glänzend grünen, rhombenförmigen Fiederblättern. Von Juli bis August öffnen sich gelb-grüne Blütendolden.
Die kräftige Pflanze erreicht 2–3 m Höhe. Sie enthält ätherische Öle, Harze, Säuren und Bitterstoffe.

Anbau im Garten

Liebstöckel braucht tiefgründigen, nährstoffreichen feuchten Boden; er verträgt auch Halbschatten. Pflanzen Sie ihn im Frühling oder Herbst mit viel Kompost. Für organischen Dünger und einen Guß Brennesseljauche sind die erwachsenen Pflanzen in der Hauptwachstumszeit dankbar. Im übrigen braucht das robuste Kraut wenig Pflege. Es wird mit den Jahren sehr groß und breit. Deshalb genügt 1 Pflanze für den normalen Familienbedarf. Bei mehreren Stauden müssen Sie gut 50 cm Abstand einhalten.

Ernte und Verwendung

Frische Blätter, die noch nicht zu derb sind, können Sie jederzeit pflücken. Auch zum Trocknen sollten Sie nur weiche Blätter verwenden. In der Küche paßt die kräftige Würze zu Suppen, Eintöpfen, Soßen und Fleisch. Aus den getrockneten Wurzeln kann harntreibender Tee zubereitet werden.

Melisse
Melissa officinalis

Aus einem verzweigten Wurzelstock, der seitlich Ausläufer treibt, wachsen vierkantige, verästelte Stengel. Die eiförmigen Blätter sind am Rand gezähnt. In den Blattachseln öffnen sich von Juli bis August kleine weiße bis malvenfarbige Lippenblüten.
Das buschig wachsende Kraut erreicht 0,50–1 m Höhe.
Melisse, auch Zitronenmelisse genannt, enthält ätherische Öle, Gerb- und Bitterstoffe.

Anbau im Garten

Wie alle Mittelmeerkräuter braucht die Melisse einen warmen, sonnigen Platz und durchlässigen Untergrund. Die Erde sollte humusreich sein.
Vorgezogene Stauden setzen Sie im Frühling oder im Herbst mit 30 cm Abstand in den Garten. Im April oder Mai können Sie Melisse auch ohne Schwierigkeiten auf einem Saatbeet oder im Frühbeet selber aussäen. Im Sommer besteht die Möglichkeit der Vermehrung durch Stecklinge; im Herbst können Sie ältere Pflanzen leicht teilen.

Ernte und Verwendung

Frische zarte Blätter können Sie jederzeit pflücken. Kurz vor der Blüte schneiden Sie die oberen Zweigspitzen zum Trocknen. Sie dienen als Teevorrat; als Würze sind sie gedörrt leider nicht zu verwenden. Der Zitronengeschmack paßt zu Salaten, Quark und Kräutersoßen. Melissentee beruhigt Herz und Nerven.

Origano
Origanum vulgare

Der Origano wird auch Dost oder Wilder Majoran genannt. Er besitzt einen verzweigten Wurzelstock und verholzende Ausläufer. An den vierkantigen, rötlich-braunen Stengeln sitzen kleine

Kräuter und Gewürze

eiförmige Blätter, die fein behaart sind. Von Juli bis September blüht er mit weißen oder rosa Blüten.
Die ganze Pflanze erreicht 30–50 cm Höhe. Sie enthält ätherische Öle, Gerb- und Bitterstoffe.

Anbau im Garten
Das anspruchslose Kraut liebt einen warmen, sonnigen Platz und durchlässigen, trockenen Boden. Vorgezogene Pflanzen setzen Sie mit 20–25 cm Abstand in den Garten. Im Mai können Sie das Kraut auch selber aussäen. Später ist eine Vermehrung durch Stecklinge oder Wurzelausläufer möglich.

Ernte und Verwendung
Blätter und Triebspitzen können Sie jederzeit pflücken. Zur Blütezeit lohnt es sich, größere Mengen abzuschneiden und zu trocknen. Das Kraut bleibt auch gedörrt noch lange würzig. Das kräftige Aroma paßt zu Pizza, Käse, Tomaten, Fleisch und Eintöpfen. Origanotee regt den Appetit an und hilft bei Magen-Darm-Störungen.

Pfefferminze
Mentha piperita

Verschiedene Pfefferminzarten sind in Europa heimisch und gedeihen dort noch heute wild. Aus einem flachwachsenden Wurzelstock mit zahlreichen Ausläufern treiben kantige Stengel mit eiförmigen gezähnten Blättern. Von Juli bis August öffnen sich an den Zweigspitzen rosa bis violette Blüten, die Scheinähren bilden.
Im Handel erhalten Sie Wildarten, wie Bachminze oder Ackerminze, und die Edelminze *(M. piperita)* mit zahlreichen Kreuzungen und Variationen.
Pfefferminze wird, je nach Art und Bodenbeschaffenheit, 20–80 cm hoch. Sie enthält reichlich ätherische Öle, Gerb- und Bitterstoffe.

Anbau im Garten
Pfefferminze liebt feuchten, humusreichen Boden. Sie gedeiht gut in lichtem Halbschatten. Das Kraut wuchert durch Ausläufer sehr stark. Geben Sie ihm deshalb einen Platz, wo andere Pflanzen nicht bedrängt werden. Wurzelausläufer oder vorgezogene Pflanzen werden flach in die Erde gelegt und mit reichlich Kompost versorgt. Sorgen Sie für gleichmäßige Feuchtigkeit, und entfernen Sie jedes Unkraut, damit es sich nicht im Wurzelfilz der Minze festsetzen kann. Sonst sind die Pflanzen anspruchslos.

Ernte und Verwendung
Frische Blätter und Triebspitzen können Sie laufend pflücken. Kurz vor der Blüte ist die günstigste Zeit für die Trockenernte. Frische Pfefferminzblätter würzen in der Küche Lammfleisch, Soßen und kalte Getränke.
Pfefferminztee hilft bei Leibschmerzen und Magenbeschwerden.

Rosmarin
Rosmarinus officinalis

Aus einem verzweigten Wurzelstock wachsen buschige Halbsträucher. Die schmalen, nadelartigen Blätter sind fest und ledrig, an der Oberseite dunkelgrün und an der Unterseite grau gefärbt. In den Blattachseln entfalten sich von März bis Juni hellviolette, manchmal auch weiße Blüten.
Der Rosmarin kann 0,50–1,50 m hoch werden. Er ist reich an ätherischen Ölen und enthält außerdem Gerb- und Bitterstoffe.

Anbau im Garten
Diese Mittelmeerpflanze ist sehr wärmebedürftig. Halten Sie den Rosmarin in Töpfen oder Kübeln, die nur in der warmen Jahreszeit in den Garten gestellt werden (Mitte Mai bis Oktober). Wählen Sie einen sonnigen, geschützten Platz, und versorgen Sie die Pflanze im Sommer mit reichlich Wasser und etwas Dünger. Bevor es friert, muß das Kraut wieder ins Haus geholt werden. Gegossen wird dann nur sehr sparsam. Ab Februar werden die Pflanzen umgetopft und wieder an einen wärmeren Platz gestellt. Rosmarin können Sie selber aussäen oder im Sommer durch Stecklinge vermehren.

Ernte und Verwendung
Blätter und kleine Triebspitzen können sie vom Frühling bis zum Herbst ernten. Da die Pflanzen bei uns selten sehr groß werden, sollten Sie aber schonend mit ihnen umgehen. Zum Trocknen schneiden Sie einige Zweige kurz vor der Blüte. Sie behalten ihr Aroma sehr gut.
In der Küche paßt das Kraut zu Fleisch, Tomaten, Käse und Soßen.
Der aromatische Rosmarintee kräftigt Herz und Nerven.

Von oben nach unten: Reich und lange blüht der Origano im Spätsommer.

Die Edelminze liefert duftendes Teekraut.

Rosmarin braucht viel Licht und Wärme.

Von links nach rechts:
Vor der prächtigen Blüte müssen Sie die Salbeiblätter ernten.

Zur Blütezeit entwickelt sich der Schnittlauch zu einer Schönheit.

Die Thymianblüte lockt unzählige Bienen an.

Salbei
Salvia officinalis

Aus einem starkverzweigten Wurzelstock wächst ein verholzender Halbstrauch mit kantigen Stengeln. Die länglichen Blätter bilden an der Basis manchmal zwei Zipfel. Sie sind graugrün gefärbt und leicht filzig. Von Juni bis August öffnen sich an langen Stielen violette Blüten, die in Scheinquirlen angeordnet sind. Für den Garten gibt es auch buntblättrige Varietäten des Salbei.
Die Sträucher werden 30–50 cm hoch. Die Blätter enthalten und anderem ätherische Öle, Harz, Gerb- und Bitterstoffe, Kampfer und Säuren.

Anbau im Garten
Der Salbei liebt einen sehr sonnigen, warmen Platz und durchlässige Erde, die etwas kalkhaltig sein sollte. Setzen Sie die vorgezogenen Pflanzen ab Mai mit 30–40 cm Abstand ins Freiland. Zur Bodenverbesserung verwenden Sie nur Kompost und etwas Algenkalk. Im Frühbeet können Sie ab April auch Salbei selber aussäen. Im Sommer lassen sich die Bestände durch Absenker oder Stecklinge von älteren Pflanzen vermehren. Nur in rauhen Gegenden braucht das Kraut Winterschutz aus Kiefernzweigen. Erfrorene Pflanzenteile werden im Frühling zurückgeschnitten.

Ernte und Verwendung
Blätter und Triebspitzen können Sie jederzeit pflücken. Kurz vor der Blüte schneiden Sie die oberen Zweige zum Trocknen. Das Kraut behält seine Würze lange Zeit. Das etwas strenge Aroma des Salbei paßt zu Fleisch, rustikalen Suppen, Käse und Aal.
Salbeitee lindert Halsschmerzen.

Schnittlauch
Allium schoenoprasum

Der Schnittlauch ist in Europa heimisch, er gehört zu den Liliengewächsen. Aus einem dichten Wurzelballen wächst eine Vielzahl röhrenförmiger Blätter. Von Juni bis August öffnen sich an langen Stielen rötlich-lila Blüten, die rundliche Scheindolden bilden.
Die Pflanzen erreichen 20–30 cm Höhe.
Schnittlauch enthält ätherische Öle, Vitamin C und Mineralstoffe.

Anbau im Garten
Schnittlauch braucht zum guten Gedeihen nährstoffhaltigen, feuchten Boden, der auch Kalk enthält. Er wächst in der Sonne und im Halbschatten. Geben Sie ihm Kompost und etwas organischen Dünger oder Brennesseljauche. Im April können Sie Schnittlauch im Freiland aussäen. Die Sämlinge werden später büschelweise mit 20 × 20 cm Abstand verpflanzt. Im Frühling werden auch überall vorgezogene Pflanzen angeboten.
Später können Sie Ihre Bestände leicht vermehren, indem Sie ältere Stauden ausgraben und teilen.

Ernte und Verwendung
Frische Schnittlauchröhren können Sie vom Frühling bis zum Herbst schneiden. Die Pflanzen treiben immer wieder nach. Konservieren lohnt nicht. Es ist aber möglich, einen Schnittlauchballen einzutopfen und im Winter auf der Fensterbank anzutreiben. Wichtig für das Gelingen ist, daß der ausgegrabene Wurzelballen vorher einmal tüchtig durchfriert.
Die zwiebelartige Schnittlauchwürze paßt zu Salaten, Quark, Eiern, Suppen und Soßen.

Thymian
Thymus vulgaris

Aus einer kräftigen Pfahlwurzel wächst ein niedriger Halbstrauch mit starkverästelten Zweigen. Die kleinen schmalen Blätter bleiben im Winter grün. Von Mai bis zum Herbst öffnen sich rosa bis lila Blüten, die in Scheinquirlen zusammenstehen.
Im Handel bekommen Sie Französischen und Deutschen Thymian; letzterer ist unempfindlicher gegen Frost. Eine Bereicherung des Kräutergartens ist der Zitronenthymian.
Thymian wird 10–40 cm hoch. Die Blätter enthalten ätherische Öle, Harz, Gerb- und Bitterstoffe.

Anbau im Garten
Auf trockenen, sonnigen Plätzen mit gutem Wasserabzug gedeiht der Thymian am besten. Dünger und zu viel Feuchtigkeit verträgt er nicht. Setzen Sie vorgezogene Pflanzen ab April in die Erde. Halten Sie dabei 20 × 20 cm Abstand ein. Im Warmen können Sie das Kraut auch ab März aussäen. Stecklinge schneiden Sie im Sommer. Im Frühling stutzen Sie die kleinen Thymiansträucher vorsichtig zurück, damit sie neu austreiben. Es kommt immer wieder vor, daß Pflanzen bei strengem Frost erfrieren. Deshalb lohnt es sich, regelmäßig für genügend Nachwuchs zu sorgen.

Ernte und Verwendung
Frische Zweige können Sie jederzeit pflücken. Zum Trocknen schneiden Sie größere Vorräte kurz vor der Blüte. Das Aroma hält sich ausgezeichnet.
In der Küche paßt Thymian zu Fleisch, Eintopf, Soßen und Kartoffelgerichten. Thymiantee ist ein krampflösendes Hustenmittel.

Der Bauerngarten

Die Geschichte des Bauerngartens

Wenn das Zauberwort »Bauerngarten« fällt, blüht in der Erinnerung vieler Menschen ein romantisches Bild in üppigen Farben auf: Runde rote Pfingstrosen leuchten neben prächtigen Salatköpfen, bunte Astern neben prallem Kohl. Über den Holzzaun nicken hohe Sonnenblumen, grüßen Dahlien, Stockrosen und Wicken.

Farbige Fülle und Vielfalt der Pflanzen waren charakteristisch für die ländlichen Gärten der Vergangenheit. Seit Jahrhunderten hatten hier Gemüse, Obst, Kräuter und Blumen einen gemeinsamen Lebensraum. Die Gewächse des Bauerngartens gediehen immer in bunter Mischung; aber es herrschte dabei weder Durcheinander noch Zufall. Der Bauerngarten war ein schön verzierter Nutzgarten, in dem alles seinen Platz und seine Ordnung hatte.

Die Wurzeln des bäuerlichen Gartens reichen weit zurück in die Vergangenheit. Als Kaiser Karl der Große um 812 n. Chr. für seine Landgüter eine Liste derjenigen Pflanzen aufstellen ließ, die er für anbauwürdig hielt, arbeiteten seine Experten sicher eng mit den wichtigsten Klöstern zusammen. Über reiche Erfahrungen im Gartenbau verfügten vor allem die Benediktiner. Aber auch die gelehrten Mönche schöpften bereits aus sehr viel älteren Quellen. In ihren Klosterbibliotheken, vor allem im Stammkloster Monte Cassino in Italien, standen ihnen die Bücher der antiken Gelehrten aus Rom und Griechenland zur Verfügung. Die Pflanzen- und Heilpflanzenkunde von Hippokrates, Theophrastus, Galenos und Dioscurides bildeten die Grundlagen des botanischen und medizinischen Wissens in Europa bis weit ins Mittelalter. Hinzu kamen die Sammelwerke von Plinius dem Älteren und Columnella.

Die antiken Pflanzenkenner wurzelten ihrerseits wieder in noch älteren Traditionen. Diese reichten von den europäischen Mittelmeerländern nach Nordafrika, Ägypten, Kleinasien und den uralten Kulturen zwischen Euphrat und Tigris. Wenn man so will, reicht die Entwicklung zurück bis zum Paradiesgarten, der irgendwo zwischen Ur und Babylon gelegen haben soll. Aber dort verlieren sich die Spuren im Dunkel.

Sichtbar und greifbar begann die Entwicklung unseres Bauerngartens nach der Zeitenwende, als römische Legionäre ihre Gartenkultur über die Alpen ins rauhe Germanien mitbrachten. In den ersten Jahrhunderten n. Chr. gelangten Gemüse wie Kürbis und Gurken, Spargel und Knoblauch nach Mitteleuropa.

Zahlreiche Kräuter und so »unnütze« Schönheiten wie Rosen, Lilien und Veilchen erhielten erstmals einen Platz in den Gärten. Weinstöcke, Aprikosen-, Pfirsich- und Kirschenbäume trugen niegesehene süße Früchte.

Alle diese kultivierten Herrlichkeiten, von denen sich die Bauern Germaniens sicher schon einiges für ihre eigenen Gärten abgeschaut hatten, gingen zusammen mit dem römischen Weltreich unter. Überlebt hat eine Auswahl nützlicher Pflanzen nur hinter schützenden Klostermauern. Auf diese »grünen Schätze« konnte dann Karl der Große zurückgreifen.

Langsam, auf dem Weg über Ableger und Samenkörner, gelangten zahlreiche Kräuter und Gemüsearten auch in die umliegenden Bauerngärten. Was in der Praxis Bestand hatte und was sich im harten Alltag bewährte, wurde dort heimisch. Jahrhunderte lang hielt vor allem die Bäuerin diesen Pflanzen die Treue.

Ein romantisch-verträumtes Sommerbild: Zu den Blumen des alten Bauerngartens gehören Fingerhut, Rosen und Rittersporn.

Der Bauerngarten

Von ganz einfachen, buchsumfaßten Beeten bis hin zur Kreuzform mit Rondell reichen die Formen der alten und neuen Bauerngärten.

Da die Benediktiner zahlreiche Gewächse aus ihrem italienischen Mutterkloster mitgebracht hatten, wurden diese »Fremdlinge« systematisch an das rauhere Klima in Mitteleuropa gewöhnt. Übrig blieben alle, die sich als anpassungsfähig erwiesen: vom Lavendel über den Salbei bis zum Sellerie und den Nußbäumen.

Weitere »Einwanderer« kamen aus den Burggärten. Dort hatte man auch Zeit und Muße, um die Schönheit der Blumen zu genießen. Madonnenlilien, Pfingstrosen, Akeleien, Schwertlilien, Maiglöckchen, Veilchen, Goldlack und Vergißmeinnicht wanderten den Burgberg hinunter in die Bauerngärten. Bereits die Kreuzritter brachten aus fernen Ländern Samen seltener Pflanzen mit. Ysop und Estragon fanden so Einlaß in unsere Gärten. Noch reichlicher war einige Jahrhunderte später die Ausbeute der Weltumsegler und Entdecker. Manche Blume, die uns heute als typische Bauerngartenschönheit vertraut ist, stammt ursprünglich aus weit entfernten Kontinenten: Sonnenblumen und Dahlien sind in Südamerika zu Hause, Astern kamen ebenso aus China wie die späten Chrysanthemen und das liebliche Tränende Herz. Die Bäuerin – Herrin im bunten Gartenreich – probierte gern etwas Neues aus; aber sie behielt nur, was sich ohne Mühe von selbst behaupten konnte. Für Spielereien, die Zeit kosteten und nichts einbrachten, konnte die Gärtnerin auf dem Lande sich nicht begeistern. Sie hatte auf dem Hof alle Hände voll zu tun. Der Garten war zwar für sie oft ein Ort, in dem sie für eine Stunde Ruhe fand, aber gleichzeitig mußte er auch seinen Beitrag für das Leben der großen Familie leisten: Salat, Gemüse und Gewürze für den täglichen Bedarf und Heilkräuter für die Hausapotheke. Der Bauerngarten bot nicht zuletzt aus diesem Grunde ein Bild gesunder Üppigkeit: Seine Pflanzen und die Anbaumethoden haben sich Jahrhunderte lang bewährt.

Die Gestaltung des Bauerngartens

Der typische historische Bauerngarten war ganz in der Tradition der Klostergärten angelegt. Dort hatte sich die Landbevölkerung einst abgeschaut, »wie man es macht«. Schön und praktisch zugleich war die Aufteilung: Ein Wegekreuz gliederte das Rechteck oder Viereck des Gartens in vier gleichmäßige Quartiere. In der Mitte, wo die Wege sich kreuzten, entstand Platz für einen Brunnen oder in Rondell mit besonderen Schmuckpflanzen. Die stets symmetrisch angeordneten Grundformen konnten vielfältig untergliedert und abgewandelt werden. Jede Zeit und jede Landschaft entwickelte ihre eigenen Bauerngartenanlagen. So wurden die schlichten Vierecke durch runde und ovale Formen aufgelockert. Langgestreckte, rechteckige Quartiere wurden durch parallel verlaufende kleine Wege in mehrere Beete unterteilt, die sich sehr gut von zwei Seiten bearbeiten ließen. Manchmal verlief rund um die gesamte Anlage ein Außenweg. Er trennte den Nutzgarten von breiten Beeten am Zaun, die mit blühenden Stauden und Gehölzen bepflanzt waren.

Die starke Gliederung des Gartens erwies sich als sehr praktisch. Die Vielfalt der verschiedenen Pflanzen konnte ordentlich und übersichtlich auf den Beeten verteilt werden. Säen, pflanzen, gießen und ernten bereiteten keine Probleme, da die Gewächse von allen Seiten leicht erreichbar waren.

Wege, Einfassungen, Zäune

In einfachen Gärten bestanden die Wege aus schlichten Trampelpfaden, die oft im Herbst umgegraben und im Frühling neu angelegt wurden. In schönen beständigen Gärten waren die Wege mit Kies oder Rinde bestreut. Je nach Landschaft wurden auch Ziegelsteine oder Natursteine zur Befestigung verwendet.

Die klassische Beeteinfassung bestand im Bauerngarten aus niedrigen, im-

Ein Bauerngärtchen nach sehr alter Tradition mit Flechtzaun und buchsbaumumrandeten Beeten.

Der Bauerngarten

mergrünen Buchsbaumhecken, die uralt wurden und regelmäßig geschnitten werden mußten. Eine Einfassungspflanze mit historischer Tradition ist auch die duftende Eberraute *(Artemisia abrotanum)*. Manchmal wurden Beete mit niedrigen Blütenpflanzen, wie z. B. Federnelken *(Dianthus plumarius)* oder Vergißmeinnicht *(Myosotis)*, umgrenzt.

Ländliche Gärten wurden in der Regel mit hölzernen Lattenzäunen eingefriedet. Typisch für unterschiedliche Landschaftstraditionen sind Flechtzaun, Staketenzaun, Profillattenzaun oder der Hanichl, der aus runden Fichten- oder Tannenstämmchen besteht. Seltener waren kunstvolle Schmiedeeisenzäune oder Bruchsteinmäuerchen.

Für Wege, Einfassungen und Zäune verwendeten die Bauern also natürliches Material, das sowohl zu der Landschaft als auch zum dörflichen Hauscharakter paßte. Alles wirkte »wie gewachsen« und fügte sich harmonisch zusammen.

Die Pflanzen des Bauerngartens

Als »gestandene Mischkultur«, die sich seit Jahrhunderten in der Praxis bewährt hat, könnte man die farbenfrohe Pflanzengemeinschaft des Bauerngartens bezeichnen. Gemüse, Salate, Kräuter, Beerenobst und Blumen gedeihen hier in fruchtbarer Nachbarschaft. Niemals würde eine Bäuerin die Ringelblumen in der Nähe des Kohls dulden oder das Bohnenkraut zu den Bohnen säen, wenn sie nicht aus Erfahrung wüßte, daß solche Mischungen sich gegenseitig günstig beeinflussen. Die bunte Pracht bedeutete keine unnütze Verschwendung kostbarer Erde. Sie trug ihren Teil dazu bei, daß die Ernte gut und reichlich ausfiel. Und schließlich gehörte ein schöner Blumenstrauß zu den Dingen, die den harten Arbeitsalltag ein wenig aufheiterten.

Nur um den Überblick zu erleichtern und eine Auswahl für den eigenen Garten zu ermöglichen, werden die Gewächse des Bauerngartens auf den folgenden Seiten aufgegliedert in Nutz- und Zierpflanzen.

Gemüse und Salat im Bauerngarten

Bereits in den Pflanzenlisten Karls des Großen wurden Gurken, Melonen, Sellerie, Saubohnen, Kichererbsen, Salat, Endivien, Mangold, Möhren, Pastinak, Kohlrabi, Kohl, Lauch (Porree), Rettich, Schalotten, Zwiebeln, Bohnen, Felderbsen und Rote Bete zum Anbau empfohlen. Sie alle haben also im Garten und in der Küche eine lange Tradition und finden ihre Verwendung auch im heutigen Bauerngarten. Wenn Sie mehr über deren Anbau, Ernte und Verwendung wissen wollen, schlagen Sie bitte im Kapitel »Gemüse« ab S. 255 nach.

Stark verändert haben sich aber die Formen. Immer wieder und zu allen Zeiten haben Gärtner versucht, größere, widerstandsfähigere oder wohlschmeckendere Sorten zu züchten. Im Bauerngarten wurde immer Gemüse angebaut, das sich bewährt hatte. Aber auch neue Züchtungen probierte die Bäuerin aus, wenn sie sich reichere Ernten oder eine Abwechslung im Speiseplan davon versprach. Erfüllten solche Neuheiten ihre Erwartungen, dann wurden sie in den »festen Bestand« übernommen und oft Jahrzehnte lang angebaut.

So kommt es, daß in bäuerlichen Gemüsegärten, im Gegensatz zum Kräuter- und Blumengarten, nur noch wenige urtümliche Pflanzenformen zu finden sind.

Obst im Bauerngarten

Große Obstbäume hatten im Bauerngarten keinen Platz. Sie wurden auf den umliegenden Wiesen gepflanzt, wo sie sich frei und ungestört entfalten konnten. Im blühenden Nutzgarten wurde nur Beerenobst geduldet. Aber auch diese Sträucher gelangten erst spät in den schützenden Bereich hinter dem Gartenzaun. Ursprünglich wurden alle Beeren »draußen« am Waldrand gesammelt, wo sie wild wuchsen. Ohne Pflege und Mühe konnten dort reiche Ernten von Himbeeren, Brombeeren und Walderdbeeren eingesammelt werden.

Wahrscheinlich zogen Beerensträucher erst im 18. Jahrhundert in die Bauerngärten ein, als großfrüchtige Kulturformen gezüchtet worden waren, die die Mühe des Anbaus lohnten.

Streng geometrisch gegliederter Bauerngarten mit einem Blumenrondell im Mittelpunkt. Die Hauptwege sind mit zerkleinerter Rinde bestreut.

Seither haben Johannisbeeren, Stachelbeeren und noch später auch die Erdbeeren einen festen Platz im Nutzgarten erhalten. Beerenbüsche erfüllten oft am Zaun zusätzlich die Aufgabe einer kleinen Hecke. Zierliche Hochstämmchen säumten den Hauptweg und verbanden die Freude an süßen Früchten mit einem hübschen Anblick. Bewährte ältere Beerenobstsorten sind noch heute in Baumschulen erhältlich.

Seltene Kräuter aus dem Bauerngarten

Die meisten Kräuter, die einst den Bauerngarten mit ihren Düften und ihren vielen guten Eigenschaften bereicherten, stammten ursprünglich aus den Mittelmeerländern. Sie gelangten direkt aus den Klostergärten zu den Landfrauen, die sie jahrhundertelang für Menschen und Tiere zu nützen wußten. Die meisten dieser traditionsreichen Würz- und Heilpflanzen sind im Kapitel »Kräuter« ab S. 354 ausführlich beschrieben. Deshalb werden an dieser Stelle nur noch einige Besonderheiten hinzugefügt. Es sind typische, uralte Bauerngartenpflanzen, die heute nur noch selten zu finden sind.

Andorn *(Marrubium vulgare)* Seine kleinen weißen Blüten bilden einen dichten Kranz in den Blattachseln. Auffallend sind die kugeligen borstigen Samenstände; geerntet werden die oberen Teile der blühenden Zweige im Sommer. Im Garten sind die Pflanzen sehr anspruchslos; sie gedeihen am besten auf sonnigen Plätzen.

Manche Kräuter, die früher in jedem Bauerngarten zu Hause waren, sind heute selten geworden. Dazu gehört auch der unscheinbare aber heilkräftige Andorn (links).

Eine Zierde für die Blumenrabatte ist der gelb blühende Färberwaid (rechts).

Andorn ist reich an Bitterstoffen, ätherischen Ölen, Harz und Gerbstoffen. Seit altersher wird ein Tee aus diesem Kraut als wirksames Mittel gegen quälenden Husten empfohlen.

Eberraute *(Artemisia abrotanum)* Im ländlichen Garten legten die Bäuerinnen gern kleine Hecken aus den bis zu 1 m hoch wachsenden Pflanzen an. Sie wurden ähnlich wie Buchsbaum verwendet und ließen sich gut in Form schneiden. Die Pflanzen lieben durchlässigen, etwas kalkhaltigen Boden und einen warmen, sonnigen Platz.

Die Eberraute ist auch ein apartes Würzkraut, das in kleinen Mengen zu Soßen und Salaten verwendet wird. Ein Teeaufguß aus frischen oder getrockneten Blättern wirkt appetitanregend und magenstärkend.

Färberwaid *(Isatis tinctoria)* Diese mehrjährigen Pflanzen haben hübsche graugrüne, pfeilförmige Blätter und zarte gelbe Blüten, die locker wie Schleierkraut angeordnet sind. Sehr dekorativ sind auch die schwärzlichvioletten Samenschoten, die die Pflanzen in großen Mengen ansetzen.

Färberwaid gedeiht am besten an einem sonnigen geschützten Platz in durchlässigem, etwas kalkhaltigem Boden.

Aus den Blättern des Färberwaid wurde im Mittelalter ein begehrter blauer Farbstoff gewonnen. Heute sind die graziösen dekorativen, bis zu 1,50 m hoch werdenden Stauden eine Zierde für jeden Garten.

Herzgespann *(Leonurus cardiaca)* Das Kraut kann an günstigen Standorten bis 1,50 m hoch wachsen. Die Pflanzen haben schöne, handförmig gelappte Blätter und kleine rosarote Lippenblüten. Im Garten gedeiht es am besten an sonnigen Standorten mit eher magerem Boden.

Wie schon der Name verrät, hilft das Herzgespann bei Herzbeschwerden. Für den Tee wird das ganze blühende Kraut verwendet; er wirkt bei nervösem Herzklopfen, Herzschwäche, Wechseljahrsbeschwerden und Schlafstörungen.

Auch die Imker schätzten früher das Herzgespann sehr, weil die blühenden Pflanzen die Bienen anlockten.

Ysop *(Hyssopus officinalis)* Die niedrigen verholzenden Halbsträucher haben schmale dunkelgrüne Blätter, die mit Öldrüsen besetzt sind. Die leuchtend-blauen Lippenblüten stehen in zierlichen Scheinähren zusammen. Manchmal sind die Blüten auch rosa oder weiß gefärbt. Im Garten liebt der kleine Strauch einen warmen, sonnigen Platz und lockeren, eher trockenen Boden.

Zum Trocknen werden blühende Zweige abgeschnitten. Ysop-Tee stärkt den Magen, fördert die Verdauung, wirkt schleimlösend und entkrampfend.

Die frischen Ysopblätter schmecken sehr aromatisch, ein wenig wie Minze und ein wenig bitter. Kleine Mengen ergeben eine aparte Würze für Salate, Soßen, Fleischgerichte und Suppen.

In altmodisch-romantischen Gärten kann man aus den kleinen Sträuchern niedrige Hecken um die Beete anlegen. Ähnlich wie Lavendel haben die starkduftenden Pflanzen eine gewisse abwehrende Wirkung gegenüber Läusen und Schnecken.

Blumen im Bauerngarten

Für die ländlichen Gärten war eine bestimmte Blumenauswahl typisch. Sie bestand teilweise aus uralten heimischen oder sehr frühzeitig eingeführten Blütenpflanzen, teilweise aber auch »zugewanderten« fremden Schönheiten. Die Bäuerin war durchaus nicht abgeneigt, etwas Neues auszuprobieren, vor allem dann, wenn es sich um eine aufregend schöne Neuheit handelte. Bewährten sich die »Neuen«, so blieben sie und wanderten rasch von einem Garten zum anderen. Das war damals sicherlich nicht anders als heute: Die Nachbarin sieht eine auffallende Blume beim neugierigen Blick über den Zaun. Sie kann nicht widerstehen und bittet um einen Ableger. So wurden die Fremdlinge bald zum Allgemeingut. Irgendwann dachte niemand mehr daran, daß sie einst in dumpfen Schiffsbäuchen aus Amerika, Indien oder China angereist waren. Im Laufe der Jahrhunderte bildete sich so ein fester Bestand an Blumen, die das Bild des ländlichen Gartens prägten. Es ist eine abwechslungsreiche Mischung aus kurzlebigen und ausdauernden Pflanzen.

Einjährige Blumen

Aus selbstgeernteten Samen oder aus gekauften Samentüten müssen die folgenden Blumen jedes Jahr von neuem ausgesät werden: Astern, Atlasblumen *(Godetia)*, Balsaminen oder Rosenbalsaminen *(Impatiens balsamina)*, Bechermalven *(Lavatera)*, Chinesernelken *(Dianthus chinensis)*, Fuchsschwanz *(Amaranthus)*, Jungfer im Grünen *(Nigella)*, Kapuzinerkresse *(Tropaeolum)*, Klarkien oder Sommerfuchsien *(Clarkia)*, Kokardenblumen *(Gaillardia)*, Levkojen *(Matthiola)*, Löwenmäulchen *(Anthirrinum)*, Reseda, Ringelblumen *(Calendula)*, Rittersporn *(Delphinium)*, Schleierkraut *(Gypsophila)*, Schleifenblumen *(Iberis)*, Schmuckkörbchen *(Cosmea)*, Sonnenblumen *(Helianthus annuus)*, Strohblumen *(Helichrysum)*, Studentenblumen *(Tagetes)*, Wicken *(Lathyrus)*, Winden *(Convulvulus)* und Zinnien *(Zinnia)*.

Sie alle blühen bunt und fröhlich einen Sommer lang. Die einjährigen Blumen wachsen rasch und füllen manche Lücke zwischen Stauden, Rosen und Gehölzen. Kahle Zäune gewinnen durch Kletterpflanzen aus der Samentüte ungeahnten Charme. Die meisten blühen bis in den Herbst. Aber der erste Frost bereitet ihrem kurzen Leben ein Ende. Doch spätestens im nächsten Frühling beginnt der heitere Blumenreigen aufs neue.

Der Bauerngarten

Zweijährige Blumen

Unter den zweijährigen Sommerblumen finden sich zahlreiche »Schönheiten vom Lande«, die ganz besonders typisch für das Bild des bäuerlichen Gartens sind. Diese Blumen haben einen zweijährigen Lebensrhythmus. Die Samen werden von Juni bis Juli ausgesät. Bis zum Herbst entwickeln sich Jungpflanzen mit Blättern. Die Blüten erscheinen erst im folgenden Frühling oder Sommer. Einige der Zweijährigen halten bei guter Pflege an günstigen Standorten auch noch ein wenig länger aus; sie blühen noch 1 oder 2 Jahre lang. Der Höhepunkt liegt aber immer im 2. Jahr.

Zu den zweijährigen Bauerngartenblumen gehören Bartnelken (*Dianthus barbatus*) oder Kartäusernelken (*Dianthus carthusianorum*), Fingerhut (*Digitalis*), Goldlack (*Cheiranthus*), Hornveilchen (*Viola cornuta*), Königskerzen (*Verbascum*), Marienglockenblumen (*Campanula medium*), Maßliebchen (*Bellis*), Nachtkerzen (*Oenothera*), Nachtviolen (*Hesperis*), Silberling (*Lunaria*), Stiefmütterchen (*Viola tricolor*), Stockrosen (*Alcea*) und Vergißmeinnicht (*Myosotis*).

Stauden

Auch unter den langlebigen Blumen gibt es viele, die schon seit eh und je im Bauerngarten heimisch sind. Meist sind es unkomplizierte Stauden, die viele Jahre am gleichen Ort stehenbleiben können und sich dort prächtig vermehren und vergrößern.

Aus der großen Auswahl hier ein bunter Ausschnitt: Aster, Akelei (*Aquilegia*), Alant (*Inula helenium*), Aurikel (*Auricula*), Brennende Liebe (*Lychnis chalcedonica*), Christrose (*Helleborus niger*), Chrysantheme, Dahlie, Eisenhut (*Aconitum napellus*), Federnelke (*Dianthus plumarius*), Gemswurz (*Doronicum*), Goldrute (*Solidago*), Lampionblume (*Physalis*), Lichtnelke (*Lychnis*), Lupine, Maiglöckchen (*Convallaria majalis*), Margerite, Mauerpfeffer (*Sedum*), Mohn (*Papaver*), Mutterkraut (*Matricaria*), Nachtkerze (*Oenothera*), Pfingstrose (*Paeonia*), Phlox, Purpurglöckchen (*Heuchera sanguinea*), Rittersporn (*Delphinium*), Sonnenbraut (*Helenium*), Sonnenhut (*Rudbeckia*), Taglilie (*Hemerocallis*), Tränendes Herz (*Dicentra spectabilis*), Schwertlilie (*Iris*) und Veilchen.

Dazu gehören auch viele Zwiebelblumen. Beliebt waren im Bauerngarten z. B. Feuerlilien (*Lilium umbellatum*), Gladiolen, Hyazinthen, Kaiserkronen (*Fritillaria*), Krokus, Madonnenlilien (*Lilium candidum*), Märzenbecher (*Leucojum vernum*), Montbretien (*Tritonia crocata*), Narzissen, Schneeglöckchen, Tulpen und Türkenbundlilien (*Lilium martagon*)..

Alle diese Stauden und Zwiebelblumen sind auch heute noch im Fachhandel erhältlich. Zu den alten Sorten sind inzwischen zahlreiche neue Züchtungen hinzugekommen. Manchmal findet man aber in Gärten auf dem Lande noch hier und da eine schöne und vor allem lebensstarke Staude aus der traditionellen »Stammlinie«. Dann lohnt es sich, um einen Ableger zu bitten. Da Blumentausch in bäuerlichen Gärten immer üblich war, wird man in der Regel nicht abgewiesen werden.

Rosen und Blütensträucher

Viel Platz blieb im bunten bäuerlichen Nutzgarten nicht übrig für große, sperrige Gehölze. Holunder und Haselnuß wuchsen eher an der Hauswand, an der Mauer oder an der Scheune, als im Gemüsegarten. In rauhen Landschaften waren die Gärten zum Schutz gegen kalte Winde oft von dichten Hecken aus Hainbuche oder Weißdorn umgeben. Für niedrige Einfassungen war der immergrüne Buchsbaum (*Buxus*) das beliebteste Gehölz.

Als einzelne »Schmuckstücke« im Garten wurden vor allem Flieder (*Syringa*), Falscher Jasmin (*Philadelphus*), Gemeiner Schneeball (*Viburnum*), Goldregen (*Laburnum*) oder der Ranunkelstrauch (*Kerria*) gepflanzt. Eine besondere Rolle spielten natürlich auch die Rosen. Zur Tradition des Bauerngartens passen am besten die alten Duftrosenarten und schlichte Wildrosen. Die Zentifolien mit ihren kugelrunden, dicht gefüllten Blüten und dem starken süßen Duft sind besonders typisch für den Charme des ländlichen Gartens. Heimisch sind dort auch seit alter Zeit die Bibernellrose (*Rosa pimpinellifolia*), die Damaszenerrose (*Rosa × damascena*), die Essigrose (*Rosa gallica*), die Heckenrose (*Rosa canina*), die Kapuzinerrose (*Rosa foetida*), die Kartoffelrose (*Rosa rugosa*), die Weiße Rose (*Rosa alba*), die Weinrose (*Rosa rubiginosa*) und die Zimtrose (*Rosa majalis*). Kletterrosen und zierliche Rosenbäumchen waren der Stolz und die Freude der Bäuerin.

Alte duftende Rosen mit rundlichen Blütenformen passen besonders gut in bäuerliche Gärten.

Ländliche Harmonie: Neben Gemüse und Salat blühen Marienglockenblumen, Stockrosen, Vexiernelke (*Lychnis coronaria*), Fingerhut und Bartnelken.

Gärtnern unter Glas und Folie

Folie, Vlies und Frühbeet

Das erste Gemüse, die ersten Früchte, die ersten Blumen sind bekanntlich besonders begehrt, und sie sind teuer, so daß ein bißchen Mehraufwand für eine Verfrühung auch wirtschaftlich sinnvoll sein kann.

Großvaters Mistbeetkasten hat, weil Pferde- oder Rindermist kaum noch zu erhalten sind, vielfältige Konkurrenz bekommen. Mit Folien, Vlies und Tunnels läßt sich ein ähnliches Ergebnis erzielen – bei weniger Arbeit und oftmals billiger. Verfrühungsmaßnahmen lohnen sich insbesondere in rauhen, windigen Gegenden, in Höhenlagen und bei ungünstigem, naßkaltem Frühjahrswetter. Auf solche Art geschützt, erhöht sich durch einfallende Sonnenstrahlen die Bodentemperatur, und ein besonders günstiges Kleinklima mit hoher Luftfeuchtigkeit entsteht. Hierin entwickeln sich bereits keimende Samen viel schneller und sicherer. Die Beete trocknen nicht so schnell aus, der Aufgang ist daher besser. Auch die spätere Entwicklung geht viel schneller vonstatten, so daß sich eine Verfrühung von 3–4 Wochen ergeben kann, je nach dem vergleichsweisen Ablauf des Wachstums ohne Schutz. Bei günstiger Witterung ist schon ab Ende Februar die Möglichkeit gegeben, Salat, Radieschen, Spinat und auch den ersten Kohlrabi auszusäen. Bei derart frühen Aussaatterminen werden Radieschen so rechtzeitig ernteroeif, daß die alles bedrohenden Gemüsefliegen noch nicht unterwegs sind. Madenfreies Gemüse ohne jegliche Schädlingsbekämpfungsmittel kann auf diese Weise geerntet werden.

Sonnenhüte

Das einfachste sind Sonnenhüte aus haltbarem Plastikmaterial, tütenförmig geformt und oben offen, damit erwärmte Luft auch entweichen kann. Diese Hütchen sind gegen zu starke Sonneneinstrahlung streifenförmig bedruckt, so daß ein leichter Schattiereffekt entsteht. Dieses System hat sich nicht nur bei uns, sondern auch in USA so gut bewährt, daß es selbst im Erwerbsanbau in größerem Stil angewendet wird. Sobald die Pflanzen zu groß geworden sind, werden die Hüte an einem trüben Tag abgenommen.

Flachfolien

Die Keimung des Samens und das Anwachsen von Pflanzen werden bereits durch Abdecken mit transparenter, farbloser PVC-Plastikfolie (0,02 bis 0,05 mm stark) spürbar beschleunigt. Die Folie sollte jedoch gelocht sein, damit bei Sonneneinstrahlung die auftretende Wärme entweichen kann. Schon im März können unter Folie leicht Temperaturen von 40–50 °C auftreten. Unter solchen Bedingungen »verkocht« keimender Samen. Während einfache, ungelochte Folien daher sehr riskant ist, kann eine stark gelochte Folie lange auf dem Beet liegen bleiben. Nur auf den ersten Blick erstaunlich ist, daß der Effekt für das Wachstum der Pflanzen um so besser wird, je stärker die Folie gelocht ist. 750 Loch/m² wurden als Optimum ermittelt. Die Bodentemperatur erhöht sich darunter durch einfallende Sonnenstrahlen tagsüber um 6–8 °C. Während der Nachtstunden bleibt dieser Effekt einige Zeit erhalten. Unter gelochten Folien entstehen nicht nur mehr Wärme und höhere Luftfeuchtigkeit, sie ermöglichen auch bei Sonne die nötige Luftzirkulation, so daß es nicht zu Verbrennungen kommen kann. Ungelochte Folie kann man, solange die Folie noch auf der Rolle liegt, mit einer elektrischen Handbohrmaschine selbst bohren (Durchmesser der Bohrnadel 6–10 mm).

Schlitzfolie

Noch besser ist das erreichbare Kleinklima unter einer geschlitzten Folie, die bei fortschreitendem Pflanzenwachstum von den Pflanzen emporgehoben und auseinandergezogen wird. Aus diesem Grunde wird sie auch »mitwachsende Folie« genannt. Man kann sie in Längen von 10 m und Breiten von 1,40 m bekommen. Auf Aussaaten und gepflanztes Gemüse locker ausgelegt und seitlich eingegraben oder mit Steinen, Eisenstangen oder Latten befestigt, bietet sie den Kulturen neben idealen Wachstumsbedingungen auch Schutz vor leichten Nachtfrösten, ferner vor Wind, Platzregen, Fraß durch Wild und Befall durch Insekten.

Wärmende Sonnenstrahlen haben Blumen und Gemüse zu freudigem Wachstum veranlaßt. Immer noch aber drohen Frost und naßkalte Witterung. Schutzmaßnahmen sichern den Erfolg.

Sie ist auch deshalb praktisch, weil Regen und Gießwasser durch ihre Schlitze an die Pflanzen gelangen. Erst Ende Mai/Anfang Juni wird sie abgenommen.

Die gleiche Folie gibt es als »Sommerklimafolie« in milchig weißer Form zum Schutz vor Hitzeschäden und als Keimhilfe für Aussaaten im Hochsommer, ferner als »Tomaten-Reifehaube«.

Mulchfolie Eine Variante ist die Mulchfolie, eine eingefärbte geschlitzte oder genoppte Folie zur Bodenbedeckung. Sie ist lichtundurchlässig, verhindert Unkrautwuchs, hält den Boden länger feucht und erwärmt ihn stärker. Aus diesem Grund eignet sie sich besonders gut für Gurkengewächse, auch für Melonen. Die vorgezogenen Pflanzen werden in den erforderlichen Abständen in Pflanzlöcher gesetzt, die durch kreuzförmige Einschnitte entstehen.

Vlies und Netz

Einen ähnlichen Effekt wie mit der Schlitzfolie können Sie durch Auflegen von Vlies erreichen. Die hervorragenden Eigenschaften dieses sehr leichten, transparenten, luft- und wasserdurchlässigen Gespinstes für den Pflanzenbau wurden erst vor wenigen Jahren entdeckt. Vliese werden in der Textilbranche zum Ausstaffieren von Anzügen, als Polsterfüllung und für Bewässerungsmatten sehr häufig verwendet. Es gibt sie in UV-strahlenstabilisierter Form, die gegen die schnelle Zersetzung unter Lichteinfluß wirkt, in weißer oder hellgrüner Einfärbung, in verschiedener Schwere und Festigkeit. In der Wirkung unterscheiden sich diese Varianten des Vlieses wenig. Wie bei der Folie ist eine Frostschutzwirkung kaum gegeben. Sie entsteht nur indirekt durch Tau, der an dem Material haftet, in kalten Nächten zu Eis gefriert und damit eine isolierende schützende Schicht erzeugt.

Wichtiger ist die Erhöhung der Bodenwärme, der Luftfeuchtigkeit, der Schutz vor Hagel, Wind, starkem Regen, zuwandernden Schnecken oder zufliegenden Insekten. Sehr bewährt hat sich das festere Insektenschutz-Netz, das zuverlässig Gemüsefliegen und Läuse abhält. In der Tat läßt sich mit diesem Material, sofern es genügend locker ausgebreitet wird, eine schädlingsfreie Kultur von Gemüse bis zu dessen Ernte durchführen.

Nicht zu verachten ist auch die frost-

schädenmindernde Wirkung bei überwinternden Kulturen. Sie beruht im wesentlichen darauf, daß das Vlies einen leichten Schatten wirft und darunter befindliche Pflanzen bei Sonneneinstrahlung daher weniger großen Temperaturschwankungen ausgesetzt sind. Auch durch Vlies und Netz dringt Regen an die Kulturen, d. h., zum Gießen muß das Material nicht abgenommen werden.

Folientunnel

Tunnelkonstruktionen, die es fertig zu kaufen gibt, die aber auch aus Drahtbügeln und mit UV-strahlenstabilisierter Folie leicht selbst erstellt werden können, bieten den Pflanzen einen größeren Luftraum, erfordern jedoch einen größeren Arbeitsaufwand für Belüften und Gießen.

Neuerdings gibt es auch für Folientunnel gelochte Folie, die diesen Nachteil des Tunnels weitgehend wieder ausgleicht.

Frühbeete

Ein Frühbeet befindet sich in vielen Gärten. Nach wie vor hat es nichts von seiner Aktualität verloren, im Gegenteil, es erscheinen ständig neue Konstruktionen auf dem Markt mit transparenten Rahmen und Hauben, mit automatischer Lüftung wie beim Kleingewächshaus, mit selbstlüftenden Fensterscheiben, als leicht transportable Wanderkästen oder als kleines Pflanzbeet für den Balkon ausgeführt. Es gibt sogar Versionen, die eine eingebaute, genau regulierbare Bodenheizung besitzen und als solche selbst im Gewächshaus als größeres Vermehrungsbeet für Stecklinge und Aussaaten dienen können.

Das Frühbeet erfüllt einen guten Zweck als immer zur Verfügung stehendes geschütztes Anzuchtbeet für Aussaaten im Frühjahr und im Sommer (für Zweijährige), als geschützte Kulturfläche für wärmeliebende Kulturen (z.B. Melonen) und als Einschlag für Spätherbst- und Wintergemüse.

Wenn Sie sich ein Frühbeet selbst bauen wollen, sollten Sie darauf achten, daß die für den Rahmen verwen-

Von oben nach unten: Sonnenhüte – eine einfache und preisgünstige Methode als Anwachshilfe.

Das Vlies schützt Keimlinge vor Schnecken und Erdflöhen.

Schlitzfolie hat sich für Aussaaten besonders gut bewährt: höhere Temperatur, weniger Austrocknen.

Unter Folientunneln kann man bis zur Ernte kultivieren.

Ein Frühbeet ist eine feine Sache. Man kann es nahezu das ganze Jahr über nutzen.

Ein hervorragend ausgestattetes Gewächshaus. Die Außenschattierung – sturmfest montiert – sorgt dafür, daß sich bei genügend Luftfeuchtigkeit Blumen, südländische Gemüse und Früchte wohl fühlen.

Biologische Kulturmethoden unter Vlies

Ein besonderer Aspekt gewinnt vermehrt an Bedeutung – die Kultur von gefährdeten Gemüsearten ohne chemische Schädlingsbekämpfungsmittel. Versuche haben zweifelsfrei ergeben, daß dies möglich ist: unter einer hohen Haube aus Vlies oder Insektenschutznetz. Diese Materialien verhindern den Zuflug der Schädlinge zuverlässig, sofern sie dicht genug sind, d. h., nicht mehr als 1,5 mm Faserabstand haben.

Kurz nach dem Pflanzen gräbt man das Material an einer Seite ein und breitet das Gespinst so locker darüber, daß auch das spätere Hochwachsen der Pflanzen nicht schadet. Die restlichen Seiten werden mit Brettern, Stangen oder Steinen insektendicht abgeschlossen. Bei Bedarf läßt sich die Haube kurzzeitig entfernen, z. B. zum Unkraut zupfen. Gegossen wird durch das Vlies, auch Regen erreicht die Pflanzen. Ein gewisser Nachteil, leichter Schatten, wirkt sich durch lockeren Aufbau der Pflanze und größere Blätter aus. Im Sommer fällt dies nicht ins Gewicht. Sehr gut gedeihen so z. B. Kohlrabi, Frühkohl, Radies, Rettich, Möhren.

Das Kleingewächshaus

Das eigene Gewächshaus ist der Traum eines jeden Pflanzenliebhabers. Erst hier eröffnen sich ihm alle denkbaren Möglichkeiten, Pflanzen zu kultivieren. Noch vor wenigen Jahren waren es besonders Orchideen, Kakteen und seltene tropische Pflanzen, für die ein Gewächshaus in Erwägung gezogen wurde. Inzwischen hat sich jedoch eine viel breitere Palette der Verwendung eingespielt. Vertreter der Mittelmeerflora, wie Palmen, Mimosen, Oleander, interessante Kübelpflanzen, Stämmchen von Fuchsien, Margeriten und Bleiwurz, Rosen, Chrysanthemen, Schnitt- und Topfblumen sowie alpine Stauden hielten Einzug. Viel wichtiger als früher wurde die eigene Kultur von wärmeliebenden Feingemüsen und die eigene Anzucht von Jungpflanzen

deten Holzteile nur mit einem für Pflanzen unschädlichen Imprägnierungsmittel behandelt werden. Als Material eignen sich neben Holz Betonfertigteile, Eternit, Glas oder transparentes, gewelltes Plastikmaterial. Als Abdeckung dienen Frühbeetfenster, wobei die Rahmen aus Holz oder Leichtmetall sein können. Sie werden mit genörpeltem Glas oder UV-stabilisierter Folie (0,15–0,2 mm dick) bedeckt. Zur Stabilisierung und damit sich kein Regenwasser sammeln kann, sollten Sie die Plastikfolie über 1–2 leicht nach außen gewölbte Drähte spannen. Holzleisten, die Sie kreuzweise anbringen können, verhindern ebenfalls ein Durchhängen der Folie. Preisgünstige Heizmatten oder Heizkabel, die über einen zwischengeschalteten Trafo eine ungefährliche Niedervoltspannung erzeugen, dienen als Quelle für Bodenwärme und ersetzen die früher gebräuchliche Pferdemistpackung.

Pflanzen, die unter Folie, Vlies oder im Frühbeet gewachsen sind, gediehen unter günstigen Bedingungen und sind deshalb verwöhnt. Wird die Bedeckung vor der Ernte abgenommen, was in der Zeit nach Mitte Mai vielerorts notwendig ist, können die Pflanzen bei ungehinderter Sonneneinstrahlung leicht Verbrennungen erleiden. Sie sollten daher die Bedeckung nur an trüben Tagen ohne starken Wind entfernen, damit sich die zarten Pflanzenzellen ohne Schaden an die rauhere Umgebung gewöhnen können.

aller Art, mit denen sich die Aufwendungen für die Anschaffung eines Kleingewächshauses bald bezahlt machen. Geschützt vor allen möglichen Umweltbelastungen und ohne die Notwendigkeit, wegen jeder Krankheit zu Spritzmitteln greifen zu müssen, wachsen hier die schmackhaften Gemüse und Kräuter heran, die in der Familie Anklang finden. Auch das Experimentieren mit bislang unbekannten Arten und Sorten lohnt sich. Nur wer im Weinbauklima wohnt, kann auch im Freiland fast das ganze Jahr über ernten. Die meisten Gartenbesitzer jedoch sind weniger glücklich dran. Sie müssen mit ungünstigeren Klimabedingungen vorlieb nehmen, deshalb gilt: Je länger und härter der Winter und je unsicherer der Sommer, desto eher lohnt sich ein Gewächshaus.

Der richtige Standort

Ein Gewächshaus soll den darin befindlichen Pflanzen ein Optimum an Licht und Wärme vermitteln. Der Standort sollte daher sonnig und, wenn möglich, auch windgeschützt sein. Auf keinen Fall sollten Sie einen Platz unter Bäumen in Erwägung ziehen. Auch von (hohen) Hecken, Mauern, Trennwänden wird mindestens ein Abstand von 3–4 m benötigt. Optimal ist die Ausrichtung mit der Breitseite nach Süden, schon weniger günstig eine Ost- oder Westlage. Nicht akzeptabel ist die Nordlage hinter einem Haus.

Behördliche Vorschriften

Kleingewächshäuser sind zwar im allgemeinen genehmigungsfrei, je nach Standort oder Nutzungsart ergeben sich jedoch für die zuständigen Bauämter mitunter Kriterien, die mit verschiedenen Vorschriften in Einklang zu bringen sind. Ein Anlehnhaus oder ein bewohnbarer Wintergarten werden anders beurteilt als ein kleines Folienhaus im Gemüsegarten hinter dem Haus. Deshalb sollten Sie noch vor dem Kauf des Gewächshauses mit dem Hersteller und bei Ihrem zuständigen Bauamt ein Gespräch über mögliche Vorschriften führen. Unter bestimmten Bedingungen ist ein Wintergarten als energiesparende Baumaßnahme förderungswürdig. Die richtige Deklarierung und das Beachten bestimmter Auflagen sind jedoch wichtige Voraussetzungen.

Bauformen

Beim Durchblättern der Kataloge stoßen Sie mit Sicherheit auf verschiedene Gewächshausformen.
Ein Hausbesitzer wird bestrebt sein, mit einem **Pultdach-** oder einem **Anlehnhaus** mehr Platz in Form eines Wintergartens zu erreichen. Der wärmespeichernde Effekt eines Gewächshauses kann dann die Energierechnung entlasten, wenn die im Winter nötige Dauertemperatur nicht zu hoch ist. Kübelpflanzen oder Pflanzen der Mittelmeerflora, Azaleen und Alpenveilchen benötigen nur wenige Grade über Null. Bei tropischen Pflanzen sieht die Energierechnung ganz anders aus. In jedem Fall aber sollten Sie die Möglichkeit nutzen, wenn die vorhandene Hausheizungsanlage auch zum Erwärmen des Gewächshauses herangezogen werden kann. In den meisten Fällen verfügen die Heizungsanlagen über genügend Reserven.
Demgegenüber sind Bauformen wie das **Satteldachhaus** überwiegend für die Kultivierung von Pflanzen gedacht und damit freistehend. Sie sollten eine ausreichende Stehwandhöhe besitzen, d. h., mindestens 1,60 m und eine ausreichende Firsthöhe, die das Begehen und Befahren mit einer Schubkarre ermöglicht.
Weniger gebräuchlich sind **Pavillons** und zur Hälfte in die Erde hineingebaute sogenannte **Erdhäuser.** Letztere sind energiesparend und preisgünstig, man kann sie jedoch wegen des geringen Lichteinfalles nicht für hochwachsende Pflanzen benutzen.
Die Größe des Hauses ist zu beachten, es sollte nicht zu klein geraten. Für die Versorgung einer vierköpfigen Familie sind 10–12 m² Grundfläche knapp ausreichend. 15–18 m² sind eher zu empfehlen, vor allem, wenn neben den Gurken und Tomaten auch noch einige Blumen für den Vasenschnitt gezogen werden.

Achten Sie generell auf folgende Punkte:
- Aus welchem Material besteht die Tragekonstruktion?
Verzinkter Stahl fängt auch bei guter Behandlung nach einiger Zeit an zu rosten, bei Aluminium kann dies nicht passieren. Es ist zudem leichter und sehr stabil. Holz sieht zunächst gut aus, ist aber auf Dauer pflegeaufwendig.
- Die Türen sollten mindestens 1 m breit sein. Schiebetüren erfordern weniger Platz als Schwingtüren. Sie sollten ein gutes Schloß besitzen.
- An scharfen Kanten kann man sich verletzen. Achten Sie daher auf gute Verarbeitung.
- Die Scheiben sollten möglichst durchgehend sein, damit keine Energie- und Lichtverluste auftreten.
- Die Konstruktion darf keine Kältebrücken aufweisen, wenn an Beheizung gedacht ist. Profile müssen deshalb gut durchkonstruiert und gestaltet sein.
- Ein gutes Aussehen ist heute kein unverantwortlicher Luxus mehr, insbesondere Wintergärten sollten etwas Schick besitzen.

Die Eindeckung

Ob die Eindeckung aus Glas oder Kunststoff besteht, ist für die Nutzung heute nicht mehr sehr erheblich.
Kunststoffe, wie z. B. die Stegdoppelplatten aus Acrylglas (Plexiglas), die es in verschiedenen Dicken, auch dreischalig, gibt, verändern sich auch über Jahre in der Lichtdurchlässigkeit nur wenig. Sie sind stabil, sehr leicht, lassen sich durch Sägen oder Verkleben leicht verarbeiten und bieten eine recht gute Lichtstreuung. Vielfach werden durch sie bereits Schattierungsmaßnahmen überflüssig, es gibt kaum Verbrennungen. Das Material läßt sogar UV-Strahlen hindurch, so daß man sich darunter bräunen kann.

Ein Anlehngewächshaus hat auch oft die Funktion eines Wintergartens.

382 Gärtnern unter Glas und Folie

Nachteilig ist die Feuergefahr. Hagel durchschlägt die Stegdoppelplatte so gut wie nie, allerdings kann sie dabei splittern und sieht anschließend beschädigt aus.

Das wesentlich gewichtigere **Glas** gibt es in verschiedenen Standardnormen, sowie einkämmrig und zweikämmrig als Isolierglas. 60 cm ist die Standardbreite. Glas läßt UV-Strahlen hindurch, die für die Ausbildung von Farben und Geschmacksstoffen von besonderer Bedeutung sind. Gartenblankglas ist voll durchsichtig mit glatter Oberfläche. Gartenklarglas, das der Erwerbsanbau vorwiegend verwendet, hat eine genörpelte Oberfläche mit entsprechender Lichtstreuung und verminderter Gefahr des Verbrennens von Pflanzenteilen.

Ein Folienhaus benötigt wenig Platz.

Eine mit Folie abgeteilte »warme« Abteilung. Ein Infrarotstrahler spart Energie.

Der Wärmeschlauch fängt tagsüber Sonnenwärme ein und gibt sie nachts an Boden und Pflanzen ab.

Einfache Gewächshäuser sind mit **Folien** leicht und schnell zu erstellen. Heute sind sie gegen den zersetzenden Einfluß von UV-Strahlen stabilisiert und garantieren eine Haltbarkeit von 3–5 Jahren. Eine häufig verwendete Dicke für Gewächshäuser ist 0,2 mm. Fragen Sie jedoch nach Gewächshausfolien, denn Folien aus dem Baustoffhandel, die zum Verpacken benutzt werden, sind nicht geeignet, da sie sich innerhalb sehr kurzer Zeit zersetzen und brüchig werden.

Beheizung, Frostschutz und Bewässerung

Daß man am besten die **vorhandene Heizungsanlage** nutzt, wurde schon angesprochen, doch nicht überall ist

dies möglich. Wo es einen Stromanschluß gibt, lohnt sich ein thermostatgesteuerter **Elektrolufterhitzer**, der preisgünstig die Erwärmung eines Gewächshauses auf 5–8°C sichert. Dies genügt für die meisten Pflanzen zur Überwinterung. Thermostate verhindern, daß die Temperatur unter die Frostschwelle absinkt. Solche Geräte gibt es überall im Gewächshausbedarfs- und Elektrohandel. Sie kosten unter DM 100,– und verbrauchen, da sie nicht ständig laufen, relativ wenig Energie. Zusätzlich können Sie das Gewächshaus mit Luftpolsterfolie auskleiden (bei Folienhäusern üblich) oder aber eine Glaskonstruktion von außen mit dieser Folie schützen. Die Wärmeabstrahlung wird dadurch beträchtlich gesenkt.

Auch **Gasthermen** und stromunabhängige **Petroleumöfen** mit einem Vorratstank für mehrere Tage sind

Hilfsmittel, die sowohl für die frostfreie Überwinterung von Balkon- und Kübelpflanzen als auch für die Überbrückung von kalten Nächten im Frühjahr und im Herbst in Frage kommen, z. B. zum Ausreifen der letzten Tomaten.

Sogar primitive Maßnahmen haben durchaus eine Berechtigung, wenn es gilt, kurzzeitig ein Einfrieren zu verhindern. Bewährt haben sich z. B. Petroleum-(Sturm)lampen, Stearinkerzen mit darüber gestülpten Blumentöpfen aus Ton, die wie Kacheln die Wärme verteilen und das Überdecken der Pflanzen mit geschlitzter (mitwachsender Folie) oder mit einem Vlies. Dessen Wirkung beruht darauf, daß der Tau an dem Feingespinst kondensiert und beim Gefrieren eine isolierende Eisschicht bildet, die die darunter befindlichen Pflanzen schützt. In Versuchen traten selbst bei –8°C keine Frostschäden auf.

Klimaregulierung

Jedes Gewächshaus wirkt als Sonnenkollektor. Das einfallende Licht wandelt sich im Wärmestrahlen um. Zuviel Wärme jedoch streßt die Pflanzen. Sinkt dann noch die Luftfeuchtigkeit und staut sich die heiße Luft, kommt es leicht zu Verbrennungen der Pflanzenteile, die bis zum Absterben führen können. Bei über 45°C beginnt die Eiweißzersetzung, die Pflanze verkocht. Effektive Lüftungsmöglichkeiten sind daher wichtige Faktoren bei der Auswahl des gewünschten Gewächshaustyps. Insbesondere, wenn die Nutzung auch zum menschlichen Aufenthalt gedacht ist, also für Wintergärten, gewinnt dieser Punkt eine besondere Bedeutung. Besonders wichtig ist die Querlüftung mit ausreichend Lüftungsklappen an den Seiten und im Dachbereich.

Der **Lüftungsbedarf** hängt entscheidend mit der geplanten Nutzung zusammen, ebenfalls mit dem zur Verfügung stehenden Lichtangebot. Während bei geringem Lichteinfall 20°C bereits für winterliche Salat- oder Radieskulturen zu viel sind, fühlen sich tropische Orchideen noch bei 35–40°C sehr wohl. Automatische Fensteröffner, die ohne Strom auf der Basis von Öl reagieren, das sich ausdehnt und zusammenzieht, gehören heute schon zur Standardausrüstung.

Der **Luftumwälzung** kommt eine starke Bedeutung zu. Einer oder mehrere gut arbeitende Ventilatoren wälzen die Luft um, verhindern damit Schäden an den Pflanzen durch Hitzestau und in entscheidendem Ausmaß auch das Auftreten von Pilzkrankheiten und Schädlingen. Für kleinere Gewächshäuser sind bereits bewegliche Tischventilatoren aus dem Elektrohandel brauchbar. Für größere Anlagen werden Ventilatoren in die Außenwand gesetzt. Sie sollten das Luftvolumen wenigstens 5–10mal pro Stunde umwälzen können.

Luftumwälzung senkt nicht die Luftfeuchtigkeit. Viele Pflanzen fühlen sich dabei erst richtig wohl. Ihre Spaltöffnungen sind dabei weit geöffnet, Gasaustausch und Transpiration laufen auf Hochtouren, die Pflanze wächst und gedeiht. Bei niedriger Luftfeuchte schützt sich die Pflanze vor dem Verdampfen von zuviel Feuchte durch Schließen der Spaltöffnungen im Blatt.

Luftfeuchtigkeit entsteht am einfachsten durch Besprühen der Wegeflächen und des Gewächshausbodens mit dem Schlauch, auch die Pflanzen sind für eine Dusche dankbar. Sie können auch Behälter mit Wasser zum Verdunsten aufstellen. In kleineren Häusern sind auch elektrische Luftbefeuchter wirksam. Hohe Luftfeuchtigkeit, insbesondere nachts, läßt jedoch bei absinkenden Temperaturen auch Pilzkrankheiten aufkommen, z. B. Mehltau und Grauschimmel. Daher vor allem morgens gießen, damit die Blätter rechtzeitig abtrocknen können.

Neben Lüftung und Luftumwälzung ist das **Schattieren** die wirkungsvollste Methode, um zu hohe Temperaturen abzufangen und Schäden durch Verbrennen entgegenzuwirken. Geeignetes Eindeckmaterial macht zusätzliche Maßnahmen weitgehend überflüssig. Früher wurden Gewächshäuser mit weißer Farbe bestrichen, die gegen Herbst wieder entfernt wurde. Der Nachteil: Bei trübem Wetter erhalten die Pflanzen zu wenig Licht, das Abwaschen ist mit hohem Arbeitsaufwand verbunden. Heute gibt es Schattiergewebe aus Kunststoffgeflecht, die man außen oder innen anbringen kann. Aufwendiger sind Aufrolleinrichtungen für Matten aus Plastikröhrchen oder aus Kunststoffgeflecht, die sich sogar automatisch steuern lassen.

Außenschattierungen müssen sturmfest gebaut werden und sind deshalb teuer. Innenschattierungen aus Leinen- oder Kunststoffgeflecht oder (in Wintergärten) Sonnensegel sind weitaus preisgünstiger und leichter anzubringen. Ihr Nachteil: Die Wärme gelangt auf jeden Fall in den Innenraum. Außerdem werden rankende Pflanzen, wie z. B. Gurken oder Wein, im Dachbereich an ihrer Entwicklung gehemmt.

Zu wenig Licht steht den Pflanzen häufig während der Wintermonate zur Verfügung. Licht ist ihre Energiequelle, die erst den Aufbau von Biomasse ermöglicht. Jede Pflanze hat einen unterschiedlich starken Lichtbedarf. Einige Schattenkünstler kommen mit 600–800 Lux aus (Lux = Maßeinheit für Licht). Gemüse und blühende Topfpflanzen hingegen benötigen im allgemeinen mindestens 2000–3000 Lux. In den trüben Wintermonaten werden oft genug nur 1000–1500 Lux gemessen, d. h., das Wachstum kommt nicht nur zum Stillstand, sondern es kann sogar bereits gebildete Biomasse wieder abgebaut werden. Die Pflanzen vergeilen, werden schwach und anfällig für Pilzkrankheiten. Erntbare Blätter oder Früchte können sich unter solchen Umständen nicht mehr entwickeln, erst dann, wenn das Lichtangebot wieder steigt. Zusatzlicht kann daher der Assimilation bei Jungpflanzen deutlich auf die Sprünge helfen und auch die Blütenentwicklung bei Topfpflanzen und Schnittblumen entscheidend fördern. Durch Belichtung werden auch Wachstum und Blütenbildung gesteuert. Einige Beispiele dafür sind typische Kurztagspflanzen, wie z. B. Flammendes Käthchen (*Kalanchoë*) oder Chrysanthemen: Erst bei Verdunkelung und weniger als 13 Stunden/Tag Lichteinfall werden Blüten angelegt. Typische Langtagspflanzen sind einige Gemüse, bei denen die Nutzung auf die Tageslänge abgestellt sein muß. Chinakohl blüht z. B. im Langtag, was Schosserbildung bei zu früher Aussaat bedeutet. Spinat und Kopfsalat gehen im Sommer schnell in Blüte, weshalb die Hauptnutzung in den Frühjahrs- und Herbstmonaten liegt bzw. für den Sommeranbau spezielle Sorten benötigt werden.

Obwohl es inzwischen ein breites Angebot an Pflanzenleuchten gibt, empfehlen sich als Zusatzbelichtung zur Jungpflanzenanzucht im Kleingewächshaus nach wie vor **Leuchtstoffröhren**, die an Ketten höhenverstellbar aufgehängt werden (40–50 cm hoch, 60–100 Watt/m² = 2 Röhren à 40–60 Watt in 1 m Länge). Beachten Sie bitte das richtige Lichtspektrum. Fluora-Leuchtstoffröhren mit hohem blau-rot Anteil kommen den Bedürfnissen der Pflanzen am nächsten, auch Truliteröhren, Grolux und Supergro bzw. Warmton de Lux und 36 L natura.

Von links nach rechts: Warum die Wärme weglüften? Luftumwälzung bringt oft bessere Ergebnisse.

Ein Rankgitter aus verzinktem Draht erweist sich als nützlich, z. B. für klimmende Gemüse und Blumen. Im Hintergrund ein automatischer Fensteröffner.

Allzuviel Licht kann schädlich sein. Ein Beispiel für eine selbstgebaute Innenschattierung.

Ein Kunststoffgeflecht als preisgünstige Außenschattierung. Wichtig: gegen Sturm sichern.

384 Gärtnern unter Glas und Folie

Eine konzentrierte Düngerlösung wird hier ständig dem Gießwasser beigemischt.

Von links nach rechts: Mit Tröpfchenbewässerung gedeihen Pflanzen prächtig.

Bei Problemen mit dem Boden weicht man besser auf die Torfsackkultur aus.

Bei Lichtmangel und zuviel Feuchtigkeit richten Bodenpilze großen Schaden an.

Das Gießen im Kleingewächshaus läßt sich heutzutage sehr zuverlässig automatisieren.

Tröpfchenbewässerungen haben sich im Erwerbsanbau bewährt, sie geben langsam und gezielt Wasser ab, wobei die Zuflußmenge in der Regel von Hand eingestellt oder auch automatisch geregelt wird. Die Regelung übernehmen entweder stark hygroskopische Zylinder aus Holz oder Ton oder elektrische Tensiometer. Die elektrische Messung ist besonders zuverlässig. Wo kein Wasserhahn zur Verfügung steht, kann trotzdem automatisiert werden. Tröpfchenbewässerung erhält in diesem Fall ihren Zufluß aus aufgehängten Vorratsbehältern, die zugleich auch Düngerlösungen verteilen können.

Für Gewächshaustische bietet sich vor allem die **Staubewässerung** an, wobei das Wasser ebenfalls über Tropfschläuche zugeführt oder durch eine Matte aufgesogen wird. Die Pflanzen stehen dabei auf einer saugfähigen Matte (Vlies). Sobald Wasser verdunstet wird, ergänzen Wurzeln und Substrat die Feuchtigkeit aus der Matte. Ein sicher funktionierendes System, das der natürlichen Wasserversorgung im Boden gleicht, der Kapillarität. Einziger Nachteil: Vlies- oder Sandbedeckung können leicht veralgen. Eine schwarze Folie beugt vor, sie wird über die Anstaufläche gelegt mit kreuzförmigen Einschnitten an den Stellen, auf denen die Töpfe mit dem Abzugsloch stehen. Denken Sie daran, daß Tröpfchenbewässerungen gelegentlich entkalkt werden müssen, sie setzen sich sonst zu.

Substrate und Erden

Daß Pflanzen nicht nur in Erde, sondern in allen möglichen Materialien, wie z. B. Steinwolle, Bimskies, Blähton, Splitt, in Torf- oder Rindenkompost, ja sogar in reinem Wasser (Hydrokultur) gedeihen, ist heute keine Überraschung mehr. Der Erwerbsgartenanbau kultiviert Gemüse und Blumen zunehmend gänzlich ohne Erde, in Rinnen, durch die ständig Wasser mit einer schwachen Düngerlösung gepumpt wird. Für den Hobbygartenbau sind diese Systeme zu kompliziert, erfordern sie doch eine genaue Steuerung, die über Computer erreicht wird. Ohnehin haben diese Methoden kaum noch etwas mit Gärtnern, sondern eher mit industrieller Pflanzenproduktion zu tun. Ihre Vorteile, d. h. geringere Probleme mit sich langsam aber sicher ausbreitenden bodenbürtigen Krankheiten und geringere Entsorgungsprobleme (Ausscheidungen der Pflanzenwurzeln durch zu hohe Salzgehalte im Boden), können wir trotzdem nutzen. Auch Substrate und Rindensubstrate gibt es in handlichen Plastiksäcken, die zuweilen sogar optisch ansprechend gestaltet sind. In diesen »Growbags« kann man, wo immer Platz ist, auch auf Platten und Tischen Gemüse und Blumen hervorragend kultivieren. Kreuzförmige oder runde Einschnitte nehmen die Pflanzen auf. Einziger Nachteil: Das Substrat darf niemals vollständig austrocknen, die stark ansteigende Düngerkonzentration würde die Pflanzenwurzeln verbrennen. Auch läßt sich einmal trocken gewordenes Substrat schlecht wieder anfeuchten.

Fertige Erden (= Substrate) gibt es heute in vielfältiger Auswahl für viele Pflanzengruppen (Orchideen, Kakteen, Sommerblumen, Azaleen und speziell auch zum Aussäen und Pikieren). Unterschiedlich sind die Düngergehalte und die Strukturen. Kompost sollten Sie vorher sterilisieren: die Erde in Bratfolie füllen und im Backofen ca. 30 Minuten bei 150°C erhitzen. Ein sauberes, praktisches und kostengünstiges Verfahren, das mögliche Pilzkrankheiten und Unkrautbesatz von vornherein verhütet.

Der Boden

Gewächshausboden muß in jedem Jahr mindestens 1mal tief und gründlich gelockert werden. Bei dieser Gelegenheit sollten Sie ihn mit unkrautfreiem oder desinfiziertem Kompost, mit Torf oder Rindenmulch anreichern. Rindenhumus befindet sich noch in der Umsetzung und entzieht Nährstoffe, die an und für sich den Pflanzen zugedacht waren. Hier heißt es aufpassen und entsprechend mehr düngen. Sie sollten organische Dünger bevorzugen oder sog. Depotdünger. Sie sind von einer Umhüllung umgeben und setzen die Nährstoffe erst nach und nach entsprechend dem Bedarf der Pflanze frei. Auf diese Weise verhindern Sie eine allmähliche Versalzung des Kulturbodens und der darunter liegenden Bodenschichten. Damit sich keine Pflanzenkrankheiten, wie z. B. die Gurkenwelke, ausbreiten können, empfiehlt es sich, intensiv genutzten Gewächshausboden alle 2–3 Jahre auszutauschen. Eine Bodenuntersuchung mit Erdproben, aus verschiedenen Stellen und Tiefen entnommen (ca. 1 kg reicht), gibt Aufschluß über die enthaltenen Nährstoffe und tatsächlichen Düngebedarf.

Fruchtfolge und Hygiene

Wichtig ist auch die richtige Planung der Kulturfolge, die sich auf den Beeten über den gesamten Jahresablauf hinweg vollzieht. Es soll kein Leerlauf entstehen und die zur Verfügung stehende Fläche soll ständig genutzt werden.

Mischkulturen sind dabei eine gute Hilfe, z. B. im Frühjahr Radies, Rettich und Kohlrabi mit Pflücksalat oder Stielmangold. Im Sommer Tomaten oder Gurken mit Paprika, Auberginen und Melonen oder im Herbst Tomaten mit Außenreihenbepflanzung von Chinakohl, Knollenfenchel oder Chrysanthemen. Die Tabelle gibt weitere Hinweise.

Ein geplanter Fruchtwechsel ist im Gewächshaus genauso nötig, wie im Freien, damit sich keine bodenbürtigen Krankheiten festsetzen können. Eine Rotation innerhalb des Hauses ist daher unbedingt nötig. Sie setzt einen entsprechenden Kulturfahrplan voraus, der am besten in einer Folie, gegen Feuchtigkeit eingehüllt, im Gewächshaus deutlich sichtbar angebracht wird. Ergeben sich dennoch einmal Schwierigkeiten mit der Hygiene, z. B. durch Gurkenwelke oder den viele Kulturen (auch Blumen) befallenden Pilz *Fusarium*, dann wird ein Austausch der gesamten infizierten Erde notwendig. Wegen der oft beträchtlichen Erdbewegungen unterbleibt ein Erdaustausch gerne. Was bleibt dann zu tun? Wenn gar nichts hilft, kann man den Boden im Herbst oder Frühjahr mit einem, im Fachhandel erhältlichen, streufähigen Granulat (z. B. Basamid) entseuchen (50 g/m², Mindesttemperatur des Bodens 15 °C). Für die wenigen wirklich gefährdeten Kulturen, wie Schlangengurken oder Tomaten, können Sie bei Auftreten der ersten Schäden auch gedüngte Fertigerden verwenden. Die Pflanzen gedeihen dann in Containern oder Eimern, nicht mehr im freien Grund.

Schädlinge und Krankheiten

Gesunde, wüchsige Pflanzen sind am wenigsten anfällig gegen die ständigen Angriffe von Pilzen, Bakterien und tierischen Schädlingen, die es leider auch im Kleingewächshaus gibt. Trotz aller guten Pflege leben die Pflanzen häufig nicht unter optimalen Verhältnissen. Vorbeugend können Sie jedoch einige wichtige Punkte beachten:

- Wählen Sie die Pflanzen so aus, daß sie in die gegebenen Verhältnisse passen. Je mehr Sie dabei über die Pflanzen wissen, desto besser.
- Keimfreie Erden verwenden und auf deren gute, vergießfeste Struktur achten.
- Dem Bedarf der Pflanzen angepaßt düngen und gießen, damit weder Mangel noch Übermaß auftreten.
- Für ein ideales Kleinklima mit hoher Luftfeuchtigkeit sorgen. Zugluft vermeiden, aber für ausreichende Lüftung und Luftumwälzung sorgen.
- Die Blätter nicht unnötig benetzen. Möglichst morgens gießen, damit die Pflanzen bis zum Abend wieder abgetrocknet sind und Pilzsporen nicht auskeimen können. Nicht von oben in Blattscheiden, Knospen oder junge Triebe gießen, denn dort faulen sie besonders leicht.
- Widerstandsfähigere, resistente Sorten gegenüber älteren Züchtungen bevorzugen. Sie machen manche Pflanzenschutzmaßnahme überflüssig.
- Einige Pflanzenarten werden immer befallen, sie stecken andere an, daher möglichst darauf verzichten (z. B. Gerbera, bevorzugt von Weißer Fliege; Cinerarien, bevorzugt von Läusen; *Ficus repens*, bevorzugt von Roter Spinne; Begonien, bevorzugt von Mehltau).

Bei auftretendem Schädlingsbefall ist es besser, gezielt gegen einen Schädling vorzugehen und Mittel mit geringer Giftigkeit zu bevorzugen (Giftabteilung III oder fehlender Vermerk). Möglichst auf Insektizide biologisch unbedenklicher Art oder auf Nützlinge zurückgreifen, die für Menschen und Haustiere unschädlich sind. Siehe auch ab S. 404 und S. 434. Gieß-, Streu- oder Räuchermittel können gezielter und einfacher angewendet werden als Spritzmittel. Die nachfolgende Tabelle berücksichtigt aus Platzgründen nur die wichtigsten Krankheiten und Schädlinge. Notfalls greifen Sie bitte zu Spezialliteratur oder fragen Ihr zuständiges Pflanzenschutzamt um Rat.

Biologische Schädlingsbekämpfung

Mehr und mehr finden Methoden der biologischen Schädlingsbekämpfung Eingang. Teilweise sind sie recht wirksam, erfordern jedoch einiges Wissen um den Lebensrhythmus der Schädlinge und der Räuber, die von ihnen leben. Entscheidend ist der richtige Einsatzpunkt. Einerseits müssen genügend Schädlinge da sein, damit sich die Räuber ernähren können, andererseits

Nicht immer muß man spritzen – es gibt auch umweltfreundlichere Methoden, wie Gelbfallen gegen fliegende Insekten, Räucherkerzen und -spiralen, Verdampfer gegen Läuse und Sprays für die gezielte Bekämpfung an einzelnen Pflanzen.

dürfen die Schäden an den Pflanzen noch nicht zu weit fortgeschritten sein. Treten mehrere Schädlinge gleichzeitig im Gewächshaus auf, wird es schwierig, da nicht gegen alle natürliche Feinde verfügbar sind.

Bewährt hat sich der Einsatz von Raubmilben gegen Spinnmilben (Rote Spinne), Marienkäfern gegen Blattläuse und Schlupfwespe gegen Weiße Fliegen. Schlupfwespen parasitieren auch auf Raupen. Den Erfolg der Schlupfwespenarbeit kann man bereits 8–10 Tage nach dem Aussetzen anhand von schwarz gefärbten Schädlingslarven kontrollieren.

Sehr bewährt hat sich eine vorbeugende Maßnahme, nämlich zwischen den Pflanzen mit Leim bestrichene gelbe Tafeln oder gelbe Insektenstäbchen aufzuhängen. Von außen zufliegende Insekten werden auf diese Weise schon bei Beginn eines Befalls abgefangen.

Gelbtafeln sind eine preiswerte Alternative. Man sollte sie in ausreichender Zahl aufhängen.

Beispiele von Schädlingen und Krankheiten im Kleingewächshaus

Bezeichnung	Vorkommen	Schadbild	Bekämpfungsmaßnahmen
Blattläuse	Nutz- und Zierpflanzen	Feine, helle Saugstellen, verkrüppelter Wuchs.	Bei geringem Befall abspritzen mit Wasserstrahl, Räuchern und Bestreuen sowie Spritzen. Über geeignete Mittel informiert Sie der Fachhandel. Einsatz von Marienkäfern oder Bekämpfung wie bei »Integrierter Pflanzenschutz« beschrieben.
Gemüsefliegen	Chinakohl, Kohlrabi, Rettich, Radies, Möhren	Fraßgänge, später dann Maden.	Treten erst ab Mai und nur bis September auf. Für Luftbewegung sorgen. Insektenschutznetz einsetzen.
Spinnmilben (Rote Spinne)	Gurken, Tomaten, Paprika, die meisten Zierpflanzen.	Blattoberseite helle, später braune Saugstellen; blattunterseits mehlartiges Gespinst.	Luftfeuchte erhöhen, mehrfach im 1-Wochen-Abstand spritzen, sprühen, räuchern, Raubmilben einsetzen.
Weiße Fliege (Mottenschildläuse)	Gurken, Paprika, Auberginen, Gerbera, Levkojen, Oleander, *Abutilon* u. a.	Blattoberseite punktförmige Saugstellen, blattunterseits zahlreiche winzig kleine Falter.	Zuflug begrenzen mit leimbestrichenen gelben Tafeln, Insektenstäbchen, sprühen, spritzen – den Fachmann befragen. Einsatz von Schlupfwespen.
Schildläuse	Citrusgewächse, Anthurien, Orchideen, *Abutilon*, Palmen, Farne, *Ficus*-Arten u.a.	Zahlreiche Saugstellen an Blättern und Stielen, Ausscheidungen von Sekret, auf dem sich Rußtau ansiedelt.	Bei geringem Befall die Tiere mit Schwamm und Seifenlauge abwischen. Wiederholt spritzen, denn der Schädling ist nur im Jugendstadium bekämpfbar.
Wollläuse	Kakteen, Sukkulenten, Orchideen	Wachsartige Kolonien der Schädlinge in Blattachseln.	Wie Schildläuse. Australische Marienkäfer als Nützlinge einsetzen.
Kellerasseln	Verfaulende Pflanzenmasse, Orchideen, Zwiebeln, Knollen	Fraßschäden an Wurzelspitzen, jungen Trieben, Blättern, Knospen.	Ködern durch ausgelegte Kartoffelscheiben (häufig kontrollieren). Hygienemaßnahmen.
Schnecken	Salatarten, Gurken, Orchideen, Lilien	Fraßschäden an allen oberirdischen Pflanzenteilen.	Ködern durch Kartoffelscheiben, Bier, Ausstreuen von Schneckenkorn.
Trauermückenlarven	Nutz- und Zierpflanzen	Fraßschäden an Wurzeln und Stecklingen.	Besprühen der Erde mit einem Insektizid.
Auflaufkrankheiten, Umfallkrankheiten, Schwarzbeinigkeit	Im Aussaatbeet an fast allen Sämlingen.	Hell-dunkelbraune Stellen an den Stielen der Sämlinge, Umfallen.	Nur keimfreie Anzuchterde verwenden, für Licht und Luft sorgen, Samen beizen.
Braunflecken, Samtflecken (*Cladosporium*)	Tomaten	Weiche, mittelbraune Flecken auf Blättern und Früchten.	Resistente Sorten verwenden, gut lüften, Luftfeuchtigkeit senken. Vorbeugend mit Pilzmitteln spritzen.
Grauschimmel (*Botrytis*)	An fast allen Kulturpflanzen, besonders an Erdbeeren, Wein.	Fahlgrauer Pilzrasen auf Stengeln, Blättern und Früchten.	Schwächeparasit, Pflanzen abhärten, Kulturbedingungen verbessern, Luftfeuchte senken. Geeignete Spritzmittel hält der Fachhandel bereit.
Herzfäule (*Sklerotinia*)	Salatarten	Pflanzen welken, Wurzeln und Blätter faulen am Stengelgrund.	Salat nicht zu tief pflanzen, Tröpfchenbewässerung einsetzen, anstatt zu gießen, lüften, auf Frucht- und Erdwechsel achten.
Gurkenwelke	Gurken, Melonen	Pflanzen welken.	Kernursache sind Bodenpilze, die schwer bekämpfbar sind. Pflanzen vorbeugend veredeln oder Erde austauschen, auf hohe Bodentemperatur achten.
Echter Mehltau	Gurken, Salate, Begonien, Usambaraveilchen, Rosen	Mehlartiger Belag blattoberseits.	Temperatur und Lüftung erhöhen, wiederholt spritzen (Fachhandel!). Resistente Sorten verwenden.
Falscher Mehltau	Gurken, Feldsalat, Kopfsalat, Levkojen, Rosen, Wein	Hellgrauer Pilzrasen auf der Blattunterseite.	Resistente Sorten verwenden. Luftfeuchte senken, spritzen mit im Fachhandel erhältlichen Präparaten.

Die Nutzung

Anzucht der Jungpflanzen

Die eigene Anzucht von Jungpflanzen gehört zu den besonderen Freuden in einem Gewächshaus. Viele Pflanzen zieht man am besten aus Samen heran. Die Angebote im Samenfachhandel oder in Gartencentern sind bereits sehr umfangreich. Immer neue attraktive Gemüse und Blumen kommen hinzu. Es ist erstaunlich, wie viele dieser Neuheiten sich in unserem Klima heimisch fühlen. Achten Sie bei der Auswahl von vornherein darauf, qualitativ hochwertige Züchtungen zu erstehen, die dem neuesten Stand der Gartenbauforschung entsprechen. Nicht mit dem billigsten Saatgut fährt der Gewächshausbesitzer am besten, sondern mit dem, das ihm Pflanzenschutzmaßnahmen erspart (resistente Sorten) und mit solchen Züchtungen, die hohe Erträge bei bester Qualität der Blüten und Früchte versprechen.

Viele neue Züchtungen sind nach dem **F_1-Hybrid-Verfahren** erzeugt. Solches Saatgut stellt die 1. Nachkommenschaft nach einer Kreuzung von 2 Elternlinien dar. In dieser Hybride, der 1. Filial-Generation (lateinisch *filia* = Tochter), vereinigen sich die positiven Eigenschaften beider Eltern, denen sie in der Regel überlegen ist. Außerdem blüht und reift die F_1-Hybride sehr einheitlich, was allerdings im eigenen Garten nicht immer ein Vorteil sein muß.

Wenn nicht besonders gekennzeichnet, ist Saatgut in der Bundesrepublik Deutschland in der Regel nicht gebeizt. Die **Beizbehandlung** mit chemischen oder biologischen Mitteln hat den Sinn, anhaftende Krankheitskeime zu vernichten und dem keimenden Samen einen optimalen Start zu ermöglichen.

Es gibt Beizmittel gegen Pilzkrankheiten und gegen Insekten (Bohnenfliege, Gurkenfliege, Möhrenfliege). Auch Zwiebel, Schachtelhalm, Knoblauch, Brennessel und Schafgarbe besitzen eine milde desinfizierende Wirkung. Entsprechende Pflanzenmischungen gibt es in getrockneter oder flüssiger Form in den Bio-Abteilungen des Fachhandels.

So wird gebeizt: Samen und Beizmittel schüttet man in ein Sieb, vermischt bei-

Ein Kleingewächshaus kann vielfach genutzt werden. Hier wachsen Tomaten, Gurken, Kübelpflanzen und Sommerblumen einträchtig nebeneinander.

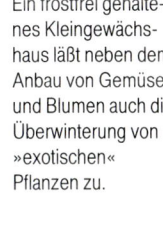

Ein frostfrei gehaltenes Kleingewächshaus läßt neben dem Anbau von Gemüse und Blumen auch die Überwinterung von »exotischen« Pflanzen zu.

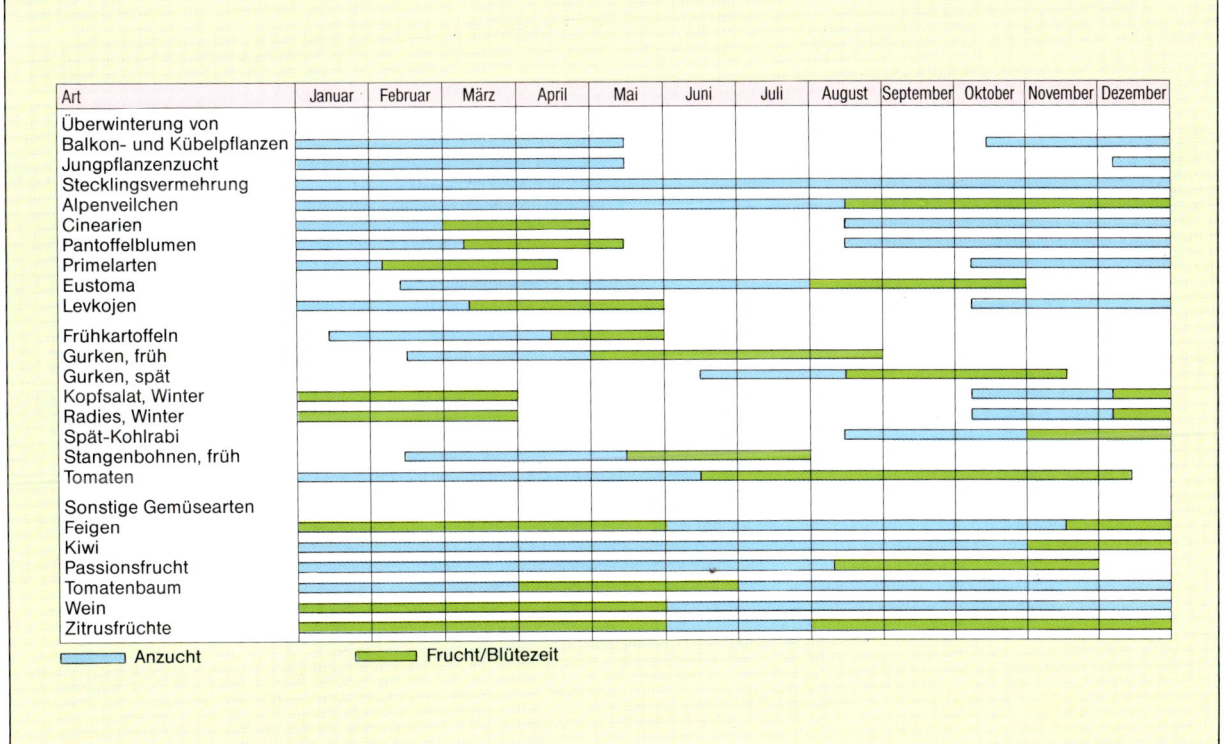

Gärtnern unter Glas und Folie

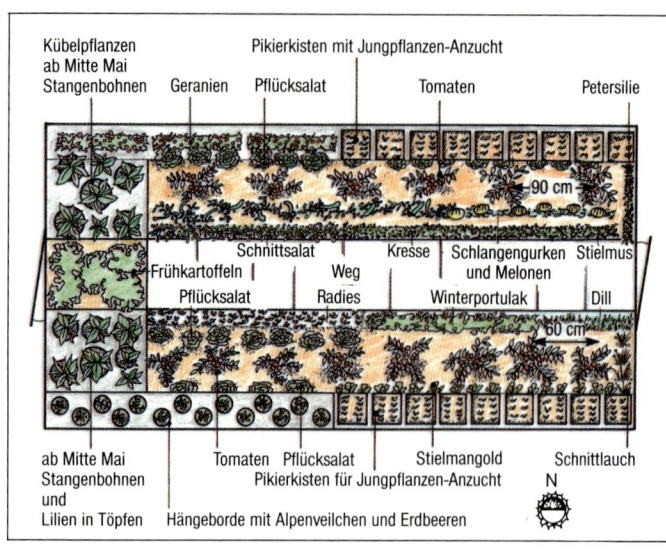

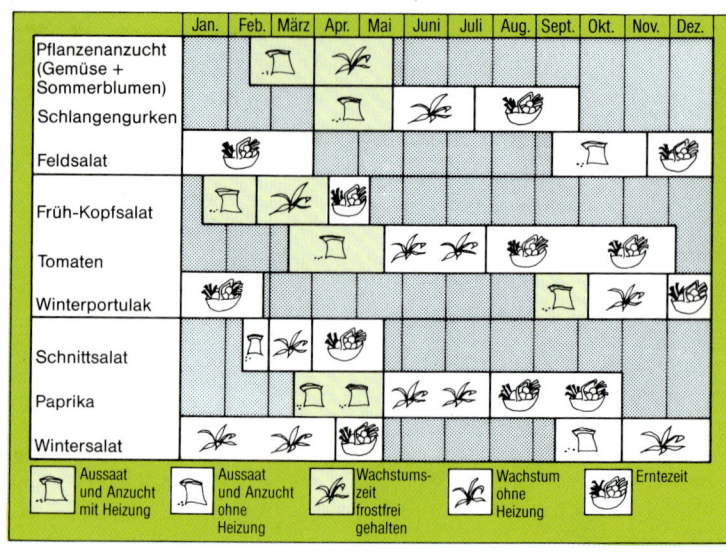

Dieses frostfrei gehaltene Kleingewächshaus ist das ganze Jahr über zu nutzen und besonders für die Überwinterung von Kübelpflanzen geeignet.
Rechts:
Anbauplan für ein beheiztes Kleingewächshaus.

des gut und siebt anschließend das Beizmittel zur Wiederverwendung ab. Ansonsten verfahren Sie wie bei Aussaat ab S. 60 beschrieben.

Stecklingsvermehrung

Größere Pflanzen kann man auch teilen. Das üblichere Verfahren ist jedoch die Stecklingsvermehrung. Pflanzen können sich aus Teilen regenerieren, d. h., sie entwickeln Wurzeln, Sprosse und später auch Blüten. Alle vegetativ gewonnenen Nachkommen einer Pflanze sind in den Erbanlagen gleich. Von welchen Pflanzenteilen sich am besten neue Exemplare gewinnen lassen, hat sich in jahrhundertealter Gärtnerpraxis erwiesen. Meist sind es die Triebspitzen von End- oder Seitentrieben, die 3–4 Blätter besitzen und noch nicht hart oder verholzt sind, also noch aus wüchsigem, teilungsfähigem Gewebe bestehen. Dicht unter einem Blattansatz wird die Trennung mit einem scharfen Messer vollzogen. An dieser Stelle hat die Pflanze Nährstoffe gespeichert, die dem weiteren Wachstum zugute kommen. Noch besser ist es, Stecklinge zu brechen, was jedoch einige Übung erfordert.
Weitere Vermehrungsarten sind das Absenken von Seitentrieben, das Bewurzeln von Ausläufern und Blättern am Stiel (z. B. Usambaraveilchen) oder von Blatteilen (z. B. Begonien).
Bei verholzten Pflanzenteilen, wie z. B. beim Gummibaum, hat sich das Abmoosen bewährt. Die Trennung der vorgesehenen Triebspitze wird dabei noch nicht gänzlich vollzogen, der

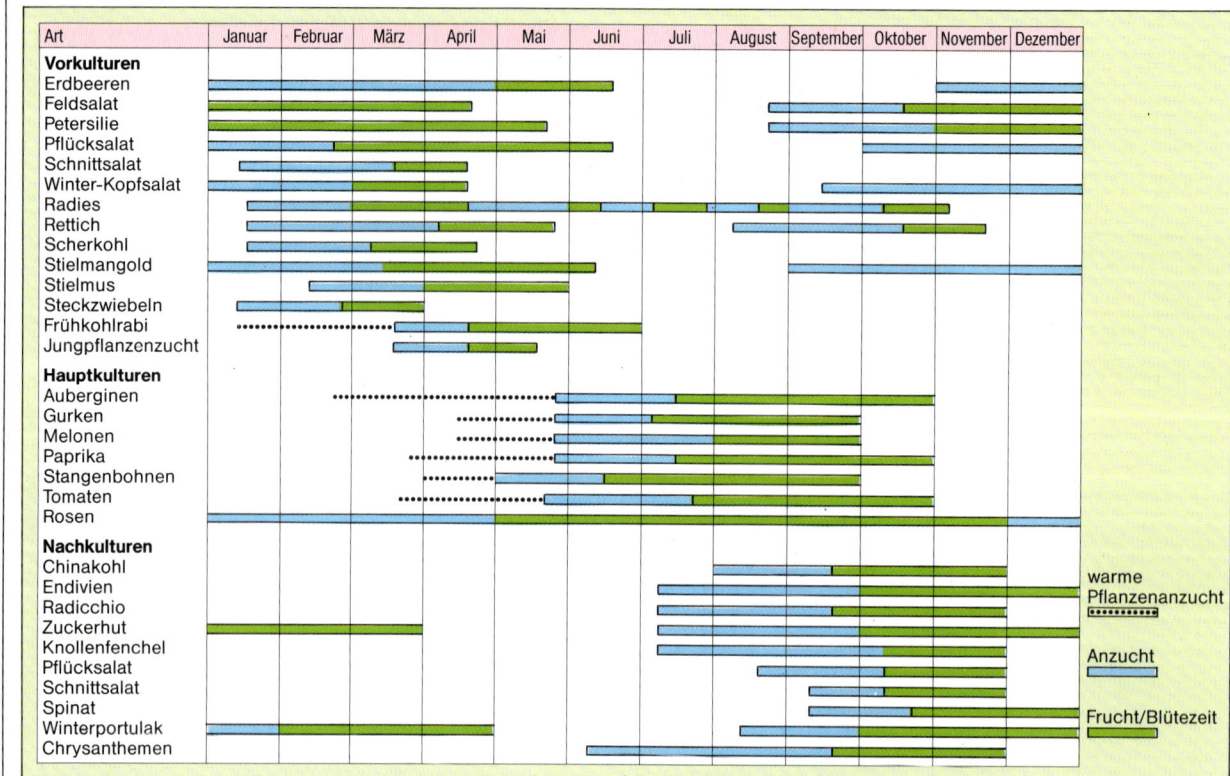

Dieses Schema zeigt, wie ein ungeheiztes Kleingewächshaus das ganze Jahr über sinnvoll genutzt werden kann.

Schnitt nur zu einem Drittel oder zur Hälfte durchgeführt. Angeregt durch eine Umhüllung mit feuchtem Moos, bilden sich an dieser Stelle neue Wurzeln, wobei die künftige Jungpflanze noch aus den verbleibenden Leitungsbahnen mit Nährstoffen versorgt wird. Eine Umhüllung aus Plastikfolie schützt während der mehrmonatigen Prozedur vor dem Austrocknen.

Eine Bodenheizung oder eine Heizplatte mit Niedervoltspannung liefert eine konstante schwache Wärme (22–26°C), die den Stecklingen gut bekommt.

Gemüsekulturen im Gewächshaus

Wer ein Gewächshaus besitzt, kann bereits zu einer Zeit ernten, zu der im Freiland die Aussaat gerade erst beginnt. Ein rasch steigendes Lichtangebot und die eingefangene Sonnenwärme sorgen im Spätwinter für ein schnelles Wachstum von Radieschen, Rettich, Schnitt-, Pflück- und Wintersalat, sowie von Spinat, Stielmus, Bremer Scherkohl und Feldsalat. All diese Kulturen vertragen Frost, d. h., sie benötigen nicht unbedingt eine Heizung. Unsere Vorschläge (s. S. 382) vermeiden unnötige Energiekosten. Zu den sommerlichen Hauptkulturen gehören Schlangengurken, Tomaten und Paprika, für fortgeschrittene Gewächshausgärtner auch Auberginen, Melonen und Stangenbohnen. Ihnen wurden passende Vor- und Nachkulturen beigeordnet.

Entgegen manchen Behauptungen lassen sich Gurken, Tomaten und Paprika durchaus in einem sommerlichen, unbeheizten Gewächshaus nebeneinander kultivieren. Für eine gute Befruchtung benötigen jedoch Tomaten und Auberginen reichliche, im Sommer ständig geöffnete Belüftung. Notfalls muß der Fruchtansatz durch Herabschütteln des Blütenstaubes während der Mittagsstunden erzwungen werden (Pflanzen bewegen).

Auf den folgenden Seiten werden einfach zu kultivierende Pflanzengruppen vorgestellt, die auch dem Anfänger gute Erträge ermöglichen.

Gurken und Melonen
Cucumis sativus und *Cucumus melo*

Der Erfolg einer Gurkenkultur hängt entscheidend von der verwendeten Sorte ab. Es gibt sehr reichtragende moderne Züchtungen, die jungfernfrüchtig (parthenocarp) sind und nur weibliche Blüten besitzen. Jede dieser Blüten kann eine Frucht bringen, sofern die Pflanze gut genug ernährt ist. Zögernd ansetzende, von der Spitze her braun oder gelblich werdende Früchte sind ein Zeichen dafür, daß sich die Pflanze nicht wohlfühlt und daß sie die Zahl der angesetzten Früchte nicht ernähren kann. Meistens liegt dies an der ungenügenden Nährstoffversorgung oder an Beschädigungen der empfindlichen Wurzeln, die leicht faulen. Die verwendeten Züchtungen sollen niedrige Nachttemperaturen vertragen können, Resistenzen gegen Bitterwerden, Gurkenkrätze und Mehltau besitzen.

'Bella', 'Flamingo' und 'Cordoba' (alles F_1-Hybriden) sind moderne Sorten, die alle diese Ansprüche erfüllen und überdies dem Hobbygärtner leicht zugänglich sind. Auch 'Sandra', hat sich bestens bewährt, besitzt jedoch leider keine Resistenz gegen Echten und Falschen Mehltau.

Schlangengurken und Zuckermelonen

Sie ähneln sich in Ansprüchen und Kultur sehr. Wassermelonen dagegen vertragen keine hohe Luftfeuchtigkeit und sind daher eher etwas für geschützte Stellen im Freiland.

Säen Sie Gurken und Melonen nicht zu früh, sonst vergeilen die Pflanzen. Im geheizten Gewächshaus Ende Februar bis Ende März, im ungeheizten Anfang April bis Mitte Juni.

Die Keimung geht schnell vor sich, erfordert jedoch unbedingt hohe Temperaturen, die auch nachts nicht abfallen dürfen, d. h., 22°C, besser 25–28°C. Bei zu niedrigen Temperaturen gehen nicht alle Samen auf, auch können die Sämlinge in der Folgezeit noch verfaulen. Pikieren ist für alle Gurken und Kürbisgewächse ungünstig. Die Wurzeln sind zu empfindlich. Das Risiko eines Ausfalls zu hoch. Säen Sie daher am besten direkt 1–2 Samenkörner pro Topf in lockere humose Erde. Die Entwicklung geht an einem hellen, warmen Platz sehr schnell vonstatten. Auspflanztermin in einem unbeheizten Gewächshaus ist Mitte bis Ende Mai oder auch noch später. Es bekommt den flach wurzelnden Gurken und Melonen gut, wenn sie auf erhöhte Dämme gepflanzt werden, so daß das Wasser abfließen kann und wenn die Erde stark mit humusreichem Material (Torf, abgelagertem Mist, Stroh) angereichert wird. Das Beschneiden der Gurken und Melonen hat den Sinn, die Menge der angesetzten Früchte in ein vernünftiges Verhältnis zum Blatt und Wurzelwerk zu bringen, so daß sie auch ernährt werden können. Dies bedeutet, bis zu einer Höhe von 80 cm

Bei parthenocarpen (jungfernfrüchtigen) Gurken entwickelt sich aus jeder Blüte eine Frucht.

Die Melonenkultur ist besonders interessant und lohnend. Zuckermelonen ergeben bessere Erträge als Wassermelonen.

Gärtnern unter Glas und Folie

Entblätterte Tomaten reifen im Herbst besser aus.

Das Ausbrechen (Entgeizen) der Seitentriebe fördert die Pflanzenentwicklung und steigert den Ertrag.

In einem Container mehrtriebig gezogene Auberginen.

Innenspalte:
Ob gelb- oder grünfruchtig: Paprika färbt sich im Reifestadium rot.

alle Stammfrüchte zunächst entfernen. Sobald die Pflanze das Gewächshausdach erreicht hat, wird die Spitze gekappt. Sehr bald entwickeln sich Seitentriebe, an denen jeweils 1 Blatt und 1 Frucht verbleiben.

Tomaten und Auberginen/Eierfrucht

Lycopersicon lycopersicum und *Solanum melongena*

Diese nahe verwandten Gemüsearten werden ähnlich kultiviert. Aussaatzeit Ende Februar bis März, Keimdauer 10–15 Tage bei 20–25°C, Erntezeit Mitte Juli bis Dezember.

Daß Tomaten nicht nur 5–6 cm dick und rund sind, sondern in einer Vielzahl von Formen und Größen, in Rot, Gelb und sogar in Weiß angeboten werden, kann man in jedem guten Samenfachgeschäft herausfinden. Dort gibt es die besonders wohlschmeckenden kirschgroßen Cocktailtomaten (niedrig), Spalier- und Obsttomaten (bis 2 m hoch), aber auch die Fleischtomaten mit besonders großen, schmackhaften Früchten, Buschtomaten (besonders gut für Balkone geeignet), pflaumenförmige, tropfenförmige sogenannte Ketchuptomaten und alle Übergänge.

Zu den Auberginen gehört auch der Eierbaum (*Solanum melongea*) mit eßbaren Früchten, die anfangs weißen, später gelben Hühnereiern täuschend ähnlich sehen. Von den Auberginen gibt es große birnenförmige und länglich-keulenförmige Sorten. Letztere sind etwas kleiner, dafür setzen sie sehr sicher an und bringen insgesamt einen höheren Ertrag.

Im Gewächshaus bevorzugen Eierfrucht und Tomate sehr nährstoffreiche, wasserhaltende und locker-humose Böden. Der Wasser- und auch der Nährstoffbedarf sind hoch. Die Luft dagegen sollte ziemlich trocken und warm genug sein, damit der Pollen ohne zu verkleben auf die Narbe fallen, darauf keimen und diese selbstbefruchten kann. Bei ungenügendem Fruchtansatz können Sie die Pflanzen zur Mittagszeit schütteln oder mit einem Pinsel nachhelfen.

Während die Tomate eintriebig an einem Pfahl oder an Schnüren in die Höhe geleitet wird, hat sich bei Auberginen die 3triebige Kultur durchgesetzt. Versuche ergaben, daß das Ausbrechen aller weiteren Seitentriebe den Ertrag steigert. Selbst bei den stark wachsenden Spaliertomaten ist es nicht ratsam, viele Triebe stehen zu lassen.

Für Gewächshausbesitzer ist die Verlängerung der Kulturperiode besonders interessant. Wenn Sie die ersten Nachtfröste durch etwas Zusatzheizung überbrücken, verlängern Sie alleine damit die Ernteperiode bis Mitte November/Anfang Dezember. Wenn es mit dem Frost wirklich ernst wird, werden alle halbreifen und auch noch die grünen Früchte abgeerntet, sofern sie unbeschädigt und ohne Pilzbefall sind. Kranke Tomatenfrüchte lohnen nicht den Aufwand. An einem warmen Platz (z.B. im Küchenschrank) reifen die Tomaten nach. Insbesondere die Obsttomaten entwickeln dabei auch noch sehr viel Geschmack. Auf diese Weise können Sie bis Weihnachten oder Anfang Januar mit frischen Tomaten aufwarten.

Paprika

Capsicum annuum

Auch Paprika gibt es in vielen Formen und Geschmacksrichtungen. Scharfe, dünne, zapfenförmige Peperoni (Chilipfeffer), großblockige Früchte zum Füllen und für Salat mit mildem Geschmack, kegelförmige (sog. ungarische) Typen mit mildem oder scharfem Geschmack, tomatenfrüchtige, die sich zum Sauereinlegen besonders eignen, und Formen mit kirschengroßen Früchten, die teilweise auch wie die Peperonis als Zierpflanzen Verwendung finden. Nur eines gibt es nicht:

Gärtnern unter Glas und Folie

grünen Paprika. Grüne Früchte sind unreif. Mit zunehmender Reife werden sie gelb-orange oder leuchtend rot. Paprika benötigt zum Gedeihen viel Wärme und ist daher für Gewächshäuser besonders gut geeignet. Geheizte Kultur benötigt er allerdings nicht. Die Aussaat erfolgt Mitte bis Ende März. Die Samen keimen innerhalb von 8–14 Tagen bei 20, besser bei 22–25 °C. Die Ernte erfolgt zwischen Ende Juni bis Oktober. Er benötigt sehr humosen, wasserhaltenden und nährstoffreichen Boden und verträgt keine Naß-Trocken-Behandlung, weil dabei bereits angesetzte Früchte abgestoßen werden. Sie können den Fruchtansatz steigern, wenn Sie die erste Frucht beizeiten ausbrechen.

Stangenbohnen
Phaseolus vulgaris

Aussaat ab Ende März bis Ende Juli. Keimdauer 8–10 Tage bei 18–25 °C. Stangenbohnen gehören zu den ertragreichsten und lohnendsten Kulturen für den Gewächshausbesitzer. Zudem kann man die Bohnen schon ernten, wenn sie auf den Märkten noch sehr spärlich und entsprechend teuer im Angebot sind. Achten Sie auf spezielle Gewächshaussorten, die nicht allzu viel Blattwerk entwickeln und deren Wachstum gebremst bleibt (z. B. 'Bertina', 'Trebona', 'Helda'). Die Spätsaat ist bis Ende Juli möglich, sie bringt noch im September/Oktober eine willkommene Ernte. Bewährt hat sich die Anzucht in Töpfchen ab Anfang April, jeweils 6–7 Samen in einem mit Erde gefüllten Topf. Nach 2–3 Wochen sind die vorkultivierten Töpfe fertig zum Auspflanzen im Abstand von etwa 40–50 cm. Sie dürfen noch keine Ranken gebildet haben, denn die später in sich verschlungenen Triebe brechen leicht ab. Diese Beschädigungen können zu Wachstumsverzögerungen und Ertragsverlusten führen. An Schnüren klimmen die Triebe sehr schnell in die Höhe.
Bewässern Sie ausschließlich von unten, damit die Luftfeuchtigkeit nicht zu hoch wird. Während der Blütezeit benötigen alle Schmetterlingsblütler ausreichend Feuchtigkeit, damit die gerade angesetzten Früchte nicht abgeworfen werden.
Achten Sie vor allem besonders auf Schädlinge wie Weiße Fliege und Rote Spinne.

Ergänzungskulturen

Den genannten Hauptkulturen können Sie Begleitkulturen hinzufügen, entweder dazwischen gepflanzt oder als schnellwüchsige Vor- und Nachkultur. Unsere Tabelle von S. 388 gibt hierüber Auskunft.

Problemkulturen im Winter

Die im Sommer so einfachen Kulturen Radies und Kopfsalat bringen Gewächshausbesitzer während des Winters mitunter zur Verzweiflung, allerdings nur, wenn die grundlegenden Zusammenhänge von Licht und Temperatur nicht verstanden oder angewendet werden.
Radies sollen schnell Knollen, Salatpflanzen möglichst bald feste Köpfe bilden. Zu beiden Ansprüchen gehört sehr viel Licht, das im Winter Mangelware ist. Dennoch lohnt sich Zusatzbelichtung nicht.
Besser ist es, etwas Geduld für eine längere Entwicklung aufzubringen, die Temperaturen auf ca. maximal 10–12 °C, an lichtreichen Tagen auf 15–16 °C zu senken und den Pflanzen einen ausreichenden Abstand zu gewähren, d. h., Radies auf einen Abstand von 8 × 10 cm zu verziehen und Salat auf 25 × 30 cm zu pflanzen. Fehler bei einer Kultur während der Wintermonate äußern sich in vergeiltem Wuchs und frühzeitigem Schießen. Aussaaten, die erst ab Januar vorgenommen werden, vermeiden Probleme.

Verfrühen in Gefäßen

Frühkartoffeln
Solanum peruvianum

Aussaat aus Samen möglich, aber ohne Vorteil. Besser verwenden Sie nicht keimhemmend behandelte Saatkartoffeln in Frühsorten, Durchmesser 3–5 cm. Ein 10-Liter-Container mit 2–3 Knollen erbringt zwischen 2,5 und 3,5 kg Erntemenge.
Im Freiland setzt die Frühkartoffelernte Anfang bis Mitte Juni ein. Je früher die Ernte im Gewächshaus, desto

interessanter wird sie. Kartoffeln benötigen einen sehr durchlässigen, humosen, aber leichten Boden, der gut mit Nährstoffen versorgt ist. Da sie flach wurzeln, gelingt die Kultur in einem Eimer.
Beginnen Sie mit dem Antreiben der Knollen ca. 15. Januar, wobei die Knollen am hellen Fensterbrett ohne Erde oder bereits in Töpfchen gesetzt bei 18–20 °C schnell Keime entwickeln. Spätestens sobald die Wurzeln erscheinen wird in ¾ hoch gefüllte Eimer gepflanzt. Damit die Pflanzen standfest bleiben und nicht umfallen, füllen wir später Erde bis zum Rand auf. Nur ein heller Standort bringt gedrungene und kräftige Triebe hervor. Schon die Pflanzerde erhält eine Düngerbeimi-

Frühkartoffeln, im Eimer gezogen, sind eine lohnende Kultur für jedes Gewächshaus.

Stangenbohnen ergeben besonders viel Ertrag.

392 Gärtnern unter Glas und Folie

schung: pro 10 l Erde ca. 10 g Volldünger und ca. 10 g Hornspäne. Etwa 6 Wochen nach dem Pflanzen wird zum 1. Mal flüssig gedüngt (2 g Volldünger/l Wasser), im Abstand von 14 Tagen ein weiteres Mal. Temperaturen von 15°C bei bedecktem Wetter und 20–22°C bei Sonnenschein sind ideal. Bei zügiger Kultur beginnt die Ernte Anfang Mai.

Erdbeeren
Fragaria vesca

Das Vortreiben von leckeren Erdbeeren, den ersten Früchten des Sommers, gehört zu den besonderen Freuden eines Gewächshausbesitzers. Sie vertragen anfangs durchaus noch nächtliche Fröste. Der Energiebedarf ist nicht sonderlich hoch. Je früher die Ernte gewünscht wird, desto mehr Heizung ist allerdings erforderlich. Zum Treiben der ausgegrabenen Pflanzen in Eimern sind ein- bis zweijährige Pflanzen gut geeignet. Zum Ansetzen der Früchte benötigen Erdbeeren Temperaturen unter 5°C, am besten etwas Frost, damit sich Blütenanlagen bilden. Vor stärkeren Frösten schützt

Die Überwinterung von Erdbeerpflanzen lohnt sich immer.

man die Pflanzen durch eine leichte Auflage von Stroh, Laub oder durch aufgelegte Frühbeetfenster. Ab Mitte Dezember gelangen die Töpfe in ein beheiztes Gewächshaus bei etwa 10°C, wo alsbald eine kräftige Durchwurzelung einsetzt. Mitte bis Ende Februar beginnt das Antreiben. Die Pflanzen sollten so hell wie möglich stehen und dürfen in dieser Zeit keinesfalls austrocknen. Am besten stellen Sie die Töpfe in Untersetzer und gießen von unten. Luftbewegung und zu dichter Stand verhindern den gefährlichen Grauschimmel *(Botrytis)*. Ideal sind dafür Hängebretter. Bald setzt die Blüte ein, die Temperatur kann etwas steigen (15°C sind ideal). Da um diese Jahreszeit und erst recht im Gewächshaus keine Bienen fliegen, bestäubt man die Blüten mit Hilfe eines Pinsels.

Zum Treiben von Erdbeeren verwenden Sie nur frühe Züchtungen, wie 'Gorella', 'Regina', 'Marieva', und die mittelfrühe 'Senga Sengana'.

Exotische Früchte und Wein

Weinreben, Feigen und Kiwis gedeihen auch in einem Gewächshaus ohne Heizung. Zitrusfrüchte, Tomatenbaum und Passionsfrucht müssen dagegen frostfrei überwintern. Wegen des hohen Platzbedarfes pflanzt man sie am besten in Kübel und bringt sie während des Sommers ins Freie.

Citrusfrüchte

Sie sind aus vielerlei Gründen attraktiv. Blätter, Blüten und auch Früchte duften sehr angenehm. Das dunkelgrüne, glänzende Laub sieht immer interessant aus, dazu gibt es hübsche, weiße Blüten, die mehrmals pro Jahr erscheinen. An ihnen bilden sich durch Bienen- oder Pinselbestäubung Früchte, die auch in unserem Klima sehr guten Geschmack erreichen können. Die Anzucht aus Samen ist nicht lohnend bei Zitronen, Apfelsinen, Grapefruit, Mandarinen und Kumquats. Denn ohne Veredelung blühen die Pflanzen zwar, eventuell angesetzte Früchte sind jedoch bitter und klein. Als Veredelungsunterlage dient die im Weinbauklima auch bei uns winterharte Wildzitrone *(Poncirus trifoliatus)*. Die Veredelung ist schwierig. Mehr und mehr tauchen jedoch im Handel zu akzeptablen Preisen fruchttragende Bäumchen auf. Nicht nur von der leicht zu kultivierenden Zierorange, *Citrus madurensis* 'Calamondin' (Synonym *Citrus mitis*), deren zahlreiche Früchte bitter schmecken, aber eßbar sind. Am interessantesten ist die Zitrone, die aus Stecklingen gezogen sehr bald fruchtet, oft schon

Wer möchte nicht gerne selbst angebaute Orangen ernten?

im 2. Jahr. Mitunter gibt es Gelegenheiten, zur Stecklingsgewinnung an Triebspitzen zu kommen. Die Bewurzelung gelingt mit Hilfe von Hormonpräparaten und einer Wärmeplatte bei gleichbleibend hoher Temperatur von 25–26°C.

Orange, Mandarine und Kumquat benötigen jeweils 1–2 m² Platz. Zitronen, Pomelo und Grapefruit dagegen erreichen bei zusagenden Verhältnissen schnell Durchmesser von 1,5–2 m. Alle Citrusfrüchte überwintern am besten bei möglichst niedrigen Temperaturen, vertragen auch leichte Fröste bis −2°C. Bei mehr als +15°C treiben die Pflanzen zu früh aus und erhalten nicht die nötige Ruhepause, um im kommenden Frühjahr reich zu blühen. Während der gesamten Vegetationszeit dürfen die Wurzelballen niemals austrocknen, sonst werden Blüten, angesetzte Früchte und auch neue Blättchen abgeworfen. Alle Citrusfrüchte benötigen einen sauren Boden. Bei zu hohem Kalkgehalt zeigen sie aufgehellte, chlorotische Blätter. Zugabe von Eisenchelat, ins Gießwasser oder auf die Erde gestreut, behebt den Schaden innerhalb von kürzerer Zeit.

Bananen
Ensete ventricosum

Bananen sind schöne Kübelpflanzen, die sich aus Samen leicht und schnell heranziehen lassen. Allerdings werden Früchte nur bei sehr gutem Ernährungs- und Wachstumszustand angesetzt, am besten, wenn die Pflanzen

Gärtnern unter Glas und Folie

nicht im Kübel, sondern ausgepflanzt kultiviert werden und während des Winters etwas Bodenheizung erhalten. Die Pflanzen vertragen keinen Frost, jedoch ohne weiteres Temperaturen nahe der 0°C Grenze.

Feigen
Ficus carica

Von den eßbaren Feigen gibt es grüne und blaue Sorten. Die Blütenknospen bilden gleichzeitig die Früchte. Sie enthalten die nach innen gerichteten, selbstbestäubenden Blüten, die sich nie öffnen – eine Besonderheit in der Botanik. Bis zur reifen Frucht dauert die Entwicklung ca. 1½ Jahre. Die Pflanzen können in milden Klimaten auch in Deutschland im Freien überwintern. Besonders robust ist die Bornholmer Feige, die selbst unter nördlichen Bedingungen problemlos überwintert. Vorsichtshalber aber sollten Sie die Kübel ab November ins Haus holen. Da die Büsche sehr großen Umfang erreichen und bis 6 m hoch werden können, ist ein entsprechender Rückschnitt unerläßlich. Die anfallenden Triebspitzen bewurzeln bei etwa 25–30°C im Vermehrungsbeet schnell. Besonders gut eignen sich vor allem vorjährige Triebe, die im Spätwinter geschnitten werden.

Kiwi
Actinidia chinensis

Diese hübsche Kletterpflanze bringt in unserem Klima im Freien nur unter günstigen Bedingungen reife Früchte hervor (Erntezeit November). Zur Kultur genügt ein kaltes, nicht beheiztes Gewächshaus. Während der Blütezeit im Mai sind die Pflanzen stark spätfrostgefährdet. Kiwis besitzen männliche und weibliche Pflanzen. Um Früchte zu erzielen, werden einer männlichen bis zu 6 weiblichen Pflanzen zugeordnet. Ältere Pflanzen erreichen eine Höhe von 3–4 m. Die Triebe breiten sich am besten fächerförmig verteilt an Spalieren aus. Die Pflanzen benötigen besten, fruchtbaren, sauren, niemals kalkhaltigen Boden mit hohem Torfanteil, zusätzlich organisch-mineralischen Dünger und während des Wachstums Flüssigdüngung mit 2 g Volldünger/l alle 14 Tage. Der Wasserbedarf ist sehr hoch.
Durch zweimaligen Schnitt pro Jahr im Februar/März und während des Sommers wird das kräftige Triebwachstum begrenzt, damit die Früchte ausreifen können. Die Ernte beginnt ab dem 2.–3. Standjahr.

Baumtomaten, Tamarillo
Cyphomandra betaceae

Dieses mit der Tomate verwandte Gewächs stammt aus den Anden und entwickelt sich nach Aussaat im Februar bis April bei 18–25°C sehr rasch. Nach Überwinterung bilden sich aus blaßlila, duftenden Blüten zahlreiche eiförmige Früchte, die in der Reife leuchtend rot gefärbt sind und dann tatsächlich Tomaten ähneln. Der Geschmack ist fruchtig und angenehm, ähnlich Kiwi und Maracuja, keinesfalls jedoch tomatenähnlich. Die Frucht wird ausgelöffelt. Die Außenhaut ist bitter. Die Baumtomate (*Cyphomandra betaceae*) bestäubt sich selbst. Wer ausgewachsene, 2 m hohe Pflanzen nicht unterbringen kann, reduziert das Triebwachstum durch Rückschnitt auf ⅓ der Länge im Herbst vor dem Einräumen. Während der Überwinterung brauchen die Pflanzen kaum Wasser.

Passionsfrucht, Maracuja
Passiflora edulis

Die *Passiflora*-Familie weist nicht nur Arten mit sehr hübschen, ausdrucksvollen Blüten auf. Einige von ihnen sind auch als Heilpflanzen bekannt. *Passiflora edulis* liefert den wohlschmeckenden exotischen Maracuja-Saft. Die eiförmigen Früchte werden ausgelöffelt. Sie enthalten ein gallertartiges Fruchtfleisch, das sehr aromatisch und schmackhaft ist. Die stark rankende Pflanze entwickelt 2–4 m lange Triebe und beginnt schon im 2. Jahr mit dem Fruchtansatz. Während des Winters darf die Temperatur nicht unter 10°C absinken, sonst wirft die Pflanze alle Blätter ab. Ein kräftiger Rückschnitt im Frühjahr bekommt ihr gut.

Wein
Vitis vinifera

Schon immer hat Gewächshausbesitzer die Kultur von Weintrauben gereizt. Wegen des Platzbedarfes des Wurzelwerkes und der notwendigen Winterruhe empfiehlt sich die Pflanzung außerhalb des Gewächshauses, wobei der Trieb unter dem Fundament hindurch oder durch einen Einlaß ins Innere geleitet und am First entlang gezogen wird.
Wein ist selbstfruchtbar. Künstliche Bestäubung erübrigt sich also. Die Pflanzen kommen ohne zusätzliche Heizung aus.
Fertige Pflanzen in geeigneten Sorten gibt es in Baumschulen oder in Versandgärtnereien. Sie benötigen für ein kräftiges Wachstum besonders viel Humus, deshalb muß schon die Pflanzerde neben ⅓ lehmigen Bestandteilen zu ⅓ aus Kompost und ⅓ aus gedüngtem, mit Nährstoffen versehenem Torf bestehen. Die sehr langen Wurzeln breiten sich gern im Erdreich aus. Während der Wintermonate schneidet man die zahlreichen Triebe auf wenige Hauptranken von maximal 60–65 cm Länge zurück. Je weniger Augen verbleiben, desto mehr Kraft kommt den daraus wachsenden Trieben zugute. Ideal sind 2–3 Triebe. Über dem Auge läßt man einen Zapfen von 1–2 cm Länge stehen, um ein Austrocknen des Triebes zu vermeiden.
Nach dem Austrieb, dem Blühen und Ansetzen der Trauben müssen im Sommer alle Seitentriebe nach dem 1. oder 2. Blatt abgeschnitten werden, damit die Früchte genügend Licht und Luft zur weiteren Entwicklung erhalten. Besonders große Früchte erreicht man durch das Ausdünnen mit einer spitzen Schere, wenn die Beeren knapp Erbsengröße erreicht haben. Gegen zu hohe Temperaturen sind Weinblätter empfindlich, deshalb mindestens 25 cm vom Glas Abstand halten, reichlich lüften und an heißen Tagen überbrausen.
Im Normalfall benötigt Wein keine oder nur leichte zusätzliche Heizung, vor allem zur Verfrühung des Austriebes und um die Früchte richtig ausreifen zu lassen.

In geschützten Lagen wachsen Kiwi auch im Freiland – die Gewächshauskultur ist jedoch sicherer.

Die Anzucht von Sommerblumen und Stauden

Gekaufte Sommerblumen kosten sehr viel Geld. Die eigene Anzucht ist daher besonders lohnend. Über die wichtigsten Arten dieser Gruppe gibt die nachfolgende Tabelle Auskunft, wobei diejenigen Sommerblumen ausgeklammert sind, bei denen die Direktsaat ins Freie üblich ist und auch diejenigen, deren Anzucht bereits im Juni/Juli oder August des vorherfolgenden Jahres im Freien erfolgt. Sommerblumen mit langer Anzuchtdauer sind extra ausgewiesen. Bei den meisten jedoch gilt, wie beim Gemüse, daß eine Aussaat vor Mitte März keine Vorteile erbringt. Das nach dieser Zeit rasch steigende Lichtangebot sorgt für ein zügiges Wachstum ohne Probleme.

Überwintern von Balkon- und Kübelpflanzen

Ein frostfrei gehaltenes Kalthaus ist der ideale Raum zum Überwintern von Balkon- und Kübelpflanzen. Ideal sind Temperaturen von 8–12 °C. Fast immer ist die Zahl der Pflanzen größer, als eigentlich Platz vorhanden. Jede Gelegenheit zum Rückschnitt ist daher willkommen. Insbesondere *Brugmansia* (früher *Datura*), die Engelstrompete, *Erythrina*, der Korallenstrauch, *Plumbago*, die Bleiwurz, Fuchsien, Geranien, Verbenen und Wandelröschen (*Lantana*) erhalten einen kräftigen Rückschnitt bis auf wenige Augen, aus denen im Frühjahr wieder neue Triebe hervorbrechen.
Besonderer Sorgfalt bedürfen die beliebten Margeriten-, Fuchsien-, *Hibiscus*- und sonstigen Stämmchen. Ein brutaler Rückschnitt mit der Heckenschere bekommt ihnen nicht, schon eher ein vorsichtiges Entfernen ganzer Triebe, jedoch so, daß der Kronenauf-

Anzucht von Sommerblumen unter Glas

Name	Optimale Keimtemperatur in °C	Keimdauer in Tagen	Bemerkungen
Aussaat Anfang Januar bis Ende Februar			
Leberbalsam, *Ageratum houstonianum*	18–21	8–14	Samen nur andrücken, nicht bedecken.
Löwenmaul, *Antirrhinum majus*	15–20	8–24	Keimt unregelmäßig.
Bärenohr, *Arctotis hybridus*	18–22	10–24	Sandige Erde verwenden, frühzeitig auf Läuse achten.
Begonien, Eisblume, *Begonia semperflorens*, *B. bertinii*, *B. tuberhybrida*	20–25	10–14	Den feinen Samen nur andrücken, nicht bedecken, zweimal pikieren.
Blaues Gänseblümchen *Brachycome iberidifolia*	18–22	14–20	Sandige Erde verwenden, mäßig feucht halten.
Hahnenkamm, *Celosia argentea*	18–22	8–16	
Glockenrebe, *Cobaea scandens*	18–22	14–20	Rankt, schon bald für Stäbe sorgen.
Glockenwinde, *Nolana paradoxa*	18–22	10–20	Sandige Erde verwenden.
Buntnessel, *Coleus blumei*-Hybriden	20–25	8–16	Zweimal pikieren, den feinen Samen kaum bedecken.
Dahlie, *Dahlia hybrida*	18–22	8–16	
Zwerg-Rittersporn, *Delphinium sinense*	18–22	12–20	
Chineser-Nelken, *Dianthus chinensis*	18–22	8–16	
Mittagsgold, *Gazania hybridus*	18–22	10–20	Sandige Erde verwenden, luftig kultivieren.
Rieseneibisch, *Hibiscus moscheutos*	20–22	14–24	Samen mit heißem Wasser überbrühen.
Fleißiges Lieschen, *Impatiens walleriana*	20–22	14–20	Samen nicht bedecken, Lichtkeimer!
Männertreu, *Lobelia erinus*	20–22	10–14	4–6 Sämlinge jeweils in Töpfchen pikieren.
Ziertabak, *Nicotiana hybridus*	20–22	8–14	Möglichst kalkhaltige Erde verwenden.
Bartfaden, *Penstemon barbatus*	15–20	10–20	Zweimal pikieren.
Pelargonie, Geranie, *Pelargonium zonale*	20–22	14–20	Für Juniblüte spätestens Ende Januar aussäen.
Petunie, *Petunia hybrida*	18–20	10–20	Zweimal pikieren, zuletzt in Töpfchen, den Samen nur leicht bedecken.
Feuersalbei, *Salvia splendens*	20–25	8–20	Keimt unregelmäßig, direkt in Töpfchen pikieren.
Blauer Salbei, *Salvia farinacea*	18–22	8–14	
Aschenpflanze, *Senecio maritima*	18–20	8–14	Sofort in Töpfe pikieren.
Studentenblume, *Tagetes*-Sorten	18–20	8–12	Sofort in Töpfe pikieren.
Eisenkraut, *Verbena*-Hybriden	18–20	10–18	

Gärtnern unter Glas und Folie

Anzucht von Sommerblumen unter Glas

Name	Optimale Keimtemperatur in °C	Keimdauer in Tagen	Bemerkungen
Aussaat März bis April			
Duftsteinrich, *Alyssum benthami*	15–20	8–14	Mehrere Sämlinge pro Topf ergeben frühblühende Pflanzen.
Sommervergißmeinnicht, *Anchusa capensis*	15–20	8–14	Auch Direktsaat ins Freie möglich.
Sommeraster, *Callistephus chinensis*	10–18	8–14	Flach säen, immer feucht halten.
Ringelblume, *Calendula officinalis*	10–15	8–10	Auch Direktsaat ins Freie möglich.
Zwerg-Margerite, *Chrysanthemum paludosum*	10–15	10–14	Direkt in Töpfchen säen oder pikieren.
Spinnenpflanze, *Cleome spinosa*	18–20	14–20	Benötigt durchlässige, sandige Erde.
Schmuckkörbchen, *Cosmos sulphureus*	18–22	14–20	Einzeln in Töpfe pikieren.
Landnelken, *Dianthus caryophyllus*	15–16	8–14	3–4 Samenkörner pro Topf auslegen.
Schnee-auf-dem-Berge, *Euphorbia marginata*	18–20	8–14	Sandige Erde verwenden.
Trichterwinde, *Ipomoea violacea*	15–20	8–14	4–5 Samenkörner pro Topf, bald für Stäbe sorgen.
Trichtermalve, *Lavatera trimestris*	18–20	8–14	In 8-cm-Töpfchen pikieren.
Sommerzypresse, *Kochia*	15–18	8–14	
Levkojen, *Matthiola incana*	12–18	8–14	Saatgut beizen, grüne Sämlinge entfernen (blühen nicht gefüllt).
Mittagsblume, *Mesembrianthemum criniflorum*	12–18	10–14	Mehrere Samen pro Topf aussäen.
Sommerphlox, *Phlox drummondii*	18–22	14–20	Auf genügend hohe Keimtemperatur achten.
Venidie, *Venidium fastuosum*	20–24	14–20	Frühzeitig auf Läusebefall achten.
Ziermais, *Zea mays*	18–22	8–14	Direkt in Töpfchen säen, 3–4 Körner pro Topf, ab Anfang April aussäen.
Zinnie, *Zinnia elegans*	18–20	8–14	Im Jungpflanzenbeet evtl. Umfallkrankheit rechtzeitig bekämpfen.

Viele schöne Sommerblumen werden selten angeboten, z. B. das Mittagsgold (*Gazania*). Es wird gern von Insekten besucht.

Die Spinnenpflanze (*Cleome*) verlangt allerhand Platz und Vorkultur unter Glas.

Die Glockenrebe (*Cobaea*) fühlt sich nur an einem vollsonnigen Platz wohl.

bau noch erhalten bleibt. Nicht oder nur vorsichtig zurückgeschnitten werden auch alle immergrünen Kübelpflanzen.
Während des Winters stehen die Pflanzen möglichst hell und fast trocken. Bis zum Februar, wenn sich allmählich das neue Wachstum wieder regt, genügt es, die Pflanzen alle 3–4 Wochen sparsam zu gießen. Immergrüne dagegen haben einen höheren Wasserbedarf, da sie auch während der Ruhezeit laufend Feuchtigkeit verdunsten. Insbesondere der Oleander, aber auch Citrusgewächse verlangen Aufmerksamkeit, weil sie bei Trockenheit sofort gelbe Blätter bilden und Knospen abstoßen. Während des Spätwinters ist die Gefährdung durch Weiße Fliege und Spinnmilben besonders groß.
Ende Februar bis Anfang März ist die beste Zeit zum Umtopfen. Die alte Erde wird sorgfältig ausgeschüttelt, neue in größere Gefäße eingebracht. Alle Pflanzen erhalten jetzt allmählich mehr Feuchtigkeit. Gleichzeitig sollen sie so hell wie irgend möglich stehen. Ein Gewächshaus eröffnet noch sehr viel mehr Möglichkeiten. Während des Winters können Sie aus dem Freiland Blütenstauden holen und antreiben, Blumenzwiebeln verfrühen. Nach dem 4. Dezember, dem Barbaratag, geschnittene Zweige antreiben, Lilien in Töpfen zur Blüte bringen, Orchideen und Bromelien kultivieren, Gehölze und Stauden vermehren und viele grüne und blühende Topfpflanzen kultivieren.

Integrierter Pflanzenschutz

Woher kommen Schädlinge und Krankheit?

Im Kampf ums Überleben erkannte der Mensch vor langer Zeit die Vorteile des Seßhaftseins. Aus dieser Seßhaftwerdung entwickelte sich in logischer Konsequenz die erste Form der Landbewirtschaftung: Das Sammeln und Jagen erbrachte, da man nicht mehr wie früher umherzog, sondern immer wieder das gleiche Gebiet durchstreifte, nicht mehr genug. Deshalb begannen unsere Vorfahren, den Boden zu bearbeiten, die ersten Pflanzen zu kultivieren, Hütten zu bauen, Vorräte anzuschaffen, Tiere zu zähmen, zu züchten und zu halten, um damit die eigene Existenz auf möglichst breiter Ebene zu sichern.

Mit diesem Schritt löste sich der Mensch aus der direkten Bedrohung durch die Natur etwas heraus, indem er sich einen eigenen Lebenskreis aufbaute: Neben der Naturlandschaft entstand die Kulturlandschaft. Hab und Gut wurde und wird geschützt, gesammelt, vermehrt. Je mehr sich der Mensch mit Gütern umgab, um so mehr mußte er für deren Schutz und Erhalt aufwenden; daran hat sich bis heute nichts geändert.

Die Kulturpflanzen hat der Mensch aus ihrem natürlichen Verband in der Wiese, im Wald, in der Heide herausgenommen und in den Acker, in den Garten gepflanzt. Die Hege und Pflege der Pflanzen konnte jedoch nicht verhindern, daß die natürlichen Urbewohner dieser Pflanzen nachzogen, eher im Gegenteil: soviele »Nahrungspflanzen auf einem Haufen«, das »spricht« sich schnell herum! Die Folge war, herausgenommen aus der natürlichen Nahrungskonkurrenz des Fressens und Gefressenwerdens, daß einzelne Pflanzenfresser geradezu ideale Lebensbedingungen vorfanden und sich rasant vermehren konnten. Viele der früheren Konkurrenten und natürlichen Feinde folgten zwar nach, kamen aber unter Umständen mit den neuen Verhältnissen nicht zurecht und konnten daher nicht mehr als Begrenzungsfaktor wirken, wie früher in der natürlichen Umgebung. Den Kulturpflanzen fehlte der natürliche Schutz, sie waren den Schädigern ausgeliefert. Die Natur strebte und strebt in solcher Situation immer nach einem Ausgleich. Erst wenn ebenso viele Faktoren die Pflanze fördern wie sie zerstören, entsteht ein Ausgleich, ein Gleichgewicht. Diese Faktoren stehen ihrerseits in einem netzartigen Abhängigkeitsverhältnis zueinander.

Das biologische Gleichgewicht

Beim biologischen Gleichgewicht unterscheidet man 1. das Populations- (dynamisches) Gleichgewicht und 2. das Produktionsgleichgewicht.

1. Ist die Zahl der Schädlinge einer Pflanze durch die Zahl der natürlichen Feinde so niedrig, daß sie von der Pflanze verkraftet werden kann, so spricht man von Populationsgleichgewicht. Die an den Pflanzen fressenden Tiere werden also ihrerseits von anderen Tieren gefressen; diese dienen wiederum anderen zur Nahrung usw. Man spricht dabei von einer Nahrungskette zwischen Tieren verschiedener Stufen. Auf diese Weise wird erreicht, daß bei der Vemehrung der Tiere einer Stufe, z. B. der Pflanzenfresser, sich sofort die Nahrungsgrundlage für die Angehörigen der nächsten Stufe verbessert, was zur Vermehrung dieser Tiere führt; durch deren Verzehr wird aber wiederum die Zahl der Pflanzenfresser vermindert.

2. Das Produktionsgleichgewicht stellt sich ein, wenn ebenso viele Pflanzen mit Hilfe von Sonnenenergie (Blattgrün) und organischer Masse aus dem Boden aufgebaut werden, wie gleichzeitig durch Bakterien und Pilze abgebaut werden. Die Bilanz zwischen Auf- und Abbau dieser organischen Substanz ist in den unterschiedlichen Landschaftstypen sehr verschieden. In einem verlandenden See z. B. ist die Bilanz zugunsten des Aufbaues organischer Substanz verschoben. Es kommt zur Flachmoorbildung. Aus dem Moor entwickelt sich eine Wiese, und aus der Wiese wird letztlich der Wald. Anfangs ist die Bilanz sehr unausgeglichen, am Ende ist der Auf- und Abbau organischer Substanz im Gleichgewicht.

Naturlandschaft – Kulturlandschaft, die Grenze zwischen beiden ist fließend. Die Einflüsse von außen sind vielfältig, so kann z. B. eine Herde von Weidetieren Flora und Fauna in Richtung Weideland verschieben. Das heißt, der Aufwuchs von Bäumen und Sträuchern wird verzögert. Die Fauna paßt sich in ihrer Zusammensetzung der aufkommenden Flora an mit allen damit verbundenen Konsequenzen.

Integrierter Pflanzenschutz

Hinter dem Begriff »Biologisches Gleichgewicht« verbirgt sich also das gesamte Geheimnis der Gesetzmäßigkeit der Natur. Danach fällt jedem Lebewesen (auch dem Menschen) eine wichtige Rolle im Auf- und Abbau zu. Es gibt dabei zeitlich keine genaue Reihenfolge, in der diese Prozesse ablaufen, sie laufen zumeist mehrfach und gleichzeitig ab, es kehrt niemals Ruhe ein, sie stellen einen in sich geschlossenen Materialkreislauf dar. Wer glaubt, Urwald oder unberührte Naturlandschaft, Naturschutzparks entsprechen paradiesischer Idealvorstellung, in dem es nur Blühen und Grünen gibt, wird bei genauerem Hinsehen eines Besseren belehrt. Hier ein Beispiel, das unseren Nadelholzwäldern entspricht.

Wellenbewegung des Lebens im Zeitraffer

1. In einem Nadelwald sterben Bäume infolge Überalterung, Insekten- und Pilzbefall, Schneebruch oder Windwurf ab.

2. Weil das abgestorbene Holz nur langsam zersetzt wird, sammelt sich reichlich brennbares Material an, so daß dieses leicht, z.B. durch Blitzschlag, entzündet werden kann und der Wald dadurch restlos niederbrennt.

3. Auf der Kahlfläche siedeln sich bald sog. Sukzessionspflanzen an, unter deren Schutzschirm die empfindlichen Keimlinge von Pionierbaumarten wie z.B. verschiedene Kiefern aufwachsen. Die Zapfen verschiedener Kiefernarten öffnen sich erst unter großer Hitzeeinwirkung zum Aussamen.

4. Nun wächst ein gleichaltriger Wald heran, der zum überwiegenden Teil nur aus Kiefern besteht (Monokultur). Nach 60–80 Jahren hat dieser seine Altersgrenze erreicht und wird wieder durch Schädlinge und Krankheiten mehr und mehr gelichtet.

5. Unter dem gelichteten Schirm der Kiefern samen sich Tannen- und Fichtenarten an, welche in diesem Halbschatten zu einem prächtigen Nadelmischwald heranwachsen.

6. Nahe seiner Altersgrenze wird auch dieser Mischwald wieder zerstört und abgebaut, wodurch der Kreislauf wieder von vorne beginnt.

Konsequenzen für den Menschen

Wollte der Mensch von dem leben, was bei diesem Kreislauf an ihn abfällt, müßte er verhungern. Die Methoden, mit denen er sich gegen diese Bedrohung durch die Natur zur Wehr setzt, wurden bis zum heutigen Tag schrittweise verfeinert. Mit Hilfe von Wissenschaft und Technik werden der Erde immer höhere Werte abgetrotzt. Der Acker, als Funktion der Nahrungsbeschaffung, wurde mehr und mehr zur menschlichen Festung umfunktioniert, die es gegen allerlei Eindringlinge von außen zu verteidigen gilt. Daraus entwickelte sich der Begriff des Schädlings im heutigen Sinne.

Die enorme Entwicklung und die Erfolge der letzten 50 Jahre auf diesem Gebiet brachten es mit sich, daß sich der Mensch immer mehr der Natur bemächtigte. Er vermochte sich besser vor ihren Gewalten zu schützen und diese sogar für sich einzusetzen. <u>Heute muß jedoch die Natur vor dem Menschen geschützt werden!</u>

Ökologisches System

Das Ökosystem ist die Summe aller chemischen, physikalischen und biologischen Reaktionen, dessen Wirkschema Pflanzenwachstum ja erst möglich macht. Die weitläufigen Zusammenhänge, die diesen Material- und Lebenskreislauf in Gang halten, sind bei weitem noch nicht alle bekannt. Der Mensch ist sich leider nicht immer seiner Rolle bewußt, die er beim Erhalt dieser Zusammenhänge spielt.

»Bio-logisches« Verständnis

Bei der Bewältigung unserer vielschichtigen Umweltprobleme müssen wir uns wieder mehr mit diesen natürlichen Gegebenheiten befassen. Es reicht dabei keinesfalls aus, nur die Chemie zu verteufeln. Sie ist ein fundamentales Werkzeug, das uns Einblick in hochkomplizierte Lebensabläufe gewährt, ohne Chemie kein Leben. Erst der Mißbrauch macht sie schädlich!

Das bewußte Beobachten und Erkennen der Umweltvorgänge führt zu einem biologischen Verständnis und zum Handeln für und nicht (unbewußt) gegen die Natur. Dies bedeutet die ernste Herausforderung für jeden, dem bei Fortschritt und Technik das rechte Naturverständnis abhanden gekommen ist. Heutige Umwelt- und Pflanzenschutzziele können nur durch dieses Umdenken <u>aller</u> erreicht werden. Ein Umdenken, das uns die Folgen unseres Handelns gerade im privaten Bereich bewußt werden läßt: ob beim Wegwerfen, beim Putzen, beim Basteln, beim Gärtnern, beim Umgang mit Tier, Pflanze oder Boden. Wir müssen vorher wissen, welche Funktion z.B. ein Insekt im Organisationsplan des Ökosystems hat, bevor es gedankenlos erschlagen, zertreten oder totgesprüht wird. Jedes Individuum ist Bestandteil des Lebens und hat als solches eine seit Jahrmillionen bewährte, wichtige Funktion in der Vielfalt des Netzwerkes des vorbeschriebenen biologischen Gleichgewichtes.

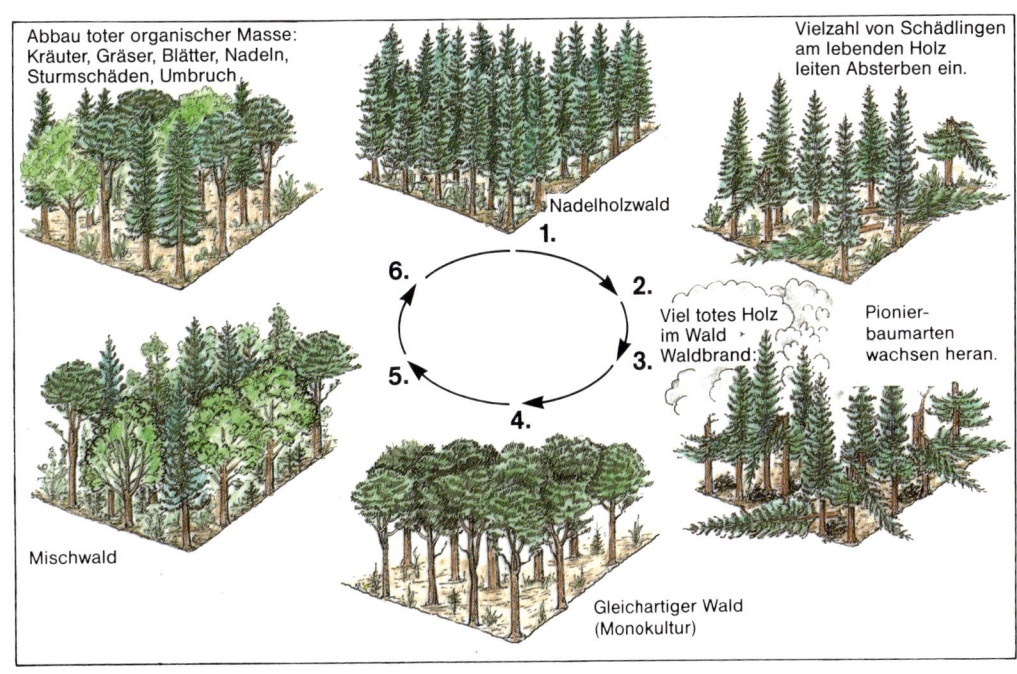

Die Wellenbewegung des Lebens.

Integrierter Pflanzenschutz

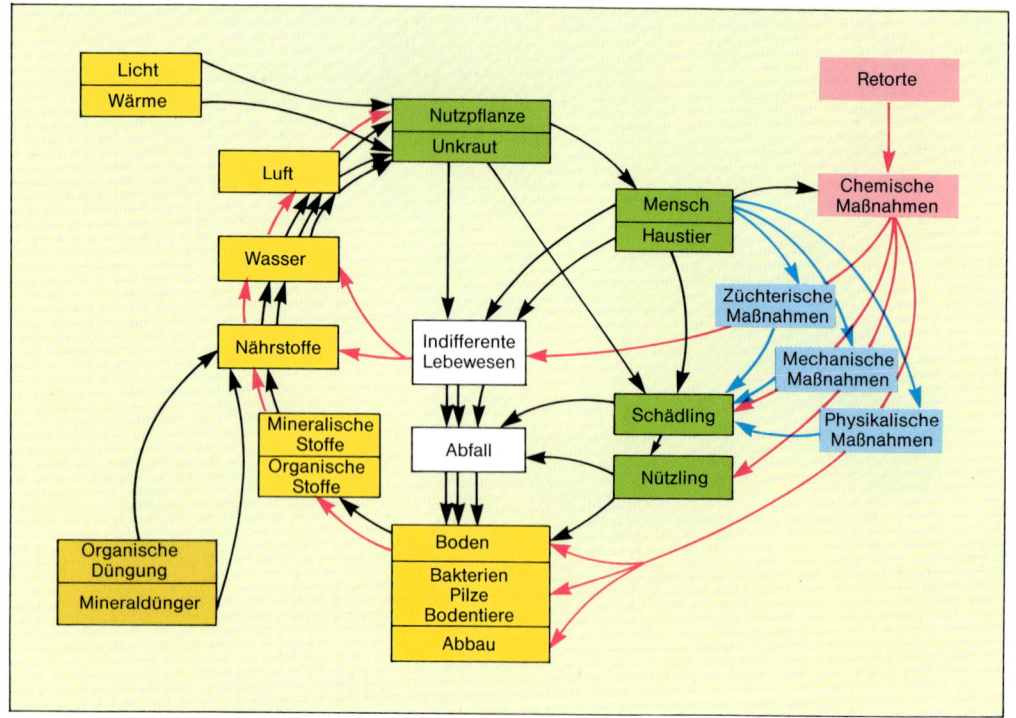

Die Wanderung von Pflanzenschutzmitteln (rot) nach deren Anwendung. (Abgeändert nach Diercks.)

Bedeutung der Artenvielfalt

Aus der Vielfalt des Lebens innerhalb eines Ökosystems leitet sich eine Begrenzung der individuellen Entwicklung durch den Konkurrenzkampf untereinander ab. Allein durch die Artenvielfalt auch in unserer Kulturlandschaft schwächen sich viele Probleme mit Schadorganismen ab. Diese Artenvielfalt ist durch eine Reihe einfacher Maßnahmen zu fördern, zu schützen oder aufzubauen; z. B. das Belassen von Grasrainen zwischen Feldern, das Pflanzen von Wind- und Vogelschutzhecken, das Erhalten von Naturbiotopen, wie Heiden, Trockenrasen oder Feuchtbiotopen.

Gerade der Garten bietet hier vielgestaltige Möglichkeiten, durch Wildwuchs, Reisig- und Steinhaufen Unterschlupf und Reservate für Nützlinge und deren Beute zu schaffen. Es erfolgt dabei der ständige Ausgleich zwischen Räuber und Beute nach dem Beispiel des biologischen Gleichgewichtes. Ergänzt man diese Betrachtung durch die Einbeziehung sämtlicher Umweltfaktoren (belebt wie unbelebt), so spricht man von dem ökologischen Gleichgewicht.

In verarmten Ökosystemen, wie z. B. in Monokulturen (Felder, auf denen immer wieder dieselbe Pflanzenart angebaut wird), ist man auf die Steuerung und Stabilisierung unter anderem mit chemischen Mitteln angewiesen. In Feldern mit vielen, oft wechselnden Kulturen dagegen wird die gewünschte Artenvielfalt und damit der natürliche Regelmechanismus gestützt.

Der Fluch der guten Tat

Als in den 60er Jahren der Verbrauch von Pflanzenschutzmitteln sprunghaft anstieg, ahnte man nur stellenweise die Folgen, die solche Maßnahmen nach sich ziehen: Es grenzt ans Fantastische, welche Möglichkeiten und Erleichterungen der chemische Pflanzenschutz dem Landwirt und Gärtner mit einem Mal bot. Die Begeisterung, vielleicht ein Präparat zu entdecken, das den Blattläusen oder Spinnmilben ein für allemal den Garaus machen würde, beflügelte die Gemüter.

Doch kam die Ernüchterung mit der Erkenntnis, daß »freigespritzte« Flächen nicht frei blieben, sondern immer schneller und intensiver mit Schädlingen überzogen wurden; nur mit dem Unterschied, daß nunmehr gegen die neue Kalamität das gepriesene Präparat nicht mehr oder nicht mehr ausreichend wirkte.

Was war passiert? In den behandelten Feldern wurden viele, aber nicht alle Schädlinge abgetötet und nicht nur sie, sondern auch ihre vielen natürlichen Feinde. Viele Organismen, die zwar für den ökologischen Kreislauf wichtig sind, aber für die Kulturpflanze scheinbar keine Bedeutung haben, sind dem chemischen Rundumschlag zum Opfer gefallen. Die Schädlinge, die diese Behandlung überlebten, konnten sich nun, von natürlichen Widersachern weitgehend unbehelligt, ausbreiten. Von außen wanderten immer neue Stämme dieser Art ein, welche dann die Stellen der abgetöteten Artgenossen einnahmen. Auch sie konnten sich, von eigenen Feinden kaum bedroht, ungehindert vermehren. Je stärker dieses Verhältnis gestört wird, um so länger dauert es, bis sich die natürliche Balance wieder einpendelt. Je öfter und intensiver diese Bekämpfungen werden, um so widerstandsfähiger sind die dabei Überlebenden. Der Abstand zum biologischen Gleichgewicht vergrößert sich zusehends. Eine verhängnisvolle Spirale wird in Gang gesetzt, welche die Zahl der chemischen Behandlungen in die Höhe schraubt. Zuletzt zeigten sich auch noch unbeabsichtigte Nebenwirkungen wie Rückstände auf Erntegütern oder in Boden, Luft und Wasser bis hin zu Rückständen in Tier- und Menschenkörpern.

Das tragbare Maß

Der Einsatz von chemischen Pflanzenschutzmitteln darf deshalb nur die allerletzte Konsequenz sein. Vorher müssen alle kulturtechnischen und biotechnischen Möglichkeiten ausgeschöpft sein, um einen Schadorganismus auf ein tragbares Maß zu reduzieren. D. h., die gezielte Ausnutzung der natürlichen Begrenzungsfaktoren wird bewußt und vorrangig vor den Einsatz chemischer Pflanzenbehandlungsmittel gestellt. Dieses Pflanzenschutzkonzept baut auf das Gegenspiel zwischen den natürlichen Feinden und den Kulturschädlingen auf, stützt und fördert dieses, um nur noch dort regulierend einzugreifen, wo sich ein oder mehrere Schädlinge über das tragbare Maß hinaus entwickelt haben. Dem Schädling muß also ein entsprechender Toleranzspielraum eingeräumt werden, der es ihm ermöglicht, seine Funktion innerhalb des ökologischen Systems (Nahrungskette!) zu erfüllen.

Zielsetzung

Es ist also notwendig, sich intensiv mit dem vielfältigen Leben auf der Pflanze zu befassen. Die Pflanze selbst muß uns interessieren, wie und wovon sie lebt, welche Ansprüche sie an ihren Standort und ihre Umwelt stellt. Ohne diese Erkenntnisse bleiben uns viele Erscheinungen unerklärlich. Es ist doch so einfach zu erfahren, was Pflanzen brauchen, wenn man ihnen nur immer wieder ein bißchen Aufmerksamkeit schenkt, sie beobachtet und sich wirklich um sie kümmert. Dazu ist kein intensives Studium erforderlich, nur persönliches Interesse.

Eine Pflanze, die, ihren Ansprüchen gerecht, mit Licht, Luft, Wasser, Wärme und Nährstoffen versorgt wird, ist weit weniger anfällig gegenüber Krankheiten und wesentlich widerstandsfähiger bei Schädlingsbefall. Häufig sind nämlich die Ursachen für Schäden an der Pflanze nicht Schädlinge, sondern Mängel bei der Versorgung mit wichtigen Lebensgütern. Die Bezeichnung »Schwächeparasit«, die für viele Schadorganismen zutrifft, beschreibt den Umstand, daß in der Regel nur schlecht versorgte Pflanzen befallen werden.

Das traditionelle Ziel der totalen Vernichtung eines Schädlings muß aufgegeben werden zugunsten einer schrittweisen mittelfristigen Zurückdrängung mit den Mitteln, die aus der übergeordneten Lebensgemeinschaft von Tieren, Pflanzen und unbelebten Faktoren wie Klima und Boden eines Ökosystems entspringen. Die Kenntnis um diese Möglichkeiten ist eine wesentliche Voraussetzung für ihren gezielten Einsatz.

Die übrigen Begrenzungsfaktoren sollen möglichst gefördert oder ergänzt werden. Nicht die Einzelmaßnahme, sondern das Zusammenwirken aller gebotenen Möglichkeiten bringt letztlich den Erfolg.

Integrierter Pflanzenschutz

Das eingangs beschriebene Pflanzenschutzkonzept wird schon seit vielen Jahren unter der Bezeichnung »Integrierter Pflanzenschutz« mit Erfolg in der Praxis durchgeführt. Bei der Durchführung dieser Integration wird man immer wieder auf Grenzen stoßen, weil einerseits noch viele Fachfragen offen sind und andererseits immer wieder Schwierigkeiten bei der Einflechtung des Menschen in dieses System auftreten (der, langfristig gesehen, nur scheinbar Verzicht üben müßte).

Der Integrierte Pflanzenschutz gliedert den Maßnahmenkatalog in direkte und indirekte Bekämpfung. Basis für die gezielte Anwendung beider Bereiche ist die Kenntnis über die Auswirkung von biotechnischen und anbautechnischen Maßnahmen. Mit der zunehmenden Brisanz der Abwehrmethoden wachsen auch die Anforderungen an solchen Kenntnissen. Wichtigste Voraussetzung ist jedoch das persönliche Interesse auch des Freizeitgärtners.

Die Vielfältigkeit des Bewuchses einer Landschaft beeinflußt auch die Vielfalt der Tiere, die auf und von diesen leben. Entscheidende Rolle spielen dabei die ungestörten Lebens- und Nisträume bzw. Rückzugsflächen.

Die Grafik zeigt deutlich, wie Feld- und Flurstrukturen die Arten- und Individuenzahl ganz unterschiedlich fördern. (Abgeändert nach Diercks.)

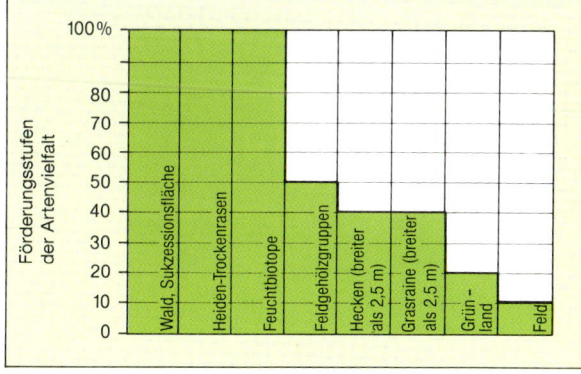

Indirekte Bekämpfung

Die Bedürfnisse der Pflanzen

Wichtigste Voraussetzung für das Gedeihen der Pflanzen ist die optimale Anpassung der Kulturmaßnahmen an ihre Bedürfnisse. Eine Pflanze, die ihren Ansprüchen gerecht mit Licht, Luft und Wasser, Wärme und Nährstoffen versorgt wird, ist weit weniger anfällig gegenüber Krankheiten und widerstandsfähiger bei Schädlingsbefall.

Standortfaktoren

Je nachdem, aus welchen Gebieten der Erde die Pflanzen ursprünglich stammen, sind sie in einer bestimmten Pflanzengemeinschaft zu Hause und finden sich in fremder Umgebung nicht oder erst nach langer Eingewöhnungsphase zurecht. Dabei leidet ihr Wohlbefinden und ihre Widerstandsfähigkeit. Daran sollte man beim Verpflanzen denken! Der Freizeitgärtner macht hierbei wohl die meisten Fehler und programmiert sich Pflanzenschutzprobleme vor.
Hier zwei typische Beispiele: Moorbeetpflanzen, z.B. Rhododendren, die aus einem feuchten Gebiet mit sauren und humusreichen Böden in lichten Wäldern kommen, finden sich in der prallen Sonne im Lehmboden mit neutraler oder alkalischer Bodenreaktion nicht zurecht. Oder: Eine Pflanze vom Meeresstrand wird in die Heide oder ins Gebirge umgesiedelt, das kann nicht gut gehen! Wenn hier auch zwei Extreme genannt wurden, so wird deutlich, daß unbedingt vor dem Pflanzen (Aussäen) bekannt sein muß, welche Ansprüche ein Gewächs an seine Umgebung stellt. Wo diese Voraussetzungen nicht geschaffen werden können, sollte man lieber auf heimische Pflanzen der Umgebung zurückgreifen. Bestehende Standortfaktoren an den Bedarf von Exoten anzupassen, erfordert fachliches Fingerspitzengefühl und ständige Kontrollen.

Die Zusammensetzung der verschiedenen Pflanzenarten wird weitgehend von den Standortfaktoren bestimmt, z.B. von Klima und Boden.

Einwandfreies Pflanzenmaterial

Der Auswahl des richtigen Pflanzenmaterials kommt in diesem Zusammenhang natürlich hohe Bedeutung zu. Die guten »Startbedingungen« für eine Pflanze hängen zum einen wesentlich vom sorgfältig ausgewählten Saatgut ab, zum anderen von den Bedingungen im Anzuchtbeet.
Bei Auswahl und Kauf der Jungpflanzen ist auf deren typische Merkmale und kräftigen Wuchs zu achten. Dies wäre eigentlich selbstverständlich, es kann jedoch immer wieder beobachtet werden, daß kümmerliches Pflanzgut verwendet wird.

Sortenwahl und Resistenzen

Aus der Beobachtung heraus, daß gewisse Pflanzen von Schädlingen befallen werden und andere nicht, entwickelt sich die Bemühung, durch Züchtung diese Eigenschaften von Pflanzen, wegen denen sie von Schadorganismen weniger befallen werden, auf die Kulturpflanzen zu übertragen. Oftmals sind dafür äußere Merkmale entscheidend wie die Oberflächenbeschaffenheit des Blattes, z.B. ob behaart oder unbehaart, ob mit oder ohne Wachsschicht usw. Auch Pflanzeninhaltsstoffe, die den Schädlingen nicht »schmecken« oder die sie nicht riechen können, bewirken einen ähnlichen natürlichen Schutz. Durch mühevolle Züchtungsarbeit ist es möglich, Sorten auszuwählen, die gegen bestimmte Pflanzenkrankheiten zumindest vorübergehend geschützt oder gar resistent sind. Oft ist es aber leider so, daß mit dem züchterischen Erfolg gegen einen Schädling auch der Wert der Sorte reduziert wird, d.h., geschmackliche oder optische Minderungen der Qualität einhergehen und in Kauf genommen werden müssen.
Nähere Auskunft, welche Leistung den verschiedenen Sorten von Kulturpflanzen zugeschrieben wird, kann der Bundessortenliste entnommen werden (Bundessortenamt, Osterfelddamm 80, 3000 Hannover 61). Auch die örtliche Fachberatung hält hierfür sicherlich wertvolle Tips bereit, wo diese Sorten bezogen werden können.

Pflanz- und Sätermine

Das Pflanzen und Aussäen im Hausgarten richtet sich zeitlich nach dem Wachstumsrhythmus der Pflanze, der von der Tageslänge und der Jahreszeit vorgegeben ist. Im Sinne guter Startbedingungen gehört die Einhaltung dieser Zeitvorgaben zur optimalen Kulturführung.
Abweichungen davon werden fallweise dann erforderlich, wenn dadurch die Bedrohung durch Schadorganismen reduziert werden kann. Der Wachstumsrhythmus von Schädlingen ist oftmals eng mit dem der Wirtspflanze verknüpft. Eine geringe zeitliche Verschiebung des Sätermins kann dann den Effekt haben, daß die Pflanze das Wachstumsstadium, das der Schadorganismus für seinen Angriff braucht, entweder schon überschritten oder noch gar nicht erreicht hat, so daß die Pflanze ihm »aus dem Maul wächst«.

Weitverteilte Fruchtfolgen

Die Erkenntnis, daß der Ertrag abnimmt, wenn ein Feld alljährlich mit der gleichen Kulturpflanze bestellt wird, geht schon weit in die Anfänge des Ackerbaues zurück. Die Ursache dafür liegt zum einen in der Natur selbst, die nach Vielfalt und Ausgleich strebt. Zum anderen wird der Boden ärmer an bestimmten Nährstoffen und reicher an kulturspezifischen Schadorganismen. Außerdem geben die Wur-

Integrierter Pflanzenschutz

zeln Hemmstoffe an den Boden ab, die den Nachbau der immer selben Pflanzenart behindern.

Die Anbauflächen im Garten unterliegen den gleichen Gesetzmäßigkeiten. Ein großzügiges Rollieren der Kultur von einer Anbaufläche zur anderen verhindert die genannten Schäden. Wichtig ist, daß die Pflanzenarten wechseln. Die Pausen, in denen Beete mit anderen Pflanzen genützt werden, sollen im Schnitt 4 Jahre nicht unterschreiten. Die bodenbürtigen und fruchtspezifischen Krankheitserreger und Schädlinge werden auf diese Weise ausgehungert.

Zwischenkulturen

Zwischenkulturen aus Gründüngungspflanzen bringen dem Boden Erholungspausen, verbessern die Bodenstruktur und führen Nährstoffe zurück. Auch der Untergrund, also dort, wo man normalerweise mit Spaten oder Pflug nicht hinkommt, wird durch Leguminosen und Kleegräser aufgelockert. Die Luft- und Wasserführung wird verbessert. Die vorhandenen Nährstoffkapazität und das Bodenleben werden aktiviert. Unkrautsamen wachsen sich aus, ohne in Nahrungskonkurrenz mit den Kulturpflanzen zu treten. Problemunkräuter, wie sie durch die ständige Auslese bei der Monokultur gefürchtet werden, kommen gar nicht auf.

Mischkulturen

Bei dieser Anbauform macht man sich den Umstand einzelner Pflanzenarten zunutze, die aufgrund bestimmter Inhaltsstoffe von Schädlingen gemieden werden, während andere befallen werden.

Erträge und Qualität sind in den Mischkulturen dann zwar allgemein nicht mehr so hoch wie vormals, Schädlinge und Krankheiten nehmen dabei aber bei weitem nicht mehr so überhand wie früher! Die Pflanzennachbarschaften bilden Schutzgemeinschaften gegenüber ihren Schädigern. Als geradezu klassisch gilt das Beispiel von Möhre und Zwiebel: Werden diese Kulturen nebeneinander gepflanzt, so entsteht eine gewisse Schutzwirkung vor Möhren- bzw. Zwiebelfliegenbefall.

Es wäre natürlich verfehlt anzunehmen, daß damit dann alle anderen Pflanzenschutzprobleme auch gelöst wären – es ist vielmehr eine weitere Bereicherung des umfangreichen Pflanzenschutzinstrumentariums, mit dem es dem Freizeitgärtner gelingen müßte, Schädlinge unter Kontrolle zu halten.

Gewissenhafte Bodenverbesserung

Bodenbearbeitung

Ein wesentlicher Bestandteil des Lebensraumes der Pflanzen ist der Boden. Ihm und seiner Beschaffenheit kommt deshalb große Bedeutung zu. Wichtigstes Kriterium des Bodens, welches das Befinden der Pflanze grundlegend beeinflußt, ist seine Struktur. Verdichtete Böden, wie sie oftmals bei der Neuanlage (z. B. in Neubaugebieten) von Gärten angetroffen werden, bieten die geringsten Voraussetzungen für optimales Pflanzenwachstum. Sie sind obendrein meist »tot«, d. h., arm an aktiven Bodenlebewesen. Mehr zum Thema Boden können Sie ab S. 32 nachlesen.

Harmonische Nährstoffversorgung

Düngung Die harmonische Versorgung mit Nährstoffen ist für die Pflanze lebensnotwendig. Erst die ausgewogene Düngung läßt sie gedeihen: Zu wenig Nährstoffe führen ebenso zu Schäden wie die Überversorgung. Mehr zur Düngung können Sie ab S. 52 nachlesen.

Kompost Einer der wichtigsten Nährstofflieferanten des Gartens ist der Komposthaufen. In ihm erfolgt durch die Aktivität von Bakterien, Pilzen und Regenwürmern der Abbau von abgestorbenen Pflanzen und Pflanzenteilen sowie die Umwandlung dieser organischen Masse in pflanzenverfügbare Nährstoffe.

Mehr dazu ab S. 46.

Der Regenwurm Die Bedeutung von Regenwürmern in der Erde ist vielen Freizeitgärtnern einigermaßen bewußt, auch wenn die Tiere hier und da die feinen Keimlinge von frisch eingesätem Gemüse mit verarbeiten. Doch erkennt man die Bedeutung von Regenwürmern für die Kompostierung von Laub und Ernterückständen erst beim genaueren Hinsehen. Blätter und sogar kleine Zweige werden vom Wurm in den Boden hineingezogen, dort zu Erde »verarbeitet« und als Wurmkompost wieder ausgeschieden. Gleichzeitig verarbeiten diese Regenwürmer aber auch einen großen Teil der Überwinterungssporen verschiedenster Pilzkrankheiten, die sich auf Zweigen und Blättern befinden, ebenso Insekteneier und andere Überwinterungsstadien von Schadorganismen, und leisten auch damit einen wichtigen Beitrag zur Schädlingsbekämpfung im Hausgarten, wenn man sie gewähren läßt.

Bodenprobe Über die Nährstoffverhältnisse im Boden gibt die Bodenprobe Auskunft. Näheres ab S. 55.

Der Klee dient mit seinen vielen verschiedenen Arten nicht nur als Futterpflanze, sondern auch als Gründüngungspflanze zur Bodenverbesserung.

Einige Pflanzenarten weisen durch ihre Anwesenheit auf Nährstoffverhältnisse hin; die Kamille ist z. B. auf kalkreichem Boden zu finden.

Integrierter Pflanzenschutz

Der Schachtelhalm weist auf schweren, lehmigen Boden mit stauender Nässe hin.

Die Knollige Platterbse weist auf schweren Lehmboden hin an trockeneren, helleren Standorten.

Bestimmung der Bodenart Die chemischen und physikalischen Eigenschaften des Bodens sind so unterschiedlich wie das Muttergestein, aus dem sie entstanden sind. Sandige Böden sind ton- und humusarm, erleiden schnell eine Änderung der Bodenreaktion (Säuregrad). Beim Düngen solcher Böden muß daher darauf geachtet werden, daß nicht zuviel auf einmal gegeben wird, sondern auf kleinere Gaben verteilt. Böden, die reich an Tonteilchen, Kalk und Mikroorganismen sind, verändern ihren Säuregrad kaum. Sie können Düngergaben speichern und neutralisieren, ohne die Bodenreaktion spürbar zu ändern.

Für die verschiedenen Bodenarten gibt es Leitpflanzen, die ihn charakterisieren und anhand derer man Rückschlüsse auf die Bodenart ziehen kann. So weist z. B. das häufige Vorkommen des Windhalms, des Silbergrases und des Ackerklees auf Stein- und Sandböden hin. Ackerschachtelhalm, Ackerhahnenfuß, der Große Wegerich und andere Pflanzen deuten auf einen lehmigen oder tonigen Boden hin. Das Knäuelgras und die Brennessel wachsen bevorzugt auf stickstoffhaltigen, Kamille, Gänsedistel und Ackersenf eher auf kalkhaltigen Böden. Diese Auflistung läßt sich noch lange fortsetzen – es gibt zu diesem Thema Spezialliteratur.

Der Säuregrad des Bodens, pH-Wert Ein wesentlicher Faktor des Standortes einer Pflanze ist der Säuregrad des Bodens. Der Säuregrad wird durch den pH-Wert bestimmt. Lesen Sie dazu auch ab S. 32.

Der optimale pH-Wert liegt beim Boden allgemein zwischen 6 und 7; hier ist die Widerstandskraft der meisten Pflanzen am höchsten. Schwankungen des Säuregrades (durch Dünger, sauren Regen usw.) können im Normalfall vom Boden ausgeglichen werden. Ist aber das Pufferungsvermögen des Bodens erschöpft und ändert sich der pH-Wert, so wird das ökologische Gefüge gestört. Das führt wiederum zu Pflanzenschäden, da gewisse Nährstoffe nicht mehr frei zur Verfügung stehen. Bei zu saurem Boden beispielsweise können viele der so wichtigen Spurenelemente wie Eisen, Mangan, Bor, Kobalt nicht mehr von den Wurzeln aufgenommen werden. Die Folge sind die typischen Chlorosen (Gelbwerden der Blätter), dem leidgeplagten Gärtner aus vielen Erfahrungen mit Rosen, Rhododendren und Obstbäumen sicher gut bekannt.

Sorgfältiger Pflegeschnitt

Als klassische Kulturmaßnahme gilt das Beschneiden von Kulturpflanzen; z. B. der Schnitt zum Kronenaufbau von Bäumen (Obstbäumen), der Auslichtungsschnitt von Gehölzen, das Ab- oder Ausschneiden von Pflanzen und Pflanzenteilen.

Besondere Bedeutung im Sinne des Pflanzenschutzes kommt dem Auslichtungsschnitt zu, der die Versorgung der Pflanze mit Licht, Wärme und Luft verbessert und auch einen Verjüngungseffekt mit sich bringt. Die Triebkraft der Wurzeln wird dabei in wenige, ausgewählte junge Pflanzentriebe geleitet, die sich dadurch prächtiger und bedeutend widerstandsfähiger entwickeln.

Ein weiterer positiver Nebeneffekt des Auslichtungsschnittes ist das schnellere Abtrocknen der Pflanze nach einem Regenguß. Das vermindert die Gefahr des Befalls durch Pilzkrankheiten. Pilzkrankheiten brauchen nämlich für optimale Infektionsbedingungen meist hohe Feuchtigkeit.

Pflanzenhygiene

Auf eine gewisse Hygiene kann im Garten nicht verzichtet werden: Je nach Art der Krankheit oder des Schädlings geht von geschädigten Pflanzen durchaus eine Ansteckungsgefahr für andere aus. Das bedeutet, daß erkrankte Pflanzen oder Pflanzenteile möglichst bald aus dem Verband der gesunden entfernt werden sollen. Ernterückstände möglichst gleich in die Erde einarbeiten oder sammeln und entfernen. Am sinnvollsten erscheint hier der Kompost als Sammelstelle.

Vorsicht! Pflanzen mit z. B. Kohlhernie oder Asternwelke auf keinen Fall kompostieren!

Die natürliche Abwehr

Unter biologischer (natürlicher) Abwehr verstehen wir die Verwendung von natürlichen Gegenspielern zur Bekämpfung von Schädlingen. Das sind Antagonisten der Schädlinge, wie Räuber, Parasiten oder Krankheitserreger. »Antagonist« könnte auch mit »natürlicher Feind« übersetzt werden, aber diese Bezeichnung ist genauso unbiologisch wie Nützling oder Schädling: Diese Einteilung ist willkürlich nach den Wünschen und Forderungen des Menschen ausgerichtet. In der Natur gibt es nur das Gesetz von Fressen und gefressen werden. Antagonisten werden beim biologischen Pflanzenschutz entweder in ihrem natürlichen Vorkommen geschützt und geschont oder in großen Mengen gezüchtet und gezielt zur Minderung des Schädlingsbestandes ausgesetzt.

Integrierter Pflanzenschutz

Schutz und Förderung von Nützlingen

Am besten schützen und fördern kann man die Nützlinge, die man auch als solche erkennt. Erste und wichtigste Schutzmaßnahme ist das Beobachten und Kennenlernen von Nützlingen: Wie leben sie, welche Nahrung, welche Verstecke brauchen sie? Auch im Hausgarten sind viele Nützlinge äußerst wirksame Schädlingsvertilger, sie werden leider selten erkannt und darum viel zu wenig beachtet oder geschätzt. Der großen Palette der Nutzinsekten ist ein eigenes Kapitel gewidmet, um diesem Mangel abzuhelfen (s. S. 428). Zum Schutz und zur Förderung von Nützlingen im Garten muß in erster Linie der Gebrauch von Pflanzenschutzmitteln eingestellt werden!
Für den Rückgang der Artenvielfalt trägt jedoch zusätzlich die Zerstörung des natürlichen Lebensraumes den größten Anteil. Der »Flurbereinigung« und der modernen Landbewirtschaftung sind weite Teile dieser unberührten Lebensräume zum Opfer gefallen. Diese Pflanzbereiche dienen jedoch vielen Nützlingen als Unterschlupf und Rückzugsgebiet; Baumruinen werden von Laufkäfer-, Siebenschläfer- und Fledermausarten bewohnt; Reisig- und Steinhaufen locken Igel, Eidechse, Kröte, Wiesel, Spitzmaus, Marder und verschiedene Käferarten zum Nisten an. Nistkästen für insektenfressende Vögel gehören mittlerweile zur Grundausstattung eines jeden Hausgartens. Weidepflanzen, auf denen Beutetiere leben, dienen als wichtige Schaltstellen im Nahrungsnetz der Nützlinge, wenn entsprechende Kulturpflanzen noch nicht oder nicht mehr Nahrung bieten. Jeder ist aufgerufen, die Aufklärung über Nützlinge auch im privaten Personenkreis voranzutreiben, um wenigstens zu verhindern, daß Nützlinge aus Unwissenheit verfolgt werden. Es sind ja bei weitem nicht nur die Marienkäfer als nützlich anzusehen, sondern auch Laufkäfer, Kurzflügler, Weichkäfer, Florfliegen, Schwebfliegen, Raupenfliegen, Raubwanzen, Schlupfwespen, Gallmücken, Spinnen usw. Die meisten dieser Nützlinge sind oft aus den alltäglichen Begegnungen bekannt – deshalb könnten sie ab sofort geschont und gefördert werden! Das wäre ein erster und grundlegender Schritt zum zeitgemäßen Pflanzenschutz im Hausgarten.

Die Zucht von Nützlingen und deren gezielter Einsatz

Durch die Massenzucht ist es möglich, gezielt bestimmte Befallsgebiete mit Nützlingen zu überschwemmen. Damit konnten schon in aller Welt große Erfolge erzielt werden, die zum Zusammenbruch verschiedener Schädlingskalamitäten führten. Oft gelingt im Zuge solcher Maßnahmen auch die Einbürgerung bzw. der Erhalt dieser Nützlinge im Aussetzgebiet. Zur Veranschaulichung seien ein paar Beispiele geschildert:

Raubmilben

Phytoseiulus persimilis ist eine Raubmilbe, die besonders im Gewächshaus bei ca. 25°C und ca 70% Luftfeuchtigkeit erfolgreich Spinnmilben an Bohnen, Gurken und Tomaten vertilgt, so daß sich eine Bekämpfung erübrigt. Auch die gefürchteten Blüten-Thrips-Arten können mit der Raubmilbe *Amblyseius Hackenzeii* gut in Schach gehalten werden.
Typhodromus piri heißt die Raubmilbe, die im Freiland auf Obstbäumen und Weinstöcken Jagd auf verschiedene Spinnmilbenarten macht. Im Gegensatz zu den vorgenannten Raubmilbenarten kommt *Typhodromus piri* bei uns natürlich auf den Pflanzen vor und müßte vielfach nur mit Zweigen und Blättern umgesiedelt werden. Die Ansiedelung kann aber auch über präparierte Filzstreifen aus Zuchtstationen erfolgen.
Es gibt noch eine ganze Reihe anderer Raubmilbenarten, die bei uns im Freiland natürlich vorkommen, deren Unterscheidung aber nur vom Spezialisten vorgenommen werden kann. Raubmilben neigen bei Nahrungsmangel bzw. bei Übervölkerung zum Kannibalismus und fressen sich demzufolge gegenseitig auf, andere können aber auch mit Zuckersäften aus Blattorganen überlegen.

Schlupfwespen: Bekämpfung der »Weißen Fliege« durch *Encarsia formosa*

Die »Weiße Fliege«, eine Mottenschildlaus, ist für viele Gärtner ein altbekannter Schädling an den meisten Pflanzen im Gewächshaus und auch an vielen Pflanzen im Freiland. Seit Jahren erbittert mit chemischen Mitteln bekämpft, sind heute nur noch Stämme der »Weißen Fliege« übrig, die gegen die meisten Wirkstoffe widerstandsfähig sind. In solch einer Situation helfen nur noch biologische Verfahren:

Die Blattlaus ist die Hauptnahrungsquelle des Siebenpunkt-Marienkäfers.

Die Kohlmeise ist ja als eifrige Insektensammlerin bekannt, wenn auch immer wieder Nutzinsekten zu ihrer Beute gehören.

Integrierter Pflanzenschutz

Innenspalte:
Von der San-José-Schildlaus parasitierte Äpfel. Dagegen hilft der Einsatz einer Schlupfwespe *(Prospaltella perniciosi)*.

Die Raubmilbe (links unten) auf Spinnmilbenjagd.

Eine »Weiße Fliege« (Bildmitte), umringt von Larven. Die schwarzen Larven sind von der *Encarsia formosa* parasitiert.

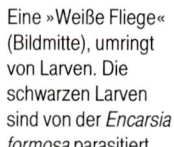

Puppen (links) und Larven (rechts) des Dickmaulrüßlers. Die dunklen sind parasitiert.

Die Larven der »Weißen Fliege« werden von einer winzigen Erzwespe (Schlupfwespe), *Encarsia formosa*, 1 mm klein, parasitiert, d. h. abgetötet, so daß aus dunkel gefärbten Pupparien nicht wie erwartet die »Weiße Fliege«, sondern die genannte Schlupfwespe schlüpft.

Da diese Schlupfwespe sehr erfolgreich gegen den Schädling eingesetzt werden kann, gibt es im In- und Ausland bereits mehrere Zuchtstationen, in denen große Mengen dieses Nützlings gezüchtet und zum Kauf angeboten werden.

Die Anwendung ist für Profis wie Laien denkbar einfach: Zum Versand kommen Kartonkärtchen, auf die etwa 50 parasitierte Pupparien der »Weißen Fliege« geklebt sind, die nur in die befallenen Pflanzen gehängt werden müssen, fertig!

Mittels Bestellkarte werden die gewünschten Kärtchen angefordert und nach Gebrauchsanweisung eingesetzt, nicht nur im Gewächshaus, sondern ebenso gut auch am Blumenfenster oder auf dem Balkon.

Der richtige Einsatzzeitpunkt ist für den Erfolg genauso wichtig wie Temperaturen über 15 °C.

Trichogramma dendrolini gegen den Apfelwickler (Obstmade)

Diese Schlupfwespenart parasitiert die Eier des Apfelwicklers. Statt der Raupe (dem Wurm im Apfel) schlüpfen nach wenigen Tagen bis zu 3 fertige Schlupfwespen aus dem Ei.

Auch hier sind für die erfolgreiche Bekämpfung der richtige Einsatzzeitpunkt und ausreichende Wärme und Trockenheit entscheidend. Der Einsatzzeitpunkt kann mittels Lockstoff-Fallen (genaueres dazu S. 410) ermittelt werden.

Die Gebrauchsanweisung der jeweiligen Zuchtstation ist genau zu befolgen, dann stellt sich auch im Hausgarten der Erfolg ein.

Aphidius matricariae gegen Blattläuse

Drinnen wie draußen werden Blattläuse von einer Schlupfwespe parasitiert, die in Süddeutschland heimisch ist, der 2 mm großen *Aplidius matricariae*.

Sie durchläuft mehrere Entwicklungsstadien im Körper der Blattlaus, bis sie schließlich abgetötet wird. Dabei bläht sich die Blattlaus kugelrund auf und verfärbt sich gelbbraun. Ein Schlupfwespenweibchen kann bis zu 200 Blattläuse mit einem Ei bestücken.

Der Versand der gezüchteten Schlupfwespen erfolgt in einem Fläschchen, das an einem schattigen Ort aufgestellt werden soll.

Gallmückenlarven gegen Blattläuse

Wie in den vorher beschriebenen Beispielen wird von den Züchtern auch die Larve der Gallmücke *Aphidoletes aphidimyza* zur Blattlausbekämpfung drinnen wie draußen angeboten. Dabei reichen im Gewächshaus 3–5 Gallmückenlarven pro m² aus, um die Blattläuse niederzuhalten. Im Freiland werden dagegen die Puppen der Gallmücke ausgesetzt, aus denen dann erst die winzigen Mücken schlüpfen, welche 100–150 Eier in die Blattlauskolonien ablegen können.

Blutlauszehrwespe

Die Blutlaus (*Eriosoma lanigerum*) ist ein gefährlicher Schädling des Apfelbaumes, der weniger die Frucht, vielmehr die Rinde des Baumes durch seine Saugtätigkeit schädigt und häßliche Geschwülste (»Blutlauskrebs«) verursacht. Die Bekämpfung stößt auf

Schwierigkeiten, weil die Blutläuse versteckt in mehreren Schichten übereinander unter Rindenschuppen (an Schnittwunden) zu finden sind und sich zusätzlich noch mit einer wasserabstoßenden Wachswolle umgeben und sich so (z. B. gegen flüssige Pflanzenschutzmittel) schützen (s. S. 423). Insektizideinsätze schaden deshalb der Blutlaus kaum, wohl aber ihren natürlichen Gegenspielern, besonders der Blutlauszehrwespe (*Aphelinus mali*). Diese kleine Schlupfwespe wurde aus Nordamerika nach Europa eingeführt und wäre mittlerweile in der Lage, den Schädling auch bei uns in Schach zu halten, wenn sie nicht immer wieder durch chemische Pflanzenschutzmittel (z. B. gegen Apfelwickler) abgetötet würde.

Die Blutlaus ist ein typisches Beispiel dafür, wie harmlose Insekten zu Schädlingen werden können, wenn deren natürliche Begrenzungsfaktoren ausgeschaltet werden. Die Blutlauszehrwespe wird im Frühjahr über Apfelzweige, die mit parasitierten Blutläusen besetzt sind, immer wieder neu in die Apfelanlage eingesetzt, denn kalte Winter überlebt sie oft nicht.

Mikrobiologische Bekämpfung

Bei der mikrobiologischen Bekämpfung wird der Schädling bei der Nahrungsaufnahme, also über den Mund,

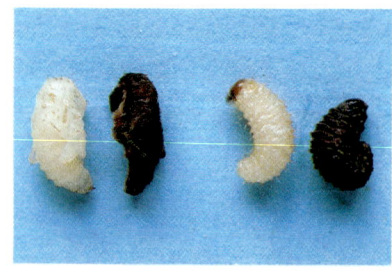

Integrierter Pflanzenschutz

angegriffen. Pilze, Bakterien, Viren entwickeln sich meist erst im Körper des Schädlings. Die Empfänglichkeit des Insekts hängt dabei wesentlich von der Gefräßigkeit ab. Ausgewachsene Larven oder die Vollinsekten sprechen darauf kaum mehr an. Es treten auch immer wieder Probleme auf, die durch natürliche Abwehrmechanismen der Wirtstiere gegeben sind.

Dennoch sollen nachstehend ein paar Beispiele beschrieben werden, die sich zum Einsatz in der Praxis eignen und sich teilweise schon bewährt haben.

Nematoden zur Bekämpfung des Dickmaulrüßlers

Unter Dickmaulrüßlern versteht man mehrere Rüsselkäferarten, die teilweise sehr ähnlich sind. Sie haben sich in den vergangenen Jahren immer mehr ausgebreitet. Kaum ein Garten, der nicht die typischen Schäden – mit wie mit dem Locher aus den Blättern gestanzte Löcher – aufweist. Dabei ist dieser Schaden als vergleichsweise harmlos gegenüber dem zu bezeichnen, den die Larven dieser Käfer während des Winters an den Wurzeln verursachen.

Die Larven dieser Dickmaulrüßler werden von einem Nematoden (Fadenwurm) der Gattung *Heterorhabditis* befallen, der ein Bakterium ausscheidet, welcher die Larven abtötet. Auch diese Nematoden sind im Handel erhältlich.

Ein Pilz im Einsatz gegen Läuse, »Weiße Fliege« und Rostpilze

In Großbritannien ist eine Sporen-Suspension von *Verticillium lecanii* bereits seit Jahren dort auf dem Markt erhältlich, die sich zur gezielten Bekämpfung von Blattläusen und »Weißer Fliege« (Mottenschildlaus) im Unterglasanbau eignet. Der große Vorteil bei der Anwendung dieses Pilzes ist seine selektive Wirkung (d. h. er wirkt nur auf die Schädlinge), während Nützlinge (z. B. Raubmilben oder Schlupfwespen) geschont werden.

Der Pilz braucht für seine Infektion etwa eine Raumtemperatur von 20°C und eine relative Luftfeuchte von 80% für 3–5 Tage (dann ca. 60%). Unter diesen Bedingungen werden Blattläuse innerhalb von 3 Wochen von dem Pilz befallen, so daß chemische Maßnahmen nicht mehr nötig sind. Auch die »Weiße Fliege« (Mottenschildlaus) wird durch *Verticillium lecanii* unterdrückt. Erstaunlich ist, daß der Pilz auch eine Nebenwirkung gegen Rostpilze hat (z. B. Nelkenrost, Bohnenrost). Schädliche Nebenerscheinungen beim Einsatz dieses Pilzes sind noch nicht bekannt.

Die Suche nach Pilzen, welche Schädlinge befallen, hat erst begonnen. Man darf wohl in der Zukunft mit ähnlichen Organismen rechnen, mit denen eine beachtliche Einsparung chemischer Pflanzenschutzmittel möglich wird. Die Anwendung von Fungiziden (Präparate gegen Pilzkrankheit) schaltet oft auch die vorgenannten Pilze als Schädlingsvertilger aus.

Bakterien zur biologischen Bekämpfung von Raupen

1911 gelang es Dr. Berliner zum ersten Mal, einen Bazillus zu isolieren, der bei der Mehlmotte eine seuchenhafte Krankheit verursachte, die Schlaffsucht. Entdeckt wurde dieser Bazillus in Raupen aus Thüringen, so entstand der Name *Bacillus thuringiensis*. Heute ist dieser Bazillus, oder besser dessen Sporen und Kristalle, als Spritzmittel auf dem Markt erhältlich, das mit den üblichen Pflanzenschutzgeräten ausgebracht werden kann (25 Milliarden Sporen in 1 g/300–2000 g/ha). Das Mittel muß auf die Pflanzen gebracht werden, daß es von den Raupen gefressen wird; auch die Menge der mit der Nahrung aufgenommenen Bazillensporen ist für den Bekämpfungserfolg entscheidend. Versteckt oder minierend lebende Raupen werden deshalb mit dem Mittel nicht erreicht.

Im Darmkanal der Raupe wird durch den Verdauungssaft das Sporenpräparat aufgelöst. Neben der Bazillusspore wird auch ein sporenähnliches Kristall frei, das die Darmvergiftung auslöst. Innerhalb 24 Stunden tritt der Fraßstop bei der Raupe ein. Die jungen Räupchen fressen am meisten, deshalb wirken die Bazillen in diesem Stadium am besten.

Das *Bacillus-thuringiensis*-Präparat hat den großen Vorzug, daß es nur auf Schmetterlingsraupen wirkt und ohne Gefahr für andere Insekten, einschließlich der Bienen, höhere Tiere oder gar den Menschen angewandt werden kann. Eine Anwendungsbeschränkung besteht lediglich in Wasserschutzgebieten und dort nicht etwa wegen irgendwelchen Nebenwirkungen, sondern lediglich, um die Zahl der Keime/m^3 des Wassers niedrig zu halten. Wartezeiten müssen nicht beachtet werden.

Das Präparat hat eine gute Wirkung gegen Frostspannerraupen, gegen die Raupen des Eichenwicklers, des Ringelspinners, des Grünen Knospenwicklers, des Bodenseewicklers, der Gespinstmotte, des Goldafters, des Schwammspinners, der Kohlmotte, des Kohlweißlings und des Maiszünslers. Für den Hausgarten sollte es bei Bedarf vor allen anderen eingesetzt werden!

Mittlerweile ist es auch gelungen, einen neuen Stamm von *Bacillus thuringiensis* zu züchten, der auch ausgezeichnet auf Stechmückenlarven wirkt.

Viren

Mit Virosen als Ursachen für Krankheiten beim Menschen (z. B. Grippe-Virus) ist wohl jeder schon einmal in Berührung gekommen. Ähnliche Beispiele gibt es auch bei Schädlingen, nachstehend zwei Beispiele dazu.

Granulose- und Kernpolyedervirus Der Anwendungsbereich der *Bacillus-thuringiensis*-Präparate ist bereits sehr eingeengt und weist bestimmte Lücken bei der Bekämpfung von versteckt lebenden Raupen auf. Eine dieser versteckt lebenden Raupen, die Raupe des Apfelwicklers, bes-

Der Gefurchte Dickmaulrüßler.

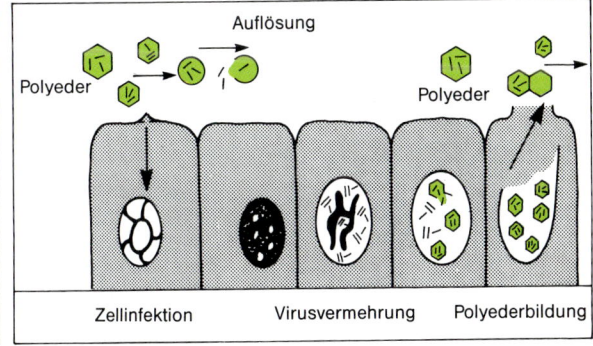

Hier werden die Darmwandzellen einer Raupe durch das Eindringen von Viren zerstört. (Abgeändert nach Franz/Krieg.)

ser bekannt unter der Bezeichnung »Wurm im Apfel«, dessen unliebsame Bekanntschaft wohl auch schon ein jeder gemacht hat.

Der Biologischen Bundesanstalt in Darmstadt ist es gelungen, den Erreger einer tödlichen Darmkrankheit des Apfelwicklers in Massen zu züchten und diesen, in ein Spritzpulver namens Granupom eingebunden, der Praxis zum Einsatz anzubieten.

Auch beim Granulosevirus erfolgt die Aufnahme über die Nahrung. Der Darmsaft löst das Virusgranulat auf, und die Virionen infizieren die Zellen der Darmwand. Die Wirkung ist bei jungen Raupen am besten.

Nach dem selben Schema verläuft auch der Einsatz des Polyedervirus zur Bekämpfung der Kohleule *(Pieris brassicae)* ab. 1–3 Behandlungen sind der Wirkung eines herkömmlichen Insektizids durchaus ebenbürtig.

Selbstvernichtungsverfahren

Inwieweit diese Behandlung jemals im Hausgarten praktische Bedeutung erlangen wird, sei dahingestellt. Der Vollständigkeit halber sollte jedoch auch auf diese sehr interessante Möglichkeit hingewiesen werden. Bei dieser Methode wird der Schädling durch eine künstliche Verminderung lebenswichtiger Leistungen (z. B. Fortpflanzungsfähigkeit) dazu gebracht, seine eigene Art zu vernichten. Es werden Individuen mit vererbbaren Schädigungen in eine gesunde Population eingebracht. Das ist also auch ein biologisches Verfahren, bei dem man sich lebender Tiere zur Minderung von Schädlingsbefall bedient. Bei der praktischen Anwendung ist die Grundvoraussetzung, daß der zu behandelnde Raum (Fläche, Gebiet) so isoliert liegt, daß der Nachzug von weiteren Individuen von außen weitgehend ausgeschaltet ist.

Es werden dabei große Mengen von natürlich kranken oder vorbehandelten Individuen mit gesunden zusammengebracht, die dann keine vollwertigen Nachkommen mehr hervorbringen. Dabei muß das betreffende Gebiet mit einer Überzahl von unfruchtbaren Tieren überschwemmt werden, um die gesunden des gleichen Geschlechts auszuschalten. Bereits nach der 3. Folgegeneration gibt es keine gesunden Nachkommen mehr oder zumindest nur noch so wenige, daß deren Schaden nicht mehr ins Gewicht fällt. Anders als bei dem Einsatz chemischer Mittel, die laufend unwirksamer werden, steigert sich die Wirkung durch immer neu ausgesetzte sterile Tiere.

Wetterbeobachtung, Klima

Große Bedeutung kommt bei den standortgebundenen Faktoren dem örtlichen Klima zu. Bestimmend sind hierbei weniger die absoluten Werte wie Niederschlagsmenge, Durchschnittstemperaturen, Sonnenscheindauer usw., sondern die Bandbreiten, in denen diese Werte schwanken. Witterungsextreme, wie Dürre und Regenperioden, Kälte oder Hitze mit Temperaturstürzen von 25 °C und mehr innerhalb weniger Stunden, machen allen Lebewesen zu schaffen. Besonders gefährdet sind die Pflanzen, die sich an das jeweilige Klima noch nicht angepaßt haben.

Klimabestimmende Faktoren können im Freiland nicht bedeutend vom Menschen beeinflußt werden, vielleicht muß man darüber froh sein: Anbauprobleme würden dabei doch nur verlagert; keinesfalls aber werden sie verringert, wie man an Gewächshauskulturen unschwer erkennen kann. Dort können zwar viele der Klimafaktoren optimal gesteuert werden, doch ver-

Auf den Früchten des Vorjahres überwintert der *Monilia*-Pilz, befällt von dort aus im Frühjahr die Blüten und gelangt so unter die Rinde der Zweige, welche dann absterben.

bessern sich dabei nicht nur die Wachstumsfaktoren für die Kulturpflanzen selbst, sondern auch für alle Lebewesen, die auf und von diesen Pflanzen leben. Und das um so mehr, je mehr (unter diesen Bedingungen) die natürlichen Begrenzungsfaktoren ausgeschaltet worden sind.

Man muß schon sehr genau über die Lebensbedingungen von Schadorganismen Bescheid wissen, um hier Unterschiede durch die entsprechende Klimasteuerung ausnützen zu können. Auch wenn wir das Wetter nicht beeinflussen können, so liegt in der Beobachtung und Registrierung der Klimadaten eine Vielzahl wichtiger Erkenntnisse. Die Vermehrung und Verbreitung von Schädlingen und Krankheiten ist entscheidend vom Klima abhängig. In Süddeutschland werden viele Schädlinge bei der Überwinterung abgetötet, nicht so sehr während der eigentlichen Wintermonate, sondern mehr im Frühjahr, wenn z. B. durch erneute Wintereinbrüche Schädlinge erfaßt werden, die vorzeitig ihr Winterquartier verlassen haben. Auch Schönwetterperioden wirken sich auf die Verbreitung von Schadorganismen störend aus. So verkürzt auch schönes Wetter im Frühsommer die Blüte von Obstbäumen. Die Folge ist, daß Sporen des *Monilia*-Pilzes weniger Zeit haben, die Blüten zu infizieren.

Der *Monilia*-Pilz verursacht nicht nur das Astabsterben verschiedener Steinobstarten, sondern ein nahe verwandter Pilz ist auch Ursache für die Fäulnis von Obst- und Gemüsefrüchten. Feuchtigkeit und zu niedrige Temperaturen verlängern den Befruchtungsvorgang der Obstbaumblüten, was aber gleichzeitig die Infektionsbedingungen für die genannten *Monilia*-Pilze ausdehnt.

Ein anderes Beispiel aus dem Gemüsebau: Tomaten kann man dadurch vor dem Befall von Kraut- und Fruchtfäule weitgehend schützen, daß die Pflanzen mit einem Foliendach überbaut werden und man sie nur im Wurzelbereich (nicht die oberirdischen Pflanzenteile) gießt. Auch der Erreger dieses Fäulnispilzes ist von der Feuchtigkeit abhängig, die ihn umgibt.

Des einen Freud ist des anderen Leid: Regen und Kälte im Frühsommer verschlechtern die Startbedingungen von Mai- und Junikäfer in des Wortes doppelter Bedeutung. Die Käfer warten zu dieser Jahreszeit darauf, aus ihren

Integrierter Pflanzenschutz

»Startlöchern« im Boden aufsteigen zu können: Zum Fliegen brauchen sie auch Wärme. Auch das Nahrungsangebot ist für sie bei Kälte stark eingeschränkt. Die zu klein gebliebenen Blätter bieten außerdem zu wenig Sichtschutz vor ihren vielen natürlichen Feinden.
Ein weiteres Beispiel: Laue, warme Frühsommerabende nützt das Männchen des Apfelwicklers zur »Brautschau«. Der Apfelwickler ist ein Kleinschmetterling (3 cm Flügelspannweite), dessen Weibchen seine Eier an Äpfel und Birnen ablegt. Aus diesen Eiern schlüpfen winzige Räupchen, die sich in die Frucht einbohren und sich zu dem berühmten Wurm im Apfel (bzw. Birne) entwickeln. Fällt nun die vorerwähnte »Brautschau« oder Eiablage wegen Kälte und Regen »ins Wasser«, so tritt auch hier eine merkbare Reduzierung des Befalls ein.
Die Beispiele für die Auswirkung des Wetters auf die Verbreitung von Schädlingen und Krankheiten könnten noch fortgesetzt und nach vielen Seiten erweitert werden. Es wird damit aufgezeigt, daß der Beobachtung des Wetters große Bedeutung im Sinne des Pflanzenschutzes zukommt. Man kann dadurch im voraus Schlüsse auf die mögliche Stärke des Krankheits- und Schädlingsbefalls ziehen und rechtzeitig handeln.

Direkte Bekämpfung

Biotechnische Verfahren

Waren bis jetzt hauptsächlich Methoden in Betracht gezogen worden, die mit Aktivitäten von natürlichen Gegenspielern zusammenhängen, so sollen nun Stoffe beschrieben werden, die, von Lebewesen produziert, bei anderen bestimmte Reize und Reaktionen auslösen. Sie töten nicht ab und rotten auch nicht aus, sind aber dennoch in der Lage, die Verbreitung von Schädlingen zu vermindern, unter die Toleranzschwelle zu drücken oder eine Pflanze zu schützen.

Chemische Reize

Durch Entsendung bestimmter Geruchsstoffe wird den Artgenossen oder auch den Feinden signalisiert, ob sie erwünscht bzw. unerwünscht sind, ob sie angelockt, verjagt oder abgeschreckt werden. Dementsprechend rufen sie also eine Veränderung im Verhalten des Empfängers hervor.

Fraßlockstoffe

Wer erinnert sich nicht an den Duft verschiedener Speisen, die uns Menschen unwiderstehlich anziehen, so daß einem das Wasser im Mund zusammenläuft? Viele Lebewesen finden so zu ihrer Nahrung. Diese Lockwirkung eignet sich hervorragend zum Anlocken von Schädlingen.
Mäuse fängt man mit Speck, heißt in etwa ein Sprichwort; auch mit Käse oder Wurst lassen sie sich in die verschiedensten Fallen locken.
Schnecken lassen sich durch Bier in die Schneckenfallen locken. Dazu werden ¼-l-Gefäße bis zum oberen Rand in die Erde eingegraben und bis 2 cm unter diesen Rand mit Bier gefüllt.
Wespen lassen sich in Flaschen fangen, in die man etwa 100 ccm einer Zuckerlösung (Honig, Apfelsaft) füllt; ein Schuß Essig verhindert, daß Bienen angelockt und gefangen werden.
Ungleiche Holzbohrer (*Anisandrus dispar*) bekämpft man, indem man Fallen in die Obstbäume hängt, die mit etwas Isopropyl-Alkohol gefüllt sind.
Ratten oder Wühlmäuse lockt man mit Giftweizen (Köder) an.
Drahtwürmer, die Larven des Schnellkäfers, werden durch Kartoffelstücke geködert, die im Feld z. B. zwischen Zuckerrüben zu einem Zeitpunkt, wo die Rüben noch klein sind, ausgelegt werden.
Schaben werden ebenfalls mit Kartoffelstückchen angelockt.

Wo er auftritt, hinterläßt der Maikäfer auch heute noch ein Bild der Verwüstung.

Bei der Schädlingsbekämpfung gibt es viele Einflußmöglichkeiten. (Abgeändert nach Franz/Krieg.)

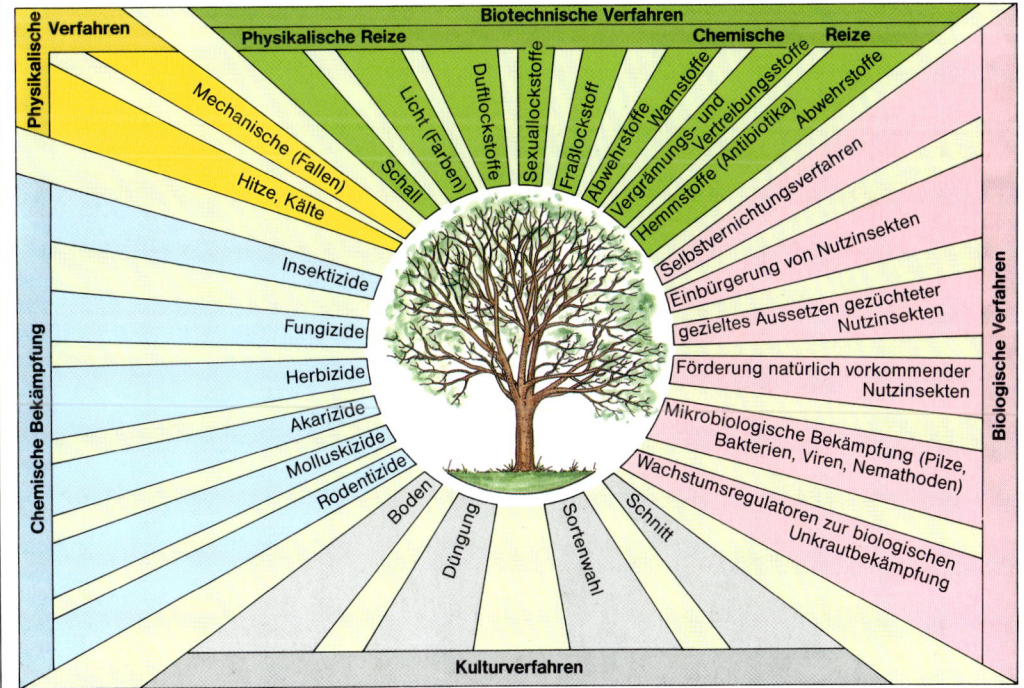

Integrierter Pflanzenschutz

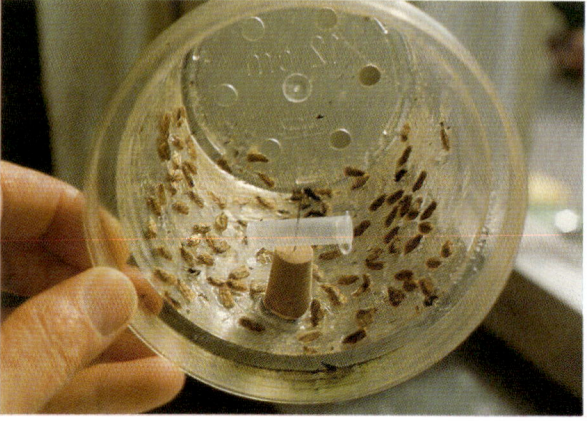

Von oben nach unten:
Eine Lockstoffalle aus zwei Blumentöpfen. Damit werden schädliche Falter angelockt.

Die Falle innen: Die Wand ist mit klebrigem Leim bestrichen, in der Mitte die Lockstoffkapsel.

Innenspalte: Borkenkäfer locken sich gegenseitig über einen komplizierten Duftschlüssel an.

Nicht nur Wespen, sondern auch Hornissen, wie hier auf dem Bild, lieben Süßes. Allerdings werden Hornissen, die auf der Roten Liste stehen, nicht zur Plage, im Gegensatz zu Wespen, die sehr lästig werden können.

Aus den geschilderten Beispielen läßt sich eine Vielzahl von Abwehrmöglichkeiten ableiten, die vom Freizeitgärtner praktisch ohne Nebenwirkungen vor allem im Hausgarten sehr leicht anzuwenden sind.

Fraßhemmstoffe

Die umgekehrte Situation wird durch Stoffe erreicht, welche für bestimmte Lebewesen unangenehm sind und die eine Vertreibung, Abschreckung oder Vergrämung bewirken.
Im Sinne des Pflanzenschutzes können diese Reaktionen bei der Schädlingsbekämpfung genutzt werden:

Kohlweißlingsraupen behagt der typische Geruch, den die Tomatenpflanzen verbreiten, gar nicht. Werden demzufolge Tomatenpflanzen neben Kohlpflanzen gesetzt, so schmeckt es dem Kohlweißling nicht mehr und er flüchtet.

Möhrenfliegen geht es ganz ähnlich, wenn Speisezwiebeln zwischen die Möhrenpflanzen gesetzt werden.

Kleidermotten lassen sich durch Naphthalin abschrecken (als Mottenkugeln erhältlich).

Wildverbiß kommt im Forstbereich und in den Baumschulen und Gärten vor. Dagegen werden die Triebspitzen der Jungpflanzen mit Pasten eingestrichen, wodurch dem Wild die Lust am Beißen vergeht. Diese Pasten sind in erster Linie Erdölprodukte, welche mit bestimmten Zusätzen die Wirkung erhöhen.

Schadvögel (Krähen, Fasanen, Tauben) schreckt man durch Beizung der Saatgüter mit Antrachinon ab.

Spinnmilben werden durch Netzschwefel erfolgreich vergrämt, ein Mittel, das zur Bekämpfung vieler Pilzkrankheiten angewandt wird, aber nicht ohne schädigende Nebenwirkung auf nützliche Insekten wie z. B. Schlupfwespen und Raubmilben ist.

Abwehrstoffe

Viele Pflanzen sind in der Lage, den Angriff von Insekten durch eigene Inhaltsstoffe abzuwehren. Einige dieser Abwehrstoffe finden in der Medizin und bei der Schädlingsbekämpfung Anwendung. Hier sollen nur ein paar Beispiele für Wirkstoffe als Pflanzenschutzmittel aufgezählt werden:

Pyrethrum wird aus der Blüte bestimmter Chrysanthemen gewonnen und wirkt gegen schädliche Insekten (leider auch Schlupfwespen und Raubmilben). Das Mittel ist kurzlebig, da es nicht sonnenlicht- und auch nicht regenbeständig ist.

Rotenon wird aus den Wurzeln tropischer Leguminosen gewonnen und wird wie Pyrethrum eingesetzt.

Derris, Ryania und Quassia sind ebenfalls Naturprodukte, die zu dieser Gruppe gehören.

Nikotin aus der Tabakspflanze wirkt auf Insekten ähnlich giftig wie auch auf den Menschen!

Cumarin wird aus Waldmeister (und der Tonkabohne) gewonnen und als ein erfolgreiches Rattengift eingesetzt. Außerdem wird Cumarin in der Medizin als wichtiger Blutgerinnungshemmer verabreicht.

Phytoalexine nennt man die Stoffe, die von der Pflanze selbst zur Abwehr von Krankheiten (und Schädlingen) produziert werden. Sie sind im wesentlichen für den Menschen schädlich oder sogar giftig. Es wird deshalb vor dem Genuß von geschädigtem Obst (z. B. Schorfäpfel) und Gemüse gewarnt!

Duftstoffe (Pheromone)

Duftstoffe finden immer mehr Eingang in die Strategie moderner Pflanzenschutzmaßnahmen. Es gibt kaum mehr einen interessierten Freizeitgärtner, der nicht wüßte, daß man mit »Sex-Fallen« Schmetterlinge fangen kann, deren Raupen Schäden an Obst und Gemüse hervorrufen. Das Geheimnis der Anlockwirkung beruht auf dem Duftstoff, den die Weibchen von vielen Schmetterlingsarten ausströmen, um die Männchen zum »Hochzeits«-Flug zu verführen. Früher hat man dazu lebendige Weibchen in einem Käfig ausgesetzt; heute werden diese Lockstoffe künstlich hergestellt. Die Lockstoff-Fallen sind im Handel erhältlich. Diese Fallen sind nach mehreren Seiten offen, so daß der Duft gut verteilt wird. Die Faltermännchen fliegen dem Duft entgegen und landen auf der klebrigen Masse in der Falle, mit der sie festgehalten werden. Die Sex- oder Pheromonfallen werden trotz möglicherweise hoher Fangraten nur schwach im Sinne der Schädlingsbekämpfung wirksam, da trotzdem immer noch ge-

Integrierter Pflanzenschutz 411

nügend Männchen für die Befruchtung der Weibchen übrig sind. Außerdem können die gefangenen Falter schon kopuliert haben, bevor sie in die Falle geraten sind.

Mittels der Pheromonfallen kann aber der Zeitpunkt und in etwa auch der Umfang der bevorstehenden Schädlingsattacke ermittelt werden. Gerade beim Apfelwickler ist es wichtig, die Raupen zu erfassen, <u>bevor</u> sie sich in den Apfel einbohren, denn hinterher gibt es keine Möglichkeit mehr, einerseits die Raupe abzutöten und andererseits die Frucht zu retten!

Gerade die einfache Handhabung dieser Fallen macht ihren Einsatz auch im Hausgarten möglich. Diese Lockstoffe (Pheromone) sind nämlich chemisch so spezifisch gebaut, daß sie wie beim Schlüssel-Schloß-Verhältnis nur bei einer bestimmten Kombination passen: In diesen Fallen werden also zum überwiegenden Teil nur die Falter angelockt, deren Lockstoff zu ihnen »paßt«. Pheromone werden noch in feinsten Konzentrationen in der Luft von den Fühlern der Falter wahrgenommen. Nicht selten reicht die Lockwirkung mehrere Kilometer weit.

<u>Verwirrungsmethode</u> Zu hohe Duftkonzentrationen in der Luft stören die Orientierung und lähmen oft die Bewegung der Schmetterlinge. Diese Situation wird bei der Verwirrungsmethode angestrebt: Werden viele kleine Kapseln (Granulat) mit dem Lockstoff versehen und auf eine große Fläche während der Paarungszeit verteilt, finden die Männchen die echten Weibchen nicht mehr (eine Methode zur Schwammspinner-Bekämpfung im Forst).

<u>Erkennungsduftstoffe</u> Ein besonderes Pheromon produziert die Bienenkönigin. Sie hält mit einem Gemeinschaftspheromon das Bienenvolk zusammen. Damit orientieren sich die Arbeiterbienen, um wieder in den eigenen Bienenstock zurückzufinden (nicht etwa der Farbanstrich des Flugloches). Die Wächter-Bienen erkennen daran wieder »ihre« Arbeiterinnen und können andere abwehren.

Sehr kompliziert ist auch das Gemeinschaftspheromon von Borkenkäfern. Einzelne Tiere locken damit Artgenossen zur Masseninvasion an, gleichermaßen Männchen wie Weibchen. Mit diesem Pheromon werden derzeit in unseren Wäldern Borkenkäfer in großen Mengen in Fallen gelockt und damit wirksam reduziert.

Ein ähnliches Pheromon bewirkt genau das Gegenteil und treibt die Gemeinschaft auseinander. Es wird produziert, wenn die Zahl der Individuen zu hoch wird, wenn sie sich gegenseitig behindern. Die Anwendung dieser Pheromone birgt für die Zukunft noch interessante Aspekte.

<u>Alarmduftstoffe</u> Duftstoffe dienen auch als Alarmsignal zur kollektiven Verteidigung bei Bienen, Wespen, Ameisen usw. Auch Blattläuse lösen einen solchen Alarm aus: Wenn sich natürliche Feinde nähern, kann man beobachten, daß sie sich auf den Boden fallen lassen.

<u>Markierungsduftstoffe</u> Die Kirschfruchtfliege dient als Beispiel dafür, daß sich Insekten durch entsprechende Duftnoten davor schützen, sich gegenseitig Konkurrenz zu machen. Bei der Eiablage hinterläßt die Kirschfruchtfliege einen Duftstoff auf der Frucht, der eine Doppelbelegung mit einem zweiten Ei weitgehend verhindert. Die künstliche Markierung der Kirschen mit diesem Pheromon hat bis jetzt in der Praxis noch nicht den gewünschten Erfolg gebracht.

<u>Geburtenkontrolle bei Schädlingen</u> Seitdem die Geburtenkontrolle beim Mensch erfolgreich durchgeführt wird, versucht man auch Schädlinge (Lästlinge), die unter einem bestimmten öffentlichen Schutz stehen, wie Tauben, Krähen, Spatzen, Möwen usw., nicht mehr zu töten, sondern deren Nachkommenschaft durch entsprechende Hormonköder zu regulieren.

Auch bei Nagern läßt sich diese Methode bisher recht erfolgreich anwenden.

<u>Entwicklungshormone</u> Mehr oder weniger zufällig wurde ein Hormon entdeckt, das die Häutung von Raupen beeinflußt: In einem in Zeitungspapier eingewickelten Behälter zeigten mit einem Mal alle Raupen ähnliche Verwachsungen, die schließlich zum Absterben führten. Heute weiß man, daß Nadelbäume zum eigenen Schutz Entwicklungshemmer produzieren können, welche die notwendige Häutung von (Holz-)Schädlingen zwischen den einzelnen Entwicklungsstadien stören. Mit dem Holz eines solchen Baumes mußte wohl das erwähnte Zeitungspapier hergestellt worden sein.

Ein derart wirkendes Pflanzenbehandlungsmittel (Juvenilhormon) ist seit Jahren auf dem Markt. Es greift in den Stoffwechsel von Raupen ein, indem es den Häutungsvorgang stört. Die Haut wächst nicht mehr in gleichem Maß mit der Raupe mit, so daß die Raupe regelrecht platzt.

Physikalische Reize

Das Anlocken, Abschrecken oder Vertreiben von Schädlingen ist sehr gut auch mit physikalischen Reizen möglich, wie die folgenden Beispiele zeigen sollen:

Akustische Abwehr

Singvögel, wie Drosseln, Stare, Finken etc., können im Obst-, Wein- oder Gemüsebau solche Schäden anrichten, daß der Anbau dieser Kulturen in Frage gestellt wird, wenn man nichts dagegen unternimmt. Scharen von Krähen, Fasanen und Spatzen fügen der Landwirtschaft alljährlich großen Schaden zu. Eine direkte Bekämpfung ist bei diesen Gelegenheitsschädlingen undenkbar. Darum bemüht man sich schon seit Jahrzehnten, durch Knallgeräte die Vögel zu vertreiben: Präparierte Carbidkanonen verursachen in unregelmäßigen Zeitabständen einen ohrenbetäubenden Knall, welcher die Schadvögel verscheucht. Durch die jahrelange Anwendung gewöhnen sich aber die Vögel an den Lärm, und die Wirkung dieser Maßnahme schwächt sich kontinuierlich ab. Zur »psychologischen Kriegsführung« ist man mittlerweile übergegangen, indem mittels Lautsprecher die Angstschreie von Artgenossen oder auch die Lockrufe von Raubvögeln übertragen werden. Auch Tongeneratoren, mit denen für Vögel

Fein wie Radargeräte nehmen die Fühler mancher Falterarten Duftstoffe aus der Luft.

Integrierter Pflanzenschutz

Dieser Lichtfallentyp wurde für den Fang der schädlichen Wicklerfalter entwickelt.

Lockfalle mit Farbe und Duft: Holzbohrerfalle am Apfelbaum.

Die Gelbtafel wird beim Kirschfruchtfliegenfang (auch anderer Fliegen) eingesetzt.

unangenehme Laute und hohe Töne erzeugt werden, wurden mit wechselhaftem Erfolg eingesetzt. Zur Wühlmaus- und Rattenbekämpfung werden seit geraumer Zeit Ultraschallgeräte angeboten, die vorerst außer Einnahmen für den Hersteller sonst keinen Bekämpfungserfolg bringen.

Optische Reize

Etwas besser scheint der Erfolg mit Geräten zu sein, die durch optische Reize Schädlinge anlocken oder vertreiben. Viele Schadinsekten reagieren auf gelbe Farbflächen und lassen sich damit anlocken. Klebrige Gelbtafeln werden zur Beobachtung der Kirschfruchtfliege erfolgreich eingesetzt. Im Gewächshaus kann man damit den Bestand an Weißer Fliege oder Miniermotten minimal reduzieren. Gelbschalen werden, mit entspanntem Wasser gefüllt, zur Anlockung von vielen fliegenden Schadinsekten, wie Blattläusen, Gemüsefliegen, Rüssel- und Glanzkäfern, Zikaden, Blattsaugern usw., aufgestellt. Auch hierbei ist der Beobachtungserfolg meist wertvoller als der Wegfangeffekt; hinzu kommt jedoch, daß sich in den Gelbschalen auch Nützlinge wie Spinnen, Laufkäfer, Schlupfwespen, Flor- und Schwebfliegen fangen.

Schmetterlinge und andere nachtaktive Insekten werden mit Lichtfallen angelockt, diese sind aber aus Gründen des Artenschutzes für diesen Zweck verboten worden, außerdem werden auch hier Nützlinge und Schädlinge gleichermaßen gefangen. Eine Kombination aus optischem Reiz und Duftlockstoff lockt den Ungleichen Holzbohrer in die Falle: Unter einer roten Leimtafel hängt eine Flasche mit 20%igem Alkohol; beides dient dazu, die Käfer zu fangen.

Kombination von optischem und akustischem Reiz

Die besten Erfolge bei der Vogelabwehr in Kirschen können derzeit mit Geräten erzielt werden, bei denen akustische und optische Reize kombiniert sind. Aus der Schweiz kommt ein Gerät, bei dem, über einen Elektromotor angetrieben, in bestimmten Intervallen verschiedenfarbige Folienstreifen unter lautem Geklatsche hin und her gerüttelt werden. Die etwa 50 cm langen Folienstreifen sind wie auf einer Wäscheleine im Abstand von 1–1,5 m aufgereiht. Die Leine ist, auf Rollen gelagert, an den Kirschbäumen entlang gespannt. Die Wirkung auf die Schadvögel ist zur Zeit immer noch zufriedenstellend. Nur müssen sehr viele Kirschen mehr verkauft werden, um die Anlagekosten dieses Gerätes wieder zu erwirtschaften.

Streifen aus Alu-Folie oder ähnliche bewegt aufgehängte Glitzerobjekte haben oft eine gute Anfangswirkung zum Schutz des Gemüsebeetes im Hausgarten gezeigt.

Ein Hauch von Nostalgie umgibt die Vogelscheuchen; leider ist auch bei ihnen oft der künstlerische Wert höher als ihre Schutzwirkung.

Vorgänge im Wurzelbereich

Mikroorganismen

Wurzeln können verschiedene Nährstoffe nur dann aufnehmen, wenn sie von Mikroorganismen entsprechend aufbereitet worden sind. Die Pflanze liefert ihrerseits den Bakterien und Pilzen Aufbaustoffe. Diese gegenseitige Abhängigkeit (Symbiose) zwischen Pflanze und Mikroorganismen kann in etwa mit der Darmflora des Menschen verglichen werden, was Aufbau und Bedeutung betrifft.

Auch wenn die Symbiosen im Wurzelraum noch nicht bis in alle Einzelheiten geklärt sind, weiß man doch, welch eine entscheidende Rolle sie für den Erhalt der Pflanze spielen: Auch hier könnte man zwischen Nützlingen und Schädlingen unterscheiden. Die einen Mikroorganismen fördern die Pflanze, die anderen schädigen sie; andere wiederum behindern sich gegenseitig.

Mykorrhizaflora wird die Wechselbeziehung zwischen Pflanzenwurzeln und Bodenpilzen bezeichnet, welche die Nährstoffaufnahme der Wurzeln selbst in nährstoffarmen Böden ermöglicht bzw. fördert. In Feldern mit Monokultur oder übertriebener Mineraldüngung wird die Mykorrhizabildung gestört. Um diese natürliche Förderung der Bodenaktivität auf schlechten Böden zu nutzen, sollte man solche Fehler möglichst vermeiden.

Wurzelausscheidungen

Um andere Pflanzen aus der Nahrungskonkurrenz (Unkräuter) zu drängen, scheiden die Wurzeln mancher Pflanzen Hemmstoffe aus. Die Unkrautbekämpfung im Ackerbau könnte viel-

Integrierter Pflanzenschutz

leicht einmal durch diese Erkenntnisse wesentlich vereinfacht werden, denn Weizen, Hafer und vor allem Gerste scheiden Wurzelhemmstoffe aus. Antibiotika werden z. B. nicht nur von verschiedenen Pilzen, sondern auch von Pflanzen (z. B. Kapuzinerkresse) ausgeschieden und wirken auf Krankheitserreger hemmend.

Schutzimpfung von Boden und Pflanze

Als ein Grenzbereich der biotechnischen Verfahren ist die Schutzimpfung von Boden und Pflanzen anzusehen. Ähnlich wie beim Menschen werden zur Bekämpfung von Viruskrankheiten schwachvirulente Virusstämme in das Pflanzengewebe eingeimpft. So kann eine spätere Infektion mit einem virulenten Virus verhindert werden. Erste Impferfolge gelangen 1963 in den Niederlanden bei der Bekämpfung des Tomaten-Mosaik-Virus.

Physikalische Verfahren

Früherkennung

Die mehrfach geforderte Beobachtung des Lebens in, auf und um die Pflanze herum ist Grundvoraussetzung dafür, daß Fehlentwicklungen rechtzeitig erkannt werden. Jede Schädlingspopulation fängt irgendwann einmal ganz klein an. Den Anfängen von Hand zu wehren, ist oftmals leicht und wirkungsvoll zugleich. Dagegen ist es später meistens mühsam und schwierig, einem schlimmen Befall zu begegnen, zumal der Schaden dann oft schon beträchtlich ist!
Deshalb gilt folgender Merksatz:
<u>Schädling früh erkannt – Gefahr schon fast gebannt!</u>

Mechanische Schädlingsbekämpfung

In diesen Bereich fallen in erster Linie alle die Maßnahmen, welche mit der Hand oder mit mechanischen Werkzeugen ausgeführt werden können. Natürlich sind hierbei schnell Grenzen des wirtschaftlich Tragbaren oder des menschlich und körperlich Zumutbaren erreicht. Oft genug ist es aber die einzige und nicht selten die letzte Möglichkeit, einem Schadorganismus Herr zu werden.

Schnittmaßnahmen

Hierzu ein paar Beispiele aus der Praxis: Die Bekämpfung von Pilzkrankheiten durch Beschneiden der Kulturpflanzen (erkrankte Teile entfernen) ist zwar oft sehr arbeitsaufwendig, aber dafür wirksam. Beim Auslichtungs- und Verjüngungsschnitt von Obstbäumen werden auch im Erwerbsanbau gleichzeitig die »Mehltau-Spitzen« (weiß-bepuderte Triebspitzen) geschnitten und gesammelt, um die weitere Infektionsgefahr abzubauen. Die Auslichtung der Gehölze vermindert die Pilzinfektionsgefahr insgesamt.

Abkratzen

Beim Schneiden der Bäume muß stets darauf geachtet werden, daß Äste mit einem sauberen Schnitt (auf Astring) zurückgesetzt werden. Richtig ausgeführte Schnittflächen werden so durch Wundverschlußgewebe (Kallus) schneller und vollständig (in Abhängigkeit von der Größe der Schnittfläche) überwallt und verheilen besser. Sogenannte Wundverstrichmittel beschleunigen diesen Vorgang und schützen dann die Schnittstelle.
Auch der Befall von Blutlaus ist oft nur mit mechanischen Mitteln abzuwehren, weil sie an Obstbäumen gut geschützt hinter Rindenschuppen in mehreren Schichten übereinander geschichtet sitzen. Der typische Wachsüberzug macht sie gegen Spritzungen weitgehend unempfindlich. Abhilfe dagegen schafft das Abkratzen der losen Rindenschuppen mit einer Drahtbürste.

Wasserstrahl

Der Fantasie sind bei der Schädlingsbekämpfung im Hausgarten keine Grenzen gesetzt, sofern die Maßnahme im vorgesteckten Rahmen wirksam wird. Oftmals reicht schon ein scharfer Wasserstrahl aus, um Schädlinge von Bäumen und Sträuchern herunterzuspritzen; bei mehrfacher Wiederholung können damit durchaus ausreichende Erfolge erzielt werden.

Absammeln

Bei allen mechanischen Maßnahmen ist eine Früherkennung der Schlüssel zum Erfolg. Bei den Kontrollgängen werden Blattläuse, Raupen, Schadkäfer abgeklaubt, in Behältern gesammelt oder zwischen Blättern zerdrückt. Gerade im zeitigen Frühjahr ist diese Tätigkeit besonders wichtig, weil sich die Population der meisten Schädlinge in dieser Jahreszeit wieder neu aufbaut. So kann der aufmerksame Beobachter bereits kurz nach dem Ausschlagen der Bäume die Stammütter vieler Blattlausarten entdecken.
Nicht immer sind die Blätter, auf deren Unterseite sich eine Stammutter befindet, einfach zu entdecken, meistens sind die Läuse durch ihre angepaßte Körperfarbe kaum vom Blattgrün zu unterscheiden.
Die Stammütter sind in der Lage, wie am Fließband lebende Junge in die Welt zu setzen. In kürzester Zeit erlangen die Jungen ihrerseits diese Fähigkeit! Ohne natürliche Begrenzungsfaktoren brächte es solch eine Stammmutter auf mehrere Millionen Nachkommen im Jahr. Man braucht nicht viel Fantasie, um sich auszumalen, wie wirkungsvoll ein Druck mit Daumen und Zeigefinger ist, wenn damit mit

Die Gespinstmottennester werden vor dem großen Schaden einfach ausgeschnitten.

Die Blutlaus sitzt meist unter losen Rindenschuppen, die auf diese Weise abgebürstet werden.

Integrierter Pflanzenschutz

einem Schlag die gesamte Nachkommenschaft eines ganzen Blattlausstammes ausgelöscht wird. Es gibt dabei keine Nebenwirkungen oder Rückstandsprobleme. Es bleiben noch genügend andere Blattlausarten übrig, von denen sich Nützlinge ernähren können.

Die Raupen von Gespinstmotten können in manchen Jahren ganze Wälder kahlfressen und die Äste so stark mit Spinnfäden überziehen, daß sie als Kulissen in einem Gruselfilm tauglich wären. Ausgangspunkt dieser Kalamität sind die Raupennester der Gespinstmotten, die im Frühjahr wie harmlose braune Samtflecken auf einzelnen Blättern aussehen. In diesem Stadium wäre die mechanische Beseitigung der Raupen von Hand gar kein Problem. Haben sich dagegen schon die zahlreichen »Satelliten«-Gespinste auf umstehenden Bäumen gebildet, helfen meist nur noch drastischere Methoden, wie Ausschneiden oder Ausbrennen.

Fallenstellen

Breiten Raum nehmen bei den physikalischen Verfahren die vielfältigen Möglichkeiten des Fallenstellens mit und ohne Köder ein: Fallen, welche ihre Opfer unterwegs, gewissermaßen als Wegelagerer, überraschen. Um z. B. Schäden der Wühlmaus (Schermaus) einzuschränken, die die Wurzeln von Obstbäumen abfrißt, werden z. B. Plättchen- oder Drahtbügelfallen in die Bohrgänge eingebaut. Durch diese Technik wird gezielt und umweltfreundlich ein Schädling bekämpft. Der hohe Zeitaufwand des Fallenstellens rechtfertigt nicht das höhere Umweltrisiko chemischer Bekämpfungsmöglichkeiten. Das Begasen der Bohrgänge mit Auspuffgasen von Zweitaktmotoren ist eine weitere Möglichkeit, doch schreckt viele der hohe Aufwand ab, der dafür erforderlich ist, von den Verbrennungsrückständen im Boden ganz zu schweigen.

Leimringe

Eine Renaissance erlebt derzeit der altbewährte Leimring in den Hausgärten. Die Bekämpfung z. B. des Frostspanners kann damit recht wirksam durchgeführt werden. Die Raupen des Frostspanners richten an vielen Bäumen und Sträuchern Fraßschäden im Frühjahr an. Man muß dazu aber wissen, daß die ungeflügelten Weibchen des Frostspanners zur Eiablage im Herbst (bis Dezember) zu Fuß aufbaumen müssen. Sie müssen dabei also den Leimring passieren und bleiben kleben. Mit Leimringen werden auch Ameisen erfaßt, welche Blattläuse hospitieren. Die Leimringe sollten im Frühjahr wieder abgenommen werden, da sich sonst zu viele Nützlinge fangen.

Fanggürtel

Mit den Fanggürteln bietet man Schädlingen einen Unterschlupf. Es sind Wellpappestreifen, die mit einem Bindfaden am Baumstamm befestigt werden. Die Wellpappenröhren bieten z. B. Wicklerraupen und anderen Insekten Unterstand zur Verpuppung. Auch Fanggürtel sollen immer wieder erneuert werden, wenn sich Schädlinge darin verstecken. Leider ist oft die Zahl der Nützlinge größer als die der Schädlinge.

Hitze- und Kältebehandlung

Bei der Konservierung von Nahrungsmitteln in der Küche spielen Wärme- und Kältebehandlungen eine sehr wichtige Rolle: Es werden damit vorbeugend Fäulnispilze und Bakterien abgetötet; dies ist übrigens auch eine Form des Pflanzenschutzes.

Schlecht bekämpfbare Viruskrankheiten können durch Tauchbehandlungen des Saatgutes oder der ganzen Pflanze in 30–40°C warmem Wasser mit ausreichendem Erfolg verdrängt werden.

Im vorangegangenen Kapitel war bereits vom Gartenschlauch als erfolgreiches Pflanzenschutzgerät die Rede: Nicht nur die Wucht des Wasserstrahls schwemmt die Schädlinge von den Blättern, hinzu kommt in vielen Fällen auch noch der Kälteschock.

Dämpfen, Abflammen

Im Gewächshaus ist die Gefahr des Befalls durch Schädlinge und Krankheitserreger besonders groß, da die dort verwendete Erde immer wieder zum Kultivieren von Pflanzen hergenommen wird. Um dieses Problem zu lösen, werden verschiedene Techniken des Erddämpfens eingesetzt. Dabei wird Wasserdampf von 100°C etwa 30 Minuten lang in die Erde eingeleitet und diese annähernd sterilisiert, so daß schädliche (leider auch die nützlichen) Bodenorganismen abgetötet werden.

Zur Unkrautbekämpfung wurden spezielle Abflammgeräte entwickelt, mit denen auf Feldern und Beeten vor der Einsaat oder dem Pflanzen die oberirdischen Pflanzenteile der Unkräuter abgesengt werden, um den Kulturpflanzen den nötigen Vorsprung zu sichern. Damit können zwar Herbizide (Unkrautmittel) gespart werden, doch ist das Verfahren mit einem hohen Energieaufwand verbunden; oft reicht auch die Wirkungsdauer nicht in befriedigendem Maße aus.

Luftfeuchte

Die Steuerung der Feuchtigkeit beeinflußt das Aufkommen von Pilzkrankheiten ganz entscheidend, da deren Sporen für die Infektion auf der Pflanze Wasser brauchen. Bei Trockenheit und hohen Temperaturen fühlen sich dagegen z. B. Spinnmilben und Schildläuse sehr wohl.

Leimringe unterbrechen den Weg der Insekten vom Boden auf die Äste, z. B. beim Frostspanner.

Der Fanggürtel aus Wellpappe wird gerne von Larven und Raupen zur Verpuppung genutzt.

Integrierter Pflanzenschutz

Chemische Pflanzenschutzmittel

Diese stellen in der Reihe der aufgeführten Möglichkeiten der Schädlingsbekämpfung die wirksamste Abwehr dar, aber auch die gefährlichste. Ihre richtige Anwendung hängt von Vorkenntnissen ab, die im Hobbybereich gar nicht gegeben sein können. Vorkenntnissen, die sowohl im vorliegenden biologischen Bereich liegen als auch im chemischen, physikalisch-technischen und im toxikologischen. Damit haben selbst Fachleute immer wieder Probleme.

Im Hausgarten kommt man weitgehend ohne sie aus. Treten Schädlinge auf, die nur chemisch bekämpft werden können, sollte unbedingt ein Fachmann gerufen werden.

Biologisch-chemische und nützlingsschonende Pflanzenschutzmittel

Es werden Pflanzenschutzmittel verkauft, die sich mit der Vorsilbe »Bio« mit einem Heiligenschein umgeben, den sie oftmals ebensowenig verdient haben wie andere chemische Präparate.

Auch die generelle Bezeichnung Nützlingsschonung ist irreführend, weil es den Nützling gar nicht gibt. Schont ein Präparat zwar eine einzelne Nützlingsart, ist es deshalb noch nicht gleich nützlingsschonend. Bei allen Mitteln, die dem Freizeitgärtner in diesem Zusammenhang angeboten werden, ist allgemein eine gewisse Skepsis angebracht, wenn man Hokuspokus vom ehrlichen Produkt unterscheiden will. Die Wirkung muß erkennbar in der Differenz zwischen vorher und nachher liegen: Festhalten des Ausgangs- und Endbefalls (z.B. durch Auszählung: Schädling je Blatt). Der Wirkmechanismus muß verstanden werden und das Präparat hygienisch unbedenklich sein. Auch beim Ansetzen von Auszügen und Brühen laufen eine ganze Reihe von chemischen, physikalischen und biologischen Vorgängen ab.

Das Anwenden dieser Tinkturen ist nicht immer nur schon deswegen ungefährlich, bloß weil das Ausgangsprodukt aus Pflanzen stammt. Natürliche Gifte können eine ebenso entsetzliche Wirkung haben wie die chemischen – letztlich beruhen sie alle auf chemischen Reaktionen. Bei letzteren werden viele Bedenken bei der Zulassungsprüfung für den Handel zerstreut, während bei den nicht getesteten natürlichen (biologischen) Giften an dieser Stelle ein Fragezeichen steht.

Selektiv wirkende Pflanzenschutzmittel

Im Erwerbsanbau bemüht man sich immer mehr, selektiv wirkende Mittel anzuwenden, also Pflanzenschutzmittel, die nur den anvisierten Schädling erfassen und keinen »Kahlschlag« verursachen. Derzeit sind leider noch nicht genügend solcher Präparate verfügbar, die Zahl nimmt aber jährlich zu.

Testung auf Nutzinsekten

An einigen Instituten in Europa werden Pflanzenschutzmittel hinsichtlich ihrer Wirkung auf Nutzinsekten getestet, und zwar ca. 15 Nützlingsarten mit verschiedenen Präparaten in den unterschiedlichen Konzentrationen und Formulierungen. Hat ein Präparat diese Tests erfolgreich bestanden, so ist es nur für die getesteten Nützlinge schonend, aber noch lange nicht für alle Nützlinge.

Diese Tests haben ergeben, daß Präparate zur Pilz- oder Spinnmilbenbehandlung Nützlinge ganz oder teilweise schonen.

Nur bei der Bekämpfung von Insekten gibt es zur Zeit kaum Mittel, die bei einer befriedigenden Wirkung auf das Schadinsekt auch noch die Testnützlinge schonen.

Nachstehend die Nützlinge, die für die Schonung bei der Anwendung von chemischen Pflanzenschutzmitteln getestet werden bzw. worden sind:
Spinnen *(Leptyphantes, Coelotes)*, Raubmilben *(Amblyseius, Typhlodromus, Phytoseiulus)*, Laufkäfer *(Bembidion, Pterostichus)*, Marienkäfer *(Coccinella)*, Kurzflügler *(Aleochara)*, Raubwanze *(Anthocoris)*, Schwebfliege *(Syrphus)*, Raupenfliege *(Drino)*, Schlupfwespen *(Trichogramma, Encarsia, Phygadeuon, Leptomastix)*, Florfliege *(Chrysopa)*, Pilz *(Verticillium)*.

Alternativen zum Einsatz von Pflanzenschutzmitteln

Folgende Alternativen zum Einsatz von Pflanzenschutzmitteln sind beim Pflanzenbau möglich:

- Optimale Versorgung der angebauten Pflanzen;
- Genaue Kenntnis über die Lebensweise der wichtigsten Nutz- und Schadorganismen;
- Rechtzeitiges (frühzeitiges) Erkennen von Schädlingen und Nützlingen (regelmäßige Kontrollen, Auszählungen);
- Toleranz gegenüber dem Schädlingsbefall innerhalb des »tragbaren Maßes«.

Auch Marienkäferlarven dienen zur Testung der Nebenwirkungen von Pflanzenschutzmitteln.

- Schaderreger vom Frühjahr an mechanisch reduzieren durch Absammeln, Zerdrücken, Ausschneiden, Abkratzen, Abschwemmen, Fallenstellen, Vermehrung einschränken.
- Die natürlichen Feinde der Schadorganismen beachten, schonen, fördern, ansiedeln.

Pflanzenschutzmittel im Hausgarten – immer problematisch

Die Ausbringung von Pflanzenschutzmitteln im Hausgarten ist mit einer ganzen Reihe von Problemen verbunden, weil neben den rein technisch/praktischen Schwierigkeiten (Dosierung, Flächenbezug, Ausbringtechnik, Zeitpunktermittlung) die chemisch/physikalisch/biologischen Erkenntnisse fehlen, um Haupt- und Neben-

Integrierter Pflanzenschutz

Der eigene Schutz kann beim Spritzen gar nicht groß genug sein.

Kohleulenschaden: Hohe Qualität ist nicht nur beim Menschen gefragt!

Krankheiten und Schädlinge

Bei der Schädigung von Pflanzen unterscheiden wir grundsätzlich Schäden, die von außen kommen, wie z. B. durch Insekten, Viren, Bakterien oder Pilze, die auf und von dem Pflanzengewebe leben und diese also parasitieren, oder die von Einflüssen herrühren, die durch Standort, Boden, Klima, Ernährung usw. bedingt, also nicht parasitärer, sondern physiologischer Ursache sind.

Bei allen Betrachtungen von Schäden an Pflanzen darf man einen wichtigen Aspekt nicht aus den Augen verlieren: Es gibt immer zwei Seiten – keinen Schaden ohne Nutzen!

Schädlinge sind nicht nur schädlich, sondern sie dienen auch den Nützlingen als Nahrung: <u>keine Schädlinge wären der Tod vieler Nützlinge!</u>

Neben Schädlingen und Nützlingen gibt es noch einen dritten, weit größeren Bereich, den der Indifferenten. Das sind die Lebewesen, die vom Standpunkt des Menschen aus gesehen weder als nützlich noch als schädlich eingestuft werden. Man darf aber dabei keinesfalls dem Fehler erliegen, daß diese deswegen für die Natur nutzlos oder gar überflüssig seien! Jedes Individuum entspricht letztlich einem wichtigen Bindeglied in der ökologischen Kette und erfüllt eine wichtige biologische Aufgabe.

wirkungen auf das Ökosystem des Gartens beurteilen, abschätzen und verantworten zu können.

Hinzu kommt noch, daß, weil diese Voraussetzungen fehlen, die Erfolge bei der Bekämpfung ausbleiben oder zu spät kommen. Meist wird dann der Freizeitgärtner, nach dem Motto »Viel hilft viel«, zu große Mengen an Pflanzenschutzmitteln in seinem Garten ausbringen und dadurch den Pflanzen mehr schaden als nützen. Am Ende steht dann immer noch die Frage, wohin mit den Pflanzenschutzmittelresten?

Die Lösung kann deshalb nur lauten, möglichst nur robuste (heimische) Pflanzen im Garten zu verwenden, die »alltäglichen« Schädlinge mit den vorgenannten Alternativen zu bekämpfen und für Problemfälle den Fachmann zu Hilfe zu rufen.

Parasitäre Ursachen

Fressende und beißende Insekten

Ihre Mundwerkzeuge sind so ausgebildet, daß von der (Nahrungs-)Pflanze kleine Stückchen abgebissen und gefressen werden. Zu ihnen gehören z. B. Käfer und deren Larven, Raupen, Blattwespenlarven. Sie verursachen an einer oder mehreren Pflanzen oder auch Pflanzenarten und Pflanzenorganen Buchten-, Loch-, Fenster- oder Schabefraß. Sie leben meist gut getarnt auf der Pflanzenoberfläche, legen Minen, Bohrgänge oder offene Fraßgänge an oder leben schädigend im Wurzelbereich.

Saugende Insekten

Bei saugenden Insekten sind die Mundwerkzeuge zu einem Saugrüssel umgebildet, mit dem sie das Pflanzgewebe anstechen und einzelne Zellen oder gleich den ganzen Zellverband zerstören. Oft führt der dabei abgesonderte Speichel zu Wachstumsschäden, zumindest aber zu Gewebeaufhellungen im Bereich der zerstörten Zellen. Besonders ergiebig deshalb bevorzugt, sind für einige saugende Insekten die Leitungsbahnen der Blätter, in denen der Saftstrom zwischen Wurzeln und Blättern verläuft.

Größte Bekanntheit haben in dieser Gruppe die Blattläuse erreicht. Es gehören aber noch Blattsauger, Zikaden, Schild- und Blutlaus, Wanzen, Gallmücken, diverse Fliegenarten, Blasenfüße und Springschwänze hierzu.

Spinnmilben gehören zwar nicht zu den Insekten, verursachen aber trotz ihrer winzigen Gestalt erhebliche Saugschäden, weil sie sich unter günstigen Bedingungen explosionsartig vermehren können.

Nematoden, welche in Zysten oder frei im Boden an oder in der Pflanze leben und mit einem Saugstachel an Blättern, Stengeln oder Wurzeln saugen, haben schon auf verschiedenen Flächen den Anbau bestimmter Kulturpflanzen unmöglich gemacht.

Die saugenden Schädlinge haben oft auch große Bedeutung als Überträger verschiedener Infektionskrankheiten, z. B. Bakteriosen, Virosen und Pilzkrankheiten.

Bakterien

Während Pilzkrankheiten an Kulturpflanzen durch ihre typischen Erschei-

nungsformen für das Auge mehr oder weniger sichtbar sind und dadurch unterschieden werden können, gibt es bei Bakteriosen und Virosen für den Laien wie für den Fachmann beim Erkennen und Unterscheiden Schwierigkeiten. Hier dient vielfach nur noch der charakteristische Krankheitsverlauf als Diagnosehilfe oder ein entsprechend ausgestattetes Labor.

Bakterien verursachen zahlreiche Pflanzenkrankheiten; sie sind einzellig und stäbchenförmig, manche sind durch eine peitschenartige Geißel bewegungsfähig. Da sie nicht selbst in die Pflanzenzelle eindringen können, gelangen sie über Wunden, Spaltöffnungen und Lentizellen dorthin. Sie lösen die Zellwände auf und verbreiten sich über die Leitungsbahnen in der ganzen Pflanze aus. Die Übertragung erfolgt durch Menschen, Tiere, Wind, Wasser, Geräte, Pollen, Bodenteilchen. Bakterienbefall zeigt sich durch Naß- und Weichfäulen, als Wucherung an Stengel und Wurzel, als Flecken oder auch als Welkeerscheinung.

Viren

Während Bakterien noch eine feste Zellwand besitzen, fehlt diese bei Viren. Sie haben keinen eigenen Stoffwechsel und können sich nur in der lebenden Zelle vermehren und nehmen dadurch eine Stelle zwischen belebter und unbelebter Natur ein. Viren können sich auch nicht selbst bewegen, sondern werden mit dem Stoffwechsel von Zelle zu Zelle transportiert. Sie leben vom Pflanzeneiweiß und der Ribonukleinsäure der Zelle. Es treten dadurch Wachstumsstörungen der verschiedensten Formen auf: Vergilbung, Scheckung, Mißbildung an verschiedenen Pflanzenorganen. Die Übertragung erfolgt über den Samen, durch Berührung oder Verletzungen, durch Pflegemaßnahmen (z. B. Schnittwerkzeug), durch Insekten und Nematoden, durch Bodenpilze und durch Wind. Virosen können über einen Serumtest (ELISA-Test) nachgewiesen werden. Das Serum enthält Antikörper, die auf Viruszellen reagieren.

Pilzkrankheiten

Sie haben die unterschiedlichsten Formen und Lebensweisen und spielen in allen Kulturen eine Rolle. Pilze vermehren sich über Sporen und entwickeln ein weitverzweigtes fädiges Geflecht in fast allen Pflanzenteilen. Sie entnehmen der Pflanze die benötigten Nähr- und Aufbaustoffe und verursachen dadurch verschiedenste Krankheitserscheinungen an Wurzeln, Stengeln, Blättern, Blüten und Früchten. Die Verbreitung erfolgt durch das Saatgut, durch Insekten, Wind, Regen, durch Pflegemaßnahmen. Für die Ausreife der Sporen und das Eindringen in das Pflanzengewebe sind häufig bestimmte Witterungsbedingungen erforderlich. Den Winter überdauern viele Pilzarten am Herbstlaub im Boden, an Ernterückständen, an Fruchtmumien oder auch an speziellen Winterwirtspflanzen.

Nichtparasitäre Störungen der Wachstumsfaktoren

Wie bereits beschrieben, wird die Pflanze durch individuelle Kulturmaßnahmen in die Lage versetzt, in vielen Fällen durch eigene Abwehrkräfte einen Schadorganismus zurückzudrängen. Dieser Gesundheitszustand der Pflanze ist aber zusätzlich von verschiedenen Wechselbeziehungen bei der Aufnahme und beim Abbau von Nährstoffen abhängig. Mangelerscheinungen haben oft eindeutige typische Schadsymptome. Dabei ist es wichtig zu wissen, daß sich die Pflanzen mit ihrem Wachstum stets nach dem Wachstumsfaktor richtet, der im Minimum (zu wenig) vorhanden ist (Gesetz vom Minimum, Justus v. Liebig). Es nützt beispielsweise nichts, eine Pflanze mit Nährstoffen zu überhäufen, wenn sie gleichzeitig unter Lichtmangel leidet und umgekehrt. Eine reich gedüngte Pflanze kann nicht gedeihen, wenn sie z. B. unter Eisen- oder Magnesiummangel leidet. Die Summe aller Wachstumsfaktoren erst führt zu optimalen Wachstumsbedingungen. Störungen dieser Wachstumsfaktoren haben physiologische (also nicht parasitäre) Störungen zur Folge, z. B. Kümmern, Welken, Gelbwerden, Formveränderungen. Die Ursachen dafür können sein: Frost, Hitze, zuviel oder zuwenig Wasser, Bodenverdichtung, Spurenelemente bzw. Nährstoffmangel oder -festlegung, wobei es für bestimmte Nährelemente oft ganz typische Erscheinungs- oder Schadbilder gibt.

Erkennen von Krankheiten und Schädlingen

So einfach die obengenannten Tips auch klingen mögen, so wenig werden sie allgemein beherrscht. Um die Ursachen für die Schädigung von Pflanzen zu ermitteln, muß man Schritt für Schritt vorgehen. Im Vordergrund stehen hier die 5 W's: Wer? Wo? Wie? Was? Wann?

Hierbei kommt es auf eine möglichst genaue Beschreibung an, was beobachtet worden ist. Um die Art des Schadens zu beschreiben, ist es wesentlich zu erkennen, ob es sich um mechanische Verletzungen durch Beißen, Schaben, Bohren oder Saugen von Schädlingen handelt oder kommen die Verletzungen von innen heraus mit Bildung von Schimmel oder Pilzrasen. Handelt es sich um Flecken oder ganze Flächen, wie weit ist die ganze Pflanze davon betroffen, auf welcher Seite, welche Veränderungen haben sich gezeigt? Wie sieht die Umgebung aus etc.

Dicht gedrängt sitzt hier eine Kolonie der Schwarzen Bohnenlaus auf einem saftigen Kohlstengel (links).

Tomaten werden von vielen Pilzkrankheiten befallen, wie hier von der Kraut- und Braunfäule.

418 Integrierter Pflanzenschutz

Wie verschafft man sich einen Überblick?

<u>Kontrollmethoden</u> Für den zeitgemäßen Pflanzenschutz haben sich auch im Hausgarten vor allem drei Kontrollmethoden durchgesetzt:

1. Erste und wichtigste ist die <u>visuelle Kontrolle</u>: Bei einem Rundgang durch den Garten wird kontrolliert, was sich auf den Pflanzen, auf der Blattoberseite oder Blattunterseite abspielt; fallweise wird die mitgeführte 10fach-Lupe zu Hilfe genommen oder Beobachtungsobjekte in den ebenfalls mitgeführten Gläschen zum Herzeigen, Beobachten oder Erforschen mit nach Hause genommen. Solche Kontrollen sollten, will man sich vor Überraschungen bewahren, wöchentlich durchgeführt werden.

2. Die <u>Klopfprobe</u> ist eine sehr interessante Kontrollmethode, wenn es einmal genauer sein sollte: Einer oder mehrere Äste werden über einer Auffangfläche (z. B. weißes Papier, Schirm) mit der Hand oder mit einem Stock abgeklopft, die heruntergeschleuderten Lebewesen werden gesammelt und begutachtet. Es können auch nur bestimmte Arten herausgepickt werden. Die Proben können aufgehoben und z. B. mit anderen verglichen werden.

Die Vergleichbarkeit der beiden genannten Kontrollmethoden wird durch entsprechende Aufzeichnungen fixiert.

3. Die beiden vorgeschriebenen Kontrollmethoden können durch die Verwendung verschiedener <u>Fanggeräte</u> ergänzt und ebenfalls regelmäßig betreut werden, z. B. Klebetafeln, Lockstofffallen, Lichtfallen, Leimringe, Wellpapperinge, Köderfallen usw. Sie dienen leider oft nur zur Information über die Präsenz einer bestimmten Schädlingsart, der Wegfangeffekt ist meist so gering, daß Bekämpfungsmaßnahmen nicht eingespart werden können.

Voraussetzung: das Wissen um die Lebensweisen

Voraussetzung für eine wirkungsvolle Schädlingsbekämpfung ist das Erkennen und das Wissen um die Lebensweise des vorliegenden Schadorganismus. Die eigene Beobachtung ist hierzu das wichtigste Hilfsmittel. Mit ihr können Lebensvorgänge, geniale natürliche Zusammenhänge und die meist feinen, aber wesentlichen Unterschiede zwischen den einzelnen Individuen erkannt werden. Reicht die eigene Erfahrung nicht aus, um einen Vorgang zu begreifen, macht man sich die Erfahrung anderer zunutze, indem man Fachliteratur zu Hilfe nimmt oder den Rat des Fachmannes einholt. Aber auch hierfür ist die Beantwortung der 5 »W« Voraussetzung.

Die Liste der Schadorganismen ist ellenlang und für den Laien unübersichtlich, doch gibt es Gruppen, in denen viele davon zusammengefaßt werden können. Es reichen dabei die Finger einer Hand, um sie aufzuzählen:

<u>Insekten</u> Raupen, Blattläuse, Käfer (Drahtwürmer, Engerlinge), Fliegen, Blattsauger.

<u>Sonstige</u> Dazu gehören Spinnmilben, Schnecken.

<u>Pilze</u> Rostpilze, Schorf, Mehltau, Schimmelpilze, Fäulnispilze werden zusammengefaßt.

Wissenswertes über Insekten

Insekten bilden innerhalb der Gliederfüßler *(Arthropoda)* eine große, hochentwickelte Klasse, die sich in mehrere Unterklassen, zahlreiche Ordnungen und Familien aufgliedert. Die ausgewachsenen Tiere können meist fliegen und leben an Land. Das Jugendstadium, die Larve, ist vielfach anders gebaut und hat oft eine andere Lebensweise wie die Eltern.

Der Lebenslauf ist meist Ei – Larve – Puppe – Imago (vollständige Verwandlung). Insekten haben ein starres Außenskelett und können deshalb nicht »wachsen«. Die Larven werden dadurch größer, daß sie sich mehrfach häuten und die neu entstehende Chitinhaut größer ausgebildet wird als die vorangegangene.

Bei der unvollständigen Verwandlung ähneln die Larven bereits den Imagines (voll entwickeltes Insekt) sehr; sie unterscheiden sich oft nur durch das Fehlen der Flügel.

Die Larven haben ihre Beine nur im Brustbereich (Vorder- und Hinterbrust), aber auch an den Hinterleibssegmenten, wie bei den Raupen (= Larven der Schmetterlinge), oder aber sie fehlen ganz, wie bei Fliegenmaden (Larven der Fliegen). Bei letzteren fehlt auch der Kopf, es gibt nur ein Vorderende. Sonst ist der Kopf der Larven mehr oder weniger gut ausgebil-

Von links nach rechts: Der Werdegang eines Schmetterlings vom Ei bis zum fertigen Schmetterling, einem Tagpfauenauge. Eine der wohl kuriosesten, gleichzeitig aber auch der zauberhafteste Verwandlungsvorgang der Natur: die vollkommene Verwandlung Ei – Larve (Raupe) – Puppen-(Ruhe-)Stadium – Schmetterling.

Integrierter Pflanzenschutz

det, abgesetzt und ausgestattet (mit Fühlern, Augen, Mundwerkzeugen).
Die Lebensweise der Schadinsekten erst macht deutlich, wann und wie eine Bekämpfung sinnvoll ist. Schwerpunkte bilden hierbei die Entwicklungsstadien im Frühjahr, wenn die neue Population aufgebaut wird. Aus ein paar überlebenden Individuen kann sich innerhalb weniger Wochen bei günstigen Bedingungen eine Kalamität aufbauen. Im Frühjahr baut sich aber auch das Heer der vielfältigen natürlichen Widersacher auf, das durch die leider heute noch vielerorts übliche Austriebsspritzung aufgerieben wurde. Das Nahrungsangebot für diese Nützlinge beeinflußt gerade zu Beginn der Vegetationsperiode die Wirksamkeit während der folgenden Monate.

Beißende Insekten

Frostspanner, Klimmer
Operopthera brumata

Frostspanner ist eine Spannerraupe, die auf Obstbäumen und vielen anderen Pflanzen Blätter und Blüten frißt.
Schadbild Die zunächst dunkelgrüne, dann hellgrüne Raupe frißt Blatt- und Blütenknospen; Blätter werden durch Lochfraß stark geschädigt, oft bleibt nur noch die Mittelrippe des Blattes übrig. Fraßstellen an Früchten bewirken Krüppelwuchs.
Biologie Nur der männliche Falter kann fliegen und hat eine Spannweite von 3 cm. Die Flügel sind eierschalenfarbig mit dunkleren Querstreifen. Das Weibchen hat nur Flügelstummel, ist 7 mm lang, dunkel- bis hellgrau gestreift bzw. gemustert, so daß es sich vom Untergrund kaum abhebt. Mitte bis Ende Oktober schlüpfen die Falter aus den Puppen im Boden. Bei Temperaturen über 9°C klettern die Weibchen behende in die oberen Obstbaumpartien und legen dort die orangeroten, mit bloßem Auge erkennbaren Eier ab (bis zu 300 Stück). Sobald sich im Frühjahr die Knospen öffnen, schlüpfen die Raupen. Sie sind sehr leicht an der charakteristischen Fortbewegungsart zu erkennen, sie formen dabei einen »Katzenbuckel«. Die grünen Raupen haben eine weiße Rückenlinie. Die Verpuppung erfolgt Anfang Juni im Boden. Erst ab Oktober erscheinen die Falter.
Bekämpfung Die schon altbewährten Leimringe verhindern (im Oktober angebracht) die Eiablage, weil das Weibchen beim Aufbaumen durch den Leim festgehalten wird. Bei starker Eiablage ist mit einem harmlosen Ölspritzmittel am ehesten eine Wirkung zu erzielen, da die Raupen im Frühjahr sehr verzettelt schlüpfen.
Der Große Frostspanner ist weniger schädlich, die wunderschön gefärbte Raupe ist eher zu schützen.

Ringelspinner
Malacosama neustria

Der Name deutet auf das um den Zweig ringelförmig angelegte Eigelege hin.
Schadbild Die Raupen legen in einer Astgabel ein Schadgespinst an, fressen gesellig die jungen Blätter entlang der Äste und legen immer wieder neue Gespinste an.
Biologie Das Eigelege umfaßt bis zu 300 Eier, aus denen zum Knospenaufbruch blauköpfige, schwarzgraue, hellgrau behaarte Jungraupen schlüpfen, die später tiefblau werden, mit gelben, roten, schwarzen Längsstreifen. Die ausgewachsene, 5 cm lange Raupe setzt sich vom Gespinst ab und verpuppt sich im Juni zwischen den Blättern in einem festen, gelblichen Kokon.
Bekämpfung Das Eigelege wird im Winter entweder herausgeschnitten oder herausgebrannt. Auch die Gespinste können im Frühjahr bekämpft werden. Chemische Maßnahmen werden somit überflüssig.

Goldafter
Nygmia phaerrhoea

Die Raupen treten jahrelang kaum in Erscheinung und fallen dann in großen Gebieten massenhaft ein.
Schadbild Die gesellig lebenden Raupen fressen die Äste im Frühjahr von der Spitze her kahl. Die neue Generation schädigt noch im Sommer und im Herbst an Blättern, von denen nur noch das Skelett übrig bleibt.
Biologie In einem gemeinsamen Gespinst, bei dem verdörrtes Herbstlaub zu einem Knäuel zusammengesponnen wird, überwintern bis zu 1000

Das flugunfähige Weibchen des Kleinen Frostspanners (*Operopthera brumata*) klettert zu Fuß auf die Bäume, um auf den Zweigen ihre Eier abzulegen.

Die Raupe des vom Aussterben bedrohten Großen Frostspanners, dem Bruder des weitaus schädlicheren Kleinen Frostspanners.

Die farbenprächtige Raupe des Ringelspinners. Der Falter ist eher unauffällig braungrau.

Davon hat der Ringelspinner seinen Namen bekommen: dem ringförmig um den Zweig angelegten Eigelege.

Das auffällige Wintergespinst des Goldafters, in dem bis zu 1000 Raupen gemeinsam überwintern.

Integrierter Pflanzenschutz

Räupchen. Bei Austrieb fressen die Raupen die Äste kahl. Die Raupen werden 3 cm lang, sind dunkelbraun mit weißen und roten Mustern und auffällig büschelweise behaart. Der Puppenkokon wird zwischen Blättern eingesponnen und mit den Haarbüscheln durchsetzt.

Bekämpfung Die Überwinterungsnester sind faustgroß und kaum zu übersehen. Sie werden ausgeschnitten und verbrannt.

Gespinstmotten
Hyponomeuta spec.

Die Gespinstmotten sind an vielen verschiedenen Laubbäumen zu entdecken, meist eine eigene Gespinstmottenart je Gehölzart: Apfelbaum-, Faulbaum-, Heckenkirschen-, Pflaumengespinstmotte und andere.

Schadbild Kahlgefressene Astpartien, die dicht mit kotkrümeldurchsetzten Gespinsten überzogen sind, vermitteln einen Eindruck wie aus dem Gruselkabinett. Bäume und Sträucher können nesterweise geschädigt werden.

Biologie Die zarten weißen, schwarzgetupften Falter (Flügelspannweite ca. 3 cm) fliegen im Hochsommer (Juli/August). Die Weibchen legen die Eier wie Fischschuppen zu einem Gelege von 60–80 Stück ab und überziehen es mit einer Sekretschicht, die später erhärtet. Noch im Herbst schlüpfen die Räupchen unter diesem Schutzschild und überwintern so. Im Frühjahr ernähren sich die Räupchen zunächst von Knospen und dann von den jungen Blättchen, in denen sie zu mehreren minieren. Sammetartige braune Flecken auf der Blattunterseite sind im Frühjahr das äußere Erkennungsmerkmal. Erst die Raupen der größeren Gespinste verursachen den fortschreitenden Kahlfraß, bis sie sich Juni/Juli in gemeinsamen Gespinsten verpuppen.

Bekämpfung Ausbreiten können sich Gespinstmotten eigentlich nur in unbeobachteten Pflanzenbereichen, denn die Entwicklung zeigt sich deutlich lang vorher schon ab. Die Gespinste werden ausgeschnitten und verbrannt.

Knospen-, Schalen-Heckenwickler
Hedya nubiferana, Pandemis ribeana, Adoxophyes reticulana und andere

Hierzu gehören mehrere Pflanzenschädlinge, die parallel auftreten und Schäden verursachen.

Schadbild Im Frühjahr fressen die Jungraupen an Knospen, Blüten- und Blattbüscheln, später auch noch an Früchten. Bis in den Herbst frißt die nächste Raupengeneration hinter Blättern, die an Früchte angesponnen sind. Der Fruchtschaden vermindert die Haltbarkeit und den Wert.

Biologie Während der Schalenwickler bei uns höchstens zwei Generationen entwickeln kann, gibt es bei den Knospenwicklern nur eine. Im Frühjahr kommen die winzigen Raupen aus den Wintergespinsten, die sie in der Nähe der Knospen im Herbst hinter Rindenschuppen, in Spalten angelegt haben. Sie dringen in noch nicht entfaltete Blüten- und Blattbüschel ein und zerfressen diese. Später werden nebeneinanderhängende Blätter zu einem Knäuel zusammengesponnen und hinter diesem Schutz »Fenster« in die Blätter gefressen.

Im Sommer, Juni bis Juli, fliegen die Falter. August bis September frißt die nächste Generation und überwintert in den erwähnten Überwinterungsgespinsten. Manche Schalenwicklerarten entwickeln eine eigene Sommergeneration, die besonders die Früchte schädigt. Deutliches gemeinsames Erkennungszeichen für Wicklerraupen ist der schlängelnde Rückwärtsgang, wenn man sie am Kopf berührt. Flink seilen sie sich dabei an einem Spinnfaden zum Boden ab und verkriechen sich blitzschnell.

Bekämpfung Im Hausgarten reicht es meist aus, die Raupen in den Blattknäueln zu zerdrücken.

Der Wurm im Apfel, Obstmade
Carpocapsa pomonella

Weder Wurm noch Made, sondern die Raupe des Apfelwicklers führt ein besonderes Leben, indem sie sich in die Frucht einbohrt bzw. einfrißt.

Schadbild Die winzige Eiraupe (ca. 1 mm groß) bohrt sich zunächst eine kleine Höhle in die Frucht und frißt sich von dort in einem oder mehreren Gängen bis zum Kernhaus durch. Den Kot schiebt sie in typischer Weise durch das Einbohrloch nach außen. Die Frucht wird dadurch wertlos und verdirbt schnell.

Biologie Von Mai bis Juni fliegen die Falter in der Dämmerung. Mitte bis Ende Juni werden die Eier an die Früchte abgelegt. Die Eier haben einen Durchmesser von 1 mm, sind uhrglasähnlich gewölbt und glänzend (Regentropfen zum Verwechseln ähnlich). Die Raupe bohrt sich nach kurzem Umherirren in das Fruchtfleisch ein. Nach ca. 4 Wochen verläßt die Raupe ihre Behausung, seilt sich ab und kriecht zur Verpuppungsstelle in der Nähe des Stammgrundes: hinter Rinderschuppen, in Bodenhöhlen, unter Laub usw. Die Temperaturhöhe und Tageslänge ab dem 1. August entscheidet darüber, ob sich die Raupe zur Überwinterung einspinnt oder ob sie die Entwicklung zum Falter und damit zur 2. Generation durchlaufen wird.

Bekämpfung Weil die Frucht geschädigt ist, wenn sich die Raupe ein-

Von links nach rechts: Das Puppengespinst der Gespinstmotte mit frischgeschlüpften Faltern.

Zwei Arten von Wicklerraupen mit der typischen Kopfkapsel und dem Nackenschild: Fruchtschalenwickler.

Integrierter Pflanzenschutz 421

Von links nach rechts: Obstmadenschaden an einem Apfel (Wurm im Apfel).

Die Raupe des Pflaumenwicklers.

In großen Schwärmen treten die Raupen des Großen Kohlweißlings auf.

gebohrt hat, ist eine gezielte Bekämpfung nur zwischen Eiablage und dem Einbohren sinnvoll.
Mit Lockstoff-Fallen (s. ab S. 409) kann der Eiablagetermin annähernd ermittelt werden, um dann gezielt z. B. eine Schlupfwespenart auszusetzen, welche das Ei parasitiert, bevor die Raupe schlüpft. Die Schlupfwespe ist im Handel erhältlich.
Auch das beschriebene Granulose-Virus »Granupom« (S. 408) muß zum gleichen Zeitpunkt eingesetzt werden. Wer nicht so viel Aufwand treiben will, dem sei empfohlen, die befallenen Früchte so früh wie möglich vom Baum zu nehmen, denn mit jeder Raupe, die auf diesem Weg beseitigt wird, reduziert sich die Schar der Nachkommen um den Faktor 30 zwischen der einen und der anderen Generation!

Pflaumenwickler
Laspeyresia funebrana

In reifenden Pflaumen und Aprikosen frißt eine rötliche Wicklerraupe mit schwarzbraunem Kopf zwischen Stein und Fruchtfleisch. Der wirtschaftliche Schaden ist oft so groß wie beim Apfelwickler.
Schadbild Bereits bei der 1. Generation verfärben sich die befallenen jungen Früchte bläulich und fallen ab. Beim Schadbild der 2. Generation werden halbreife Früchte »notreif«. Die befallene Frucht ist äußerlich an dem glasartigen Harztröpfchen, das aus dem Einbohrloch der Raupe herausquillt, erkennbar.
Biologie Ab Mitte Mai fliegen die Falter in warmen Abend- und Nachtstunden und legen die Eier an die Unterseite der Frucht ab. Diese verfärbt sich, wie bereits erwähnt, sobald die Raupe sich eingebohrt hat, bläulich und fällt bald ab. In den Pflaumen auf dem Boden setzen die Raupen ihre Entwicklung fort und spinnen sich in der Nähe des Stammgrundes ein. Viele natürliche Feinde lauern ihr auf diesem Weg auf. Ein mitunter recht ansehnlicher Teil der Raupen entwickelt sich weiter und fliegt alsbald als Falter in der Dämmerung. Wieder legen die Weibchen die Eier auf die Unterseite der halbreifen Früchte. Dort bohrt sich die Raupe ein und frißt zwischen Stein und Fruchtfleisch. Die Raupe verläßt die Frucht, indem sie sich an einem Spinnfaden abseilt, oder sie fällt mit der Frucht zu Boden. Dort sucht sie sich ein Rindenversteck oder spinnt sich an geeigneter Stelle auf der Bodenoberfläche ein und übersteht so den Winter; die Verpuppung erfolgt erst im Frühjahr darauf.
Bekämpfung Die 1. Generation endet mit der befallenen Frucht auf dem Boden. Aufsammeln mindert die 2. Generation; Bekämpfung ist meist nur bei Räupchen der 2. Generation sinnvoll, <u>bevor</u> sie sich in die Frucht einbohren.

Kohlweißling
Pieris brassicae

Die 1. Generation des Kohlweißlings entwickelt sich vorwiegend an kreuzblütigen Wildpflanzen. Die 2. Generation befällt sämtliche Kohlarten.
Schadbild Schwarz-gelb gemusterte Raupen fressen innerhalb weniger Tage Kohlblätter bis auf die Mittelrippe kahl und richten so beträchtlichen Schaden im Gemüsegarten an.
Biologie Anfang Mai schlüpfen die Falter des Kohlweißlings aus ihrer Überwinterungspuppe. Die gelb-weißen Schmetterlinge mit der schwarzen Verzierung sind gut erkennbar; sie haben eine Flügelspannweite von 6 cm. Die Weibchen setzen gelbe Eier mit Längsrippen aufrecht in Gruppen von 30–100 Stück auf die Blattunterseite ab. Windgeschützte Lagen sind bevorzugt. Die Raupen werden 4 cm lang und legen für ihre Verpuppung an Baumstämmen, Holzschuppen oder Zäunen große Strecken zurück. Der kleine Kohlweißling hat grüne, ca. 3 cm lange Raupen, die sich in den Kohlkopf einbohren. Der Feldbefall erfolgt vom Rand her.
Bekämpfung Die Jungraupen müssen bei der Bekämpfung anvisiert werden, bevor der Schaden sich über größere Flächen ausweitet.
Je nach Befallsgrad können die Raupen von Hand abgesammelt werden oder auch mit einem *Bacillus-thuringiensis*-Präparat biologisch selektiv gleich zu Beginn bekämpft werden.

Kohlmotte, Kohlschabe
Plutella xylostella

Die Kohlmotte gehört zu den wirtschaftlich bedeutendsten Kohlschädlingen.
Schadbild Zunächst fressen die Raupen an den Herzblättern, dann verursachen sie auf den Blattspreiten den typischen Fensterfraß. Das Blattwerk kann völlig vernichtet werden. Auch auf Blumenkohl, Rettich und anderen Kreuzblütlern sind die Raupen zu finden.
Biologie Der Schädling überwintert im Puppenstadium. Im Frühjahr schlüpfen die bräunlichen Falter (17 mm Spannweite). Die gelblichen Eier werden auf die Blattunterseite abgelegt; die Raupen schlüpfen Mai/Juni. Sie sind an beiden Enden spindelför-

mig verschmälert. Pro Jahr treten 2–3 Generationen auf. Ab Juli erscheinen die Falter der 2. Generation, die sich dann mehr und mehr mit denen der 3. verzahnen, so daß sie nicht eindeutig unterschieden werden können.
Bekämpfung Auch bei diesem Schädling werden die *Bacillus-thuringiensis*-Präparate mit Erfolg eingesetzt.

Erdraupen
verschiedene Arten

Die Erdraupen entstammen einer Schmetterlingsgruppe, die man die Eulen-Falter nennt: Gemüse-, Kohl-, Gamma-, Saat-, Erdeulen. Die Falter sind mittelgroß (2–3 cm) mit einer unauffälligen Tarn- und Schutzfarbe.
Schadbild Die Jungraupen fressen auch noch an oberirdischen Pflanzenteilen. Doch später fressen sie nur noch unterirdisch und kommen nur noch nachts aus dem Boden.
Beim Umgraben findet man sie oft in der Nähe von Wurzeln, sie rollen sich dabei in einer für sie typischen Art schneckenförmig ein.
Biologie Die Überwinterung erfolgt in einem Erdkokon. Ab Mitte Mai beginnt der Falterflug mit der Eiablage: 200–2000 Stück (!) je Weibchen. Der stärkste Raupenfraß liegt im Juli bis August – weniger im Bereich von Blättern und Stengeln, mehr im Bereich des Wurzelhalses. In Bayern z.B. entwickelt sich pro Jahr eine Generation; in wärmeren Gebieten gibt es oft noch eine zweite. Manche Erdeulenarten bewegen sich wie Spannerraupen vorwärts, manche sind nässeempfindlich.

Erdraupen verursachen durch ihr hohes Freßpensum im Gemüsebau großen Schaden.

Bekämpfung Wenn es versäumt wird, die Jungraupen zu beseitigen, ist eine spätere Bekämpfung (unter der Erde) kaum mehr möglich.
Hält man die Erde immer gut feucht, verringert sich die Eischlupfrate bei der Wintersaateule.
In kleineren, überschaubaren Flächen können beim Durchsieben der Erde die Raupen herausgesammelt werden.

Natürliche Feinde Schmetterlinge und Raupen haben eine Vielzahl von natürlichen Feinden, z.B. Lauf-, Weich- und Marienkäfer, Kurzflügler, Ohrwürmer, Schlupfwespen, Florfliegen, Raupenfliegen, Raubwanzen, Spinnen, oder Pilze, Bakterien, Viren, oder Eidechsen, Blindschleichen, Vögel, Igel oder Spitzmäuse.

Saugende Insekten

Zu den Gleichflüglern *(Homoptera)* gehören zahlreiche heimische Insektenarten mit stechenden und/oder saugenden Mundwerkzeugen; sie sind meist schädlich, d.h., sie leben von Pflanzensäften, doch gibt es auch einige unter ihnen, die räuberisch und deshalb nützlich leben.
Zu den Pflanzensaugern gehören Blattläuse, Schild- und Blutläuse, Blattsauger, Blattwanzen, Zikaden und außerhalb der Insektengruppe die Spinnmilben.

Blattläuse
Aphidina

Die bedeutsamste Gruppe der Pflanzensauger stellen die Blattläuse und deren Verwandte dar. Es ist eine sehr alte und formenreiche Gruppe mit ca. 850 Arten allein in Mitteleuropa.
Schadbild Blattläuse verursachen an Blättern und nicht verholzten Trieben, manche auch im Wurzelbereich, Saugschäden und vergiften durch die gleichzeitige Speichelabsonderung das Pflanzengewebe – je nach Blattlausart – mehr oder weniger stark. Blätter rollen sich ein, zeigen blasenförmige Wellungen, werden verschmutzt durch zukkerhaltige Kotausscheidungen und werden für die Pflanze als wichtiges Atmungs- und Aufbauorgan untauglich. Befallene Jungtriebe verdrehen sich, ihre Knospen verkümmern, sogar Früchte werden wertlos, z.B. »Blattlausäpfel«. Es gibt aber auch Blattlausarten, bei denen nur schwach sichtbare Schäden entstehen. Dazwischen gilt es zu unterscheiden, denn die harmlosen Blattläuse sind ja als Nahrungsreserve für die zahlreichen natürlichen Feinde, die wir uns im Garten halten wollen, willkommen.
Biologie Blattläuse haben einen meist rundlichen Körper, mit oder ohne Wachsbedeckung – bereift, bepudert oder mit Wachsfäden überzogen. Die Farben, hellgelb oder hellgrün bis hin zu anthrazitschwarz, variieren nicht nur zwischen den einzelnen Arten, sondern auch innerhalb der verschiedenen Entwicklungsstadien, je nach Nahrung und sogar Jahreszeit. Häufig ist der Rücken mit Farbmustern versehen und/oder strukturiert. Die bis körperlangen Fühler sitzen oft auf typischen Stirnhöckern. Der 4- bis 6gliedrige Saug- oder Stechrüssel wird in der Ruhestellung bauchseits eingeklappt. Untrügliches Merkmal vieler Blattlausarten sind die beiden Hinterleibsröhrchen, Siphone genannt, deren Formenreichtum meist ein sicheres Bestimmungsmerkmal darstellt. Sie fehlen bei nur wenigen Arten.
Entwicklungsstadien: Ei – Stammutter (Fundatrix) – Larve – Pronymphe – Nymphe – geflügelte und ungeflügelte Jungfern – eierlegende Weibchen – Männchen.
Die Jungfern sind, wie die Stammütter, in der Lage, lebend zu gebären. Männchen und Weibchen entstehen meist im Herbst, welche auch die Wintereier (Überwinterung) ablegen. Im Frühjahr schlüpfen aus den schwarzglänzenden Eiern die erwähnten Stammütter, die wie am Fließband laufend Junge in die Welt setzen. Die Stammütter sind auffallend größer als die folgenden Artgenossen. Bei einigen Jungfern wachsen nach kurzer Zeit Flügel, wodurch die Verbreitung der Blattlausart auf größeren Flächen sprunghaft ansteigen kann. Oft besteht eine Spezialisierung auf 1, 2 oder mehrere Wirtspflanzenarten, bei letzteren Blattläusen spricht man von »wirtswechselnden Arten«. Der Wechsel erfolgt meist regelmäßig, so daß von Sommer- und Winterwirtspflanzen gesprochen wird. Die Befürchtung, daß Blattläuse einfach von

Integrierter Pflanzenschutz

einer Pflanzenart im Garten auf die andere überwechseln, trifft also nur selten zu. Dafür gibt es aber für viele Pflanzen 1 oder mehrere eigene Blattlausarten.

Oft werden die Blattlausarten nach ihren Sommer- oder Winterwirtspflanzen benannt, z. B. Apfel-, Bohnen- oder Rosenblattlaus. Allerdings sollte man sich nicht stur daran halten, denn die Pfirsichblattlaus ist z. B. keineswegs eine Blattlaus, die nur auf Pfirsichbäumen schädigt, jedoch ist sie z. B. auf der Kartoffelpflanze ein gefürchteter Pflanzenschädling und auch Virus-Überträger.

Bekämpfung Die gezielte Blattlausbekämpfung richtet sich nur gegen die gefährlichen Arten, wie oben erwähnt. Das Heer der Blattlausfeinde ist im Hausgarten oft so groß, daß der Schutz und die Förderung dieser Nützlinge ausreicht, um Blattläuse in Schach zu halten. Besonders lohnend ist die Kontrolle der Gartenpflanzen im Frühjahr, wenn sich die vorgenannten Blattlausstammütter meist auf der Blattunterseite zeigen. Sie sind häufig nur einzeln zu finden und oft nicht sehr zahlreich. Durch Zerdrücken dieser Läuse beseitigt man nicht einfach nur 1 Blattlaus, sondern auch den Ursprung vieler Blattlauskolonien, die sich im Laufe des Sommers aus ihr entwickelt hätten. Es gibt Berechnungen, wonach eine Stammutter bis zum Herbst 1 Million Nachkommen in mehreren Generationen haben kann! Freilich ist es mühsam, Blattläuse auf diese Art zu sammeln, aber die Bedrohung der Gartengewächse durch Blattläuse kann dadurch so reduziert werden, daß die natürlichen Feinde mit den verbleibenden Läusen alleine fertig werden. Es wäre unsinnig, ja sogar falsch, zu versuchen, alle Stammütter zu erjagen, es müssen schon noch ein paar übrig bleiben, denn die Nützlinge brauchen ja auch noch Nahrung! Sicherlich kann man auch noch später die entstandenen Blattlauskolonien zerdrücken, aber nicht mehr mit dem Effekt wie im Frühjahr.

Eine Bekämpfung der Blattläuse mit Brennesselbrühe ist nicht ganz unumstritten. Bei einer prophylaktischen Anwendung findet jedoch eine Stärkung des Pflanzengewebes statt, vielleicht sind auch solchermaßen behandelte Pflanzen für Blattläuse weniger schmackhaft und werden deshalb von ihnen gemieden.

Oft reicht es aus, die Blattläuse mehrfach mit einem Strahl kalten Wassers aus dem Gartenschlauch von der befallenen Pflanzen zu spülen. Es kommt auch hier nicht darauf an, auch noch die letzte Laus zu erwischen, es wird ja nur eine ergänzende Wirkung (zu den anderen begrenzenden Faktoren und flankierende Maßnahmen) erwartet.

In Ausnahmefällen kann es jedoch auch einmal unumgänglich sein, mit chemischen Mitteln eingreifen zu müssen; dann muß aber ein Präparat gewählt werden, das so viele Nützlinge wie möglich schont.

Die Sitka-Fichtenlaus liefert das beste Beispiel dafür, daß es unerläßlich ist, die Biologie des zu bekämpfenden Schädlings zu kennen, denn der Schaden wird bei ihr erst sichtbar, wenn der Schädling abgewandert ist. Unkenntnis schützt nicht vor der Verantwortung für solche »Todsünden«!

Blutlaus
Eriosoma lanigerum

In intensiv genutzten Obstgärten findet man auch immer wieder den »Watteflaum« der Blutlauskolonien: ein Schädling, der bei uns eingeschleppt worden ist und zunächst nur in den Baumschulen am Wurzelhals junger Obstbäume aufgetreten ist und dort schlimme Wucherungen ausgelöst hat (»Blutlauskrebs«).

Schadbild Durch die Speichelabsonderung beim Saugen in das Pflanzengewebe an Rindenverletzungen, an Stock- und Wurzelausschlägen und im Schatten wachsender Einjahrestriebe entstehen Schwellungen bis hin zu knolligen Nekrosen (Wucherungen).

Biologie Die Blutlaus überwintert am Stammgrund von Obstbäumen (meist Apfel), auch im Bereich von z. B. Schnittwunden. Die älteren Tiere überstehen die Kälte nicht so gut wie die Jungtiere. Hinterleibsröhrchen, wie bei den Blattläusen, fehlen. Die Vermehrung erfolgt über geflügelte und ungeflügelte Jungfern. Eier werden nicht abgelegt. Die Blutläuse sind bei uns eigentlich gar nicht heimisch, denn sie leiden unter den hohen Temperaturen des Sommers genauso wie unter der Kälte, deshalb tritt im Sommer eine Wachstumsdepression ein, die bis zum Herbst dauern kann. Im Herbst erfolgt dann noch einmal ein Vermehrungsschub.

Die Grüne Apfelblattlaus, eine Blattlaus, die sich vornehmlich an den mastigen Triebspitzen des Apfelbaumes festsetzt.

Bekämpfung Die dichte Wachswolle einer Blutlauskolonie verhindert das Eindringen und Wirken der Spritzbrühen, so daß man einerseits vorbeugend auf eine saubere Schnittführung (Wundbehandlung) achten und andererseits überwinternde Kolonien im Frühjahr mit einer Drahtbürste zusammen mit den losen Rindenschuppen aus der Rinde herausbürstet. Eine Schlupfwespenart parasitiert die Blutlaus: die Blutlauszehrwespe, s. S. 406.

Schildlaus
diverse Arten, *Qudraspidiotus*

Der Name weist bereits daraufhin, daß man es hierbei mit Pflanzensaftsaugern zu tun hat, die ganz oder zeitweise unter einem Schild leben.

Schadbild Der Schild, unter dem diese Schädlinge zeitweise leben, besteht aus einer hornartigen Substanz, die von den Tieren selbst abgeschieden wird. Die Junglarven und erwach-

Hier eine Schildlausart, die bei uns im Freiland nicht vorkommt, dafür an Zierpflanzen im Gewächshaus häufiger zu finden ist.

Schädlich sind nicht die Blattsauger selbst, sondern nur deren Larven.

Die Weiße Mottenschildlaus – zwar ein Exote bei uns – aber trotzdem eine große Plage, vor allem im Gewächshaus und am Blumenfenster.

senen Männchen sind häufig freibeweglich, jedoch schwer zu beobachten. Der Schild des Weibchens ist dagegen leicht zu erkennen und läßt sich mit dem Fingernagel mühelos abschürfen. Unter dem Schild befinden sich die Eier oder auch Larven so lange, bis sie sich frei bewegen können.
Eventuelle Löchlein in dem Schild deuten auf eine Parasitierung durch eine Schlupfwespe hin.

Biologie Je nach der Form des Schildes werden sie als Komma-, Austern- (Deckelschildläuse) oder Napf-(Schalen-)schildlaus bezeichnet. Die äußere Unterscheidung ist schwierig, aber für die Beseitigung nicht wichtig – sie kommen ohnedies nur auf schlecht versorgten Bäumen vor. Sie haben nur 1 Generation pro Jahr.
Eine Ausnahme macht die in den 40er Jahren eingeschleppte San-José-Schildlaus, die damals den europäischen Obstbau nahezu zum Erliegen gebracht hat. Die erfolgreiche Einbürgerung einer Schlupfwespe *(Prospaltella perniciosus)*, welche die Schildlaus parasitiert, hat dies jedoch noch rechtzeitig verhindert. Dieser Nützling hält den gefürchteten Schädling bis zum heutigen Tag noch unter Kontrolle.
Andere Schildlausarten kommen auf Zierpflanzen (Oleander, Lorbeer z. B.) häufig vor, die sich besonders nach der Überwinterung deutlich zeigen.

Bekämpfung Da der Schild bei chemischen Mitteln schützend wirkt, ist eine Bekämpfung nur mechanisch, d. h., mit dem Fingernagel, wirklich erfolgreich (wiederholt nachkontrollieren!) Eine Behandlung mit Öl-Präparaten unterstützt die Wirkung.

Mottenschildlaus, »Weiße Fliege«

Trialeurodes vaporariorum

Eine weitaus widerstandsfähigere Schildlausverwandte ist die sogenannte Weiße Fliege, die vor allem in Gewächshäusern oder an Blumenfenstern vorkommt – sie hat es gerne warm. Im Freiland überlebt sie bei uns meist den Winter nicht.

Schadbild Die Larven der Weißen Fliege sind zunächst freilebend auf der Blattunterseite als winzige gelbgrüne Punkte zu erkennen. Später setzen sie sich jedoch fest und sehen dann so platt wie Schildläuse aus. Der Schild ist mit feinen Wachsfäden besetzt oder ist mehlig bepudert. Diese Schildlausverwandten saugen am Blattgewebe, das dadurch nach und nach zerstört wird und schließlich abstirbt. Zusätzlich verursacht die zuckerhaltige Kotausscheidung die Ansiedlung von Rußtaupilzen.
Nach 2–3 Wochen ist die Larve ausgewachsen und verpuppt sich. Die Weiße Fliege ist etwa 4 mm lang; die 4 dachförmig stehenden weißen Flügelchen haben ihr wohl den Namen gegeben: Mottenschildlaus. Bei der leisesten Berührung der befallenen Pflanzen stieben die Weißen Fliegen auseinander und lassen sich Sekunden später wieder auf den Blattunterseiten nieder.

Biologie Die Weibchen legen bis zu 500 Eier; nach 3–4 Wochen hat sich aus den abgelegten Eiern bereits die nächste Generation voll entwickelt – die nächsten Eier werden abgelegt! Dieses enorme Vermehrungspotential kann bei günstigen Bedingungen im Gewächshaus auch noch gesteigert werden. Natürlich laufen die Generationen nicht getrennt voneinander ab, sondern sind gemischt, so daß es immer gleichzeitig Eier, Larven, Puppen und Vollinsekten gibt.

Bekämpfung Eier und Puppen sind erfahrungsgemäß chemisch kaum bekämpfbar, so daß ein großer Teil immer überlebt. Weil deshalb die Bekämpfungen mehrmals durchgeführt werden müssen, baut sich die Wirkung der Präparate schnell ab. Selbst wöchentliche Behandlungen lösen das Problem nicht – eher im Gegenteil!
Der Handel bietet deshalb neuerdings wieder vermehrt die gelben Klebetafeln an, auf welche die Weißen Fliegen gelockt und durch die Klebemasse festgehalten werden sollen. Das funktioniert anfangs recht gut, doch reicht der Effekt auf Dauer nicht aus.

Gute Erfolge erzielt man mit der, auf Seite 406 beschriebenen, mittlerweile für jedermann frei im Handel erhältlichen Schlupfwespe, *Encarsia formosa*, welche die Larve der Weißen Fliege parasitiert und sich ebenso schnell vermehren kann. Eine wichtige Vorsorge stellt die Kontrolle auf Befallsfreiheit von zugekauftem Pflanzenmaterial dar.

Blattsauger

verschiedene Arten

Eine Schädlingsart, die hier nur der Vollständigkeit halber erwähnt wird, ist der Blattsauger.

Schadbild Schädlich sind nur die Larven, die einerseits an Blättern saugen, die sich dadurch verfärben, verdrehen, verkrüppeln und schließlich schwarz werden und absterben können. Andererseits verursachen auch sie durch ihre süßen Kotablagerungen den Befall von Rußtaupilzen; Blätter und auch Früchte werden dadurch unansehnlich.

Biologie Die Blattsaugerlarven sind Blattläusen äußerlich entfernt ähnlich; der Körper ist plattgedrückt und ohne Hinterleibsröhrchen. Die Larven erscheinen noch während der Blüte auf

den Obstbäumen (Apfel- bzw. Birnblattsauger). Die überwinternden Weibchen legen die Eier dieser Generation noch vor der Blüte ab, die Eiablage setzt sich aber je nach Art bis in den Frühsommer hinein fort.

Bekämpfung Nur im Erwerbsanbau, besonders bei Birnblattsauger, nötig.

Zikaden

verschiedene Arten

Die Zikaden sind den Blattsaugern sehr ähnlich. Treten bei den Blattsaugern (Vollinsekt) die Augen am Kopf

Integrierter Pflanzenschutz 425

deutlich hervor, so sind diese bei den Zikaden in den keilförmigen (stromlinienförmigen) Kopf eingesenkt. Die Flügel sind bei den Blattsaugern fast glasklar, bei den Zikaden eher hornig und undurchsichtig bis matt durchscheinend. Beide legen sie dachförmig über dem Hinterleib zusammen.
Schadbild und Bekämpfung Ähnlich wie bei Blattsaugern.
Biologie Auch hier sind nur die Larven Pflanzensauger.

Blattwanzen
Heteroptera

Die Blattwanzen zählen ebenfalls zu den saugenden Schädlingen. Sie besitzen dazu einen mehrfach gegliederten, dolchartigen Rüssel. Der Körper ist meist platt, oft bunt und/oder gemustert. Das Vollinsekt besitzt 4 Flügel, wobei die Deckflügel hornig fest und meist undurchsichtig sind. Sie werden auch von symmetrischen Linien in verschieden gemusterte Segmente eingeteilt. Die Hinterflügel sind feiner, glasartig und ganz unter den Vorderflügeln versteckt.
Schadbild Kleine, gelbliche Flecken auf Blättern und Stengeln der verschiedensten Gartenpflanzen verraten die Saugstellen der Blattwanzen. Die Flecken werden später braun und fallen aus. Dadurch wird das Wachstum behindert, es entstehen Verwachsungen. Knospen entwickeln sich einseitig, Triebe verkümmern, der Austrieb wird gestört.
Biologie Die Blattwanzen umfassen verschiedene Arten, sie sind sehr scheu und flüchten bei der geringsten Bedrohung oder lassen sich einfach auf den Boden fallen. Sie überwintern meist als Vollinsekt und legen ihre Eier erst im Frühjahr. Die Larven häuten sich mehrfach und werden dem Vollinsekt von Stufe zu Stufe ähnlicher. Ein Puppenstadium gibt es nicht. Beim letzten Larvenstadium sind bereits die Flügelansätze zu erkennen. Einige Arten verbreiten bei einer akuten Bedrohung einen übelriechenden Gestank. Blattwanzen lieben windgeschützte, warme Lagen.
Bekämpfung Mit der bereits beschriebenen Klopfprobe (s. S. 418), bei der verschiedentlich Äste über einer Auffangfläche abgeklopft und die herabfallenden Tiere gesammelt werden, können Blattwanzen nicht nur nachgewiesen, sondern auch abgesammelt werden. Besonders in den Morgenstunden, wenn die Insekten noch von der Kälte der Nacht steif sind, ist die Ausbeute am größten. Eine chemische Bekämpfung der Blattwanzen im Hausgarten kommt wohl selten in Betracht. Blattwanzen haben ebenfalls eine große Zahl natürlicher Feinde, die wohl in aller Regel für die Dezimierung ausreichen dürften.
Auf die Raubwanzen soll hier noch besonders hingewiesen werden, die rein äußerlich natürlich ihren pflanzenfressenden Kollegen sehr ähnlich sind. Raubwanzen s. S. 430.

Spinnmilben
Acari

Spinnmilben gehören zwar nicht mehr zu den Insekten, aber dafür zu den Pflanzensaugern. Sie können mit dem bloßen Auge gerade noch erkannt werden, doch erleichtert die 10fach-Lupe das Suchen sehr. Hat man die Spinnmilben erst einmal im Vergrößerungsglas entdeckt, findet man sie auch mit bloßen Augen recht gut.
Schadbild Milben und ihre Larven halten sich im wesentlichen auf der Blattunterseite auf. Sie saugen Gewebezellen aus, die dadurch heller werden. Die zahlreichen hellen Punkte lassen das Blatt insgesamt etwas heller erscheinen, es wird dann fahl gelbgrün und schließlich rötlich. Diese farbliche Veränderung der Blätter läßt sich oft schon von Weitem erkennen. Je nach Befallsstärke werden die Blätter früher oder später trocken und fallen ab.
Die leeren Häute und die winzigen Kotausscheidungen sind ein deutlicher Hinweis auf Spinnmilbenbefall. Bei starkem Befall sind die vielen Spinnfäden, vor allem an den Blattachseln, zu erkennen.
Biologie Aus den meist rötlichen Eiern schlüpfen die Spinnmilbenlarven, die ihren Eltern sehr ähnlich sehen. Nach 3 Häutungen sind sie erwachsen. Nährstoff- und Wassermangel (bei den Wirtspflanzen) fördert den Spinnmilbenbefall ebenso, wie eine Überdüngung (besonders bei Stickstoff). Trockene, windstille, warme Plätze werden bevorzugt: Die Zahl der Generationen pro Jahr ist von den äußeren Bedingungen abhängig. Die Überwinterung erfolgt im Eistadium. Sie ist so gegen Kälte nahezu unempfindlich. Die Larven sind dagegen sehr kälteempfindlich und sterben bei einem Winterrückfall im Frühjahr reihenweise ab.
Bekämpfung Im Garten ist eine Spinnmilbenbekämpfung kaum erforderlich, denn auch dieser Schädling hat viele natürliche Feinde. Es gibt dort viele verschiedene Arten, bei weitem sind nicht alle schädlich. Anders ist dies jedoch im Gewächshaus oder am Blumenfenster, wo sich die Wärme staut und ideale Vermehrungsbedingung geschaffen sind. Regelmäßige Kontrollen der Blattunterseite bewah-

Zikaden fallen nur dem genauen Beobachter auf. Hier die Larve einer Zikade, die Flügelschuppen sind bereits erkennbar.

Die Gemeine Bohnenspinnmilbe kommt nicht nur auf der Bohne, sondern auch auf vielen anderen Kulturpflanzen vor.

Die Rote Obstbaumspinnmilbe kann sich bei Wärme explosionsartig vermehren.

Verschiedene Schneckenarten, die bei uns heimisch sind.

ren vor unliebsamen Überraschungen und helfen, das Aufflammen einer Kalamität bereits im Keim zu ersticken. Wiederholtes Abwischen, -bürsten oder -brausen der befallenen Blätter sind eine gute Vorsorge.

Bei neuerworbenen Pflanzen ist eine genaue Vorkontrolle sehr ratsam (vielleicht sogar eine Quarantäne). Denn, wer erst einmal Spinnmilben ins Gewächshaus oder Blumenfenster eingeschleppt hat, kann sich oft nur mehr durch wiederholte chemische Gesamtbehandlungen vor einer Kalamität retten. Einzelbehandlung befallener Pflanzen ist nicht sinnvoll, da sich die Spinnmilben bereits bei der geringsten Luftbewegung an Spinnfäden durch den Raum tragen lassen und sich so von einer auf die anderen Pflanzen verbreiten. Nachdem die Wirkung von Spinnmilbenpräparaten auf die Eier nicht immer ausreichend ist, muß damit gerechnet werden, daß innerhalb weniger Tage eine Rückbesiedlung erfolgt, also eine erneute Bekämpfung in Betracht kommt.

Vom Handel werden derzeit verschiedene Raubmilbenarten angeboten. Nach den bisherigen Erfahrungen geht das ähnlich gut wie beim Einsatz von Schlupfwespen (s. S. 405). Es ist nur nicht immer ganz leicht herauszufinden, wie das zahlenmäßige Verhältnis von Nützling zu Schädling sein muß, damit die Raubmilben nicht wieder aussterben, sondern am Leben bleiben, um weiterhin ihre nützlichen Dienste zu verrichten.

Andere wichtige Gartenschädlinge

Nach der Beschreibung der wichtigsten beißenden und saugenden Schadinsekten, hier noch einige andere, die gelegentlich stärker auftreten, in bunter Reihe genannt:

Schnecken
Gastropoda

Grob eingeteilt treten im Garten Gehäuse- und Nacktschnecken je nach Witterung stärker auf. Je mehr der Gärtner versucht, schmackhaftes Gemüse und Obst in seinem Garten heranzuziehen, um so länger wird die Reihe der ungebetenen Gäste.

Schadbild Schnecken verursachen an allen nicht verholzten Pflanzenteilen einen Schabefraß (reibeeisenähnliche Zunge). Oft öffnet der Schneckenfraß an Früchten Eintrittspforten für andere Schadorganismen.

Während sich die Nacktschnecken mehr oder weniger nur in Bodennähe aufhalten, finden wir Gehäuseschnecken durchaus auch auf Bäumen in höchsten Regionen.

Biologie Gehäuse- und Nacktschnecken fressen meist nur nachts. Ihre natürlichen Feinde (den Menschen hier eingeschlossen) würden sie sonst bei Tage zu leicht entdecken. Bei Tagesanbruch ziehen sie sich in ihre Verstecke zurück. Nur noch die charakteristischen Schleimspuren zeugen von ihren nächtlichen Fraßaktivitäten. Schnecken brauchen viel Feuchtigkeit in ihrem Körper, die drüsenreiche Haut sondert fortgesetzt Schleim als Verdunstungshemmung aus. Schnecken sind Zwitter, d. h., jedes Individuum ist zur Eiablage fähig, eine Begattung zweier Schnecken kann erfolgen, ist aber nicht die Voraussetzung für die Eiablage. Es werden jährlich 50–70 Eier, vor dem Vertrocknen geschützt, in Erdgruben abgelegt. Die Überwinterung findet in geschützten Verstecken statt, ein besonderes Entwicklungsstadium gibt es dafür nicht.

Bekämpfung Die physikalische Bekämpfung setzt bei der Schwachstelle der Schnecken an: dem Feuchtigkeitsbedarf. Dazu eignen sich Branntkalk, Kochsalz, Staub und ähnliches; doch ist diese Methode im Hinblick auf den unnötig langen Leidensweg der Tiere abzulehnen.

Auch die handelsüblichen Schneckenköder auf Metaldehyd-Basis wirken letztendlich nach dem gleichen Prinzip – die Schnecke trocknet langsam durch eine übermäßige Schleimproduktion aus.

Besser ist schon die Methode, bei der die Schnecken zunächst durch feuchte Lumpen in Hohlziegel oder Rohrstücke gelockt werden und dann mit heißem Wasser kurz überbrüht werden.

Verschiedenartig gebaute Bierfallen erfreuen sich wechselnder Zustimmung bei den Anwendern.

Im Handel werden auch sogenannte Schneckenzäune angeboten. Die Schnecken werden dadurch nicht weniger, sondern von einer umzäunten Fläche nur umgeleitet. Mehr zum Thema »Schnecken« auch S. 436.

Mühsam, aber sicherlich am erfolgreichsten ist die nächtliche Pirsch mit einer Taschenlampe, einer Pinzette und einem Behälter, in den die Schnecken hineingesammelt und dann vernichtet werden.

Ameisen
Formicidae

Biologie Natürlich muß man auch bei den Ameisen zwischen nützlichen und lästigen deutlich unterscheiden. Im Garten wird gelegentlich eine dunkle, mittelgroße Ameisenart schädlich oder besser, nur lästig, die einerseits die Blattläuse, Blattsauger und andere wegen ihren zuckerhaltigen Ausscheidungen hofieren und die andererseits in den Rasen ihre Nester in Form von Erdhügeln bauen oder die Gehwegplatten unterminieren und die Fugen ausräumen, auch lockere Mauersteine untersiedeln.

Die Ameisen schützen und hospitieren die Blattläuse.

Bekämpfung Die Bekämpfung einzelner Ameisen ist nutzlos. Die »Ameisen-Straßen« führen meistens zu den unterirdischen Nestern. Je nach Sachlage kann auch hier mit kochendem Wasser gearbeitet werden, oder man verdichtet den entstandenen Hohlraum mit einem geeigneten Werkzeug und füllt ihn wieder auf. In der Wiese braucht man nur die Erdhügel mit dem Schuhabsatz in den Boden zurückzustampfen.

Chemische Ameisenpräparate wirken oft auch nicht besser, die damit verbundenen Arbeiten sind die selben.

Asseln
Isopoda

Keller-, Mauer- oder Wasserasseln sind den Krebstieren verwandt und gehören damit einer sehr alten Tierart an.
Biologie Asseln sind weitgehend bekannt, weil sie im Dunklen und Feuchten (Kellerfenstern und -treppen) leben. Sie stellen ein wichtiges Bindeglied im Naturkreislauf beim Abbau abgestorbener organischer Masse dar. Gelegentlich naschen sie auch an frischen Pflänzchen des Gemüsegartens und können dadurch schädlich werden.
Bekämpfung Es reicht, darauf zu achten, möglichst kein faulendes Pflanzenmaterial herumliegen zu lassen. »Saubere« Erde verwenden. Morsche Bretter oder ähnliche Schlupfwinkel beseitigen.

Tausend-, Hundertfüßler
Myriapoda

Ähnlich wie die Asseln leben auch die Tausendfüßler vom Abbau toter, organischer Masse in dunkler, feuchter Umgebung unter Steinen, Laubhäufen, im Kompost und ähnlichem.
Schadbild Auch sie naschen gelegentlich an Beetpflanzen, aber direkt schädlich werden sie dadurch nicht. In jedem Fall wird der Nutzen überwiegen.
Biologie Hundertfüßler und Tausendfüßler sehen sehr ähnlich aus. Ist der Tausendfüßler zylindrisch, so hat der Hundertfüßler einen flachen, schwach gewölbten Körperbau mit 18 Körperringen und 16 Beinpaaren. Ein Beinpaar ist mit Giftklauen ausgestattet, das ihn zu einem echten Räuber macht. Hundertfüßler leben auch unter Steinen, was ihnen den Namen Steinkriecher eingebracht hat. Sie jagen aber ebenso auf Bäumen auf Blattläuse und Raupen.
Bekämpfung Erübrigt sich.

Dickmaulrüßler
Curculionidae

Rüsselkäfer sind aus vielen Bereichen des Pflanzenbaues als widerstandsfähige Schädlinge bekannt; ein besonderer Vertreter ist der Dickmaulrüßler, der erst in den letzten Jahren mehr und mehr Ausbreitung durch den Verkauf von Container-Pflanzen erfahren hat. In den Pflanztrögen scheinen sie äußerst günstige Entwicklungsbedingungen vorzufinden.
Schadbild Die geschädigten Blätter sehen aus, als hätte man sie mit einem Locher bearbeitet, die Schäden an den Wurzeln sieht man natürlich erst, wenn man die Pflanzen ausgräbt. An den Wurzeln entsteht der eigentliche Schaden. Erdbeeranbauer klagen alljährlich über hohe Ausfallquoten bei den Erdbeerpflanzen durch die Fraßtätigkeit der Dickmaulrüßlerlarven in den Wintermonaten.
Biologie Die Larven des Dickmaulrüßlers überwintern im Boden und ernähren sich von Wurzeln. Die Verpuppung erfolgt im Frühjahr. Ende April erscheinen bereits die ersten, 10 bis 15 mm großen, schwarzen, kleingenoppten Rüsselkäfer. In der Dämmerung krabbeln die schwerfälligen Käfer gerne die Hausmauern empor. Nachts hängen sie oft in dichten Trauben an Gartengewächsen, vorzugsweise an Moorbeetpflanzen; sie fressen dort Blätter an. Tagsüber verstecken sie sich in Kellerschächten und Kiesschüttungen. Ende Mai erfolgt die Eiablage, jeder Käfer – es gibt hier keine Unterscheidung Männchen/Weibchen – kann bis zu 1000 Eier an den Wurzelhals der Wirtspflanzen ablegen. Im August kommt bereits die 2. Käfergeneration und vermischt sich mit denen der 1. Generation.
Bekämpfung Dadurch, daß die Larven im Boden leben, können sie praktisch nicht bekämpft werden. Die Käfer legen von Mai bis September Eier ab. Da die Hauptverbreitungszeit im Herbst liegt, gelten die Empfehlungen für eine Bekämpfung in diesem Zeitraum.

Alternativ gibt es nur die eine Möglichkeit, die Käfer bei Nacht zu sammeln oder über einem Gefäß oder Schirm abzuklopfen: Jeder Käfer, der auf diese Weise gefangen und beseitigt wird, ist ein Gewinn, weil dadurch verhindert wird, daß dieser die potentiell mögliche Zahl von 1000 Eiern ablegt.

Für den Hausgarten ist der gezielte Einsatz von Nematoden gegen die Larven des Dickmaulrüßlers (s. S. 407) sehr zu empfehlen. Versuche, bei denen ein insektenpathogener (von lebenden Insekten lebender) Pilz zur Dickmaulrüßlerbekämpfung eingesetzt wurden, sind noch nicht abgeschlossen.

Feuchtigkeit, Dunkelheit und sich abbauende organische Masse sind der Lebensraum der Asseln.

Der Tausendfüßler hat kaum mehr als 120 Beine.

Auch Dickmaulrüßler gehören zu den Gartenschädlingen, deren Larven bevorzugt Erdbeerpflanzen schädigen.

Integrierter Pflanzenschutz

Innenspalte von oben nach unten:

Der Schaufellaufkäfer, ein Spezialist für Gehäuseschnecken.

Zwei gehörnte Lederlaufkäfer attackieren einen Maikäfer bei der Eiablage.

Ein Lederlaufkäfer mit einer Kartoffelkäferlarve. Die Beute wird mit dem Verdauungssaft außerhalb aufgelöst und dann aufgesogen.

Ein Weichkäfer verspeist gerade eine Schmetterlingsraupe.

Die natürlichen Feinde von Kulturschädlingen

Nützlinge müssen nicht geschützt werden um ihrer selbst willen, sondern weil sie einen echten Dauerschutzfaktor für die verschiedensten Kulturpflanzen darstellen – vorausgesetzt, sie werden erkannt und werden richtig behandelt. D. h., in erster Linie chemische Pflanzenschutzmittel nur noch dort einzusetzen, wo sie trotz der Inkaufnahme der Störung des ökologischen Gleichgewichtes eingesetzt werden müssen, um einen noch größeren Schaden zu verhindern, nicht nur unter Berücksichtigung vordergründig ökonomischer Zwänge.

Niemand setzt Pflanzenschutzmittel ein, wo er sie nicht für notwendig hält! Doch wann hält er sie für nötig? Nur fundiertes Wissen über Zusammenhänge im Gesamtbereich vermitteln den Eindruck über das Ausmaß der Verantwortung gegenüber dem Naturhaushalt, zeigt die vielen möglichen Alternativen auf, ein Problem abzuschwächen, macht bescheidener.
Kenntnisse, Zusammenhänge und Wirkungen im Bereich der natürlichen Widersacher unserer Kulturschädlinge zu vermitteln, ist die Aufgabe dieses Abschnittes: Auf diese Kenntnisse aufbauend wird der Praktiker mehr korrigierend, als störend in die Naturabläufe eingreifen.

Weichkäfer
Canthariden

Franzosen- oder Soldatenkäfer werden sie auch genannt; vielleicht haben die länglich, »elegant« geschnittenen, weichen Flügeldecken zu diesem Namen beigetragen, die von Ocker bis Kastanienbraun viele verschiedene Farbschattierungen aufweisen. Es gibt in Europa ca. 77 Arten. In diese Käferfamilie gehören auch die »Glühwürmchen«, die sich während ihres Larvenstadiums von Schnecken ernähren. Weichkäfer wirken beim Fliegen schwerfällig, sind auf Bäumen und Sträuchern jedoch geschickte Jäger von Fliegen, Blattläusen (vor allem auf Nadelbäumen), Schmetterlingsraupen, Blattwespenlarven. Mit der sichelförmigen Oberkieferzange werden die Opfer von Blättern und Nadeln förmlich geschabt. Die Käfer legen die Eier im Frühjahr bis zum Sommer ab. Die schwarz behaarten, walzenförmigen und kurzbeinigen Larven leben in langen, selbst gegrabenen Röhren im Boden. Sie ernähren sich von Schnecken, Raupen und anderen Insekten im und auf dem Boden. Sie sind weitgehend winterhart; einzelne Arten tauchen bereits während der Schneeschmelze auf und haben deshalb den Namen »Schneewürmer« bekommen. Das Puppenstadium durchlaufen sie meist im Frühjahr.

Wirtschaftliche Bedeutung

Weichkäfer werden in ihrer Wirkung als Schädlingsvertilger in der Regel weit unterschätzt, da die Larven im Verborgenen aktiv sind und den Käfern zu wenig Beachtung geschenkt wird. Noch gibt es derzeit kaum Literatur über die Verzehrsmengen, jedoch entgeht uns die große Zahl der Weichkäfer auf unseren Pflanzen nicht und wieviel Blattläuse sie fressen.

Laufkäfer
Carabidae

Laufkäfer heißen so, weil sie ihre Beute zu Fuß erlegen. In Europa gibt es ca. 500 verschiedene Arten von 5–50 mm Größe. Sie sind in allen natürlichen Lebensräumen anzutreffen, wo sie Jagd auf viele, meist schädliche Insekten machen – häufig in Bodennähe, aber auch auf Bäumen. Ihre Jagd erfolgt in den Abend- und Nachtstunden.
Ihre Beute ergreifen sie mit ihren sichelscharfen Mundwerkzeugen, sie töten sie damit nur ab, denn fressen können sie damit nicht: Laufkäfer nehmen ihre Nahrung nur flüssig auf, d. h., sie müssen diese vorher erst mit einem stark ätzenden Verdauungssaft verflüssigen, bevor sie sie aufsaugen können. Viele Laufkäfer überwintern als Larve im Boden in etwa 20 cm Tiefe und kommen im Frühsommer als fertige Käfer heraus. Die Larven sind asselähnlich, nur etwas länglicher, haben scharfe Mundwerke und leben ebenfalls räuberisch. Die Käfer sind häufig wunderschön gemustert und haben

einen metallischen Farbglanz. Laufkäfer brauchen für ihr Leben bewachsenen, schattigen, möglichst feuchten Boden mit Steinen, Reisig, Laub oder auch kleine Erdhöhlen, die ihnen Unterschlupf bieten.

Wirtschaftliche Bedeutung
Kartoffelkäfer und -larven, Raupen und deren Puppen, Engerlinge, Drahtwürmer, Gehäuse- und auch Nacktschnekken, Würmer, Krebstiere, saugende Insekten (Fliegen, Wespen, Blattwanzen), Bodeninsekten (z. B. Erdraupen) werden von Laufkäfern und -larven in großer Zahl verzehrt.
Besonders die Laufkäfer reagieren auf vielerlei Agro-Chemikalien sehr empfindlich und brauchen den oben genannten ungestörten Unterschlupf und Nahrungsreserven.

Schlupfwespen
Ichneumonidaea

Wohl eine der bemerkenswertesten Erscheinungen der Insektenwelt sind die Schlupfwespen. Sie parasitieren die meisten Insekten in den verschiedensten Varianten. Sie haben den eigenen Lebensrhythmus auf das feinste an den des Wirtstieres angepaßt. Dementsprechend unterschiedlich sind auch die Körpergrößen: von 0,2–30 mm. Sie haben oftmals einen anmutigen Metallschimmer auf dem Körper und den zwei Flügelpaaren. Mit einem Legestachel legt das Weibchen die Eier in die Larve oder in die Puppe eines anderen Insektes ab; es kann sie aber auch nur anheften oder in der Nähe ablegen. Die Larve macht zunächst alle Lebensvorgänge innerhalb des Wirtstieres mit und ernährt sich zunächst von weniger lebensnotwendigen Innereien. Bei abgeschlossener Entwicklung wird dann das Wirtstier vollständig ausgezehrt. Nur noch die jämmerlichen Überreste der äußeren Körperhülle des Opfers

Für jeden Kenner der Materie eine sensationelle Aufnahme einer Schlupfwespe, die mit ihrem langen Legebohrer ein Ei in die Larve eines tief im Holz lebenden Holzschädlings legt. Die Fühler spüren dazu das Wirtstier bereits von außen auf.

weisen auf die Parasitierung durch Schlupfwespen hin – den Vorgang erkennt man selten von außen. Es gibt in Europa etwa 10 000 verschiedene Schlupfwespenarten, einzelne Arten parasitieren sich auch gegenseitig (Hyperparasiten).

Wirtschaftliche Bedeutung
Die meisten Kulturschädlinge haben eine oder mehrere Schlupfwespenarten als möglichen Parasiten; die Laboraufzucht von Schlupfwespen für den gezielten Einsatz ist bei vielen Arten möglich, bei manchen bereits praxisreif. Manchmal (z. B. bei der Schlupfwespe, welche die San-Josè-Schildlaus parasitiert) gelingt sogar die Einbürgerung des Nützlings im Befallsgebiet, so daß die Bekämpfung ausgesetzt werden kann.

Raupenfliegen
Tachinidae

Die Raupenfliegen umfassen eine sehr artenreiche Fliegengruppe mit etwa 500 Arten in Europa. Die Larven leben, ähnlich wie Schlupfwespen, im Inneren anderer Insekten als Schmarotzer. Über die Eier, welche die Raupenfliege an oder in ihre Wirtstiere ablegt, gelangen die Larven in die Raupe. Manche Raupenfliegeneier sind so klein, daß sie von der Raupe mit der Nahrung aufgenommen werden, andere wiederum legen die Eier nur in der Nähe ihres Wirtes ab, von dort aus müssen die schlüpfenden Raupenfliegenlarven dann die Raupe suchen und sich selbst einbohren. Solchermaßen parasitierte Schmetterlingsraupen erkennt man an dem dunklen Fleck, den das Einbohr-

Über drei Dutzend Schlupfwespenlarven verlassen hier eine Kohlweißlingsraupe, um sich außerhalb zu verpuppen.

430 Integrierter Pflanzenschutz

Die Schwebfliege, ein harmloser Blütenbesucher, wird oft mit Bienen oder Wespen verwechselt.

loch hinterläßt. Je nach Art setzt sich die Larve an unterschiedlichen Plätzen im Körper der Raupe fest. Die einen durchlaufen mit dem Wirtstier die Entwicklung, oft auch die Winterruhe. Andere fangen sofort an, die Raupe im Inneren zu zerstören. Manchmal führt auch die Tatsache zu einer Überraschung, daß die Raupenfliege auch noch das Puppenstadium der Raupe mit durchläuft und aus der äußerlich unbeschädigten Schmetterlingspuppe dann kein Schmetterling schlüpft, wie erwartet, sondern aus einer 2. darin verborgenen Puppe (Tönnchen) die fertige Raupenfliege entsteigt.

Wirtschaftliche Bedeutung

Raupenfliegen parasitieren nicht nur Raupen, sondern auch Kartoffelkäfer, pflanzenfressende Wanzen oder verschiedene Arten abwechselnd. Bei jedem größeren Raupenfraß (z. B. im Forst) stellen sich die Raupenfliegen in großer Zahl ein, so daß sich eine Bekämpfung oft erübrigt.

Marienkäfer
Coccinellidae

Der Artenreichtum der Marienkäfer auf unseren Bäumen und Sträuchern wird vielfach weit unterschätzt, gibt es doch in Europa über 70 verschiedene Arten, die sich hauptsächlich von anderen Insekten ernähren; die einzelnen Arten sind ganz unterschiedlich gefärbt, halbkugelig und 1–9 mm groß. Allen gemeinsam ist die Fähigkeit, bei Gefahr Fühler und Beine einziehen zu können, so daß sie kaum mehr zu sehen sind. Sie werden nach Grundfarbe und Zahl der Punkte auf den Flügeldecken unterschieden: 2-, 7-, 10-, 14- oder 22-Punkt-Marienkäfer. Die Marienkäfer werden etwa 1 Jahr alt; im Frühsommer werden die Eier in Gruppen von 5–20 Stück abgelegt. Die daraus schlüpfenden Larven sind auf Insektennahrung angewiesen. Eine Larve verzehrt etwa 400 Blattläuse, der vollentwickelte Käfer täglich etwa 40 bis 50 Stück!

Wirtschaftliche Bedeutung

Die Bedeutung der Marienkäfer als Blattlausfresser ist ja hinlänglich bekannt, daß es unter ihnen aber auch Spezialisten gibt, die sich auf Spinnmilben (z. B. der »Kugelkäfer«) oder gar auf den Verzehr von Mehltau-Pilzgeflecht verlegt haben, ist weniger bekannt. Marienkäfer fressen z. B. auch Blattsauger, Blutläuse, Zikaden, Schildläuse. In geschonten Pflanzenbereichen werden die Blattläuse allein oft schon durch Marienkäfer voll kontrolliert. Austriebsspritzmittel schädigen die auf den Pflanzen überwinternden Käfer direkt und indirekt, dadurch, daß ihnen die Nahrung, z. B. die Blattläuse, entzogen werden. Auch sie brauchen ungestörte Nistgelegenheiten.

Schwebfliegen
Syrphidae

Jeder kennt sie, die Fliegen, die in der Lage sind, durch einen äußerst schnellen Flügelschlag in der Luft »stehen« zu bleiben und dann im Zick-zack wieder weiterzufliegen. Die lebhafte, typische, schwarzgelbe, wespengleiche Körperzeichnung dient zur Tarnung (Mimikry), um Feinde abzuhalten. Im Gegensatz zu Wespen oder Bienen besitzen Schwebfliegen nur 2 Flügel (nicht 4), sie haben keinen »Stachel« zum Stechen. Die meisten Schwebfliegen sind harmlose Blütenbesucher (-bestäuber), die sich von Pollen und Nektar ernähren. So vielgestaltig wie die Fliegen sind auch die Larven. Diese sind zum Teil sehr räuberisch veranlagt und saugen Spinnmilben, Blattsau-

ger und Blattläuse. Mit dem kopflosen Vorderende schlägt die Larve typische Kreise: Mit dem Mundhaken hebt sie Blattläuse hoch, hält sie fest und saugt sie aus, bis zu 100 Stück/Tag. Schwebfliegen haben etwa 4 Generationen/Jahr, die Weibchen legen etwa je 100 Eier. Diese Zahl hängt aber weitgehend vom Nahrungsangebot besonders im Frühjahr ab. Die Schwebfliegen werden durch doldenblütige Pflanzen von weitem angelockt und zur Eiablage in der näheren Umgebung angeregt.

Wirtschaftliche Bedeutung

Schwebfliegen und ihre Larven gibt es in unseren Lebensräumen in großer Zahl, sie sind bei uns heimisch. Auch sie leiden unter dem Einsatz breitenwirksamer Pflanzenschutzmittel, besonders im Frühjahr, wenn sie ihre Population alljährlich neu aufbauen. Beutetiere sind, neben der Blattlaus, Spinnmilben, kleine Raupen und Käferlarven, Blutlaus, Blattsaugerlarven.

Raubwanzen
Heteroptera

Neben allerlei schädlichen Wanzenarten gibt es, leider wenig bekannt, eine ganze Reihe von Insektenfressern. Ein allgemein gültiges Unterscheidungsmerkmal zwischen nützlich und schädlich gibt es nicht.
Die Raubwanzen sind meist zierliche, buntgemusterte Tierchen mit einem langen, oft über die Körpermitte noch hinausragenden, 4fach gegliederten Rüssel; ihre Beutetiere werden damit im wahrsten Sinne erdolcht, d. h., aufgespießt und ausgesaugt. Erwachsene Raubwanzen ähneln ihren Larven oftmals sehr; die Flügel bilden sich während der letzten Larvenstadien schrittweise (keine Puppenruhe). In unserem Raum gibt es etwa 40 räuberisch

Bei den Marienkäfern sind leider meist nur die auffallend roten Käfer bekannt, geliebt und geschützt. Kaum einer aber kennt die ebenso nützlichen Larven der Marienkäfer.

Integrierter Pflanzenschutz

lebende Arten, von denen die Blumenwanze und der Kleine Put wohl die häufigsten sind. Schon während die ersten Sonnenstrahlen den nahenden Frühling ankündigen, saugen der Kleine Put und die Blumenwanze Wintereier von Spinnmilben aus – bis zu 100 täglich. Weitere Beutetiere sind Blattläuse aller Entwicklungsstadien, ebenso Raupen, Blattsauger, Zikaden, die Larven von Blattwespen und Käfern. Die Blumenwanze ist 3–4 mm groß, der Kleine Put nur 2–3.

Wirtschaftliche Bedeutung
Raubwanzen waren in der Vergangenheit im Erwerbsanbau schon mehrfach die Rettung, wenn bei der chemischen Spinnmilbenbekämpfung die erhoffte Wirkung ausblieb, weil sich bereits Resistenzen herausgebildet hatten. Die Raubwanzen sind eine Nützlingsgruppe, die wohl am ehesten mit den wiederholten chemischen Pflanzenschutzmaßnahmen fertig geworden ist.

Florfliegen
Neuroptera

Florfliegen begegnen uns nicht nur draußen, sondern auch drinnen. Zur Überwinterung ziehen sie sich gern in ruhige, warme Räume zurück; dorthin gelangen sie z. B. durch offene Fenster. Im Frühjahr wollen sie dann wieder ins Freie. Auf Bäumen und Sträuchern suchen sie Nahrung, die teilweise aus Insekten besteht, aber auch aus Nektar und den süßen Ausscheidungen von z. B. saugenden Insekten (Blattläuse, Blattsauger).

Florfliegen haben 4 große filigrangeäderte Flügel, die sich beim Fliegen so gegeneinander bewegen, daß sie ähnlich wie ein Hubschrauber fliegen. Die Eier der Florfliege werden zum Schutz vor Angreifern auf einen langen Stiel gesetzt. Das Schlüpfen der Larven gleicht einem Seiltanzakt im Zirkus. Die Larven sind leicht an den weit vorgestreckten Kieferzangen zu erkennen, mit denen sie ihre Opfer von beiden Seiten anstechen, hochheben, aussaugen. Mit einem Ruck des Kopfes können sie die Überreste auch über den Rücken nach hinten schleudern.

Wirtschaftliche Bedeutung
Die 3 bei uns häufig vorkommenden Arten (von ca. 20) verzehren vor allem Blattläuse (200–500 Stück während des Larvenstadiums), aber auch Blutläuse, Blattsauger, Räupchen, Fliegenlarven, diverse Insekteneier und täglich etwa 30–50 Spinnmilben. Der Schutz und die Schonung dieser wirkungsvollen Blattlausfeinde sind besonders im Frühjahr wichtig, denn dann können sich 2–3 Generationen pro Jahr entwickeln. Damit die Florfliegen nicht vor Hunger in andere Gebiete abwandern, dürfen nicht alle Blattläuse bekämpft werden, sondern es muß ein als Nahrungsreserve unbedeutender Bestand übrig bleiben.

Kurzflügler
Staphylinidae

Kurzflügler haben ihren Namen von den verkürzten Flügeldecken her bekommen, die den Hinterleib auf ⅔ seiner Länge unbedeckt lassen. Während der Ruhe liegen die zarten Hautflügel, wie ein Briefbogen der Länge und Quere nach gefaltet, unter den verkürzten Deckflügel. Trotzdem sind Kurzflügler gute Flieger, ihre Beute jagen sie allerdings zu Fuß. Sie stellen Insekten vieler Art nach; einige verzehren auch Pilze oder Blütenpollen. In Europa gibt es ca. 4000 Arten, weltweit etwa 30000; sie sind zumeist nicht größer als 3–5 mm, doch gibt es einzelne Arten, die 30 mm erreichen. Die Ähnlichkeit mit Ohrwürmern ist zwar gegeben, doch gibt es keine entwicklungsgeschichtliche Verwandtschaft, auch beim Vergleich der Leistung als Schädlingsvertilger sind die Kurzflügler aktiver. Sie leben im Laub, im Kompost, auf Sträuchern, auf Laub- und Nadelbäumen, an See- und Flußufern. Es gibt unter ihnen Spezialisten für Gemüsefliegen, für Spinnmilben, sogar für Borkenkäfer und deren Larven.

Wirtschaftliche Bedeutung
Die große Zahl der Larven und Käfer findet man das ganze Jahr über in Bodennähe, aber auch auf vielerlei Pflanzen, in Ställen und Kellern; ja sogar von selbstgebauten Erdröhren aus machen sie Jagd auf ihre vielfältige Beute. Sie sind meist wieselflink und farblich ihrer Umgebung gut angepaßt, so daß sie nicht immer auf Anhieb entdeckt werden.

Ohrwurm
Dermaptera

Der Ohrwurm ist ein guter alter Bekannter des Gärtners. In Europa kommt hauptsächlich der Gemeine Ohrwurm *(Forficula auricularia)* vor, er ist etwa 16–20 mm lang und kastanienbraun bis schwarz. Das zangenähnliche Gebilde an seinem Hinterleibsende dient beileibe nicht zum Ohrenzwicken, sondern vielmehr dem Festhalten des Partners bei der Paarung und dem Ordnen der Flügel, die, wie beim Kurzflügler, zweimal gefaltet unter den verkürzten Flügeldecken un-

Von oben nach unten:
Wenig bekannt ist die Nützlichkeit der Raubwanzen.

Die Florfliegen sehen harmlos aus, sind aber sehr wirksame Blattlausjäger.

Ein Kurzflügler auf seiner Jagd nach Wespen.

Integrierter Pflanzenschutz

Von links nach rechts: Der Ohrwurm ist hinter allen Fronten zu finden: als Insekten- und Aasfresser, als Lästling und auch als Schädling.

Eine Gallmückenlarve lebt unter Blattläusen und saugt sie aus.

Eine Kreuzspinne fängt in ihrem Netz zahlreiche Pflanzenschädlinge nahezu aller Größen. Sie bewegt sich dabei wie ein Akrobat.

tergebracht sind. An dieser Zange können auch Männchen (mit einem Höker auf der Innenseite) und Weibchen (ohne Höcker) unterschieden werden. Das Weibchen legt im Frühjahr etwa 100 Eier in eine selbstgebaute Erdhöhle. Ohne die Fürsorge des Weibchen würden die hilfsbedürftigen Eilarven großenteils nicht überleben – eine Erscheinung, die bei nicht gesellig lebenden Insekten einmalig ist.

Wirtschaftliche Bedeutung
Bei Nacht geht der Ohrwurm manchmal auf Jagd nach Blattläusen. Er vertilgt auch Schmetterlingseier, ebenso ist er an Aas und abbauender organischer Masse zu finden. Er nascht auch gern an frischen Pflanzen und Früchten.

Gallmücken
Itonididae

Gallmücken sind eigentlich mehr als Pflanzenschädlinge bekannt und auch berüchtigt. Einige Gallmückenarten leben jedoch räuberisch, z.B. von Blattläusen. Äußerlich unterscheiden sie sich nicht von ihren pflanzenfressenden Kollegen; sie sind 1–2 mm groß, gelblich-orange. Nur an ihrer Umgebung, z.B. einer Blattlauskolonie oder auch als Parasit eigener gallenbildenden Arten, erkennt man die Lebensweise: Das Gallmückenweibchen (1–2 mm) legt im Schnitt 60 Eier nacheinander, in Gruppen, mitten in eine Blattlauskolonie ab. Die schlüpfenden Larven stechen die Blattläuse von unten in die Membrane zwischen den Hinterleibsringen und saugen sie aus. Durch ein Toxin (Gift), das sich im Speichel der Gallmückenlarve befindet, werden die Blattläuse wahrscheinlich vorher abgetötet (so genau weiß man das noch nicht) oder zumindest gelähmt. Dadurch, daß die Gallmückenlarven in des Wortes doppelter Bedeutung unter den Blattläusen leben, schützen sie sich auch vor dem Zugriff der Blattlaus-»Pfleger«, den Ameisen.

Wirtschaftliche Bedeutung
Das häufig massierte Auftreten dieser Blattlausfeinde führt oft zum Zusammenbruch einer Blattlauspopulation. Blattlauskolonien, in denen Gallmückenlarven »gehaust« haben, gleichen hinterher einem »Schlachtfeld«.
Die Verbreitung dieses Nützlings ist groß. Er kann in Blattlauskolonien mit bloßem Auge erkannt werden. Wenn man ihn entdeckt, wird eine Bekämpfung mit anderen Mitteln auch hier überflüssig.

Hundertfüßler

Wie bereits auf S. 427 beschrieben wurde, ist der Hundertfüßler ein sehr aktiver Blattlaus- und Raupenvertilger, der von seinen Verstecken unter Steinen aus seine Raubzüge auch auf die Bäume und Sträucher ausdehnt. Das erste seiner Beinpaare ist mit einer Giftklaue versehen, womit er seine Opfer ergreift und lähmt.

Wirtschaftliche Bedeutung
Leider ist die Nützlichkeit dieses Insektes viel zu wenig bekannt, weil sie, ähnlich wie die Spinnen, darunter leiden müssen, daß sie durch ihre Erscheinung für den Menschen nicht ästhetisch genug aussehen.

Spinnen
Araneae

Von der Nützlichkeit der Spinnen erzählen und schreiben die Fachleute schon lange, nur will es in der Praxis kaum jemand wahr haben, weil offenbar die Nützlichkeit eines Individuums auch von einer ästhetischen Erscheinung abhängig gemacht wird. Bei genauerer Betrachtung sieht man jedoch die Schönheit der ornamentalen Körperverzierungen mancher Arten. Auch die raffinierte Architektur, z.B. eines Radnetzes, zeugt von einem hohen Entwicklungsstand. Untersuchungen haben ergeben, daß sich in einem Spinnetz bis zu 80% nur Schädlinge fangen. Die Haubennetzspinne z.B. baut die Wände ihrer »Kinderzimmer« in Halbkugelform großenteils aus gelähmten (sprich: konservierten) Blattläusen auf, um so die Nahrung für den Nachwuchs zu sichern. Krabbenspinnen wiederum bauen keine Netze, sie warten vielmehr geduldig, bis ein vorbeikommendes Opfer an eines ihrer langen Beine stößt, um es blitzschnell zu packen und abzutöten. Den Spinnfaden vermag sie mit Unterstützung der Luftbewegung wie eine Harpune ins Ziel zu bringen und sich blitzschnell an ihm hochzuklimmen. Das verschafft ihr eine Beweglichkeit, die dem Fliegen sehr ähnlich ist.

Wirtschaftliche Bedeutung
Spinnen gibt es in großer Zahl in fast all unseren Lebensräumen; überall lauern sie auf ihre Opfer; es wird fast alles verzehrt, was Beine hat und nicht schnell genug davonlaufen kann. Räuberisch lebende Insekten können sich oft selbst wieder aus dem Netz befreien. Die Bedeutung der Spinnen bei der Schädlingsbekämpfung spiegelt die Kontrolle des Inhaltes eines Spinnetzes sehr treffend wieder. Die Spinnen spielen vor allem im Herbst eine große Rolle, weil sie in ihren Netzen z.B. die Blattlausweibchen fangen, die die Eier für die nächste Generation im Frühjahr ablegen.
Spinnen sind drinnen wie draußen Schädlingsvertilger, denen wir mehr Beachtung schenken sollten.

Integrierter Pflanzenschutz

Raubmilben

Eine sehr artenreiche Nützlingsgruppe, die in den vergangenen Jahren immer mehr an Bedeutung erlangt hat, seitdem allgemein der Einsatz von Insektiziden zurückgegangen ist. Raubmilben kommen natürlich auch in unseren Gärten vor. Wegen ihrer geringen Körpergröße und ihrem spinnmilbenähnlichen Aussehen sind sie für den Laien schwer zu unterscheiden.

Wirtschaftliche Bedeutung

Die Raubmilbe, *Typhlodromus piri*, wird im Obst- und Weinbau bundesweit zur Spinnmilbenbekämpfung verwendet. Die vormals problematische Bekämpfung mit Pflanzenschutzmitteln erübrigt sich in derart besiedelten Flächen.

Auch für Gurken, Bohnen, Tomaten usw. im Gewächshaus gibt es Raubmilben (*Phytoseiulus persimilis* oder *Amblyseius spec.*), die zur Bekämpfung von Raubmilben oder Thrips-Arten im Handel erhältlich sind.

Indifferente

Auf die Fragwürdigkeit der Einteilung der Tierwelt in nützlich und schädlich durch den Menschen wurde an anderer Stelle bereits hingewiesen. Es gibt aber nicht nur Nützlinge und Schädlinge, sondern noch eine dritte Gruppe, die weit größer ist als die beiden zusammen: die Indifferenten, übersetzt heißt das, daß diese weder nützlich noch schädlich sind (aus der Sicht des Menschen!). Dies bedeutet aber keinesfalls, daß diese Tiere überflüssig wären, sondern im Gegenteil, sie sind das »Netz«, in dem die vorbeschriebenen Insekten einen mehr oder weniger wichtigen Knotenpunkt darstellen.

Andere Nützlinge

Unter den Lebewesen, die dem Menschen bei der Abwehr von Schädlingen »zur Seite stehen«, gibt es ja nicht nur Insekten, sondern auch eine ganze Reihe anderer Organismen. Sie leben, wie die beschriebenen Nutzinsekten, davon, daß sie Jagd machen auf andere Lebewesen oder diese parasitieren. Viele von ihnen sind allgemein bekannt, da sie stärker in Erscheinung treten oder dem Menschen bereits vertraut sind. Manche von ihnen sind vom Aussterben bedroht – häufig, weil sie ihrer natürlichen Umgebung beraubt worden sind oder durch den Einsatz chemischer Pflanzenschutzmittel direkt betroffen sind.

Fledermäuse

Die »klassischen« Schädlingsvertilger sind unter den Säugetieren z. B. die Fledermäuse. In der Dämmerung und auch nachts orten die gewandten Flieger Wickler-, Spanner-, Eulenfalter, Schnaken, Maikäfer und andere mit Ultraschalltechnik in der Luft. Fledermäuse leiden unter dem Mangel der Nistmöglichkeiten. Mit Fledermausnistkästen im ländlichen Wohnbereich könnte der Not abgeholfen werden.

Igel

Die Igel werden gerade durch den motorisierten Straßenverkehr besonders stark reduziert und gehen ebenfalls nachts auf die Jagd, wo sie Schnecken, Raupen, Mäusen und sonstigen Erdbewohnern nachstellen. Auch Igel leiden unter dem Mangel an Unterschlupfmöglichkeiten in Form von Reisig- und/oder Steinhaufen im möglichst unberührten Gartenbereich oder außerhalb.

Maulwurf

Der Maulwurf, der zwar wegen seiner Wühlarbeit vom Menschen eher verfolgt wird, ist ein eifriger Insektenvertilger und verdient deshalb absolute Schonung. Auch er gehört ebenfalls hierher. Oft wird er mit den Wühlmäusen verwechselt, weil er häufig in deren Gängen zu finden ist.

Spitzmäuse

Sie ernähren sich ebenfalls vorwiegend z. B. von Engerlingen, Schnecken, Drahtwürmern und Bodenschädlingen. Spitzmäuse müssen täglich ihr eigenes Gewicht Nahrung zu sich nehmen. Auch ihnen fehlen die nötigen Unterschlupfmöglichkeiten, die in unseren Gärten oft einer falschverstandenen Ordnungsliebe zum Opfer fallen.

Wieselarten

Die verschiedenen Wieselarten machen als flinke Raubtiere auf Mäuse und Ratten Jagd; sie zählen ebenfalls zu den Nützlingen. Leider setzen sie auch den Jungvögeln und den Junghasen arg zu.

Vögel

Unter den Vögeln sind der Hausrotschwanz, die Kohl- und Blaumeise, das Rotkehlchen, der Specht als eifrige Schneckenfresser und Insektensammler besonders hervorzuheben. Auch Eulen und Käuzchen sind hierbei zu nennen.

Reptilien

Die Gruppe der Reptilien liebt ebenso Schnecken, Würmer und Bodeninsekten. Zu den Reptilien gehören Eidechsen, Blindschleichen und Schlangen. Kröten, Frösche und Lurche wären auch sehr nützliche Schädlingsvertilger, doch sind sie aus den erwähnten Gründen vom Aussterben bedroht.

Mikroorganismen, Pilze, Nematoden

Diese Nützlinge sind so klein, daß man sie mit bloßem Auge nicht erkennen kann. Ihrer Gegenwart wird man erst gewahr, wenn ein Schädling selbst erkrankt. Auf S. 417 wurden bereits einige Beispiele ausführlich beschrieben. Ein weiteres Beispiel: Häufige Todesursache bei Schadinsekten ist der Befall durch Nematoden.

Von links nach rechts: Durch spezielle Nistkästen können die bei uns immer seltener vorkommenden Fledermäuse wieder eingebürgert werden.

Seine Wühlarbeit bereitet dem Gärtner häufig Kummer, doch vertilgt er jährlich große Mengen Ungeziefer: der Maulwurf.

Biologischer Pflanzenschutz

Gesunde Grundlagen

Wer naturgemäß gärtnert, der versucht die großen ökologischen Zusammenhänge nicht aus den Augen zu verlieren. Er übersetzt die Naturgesetze auf seine Gartenverhältnisse. Er betrachtet sich selbst und seine Pflanzen als einen Teil der natürlichen Umwelt.
Aus diesem Grunde behandelt ein Bio-Gärtner »Schädlinge« nicht als »Feinde«. Er »bekämpft« sie nicht, sondern wehrt sie ab, versucht sie in erträglichen Grenzen zu halten. Natürlich möchte auch ein friedlicher Bio-Gärtner die Früchte seiner Mühe selber ernten. Das ist schließlich der Sinn jedes Gartenbaues. Aber er vergißt dabei z. B. nie, daß Läuse nötig sind, um die Jungen der Meisen oder die Nachkommen der Marienkäfer zu ernähren. Sein Ziel ist niemals die Ausrottung, sondern die sinnvolle Begrenzung ungebetener Mitesser. Dazu stehen ihm eine Reihe wirkungsvoller naturgemäßer Mittel zur Verfügung.

Die hübsche Kapuzinerkresse gehört zu den Pflanzen, die bei Schädlingsabwehr helfen: Sie vertreibt Blutläuse und zieht Schwarze Läuse an. So werden Nachbarpflanzen entlastet.

Die erfolgreichste Abwehr von Schädlingen und Krankheiten gelingt auf die Dauer durch konsequente biologische Bodenpflege: Kompost, Mulchen und organische Dünger schaffen eine harmonische Wachstumsgrundlage. Auf gesundem Boden gedeihen auch gesunde, kräftige Pflanzen, die kaum anfällig sind. Überdüngte oder schwächliche Gewächse gehören dagegen zu den ersten Opfern von Läusen und Pilzen. Sehr viel zu diesem Thema wurde ja bereits ab Seite 398 besprochen.

Vorbeugen ist besser als spritzen

Pflanzenschutz sollte nicht nur aus Feuerwehr-Aktionen bestehen. Wenn eine Krankheit ausgebrochen ist, wird guter Rat oft zu einer teuren Angelegenheit. Als viel klüger erweist sich vernünftige Fürsorge. Mancher Plage kann man aus dem Weg gehen, wenn man ihr die Grundlage entzieht.
Solche vorbeugenden Maßnahmen spielen im naturgemäßen Garten eine besondere Rolle. Es gibt eine Fülle von speziellen Tips und Kulturmaßnahmen, die zum richtigen Zeitpunkt angewendet werden müssen. So können Sie Ihre Beete z. B. vor der gefürchteten Möhrenfliege schützen, wenn Sie einen freien, etwas windigen Standort wählen. Solche Bedingungen schätzen diese Schädlinge überhaupt nicht. Der Eiablage gehen Sie aus dem Weg, wenn Sie die Flugzeit der Fliege meiden, indem Sie möglichst früh im März oder spät im Juni Möhren aussäen.
Das Beet sollte niemals frisch gedüngt sein, vor allem nicht mit Mist. Kompost ist dagegen eine gesunde Grundlage für gesunde Möhren. Sorgen Sie auch dafür, daß der Boden möglichst locker und durchlässig ist, damit die Früchte gerade und gleichmäßig in die Erde hineinwachsen können. Die Mischkultur mit Zwiebeln oder Lauch trägt ebenfalls zu einer gesunden Entwicklung bei.
Es sind im Grunde sehr einfache Maßnahmen, die die Pflanzen vor Schäden bewahren. Sie entsprechen den Gesetzen der Natur. Jeder Gärtner, der sich die Zeit nimmt, das Wachsen und Blühen in seinem Garten aufmerksam zu beobachten, kommt fast von selbst zu solchen Erkenntnissen. Vielleicht sollten wir uns wieder viel mehr auf unsere eigenen Augen und Ohren verlassen und eingefahrene Gewohnheiten einmal kritisch überprüfen. Probieren Sie die Ratschläge aus der naturgemäßen Praxis selber aus, und vertrauen Sie Ihren eigenen Erfahrungen! Vor allem: Bleiben Sie geduldig. »Knopfdrucklösungen« zeigen zwar oft kurzfristig schnelle Erfolge, aber das dicke Ende der ungewollten Nebenwirkungen folgt meist noch lange nach.
Erdflöhe, die im Frühling ärgerliche Schäden verursachen können, lieben trockenen Boden. Wenn Sie also bei gefährdeten Kulturen immer für feuchte Erde sorgen, haben Sie schon viel gewonnen. Salatpflanzen als Zwischenkultur wehren die gefräßigen Erdflöhe ab.
Drahtwürmer, die die Wurzeln junger Pflanzen abfressen oder sich in Möhren und Kartoffeln einbohren, können Sie in Fallen locken. Legen Sie halbierte Kartoffeln aus, und setzen Sie rechtzeitig einige Salatpflanzen zwischen die Reihen der Möhren – als Köder! Sobald die Köpfe welken, graben Sie sie vorsichtig aus und fangen die Drahtwürmer gleich am »Tatort«.
Zu den wärmebedürftigen Gurken sollten Sie einen Windschutz aus Erbsen und Zuckermais pflanzen. Kälteschocks werden so abgewendet oder zumindest gemildert. Tomaten neben den Kohlpflanzen wehren die Kohlweißlinge ab, weil die Falter durch den strengen Geruch des Nachtschattengewächses irritiert werden. Sie finden ihr Ziel nicht und können deshalb auch keine Eier an den Kohlpflanzen ablegen.
Buschbohnen bleiben weitgehend von Schwarzen Läusen verschont, wenn Sie an den Rändern des Beetes das starkduftende Bohnenkraut aussäen.
Manchen Schaden und große Enttäuschungen können Sie bei den Obstbäumen schon vermeiden, wenn Sie von Anfang an solche Sorten auswählen, die dem Klima und den Bodenverhältnissen in Ihrem Garten angepaßt sind. Apfelbäume brauchen z. B. feuchten Boden und möglichst auch Luftfeuchtigkeit. An trockenen, sonnigen Hängen werden sie schlecht wachsen und immer anfällig für Krankheiten bleiben.
Alle Beerenfrüchte, die ursprünglich am Waldrand zu Hause waren, gedeihen gesund, wenn sie »heimatliche« Bedingungen vorfinden. Deshalb sollten Sie Erdbeeren, Brombeeren und Himbeeren immer mit Kompost ver-

Biologischer Pflanzenschutz

sorgen und während des ganzen Jahres eine Bodendecke darüber auslegen. Leicht saures Material – wie im Wald – eignet sich dazu besonders gut.

Achten Sie beim Kauf des Saatgutes auch auf mehltauresistente Sorten. Auch diese umsichtige Wahl beugt bereits Schäden vor. Luftige Pflanzung verhindert ebenfalls einen starken Pilzbefall. Stickig-enge Verhältnisse bieten dieser Krankheit dagegen beste Verbreitungsbedingungen.

Im Grunde verhält es sich mit den Pflanzen im Garten oft ähnlich wie mit dem Gärtner. Menschen, die sich vernünftig ernähren und kleiden, die sich abhärten und regelmäßig an der frischen Luft bewegen, solche Menschen entwickeln genügend eigene Widerstandskraft.

Auch Pflanzen, die in guter Erde am richtigen Standort aufwachsen, die nicht überdüngt werden, aber auch nicht hungern müssen, gedeihen kräftig und entwickeln ausreichende Widerstandskraft. An ihrem gesunden Gewebe beißen sich die Läuse »die Zähne aus«; d. h., sie wandern lieber gleich zu schwächlichen Gewächsen, mit denen sie leichteres Spiel haben. Krankheiten und Schädlinge breiten sich vor allem dort aus, wo sie von Schwachstellen angelockt werden. Deshalb ist eine naturgemäße Anzucht, die die Pflanzen stärkt, auf die Dauer die sicherste Vorsorge.

Mittel gegen Schädlinge und Krankheiten

Blattläuse

Über mangelnde Erfahrung mit Blattläusen kann sich wohl selten ein Gärtner beklagen. Auch in naturgemäßen Anlagen tauchen die kleinen Pflanzensaftsauger an Rosen, Obstbäumen oder Buschbohnen auf. Vor allem während der Umstellung auf biologische Methoden kann es zu großen Läuseplagen kommen. Auch extreme Wetterbedingungen oder Kulturfehler schaffen oft günstige Voraussetzungen für »lausige Zeiten«.

Kostenlose Helfer

Geraten Sie nicht gleich in Panik, wenn Ihre Pflanzen von Grünen oder Schwarzen Läusen überfallen werden. Im Frühling muß der Gärtner meist noch ein paar Tage warten, bis die ersten Marienkäfer auftauchen und die »fetten Weidegründe« regelrecht abgrasen. Bald tauchen dann auch die graublauen Larven des Käfers mit den gelblichen Punkten auf, die ebenfalls zu den großen Blattlausräubern gehören.

Die grünlichen Larven der Schwebfliege können leicht mit Raupen verwechselt werden. Mancher Gärtner bringt dann aus Unkenntnis seine eifrigsten Gehilfen bei der Schädlingsabwehr eigenhändig um. Bio-Gärtner sollten solche natürlichen Bundesgenossen kennen, immer wieder im Garten beobachten und ihnen die Arbeit so weit wie möglich überlassen.

Florfliegen, Schlupfwespen, Spinnen mit ihren Netzen und zahlreiche Vögel, die ihre hungrige Brut füttern müssen, gehören ebenfalls zu den natürlichen Feinden der Blattläuse.

Natürliche Hilfsmittel

Im Notfall kann sich ein Bio-Gärtner aber auch selbst gegen übermäßige Plagen helfen. Dafür steht ihm eine Fülle natürlicher Mittel zur Verfügung.

Mechanische Abwehr

Kleinere Läuse-Ansammlungen kann man mit den Fingern zerdrücken oder mit einem Wasserstrahl abspritzen.

Gesteinsmehl

Der feine Gesteinsstaub wird mit einer Spezialspritze verteilt. Er legt sich wie ein Puderzuckerbezug über die Läuse, die darunter ersticken. Mit Hilfe der Druckspritze können auch Sträucher und kleinere Bäume eingestäubt werden.

Spritzmittel aus Kräutern

Preiswert und wirksam bei geringem Läusebefall sind folgende Spritzbrühen aus eigener Herstellung:

Brennessel-Kaltwasser-Auszug 1 Eimer voll frischer Brennesseln wird mit kaltem Wasser angesetzt. Der Auszug darf nur 12–24 Stunden stehen und wird dann unverdünnt ausgesprüht.

Wermut- oder Rainfarn-Brühe 300 g frisches oder 30 g getrocknetes Kraut werden mit 10 l Wasser 24 Stunden eingeweicht. Für kleine Gärten kann man auch 5 l oder noch weniger ansetzen. Die Brühe wird mit dem Einweichwasser aufgekocht und soll anschließend noch etwa 10–30 Minuten leise sieden. Nach dem Abkühlen wird die Flüssigkeit abgesiebt, 1:3 mit Wasser verdünnt und ausgesprüht.

Andere natürliche Spritzmittel

Selber herstellen kann man auch Brühen aus Schmierseife oder Quassia. Das tropische Bitterholz Quassia bekommt man in der Apotheke. Dort gibt es auch reine Schmierseife (Kali-Seife).

Quassia-Brühe Die kleinen Holzstückchen werden wie die Wermut-Brühe angesetzt und aufgekocht. Die fertige Flüssigkeit spritzt man unverdünnt direkt auf die Läuse.

Von oben nach unten: Fein versprühter Gesteinsmehlstaub hilft gegen Läuse am Rosenstrauch.

Zutaten für selbstangesetzte Spritzbrühen: Quassia-Holzstückchen, Schmierseife und Spiritus.

Biologischer Pflanzenschutz

Eine Mulchdecke aus Farnkraut hält Schnecken vom Beet ab.

Schmierseifen-Brühe 150–300 g reine Schmierseife werden in 10 l heißem Wasser verrührt. Dazu kann man noch etwa ½ l Brennspiritus geben. Diese Brühe wird, wenn sie abgekühlt ist, unverdünnt ausgespritzt.

Biologische Handelspräparate

Aus einer afrikanischen Margeritenart wird in großem Umfang ein natürliches Gift gewonnen, das als *Pyrethrum*-Extrakt in verschiedenen biologischen Insektenmitteln enthalten ist. *Pyrethrum* wirkt tödlich auf kleine Kaltblüter, wie z. B. Läuse. Es ist aber ungefährlich für Bienen, Haustiere und vor allem für Kinder.

Quassia-Brühe, Schmierseifen-Brühe und *Pyrethrum*-Präparate sollten nur im Notfall verwendet werden. Diese Mittel sind sehr wirksam, auch bei starkem Befall, aber sie können nicht unterscheiden. Außer den Läusen werden auch nützliche Insekten tödlich getroffen. Wenn schon Marienkäfer oder Schwebfliegen-Larven in der Nähe der Läuse auftauchen, sollten auch natürliche Gifte nicht mehr eingesetzt werden. Denn sie treffen gleichermaßen Freund und Feind.

Neu auf dem Markt sind selektiv wirkende Mittel, die Schädlinge töten, aber Nützlinge schonen.

Schnecken

Bei feuchtem Wetter kriechen sie aus ihren Schlupfwinkeln: Schnecken aller Größen und Farben. In der Abenddämmerung ziehen sie ihre silbrigen Schleimspuren über die Gartenwege, und im Schutz der Nacht fressen sie die ersten zarten Aussaaten ab. Schon manchen gutwilligen Gärtner packte darüber die Verzweiflung: »Wie kann man sich gegen so viel Gefräßigkeit wehren, ohne gleich ›giftig‹ zu werden?«

Helfer in der Not

Zunächst einmal muß man sich klarmachen, daß die erschreckende Vermehrung der Schnecken ein Zeichen für das gestörte Gleichgewicht der Umwelt ist. Versuchen Sie im eigenen Garten wieder eine »biologische Balance« aufzubauen zwischen »Nützlingen« und »Schädlingen«. Dann nimmt die Natur selbst Ihnen einen Teil der Probleme ab.

Zu den natürlichen Feinden der

Bierfallen müssen mit einem Dach gegen Regen geschützt werden.

Schnecken zählen z. B. Igel, Kröten, Spitzmäuse, Frösche, Zauneidechsen, Blindschleichen und teilweise auch Amseln und Stare. Schaffen Sie Lebensräume für diese Tiere, indem Sie einen kleinen Teich oder ein Feuchtbiotop und ungestörte Hecken anlegen. Eine kleine »Burg« aus lose übereinandergeschichteten Bruchsteinen bietet Eidechsen und den ungiftigen, harmlosen Blindschleichen einen Unterschlupf. In Reisighaufen und unberührten Laubhügeln kann sich der Igel eine Höhle bauen.

Vorbeugende Mittel

Aufmerksame Gärtner fangen bereits frühzeitig mit natürlichen Abwehrmaßnahmen an. Bodendecken (Mulch) aus Wurmfarnblättern helfen mit, Schnecken vom Beet abzuhalten. Wirkungsvoll sind auch Schutzstreifen aus Sägemehl, scharfem Sand oder Gerstenspreu (leider ist dieses Getreide-Abfallprodukt nur noch selten zu bekommen), die um gefährdete Aussaaten und junge Triebe herumgestreut werden.

Kalk- oder Gesteinsmehl wirken nur bei trockenem Wetter als »Sperrgürtel«. Bei feuchter Witterung, gerade dann, wenn viele Schnecken unterwegs sind, lösen sie sich auf.

Unüberwindliche Schneckenkanten

Im Handel werden verschiedene Elemente mit abgewinkelten Kanten angeboten. Daraus kann man mobile Beetbegrenzungen zusammenbauen, in denen Aussaaten von Salat, Kräutern und Sommerblumen ungefährdet heranwachsen. Schnecken können nicht von außen zuwandern, weil die abgewinkelten Kanten für sie ein unüberwindliches Hindernis bedeuten. Falls sich im Inneren des geschützten Beetes noch einige Tiere aufhalten, können sie leicht mit Hilfe von Bierfallen weggefangen werden.

Fallen im feuchten Dunkel

Wer geduldig und beharrlich ist, der kann jede Nacht große Mengen von Schnecken in selbstausgelegten Fallen fangen: Unter feuchten Säcken, alten Brettern und großen, angewelkten Rhabarberblättern verkriechen sich die Tiere gern, wenn es hell wird. Sie lieben feuchte, dunkle Schlupfwinkel. Dort können Sie sie am Morgen einsammeln. Bringen Sie sie, wenn möglich, an einen Wiesenrand oder einen abgelegenen Ort, wo sie niemandem Schaden zufügen. Notfalls bringt ein Guß mit kochendem Wasser einen raschen Tod.

Bier lockt unwiderstehlich

Die »Bierfallen gegen Schnecken« sind inzwischen schon beinahe populär geworden. Im Handel werden dafür verschiedene Plastikbehälter mit passendem Dach angeboten. Sie können aber auch einfach Joghurt- oder Quarkbecher benutzen, die ebenerdig eingegraben werden. Wichtig:

- Schützen Sie die Schneckenfalle vor Regen, damit das Bier nicht verwässert wird.
- Füllen Sie die Behälter nur zu ⅔; aus vollen Bechern können die Schnecken bequem trinken und anschließend beschwipst aber ungefährdet wegkriechen!

Am sichersten ist eine Kombination verschiedener Mittel und Methoden. Die Erfahrungen aus zahlreichen naturgemäßen Gärten beweisen: Sobald wieder ein biologisches Gleichgewicht besteht, läßt die Schneckenplage spürbar nach!

Biologischer Pflanzenschutz

Wühlmäuse

Gegen die gefräßigen Nagetiere, die Gemüse-, Blumen- und Obstbaumwurzeln vernichten, gibt es keine Wundermittel. Dennoch können Sie sich durch eine Reihe von wirkungsvollen Maßnahmen erfolgreich gegen die Wühlmäuse wehren. Am sichersten ist immer eine Kombination verschiedener Methoden. Handeln Sie nach Möglichkeit gemeinsam mit den Nachbarn, damit die Tiere nicht in die angrenzenden Gärten flüchten und von dort eines Nachts zurückwandern. Wählen Sie unter den folgenden Vorschlägen, was Ihnen unter den örtlichen Umständen den größten Erfolg verspricht.

Geräusche und Druckwellen

Diese Methode ist sehr einfach und wirkungsvoller als viele andere. Treiben Sie an gefährdeten Stellen lange Eisenstangen in den Gartenboden. Schlagen Sie mehrmals täglich mit einem Hammer kräftig auf diese Stäbe. Das Geräusch und die Druckwellen sind den empfindlichen Nagern sehr unangenehm. Sie verschwinden überraschend schnell!
Dennoch sollte der Gärtner geduldig und ausdauernd bleiben. Hämmern Sie ein paar Wochen lang jeden Tag regelmäßig zu bestimmten Zeiten, z. B. morgens und abends. Auf diese Weise verderben Sie auch rückkehrwilligen Mäusen und Neulingen die Freude an Ihrem Garten!

Fallen und Köder

Aus Johannisbrot und Cumarin besteht ein Lockmittel, das Sie im Handel kaufen können. Die Brocken müssen mit Handschuhen in die Gänge gelegt werden, damit die klugen Wühlmäuse keine warnende Witterung aufnehmen. Der aus natürlichen Substanzen bestehende Johannisbrotköder verändert die Blutzusammensetzung der Tiere. Sie sterben schmerzlos und trocknen ein. Andere Lebewesen im Garten werden bei richtiger Anwendung nicht gefährdet. Im Handel gibt es noch verschiedene Fallen zu kaufen, die sehr wirkungsvoll sind, aber geschickt aufgestellt werden müssen.

Penetrante Düfte

Unangenehm für die empfindlichen Nasen der Wühlmäuse sind starke Gerüche, vor allem dann, wenn Sie sie direkt in ihren »Wohnbereich« leiten. Legen Sie Knoblauch, Nußbaumblätter, Thuja-Zweige oder Heringsköpfe in die Gänge. Oder gießen Sie Holunderblätter-Jauche in freigelegte Öffnungen.

Abwehrpflanzen

Kaiserkronen und Knoblauch üben durch starken Geruch eine begrenzte Abwehr aus. Auch Wolfsmilch (*Euphorbia lathyris*) und Hundszunge (*Cynoglossum officinale*) helfen teilweise gegen die Nager. Wichtigste Voraussetzung: Sie müssen um gefährdete Stellen dichte Schutzringe pflanzen.
Über die Wirkung von Knoblauch läßt sich streiten. Es gibt inzwischen zahlreiche Berichte von Wühlmäusen, die die »Stinkerzwiebel« ohne Hemmungen verspeisen. Möglicherweise haben wir es bereits mit einer »resistenten Generation« zu tun!?

Umleitung

Diese List können Sie anwenden, indem Sie eine Topinamburpflanzung am Gartenrand anlegen. Wühlmäuse lieben diese Knollen. Sie werden von anderen Gartenbeeten abgelenkt und können zwischen den Topinamburstauden leichter gefangen werden.

Erdflöhe

Die kleinen gefräßigen Käfer fressen zahlreiche Löcher in die Blätter junger Pflanzen. Sie sind auf Kreuzblütler, wie Kohl, Radieschen, Rettiche und Kresse, spezialisiert. Aber auch zarte Gurkenkeime verschonen sie nicht.
Wichtiges Gegenmittel: Halten Sie den Boden stets feucht, denn Erdflöhe lieben trockenen Untergrund. Legen Sie zwischen den Pflanzreihen Mulchmaterial aus. Mischkulturen mit Salat und Spinat üben eine gewisse Abwehrwirkung aus. Auch bittere Kräuterbrühen aus Wermut und Rainfarn, die über den Boden gespritzt werden, helfen die Käfer zu vertreiben.
Probieren Sie auch einmal ein sehr altes Mittel aus dem Bauerngarten: Um gefährdete Kulturen werden blühende Ginsterzweige ausgelegt. Bei dieser Methode wirkt sicherlich der starke Duft der Pflanzen abschreckend. Ginster wird auch seit Generationen als Ungeziefervertreiber im Taubenschlag benutzt.

Kohlweißlinge

Meist entwickeln sich 2 Generationen der Falter: Die Raupen der 1. Generation im Frühling leben von wilden Kreuzblütlern. Die 2. Raupengeneration, die im Frühsommer schlüpft, hat es gezielt auf die kreuzblütigen Kulturpflanzen abgesehen. Sie überfällt alle Kohlarten, aber auch Raps und Rüben. Selbst einem Bio-Gärtner fällt es schwer, die Kohlweißlinge zu lieben. Aber er zieht nicht »mit Feuer und Schwert« gegen sie zu Felde. Bei seinen Abwehrmaßnahmen macht er sich zahlreiche natürliche Tricks zunutze. Beharrlich versucht er, die Falter zu überlisten. Nur im Notfall, wenn eine ganze Ernte auf dem Spiel steht, greift er zu gezielten Gegenmitteln.

Natürliche Feinde

Vor allem Schlupfwespenarten tragen dazu bei, Kohlweißlingsraupen auf natürliche Weise zu regulieren. Die Wespen legen mit Hilfe eines langen Stachels am Hinterleib ihre Eier in die lebenden Raupen. Im Innern der Tiere entwickeln sich dann die Maden des Insekts, die ihren Wirt langsam auffressen.

Eine Topinamburpflanzung zieht Wühlmäuse an und lockt sie von anderen Gartenbeeten fort.

Spezielle Wühlmausfallen haben sich seit vielen Gärtnergenerationen bewährt.

Biologischer Pflanzenschutz

Vorbeugende Schutzmaßnahmen

Die rahmweißen Schmetterlinge des Kohlweißlings mit ihrer schwarzen Verzierung werden von senfölhaltigen Gewächsen angezogen. Deshalb können sie durch starke Fremddüfte, welche die vertrauten Signale übertönen, oft erfolgreich abgelenkt werden.

»Irritierende« Mischkulturen

Tomaten und Sellerie wirken durch ihre intensiven Gerüche als Schmetterlings-Verwirrer im Kohlbeet. Auch kräftig duftende Kräuter, als Beispiel seien hier Thymian und Salbei genannt, lenken die Kohlweißlinge von ihrem begehrten Ziel ab.

Tomatenblätter-Brühe

Zwei Hände voll frischer Tomatenblätter (sehr gut eignen sich die Geiztriebe) werden leicht zerdrückt und mit 2–3 l Wasser übergossen. Nachdem dieser kalte Auszug etwa 3 Stunden lang durchgezogen ist, wird die Flüssigkeit abgesiebt und unverdünnt über die Kohlpflanzen versprüht. Diese Abwehrmaßnahme muß während der Flugzeit der Kohlweißlings-Schmetterlinge alle 2 Tage wiederholt werden, damit die Wirkung sich nicht abschwächt.

Wermut-Tee

Für 10 l Wasser braucht man etwa 300 g frisches Wermutkraut oder 30 g getrocknete Droge. Der bittere Wermut wird mit kochendem Wasser überbrüht. Der auf diese Weise angesetzte Tee muß zugedeckt durchziehen. Nach 10–15 Minuten kann die Flüssigkeit abgegossen werden. Der abgekühlte Tee wird 1:3 mit Wasser verdünnt und dann mehrmals in kurzen Abständen über die befallenen Kohlpflanzen gespritzt.

Absammeln

Wenn die weißen Schmetterlinge fliegen, sollte ein Gärtner seine Kohlbeete regelmäßig kontrollieren. Oft wird der Schaden schon abgewendet, wenn die gelben Eier oder die jungen schlüpfenden Raupen immer wieder abgesammelt werden.

Bacillus-thuringiensis-Präparate

Für Notfälle sind im Handel verschiedene Bio-Präparate zu kaufen, die aus einer Bakterienart, dem *Bacillus thuringiensis*, hergestellt werden. Das Pulver muß nach Vorschrift in Wasser aufgelöst und direkt auf die Raupen des Kohlweißlings gespritzt werden. Diese Bakterienpräparate rufen bei den Tieren eine Krankheit hervor, an der sie nach 3–5 Tagen sterben. Das Pulver wirkt auch bei den Raupen der Kohleule und der Kohlmotte. Bienen und andere nützliche Insekten werden nicht gefährdet.

Ein Gärtner, der mit der Natur arbeitet, sollte aber die Tiere, die an seinem Erntesegen nagen, nicht nur als unwillkommene Eindringlinge betrachten. Auch die Kohlweißlinge haben ihren Platz im ökologischen Wechselspiel zwischen Pflanzen und Tieren. Wer die Welt nicht nur nach »nützlichen« und »schädlichen« Gesichtspunkten einteilt, der wird auch bei diesen Schmetterlingen interessante Beobachtungen machen können.

Pilzerkrankungen

Schadpilze siedeln sich vor allem auf den Blättern und Früchten der Pflanzen an. Sie dringen in das Gewebe ein und zerstören die Leitbahnen. Pilze verbreiten sich besonders gut unter warmen, stickig-feuchten Verhältnissen. Ein luftiger Standort, genügend Abstand unter den Pflanzen und eine ausgewogene Düngung, die festes Gewebe erzeugt, gehören deshalb bereits zu den vorbeugenden Maßnahmen gegen Pilzinfektionen.

Im naturgemäßen Garten werden gefährdete Pflanzen, wie z. B. Tomaten, Erdbeeren und Rosen, vorbeugend mit Schachtelhalm-Brühe gespritzt. Diese Wildpflanze ist außerordentlich reich an Kieselsäure. Dadurch werden die Zellen der Pflanzen gestärkt; Pilze können dann nicht mehr so leicht eindringen. Wer Schachtelhalm im Garten oder in der Nachbarschaft als Unkraut findet, der kann die Spritzbrühe selber herstellen.

Schachtelhalm-Brühe

Übergießen Sie etwa 1 kg frisches Kraut oder 150 g getrockneten Schachtelhalm mit 10 l Wasser. Dieser Ansatz bleibt 24 Stunden stehen und wird am nächsten Tag langsam aufgekocht. Die Brühe soll noch ½ Stunde leise sieden. Dann lassen Sie sie abkühlen und sieben die Flüssigkeit ab. Schachtelhalm-Brühe wird 1:5 mit Wasser verdünnt und an sonnigen Vormittagen über die Pflanzen versprüht.

Diese Spritzung muß mehrmals im Abstand von 14 Tagen durchgeführt werden. Wer sicher gehen will, der setzt Schachtelhalm-Brühe regelmäßig von der Blattentwicklung (Mai/Juni) bis zum Spätsommer ein.

Im Handel können Sie inzwischen einen praktischen Schachtelhalm-Extrakt kaufen, der einfach in Wasser aufgelöst wird. Schachtelhalm-Präparate, manchmal mit Schwefelzusatz versehen oder mit anderen Kräutern gemischt, gibt es im Fachhandel. Überall erhältlich ist auch getrockneter Schachtelhalm, der nach Bedarf abgewogen wird.

Eine Stärkung der Widerstandskraft gegen Pilzerkrankungen erreichen Sie auch durch die schwefelhaltigen Zwiebeln und Knoblauchzehen.

Knoblauch-Zwiebel-Jauche

½ kg frische Zwiebeln, gemischt mit Knoblauch, werden mit 30 l Wasser angesetzt, bis sie zu einer Jauche vergoren sind. Diese Brühe wird 1:10 verdünnt und über den Boden versprüht. Eine gewisse Vorbeugung gegen Pilzerkrankungen bewirkt auch die Mischkultur mit Knoblauch. Pflanzen Sie die »Stinkerzwiebel« zu Rosen und Erdbeeren.

Die meisten naturgemäßen Pilzmittel wirken nur vorbeugend. Das einzige Präparat, das auch bei Mehltaubefall noch erfolgreich eingesetzt werden kann, ist derzeit »Bio-Blatt« (von der Biologischen Bundesanstalt geprüft und zugelassen). Es wird gegen den Echten Mehltau an Rosen oder Zierpflanzen im Garten und an Gurken besonders empfohlen. Bei anderen Pflanzen wirkt es vorbeugend und stärkend.

Spritzungen mit verdünnter Magermilchbrühe wirken vorbeugend gegen Pilzerkrankungen an Tomaten.

Pflanzenschutzgesetz

Gesetz zum Schutz der Kulturpflanzen

(Pflanzenschutzgesetz vom 15. 9. 1986)

- Das Pflanzenschutzgesetz weitet den Begriff Pflanzenschutz von den Schadorganismen auch auf die nichtparasitären Beeinträchtigungen von Pflanzen aus, insbesondere auch auf die Gefahren, die durch die Anwendung von Pflanzenschutzmitteln und andere Maßnahmen des Pflanzenschutzes für die Gesundheit von Mensch, Tier und Naturhaushalt auftreten können.
- Der integrierte Pflanzenschutz wird zur Basis, auf der die neuen Bestimmungen aufgebaut werden: »Der Integrierte Pflanzenschutz ist eine Kombination von Verfahren, bei denen unter vorrangiger Berücksichtigung biologischer, biotechnischer, pflanzenzüchterischer sowie anbau- und kulturtechnischer Maßnahmen die Anwendung chemischer Pflanzenschutzmittel auf das notwendige Maß beschränkt wird.«
- Der Begriff Naturhaushalt wird dabei definiert: »...seine Bestandteile Boden, Wasser, Luft, Tier- und Pflanzenarten sowie das Wirkungsgefüge zwischen ihnen.«
- Dem Begriff »Schadorganismus«, der alle Schädlinge und Krankheitserreger, einschließlich Viren, Bakterien umfaßt, werden nunmehr auch Krankheiten angegliedert und gleichgestellt, die nicht durch Schadorganismen verursacht werden, wie Luftschadstoffe, Streusalz usw.
- Der Begriff Unkraut kommt in der Begriffsbestimmung gar nicht mehr vor!
- Neu ist der Begriff »Pflanzenstärkungsmittel«. Das sind »...Stoffe, die ausschließlich dazu bestimmt sind, die Widerstandsfähigkeit von Pflanzen gegen Schadorganismen zu erhöhen, ohne daß diese Stoffe schädliche Auswirkungen auf die Gesundheit von Mensch und Tier oder auf den Naturhaushalt haben. Es muß sichergestellt werden, daß diese Mittel erst in den Verkehr kommen, wenn ausreichende Kenntnis über Zusammensetzung und Eigenschaften vorliegen und auszuschließen ist, daß schädliche Auswirkungen gegeben sind. Deshalb besteht für Hersteller, Vertriebsunternehmer und Importeure eine Anmeldepflicht bei der Biologischen Bundesanstalt in Braunschweig. Außerdem dürfen Pflanzenstärkungsmittel im Einzelhandel nicht durch Selbstbedienung abgegeben werden.«
- § 6 (1) »Pflanzenschutzmittel dürfen nur nach guter fachlicher Praxis angewendet werden. Zur guten fachlichen Praxis gehört die Berücksichtigung der Grundsätze des Integrierten Pflanzenschutzes. Pflanzenschutzmittel dürfen nicht angewandt werden, wenn der Anwender damit rechnen muß, daß ihre Anwendung schädliche Auswirkungen für Mensch, Tier, Grundwasser oder sonstige erhebliche, schädliche Auswirkungen, insbesondere auf den Naturhaushalt hat.«
- § 6 (2) »Pflanzenschutzmittel dürfen auf Freilandflächen nur angewandt werden, soweit diese landwirtschaftlich, fortwirtschaftlich oder gärtnerisch genutzt werden. Sie dürfen jedoch nicht in oder unmittelbar an oberirdischen Gewässern und Küstengewässer angewandt werden.« Diese Beschränkung ist zum Schutz des Naturhaushaltes und zum Erhalt natürlicher Gegenspieler von Schadorganismen, im Bereich von Feldrainen, Böschungen und nicht bewirtschafteten Flächen.
- Die gute fachliche Praxis setzt voraus, daß derjenige, der mit Pflanzenschutzmitteln umgeht, entsprechend sachkundig ist und die Notwendigkeit des Pflanzenschutzes im Einzelfall mit der Rücksichtnahme ökologischer Erfordernisse in Einklang bringen kann. Diese persönliche Anforderungen erstrecken sich also auf alle, welche Pflanzenschutzmittel in einem Betrieb der Landwirtschaft, der Forstwirtschaft und des Gartenbaues einsetzten.
- <u>Der Bereich Haus- und Ziergarten ist zwar nicht gesondert hervorgehoben und ist deshalb nur scheinbar ausgenommen</u>; auch hier gilt, was zur guten fachlichen Praxis ausgeführt ist und welche Flächen behandelt werden dürfen. Hinzu kommt, daß im Rahmen der verschärften Zulassungsbedingungen für Pflanzenschutzmittel insbesondere zum Schutz des Wassers und des Naturhaushaltes, von der Biologischen Bundesanstalt noch einschlägige Auflagen erteilt werden, die eine bestimmungsgemäße und sachgerechte Anwendung im Haus- und Kleingartenbereich sicher stellen.
- Zum Schutz der Gesundheit von Mensch, Tier und Naturhaushalt sind mit der Zulassung Auflagen bei Packungen zu verbinden, die für den Haus- und Kleingartenbereich vorgesehen sind, daß diese über gebrauchsfertige Mischungen, Konzentrate, oder Anwendformen (Formulierungen) oder über Einrichtungen verfügen, die eine genaue Dosierung ermöglichen.

Integrierter Pflanzenschutz

Integrierten Pflanzenschutz nennt man eine Kombination von Verfahren, bei denen unter vorrangiger Berücksichtigung biologischer, biotechnischer, pflanzenzüchterischer sowie anbau- und kulturtechnischer Maßnahmen die Anwendung auf das absolut unumgängliche Maß beschränkt wird.

Grundsätze des Integrierten Pflanzenschutzes

Es sind
- Anbausysteme zu entwickeln, bzw. anzuwenden, in denen möglichst wenige Schadorganismen auftreten;
- Pflanzengesundheit durch pflanzenbauliche Maßnahmen zu fördern (Fruchtfolge beachten, fachgerechte Bodenbearbeitung, angepaßte Sortenwahl, Saat- und Pflanzzeit einhalten, Düngung nach Bodenprobe usw.);
- Wachstum der Kulturpflanzen und Ausbreitung der Schadorganismen rechtzeitig, fortgesetzt und sorgfältig zu beobachten;
- mechanische, biologische und biotechnische Pflanzenschutzmaßnahmen anzuwenden;
- chemische Pflanzenschutzmittel nur als »Notbremse« und nur durch den Fachmann einzusetzen;
- möglichst selektive, für die Umwelt schonende Mittel und Verfahren anzuwenden.

Warnung vor chemischen Pflanzenschutzmitteln im Hausgarten

Pflanzenschutzmittel werden von der Industrie entwickelt, um dem Landwirt oder Gärtner zu helfen, den Lohn seiner Arbeit zu sichern und zu schützen. Von diesem Erfolg sind die Quantität und die Qualität des Erntegutes abhängig – davon lebt er und seine Familie (seine Mitarbeiter). Er kennt die Ansprüche seiner Kulturen, weiß genau, wann welcher Schadorganismus, in welchem Entwicklungsstadium und wie oft behandelt werden muß. Er wählt das geeignete, an die Situation angepaßte Abwehrverfahren aus und bewegt sich dabei im gesetzlich vorgeschriebenen Rahmen. Er kennt die damit verbundenen Gefahren aus der Berufsausbildung und den aktuellen Informations- und Fortbildungsmaßnahmen.

Der Freizeitgärtner lebt in der Regel nicht vom Ertrag seines Gartens und verfügt meist nicht über die erforderliche Qualifikation und die technischen Voraussetzungen; zudem ist er meist zeitlich anderweitig gebunden, so daß er die zeitgebundenen Beobachtungen nicht machen und deshalb den Schaden nicht verhindern kann. Bei der fachgerechten Ausbringung von Pflanzenschutzmitteln ist er oft überfordert, da geeignete Dosiereinrichtungen und Geräte für die exakte Verteilung auf der Zielfläche fehlen. Für etwaige Schäden, die durch Unwissenheit oder Fehlverhalten entstehen, ist er dennoch voll haftbar (§ 6 [1] Pflsch.Ges.; S. 439; Gartenbu.WPS.7.92).

- Gebrauchsanweisung genau durchlesen. Die vielfältigen Auflagen (Bienenschutzverordnung, Gewässerschutzverordnung) beachten.
- Nur für den Verwendungszweck amtlich zugelassene Mittel verwenden.
- Wartezeiten beachten.
- Dosierung sehr genau vornehmen: % $\times$ 10 = g (cm^3) pro Liter. Vorher Meßgeräte für den Meßbereich beschaffen.
- Nur soviel Brühe ansetzen, wie im Minimum gebraucht wird (Menge exakt berechnen).
- Beim Ansetzen der Brühe Schutzkleidung (Handschuhe, Gasmaske) anlegen.
- Verschütten oder Spritzer in die Umgebung vermeiden oder sofort mit reichlich Wasser und Seife wegspülen.
- Keine Geräte oder Behälter verwenden, die für Nahrungsmittel verwendet werden (Küchen-, Eß-, Futter- und Waschgeräte).
- Gegenstände die zum Ansetzen der Brühe gebraucht werden sofort wieder reinigen.
- Die aufgebrauchten Packungen unbrauchbar machen, notfalls gesondert abführen.
- Pflanzenschutzmittel niemals aus der Originalverpackung in andere umfüllen.
- Sämtliche benutzte Behälter und Gerätschaften nicht unbeaufsichtigt herumstehen lassen.
- Pflanzenschutzgeräte nur mit amtlicher Zulassung und einwandfreiem Zustand verwenden.
- Verstopfte Spritzdüsen niemals mit dem Mund ausblasen.
- Vor, während und nach der Arbeit keinen Alkohol trinken.
- Nicht essen, trinken oder rauchen bei der Arbeit.
- Einatmen von Staub, Spritzwolken, Sprühschwaden oder Gasen vermeiden.
- Augen und Mund nicht mit Mittel in Berührung bringen.
- Mit Spritzflüssigkeit durchnäßte Kleidung sofort wechseln.
- Bei möglichst windstiller und kühler Witterung spritzen.
- Kinder von den Arbeiten fernhalten, ebenso Haustiere.
- Vorsicht, bei Abdrift von Spritzbrühe, notfalls Nachbarn verständigen. Vorsicht bei Unterkulturen.
- Nach der Pflanzenschutzmittel-Anwendung Reste von Spritz- und Reinigungsmitteln weder in Gewässer, Abflüsse, Entwässerungs- und Straßengräben, noch in Schächte oder Dränage-System kippen. Nach dem Merkblatt »Beseitigung von Pflanzenschutzmittel-Resten« (bei Erich Schmidt-Verlag, Bielefeld, anfordern) der »Landesarbeitsgemeinschaft Abfall« durchführen, d. h., bei örtlich ausgewiesenen Hausmülldeponien anliefern.
- Das unkontrollierte Verspritzen der Mittelreste schadet unter Umständen der Flora und der Fauna.
- Reinigung von Augen und Gesicht; Arme und Hände mit Wasser und Seife gründlich reinigen.
- Arbeitsanzug nicht zusammen mit Haushaltswäsche waschen.
- Leere Behälter nicht vergraben (wie mehrfach beobachtet), sondern sammeln und kommunaler Abfallbeseitigung übergeben.

Lagerung von Pflanzenschutzmitteln

Nur in Originalverpackung aufbewahren. Frostsicher lagern, vor Wärme (Heizung) schützen, gesondert, in einem verschließbaren Schränkchen (Kiste) vor dem Zugriff Unbefugter – besonders vor Kindern – schützen. Deutliche Kennzeichnung: Entsprechendes Symbol.

Erste Hilfe bei Gift-Unfällen

- Symptome: Kopfschmerzen, Schweißausbrüche, Übelkeit, Schwindel, Durchfall oder anderes.
- Arbeiten sofort einstellen, Schutzkleidung ausziehen, Gesicht und Haut mit Seife waschen, Arzt rufen.
- Gebrauchsanweisung, Verpackung und Reste des Pflanzenschutzmittels sicherstellen und ggf. dem Arzt zeigen.
- Erste-Hilfe-Maßnahmen: Stabile Seitenlage bei Vergiftetem einrichten. Jede übermäßige Anstrengung und Bewegung des Patienten vermeiden. Atemwege freimachen, erforderlichenfalls künstlich beatmen.
- Bei Vergiftung durch Verschlucken, Erbrechen herbeiführen, durch Einflößen einer Kochsalzlösung (1 Eßlöffel Salz auf 1 Glas Wasser). Niemals Rhizinusöl, Milch, Eiweißprodukte oder Alkohol, da diese die Giftaufnahme ins Blut noch beschleunigen! Medizinal-Kohle hilft eher, da noch nicht aufgenommene Giftstoffe im Magen gebunden werden. Beim Aussetzen des Atems muß künstlich beatmet werden.
- Bereits bei Verdacht auf Vergiftung sollte ein Arzt zugezogen werden; in vielen Fällen treten die typischen Symptome oft erst Stunden nachher auf.

Die Rechte des Gartenbesitzers

Die Rechte des Gartenbesitzers

Das Gartenrecht

Der Gartenfreund und seine Nachbarn

Der Gartenliebhaber betrachtet sein Reich als sein Refugium. Und wenn er dann auch noch Eigentümer und nicht nur Besitzer des Gartens ist, dann entwickeln sich sehr schnell Herrschaftsgefühle. So wie das Gesetz es sagt: »Der Eigentümer einer Sache kann, soweit nicht das Gesetz oder Rechte Dritter entgegenstehen, mit der Sache nach Belieben verfahren und andere von jeder Einwirkung ausschließen« (§ 903 BGB).

Das ist ein sehr bedeutungsvoller Satz. So kann z. B. jeder Eigentümer beliebig viele Bäume und Sträucher auf seinem Grundstück pflanzen. Das gilt selbst dann, wenn durch die Bäume dem Nachbargrundstück Licht, Luft und Sonne entzogen werden.

§ 903 BGB wird aber immer wieder völlig mißverstanden. Ein Tor, der glaubt, das Gesetz gewähre einen unbegrenzten Herrschaftsanspruch. Die Befugnis, »andere von jeder Einwirkung auszuschließen«, ist schön und gut. Sie steht aber auch dem Nachbarn zu und zwingt daher den Gartenfreund, seine eigenen Herrschaftsgelüste zu zügeln. Andernfalls würde dem Nachbarn das Recht beschnitten, mit seiner eigenen Sache nach Belieben zu verfahren. Jeder Grundeigentümer ist schließlich seines Nachbarn Nachbar.

In § 903 BGB steckt also auch ein Appell zur gegenseitigen Rücksichtnahme. Reichsgericht und Bundesgerichtshof haben daher in ihren Entscheidungen immer wieder betont, daß aus dem nachbarrechtlichen Gemeinschaftsverhältnis die Pflicht zu gegenseitigem kooperativen Verhalten entspringt. Auf diesen Grundsatz müssen wir häufig zurückgreifen, da im Nachbarrecht manche heiß umstrittenen Rechtsprobleme gesetzlich nicht geregelt sind. So sagt z. B. kein Gesetz etwas darüber aus, ob Laub und Blüten von den eigenen Bäumen in die Dachrinnen des Nachbarhauses fallen dürfen. Und ob Nachbars Katzen in mein Schlafzimmer eindringen dürfen, muß im Streitfall zwar von einem Gericht entschieden werden, das Gesetz schweigt sich darüber aber aus. Wer das bedauert, sollte daran denken, daß wir bei anderer Gelegenheit alle die ständig steigende Gesetzesflut verdammen.

Umfang und Bestandteile des Grundstücks

Streitigkeiten über den Grenzverlauf gibt es unter Landwirten immer noch zuhauf, zumal nicht alle landwirtschaftlich genutzten Grundstücke vermessen und abgemarkt sind. Häufig werden allerdings unter Landwirten die tatsächlichen oder angeblichen Zweifel über den Grenzverlauf kultiviert. Aus abgrundtiefer Feindschaft zum Nachbarn. Unter Gartenbesitzern selten ein Anlaß zum Streit. Bei ernsthaften Konflikten schafft das Vermessungsamt bald Klarheit. Ebenfalls ohne große praktische Bedeutung ist für Gartenbesitzer die gesetzliche Bestimmung, daß sich das Recht des Eigentümers eines Grundstücks »auf den Raum über der Oberfläche und auf den Erdkörper unter der Oberfläche« erstreckt (§ 905 BGB). In aller Regel hat der Eigentümer eines Gartens kein rechtliches Interesse an dem Luftraum über seiner Liegewiese und sucht in unseren Breitengraden auch selten nach Öl unter seinem Rasen. Aber bei der später noch zu erörternden Befugnis, überhängende Zweige zu beseitigen, spielt die »Lufthoheit« eine Rolle.

Dagegen ist von großer Bedeutung, welche Sachen zum Eigentum am Grundstück gehören. Natürlich das Haus. Aber wie ist es mit den eingepflanzten Bäumen und Sträuchern? Wie ist es, wenn die Baumschule unter Eigentumsvorbehalt geliefert hat?

Bäume und Sträucher werden mit dem Einpflanzen »wesentliche Bestandteile« des Grundstücks und können nach §§ 93, 94 BGB nicht Gegenstand besonderer Rechte sein. Ein eventueller Eigentumsvorbehalt geht daher mit dem Einpflanzen des Baumes unter. Der Verkäufer eines Grundstücks kann von dem Erwerber auch nicht die Herausgabe des von ihm gepflanzten Hausbaumes oder anderer Pflanzen verlangen. Dem Eigentümer des Gartens gehören vielmehr alle mit dem Grund und Boden verbundenen Pflanzen. Daran muß sich auch der Mieter oder Pächter halten, der während der Miet- oder Pachtzeit den Garten mit vielerlei Pflanzen bereichert hat. Gegen den Willen des Grundeigentümers darf er die Pflanzen nicht ausgraben und mitnehmen.

Nur »wesentliche« Bestandteile eines Grundstücks können nicht Gegenstand besonderer Rechte sein, sagt § 93 BGB. »Wesentlich« ist nicht gleich »wertvoll«. Entscheidend ist vielmehr, ob die Bestandteile einer Sache nach der Trennung noch ihren Gebrauchswert behalten. So ist ein Gartenhaus ohne Fundament kein wesentlicher Bestandteil, da es ohne Substanzverlust abgebaut und transportiert werden kann. Dagegen ist ein solider Zaun und erst recht eine Grenzmauer wesentlicher Bestandteil und gehört damit dem Eigentümer des Grundstücks.

Das Gros der Gartenbesitzer hat mit den bisher angesprochenen Rechtsfragen keine Schwierigkeiten. Interessanter wird es dagegen dann, wenn der Gartenliebhaber voller Schaffensdrang sich der Grenze zum Nachbarn nähert und Bäume, Sträucher und Hecken pflanzen will. Jetzt wird's kritisch. In fast allen Bundesländern gelten gesetzliche Abstandsregeln. Aber nicht überall die gleichen. Die Rechtslage ist völlig unübersichtlich. Die Literatur dazu dürftig. Das Thema muß daher in einem gesonderten Abschnitt behandelt werden.

Grenzabstand von Bäumen und Sträuchern

Ein schlechter Gartenfreund, der nicht den Wunsch hat, auf seinem Grundstück Bäume und Sträucher zu pflanzen. Schließlich will er ja nicht nur für sich, sondern auch für Tiere und Pflanzen ein Paradies schaffen. Recht hat er, gleichgültig, welche Motive ihn treiben. Ob er Sichtschutz zum Nachbarn anstrebt, ob er Brut- und Nistplätze schaffen will, ob er mit den selbstgeernteten Früchten sich erfreuen und die Freunde beeindrucken möchte, oder ob er nur einfach Freude daran hat, dem von ihm selbst Gepflanzten beim Wachsen zuschauen zu können.

Aber: Wenn er seine Bäume und Sträucher behalten will, muß er beim Pflanzen das Recht beachten. So wie es für die Pflege einer Freundschaft ratsam sein kann, rechtzeitig auf Distanz zu gehen, muß beim Anpflanzen von Bäu-

Die Rechte des Gartenbesitzers

men und Sträuchern der gesetzliche Mindestabstand gewahrt werden. Und der ist von Bundesland zu Bundesland verschieden. Einige Beispiele sollen das deutlich machen.

Wer von Baden-Württemberg nach Bayern zieht, darf beim Anpflanzen von Bäumen sehr viel näher an die Grenze des Nachbarn herangehen als umgekehrt. In Baden-Württemberg beträgt der gesetzliche Grenzabstand bis zu 8 m. In Bayern kommt man mit 2 m aus, es sei denn, das Nachbargrundstück wird landwirtschaftlich genutzt. Dann müssen 4 m eingehalten werden. Und für den Gartenfreund aus Baden-Württemberg ist es ratsam, wenn er beim Anpflanzen eine Hain- oder Weißbuche (4 m Abstand) von einer Rotbuche (8 m Abstand) unterscheiden kann. Für das bayerische Recht ist dagegen Buche gleich Buche.

In allen Landesgesetzen gibt es Regelungen über Verjährung oder Ausschluß des Anspruchs auf Beseitigung eines zu grenznah gepflanzten Baumes. Im Gegensatz zur Verjährung (= der Anspruch bleibt bestehen, kann aber nicht mehr durchgesetzt werden, wenn die Einrede der Verjährung erhoben wurde) geht mit dem Ausschluß der Anspruch unter. Er muß daher auch von amtswegen beachtet werden. Aber auch hier gibt es wieder gravierende Unterschiede. In Niedersachsen beginnt z. B. die Ausschlußfrist erst zu dem Zeitpunkt, in welchem Baum oder Strauch über die zulässige Höhe hinausgewachsen sind. In Rheinland-Pfalz und einigen anderen Bundesländern beginnt die Verjährungs- oder Ausschlußfrist schon mit dem Pflanzakt.

Noch eine Kuriosität: In einigen Bundesländern muß der Gartenfreund die zu eng stehenden Bäume auch dann beseitigen, wenn sie dort durch Samenflug Wurzeln geschlagen haben (Wildlinge). In anderen Ländern beschränkt sich der Beseitigungsanspruch dagegen auf die von Menschenhand zu eng gepflanzten Bäume und Sträucher.

Um des lieben Friedens willen ist es ratsam, zunächst in das jeweilige Landesgesetz zu schauen, das Maßband zur Hand zu nehmen und erst dann sorgfältig Bäume und Sträucher zu pflanzen. (Die Gesetze aller Bundesländer zum Grenzabstand von Bäumen und Sträuchern sind in dem Buch des gleichen Verfassers »Der liebe Nachbar«, BLV-Verlag, abgedruckt und kommentiert.) Es gibt kein Gesetz, das die Pflanzwut eines Grundstückseigentümers begrenzt. Der Gartenfreund muß aber eine Grenze auf jeden Fall respektieren. Er muß wissen, daß jede Pflanze Anspruch auf ausreichenden Lebensraum hat. Wenn er diesen Anspruch mißachtet, dann wird er wenig Freude an seinen Bäumen und Sträuchern haben.

Schutz der Bäume und Sträucher

Wir haben eingangs festgestellt, daß der Grundstückseigentümer in seinem Garten nach Belieben Bäume und Sträucher pflanzen darf (§ 903 BGB). Selbst dann, wenn die Bäume kaum Luft zum Atmen bekommen. Es wäre folgerichtig, wenn der Gartenfreund das Recht hätte, nach seinem Belieben die gepflanzten Bäume wieder zu beseitigen. Grundsätzlich stimmt das auch. Entgegen einer weit verbreiteten Meinung stehen nicht alle Bäume unter einem gesetzlichen Schutz. Aber das »grundsätzlich« bedeutet, daß es von dieser Regel Ausnahmen gibt.

Für Bäume in Hausgärten ist dann ein Schutz möglich, wenn die zuständige Gemeinde eine Baumschutzverordnung erlassen hat. § 18 des Bundesnaturschutzgesetzes bietet die Möglichkeit, in bestimmten Gebieten den gesamten Bestand an Bäumen, Hecken oder anderen Landschaftsbestandteilen unter Schutz zu stellen. Die Länder haben in ihren Naturschutz- bzw. Landschaftspflegegesetzen diese Möglichkeit aufgegriffen und die Gemeinden oder Kreisverwaltungsbehörden zum Erlaß von solchen Baumschutzverordnungen ermächtigt. Das Bundesnaturschutzgesetz betritt damit kein Neuland. Schon das preußische Gesetz zum Schutz des Baumbestandes und zur Erhaltung und Freigabe von Uferwegen im Interesse der Volksgesundheit von 1922 bot die Möglichkeit, vor allem in Kurorten, Großstädten und Industriegebieten Bäume unter Schutz zu stellen. Und die allererste Baumschutzverordnung gab es sogar schon 1677 in Breslau. Die Gemeinden können die Baumschutzverordnung auf Teile des Gemeindegebiets beschränken. Die Stadtstaaten Hamburg, Berlin und Bremen haben jeweils für das gesamte Hoheitsgebiet Baumschutzverordnungen erlassen. Für die anderen Bundesländer muß darauf hingewiesen werden, daß die Gemeinden oder Kreisverwaltungsbehörden nach eigenem Ermessen die Schutzmaßnahmen festsetzen können. In allen Bundesländern existieren zwar Muster für solche Verordnungen; die Gemeinden müssen sich aber nicht daran halten. Beim Grenzabstand von Bäumen und Sträuchern haben wir schon beklagt, wie unterschiedlich die gesetzlichen Regelungen in den einzelnen Bundesländern sind. Noch viel größer sind die Unterschiede bei den Maßnahmen zum Schutz der Bäume. Es ist daher nicht möglich, diese Schutzverordnungen generell zu erläutern.

Aus den schon vorhandenen Verordnungen und aus den vorliegenden Mustern lassen sich folgende Tendenzen erkennen:

- Meist werden nur die Bäume und nicht auch die Hecken unter Schutz gestellt.
- Meist gilt der Schutz für Laub- wie für Nadelbäume, aber nicht für Obstbäume und natürlich nicht für Bäume in Baumschulen.
- Der Schutz ist immer von einem gewissen Stammumfang abhängig: meist in Höhe von 1 m ab 80 cm Umfang.
- In aller Regel werden auch die Bäume in öffentlichen Grünanlagen unter Schutz gestellt.
- Alle Verordnungen verbieten die Beseitigung oder Beschädigung der geschützten Bäume.
- Alle Verordnungen sehen in der Verletzung der Schutzbestimmungen eine Ordnungswidrigkeit und drohen dafür Geldbußen bis zu DM 50000,– oder gar DM 100000,– an.
- Alle Verordnungen sehen die Möglichkeit der Ausnahmegenehmigung vor: aus Gründen des allgemeinen Wohls; zur Vermeidung von Härten; zur Beseitigung kranker Bäume.
- Alle Verordnungen bestimmen, daß bei einem Verstoß gegen die Schutzbestimmungen oder bei Erteilung einer Ausnahmegenehmigung eine Ersatzpflanzung auf Kosten des Grundbesitzers angeordnet werden kann.

Die bisherige Diskussion um den Erlaß von Baumschutzverordnungen macht deutlich, daß die Mehrheit der Gartenbesitzer sich gegen jede Beschränkung ihrer Eigentumsrechte wehrt. Zum

Leidwesen der Naturschützer konnte sich daher das Gros der bundesdeutschen Gemeinden nicht zum Erlaß von Baumschutzverordnungen durchringen. Obwohl die Gerichte ihnen Schützenhilfe leisteten. In mehreren Gerichtsentscheidungen wurde geklärt, daß eine Baumschutzverordnung durchaus mit der Eigentumsgarantie des Grundgesetzes vereinbar ist. Es wurde betont, daß die in einer Baumschutzverordnung vorgesehene Verfügungbeschränkung dem Wohl der Allgemeinheit diene. Den Bäumen komme für das Stadtklima und die Reinhaltung der Luft eine herausragende Bedeutung zu. Die Gerichte verlangten aber auch, daß im Interesse der Rechtssicherheit die Verordnung ihren räumlichen und sachlichen Schutzumfang so deutlich bezeichnen müsse, »daß die hiermit verbundene Beschränkung von Freiheit und Eigentum einwandfrei erkennbar ist und jedermann aufgrund der Baumschutzverordnung selbst ihren Geltungsbereich kennt und sein Verhalten nach ihren Verboten einrichten kann«.

Die Gemeinden haben noch eine weitere Möglichkeit, Bäume zu schützen. Sie können in einem Bebauungsplan die auf dem Grundstück vorhandenen Bäume unter Schutz stellen. Diese Befugnis gibt ihnen § 9 Abs. 1 Nr. 25 des Baugesetzbuches. Die Gemeinde kann in dem Bebauungsplan bestimmen, daß die vorhandenen Bäume und auch Sträucher (!) – gleichgültig, welcher Art und Größe – erhalten werden müssen. Sie kann auch bestimmen, daß bestimmte Bäume und Sträucher (z. B. nur einheimische Gewächse) gepflanzt werden müssen. Eine solche Anordnung kann sehr sinnvoll sein, um den städtebaulichen oder ländlichen Charakter des Gemeindeteils nicht zu gefährden oder ihn zu betonen oder gar zu verbessern. In allen Bebauungsplänen wird bestimmt, unter welchen Voraussetzungen Ausnahmegenehmigungen zum Beseitigen der geschützten Bäume und Sträucher erteilt werden können.

Dennoch haben die Bebauungspläne einen entscheidenden Mangel: Der Bauwerber kann vor Einreichen des Baugesuches und vor Verabschiedung des Bebauungsplanes die Bäume beseitigen, die ihn stören. Er schafft zunächst vollendete Tatsachen und sieht dann gelassen dem Bebauungsplan entgegen.

Das Eindringen von Wurzeln

Als engagierter Gartenfreund, der auf die Interessen des Nachbarn Rücksicht nimmt, haben wir beim Pflanzen unserer Bäume peinlich genau auf den gesetzlichen Mindestabstand geachtet. Die Bäume gedeihen, wir freuen uns darüber und leben als Grundstückseigentümer im vollen Bewußtsein, daß wir nach § 903 BGB Herr der Situation sind. Es ist ausschließlich unsere Sache, ob und wieviele Bäume wir anpflanzen.

Dennoch hat auch diese Sache einige Haken. Es kann uns passieren, daß unsere Bäume so kraftvoll wachsen, daß sie über ihre Wurzeln den Lebenssaft auch aus Nachbars Grundstück holen. Das dürfen sie grundsätzlich auch. Aber § 910 BGB setzt dem eine Grenze: »Der Eigentümer eines Grundstücks kann Wurzeln eines Baumes oder eines Strauches, die von einem Nachbargrundstück eingedrungen sind, abschneiden und behalten.« Dieses Recht kann allerdings dann nicht geltend gemacht werden, wenn die Wurzeln »die Benutzung des Grundstücks nicht beeinträchtigen«.

§ 910 BGB gewährt dem Nachbarn das in unserem Rechtssystem nicht häufige Selbsthilferecht. Das heißt, der Nachbar darf selbst die auf seinem Grundstück eingedrungenen Wurzeln abschneiden. Aber nur bis zur Grenze und nicht etwa bis zum Baumstamm. Und auch nur so weit, wie die Wurzeln die Nutzung seines Grundstücks beeinträchtigen. Also kein Radikalschnitt. Außerdem Vorsicht: Wenn eine Baumschutzverordnung besteht, dann dürfen auch Baumwurzeln ohne Erlaubnis nicht entfernt werden. Auch dann nicht, wenn unser Gartenfreund zur Pflege gutnachbarschaftlicher Beziehungen mit dem Vorgehen des Nachbarn einverstanden ist.

Außerdem muß das Nachbargrundstück durch die Wurzeln in seiner wirtschaftlichen Nutzung beeinträchtigt werden. Das kann der Fall sein, wenn die Wurzeln in das Gemüsebeet ragen. Oder wenn dort, wo sich die Wurzeln befinden, ein Haus gebaut werden soll. Oder wenn das Grünland in Ackerland umgebrochen werden soll. In all diesen Fällen muß dem Nachbarn das Recht zugestanden werden, die Wurzeln zu beseitigen.

Unter Juristen ist die Frage umstritten, ob der Nachbar dem Grundstückseigentümer eine Frist zur eigenhändigen Beseitigung der Wurzeln setzen muß und erst nach erfolglosem Ablauf der Frist zur Selbsthilfe schreiten darf. Die Zweifel ergeben sich daraus, daß § 910 BGB die Fristsetzung nur beim Entfernen von überhängenden Zweigen fordert. Entgegen der herrschenden Meinung bin ich der Auffassung, daß auch beim Entfernen von Wurzeln eine Fristsetzung notwendig ist. Und zwar schon deshalb, weil die Wurzelresektion ein sehr einschneidender Eingriff ist, der Sachkunde und Sorgfalt erfordert. Dem Eigentümer des Baumes muß daher Gelegenheit gegeben werden, die Arbeit eigenhändig durchzuführen. Schließlich sind die Wurzeln nicht nur für die Standfestigkeit, sondern auch für die Ernährung des Baumes von großer Bedeutung. Und häufig stirbt ein Teil der Baumkrone mit dem Entfernen von Wurzelwerk ab.

Wenn der Nachbar im Rahmen des § 910 seine Selbsthilfe angewandt und die eingedrungenen Wurzeln beseitigt hat, ist er nicht zum Schadenersatz verpflichtet. Auch dann nicht, wenn Baum oder Strauch durch das Entfernen der Wurzeln eingehen. Schließlich hat der Nachbar ja rechtmäßig gehandelt.

Schwierig wird es dann, wenn der Nachbar nicht nur die Wurzeln – rechtmäßig – beseitigt, sondern vom Grundstückseigentümer auch noch die Bezahlung seiner Arbeit fordert. Die Fachliteratur ist noch zu keiner Einigung gekommen. Die meisten lehnen einen solchen Anspruch ab.

Im übrigen Vorsicht in Baden-Württemberg. Dieses Land hat als einziges Bundesland von § 910 BGB abweichende Regelungen erlassen.

Das Überhängen von Zweigen

Nicht nur eingedrungene Wurzeln können stören, sondern auch überhängende Zweige. Auch für diesen Fall gilt § 910 BGB: Der Eigentümer des Nachbargrundstücks darf die herüberhängenden Zweige abschneiden und behalten. Hier wird deutlich, daß das Eigentum an einem Grundstück sich auch auf den darüber befindlichen Luftraum erstreckt (s. § 905 BGB). Das Gesetz sagt nicht, wie weit die Zweige über die Grundstücksgrenze ragen müssen oder dürfen. Oder in welcher

Die Rechte des Gartenbesitzers

Höhe sie sich befinden. Es kommt auch nicht darauf an, inwieweit sich der Nachbar durch die in seinen Luftraum ragenden Zweige gestört fühlt. Das Gesetz verlangt vielmehr, daß die Zweige objektiv die Benutzung des Nachbargrundstücks beeinträchtigen. Das wird in den meisten Fällen nicht zutreffen. Wenn aber die überhängenden Zweige z. B. dem Gemüsegarten des Nachbarn das Sonnenlicht entziehen, dann wird er zur Selbsthilfe schreiten dürfen. Oder auch dann, wenn die Zweige von Nachbars Baum in die Dachrinne des eigenen Hauses ragen, kann man von einer »Beeinträchtigung des Grundstücks« sprechen.

Das Gesetz macht bei den Zweigen das Recht auf Selbsthilfe ausdrücklich von erfolgloser Fristsetzung abhängig. Der beeinträchtigte Grundstückseigentümer muß seinem Nachbarn zunächst eine angemessene Frist zur Beseitigung gesetzt haben. Erst wenn diese Frist erfolglos abgelaufen ist, darf er zur Selbsthilfe greifen. Kennt er das Gesetz nicht oder kann er es nicht erwarten und schneidet ohne Fristsetzung die Äste ab, handelt er widerrechtlich. Er darf die abgeschnittenen Zweige dann nicht behalten und macht sich darüber hinaus schadenersatzpflichtig. Und daß die Frist nicht mitten in die Vegetationszeit gelegt werden darf, sollte selbstverständlich sein. Insbesondere kann niemand verlangen, daß die Zweige eines Obstbaumes abgeschnitten werden, während dieser voller Früchte hängt. § 910 verleiht ein eng umgrenztes Selbsthilferecht und beugt dadurch dem schikanösen Verlangen nach Zerstörung oder Beschädigung überragender Pflanzen vor. Ein Kommentar zum BGB weist herzerfrischend darauf hin, daß dem nachbarrechtlichen Gemeinschaftsverhältnis der Grundsatz des »Leben und Lebenlassens in Bagatellefällen« entspringt. Ein Grundsatz, der nicht nur beim Überhang anzuwenden ist.

Lange Zeit war die Frage umstritten, ob der Nachbar das Recht hat, statt selbst die Entfernung der Zweige oder Wurzeln vorzunehmen, den Baumeigentümer auf Beseitigung zu verklagen. Durch eine Entscheidung des Bundesgerichtshofes ist dieser Streit inzwischen ausgetragen. Der Nachbar braucht nicht selbst Hand anzulegen; er darf auch auf Beseitigung prozessieren.

Auch hier ist wieder Vorsicht am Platz: In Baden-Württemberg gilt hinsichtlich der Beseitigung überhängender Zweige gegenüber dem übrigen Bundesgebiet abweichendes Recht.

Überfall

Unter der bedrohlich klingenden Formulierung »Überfall« behandelt § 911 BGB einen alltäglichen Vorgang. Unser Baum trägt Früchte und steht so nah an der Grenze, daß ein Teil der Früchte auf Nachbars Grundstück fällt. Die Regelung des § 911 ist eindeutig: Der Nachbar darf die Früchte aufklauben und behalten. (§ 911 BGB: »Früchte, die von einem Baume oder Strauche auf ein Nachbargrundstück hinüberfallen, gelten als Früchte dieses Grundstücks. Diese Vorschrift findet keine Anwendung, wenn das Nachbargrundstück dem öffentlichen Gebrauche dient.«) Der Nachbar darf aber nicht nachhelfen und die Früchte herunterschütteln. Wenn er es dennoch tut, muß er die Früchte wieder herausrücken.

So lange die Früchte fest am Baum hängen, gehören sie dem Eigentümer oder Nutzungsberechtigten des Baumes. Gleichgültig, ob sie im eigenen oder im fremden Luftraum hängen. Infolgedessen darf der Eigentümer des Baumes die über fremden Grund hängenden Früchte auch selbst abernten. Nur darf er dazu nicht ohne Genehmigung das Grundstück des Nachbarn betreten. Findige Menschen haben für diesen Fall an langen Stöcken befestigte Geräte gebastelt.

Sind die Früchte nicht in den Privatgarten des Nachbarn gefallen, sondern auf ein dem öffentlichen Gebrauch gewidmetes Grundstück, also z. B. auf eine Straße, dann bleiben sie im Eigentum dessen, dem der Baum gehört bzw. dem die Nutzung zusteht. In diesem Fall tut der Eigentümer gut daran, sein Obst bald von der Straße zu holen. Sonst wird angenommen, er habe auf sein Eigentum verzichtet und das Obst sei herrenlos.

Wenn die Früchte auf Nachbars Grund gefallen sind, muß man sie auch dem Nachbarn gönnen. Holt man sich ohne Zustimmung des Nachbarn »seine« Äpfel wieder, wird man zum Dieb.

§ 911 BGB gilt im ganzen Bundesgebiet; es gibt zum »Überfall« kein abweichendes Landesrecht mehr.

Laubfall

Die mit dem Überfall der Früchte zusammenhängenden Fragen waren einfach zu lösen. Schließlich steht es klar im BGB, wem wann welche Frucht gehört. Aber dummerweise fallen nicht nur Äpfel und Birnen von den Bäumen, sondern auch Laub. Praktiker wissen, daß neben dem Zwist um den Grenzabstand von Bäumen der Laubfall zum häufigsten Streitfall im Nachbarrecht gehört. Und über den Laubfall schreiben weder das BGB noch die Nachbarrechtsgesetze der Länder etwas. Auch die vielfältigen Bemühungen deutscher Gerichte haben es nicht geschafft, zu einer einheitlichen Rechtsprechung zu kommen. Es besteht vielmehr Rechtsunsicherheit. Um so erbitterter die Auseinandersetzungen zwischen Nachbarn. Wir werden uns daher mit diesem Problem und den Urteilen deutscher Gerichte etwas eingehender befassen müssen. Die bisher eingeschalteten Gerichte vertreten die Überzeugung, daß unser Problem von § 906 BGB umfaßt wird. Da es sehr auf den Wortlaut dieser Bestimmung ankommt, muß sie hier in vollem Umfang zitiert werden.

§ 906
Zuführung unwägbarer Stoffe

(1) Der Eigentümer eines Grundstücks kann die Zuführung von Gasen, Dämpfen, Gerüchen, Rauch, Ruß, Wärme, Geräusch, Erschütterungen und ähnliche von einem anderen Grundstück ausgehenden Einwirkungen insoweit nicht verbieten, als die Einwirkung die Benutzung seines Grundstücks nicht oder nur unwesentlich beeinträchtigt.

(2) Das gleiche gilt insoweit, als eine wesentliche Beeinträchtigung durch eine ortsübliche Benutzung des anderen Grundstücks herbeigeführt wird und nicht durch Maßnahmen verhindert werden kann, die Benutzern dieser Art wirtschaftlich zumutbar sind. Hat der Eigentümer hiernach eine Einwirkung zu dulden, so kann er von dem Benutzer des anderen Grundstücks einen angemessenen Ausgleich in Geld verlangen, wenn die Einwirkung eine ortsübliche Benutzung seines Grundstücks oder dessen Ertrag über das zumutbare Maß hinaus beeinträchtigt.

(3) Die Zuführung durch eine besondere Leitung ist unzulässig.

Es liegt auf der Hand, daß Laub von Bäumen nicht zu den »Gasen, Dämpfen, Gerüchen, Rauch, Ruß, Wärme, Geräusch und Erschütterungen« gehört. Die Mehrzahl der Gerichte ist aber mit Zustimmung der Fachliteratur der Ansicht, daß es sich beim Laubfall um eine »ähnliche von einem anderen Grundstück ausgehende Einwirkung« handelt. Zur Lösung des Konflikts wird also der § 906 herangezogen. Damit ist allerdings noch nicht gesagt, ob diese Einwirkung geduldet werden muß oder untersagt werden kann oder zum finanziellen Ausgleich verpflichtet. Den extremsten Standpunkt hat das Landgericht Wiesbaden (Neue Juristische Wochenschrift 1979, S. 2617) eingenommen. Es hatte 1978 darüber zu entscheiden, ob der Nachbar es hinnehmen mußte, daß die Blüten von 5 Birken auf seine Terrasse fielen.

Das Gericht kam zu der Auffassung, daß der Blütenfall eine wesentliche Beeinträchtigung darstelle. Sie sei aber ortsüblich, zumal auf dem Grundstück des Nachbarn und Klägers ebenfalls Birken stünden. Die beantragte Beseitigung der 5 Birken hat das Gericht daher nicht ausgesprochen. Aber das Gericht errechnete, daß zur Beseitigung des Blüten- und Samenfalles jährlich etwa 14 Arbeitsstunden anfielen und verurteilte daher den Besitzer der Birken zur jährlichen Schadensersatzleistung in Höhe von DM 100,–. Diese Entscheidung ist in der Fachwelt auf viel Kritik gestoßen. Dennoch hat sich 1983 das Oberlandesgericht Karlsruhe (Die Justiz 1983, S. 387) auf den gleichen Standpunkt gestellt. Auf dem Grundstück des Gartenliebhabers standen in diesem Fall mehrere Birken und eine Kiefer. Laub, Nadeln, Blütenstaub und Kiefernzapfen fielen häufig auf den Vorplatz und das Garagendach sowie in die Dachrinne. Das Oberlandesgericht kam zu der Erkenntnis, daß Blütenstaub, Laub-, Nadel- und Zapfenfall eine wesentliche Beeinträchtigung darstellen. Der Nachbar habe aber dennoch diese Immission zu dulden, da sie ortsüblich sei. Zum Ausgleich für diese Duldungspflicht verdonnerte das Gericht den Gartenfreund zur Zahlung von jährlich DM 300,–.

Das Landgericht Ulm hatte 1984 über folgenden Fall zu entscheiden (Natur und Landschaft 1985, S. 154). Die Klägerin betrieb eine Gastwirtschaft und Pension. Das Haus stand neben einem öffentlichen Park, in dem eine Reihe etwa 20jähriger Laubbäume wuchs. Die Baumkronen ragten teilweise über den Parkplatz der Klägerin. Das Gericht schloß sich der in der Fachliteratur herrschenden Meinung an. Es war daher der Ansicht, daß es sich beim Laubfall um eine »ähnliche Einwirkung« im Sinne des § 906 BGB handle. Es vertrat aber dann die Auffassung, daß die Beeinträchtigung nicht wesentlich sei. Vielmehr handle es sich um eine unschädliche und natürliche Einwirkung, die die naturgesetzliche Folge einer von allen Beteiligten erwünschten Nutzung des öffentlichen Parks sei. Infolgedessen scheide eine Entschädigung aus. Das Landgericht fügte noch an, daß es für den Gewerbebetrieb der Klägerin von Vorteil sei, daß er unmittelbar an den Park angrenze. Dieser Vorteil überwiege gegenüber eventuellen Nachteilen.

Ähnliche Gedanken äußerte das Landgericht Karlsruhe 1984 (Monatsschrift für deutsches Recht 1984, S. 401). Es wies darauf hin, daß in einer Zeit des zunehmenden Umweltbewußtseins der vernünftige Durchschnittsbürger bereit sei, eine größere Belästigung durch Laub- und Samenflug hinzunehmen.

Die Entscheidung des Amtsgerichts Brakel (Natur und Recht 1981, S. 108) aus dem Jahre 1980 paßt in diesen Rahmen. Auf den Lagerplatz einer Baustoffhandlung fielen Blätter, Blüten und Samen von hochstämmigen Birken und Pappeln. Durch den Verrottungsprozeß wurden angeblich die Baustoffe geschädigt. Das Amtsgericht wies die Klage ab. Blüten und Blätter stellten zwar eine wesentliche Beeinträchtigung im Sinne des § 906 dar, es handle sich aber um eine ortsübliche Benutzung des Grundstücks. Es gehöre zu den ungeschriebenen Grundsätzen des bürgerlichen Rechts, daß jeder Grundeigentümer berechtigt sei, Bäume zu pflanzen und wachsen zu lassen. Dementsprechend gehöre es zur Pflicht eines jeden Nachbarn, die durch den natürlichen Wachstumsprozeß anfallenden Pflanzenteile auf seinem Grundstück hinzunehmen und selbst auf eigene Kosten zu beseitigen. Anders argumentierte 1980 das Landgericht Stuttgart (Neue Juristische Wochenschrift 1980, S. 2087). Es ließ die Kernfrage (Laubfall = ähnliche Einwirkung) zunächst offen, wies aber die Klage mit der Begründung ab, daß es sich dabei nicht um eine Einwirkung handle, die von einem »anderen« Grundstück ausgehe. Mancher wird dies als typische Haarspalterei der Juristen ansehen. Das Ergebnis ist aber erfreulich. Besonders begrüßenswert sind folgende Sätze aus der Urteilsbegründung des Landgerichts Stuttgart: »In einer Zeit des zunehmenden Umweltbewußtseins der Bevölkerung gegenüber schädlichen Umwelteinflüssen muß dem vernünftigen Durchschnittsmenschen in verstärktem Maße daran gelegen sein, daß die für die Sauerstoffversorgung einer Großstadt lebenswichtigen und auch wegen ihrer Schönheit schützenswerten Bäume an den Hängen von Stuttgart möglichst erhalten bleiben. Ein Durchschnittsbenutzer des betroffenen Grundstücks wird aufgrund dieser grundsätzlichen Überlegung den Arbeitsaufwand für die Entfernung des von herüberhängenden Zweigen und Ästen herabfallenden Laubes und der durch den Lauf der naturbedingten Blüten- und Samenteile hinnehmen, ohne für die geleistete Arbeit einen Geldausgleich vom Nachbarn zu verlangen.«

Diesen Sätzen muß der Gartenfreund aus vollem Herzen zustimmen. Anzumerken bleibt, daß diese Beurteilung nicht nur für Stuttgarter Bäume gilt. Beschämend ist, in welchem Ausmaß sich deutsche Gerichte um das Fallen von Blättern kümmern müssen. Ein Beweis dafür, wie schwach das Naturverständnis vieler Bürger entwickelt ist. Erstaunlich aber auch, daß die Gerichte alle meinen, § 906 sei auf unser Problem überhaupt anwendbar. Bisher ist erst ein einziger Richter dieser Argumentation überzeugend entgegengetreten (Rainer Engel, Natur und Recht 1982, S. 245 ff.). Er weist darauf hin, daß Wortlaut und Entstehungsgeschichte des § 906 die Motive des Gesetzgebers deutlich machen. Der dachte damals nicht an Umweltschutz, sondern an den Interessenausgleich, der sich insbesondere aus der Industrialisierung ergab. Wenn schon die von dem Betrieb auf dem Nachbargrundstück ausgehenden Immissionen nicht zu verhindern waren oder Schutzmaßnahmen die wirtschaftliche Existenz des Betriebes gefährden würden, sollte wenigstens eine Entschädigung gezahlt werden. Nutznießer dieser Regelung waren vor allem Landwirte. Es sei daher ein Kurzschluß, wenn der Laubfall in Beziehung gebracht werde zu Gasen, Dämpfen, Gerüchen, Rauch, Ruß, Wärme, Geräusch, Erschütterungen und dann als eine »ähnliche Einwirkung« angesehen werde. Das bedeutet: Die Einwirkung

Die Rechte des Gartenbesitzers

durch Pflanzenteile auf ein Nachbargrundstück könne weder verboten werden, noch ziehe sie eine Entschädigungspflicht nach sich.

Ich halte das für richtig und möchte noch einen anderen Gedanken anfügen. Mit Ausnahme von Bremen und Hamburg gibt es in allen Bundesländern gesetzliche Vorschriften über den Grenzabstand von Bäumen. Der Sinn dieser Regelung ist nicht preußische Ordnungsliebe. Es geht nicht darum, daß Bäume und Sträucher stramm in Reih und Glied stehen. Der Sinn ist vielmehr, daß die berechtigten Interessen des Nachbarn durch den Grenzabstand voll abgedeckt werden sollen. Die bisherige Rechtsprechung glaubt, eine Gesetzeslücke ausfüllen zu müssen, die es in Wahrheit gar nicht gibt. Fühlt sich der Nachbar durch die naturgemäße Entwicklung des Baumes belästigt, obwohl der eingehaltene Abstand gewahrt wurde, dann stehen ihm keine Ansprüche zu. Es sei denn, Wurzeln sind in sein Grundstück eingedrungen, Zweige hängen über und Früchte fallen auf seinen Grund. Dafür gibt es ausdrücklich und ausnahmsweise eine gesetzliche Anspruchsgrundlage. Und damit basta. In Extremfällen sind Ausnahmen denkbar. Dann, wenn das Nachbarschaftsverhältnis in eklatanter, mißbräuchlicher Weise verletzt wird. Diese Auffassung wird jetzt auch von Walter Dehner, Richter am Bundesgerichtshof, in der 1991 erschienenen 7. Auflage seines Kommentars zum Nachbarrecht vertreten. Er meint: »Daß aber von einem rechtmäßig angepflanzten Baum Laub auf das Nachbargrundstück geweht wird, hat der Eigentümer nicht zu verantworten.«

Natürlich kann das Laub auch eine Last sein. Insbesondere in Dachrinnen. Aber ganz offensichtlich wird vom lieben Nachbarn und von einigen deutschen Gerichten zu wenig bedacht, welch wertvolle Nahrungsquelle Laub für den Boden ist. Es ist die schützende und wärmende Bodendecke auf Beeten und Rabatten. Jedem Komposthaufen tut die Beigabe von Laub gut. Und den Regenwürmern gibt es Nahrung und animiert sie zur Bodenbelüftung. Martin Walser schreibt in einem Reisebericht aus West-Virginia: »Im Herbst, wenn hier die Blätter fallen, ertrinken ganze Stadtteile in Laub. Es ist die schönste Katastrophe, die man erleben kann.«

Komposthaufen

Ein anständiger Komposthaufen ist das Herz eines jeden Gartens. Kein Zweifel, zum Garten des Naturfreundes gehört ein Komposthaufen. Jetzt erst recht. Schließlich werden die Müllhalden immer größer und die Gemeinden ihrer nicht Herr. Recycling tut not und der Kompost unserem Garten gut. Kompost ist billiger und besser als Torf. Wer Kompost statt Torf verwendet, schont gleichzeitig die letzten noch vorhandenen Hochmoore.

Die Natur kennt keinen Abfall. Ungekochte Gemüse- und Obstabfälle, Rasenschnitt und Laub, verwelkte Blumen und Heckenschnitt gehören auf den Komposthaufen. Aber auch rohe Eierschalen und Kaffeesatz, etwas Zeitungspapier und Papiertaschentücher. Bei sachgerechter Behandlung wird alles eines Tages wertvollster Humus. Ein beglückendes Erlebnis, wenn nach etwa 1 Jahr aus einer Vielfalt von Küchen- und Gartenabfällen fruchtbarer krümeliger Humus geworden ist. Auch ein Schöpfungsakt. Nach einem alten Hausrezept kann man die Vermehrung der Regenwürmer im Komposthaufen durch Kaffeesatz anregen. Und die Regenwürmer helfen uns wieder bei der Aufarbeitung des Laubs und der Durchlüftung des Bodens. Eine einzige Freude. Nur fraglich, ob der Nachbar das genauso sieht. Der hat sich ja schließlich für schweres Geld einen Ziergarten angelegt. Mit vielen exotischen Nadelgehölzen, kurzgeschnittenem Rasen und auch einem Blumenbeet. Der Komposthaufen verletzt sein ästhetisches Empfinden. Schön ist, was nicht zu sehr an Natur erinnert, meint er. Also nimmt unser Nachbar Anstoß. Da er mit ästhetischen Argumenten kein Gehör findet, nimmt er Anstoß am Geruch. Er sagt, der Komposthaufen muß weg, weil er stinkt. Die Juristen werden wieder bemüht.

Die Landesregierungen sind durch das Bundesabfallgesetz ermächtigt worden, bestimmte Abfälle oder bestimmte Mengen von Abfällen von der generellen Beseitigungspflicht auszunehmen. Das haben alle Landesregierungen getan und Verordnungen über die Beseitigung pflanzlicher Abfälle außerhalb von Abfallbeseitigungsanlagen erlassen. Wichtig ist, daß in 10 Bundesländern das Kompostieren von Küchen- und Gartenabfällen für zulässig erklärt wurde. (In Rheinland-Pfalz enthält die Verordnung keine Bestimmungen über das Kompostieren.) Mit Ausnahme von Hamburg haben alle Landesgesetze das Kompostieren davon abhängig gemacht, daß keine Geruchsbelästigungen auftreten. Die Rechtslage ist also klar. Man darf in seinem Garten einen Komposthaufen anlegen. Er darf aber nicht stinken. Sonst kann der Nachbar zum Kadi gehen.

Das Landgericht Regensburg mußte sich 1984 (AZ: S. 320/83) als Berufungsinstanz mit einer solchen Klage beschäftigen. Es stellte fest, daß sich der Komposthaufen in einer sehr windgeschützten Ecke des Gartens befand. »Daher ist auch bei Süd- oder Ostwind allenfalls mit einer geringfügigen Geruchsbelästigung zu rechnen. Diese muß der Kläger genauso hinnehmen wie umgekehrt die Beklagte Belästigungen durch die Abgase aus den Autos, die in der nahen Garage untergebracht sind, hinnehmen muß.« Die Klage wurde abgewiesen. Das Urteil ist aber kein Freibrief für sogenannte Komposthaufen, die in Wahrheit Müllkippen sind. Müllkippen stinken, Komposthaufen nicht. Der Hauptunterschied zwischen beiden: Ein Abfallhaufen ist naß und nicht durchlüftet. Die Fäulnis führt zu stinkenden Abfallprodukten. Ein Komposthaufen hingegen ist gleichmäßig feucht und gut durchlüftet und verrottet zu erdigem Humus.

Samenflug in Nachbars Garten

Bei der Behandlung des Laubfalls haben wir schon feststellen müssen, wie unterschiedlich die Gerichte den Vorgang bewerten. Das ist eigentlich erstaunlich, denn das Herunterfallen der Blätter von einem Baum ist ein ganz und gar natürlicher Vorgang, der vom Menschen nur sehr wenig beeinflußt werden kann. Hier spielen also »ideologische« Momente über die Art der Gartengestaltung keine Rolle.

Ungleich schwieriger wird es dann, wenn aus dem naturnahen Garten Unkrautsamen auf Nachbars Grundstück fliegen. Wenn dieser Nachbar den herkömmlichen gepflegten Zierrasen bevorzugt, wird es kritisch. Der Nachbar wähnt sich im Recht und verlangt die Beseitigung der Unkraut-Wildnis. Er wird damit Pech haben. Reichsgericht und Bundesgerichtshof haben über-

Die Rechte des Gartenbesitzers

einstimmend einen Unterlassungsanspruch gem. § 1004 BGB immer dann verneint, wenn die Beeinträchtigung eines Grundstücks ausschließlich auf Naturkräfte zurückzuführen ist. Wenn also Unkrautsamen durch den Wind auf das Grundstück des Nachbarn getrieben wird, dann besteht kein Anspruch auf Beseitigung der »Unkräuter«. Es sei denn, das Unkraut wächst in den Himmel und über Grenzen.

Dennoch bleibt ein Unbehagen. Allen Entscheidungen ist anzumerken, daß der Begriff »Unkraut« Aversionen auslöst. Das ist verständlich, denn in dem herkömmlichen Garten hat Unkraut nichts zu suchen. In ihm dürfen aus falsch verstandener Ordnungsliebe nur wenige, häufig exotische Pflanzenarten wachsen. Im naturnahen Garten ist dagegen Platz für eine Vielzahl heimischer Pflanzen- und Tierarten. Statt eines englischen Rasens mit 2 oder 3 hochgezüchteten Grassorten dürfen auf einer naturnahen Wiese auch Löwenzahn, Hahnenfuß und Margerite wachsen. Und Brennesseln oder Giersch wird nicht gleich mit der chemischen Keule zu Leibe gerückt. Diese heimischen Pflanzen werden gewöhnlich als »Unkräuter« bezeichnet, also als unerwünschte Kräuter. Unkräuter heißen sie nur, weil sie bei einer wirtschaftlichen Bodennutzung stören. Der Begriff »Wildkräuter« wäre viel besser. In der Natur gibt es keine Unkräuter! So ist zum Beispiel die Brennessel Futterpflanze für die Raupen zahlreicher Schmetterlinge. Außerdem kann sie als Heilpflanze genutzt werden. Zudem zeigt sie nährstoffreichen Boden an.

Im Gegensatz zum gepflegten, aber sterilen Garten, ist Vielfalt das Kennzeichen eines naturnahen Gartens. Der Garten wird zum Lebensraum für viele Tier- und Pflanzenarten. In einem solchen Garten gibt es eine natürliche Selbstregulierung. »Schädlinge« und »Unkräuter« werden durch natürliche Feinde und Konkurrenten in Schach gehalten. Wer sich in seinem Garten eine Biowiese anlegt, führt seinen Garten wieder in einen von Natur vorgegebenen Zustand zurück.

Diese Auffassung setzt sich immer mehr durch. Auch in den Amtsstuben. In zahlreichen Städten wird das öffentliche Grün nicht mehr so penibel gepflegt wie früher. Es dürfen wieder Wiesen wachsen. In der Fachliteratur findet man allerdings immer noch die Behauptung, daß in einigen Bundesländern alle Grundstückseigentümer zur Bekämpfung bestimmter Unkrautarten verpflichtet seien. Richtig ist, daß es in diesen Bundesländern Verordnungen zur Bekämpfung der Unkräuter gegeben hat. Inzwischen sind diese Verordnungen alle ersatzlos aufgehoben worden. Es gibt also in keinem Bundesland mehr eine gesetzliche Verpflichtung für den Gartenbesitzer, sein Grundstück von Unkräutern freizuhalten.

Rasenmäher

Auch der Rasen im naturnahen Garten muß hin und wieder gestutzt werden. Aber nicht so häufig wie ein englischer Parkrasen. Wer keine Sense zur Hand hat, muß den Rasenmäher benutzen. Der Gartenfreund tut gut daran, die Ohren der Nachbarn zu schonen und bewegt den Rasenmäher daher nicht zur unrechten Zeit. Wann man ihn einsetzen darf, bestimmt sich nach der Achten Verordnung zur Durchführung des Bundesimmissionsschutzgesetzes vom 23. Juli 1987, der sogenannten Rasenmäherlärm-Verordnung.

Diese Verordnung gilt für motorgetriebene Rasenmäher und bestimmt zunächst, welche Emissionswerte die Geräusche der Rasenmäher nicht überschreiten dürfen. Damit werden die Fabrikanten und Händler angesprochen. Dann bestimmt die Verordnung, daß Rasenmäher an Werktagen in der Zeit von 19 bis 7 Uhr sowie an Sonn- und Feiertagen nicht betrieben werden dürfen.

Abweichend von dieser Regelung dürfen an Werktagen in der Zeit von 19 bis 22 Uhr Rasenmäher betrieben werden, die mit einem Schalleistungspegel von weniger als 88 Dezibel (A) gekennzeichnet sind.

Diese Bundesverordnung läßt die Möglichkeit offen, die Ruhezeiten noch weiter auszudehnen. In vielen Ländern und Gemeinden ist das bereits geschehen.

Meist wird die Benutzung des Rasenmähers auch für die Mittagszeit verboten. Und manchmal wird zwischen Handmäher sowie Benzin- und Elektromotoren unterschieden. Es lohnt sich jeweils eine Anfrage bei der Gemeinde.

Der Gartenfreund tut gut daran, die Ohren der Nachbarn zu schonen und bewegt den Rasenmäher daher nicht zur unrechten Zeit.

Arbeitskalender

Januar

Ziergarten

Der Garten liegt unter einer Schneedecke, der Boden ist gefroren. Es gibt in diesen Wochen nicht viel zu tun, bzw. wir können Arbeiten erledigen, die einige Kraft erfordern und uns »warm« machen.

Auslichten von Ziersträuchern

Ältere, sehr dichte Ziersträucher werden bei nicht zu strenger Kälte ausgelichtet. Dabei entfernen wir vorrangig die alten Triebe, erkenntlich an ihrer Stärke und am dunklen Holz, dicht über dem Boden oder setzen sie auf Jungtriebe ab. Eine kräftige Astschere mit langen Griffen ist das ideale Gerät für diese Arbeit. Wichtig: Die Sträucher sollten beim Auslichten ihre natürliche Wuchsform beibehalten. Also die Triebe nicht in gleicher Höhe abrasieren oder amputieren. Blütenzweige, die bei dieser Arbeit anfallen, lassen sich in der Vase als hübscher Zimmerschmuck antreiben. Je später solche »Barbarazweige« geschnitten werden, desto schneller blühen sie im warmen Zimmer auf, vor allem, wenn sie vorher reichlich Frost bekommen haben.

Verjüngen von Hecken

Laubgehölzhecken, die zu hoch und zu breit geworden sind, können jetzt verjüngt werden. Wir schneiden sie dabei kräftig ins alte Holz hinein zurück und zwar so, daß die Hecke anschließend unten etwas breiter als oben ist. Die meist verwendeten Heckengehölze, wie Hainbuche, Liguster, Kornelkirsche, lassen sich solch einen radikalen Eingriff ohne weiteres gefallen. Je frühzeitiger diese Arbeit im Winter durchgeführt wird, desto kräftiger ist der Austrieb im Frühjahr.

Verpflanzen von Gehölzen

Zu groß gewordene bzw. zu dicht stehende Laubgehölze lassen sich während der Winterruhe besonders gut verpflanzen. Wir graben sie mit möglichst großem Wurzelballen aus und bringen sie an den neuen Standort, an dem bereits vorher ein genügend großes Pflanzloch ausgehoben wurde.

Fütterung der Singvögel

Dies wird auch im Januar fortgesetzt. Am besten eignet sich dazu gemischtes Körnerfutter aus feinen Sämereien und Beeren, vor allem ein Fett-Haferflocken-Gemisch. Wir können es leicht selbst zubereiten, indem 1 kg Futterhaferflocken mit 250 g ungesalzenem, zerlassenem Schweinefett übergossen werden. Das Futter muß sauber und trocken sein, da sonst allzuleicht Krankheiten auftreten können. Futterhäuschen, in denen das Futter nicht vor Kot geschützt ist, sollten deshalb immer wieder einmal mit kochendheißem Wasser gebürstet werden.

Kataloge und Gartenbücher

Im Januar kommen die neuen Gartenkataloge ins Haus. Wir blättern sie durch und geben bereits jetzt die Bestellung für die neue Saison auf, sofern wir keine Gelegenheit haben, Sämereien und Zubehör beim örtlichen Handel zu beziehen.
Ebenso ist in den winterlichen Wochen die beste Zeit, um in Gartenbüchern zu schmökern. Sicherlich finden wir dabei manch nette Anregung, die sich im kommenden Frühjahr in unserem Garten verwirklichen läßt.

Gemüsegarten

Anbauplan

Auch im Gemüsegarten steht das Planen im Vordergrund. Damit die Fläche möglichst intensiv genutzt werden kann, wird ein Anbauplan erstellt. Dazu zeichnen wir die einzelnen Gemüsebeete auf einem Blatt Papier auf und schreiben in jedes Beet die vorgesehene Vor-, Haupt- und eventuell Nachkultur bzw. tragen die geplanten Mischkulturen ein. Auf jedem »Papierbeet« vermerken wir außerdem den Bedarf an Pflanzen bzw. Samen, die Pflanz- oder Saatweiten und die voraussichtliche Kulturdauer.
Je kleiner der Gemüsegarten ist, desto mehr werden wir Arten bevorzugen, die möglichst frisch und häufig in der Küche benötigt werden: Salate, Tomaten, Bohnen, Möhren, Radieschen, Rettiche und Gewürzkräuter.

Fruchtwechsel

Bei der Planung achten wir darauf, daß Gemüsearten mit langer Entwicklungsdauer, also Petersilie, Schwarzwurzeln, Zwiebeln, Stangenbohnen, Gurken, und Spätkohlarten, möglichst nur alle 3 Jahre auf das gleiche Beet gesät bzw. gepflanzt werden. Eine Ausnahme machen Tomaten, die ohne erkennbare Nachteile alljährlich an die gleiche Stelle gepflanzt werden können. Dies ist vorteilhaft, denn Tomaten sollten möglichst an die wärmste Stelle gebracht werden.

Saatgutbestellung

Kataloge durchsehen und bald bestellen. Dabei sollte auch an Gemüsearten gedacht werden, die noch nicht in jedem Garten zu finden sind, wie Römischer Salat, Zuckerhut, Radicchio, Chicorée, Löwenzahn, Knollenfenchel, Brokkoli, Bleichsellerie, Zuckererbsen, Neuseeländer Spinat und andere.

Keimproben

Ältere Gemüsesamen, die bereits vor Jahren gekauft wurden, sollten nicht ohne vorherige Keimprobe ausgesät werden. Einige Arten, wie Porree, Zwiebeln und Schwarzwurzeln, sind nur 1 Jahr gut keimfähig, aber auch andere verlieren rasch einen Teil ihrer Keimfähigkeit.
Für die Keimprobe zählt man je Gemüseart 50 Samen ab, bei großkörnigen, wie Bohnen, Erbsen, Gurken, genügen 20 oder nur 10, und legen sie gut verteilt auf angefeuchtetes Fließ- oder Toilettenpapier aus, das in einer oder in mehreren flachen Schalen liegt. Damit eine gleichmäßige Feuchtigkeit erhalten bleibt, wird die Schale mit einer Glasscheibe oder mit Folie abgedeckt. Bei einer Zimmertemperatur von etwa 20°C beginnen die Samen bald zu keimen. Wir brauchen sie dann nur auszuzählen, um die prozentuale Keimfähigkeit zu erhalten. Von Samen, der z. B. nur noch zu 40% keimt, muß mindestens die doppelte Menge als normal in den Boden gebracht werden, da die Wachstumsbedingungen im Freien ungünstiger sind wie im Zimmer. Bei einer Keimfähigkeit von 20% wird der Samen am besten nicht mehr verwendet, bei 10% wird er in jedem Fall weggeworfen.

Gemüsemiete

Sobald es einen milden Tag gibt, kann die Miete geöffnet und der Bedarf für die nächsten Wochen entnommen werden. Sollte es extrem kalt werden und dabei kein Schnee liegen, so bringen wir auf die Miete zusätzlich Erde, Stroh oder Laub auf.

Geräteraum säubern

Dies macht zwar nicht gerade Spaß, aber hin und wieder muß es sein. Jetzt, im Januar, finden wir am ehesten Zeit für diese Arbeit. Alle Geräte, Düngemittel und sonstiges Gartenzubehör werden ins Freie gestellt, der Raum sauber gemacht und anschließend alles übersichtlich eingeräumt. Im Frühjahr macht es Spaß, wenn jedes Gerät gereinigt an seinem Platz zu finden ist.

Frühbeet und Kleingewächshaus

Reparaturarbeiten

Damit die Arbeit im zeitigen Frühjahr beginnen kann, bessern wir beschädigte Fenster oder Kästen aus. Auch ein neuer Frühbeetkasten und eventuell benötigte Fenster sollten bereits jetzt bestellt werden, da es im Frühjahr meist zu Engpässen kommt.

Wärmedämmung

Auch das Kleingewächshaus wird für die neue Saison vorbereitet. Dabei stehen Arbeiten im Vordergrund, die der Wärmedämmung dienen. Die Türe, Stehwände und die nördliche Giebelseite werden mit Styroporplatten verkleidet. Im Innern des Hauses ziehen wir unter den Glasflächen eine sogenannte Noppenfolie ein. Dies ist eine Folie mit ungezählten kleinen, luftgefüllten Polstern, die vorzüglich isoliert. Dadurch bleibt die Wärme im Gewächshaus wesentlich besser erhalten. Bei all diesen Arbeiten sollten wir aber darauf achten, daß die Kulturen genügend Licht bekommen. Bei Lichtmangel würden die Pflanzen schwächlich heranwachsen und vergeilen.

Obstgarten

Auslichten

Ältere, zu dicht gewordene Bäume auslichten, ist den ganzen Monat über möglich, sofern die Temperaturen nicht unter −5°C liegen. Am besten warten wir auf einen sonnigen, frostfreien Tag, es sei denn, es stehen viele Bäume im Garten, bei denen diese wichtige Pflegemaßnahme durchgeführt werden muß. Dabei werden vorrangig kranke, dürre und zu dicht stehende Äste entfernt, denn nur in locker aufgebauten Kronen kann das Sonnenlicht bis in das Innere eindringen. Der Erfolg dieser Arbeit ist offensichtlich: Die Fruchtqualität, also Größe und Färbung, wird merklich verbessert. Außerdem wird der Baum widerstandsfähiger gegen Pilzkrankheiten, weil Holz, Blätter und Früchte nach sommerlichen Regenfällen rascher abtrocknen.

Verjüngen der Bäume

Vor allem bei Bäumen wertvoller Sorten, die zu kleine Früchte bringen, ansonsten aber gesund sind, lohnt sich das kräftige Zurückschneiden ins alte Holz. Probieren Sie es, wenn Sie einen 'Klarapfel', 'Ontario' oder eine 'Goldparmäne' im Garten stehen haben! Die Zunahme der Fruchtgröße ist erstaunlich.

Umveredlungen vorbereiten

Bereits jetzt wird die gesamte Baumkrone ausgeglichen und dann um gut ⅔ zurückgeschnitten. Auch die Edelreiser werden geschnitten. Nur wenn wir sie in voller Winterruhe vom Baum nehmen, bleiben sie bis zum Veredeln im Frühjahr frisch. Nach dem Schnitt schlagen wir sie an schattiger Stelle, also im kühlen Keller oder an der Nordseite des Hauses ein, mindestens das untere Drittel sollte in Erde oder in leicht feuchtem Sand stecken. Darauf achten, daß die Reiser etwa bleistiftstark sind und nur an der Sonnenseite des Mutterbaumes geschnitten werden; dort sind die Knospen am besten ausgebildet.

Beerensträucher auslichten

Sofern dies nicht bereits im Sommer nach der Ernte geschehen ist, holen wir es möglichst bald nach, denn Beerensträucher treiben zeitig aus. Für diese Arbeit ist uns jeder milde Tag willkommen, an dem kein Schnee liegt. Die Triebe werden unmittelbar über dem Boden abgeschnitten, am besten mit einer Astschere.

Wildschäden verhindern

Wenn Hasenfraß zu befürchten ist, sollte die Einfriedung des Obstgartens kontrolliert und dafür gesorgt werden, daß sie dicht ist. Zusätzlich werden die Baumstämme mit einer Drahthose oder Kunststoffspirale umgeben. Es empfiehlt sich auch, abgeschnittene Äste unter den Bäumen liegen zu lassen, damit sich ein eingedrungener Hase erst über diese hermacht.

Schutz der Baumstämme

Dies kann mit einem Kalkbreianstrich geschehen. Um eine bessere Haftfähigkeit zu erhalten, Wasserglas oder Tapetenkleister zusetzen! Auch weiße Fassadenfarbe haftet gut und ist geeignet. Darüber hinaus gibt es im Handel fertigen Weißanstrich für Obstbäume und ebenso einen biologischen Obstbaumschutz, der vorbeugend gegen Moose und Flechten, Frostplatten und -risse wirkt. Wem dies zu viel Aufwand ist, der kann an die Südseite der Baumstämme je ein Brett stellen, damit der Stamm weitgehend beschattet ist. Darauf kommt es nämlich an, denn Frostplatten und -risse entstehen überwiegend durch starke Temperaturdifferenzen zwischen Tag und Nacht. Untertags wird an einem sonnigen Januartag der Stamm aufgeheizt, während bei Nacht die Temperatur vielfach bis weit unter den Gefrierpunkt absinkt. Der weiße Anstrich reflektiert die Sonnenstrahlen, und auch das vor den Stamm gestellte Brett hält sie ab.

Knospenfraß bei Beerenobst verhindern

Vögel, vor allem Gimpel, Spatzen und Grünfinken, machen sich des öfteren über die Johannisbeersträucher her und picken die Knospen ab. Geht es nur um wenige Sträucher, kann man ein Netz darüberhängen. Andernfalls empfiehlt es sich, mit Kalkmilch oder Kalkbrei zu spritzen (zusätzlich mit den bereits genannten Haftmitteln). Es scheint, daß die Vögel von der weißen Farbe abgeschreckt werden.

Ältere, zu dicht gewordene Bäume werden jetzt ausgelichtet. Ebenso wird an gut aufgebauten Bäumen der Überwachungsschnitt durchgeführt, so wie auf diesem Bild.

Februar

Ziergarten

Ende Februar erwacht unser Garten allmählich vom Winterschlaf. Es zeigen sich die ersten Farbtupfen: gelbe Winterlinge *(Eranthis)*, Schneeglöckchen und in zartem Violett Botanische Krokusse. Wenn wir diese Kleinzwiebelgewächse noch nicht im Garten haben, sollten wir sie für nächsten Herbst vormerken. Am besten werden die kleinen Knollen unter den überhängenden Trieben von Ziersträuchern ausgelegt, wo sie in all den folgenden Jahren ihre Ruhe haben und sich ungestört von Jahr zu Jahr weiter ausbreiten können.

Auslichten von Ziersträuchern

Diese Arbeit kann fortgesetzt werden, sollte aber bis Ende des Monats abgeschlossen sein.

Schnittholz kompostieren

Das beim Auslichten von Ziersträuchern oder beim Verjüngen von Hecken anfallende Schnittholz wird mit der Schere oder im Häcksler zerkleinert und kompostiert. Das gleiche gilt für alle nur fingerstarken Zweige, die beim Obstbaumschnitt anfallen. Eine andere Möglichkeit: Wir nehmen die Zweige zum Bau eines Hügelbeetes.

Rosenmüdigkeit

Wenn Rosen nicht mehr richtig wachsen und blühen wollen, sollte man im Frühjahr die Pflanzung erneuern. Es genügt aber nicht, nur die Rosen auszutauschen, das gleiche muß auch mit dem Boden geschehen, und zwar bis auf 40 cm Tiefe.

Clematis schneiden

Arten, die bereits im Mai blühen, wie die beliebte *Clematis montana* 'Rubens', werden jetzt ausgelichtet. Dabei müssen aber die kräftigen einjährigen Triebe erhalten bleiben, weil sich an diesen die Blütenknospen befinden. Alle *Clematis*-Sommerblüher, vor allem die farbenprächtigen, großblumigen Sorten und die beliebte, reich- und violettblühende *Clematis jackmanii*, vertragen dagegen einen kräftigen Rückschnitt ins mehrjährige Holz, der ebenfalls bereits im Februar erfolgen kann.

Überhang beseitigen

Äste, die in Nachbars Garten überhängen, sollten an der Ansatzstelle entfernt werden, es sei denn, der Nachbar hat gegen einen solchen Überhang nichts einzuwenden. Greifen Sie also zu Säge und Schere, um zu zeigen, daß Sie guten Willens sind. Besser ist es allerdings, bereits bei der Neuanlage eines Gartens ausreichende Grenzabstände einzuhalten.

Aussaat von Sommerblumen

Arten mit langer Vorkultur, wie Salvien, Verbenen, Heliotrop, Leberbalsam *(Ageratum)*, Lobelien, Impatiens, können gegen Mitte des Monats am Fensterbrett eines geheizten Zimmers ausgesät und ab Mitte März, wenn es nicht mehr gar so kalt ist, ins Frühbeet pikiert werden.

Gemüsegarten

Keimproben durchführen

Vorhandene Sämereien prüfen wir auf ihre Keimfähigkeit. Wie es gemacht wird, siehe unter »Januar«.

Kompost vorbereiten

Sobald im Frühjahr die Gemüsebeete angelegt werden, wird reichlich Komposterde benötigt. Schon jetzt werfen wir deshalb den halbwegs verrotteten Kompost durch ein sehr grobes Wurfgitter und decken die grobflockige Komposterde anschließend mit schwarzer Folie, weil diese im Garten nicht so störend auffällt, gegen Regen ab. Auf diese Weise haben wir Ende März/April erdfeuchte aber nicht nasse Komposterde zur Hand, die sich gut verteilen läßt.

Gemüsepflanzen aussäen

Wer Pflanzen von Frühgemüsearten und Kopfsalat selbst heranziehen will, aber nur einen »kalten« Kasten besitzt, sät gegen Monatsmitte im warmen Zimmer aus und pikiert im März in den kalten Kasten.

Frühbeet

Vorbereitungen

Je nach Witterung bringen wir ab Mitte Februar frischen, dampfenden Pferdemist ein, den man heute vor allem von Reitställen erhalten kann. Sehr trockenen Mist feuchten wir vorher mit warmem Wasser an. Auch Rindermist kann verwendet werden; dieser erwärmt das Frühbeet anfangs aber weniger gut. Nach kräftigem Festtreten sollte die Stallmistpackung 40–50 cm stark sein. Haben wir nicht genügend Mist zur Verfügung, so bringen wir zuunterst erst eine kräftige Schicht Laub auf den Boden und darauf den Mist. Nachdem etwa 20 cm hoch völlig verrottete Kompost- oder Misterde, bzw. gute Gartenerde aufgebracht wurde, sollte zwischen Erdoberfläche und Fenster noch etwa 20 cm Luftraum verbleiben. Nach dem Auflegen der Fenster wird 3–5 Tage lang gelüftet, damit die sich bildenden Ammoniakgase entweichen können.

Ersatzstoffe: Anstelle von Mist kann das Frühbeet auch mit Laub, Häcksel oder Stroh erwärmt werden. Wir bringen diese Materialien nicht allzu fest in einer 40 cm hohen Schicht auf, streuen 200 g/m² Spezial-Kalkstickstoff darüber und wässern diesen gut ein. In diesem Fall kann mit dem Anbau sofort begonnen werden.

Erste Kulturen

Sobald sich das Frühbeet etwas erwärmt hat, können frühe Sorten von Kopfsalat und Kohlrabi im Abstand von 25 × 20 cm und Rettiche der Sorten 'Münchner weißer Trieb und Setz' oder 'Rex' im Abstand von 20 × 20 cm gepflanzt werden. Die Pflanzen beziehen wir vom Gärtner, Rettiche können aber auch am Fensterbrett ausgesät werden; die Pflanzen sind in 14 Tagen fertig.

Ab Mitte des Monats können wir das Frühbeet mit frischem, dampfendem Pferdemist packen und bereits nach wenigen Tagen die ersten Kulturen pflanzen oder säen.

Radieschen säen wir mit 8 cm Reihenabstand; in der Reihe nach dem Aufgang auf 6 cm verziehen. Ein Tip: Radieschen dicht in einer Saatschale am Fensterbrett aussäen und, nachdem sich die Keimblätter gut ausgebildet haben, im genannten Abstand ins Frühbeet pikieren. Die Radieschen sind rascher fertig und von einer vorzüglichen Qualität.

Ebenso kann Kresse in Rillen von 10 cm Abstand sehr dicht gesät werden. Ein paar Schnittlauchstöcke in die Ecke des Frühbeetes gepflanzt, liefern das erste zarte Grün.

Wärmeschutz

Damit die Wärme vor allem die Nacht über möglichst erhalten bleibt, wird der ganze Kasten mit Stallmist oder Laub ummantelt. Die Fenster bedecken wir mit einer Strohmatte und rollen über diese zusätzlich eine Noppenfolie mit unzähligen kleinen Luftpolstern.

Lüften

Es darf im Frühbeet nicht zu warm werden. Bei Sonnenschein muß gelüftet werden, denn die Temperatur sollte nicht wesentlich über 20°C ansteigen. Vor allem Kopfsalat und Radieschen lieben es luftig und eher etwas kühler. Bei bedecktem Himmel genügen bereits 10°C.

Kleingewächshaus

Kulturbeginn

Im heizbaren Gewächshaus beginnt die Arbeit in der zweiten Februarhälfte. Als erste Kulturen pflanzen wir Kopfsalat, Kohlrabi und Rettiche. Gesät werden Bündelrettiche, Radieschen und Kresse.

Jungpflanzenanzucht

In Schalen werden Kopfsalat und Frühgemüsearten ausgesät sowie Sommerblumen, die eine längere Vorkultur benötigen. Auch hier gilt, wie beim Frühbeet: Bei Sonnenschein und stärkerer Erwärmung reichlich lüften. Dadurch wachsen die Pflanzen gesund heran. Gegossen werden braucht nur sehr selten.

Kälteschutz

Um Heizung zu sparen, können die Kulturen gut 2 Wochen lang mit Vlies oder »Wachsender« Folie abgedeckt werden. Wurden jedoch Aussaaten von wärmeliebenden Sommerblumen vorgenommen, so sorgen wir durch Heizung für die nötigen Mindesttemperaturen, vor allem auch bei Nacht.

Obstgarten

Schnittarbeiten fortsetzen

Wie bereits im Januar beschrieben, werden auch in den nächsten Wochen zu dichte ältere Baumkronen ausgelichtet oder verjüngt. Bei Bäumen, die im Frühjahr umveredelt werden sollen, wird die Krone abgeworfen. Dabei ist darauf zu achten, daß erst unmittelbar vor dem Veredeln der endgültige Rückschnitt erfolgt, d. h., die Äste müssen dann nochmals um etwa 20 cm nachgeschnitten werden.

Jüngere Obstbäume und empfindliche Arten schneiden

Sofern die letzten Februarwochen nicht allzu kalt sind, können jetzt auch jüngere Bäume geschnitten werden. Bei diesen wird der Erziehungsschnitt durchgeführt, also der Aufbau einer möglichst idealen, lichten Krone. Etwa 5–6 Jahre nach der Pflanzung ist diese Arbeit weitgehend abgeschlossen. Ebenso werden ab Ende des Monats die frostempfindlicheren Obstarten wie Pfirsich, Aprikose und Brombeere geschnitten.

An Frostschutz denken

Inzwischen beginnt der Saft zu steigen. Starke Temperaturschwankungen zwischen Tag und Nacht können zu Holz- und Rindenschäden führen. Deshalb für einen weißen Anstrich sorgen bzw. ein Brett vor die Stämme stellen. Siehe unter »Januar«.

Mäusefraß verhindern

Wenn nicht bereits im Spätherbst geschehen, wird das im letzten Jahr aufgebrachte Mulchmaterial (Grasschnitt, Stroh, Holzhäcksel) schnellstens um den Stamm herum entfernt. Dadurch wird dem Mäusefraß vorgebeugt. Mäuse nagen die Rinde ringförmig um den Stamm bis auf das Holz ab und schädigen die Bäume deshalb meist wesentlich stärker als Hasen, bei deren Fraß normalerweise Rindenstreifen und Kambiumreste verbleiben, so daß bei sachgemäßer Behandlung die Stammwunden verheilen. Nach Mäusefraß dagegen gehen die Bäume meist ein. Beim Schnitt angefallene einjährige Apfeltriebe sollen bis zum Frühjahr unter dem Baum liegen bleiben. Sie werden in einem schneearmen Winter von Mäusen benagt, dadurch wird ein Fraßschaden am Wurzelhals des Apfelbaumes verhindert.

Vorbeugender Pflanzenschutz

Beim Schnitt der Obstbäume werden die vom Apfelmehltau befallenen Triebspitzen entfernt, ebenso Fruchtmumien und Eigelege.

Schnitt des Strauchbeerenobstes

Diese Arbeit eilt, denn Stachel- und Johannisbeersträucher beginnen bereits Ende Februar/Anfang März auszutreiben. Bei den Stachelbeersträuchern oder -stämmchen achten wir dabei auf Befall mit Amerikanischem Stachelbeermehltau. Die von dieser Pilzkrankheit befallenen Triebe sind am weißlichen bis bräunlichen Belag, vornehmlich im Bereich der Triebspitzen, zu erkennen. Solche Triebe werden bis ins gesunde Holz zurückgeschnitten und in die Mülltonne gegeben bzw. im Ofen verbrannt.

Johannisbeergallmilbe bekämpfen

An den Trieben von Schwarzen Johannisbeeren befinden sich häufig ballonförmige Rundknospen, die mit den Fingern ausgebrochen und in die Mülltonne gegeben werden. Stark befallene Triebe schneiden wir am besten ganz weg. Sollte der ganze Strauch erheblichen Befall zeigen, so werden alle Triebe bis dicht über den Boden entfernt und aus den im Frühjahr entstehenden Jungtrieben ein neuer Strauch aufgebaut.

Weinspalier schneiden

Gegen Ende des Monats ist in den meisten Gegenden der richtige Zeitpunkt hierfür gekommen, da die Triebe bei zu spätem Schnitt stark »bluten«.

Obstlager kontrollieren

Diese Arbeit ist den ganzen Winter hindurch zu wiederholen, wobei Früchte mit beginnender Fäulnis rasch entfernt und verwertet werden. In einem zu trockenen Lagerraum kann die Luftfeuchtigkeit erhöht werden, wenn der Boden wiederholt mit Wasser besprengt wird. Vor allem aber öffnen wir die Fenster des Lagerraumes, wenn es die Witterung einigermaßen erlaubt.

März

Ziergarten

Aus ist es mit dem Winterschlaf! Doch so erholsam die Pause während der zurückliegenden Wochen auch war, jetzt können wir den Neubeginn kaum erwarten und wollen möglichst bald mit dem Graben, Säen und Pflanzen beginnen.

Pflanzzeit
Sobald der Boden frostfrei und etwas abgetrocknet ist, können Laubgehölze, Hecken und Rosen gepflanzt werden. Gut angießen, Rosen vorübergehend anhäufeln, Ziersträucher und andere nach Möglichkeit mulchen.

Stauden
Auch Stauden können ab März gepflanzt werden. Die Fläche gründlich vorbereiten, mit Kompost verbessern und vorhandene Dauerunkräuter, wie Quecke, Giersch, Ackerwinde, restlos entfernen.
Hochgefrorene Stauden der Herbstpflanzung andrücken, damit die Wurzeln wieder Verbindung mit der Erde bekommen.
Zwischen Beetstauden zu Monatsende organisch-mineralischen oder Blau-Volldünger ausbringen, Boden leicht lockern und obenauf organische Stoffe wie Kompost oder gut verrotteten Stallmist geben.

Ziergräser
Die meisten Arten nach Winterende bis über dem Boden herunterschneiden. Gräser, die den Winter über nicht dürr werden, wie Blauschwingel *(Festuca glauca)* und andere, werden nur »ausgekämmt«, d. h., wir entfernen nur die unansehnlich gewordenen Teile.

Rosen
Sobald der Frost endgültig aus dem Boden heraus ist und die Rosen zu treiben beginnen, nehmen wir den Winterschutz (Deckreisig) weg, häufeln ab und führen den Schnitt durch. Einzelheiten hierzu im Rosenkapitel.

Aussaat der Sommerblumen
Die meisten Arten werden jetzt ins warme Frühbeet oder ins Kleingewächshaus gesät. Wir können aber ebensogut am warmen Zimmerfenster aussäen und die kleinen Pflänzchen erst in der zweiten Märzhälfte in einen kalten Kasten pikieren. Es ist sogar möglich, Sommerblumen in der Wohnung, dicht am Fenster und immer reichlich belüftet, bis zum Auspflanzen im Mai zu kultivieren.

Garten säubern
Sobald der Boden etwas abgetrocknet ist, werden Zweige und Laub zusammengerecht und kompostiert. Unter Strauchgruppen, vor allem auch unter naturhaften Wildstaudenpflanzungen, sollte jedoch das inzwischen angerottete Laub liegenbleiben. Es verrottet dort vollends und ergibt die von all diesen Pflanzen bevorzugte Humusdecke.

Gemüsegarten

Beete vorbereiten
Sobald der Boden oberflächlich abgetrocknet ist, können die Gemüsebeete mit Krail und Rechen saat- bzw. pflanzfertig hergerichtet werden. Auch die Grunddüngung bringen wir gleich mit ein, während mit dem Säen besser bis April gewartet wird. In schwerem Boden liegen sonst die Samen zu lange in der Erde und keimen nicht, weil die Bodentemperatur zu niedrig ist. Nur auf leichtem Boden unter besonders günstigen klimatischen Bedingungen können die ersten Freilandaussaaten bereits Ende März erfolgen. Im Zweifelsfall ist es besser, Geduld zu haben und noch ein wenig zuzuwarten.

Ernteverfrühung
Mit Folientunneln, fertig gekauft oder selbst gebaut, können wir die Ernte um 2–3 Wochen verfrühen. Unter solchen Tunneln können bereits gegen Mitte März Kopfsalat, Kohlrabi und Rettiche gepflanzt bzw. Radieschen und Kresse gesät werden. Bei Sonnenschein lüften!

Frühkartoffeln
Ihr Anbau lohnt auch im kleinen Garten, denn unter Folie oder Vlies beginnt die Ernte bereits nach etwa 12 Wochen. Gegen Mitte März legen wir die Knollen dicht an dicht in Flachsteigen auf mit Sand vermischte Komposterde aus. Die Steigen sollten in einem hellen, luftigen Raum bei etwa 10°C aufgestellt und an sonnigen Tagen zum Abhärten ins Freie gebracht werden. Auf diese Weise entwickeln sich kurze, kräftige Keime, die beim Pflanzen nicht abbrechen.

Hügelbeet
Wenn im Garten viele Äste und Zweige von Bäumen und Sträuchern sowie viel Laub anfallen, lohnt sich der Bau eines Hügelbeetes. Hier kann man all diese Abfälle nutzbringend »verstecken«. Vor allem auch im kleinen Garten ist solch ein Hügelbeet, das am besten in diesen Wochen gebaut wird, von Vorteil, nachdem durch die Hügelform die Anbaufläche vergrößert wird.

Frühbeet

Kalter Kasten
Ab Mitte Februar ist der Anbau von Frühgemüse und die Anzucht von Jungpflanzen nur im warmen Frühbeet möglich. Ab Anfang bis Mitte März genügt hierzu auch ein kalter Kasten. Auf den Boden kommt zur Isolation eine Laubschicht, darauf die Erde. Alles übrige – Schutz gegen Kälte, lüften – wie beim warmen Kasten unter »Februar« bereits beschrieben.

Pikieren
Sommerblumen und Gemüsearten, die wir im Februar am Zimmerfenster ausgesät haben, können ab Mitte des Monats in den kalten Kasten pikiert werden.

Gießen
Ob warmer oder kalter Kasten, es sollte nur in den Vormittagsstunden

Stauden sollten erst nach gründlicher Bodenvorbereitung gepflanzt werden. Bevor sie in die Erde kommen, legen wir die einzelnen Arten nach Plan aus.

und möglichst mit etwas vorgewärmtem Wasser gegossen werden. Bis zum Abend hin sind dann die Kulturen wieder abgetrocknet und dadurch widerstandsfähiger gegen Pilzkrankheiten.

Tomaten, Paprika, Auberginen
Diese besonders wärmeliebenden Gemüsearten werden Mitte März im warmen Kasten ausgesät. Wer nur einen kalten Kasten besitzt, sät am Zimmerfenster und bringt die Pflanzen eingetopft erst gegen Anfang April in den kalten Kasten, wo sie sich bis Mitte Mai prächtig entwickeln.

Kleingewächshaus

Erster Anbau
Wer im Februar wegen des winterlichen Wetters noch gezögert hat, sollte nicht mehr länger zuwarten und auch im nicht heizbaren Kleingewächshaus mit dem Anbau beginnen.

Folienhaus
Das oben Gesagte gilt auch für ein Foliengewächshaus. Ab Mitte März kann auch im nicht heizbaren Haus gepflanzt und gesät werden. Die ersten 2 Wochen decken wir die Kulturen zusätzlich mit Vlies oder »Wachsender« Folie ab. Aber auch, wenn die Temperatur einmal unter 0°C absinkt und Schnee auf dem Haus liegt, erfrieren die Pflanzen nicht gleich.

Heizung
Wer außer den bekannten Frühgemüsen auch Blumen- und wärmeliebende Gemüsejungpflanzen heranziehen möchte, benötigt eine zusätzliche Heizung. Besonders wirtschaftlich ist es, wenn ein Teil des Gewächshauses mit Noppenfolie abgeteilt wird und in diesem gesonderten Raum ein Heizlüfter mit Thermostat steht. Wenn wir auf +6–8°C Mindesttemperatur einstellen, kann nichts erfrieren.

Temperatur
Bei Sonne darf die Temperatur ohne Nachteil bis auf 25°C ansteigen. Nur bei bedecktem Himmel sollte sie nicht höher als 12–15°C liegen, da andernfalls die Pflanzen vergeilen, d. h., lang und spindelig würden. Im Zweifelsfall lieber mehr als zu wenig lüften. Dadurch wachsen die Pflanzen kompakt heran und werden nicht so leicht durch Pilzkrankheiten befallen.

Gießen
Selten, dann aber durchdringend gießen! Je nach Temperaturen im Haus ist dies oft nur alle 5–7 Tage nötig. Wie bereits unter »Frühbeet« erwähnt, sollte nur an sonnigen Tagen und dann nur vormittags gegossen werden. Die Kulturen trocknen dann rasch ab.

Obstgarten

Obstbaumschnitt beenden
Der Schnitt jüngerer Bäume sollte gegen Monatsende erledigt sein. Das gleiche gilt für den Pflanzschnitt von Obstbäumen und Beerensträuchern, die im Herbst in den Boden kamen. Bei Bäumen und Sträuchern, die jetzt gepflanzt werden, erfolgt dieser 1. Schnitt sofort.

Pflanzzeit
Sobald der Boden frostfrei ist, können Obstbäume und Beerensträucher gepflanzt werden. In manchen Wintern ist dies schon im Februar möglich. Vorher den Boden gründlich vorbereiten und möglichst mit Kompost verbessern! Feuchter Torf fördert die Wurzelbildung. Für Pfirsich, Aprikose, Walnußbäume, Weinreben und Brombeeren ist jetzt die beste Pflanzzeit. Nach erfolgter Pflanzung und kräftigem Angießen wird die Pflanzscheibe mit kurzem Stroh, gehäckselten Zweigen, strohigem Mist oder Rindenmulch abgedeckt. Dadurch bleibt der Boden locker und gleichmäßig feucht.

Weinreben schneiden
Dies ist zu Monatsbeginn fällig, in jedem Fall aber vor dem Knospenschwellen, da sonst der Weinstock zu stark bluten würde. Dies aber sollte in jedem Fall verhindert werden.

Baumpfähle überprüfen
Eine wichtige Arbeit! Wir bewegen die Pfähle von Spindelbüschen und Beerenhochstämmchen etwas hin und her und merken, ob sie bereits abgefault sind. Die Pfähle müssen dann erneuert werden, ebenso das Bindematerial, wenn dieses nicht mehr haltbar genug ist. Dieses Überprüfen sollte auch während des Jahres wiederholt werden.

Obstbäume düngen
Dies sollte bis zur Blüte erledigt sein. Unter den flachwurzelnden Spindelbüschen und Beerensträuchern verbessern wir den offenen Boden zuallererst mit halbverrottetem Kompost, der nur flach eingearbeitet wird. Diese Humusgabe sollte die Grundlage jeder Düngung sein. Zusätzlich wird dann ein Blau-Volldünger ausgestreut bzw. in Wasser gelöst und mit der Düngerlanze oder Gießkanne eingebracht. Einseitige übertriebene Stickstoffdüngung ist von Übel, denn dadurch würden die Obstgehölze zu mastig wachsen und krankheitsanfällig werden. Außerdem besteht die Gefahr von Nitratanreicherung im Grundwasser. Zumeist reichen 40–50 g/m², das ist etwa 1 Handvoll, eines Blau-Volldüngers für die von den Wurzeln durchzogene Fläche aus, es sei denn, aufgrund einer Bodenuntersuchung wurden andere Gaben empfohlen. Ist nur eine reine Stickstoffdüngung nötig, weil die anderen Nährstoffe in genügender Menge vorliegen, so genügen meist 20–25 g/m² (½ Handvoll) Kalkammonsalpeter. Wer einen organisch-mineralischen Volldünger vorzieht, hat damit ebenso Erfolg, wenn er den meist geringeren Stickstoffgehalt eines solchen Düngers beachtet und sich nach der auf der Packung angegebenen Menge richtet.

Frühe Mischkultur-Pflanzung auf einem Hügelbeet. Auf die äußere Reihe Weißkohl folgen Wirsing und Eissalat. Auf die erhöhte Mitte kommen im Mai die Tomaten.

April

Ziergarten

Der April steht im Verruf, recht launisch zu sein. Doch dieser Monat hat nicht nur schlechte Seiten. Häufig bringt er uns den ersten warmen Frühlingsregen. Es beginnt dann im Garten zu grünen und zu sprießen. Die ersten Gemüsepflanzen, die vor kurzem noch unter nächtlichen Kälteschocks gelitten haben, stehen plötzlich wie neugeboren da, Bäume und Sträucher »schlagen aus«, über Nacht ist es Frühling geworden.

Pflanzzeit

Jetzt können Laub- und Nadelgehölze, Hecken, Rosen und Stauden gepflanzt werden. Vor allem bei Rosen und Stauden achten wir darauf, daß der Boden frei von Dauerunkräutern ist.

Winterschutz

Auch in rauhen Gegenden wird das Deckreisig entfernt, damit der Austrieb nicht behindert wird. Bei Tränendem Herz (*Dicentra spectabilis*), Federmohn (*Macleaya*), Schaublatt (*Rodgersia*), bereits austreibenden Steppenkerzen (*Eremurus*) und Lilien empfiehlt es sich allerdings, das Deckreisig als Frostschutz für kalte Nächte noch einige Wochen neben den empfindlichen Pflanzen liegenzulassen.

Blumenzwiebeln

Kleinblumenzwiebeln lassen sich nach dem Abblühen ohne weiteres an eine andere Stelle verpflanzen. Wir nehmen mit dem Spaten einzelne Erdflanden mit den darin dicht miteinander verwurzelten Zwiebeln heraus und bringen die Horste von Schneeglöckchen, Winterlingen (*Eranthis*), Wildkrokussen, Blausternchen (*Scilla*) und andere zierliche Frühlingsblüher an die gewünschte Stelle.

Bei Tulpen, Narzissen und Hyazinthen werden nach der Blüte lediglich die verblühten Teile entfernt, da durch die Samenbildung der Pflanze Kraft entzogen würde. Die Blätter sind dagegen zu belassen, bis sie vergilben und von selbst einziehen, sie assimilieren und kräftigen die Zwiebel.

Einjahrsblumen

Wer die Pflanzen selbst heranziehen möchte, kann Anfang April noch niedrige Dahlien, Astern, *Tagetes*, Zinnien, Löwenmaul (*Antirrhinum*), Buschmalven, einjährige Ziergräser und andere im Frühbeet, Kleingewächshaus oder am Zimmerfenster aussäen. Sobald die Pflänzchen das erste Laubblatt entwickelt haben, pikieren wir sie in das Frühbeet oder unter Folie.

Sommerblumen

Sommerblumen, die keiner Vorkultur bedürfen, säen wir im April direkt an Ort und Stelle! Goldmohn (*Eschscholtzia*), Feldrittersporn (*Delphinium ajacis*), Ringelblumen (*Calendula*), Sommerazaleen (*Godetia*), Clarkien, Steinrich (*Alyssum*).

Einjährige Kletterpflanzen

Feuerbohnen (*Phaseolus*), Edelwikken, Zierkürbisse, Kapuzinerkresse und Prunkwinden (*Ipomea*) kann man bereits jetzt in Töpfchen säen und nach den Eisheiligen ins Freie pflanzen. Vor allem bei Prunkwinden lohnt eine Vorkultur, während wir die übrigen im Mai auch direkt ins Freie säen können.

Rasen

Im April wird gelüftet und gedüngt. Wer spezielle Rasendünger mit Langzeitwirkung verwendet, braucht meist im Sommer nur noch ein 2. Mal nachzudüngen. Sobald das Wachstum beginnt, sollte regelmäßig alle 8–10 Tage gemäht werden, wobei Blumenzwiebelflächen solange ausgespart werden, bis die Blätter vergilbt sind. Den kurzen Rasenschnitt verwenden wir zum Mulchen unter Zier- und Beerensträuchern und unter flachwurzelnden Spindelbüschen. Das ist besser, als ihn zu kompostieren.

Gruppen von einfachen Narzissen, locker im Rasen verstreut, ergeben ein frühlingshaftes Bild. Bei den ersten Rasenschnitten sparen wir diese Gruppen aus.

Gemüsegarten

Erste Aussaaten

Sobald der Boden nicht mehr schmiert und abzutrocknen beginnt, werden die Beete für die ersten Aussaaten und Pflanzungen hergerichtet. Wir lockern den Boden mit dem Krail oder Kultivator, bringen die Grunddüngung sowie Kompost ein; dann abrechen und säen bzw. pflanzen.

Soweit dies nicht bereits Ende März möglich war, werden Möhren, Spinat, Schwarzwurzeln, Petersilie, Radieschen, Rettiche, Dicke Bohnen, Erbsen, Zwiebeln, Dill und Kerbel ausgesät. Später folgen Rettiche, Rote Rüben, Mairüben, Pflücksalat und gegen Monatsende Mangold.

Pflanzarbeiten

Zu Monatsbeginn pflanzen wir Kopfsalat und Kohlrabi, etwas später alle Frühkohlarten, wie Frühweißkohl, Blumenkohl, Frühwirsing, aber auch Eissalat, Pflück- und Bindesalat sowie Knollenfenchel der schoßfesten Sorte 'Zefa Fino'.

Folienabdeckung

Alle die genannten Kulturen wachsen rascher heran, wenn wir sie mit »Wachsender« Folie (Schlitzfolie) oder Vlies abdecken. Um Lüften und Gießen brauchen wir uns dabei nicht zu kümmern, da Luft und Wasser durchdringen. Auf den meisten Kulturen können sie bis Mitte Mai verbleiben.

Folgesaaten

Auf einem Freilandsaatbeet werden Mitte des Monats mit 10 cm Reihenabstand die verschiedensten Salate für den Sommer sowie Rosenkohl, Blumenkohl, alle Spätkohlarten, Kohlrabi, Brokkoli und Rote Rüben ausgesät.

Frühkartoffeln

Nachdem wir sie Mitte März zum Treiben aufgestellt haben, legen wir die Knollen gegen Mitte April im Abstand von 70 × 35 cm aus. Ein Abdecken mit Schlitzfolie oder Vlies bringt eine weitere Ernteverfrühung.

Frühbeet

Aussaaten

Gegen Monatsmitte säen wir Gurken, Zucchini, Zuckermelonen, Zuckermais,

Arbeitskalender

Cardy, Neuseeländer Spinat und Artischocken aus, so daß gegen Mitte Mai kräftige Pflanzen vorhanden sind.
Auch die bereits unter »Ziergarten« genannten Sommerblumen, die einer mehrwöchigen warmen Vorkultur bedürfen, werden bald in das Frühbeet oder Kleingewächshaus gesät. Anfang April wird Sellerie ausgesät und bald nach dem Aufgang pikiert.

Eintopfen

Im März gesäte Tomaten, Paprika und Auberginen werden jetzt eingetopft und ins Frühbeet gestellt. Für Tomaten sollten »10er«- oder noch besser »12er«-Töpfe verwendet werden, für die anderen Arten genügen kleinere Töpfchen. Gegen Ende des Monats rücken wir die Töpfe genügend weit auseinander, so daß sich die Pflanzen kräftig entwickeln können.

Pflegearbeiten

Bei typischem Aprilwetter muß oft mehrmals am Tag gelüftet und wieder, bei Abkühlung durch Graupelschauer, abgelüftet werden. Das Lüften darf bei Sonne auf keinen Fall übersehen werden, da sonst die Pflanzen verbrennen würden. Gut haben sich selbstlüftende Fenster bewährt, bei denen uns die Automatik das Darandenken abnimmt.

Kleingewächshaus

Lüften

Was bereits unter »Frühbeet« gesagt wurde, trifft auch hier zu. Im Zweifelsfall ist es besser, zuviel als zuwenig zu lüften. Andernfalls verweichlichen die Pflanzen, sie werden anfällig für Pilzkrankheiten.

Jungpflanzenanzucht

Alle die unter »Frühbeet« genannten wärmeliebenden Gemüsearten, die im April ausgesät werden müssen, können auch im Kleingewächshaus bis zum Auspflanzen vorkultiviert werden. Ebenso können hier die getopften Tomaten-, Paprika-, Auberginenpflanzen sowie alle Sommerblumen bis zum Mai kräftig heranwachsen.

Treibgurken

Treibgurken, die im Mai im Gewächshaus ausgepflanzt werden sollen, säen wir gegen Mitte April im warmen Haus aus. In jedes Töpfchen kommt 1 Korn. Für den Anbau auf dem Boden des Gewächshauses oder für das Frühbeet eignet sich nach wie vor 'Hoffmanns Produkta', aber auch neuere Sorten.

Pflegearbeiten

Die zu Beginn der Kultur aufgelegten Vliese oder Schlitzfolien müssen jetzt entfernt werden. Wir lassen sie aber in der Nähe liegen und können sie dann in einem ungeheizten Haus bei Nachtfrostgefahr erneut über Kopfsalat, Rettiche usw. breiten.
Wichtig ist das Lüften. Sobald das Thermometer über 20°C steigt, sind die Lüftungsklappen und Türen zu öffnen. Gegossen wird nur, wenn der Boden auch unter der Oberfläche wirklich trocken ist. Besonders bei Rettichen darf in den ersten Wochen nur sehr wenig Wasser gegeben werden. Wir sollten sie eher trocken halten. Bei Kopfsalat nimmt man die Brause ab und gießt nur zwischen den Reihen. Andernfalls würde das Wasser in den inzwischen größer gewordenen Blättern, die wie flache Schalen ausgebildet sind, lange stehen bleiben und Pilzkrankheiten fördern.

Obstgarten

Obstbaumschnitt beenden

Schneiden wir später, so hat dies eine Schwächung der Bäume zur Folge. Bei sehr starktriebigen Bäumen kann dies allerdings erwünscht sein, um das Wachstum zu bremsen. Dies kann z.B. bei einem Wandspalier der Fall sein, das in seiner Höhe begrenzt bleiben soll.

Wundenpflege

Diese Arbeit darf nicht vernachlässigt werden, denn gerade für Wunden gilt: Kleine Ursachen – große (Aus)wirkungen.

Pflanzarbeiten

Obstbäume und Beerensträucher können noch den ganzen April hindurch gepflanzt werden, je eher, desto besser. Der Pflanzschnitt erfolgt dabei sofort.

Mulchen

Eine der wichtigsten Pflegearbeiten! Wenn unter den Obstbäumchen und Beerensträuchern Unkräuter wachsen, werden diese entfernt und der Boden mit der Grabgabel nur ganz flach (Vorsicht, Wurzeln!) gelockert. Soweit nicht bereits im März geschehen, wird anschließend daumenstark Kompost aufgebracht und der Boden wird mit dem 1. Rasenschnitt mit Mist oder Häcksel abgedeckt, also gemulcht.

Veredeln

Sobald sich die Rinde löst, kann veredelt werden. Vorher werden die bereits im Winter stark zurückgeschnittenen Äste etwa 20 cm tiefer abgesägt, damit die Pfropfköpfe frisch sind. Bei Kirschen und Zwetschen gelingt das

Veredeln am besten zur Blütezeit, bei Apfel und Birne ist dies bis weit in den Mai hinein möglich. Die Reiser dürfen allerdings nicht eingetrocknet oder zu weit ausgetrieben sein.

Frostschutz

Erdbeeren, Spaliere am Haus und Spindelbüsche kann man bei Frostgefahr mit Folien, Tüchern oder Schattierleinen schützen. Das Abdeckmaterial soll aber möglichst nicht auf den Pflanzen aufliegen. Also, ein einfaches Gestell aus Stangen oder Dachlatten bauen.

Pflanzenschutz

Es gibt Pilzkrankheiten, die beinahe jedes Jahr auftreten. Wer sie vermeiden und halbwegs sauberes Obst ernten will, muß bereits vorbeugend spritzen. Dazu zählt der Schorf an Apfel und Birne gegen den sich bereits unmittelbar vor oder während der Blüte eine erste vorbeugende Spritzung mit einem organischen Fungizid empfiehlt. Pflanzenschutzwarndienst beachten! Erntereife Kulturen (Spinat, Feldsalat u. a.) abdecken!
Zu beachten ist, daß auch bienenungefährliche Mittel nur morgens oder abends, also außerhalb der Flugzeit der Bienen, eingesetzt werden dürfen.

Humus sollte die Grundlage jeder Düngung sein. Hier wird unter die im Austrieb befindliche Spindelbuschreihe halbverrotteter Kompost ausgebracht.

Mai

Ziergarten

»Mai«, das heißt nicht mehr Winter und Kälte, bei diesem Wort denken wir vielmehr an laue Nächte, Obstblüte und warmen Mairegen. Leider macht die Witterung oft einen Strich durch die Vorstellung von einem »Wonnemonat«, denn es kann im Mai recht unfreundliche Tage geben. Die Eisheiligen fallen ja schließlich in die Mitte dieses Monats.
Wenn aber die Sonne scheint, dann ist im Garten tatsächlich alles eitel Wonne. Viele Stauden, die bereits im April Farbe zeigten, vor allem die Polster in Blau, Rosa, Weiß und Gelb, erreichen jetzt ihren Höhepunkt. Viele neue kommen hinzu.

Pflanzzeit
Jetzt können wir Nadelgehölze, Rhododendren und Freilandazaleen pflanzen. Bevor wir sie in den Boden bringen, wird der Ballen dieser Gehölze für einige Stunden in Wasser gestellt, damit er sich richtig vollsaugen kann.

Rosen
Frisch gepflanzte Rosen werden angehäufelt und Wildtriebe, die an älteren Rosen erscheinen, dicht an der Entstehungsstelle abgerissen. Gegen Ende des Monats ist die 1. Spritzung mit einem Spezialmittel gegen Pilzkrankheiten wie Sternrußtau, Mehltau, Rosenrost erforderlich. Leider werden viele Sorten jedes Jahr erneut davon befallen.

Abgeblühte Teile entfernen
Dies gilt für Tulpen und Narzissen, ebenso aber auch für Rhododendren, Azaleen, Flieder und andere Pflanzen. Jeder Samenansatz bedeutet Kraftentzug.

Knollenpflanzen
In der 1. Maihälfte bringen wir die Knollen von Dahlien, Gladiolen, Montbretien (*Crocosmia*), Sommerhyazinthen, Abessinischen Gladiolen und Pfauenlilien in den Boden. Bei Dahlien auf Schnecken achten! Andernfalls läßt der Austrieb auf sich warten.

Pflanzenstützen anbringen
Hochwachsende Stauden, vor allem Rittersporn, Brennende Liebe (*Lychnis chalcedonica*), Herbstastern, Gladiolen, brauchen rechtzeitig einen Halt, der aber dezent angebracht werden sollte, damit er das schöne Bild nicht stört.

Einjahrsblumen auspflanzen
Nach den Eisheiligen, also nach Mitte Mai, bringen wir die frostempfindlichen Sommerblumen ins Freie: Zinnien, Salvien, Gazanien, Begonien, Leberbalsam, Heliotrop, *Tagetes*, Levkojen, Verbenen, aber auch Astern, Löwenmaul, Cosmeen und andere.

Einjährige Kletterpflanzen
Die im Warmen vorkultivierten Arten, wie Kaiserwinde, Glockenrebe, Japanischer Hopfen und Schwarzäugige Susanne, werden mit Topfballen an geeignete Stellen gepflanzt. Zierkürbisse, Kapuzinerkresse, Edelwicken und Feuerbohnen können ab Mai direkt an Ort und Stelle gesät werden.

Rasen
Den Rasen nach Beginn der warmen Jahreszeit regelmäßig schneiden und bei Trockenheit durchdringend wässern. Sofern kein Spezial-Rasendünger gegeben wurde, kann man mit einer monatlichen Gabe von Schwefelsaurem Ammoniak eine saftiggrüne, dichte und weitgehend unkrautfreie Rasenfläche erzielen. Vom genannten Dünger werden 20 g/m² ausgestreut und gründlich eingeregnet. Wer keinen Wert auf einen Superrasen legt, kann sich dies natürlich ersparen.
Eine Blumenwiese darf von jetzt ab nicht mehr betreten werden. Sie befindet sich in der Hauptentwicklung und beginnt ab Monatsende zu blühen. Gruppen von Blumenzwiebeln im Rasen (Narzissen, Krokusse u. a.) sparen wir beim Mähen solange aus, bis die Blätter völlig vergilbt sind.

Balkon- und Kübelpflanzen
Sie werden nach den Eisheiligen ins Freie gebracht, an geschützten Stellen auch schon früher.

Gemüsegarten

Aussaaten
In der 1. Maihälfte werden Mangold sowie Gewürzkräuter, wie Bohnenkraut, Dill und Kerbel, ausgesät, sofern dies nicht bereits im April geschehen ist. Nicht vor Monatsmitte säen wir die wärmeliebenden Gemüsearten: Gurken, Busch- und Stangenbohnen. Auch schoßfeste Sorten von Knollenfenchel können bereits jetzt gesät werden.

Auspflanzen
Im letzten Maidrittel gibt es noch einmal viel zu tun. Alle wärmeliebenden Gemüsearten, die im Frühbeet oder Kleingewächshaus vorgezogen wurden, kommen jetzt ins Freie: Tomaten, Gurken, Zucchini, Zuckermais, Neuseeländer Spinat, Artischocken, Cardy, das beliebte, aber überaus wärmeliebende Basilikum und Majoran.
Gegen Monatsende werden Lagersorten von Weiß-, Rotkohl und Wirsing sowie Rosenkohl und Porree für die Herbsternte gepflanzt.

Folienschutz
Die besonders wärmeliebenden Gemüsearten wie Paprika, Auberginen und Zuckermelonen können mit Erfolg, von Ausnahmen abgesehen, nur unter Glas oder Folie angebaut werden. Auch bei Gurken und Zucchini empfiehlt sich in den ersten Wochen ein Überdecken mit Folientunnel oder Schlitzfolie. Außerdem wachsen diese Arten besonders gut, wenn wir sie auf schwarzer Mulchfolie kultivieren.

Anzuchtbeet
Auf einem kleinen, besonders gut mit Kompost und Torf verbesserten Beetteil werden laufend Folgesaaten der verschiedenen Salatarten vorgenommen. Auch Kohlrabi, Blumenkohl und Brokkoli können hier noch ausgesät werden.

Anbau zum Monatsende
In den letzten Maitagen säen wir Chicorée und Löwenzahnsalat mit einem Reihenabstand von 40 cm. Nach dem Aufgang wird Chicorée in der Reihe auf 8–10 cm, Löwenzahn auf 20 cm verzogen. Ebenso können Rote Rüben und Rettiche gesät werden.

Pflegearbeiten
Zu dicht stehende Sägemüse, wie Möhren, Petersilie, Radieschen, Zwiebeln, Rote Rüben und Schwarzwurzeln, nach dem Aufgang ausdünnen. Erbsen, Puffbohnen, Frühkohlarten und vor allem Frühkartoffeln anhäufeln. Sehr wichtig: Gegen Mitte Mai die Schlitzfolien

Es quillt aus allen Fugen! Viele Polsterstauden zeigen sich jetzt von ihrer prächtigsten Seite, dazu Gruppen von Tulpen und Bäume im Blütenschmuck!

oder Vliesabdeckungen an einem trüben Tag von allen Gemüsekulturen abnehmen. Bei stockendem Wachstum eine Kopfdüngung (20 g/m² Kalkammonsalpeter oder 30 g/m² Blau-Volldünger) streuen und eingießen.

Frühbeet

Neubestellung
Jetzt kann das Frühbeet neu bepflanzt werden. Ideal sind Kastengurken. Boden mit verrottetem Stallmist oder Kompost verbessern und 50 g/m² Blau-Volldünger bzw. die doppelte Menge eines organisch-mineralischen Volldüngers ausstreuen, diesen leicht einarbeiten und in der Mitte jedes Fensters nur 1 Gurkenpflanze auf einen flachen Erdhügel setzen. Ebenso können in das freigewordene Frühbeet Paprika (40 × 40 cm) oder Tomaten (50 × 50 cm) gepflanzt.

Kleingewächshaus

Tomaten
Sie werden bevorzugt gepflanzt, wenn sie nicht an anderer, besonders warmer und regengeschützter Stelle im Garten untergebracht werden können. Möglichst Sorten wählen, die gegen Braun- und Fruchtfäule resistent sind.

Paprika
Diese Kultur verträgt sich gut mit Tomaten, da sie zwar wärmeliebend ist, aber ebenso wie Tomaten zum gesunden Wachsen auch viel Luft benötigt.

Treibgurken
Sie benötigen mehr Wärme und höhere Luftfeuchtigkeit als Tomaten und Paprika. Die reinweiblichen Sorten, wie 'Bella', 'Sandra', 'Euphya' und andere sollten deshalb im Glashaus für sich gepflanzt werden. Die Temperatur sollte möglichst nicht unter 10 °C absinken, im Idealfall sogar nicht unter 15 °C liegen. Lediglich 'Corona' eignet sich auch für das Kalthaus, da diese Sorte niedrigere Nachttemperaturen verträgt.

Obstgarten

Mulchen
Offener Boden unter Obstbäumen und Beerensträuchern wird gemulcht. Vor allem Himbeeren sind für eine solche Abdeckung dankbar. Das Mulchmaterial in Form von kurzem Rasenschnitt fällt ab Mai in beinahe jedem Garten reichlich an. Selbstverständlich kann auch kurzes Stroh oder Holzhäcksel zum Mulchen verwendet werden. Eine andere Möglichkeit: Baumscheiben mit Kapuzinerkresse, *Phacelia* oder Ringelblumen ansäen.

Wässern
Bei anhaltender Trockenheit neu gepflanzte Bäumchen und Sträucher gelegentlich gründlich gießen und den Boden mit Mulchmaterial abdecken.

Erdbeeren
Auch sie werden bei Trockenheit zusätzlich gegossen, damit sich die Früchte gut entwickeln können. Nach den Eisheiligen werden die Beete von Unkraut gesäubert und der Boden unter den Pflanzen mit kurzem Stroh bedeckt. Dadurch bleibt die Erde feucht und krümelig, vor allem aber sind die heranreifenden Früchte vor Verschmutzung geschützt.
Sorten, die erfahrungsgemäß stärker von Grauschimmel (*Botrytis*) befallen werden, sollte man vorbeugend mit einem zugelassenen Mittel spritzen.

Pfirsichschnitt
In Gegenden, in denen sowohl die Blüte als auch die kleinen Früchte des Pfirsichs immer einmal wieder durch Spätfröste geschädigt werden, empfiehlt es sich, den Schnitt erst nach den Eisheiligen vorzunehmen. Zu diesem Zeitpunkt kann man eindeutig erkennen, inwieweit der Baum behangen ist.

Himbeeren
Soweit noch nicht geschehen, werden die Ruten angebunden oder zwischen die parallel verlaufenden Spanndrähte geschoben. Von zu dicht stehenden Jungtrieben, die jetzt aus dem Boden kommen und im nächsten Jahr tragen, werden möglichst frühzeitig die schwächsten ausgerissen, so daß die verbleibenden sich kräftig entwickeln können. Ein Bedecken des Bodens mit Mulchmaterial fördert die Gesundheit der Pflanzen, den Neutrieb und die Fruchtausbildung.

Pflanzenschutz
Soweit irgendwie möglich, wollen wir im Haus- und Kleingarten mit wenig chemischen Mitteln auskommen. Vorbeugend läßt sich jetzt die Zweig-*Monilia* bei Sauerkirschen bekämpfen, indem man alle von diesem Pilz befallenen und dadurch eingetrockneten Zweige bis auf das gesunde Holz zurückschneidet und entfernt.
An Apfelbäumen werden die weißlichen Mehltauspitzen abgeschnitten und dadurch die weitere Verbreitung des Pilzes gehemmt.
Gegen Schorf an Apfel und Birne ist die Nachblütenspritzung mit einem organischen Fungizid fällig, die nach etwa 2–3 Wochen wiederholt werden sollte. Auf diese Weise ist die erste starke Infektion unterbunden, so daß sich der weitere Befall in Grenzen hält und im eigenen Garten vernachlässigt werden kann. Bei Zwetschen und Pflaumen kann eine Spritzung gegen Pflaumenrost und Pflaumensägewespe starken Befall verhindern, bei Kirschen gilt dies für die Schrotschußkrankheit. Insektenmittel werden bei der vorbeugenden Bekämpfung von Pilzkrankheiten nur dann zugesetzt, wenn tatsächlich ein stärkerer Befall an tierischen Schädlingen vorliegt, gegen den vorhandene Nützlinge nicht ausreichen. Also immer erst beobachten, und dann erst zur Spritze greifen! Wartezeiten beachten! In keinem Fall erntefähige Kulturen (Nachbargarten) treffen!

Juni

Ziergarten

Während wir im Mai noch alle Hände voll zu tun hatten, um die wärmeliebenden Gemüsearten und Sommerblumen auf die Beete zu bringen, wird es im Juni etwas ruhiger. Wir können den Garten genießen. Ab Monatsmitte beginnen die Rosen zu blühen, und der erst im Mai ausgepflanzte Sommerflor läßt bereits die Farbenfülle des Sommers ahnen.

Rosenpflege

Gegen Ende des Monats ein 2. Mal düngen und schon ab Monatsbeginn regelmäßig gegen Pilzkrankheiten (Sternrußtau, Mehltau) spritzen.

Stauden

Rittersporne schneiden wir bereits im Verblühen bis auf 10 cm über dem Boden herunter. Wässern und düngen, dann gibt es im Spätsommer eine 2. Blüte. Auf Schnecken achten!
Höher werdende Stauden stäben, bzw. die bereits im Vormonat aufgelegten Stützen allmählich nach oben ziehen.

Sommerblumen

Wenn beim Pflanzen keine Grunddüngung ausgebracht wurde, jetzt 20 g/m² eines Blau-Volldüngers ausstreuen und einwässern. Nicht zu viel düngen; die Pflanzen würden sonst zu mastig. Eine rasche Wirkung zeigt sich, wenn wir 20 g Dünger in 10 l Wasser auflösen und die Blumen mit der Gießkanne überbrausen. Anschließend Pflanzen mit klarem Wasser abspritzen.

Aussaaten

Im Juni werden die Zweijahresblumen, wie Stiefmütterchen, Vergißmeinnicht, *Bellis*, Goldlack, Bartnelken, Marienglockenblumen, ausgesät.

Heckenschnitt

Ab Monatsende Laubgehölzhecken, wie Hainbuchen, Kornelkirschen, Liguster, schneiden.

Rasen

Neuansaaten sind auch jetzt noch sinnvoll, bzw. erst wieder im September, wenn die sommerliche Hitze vorbei ist. Vorhandene Rasenflächen werden regelmäßig gemäht und bei Bedarf mit einem Spezial-Rasendünger gedüngt. Die ideale Schnitthöhe liegt bei 4 cm. Wer eine Blumenwiese im Garten hat, erlebt in diesen Wochen den Blühhöhepunkt. Gemäht wird erst danach oder, noch besser, erst nach der Samenreife.

Gemüsegarten

Bodenlockerung

Die Gemüseernte ist jetzt im vollen Gang. Bevor abgeräumte Beete neu bestellt werden, ziehen wir den Boden mit dem Krail oder Kultivator durch, so daß die oberen 10–15 cm gelockert sind. Anschließend wird in die obere Schicht fruchtbare Komposterde eingearbeitet. Zur Ergänzung der verbrauchten Nährstoffe genügen meist 30–50 g/m² eines Blau-Volldüngers oder die doppelte Menge eines organisch-mineralischen Düngers, die wir ebenfalls oberflächlich einbringen.

Pflanzungen

Soweit nicht bereits im Mai geschehen, müssen alle Spätkohlarten, einschließlich Rosenkohl, möglichst rasch ausgepflanzt werden. Nur mit der altbewährten Rosenkohlsorte 'Hilds Ideal' können wir noch bis Mitte Juni zuwarten. In Abständen werden außerdem die verschiedenen Salate in kleinen Sätzen ausgepflanzt. Hierfür findet sich auch im kleinsten Garten eine Lücke.

Aussaaten

Anfang bis spätestens Mitte Juni können nochmals Möhren für den Herbst- und Winterbedarf gesät werden. Für diesen späten Anbau nur mittelfrühe Sorten verwenden.
Rote Rüben für die Herbsternte säen wir Mitte Juni. Ebenso können Rote Rüben, die auf einem Anzuchtbeet gesät wurden, gegen Ende Juni ausgepflanzt werden.
Sommerrettiche und Radieschen können den ganzen Monat gesät werden.
Zuckerhut, eine beliebte weil kälteunempfindliche Salatart, wird gegen Mitte Juni ausgesät.
Ebenso Radicchio für die Herbsternte. Zuckerhut und Radicchio können auch in eine Saatschale ausgesät, bei Bildung des 1. Laubblattes in kleine Töpfchen eingetopft und erst als fertige Pflanzen in den genannten Abständen auf das Beet gebracht werden.
Endivie wird Mitte Juni locker auf einem Saatbeet ausgesät und ab Mitte Juli gepflanzt.

Pflegearbeiten

Wie im Ziergarten, so wird auch bei Gemüse der Boden immer wieder oberflächlich (2–3 cm) gelockert. Nur bei Tomaten ist dies nicht zu empfehlen: Sie wurzeln sehr flach und würden durch die Bodenlockerung nur gestört. Um so günstiger reagieren sie, wenn wir mit Rasenschnitt, Strohhäcksel oder grobem Kompost mulchen.

Rhabarber

Um Johanni (24. Juni) wird die Ernte beendet und die Stöcke werden mit reichlich Kompost oder verrottetem Stallmist umgeben. So können sich die erschöpften Pflanzen erholen und Kräfte sammeln.

Spargel

Auch bei dieser lange ausdauernden Kultur wird die Ernte um Johanni beendet. Anschließend viel Kompost oder verrotteten Stallmist aufbringen und 40–50 g/m² Blau-Volldünger geben. Düngung nach 4 Wochen wiederholen.

Frühbeet

Gurken

Die Fenster bleiben auf dem Kasten. Es wird je nach Witterung gelüftet. Bei warmer Witterung kann das Frühbeet auch bei Nacht hoch gelüftet bleiben. Die Seitentriebe werden gleichmäßig auf dem Boden verteilt, ein Entspitzen der Pflanzen ist nicht nötig; ebenso erübrigt sich das Ausbrechen der männlichen Blüten.

Paprika

Die Pflanzen stäben, da sie sonst allzu leicht umfallen. Wenn der Boden mit einer 5 cm hohen Schicht aus z. B. Rasenschnitt, Strohhäcksel gemulcht wird, ersparen wir uns viel Gießarbeit. Es genügt meist, wenn im Abstand von 3–7 Tagen gründlich gewässert wird. Sobald die Pflanzen an die Fenster anstoßen, legen wir diese auf ein etwa 80–100 cm hohes Gestell, das mit Dachlatten und einigen Pfählen gebaut wird. Fenster mit Draht anbinden, damit sie gegen Wind gesichert sind!

Arbeitskalender

Kleingewächshaus

Düngen

Den Pflanzen, ganz gleich ob Tomaten, Gurken, Paprika, Zuckermelonen und Auberginen, sollten möglichst immerzu Nährstoffe in kleiner Menge zur Verfügung stehen. Wir düngen während des Hauptwachstums deshalb jede Woche einmal flüssig mit einem leicht wasserlöslichen Dünger. Auf eine 10-l-Gießkanne werden davon 20–30 g oder ml gegeben und um jede Pflanze bzw. je 0,5 m² 1 l dieser Lösung gegossen. Auf diese Weise können die Pflanzen aus dem Vollen schöpfen und reiche Ernte bringen.

Wem dies zu aufwendig ist, gibt zu Beginn der Kultur einen organisch-mineralischen Volldünger nach Gebrauchsanweisung.

Tomaten

Zu hohe Luftfeuchtigkeit, wenig Luftbewegung und niedrige Temperaturen verhindern, daß der Blütenstaub auf die Narbe der gleichen Blüte gelangt. Dies ist aber bei der Tomate, einem Selbstbefruchter, entscheidend für den Ertrag. Deshalb viel lüften und die Pflanzen mindestens dreimal pro Woche kurz nach Mittag kräftig rütteln.

Obstgarten

Mulchen

Ab jetzt fällt reichlich Rasenschnitt an. Sobald er angetrocknet ist, wird damit der Boden unter den Obstbäumen und Beerensträuchern bedeckt.

Sommerschnitt

Bei streng gezogenen Formspalieren von Apfel und Birne wird jetzt der Sommerschnitt durchgeführt: Man entspitzt dabei alle entlang der waagerechten Äste oder des Stammes entstandenen Holztriebe, sobald sie 15–20 cm lang geworden sind. Dabei kneipt man die Triebspitze aus, so daß noch 3–4 Blätter verbleiben.

Bei Jungbäumen entfernt man dagegen besser erst im Juli/August die Konkurrenztriebe und die auf den Astoberseiten entstandenen, steil ins Kroneninnere wachsenden Triebe.

Veredelungen

Sobald die aufgepfropften Edelreiser austreiben, wird der Bast mit einem Längsschnitt gelöst. Andernfalls würde er das in die Dicke wachsende Edelreis einschnüren. Gleichzeitig entfernt man die unterhalb der Veredlungsstelle entstehenden »Wildtriebe« bzw. entspitzt sie bis auf die grundständigen Blätter. Anschließend sollten die Äste bis etwa 30 cm unterhalb der Veredlungsstellen frei von langen Trieben sein.

Früchte ausdünnen

Apfelspindelbüsche setzen oft überreich Früchte an. In diesem Fall dünnt man die Fruchtbüschel aus und beläßt jeweils nur 1 oder 2 Äpfelchen, die sich dann zu großen Früchten entwickeln können. Dies trägt außerdem zur Vermeidung von großen Ertragsschwankungen (Alternanz) bei.

Erdbeeren

Bei Trockenheit ab und zu gießen, damit die Früchte nicht zu klein bleiben. Dies sollte früh am Abend oder morgens geschehen, da durch lang anhaltende Feuchtigkeit (Nacht) der Grauschimmelbefall gefördert wird. Die sich bildenden Ranken werden laufend abgeschnitten, es sei denn, man will Jungpflanzen gewinnen. In diesem Fall werden gesunde, reichtragende Mutterpflanzen mit Stäben usw. gekennzeichnet und deren Ausläufer belassen. Soweit noch nicht geschehen, wird rechtzeitig vor Ernteginn kurzes Stroh unter die Pflanzen gelegt.

Himbeeren

Auch hier kann der Grauschimmel bei viel Regen und geringem Abstand der Ruten auftreten. Deshalb sollten je m nicht mehr als 8–10 starke Ruten stehen. Mulchen mit Kompost oder anderem organischem Material kommt dem Wunsch der Himbeeren nach einem humusreichen Boden besonders entgegen. Eine solche Bodenpflege ist gleichzeitig vorbeugender Schutz gegen Krankheiten.

Brombeeren

Hier bilden sich gegen Monatsende aus den Blattachseln sogenannte Geiztriebe. Sobald sie etwa 40 cm lang geworden sind, entspitzt man sie auf 2–4 Augen.

Weinreben

Nicht benötigte, zu dicht stehende Triebe lassen sich jetzt leicht ausbrechen. In den Blattachseln entstandene Geiztriebe und nur mit Blättern besetzte Jungtriebe werden entspitzt, während man die Triebe mit Gescheinen (Blüten) bis auf 2–4 Blätter über den Gescheinen zurückschneidet.

Süßkirschen

Vorsicht bei der Ernte! Alljährlich passieren schwere Unfälle! Vor allem müssen die Sprossen der Leiter einwandfrei sein und diese standsicher an den Baum gelegt werden. Wer einen Jungbaum pflanzt, sollte eine geringe Stammhöhe (1 m) bevorzugen und die Kronenhöhe des Baumes begrenzen. Ältere Kirschbäume können bei der Ernte oder gleich danach zurückgesägt werden.

Düngung

Nur wenn die Triebentwicklung mäßig und ein starker Fruchtbehang vorhanden ist, sollte jetzt nochmals gedüngt werden. Vom Blau-Volldünger genügen 20–40 g/m², bei einem reinen Stickstoffdünger (Kalkammonsalpeter) 10–20 g/m².

Pflanzenschutz

Bei Apfel und Birne ist zu einer 2. Nachblütespritzung gegen Schorf zu raten. Starker Blattlausbefall wird mit einem zugelassenen Insektenmittel bekämpft. Meist handelt es sich dabei nur um einzelne Triebspitzen; bei neu gepflanzten Bäumen und auch bei Sauerkirschen oder Zwetschen konzentriert sich der Befall meist nur auf die Triebspitzen. In diesem Fall genügt eine gezielte Bekämpfung, d. h., der größte Teil des Baumes braucht nicht gespritzt zu werden.

Um so reich tragende Apfelspindel zu erhalten, ist eine Fruchtausdünnung im Juni zu empfehlen.

Juli

Ziergarten

Der Sommer hat seinen Höhepunkt erreicht, und wir können eine Fülle von Gemüse und Beerenobst ernten. Die Sommerblumenpflanzung ist längst zusammengewachsen und leuchtet in kräftigen Farben, gerade so, als hätte ein Maler die Farbtupfen mit dem Pinsel verteilt. Glücklich, wer seine Urlaubsreise auf andere Monate verlegen und die heißen Sommertage im Garten verbringen kann. Hier sind wir Mensch, können fern von allem Trubel den tauenden Morgen und die Kühle des Abends erleben.

Zweijährige aussäen

Bis zur Monatsmitte können noch die beliebten Zweijahresblumen ausgesät werden: Stiefmütterchen, Vergißmeinnicht, Gänseblümchen (*Bellis*), Goldlack (*Cheiranthus*), Bartnelken (*Dianthus barbatus*), Marienglockenblumen (*Campanula medium*), Silberling (*Lunaria*) und Islandmohn (*Papaver nudicaule*). Wir säen in den Frühbeetkasten oder auf ein geschütztes Beet. Wichtig ist, daß der Samen während der Keimung nicht austrocknet.

Verblühtes entfernen

Dies gilt für Rosen, Stauden und alle großblütigen Sommerblumen; jeder Samenansatz geht auf Kosten der weiteren Blüte.

Stauden

Rittersporn und Berufkraut (*Erigeron*) beim Abblühen auf 10 cm über dem Boden zurückschneiden, düngen, wässern und auf Schnecken achten. Es erfolgt dann ein erneuter Durchtrieb und eine 2. Blüte im Spätsommer bzw. Herbst.

Rosenkrankheiten

Sofern nicht bereits vorbeugend gegen Pilzkrankheiten gespritzt wurde, sollte auf die ersten Anzeichen von Sternrußtau, Mehltau oder Rosenrost geachtet werden. Dann nicht mehr länger zuwarten, da sonst die Blätter Flecken bekommen, abfallen und sowohl die Blüte als auch der Trieb und die Holzausreife leiden.

Pflegearbeiten

Sie werden, wie bereits im Juni beschrieben, fortgeführt, also gelegentlich den Boden oberflächlich lockern, mulchen und bei Trockenheit gießen. Hochwachsende, wenig standfeste Prachtstauden (Beetstauden) sollten eine Stütze bekommen.

Gemüsegarten

Aussaaten

Endivie säen wir spätestens Anfang des Monats auf einem Saatbeet locker aus. Die kräftigen Pflanzen kommen spätestens Anfang August auf das Beet. Abstand: 30 × 30 cm. Wer die Pflanzen gleich nach dem Aufgang auf 10 cm Abstand pikiert, kann sie mit kräftigem Wurzelballen noch bis Mitte August auspflanzen.
Wer Zuckerhut und Radiccio zur Herbsternte nicht bereits im Juni ausgesät hat, sollte sich damit beeilen. Nur im 1. Monatsdrittel ist dies noch sinnvoll.
Radicchio zur Überwinterung kann dagegen noch den ganzen Juli gesät werden. Geeignete Sorte: 'Roter von Verona', auch als 'Roter Veroneser', 'Verona' oder 'Scarla' im Handel.
Chinakohl und Pak Choi, zwei eng verwandte Kohlarten, werden gegen Monatsmitte in Reihen mit 30 cm ausgesät. Nach dem Aufgang innerhalb der Reihen auf 30 cm vereinzeln.
Buschbohnen, Anfang Juli horstweise, je 6 Korn, im Abstand von 40 cm ausgelegt, bringen im Spätherbst eine sichere Ernte von sehr zarten Bohnen.
Knollenfenchel wird bis spätestens Mitte Juli in Reihen von 40 cm Abstand ausgesät und nach dem Aufgang auf 25 cm innerhalb der Reihen vereinzelt. Auf Schnecken achten!

Pflanzen

Kopf- und Eissalat kann noch den ganzen Juli über gepflanzt werden, ebenso Römischer Salat und Pflücksalat. Die ideale Pflanzzeit für Endivie ist von Mitte Juli bis Anfang August. Auch können wir bis Mitte Juli Blumenkohl und bis Anfang August Kohlrabi auspflanzen. Gerade bei herbstlicher, nicht mehr zu heißer, aber vielfach feuchter Witterung wachsen Blumenkohl und Kohlrabi zu einer vorzüglichen Qualität heran.

Kopfdüngung

Viele Gemüsearten, wie Sellerie, Stangenbohnen, Porree, Rosenkohl, Spätkohlarten, befinden sich jetzt im Hauptwachstum und brauchen neben genügend Wasser vor allem Nährstoffe. Besonders nach längeren Regenperioden oder Gewittergüssen kann es zu Mangelerscheinungen kommen. In solchen Fällen werden 20 g/m² Kalkammonsalpeter oder 30 g/m² Blau-Volldünger gestreut und anschließend gegossen.

Frühbeet

Pflegearbeiten

Diese sind dieselben wie im Juni. Gedüngt wird bei allen Kulturen unter Glas, seien es nun Gurken, Paprika, Tomaten, Zuckermelonen oder Auberginen, mit einem leicht wasserlöslichen Liter-Volldünger, von dem jeweils 20 g

Die Sommerblumenpflanzung ist inzwischen zusammengewachsen und leuchtet in kräftigen Farben. Mädchenauge, Verbenen und Karpatenglockenblume blühen hier um die Wette.

Arbeitskalender

je 10-l-Kanne Wasser gegeben werden. Nachdem vorher gründlich gegossen wurde, geben wir je 0,5 m² bzw. jeder Pflanze 1 l dieser schwachen Nährlösung. Bei kühlem, aber auch bei sehr heißem Wetter genügt ein einmaliges Düngen je Woche, bei günstigen Wachstumsbedingungen, denn der Verbrauch ist dann größer, sollte man dagegen zweimal düngen.

Gurken

Der Fruchtansatz ist besonders groß, wenn man die Gurken erntet, sobald sie etwa 500 g schwer sind. Die vorhin erwähnte Düngung fördert gerade bei Gurken den Ertrag ganz beachtlich.

Kleingewächshaus

Gurken

Kastengurken bleiben ohne Schnitt, bei Gewächshausgurken ist dagegen ein regelmäßiger scharfer Schnitt erforderlich. Von den Gurken, die am Haupttrieb (Stamm) erscheinen, belassen wir nur 3–4 Stück. Durch mehr Früchte würde die Entwicklung von Seitentrieben gehemmt. An den Seitentrieben bleibt beim Schnitt nur jeweils das 1. Blatt nahe am Stamm zusammen mit einem Fruchtansatz. Düngung wie bei »Frühbeet«.

Tomaten

Auch hier können wir bereits die ersten Früchte ernten, ab Ende des Monats setzt die Haupternte ein. Damit die weiteren Blütenstände bestäubt werden, sei auf das bereits unter »Juni« Gesagte verwiesen.

Obstgarten

Wässern

Bei anhaltender Trockenheit werden Obstbäume im Wurzelbereich gewässert. Man legt am besten den Schlauch auf den Boden und läßt das Wasser nur schwach laufen. Dies lohnt besonders bei Spindelbüschen oder Obstspalieren mit schwachem, flach verlaufendem Wurzelwerk.

Früchte ausdünnen

Je früher ausgedünnt wird, desto besser ist der Erfolg. Der Blütenknospenansatz für das nächste Jahr wird nur dann günstig beeinflußt, wenn gleich unmittelbar nach der Blüte ausgedünnt wird. Jetzt, nach dem Junifruchtfall, bewirkt das Ausdünnen bei Äpfeln und Birnen lediglich eine bessere Fruchtqualität.

Schnitt bei Süßkirschen

Bei Hoch- und Halbstämmen sägt man Äste, die wegen der zu hohen Krone ohnehin entfernt werden müßten – mitsamt den reifen Kirschen aus der Krone –, und kann dann bequem im Sitzen ernten. Andernfalls wird eine übermäßig hohe Krone gleich nach der Ernte auf tieferstehende Äste herabgesetzt. Für solche grobe Schnittarbeiten ist bei Kirschen, die leicht unter Gummifluß leiden, der Sommer die beste Zeit.

Sommerschnitt

Jetzt erfolgt das Entfernen von Konkurrenztrieben und anderen den Kronenaufbau störenden Trieben an Spindelbüschen, Obsthecken und Jungbäumen. Dieses sommerliche Auslichten darf aber nur maßvoll erfolgen, da es sonst zu einem unerwünschten Neutrieb kommen würde. Wer sein Obstspalier streng erziehen will, muß jetzt den im Juni begonnenen klassischen Fruchtholzschnitt fortsetzen. Dadurch entstehen kurze Fruchttriebe, und die Augen bilden sich kräftig aus.

Erdbeeren

Ein neues Beet sollte möglichst schon Ende Juli bis spätestens zum 10. August bepflanzt werden; nur dann gibt es bereits im kommenden Jahr eine Vollernte.
Sind die Blätter einer vorhandenen Erdbeerpflanzung stark von Pilzkrankheiten befallen, sollte man sie nach der Ernte dicht über dem Boden abmähen. Die Pflanzen treiben rasch neues, gesundes Laub. Des weiteren werden nach der Ernte das Unkraut und etwa vorhandene Ausläufer entfernt, der Boden ganz flach gelockert und gedüngt. Man gibt organischen oder mineralischen Blau-Volldünger, von letzterem etwa 40 g/m², arbeitet ihn flach ein und gießt das Beet. So können sich die Pflanzen rasch erholen und Blütenanlagen für das nächste Jahr ausbilden.

Johannis- und Stachelbeeren

Sobald die Ernte vorbei ist, nimmt man die ältesten Triebe aus den Sträuchern und läßt kräftige Jungtriebe als Ersatz stehen. Bei Roten Johannisbeeren kommen meist zahlreiche Jungtriebe aus dem Wurzelstock, von denen alle schwachen dicht über dem Boden abgeschnitten werden.
Bei Schwarzen Johannisbeeren läßt sich der Schnitt sehr gut mit der Ernte verbinden. Nachdem hier die einjährigen Triebe den besten Ertrag bringen, kann man alle mit Beeren behangenen Triebe entweder dicht über dem Boden oder über einem seitlichen Jungtrieb abschneiden und sie bequem im Sitzen abpflücken.

Himbeeren

Nach der Ernte werden die abgetragenen Triebe dicht über dem Boden abgeschnitten. Von den Jungtrieben, die im kommenden Jahr tragen, beläßt man je m nur 8–10 kräftige, möglichst gut verteilte Ruten.

Weinstock

Wenn nicht bereits geschehen, werden tragende Triebe 2–4 Blätter über dem äußeren Geschein (Blüten- bzw. Fruchttraube) eingekürzt, andere Triebe entspitzt und die in den Blattachseln entstandenen Geiztriebe bis auf 1 Blatt zurückgenommen. Anschließend bindet man die tragenden Triebe gut verteilt ans Spaliergerüst.

Pflanzenschutz

Dem Apfel- und Pflaumenwickler ist im Liebhabergarten mit chemischen Mitteln nur schwer beizukommen, da für den Erfolg engbegrenzte Termine einzuhalten und außerdem auf erntereife Unterkulturen Rücksicht genommen werden muß. Bei diesen Schädlingen, die im Juli bekämpft werden müßten, erscheint es besser, die Chemie beiseite zu lassen und den Schaden hinzunehmen.
Vorbeugend kann allerdings gegen den Apfelwickler (Obstmade) etwas unternommen werden, um den Anteil an »wurmigen« Äpfeln im nächsten Jahr möglichst gering zu halten: Man legt jetzt Fanggürtel aus Wellpappe um die Baumstämme. Raupen, die aus den »wurmigen« Äpfeln kommen, suchen unter dem Wellpappgürtel ein Versteck zum Verpuppen.
Auf den Blättern der Birnbäume sind jetzt vielfach alarmierend orangerote Flecken zu sehen: Birnengitterrost. Nach neuesten Versuchsergebnissen läßt sich ein stärkerer Befall nur vermeiden, wenn bereits bei den ersten Anzeichen 3mal im Abstand von je 12 Tagen gespritzt wird.

Arbeitskalender

Zuckerhut, eine gegen Kälte recht unempfindliche Salatart, wurde bereits in der 2. Junihälfte ausgesät. Inzwischen haben sich die Pflanzen kräftig entwickelt.

August

Ziergarten

Auch die heißesten Tage des Jahres, die Hundstage, können nicht darüber hinwegtäuschen, daß der Sommer nun seinen Höhepunkt überschreitet. Gemüse und Obst gibt es jetzt in Fülle. Die Sommerblumen leuchten in ihrer Farbenpracht auf, um dann bis zu den ersten Nachtfrösten hin allmählich zu verglimmen.

Zweijahresblumen

Die im Juni/Juli ausgesäten Zweijährigen werden auf ein Freilandbeet in genügenden Abständen pikiert. Bis zum Oktober haben wir dann kräftige und zum Teil bereits blühende Pflanzen.

Rosen

Pilzkrankheiten sollten weiterhin bekämpft werden, damit die Blüte bis in den späten Herbst hinein anhält, die Blätter bis zum Laubfall gesund bleiben und dadurch die Pflanzen gekräftigt und mit gut ausgereiftem Holz in den Winter gehen.

Heckenschnitt

Thujen- und Fichtenhecken werden in diesen Wochen geschnitten. Dadurch bilden sich an den verbleibenden Teilen die Augen bis zum nächsten Frühjahr gut aus, so daß ein kräftiger Austrieb erfolgt und die Hecke dicht bleibt. Im Gegensatz zu Laubgehölzhecken, z. B. Hainbuche, darf z. B. bei Fichten auf keinen Fall bis auf das innere, kahle Holz zurückgeschnitten werden. Daraus erfolgt kein Austrieb. An Laubgehölzhecken, die bereits Anfang Juni geschnitten wurden, kann man jetzt nachschneiden, es sei denn, der inzwischen erfolgte Neutrieb ist nur sehr schwach oder wird nicht als störend empfunden.

Pflanzungen

Im August ist die günstigste Pflanzzeit für verschiedene Stauden, wie Madonnenlilien (*Lilium candidum*), Herbstzeitlosen, Kaiserkronen (*Fritillaria*), Steppenkerzen (*Eremurus*) und Iris. Pfingstrosen wollen über viele Jahre am gleichen Platz bleiben, ist aber ein Verpflanzen nötig, so sollte dies ebenfalls im August erfolgen.

Nadelgehölze

Auch unter der Bezeichnung »Koniferen« bekannt, können ab Monatsmitte gepflanzt werden. Dies ist günstig, denn sie fassen unter der abklingenden Wärme rasch Fuß und entwickeln bereits bis zum Wintereintritt neue Wurzeln.

Düngung

Eine Wiederholung (20 g/m² Blau-Volldünger, ausgestreut oder in Wasser gelöst) kann bei Sommerblumen zweckmäßig sein, wenn diese mit dem Blühen allzusehr nachlassen. Auf keinen Fall aber sollten zu diesem späten Zeitpunkt noch Gehölze, Rosen oder Stauden gedüngt werden. Dies würde einen Neutrieb und damit mangelnde Holzausreife verursachen.

Rasen

Nach dem Abklingen der sommerlichen Hitzeperiode ist die Neuansaat einer Rasenfläche zweckmäßig. Vorhandene Rasenflächen werden regelmäßig gemäht, bei hochsommerlicher Hitze sollte der Rasen aber etwas höher als normal belassen werden. Rasen, der nach Rückkehr von der Urlaubsreise zu hoch geworden ist, schneiden wir am besten bei trübem Wetter, damit die Grasnarbe nicht allzusehr ausbrennt.

Gemüsegarten

Säen und Pflanzen

Grünkohl wird spätestens Anfang im August gepflanzt.
Winterrettiche sollten spätestens Anfang August gestupft werden. Wie immer bei Rettichen: In den ersten Wochen kaum gießen, denn Rettiche brauchen erst mit Beginn der Rübenbildung mehr Wasser.
Eile hat es auch mit Chinakohl. Er kann noch Anfang August gesät werden, 3 Reihen auf das Beet. Nach dem Aufgang werden die Sämlinge auf 30 cm Abstand verzogen.
Spinat kann ab Anfang August gesät werden, sobald ein Beet frei wird. Lockerer Boden wird vor der Saat mit der Schaufel fest angedrückt, denn Spinat liebt guten Bodenschluß.
Noch vor Monatsmitte sollte der 1. Satz Feldsalat in Reihen von 10 cm Abstand ausgesät werden. Er kann bereits im späten Herbst geerntet werden. Nicht zu dicht säen, 2–3 g/m² Samen genügen, da sonst die Pflänzchen klein bleiben und viel Putzarbeit anfällt.
Winterzwiebeln aus Japan (`Express Yellow`, `Keep Well` u. a.) werden Mitte August mit einem Reihenabstand von 25 cm ausgesät. Erst im Frühjahr werden sie dann auf 4 cm Abstand in der Reihe vereinzelt. Die genannten Sorten sind raschwüchsig und sehr winterhart; Ernte ab Anfang Mai.

Düngung

Die Herbst- und Wintergemüse befinden sich im Hauptwachstum und sollten eine Kopfdüngung bekommen: 20 g/m² Kalkammonsalpeter oder die doppelte Menge Blau-Volldünger. Wir streuen den Dünger zwischen die Reihen und gießen kräftig.

Frühbeet

Gurken

Damit die Pflanzen nicht mit dem Ertrag nachlassen, werden sie wöchentlich 1–2mal mit einer schwachen Düngerlösung gegossen (siehe »Juli«).

Beim Schnitt einer Thujen- oder Fichtenhecke muß die »Wand« anschließend grün sein. Also auf keinen Fall bis ins kahle Holz hinein zurückschneiden.

Die Frühbeetfenster bleiben auch nachts über hochgelüftet, sollten aber nicht entfernt werden. Dies führt zu einem Wachstumsschock, der Ertrag läßt nach.

Nachkultur
Nach dem Abräumen der Sommerkultur kann das Frühbeet ab September nochmals genutzt werden. Wer sich für Kopfsalat entscheidet, sollte bereits Anfang August eine Frühsorte aussäen und die Pflänzchen eintopfen.

Kleingewächshaus

Pflegearbeiten
Wie bereits im Juli beschrieben. Vor allem sollten alle Kulturen wöchentlich 1–2mal, aber nur mit einer schwachen Nährstofflösung gedüngt werden. So können wir den ganzen August hindurch mit reichem Ertrag rechnen.

Lüften
Wenn das Haus nicht ausschließlich mit Treibgurken und Zuckermelonen genutzt ist, bleiben die Türen und Lüftungsklappen auch die Nacht über geöffnet. Dies beugt einem Befall mit Pilzkrankheiten vor.

Obstgarten

Süß- und Sauerkirschen
Hohe Kronen können nach der Ernte auf tieferstehende Äste heruntergesetzt und gleichzeitig ausgelichtet werden. Bei der wertvollen Sorte 'Schattenmorelle' sollte außerdem in den ersten Augustwochen, also gleich nach der Ernte, die Fruchtholzbehandlung erfolgen: Man schneidet alle abgeernteten Triebe bis auf Jungtriebe zurück, die sich möglichst nahe an den stärkeren Ästen bzw. am Stamm befinden. Die 'Schattenmorelle' hat nämlich die Eigenart, daß sie fast ausschließlich am einjährigen Holz trägt.

Pfirsich und Aprikose
Sobald die Ernte vorbei ist, geht es auch hier an die groben Schnittarbeiten. Zu hohe, im unteren Bereich verkahlte Kronen werden bis auf weiter unten befindliche Äste zurückgeschnitten. Dadurch entsteht im kommenden Jahr entlang der unteren Partien kräftiger Neutrieb und damit bessere Fruchtqualität. Vor allem kann man nach einem solchen Eingriff die Ernte bequem durchführen. Das gleiche gilt für Aprikosen, sofern sie zu hoch geworden und im unteren Bereich verkahlt sind. Bei all diesen Arbeiten größere Wunden mit Wundverschlußmittel verstreichen!

Walnuß
Auch bei dieser Obstart ist jetzt die beste Zeit gekommen, um größere Äste aus der Krone zu nehmen, nachdem der Baum im Frühjahr stark bluten würde. Vor allem nach Frostwintern setzt man stärker beschädigte Äste auf tieferstehende kräftige Austriebe zurück. Wenn die Kronenform durch eine zu stark entwickelte Astpartie einseitig geworden und das Gleichgewicht gestört ist, kann jetzt eingegriffen werden. Ansonsten aber sollte bei der Walnuß, die als Hofbaum oder als markanter Hausbaum vor allem auch wegen ihrer malerischen Krone gepflanzt wird, nicht viel herumgeschnitten werden. Wundenpflege nicht vergessen!

Sommerschnitt
Soweit noch nicht durchgeführt, kann auch jetzt noch die sommerliche Behandlung von kleinbleibenden Formen (Spindelbüsche) erfolgen, sowie von Obstbäumen, die erst gepflanzt wurden bzw. deren Krone sich noch im Aufbau befindet. Vorrangig werden alle Konkurrenztriebe sowie zu dicht stehende Jungtriebe und solche, die steil ins Kroneninnere wachsen, entfernt. An den Leit- und Nebenästen wachsende Jungtriebe, die zwar genügend Platz haben, aber etwas schräg nach oben wachsen, bindet man waagerecht. Dadurch wird die Fruchtbarkeit gefördert.

Erdbeeren
Jetzt sind die selbst vermehrten Ausläufer soweit bewurzelt, daß mit ihnen ein neues Erdbeerbeet bepflanzt werden kann. Dies sollte möglichst bis Mitte August geschehen, damit bereits im kommenden Jahr eine reiche Ernte anfällt. Je früher gepflanzt wird, desto besser. Da Erdbeeren humusliebend sind, wird der Boden vorher mit Kompost verbessert. An Düngung bringt man 50 g/m² eines Blau-Volldüngers bzw. die entsprechende Menge eines organischen Düngers ein. Bewährt hat es sich, Erdbeeren nach Frühkartoffeln zu pflanzen, weil diese den Boden in einem lockeren Zustand hinterlassen.

Es empfiehlt sich nicht, Erdbeeren unentwegt aus eigenem Bestand zu vermehren. Allmählich nehmen Krankheiten zu, die Pflanzen bauen ab, und der Ertrag geht zurück. Aus diesem Grunde lohnt es, alle 3–4 Jahre einwandfreies Pflanzgut von einem anerkannten Vermehrungsbetrieb zu beziehen und davon dann weiterzuvermehren.

Auf vorhandenen ein- oder zweijährigen Erdbeerbeeten streut man nochmals 20 g/m² eines Blau-Volldüngers aus. Im September wird dies wiederholt, so daß auf die Fläche insgesamt etwa 80 g/m² ausgebracht wurden.

Brombeeren
Erst ernten, wenn die Früchte tiefschwarz sind! Nicht zu früh abnehmen! Die Jungtriebe der Brombeeren werden zwischen die tragenden Triebe ans Spaliergerüst gebunden bzw. an andere freie Stellen, wo sie genügend Licht bekommen. Die in den Blattachseln entstehenden Geiztriebe werden bis auf 4–5 Blätter zurückgeschnitten.

Veredelungen
Man sollte jetzt alle Triebe, die zur Fortsetzung kräftiger Äste dienen, an Stäbe anbinden, damit sie bei Sturm nicht ausbrechen. Wurden auf einen größeren Pfropfkopf mehrere Reiser aufveredelt, so sollte das an der Oberseite befindliche die Führung übernehmen. Es muß besonders gefördert werden, während man die übrigen Reiser bzw. deren Austrieb entspitzt. Sie dienen lediglich der rascheren Verheilung des Pfropfkopfes.

Mulchen
Wenn das in den Vormonaten aufgebrachte Abdeckmaterial infolge Hitze und Regen zusammengesackt ist, kann erneut kurzer Grasschnitt auf die Flächen gegeben werden, damit der Boden ständig beschattet bleibt.

Ernte
Um eine gleichbleibend gute Qualität zu bekommen, wird mehrmals durchgepflückt, denn Frühobst reift nicht gleichmäßig. »Wurmige« Äpfel später reifender Sorten werden aufgelesen, die beschädigten Stellen ausgeschnitten und im Haushalt zu Saft oder Kompott verarbeitet. Auf diese Weise haben wir von jetzt an bis in den späten Herbst hinein beinahe täglich frischen Apfelsaft auf dem Tisch.

September

Ziergarten

Jetzt heißt es zwar Abschied nehmen vom Sommer und doch – wer möchte den September aus dem Gartenkalender streichen?
Gerade der Herbst hat seine schönen Tage. Alles geht jetzt viel gelassener seinen Gang, nichts ist mehr so hektisch wie im Frühling oder Sommer, ähnlich wie im menschlichen Leben.

Blumenzwiebeln

Ab jetzt wird der nächste Frühling vorbereitet. Wir bringen die Zwiebeln von Tulpen, Narzissen und Hyazinthen in den Boden, vor allem auch die reizvollen Kleinzwiebelgewächse. Schneeglöckchen, Winterlinge, Krokusse, Blausternchen wirken am schönsten, wenn wir sie unter den Zweigschirm von Sträuchern pflanzen bzw. sie an deren Rand ansiedeln. Dort können sie sich ungestört ausbreiten.

Pflanzzeit

Für Nadelgehölze und immergrüne Laubgehölze ist der September ein idealer Pflanzmonat. Das gleiche gilt für Stauden. Frühzeitig gepflanzt, können sie noch etwas Fuß fassen, ehe der Winter beginnt.

Zweijahresblumen

Sobald erste Nachtfröste den Sommerflor vernichtet haben, pflanzen wir die inzwischen kräftig herangewachsenen Stiefmütterchen, Vergißmeinnicht usw. an die vorgesehenen Stellen, am besten zusammen mit Gruppen farblich dazu passender Tulpen. Ist dies noch nicht möglich, sollte man sie aus dem Pikierbeet nehmen und vorübergehend auf ein freigewordenes Gemüsebeet pflanzen.

Unkräuter

Nach Rückkehr vom Urlaub werden alle inzwischen gewachsenen Unkräuter rasch entfernt, möglichst noch ehe sie blühen oder gar Samen ansetzen.

Heckenschnitt

Hecken von Nadelgehölzen, wie Thujen und Fichten, können auch jetzt noch geschnitten werden. Darauf achten, daß sie anschließend oben schmaler als unten sind. Nur dann ist die Hecke in allen Teilen gut belichtet und bleibt dicht.

Pflanzflächen vorbereiten

Wer im Herbst Ziergehölze, Hecken oder Rosen pflanzen möchte, soll bereits jetzt die Pflanzgruben ausheben bzw. die ganze Fläche umgraben und die Pflanzstellen mit Kompost verbessern. Sollen Stauden und Rosen gepflanzt werden, so ist besonders darauf zu achten, daß die Fläche frei von Dauerunkräutern ist.

Trockenblumen

Anfang des Monats werden Strohblumen und sonstige Trockenblumen geerntet und an luftiger Stelle zum Trocknen aufgehängt.

Rasen

Die Zeit für eine Rasenansaat ist günstig. Es ist noch warm genug, daß der Samen rasch keimen kann, andererseits bleibt der Boden jetzt gleichmäßig feucht, was eine rasche Keimung ebenfalls begünstigt.
Die Rasenfläche wird weiterhin geschnitten und bei anhaltender Trockenheit beregnet.
Eine Blumenwiese wird ein 2. Mal gemäht.

Gemüsegarten

Säen

Feldsalat für die Herbsternte muß sofort gesät werden. Für die Frühjahrsernte sollte die Aussaat bis spätestens Monatsmitte erfolgen. Gesät wird am besten in Reihen von 12 cm Abstand. Damit es gut entwickelte Pflanzen gibt, genügen 2 g/m² Saatgut. Neben Kompost werden auf dem Beet 30 g/m² Blau-Volldünger eingebracht und die Fläche bis zum Aufgang gleichmäßig feucht gehalten. Für die Überwinterung eignen sich nur Sorten wie 'Dunkelgrüner Vollherziger', 'Polar'.
Spinat für die Frühjahrsernte muß bis zur Monatsmitte im Boden sein. Es darf davon im Herbst nicht geschnitten werden.
Auf freigewordene Beete kann Gründüngung eingesät werden, um so den Humusgehalt zu verbessern. Im Handel sind fertige Mischungen erhältlich. Bewährt hat sich als Gründüngungspflanze von allem *Phacelia*, auch Bienenfreund genannt, da sie tief wurzelt und den Boden rasch bedeckt. Sie sollte spätestens Anfang September ausgesät werden. Den ganzen Monat über können dagegen noch Senf und Ölrettich gesät werden.

Gewürzkräuter

Ausdauernde Arten, wie z.B. Schnittlauch, Bergbohnenkraut, Zitronenmelisse, Estragon, Liebstöckel, sollten, ebenso wie manche Stauden, im Abstand von einigen Jahren aus dem Boden genommen, geteilt und neu gepflanzt werden.

Knoblauch

Er wächst am besten, wenn wir die »Zehen« gegen Ende September im Abstand von 15 × 20 cm stecken. Der Boden sollte lehmhaltig und gut mit Humus versorgt sein; auf keinen Fall darf er zu naß sein.

Rosenkohl

Wenn die Pflanzen bis Mitte September noch keine Röschen angesetzt haben, sollten zu diesem Zeitpunkt – nicht später – die Endknospen der Pflanzen ausgebrochen werden. Alle übrigen Blätter bleiben unberührt.

Spätgemüse

Kohlarten, Porree, Sellerie, Möhren und andere nehmen im September noch beachtlich an Größe und Gewicht zu. Dazu benötigen sie reichlich Wasser und Nährstoffe.

Nachtfrostgefahr

Empfindliche Gemüsearten wie Gurken, Zucchini, Kürbisse, Busch- und Stangenbohnen, Tomaten und Paprika vor dem ersten Nachtfrost ernten und in die Wohnung bzw. in einen Lager-

Die »Zehen« von Knoblauch stecken wir gegen Ende September/Oktober oder im Frühjahr. Geerntet wird im August, sobald das Laub abgestorben ist.

raum bringen. Vielfach ist es sinnvoll, solche Kulturen, z. B. Tomaten, mit Folien zu schützen, denn auf wenige Frostnächte folgt meist eine milde Periode, so daß ganz normal weitergeerntet werden kann. Tomaten lassen sich aber auch in der Wohnung nachreifen, wenn sie gesund sind und ihre Größe weitgehend erreicht haben. Licht ist hierzu nicht nötig.

Frühbeet

Abräumen
Gurken, Zuckermelonen und Tomaten bringen kaum noch eine Ernte und können deshalb abgeräumt werden. Nur Paprika unter hochgelegten Fenstern hält meist bis in den Oktober hinein durch.

Neubestellung
In das leer gewordene Frühbeet kann jetzt nochmals Kopfsalat gepflanzt und zwischen die Reihen Radieschen gesät werden. Anfang November gibt dies eine Ernte zarter Salatköpfe.
Ebenso können wir aus dem Anzuchtbeet kräftige Endiviepflanzen mit gutem Wurzelballen herausnehmen und diese in den Kasten pflanzen.
Feldsalat wird gegen Monatsmitte ausgesät. Er kann den ganzen Winter über geerntet werden. Eine andere Möglichkeit: Ab Mitte September zu dicht aufgegangene Feldsalatpflänzchen aus einem Freilandbeet nehmen und diese ins Frühbeet mit 10 × 10 cm Abstand pikieren. Das ergibt prächtig entwickelten Feldsalat. Wenn wir Nährstoffmangel feststellen, erkenntlich an der hellgrünen Blattfärbung und etwas nach innen gerollten, schmalen Blättchen, wird die Fläche mit einer Düngerlösung überbraust und mit klarem Wasser nachgegossen.

Kleingewächshaus

Abräumen
Treibgurken und Tomaten, die keinen nennenswerten Ertrag mehr bringen, entfernen.

Neubestellung
Wie im Frühbeet kann Kopfsalat, kombiniert mit Radieschen, gepflanzt werden. Endivie wird im kalten Haus Anfang des Monats, wenn eine Heizmöglichkeit vorhanden ist, spätestens gegen Monatsmitte, mit 25 × 30 cm Abstand gepflanzt.
Feldsalat ist eine ideale Kultur für die späte Nutzung. Im Haus ohne Heizung säen wir Mitte bis spätestens Ende September aus, im heizbaren Haus ist eine Saat noch bis weit in den Oktober hinein möglich.

Obstgarten

Erdbeeren
Die Pflege nach der Ernte bis in den Oktober hinein ist entscheidend für den Fruchtbehang im kommenden Jahr. Die Blütenanlagen werden nämlich jetzt ausgebildet. Deshalb müssen auch die Nährstoffe in den Spätsommermonaten und nicht erst im Frühjahr gegeben werden. Es wird ein letztes Mal gedüngt, und zwar etwa 20 g/m² eines Blau-Volldüngers. Hat eine Bodenuntersuchung ergeben, daß der Garten mit Phosphor, Kali und Magnesium ausreichend versorgt ist, sollte nur Stickstoff gegeben werden, in diesem Fall 15–20 g/m² Kalkammonsalpeter.
Bei Trockenheit sollte außerdem des öfteren gegossen werden, denn nur wenn genügend Wasser im Boden ist, können die Nährstoffe gelöst und von den Erdbeerpflanzen aufgenommen werden.

Obsternte
Nachdem die Frühsorten bereits verbraucht sind, kommen jetzt die Herbstsorten an die Reihe. Bei Äpfeln reifen 'James Grieve', 'Geheimrat Oldenburg', teilweise auch schon 'Cox Orangen Renette'. Bei Birnen werden z. B. 'Williams Christ', 'Bosc's Flaschenbirne', 'Gute Luise' vom Baum genommen. Sorgfältig ernten, denn nur gesunde Früchte lassen sich lagern! Baumreife Früchte lösen sich nach leichtem Drehen oder leichtem Anheben vom Fruchtholz, ohne daß dies bei der Ernte wesentlich geschädigt wird. Auch die Haupternte von Zwetschen, Pflaumen, Reneklöden und Mirabellen fällt in den September.
Walnüsse werden gegen Monatsende gesammelt, d. h. man braucht hier nur zu warten, bis die Nüsse von selbst vom Baum fallen; sie werden dann nur noch aufgelesen. Zu diesem Zeitpunkt lösen sich die Nüsse leicht aus der umgebenden grünen Schale. Mit Stangen sollten sie nicht vom Baum geschlagen werden, weil dabei Äste und Zweige und damit auch das Fruchtholz beschädigt würden.

Neupflanzung
Im Herbst ist die beste Pflanzzeit für die wichtigsten Obstarten. Jetzt können bereits die Baumgruben für die höheren Baumformen ausgehoben und wieder eingefüllt werden. Bei Spindelbüschen oder Beerensträuchern wird die gesamte Pflanzfläche gründlich vorbereitet. Es hat keinen Sinn, im Spätherbst die Bäume nur zu kaufen, um sie dann überstürzt in einen »Blumentopf« zu stecken, an dessen harten Rändern sie bald mit den Wurzeln anstoßen.

Obstlagerung
Vor der Ernte der späten Sorten Lagerraum und Horden gründlich reinigen! Wichtig ist, daß das zur Lagerung vorgesehene Obst in einwandfreiem Zustand geerntet wird, also keine Druckflecken oder Faulstellen aufweist, und daß das Obst wirklich baumreif ist. Auf dem Lager kann keine Qualitätsverbesserung mehr erfolgen, dies ist nur am Baum möglich.

Pflanzenschutz
In wühlmausgefährdeten Gärten jetzt an die Bekämpfung der schädlichen Nager denken! Nachdem sich die Tiere gerne unter einer dicken Mulchdecke aufhalten, wird das im Sommer aufgebrachte Abdeckmaterial in unmittelbarer Umgebung der Baumstämme entfernt. Die Wühlmaus selbst wird am besten mit Fallen und Ködermittel bekämpft.

Spindelbüsche lassen sich bequem abernten. Meist ist dies aus dem Stand möglich, nur ab und zu ist ein Hocker oder eine kleine Staffelei nötig.

Oktober

Ziergarten

Unaufhaltsam geht es jetzt der Zeit entgegen, da die Blätter fallen und im Garten alles ruht. Selbst der fröhlichste Gärtner könnte in diesen Wochen ein wenig melancholisch werden.
Trotzdem wollen wir die schönen Seiten des Oktobers nicht übersehen: das Reifen der Früchte und Spätgemüse, das letzte Aufleuchten der Sommerblumen und Dahlien und die milde, spätsommerliche Wärme, über die wir uns an so manchem sonnigen Herbsttag freuen können.

Abräumen

Die Sommerblumenpflanzungen werden nach den ersten Frösten abgeräumt und auf den Kompost gebracht, ebenso die abgeschnittenen Stauden. Kräftige Stengel, wie die von Sonnenblumen, Herbstastern, Phlox, Sonnenauge u. a., schneiden wir vorher in kurze Stücke oder häckseln sie klein; sie verrotten dann rascher.

Pflanzzeit

Nach vorheriger gründlicher Bodenvorbereitung werden Stauden, Gehölze und Rosen gepflanzt. Sie fassen bis zum Wintereintritt Fuß und beginnen im Frühjahr zeitig mit dem Austrieb. Auch alle Arten von Blumenzwiebeln sollten möglichst bald in den Boden gebracht werden.

Stauden

Zu Monatsbeginn blühen vor allem noch Herbstastern und Chrysanthemen. Sobald das Blühen beendet ist, werden alle Beetstauden über dem Boden abgeschnitten. Dann wird das Unkraut entfernt und gleichzeitig der Boden zwischen den Stauden mit der Grabgabel flach gelockert. Keinen Spaten verwenden, da dabei zuviele Wurzeln abgestochen würden.

Einwintern

Dahlien, Gladiolen, Knollenbegonien, *Canna* und andere Knollenpflanzen versehen wir möglichst rasch mit Etiketten, auf denen Farbe und Höhe angegeben sind. Nach den ersten Frösten die Knollen aus dem Boden nehmen, abtrocknen lassen und ins Winterquartier einräumen.

Kübelpflanzen

Datura (neu: *Brugmansia*), Oleander und andere können weiterhin auf der Terrasse verbleiben; sie vertragen Temperaturen bis um den Gefrierpunkt. Sind besonders kalte Nächte zu befürchten, rücken wir sie nahe an die Hauswand.

Rasen

Eine Neuansaat ist zu Monatsbeginn noch möglich. Rasenflächen werden weiterhin kurz geschnitten und das Schnittgut sauber abgerecht.

Gemüsegarten

Ernte

Die späten Gemüsearten nehmen auch jetzt noch an Größe und Gewicht zu. Die Ernte von Möhren, Knollensellerie, Rote Rüben, Winterrettiche und allen Spätkohlarten sollte deshalb erst ab Ende Oktober erfolgen. Bei günstiger Witterung kann sogar bis Mitte November zugewartet werden.

Lagerung

Hierfür eignen sich all die oben genannten Gemüsearten, aber nur wenn sie bei der Ernte unbeschädigt geblieben sind. Nachdem die meisten Keller wegen der Zentralheizung zu warm und trocken sind, lagern wir die Spätgemüse in einer Erdmiete oder im tief ausgehobenen Frühbeetkasten ein. Dazu wird die Erde ausgeschaufelt, das Gemüse in Sand oder leichter Erde eingeschlagen und der Kasten anschließend mit Brettern und Strohmatten abgedeckt. Bei starker Kälte zusätzlich Stroh oder trockenes Laub aufbringen, das mit einer Folie gegen Nässe geschützt werden kann.

Schwarzwurzeln

Sie brechen bei der Ernte leicht ab, doch können auch beschädigte Wurzeln eingelagert werden, da sich die offenen Wunden rasch durch austretenden Milchsaft verschließen. Die Lagerung erfolgt am besten in einer Obstkiste. Die Wurzeln werden schichtweise eingelegt, wobei zwischen zwei Schichten Wurzeln jeweils eine feuchte Torfschicht kommt.

Rosenkohl

Wo keine strengen Winter zu erwarten sind, kann er im Freien verbleiben. In anderen Fällen nehmen wir die Pflanzen mit Wurzelwerk und Blättern aus dem Boden und schlagen sie Ende November an einer geschützten Stelle, z. B. der Nordseite des Hauses, ein.

Porree

Auch winterharte Sorten sind nicht immer ganz winterhart. Porree sollte deshalb vor Wintereintritt hoch angehäufelt werden.

Rhabarber

Alte Stöcke können aus der Erde genommen, mit dem Spaten in 4–6 Teilstücke, sogenannte »Klumpen«, zerlegt und neu gepflanzt werden. Jedes Teilstück sollte einige Knospen zeigen. Rhabarber kann durchaus Halbschatten vertragen, der Boden sollte aber vorher gut gelockert und mit Kompost verbessert werden.

Frühbeet

Kopfsalat

Wenn wir nach der Pflanzung im September bei warmer Witterung die Fenster weggelassen haben, so werden sie zu Monatsbeginn wieder aufgelegt. Es wird aber auch den Oktober hindurch reichlich Luft gegeben. Wenn Nachtfrost zu befürchten ist, wird abgelüftet und der Kasten abgedeckt. Nur selten gießen, möglichst an sonnigen Tagen und vormittags, damit die Pflanzen bis zum Abend hin abtrocknen.

Endivie

Wenn der Kasten mit Endivie bepflanzt wurde, gilt das gleiche wie für Kopf-

Glühend leuchten die Dahlien auf, doch dies bedeutet auch Abschiednehmen vom Gartenjahr, von der Fülle des Sommers und den sonnig-warmen Tagen.

salat. Ein erst im Oktober frei gewordener Kasten kann ebenfalls noch mit Endivie genutzt werden. Wir graben aus einem Freilandbeet vorsichtig die schon weit entwickelten Endiviepflanzen aus und setzen mit möglichst unbeschädigtem Wurzelballen in den Frühbeetkasten. Die Erde sollte bereits vorher gründlich angefeuchtet werden, denn Nässe auf den Blättern bedeutet Fäulnisgefahr. Aus dem gleichen Grunde Abstände weit genug wählen und reichlich lüften. Sollte der Boden nach einiger Zeit zu trocken werden, dann vorsichtig zwischen den Pflanzen gießen. Auf diese Weise können wir bis Weihnachten Endivie ernten.

Feldsalat
Auch diese Kultur jetzt mit Fenstern abdecken und bis zum Beginn stärkerer Fröste reichlich lüften. Vorher entfernen wir alles Unkraut und gießen nochmals kräftig an. Sollte sich Nährstoffmangel zeigen, dann flüssig düngen wie unter »September« empfohlen.
Sollte ein Frühbeetkasten erst jetzt frei werden, weil er beispielsweise mit Paprika genutzt wurde, so können wir zu dicht stehende Feldsalatpflänzchen aus einem Freilandbeet entnehmen und sie ins Frühbeet mit 10 × 10 cm Abstand pikieren.

Kleingewächshaus

Herbstnutzung
Siehe unter »Frühbeet«. Auch hier kann Endivie aus einem Freilandbeet wie beschrieben eingeschlagen und weiterkultiviert werden. Das gleiche gilt für das Pikieren von Feldsalat.

Säen
Im nicht heizbaren Gewächshaus kann auch jetzt noch Feldsalat und Spinat ausgesät werden. Nach dem Angießen der Saat wird nur noch selten gegossen, um Fäulnis zu vermeiden. An frostfreien Tagen reichlich lüften. Beides ist wichtig für gesundes Wachstum.

Frostschutz
Wenn Nachtfrostgefahr besteht, werden die Pflanzen mit Zeitungspapier, Vlies oder Folie abgedeckt. Untertags entfernen wir das Material, damit die Pflanzen genügend Luft und Licht bekommen.

Obstgarten

Obsternte
Spätsorten nicht zu früh ernten, denn jeder Tag, an dem die Äpfel und Birnen noch am Baum hängen, kommt ihnen zugute. Frostnächte mit kurzfristig bis −6°C werden ohne Schaden überstanden, die Früchte dürfen nur nicht im gefrorenen Zustand mit den Händen angefaßt werden. Also mit der Ernte bis zum späten Vormittag warten!
Äpfel und Birnen sind dann pflückreif, wenn sie sich bei einer leichten Drehung samt Stiel vom Fruchtholz lösen, ohne daß dieses beschädigt wird. Wichtig ist, daß die zur Lagerung vorgesehenen Früchte samt Stiel gepflückt werden, da andernfalls an der Frucht eine Öffnung für Fäulnispilze vorhanden ist. Ebenso sind bei weichschaligen Sorten Druckstellen zu vermeiden oder Verletzungen durch lange, spitze Fingernägel. Auch bei den spätreifenden Sorten ist es ratsam, den Baum zwei- oder dreimal im Abstand von je 1 Woche durchzupflücken. Dadurch wird die Lagerfähigkeit und die innere Qualität der Früchte verbessert.

Leitern und Pflückgefäße
Holzleitern, die oft das ganze Jahr über im Freien an einem Schuppen hängen, sind sehr gefährlich. Vor der Verwendung unbedingt Sprossen und Standfestigkeit überprüfen! Zwar nicht so schön, aber leicht zu handhaben und weitgehend sicher sind Leichtmetall-Leitern, vor allem wenn sie mit Stützen ausgestattet sind. Fehlt eine solche Leiter, sollten die an den äußeren Triebspitzen hängenden Früchte mit einem Obstpflücker geerntet werden.
Als Pflückgefäße empfehlen sich Kunststoffeimer, wie sie in jedem Haushalt vorhanden sind. Mit einem S-förmigen Haken kann der Eimer an einen Ast oder an die Leiter gehängt werden.

Obstverwertung
Aus Äpfeln, die bei der Ernte beschädigt wurden oder aus anderen Gründen zum Lagern nicht geeignet sind, kann man Süßmost (Apfelsaft) oder Gärmost herstellen. Vor allem säuerlich schmeckende Sorten, als Mostobst bezeichnet, eignen sich dazu vorzüglich. Größere Mengen bringt man zu einer Obstverwertungsstelle und kann von dort gleich den Saft mitnehmen, meist 30 Liter/50 kg angeliefertes Obst.

Obstlagerung
Eingelagert werden nur gesunde, nicht beschädigte Äpfel oder Birnen. Alles übrige Obst wird möglichst bald verbraucht bzw. »verflüssigt«.

Pflanzung
Boden gründlich vorbereiten, wenn gegen Ende des Monats oder im November gepflanzt werden soll. Bei den Überlegungen, an welche Stellen Obstbäume gepflanzt werden können, auch an die Hauswände oder an die Garagenwand denken. Spalierbäume am Haus sehen nicht nur hübsch aus, man kann an solche geschützte Stellen auch anspruchsvolle Sorten pflanzen. Wenn dies noch dazu unter einem Dachvorsprung möglich ist, können sogar schorfempfindliche Sorten gewählt werden, die an einem gegen Regen weitgehend geschützten Platz ohne jegliche Spritzung fleckenfreie Früchte bringen.

Pflanzenschutz
Die Raupen des Frostspanners sind im Frühjahr vor allem an Süßkirschen und Zwetschen zu finden. Um einem Befall vorzubeugen, legt man jetzt Leimringe um die Baumstämme; es gibt sie in Rollen zu kaufen. Sie müssen dicht und fest am Stamm anliegen. Wenn die flügellosen Weibchen des Falters in die Baumkrone gelangen wollen, bleiben sie am Leimring hängen, so daß es nicht zur Eiablage kommt.

Wühlmausbekämpfung
Vor allem in Grundstücken, die an Wiesen oder freies Feld angrenzen, kommt es sonst häufig zu Schäden an Obstbäumen.

Blattfallspritzungen
Spritzungen mit Grünkupfer 50 g/10 l wirken gut gegen Holz- und Rindenpilze. Bei Kernobst ist dies der Obstbaumkrebs, bei Steinobst der Bleiglanz und die Valsakrankheit, durch die Gummifluß verursacht wird. Die Bäume müssen dabei mit der Spritzbrühe richtiggehend abgewaschen werden, damit auf die Eintrittspforten der Pilze, wie z.B. noch nicht verkorkte Blattnarben, ein Schutzbelag kommt. Die Spritzung wird unmittelbar nach dem Laubfall durchgeführt. Nachdem bekannt ist, daß Grünkupfer die Regenwürmer beeinträchtigt, muß jeweils abgewogen werden, ob man sie damit durchführen will.

November

Ziergarten

Im Garten ist es nun endgültig ruhig geworden. Es blühen nur noch ein paar Chrysanthemenstöcke, und an der geschützten Hauswand öffnen sich, dem kommenden Winter zum Trotz, einige letzte Rosenblüten. Auch Ringelblumen und Goldmohn leuchten an sonnigen Novembertagen, als wäre der Winter noch weit.

Ansonsten aber ist der November ein Monat der Stille. Die letzten Blätter fallen vom Baum, die letzten Blüten erlöschen. Gerade im Garten werden wir daran erinnert, daß alles Lebendige vergänglich ist.

Pflanzzeit
Solange der Boden nicht hart gefroren ist, können den ganzen November über Gehölze, Hecken und Rosen gepflanzt werden. Nur für Stauden ist es jetzt zu spät geworden; wir warten besser bis zum Frühjahr.

Blumenzwiebeln
Allmählich eilt es, all die vielen Blumenzwiebeln, die den Frühling verschönern, in den Boden zu bringen.

Stauden
Soweit noch nicht geschehen, schneiden wir alle Beetstauden bis dicht über den Boden herunter, entfernen das Unkraut und lockern den Boden ganz leicht mit der Grabgabel. Einige Stauden mit aparten Samenständen, wie Akeleien, Astilben, lassen wir den Winter über stehen. Sie sind auch bei Schnee und Rauhreif eine Zierde. Auch Gräser werden aus dem gleichen Grunde erst im Frühjahr vor dem Austrieb zurückgeschnitten.

Rosen
Das Blühen ist vorbei. Jetzt muß an den Winterschutz gedacht werden. Die einzelnen Pflanzen werden abgehäufelt bzw. wir schütten auf je 2–3 Beetrosen einen Eimer Komposterde. Dies ist der beste Winterschutz. Wer will, kann zusätzlich noch locker mit Fichtenzweigen abdecken.

Hochstammrosen legt man zu Boden und bedeckt die Krone mit Erde. Wo ein Umlegen älterer, starker Stämme nicht mehr möglich ist, werden die Kronen locker mit Fichtenzweigen oder Stroh umhüllt.

Rhododendron
Die Pflanzen werden zum Schutz vor winterlicher Sonne ganz locker mit Fichtenzweigen abgedeckt, es sei denn, sie stehen im Schatten des Hauses. Am besten baut man über wertvolle Exemplare ein einfaches Lattengestell, auf das die Fichtenzweige aufgelegt werden.

Alpine Stauden
Sie sind im Gebirge unter einer meterhohen Schneedecke gegen Sonne und damit gegen wechselweises Auftauen und Gefrieren geschützt. In schneearmen Gegenden decken wir sie locker mit Fichtenzweigen ab.

Pampasgras
Es ist empfindlich gegen winterliche Nässe. Bester Winterschutz: Blätter schopfartig zusammenbinden, mit trockenem Laub umschütten und eine Kiste darüberstülpen.

Feuerpfeile *(Kniphofia)* werden gegen Nässe schopfartig zusammengebunden und mit Fichtenzweigen bedeckt.

Rasen
Er wird ein letztes Mal kurz geschnitten und das Schnittgut sauber abgerecht. Gleichzeitig wird die Rasenfläche von Laub gesäubert, am besten erst, wenn die Blätter von Regen und Nebel durchfeuchtet sind. Sie verrotten dann auf dem Kompost rascher.

Gemüsegarten

Ernte
Soweit nicht bereits Ende Oktober geschehen, werden alle Spätgemüse mit der Grabgabel bis Mitte November aus dem Boden genommen.

Lagerung
Sie erfolgt am besten in einem tief ausgehobenen Frühbeetkasten (siehe »Oktober«) oder in einer Erdmiete. Das Gemüse bleibt dabei bis in das kommende Frühjahr hinein frisch und kann jeweils nach Bedarf entnommen werden. Selbst während der kältesten Monate gibt es milde Tage, an denen die Miete geöffnet werden kann.

Gemüseabfälle
Alles Material, das bei der Ernte anfällt, wird kompostiert, wobei sparrige Bohnenpflanzen mit weichen, wasserhaltigen Gurken, Salat- und Kohlblättern möglichst vermischt werden sollen. Holzige Stengel, wie sie bei Tomaten, Paprika und Auberginen anfallen, zerkleinern wir vorher mit der Gartenschere, dem Beil oder im Häcksler.

Chicorée, Löwenzahn
Die Wurzeln dieser beiden Salate graben wir bis spätestens Monatsmitte aus dem Boden und geben sie zum Antreiben in geeignete Kübel oder Kisten. Von beiden Arten kann im Winter pikanter Salat geerntet werden.

Pflegearbeiten
Bei Spinat, Feldsalat und Winterzwiebeln lockern wir vor Wintereintritt noch einmal den Boden und entfernen alles Unkraut. Vor allem die Vogelmiere wächst auch bei kühlen Temperaturen weiter und kann z. B. die Feldsalatpflänzchen bis zum Frühjahr hin völlig überdecken. Um diesen Kulturen, vor allem auch wenn Wintersalat gepflanzt wurde, etwas Schutz bieten zu können, legen wir Fichtenzweige zum Abdecken bereit.

Spargel
Man schneidet das goldgelbe Laub ab und schafft es aus dem Garten, wenn ein Verbrennen nicht möglich ist. Es sollte nicht kompostiert werden, da die Sporen des Spargelrostes und auch die Puppen der Spargelfliege im Laub überwintern.

Etwa 6 Wochen, nachdem der Chicorée zum Treiben aufgestellt wurde, können die goldgelben Zapfen geerntet werden.

Grünkohl
Diese Kohlart kann Kälte vertragen, ja, nur nach Frost schmeckt Grünkohl so richtig und kann deshalb ohne Schutz auf dem Beet verbleiben. Rosenkohl sollte dagegen geschützt in Hausnähe eingeschlagen werden oder aber wir pflücken die Röschen ab und geben sie in die Gefriertruhe.

Zuckerhut
Diese Salatart ist sehr frosthart und kann durchaus bis zu −10°C ohne nennenswerte Schäden vertragen. Lediglich die äußeren Blätter sind dann nicht mehr zu gebrauchen.

Chinakohl
Diese Gemüseart ist gegen Kälte empfindlich. Man sollte sie deshalb spätestens gegen Mitte November mit den Wurzeln aus dem Boden nehmen, die Köpfe einzeln in Papier einwickeln und senkrecht in eine Obststeige stellen. In einem kühlen Raum, z. B. Gerätehütte oder Garage, hält sich der Chinakohl dann noch mehrere Wochen.

Frühbeet

Kopfsalat
Wenn Anfang September gepflanzt wurde, können wir jetzt herrliche zarte Salatköpfe ernten. Das gleiche gilt für die Radieschen, die dazwischen gesät wurden.

Endivie
Er hält bis −5°C aus und kann deshalb den ganzen Monat über, oft sogar bis Weihnachten hin, geerntet werden. An frostfreien Tagen viel lüften und, wenn unbedingt nötig, nur vorsichtig zwischen den Reihen gießen. Wenn es kälter wird, die Fenster mit Strohmatten oder Brettern abdecken.

Feldsalat
Bei Temperaturen über 0°C lüften. Obwohl Feldsalat als frosthart gilt, leidet er unter Kahlfrösten. Die Luft erwärmt sich an solchen Tagen, der Boden aber bleibt gefroren. Um Schäden zu vermeiden, decken wir die Kultur während Frostperioden mit Vlies ab, das mehrere Wochen hindurch auf den Pflanzen verbleiben kann.
Nur gießen, wenn der Boden wirklich trocken ist, dann aber gründlich und in den Vormittagsstunden, damit die Pflanzen bis zum Abend trocken sind.

Kleingewächshaus

Frostschutz
Wie im Frühbeet, so können auch im nicht geheizten Gewächshaus erntereifer Kopfsalat, Endivie und Feldsalat in Frostnächten mit Vlies oder Zeitungspapier geschützt werden.

Obstgarten

Pflanzzeit
Obstbäume und Beerensträucher können den ganzen November hindurch gepflanzt werden. Nur bei vorzeitigem Wintereintritt und vorübergehend stärkerem Bodenfrost muß gewartet werden, bis der Boden wieder offen ist. Notfalls können die Bäume und Beerensträucher im Garten bis zum zeitigen Frühjahr eingeschlagen werden. Wenn möglich, sollte aber im Herbst gepflanzt werden; die Bäume haben dann im nächsten Jahr einen Wachstumsvorsprung gegenüber solchen, die erst im späten Frühjahr in den Boden kommen. Lediglich kälteempfindliche Obstarten wie Pfirsich, Aprikose, Walnuß, Edelrebe und Brombeere pflanzt man erst im Frühjahr.
Kann man noch nicht pflanzen, weil die Zeit für eine gründliche Bodenvorbereitung nicht gereicht hat, so sollte man bereits jetzt die benötigten Obstbäume und Beerensträucher in der Baumschule oder im Gartencenter kaufen und sie den Winter über einschlagen. Im Frühjahr sind häufig die gewünschten Sorten und Unterlagen vergriffen. Übrigens, auch nach einer Pflanzung im November kräftig angießen, damit die Erde an die Wurzeln geschwemmt wird.

Obstlagerung
Bei Nacht sowie an Nebel- und Regentagen werden die Fenster des Lagerraumes weit geöffnet, damit viel feuchte und kühle Luft hereinströmen kann. Freilich, der Idealzustand ist unter häuslichen Verhältnissen nicht erreichbar, denn die günstigste Lagertemperatur liegt nur wenig über 0°C. Eingelagertes Obst wöchentlich durchsehen und dabei angefaulte Früchte entfernen.

Pfähle und Baumbänder
Bevor der Winter beginnt, Pfähle der Spindelbüsche und der Beerenstämmchen überprüfen, ebenso das Bindematerial. Immer wieder kommt es vor, daß bereits im November schwerer, nasser Schnee fällt, der die Bäumchen umdrückt, wenn sie nicht festen Halt haben. Bei der Durchsicht werden auch eingewachsene Etiketten oder Baumbänder entfernt und ersetzt.

Bodenuntersuchung
Vor einer größeren Pflanzaktion Proben aus dem Unter- und Oberboden entnehmen und an eine Untersuchungsanstalt einschicken. Aus dem Ergebnis kann man dann entnehmen, ob eine Vorratsdüngung nötig ist.

Bodenlockerung
Unter Spindelbüschen und Beerensträuchern den Boden oberflächlich lockern und vorhandenes Unkraut herausziehen. Als Gerät nimmt man die Grabgabel, auf keinen Fall den Spaten, weil damit ein Teil der flachstreichenden Wurzeln abgestochen würde.

Kompostieren
Obstlaub zusammen mit den zerkleinerten Abfällen aus dem Zier- und Gemüsegarten kompostieren. Bedenken, daß dadurch die an den Blättern befindlichen Pilzkrankheiten für das nächste Jahr konserviert werden, bestehen nicht.

Fast alle Gartenabfälle können beim Abräumen kompostiert werden. Eine wichtige Arbeit, denn Humus können wir gar nicht genug haben.

Pflanzenschutz
An jungen Bäumen gegen Wildverbiß Drahthosen oder Kunststoffspiralen anlegen bzw. dafür sorgen, daß in wildgefährdeten Gärten die Umzäunung dicht ist.

Obstbaumschnitt
An älteren Bäumen, bei denen es auf ein gründliches Auslichten der Krone ankommt, kann damit bereits jetzt begonnen werden.

Dezember

Ziergarten

Jetzt beginnt im Garten die stille Zeit. Als Ausgleich zur Gartenarbeit brauchen wir dringend eine schöpferische Pause, Zeit für andere Dinge. Freuen wir uns darüber und genießen wir den Garten während der Winterruhe. Langweilig ist er auch jetzt nicht, täglich gibt es Neues zu entdecken.

Winterschutz
Wenn die Rosen noch nicht angehäufelt oder mit Fichtenzweigen geschützt wurden, wird es höchste Zeit. Auch bei alpinen Pflanzen, bei *Rhododendron* und einigen Stauden ist an Schutz zu denken. Über das »Wie« kann unter »November« nachgesehen werden.

Wasserbehälter
Betonbecken werden entleert und z. B. mit Brettern abgedeckt, damit sie den Winter über trocken bleiben. Es genügt aber auch, wenn in das mit Wasser gefüllte Becken einige Balken gestellt werden. Sobald das Wasser gefriert, wird auf das Holz Druck ausgeübt, während die Betonwandungen den Winter über unbeschädigt bleiben.

Wasserleitung
Sie muß spätestens jetzt abgestellt werden, so daß die Rohre, die vom Haus in den Garten führen, im Winter ohne Wasser sind. Ebenso sollten Gartenschlauch und Gießkannen den Winter über in der Gerätehütte aufbewahrt werden.

Gerätepflege
Alle Gartengeräte säubern, mit einem öligen Lappen einreiben und in den Geräteraum hängen. Bei einem Motor-Rasenmäher Tank entleeren und den Vergaser leerlaufen lassen, damit es beim Starten im Frühjahr keinen Ärger gibt.

Zierbecken
Wenn sie ausreichend tief sind, können Seerosen und Fische den Winter über unbesorgt im Becken oder Folienteich verbleiben. Bei Becken allerdings, die bis zum Boden gefrieren, werden die Fische im Haus überwintert, während die Seerosen, nachdem das Wasser abgelassen ist, kniehoch mit trockenem Laub überschüttet und darüber eine Folie gebreitet wird.

Barbarazweige
Wenn Forsythien-, Kirschen- und Zwetschenzweige am Barbaratag (4. Dezember) geschnitten und im Wohnzimmer aufgestellt werden, blühen sie zu Weihnachten.

Schnittarbeiten
Bereits jetzt kann damit begonnen werden, Laubgehölzhecken zu verjüngen oder alte Sträucher auszulichten. Wie es gemacht wird, siehe unter »Januar«.

Laub
Nachdem jetzt endgültig alles Laub von den Bäumen ist, wird es auf der Rasenfläche zusammengerecht und in möglichst feuchtem Zustand, vermischt mit anderen Gartenabfällen, kompostiert. In Wildstaudenpflanzungen sowie unter Sträuchern sollte das Laub dagegen liegenbleiben. Es verrottet und ergibt eine Mulchdecke, unter der sich die Pflanzenwurzeln wohlfühlen.

Gemüsegarten

Winterschutz
Winterkopfsalat und Frühlingszwiebeln sollten in Gegenden, in denen mit schneeloser Kälte zu rechnen ist, locker mit Fichtenzweigen abgedeckt werden. Auch bei Feldsalat und Spinat Fichtenzweige zum Abdecken bereitlegen. Artischocken mit Laub oder Stallmist umgeben.

Gemüsesämereien
Sie sind ein Leckerbissen für Mäuse und sollten deshalb aus der Gartenhütte genommen werden. Am besten bewahrt man sie den Winter über in einem kühlen, trockenen Raum des Hauses auf.

Kompost
Alle vorhandenen Gartenabfälle, vor allem auch feuchtes Laub, werden kompostiert. Dabei sollte man darauf achten, daß sparrige, trockene und feuchtere Pflanzenteile möglichst gemischt aufgesetzt werden.
Alter, weitgehend verrotteter Kompost wird durch ein grobes Wurfgitter geworfen und der Haufen bis zum Frühjahr mit schwarzer Folie gegen Regen und Schnee abgedeckt. Sauber aufgeräumt macht ein Kompostplatz auch den Winter über einen guten Eindruck.

Gerätehütte
Aufräumen und alle Werkzeuge gereinigt aufhängen. Auch die Töpfe verschiedener Größen und Saatschalen waschen und einordnen.

Hügel- und Hochbeete
Wenn im Garten beim Schnitt der Obstbäume, Sträucher und Hecken viele Zweige anfallen und reichlich Laub vorhanden ist, kann ein Hügel- oder Hochbeet angelegt werden. Jetzt haben wir Zeit für solche Arbeiten.

Umgraben
Die abgeräumten Beete werden mit dem Spaten grobschollig umgegraben.

Eine gute Planung ist bereits die halbe Ernte. Hier ein Anbauplan für die ganzjährige Nutzung eines Frühbeetes.

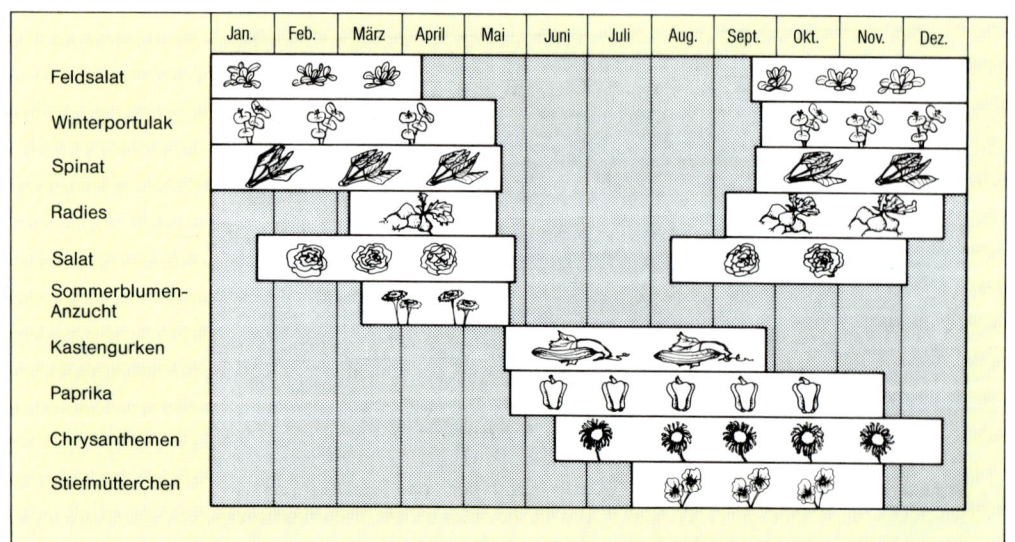

So kann der Frost einwirken und den Boden mürbe machen. Nur bei lockeren, gut mit Humus angereicherten Böden kann diese Arbeit entfallen. In solchen Fällen genügt es, wenn die Grabgabel in kurzen Abständen eingestochen und der Boden durch Hin- und Herbewegen gelockert wird.

Treiberei

Wenn Chicorée im warmen Heizungskeller bei 12–17°C zum Treiben aufgestellt wird, kann in etwa 6 Wochen geerntet werden. Bei kühlerer Temperatur dauert es länger. Von Löwenzahn kann man in einem dunklen Heizungskeller nach etwa 4 Wochen die zarten, gelblich-weißen Triebe schneiden. Schnittlauch, im Garten schon seit Wochen ausgegraben und in der Kälte liegengelassen, kann jetzt eingetopft am Zimmerfenster zum Treiben aufgestellt werden.

Frühbeet

Wenn der Kasten im Frühjahr mit Mist gepackt werden soll, heben wir nach dem Abernten der letzten Kulturen die Erde aus und lagern sie in unmittelbarer Nähe. Dort kann sie den Winter über durchfrieren.

Bei einem kalten Kasten, der ohne jegliche Mist- und Laubpackung erst ab März bestellt werden soll, wird die Erde lediglich grobschollig umgegraben, damit der Frost krümelnd einwirken kann.

Kleingewächshaus

Bodenpflege

Wenn das Gewächshaus leer ist, kann der Boden noch vor dem Gefrieren verbessert werden. Wenn möglich, bringt man gut verrotteten Rindermist, der mindestens 1 Jahr lang gelagert hat, beim Umgraben mit ein. Wenn noch Feldsalat im Haus ist, warten wir bis zum Frühjahr oder geben den Mist vor der Pflanzung von Gurken, Tomaten und Paprika, also im Mai.

Besonders gut läßt sich Rindermist nutzen, wenn wir ihn schichtweise wie eine Torte mit Garten- und Küchenabfällen kompostieren und den Haufen während des Sommers 1mal umsetzen. Auf diese Weise entsteht wertvoller Mistkompost, der jeweils vor einer Neubestellung des Gewächshauses in die oberste Bodenschicht mit eingearbeitet wird.

Nur wenn mit Humus nicht gegeizt wird, bleibt der Boden fruchtbar. Durch die höheren Bodentemperaturen unter Glas werden nämlich die organischen Stoffe rascher abgebaut als im Freiland und sollten laufend ergänzt werden.

Obstgarten

Obstbaumschnitt

Bei günstiger Witterung wird das Auslichten älterer Bäume fortgesetzt. Man braucht dazu vor allem die Säge, denn mit dem Herumschnippeln an kleinen Trieben wird nichts erreicht. Zuallererst werden kranke oder gar schon dürr gewordene Äste aus der Krone entfernt. Von sich überkreuzenden Trieben oder Ästen schneidet man den schwächeren oder den ungünstiger stehenden heraus. Und schließlich werden zu dicht stehende Äste entfernt. Die Krone sollte anschließend so licht sein, daß man einen Hut hindurchwerfen kann.

Schnittkurse

Obst- und Gartenbauvereine, Siedlerverbände, Kleingärtnervereine und Volkshochschulen veranstalten in den Wintermonaten Obstbaumschnittkurse, die meist von erfahrenen Fachleuten geleitet werden. Es lohnt sich hier mitzumachen, denn der Obstbaumschnitt kann nicht ausschließlich aus Büchern erlernt werden.

Umveredeln

Wenn eine Sorte nicht befriedigt, kann der betreffende Baum im nächsten Frühjahr umveredelt werden. Dies ist allerdings nur sinnvoll, wenn er gesund und noch nicht zu alt ist. Die Pfropfköpfe sollen keinen größeren Durchmesser als Handbreite haben. Nachdem die Krone ausgeglichen ist, kann sie bereits jetzt im dachförmigen Winkel abgeworfen werden. Im unteren Bereich müssen einige Zugäste verbleiben, die nicht zurückgeschnitten werden.

Edelreiser

Als solche eignen sich nur gut ausgereifte, einjährige Triebe, die etwa bleistiftstark sind. Sie können ab Monatsende vom Baum der gewünschten Sorte geschnitten und bis zur Veredelung im nächsten Frühjahr an der Nordseite des Hauses eingeschlagen werden. Wichtig ist, daß sie weder eintrocknen noch vorzeitig austreiben.

Kompostieren

Die beim Schnitt anfallenden Zweige von Obstbäumen und Beerensträuchern müssen nicht verbrannt oder aus dem Garten fortgeschafft werden. Wenn sie nur etwa fingerstark sind, eignen sie sich zum Kompostieren, nachdem wir sie vorher mit der Gartenschere in kurze Stücke geschnitten haben.

Obstlager

Eingelagertes Obst wiederholt durchsehen und Früchte mit Faulstellen rasch verwerten. Solange es noch nicht extrem kalt ist, viel lüften und den Boden in einem trockenen Lagerraum des öfteren mit Wasser besprengen.

Pflanzung

Obstbäume und Beerensträucher pflanzen, solange der Boden offen ist. Auch eine späte Pflanzung ist bei Äpfeln, Birnen, Zwetschen und Kirschen meist günstiger als eine Frühjahrspflanzung im April.

Pflanzenschutz

Flüssige Pflanzenschutzmittel dürfen den Winter über nicht in der Gerätehütte verbleiben. Durch Frosteinwirkung werden sie unbrauchbar. Auch die Obstbaumspritze muß den Winter über in einen frostfreien Raum gebracht werden, damit sie im kommenden Frühjahr funktioniert.

Auch der winterliche Garten ist nicht ohne Reiz, vor allem dann, wenn sich eine Schneedecke auf Boden und Pflanzen gelegt hat.

Stichwortregister

A

Abessinische Gladiolen 458
Abfallsammelstelle 47
Abflammen 414
Abhäufeln 139
Abkratzen 413
Ableger 377
Abmoosen 388
Abrisse 342
Absammeln 413
Abschlitzen 324
Absenker 342, 350, 388
Absetzzeit 118
Absonnige Steinanlagen 154
Abutilon 203, 211, 386
Abwärtssteigender Rosentriebbohrer 148
Abwehrpflanzen 437
Abwehrstoffe 410
Abwerfen 322
Acaena buchananii 154
Acari **425**
Acer campestre 87, 99, 105
- *capillipes* 90
- *ginnala* 91, 107
- *negundo* 90
- *palmatum* 90
- *pensylvanicum* 90
- *platanoides* 87
- *pseudoplatanus* 87
- *rubrum* 87
- *rufinerve* 90
Achillea 149, 245
- *clypeolata* 155
- *filipendula* 'Coronation Gold' 149, 213
- - 'Parker' 149, **157**, 185, 186
- *millefolium* 63, 185, 239
- - 'Kelway' **157**
- *ptarmica* 'Schneeball' 156
- *tomentosa* **157**, 186
Achnatherum calamagrostis **175**, 214
Ackerblumen 240
Ackerbohnen 42, 283, 287, 290
Ackergauchheil 240
Ackerhahnenfuß 404
Ackerhundskamille 240
Ackerklee 404
Ackerminze 371
Ackerrand 240
Ackerrandblumen 245
Ackerrittersporn 240
Ackersalat **257**
Ackerschachtelhalm 404
Ackerschnecke 26
Ackersenf 404
Ackerstiefmütterchen 240
Ackerwinde 336, 454
Aconitum × *arendsii* **157**, 185, 186
Aconitum 152, 244
- *napellus* **157**, 185, 216, 377
- - 'Bicolor' 185
- *wilsonii* 216
Acorus calamus 156, 232
Actaea alba **157**, 185
Actinidia 199
- *chinensis* 208, 393
Adiantum pedatum **177**, 185, 234
- *venustum* **177**, 185
Adlumia fungosa 197
Adlumie 197
Admiral 59, 240
Adonis vernalis 153, 239
Adonisröschen 239
Adoxophyes reticulana **420**

Fettgedruckte Zahlen bedeuten Hauptverweis.

Adventivknopsen 142
Aeonium arboreum 205, 207
Aerifizieren **125**
Aesculus hippocastanum 'Baumannii' 87
- *parviflora* 87
- *pavia* 90
Agapanthus 205
Agave 201, 205, 207
Agave americana 205
Ageratum 71, 452
- *houstonianum* 206, 394
Agrostemma 245
Agrostis 113, 124
- *canina* 114
- - *canina* 113
- *stolonifera* 113
- *tenuis* 113
Ahorn 87
Ailanthus altissima 87
Ajuga 63, 247
- *reptans* 185, 189
- - 'Atropurpurea' **157**
Akarizide 146, 147
Akebia quinata 199
Akelei 63, 80, **158**, 215, 239, 244, 374, 377, 470
Akustische Abwehr 411
- Reize 412
Alant 234, 355, 377
Alarmduftstoffe 411
Alcea 377
- *rosea* 206
Alchemilla 234
- *mollis* 156, **157**, 185
- *vulgaris* 239
Älchen 146, 335, 353
Aleochara 415
Algen 46, 48, 221, **229**, 236, 240, 242
Algenbildung 221
Algenhemmung 227
Algenkalk 35, 48, 246
Alisma 226, 232
- *plantago-aquatica* 156, 233, 240
Allium 72, 154
- *ascalonicum* **278**
- *cepa* **276**
- *flavum* **179**, 186
- *karataviense* **179**, 185
- *moly* **179**, 185
- *oreophilum* **179**
- *ostrowskianum* **179**, 186
- *porrum* **277**
- *sativum* **278**
- *schoenoprasum* **372**
- *sphaerocephalum* **179**, 186
- *ursinum* 239
Aloë 205, 207
Alpenjohannisbeere 100, 106, 110
Alpenlein **166**
Alpenrausch 190
Alpenrose 190
Alpenveilchen 381
Alpine Stauden 380, 470
Alpinum 212
Alte Rosen 130, **134**
- Rosensorten 243
Alyssum 64, 456
- *benthami* 395
- *montanum* 154, 186
- - 'Berggold' **158**
- *saxatile* 'Compactum' **158**
Amaranthus 376
- *caudatus* 205
Amberbaum 88f., 91
Amblyseius 415
- *aberaus* 405
- *andersoni* 405

- *finlandicus* 405
Ameisen 411, 414, **426**, 432
Amelanchier laevis 90, 97, 107, 109
- *ovalis* 105
Amerik. Gauklerblume 233
Amerikanische Sumpfiris 232
Amerikanischer Mehltau 340
- Stachelbeermehltau 343, 352, 453
Amethystschwingel 239
Amiddünger 54
Ammoniakdünger 54
Ammoniakstickstoff 122
Ammonium 54
Ammoniumdünger 53
Ammoniumstickstoff 54
Ammonsalpeterdünger 54
Ampelopsis 199
Amphibien 240
Anagallis arvensis 240
Anbauplan 253, 281, 450
Anchusa 238
- *capensis* 395
Andenpolster 189
Andorn 375
Androsace 63
Anemone 244
Anemone hupehensis 185
- 'Septembercharme' **158**, 216
- *japonica* 152, 185
- - 'Honorine Jobert' **158**
- - 'Prinz Heinrich' **158**
- - 'Königin Charlotte' 216
- *nemorosa* 239, 244
- *sylvestris* 152
- *tomentosa* 'Robustissima' **158**
Anethum graveolens **365**
Angelika 354
Angießen 69, 137
Anhäufeln 143, 350
Anis 354, 360
Anisandrus dispar 409
Anisodontea capensis 203
Anlehnhaus 381
Anorganische Dünger **53**
Antagonist 404
Antennaria 63
- *dioica* 189
- *tomentosa* 219
Anthemis tinctora 245
Anthericum liliago 153, 217
- - 'Major' 215
Anthirrinum 376
Anthocoris 415
Anthonomus rubi 147
Anthriscus cerefolium **365**
Antirrhinum 456
- *majus* 394
Anzuchtbeet 60, 379, 458, 460
Apfel 76, 80, 82, 90, 108, 275, **294**, 294, 296, 297, 300, 309, 316, 318, 321, 328, 406, 409, 434, 445, 457, 459, 461, 463, 467, 469, 473
- -Hochstämme 74
Apfelgespinstmotte 420
Apfelmehltau 328, 453
Apfelrose 110
Apfelsinen 392
Apfelspätsorten 330
Apfelspindelbüsche 461
Apfelwickler 328, 406, 409, 421, 463
Aphelinus mali 406
Aphidina **422**
Apium graveolens var. *dulce* 269
- *rapaceum* **268**
Apollofalter 240
Aponogeton distachyos 231

Aprikose **305**, 311, 321, 329, 330, 373, 421, 453, 455, 465, 471
Aprikosensorten 306
Aprikosensterben 329
Aquarium 227
Aquilegia 63, 244, 377
- *caerulea* **158** 185
- *vulgaris* **158** 185, 215, 239
Arabis 189
- *caucasica* 154, **158**, 186, 219
- - 'Plena' **158**
- *procurrens* **158**
Arabischer Jasmin 208
Araneae **432**
Arbutus unedo 201
Arctotis hybridus 394
Ardis brunniventris 148
Ardisia 202
Aristolochia macrophylla 199
Armeria 239
- *caespitosa* 154
- *maritima* 153
Armleuchteralgen 231
Aronstab 239
Artemisia abrotanum 375
- *dracunculus* **369**
- *vulgaris* **368**
Artenvielfalt 400, 405
Arthropoda 418
Artischocke 251, 258, 265, 269, **279**, 457, 472
Arum 239
Aruncus 244
- *sylvester* **158**, 185, 216, 234
Arzneipflanzen 354, 356
Asarina erubescens 197, 208
Asarum 244
- *europaeum* 63, 151, **158**, 185, 189
Aschenpflanze 394
Asiatische Hybridlilie 73
- Sumpfiris 233
Asparagus officinalis **261**
Asperula odorata 216
Asphodeline lutea 219
Aspidistra 202
Asplenium trichomanes **177**
Asseln 52, **427**
Assimilation 52
Astbruch 325
Astelboides tabularis **171**, 216
Aster 82, 212, 214, 377
- *amellus* 63, **158**, 186, 217
- - 'Dr. Otto Petschek' **158**
- - 'Lady Hindlip' **158**
- - 'Sternkugel' **158**
- - 'Veilchenkönigin' **158**
- *divaricatus* 215
- *dumosus* 155, **159**, 186
- - 'Pacific Amarant' 213
- *ericoides* 'Erlkönig' 213
- *linosyrus* 153, 217, 239
- *novae-angliae* 63, 149, 155, **159**, 186
- - 'Andenken an P. Gerber' 213
- *belgii* 63, 149, **159**, 186
Astern 64, 374, 376, 456, 458
Astilbe × *arendsii* **159**, 185
- 'Brautschleier' **159**, 216
- 'Cattleya' **159**
- 'Feuer' **159**
- 'Glut' **159**
Astilbe 63, 152, 234, 244, 470
- *chinensis* 185
- *pumila* **159**, 189, 216
- var. *pumila* 152
- *japonica* **159**
- - 'Red Sentinel' 216
- - 'Professor van der Wielen' **159**

- - 'Purpurlanze' **159**
- - 'Straußenfeder' **159**
- - 'Superba' **159**
- - *taquetii* **159**
- - *thunbergii* **159**
- - 'Straußenfeder' 216
Astring 140, 318
Astschere 103, 451
Aster dumosus 'Kassel' 213
Ätherische Öle 355, 362
Athyrinum filix-femina **177**, 185
Atlasblume 376
Aubergine 385, 389, 455, 457, 461, 470
Aubretia 64, 150, 189
Aubrieta × *cultorum* **159**, 186
- 'Blaumeise' **159**
- 'Blue Emperor' **159**
- 'Dr. Mules' **159**
- 'Schloß Eckberg' **159**, 219
- *hybrida* 154
Aucuba japonica 201
- 'Crotonifolia' 202
Aufbauschnitt 97
Auflaufkrankheiten 386
Aufleitung 271, 274
Aufrechte Trespe 239
Aufwärtssteigender Rosentriebbohrer 148
Augen 316, 322
Aukube 201
Auricula 377
Aurikel 219, 377
Ausdünnen 360, 463
Ausläufer 124, 129, 152, 154, 333, 353, 362, 369, 388, 463
Ausläuferrotschwingel 113
Auslichten 317, 343, 451, 471
Auslichtungsschnitt 404
Auspflanzen 458
Aussaat 54, **60**, 62, 65, 83, 355, 357, 360, 378, 384, 436, 452, 454, 456, 460, 462
Aussaaterde **60**
Aussaattermin 61
Außenschattierungen 383
Austrieb 314, 465
Austriebsspritzmittel 430
Austrocknen 230
Automatische Fensteröffner 382
Avena candida 213
- *sempervirens* 186
- - 'Pendula' **174**
Azalee 50, 53, **190**, 202, 216, 351, 381, 384, 458
Azorella trifurcata 189

B

Babybeete 268
Bach 17, 228, 239
Bachbunge 232
Bachminze 354, 371
Bacillus thuringiensis 407, 421
- - Präparate 438
Bakterien 46, 48, 403, 407, 412, 414, **416**, 416, 418, 422
Bakterienleben 326
Baldrian 147, 239
Baldrianblüten-Extrakt 59
Balkenmäher 121, 246
Balkon 193, 251, 310, 331
Balkonkästen 51, 128, 133, 138, 251, 256
Balkonpflanzen 64, 394
Balkontomaten 251
Ball-Hortensie 94
Ballonblume 169
Balsamine 376

Stichwortregister

Bambus 112, 201
Bambusrohr 195
Bananen 210, 392
Barbarazweige 109, 450, 472
Bärenohr 394
Bärlauch 239
Bartblume 97, 110
Bartfaden 394
Bartnelke 81, 377, 460, 462
Basalt 35, 117, 218
Basaltmehl 35
Basella rubra 197
Basilikum 281, 286, 290, 358, **364**, 458
Bataviasalat **256**
Bauerngarten 12, 21, **373**, 377, 437
Bauernpetersilie 358
Bauernpfingstrose **168**
Baumbänder 471
Bäume 74, **86**, 90, 97, 191, 237, 442
Baumhasel 88
Baumkrone 97, 314
Baumobst **294**
Baumpfahl 312, 325, 455
Baumscheibe 43, 51, 91, 149, 202, 246, 325, 459
Baumschutzverordnung 443
Baumtomate 203, 393
Baumwachs 323
Baumwürger 193, 199
Bebauungsplan 444
Bechermalve 376
Beerenobst 45, **332**, 375
Beerenobstanlagen 246
Beerenobstarten 331
Beerenobsthochstämmchen 325, 339, 471
Beerensträucher 27, 45, 51, 55, 294, 326, 451, 455, 457, 459, 461, 467, 471, 473
Beeteinfassung 374
Beetrand 362
Beetrosen 76, 97, 128, 131, **132**, 132, 134, 137, 140, 149, 155, 214
Beetstauden 18, 29, 70, **150**, 150, 155, 212, 244, 462, 468, 470
Befruchtung 303, 324, 389
Begleitstauden 155
Begonia bertinii 394
– Knollenbegonien 201
– *semperflorens* 203, 394
– *tuberhybrida* 394
Begonie 203, 385, 388, 394, 458
Behaarter Ginster 218
Beifuß 362, **368**
Beinwell 59, 244, 355
Beinwellblätter 44
Beinwelljauche **59**, 282
Beißende Insekten **416, 419**
Beißkohl **260**
Beizung 387, 410
Bellis 377, 460, 462
Belüften 123
Bembidion 415
Berberis 110
– *aggregata* 99
– *julianae* 99, 107
– *thunbergii* 99, 107
– *vulgaris* 105
– *wilsoniae* var. *subcaulialata* 99
Berberitze 97, 111, 243
Berchemia scandens 199
Beregnung 119
Bergahorn 87
Bergaster 63, **158**, 217
Bergbohnenkraut 362, 466

Bergenia cordifolia **159**, 185, 234, 244
– 'Abendglocken' **159**
– 'Admiral' **159**
– 'Morgenröte' **159**
– 'Silberlicht' **159**
Bergkiefer 149
Bergmolch 235
Bergsegge 217
Bergunke 235
Bergwiese 153
Berufkraut 462
Besanden 119, 125
Besenginster 105
Besenheide 244
Bestäubung 306, 334, 347
Bestockung 120, 124
Beta vulgaris var. *conditiva* **268**
– *vulgaris* **260**
Betonbecken 223, 226
Betonmauern 22
Betula ermanii 90
– *jacquemontii* 90
– *maximo wicziana* 87
– *papyrifera* 87
– *verrucosa* 87
Bewässerung **125**, 128, 140, 155, 200, 205, 207, 382
Bibernellrose 130, 377
Bienen 240, 245, 306, 334, 347, 350, 409, 411, 430, 436
Bienenfreund 245, 466
Bienenpflanzen 245
Bienenweide 105, **245**
Bierfallen 426, 436
Bimskies 117, 384
Bindesalat **257**, 258, 264, 456
Binse 226, 232
Biogarten 57
Biologisch-chemische Pflanzenschutzmittel 415
Biologische Abwehr 404
– Bodenpflege 434
biologische Handelsdünger **58**, 147, 436
– Kulturmethoden 380
– Schädlingsbekämpfung 385
Biologisches Gleichgewicht 229, 236, **398**, 399, 436
Birke 76, 80, 82, 151, 217, 446
Birnblattsauger 328
Birne 76, 80, 89, **298**, 309, 311, 318, 321, 328, 409, 445, 457, 461, 463, 467, 469, 473
Birnengitterrost 328, 463
Birnensorten 299
Birnsämling 299
Birnspindelbüsche 298
Bitterholz 435
Bittersalz 144
Bitterwurz 219
Blähton 384
Blasenbaum 88, 91
Blasenesche 89
Blasenfuß 145, 147, 417
Blasenspiere 109
Blattdüngung 143
Blätterkohl **265**
Blattfallkrankheit 340, 343, 352
Blattfallspritzungen 469
Blattlaus 145, 275, 386, 400, 411, 413, 416, 418, **422**, 422, 428, 430, **435**, 457, 461
Blattlausäpfel 422
Blattmangold 284
Blattsalate 251, 253
Blattsauger 412, 416, 418, 422, **424**, 424, 430
Blattscheide 112

Blattwanzen 422, **425**, 429
Blattwespen 416, 428, 431
Blau-Volldünger 54, 205, 327
Blaualgen 220
Blaue Heckenkirsche 101, 106
– Lupine 41
Blauer Kriechwacholder 188
– Salbei 394
Blauglöckchen 247
Blauglockenbaum 89
Blaukissen 64, **159**, 189, 219
Blaukraut 252, **263**
Blauregen 196, 198
Blauschote 93
Blauschwingel 149, **175**, 214, 219, 244, 454
Blaustern **183**, 456, 466
Blaustrahlhafer 149, **174**, 213
Blauzungenlauch 179
Blechnum spicant **177**, 185, 234
Bleichsellerie 258, 265, **269**, 450
Bleiglanz 469
Bleiwurz 203, 207, 209, 380, 394
Blennocampa pusilla 147
Blindschleiche 240, 422, 433, 436
Blockstufen 21
Blumenesche 91
Blumenhartriegel 88, 90, 108
Blumenbeet 89, 98, 356, 362, 447
Blumenbinse 226, 232, 240
Blumenkästen 193, 196
Blumenkohl 251, 254, **262**, 263, 281, 283, 290, 353, 421, 456, 458, 462
Blumenrasen 247
Blumenrohr 205
Blumentopf 51, 60, 357
Blumenwiese 237, **245**, 247, 458, 460, 466
Blumenzwiebeln 210, 213, 247, 456, 466, 470
Blüten-*Monilia* 329
Blütenbäume 89
Blütenfall 446
Blütenhecke 109
Blütenkalender 156
Blütenstaub 295, 303, 446
Blütenstauden 244
Blütensträucher 97, 243, 377
Bluthartriegel 243
Bluthasel 309
Blutjohannisbeere 97, 109, 237, 239, 243
Blutlaus 413, 416, 422, **423**, 430
Blutlauskrebs 406, 423
Blutlauszehrwespe **406**, 423
Blutmehl 58
Blutpflaume 109, 301
Blutstorchschnabel 246
Blutweiderich 167, 232, 240
Bodenälchen 42
Bodenanalyse 42
Bodenansprüche 70, 72, 87
Bodenart 18, **33**, 35, 135, 239, 404
Bodenaustausch 102, 145
Bodenbakterien 34, 280
Bodenbearbeitung **37**, 253, 403
Bodenbedeckende Rosen 128, 130, **133**, 139
Bodendecker 45, 133, **187**, 188, 189, 190, 192, 200, 207, 211, 214, 216, 241, 244, 336, 351
Bodendeckerrosen 128, 131, 134
Bodendeckerstauden 45
Bodenheizung 379, 389
Bodeninsekten 429, 433
Bodenknospen 344
Bodenlockerung 40, 145, 272, 333, 460, 471
Bodenmüdigkeit **145**, 214, 281

Bodenpilze 417
Bodenprobe 55, 115, 403, 467
Bodenschädlinge 54, 433
Bodenseewickler 407
Bodenuntersuchung **32**, 53, **55**, 117, 312, 326, 334, 345, 467, 471
Bodenverbesserung **34**, 53, 87, 101, 115, 117, 403
Bodenverdichtung 34, 216, 219, 417
Bodenvorbereitung 65, 68, 70, 74, 77, 101, 114, 216, 312
Böschungsrosen 133
Bogenflieder 107
Bohnen 59, 129, 250, 265, 272, 281, 364, 375, 450
Bohnenfliege 387
Bohnenkraut 259, 272, 281, 285, 292, 354, 356, 359, **364**, 375, 434, 458
Bohnenrost 407
Bor 53, 136, 404
– -Nitrophoska 268
Borago officinalis 245, **364**
Bordeauxbrühe 410
Borkenkäfer 411, 431
Borretsch 245, 281, 283, 285, 290, 355, 359, **364**, 365
Botanische Krokusse 452
– Tulpen 184, 213
Botrytis 147, 209, 335, 353, 386, 392, 459
– *cinerea* 147
Bougainvillea 208, 210
Bourbonrosen 134
Boysenbeere 346
Branntkalk 36, 54, 229, 426, 451
Brassica oleracea convar. *botrytis* var. *italica* **262**
– – var. *capitata* **263**
– – – *gemmifera* **264**
– – – *sabellica* **265**
– – var. *gongylodes* **263**
– – – *pekinensis* **266**
– *rapa* var. *chinensis* **260, 266**, 270
Braunelle **171**, 246
Braunfäule 459
Braunflecken 386
Breitblattsegge **175**
Bremer Scherkohl 389
Brennende Liebe **166**, 377, 458
Brennessel 50, 59, 115, 237, 238, 240, 251, 252, 387, 404, 435, 448
– -Auszug 147
– -Kaltwasser-Auszug 435
Brennesselblätter 44
Brennesselbrühe 423
Brennesseljauche 48, **58**, 282, 355, 372
Broccoli 250, 258, **262**, 264, 281, 284, 290, 450, 456, 458
Brockelerbse 271
Brombeere 51, 81, 192, 194, 240, **346**, 348, 375, 434, 453, 455, 461, 465, 471
Brombeerrankenkrankheit 352
Bromelien 395
Bromus erectus 239
Brühe 355
Brugmansia 203, 204, 210, 211
Brunnera 63
Brüsseler Zichorie 282
Brutplatz 99
Buche 80, 82
Buchecken 82
Buchs 64, 77, 99, 101, 110, 209, 377
Buchsbaumhecken 375
Buchtenfraß 416

Buddleia alternifolia 107
– *davidii* 97, 107
Büschelblütige Schnittrosen 131
Buglossoides purpuro-caerulea 105
Bukettriebe 319
Bündelrettiche 67, 452
Bunte Frühlingsmargerite 63
– Margerite 160
Buntnessel 394
Buphtalmum salicifolium 153
Bürzelkraut 261
Buschbaum 302, 304, **309**, 310, 312, 314
Buschbohnen 67, 252, 261, **272**, 272, 285, 292, 356, 360, 434, 458, 462, 466
Buscherbsen 252
Buschmalven 456
Buschrosen **132**
Buschtomaten 274, 390
Buschwindröschen 72, 80, 239, 244
Butomus umbellatus 156, 226, 232, 240
Buxus 377
– *sempervirens* var. *arborescens* 99
– *sempervirens* 'Handsworthiensis' 99, 101
– 'Suffruticosa' 110

C

Cacoecia oporana 148
Calamagrostis × *acutiflorus* 186
– 'K. Foerster' **174**, 213, 218
Calcium 40, 136
Calendula 376, 456
– *officinalis* **366**, 395
Caliroa aethiops 148
Calla 232
Callicarpa bodinieri var. *giraldii* 92
Callistephus chinensis 395
Callitriche palustris 231, 232
Calluna vulgaris **217**, 218, 244
– 'Alba Plena' 218
– 'County Wicklow' 218
– 'Foxii' 218
– 'H. E. Beale' 218
Caltha 232
– *palustris* 156, 233, 240
Campanula 238, 244
– *carpatica* **159**, 186
– *cochleariifolia* **159**, 186
– *garganica* **160**, 186
– – 'Erinus Major' **160**
– *glomerata* **160**, 185
– – 'Dahurica' **160**
– – 'Schneekrone' **160**
– *latifolia* var. *macrantha* 155
– *medium* 201, 377, 462
– *patula* 239
– *persicifolia* **160**, 185, 215
– *porscharskiana* 154, **160**, 186
– *portenschlagiana* **160**, 186
– *rotundifolia* 218, 239
Campsis 199
Candidum-Hybriden 73
Canna 210, 468
Canna-Indica 205
Canthariden **428**
Capsella bursapastoris 42
Capsicum annuum **274**, 390
Carabidae **428**
Cardy 258, 265, **269**, 279, 457
Carex 232, 240
– *montana* 217
– *morrowii* 'Variegata' **175**, 185

Stichwortregister

- *pendula* **175**, 185, 216
- *plantaginea* **175**, 185
- *sylvatica* **175**, 185
- *umbrosa* **175**, 185
Carlina acaulis 239
- *vulgaris* 239
Carpinus betulus 87, 99, 105
- 'Fastigiata' 87
Carpocapsa pomonella **420**
Carum carvi 239, 246, **367**
Caryopteris × *clandonensis* 110
- *incana* 97
Cassia corymbosa 205
- *didymobotrya* 206, 210
Castanea sativa 87
Catalpa bignonioides 87
- 'Nana' 87
Celastrus 199
Celosia argentea 394
Centaurea cyanus 245
- *dealbata* 'Steenbergii' **160**, 186
- *jacea* 238, 246
- *montana* 215
- - 'Grandiflora' **160**, 186
- *scabiosa* 240
Centaurium 239
Centranthus 219
- *ruber* 154
Cerastium 189
- *tomentosum* 149
Ceratonia 207
Ceratophyllum 229, 232
- *demersum* 156, 231
Cercidiphyllum japonicum 90
Cercis siliquastrum 90, 107
Cestrum 203, 210
Cetonia aurata 147
Chaenomeles 110
Chamaecyparis lawsoniana 100
- 'Chanticleer' 89
Chara aspra 231
Cheiranthus cheiri 203, 377, 462
Chemische Bekämpfung 420
- Pflanzenschutzmittel 53, 406, 415
- Reize **409**
- Stoffe 114
Chenopodium album 42
Chicorée 67, **256,** 264, 282, 450, 458, 470, 473
Chilenischer Jasmin 208
Chilesalpeter 53
Chinakohl 67, 69, 254, 258, 264, **266**, 266, 383, 385, 462, 464, 471
Chinaschilf 149, **176,** 234
Chinawacholder 188
Chineser-Nelken 376, 394
Chinesische Franchetie 199
- Mondsame 199
Chinesischer Eibisch 205
- Senfkohl **266**
Chionanthus virginicus 92
Chionodoxa 247
- *gigantea* 217
- *luciliae* **179**, 186, 215
Chlorose 52, 298, 304, 329, 343, 404
Choisya ternata 201
Chop-Suey 258
Christrose 377
Chrysantheme 82, 374, 377, 380, 383, 385, 410, 468, 470
Chrysanthemum × *hortorum* 63, **160**, 186
- 'Altgold' **160**
- 'Goldmarie' **160**
- 'Hebe' **160**
- 'Red Velvet' **160**

- 'Schwyz' **160**
Chrysanthemum 206, 214, 385
- *coccineum* 63, 155, **160**, 186
- - 'Alfred' **160**
- - 'Brenda' **160**
- - 'E. M. Robinson' **160**
- - 'Regent' **160**
- *haradjanii* 155
- *leucanthemum* 239
- *maximum* 63, 155, **160**, 186
- - 'Beethoven' **160**
- - 'Christine Hagemann' **160**
- - 'Gruppenstolz' **160**
- - 'Julischnee' **160**
- - 'Schwabengruß' 213
- *paludosum* 395
Chrysopa 415
Cichorium endivia **255**
- *intybus* 240
- - var. *foliosum* **256,** 257
Cimicifuga cordifolia 151, **160**, 185
- *racemosa* **160**, 185, 216
- *simplex* 185, 216
- - 'Armleuchter' **160**
Cinerarie 385
Cissus 202
Citrus 203
- *madurensis* 'Calamondin' 392
Citrusgewächse 386
Cladosporium 386
Clarkia 376, 456
Clematis 192, 198, 452
- *jackmanii* 452
- *montana* 'Rubens' 452
Cleome spinosa 206, 395
Cobaea scandens 197, 208, 394
Coccinella 415
Coccinellidae **430**
Coccineus 219
Cocculus trilobus 199
Cochlearia officinalis **368**
Cocktailtomaten 274, 390
Codonopsis 199
Coelotes 415
Coffea 202
Colchicum autumnale 186
- 'Album' **179**
- 'Lila Wonder' **179**
- 'Major' **179**
- 'Plena' **179**
- 'The Giant' **179**
- 'Wasserlilly' **179**
Coleus blumei 394
Comfreyjauche **59**
Coniothyrium wernsdorffiae 146
Container 71, 76, 135, 198, 337, 346
Convallaria 239, 244
- *majalis* **160**, 185, 377
Convulvulus 376
- *tricolor* 206
Cordyline 207
- *australis* 203
Coreopsis 206
- *grandiflora* **161**
- - 'Badengold' **161**
- - 'Sunray' **161**
- *grandiflorum* 186
- *lanceolata* 186
- - 'Sonnenkind' **161**
- - 'Sterntaler' **161**
- *verticillata* **161**, 186
Coriandrum sativum **365**
Cornus alba 107
- *alternifolia* 90
- *controversa* 90
- *florida* 90
- *kousa* 91
- - var. *chinensis* 91

Cornus
- *mas* 99, 105
- *sanguinea* 105
Cornwall-Heide 217
Cortaderia 234
- *selloana* **175**, 186
Corticium fuciforme 123
Corydalis 244
- *cava* 239
Corylopsis spicata 107
Corylus **309**
- *avellana* 105
- - 'Contorta' 92, 97
- *colurna* 88
- *maxima* 'Purpurea' 309
Coryopteris × *clandonensis* 'Heavenly Blue' 110
Cosmea 214, 376, 458
Cosmos bipinnatus 213
- *sulphureus* 71, 395
Costa Rica Nachtschatten 208
Cotinus coggygria 108
Cotoneaster dammeri 133, 148
- - 'Coral Beauty' 187
- - 'Skogholm' 187
- *dielsianus* 108
- *franchetii* 110
- *sternianus* 108
Cotula squalida 189
Crataegus × 'Carrierei' 88, 91, 108
- - *prunifolia* 88, 91, 99, 108
- - *coccinea* 99
- *laevigata* 99, 105
- - 'Paul's Scarlet' 88
- *monogyna* 99, 105
- *oxyacantha* 307
Crinum 210
Crocosmia 458
Crocus 72
- *chrysanthus* **180**, 186, 219
- - 'Blue Bird' **180**
- - 'E. A. Bowles' **180**
- - 'Snowbunting' **180**
- *kotschianus* **179**, 185
- *sativus* **179**, 186
- *speciosus* **179**, 186
- - 'Aitchisonii' **180**
- - 'Albus' **180**
- - 'Artabir' **180**
- *tomasianus* **180**, 185
- *vernus* **180**, 185
- *zonatus* **179**
Cucumis melo 275
- *sativus* **275**, 389
Cucumus melo 389
Cucurbita maxima **276**
- *pepo* 'Ovifera' 197
- - var. *giromontiina* **276**
Curculionidae **427**
Cyclanthera explodens 197
Cydonia oblonga **306**
Cynara cardunculus **269**
- *scolymus* **279**
Cynoglossum officinale 437
Cynosurus cristatus 113, 124
Cyperus alternifolius 230
- *papyrus* 203, 205, 230
Cyphomandra 204
- *betacea* 203, 393
Cytisus × *kewensis* 219
- *purpureus* 105
- *scoparius* 105

D

Dachbegrünung **192**
Dactylorhiza 233
Dahlia 205

- *hybrida* 394
Dahlie 205, 210, 373, 377, 394, 456, 458, 468
Damaszenerrose 377
Dämpfen 414
Daphne × *burkwoodii* 92
- *cneorum* 93, 217
- - 'Eximia' 93
- *mezereum* 92
- - 'Autumnalis' 92
- spec. 97
Daphnia 234
Darwin-Tulpen **184**, 213
Datura aurea (*Brugmansia*) 203, 210, 394, 468
Daucus carota 239
- *carota* ssp. *sativus* **266**
Dauerblühende Strauchrosen 130
Davidia involucrata var. *vilmoriniana* 91
Decaisnea fargesii 93
Deckelschildläuse 424
Decumaria barbara 199
Delphinium × *cultorum* **161**, 186
- 'Frühschein' 213
- 'Perlmutterbaum' 213
- 'Sommernachtstraum' 213
Delphinium 63, 150, 155, 214, 376
- *ajacis* 456
- *consolida* 240
- *cultorum* 'Abgesang' **161**
- - 'Adria' **161**
- - 'Berghimmel' **161**
- - 'Finsterahorn' **161**
- - 'Ouvertüre' **161**
- *elatum* 149
- *sinense* 394
Depotdünger 143, 385
Dermaptera **431**
Deutscher Estragon 369
- Thymian 372
Deutsches Weidelgras 114
Deutzia × *hybrida* 97, 108
- *gracilis* 110
- *scabra* 108
Deutzie 108, 110, 243
Dianthus barbatus 377, 462
- *caesius* 154, **161**
- - 'Feuerhexe' **161**
- - 'Nordstjernen' **161**
- *carthusianorum* 217, 239, 377
- *caryophyllus* 395
- *ceasius* 186
- *chinensis* 376, 394
- *plumarius* 186, 375, 377
- - 'Altrosa' **161**
- - 'Diamant' **161**
- - 'Heidi' **161**
Dicentra eximia 189
- *spectabilis* 155, **161**, 185, 377, 456
Dickanthere **168**, 187
Dicke Bohne **273**, 456
Dickmännchen 187
Dickmaulrüßler 148, 407, **427**
Dictamnus albus 152, 215
Digitalis 201, 239, 244, 377
- *gloxiniaeflora* 215
- *grandiflora* **161**, 185
- *purpurea* **161**, 185
Dill 26, 281, 283, 290, 354, 356, 359, **365,** 456, 458
Dimorphoteca sinuata 206
Dioscorea 199
Diplocarpon rosae 146
diploid 294, 299
Dipsacus 244
Diptam 215
Direkte Bekämpfung **409**

Distelblüten 269
Distelfalter 240
Disteln 70, 115, 240, 244
Dizygotheca 202
Doldenblüter 240
Dolichos lablab 197
Dollarfleckenkrankheit 123
Dorn 88, 91, 193, 348
Doronicum 63, 377
- *caucasicum* **161**, 185
- *pardalianches* 152
- *plantagineum* 185
- - 'Excelsum' **161**
Dörrobst 299
Dost 215, 370
Doxantha unguiscati 208
Dracaena 202
- *draco* 207
Drachenbaum 207
Drahthose 451, 471
Drahtpyramiden 127
Drahtringe 209
Drahtwürmer 409, 418, 429, 433
Drahtzaun 23
Dränage **35,** 48, 153, 222, 289, 355
Drehkiefer 218
Dreiflügelfrucht 199
Dreijähriges Hügelbeet 291
Drino 415
Drosera 232
Dryas 189, 244
- *octopetala* 239
- *suendermannii* 219
Dryopteris borreri **177**, 185
- *erytrosora* **177**, 185
- *filix-mas* **177**, 185, 216
Duft-Schneeball 96
Duftbeet 356
Duftrosen 131, 377
Duftsteinrich 203, 395
Duftstoffe 252, 410
Duftveilchen 80
Duftwicke 197, 208
Düngerbrühe 58
Düngerlanze 327
Düngesalz 136
Düngung 35, 39, **52,** 55, 56, 57, 59, 63, 65, 70, 71, 73, 102, 114, 119, 121, 128, 132, 135, 136, 142, 144, 155, 200, 205, 213, 214, 218, 230, 241, 250, 251, 280, 281, 282, 286, 291, 294, 317, 326, 334, 341, 355, 403, 438, 455, 461, 464
Dynamisches Gleichgewicht 398

E

Eberesche 80, 87, 89, 91, 109
Eberraute 354, 356, 375
Eccremocarpos scaber 197
Echinocystis lobata 197
Echinops 244
- *ritro* 'Veitch's Blue' 149
Echium 238, 245
Echte Kamille 240
Echter Aromatischer Estragon 369
- Jasmin 208
- Mehltau 145, 386, 438
Echtes Fleißiges Lieschen 203
- Johanniskraut 239
- Seifenkraut 239
Edelminze 371
Edelrebe 471
Edelreiser 322, 461, 473
Edelrosen 131, 134, 137, 140, 142, 214
Edelweiß 219
Edelwicken 456, 458
Efeu 187, 192, 198, 201

Stichwortregister 477

Efeuaralie 201
Ehrenpreis **174**
Eibe 97, 100, 102, 202
Eibisch 94
Eiche 45, 82, 88, 151, 195, 221
Eichenwickler 407
Eichhornia crassipes 226, 230
Eidechse 240, 405, 422, 433
Eierfrucht 390
Einfassungshecken 77
Eingriffeliger Weißdorn 105
Einjährige 200
- Blumen 376, 456, 458
- Gräser 71
- Kletterpflanzen **196,** 197, 456, 458
- Kräuter 65, 356, 359, **364**
- Rispe 124
- Sommerblumen 45
- Triebe 130
- Unkräuter 133
Einjähriges Holz 97
- Hügelbeet 290
Einlegegurken 275
Einmalblühende Strauchrosen 127, **129,** 130, 138, 141, 143, 149
- Wildrosen 76
Eintagsfliegenlarve 234
Einzeldünger **53,** 54
Einzelkultur 252
Eisblume 394
Eisenchelat 144, 392
Eisenhut 72, 82, **157,** 216, 244, 377
Eisenkraut 394
Eisenmangel 53, 329, 343, 417
Eisenmangelchlorose 136, 144
Eisheilige 68, 210, 284, 295, 458
Eissalat **255,** 264, 281, 287, 292, 456, 462
Elaeagnus angustifolia 91
- *multiflora* 108
Elfenblume **161,** 189, 216, 244
Elfenkrokus **180**
Elodea 232
- *canadensis* 156, 231
Elritze 236
Emphytus cinctus 148
Encarsia 415
- *formosa* 406, 424
Endivie 56, 61, 254, **255,** 257, 264, 281, 283, 285, 290, 293, 375, 462, 467, 471
Endknospen 314
Engelstrompete 203, 394
Engelwurz 355
Engerlinge 353, 418, 429, 433
Enkianthus campanulatus 93
Ensete ventricosum 392
Entgeizen 274
Entseuchen 145
Entspitzen 209, 274, 460
Epilobium 239
Epimedium x *versicolor* 'Sulphureum' **162,** 189
- - *warleyense* 154
Epimedium 244
- *grandiflorum* **161,** 185
- - 'Rose Queen' **161**
- *peraldianum* 185
- 'Fronleiten' **162,** 185, 216
- *pinnatum* 185
- - 'Elegans' **162**
- *versicolor* 185
- x *versicola* 'Sulphureum' 216
- *youngianum* 'Niveum' **162**
Eppich **268**
Equisetum 232
Eranthis 244, 452, 456
- *hiemalis* **180,** 185

Erbse 129, 251, 253, 265, **271,** 272, 281, 286, 291, 456, 458
Erbsenstroh 43, 47
Erdbeerbaum 201
Erdbeeren 26, 45, 50, 259, 261, 265, 278, 281, 287, 291, **332,** 353, 356, 375, 386, 392, 434, 438, 457, 459, 461, 463, 465, 467
Erdbeermilbe 353
Erddämpfen 414
Erdeulen 422
Erdflöhe 266, 434, **437**
Erdhäuser 381
Erdkohlrabi **270**
Erdkröte 235, 240
Erdmiete 47, 254, 468, 470
Erdraupen 353, **422,** 429
Eremurus 456, 464
Ergänzungskulturen 391
Erhaltungskalkung 36
Erhaltungsschnitt 97
Erica 217
- *cineria* 216
- *herbacea* **216,** 217, 239
- - 'Atrorubra' 217
- - 'Snow Queen' 217
- - 'Springwood' 217
- - 'Vivellii' 217
- - 'Winterbeauty' 217
- *tetralix* 216
- *vagans* 'St. Keverne' 217
Erigeron x *hybridum* 186
- *speciosus*-Hybride 155
Erigeron 64, 155, **162,** 238, 462
- 'Adria' **162**
- 'Dunkelst Aller' **162**
- 'Foersters Liebling' **162**
- 'Sommerneuschnee' **162**
Eriophorum angustifolium 233
Eriosoma lanigerum 406, **423**
Erkennungsduftstoffe 411
Erle 104
Eryngium 244
- *planum* 154
Erythrina 207, 394
- *crista-galli* 'Compacta' 206
Erziehungsschnitt 76, 314, 316, 324
Esche 80, 82, 88
Eschen-Ahorn 90
Eschlauch **278**
Eschscholzia 205, 207, 214, 456
- *californica* 213
Eselsdistel 238
Esparsette 42
Eßbare Kastanie 87
Essigrose 377
Estragon 356, 362, **369,** 374, 466
Etagen-Hartriegel 90
Etagenprimel **170**
Eternittruhen 254
Eucalyptus 205
Eulenfalter 422, 433
Euonymus 239
- *alatus* 93
- *europaeus* 105
- *fortunei* 187, 199
- *planipes* 93, 108
Eupatorium purpureum 233
- *fistulosum* 156
Euphorbia 207
- *lathyris* 437
- *marginata* 395
- *palustris* 233
- *polychroma* 154
Europäische Lärche 100
Ewige Zwiebel **278**
Explodiergurke 197

F
Fächerahorn 89, 90
Fächerspalier 304, 321
Fackellilie **164**
Fadenalgen 229, 242
Fadenwürmer 48, 368, 407
Fagus sylvatica 99
Fallen 437, 414, 467
Fallopia aubertii 199
Falsche Fruchttriebe 319
Falscher Jasmin 81, 243, 377
- Mehltau 386
Falter 240
Fanggürtel 414, 418, 463
Fangprobe 32
Färberkamille 245
Färberwaid 376
Farne 71, 151, 154, **177,** 185, 201, 234, 239, 244, 386
Farnkraut 293
Fatsia 202
- *japonica* 201
Faulbaumgespinstmotte 420
Fäulnispilze 209, 414, 418
Federborstengras **176,** 214
Federbuschstrauch 93
Federgras 219, 239
Federmohn **167,** 456
Federnelke 375, 377
Feige 203, 392
Feinplanie 116, **118**
Feinschwingel 113
Feinstrahl 64, **162**
Felberich 234
Feldahorn 87, 99, 101, 105
Feldblumenbeet 245
Feldhecke 103, **105,** 106
Feldmäuse 240
Feldrittersporn 456
Feldsalat 45, 56, 67, 252, 254, **257,** 264, 281, 286, 291, 386, 389, 464, 466, 469
Felsen 238, 242
- -Leimkraut 238
Felsenbirne 90, 97, 107
Felsenheide 241
Felsenmispel 108
Felsennelken 239
Fenchel 67, 265, **269,** 286, 290, 354
Fensterfraß 148, 416, 421
Fertigerden 253
Fertigteich 221, **223**
Festuca 113
- *amethystina* **175,** 186, 239
- *cinerea* 149, **175**
- *glauca* **175,** 186, 219, 244, 454
- - 'Aprilgrün' 214
- *ovina* 114, 124, 153, **175**
- *rubra* 113
- *rubra commutata* 113, 124
- *scoparia* **175**
- *vrina duriuscula* 113
- *tenuifolia* 113
Fetthenne 63, **172,** 240
Fettkraut 228
Feuchtbiotop 234, 400, 436
Feuerahorn 91, 107
Feuerbohne 67, 197, 208, 251, **273,** 456, 458
Feuerbrand 328
Feuerdorn 97, 100, 109, 199, 243
Feuerlilie 73, **181,** 215, 377
Feuerpfeil 470
Feuersalbei 394
F_1-Hybrid-Verfahren 387
Fichte 80, 100, 102, 195, 216, 466
Fichtenhecken 464

Fichtenzweige 136, 278, 306, 334, 347, 470, 472
Ficus 386
- *carica* 203, 393
- *pumila* 201
- *repens* 385
Fieberklee 232, 240
Fiederspiere 109
Filipendula 232, 240
Filziges Hornkraut 148
Fingerhut **161,** 201, 215, 239, 244, 377
Fingerkraut **170,** 189, 244
Fingerprobe 32
Fingerstrauch 148
Fische 221, 228, 235, **236,** 236, 242, 472
Fischhaltung 220, 228, 232
Flachbeet 281, **282**
Flachfolien 253, **378**
Flachwurzler 190, 280, 349
Flammenblume 189, 213
Flammendes Käthchen 383
Flaschenkürbis 197
Flechten 218, 238, 451
Flechtstraußgras 113
Flechtzaun 375
Fledermaus 241, 405, **433**
Fleischkraut **257**
Fleischtomaten 274
Fleißiges Lieschen 201, 394
Flieder 75, 80, 243, 377, 458
Fliederfarn 234
Flockenblume **160,** 215
Florfliege 405, 412, 415, 422, **431,** 435
Floribundarosen 126, 132, 134, 148
Flügelnuß 89
Flüssigdüngung 55, 63, 143, 251
Flüssige Pflanzennahrung 58
Flüssiger Mist 59
Flutender Hahnenfuß 240
Flutendes Laichkraut 240
Foeniculum vulgare var. *azoricum* **269**
Folgekultur 251
Folgesaaten 272, 456, 458
Folie 48, 156, 226, 260, 262, 266, 271, 272, 273, 276, 277, 279, 349, 359, **378,** 382, 454, 456, 458, 467, 469, 472
Folienabdeckung 456
Folienbecken 223
Foliendach 359, 408
Folienhauben 274
Folienhaus 455
Folienteich **224,** 223, 225, 472
Folientunnel 256, 263, 269, 274, 359, **379,** 454, 458
Fontinalia antipyretica 232
Forficula auricularia 431
Formicidae 426
Formierungsschnitt 142
Formspalier 321, 461
Forsythia x *intermedia* 97, 108
Forsythie 80, 243, 472
Fothergilla gardenii 93
- *major* 93
Fragaria **332**
- *vesca* 106, 189, 239, **336,** 392
- - var. *semperflorens* 336
Franzosenkäfer 428
Französischer Thymian 372
Frauenhaarfarn **177**
Frauenmantel **157,** 234, 239
Fraxinus excelsior 88
- *ornus* 88, 91, 108

Freilandaussaaten 454
Freilandazaleen 458
Freilandfuchsien 202
Freilandsaatbeet 61
Freiwachsende Blütenhecke 74, 92, 103, **106,** 107, 110
Fremdbestäubung 294, 339, 345, 350
Fressende Insekten **416**
Frigo-Pflanzen 333
Fritillaria 377, 464
- *imperialis* 185, 213
- - 'Aurora' **180**
- - 'Lutea Maxima' **180**
- - 'Rubra Maxima' **180**
- *meleagris* 72, **180,** 185
Froschbiß 231, 240
Frösche 235, 242, 433, 436
Froschlöffel 226, 232, 240
Frost 65, 73, 136, 222, 254, 270, 296, 299, 324, 361, 389, 417, 471, 473
Frostgare 37, 280
Frostschäden 52, 141, 210, 303
Frostschutz 138, 326, 382, 453, 456, 469, 471
Frostspanner 407, 414, **419,** 469
Frucht-*Monilia* 302
Fruchtäste 314
Fruchtausdünnen 461
Fruchtfäule 408, 459
Fruchtfolge **281,** 385, **402**
Fruchtholz 311, 313, 321, 465
Fruchtholzschnitt 329, 463
Fruchttriebe 316
Fruchtwechsel 281, 385, 450
Frühäpfel 299
Frühbeet 51, 55, 60, 61, 62, 64, 68, 254, 269, 279, **378, 451, 452,** 452, 453, **454,** 455, **456,** 456, 457, 458, **459, 460, 462,** 464, 465, **467,** 467, **468, 471,** 471, **473**
Frühbeetfenster 380, 465
Frühbeetkasten 61, 451, 462, 468
Frühbirne 299, 330
Früher Blumenkohl 283
- Weißkohl 264
Frühgemüse 61, 266
Frühjahrsaussaat 284
Frühjahrsblühender Krokus **180**
Frühjahrsdüngung 122
Frühjahrsfenchel 68
Frühjahrspflanzung 76, 135, 137
Frühjahrsschnitt 102, 141, 146
Frühkartoffeln 69, 80, 281, 332, 391, 454, 456, 458, 465
Frühkohl 380, 456, 458
Frühkohlrabi 252, 260
Frühkopfsalat 252, 255
Frühkraut 252
Frühlings-Mischkultur 359
Frühlingsblatterbse 106
Frühlingsfingerkraut 239
Frühlingsiris **181**
Frühlingsknotenblume 72, 80
Frühlingszwiebeln 472
Frühporree 252
Frührettiche 251
Frührotkohl 263
Frühweißkohl 263, 456
Frühwirsing 263, 456
Frühzwetsche 81
Fuchsia 64, 201, 211, 380, 394
Fuchsschwanz 205, 376
Fumaria officinalis 240
Fünffingerstrauch 99, 107
Fünfjähriges Hügelbeet 292
Fungizid 146, 407, 459
Funkie **163,** 216, 234, 244

Stichwortregister

Fusarium 385
- *nivale* 123
Fußstämme 134
Fußstammrosen 139
Futtergräser 114

G

Gaillardia 376
Galanthus elwesii 72, **180**, 185, 213
- *nivalis* **180**, 185, 216
- - 'Hortensis' **181**
- - 'S. Arnott' **181**
- - 'Scharlokii' **181**
Galium odoratum 239
Gallmücke 405, 416, **432**
Gammaeulen 422
Gänseblümchen 123, 247, 462
Gänsedistel 404
Gänsefuß 42
Gänsekresse **158**, 189, 219
Gardenie 202, 211
Garten-Hortensie 94
Gartenaurikel **170**
Gartenbambus 234
Gartenblankglas 382
Gartenchrysantheme 63, **160**, 212
Gartenklarglas 382
Gartenkrokus **180**
Gartenlaubkäfer 147
Gartenrecht **442**
Gartenschädlinge **426**
Gartenspitzmaus 26
Gartenwiesel 36
Gastropoda **426**
Gauklerblume 232
Gaultheria procumbens 187
Gazania 206, 458
- *hybridus* 394
Gebrauchsrasen 124
Gedämpfte Erde 60
Gedenkemein **167**
Gefleckte Nessel 215
Geflügelmist 57, 58, 59, 251
Gefüllte Narzissen **183**
Gehäuseschnecken 426, 429
Gehölze 64, 71, **74**, 99, 108, 149, 187, 376, 395, 450, 464, 468, 470
Gehölzrand 72, 109, 215, 217
Gehölzschnitt 83
Geilwuchs 57
Geißbart **158**, 216, 234
Geißblatt 108
Geißfußpfropfen 322
Geißschlinge 193, 199
Geiztriebe 347, 438, 461, 465
Gelbbauchunke 235
Gelbe Lupine 41
- Polstergarbe **157**
- Rübe 266
- Tafeln 386, 412
- Teichrose 231
- Wasserschwertlilie 233
Gelber Lauch **179**
Gelbbrandkäfer 234, 241
Gelbschalen 412
Gelbspritzmittel 419
Gelenkblume **169**
Gelochte Folie 27, 254, 378
Gemeine Brombeere 106, 188
- Felsenbirne 105
- Spinnmilbe 405
Gemeiner Brachkäfer 123
- Faulbaum 106
- Flieder 97
- Goldregen 106
- Ohrwurm 431
- Sauerdorn 105

- Schneeball 106, 243, 377
Gemswurz 63, **161**, 377
Gemüse 16, 44, 52, 55, 59, 66, 155, **250**, 265, 341, 355, 374, 378, 381, 383, 389, 408, 410, 426
Gemüseartischocke **269**
Gemüseeulen 422
Gemüsefenchel **269**
Gemüsefliege 378, 386, 412, 431
Gemüsegarten 26, 38, 54, 82, 98, **250**, 333, 336, 343, 377, 445, **450**, **452**, **454**, **456**, **458**, **460**, **462**, **464**, **466**, **468**, **470**, **472**
Gemüsepaprika **274**, 275
Gemüsesojas 273
Gemüsezwiebel 258, **276**
Genista pilosa 218
Genörpeltes Glas 380
Gentiana acaulis **162**, 186
- *clusii* 239
- *lagodechiana* **162**, 186
- *pneumonatha* 232
- *sino-ornata* **162**
Geranien 64, 209, 211, 394
Geranium 189, 234, 244
- *dalmaticum* 154, **162**, 186
- *endressii* 152, **162**, 185
- *macrorhizum* 185, 215
- - 'Spessart' **162**
- *magnificum* **162**, 215
- *pratense* 239
- *sanguineum* 152, **162**, 185, 215. 246
- *subcaulescens* 'Splendens' **162**, 186
Gerbera 385
Gerste 240, 413
Geschnittene Hecke 100, 127
Gespinstmotte 407, 414, **420**
Gesteinsmehl 117, 213, 435
Gesundungskalkung 36
Geum coccineum 'Borisii' **162**, 185
Gewächshaus 68, 230, 358, 364, 381, 387, 395, 405, 412, 414, 425, 453, 469, 473
Gewöhnliche Hausgurken 463
Gewöhnliche Nachtkerze 239
Gewürzbeet 355
Gewürze **354**, 355, 374
Gewürzgarten 245, 355
Gewürzkräuter 253, 450, 458, 466
Gewürzpaprika **274**
Gewürzrinde 205
Giersch 70, 128, 336, 448, 454
Gift-Unfälle **440**
Giftweizen 409
Ginster 217, 219
Ginsterzweige 437
Gipskraut 239
Gitterbeet 379
Gitterwalze 119
Gladiole 210, 377, 458, 468
Gladiolus palustris 156, 232
Glanz-Rose 130
Glanzkäfer 412
Glanzschildfarn **178**
Glattblattaster 63, **159**
Gleditschie 88, 91
Gleditsia triacanthos 88, 91
Gleichflügler 422
Gliederfüßler 418
Glockenblume **160**, 201, 202, 215, 218, 238, 244
Glockenprimel 234
Glockenrebe 197, 208, 394, 458
Glockenscilla **183**
Glockenwinde 199
Glycine max 273

Godetia 376, 456
Goldafter 407, **419**
Goldährengras 214
Goldaster 239
Goldbirke 90
Goldblattnessel 215
Golddistel 239
Goldfelberich **166**
Goldfisch 236
Goldflachs **166**
Goldgarbe 81
Goldglöckchen 97, 107, 111
Goldhaaraster 217
Goldjohannisbeere 339, 341
Goldkolben 235
Goldlack 81, 203, 374, 377, 460, 462
Goldlauch **179**
Goldleistengras **177**
Goldmohn 205, 456, 470
Goldnessel **165**, 189
Goldregen 80, 89, 91, 97, 108, 377
Goldrute 173, 238, 377
Goldschuppenfarn **177**
Goldtürkenbund **181**
Götterbaum 87
Granatapfel 203
Granulosevirus 407
Grapefruit 392
Graslilie 215, 217
Grasnelke 217, 239
Grassamen 118, 246
Grasschnitt 44, 48, 251, 312, 349, 453, 465
Graublättriger Kerzenehrenpreis 148
Grauschimmel 147, 209, 334, 353, 383, 386, 392, 459, 461
Greiskraut 205
Grenzabstand 87, 309, 312, **442**, 447, 452
Grevillea robusta 203
Grobkompost 48
Großblumige Floribundarosen 132
Großblütiges Schneeglöckchen **180**
Große Posthornschnecke 236
- Sommermargerite 63
- Spitzschlammschnecke 235
Großer Frostspanner 419
- Wegerich 404
- Wiesenknopf 239
Großfrüchtiges Pfaffenhütchen 93
Großkronige Narzissen **182**
Großsträucher 99
Growbags 384
Grundling 236
Gründüngung 34, 38, **40**, 45, 70, 250, 284, 287, 290, 466
Grüne Apfelblattlaus 328
Grüner Knospenwickler 407
- Wasserfrosch 235
Grünkohl 254, **265**, 281, 291, 464, 471
Grünmais 42
Grünspargel 26, 258, **261**, 264
Guano 59
Gummifluß 303, 318, 329, 463, 469
Günsel 63, **157**, 189, 247
Gurken 59, 67, 253, 257, 263, 265, **275**, 276, 281, 285, 290, 330, 365, 373, 375, 379, 381, 383, 385, 389, 437, 450, 456, 458, 466, 470, 473
Gurkenfliege 387
Gurkenkraut 365
Gurkenwelke 385
Gypsophila x *hybrida*
'Rosenschleier' **162**, 186

Gypsophila 64, 239, 376
- *paniculata* 149, **162**, 185, 186
- - 'Bristol Fairy' **162**
- - 'Flamingo' **162**
- *repens* 186
- - 'Rosea' **162**

H

Haarblume 199
Haargurke 197
Hacken **38**, 133, 145, 368
Häcksler 47, 452, 470
Hafer 42, 81, 240, 413
Haftwurzeln 193, 198
Hahnenfuß 123, 239, 242, 361, 448
Hahnenkamm 394
Hainbuche 87, 99, 101, 105, 377, 443, 450, 464
Hainbuchen 460
Hainsimse 175
☽ = halbschattig 152
Halbstamm 134, 295, 298, **309**, 312, 316, 320, 324, 325
Halbstammrosen 139
Halesia carolina 91
- *monticola* 91
Hamamelis x *intermedia* 93
- *mollis* 93
- spec. 97
Hammerstrauch 203
Hanfpalme 201
Hängerosen 134
Hartriegel 106
Hartschwingel 113
Haselmaus 241
Haselnuß 46, 80, 105, 151, 237, 239, 243, **309**, 330, 377
Haselwurz 63, **158**, 189, 244
Hasenfraß 324, 451
Hasenklee 238, 240
Häuptelsalat **255**
Hauptkultur 282, 450
Haupttriebe 129
Hausbaum 86, 108
Hauswurz 63, **173**, 219, 238, 242, 244
Hauszwetsche 82, 300, 330
Hechtkraut 232
Hechtrose 130
Hecke 24, **98**, 104, 106, 127, 192, 237, 243, 341, 375, 381, 436, 442, 450, 452, 454, 456, 466, 470, 472
Heckenerziehung 341
Heckenkirsche 99, 105, 108, 110, 187, 243
Heckenkirschengespinstmotte 420
Heckenpflanzen 100
Heckenrose 57, 81, 127, 237, 239, 243, 377
Heckenschere 102, 209
Heckenschnitt 47, 50, 101, 289, 447, 450, 464, 466
Heckenwickler **420**
Hedera 201
- *helix* 187, 199
Hedya nubiferana **420**
Hedychium 210
- *gardnerianum* 201
Heide 244, 398, 400, 402
- Seidelbast 217
Heidebeet **216**, **217**
Heidegarten 93, 243, 351
Heidekraut 81
Heidelbeere 53, 349
Heiligenkraut 149

Heilkräuter 245, 354, 374
Heilpflanze 105, 361, 448
Heister 102, 104
Heizung 381, 389, 453, 455, 467
Helenium x *hybridum* **162**, 186
Helenium 63, 70, 81, 150, 377
- *hybridum* 'Dunkle Pracht' **163**
- - 'Goldene Jugend' **163**
- - 'Kanaria' **163**
- - 'Moerheim Beauty' **163**
- - 'Waltraut' **163**
Helianthemum 148, 154, 219, 239
Helianthemum x *hybridum* **163**, 186
- *hybridum* 186
- - 'Golden Queen' **163**
- - 'Lawrenson's Pink' **163**
- - 'Rubin' **163**
- - 'Sterntaler' **163**
Helianthus 214
- *annuus* 376
- *atrorubens* 185f.
- - 'Monarch' **163**
- *decapetala* **163**, 185
- - 'Capenoch Star' **163**
- - 'Meteor' **163**
- - 'Soleil d'Or' **163**, 213
- *salicifolius* 234
Helichrysum 376
Helictotrichon sempervirens 149, **174**
Heliopsis 155, 214
- *scabra* 63, 155
- - 'Goldgrünherz' 213
Heliotrop 205, 452, 458
Heliotropium arborescens 205
Helleborus niger 151, 377
Helmbohne 197
Hemerocallis x *hybridum* **163**
- *hybridum* 186
- - 'Atlas' **163**
- - 'Cartwheels' **163**
- - 'Crimson Glory' **163**
- - 'Jake Russel' **163**
- - 'Sammy Russel' **163**
- - 'Shooting Star' **163**
Hemerocallis 63, 234, 377
Hemlockstanne 202
Hepatica nobilis 151, 239, 244
Heracleum 234, 244
- *sphondyleum* 239
Herbizide 114, 133, 145, 252, 414
Herbstanemone 81, **158**, 216
Herbstapfel 'James Grieve' 330
- 'Oldenburg' 330
Herbstaster 63, 82, 149, 213, 215, 458, 468
Herbstblühende Krokus 179
Herbstdüngung 122, 334
Herbsternte 258, 264, 278, 458, 460, 462, 466
Herbstgemüse 253
Herbstkohl 264
Herbstkrokusse 73, 179, 247
Herbstlauch 278
Herbstpflanzung 135, 138, 143
Herbstporree 278
Herbstrotkohl 263
Herbstrüben 67, 270
Herbstschnitt 102, 142
Herbstweißkohl 263
Herbstwirsing 263
Herbstzeitlose 72, 73, 82, **179**, 464
Herkuleskraut 244
Herkulesstaude 234
Herzblume 189
Herzfäule 386
Herzgespann 245, 376
Herzkirsche 303
Hesperis 377

Stichwortregister

Heteroptera **425, 430**
Heterorhabditis 407
Heuchera sanguinea 377
Hexenringe 123
Hibiscus 94, 97, 394
- *moscheutos* 394
- *rosa-sinensis* 205, 210
- *syriacus* 94, 97
Hieracium aurantiacum 239
Himbeerblütenstecher 147
Himbeere 50, 57, 80, 240, **343,** 346, 348, 352, 375, 434, 459, 461, 463
Himbeerrutenkrankheit 345, 352
Himmelschlüssel 72, 80
Hippophae rhamnoides 106
Hippuris vulgaris 156, 232, 240
Hirschzungenfarn **178,** 234
Hirtentäschel 42
Hitzige Dünger 57
Hochbeet 250, 355, 472
Hochgebirgssteinbrech 155
Hochstamm 134, 295, 298, **309,** 312, 316, 320, 324, 325, 339, 375
Hochstammrosen **133,** 138, 142, 470
Hohe Goldgarbe 149
- Nachtkerze **167**
Höhenwachstum 102
Hoher Sommerphlox 63, 155
Hohler Lerchensporn 239
Holländer 74, 135, 145
Holunder 46, 83, 237, 239, 243, 377
Holunderblätter-Jauche 437
Holzknospen 319
Holzpflaster 356
Holztriebe 319
Homoptera 422
Honigblume 245
Honigmelonen 275
Honigtau 328
Hopfen 199
Hopfenbuche 91
Horn-Blut-Knochenmehl 50
Hornblatt 229, 232
Hornklee 206, 246
Hornkraut 189, 231
Hornmehl 41, 48, 58, 230, 241
Hornspäne 58, 71, 197, 213, 218, 230, 344, 355
Hornveilchen 377
Horstrotschwingel 113
Hortensie 94
Hosta 185, 234, 244
- *albo-marginata* 'Alba' **163**
- *elata* **163**
- *fortunei* 'Aurea' 216
- - 'Aureomaculata' **163**
- *sieboldiana* **163**
- *undulata* 'Univittata' **163**
- *ventricosa* **163**
Hottonia palustris 231
Huflattich 78, 80, 238
Hügelbeet 250, 276, 281, **288,** 289, 293, 452, 454, 472
Hugo's Rose 130
Hühnermist 57, 59
Hülsenfrüchte **271**
Humulus lupulus 199
- *scandens* 197, 208
Hundertfüßler **427, 432**
Hundsrose 127, 130
Hundsstraußgras 113
Hundszahn 72
Hundszunge 437
Hüpferling 234
Hyazinthen 72, 377, 456, 466
Hybrid-Waldreben 198
Hydrangea 202

- *arborescens* 94
- - 'Grandiflora' 94
- *aspera* 94
- *macrophylla* ssp. *macrophylla* 94
- *paniculata* 'Grandiflora' 94
- *petiolaris* 199
Hydrocharis 232
- *morsusranae* 240
Hydrocleys nymphoides 230
Hydrokultur 384
Hypericum calycinum 152, **163,** 185, 187
- *perforatum* 239, **369,**
Hyperparasiten 429
Hyponomeuta spec. **420**
Hyrocharis morsus-ranae 231
Hyssopus 245
- *officinalis* 376

I

Iberis 376
- *saxatilis* **163,** 186
- *sempervirens* 148, 186
- - 'Findel' **163**
- - 'Schneeflocke' **163**
- - 'Zwergschneeflocke' **163**
Ichneumonidaea **429**
Igel 26, 241, 243, 252, 405, 422, **433,** 436
Igelgurke 197
Igelkolben 226, 232
Ilex 76, 243
- *aquifolium* 99
Imago 418
Immergrün 63, 106, **174,** 187, 215
Immergrüne 76, 198, 210
- Gehölze 76, 210
- Hecken 102
- Laubgehölze 187, 466
- Sträucher 97
Immergrünes Johanniskraut 187
Immission 19
Impatiens 201, 452
- *balsamina* 376
- *walleriana* 201, 394
Indianernessel **167,** 356
Indifferente 433
Indischer Spinat 197
Indisches Blumenrohr 205
Infektionskrankheiten 416
Inhaltsstoffe 253, 264
Innenschattierungen 383
Insekten 99, 146, 234, 236, 240, 245, 247, 306, 308, 334, 379, 386, 399, 410, 417, **418,** 418, 433
Insektenfressende Pflanzen 228
Instandhaltungsschnitt 316
Inula ensifolia 217
- *helenium* 377
- *magnifica* 234
Iochroma 203, 204
Ipomea 456
- *tricolor* 197
- *violacea* 395
Iris 214, 377, 464
barbata-elatior **164,** 186
- - 'Lord Baltimore' 213
- - -*nana* **164,** 186, 219
- - 'Amethyst Flame' 213
- *germanica* 63, **164**
- *kaempferi* **164,** 185, 232
- *laevigata* 233
- *pseudacorus* **164,** 185, 226, 233, 240
- *pumila* **164**
- *reticulata* 72, 186, 219
- - 'Harmony' **181**

- - 'Herkules' **181**
- - 'J.S.Dijt' **181**
- *sibirica* **164,** 185, 234
- - 'Caesar' **164**
- - 'Cambridge' **164**
- - 'Perry's Blue' **164**
- - 'Snow Crest' **164**
- *versicolor* 232
Isatis tinctoria 376
Islandmohn **168,** 219, 462
Isolierglas 382
Isopdoa **427**
Itonididae **432**

J

Jahrestrieb 316
Jakobsleiter **169**
Japan-Iris 232
Japanhopfen 197
Japanische Faserbanane 201
- Iris **164**
- Lärche 100
- Teichrose 231
Japanischer Blumen-Hartriegel 91
- Hopfen 208, 458
- Liguster 101
- Zierkarpfen 236
Japansegge **175**
Jasmin-Nachtschatten 208
Jasminum nudiflorum 199
- *officinale* 208
- *sambac* 208
Jauche 44, 57, **58,** 59
Jelängerjelieber 239
Johannisbeer-Hochstämmchen 338
Johannisbeere 80, **336,** 339, 341, 342, 349, 352, 375, 463
- 'Brechts Erfolg' 341
Johannisbeergallmilbe 343, 352, 453
Johannisbrotbaum 207, 437
Johanniskraut **163,** 238, **369**
Jonquilla-Narzissen **183**
Jostabeere **342, 343**
Judasbaum 90, 107
Juglans nigra 308
- *regia* **307,** 308
Juncus 226, 232
- *ensifolius* 233
Jungfer im Grünen 376
jungfernfrüchtig 275, 299, 389
Jungfernrebe 188
Jungpflanzenanzucht 453
Jungtriebe 97, 316, 340, 347
Junifruchtfall 463
Junikäfer 123
Juniperus chinensis 'Mint Julep' 188
- *communis* 'Hilbernica' 218
- - 'Repanda' 148
- *horizontalis* 'Douglasii' 148
- - 'Glauca' 148, 188
- *sabina* 'Mas' 188
Junkerlilie 219
Juvenilhormon 411

K

Käfer 241, 405, 416, 418
Käferlarven 430
Kaiserkrone 72, **180,** 213, 214, 377, 437, 464
Kaisermantel 240
Kaiserwinde 458
Kakteen 107, 380, 384, 386
Kalanchoë 383
Kalebasse 197, 208
Kali 33, 35, 40, 54, 57, 103, 114, 121, 136, 146, 261, 312, 326

Kalifornischer Goldmohn 207
- Mohn 71
Kalimagnesia 54, 58, 312
Kalimangel 52, 144
Kaliphosphat 144
Kaliumdüngemittel 53, 144, 147
Kaliumpermanganat 229
Kalk 35, 48, 50, **53,** 53, 57, 136, 218, 304, 345, 349, 366, 372, 404, 436
Kalkammonsalpeter 54, 261, 327
Kalkanstrich 326, 451
Kalkchlorose 144
Kalkdünger 35, 54
Kalkgehalt 144, 153, 229
Kalkmangel 53
Kalkmergel 36
Kalkmilch 451
Kalksalpeter 53
Kalkstickstoff 54
Kalter Kasten 61, 452, 454, 473
- Mist 57
Kalthaus 459
Kamille 43, 59, 251, 404
Kammgras 113
Kanadisches Berufskraut 238
Kaninchenmist 34, 57, 251
Kannibalismus 405
Kapkörbchen 206
Kapuzinerkresse 197, 208, 325, 357, 360, 376, 413, 456, 458
Kapuzinerrose 377
Kardendistel 244
Kardone **269**
Karotingehalt 252
Karotten 67, **266,** 282, 284
Karpatenglockenblume **159**
Kartäusernelke 217, 239, 377
Kartoffeln 34, 39, 68, 69, 70, 78, 80, 82, 254, 265, **271,** 282, 293, 353, 434
Kartoffelkäfer 410, 429
Kartoffelrose 130, 377
Käsekohl **262**
Kastanie 82
Kastengurken 459, 463
Kätzchenweide 237, 239, 243
Katzenminze 149, **167,** 244
Katzenpfötchen 63, 189, 219
Kaukasusvergißmeinnicht 63
Kaulquappen 229, 235
Kegelkronen 88
Keimdauer 61
Keimfähigkeit 66, 68, 253, 450
Keimpflanzen 80
Keimproben 450, 452
Keimsalate **262**
Kellerasseln 386, 427
Kennpflanzen 81
Kerbel 252, 281, 283, 292, 354, 356, **365,** 456, 458
Kernobst **330,** 469
Kerria 377
- *japonica* 'Pleniflora' 108
Kerzenstrauch 206
Kerzenveronika 217
- 244
Keulenlilie 203, 207
Kichererbsen 375
Kiefer 80, 195, 216, 399, 446
Kindel 279
Kirsche 80, 82, 89, 108, 322, 331, 373, 411, 457, 459, 463, 472
Kirschfruchtfliege 329, 411
Kirschlorbeer 97
Kirschpflaume 109
Kirschtomaten 274

Kissenaster **159,** 213
Kissenprimel **171,** 247
Kiwi 199, 208, 392
Klarkie 376
Klatschmohn 81, 83, 240, 245f.
Klebetafeln 418
Klebsame 201
Klee 41, 45, 239
Kleefarn 232
Kleine Teichrose 231
- Wasserlinse 231
Kleiner Fuchs 59, 238, 240
- Put 430
- Rosenkäfer 147
- Wiesenknopf 239, 246
Kleines Postelein 367
Kleingehölze 106, 190
Kleingewächshaus 55, 60, 253, **380,** 384, **451, 453, 455,** 456, **457, 457, 459, 461, 463, 465, 467, 469, 471, 473**
Kleinklima 19, 78, 83, 221, 378, 385
Kleinstrauchrosen 133
Kleinsträucher 99
Kleinzwiebelgewächse 72, 452, 466
Kletterbrombeere 199
Kletterfeige 201
Klettergewächse 239
Kletterhilfen **194**
Kletterhortensie 192, 194, 198f.
Kletternde Wildrosen 130
Kletterpflanzen 23, 74, **191,** 192, 196, 201, 204, 208, 211, 376, 393
Kletterrosen 57, 127, **130,** 131, 134, 137, 141, 192, 194, 198, 199, 377
Kletterspindel 192, 199
Klettertechniken **193**
Klimmer 419
Klonunterlage 301, 304
Klopfprobe 418, 425
Knabenkraut 233
Knackerbse 271
Knaphill-Hybriden 190
Knäuelglockenblume **160**
Knäuelgras 80, 404
Knautia 246
Kneifelerbse 271
Kniphofia × hybridum **164,** 185
- 'Alcazar' **164**
- 'Canary' **164**
- 'Orange Fackel' **164**
- 'Royal Standard' **164**
Kniphofia 470
- *uvaria* 'Grandiflora' **164**
Knoblauch 59, 123, 265, **278,** 281, 287, 291, 354, 373, 387, 437, 466
Knochenmehl 58, 213, 218
Knöllchenbakterien 41, 291
Knollen 69, 72, 95, **179,** 386, 452
Knollenbegonie 201, 468
Knollenfenchel 67, 258, **269,** 281, 385, 450, 456, 458, 462
Knollengewächse **72,** 152, 458, 468
Knollensellerie 254, 265, **268, 269,** 283, 290, 468
Knorpelkirschen 303
Knospenfraß 451
Knospenwickler **420**
Knöterich **169,** 189
Kochia 395
- *scoparia* 206
Kochsalat **257**
Köder 434, 437, 467
Köderfallen 418
Koeleria glauca 153, **175,** 186, 244

Stichwortregister

Koelreuteria paniculata 88, 91
Kohl 51, 56, 59, 375, 410, 421, 434, 437, 466, 470
Kohlensaurer Kalk 54, 345
Kohleule 408, 422
Kohlfliegen 262
Kohlgemüse 262
Kohlhernie 42
Kohlmotte 407, **421**
Kohlrabi 69, 252, 254, 261, **263**, 263, 281, 283, 287, 290f., 333, 375, 378, 380, 385, 452, 456, 458, 462
Kohlrübe **270**
Kohlschabe **421**
Kohlweißling 407, 410, **421, 437**
Koi 236
Kokardenblume 376
Kokkelstrauch 199
Kolkwitzia amabilis 108, 111
Kompost 34, 40, 44, **46**, 48, 49, 50, 51, 52, 53, 56, 57, 58, 65, 69, 75, 77, 101, 123, 124, 135, 136, 147, 148, 197, 213, 214, 244, 246, 251, 260, 261, 262, 278, 280, 281, 282, 283, 285, 287, 289, 291, 292, 293, 294, 326, 329, 332, 334, 338, 344, 355, 357, 360, 361, 370, 384, 403, 404, 434, 452, 454, 455, 456, 459, 460, 461, 466, 470, 472
Kompostersäcke 50
Komposthaufen 251, 276, 403, **447**
Komposthügel 46
Kompostkisten 47
Kompostmiete 46
Kompostplatz 27, 44, **46**, 301, 309, 336
Kompostsilo 27, 46
Kompoststarter 44
Komposttonnen 49
Kompostwasser 293
Koniferen 64, 76, 202, 464
Königsfarn **178**, 234
Königskerze **173**, 217, 238, 244, 356, 377
Königslilie **182**
Konkurrenzkraft 114
Konkurrenztrieb 97, 314, 461, 463, 465
Kontaktgift 412
Kopfdüngung **55**, 263, 459, 462, 464
Kopfkohl 254, **263**, 264
Kopfsalat 56, 252, **255**, 256, 261, 263, 281, 283, 286, 292, 359, 383, 386, 391, 452, 456, 462, 465, 467, 471
Kopulationsschnitt 322
Korallenstrauch 206, 394
Kordesii-Kletterrosen 132
Kordon 295
Koriander 354, 356, 360, **365**, 366
Korkenzieher-Hasel 92, 97
Korkspindelstrauch 93
Kornblume 240, 245, 246
Kornelkirsche 82, 99, 105, 237, 243, 450, 460
Kornrade 240, 245
Kosmee 26, 245
Krachsalat 282
Kranzspiere 109, 111, 188
Kräuselkrankheit 329
Krauseminze 354
Kräuter 26, 78, 153, 237, 245, 247, **354**, 355, 362, 373, 375, 381, 435, 438, 448
-, einjährige 281
-Mischkultur 359
-Rabatte 356

Kräuterbrühen 437
Kräuterjauchen 360
Krautfäule 408
Krautige Stecklinge 342
Krautschicht 103, 106, 109
Krebsschere 231
Krebsstellen 324
Krebstiere 234, 427, 429
Krebswunden 325, 328
Kresse 42, 257, 264, 354, 357, 437, 453
Kreuzblütler 262, 421, 437
Kreuzdorn 105
Kreuzkraut 165
Kriechende Mahonie 187
Krokus 80, 82, **179**, 219, 244, 377, 458, 466
Kronenaufbau 211, 295, 404
Kronenform 142
Kronengerüst 314, 316
Kronentriebe 137
Kröte 235, 241, 242, 405, 433, 436
Kruppbohnen **272**
Krüppelwuchs 419
Kubaspinat **261**
Kübelpflanzen 64, **200**, 201, 207, 380, 392, 394, 458, 468
Küchenschelle **171**, 219, 239
Kuckuckslichtnelken 239, 246
Kuckucksnelke 238
Kugeldistel 81, 149
Kugelkäfer 405, 430
Kugelprimel **170**
Kuhdung 59, 190
Kuhmist 50, 275, 325
Kultivator 39, 456, 460
Kulturheidelbeeren 27, **349**, 350
Kulturpreiselbeeren 351
Kümmel 238, 354, 360, **367**
Kümmern 417
Kumquats 392
Kunstkrone 295
Kupferkosmee 82
Kürbis 251, 259, 265, **276**, 373, 466
Kürbisgewächse 389
Kurzflügler 405, 415, 422, **431**, 431
Kurzkronige Narzissen **182**
Kurztagspflanzen 383
Kurztriebe 102
Kurzzeitdünger 122

L

Laburnum x *watereri* 'Vossii' 91, 97, 108
Laburnum 377
- *anagyroides* 106
Lactuca sativa var. *capitata* **255**
- - - *longifolia* **257**
- - - *crispa* **256**
Lagenaria siceraria 197, 208
Lagergemüse 254
Lagerkohl 264
Lagermöhren 267
Lagerstroemia indica 206
Lagerung **253**, 468, 470
Laichkraut 232, 240
Lamium galeobdolon 185, 215
- 'Florentinum' **165**, 189
- 'Glorentinum' 215
- *maculatum* 185
- - 'Argenteum' **165**
- - 'Checkers' **165**
- - 'Chequers' **165**
Lampenputzergras 149, 234
Lampionblume **169**, 377
Lampranthus 206
Landkärtchen 240
Landnelken 395

Landschaftsrasen 124
Langlebige Kräuter 361
Langstielige Edelrosen **132**, 142
Langstieligkeit 133
Langstöckel 354, 362, **370**, 466
Langtagspflanzen 67, 383
Langzeitdünger 57, 143
Lantanen 203, 211, 394
Lärche 76, 80, 195
Larix 100
Lärmschutz 19, 238
Larven 235, 416, 418
Lasiagrostis calamagrostis 186
- 'Lemperg' **175**
Laspeyresia funebrana **421**
Lästlinge 411
Lathyrus 376
- *latifolius* **165**, 185
- *odoratus* 197, 208
- *vernus* 106, **165**, 185
Lattich 257
Lauberde 70, 73, 215
Laubfrosch 241
Laubgehölze 89, 96, 99, 450, 454
Laubgehölzhecken 450, 460, 464, 472
Laubkompost 50
Laubpackung 473
Lauch 57, **179**, 252, 265, **277**, 281, 287, 290, 375, 434
Lauchzwiebel 258, 265, **277**
Laufkäfer 252, 405, 412, 415, 422, **428**, 429
Laurus nobilis 201
Läuse 26, 126, 376, 385, 394, **407**, 434
Lavandula 245
- *angustifolia* 149, **165**, 186, 369
- - 'Dwarf Blue' **165**
- - 'Hidcote Blue' **165**, 213
- - 'Munstead' **165**, 219
Lavatera 376
- *trimestris* 395
Lavendel 65, 74, 77, 149, **165**, 213, 219, 245, 354, 362, **369**, 376
Lebensbaum 100, 102
Lebensbereiche 151
Leberbalsam 206, 394, 452, 458
Leberblümchen 239, 244
Leguminosen 41, 410
Lehmboden 32, 69, 135, 307
Leichter Boden 32, **33**, 77, 117
Leimringe 414, 418, 469
Leimtafeln 329
Lein 219
Leitäste 76, 314, 318
Leittrieb 97, 209
Lemna minor 156, 231
Lemonauten 210
Leontopodium alpinum 155, 219
Leonurus cardiaca 245, 376
Leptomastix 415
Leptyphantes 415
Lerchensporn 244
Leucojum aestivum 186
- *aestivum* 'Gravety Giant' **181**
- *vernum* 72, **181**, 185, 377
Levisticum officinale **370**
Levkoje 206, 376, 386, 395, 458
Lewisia 219
- *cotyledon* 219
Liatris spicata **165**, 185
- - 'Floristan Violett' **165**
- - 'Weiß' **165**
- - 'Kobold' **165**
- - 'Septemberglory' **165**
Libellen 235, 241
Lichtfallen 412, 418
Lichtkeimer 360, 364, 367, 394
Lichtmangel 101, 210

Lichtmeß-Zaubernuß 93
Lichtnelke 377
Liebesperlenstrauch 92
Liebstöckel 354, 362, **370**, 466
Lieschgras 113
Ligularia x *hessei* **165**, 185
- *clivorum* **165**, 185
- *hessei* 185
- *przewalskii* **165**, 185
Liguster 81, 97, 102, 209, 243, 450, 460
-, Rainweide 99, 106, 108, 110
Ligustrum ovalifolium 99, 101, 108
- *vulgare* 106
- - 'Atrovirens' 99, 109
- - 'Atrovirens Compact' 99
- - 'Lodense' 99, 105, 110
Lilien 72, 73, 373, 386, 395, 456
Lilienblütige Magnolie 94
- Tulpen **184**
Lilium bulbiferum **181**, 185, 215
- *candidum* **181**, 186, 377, 464
- *hansonii* **181**, 185
- *henryi* **181**, 185
- -Hybriden **182**, 186
- *martagon* 185, 377
- - 'Albiflorum' **182**
- - 'Album' **182**
- - 'Cattaniae' **182**
- *regale* **182**, 186
- ssp. *croceum* 181
- *umbellatum* 377
Linde 68, 80, 87
Lindenblättrige Birke 87
Linum flavum **166**, 186
- 'Compactum' **166**, 219
- *perenne* 186
- - 'Album' **166**
Liquidambar styraciflua 88, 91
Liriodendron tulipifera 88
Lithospermum diffusum 'Heavenly Blue' **166**
- *purpurocaeruleum* **166**, 185, 215
Lobelia erinus 203, 394, 452
Lobularia maritima 203
Lochfraß 416, 419
Lockmittel 437
Lockstoffallen 410, 418
Löffelkraut 26, 360, **368**
Loganbeere 346
Lolium 113
- *perenne* 114, 124
Lonicera 187, 192, 199
- *coerulea* 99, 101, 106
- *nitida* 'Elegant' 110
- *periclymenum* 106
- *tatarica* 108
-, *xylosteum* 106
- - 187
- - 'Clavey's Dwarf' 99, 110
Lorbeer 201, 209, 211, 424
Lorbeerbäumchen 357
Lorbeerkirsche 76, 100, 202
Löschkalk 36
Lößboden 33
Lotosblume 205
Lotus 246
- *berthelotii* 206
Löwenmaul 376, 394, 456, 458
Löwenohr 210
Löwenzahn 59, 80, 115, 239, **261**, 264, 448, 450, 458, 470, 473
Luftpolsterfolie 223, 382
Lüftungsklappen 382, 457
Lüftungsmöglichkeiten 382
Lunaria 377, 462
Lungenenzian 232
Lungenkraut **171**, 216, 239, 244

Lupine 42, 45, 63, 64, **166**, 203, 377
Lupinus x *hybridum* **166**, 186
- - - 'Edelknabe' **166**
- - - 'Kastellan' **166**
- - - 'Kronleuchter' **166**
- - - 'Mein Schloß' **166**
Lupinus 63, 203
- *albus* 41
- *angustifolius* 41
- *luteus* 41
- *polyphyllus*-Hybride 155
Lurch 235, 241, 242, 433
Luzula nivea **175**, 185
- *sylvatica* 185
- - 'Marginata' **176**, 216
Lychnis 377
- *calcedonica* **166**, 186
- *chalcedonica* **166**, 186, 377, 458
- *flos-cuculi* 238, 239, 246
- *viscaria* **166**, 185
Lycopersicon lycopersicum **274**, 390
Lysichiton 232
- *camtschatcense* 233
Lysimachia 232
- *clethroides* 152, **166**, 185
- *nummularia* 63, **166**, 185, 189, 233, 244
- - 'Aurea' **166**
- *punctata* **166**, 185, 234
Lythrum 232
- *salicaria* **167**, 185, 233, 240
- - 'Feuerkerze' **167**
- - 'Rakete' **167**
- - 'Robert' **167**

M

Macleya cordata **167**, 186, 456
- - 'Korallenfelder' **167**
Macrosiphon rosae 147
Mädchenauge **161**, 206
Mädesüß 232, 240
Madonnenlilie 73, 81, **181**, 356, 374, 377, 464
Magnesium 35, **53**, 53, 115, 121, 136, 326
Magnesiummangel 53, 100, 136, 144, 344, 417
Magnesiumsulfat 144
Magnolia x *loebneri* 91
- - *loebneri* 'Merrill' 91
- - *soulangiana* 91
- - *kobus* 88, 91
- - var. *borealis* 88
- - *liliflora* 94
- - 'Nigra' 94
- - spec. 97
- - *stellata* 95
Magnolie 88, 91, 97
Mähgut 124
Mahonia aquifolium 110
- *repens* 187
Maiapfel 169
Maiglöckchen **160**, 239, 244, 374, 377
Maiglöckchenstrauch 91
Maikäfer 408, 433
Mairüben 67, 270, 456
Mais 80, 279
Maiszünsler 407
Majoran 359, **366**, 458
Malacosoma neustria 419
Malus 108, **294**
- spec. 89
- *sylvestris* 106

Stichwortregister 481

Malva 238
- *moschata* 240
Malve 238
Mandarine 203, 392
- -Türkenbund **181**
Mandelbäumchen 95
Mandevilla laxa 207
Mangan 53, 58, 136, 404
Manganmangel 53, 343
Mangold 56, 67, 251, 258, **260**, 264, 281, 375, 456, 458
Männertreu 394
Mannsschild 63
Maracuja 393
Margerite 81, 206, 211, 212, 246, 377, 380, 394, 448
Marienglockenblume 201, 377, 460, 462
Marienkäfer 145, 252, 328, 386, 405, 415, 422, **430**, 435
Markerbsen 67, **271**, 272
Marrubium vulgare 375
Marsilia quadrifolia 232
Martagon-Hybriden 73
Märzenbecher **181**, 377
Maßliebchen 377
Matricaria 377
Matteucia struthiopteris **178**, 185
Matthiola 376
- *incana* 206, 395
Mauer 16, 19, **21**, 24, 26, 28, 92, 98, 101, 128, 215, 238, 381
- aus Holz 22
Mauerasseln 427
Mauerpfeffer 149, **172**, 189, 238, 240, 244, 377
Maulwurf 26, **433**
Mäuse 241, 325, 409, 433
Mauswiesel 240
Meconopsis cambrica 215
Meerrettich 22
Megachile centuncularis 148
Mehlbeerbaum 106
Mehlbeere 89, 91
Mehlige Apfelblattlaus 328
Mehlmotte 407
Mehltau 123, 126, 135, 148, 271, 296, 383, 385, 389, 418, 438, 458, 460, 462
- -Pilzgeflecht 430
- -Spitzen 413
Mehltauspitzen 459
Melica ciliata 153
Melissa officinalis 245, **370**
Melone 251, 258, 265, **275**, 375, 379, 385, 389
Melonenkürbis 258
Melonensquash 258, **276**
Menispermum 199
Mentha piperita **371**
Menyanthes 232
- *trifoliata* 156, 233, 240
Meristemkultur 335, 339, 345
Mesembrianthemum criniflorum 207, 395
Meterstamm **309**, 314
Mikrobiologische Bekämpfung **406**
Mikroorganismen 46, 48, 51, 56, 122, 404, 412, **433**
Milben 335, 425
Milchsaure Gärung 253
Milchstern 72
Mimosen 380
Mimulus 232
- *luteus* 156, 233
- *ringens* 233
Mineraldünger 41, 53, 56, 114, 122, 213, 214, 222, 251

Mineralischer Blau-Volldünger 55
Miniaturrosen 128, 133
Miniermotte 412
Minze 354
Mirabelle **300**, 324, 330, 467
Miscanthus 234
- *sacchariflorus* 186
- - 'Robustus' 186
- *sinensis* 155, 186
- - 'Gracillimus' **176**
- - 'Silberfeder' 149, **176**
- - 'Zebrinus Strictus' **176**
Mischkultur 26, 69, 198, 251, 266, **280**, 281, 290, 360, 368, 375, 385, 403, 434, 437, 450
Mist 50, **57**, 59, 61, 73, 241, 434, 473
Mistbeetkasten 378
Mittagsblume 206, 207, 395
Mittagsgold 206f., 394
Mitteltrieb 101, 105, 111, 314, 317
Mittlerer Boden 32, **33**
Moderlieschen 236
Mohn 43, 63, 206, 354, 377
Möhre 34, 67, 251, 252, 254, 259, 265, **266**, 267, 270, 281, 286, 288, 291, 375, 380, 386, 403, 410, 434, 450, 456, 458, 460, 466, 468
Möhrenfliege 66, 286, 387, 403, 410, 434
Mohrrübe 66, **266**
Molch 235, 240
Molinia 234
- *altissima* 186
- - 'Karl Foerster' **176**
- - 'Windspiel' **176**
- - *arundinacea* **176**
- - 'Moorhexe' **176**
- - 'Strahlenquelle' **176**
- - 'Variegata' **176**
- *coerulea* **176**, 218, 239
Mollis-Hybriden 190
Monarda x hybridum 167
- - *hybridum* 186
- - - 'Adam' **167**
- - - 'Cambridge Scarlet' **167**
- - - 'Präriebrand' **167**
- - - 'Prärienacht' **167**
Monatserdbeere 189, **336**
Monatsrettich **267**
Mondsame 199
Monilia-Pilz 305, 408
Monophadnus elongatus 148
Monstera 202
Montbretie 377, 458
Montia perfoliata 261, **367**
Moorbeet 27, 220, **228**
Moorbeetpflanzen 53, 217, 402
Moosrosen 129
Moossteinbrech **172**
Mosaikvirus 344
Moschusmalve 240
Mottenschildlaus 406, **424**, 424
Mottenschildläuse 386
Mücken 235
Mulchen 37, 38, 40, **43**, 44, 51, 190, 213, 215, 246, 251, 279, 285, 293, 325, 338, 339, 341, 344, 347, 351, 360, 365, 368, 434, 436, 453, 454, 456, 459, 461, 465
Mulchfolie 123, 257, 271, 333, **379**
Mulchkompost 50
Mulchschicht 77, 140, 290
Müllkompost 34
Multitopfplatte 62
Mummel 230
Münzkraut 244
Musa basjoo 201
Muscari armeniacum 186

- 'Blue Spike' **182**
Muschelblume 230
Muschelkrebschen 234
Muskatellersalbei 354
Mutterkraut 377
Mutterpflanze 64
Mykorrhizaflora 412
Myosotis 244, 375, 377
- *palustris* 156, 232, 240
Myriapoda **427**
Myriophyllum 240
- *spicatum* 232
- *verticillatum* 156, 231
Myrte 211

N
Nachblütenspritzung 459, 461
Nachtkerze **167**, 219, 238, 244, 377
Nachtschatten 204
Nachtschattengewächse 202, 204, 210, 434
Nachtviole 377
Nacktschnecken 353, 426, 429
Nadelbäume 64, 76, 96, 100, 433, 447, 458, 464, 466
Nährböden 335
Nährstoffangebot 236
Nährstoffbedarf **56**, 338
Nährstoffe 48, 52, 91, 96, 135, 209, 214, 462
Nährstoffmangel 63, 144, 417, 469
Nahrungskette 234, 400
Napfschildlaus 424
Narcissus **182**, 185
- *cyclamineus* **183**
- , Gartennarzissen 186
- 'Ice Follies' 216
- *triandrus* **183**
- , Wildformen 186
Naricissus 'Sweet Harmony' 216
Narrenkrankheit 329
Narzisse 72, 80, **182**, 185, 216, 377, 458, 466, 456
Narzissus 'Spring Glory' 217
Natternkopf 238, 245
Naturdünger 59, 114, 122
Naturgemäßer Garten 51, 434
Naturhecke 239, **243**
- Mineraldünger **58**
Naturnaher Garten 245, 447
Natursteine 242, 374
Natursteinmauern 22
Naturteich **227**, 241
Nekrosen 423
Nektarine 305
Nelke **161**
Nelkenrost 407
Nelkenwurz **162**
Nelumbo nucifera 205
Nematizide 146
Nematoden 42, 146, 353, 368, 407, 416, 427, **433**
Nepeta x faassenii 154, 244
- *faassenii* **167**, 186
- - 'Six Hills Giant' 149
Nerium 207
- *oleander* 206
Nessel 215
Neuroptera **431**
Neuseeländer Flachs 207
- Spinat **259**, 259, 264, 450, 457
Neutrieb 317
Nichtleguminosen 41
Nichtparasitäre Störungen **417**
Nicotiana 203
- *hybridus* 394
Niederliegende Scheinbeere 187

Niederstamm 295, **309**, 339
Nigella 376
- *flexilis* 232
Nitrat 52, 54, **56**, 122
Nitratgehalt 33, 228, 289
Nitritgehalt 228
Noisetterosen 134
Noppenfolie 331, 451, 453, 455
Nothofagus antarctica 91, 217
Nuphar japonica 231
- *lutea* 156, 231
- *pumila* 231
Nußbaum 45
Nußbaumblätter 437
Nüßchen 334
Nüsse 307, **330**
Nüßlisalat **257**, 282, 288
Nützlinge 252, 328, 400, 405, 407, 412, 414, 416, **428**, 436, 459
Nutzpflanzen 355
Nygmia phaerrhoea 419
Nymphaea 156
- *alba* 230
- *candida* 'Hermine' 230
- *candidissima* 'Marliacea Carnea' 230
- *lutea* 230
- *odorata* 'Laydekeri lilacea' 232
- *pygmea alba* 230, 232
Nymphoides 232
- *peltata* 156, 231, 240

O
Oberkohlrabi **263**
Obstabfälle 447
Obstbaumspinnmilbe **405**
Obstbäume 27, 47, 55, 76, 237, 294, 375, 404, 409, 413, 434, 443, 451, 453, 455, 457, 459, 461, 463, 465, 471
Obstbaumkrebs 324, 328, 469
Obstbaumpflanzung **312**
Obstbaumschnitt **313**, 324, 455, 457, 471, 473
Obsternte **330**, 467, 469
Obstgarten 81, **451**, **453**, **455**, **457**, **459**, **461**, **463**, **465**, **467**, **469**, **471**, 473
Obstgehölze 59, 74, 78
Obsthecke 295, 298, 300, **310**, 311, 320, 325, 463
Obstlagerung **331**, 467, 469, 471
Obstmade 328, **420**, 463
Obstspalier 300, **311**, 312, 321, 463
Obsttomaten 390
Obstverwertung 469
Ochsenzunge 238
Ocimum basilicum **364**
Oenothera 238, 244, 377
- *biennis* 239
- *missouriensis* **167**, 186, 219
- *tetragona* **167**, 185
- - 'Fyrverkeri' **167**
- - 'Hohes Licht' **167**
Öfterblühende Strauchrosen **130**, 132, 138, 141, 149
Ohrwürmer 422, **431**
Ökologisches Gleichgewicht 400
Ökosystem 240, **399**, 400
Oleander 206, 380, 386, 424, 468
Ölkürbis 259, **276**
Ölrettich 41, 70, 466
Ölweide 91, 108
Omphalodes verna **167**, 185
Onoclea sensibilis **178**, 185
Onopordum acanthium 238

Operophtera brumata **419**
Opuntia 207
Orange 203
Orangenblume 201
Orangerotes Habichtskraut 239
Orchideen 228, 380, 384, 386, 395
Orchis-Arten 232
Orfe 236
Organisch-mineralische Dünger 55, 143, 213, 327, 343, 345
Organische Dünger 34, 48, **57**, 57, 143, 214, 218, 230, 244, 355, 434
- Langzeitdünger 122
- Stoffe 52
Orienthybriden 73
Origano 245, 356, 362, **370**
Origanum 245
- *majorana* 366
- *vulgare* 215, 239, **370**
Ornithogalum umbellatum 72
Orontium aquaticum 231
Osmunda regalis 178
- *regalis* 185, 234
Ostrya carpinifolia 91
Otiorrhynchus sulcatus 148
Oxalis acetosella 189

P
Pachysandra terminalis **168**, 185
- - 'Variegata' **168**
Paeonia 63, 155, 377
- *lactiflora* 155, **168**
- - 'Reine Hortense' 213
- *officinalis* **168**, 186
- - 'Rubra Plena' **168**
- *suffruticosa* 95, 186
Paeonien 71
Pahysandra terminalis 187
Pak Choi 259, 264, **266**, 462
Palerbsen **271**, 272
Palla Rossa 282
Palmen 201, 207, 380, 386
Palmette 295
Palmlilie **174**, 206
Pampasgras **175**, 234, 470
Pandemis ribeana **420**
Pandorea jasminoides 208
Panicum virgatum 186
- - 'Hänse Herms' **176**
- - 'Rehbraun' **176**
- - 'Strictum' **176**, 214
Pantoffeltierchen 234
Papageitulpen 184, 214
Papavar rhoeas 63, 245, 377
- *alpinum* 155, **168**, 186
- *nudicaule* **168**, 186, 219, 462
Papaver nudicaule 206
- *orientale* 83
- *rhoeas* 206
- - 'Kardinal' **168**
- *orientale* 155, **168**, 185
- - 'Beauty of Livermere' **168**
- - 'Feuerriese' **168**
- - 'Marcus Perry' **168**
- - 'Sturmfackel' **168**
Papier-Birke 87
Pappel 104
Paprika 19, 253, 265, **274**, 275, 282, 293, 385, 389, 455, 457, 466, 469, 473
Papyrus 203, 205, 210, 230
- -Sonnenblume 205
Paradiesvogelblume 201
Parasiten 404
Parfümjasmin 208
Park- und Moosrosen 130
Parkrosen 76
Parrotia persica 91

Stichwortregister

parthenocarp 275, 299, 389
Parthenocissus 199
- *quinquefolia* 188
- *tricuspidata* 'Veitchii' 129
Partytomaten 251, 274
Passiflora caerulea 199
- *edulis* 393
Passionsblume 199, 208
Passionsfrucht 392
Pastinaca sativa **267**
Pastinake 67, 259, 265, **267**, 293, 375
Patentkali 54, 58, 144
Patisonkürbis **276**
Paulownia tomentosa 89
Pelargonie 64, 394
Pelargonium zonale 394
Pennisetum alopecuoides 149, **176**
- *compressum* 186, 214
Pennisetum 'Hameln' **176**, 234
Penstemon barbatus 394
Peperoni 282, 390
Pergola 16, 19, **23**, 26, 28, 127, 145, **192**, 195, 196, 198, 208
Periploca 199
Perlfarn **178**
Perlhyazinthen 72
Perlmutterfalter 240
Peronospora 208
Perowskia abrotanoides 219
Perückenstrauch 74, 108
Petersilie 66, 259, 281, 284, 290, 354, 360, **368**, 450, 456, 458
Petrorhagia saxifraga 239
Petroselinum crispum **368**
Petunia 206
- *hybrida* 394
Petunie 204, 206, 394
Pfaffenhütchen 105, 108, 239, 243
Pfahl 75, 137, 300, 338, 341, 347, 471
Pfauenauge 59
Pfauenaugenbarsch 236
Pfauenlilie 458
Pfauenradfarn **177**
Pfefferminze 355, 362, **371**
Pfeifengras **176**, 218, 234, 239
Pfeifenstrauch 97, 110
Pfeifenwinde 108, 192, 199
Pfeilkraut 226, 232, 240
Pfennigbuche 91
Pfennigkraut 63, **166**, 189, 232
Pferdemist 34, 50, 57, 275, 378, 380, 452
Pfingstrose 63, 71, 81, **168**, 213, 373, 374, 377, 464
Pfirsich 81, 300, **304**, 305, 309, 311, 318, 321, 329, 373, 453, 455, 459, 465, 471
Pfirsichsorten 305
Pflanzabstände 62, 71, 104, 138, 337, 362
Pflanzbeispiele **212**
Pflanzengemeinschaften 280
Pflanzengesellschaften 239
Pflanzenhygiene **262**, 404
Pflanzenjauche 57, 282, 283, 286, 290, 292
Pflanzenkrankheiten 385
Pflanzenschädigende Stoffe 102
Pflanzenschutz 108, 135, 209, 252, 317, 457, 459, 461, 463, 467, 469, 471, 473
Pflanzenschutzgesetz **439**
Pflanzenschutzmittel 35, 102, 400, 405, 410, 473
Pflanzenschutzwarndienst 457
Pflanzgefäße 128, 153

Pflanzgraben 101
Pflanzgröße 104
Pflanzgrube 312
Pflanzholz 69
Pflanzloch 51, 69, 71, 75, 137, 337
Pflanzpfahl 190
Pflanzschnitt 75, 96, 137, 312, 314, 316, 337, 340, 343, 350, 457
Pflanztechnik 68, 72
Pflanztermine 83, **402**
Pflanztiefe 69, 73, 75, 77, 137, 313
Pflanzware 337
Pflanzzeit 135, 466, 470
Pflanzzeitpunkt 76
Pflaume 80, **300**, 301, 306, 309, 316, 318, 322, 324, 329, 330, 421, 459, 467
Pflaumendorn 88, 91, 99, 108
Pflaumengespinstmotte 420
Pflaumenrost 459
Pflaumensägewespe 329, 459
Pflaumenwickler 329, **421**, 463
Pflücksalat 66, 251, 253, **256**, 264, 281, 286, 359, 385, 389, 456, 462
Pfropfen hinter die Rinde 322, **322**
Pfropfköpfe 322, 457, 465, 473
pH-Meter 54
- -Wert **32**, 33, 37, 53, 117, 123, 136, 144, 190, 214, 229, 332, 336, 343, 345, 349, 404
Phacelia 41, 45, 70, 245, 459, 466
Phalaris arundinacea 156
Phänologischer Kalender **79**
Pharbitis purpurea 197
Phaseolus coccinea 208
- *coccineus* 197, **273**
- *vulgaris* **272**, 391
Phaseus 456
Pheromonfallen 410
Philadelphus 81, 110, 377
Philodendron 202
Phleum nodosum 113, 124
- *pratense* 113f., 124
Phlox 70, 189, 203, 206, 214, 377
Phlox adsurgens 189
- *divaricata* 189
- *drummondii* 203, 206, 395
- *nivalis* 189
- *paniculata* 63, 155, **168**, 186
- - 'Kirmesländler' 213
- - 'Starfire' 213
- *stolonifera* 189
- *subulata* 64, 150, 154, **168**, 186
- - 'Atropurpurea' 219
Phormium 207
Phosphat 54, 121
- -Kali-Dünger 76
Phosphatdüngemittel 54
Phosphatkali 54
Phosphor 35, 53, 57, 103, 114, 122, 136, 326
Phosphormangel 144
Phosphorsäure 52, 54, 312
Photosynthese 41, 53, 136
Phragmidium mucronatum 146
Phragmites australis 112, 226
Phygadeuon 415
Phyllitis scolopendrium 185, 234
- *scolopendrium* 'Crispa' **178**
Phyllopertha horticola 147
Physalis 377
- *franchettii* **169**, 185
Physikalische Reize **411**
- Verfahren **413**
Physiologisches Gleichgewicht 326
Physocarpus opulifolius 109
Physostegia virginiana **169**, 185

- 'Bouquet Rose' **169**
- 'Summersnow' **169**
- 'Vivid' **169**
Phytoalexine 410
Phytophthora-Fäule 351
Phytoseiidae **433**
Phytoseiulus 415
- *andersoni* 406
- *persimilis* 405
Picea abies 100
- *glauca* 'Conica' 149
- *omorika* 100
Pieris brassicae 408, **421**
Pikieren **61**, 62, 269, 335, 384, 454, 456, 469
Pikierholz 62, 64
Pikierschalen 63
Pilliertes Saatgut 66, 68
Pilz 46, 48, 122, 123, 147, 325, 385, 390, 403, 407, **407**, 412, 415 **417**, 418, 422, 427, **433**, 434, 459, 469
Pilzerkrankungen 305, **438**
Pilzinfektionen 122, 124, 413, 438
Pilzkrankheiten 45, 47, 60, 257, 274, 306, 313, 353, 383, 387, 403, 407, 416, 451, 453, 455, 457, 462, 471
Pilzliche Rosenkrankheiten 146
- Schädiger 305
Pilzmilben 415
Pimpinelle 360
Pinselbestäubung 392
Pinus contorta 218
- *mugo* 'Mops' 217
- - var. *mughus* 149
- *pumila* 'Glauca' 149
Pinzieren 209
Pistia stratiotes 230
Pisum sativum **271**
Pittosporum tobira 201
Planzschnitt 141
Platterbse 41
Platycodon grandiflorum **169**
- *grandiflorum* 185
- - 'Mariesii' **169**
- - 'Perlmutterschale' **169**
Plötze 236
Plumbago 207, 209, 394
- *auriculata* 203
Plutella xylostella **421**
Poa annua 124
- *pratensis* 113, 124
Podophyllum bexandrum **169**
- *emodi* 'Majus' **169**
- *peltatum* **169**, 185
Podoyphyllum peltatum 185
Polemonium caeruleum **169**, 185
- *reptans* 'Blue Pearl' **169**
Polistichum 234
Pollen 295, 299, 303
Pollenspender 294, 299
Polsterphlox 64
Polsterstauden 93, 356
Polyantha-Hybriden 132
Polyantharosen 128, 132
Polyedervirus 408
Polygala myrtifolia 203
Polygonatum **169**, 239, 244
- *commutatum* **169**, 185
- *macranthum* 'Weihenstephan' **169**
- *multiflorum* **169**, 185
- *verticillatum* **169**, 185
Polygonum affine **169**, 185, 189
- - 'Darjeeling Red' **170**
- - 'Donald Lowndes' **170**
- - 'Superbum' **170**
- *amphibium* 231

Polygonum
- *bistorta* 233
- - 'Superbum' **170**, 185
- *compactum* 'Roseum' **170**
- *polystachium* **170**
- *sacchalinense* **170**, 185
- *weyrichii* **170**, 185
Polypodium aceleatum 185
- *setiferum* 185
- *vulgare* **178**, 185
Polystichum aculeatum **178**
- *setiferum* 'Plumosum Densum' **178**
- - 'Proliferum' **178**
Pomelo 392
Poncirus trifoliatus 392
Pontederia cordata 232
Populationsgleichgewicht 398
Porophyllum 155
Porree 69, 251, 259, 265, **277**, 375, 450, 458, 462, 466, 468
Portlandrosen 134
Portulaca grandiflora 206
- *oleracea* 366
Portulak 206, 359, **366**
Porzellanblümchen **172**, 216
Posthornschnecken 229
Potamogeton 232, 240
- *natans* 231
Potentilla 189, 244
- *arenaria* **170**, 186
- *aurea* 186
- - 'Goldklumpen' **170**
- *fruticosa* 109
- *nepalensis* 149
- - 'Miss Willmott' **170**
- - 'Roxana' **170**
- *recta* **170**, 185
- *tabernaemontani* 239
- *verna* **170**, 185
Prachtglocke 93
Prachtsalbei 206
Prachtscharte **165**
Prachtspiere **159**, 216
Prachtstauden 155, 209, 212, 244, 462
Preiselbeere 27, **350**
Primel 80, 154, 234
Primula × bullesiana **170**
- - *hortensis* 219
- *acaulis* 247
- *beesiana* **170**, 185
- *bulleyana* **170**, 185
- *denticulata* **170**, 185
- - 'Alba' **170**
- - 'Rubin' **170**
- *elatior* 185, 239, 244
- Elatior-Hybride **171**
- *florindae* 156, **170**, 185, 234
- *hirsuta* 154
- *hortensis* **170**
- *japonica* **170**, 185
- *marginata* 154
- *pruhoniciana* 154
- *rosea* 156, **170**, 185
- *vulgaris* **171**, 185
Pristerpalme 203
Produktionsgleichgewicht 398
Prospaltella perniciosus 406, 424
Prunella 246
- *grandiflora* 185
- - 'Lovelyness' **171**
Prunkwinde 197, 456
Prunus × cistena 95
- **300**, **302**, **303**
Prunus 306
- *armeniaca* 305
- *cerasifera* 109

- - 'Hollywood' 109
- - 'Nigra' 301
- *laurocerasus* 97
- - 'Herbergii' 100
- *mahaleb* 106
- *padus* 106
- *persica* **304**
- *serrulata* 109
- spec. 89, 91, 109
- *spinosa* 106, 301
- *subhirtella* 109
- *tenella* 95
- *triloba* 95
Pterocarya fraxinifolia 89
Pterostichus 415
Puffbohne 67, 259, **273**, 458
Pulmonaria 244
- *angustifolia* **171**, 185
- - 'Alba' **171**
- - 'Azurea' **171**
- *officinalis* 239
- *rubra* **171**, 185
- - *saccharata* 185
- - 'Mrs. Moon' **171**, 216
Pulsatilla 239
- *vulgaris* 153, **171**, 186, 219
Pultdachhaus 381
Punica granatum 203
Purpurginster 105
Purpurglöckchen 377
Purpurhasel 309
Purpurhimbeere 346
Purpurweide 106
Pyracantha 100, 109, 199
- spec. 97
Pyrethrum 385, 410, 436
Pyrus **298**
- *calleryana* 89

Q

Quadraspidiotus **423**
- *perniciosus* 406
Quamoclit lobata 197
Quassia 410, 435
- -Brühe 435
Quecke 70, 115, 128, 336, 361, 454
Quercus spec. 89
Quitte 298, 300, **306**, 310, 330
Quittensorten 306

R

Rabattenstauden 212
Radiccio 252, **256**, 264, 281, 282, 450, 460, 462
- 'Palla Rossa' 292
Radies 252, 260, 262, 380, 382, 385, 391
Radieschen 56, 66, 251, 265, **267**, 281, 284, 286, 291, 358, 378, 389, 437, 450, 453, 456, 458, 460, 467, 471
Rahne 268
Rainfarn 437
- -Brühe 435
Rainweide 99, 105
Rana esculenta 235
Rankgerüst 16, **23**, 48, **192**
Rankgitter 196
Rankpflanze **193**, 197, 199
Rankrosen 129
Ranunculus 232, 239
- *aquaticus* 231
- *fluitans* 231
- *lingua* 232

Stichwortregister 483

Ranunkelstrauch 243, 377
Raphanus sativus var. *niger* **267**
Raps 42, 70, 82, 437
Rapunzel **257**
Rasen 16, 25, 28, 51, 54, 90, 114, 145, 239, 289, 325, 327, 447, 456, 458, 464, 466, 468, 470
Rasenanlage **117**
Rasenansaat 117, **118**, 118, 466
Rasendünger 145, 456
Rasenfilz 122, 124
Rasengräser 113
Rasenmäher **120**, **448**, 472
Rasenmischungen 118, 119
Rasenpflege **121**
Rasenschnitt 44, 49, 77, 325, 338, 347, 349, 447, 456, 459
Rasentypen 114
Rasenunkräuter 145
Raubmilbe 386, 405, **405**, 406, 407, 410, 415, 426, **433**
Raubwanze 405, 415, 422, 425, **430**
Rauch 445
Rauhaariger Rhododendron 190
Rauhblattaster 63, 71, **159**
Rauhe Alge 232
Raupen 235, 240, 353, 386, 407, 410, 413, 416, 418, 422, 428, 448, 457
Raupenfliege 405, 415, 422, **429**
Raupenfraß 430
Raute 354
Rechtswinder 193
Regenwurm 26, 38, 43, 46, 50, 52, 236, 403, 469
Reihenfedergras **177**
Reihenhausgarten 237
Reihensaat 38, 360
Reihentiefe 66
Reineclauden 300
Reiser 323, 451, 457, 465
Reisig 241, 270, 278
Reitgras **174**, 213, 218
Remontantrosen 134
Reneklode **300**, 324, 330, 467
Reptilien **433**
Reseda 376
- *luteda* 238
Resistenzen **402**
Rettich 56, 68, 252, 260, 262, 265, **267**, 281, 288, 291, 375, 380, 385, 389, 421, 437, 450, 452, 456, 464
Rettichfliege 267
Rhabarber 252, 259, **260**, 264, 436, 460, 468
Rhamnus frangula 106
- *sativus* var. *sativus* **267**
Rheum rhaponticum **260**
Rhizinusschrot 58
Rhizome 72
Rhizomfäule 353
Rhododendron 18, 27, 53, 76, 93, 188, 190, **190**, 202, 216, 351, 402, 404, 458, 470, 472
- *ferrugineum* 190
- *hirsutum* 190
- *impeditum* 190
Rhoicissus 202
Ribes **340**
- *alpinum* 106
- - 'Compactum' 110
- - 'Schmidt' 100
- *aureum* 339, 341
- *nidigrolaria* **342**
- *rubrum* **336**
- *sanguineum* 97, 109
Ricinus 200
- *communis* 206

Rieseln 339
Rieseneibisch 394
Riesenkürbis **276**
Riesensegge **175**, 216
Rigolen 74
Rindenbrand 146
Rindenhumus 101, 124
Rindenkompost 198, 213, 215, 384
Rindenmulch 44, 140, 218, 312, 325, 344, 347, 356, 384, 455
Rinderdung 275
Rindermist 34, 50, 57, 251, 260, 378, 452, 473
Ringelblume 26, 356, 357, **366**, 367, 375, 395, 456, 459, 470
Ringelnatter 236
Ringelspinner 407, **419**
Rippenfarn **177**, 234
Rispe 129
Rispen-Hortensie 94
Rittersporn 63, 70, 81, 149, 155, **161**, 212, 376, 458, 460, 462
Rizinusschrot 344
Robinia luxurians 91
- *pseudoacacia* 89, 91
Robinie 81, 87, 89, 151
Rodgersia 185, 456
- *aesculifolia* **171**, 234
- *pinnata* 171
- *podophylla* 'Rotlaub' **171**
- - 'Smaragd' **171**
Roggen 42, 240
Rohkompost 288
Rohphosphat 53, 58
Röhrichtzone 156
Rohrkolben 221, 226, 232
Römischer Kohl **260**
- Salat 67, **257**, 450, 462
Rosa × *alba* 'Suaveolens' 131
- - *damascena* 377
- - *kordesii* 132
- - *paulii* 133
- - - 'Margaret Merril' 131
Rosa 109, 128, 131, 199, 219
- *alba* 377
- *alpina* 129
- *banksiae* 129
- *canina* 127, 130, 131, 377
- *centifolia* 129, 134
- *foetida* 377
- *gallica* 130, 134, 377
- *glauca* 130
- *hugonis* 130
- *majalis* 377
- *moyesii* 131
- *multiflora* 130
- *nitida* 129
- *omeiensis* 127
- *pimpinellifolia* 127, 130, 377
- *rubiginosa* 130, 377
- *rubrifolia* 130
- *rugosa* 110, 127, 129, 133, 134, 377
- - *repens alba* 133
Rosen 45, 51, 55, 76, 81, **126**, 155, 214, 219, 237, 243, 278, 357, 373, 376, 380, 386, 404, 435, 438, 454, 456, 458, 460, 462, 464, 466, 468, 470, 472
Rosenbalsamine 376
Rosenbäumchen 377
Rosenblattlaus 147
Rosenblattrollwespe 147
Rosenblattwespe 148
Rosendünger 143
Rosenhecke 243
Rosenhochstämmchen 341
Rosenkäfer 147

Rosenkohl 252, 254, **264**, 265, 281, 286, 290, 456, 458, 460, 462, 466, 468, 471
Rosenkrankheiten 462
Rosenmüdigkeit 452
Rosenrost 146, 458, 462
Rosensägewespe 148
Rosenschnitt 139, **140**
Rosentreibbohrer 148
Rosenwickler 148
Rosenzikade 147
Rosmarin 206, 354, 357, **371**
Rosmarinseidelbast 93
Rosmarinus officinalis 206, **371**
Roßkastanie 80, 82, 87
Rost 148
Rostbart-Ahorn 90
Rostbefall 146
Rostpilze **407**, 407, 418
Rotahorn 87
Rotbauchunke 235
Rotbuche 99, 443
Rotdorn 88, 307
Rote Bete 67, **268**, 282, 375
- Heckenkirsche 106
- Johannisbeeren 336, 338, 352
- Pavie 90
- Rübe 265, **268**
- Rüben 254, 260, 281, 284, 290, 456, 458, 460, 468
- Schafgarbe 63, **157**
- Spinne 135, 145, 147, 385, **405**, 406
Roter Hartriegel 105
- Holunder 239, 243
Rotes Straußgras 113
Rotfeder 236
Rotkohl 57, **263**, 264, 281, 283, 285, 290, 458
Rotschleierfarn **177**
Rotspitzigkeit 123
Rüben 42, 285, 437
Rübstiel 259, 270
Rubus 199
- *fruticosus* 106, 188
- *idaeus* **343**
- *odoratus* 188
- spec. 346
Rückschnitt 98, 102, 104, 108, 135, 214, 218, 314, 453
Rudbeckia 70, 81, 377
- *fulgida* 'Goldsturm' 213, 234
- *hirta* 71
- *laciniata* 185
- - 'Goldkugel' **171**
- - 'Goldquelle' **171**
- *nitida* 155, **171** 185
- *sullivantii* 'Goldsturm' **171**, 185
- *triloba* 71
Rumex acetosa 239
Rundblättrige Glockenblume 239
Rundknospigkeit 343
Runzelerbse 271
Rüsselkäfer 407, 412, 427
Russischer Estragon 369
Rußtau 328
Rußtaupilze 424
Rutenhirse **176**, 214

S

Saateulen 422
Saatkartoffeln 271, 282
Saatzeit 119
Saatzeitpunkt 67
Saatzwiebeln 67
Sadebaum 188
Safran **179**
Safttruhe 322

Sagina 63
- *subulata* 189
Sagittaria sagittifolia 226, 232, 240
Salat 51, 61, 69, 237, 250, 252, **268**, 281, 289, 293, 333, 353, 373, 375, 378, 382, 386, 390, 434, 436, 450, 456, 460, 467, 470
- -Chrysantheme 258, **262**
Salatgemüse 261
Salatgurken 275
Salbei 74, 149, **172**, 206, 213, 354, 362, **372**, 458
Salix caprea 106
- *purpurea* 106
Salomonsiegel **169**, 239, 244
Salpeterdünger 53
Salpeterstickstoff 54
Salvia coccinea 71
- *farinacea* 71, 394
- *nemorosa* 186
- - 'Blauhügel' **172**
- - 'Mainacht' 149, 155, **172**, 213
- - 'Ostfriesland' **172**
- - 'Superba' **172**
- *officinalis* 149, **372**
- *pratensis* 239, 246
- *splendens* 71, 206
Salvien 149, 155, 452, 458
Salweide 80, 105
Sambucus 239
- *nigra* 106
- *racemosa* 106
Samenflug **447**
Sämlingsunterlage 295, 321
Sammelfrüchte 129
Samtflecken 386
San-José-Schildlaus 424, 429
Sandboden 32, 69, 76, 101, 117, 125, 135, 190, 307, 362, 404
Sanddorn 106
Sanguisorba minor 239, 246
- *officinalis* 239
Sanservieria 202
Santolina chamaecyparissus 149
Sanvitalia procumbens 206
Saponaria ocymoides 186, 219
- 'Splendens' **172**
- *officinalis* 239
Sätermine **402**
Satureja hortensis 364
Saubohne **273**, 375
Sauerampfer 239, 362
Sauerdorn 99, 107, 110
Sauergräser 240
Sauerkirsche 81, **302**, 309, 316, 318, 321, 329, 459, 461, 465
Sauerstoffmangel 49, 144
Saugende Insekten 416, 422, 429, 431
Säuleneiche 87
Säulenrost 352
Säulenwacholder 218
Säuregrad des Bodens 35, 228, 404
Sauzahn 51, 357
Saxifraga × *arendsii* 154, **172**, 186
- 'Blütenteppich' **172**
- 'Peter Pan' **172**
- 'Schneeteppich' **172**
- 'Schwefelblüte' **172**
- 'Triumph' **172**
Saxifraga 189, 219
- *cotyledon* 219
- *hypnoides egemulosa* **172**
- *egemulosa* 186
- *umbrosa* 185, 216
- 'Elliot' **172**
Säzwiebeln **276**, 277

Schabefraß 416, 426
Schaben 409
Schachbrettblume 72, **180**
Schachtelhalm 59, 232, 387
- -Brühe **438**, 438
Schadgespinst 419
Schädlinge 108, 145, 200, 207, 252, 262, 281, 326, 328, 343, 352, 385, **398**, 403, 411, **416**, 416, 435
Schädlingsabwehr 280
Schädlingsbefall 385
Schädlingsbekämpfungsmittel 378, 380
Schadpilze 146, 438
Schafgarbe **157**, 213, 238, 245, 387
Schafmist 34, 57
Schalenwickler **420**
Schalerbsen 67
Schalotte 69, 265, **278**, 281, 286, 292, 375
Scharfer Sand 119
Schattenblume 189
Schattengare 280
Schattenmorelle 319, 329
Schattensegge **175**
Schattierfolie 256, 263
● = schattig 152
Schaublatt **171**, 216, 234, 456
Schaumblüte **173**, 189, 216
Schefflera 202
Scheinakazie 89, 91
Scheinbuche 91, 217
Scheincalla 232, 233
Scheinhasel 107
Scheinmohn 215
Scheinrebe 199
Scheinzypresse 100, 102
Schermaus 414
Schildkröte 236
Schildlaus 386, 414, 416, **423**, 422, 430
Schilf 223, 226
Schilfrohr 112
Schillergras **175**, 244
Schimmel 417
Schimmelpilze 418
Schirmbambus **176**
Schisandra chinensis 199
Schizanthus-Wistoniensis 206
Schlaffsucht **402**
Schlafmützchen 213
Schlangengurken 389
Schlangenhaut-Ahorn 90
Schlanke Spindel 297
Schlankjungfern 235
Schlehe 80, 237, 243, 301
Schleie 236
Schleierkraut 64, 149, **162**, 376
Schleifenblume **163**, 376
Schlingknöterich 196, 199
Schlitzfolie 61, 335, **378**, 379, 456
Schlotte 259, 278
Schlupfwespe 252, 386, 405, **406**, 406, 407, 410, 412, 415, 422, 423, 426, **429**, 435, 437
Schlüsselblume **171**
Schmetterlinge 237, 240, 245, 247, 410, 424, 448
Schmetterlingsblütler 391
Schmetterlingseier 432
Schmetterlingsnahrung 44
Schmetterlingsraupen 59, 428
Schmetterlingsstrauch 97, 107
Schmierseifen-Brühe 436
Schmuckkörbchen 214, 376, 395
Schnecken 45, 235, 252, 353, 376, 379, 386, 409, 418, **426**, 428, 433, **436**, 458, 460

Stichwortregister

Schneckenabwehr 359
Schneckenfalle 250, 409, 436
Schneckenkneipe 360
Schneckenköder 426
Schnee-auf-dem-Berge 395
Schneeball 107, 109, 111, 188
Schneebeere 81, 109, 111
Schneeflockenstrauch 92
Schneeglanz 179, 215, 217
Schneeglöckchen 72, 78, 80, **180**, 213, 216, 244, 247, 377, 452, 456, 466
Schneeheide 216, 239
Schneekissen 148
Schneeruhm 247
Schneeschimmel 123
Schneestolz 72
Schneewürmer 428
Schnellkäfer 409
Schnitt **96**, 97, 101, 108, 110, **120**, 132, 198, 297, 317, 337, 340, 454, 463, 472
Schnitthecke 74, 77, **98**, 99, 102, 111
Schnittknoblauch **278**
Schnittlauch 59, 245, 354, 360, 362, **372**, 453, 466, 473
Schnittmethoden 295
Schnittrosen 131
Schnittsalat 251, 264, 281, 284, 359, 389
- 'Verona' 292
Schnittsellerie 284, 360
Schnittstellen 102
Schnittwunden 317, 325
Schnurbaum 89
Schönfrucht 92
Schönmalve 203
Schönranke 197
Schorf 296, 328, 457, 459, 461
Schorfäpfel 410
Schosse 342
Schote **271**
Schröpfschnitt 120
Schrotschuß 305
Schrotschußkrankheit 329, 459
Schutzring 437
Schwächeparasit 401
schwachwachsende Unterlage 296
Schwachzehrer 280, 293
Schwalbenschwanz 240
Schwammspinner 407, 411
Schwanenblume 232
Schwarzäugige Susanne 197, 458
Schwarzbeinigkeit 386
Schwarze Blattlaus 67
- Bohnenlaus 273
- Folie 70, 274, 384, 452
- Johannisbeeren 336, 338, 352
- Königskerze 239
- Läuse 360, 434
- Mulchfolie 333, 458
Schwarzer Holunder 81, 106, 239, 243
Schwarzerle 80
Schwarznuß 308
Schwarztorf 229
Schwarzwurzel 252, 259, **270**
Schwarzwurzeln 34, 67, 254, 265, 281, 287, 291, 450, 456, 458, 468
Schwebealgen 229
Schwebfliege 240, 245, 252, 405, 412, 415, **430**, 435, 436
Schwedische Mehlbeere 89
Schweinemist 57
Schwerer Boden 32, **34**, 54, 72, 77, 82, 117, 135
- Tonboden 76
Schwertlilie 63, 81, **164**, 214, 374, 377

Schwimmendes Laichkraut 231
Schwingel 217
- -Gräser 113
Scilla 72, 247, 456
- *hispanica* 185
- - 'Myosotis' **183**
- - 'Queen of the Pinks' **183**
- - 'White Triumphator' **183**
- - non-scripta **183**
- - - scripta 185
- sibirica 185, 186
- - 'Alba' **183**
- - 'Spring Beauty' **183**
Scirpus 232
- *lacustris* 232
- *tabernaemontani* 'Zebrinus' 156, 232
Scorzonera hispanica 270
Sechsjähriges Hügelbeet 293
Sedum 63, 133, 189, 238, 242, 377
- *acre* 153, **172**, 186, 189, 244
- *album* 'Murale' **172**, 186
- *floriferum* 'Weihenstephaner Gold' 149, **172**, 185
- *hybridum* 'Immergrünchen' **172**, 186
- *middendorfianum* 'Diffusum' **172**, 186
- 'Septemberglut' **173**
- *sexangulare* 153, **172**, 186
- *spectabile* 'Brillant' **173**
- *spurium* 189
- - 'Album Superbum' 149, **172**, 186
- *telephium* 'Herbstfreude' **172**, 186
Seekanne 231, 240
Seerose 227, 230, 240, 472
Seerosenzone 231
Segge 232
Seidelbast 92, 97
Seideneiche 203
Seifenkraut **172**, 219
Seitenäste 314, 318
Seitenholz 318
Seitentrieb 102, 104, 111, 209
Seitenzwiebeln 72
selbstfruchtbar 301, 306, 308, 339, 345, 347, 350, 393, 461
Selbstkletternder Wilder Wein 129
selbstunfruchtbar 301, 339
Selektiv-Herbizide 145
- wirkende Pflanzenschutzmittel **415**
Sellerie 26, 34, 56, 59, 252, 254, **268**, 269, 281, 283, 354, 375, 438, 457, 462, 466
Sellerieblätter 358
Sempervivum × *hybridus* **173**
Sempervivum 63, 154, 186, 219, 238
- *tectorum* 244
Senecio bicolor 205
- *maritima* 394
Senf 40, 45, 262, 264, 354, 466
- -Nachkultur 287
- -Vorkultur 284
Serbische Fichte 100
Sesleria cinerea 153
Sex-Fallen 410
Sibirische Schwertlilie 234
- Wiesenirid 164
Sichelmäher 120
Sichtschutz 28, 77, 98, 100, 106, 109, 127, 192, 243, 251, 297, 309
Sichtschutzhecke 111
Sicyos angulatus 197
Siebenschläfer 241, 405
Silberährengras **175**
Silberdistel 239

Silberfahnengras **176**
Silbergras 404
Silberkerze **160**, 216
Silberling 377, 462
Silberrandmarbel 216
Silberwurz 189, 219, 239, 244
Silene rupestris 238
Sinarundinaria 234
- *nitida* **176**, 185
Singvögel 411, 450
Sinofranchetia chinensis 199
Sinomenium chinensis 199
Sitka-Fichtenlaus 423
Sitzplatz 88, 221
Skabiosenflockenblume 239f.
Sklerotinia 386
Smilacina racemosa 189
Smilax 199
Sojabohnen 252, 259, 265, **273**
Solanaceen 202, 204
Solanum 203, 204
- *aviculare* 204
- *jasminoides* 204, 208
- *laciniatum* 204
- *melongena* 390
- *peruvianum* 391
- *rantonnetii* 203
- *tuberosum* **271**
- *wendlandii* 204, 208
Soldatenkäfer 428
Solidago × *hybridum* 186
- *hybridus* **173**
- - 'Golden Shower' **173**
- - 'Goldwedel' **173**
- - 'Strahlenkrone' **173**
Solidago 81, 238, 377
Solitärbäume 90
Sommeraster 71, 395
Sommerazaleen 456
Sommerblumen 55, 60, 65, 68, 71, 155, **200**, 201, 204, 209, 214, 341, 357, 362, 384, 394, 436, 452, 456, 460, 462, 464, 468
Sommerdüngung 122
Sommerendivie **257**
Sommerflieder 243
Sommerfuchsie 376
Sommergemüse 253
Sommergerste 81
Sommerheide 217, 218
Sommerhyazinthen 458
Sommerknotenblume **181**
Sommerlauch 278
Sommerlinde 81
Sommermargerite **160**
Sommerphlox 63, **168**, 395
Sommerprimel **170**
Sommerradieschen 67
Sommerrettich 287, 460
Sommersalat 255
Sommerschnitt 97, 102, 142, 209, **320**, 347, 461, 463, 465
Sommervergißmeinnicht 395
Sommerweizen 81
Sommerwicken 42
Sommerzypresse 206, 395
Sonnenauge 63, 155, 213
Sonnenblume 41, 46, **163**, 213, 373, 376
Sonnenbrand 204, 325
Sonnenbraut 63, **163**, 377
Sonnenhut **171**, 212, 213, 377
Sonnenhüte **378**
Sonnenröschen 148, **163**, 219, 239
Sonnentau 228, 232
◯=sonnig 152
Sophora japonica 89
Sorbaria aitchisonii 109

Sorbus 109
- *aria* 89, 106
- *aucuparia* 89, 106
- *intermedia* 89
- spec. 89, 91
Spaghettikürbis 259, **276**
Spalier 75, 127, 129, 143, **192**, 193, 195, 196, 208, 295, 299, 302, 305, 310, 319, 325, 344, 347, 349, 457, 463
Spaliertomaten 390
Spaltkölbchen 199, 204, 206
Spanische Artischocke **269**
Spannerfalter 433
Sparganium erectum 156, 226, 232
- *minimum* 233
Spargel 55, 252, 260, 269, 373, 460, 470
Spargelfliege 470
Spargelrost 470
Spartina michauxiana 186
- 'Aureomarginata' **177**
- *pectinata* **177**
Spaten 39, 47, 56, 63, 472
Später Kopfsalat 282
Spätfröste 144, 298, 303, 339, 459
Spätgemüse 254, 466, 470
Spätherbstgemüse 379
Spätkartoffelernte 80, 82
Spätkohl 61, 450, 456, 460, 462, 468
Spätkohlrabi 254
Spätporree 252
Speiseerbse 81
Speiserübe 259, 265, **270**
Speisezwiebeln 410
Spezialkomposte **49**
Spezialmiete 57
Spezialmulch 44
Sphaerotheca pannosa var. *rosae* 146
Sphagnum 228
Spielrasen 124
Spiere 99
Spierstrauch 97, 100, 109, 110, 243
Spinacia oleracea **258**
Spinat 45, 56, 66, 252, **258**, 260, 264, 281, 285, 289, 292, 378, 383, 389, 437, 456, 464, 466, 469, 472
Spindelbusch 295, 297, 300, **310**, 312, 313, 316, 320, 324, 325, 455, 463, 465, 467, 471
Spindelbuschkrone 316
Spindelstrauch 187
Spinnen 405, 412, 415, 422, **432**, 433, 435
Spinnenpflanze 206, 395
Spinnmilben 126, 146, 386, 395, 400, 405, 410, 414, 418, 422, **425**, 430, 433
Spiraea × *arguta* 100, 110
- - *bumalda* 'Anthony Waterer' 111
- - *cinerea* 'Grefsheim' 100, 111
- - *vanhouttei* 100
Spiraea 97, 109
- *albiflora* 110
- *arguta* 97
- *japonica* 'Little Princess' 111
- *thunbergii* 111
Spitzahorn 80, 87
Spitzendürre 303
Spitzenförderung 140
Spitzmaus 241, 252, 405, 422, **433**, 436
Spornblume 219
Spreizhölzer 314

Spreizklimmer 129, **194**, 199
Sprekelia 210
Springbrunnen 221, 229
Springschwanz 52, 416
Spritzbrühe 423, 469
Spritzmittel 296, 385, 435
Sprühfleckenkrankheit 329
Spurenelemente 54, 57, 121, 136, 326, 404
Stabtomaten 274
Stachelbeerblattwespe 352
Stachelbeere 80, 81, 338, 339, **340**, 341, 342, 350, 352, 375, 463
Stachelbeerhochstamm 325
Stachelwalze 125
Stachys byzantina 148
- *grandiflorum* 185, 186
- - 'Superba' **173**, 213
- *lanata* 186
- - 'Silver Carpet' **173**
- - 'Silvercarpet' 148
Stallmistpackung 452
Stammbildner 307
Stammbüsche 102, 104
Stämmchen 200, 202, 205, 209, **211**, 338, 380, 394
Stammhöhen 309
Stammrosen 135, 137
Stammverlängerung 76, 314, 317
Stangenbohnen 46, 67, **272**, 273, 290, 389, 391, 450, 458, 462, 466
Stangensellerie **269**, 283, 290
Staphylinidae 431
Starkzehrer 280
Stauden 28, 43, 51, 55, 59, 63, **70**, 72, 91, 109, 133, 148, **150**, 152, 154, 185, 186, 212, 214, 216, 234, 245, 247, 356, 362, 376, 394, 454, 456, 458, 460, 462, 464, 466, 468, 470, 472
Staudenbeet 212, 302
Staudengräser 71
Staudenwicke **165**
Staunässe 72, 115, 135, 207, 214, 219, 268
Stechpalme 99
Stechwinde 199
Steckholz 205, 342
Stecklinge **64**, 350, 369, 379
Stecklingsvermehrung 134, 388
Steckrübe 259, 265, **270**
Steckzwiebeln 69, 276, **277**
Stegdoppelplatten 381
Steigungsformel 21
Steinbrech 189, 219
Steingarten 12, 17, 71, 133, **218**, 219, 241, 356
Steingartenpflanzen 149, 153, 219
Steingartenstauden 150, 207
Steinhaufen 242, 400, 433
Steinkraut 64, **158**, 362
Steinmehl 48, 50, 59, 71
Steinobst 309, 314, 316, 318, 322, **330**, 469
Steinrich 456
Steinrose 190
Steinsame 106, **166**, 215
Steinweichsel 106, 302
Stella media 42
Stengelloser Enzian **162**, 239
Stephanandra incisa 109
- - 'Crispa' 111, 188
Steppe 239
Sternbergie 72
Sternhortensie 199
Sternjasmin 201
Sternmagnolie 95

Stichwortregister 485

Sternmoos 63, 189
Sternrußtau 126, 140, 148, 458, 460, 462
Sternwinde 197
Stickstoffmangel 52, 54, 140, 144
Stickstoffsammler 272
Stickstoffüberschuß 144
Stiefmütterchen 377, 460, 462, 466
Stieldrusen 129
Stielmangold 283, 290, 385
Stielmus **260**, 264, 389
Stigmaeidae **433**
Stinkerzwiebel 437
Stipa barbata **177**, 186, 219
- *capillata* 153, **177**, 186
- *pennata* 153, 239
Stippigkeit 53
Stockmalve 206
Stockrose 81, 373, 377
Storchschnabel **162**, 189, 215, 234, 244
Strapaziergräser 114
Stratiotes aloides 231, 232
Strauchbeerenobst 453
Sträucher 74, 76, **92**, 97, 106, 237, 239, 442, 472
Strauchkastanie 87
Strauchpfingstrose 95
Strauchrose 126, 127, 131, 137, 243
Strauß-Gräser 113
Straußfarn **178**
Streifen-Ahorn 90
Streifenfarn **177**
Strelitzia reginae 201
Strohblume 376, 466
Stückrettiche 67
Studentenblume 206, 376, 394
Studentennelken 145
Stufenmaß 21
Stützmauern 128
submers 156
Sukkulenten 207, 238, 386
Sukzessivpflanzen 399
Sumpfbeet 220
Sumpfdotterblume 80, 232, 240
Sumpfflächen 155
Sumpfiris 221
Sumpfkalla 232
Sumpfpflanzen 71
Sumpfprimel **170**
Sumpfschildkröte 236
Sumpfschwertlilie **164**, 232, 240
Sumpfsiegwurz 232
Sumpfvergißmeinnicht 232, 240
Sumpfwolfsmilch 233
Süßkirsche 80, 299, 302, **303**, 309, 318, 329, 411, 461, 463, 465, 469
Süßkirschensorten 303
Süßlupine 42
Symbiose 412
Symphoricarpos x chenaultii 109
- - *doorenbosii* 'Mother of Pearl' 111
- *albus* var. *laevigatus* 109
Symphytum 244
Syringa x chinensis 97
Syringa 109, 377
- *meyeri* 'Palibin' 96
Syrphidae **430**
Syrphus 415

T

Tachinidae **429**
Tafeleibe 188
Tagetes 71, 206, 362, 368, 376, 394, 456, 458
- *erecta* 145
Taglilie 63, 81, **163**, 214, 234, 377
Tagpfauenauge 240
Tamarillo 393
Tamariske 109
Tamarix pentandra 109
Tanne 80
Tannenwedel 221, 232, 240
Tapezierbiene 240
Taraxacum officinale 239, **261**
Taschenkrankheit 329
Taubenbaum 91
Taubenmist 34, 57, 59
Tausendblatt 231f., 240
Tausendfüßler 48, 353, **427**
Tausendgüldenkraut 239
Taxus baccata 100
- 'Repandens' 188
- *media* 100
Tayberry **348**, 349
Tazetta-Narzissen **183**
Teehybriden 132, 134, 142
Teerosen 134
Teich 12, 26, 155, 221, 237, 239, 241
Teichbaufolie 224, 226, 228
Teichfolie 226, 228
Teichgrund 222
Teichmolch 235
Teichmuschel 235
Teichrand **234**
Teichrose 230
Teichsimse 232
Teilen **63**, 214
Teltower Rübchen 67
Teppichknüpfer 244
Teppichphlox **168**, 219
Terrarium 227, 236
Terrasse **25**, 88, 126, 135, 152, 251, 310
Testnützlinge 415
Tetragonia tetragonioides **259**
Trockenerbsen 272
Tetranychus urticae 147, 405
Teucrium 77
Thomaskali 76
Thomasmehl 58, 261, 312
Thomasphosphat 54
Thrips fuscipennis 147
Thuja 437, 466
- *occidentalis* 100
- *plicata* 100
Thujenhecken 464
Thunbergia alata 197
Thymian 189, 218, 238, 244, 355, 358, 362, **372**, 438
Thymus 238, 244f.
- *serphyllum* 153, 189, 218
- *vulgaris* **372**
Tiarella cordata 185
- *cordifolia* **173**, 185, 189, 216
Tibouchina urvilleana 203
Tieflandunke 235
Tiefwurzler 280
Tierdung 57
Tierische Rosenschädiger 147
- Schädiger 148
Tilia cordata 100
- spec. 89
Tomate 19, 44, 59, 69, 78, 252, 263, 265, **274**, 281, 284, 290, 356, 381, 385, 389, 390, 393, 408, 410, 434, 438, 450, 455, 457, 466, 473
- -Reifehaube 379
Tomatenbaum 392
Tomatenblätter-Brühe 438
Tonboden 32, 35, 70, 74
Tonkabohne 410
Tonmehl 48, 50, 70, 76
Tonmineral 33, 117
Topfrosen 133
Topinambur 293, 437
Torbögen 127, 143, **192**
Torfquelltöpfe 62
Trachelospermum jasminoides 201
Trachycarpus fortunei 201
Tragruten 347
Tränendes Herz 72, 80, **161**, 377, 456
Trapa 232
- *natans* 231, 240
Traubenholunder 106
Traubenhyazinthe **182**
Traubenkirsche 106
Trauerrosen **133**, 134, 142
Trauerstämmchen 208
Trauerweiden 319
Treib-Chicorée 281, 287, 291
Treiberei 473
Treibgurken 457, 459, 465, 467
Treppe 17, 20, **21**
Trialeurodes vaporariorum 406, **424**
Triandrus-Narzissen **183**
Trichogramma 415
Trichosanthes kirilowii 199
Trichterfarn **178**
Trichtermalve 395
Trichterwinde 197, 395
Triebanreiz 315
Triebknospen 139, 344, 346
Trifolium arvense 238
triploid 294, 299
Tripterygium regelii 199
Tritonia crocata 377
Triumphtulpen **184**, 213
Trockenapparat 363
Trockenblumen 466
Trockenbohnen 273
Trockenerbsen 272
Trockengräser 244
Trockenmauer 21, 153, 242, 355
Trockenrasen 70, 153, 239, 244, 400
Trocknen 253
Trollblume **173**, 234
Trollius x cultorum **173**, 186
- 'Earliest of All' **173**
- 'Goldquelle' **173**
- 'Lemon Queen' **173**
- 'Orange Globe' **173**
Trollius 234
- *chinensis* 186
- - 'Golden Queen' **173**
- *europaeus* **173**
Trombidiidae **433**
Trompeten-Hybriden 73
Trompetenbaum 87
Trompetenblume 199
Trompetennarzisse **182**, 216, 217
Trompetenzunge 204
Tropaeolum majus 197, 208, 376
Tröpfchenbewässerung 288, 384
Tsuga 202
Tulipa **183**
- 'Carlton' 214
- *eichleri* **184**, 186
- *fosteriana* **184**, 186
- *greigii* **184**, 186
- *kaufmanniana* **184**, 186
- - 'Corona' 213
- 'Lucida' 213
- 'Lucky Strike' 213
- 'Oxford' 213
- *praestans* **184**, 186
- 'Red Champion' 214
- 'Schoonoord' 214
- *sylvestris* 72, **184**, 185, 215
- *tarda* **184**, 186
- 'White Parrot' 214
- -, Züchtungen 186
Tulpe 72, 80, **183**, 213, 244, 377, 456, 458, 466
Tulpenmagnolie 91
Tulpenbaum 88
Tüpfelfarn **178**
Türkenbund 73, 81, **182**
Türkenbundlilie 377
Türkenmohn **168**
Türkischer Mohn 83
Tussilago 238
Typha 226, 232
- *angustifolia* 156
- *latifolia* 233
- *minima* 233
Typhlocyba rosae 147
Typhlodromus 415
- *pyi* 405

U

Überdüngung **56**, 102, 425
Überwinterung 64, 135, 201, 203, 205, 208, **209**, 210, 230, 382, 394, 462
Überwinterungsporree 278
Uferzone 239, 241, 242
Umgraben **37**, 82, 101, 115, 312, 472f.
Umveredeln 322, 451, 473
Umwälzanlagen 229
Umfallkrankheit 386, 395
Unfruchtbarkeit 299
Ungelochte Folien 378
Ungeschnittene Hecken **103**, 110, 111, 133
Ungleiche Holzbohrer 409
Unken 235
Unkrautbehandlung 114
Unkrautbekämpfung 122
Unkrautmittel 414
Unkrautvernichtungsmittel 115, 133, 240, 252
Unterlage 134, 295, 299, 301, 304, 307, 310, 321, 325
Urgesteinsmehl 54
Usambaraveilchen 386, 388
Utricularia vulgaris 231, 232

V

Vaccinium 349
- *vitis-idaea* 350
Valeriana 239
Valerianella locusta **257**
Valsakrankheit 469
Veilchen 239, 244, 247, 373, 377
Veilchenstrauch 203
Venidium fastuosum 395
Venushaarfarn 234
veralgen 227
Verbascum 238, 244, 377
- *bombyciferum* **173**, 186
- *longifolium* 186
- - *pannosum* **173**
- *nigrum* 239
- *olympicum* **173**, 186
- *phoeniceum* **173**, 186
Verbena 71, 206, 394, 452, 458
Verbrennungen 58, 103, 135, 255, 332, 378, 382
Verdichtete Böden 70, 73, 75, 116, 251
Verdunstungsschutz 138
Veredeln 134, 308, 310, 321, **322**, 453, 457, 461, 465, 473
Veredelungsstelle 75, 128, 134f., 136, 307, 312, 313, 461
Veredlungsmethoden 322
Veredlungsunterlage 132, 306
Verfrühen 391
Vergißmeinnicht 80, 244, 374, 377, 460, 462, 466
Verjüngen 71, 103, 141, 318, 451
Verjüngungsschnitt 97, 317, 319
Vermehrung **60**, 60, 339, 342, 345
Vermoosung 123
Veronica beccabunga 232
- *incana* 148, **174**, 186
- *longifolia* 244
- *prostrata* 217
- *spicata* 148, **174**
- *teucrium* 186
- - 'Knallblau' **174**
Verticillium 415
- *lecanii* 407
- -Welke 306
verticutieren 119, 121, 123, **124**
Verwirrungsmethode 411
Vexiernelke 81
Viburnum 109, 377
- *carlesii* 111
- -, 'Aurora', 'Charis', 'Diana' 96
- *lantana* 106
- *opulus* 106
- - 'Nanum' 188
Vicia faba 273
Vielblütige Rose 130
Vierjähriges Hügelbeet 292
Vinca 63
- *major* **174**, 185, 187
- *minor* 106, 185, 187, 215
- - 'Rubra' **174**
Viola 239
- *adorata* 244
- *cornuta* 377
- *tricolor* 377
Viren 335, **407**, 407, 416, **417**, 418, 422
virusfreie Unterlagen 301
Viruskrankheiten 352, 414
Vitis vinifera 199, 393
Vlies 253, 262, 267, **378**, 380, 453, 469
Vogelabwehr 412
Vogelbeerbaum 106
Vogelbeere 106
Vogelkirsche 80, 302, 304
Vogelmiere 42, 470
Vogelschutzgehölz 105, 108
Vogelschutzhecken 400
Volldünger **54**, 54, 63, 143
Vollinsekt 424, 407
Vollständige Verwandlung 418
Vorgarten **23**, 24, 86, 98, 251
Vorkultur 65, 68, 70, 197, 268, 272, 282, 332, 358, 450, 452, 456
Vorratsdünger 54, 76, 143, 312, 471

W

Waagerechtbinden 295
Wacholder 217
Wachsende Folie 61, 255, 453, 456
Wachstumsstörungen 144
Walderdbeere 106, 239, **336**, 375
Waldgeißbart 244
Waldgeißblatt 106, 239
Waldgräser 244
Waldheidelbeere 349
Waldhimbeere 343
Waldhyazinthe **183**

Stichwortregister

Waldmarbel **176**
Waldmeister 216, 239, 410
Waldprimeln 244
Waldrand 198, 239
Waldrebe 193, 198, 199
Waldsauerklee 189
Waldsaum 152
Waldschlüsselblume 239
Waldsegge **175**
Waldstauden 151
Waldsteine 189
Waldsteinia geoides **174**, 185, 189
- *ternata* **174**, 185, 189
Waldtulpe 215
Wallwurz 251
Walnuß 82, **307**, 308, 330, 465, 467, 471
Walnußbäume 455
Wandelröschen 203, 394
Wandspalier 299, 311, 319, 457
Wanzen 416, 430
Wärme 46, 48, 52, 68, 135, 445
Wärmeabstrahlung 193
Wärmeschutz 453
Waserläufe **228**
Washingtonia 203
Wasserähre 231
Wasseraloë 231
Wasserasseln 427
Wasseraustausch 222
Wasserbedarf 205
Wasserblüte 229
Wasserdost 233
Wasserfeder 231
Wasserfloh 234, 241
Wasserfrösche 241
Wasserhahnenfuß 231
Wasserhyazinthe 230
Wasserkastanie 231
Wasserknöterich 231
Wasserläufer 234, 241
Wassermelonen 275
Wassermilbe 234
Wassermohn 230
Wassermoos 232
Wassernuß 231, 240
Wasserpest 231
Wasserprimel 231
Wasserqualität **228**
Wasserschildkröte 236
Wasserschlauch 231
Wasserschnecken 241
Wasserschosse 130, 141, 317
Wege **20**, 24, 46, 374
Wegerich 123, 252
Wegwarte 78, 81, 240, 256
Weicher Schildfarn **178**
Weichkäfer 405, 422, **428**
Weidelgras 113
Weiden 97
Weidenröschen 238, 252
Weigela 97, 109, 243
Wein 78, 199, 311, 383, 386, 392, 411
Weinbergtulpe **184**

Weinraute 356
Weinrebe 193, 199, 392, 455, 461
Weinrose 130, 377
Weinspalier 453
Weinstock 373, 463
Weißbuche 88, 443
Weißdorn 89, 99, 105, 108, 237, 243, 307, 377
Weiße Fliege 203, 275, 385, 395, **406**, 406, **407**, 412, **424**
- Johannisbeere 336, 352
- Lupine 41
- Rose 377
Weißkohl **263**, 264, 281, 290, 458
Weißkraut **263**
Weißrindige Himalajabirke 90
Weizen 240, 413
Welke 125
Welkeerkrankung 418
Welkepilze 335
Welker Rasen 125
Wermut 437
- -Brühe 435
- -Tee 438
Wespe 147, 241, 409, 411, 429
Westerwoildsches Raigras 42
Wetterbeobachtung **408**
Wicke 42, 373, 376
Wicklerfalter 433
Wicklerraupe 414, 421
Wiese 78, 121, 153, 239, 289, 325, 375, 398
Wiesel 405, **433**
Wiesenbärenklau 239
Wiesenblumen 239, 245
Wiesenblumenmischung 246
Wiesenflockenblumen 246
Wiesenfuchsschwanz 80
Wiesenglockenblume 239, 246
Wiesenknöterich **170**, 233
Wiesenkümmel 246
Wiesenmargerite 83, 239
Wiesenprimel 238
Wiesenrispe 113
Wiesensalbei 81, 83, 239, 246
Wiesenskabiose 238
Wiesenstorchschnabel 239
Wild-Waldreben 199
Wildapfel 106
Wildblumenwiese 245
Wilde Minze 354
- Möhre 239
- Reben 199
- Resede 238
Wilder Majoran 239
- - 370
- Wein 188, 192, 194, 198
Wildfelder 197, 109
Wildgehölze 99
Wildhasel 309
Wildkirschen 304
Wildkräuter 65, 239, 241, 244, 246, 359, 448
Wildkräuterhecke 59

Wildkräuterwiese 44
Wildkrokus 247, 456
Wildling 134
Wildnarzissen 244, 247
Wildorchideen 233
Wildrose 106, 109, 127, 129, 133, 139, 141, 143, 377
Wildstauden 45, 70, **150**, 152, 155, 241, **243**, 244
Wildsträucher 243
Wildtriebe 461
Wildtulpe 72, **184**
Wildzitrone 392
Winde 70, 192, 206, 361, 376
Winterendivie 252, **255**
Wintergarten 220
Wintergemüse 379
Winterheckezwiebel 259, **278**
Winterheide **216**, 216
Winterjasmin 196, 199
Winterkohl 264, **265**
Winterkopfsalat 287, 472
Winterkresse 361
Winterlinde 81, 100
Winterling 72, 80, **180**, 244, 452, 456, 466
Winterporree 251, 254, 278
Winterportulak **261**, 264, 360, **367**
Winterpostelein 252, 254, **261**
Winterradicchio 254
Winterrettich 56, 67, 252, 254, 284, 464, 468
Wintersaateule 422
Wintersalat 288, 389, 470
Wintersäzwiebeln 277
Winterschnittzwiebel 278
Winterschutz 92, 138, **143**, 372, 472
Wintersquash **276**
Wintersteckzwiebel **277**, 291
Winterwirsing 264
Winterzwiebeln 67, 287, 291, 464, 470
Wirsing **263**, 264, 458
Wisteria 199
Witwenblumen 246
Wolfsmilch 437
Wollläuse 386
Wollgras 233
Wolliger Schneeball 106
Wollziest 148
Wühlmaus 240, 409, 412, 414, 433, **437**, 467, 469
Wundbehandlung **324**, 423, 457
Wunderbaum 200, 206
Wundschnitt 75
Wundstellen 97, 317
Wundverschlußmittel 102, 317, 319, 324, 413, 465
Wurm im Apfel 408
Würmer 235, 429, 433
Wurmfarn **177**, 216, 293, 436
Wurzelfäule 353

Wurzelhals 101, 134
Wurzelhemmstoffe 413
Wurzelkletterer **193**, 194, 199
Wurzelpetersilie 67, 254, 358
Wurzelrüben 257
Wurzelschnittlinge 345
Wurzelschosse 345, 350
Wurzelsellerie 268
Wurzelstock 347
Wurzelunkräuter 70, 77, 115, 128, 213, 252, 346
Würzpflanzen 354

Y

Yamswurzel 199
Youngbeere 346
Ysander 63
Ysop 245, 356, 362, 374, 376
Yucca 201, 206
- *filamentosa* 186, 206

Z

Zantedeschia 202
- *aethiopica* 230
Zauberhnuß 97
Zauneidechsen 436
Zaunwein 192
Zaunwinde 128
Zea mays 395
- convar. *saccharanta* **279**
Zebrasimse 232
Zentifolienrose 356, 377
Zichorie **257**, 264
Ziegenmist 34, 57
Zierapfel 89, 97, 106, 109
Ziergräser 454, 456
Zieringwer 201
Zierjohannisbeere 27
Zierkirsche 89, 91, 97, 106, 107, 108
Zierkürbis 197, 456, 458
Ziermais 395
Zierorange 392
Zierpflaume 91
Zierquitte 110, 243
Zierrasen 124, 447
Ziertabak 203, 394
Ziest **173**, 213
Zikade 412, 416, 422, **424**, 430
Zimmeraralie 201
Zimmergewächshaus 358
Zimmerkalla 230
Zimmerpflanzen 202, 210
Zimthimbeere 188
Zimtrose 377
Zinnia elegans 206, 376, 395
Zinnie 206, 376, 395, 456, 458
Zistrose 207, 211
Zitrone 203, 392
Zitronenmelisse 245, 356, 362, 370, 466
Zitronenthymian 372

Zitrusfrüchte 392
Zittergras **174**, 239
Zucchini 59, 251, 254, 259, **276**, 281, 285, 290, 456, 458, 466
Zuchtlilien **182**
Zuckererbsen 67, 259, **271**, 272, 282, 286, 292, 450
Zuckerhut 254, **257**, 264, 281, 283, 285, 290, 450, 460, 462, 471
Zuckerhutfichte 149
Zuckermais 67, 259, 265, **279**, 287, 434, 456, 458
Zuckermelonen 275, 389, 456, 458, 461, 465, 467
Zuckerrüben 80
Zugäste 322
Zungenhahnenfuß 232
Zusatzbelichtung 391
Zweig-*Monilia* 302, 324, 329, 459
Zweigriffliger Weißdorn 105
Zweijahresblumen 460, 464, 466
Zweijährige 379, 462
- Arten 361
- Blumen 81, 377
- Kräuter **367**
Zweijähriges Hügelbeet 290
Zweimaltragende Sorten 344
Zwerg-Margerite 395
- -Rittersporn 394
Zwergalant 217
Zwergbengalrosen 128, 133
Zwergbinse 233
Zwergblutpflaume 95
Zwergflieder 96
Zwerggehölze 74, 77, 93, 154
Zwergigelkolben 233
Zwergiris 219, 244
Zwergkiefer 149, 217
Zwergliguster 108
Zwergmandel 95
Zwergmispel 108, 110, 148, 187
Zwergnarzissen 72, **183**
Zwergrainweide 99
Zwergrohrkolben 233
Zwergrose 128, 131, **133**, 134, 138, 142, 214
Zwergschwertlilie **164**
Zwergspiere 108, 189
Zwergweigelie 107
Zwetsche 80, 81, **300**, 309, 316, 322, 324, 329, 330f., 457, 459, 461, 467, 469, 472
Zwetschenrost 329
Zwiebel 59, 69, 72, 123, 152, **179**, 186, 214, 219, 250, 259, 265, **276**, 277, 281, 286, 292, 354, 375, 386, 387, 403, 434, 438, 450, 456, 458
Zwiebelblumen 244, 377
Zwiebelfliege 403
Zwiebelgewächse **72**, 244, **276**
Zwischenkultur 251, 403, 434
Zwischenpflanzung 278, 283
zwittrig 339, 350
Zyperngras 230

○ = sonnig
◐ = halbschattig
● = schattig

Bildnachweis

Agria: 120 ur
Apel: 82 o, 90/91, 94, 95 u, 123 u, 127 r, 149 Mitte, 154 ur, 157 u, 157 or, 158 l, 158 u, 160 r, 161 o, 165 2. v.o., 167 ul, 167 Mitte, 169 u, 173 l, 173 u, 174 l, 177, 178 l., 2., 3. v.o., 179 o, 181 Mitte, 183 u, 193 Mitte u, 193 ur, 202 o, 202 u, 207 l, 210 or, 229 or, 229 ur, 232 ur, 247 u, 278 ur, 298 o, 303, 305, 307 u, 319 r, 342, 351, 373, 392 r, 404 l
Angermayer: 235 o, 419 2. v.u., 432 l
Bellmann: 429 o
Berling: 53 u, 148 Mitte, 327 o, 329 2. v.u., 406 ul, 407, 410 o, 410 Mitte, 412 o, 412 Mitte, 414 u, 419 o, 419 3. v.o., 420 r, 424 r, 425 u, 427 u, 432 Mitte
v. Brauke: 39 ul
Burchardt: 32, 35, 36, 39 o, 39 Mitte r, 39 ur, 58 l, 115, 116, 117, 118, 119 r, 120 l, 123 o, 125
Burda: 10/11, 15, 16 o, 17 o, 20 ul, 22 o, 23 l, 27, 80 o, 81 l, 81 or, 81 ur, 82 2. v.o., 84/85, 112, 127 Mitte, 128 u, 149 o, 159 ur, 160 l, 162 Mitte, 163 l, 166 r, 168 Mitte, 168 ur, 169 o, 170 o, 171 o, 172 l, 172 r, 173 r, 179 u, 181 u, 198, 202 l, 204 ur, 210 u, 228, 240, 241 u, 248/249, 250, 251, 253, 260 u, 260 r, 262 o, 296 u, 301, 332, 337, 338 u, 340 r, 345 u, 356, 365 r, 366 r, 375, 380, 390 r, 395 Mitte, 459, 466
Compo: 113, 123 2. v.o., 123 2. v.u.
Cortnummé: 128 u, 134 r, 135, 136, 137, 145, 146 Mitte o, 146 ur, 147 l
Danegger: 405 l
Daudt: 405 r, 410 ur, 413 o, 431 o
Dierking: 346
Dittmer: 33, 34 r, 43, 45 l, 45 ur, 47, 49 l, 50, 57, 58 Mitte, 59, 60, 61 ol, 62 ul, 65, 68 u, 238 r, 277 l, 326 o, 334, 335, 355, 357 l, 357 u, 358, 359 l, 360, 361 o, 362, 363 or, 363 ur, 364 o, 364 u, 367 o, 369 l, 370 l, 372 l, 376 r, 412 Mitte, 412 u, 413 u, 414 o, 426 o, 435, 436, 437, 438
Diedrich: 243
Eisenbeiss: 159 or, 204 ol, 204 or, 208, 233 2. v.o.
Eisenreich: 233 o, 233 u
Ewald: 231 2., 3. v.o.
Felbinger: 207 u, 297 u, 302, 304, 306 r, 311 u, 330 l, 331
Gardena: 39 Mitte l, 124
Gugenhan: 395 u
Handel: 426 u
Heimann: 146 l, 329 u, 352 or
Heimhuber: 166 ul
Henseler: 406 ol, 408, 417 l, 421 l, 421 r, 423 u, 424 u, 425 o, 425 Mitte

Howard: 286, 289
Jacobi: 402
Jesse: 120 2. v.o., 345 o
Kahlert: 406 or
Kali und Salz: 53 o
Kalkdienst: 37 o
Kolb: 86, 104, 111
Kopp: 436 r
Kretschmer: 415, 421 Mitte, 409, 419 u, 423 o, 431 Mitte, 431 u
Krieger: 387, 391 u, 392 l
Kurzmann: 144 l., 2., 3. v.o.
Liebster: 348, 350
Limbrunner: 433 l
Loose: 323
Ludwig: 191, 192 u, 193 Mitte o, 193 Mitte r, 194 l. 2. 3. v.o., 195, 196, 197
Pachtner: 416 u
Petersen: 381, 382 u, 383 2. v.u., 383 u, 384 o, 384 ul, 384 ur, 389 u, 390 l, 393
Pfletschinger: 427 Mitte, 429 u, 430 o
Pfletschinger/Angermaier: 235 u, 396/397, 410 ul, 428 u, 428 o, 430 u, 432 r
Pfletschinger/Reinhard: 236 l
Pforr: 230 u, 403 u, 420 l
Plankemann: 374, 377 u
Pott: 231 2. v. u., 235 Mitte
Reinhard: 92 r, 153, 182 o, 231 o, 231 u, 232 ol, 233 3. v.o., 239, 245 o, 336 r, 343, 401, 403 o, 433 r, 404 r, 441, 468, 471, 473
Reinhard/Howard: 284
Reithmeier: 146 or, 147 or, 148 u, 328 3. v.o., 329 l., 2., 3. v.o., 352 ol, 352 2. v.o., 352 ul, 352 ur, 353 o, 353 2., 3. v.o., 417 r, 422
Sammer: 102, 108, 223 u, 391 r
Schacht: 230 o, 231 ul
Schambach: 352 2. v.u.
Scherer: 406 ur
Scherney: 428 Mitte r, 428 ur
Schimmelpfeng: 333 u, 339 u, 340 l, 341 u
Schmidt: 241 o
Schrempp: 354, 369 r, 371 Mitte
Seibold: 109 u, 188, 232 or, 349
Seidl: 20 o, 20 Mitte, 22 Mitte, 82 u, 92 l, 92 Mitte, 93, 95 u, 96, 98, 109 u, 127 l, 130, 132 u, 133 l, 133 u, 154 o, 154 ul, 155 l, 157 Mitte, 161 u, 162 l, 162 r, 165 2. v.u., 168 ul, 169 2. v.o., 171 Mitte, 171 u, 174 r, 175 u, 176 o, 180 u, 183 o, 190 r, 200, 204 ul, 207 or, 230 2. v.o., 365 u, 367 Mitte, 367 r, 370 Mitte, 370 r, 371 o, 372 r, 376 l, 377 o
Seiffert: 21 ol, 80 u, 134 l, 165 o, 165 u, 172 Mitte
Sieber: 133 or, 139, 143, 144 l, 147 u, 148 o, 149 u
Sinicki: 238 Mitte

Sperling: 42 o, 42 u, 247 or
Stangl: 12, 13, 17 Mitte, 18, 19 Mitte, 24 o, 28 o, 28 u, 29, 30/31, 34 l, 37 u, 38 o, 38 u, 44 o, 44 u, 45 o, 46, 48, 49 r, 51, 52, 54, 55, 56, 61 r, 62 o, 62 ur, 63, 64, 69, 70, 71, 72 r, 73, 74, 75, 76, 77, 80 ul, 81 Mitte, 82 2. v.u., 83, 97, 101, 103, 119 l, 119 Mitte, 120 l, 120 2. v.u., 122, 126, 129, 132 o, 150, 152, 158 Mitte, 163 r, 164, 166 o, 167 o, 167 ur, 170 u, 175 o, 178 u, 180 r, 181 or, 184, 187, 194 u, 212, 237, 238 l, 244 Mitte, 244 u, 252, 254, 262 r, 267 u, 269 or, 270 u, 272 u, 275 r, 279 o, 280, 282, 288, 294, 295, 296 o, 297 Mitte, 297 r, 298 u, 299, 300 u, 306 l, 307 o, 308, 310, 311 o, 312, 313, 315, 316, 317, 319 ol, 319 Mitte o, 320, 321, 324, 325, 326 u, 327 u, 328 o, 328 2. v.o., 328 2. v.u., 328 u, 330 or, 333 o, 338 o, 339 o, 341 o, 353 o, 379 r, 382 l, 389 o, 416 o, 448, 449, 451, 452, 454, 455, 457, 461, 462, 464, 466
Stehling: 14, 16 ur, 19 u, 22 ur, 22 ul, 23 r, 26 u, 41, 121, 155 r, 156, 159 l, 176 u, 190 l, 192 o, 195 o, 209, 220, 224 3. v.o., 224 2. v.u., 224 ul, 225, 227, 230 2. v.u., 236 r, 244 u, 245 u, 246, 434
Stein: 17 u, 40, 53 Mitte, 61 Mitte l, 61 ul, 66, 67, 68 o, 72 ul, 221, 223 o, 224 o, 224 2. v.o., 224 ur, 226, 229 l, 234, 242, 247 ol, 247 Mitte o, 259, 260 Mitte, 261, 269 l, 277 r, 279 u, 336 l, 359 r, 361 u, 371 o, 378, 379 Mitte (3), 382 o, 383 o, 384 Mitte u, 385, 395 u, 456, 470
Strauß: 207 Mitte, 210 ol
Sulzberger: 169 2. v.u., 182 o, 193 ol, 263 ul, 265, 266 r, 300 o, 398
Wetterwald: 211
Wothe: 255, 256, 257, 258, 262 ul, 263 r, 264, 266 l, 267 l, 267 or, 268, 269 u, 270 o, 271, 272 o, 273, 274, 275 o, 276, 278 ol, 278 ul, 357 Mitte, 366 l, 366 Mitte, 368, 369 Mitte, 372 Mitte, 427 o
Zepf: 411, 418, 419 2. v.o.
Zinkernagel: 16 ul, 19 o, 21 ul, 21 or, 21 ur, 24 u, 26 o

Titelfoto: Martin Stangl
Grafiken: Marlene Gemke, München
S. 78/79: Deutscher Wetterdienst
Die in diesem Buch verwendeten Karten und Daten wurden freundlicherweise von der Abteilung Agrarmeteorologie des Deutschen Wetterdienstes, Zentralstelle Offenbach, vom Wetteramt Bremen sowie von den Agrarmeteorologischen Beratungs- und Forschungsstellen Ahrensburg, Freising und Geisenheim zur Verfügung gestellt.

BLV Verlagsgesellschaft mbH
München Wien Zürich
8000 München 40

© 1993 BLV Verlagsgesellschaft mbH, München

Das Werk einschließlich aller seiner Teile ist urheberrechtlich geschützt. Jede Verwertung außerhalb der engen Grenzen des Urheberrechtsgesetzes ist ohne Zustimmung des Verlags unzulässig und strafbar. Das gilt insbesondere für Vervielfältigungen, Übersetzungen, Mikroverfilmungen und die Einspeicherung und Verarbeitung in elektronischen Systemen.

Umschlaggestaltung: Studio Schübel, München
Satz: Filmsatz Schröter GmbH, München
Druck und Bindung: Mohndruck, Gütersloh
Gedruckt auf chlorfrei gebleichtem Papier

Printed in Germany · ISBN 3-405-13324-6

Die Deutsche Bibliothek –
CIP-Einheitsaufnahme

Handbuch Garten:
das große Nachschlagewerk für alle Fragen der Gartenpraxis / Autoren: Rainer Berling ... Schriftl.: Eva Ott. – 2., durchges. Aufl. – München; Wien; Zürich: BLV, 1993
ISBN 3-405-13324-6
NE: Berling, Rainer; Ott, Eva [Red.]

Ideen, die Ihren Garten verzaubern

Frances Perry
Ein Garten voller Düfte
Geschichte und Biologie von Duftpflanzen mit brillanten Farbfotos: Anregungen für die Anlage eines Duftgartens; Rezepte zur Verwendung von Duftpflanzen, Ernten und Trocknen; Vorstellung von Duftpflanzen nach Jahreszeiten; Tabellen.
160 Seiten, 126 Farbfotos, 6 Zeichnungen

Mary Keen
Gärten in allen Farben
Gartengestaltung mit Pflanzen in Blau, Rot, Gelb, Grün und Weiß in allen Nuancen mit attraktiven Farbfotos, gut nachvollziehbaren Pflanzplänen und Farbgrafiken: Kombinationsmöglichkeiten verschiedener Farbtöne; alphabetisch geordnete Pflanzenporträts mit den wichtigsten Kulturhinweisen.
144 Seiten, 200 Farbfotos, 27 farbige Zeichnungen, 18 Pflanzpläne

David Stevens
Der wohnliche Garten
Gartenprojekte mit einfachen Mitteln preisgünstig und wirkungsvoll selbst herstellen – mit Schritt-für-Schritt-Anleitungen.
96 Seiten, 100 Farbfotos, 40 farbige und 20 s/w-Zeichnungen

Christoph und Maria Köchel
Kübelpflanzen – der Traum vom Süden
Umfassendes Handbuch über die Planung von Wintergärten und Terrassen mit sieben Gestaltungsbeispielen für Wintergärten; 150 ausführliche Porträts von Kübelpflanzen; Informationen über Herkunft und Pflegeansprüche; Alles zur Überwinterung.
191 Seiten, 233 Farbfotos, 2 farbige und 8 s/w-Zeichnungen

Christiane Widmayr-Falconi
Bezaubernde Gärten
Faszinierender Bildband mit Ideen und Anregungen aus Cottage- und Landhaus-Gärten zum Nachgestalten: Planung, Gestaltungsvorschläge mit Material- und Bepflanzungstips, romantische Gartenideen mit detaillierten Plänen.
192 Seiten, 186 Farbfotos, 40 farbige Zeichnungen

In unserem Verlagsprogramm finden Sie Bücher zu folgenden Sachgebieten:

Garten und Zimmerpflanzen • Natur • Heimtiere • Angeln • Jagd • Reise • Sport und Fitness • Wandern, Bergsteigen, Alpinismus • Pferde und Reiten • Auto und Motorrad • Gesundheit, Wohlbefinden, Medizin • Essen und Trinken

Wünschen Sie Informationen, so schreiben Sie bitte an:
BLV Verlagsgesellschaft mbH • Postfach 40 03 20 • 8000 München 40
Telefon 089/12705-0 • Telefax 089/12705-547